इक्कीसवीं सदी के विविध विमर्श

प्रो. (डॉ.) अर्जुन चव्हाण अभिनन्दन ग्रन्थ

इक्कीसवीं सदी के विविध विमर्श

प्रो. (डॉ.) अर्जुन चव्हाण अभिनन्दन ग्रन्थ

सम्पादक

डॉ. मनोहर भंडारे

वाणी प्रकाशन

सजिल्द प्रथम संस्करण : 2023

वाणी प्रकाशन

4695, 21-ए, दरियागंज, नयी दिल्ली 110 002

फ़ोन : +91 11 23273167 फ़ैक्स : +91 11 23275710

शाखाएँ

अशोक राजपथ, पटना 800 004, बिहार

कॉफ़ी हाउस कैम्पस, महात्मा गाँधी मार्ग, इलाहाबाद 211 001, उत्तर प्रदेश

महात्मा गाँधी अन्तरराष्ट्रीय हिन्दी विश्वविद्यालय, वर्धा 442 001, महाराष्ट्र

36/ए, शेक्सपीयर सरणी, रानी बिरला गर्ल्स कॉलेज के पास, कोलकाता 700 017, प. बंगाल

www.vaniprakashan.com
marketing@vaniprakashan.in
sales@vaniprakashan.in

Ikkisavin Sadi Ke Vividh Vimarsh :
Prof. (Dr.) Arjun Chauhan Abhinandan Granth
Edited by Dr. Manohar Bhandare

ISBN : 978-93-5518-852-6
Criticism

मूल्य : ₹ 1995.00

आर. टेक ऑफ़सेट प्रिंटर्स, दिल्ली-110032 में मुद्रित

वाणी प्रकाशन का लोगो मक़बूल फ़िदा हुसेन की कूची से

समर्पण

गुरुवर्य प्रो. (डॉ.) अर्जुन चव्हाण जी की साहित्यिक, सांस्कृतिक
सामाजिक और शैक्षिक प्रतिबद्धता एवं गुणवत्ता
को,
जो आज अधिक प्रासंगिक तथा प्रेरक है –

सादर समर्पित !!!

परामर्शदाता

- प्रो. (डॉ.) अशोक कामत, पुणे–महाराष्ट्र
- सूर्यबाला, मुंबई–महाराष्ट्र
- मैत्रेयी पुष्पा, नोयडा–दिल्ली
- डॉ. गिरिराजशरण अग्रवाल, गुरुग्राम–हरियाणा
- कुलपति प्रो. टी.वी. कट्टीमनी, विजयनगरम्–आंध्र प्रदेश
- डॉ. सुनीलकुमार लवटे, कोल्हापुर–महाराष्ट्र
- प्रो. (डॉ.) हरिमोहन बुधोलिया, उज्जैन–मध्य प्रदेश
- प्रो. दिलीप सिंह, अमरकंटक–मध्य प्रदेश
- समकुलपति डॉ. जोगेंद्रसिंह बिसेन, नांदेड–महाराष्ट्र
- प्रो. दामोदर मोरे, मुंबई–महाराष्ट्र
- डॉ. सूर्यनारायण रणसुभे, लातूर–महाराष्ट्र
- प्रो. (डॉ.) शशि मुदीराज, हैदराबाद–तेलंगाना
- प्रो. (डॉ.) माधुरी छेड़ा, मुंबई–महाराष्ट्र
- प्रो. (डॉ.) केशव प्रथमवीर, पुणे–महाराष्ट्र
- प्रो. (डॉ.) दिनेश चामोला 'शैलश', हरिद्वार–उत्तराखण्ड
- प्रो. (डॉ.) रतनकुमार पाण्डेय, मुंबई–महाराष्ट्र
- प्रो. शंकरसिंह बुंदेले, अमरावती–महाराष्ट्र
- प्रो. वशिष्ठ अनूप, बनारस–उत्तर प्रदेश
- डॉ. संदीप अवस्थी, अजमेर–राजस्थान
- प्रो. तंकमणि अम्मा, त्रिवेंद्रम–केरल
- डॉ. यादवराव धुमाळ, कराड–महाराष्ट्र
- प्रो. सीताराम पवार, धारवाड–कर्नाटक
- प्रो. भावेश जाधव, सूरत–गुजरात
- प्रो. गणेश पवार, कलबुर्गी–कर्नाटक

अभिनन्दन ग्रन्थ के अंतरंग से...

(संपादकीय)

गुरुवर्य प्रो. (डॉ.) अर्जुन चव्हाण जी के मार्गदर्शन से लाभान्वित हुए हम शताधिक शोधछात्रों के लिए ही नहीं बल्कि हिन्दी साहित्य एवं शोध जगत के लिए भी सबसे अधिक प्रसन्नता की बात है कि गुरुवर्य के अभिनन्दन ग्रन्थ का संकल्प साकार हुआ। इस ग्रन्थ की संकल्पना सन् 2020 में ही अस्तित्व में आई थी। सैंकड़ों छात्रों एवं मित्रों के मन–मस्तिष्क की उपज के रूप में ही इसे देखना होगा। सन् 2020 में मुख्यतः दो घटनाएँ उनके संदर्भ में घटित हो गयी–पहली तो उनकी रचनाओं की संख्या पचास से अधिक होना और दूसरी 7 अक्तूबर, 2020 को उनका चौथी बार विभागाध्यक्ष बनना। इन दोनों घटनाओं का परिप्रेक्ष्य दोनों की अहमियत दर्शाता है। खासकर दूसरी का। यह महज उनके लिए नहीं बल्कि समस्त अकादमिक जगत के लिए अहम थी। शब्दों और सुमनों से उनका अभिनन्दन तो दिनों–महिनों तक होता रहा। मगर सरस्वती के इस प्रतिभा पुत्र का सारस्वत सम्मान करने की उनके छात्रों और मित्रों की कामना सर्वत्र बल पकड़ रही थी। लेकिन प्रसिद्धि की अपेक्षा कार्यसिद्धि में विश्वास रखनेवाले गुरुवर्य प्रो. अर्जुन चव्हाण सर को मनवाना सबसे मुश्किल काम था। हम सबका कहना था कि "गुरुवर्य हमें अनुमति दें कि हम उन पर एक ग्रन्थ संपादित करें।" हम सभी के आग्रह पर उन्होंने अपना मौन छोड़ा और तीन शर्तें रखी; जैसे–(1) न कोई संपादक मंडल होगा और न कोई पत्राचार किया जायेगा। (2) सिर्फ़ एक फोन कर अभिनन्दन ग्रन्थ हेतु लेखन की जानकारी देना। जरूरत हो तो ही दुबारा स्मरण दिलाना, बार–बार फोन कर किसी को लेख लिखने के लिए नहीं सताना। (3) इसमें पचहत्तर प्रतिशत लेखन साहित्य एवं भाषा केंद्रित हो और सिर्फ़ पच्चीस प्रतिशत मुझसे संबंधित।

'बस इतना ही है तो हम मान लेते हैं' कहते हुए हमने कार्य शुरू किया। हमें तो सिर्फ़ अनुमति चाहिए थी। हम जानते थे कि हमारे गुरुवर्य के नाम और काम में जादू है। लेखों का ताँता लग गया। किसी को याद दिलाने की नौबत नहीं आई। लेखों को छाँटना पड़ा, काटना भी पड़ा। पुनरुक्ति से बचने के लिए कई लेखों को छोड़ देना पड़ा। विस्तार भय से बचने के लिए कई लेखों को संक्षिप्त करना पड़ा। वे सब सज्जन, विद्वान, छात्र तथा मित्र हमें उदारता से माफ़ करेंगे। प्रो. अर्जुन चव्हाण जी की साढ़े तीन दशकों की सुदीर्घ, सहृदयी, सानन्द एवं सहयोग पूर्ण सेवा के कारण उनके स्नेहभाजन छात्रों की संख्या अनगिनत और असीम है। उनके दोस्ती का दायरा तो दंग कर देता है। उनके लेखन का रेंज व्यापक है। साहित्य का सरोकार और विविध विधाओं का विस्तार भी उनको बहुमुखी सिद्ध कर देता है। वे समीक्षक, कहानीकार, निबंधकार, ग़ज़लकार, कवि, यात्रा वर्णनकार, अनुवादक, संपादक, शोधनिर्देशक और उच्चकोटि के वक्ता–वाणी के वासरमणि हैं। अतः संपादन हेतु सारी सामग्री आती रही मगर चयन करना भी चुनौतीदायी बना। उस चुनौती का साकार रूप याने प्रस्तुत अभिनन्दन ग्रन्थ है।

वैसे हिन्दी में अभिनन्दन ग्रन्थ की बहुत बड़ी परंपरा है। उसी समृद्ध परंपरा की कड़ी याने प्रस्तुत अभिनन्दन ग्रन्थ है। इसके संपादन का सुअवसर प्राप्त होना अपने आप में बहुत बड़ी बात है क्योंकि गुरुवर्य प्रो. अर्जुन चव्हाण जी का समग्र जीवन साहित्य साधना और सामाजिक प्रतिबद्धता के लिए समर्पित है। उन्हें भारत के अधिकतर विश्वविद्यालयों एवं अनगिनत संगोष्ठियों में बड़े सम्मान के साथ साधनव्यक्ति के रूप में आमन्त्रित किया है। तब आपने अनेक बार अपने साहित्य, शब्द और ज्ञान साधना से अनेक संगोष्ठियों में सबको स्तब्ध किया, आचम्बित किया जिससे उद्भट श्रोता भी लाजवाब को जवाब देते हुए कई बार पाये। अनेक बार श्रोता उनके शब्द साधना को सलाम करता है। एक शिक्षक के लिए शब्द साधना ही तो धन होता है। यही तो सच्चे शिक्षक की सार्थकता है। उनके व्याख्यान में आरोह–अवरोह की लय तो सबको प्रभावित करती है। लेकिन उनकी सोच, विषय की गहराई, तथ्यों पर आधारित बात और तार्किक विश्लेषण कर वे अपनी मान्यता की बेबाक स्थापना करते हैं। उनकी वह नवीनता सबको प्रभावित करती है।

डॉ. अर्जुन चव्हाण जी छात्रप्रिय प्राध्यापक हैं। उनके अनुशासन और प्रशासन को हम सबने नजदीक से देखा, जाना और अनुभव भी किया है। हर काम समय से और समय में हो। समय के मूल्य को जीवन के मूल्य में तब्दील करना कोई उन्हीं से सीखे। उनकी सीखने और सिखाने की प्रक्रिया

और प्रणाली हम सबके लिए सीख बन जाती है। वैसे अच्छे और सच्चे शिक्षक की गरिमा तथा छवि ही सभ्यता और संस्कृति की रक्षा और निर्माण करती है। यही तो एक पीढ़ी की दूसरी पीढ़ी को दी हुई पूँजी होती है। उसी साधनारत साधक के सम्मान की फलश्रुति याने प्रस्तुत अभिनन्दन ग्रन्थ है।

प्रस्तुत सम्पादित ग्रन्थ के दो उद्देश्य मानने होंगे। एक तो गुरुवर्य डॉ. अर्जुन चव्हाण जी के व्यक्तित्व और उनके साहित्य को समझना तथा दूसरा वर्तमानकालीन साहित्य को। सर जी के सामने अभिनन्दन ग्रन्थ का प्रस्ताव रखा तो उन्होंने कहा कि "ग्रन्थ जब गौरव ग्रन्थ बनेगा तो मुझे उचित नहीं लगेगा। प्रशंसा तक सीमित ग्रन्थ की कोई उम्र नहीं होती है। मैं तो ताउम्र प्रशंसा से अधिक अपने कार्य पर ध्यान देता रहा। साधना से जो मिलता है वह शाश्वत होता है और रचनात्मक भी। इसी पर मेरा विश्वास है। इसलिए कोई शाश्वत – रचनात्मक बनता है तो ठीक है अन्यथा छोड़ दीजिए।" उनकी इस बात को ध्यान में रखकर प्रयास यह किया कि ग्रन्थ गौरव तक सीमित न रहकर वह वैचारिक सन्दर्भ ग्रन्थ बनें। उसे सन्दर्भ मूल्य प्राप्त हो। ग्रन्थ संस्मरण तक सीमित न रहें बल्कि अपने समय के साहित्य पर गहन, गम्भीर चिन्तन हो अर्थात इक्कीसवीं शताब्दी के साहित्य पर चिन्तन हो। इसलिए कि डॉ. अर्जुन चव्हाण जी का अधिकतर चिन्तन, लेखन इसी काल के साहित्य से जुड़ा है, जिसने हिन्दी साहित्य को सबसे अधिक लोकतांत्रिक और लोकाभिमुख बनाया। वह साहित्य अधिक कालसम्पृक्त और लोकसम्पृक्त है, जो हाशिए के मानव को केन्द्र में लाता है। जो काम प्रेमचंद ने किया उसकी अगली कड़ी याने विमर्श से युक्त साहित्य है जो मनुष्य को समृद्ध बनाता है। अपने अधिकार के प्रति सचेत और सजग ही नहीं करता बल्कि विप्लव के साथ विकल्प भी देता है। जो गवेषणा ही नहीं करता बल्कि गणतंत्र का गवाक्ष भी खोलता है जिसमें तंत्र से अधिक जनतंत्र को अवकाश है। इस अवकाश में स्त्री विमर्श, दलित विमर्श, आदिवासी विमर्श, अल्पसंख्यक विमर्श, अनुवाद विमर्श, बाल विमर्श, वृद्धावस्था विमर्श, किसान विमर्श, दिव्यांग विमर्श, मीडिया विमर्श, जनवादी विमर्श, किन्नर विमर्श, शिक्षा विमर्श, राष्ट्रीय विमर्श, कला विमर्श, पर्यावरण विमर्श, लिव–इन–रिलेशनशिप विमर्श और भाषा विमर्श पर इसमें अत्यन्त उद्भट विद्वज्जनों के मौलिक चिन्तन का अंतर्भाव है।

हमने भारत के विभिन्न प्रांतों के विभिन्न विद्वज्जनों द्वारा लेख मँगवाये। तब यह ध्यान रखा था कि जिस विषय में जिसका विशेष अधिकार है उन्हीं की ओर से आलेख लिये जाएँ। सभी प्रांतों का प्रतिनिधित्व हो।

भिन्न–भिन्न विचारधाराओं का संगम हो। न अतिआग्रह, न दुराग्रह हो। लेकिन बहुसांस्कृतिकता सर्वोपरि हो। समकालीन साहित्य के सभी विमर्शों पर मंथन हो। इक्कीसवीं शताब्दी के साहित्य का अवलोकन हो। पुनर्मूल्यांकन हो। साहित्य के साथ भाषा का भी अध्ययन हो। इसी उदेश्य से पद्मश्री गणेश देवी और उदयनारायण सिंह के साक्षात्कार अत्यन्त मौलिक, चिंतनपरक, विचारोत्तेजक और नवीनतम हैं। विद्वज्जनों का प्रतिसाद इतना अच्छा मिला कि हम कई बार अचंभित हो जाते थे। वैसे हमने किसी से भी पत्राचार नहीं किया। अपवाद स्वरूप एकाध पत्र भेजा होगा बल्कि भ्रमणध्वनि और वॉट्सऐप के जरिए ही सभी से सम्पर्क किया था और सभी ने कोरोना के माहौल के बावजूद समय– समय पर आलेख भेज दिए। इसका श्रेय गुरुवर्य अर्जुन चव्हाण जी के व्यक्तित्व और सद्व्यवहार को जाता है। हम तो कारणमात्र संपादक।

हम सबने एम.ए. के बाद शिवाजी विश्वविद्यालय, कोल्हापुर से एम.फिल., पीएच.डी. की उपाधियाँ प्राप्त की हैं। वहाँ के माहौल से हम परिचित हैं। शिवाजी विश्वविद्यालय के हिन्दी विभाग में अधिकतर छात्र गाँव से आते हैं। इन छात्रों की आर्थिक स्थिति अत्यंत खस्ता और अभावग्रस्त रही है। लेकिन वृत्ति से यहाँ के छात्र बड़े जिद्दी और होनहार हैं। ऐसे छात्रों का हौसला बढ़ाना, मदद करना और हिम्मत देना गुरुवर्य चव्हाण सर जी का स्वभाव धर्म है। उन्होंने अनेक छात्रों की ज़िंदगी को कुम्हार की भाँति गढ़ा कर उन्हें कौशल युक्त बनाया है। उनमें से अनेक छात्र अध्यापक, प्राध्यापक, विभागाध्यक्ष, अध्ययन मंडल के अध्यक्ष, साहित्यकार, विविध क्षेत्रों में अधिकारी बनें। वे अपने नाम के साथ अपने महाविद्यालय, विश्वविद्यालय का नाम रोशन कर रहे हैं। इस बात की उन्हें बेहद ख़ुशी होती है। छात्रों के प्रति उनकी विशेष आस्था हमेशा बनी रही है। छात्रों की कार्यालयीन समस्या हो, छात्रावास की समस्या हो, आर्थिक समस्या हो या अन्य कोई रुकावट या बाधा हो, उसे वे आत्मीयता से हल करते रहें। छात्रों को धीरज देकर उन्हें कार्यप्रवण बनाने की अद्भुत कला उनके पास है। वे छात्रों से कहते भी हैं कि "मैं यहाँ क्यों बैठा हूँ। मैं छात्रों की समस्या बढ़ाने के लिए नहीं बल्कि निराकरण के लिए बैठा हूँ। विभागाध्यक्ष पद बड़ा दायित्व का होता है जिसे बिना भेदभाव के पूरी निष्ठा और ईमानदारी से निभाना चाहिए। छात्रों को अपने बच्चों की भाँति समझना चाहिए।" उनका मानना है कि "अपने पास जो कुछ है वह देना चाहिए। यह तो एक शिक्षक का धर्म है। उच्च पद की गरिमा को बनाये और बचाये रखना चाहिए। आदमी कभी भी कुर्सी से बड़ा

नहीं बनता बल्कि आदमी से कुर्सी की गरिमा बढ़नी चाहिए। इस सोच का मैं हूँ। मैं ज़मीन से जुड़ा हूँ और जमीर से भी। यही मेरी ताकत, यही मेरी पूँजी है। इसी में ज़िन्दगी की सार्थकता है।" छात्रों को वे अपना समझते हैं। यदि किसी ने गलती की तो उसे बड़े मन से माफ़ भी करते रहे हैं। इसी कारण तो विभाग में छात्रों और अध्यापकों का हुजूम लगा रहता था। हजारों छात्र सर से निष्ठा और श्रद्धापूर्वक स्नेह रखते हैं।

लेकिन इस बृहत अभिनन्दन ग्रन्थ में मात्र प्रतिनिधि छात्रों के ही संस्मरण हैं। ग्रन्थ की अपनी सीमा है। उस सीमा से कई मित्रों और छात्रों के संस्मरण लेना सम्भव नहीं हुआ। हम उनसे क्षमा चाहते हैं। यदि प्रस्तुत खंड के संस्मरण पढ़ेंगे तो ज्ञात होगा कि एक गुरु के प्रति छात्रों में कितनी निष्ठा और प्रेम होता है। छात्रों का इतना प्रेम बहुत कम अध्यापकों के नसीब होता है। उसके आगे दुनिया की सारी संपत्ति नाटी लगने लगती है। इस ग्रन्थ में हर छात्र का अलग अनुभव पढ़ने के लिए मिलेगा, जो हमें समृद्ध करता है। कहीं पर भी पुनरावृत्ति नहीं मिलेगी। सर जी के भीतर अनुभव का विशाल सागर है। उस सागर में डुबकी लगाने वाला हर छात्र कुछ ना कुछ पाता ही है। उसका दर्शन हर संस्मरण से होता है। इसलिए यह अभिनन्दन ग्रन्थ जीवन मूल्य स्थापित करता और प्रेरणा प्रदान करता है। एक पीढ़ी द्वारा एक शिक्षक के प्रति स्मृति और अनुभूति का यह संचित कोश है। उज्ज्वल गुरुपरंपरा, साहित्य तथा भाषा के लिए प्रस्तुत ग्रन्थ अभिनन्दनीय और वंदनीय उपहार है। प्रो. अर्जुन चव्हाण जी का व्यक्तित्व एवं कृतित्व बहुत बड़ी साधना की परिणति है जिसकी फलश्रुति प्रस्तुत अभिनन्दन ग्रन्थ है।

भारत वर्ष में महाराष्ट्र के अनेक विद्वानों ने समर्पित भाव से हिन्दी की सेवा की है। इसी श्रृंखला में प्रो. अर्जुन चव्हाण जी आते हैं। उन्होंने समीक्षात्मक, मौलिक, सम्पादित, अनूदित आदि पचपन–साठ से अधिक ग्रंथों का लेखन किया। देश–विदेश के विभिन्न मंचों पर हजारों व्याख्यान दिए, पाठ्यक्रम निर्मिति में महत्त्वपूर्ण भूमिका निभाई, देश–विदेश के विद्वानों के साथ संगोष्ठियों का आयोजन किया। वे प्रयोगशील विभाग प्रमुख रहें। विभाग में हिन्दी के नामचीन साहित्यकार राजेंद्र यादव, मैत्रेयी पुष्पा, हिन्दी के श्रेष्ठ समीक्षक नामवरसिंह, मैनेजर पाण्डेय, नरेंद्र मोहन, शिवकुमार मिश्र, गोविंद मिश्र, सूर्यप्रसाद दीक्षित, चन्द्रकान्त बांदिवडेकर, रामजी तिवारी, अशोक कामत, केशव प्रथमवीर, मोहनदास नैमिशराय, सूर्यनारायण रणसुभे जैसे विद्वानों को आमन्त्रित किया जाता था जिससे विभाग का वातावरण चैतन्यशील लगता था। शिवाजी विश्वविद्यालय से जुड़े करीब तीन सौ से अधिक हिन्दी अध्यापकों की उपस्थिति से विभाग का माहौल चैतन्यशील लगता था।

विभाग में आने पर अध्यापक स्वयं को रिचार्ज होने का अनुभव पाते थे। शोध कार्य स्तरीय और गति से सम्पन्न होते थे। विश्वविद्यालय के विभागाध्यक्ष की कर्तव्यनिष्ठा और नैतिक दायित्व क्या होता है, उसका आदर्श उदाहरण गुरुवर्य प्रो. अर्जुन चव्हाण जी हैं। उन्होंने स्वयं को आजीवन हिन्दी के लिए समर्पित किया। हिन्दी के अच्छे अध्यापकों की फौज खड़ी की, हिन्दी की सेवा के लिए। वे हमारे जैसे छात्रों के लिए ही नहीं बल्कि अपने मित्रों, अपने गुरुओं के लिए भी प्रेरणादायी रहे हैं। ऐसे महानुभाव के योगदान के महत्त्व को समझना, उसे शब्दबद्ध कर शिक्षा तथा साहित्य की दुनिया के सामने लाना और उससे पाठक तथा समाज को अवगत कराना हम अपना दायित्व समझते हैं। उस दायित्व की फलश्रुति ही इस अभिनन्दन ग्रन्थ की निर्मिति है।

प्रोफेसर अर्जुन चव्हाण जी के मार्गदर्शन में चौबीस छात्रों ने पीएच. डी. और चौतीस छात्रों ने एम.फिल. की उपाधि प्राप्त की। पीएच. डी. की उपाधि हेतु अनेक शोधछात्र आज भी उनका मार्गदर्शन पा रहे हैं। छात्रों के शोध विषयों में मौलिकता और नूतनता उनके शोध निर्देशन की सबसे बड़ी खासियत है। विषय चयन में मौलिकता नजर आती है। विषय चयन के प्रति दूरदृष्टि का परिचय मिलता है; जैसे–निर्मल वर्मा, श्रीलाल शुक्ल, कृष्णा सोबती पर आपने बहुत पहले शोध करवाया। प्रस्तुत शोध कार्य के दस–दस, बीस–बीस साल बाद इन साहित्यकारों को ज्ञानपीठ पुरस्कार से नवाजा गया। यह उनके दूरदृष्टि का परिचायक है। उनके सम्पर्क में आया हुआ छात्र भाषिक दृष्टि से अत्यन्त सजग रहता है। वे हमेशा कहते रहे कि जो छात्र एम.फिल., पीएच.डी. के दौरान भाषिक दृष्टि से सुधर नहीं पाता वो ज़िन्दगीभर नहीं सुधरता। उन्हें हमेशा लगता था कि "शोधनिर्देशक का ध्यान 'कन्टेंड' पर जाना चाहिए तब शोध अच्छा होता है। शोधनिर्देशक को केवल भाषिक दृष्टि से ही माथापच्ची करनी पडती हो तब शोध क्या खाक होगा। यदि शोध कथ्य तक सीमित रहता है, तथ्य केंद्रित 'एनिलिसिस' नहीं होता है तब वे अस्वस्थ होते हैं, उनको बहुत बुरा लगता है। इसके बारे में वे अनेक बार प्रतिक्रिया देते हैं। उन्हें लगता है कि 'शोधप्रबंध सन्दर्भ का संकलन मात्र न रहें बल्कि शोधछात्र का उसका अपना मौलिक योगदान सिद्ध होना चाहिए। उसकी अपनी स्पष्ट धारणा होनी चाहिए। शोधछात्र की अपनी स्वतंत्र मान्यताएँ होनी चाहिए। तभी शोध सार्थक होगा, शोध मूल्य प्राप्त होगा। वैसे हम जिस विषय पर शोध करते हैं,उस विषय पर जो भी कोई भविष्य में शोध करेगा वह हमारा सन्दर्भ लिए बिना आगे न जा सके

ऐसा हमारा शोध हो। तभी शोध की सार्थकता सिद्ध होगी। इतना योगदान शोध में हो अन्यथा शोधप्रबन्ध पुस्तकालय की शोभा बढ़ाने के अलावा और कुछ नहीं करेगा। योरोपीय राष्ट्रों के विकास में शोध का महत्त्वपूर्ण योगदान होता है लेकिन हमारे शोध उपाधिधारी, केवल नौकरी तथा पदोन्नति तक सीमित। दुनिया में संपन्न और समृद्ध राष्ट्र वे ही हैं जहाँ गंभीर शोध होते हैं। दुनिया के अनेक विश्वविद्यालयों में दर्जनों नोबेल पुरस्कार प्राप्तकर्ता होते हैं लेकिन हम कहाँ हैं?" इस बात की ओर भी वे उंगलीनिर्देश करते हैं। शोध उन पर जुनून जैसा छाया रहता है। शोध के प्रति उनकी स्वतंत्र, प्रासंगिक, गहन और गम्भीर मौलिक दृष्टि लक्षित होती है।

प्रो. अर्जुन चव्हाण जी महज मिसाल कायम करने वाले अध्यापक ही नहीं बल्कि उत्कृष्ट कवि भी हैं। उनकी कविता में एक ओर समाज की विद्रूपता, विडंबना, विकरालता, विषमता, विसंगति पर कडा प्रहार है तो दूसरी ओर दबे, कुचले वर्ग के प्रति गहरी आस्था, लगन और निष्ठा। पाखंडी, ढोंगी और अंतर्विरोधियों पर जमकर व्यंग्य है, जैसे–'

"गधे ने खोला
संगीत का क्लास।
कोयल फेल
और कौवा पास।।
लोमड़ी बनी
जज–अधिकारी।
बकरी को फाँसी
और भेड़िया बरी।।"

उनकी कविता में दुखती नब्ज पर उंगली रखने की प्रवृत्ति और सामाजिक प्रतिबद्धता है। जनतंत्र पर धनतंत्र, शिष्टाचार पर भ्रष्टाचार के बोलबाला से पीड़ित असहाय जनता की पीड़ा से अस्वस्थ उनके भीतर का कवि विप्लव के साथ 'चलो ढूँढ़ते चलें वह ठौर...' कविता के द्वारा विकल्प देता है। उनमें जज्बा है। जुनून है। अदम्य और अटूट जिजीविषा है। दुनिया कोरोना के कारण ताला बंदी में थी तब वे ग़ज़लकार के रूप में, बंदिशों की अदाकारी में कई ग़ज़ल संग्रहों के सृजन में मगन थे, अपने ही गगन और आँगन में। सामाजिक संवेदना के अलावा उनकी रचनाओं में राष्ट्रीय चेतना तथा राष्ट्रप्रेम तो प्रखर रूप में परिलक्षित होता है। गणतंत्र दिवस के उपलक्ष्य में लिखी उनकी ग़ज़ल के कुछ शेर राष्ट्रीयता की मिसाल कायम करते हैं, जैसे –

रंग सारे सारे बौछार कर दें कुदरत, हमारे प्यारे देश से;
ढंग न्यारे न्यारे न्यौछावर दें कुदरत, हमारे प्यारे देश से!

अहिंसा के कायल हम कश्मीर से कन्याकुमारी तक,
लड़ने की हिम्मत, न लगाये तोहमत, हमारे प्यारे देश से!

दुश्मनी हर्गिज नहीं चाहते हम, चाहते हैं दुनिया से दोस्ती,
तब्दील पाक हो पड़ोसी की फितरत, हमारे प्यारे देश से!

दुर्बल डरपोक नहीं, सबल सक्षम क्षमाशील हैं 'अर्जुन जी',
हासिल हो संसार को मानवता में महारत, हमारे प्यारे देश से!

उनका राष्ट्रप्रेम सहज, सबल और प्रबल रूप में प्रस्तुत होता है। चाहे गद्य हो या पद्य–उनकी रचनाओं में राष्ट्रीय संवेदना प्रेरक के रूप में प्रस्तुत होती है। 'मॉरीशसः एक सांस्कृतिक यात्रा' में, जब अंतर्राष्ट्रीय संगोष्ठी के समापन समारोह में वे भाषण देने के लिए मॉरीशस के मंच पर खड़े होते हैं तो अपनी बात को इस अन्दाज में प्रस्तुत करते हैं कि श्रोता तालियाँ बजाये बिना नहीं रहते, जैसे –

लौटने को अपनी मिट्टी में
बना बेताब अब समूह सारा,
चाहे दुनिया हो जन्नत जैसी
आख़िर हिंदुस्तान सबसे प्यारा।

कहना ज़रूरी नहीं कि प्रो. अर्जुन चव्हाण जी के साहित्य की राष्ट्रीय संवेदना, राष्ट्रीय चेतना प्रदान करने का काम करतीं है जिसके कारण वे आज अधिक प्रासंगिक मानने पड़ेंगे।

उनका सृजनात्मक लेखन अनुभवजन्य है। उसमें सहजता तथा मौलिकता प्रखरता के साथ प्रस्तुत है। इसी कारण 'मॉरीशसः एक सांस्कृतिक यात्रा' पुस्तक पाठक को बांधकर रखती है। उनके सृजनात्मक लेखन में मूल्यों के साथ चिन्तन का मणिकांचन संयोग मिलता है। अनुभव की गहराई जब चिन्तन का सफर करती है तो वैचारिकता अपनी धवलता के साथ प्रकट होती है। वे 'मॉरीशसः एक सांस्कृतिक यात्रा' में लिखते हैं कि "मेरी यह विनम्र धारणा है कि एक हजार किताबें पढ़ने से उतना नहीं पा सकते, जितना एक लंबी यात्रा से।" मॉरीशस की पहली विदेश यात्रा होने से उन्हें चिन्ता थी कि अपनी पहली विदेश यात्रा कैसी होगी? लेकिन उनकी चिन्ता

ने चेतना का रूप लिया और चेतना ने चिन्तन का रूप धारण किया, जिसका परिचय यात्रावर्णन में बार–बार मिलता है। पाठक भी अनायास मॉरीशस का दर्शन करता है। विदेश यात्रा करने वालों के लिए यह यात्रा वर्णन अनुभूत ज्ञान का खजाना तो है ही लेकिन प्रो. अर्जुन चव्हाण जी की सृजन क्षमता रेखांकित करता है।

सृजनात्मक साहित्य के साथ ही प्रो. अर्जुन चव्हाण जी समीक्षक के रूप में मौलिक चिंतक और दिग्दर्शक नजर आते हैं। उनकी समीक्षा रचना के नये मानदण्ड स्थापित करती है, जो परंपरागत तत्व को खारिज कर नूतनता को रचती है। वैसे उनकी समीक्षा स्वतंत्र शोध का विषय है, जो रचना की मौलिकता को प्रधानता देती है। उनकी दृष्टि में कोई लिखने की होड में या पदोन्नति के लिए लिखता है तो न वह साहित्यकार होता है और न वह रचना सशक्त साहित्यिक रचना। ऐसी कृति कमज़ोर और लाचार नजर आती है। ठीक रचनाकार की तरह। उनके विचार से प्रशंसा के खोखले पुल बांधने से कोई रचनाकार नहीं होता। रचनाकार की अपनी प्रतिबद्धता, सामाजिकता और गुणवत्ता होती है। समीक्षक प्रो. अर्जुन चव्हाण जी रचना में चेतना के साथ चिन्तन भी मौलिक और दिशादर्शक होने के पुरज़ोर हिमायती हैं। 'अनुवाद : समस्याएँ एवं समाधान' में वे स्वयं लिखते हैं– "जिस रचना में रचनाकार के समझ की छाप न हो, तथ्य और तर्क के वस्तुनिष्ठ प्रस्तुति का अभाव हो, लीक से हटकर चलने की मौलिक दृष्टि न हो, अपने युग की आवश्यकताओं को नजरअन्दाज किया हो और प्रासंगिकता तथा प्रतिबद्धता के तेवर न हो, तो उसका नाम हाशिए पर भी डालने योग्य क्यों माना जाये? ...भीड़ का हिस्सा बनकर आनेवाली रचनाओं का हश्र इसके अलावा और क्या होगा? लेखन में जहाँ ईमानदारी बेदाग नहीं, प्रतिबद्धता असंदिग्ध नहीं, परिश्रम कठोर नहीं, विवेचन तर्कसंगत और तथ्याश्रित नहीं, चिन्तन मौलिक नहीं और सृजन की चेतना निःस्वार्थ नहीं वहाँ वह रचना निश्चय ही भीड़ में खो जाती है।" स्पष्ट है कि प्रो. अर्जुन चव्हाण जी की समीक्षा बेबाक है। वह बल देती है और दिमाग़ का बंद दरवाजा खोल देती है।

प्रो. अर्जुन चव्हाण जी मूलतः समीक्षक के रूप में नामचीन हुए लेकिन उनकी समीक्षा में प्रखर बौद्धिकता है। उन पर मार्क्स का प्रभाव है लेकिन वे उसमें अटके नहीं और अपनी सांस्कृतिक ऐतिहासिकता से कटे नहीं। उनकी वैचारिक भूमिका अत्यन्त स्पष्ट है। उनकी समीक्षा तथ्य और तर्काधारित है। उनकी मान्यताएँ नई सम्भावनाओं को सूचित करती हैं। समीक्षा की भी

यही ताकत होती है कि वह अकाट्य हो। वे अप्रासंगिकता का विरोध और प्रासंगिकता का तार्किक विश्लेषण कर अपनी मान्यताओं को स्थापित करते हैं जिसका परिचय उनके 'विमर्श के विविध आयाम' में देखने को मिलता है। जब दलित और स्त्री विमर्श की ही चर्चा हो रही थी तब उन्होंने दर्जन भर से अधिक नवविमर्श की चर्चा अपने ग्रन्थों में की थी। उन्होंने हिन्दी और मराठी उपन्यासों का जो तुलनात्मक अध्ययन किया है वह प्रो. चंद्रकांत बांदिवडेकर के बाद का पहला तुलनात्मक अध्ययन होगा। इसमें जितनी व्यापकता है उससे अधिक गहराई है। यह उनके साहित्यिक जीवन का बृहत शोध कार्य है। वैसे तुलनात्मक अध्ययन, भाषा तथा साहित्य समृद्धि की दृष्टि से यह महत्त्वपूर्ण कार्य है। कोल्हापुर यात्रा में नामवरसिंह जी ने चव्हाण सर से कहा था कि ''भाई अर्जुन जी, मेरी इच्छा है कि आप तुलनात्मक साहित्य में बांदिवडेकर जैसा बुनियाद कार्य करें। आपमें वह क्षमता और सामर्थ्य है।'' उन्होंने कार्य शुरू किया और चार सालों के बाद एक बृहद् शोध परियोजना और दो ग्रन्थ लिख डाले। तुलनात्मक अध्येता के रूप में उनका यह कार्य मानक माना जाता है और मार्गदर्शक भी। उनके अनुवाद के सैद्धांतिक पक्ष पर लिखे ग्रन्थ उनके मौलिक तथा समाजाभिमुख चिन्तन का परिचय देते हैं।

अनुवाद के साथ ही एक और उल्लेखनीय तथ्य यह कि प्रो. अर्जुन चव्हाण जी ने लगभग पैंतीस से अधिक ग्रन्थों की भूमिकाएँ लिखी हैं। उनकी भूमिका से एक ओर उस ग्रन्थ का महत्त्व बढ़ता है तो दूसरी ओर उसे समझने का 'सूत्र' मिलता है। प्रस्तुत ग्रन्थ क्यों और कैसे पढ़ना चाहिए उसका दिग्दर्शन होता है। ग्रन्थ की उपयोगिता और उपलब्धि पर विशेष ध्यान होता है। भूमिका कैसी होनी चाहिए उसका मानक रूप होती है उनकी लिखी भूमिका। इसीलिए तो उनके पास भूमिका के लिए किताबों की कतार रहती है। उनकी सभी भूमिकाओं का संकलन करें तो अनेक ग्रन्थ खण्डों में आ सकते हैं। यह कार्य अत्यन्त उपयुक्त सिद्ध होगा इसमें संदेह नहीं। सृजनात्मक विधाओं में उनकी सबसे अधिक रुचि की विधा ग़ज़ल विधा कहनी होगी। उनकी ग़ज़लें स्वतंत्र शोध का विषय हैं। उनकी ग़ज़लें इतनी धारदार और तेजतर्रार हैं कि पाठक को मात्र आनंद नहीं देती बल्कि कहीं अन्तर्मुख करती, कहीं विद्रोह के लिए प्रेरित करती हैं तो कभी प्रश्न चिह्न उपस्थित करती हैं। उनकी ग़ज़ल व्यवस्था के नाम पर आ रही अव्यवस्था पर कडा व्यंग्य प्रहार भी करती है, जैसे–

खलनायक वाले सब नायक लगने लगे हैं;
चिल्लाने वाले अब गायक लगने लगे हैं!

कसरत करने वाले कहलाते हैं नर्तक;
और बकवास करने वाले निवेदक लगने लगे हैं।

सादगी, समन्वय, सद्भावना और राष्ट्रीय भावना उनके लिए सर्वोपरि हैं, जैसे–

प्यार–मुहब्बत के अलावा ज़रिया नहीं है;
नफ़रत हिन्दुस्तान का नज़रिया नहीं है!

ये प्रहार ही नहीं करते बल्कि पहल और हल भी प्रस्तुत करते हैं जिसकी आज आवश्यकता है।

प्रो. अर्जुन चव्हाण जी ने कविता, ग़ज़ल, व्यंग्य, लघुकथा, संस्मरण, यात्रावर्णन तथा निबंध जैसी सृजनात्मक विधाओं में लेखन किया है। इसलिए इस ग्रन्थ में उनकी समीक्षा 'प्रो. अर्जुन चव्हाण जी का प्रतिनिधि साहित्य विमर्श' खण्ड में संकलित हैं। उनकी कविताओं पर प्रसिद्ध मराठी कवि प्रा. दामोदर मोरे जी का आलेख अत्यन्त चिंतनीय एवं पठनीय है। समीक्षा भी सृजनात्मक स्तर पर कैसी उतरती है, उसका अपना क्या सौंदर्य होता है इसका अनुभव प्रस्तुत समीक्षा से होता है। इस खण्ड में अन्य विद्वज्जनों की कई समीक्षाएँ संकलित हैं जिनमें सरजूप्रसाद मिश्र तथा प्रो. वशिष्ठ अनूप विशेष उल्लेखनीय हैं। कुलपति प्रो. रामदेव भारद्वाज जी ने गुरुवर्य के समग्र साहित्य पर गहराई, व्यापकता, सूक्ष्मता और समग्रता से मौलिक समीक्षा की है।

इस अभिनन्दन ग्रन्थ का दूसरा उद्देश्य था इक्कीसवीं सदी के साहित्य पर गहन, गम्भीर और मौलिक चिन्तन हो। इसलिए प्रस्तुत ग्रन्थ में इसी विषय से जुड़े आलेख संकलित हैं। मैत्रेयी पुष्पा, अनामिका, शशि मुदीराज जैसी लेखिकाओं ने चव्हाण सर के अभिनन्दन ग्रन्थ का जिक्र सुनते ही आलेख देने की स्वीकृति दी। मैत्रेयी पुष्पा जी ने तीसरे ही दिन फोन कर कहा कि "डॉ. भंडारे जी, आपको आलेख ईमेल द्वारा भेज दिया है। उसका शीर्षक देख लीजिए और अर्जुन जी को मेरा नमस्ते कहिए।" शशि मुदीराज जी ने अपने आलेख में स्त्री लेखन समीक्षा की मर्यादा को स्पष्ट कर अपनी बेबाक मान्यताओं को स्थापित किया, अत्यन्त मौलिकता के साथ। उनका कहना था कि "आप जब भी कार्यक्रम आयोजित करेंगे तो मुझे सूचित कीजिए। मैं स्वयं उसमें उपस्थित रहना चाहती हूँ। मेरे अपने भाई के कार्यक्रम के लिए स्वयं

के खर्चे से आऊँगी। क्योंकि भाई अर्जुन जी जैसे ईमानदारी से सेवा करने वाले बहुत कम लोग हैं अपने पेशे में।''

'जनवादी विमर्श' नामक प्रथम खण्ड में सूर्यबाला का 'सिकुड़ती सोच, चालाक शब्द, लाचार समय' नामक लेख सबकी आँखें खोलता है। वर्तमान जीवन की संवेदनशून्यता से मनुष्य सूचनाओं में तब्दील हो रहा है। आग्रहों, पूर्वाग्रहों और दुराग्रहों की भीड़ जहाँ एक ओर हैं वहाँ दूसरी ओर पश्चिमी सोच और संस्कृति का अंधानुकरण। सफलता और सार्थकता धन से निश्चित होने के कारण मनुष्य हताश है। इसीलिए लेखिका पतन के कगार पर खड़े समाज को सचेत करती है। कथाकार काशीनाथ सिंह जी 'जनवादी विमर्श' में लिखते हैं कि जनवादी राजनीति और साहित्य दोनों मार्क्सवादी सिद्धांत पर आधारित हैं। दोनों उद्देश्य के आधार पर एक हैं लेकिन दोनों की प्रणालियाँ भिन्न हैं। साहित्य पार्टी की नीति को लागू करने के लिए नहीं होता है। वह बहुत गम्भीर चीज़ है। अन्यथा प्रगतिशील साहित्य यांत्रिक और निर्जीव बनेगा। जनवादी साहित्य को अपनी रचना की कलात्मकता पर भी ध्यान देना चाहिए। अन्यथा रचना अखबारी सूचनाएँ बन जायेगी। उन्होंने उथले और सतही साहित्य की आलोचना कर सही जनवादी लेखन से आगाह किया है। प्रो. मैनेजर पाण्डेय जी का 'सार्वजनिक चौराहों पर व्यक्तिगत चेहरे' आलेख अत्यंत बेलौस और अनुपम है। किसी विषय की परते खोलना, विषय को गहराई से समझना, तार्किक विश्लेषण सैद्धांतिक स्तर पर पहुँचाना, वैश्विक स्तर से विषय का विवेचन, विश्लेषण करना और अपनी मान्यताओं की बेबाक स्थापना करने की क्षमता प्रस्तुत आलेख में देख सकते हैं। वे भारतीय साहित्य में आत्मकथा के अभाव का कारण बताते हैं कि भारतीय मनुष्य सच नहीं, सुविधाजनक सच बोलता है और सच सुनने का धैर्य नहीं रखता। भारतीय सवर्णों की आत्मकथा 'मैं' तक सीमित है लेकिन दलित और स्त्रियों की आत्मकथा अपने समुदाय व दमन शोषण, यातना और जीवन–संघर्ष की कथा के रूप में उपस्थित होती है।

'दलित विमर्श' खण्ड में सुप्रसिद्ध हिन्दी समीक्षक डॉ. चौथीराम यादव नई राह के राही हैं–'दलित साहित्य का सौंदर्यशास्त्र' आलेख इसका परिचायक है। वे दलित साहित्य के सौंदर्यशास्त्र को अभिजन साहित्य के सौन्दर्य से भिन्न मानते हैं। दलित और मार्क्सवादी सौंदर्यशास्त्र–दोनों में पर्याप्त समानताएँ हैं। उनकी दृष्टि से दलित साहित्य मनुष्य केंद्रित जीवनवादी साहित्य है और आचार्य हजारीप्रसाद जी ने मनुष्य को ही साहित्य का लक्ष्य माना हैं। इसलिए आचार्य द्विवेदी हिन्दी साहित्य और उसके

इतिहास को सबाल्टर्न दृष्टि से देखने वाले पहले आलोचक और इतिहासकार हैं। डॉ. जयप्रकाश कर्दम जी ने 'भारतीयता और दलित साहित्य' आलेख में भारतीयता का लोकतांत्रिक दृष्टि से अंकन करते हुए दर्शाया है कि हम वर्ण, जाति और गुलामी की संकीर्णता से मुक्त होंगे तभी सही भारतीयता प्रतिबिंबित होगी। भारतीयता हिंदुत्व का पर्याय न हो। मनुष्य को समग्रता में देखना होगा। मानव प्रेम और करुणा ही भारतीयता की पहचान हो। असमानता, शोषण और अन्याय का प्रबल प्रतिकार करनेवाला दलित साहित्य ही सही मायने में भारतीयता की अवधारणा को पुष्ट करता है। इसलिए लोकतंत्र ही भारतीयता का आधार हो। वर्तमान सन्दर्भ में यह लेख अधिक सार्थक लगता है।

किसान विमर्श खण्ड में किसान आंदोलनों से जुड़े सुभाषचन्द्र कुशवाहा 'हिन्दी कहानी और किसान अनुभूति' आलेख में लिखते हैं कि "आज जमींदारी नहीं है मगर कार्पोरेट है। 'गोदान' में किसान होरी की बेहोश होकर मौत हुई थी मगर दो दशकों में साढे तीन लाख किसानों ने आत्महत्या कर ली हैं। वह वक़्त अँग्रेजी दासता का था, आज विश्वगुरु का दंभ भरने वाला आजाद भारत है। किसान मुद्दों से टकराये बिना, कल के भारत का भविष्य चमकने वाला नहीं है। आज हिन्दी कहानी जनांदोलनों से दूर है। पिछले बीस वर्षों में निश्चय ही हिन्दी कहानी में विस्फोट हुआ है मगर किसानों के प्रति संवेदना का विस्फोट होना बाक़ी हैं।" डॉ. गिरिराजशरण अग्रवाल ने 'ग़ज़ल : कला और अपेक्षाएँ' में ग़ज़ल की शिल्प कला के चिन्तन के साथ ग़ज़ल की दशा, दिशा और संभावनाओं की ओर निर्देश किया है। साथ ही इस ग्रन्थ में आदिवासी विमर्श, अल्पसंख्यक विमर्श, बाल विमर्श, वृद्धावस्था विमर्श, शिक्षा विमर्श, अनुवाद विमर्श, पर्यावरण विमर्श, विकलांग विमर्श तथा पत्रकारिता विमर्श पर विभिन्न विद्वज्जनों द्वारा लिखे आलेख अत्यन्त गम्भीर चिन्तनपरक और विचारोतेजक हैं।

इस ग्रन्थ के चतुर्थ भाग में छात्रों, मित्रों, गुरुओं द्वारा लिखे संस्मरण हैं। वे संस्मरण गुरुवर के व्यक्तित्व के विविध आयामों से परिचित कराते हैं। वैसे प्रो. अर्जुन चव्हाण जी को भारत के अधिकतर विश्वविद्यालयों में व्याख्यान देने हेतु बड़े सम्मान के साथ बुलाया जाता रहा। एक बार नहीं बार–बार। विशेषतः हिन्दी भाषी क्षेत्र में उन्हें सबसे अधिक नवाजा गया। हिन्दी विभाग और विश्वविद्यालय की दृष्टि से यह गौरव की बात है। देश में ही नहीं विदेश में भी उन्होंने अपना लोहा मनवाया है। क्योंकि विदेशी

विद्वानों से जब हमने सम्पर्क किया तो बड़े विनम्रतापूर्वक प्रो. पुष्पिता अवस्थी (नीदरलैंड), प्रो. गंगाप्रसाद शर्मा 'गुणशेखर' (चीन), डॉ. रामेश्वर सिंह (मॉस्को, रूस), डॉ. सिराजुद्दीन नुर्मातोव (ताश्कंद–उजबेकिस्तान), प्रो. नीलंति कुमारी राजपक्ष (श्रीलंका) ने बड़ी ख़ुशी से अत्यन्त अल्प समय में प्रो. चव्हाण जी के बारे में अपने संस्मरण भेज दिये। उन्होंने विदेशी भूमि पर कई व्याख्यान दिए जिसका आँखों देखा हाल प्रो. (डॉ.) प्रदीपकुमार सिंह जी ने व्यक्त किया है।

गुरुवर्य प्रो. अर्जुन चव्हाण जी की मित्रता अनूठी और अद्भुत है। उनको चाहने वाले कई मित्र हैं। उनके संस्मरण बताते हैं कि मित्रता कितनी गहरी, निर्व्याज, आनंददायी और आत्मीय होती है। प्रो. रतनकुमार पाण्डेय, रोहिताश्व जी और उनकी मित्रता सबको विदित है। रोहिताश्व जी नहीं रहें। यदि वे होते तो उन्हें सबसे अधिक ख़ुशी होती। साथ ही प्रो. शंकरसिंह बुन्देले, प्रो. नवनीत चौहान, प्रो. सुधाकर शेंडगे आदि मित्रों के संस्मरण अत्यन्त पठनीय, रोचक और रोमांचकारी हैं। खण्ड 19 में चिंतकों के संस्मरण संकलित हैं जिसे पढ़कर पाठक भी समृद्ध हो जाता है। प्रो. दिलीप सिंह जैसे भाषा चिंतक और विचारक प्रो. अर्जुन चव्हाण जी के बारे में अत्यन्त सहजता तथा मार्मिकता से व्यक्त होते हैं। इससे उनके व्यक्तित्व का भी पता चलता है। कुलपति प्रो. कट्टीमनी तो गुरुवर्य अर्जुन चव्हाण जी के व्याख्यान सुनकर गदगद होते हैं। उन्हें वे बुलंद तोफ कहते हैं। पूर्व कुलपति डॉ. इरेश स्वामी जी, समकुलपति प्रो. (डॉ.) जोगेन्द्रसिंह बिसेन जी, प्रो. अशोक कामत जी आदि चिंतकों के संस्मरण जितने चिंतनीय हैं उतने ही सहज, सजग तथा अभिव्यंजक भी। हिन्दी विभाग के विधिवत प्रारंभ में डॉ. अर्जुन चव्हाण जी की नियुक्ति हुई और उसी विभाग के अध्यक्ष पद से उन्होंने अवकाश भी प्राप्त किया। कोल्हापुर का शिवाजी विश्वविद्यालय उनकी गरिमामय, चैतन्यदायी कर्मभूमि रही। इसलिए इस औचित्य के सन्दर्भ में वर्तमान कुलपति महोदय डॉ. डी. टी. शिर्के जी, समकुलपति डॉ. पी. एस. पाटील जी, मराठी के पूर्व विभागाध्यक्ष प्रो. रवीन्द्र ठाकुर जी और पूर्व उपकुलसचिव तथा पूर्व परीक्षा नियंत्रक डॉ. बी. एम. हिर्डेकर जी के लेख निश्चय ही प्रभावी, प्रेरक और पठनीय हैं।

गुरुवर्य डॉ. अर्जुन चव्हाण जी के छात्रों, मित्रों और गुरुओं के संस्मरणों से उनके व्यक्तित्व और कृतित्व से हम रू–ब–रू होते हैं उसी भाँति उनके जीवन के विभिन्न क़ीमती क्षणों और पड़ावों को छायाचित्र द्वारा रू–ब–रू कराने की मनीषा से "चित्रावली के आलोक में अंकित प्रो. अर्जुन चव्हाण" खण्ड प्रस्तुत है, जो अत्यन्त विलोभनीय, उद्‌बोधक और प्रेरक है। उन चित्रों

में पैतृक गाँव से उनकी आज तक की जीवन यात्रा पर नजर डालने से तो गुरुवर्य के कार्य, भव्यता, दिव्यता और प्रतिभा का परिचय होता है।

खण्ड 26 में प्रो. अर्जुन चव्हाण जी के बारे में लिखे रिश्तेदार तथा परिवारजनों के लेख हैं। इससे उनका स्वाभाविक और सांस्कृतिक फलक जाना जा सकता है। राजाराम ठाकुर, धर्मपत्नी अनीता अर्जुन चव्हाण, बेटी अमृता, बेटे भूषण आदि परिवारजनों के लेख पाठकगण को समृद्ध तो करते ही हैं लेकिन जीने की दृष्टि देते हैं और दिशा भी। गुरुवर्य अर्जुन चव्हाण जी की बेटी अमृता का 'पिताजी में दुनिया और दुनिया में पिताजी' और बेटे भूषण का 'काश! मेरे पिताजी जैसे पिताजी सबको मिलते...' लेख अप्रतिम और अनोखे हैं जिनको पढ़ने से पता चलेगा कि स्नेह और संस्कार क्या होते हैं। पारिवारिक जीवन में अपनापा, विश्वास, प्रेम, खुलापन और अप्रतिम परवरिश, विचारों की सहजता और भाषा का प्रवाह पाठक को प्रेरित और प्रभावित करता है। प्रो. अर्जुन चव्हाण जी के व्यक्तित्व को समझने–जानने के लिए ही नहीं बल्कि वर्तमान स्वस्थ समाज जीवन के लिए भी यह खण्ड उपयुक्त सिद्ध होगा। हमारे गुरुवर्य की धर्मपत्नी चव्हाण मैडम का लेख तो हर पत्नी को पढ़ना चाहिए और पति को भी।

एक लेखक को प्रकाशक किस नजर से देखता है इसे भी समझना चाहिए इसलिए हमने राजकमल, वाणी, अमन जैसे प्रकाशनों से सम्पर्क किया तो उन सबने यही कहा कि यह बहुत अच्छा प्रयोग है और डॉ. अर्जुन चव्हाण जी चलने वाले लेखकों में से हैं। उनके किताबों की ख़ूब माँग होती है। वे समय की नब्ज को ख़ूब जानते हैं और उतनी ही ताकत से बेबाक़ी से लिखते हैं जिससे पाठक किताबें खरीदतें हैं। उनकी किताबों के नये संस्करण निकलते हैं। इसलिए नये लेखकों को उनसे सीख लेना चाहिए। वे लेखन के प्रति बेहद सतर्क, सजग और मार्के की बात करने वाले समीक्षक हैं। प्रकाशकों की मान्यताएँ भी निश्चय ही प्रशंसनीय तथा उल्लेखनीय माननी होंगी।

नरेन्द्र मोहन जी हिन्दी के प्रसिद्ध नाटककार हैं। उनके और अर्जुन चव्हाण जी के बहुत ही आत्मीय संबंध थे। हमने जब उन्हें सम्पादित ग्रन्थ की जानकारी दी तो उन्हें बड़ी खुश हुई और कहा कि "आपके कोल्हापुर कई बार आया हूँ। अर्जुन जी की आदरातिथ्य वृत्ति मुझे ख़ूब अच्छी लगती है। उनके सम्बन्धों में बौद्धिक कृत्रिमता लेश मात्र भी नहीं होती। वे जब दिल्ली आये तो उन्हें अपने घर भोजन के लिए आमन्त्रित किया था।" नरेन्द्र जी ने अपनी पत्नी से कहा भी था कि "अर्जुन जी को जवार की रोटी बहुत

पसंद है। जवार की गरमागरम रोटी उनके घर कई बार मैंने खायी है। आज ऐसे लोग बहुत कम हैं। आज लोग मिलते तो हैं लेकिन बाय–बाय तक।" डॉ. नरेन्द्र मोहन जी ने कुछ ही दिनों में नाटक पर अत्यंत गंभीर और दीर्घ लेख हमें भेज दिया। इस दौरान दो–तीन बार उनसे बड़ी आत्मीयता से बात भी हुई। उनकी सहजता ने हमें बहुत प्रभावित किया। दुनिया की सबसे बड़ी रचना सहजता में ही होती है जिसका परिचय उनके संवादों में ही नहीं बल्कि 'अभंगगाथा' नाटक पढाते समय भी हुआ। अर्जुन चव्हाण जी और नरेन्द्र मोहन जी के सम्बन्धों में वही सहजता थी। दुख इस बात का है कि यह अभिनन्दन ग्रन्थ देखने के लिए नरेन्द्र मोहन जी आज हमारे बीच नहीं हैं।

प्रस्तुत सम्पादित ग्रन्थ के लिए स्वर्गीय प्रो. (डॉ.) सरजूप्रसाद मिश्र जी (नागपुर) ने प्रो. डॉ. अर्जुन चव्हाण सर के मॉरीशस के यात्रावृत्तान्त पर एक अत्यन्त मौलिक और सारगर्भित लेख स्वयं की लिखावट में लिखकर भेज दिया था। शायद वह लेख उनके जीवन का अन्तिम लेख होगा। क्योंकि कुछ ही दिनों के बाद कोरोना की अवकृपा से वे हमारे बीच नहीं रहे। चव्हाण सर के प्रति उनके मन में अपनत्व और अभिमान था। वे कहते थे कि "अर्जुन की ऊँचाई देखकर मुझे गर्व होता है क्योंकि वह मेरा स्टुडेंट है। उनके जीवन के कई पहलुओं से मैं जुड़ा हूँ।" मिश्र जी के लेख में दो संदर्भ देने के रह गये थे। जब उनसे सम्पर्क किया तब उन्होंने तुरंत दोनों संदर्भ के पृष्ठ क्रमांक बता दिए। एक दो शब्द समझ में नहीं आ रहे थे जो उन्हीं के सन्दर्भ से थे। जब उनसे पूछा तब उन्होंने कहा कि "अरे, जाने दो। उसे छोड़ो क्योंकि अर्जुन मुझसे बहुत बड़ा है। उसका कुछ छूटना नहीं चाहिए, वो देखो। वो उम्र में मुझसे छोटा है लेकिन सोच में मुझसे बड़ा है। एक गुरु के लिए इससे अधिक क्या चाहिए। आपको क्या बताऊँ यह यात्रावृत्तांत पढ़ते समय मैं ही समृद्ध होते गया।" हमारे गुरुवर के मार्मिक मूल्यांकन के लिए इससे बड़ी बात और क्या हो सकती है? उन्होंने फोन रख दिया था। दुख इस बात का है कि अपने प्रिय छात्र पर गर्व करने वाले प्रो. सरजूप्रसाद मिश्र जी भी आज हमारे बीच नहीं हैं। इस अभिनन्दन ग्रन्थ में प्रो. अर्जुन चव्हाण जी को जानने–पहचानने का अवसर देने वाले ऐसे अनेक लेख इसमें मिलेंगे।

कोरोना की अवकृपा से इस अभिनन्दन ग्रन्थ के तीसरे महत्त्वपूर्ण लेखक, डॉ. बाबासाहेब अम्बेडकर मराठवाडा विश्वविद्यालय, औरंगाबाद के प्रोफेसर संजय नवले जी भी हमारे बीच नहीं रहे। वे भी आलेख देकर अस्पताल चले गये और फिर कभी लौटे नहीं। आलेख लेखन के दौरान जब उनसे सम्पर्क हुआ तब उन्होंने कहा कि "डॉ. अर्जुन चव्हाण जी मेरे गाँव के हैं इसलिए इस सम्पादित किताब में मेरा आलेख रहना मेरे लिए सुनहरा अवसर होगा।

क्योंकि मैं उन्हीं को देखकर पला–बढ़ा–गढ़ा। उनसे मैंने कई बातें सिखी हैं। विशेष बात यह कि वे हमारे विभाग से हमेशा जुड़े रहें, विभाग प्रमुख कोई भी हो। इसका श्रेय उनके स्वभाव और विद्वता को जाता है। वे हमेशा सच्चाई के बाजू में अपने को रखते हैं। इसी कारण तो वे हम सबको अपने लगते हैं। वे हमारे बड़े भाई साहब हैं। इसलिए बड़े भाई के लिए लेख देना कोई बड़ी बात नहीं।'' और कुछ दिन बाद अर्थात दि. 13 मार्च, 2021 को अपना आलेख ईमेल द्वारा हमें भेज दिया। उन्होंने कहा था कि ''पुस्तक प्रकाशन और अभिनन्दन समारोह की सूचना मुझे अवश्य देना। मैं ज़रूर उपस्थित रहूँगा।'' लेकिन वे असमय ही चले गये। यदि वे आज होते तो उन्हें बहुत ख़ुशी होती।

प्रस्तुत ग्रन्थ में हम गुरुवर्य प्रो. अर्जुन चव्हाण का साक्षात्कार नहीं दे पायें। उसके लिए क्षमस्व। इस ग्रन्थ में हमें भी इसका अभाव खलता है और आप जैसे प्रबुद्ध पाठक भी इस कमी को महसूस करेंगे। लेकिन स्थान और समय की सीमाओं के कारण वह सम्भव नहीं हो सका। मगर इसकी एक और महत्त्वपूर्ण वजह भी है कि गुरुवर का बचपन से लेकर आज तक का जीवन, शिक्षा–दीक्षा, साहित्य, शोध, जीवन संघर्ष, उपलब्धियाँ, संकल्प और सन्देश आदि को संक्षेप में समेटना भी आसान नहीं था। लेकिन भविष्य में इन समग्र विषयों पर व्यक्त विचारों सें संबंधित उनके कई साक्षात्कारों का स्वतंत्र ग्रन्थ प्रकाशित करने का मानस है। वह भी थोड़े ही दिनों में प्रकाशित होगा। हम उन सबके प्रति धन्यवाद ज्ञापित करना अपना दायित्व समझते हैं जिन्होंने इस ग्रन्थ के संकल्प को सिद्धि तक पहुँचाने में अहम भूमिका निभाई। हम उन विद्वानों, आलोचकों, लेखकों और मित्रों के प्रति कृतज्ञता व्यक्त करते हैं जिन्होंने अपने लेख समय पर लिख कर भेजे। इससे संपादक का हौसला बढ़ता गया। इस बौद्धिक योगदान के लिए सभी का आभार। गुरुवर्य प्रो. अर्जुन चव्हाण सर का हार्दिक आभार कि उन्होंने इसके लिए अनुमति प्रदान की। गुरुवर्य के परिवारजनों के प्रति हम कृतज्ञता ज्ञापित करते हैं जिन्होंने सम्पादकीय आग्रह का स्वीकार कर हमारे गुरुवर्य के बारे में लेख भेज दिए। शिवाजी विश्वविद्यालय के मा. कुलपति, मा. समकुलपति तथा अन्य अनेक विश्वविद्यालयों के कुलपति, समकुलपति तथा परामर्शदाताओं का विशेष आभार। आप सबके असीम सहयोग और अगाध प्रेम से यह कार्य सुचारु रूप से संपन्न हो सका। संपादन कार्य से जुड़े हमारे सभी गुरुबंधुओं तथा बहनों का संकल्प एवं सक्रिय सहयोग संस्मरणीय कहना होगा। मुद्रित शोधन में डॉ. अशोक मरळे जी का सहयोग मिला। उनके प्रति हम ऋणी हैं।

वाणी प्रकाशन के निदेशक श्री अरुण माहेश्वरी जी का विशेष आभार जिनके कारण एक सारगर्भित, संस्कारित और मौलिक ग्रन्थ हिन्दी साहित्य जगत् में सुचारु रूप से प्रकाशित हुआ। अन्त में जिज्ञासा है कि इस विचारग्रन्थ के बारे में एक संवेदनशील पाठक के नाते आप क्या कहना चाहेंगे? प्रतिक्रिया की प्रतीक्षा में...

–डॉ. मनोहर भंडारे

अनुक्रम

खण्ड—4 : आदिवासी विमर्श

खण्ड—5 : किसान विमर्श

खण्ड—6 : अल्पसंख्यक विमर्श

खण्ड—7 : बाल विमर्श

खण्ड—8 : वृद्धावस्था विमर्श

खण्ड—9 : दिव्यांग/विकलांग विमर्श

खण्ड—10 : किन्नर विमर्श

खण्ड—11 : शिक्षा विमर्श

खण्ड—12 : राष्ट्रीय विमर्श

खण्ड–13 : पत्रकारिता विमर्श

खण्ड–14 : अनुवाद विमर्श

खण्ड–15 : कला विमर्श

खण्ड–16 : पर्यावरण विमर्श

खण्ड–17 : लिव–इन–रिलेशनशिप विमर्श

द्वितीय भाग

खण्ड–18 : भाषा विमर्श

तृतीय भाग

खण्ड–19 : प्रो. अर्जुन चव्हाण जी का प्रतिनिधि साहित्य विमर्श

चतुर्थ भाग

खण्ड–20 : विचार–चिंतकों के आईने में अर्जुन चव्हाण : व्यक्ति विमर्श

खण्ड–21 : विश्वविद्यालयीन कर्मभूमि में प्रो. अर्जुन चव्हाण : कृति विमर्श

खण्ड–22 : मित्रों के आईने में परिलक्षित प्रो. अर्जुन चव्हाण

खण्ड–23 : स्नेहसूत्रों के आईने में अभिलक्षित प्रो. अर्जुन चव्हाण

खण्ड–24 : शोध–छात्रों के आईने में आलोकित प्रो. अर्जुन चव्हाण

खण्ड–25 : विदेशी विद्वज्जनों की निगाहों में प्रो. अर्जुन चव्हाण

प्रथम भाग

खण्ड-1 : जनवादी विमर्श

जनवादी विमर्श

काशीनाथ सिंह

पिछले कुछ सालों से जनवादी साहित्य के नाम पर कुछ ऐसा हो रहा है जो मेरी समझ के बाहर पड़ रहा है। मुझे लगता है कि इसे बहुत से लोग महसूस कर रहे हैं लेकिन किसी वजह से कह नहीं पा रहे हैं। शायद कहने में खतरा है– विरोध या अपने लोगों के खिलाफ हो जाने का, क्योंकि किसी लेखक को जन–विरोधी साबित कर देना मुश्किल काम नहीं है। मगर इस समस्या का सम्बन्ध यदि जनवादी लेखन से ही है तो इस पर विचार हमीं को करना है–आज करें या कल!

जब से साहित्य के हल्के में राजनीति की चर्चा ने ज़ोर पकड़ा है तब से एक उल्टी प्रक्रिया शुरू हुई है। पहले लोग अपनी स्वाभाविक प्रवृत्ति के मुताबिक साहित्य में जाते थे। फिर साहित्य की सामाजिक भूमिका, जनसंघर्ष की चेतना और व्यवस्था–परिवर्तन की आवश्यकता उन्हें अपने आप राजनीति के पास ले जाती थी, लेकिन इधर अनेक उत्साही युवक साहित्य में जगह पाने के लिए राजनीति में जा रहे हैं और यह मानकर चल रहे हैं कि जो लिखेंगे, अच्छा ही होगा। अगर कोई कहता है कि अच्छा नहीं है तो उनका तर्क होगा की क्रान्ति के दौर में इसी स्तर का साहित्य सम्भव है। उनके पास जिरह करने की बुद्धि है और अपनी बात के सबूत में मार्क्सवाद की धाराएँ हैं– आप कुछ नहीं कर सकते। ऐसे लोग जब साहित्य आजमा चुकने के बाद निराश हो जाते हैं तो राजनीति से भी अलग हो जाते हैं। इससे साहित्य का तो कुछ बिगड़ता नहीं दिखायी पड़ता, लेकिन राजनीति का बिगड़ता है।

मगर सच कहिए तो साहित्य का भी बिगड़ता है। कई शहरों का आपको भी अनुभव होगा। आपको भी लगा होगा कि हर शहर में कोई न कोई लेखक 'ज्ञान' देने के लिए जगह–जगह भटक रहा है और कोई नहीं मिल

रहा है तो आप ही के पास चला आया है या इसलिए आ गया है कि वहाँ के लोग उसकी नजरों में इस काबिल नहीं रह पाये हैं। वह आता है और जब समझाना शुरू करता है तो ऐसा लगता है जैसे अभी–अभी कुहासा छंट जायेगा और चारों तरफ रोशनी फैल जायेगी और–गोया साहित्य कोई 'पावर हाउस' हो और वह उसका 'चीफ एग्जीक्यूटिव इंजीनियर' हो। साहित्य की सारी जटिलताओं, समस्याओं और मुश्किलों को उसकी 'लाइन' इतना आसान कर देती है कि लिखना बेमानी लगने लगता है।

अब यही देखिए, मेरा दोस्त है– बड़ा प्यारा इंसान। वह आलोचक भी है और समझदार भी। वह बिचारा अपने दुबले–पतले शरीर पर साहित्य का कंट्रोल बोर्ड लादे है और परेशान है कि उसकी इच्छा और निर्देश की परवाह न करके लोग कैसा–कैसा लिख रहे हैं? चारों तरफ अजीब मनमानी और अव्यवस्था फैली हुई है वह साहित्य के उद्धार के लिए कृत संकल्प है। यानी, देखो साथी! तुम तब तक खराब लिखते रहोगे जब तक हमारी पार्टी नहीं ज्वाइन करोगे और खुदा न खस्ता ज्वाइन भी कर लेते होते तब तक अच्छा नहीं लिखोग, जब तक हमारा कहना नहीं मानोगे।

एक बार प्रगतिवादी आलोचक और 'कलम' के सम्पादक चन्द्रबली सिंह जी ने बातचीत के दौरान बताया था कि प्रगतिशील साहित्य को यांत्रिक और निर्जीव बनाने के कारणों में से एक पार्टी नेताओं की साहित्य में बेजाँ दखलन्दाजी भी रहा है। दूसरे हैं अपने जिले में पार्टी के संस्थापकों में से एक सम्मानित नेता जिनका सारा जीवन ही राजनीतिक कार्यों में गुज़रा है, उनसे जब भी बातें हुई हैं, उनका कहना है–'यह आप लोगों का जाति मामला है, जो निर्णय करें, काम को जैसे आगे बढ़ाएं –इस बारे में मैं या दूसरा कोई क्या सलाह दे सकता है? इसके सिवा तीसरे हैं (अब कहीं नहीं हैं) 'आमुख' पत्रिका के सम्पादक कंचन कुमार। उन्होंने धूमिल को मशविरा दिया था–'लेनिन की कविताएँ पढ़ो।' धूमिल ने कहा–'अगर लेनिन कभी है तो माइकोव्स्की क्या है?'

यह सच है कि धूमिल या दूसरे हमारे लिए प्रमाण नहीं हो सकते, लेकिन प्रगतिवादी लेखन की असफलता हमारे लिए सबक ज़रूर हो सकती है। साहित्य पार्टी की नीतियों को लागू करने के लिए नहीं होता। न ही पार्टी और साहित्य एक–दूसरे के पर्याय है और न साहित्य राजनीति का अनुवाद है। पिछले दिनों माओं के येनान भाषण और लेनिन के 'पार्टी संगठन और पार्टी साहित्य' का ख़ूब उल्लेख किया गया। गड़बड़ी यह हुई कि एक तो इनके विचारों को उन्हीं के सामाजिक–राजनीतिक–सांस्कृतिक विश्लेषणों से काटकर देखा गया और दूसरे यह नजरअन्दाज कर दिया गया कि यह

वक्तव्य तब के हैं जब उनके देश क्रांति की दिशा में छलांग ले चुके थे। जो लेनिन सन् 1905 में साहित्य के दाँता और पेंच' होने की बात कर चुके थे, वहीं सन् 1910 में गोर्की और 'मदर' पर नहीं, तॉल्सतॉय पर लेख लिख रहे थे। बहरहाल एक सीधा सवाल उठता है कि साहित्य को 'समूचे मजदूर वर्ग के चेतन हरावल' द्वारा संचालित अभिन्न, महान सामाजिक जनवादी मिशन का 'दाँता और पेंच' होना चाहिए लेकिन कब? क्या भारत भी क्रान्ति के ऐसे दौर में आ चुका है?

सातवें दशक के अन्त में जब कहा गया कि 'साहित्य सामाजिक परिवर्तन का हथियार है' तो अनेक उत्साही लेखकों ने इसका अर्थ अभिधा में नहीं लिया, अपनी ओर से 'सामाजिक परिवर्तन' का मतलब 'राजनीतिक परिवर्तन' भी लगाया और जो लिखना शुरू किया, वह न साहित्य के काम का था, न क्रांति के काम का। हम जनवादी साहित्य रचने के बजाय क्रान्तिकारी साहित्य का 'भ्रम' लिखने लगे बग़ैर इस बात का खयाल किए कि यह 'भ्रम' बड़ी आसानी से 'फांसिज्म' के हित में चला जाता है, उन स्थितियों में जब इतने बड़े मुल्क की सबसे बड़ी जनसंख्या क्रान्तिकारी अगुवाओं के सम्पर्क से अलग–थलग पड़ी हो।

उसका असर यह हुआ कि जल्दी ही हमारी कहानियाँ थोड़े अनुभव और ज़्यादा सिद्धान्त की 'पैराफ्रेजिंग' होने लगी', हमारे चरित्र 'थियरेटिकल' होने लगे, कविताएँ सच्ची–झूठी स्थितियों की 'प्रेसी' बनने लगीं, हमारा 'सौन्दर्यशास्त्र' राजनीतिक मुहावरों और पारिभाषिक शब्दावली में रचनाओं का मूल्यांकन करने लगा। हमें जिस संघर्षरत ज़िन्दगी और परिवर्तन के लिए आकुल और सक्रिय शक्तियों को गतिशील और जीवन्त रूप में विश्वसनीय ढंग से चित्रित करना था–उसे मृत और जड़ के रूप में प्रस्तुत किया जाने लगा। ऐसा एक तो सातवें दशक के आरम्भिक दौर में उपनिवेशवादी साहित्य के फार्मूलों के प्रभाव की प्रतिक्रिया में अपनी ज़मीन से जुड़ने के प्रयत्न का परिणाम था, दूसरे वस्तुस्थिति के दबाव के कारण सक्रिय राजनीति के साथ कंधे से कंधा मिलाकर काम करने के उत्साह का नतीजा भी था। इन नतीजों के चलते लाभ यह हुआ कि जो साहित्य बहुतों के लिए शौक का सामान था, हमारी लड़ाई का एक ज़रूरी हिस्सा और जरिया बन गया लेकिन नुकसान यह हुआ कि कलात्मकता की नाहक उपेक्षा के कारण उसका एक बड़ा भाग राजनीति का दुमछल्ला जैसा दिखायी पड़ने लगा। जबकि मेरी समझ में राजनीति और साहित्य मार्क्सवादी सिद्धान्तों पर आधारित बड़ी और छोटी अलग–अलग इकाइयाँ हैं जो एक सामान्य उद्देश्य से संचालित होकर एकजुट होती हैं। ये दो भिन्न कार्य प्रणालियाँ हैं जो अपने मूल मकसद में

अभिन्न हैं। एक प्रकार से राजनीति साहित्यकार के लिए साहित्य का व्यवहार पक्ष है। दोनों परस्पर एक–दूसरे से टकराते हुए आगे बढ़ते हैं–उनके बीच चलने वाला व्दंव्दात्मक सहयोग उन्हें समृद्ध और विकसित करता है। राजनीति सही होने पर लेखक अदना हुआ जा सकता है और गलत होने पर भी 'रेणु' और 'नागार्जुन' हुआ जा सकता है।

मौजूदा स्थिति में वामपंथी पार्टियों को देखते हुए अगर कोई लेखक कहता है कि 'हमें ही किसी पार्टी की ज़रूरत नहीं पड़ती, पार्टी को भी हमारी ज़रूरत पड़ती है। आप गलती पर गलती करते चलें–हम चूतिया नहीं हैं कि हर हालत में पीछे–पीछे लग रहें। हम पूरी मुस्तैदी और ज़िम्मेदारी से अपना काम करेंगे–अपने समय की तस्वीर को मार्क्सवादी दृष्टि से जैसा सही समझेंगे, लिखेंगे। उससे अगर आपका काम बनता है तो बनाइए' तो निश्चय ही इसमें किसी को 'व्यक्तिवाद' की गंध मिल सकती है, क्योंकि अगर यह मार्क्सवादी है तो किसी संगठन से जुड़ने के लिए बाध्य नहीं है। लेकिन यह भी तय है कि वह उससे जुड़ेगा तो अपने अनुभवों के विस्तार के लिए, निरन्तर जीवन के सम्पर्क में बने रहने के लिए, अपनी कलम की धार को पैना करने के लिए, लोगों की मानसिक भूख की ज़रूरत को पूरा करने के लिए, जन–संघर्ष को तेज़ करने के लिए, इसलिए नहीं कि अपने अलग काम या पेशे ऐसे की शख्सियत को –जिसे उसने अभ्यास और मेहनत के जरिए हासिल किया है–छोड़ दे। जब आप वह काम नहीं कर सकते तो आपके बस का है, तो वह काम क्या करेंगे जिसकी ज़रूरतें हैं रोजाना आपकी सीमाओं को ललकारा करती हैं। कृपया आप वहीं रहें, जहाँ ईमानदार रह सकें।

जिन स्थितियों में जनवादी साहित्य नहीं उभार हासिल कर सका, उस का जायजा लेने के बाद ही यह निर्णय लिया जाना चाहिए कि हमारी रचनाओं का स्वरूप क्या हो? मेरा खयाल है कि प्रगतिवादी आन्दोलन के दौरान सन् 40–45 के आसपास उन प्रवृत्तियों ने भारतीय साहित्य में घुसपैठ शुरू की जिन्हें हम 'औपनिवेशिक' कहते हैं और जो दूसरे महायुद्ध के दौरान अमरिका, इंग्लैंड और फ्रांस के साहित्य के मार्फत भारत में निर्यात हुई थी। आजादी और तेलंगाना–विद्रोह के दमन के बाद वे लगभग स्थापित–सी होने लगी। इसकी एक वजह प्रगतिवादियों की आपसी फूट थी और दूसरी उन्हें सहज ही उपलब्ध सुविधाएँ, प्रचार के माध्यम, समर्थन और विज्ञापन में समर्थ पूँजीवादी संरक्षण और सरकारी तन्त्र की मदद थी। यही यह भी स्वीकार करने में हिचक नहीं होनी चाहिए कि प्रगतिवाद का रचनात्मक साहित्य यदि कमज़ोर पड़ता है तो इसलिए कि उसने अपनी शक्ति की खोज जनता और जीवन में न करके मार्क्सवाद और सिद्धान्तों में शुरू कर दी थी। यह ख़ुद

उसके भीतर पनप रही बुर्जुआ प्रवृत्तियों के लक्षण की सूचना थी। बहरहाल सन 1950 के बाद प्रयोगवाद, नई कविता, नई कहानी में दो जीवन–दृष्टियों और साहित्य सिद्धान्तों की टकराहट रचनात्मक स्तर पर भी दिखायी पड़ती है, लेकिन प्रगतिशील संस्कारों वाली रचनाओं का स्वर या तो सामंजस्यपूर्ण है या दबा या संयत या उपेक्षित। गाँव और अँचल की चर्चा इन साहित्यों के इसी अन्तर्विरोध की देन थी। भारत–चीन युद्ध और कम्युनिस्ट पार्टी के विघटन के बाद तो प्रगतिशील संस्कारों वाली रचनात्मक प्रवृत्तियों ने जैसे बुर्जुआ साहित्य के आगे आत्मसमर्पण कर दिया।

लेकिन फिर साहित्य में बदलाव आना शुरू हुआ 1968–69 ईसवी के बाद जब बंगाल के नक्सलबाड़ी किसान आन्दोलन ने अखिल भारतीय स्तर पर लेखकों को जनचेतना और जनशक्ति का एहसास कराया। कहना चाहिए कि यह दूसरा मौका था जब साहित्य और राजनीति इतने करीब हुए कि जनता के दबाव के कारण ऐसे अवसरवादी लेखकों के स्वर भी जनवादी और उग्र हो उठे जो बुनियादी तौर पर जन विरोधी थे। प्रगतिवाद के जमाने से यह दौर इस अर्थ में भी न था कि वहाँ राजनीति ने अपने लिए साहित्य की ज़रूरत महसूस की थी और यहाँ साहित्य ने अपने लिए।

बाद के दिनों में तो ज़रूरतों का यह अलगाव भी मिट गया। बातें 'जनता', 'किसान', 'सर्वहारा', 'मजदूर', 'जनता का साहित्य', 'जनवादी साहित्य' की होती रही और साहित्य क्रान्तिकारी दौर का लिखा जाने लगा। बंगाल और श्रीकाकुलम से प्राप्त खबरें हिन्दी प्रदेश में घटित वारदातें मालूम पड़ने लगी और हमारे कान खड़े हो गये। अपने आसपास का माहौल उन स्थितियों के लिए तैयार करने लगा जिनका हमें अर्से से इन्तजार था। अपने पिछड़ेपन की झेंप मिटाने के लिए हम वर्तमान को नजरअन्दाज करके भविष्य में कतारबद्ध होने लगे। (वस्तुतः वह अन्तर्राष्ट्रीय कम्युनिस्ट जगत् के अन्तर्विरोधों से जन्मे सम्भावित विशाल नाटक के एक दृश्य का रिहर्सल था जिसे भारतीय कम्युनिस्ट खेल रहे थे और दक्षिणपन्थी ताकतें जिसकी मात्र दर्शक नहीं थीं।) उस समय हमने यह ध्यान नहीं दिया कि नक्सलबाड़ी भी क्रान्ति है या क्रान्ति का नारा। यह साबित हो गया कि जिस तरह नारा क्रान्ति नहीं होता, उसी तरह साहित्य भी नारा नहीं होता। लेकिन अपने शहर में दीवारों पर नारे देखकर–क्रान्ति का जन्म बन्दूक की नली से होता है। लेखकों को लगने लगा कि साहित्य का जन्म भी वहीं से होता है लेखकों के आयोजन और मंचों से साहित्यिक नहीं, राजनीतिक समस्याओं पर बहसें

होने लगीं और वह सारे लोग गलत लगने लगे, जिनकी आवाज़ में तैश या तुर्रा नहीं था।

जहाँ से जनवादी लेखन शुरू हुआ था, ऐसा 'अतिवाद' स्वाभाविक था। हमने यह सब जिस 'जनता' और उसके 'प्यार' के नाम पर किया, उसे खबर तक नही, कि कला और साहित्य में वह अपने दुश्मनों की संस्कृति के खिलाफ संघर्ष कर रही है कि उसकी तरफ से तेज़–तर्रार लेखकों की एक बड़ी जमात है कि उसकी अपनी अलग पत्रिकाएँ और साहित्य है। वह हमारे और दूसरों में फर्क नहीं कर पाती जो हम करते हैं। वह अपनी ज़िन्दगी के सारे मसलों पर सही और गलत, सच्चे और झूठे, अच्छी और खराब का भेद तो कर लेती है लेकिन साहित्य में 'अपने' और 'पराए' का भेद नहीं कर पाती। हम प्रतिष्ठानों की जिन पत्रिकाओं के खिलाफ जेहाद छोड़ चुके हैं, उन्हें वह बड़े चाव से पढती है। इस मायने में हम अब तक उनमें कोई चेतना ही नहीं विकसित कर सके हैं। और जाहिर है कि यह समस्या अकेले साहित्य हल भी नहीं कर सकता। इन बातों से क्या यह नतीजा नहीं निकलता कि हमारी एकतरफा मुहब्बत है। जनता हमें नहीं, हम जनता को प्यार करते हैं। प्यार के लिए जितनी आत्मीयता की ज़रूरत है, उतनी हमने सिद्धान्तों से सीखी है। जो उसे करीब से जानता है, वह नारा नहीं लगाता। यूँ भी गला फाड़–फाड़ कर चिल्लाने से हम सिर्फ 'तमाशा' बन सकते हैं। उसे अपने साथ चला नहीं सकते।

क्या इससे यह साफ़ नहीं होता कि जिसे हम 'जनता' कहते हैं, उसके लिए साहित्य भले वह जनवादी क्यों न हो–चन्द पढ़े–लिखे लोगों की मोटमर्दी है और जिसे 'जनवादी साहित्य' कहते हैं, जनता के लिए लिखा गया साहित्य नहीं, उसके हितों के पक्ष में लिखा गया साहित्य और इसे लिखने वाले अपनी सुविधाओं के साथ जनवादी हैं?

ऐसा न हो, तब भी मैं कलात्मकता की चर्चा करना चाहूँगा इसलिए कि यह भाववादी, शौकिया और व्यावसायिक लेखकों के हिस्से की चीज़ मान ली गयी है। और यह सही भी है क्योंकि इनके पास इसके सिवा कुछ नहीं है। लेकिन किस तरह कला से निश्चिन्त होने पर रचनाएँ अखबारी सूचनाएँ ही बन जाती हैं और आकर्षण खो बैठती हैं– इसका प्रमाण आज की अधिकांश वामपन्थी पत्रिकाएँ हैं। मेरे जेहन में साहित्य मानवीय संवेदनाओं के घात–प्रतिघात की गतिशील प्रक्रिया का भाषाबद्ध इतिहास है। जनवादी लेखक का काम है उस गतिशील प्रक्रिया का जीवन्त बिम्ब प्रस्तुत करना जो

पढ़ने वाले के मानसिक संसार में हलचल पैदा करें। इसकी पहली शर्त है रचना में पढ़ें जाने का आकर्षण। आप चाहे जैसी क्रान्तिकारी वस्तु दीजिए, यदि वह पढ़ने के लिए आमन्त्रित न कर सके, उत्साहित न कर सके, अपने को पढ़ डालने के लिए बाध्य न कर सके तो आप उसे बिसाती की तरह सिर और पीठ पर लादे या कांख में दबाए गली–गली घुमा कीजिए। उम्दा होंगी, अपनी बला से चाहे आप जितना 'वस्तुवाद', 'रूपवाद' चिल्लाया करें। दूसरी शर्त है, उस वस्तु की संवेदना को तीक्ष्णतम रूप में पाठक की चेतना के समस्त स्तरों पर फैला देना–इस कदर कि पढ़ने वाले को अहसास हो कि 'सच' का सिर्फ एक रंग है। यह कोई सम्मोहन क्रियाव्यापार नहीं है, यह सचेत पाठक के लिए इस्तेमाल में लाई गयी रचनात्मक क्षमता है जो एक लेखक से 'पत्रकार' होने की नहीं, कलाकार होने की माँग करती है।

रचनाकार के पत्रकार होने का भी वक़्त आता है लेकिन मुझे नहीं लगता कि वह वक़्त यही है। अगर सीधे 'अपील' करने वाला और जनता की समझ में आने वाला साहित्य ही श्रेष्ठ और महत्त्वपूर्ण है तो 'शील' 'शंकर', 'शैलेन्द्र' और 'रमेश रंजक' की तुलना में निराला, मुक्तिबोध और धूमिल क्यों श्रेष्ठ और महत्त्वपूर्ण लगते हैं? क्या वे जनता के कवि हैं और ये जनता की समर्थकों के? या ये दोनों साहित्यिक मोर्चे के अलग–अलग अनुभाग हैं जहाँ दोनों की अलग–अलग भूमिका एक आवश्यक है?

दूसरी ओर हमारे बहुत से साथी–लेखक आज भी कहानियों में मुक्तांचल बनाए चले जा रहे हैं। उनके यहाँ मालिक और मजदूर तथा जमींदार और असामी के बीच मोर्चाबन्दी चल रही है। जो काम सन् 1947 के तत्काल बाद संगठन–पार्टी नहीं कर सकी, सन् 1967 की संविद सरकारों के बाद विघटित पार्टी का एक ग्रुप नहीं कर सका, वह काम उन्होंने अपने हाथ में ले रखा हैं और कागज पर मुक्ति–संग्राम चला रहे हैं। इसे कौन देख रहा है, केवल हम और आप। ऐसा भी नहीं कि इसे मजदूर–किसान पढ़ रहे हैं और हथियार उठा रहे हैं। ऐसे भी यह सुनकर कि अमुक घर में आग लग गयी है, कोई अपने घर में अकारण सिर्फ दूसरे की सहानुभूति में आग नहीं लगाता। ऐसी अनेक जटिल समस्याएँ होती हैं जिनके बारे में आदमी सौ दफे सोचता–विचारता है। दिल्ली या महानगरों में बैठे–बैठे हमारे उंगली और कलम के इशारे पर कुछ नहीं होने का। क्रान्ति हुक्म नहीं है। हमारी बहुत–सी रचनाएँ और पत्रिकाएँ क्रान्ति के रास्ते पर चल रही हैं और हिन्दुस्तान 'फासिज्म' के रास्ते पर। हमने 'दूसरी आजादी देख ली है अभी

जाने कितनी आजादियाँ मिलेंगी और एक दिन ऐसा भी आ सकता है जब खुलेआम क्रान्ति के नामलेवा भी कितने रह जायेंगे--कहना मुश्किल है।

प्रेमचन्द के किसानों ने सन् 1930 में 'प्रेमाश्रम' में आन्दोलन किया था, लेकिन उसके बारह–तेरह साल बाद 'गोदान' में आन्दोलन करने लायक नहीं रहे। क्या यह उनका यथार्थ से मुकरना था या जन विरोध था? प्रेमचन्द कहाँ गलत थे--'प्रेमाश्रम' में या 'गोदान' में? इतना तक मानिए की मौजूदा हालत में बुर्जुआ साहित्य को न तो मिटाया जा सकता है और न उसे पढ़े जाने से रोका जा सकता है--मगर उसे छोटा और घटिया करके तो दिखाया ही जा सकता है। उसका जवाब यह नहीं है कि जो हम कर रहे हैं, उसका जवाब है उससे बेहतर साहित्य जो वस्तु और कलात्मकता के स्तर पर उससे ऊँचा हो। एक जनवादी लेखक के लिए कलात्मकता का अर्थ बुर्जुआ 'कला' से भिन्न और व्यापक होता है। कलात्मक महादेवी, जैनेंद्र, अज्ञेय भी हैं और निराला, प्रेमचन्द, मुक्तिबोध भी– और निश्चित रूप से दूसरी उससे चटख, गाढी, मोटी और लम्बी रेखा है। हमारे मौजूदा लेखन की तुलना में वर्तमान यथार्थ के गहरे अन्तर्विरोधों और प्रगतिकामी शक्तियों का समझदारी–भरा विश्लेषण कहीं ज़्यादा महत्त्वपूर्ण और रचनात्मक कम है। मुझे ख़ुद लग रहा है कि यह कहने में जितना आसान है, करने में उतना नहीं।

मैं क्रान्तिकारी हूँ– ऐसा कोई मुगालता मुझे नहीं है। मैं मार्क्सवाद का पण्डित भी नहीं हूँ, लेकिन लेखक की हैसियत से जिन पण्डितों को देख रहा हूँ, उसे देखते हुए लगता है कि मात्र पण्डित होना भी खतरनाक है।

ऐसे ही, अगर विजयदेव नारायण साही या अशोक वाजपेयी या निर्मल वर्मा, रामविलास शर्मा को गधा कहेंगे (पूर्वग्रह) तो उलट कि मैं उन्हें धोबी तो न कहूँगा लेकिन साही और शर्मा की समीक्षा कार्यों का अगल–बगल रखकर यह तो बता ही सकता हूँ कि साही साहित्य और राजनीति के बीच किस घाट के हैं?

सिकुड़ती सोच, चालाक शब्द, लाचार समय

सूर्यबाला

मुझे लगता है, मनुष्य को बचाए रखने की सबसे कठिन चुनौतियाँ आज हमारे सामने हैं... इस मनुष्य को, जो रेत होती संवेदनाओं और छीजते, बेजान होते रिश्तों के बीच लगातार वह अकेला ही पड़ता जा रहा है। आपसी भरोसे और एतबार का खत्म होते जाना और उसकी जगह बर्फ की तरह जमी भय तथा असुरक्षा की भावना, आज के आदमी का सबसे बड़ा नुकसान है। बात आतंक की करें या हिंसा, ग्लैमर और चकाचौंध की, अब तक के देखे–सुने समय का यह शायद सबसे शर्मनाक और तकलीफदेह चेहरा है। चिन्तित और हताश करने वाला। ऐसिड से झुलसे मासूम चेहरों वाला, भाई द्वारा भाई, पति द्वारा पत्नी (या पत्नी द्वारा पति), पुत्रों, पौत्रों द्वारा पिता, पितामहों की अमानवीय हत्याओं वाला समय। बीभत्स प्रतिस्पर्द्धाओं, गैंगरेपों... और 'पितृसत्ता' से खौफ खाने वाला समय तथा विध्वंसकारी शक्तियों के सामने घुटने टेकने के लिए बेबस, लाचार होता हुआ समय। सुबह से रात तक, बदहवास भागती एक आदमी की दिनचर्या, इतनी सूचनाओं और परस्पर विरोधी गतिविधियों से ठुंसी रहती है कि अपनों या परायों के दुख–सुख, मात्र सूचनाएँ होकर रह जाते हैं, उसके लिए। भावनात्मक सुरक्षा और संबल सिरे से गायब हो चुके हैं उसके जीवन से।

दृश्य माध्यम, भयानक हिंसात्मक–दृश्यों के बीच, फूहड़ कॉमेडी और हास्यास्पद दृश्य दिखा रहे होते हैं। इससे ज़्यादा खतरनाक और गलत कुछ नहीं हो सकता जब 'ध्वंस' और 'भयावह' को मज़ाक और खिलवाड़ के साथ पेश किया जायें तब कच्ची आयु वाले बच्चे (और बड़े भी) यदि बात–बात में कट्टे, रिवॉल्वर चला दें, तो आश्चर्य क्या! इंडियन आयडल (जुनियर) शो के ऑडिशन में एक प्यारी–सी–सजी–धजी बच्ची ने 'आइटम–सॉग्न्स' के इतने

अभद्र और अश्लील गाने (एक के बाद एक) गाए कि निर्णायकों के सिर शर्म से झुक गये। बाद में बच्ची की माँ को बुलाकर समझाने की कोशिश की गयी कि अनजाने वह अपनी बच्ची के बचपन के साथ कितना बड़ा अन्याय कर रही है। लेकिन माँ की बातों से साफ़ जाहिर था कि उसे सिर्फ बच्चे के न चुने जाने और शो से मिलने वाले पैसों और पब्लिसिटी के हाथ से निकल जाने का दुख था, बस। शेष बातें उसकी समझ से बाहर थी। मेरी समझ से ऐसी विरूपताओं से ज़्यादा भयावह उनके मूल में पलने वाली हमारी सोच है। हर तरह की सफलता और सार्थकता को हमने 'उपार्जन' के साथ जोड़ दिया है। इसीलिए चारों ओर 'धन' का आतंक है। अर्थ के 'अनर्थ' की आज से ज़्यादा दुर्भाग्यपूर्ण मिसालें मिलनी मुश्किल हैं।

एकांगी सचाइयों का कोलाज

लेखन के केन्द्र में हमेशा उसका समय और मनुष्य ही रहा है। रचनाकार की पूँजी होता है, उसका समय और जीवन। लेकिन इस पूँजी को शब्दों में खरचने की ज़िम्मेदारी बहुत बड़ी होती है। बेशक, इस दायित्व का वहन हो रहा है। अलिप्त कोई नहीं है–न नये, न पुराने। लेकिन ऊपर–ऊपर शब्दों की सतह पर बेशुमार भीड़–भाड़ और सरगर्मी के बावजूद, समाज और मनुष्य के हितों से ज़्यादा अपनी स्थापनाओं से जुड़े स्वार्थ और हित आडे आ रहे हैं। आग्रहों–पूर्वाग्रहों और दुराग्रहों की भूमिकाएँ आज शायद ज़्यादा महत्त्वपूर्ण हो गयी हैं। जीवन मूल्यों पर होते प्रहारों का प्रतिरोध हमारी प्राथमिकताओं में शामिल नहीं। ऊपरी और एकांगी सच्चाइयाँ ही अपनी आवाज़ें बुलन्द कर रही हैं। शब्दों में रचा जाता जीवन, खण्डित सच्चाइयों का एक ऐसा कोलाज महसूस होता है जिसमें समस्याओं और जटिलताओं को विमर्शों के टुकड़ों में बाँट कर अपने–अपने पालों में कर लिया जाता है। कुछ उसी तरह जैसे गम्भीर रूप से अस्वस्थ रोगी को देखने वाले अलग–अलग चिकित्सक, उसके गुर्दे, मस्तिष्क, हृदय, फेफड़ों आदि अंगों को बाँट कर इलाज करते हैं। हर डॉक्टर सिर्फ अपने अंग के लिए ज़िम्मेदार होता है। उसकी दवा से दूसरे अंग को होने वाले नुकसान से उसका कुछ लेना–देना नहीं होता। वह सिर्फ एक 'ऑरगन' भर को दुरुस्त रखने के लिए ख़ुद को जवाबदेह मानता है।

अवसादी सन्नाटे के शब्द

विडम्बना यह भी कि शोर शराबे और गहमागहमियों से दूर, चुपचाप किए जा रहे मूल्यपरक लेखन का पढ़ने वालों तक पहुँचना आसान नहीं।

क्योंकि साहित्य के राजमार्गों पर धूम–धड़ाकों का ट्रैफिक जाम है। यहाँ भी बाज़ार का वर्चस्व और 'सवर्णों' का आधिपत्य। इस घमासान के बीच से रास्ता निकालना, हर रचनाकार के बूते की बात नहीं... वरना छोटे शहरों और कस्बों तक में किया जा रहा लेखन विश्व स्तरीय मानकों के समकक्ष रखा जाने योग्य है। ऐसे अनेक कथाकारों में पिछले दिनों पढ़ी तरसेम गुज़राल की 'बेदरी दीवार' और 'लोग कहेंगे' जैसी कहानियाँ जीवन की तमाम बेरहमियों के बीच भी भाव–संवेदना की मार्मिकता और मूल्यों को बचा ले जाने की बेचैनी से भरपूर लगी। इसके अलावा हृदयवेश जी की आत्मकथा तथा शिवमूर्ति की इधर की दो उपन्यासिकाएँ आज के जीवन के विद्रूप को जिस छद्महीनता से उजागर करती हैं, वह समय और शब्दों के बीच एक जेनुइन संवाद स्थापित करती हैं। इसी तरह कवि एकान्त श्रीवास्तव की पुस्तक 'पानी भीतर फूल' जीवन के न्यूनतम और सहज के बीच जीने का विलक्षण कौशल सिखाती है। स्वयं मेरी, सप्ताहांत का 'ब्रेक फास्ट' तथा 'वाचाल सन्नाटे' में जिस तरह जीवन में पैठती ऊब, उपेक्षा और उदण्ड संवेदनहीनता उजागर हुई है, वह आज हममें से हर किसी के अन्दर बजते अवसादी सन्नाटे की प्रतिध्वनि ही है।

देह से गुज़रता उपलब्धियों का रास्ता

राजनीति की तरह लेखन में भी कॉफ़ी बारीक चालाकियाँ बरती जा रही हैं। अब जैसे यही कि स्त्री–लेखन की नई पौध को उकसाया जाना कि तुम्हारी आजादी का रास्ता तुम्हारी देह से होकर गुज़रता है और यह भी कि बोल्ड और दुस्साहसी लेखन ही उनकी लेखकीय प्रतिबद्धता की प्रामाणिकता सिद्ध करता है। स्त्री–रचनात्मकता को बरगलाने वाली ऐसी साजिशों को आने वाला समय कभी माफ़ नहीं करेगा... लेकिन यह भी सच है कि तब तक तो पानी हद से गुज़र चुका होगा। दुखद आश्चर्य इस 'ट्रेंड' के पक्ष में खड़ी स्त्री पर भी है जो रंग–बिरंगे कंचों–सी बिखरी जाती इन चालाकियों को उलट–पुलट कर देखने और सच्चाई जानने की कोशिश किए बिना अपनी स्वतन्त्र चेता शक्तियों को इतनी छोटी शर्तों पर तौलने को तैयार हो जाती है। देह की क़ीमत पर मिली उपलब्धियों के पक्ष में खड़ी आज की उत्तर आधुनिकता आजादी, बनाम स्वच्छन्दता, बनाम निरंकुशता के बीच की विभाजक रेखाएँ क्रमशः गायब करती चली गयी है।

परिवार और विवाह जैसी संस्थाओं के विपक्ष में दी जाने वाली दलीलों से पूरी तरह सहमत होते हुए भी यह सच है कि पूरब से पश्चिम तक

इनके बेहतर विकल्प अभी तक नहीं तलाशे जा सके हैं। तब अपने उपलब्ध औज़ारों को नष्ट या पूरी तरह खारिज करने के बदले उनमें समयानुकूल संशोधनों की तरकीबों के बारे में सोचना ज़्यादा ज़रूरी नहीं है क्या? 'लिव इन रिलेशनशिप' जैसे अन्यान्य प्रयोग पश्चिम में पिट चुके हैं और विवाह के प्रचलित रूप को ही स्थाई बनाने की चिन्ता वहाँ सर्वोपरि है। ऐसे में ग्लोबल लेवल पर असफल हो चुके प्रयोगों को जुनूनी ललक के साथ अपनाने की प्रवृत्ति इस 'समय' और 'शब्दों' के संवाद की मूल चिन्ताओं में शामिल होनी चाहिए। क्योंकि आज भी विदेशियों की दृष्टि में 'ड्रीम–सोसाइटी' वाली हमारी जो छवि है, उसे अपनी आँखों के सामने तार–तार होते देखने की सम्भावना आहत करने वाली है। पश्चिम अपनी सोच और संस्कृति में हमसे पूरी तरह अलग है। उस समाज में होने वाले बदलावों के अंधानुकरण से यदि हम नहीं संभले, तो ऊपर अपनी स्वतन्त्र सत्ता की ऐलानिया गर्वोक्ति और अन्दर–अन्दर, अकेलेपन, ऊब, हताशा और विक्षिप्तता जैसी पश्चिमी बीमारियों के संक्रमण से बच पाना भारतीय समाज के लिए असम्भव होगा।

इस सन्दर्भ में, पिछले अमेरिकी प्रवास के दौरान ज्यूडिथ एस. वॉलरस्टीन की, 'द अनएक्सपेक्टेड लैगसी ऑफ़ डिवोर्स', पश्चिमी समाज के विखण्डन से जुड़ी समस्याओं को समझने में मेरे लिए विशेष उपयोगी साबित हुई। पिछली पीढ़ी की प्रवासी लेखिका कमला मार्कण्डेय (अपेक्षाकृत कम जाना जाने वाला नाम...) के दो उपन्यास क्रमशः 'नेक्टर इन सीव' और 'अ हैंडफुल ऑफ़ राइस' हर तरह की आपदाओं और जिजीविषा के बीच चलते विपन्नों के जीवन चक्र के मार्मिक आख्यान लगे।

समकालीनता और नाटक

डॉ. नरेन्द्र मोहन

यह बात शुरू में ही समझ लेनी चाहिए कि नाटक को रंगमंच से और रंगमंच को नाटक से जुदा नहीं किया जा सकता। जब ऐसा करने की कोशिश की जाती है तो न नाटक रह जाता है न रंगमंच। यह इस माध्यम की ज़रूरी माँग है और जो नाटककार इस माँग के अर्थ को समझे बिना यानी रंगमंचीय अपेक्षाओं को पूरा किए बिना नाट्य–लेखन में प्रवृत्त होते हैं, वे चाहे कितना अच्छा 'साहित्यिक' नाटक लिखते रहें, सही अर्थों में उनकी कृति 'नाटक' नहीं होगी। हिन्दी में, दुर्भाग्य से, नाटक को 'साहित्यिक' और 'रंगमंचीय' वर्गों में बाँटने की जो अस्वस्थ प्रवृत्ति रही है, वह नाटक जैसे माध्यम की सही पहचान में बाधक बनी है। इस प्रवृत्ति की ओर हम इसलिए संकेत कर रहे हैं कि अब भी ऐसे नाटककार हैं जो नाटक में रंगमंच को समाहित किए बगैर रंगमंच के अनुभव से गुज़रे बिना नाटक लिखते हैं और उसे साहित्यिक–कृति के तौर पर छपवाकर गौरवान्वित महसूस करते हैं, यह सोचते हुए कि कभी–न–कभी किसी निर्देशक की नज़र उनके नाटक पर पड़ेगी और वह उसे खेलेगा–नाटक को रंगमंच के अनुकूल ढालेगा।

शिक्षण–संस्थानों, विश्वविद्यालयों का भी यही हाल है। वहाँ नाटक को पाठ्य पुस्तक के तौर पर ही पढ़ाया जाता है–ऐसी पुस्तक जिसके लिए विद्यार्थियों को रंगकर्म सम्बन्धी जानकारी देना ज़रूरी नहीं समझा जाता। दूसरे शब्दों में इसे नाटककार और रंगकर्मी, नाट्यालेख और रंग–कर्म सम्बन्धों की समस्या भी कह सकते हैं जिससे निपटना आज के पाठक, नाटककार, रंगकर्मी और नाट्य–समीक्षक के लिए ज़रूरी है। दूसरा पहलू है जहाँ रंग–कर्म ही रंग–कर्म, थियेटर ही थियेटर की मौज़ूदगी है और नाटक ग़ायब रहता है। कई बार नाटक के आधार को ग्रहण किए बिना लोग–बाग़

रंगमंच की कल्पना में तल्लीन हो जाते हैं। नाटक के लिखित रूप के बग़ैर कई निर्देशक एक काम–चलाऊ रूपरेखा बना लेते हैं और मंचन कर लेते हैं। न रंग–शब्द की परवाह, न रचना–प्रक्रिया का बखेड़ा! नाटक की रचना–प्रक्रिया को मंचीकरण की प्रक्रिया से जोड़कर देखने की इन्हें फ़ुरसत कहाँ? ध्यान दें नाटक की रचना–प्रक्रिया में समस्याओं, स्थितियों और चरित्रों को जिस संश्लिष्टता से पेश किया जाता है वह शब्द और रंग के अन्तर्संबंधों और ध्वनियों के साथ है। रचना–प्रक्रिया के दौरान नाटककार का ध्यान दृश्य पर ही नहीं, शब्द पर भी रहता है, शब्द भी ऐसा जिसमें क्रियात्मकता हो। नाटक की रचना करते वक़्त नाटककार को इस क्रियात्मकता का जितना ध्यान रहेगा उतना ही उसका नाटक सफल होगा। इस क्रियात्मकता का एहसास उसे तभी होगा जब वह पूरी रंग–प्रक्रिया के बीच उसका एक अंग बनकर जीये। रचना–प्रक्रिया और रंग–प्रक्रिया एक–दूसरे के विरोधी नहीं, एक–दूसरे के सहयोगी हैं, ऐसा इधर के लगभग सभी नाटककारों ने अनुभव किया है।

हिन्दी में रंगमंच को 'थियेटर' के पर्याय रूप में गढ़ा गया है। रंगमंच में वस्तु–पक्ष के साथ–साथ नाटक, रंग–भवन, रंग–शिल्प और अभिनय आदि सभी पक्ष शामिल हैं। यह बात भारतीय और पाश्चात्य रंगमंच सम्बन्धी अवधारणाओं और इतिहास से भी स्पष्ट है। संस्कृत का 'नाट्य' शब्द रंगमंच के इस व्यापक अर्थ को बेहतर व्यंजित करता है। जयशंकर प्रसाद इसी 'नाट्य' शब्द से परिचालित हैं। ग़ौर करने की बात है कि अपने समय की रंग–संस्थाओं के प्रसाद जी के अनुभव अच्छे नहीं थे। बनारस में अपने नाटक 'चन्द्रगुप्त' के मंचन को देखकर वे रो दिए थे। तभी उन्होंने 'रंगमंच' नामक अपने निबन्ध में लिखा था 'नाटक रंगमंच के लिए नहीं, रंगमंच नाटक के लिए है।' कारन्त जी को यह श्रेय जाता ही है कि उन्होंने प्रसाद जी के नाटकों को दृश्य–विधान के संयोजन और नाट्य–संगीत द्वारा नयी रंग–शैली में ढाल कर उनकी शानदार प्रस्तुतियाँ कीं। हमारे पास एक ओर भारतीय रंगमंच तो दूसरी ओर पाश्चात्य रंगमंच की शानदार, समृद्ध और सुदीर्घ परम्पराएँ मौजूद हैं। हम जानते हैं कि कालान्तर में नाटक का विभिन्न दृष्टियों और धरातलों पर जैसे–जैसे विकास होता गया वैसे–वैसे रंगमंच का भी विकास होता गया। यह विकास सामाजिक ढाँचे में उत्तरोत्तर घटित होने वाले बदलाव से भी जुड़ा हुआ है।

सामन्तवादी व्यवस्था से पूँजीवादी व्यवस्था तक और पूँजीवादी व्यवस्था से समाजवादी व्यवस्था तक पहुँचने में सामाजिक और राजनीतिक पद्धतियों में जिस तरह परिवर्तन होते गये, वैचारिक दृष्टिकोण उभरते गये, उनकी छाप नाटक के कथ्य पर ही नहीं, पूरी नाट्य–संरचना पर पड़ती गयी। सामन्तवादी व्यवस्था में नाटक में नायक की परिकल्पना हावी रही मगर पूँजीवादी व्यवस्था में नायक की परिकल्पना खण्डित हुई और ढाँचा भी बदला। प्रसाद में ढाँचे और नायक दोनों का तनाव है। समाजवादी व्यवस्था में एंटी हीरो, अनायक सामने आया और ढाँचा कोरमकोर बदल गया। इस आधार पर थियेटर या रंगमंच का स्वरूप भी बदलता गया। उत्तर आधुनिक उपभोक्तावादी व्यवस्था में सम्बन्धों और सरोकारों में तेज़ी से परिवर्तन हुआ है हालाँकि बाज़ार की घुसपैठ से विकृतियाँ भी ख़ूब आयी हैं तो भी नाटकीय ढाँचा अधिक खुला और लचीला हुआ है। थियेटर ऑफ फैक्ट, थियेटर ऑफ एब्सर्ड, टोटल थियेटर, लिविंग थियेटर, अंडर ग्राउंट थियेटर, गोरिल्ला थियेटर, हेपनिंग, स्ट्रीट थियेटर, 'कहानी का रंगमंच', 'कविता का रंगमंच' आदि जो विभिन्न दृष्टियाँ, शैलियाँ और प्रवृत्तियाँ उभरी, वे इस बात का गवाह हैं कि सामाजिक संरचना में परिवर्तन नाट्य संरचना में भी कई रूपों और शैलियों में प्रकट होता है। इससे रंगमंच सम्बन्धी बुनियादी परिवर्तन हुए हैं जिसकी छाप नाटक के विभिन्न दौरों में देखी जा सकती है।

नाटक ने लोकजीवन के साथ साधारण आदमी के सुख–दुःख के साथ जुड़ने का जब भी प्रयत्न किया है तभी प्रचलित रंगमंचीय व्यवस्थाओं में तब्दीली हुई है। भारतेन्दु काल में इस बात के प्रमाण मौजूद हैं। इस काल में जन–जागरण के साथ नाटक को जन–जीवन के साथ सम्बद्ध करने के जो प्रयत्न हुए उसके ज़रिए रंगमंच के क्षेत्र में नये ढंग की गतिविधियाँ शुरू हुई। भारतेन्दु काल की रंगधर्मी सक्रियता, जो भारतेन्दु के 'अँधेर नगरी' और 'भारत–दुर्दशा' से शुरू हुई, से यह बात स्पष्ट है। पर जैसे ही लोकजीवन के साथ नाटक का सम्बन्ध शिथिल हुआ, रंगमंच का विकास भी अवरुद्ध हो गया, यहाँ तक कि नाटककारों के लिए रंगमंच का व्यावहारिक ज्ञान प्राप्त करना भी ग़ैर ज़रूरी समझा जाने लगा। रंगमंच नाटककारों के सरोकार का विषय न रहा। नाटकों को अभिनीत करने, उन्हें रंगमंच पर खेलने की चिन्ताएँ अब उन्हें नहीं सालती थीं। हिन्दी में ऐसे नाटक एक लम्बे समय तक धड़ल्ले से लिखे जाते रहे और उसी तरह पढ़े–पढ़ाए जाते रहे जिस तरह उपन्यास या कहानियाँ पढ़ी–पढ़ाई जाती रहीं। यह समय नाटक और

रंगमंच के एक–दूसरे से कट जाने का, अलगाव का था। नाटक और रंगमंच को एक–दूसरे के सन्दर्भ में, एक–दूसरे के आमने–सामने रखकर देखने की समझदारी उन दिनों कम दिखती थी। नाटक और रंगमंच को जितना नुकसान उन दिनों उठाना पड़ा उतना शायद कभी न उठाना पड़ा होगा।

समकालीनता–बोध के तीन दौर विशेष रूप से उल्लेखनीय हैं – पहला, स्वतन्त्रता–प्राप्ति से लेकर 1965 तक, दूसरा 1965 से लेकर 1980 तक और तीसरा 1980 से लेकर आज तक। ये तीनों दौर समकालीनता–बोध के अन्दरूनी सूत्रों से परस्पर जुड़े हुए हैं। हिन्दी में नये नाटक की शुरूआत छठे दशक में हुई। 1950–60 के दौर में कुछ ऐसे नाटक लिखे गये जिनमें रंगमंच को बुनियादी निष्ठा के रूप में ग्रहण किया गया। इन नाटकों में स्वच्छन्दतावादी भाव–भूमियों की अपेक्षा, यथार्थ के तकाज़ों की पहचान अधिक थी। ऐसे नाटकों द्वारा पाठ्य–नाटकों की धारणा टूटी और वे रंगमंच की अपेक्षाओं के अनुरूप ढले। जगदीशचन्द्र माथुर आज़ादी/विभाजन के सन्नाटे और सूनेपन की गहन अनुभूति को गहराने वाले, उस अनुभूति को रंग–कर्म में ढालने वाले पहले बड़े नाटककार हैं और कोणार्क एक बड़ी रंगकृति। कोणार्क में भारतीय और पाश्चात्य रंग परम्पराएँ एक हो गयी हैं। भारतेन्दु और प्रसाद के बाद, जगदीशचन्द्र माथुर और उनका नाटक कोणार्क मानवीय मूल्यों की टकराहट को व्यक्त करने वाला समकालीनता का प्रारम्भ करने वाला नाटक है।

एक कलाकार की कला प्रतिबद्धता को, कलाकार और राज्य के द्वन्द्व और संघर्ष को सृजित करने वाले नाटक के रूप में इसकी ध्वनियाँ आगे चलकर शंकर शेष के 'एक और द्रोणाचार्य', भीष्म साहनी के 'हानूश', सुरेन्द्र वर्मा के 'आठवाँ सर्ग' और प्रताप सहगल के 'अन्वेषक' में सुनी जा सकती हैं। धर्मवीर भारती और मोहन राकेश की नाट्य–कृतियों में नये नाटक की पहली बानगी प्राप्त हुई। तब तक हिन्दी नाटककार इब्सन, बर्नाड शॉ, चेखव, ब्रेख्त और बैकेट से अच्छी तरह परिचित हो चुके थे और इनका प्रभाव भी नये नाटकों की संरचना पर दिखने लगा था। धर्मवीर भारती के काव्य–नाटक 'अंधा–युग' में नयी नाट्याभिरुचि के संकेत बहुत स्पष्ट हैं। दिल्ली के फिरोज शाह कोटला के खँडहर और प्रकृति के मिले–जुले प्रभाव से रचित रंगमंच पर जब 'अंधायुग' खेला गया था तो इसने लोगों को तेज़ी से अपनी ओर आकर्षित किया था–युद्ध की विभीषिका, मूल्यगत त्रासद विघटन या संघर्ष के प्रश्नों के कारण ही नहीं, नाटक में व्याप्त रंगमंच की वजह से भी।

इसी बीच दुष्यन्त कुमार का काव्य नाटक 'एक कंठ विषपायी' सामने आया जिसमें शिव और पार्वती जैसे पौराणिक पात्रों के ज़रिये समकालीन यथार्थ को मूल्य धरातल पर व्यक्त किया गया। अज्ञेय के नाटक 'उत्तरप्रियदर्शी' में भी इस प्रवृत्ति को देखा जा सकता है।

यह तो सभी मानेंगे कि नये नाटक की रचना और नये रंगमंच को विकसित करने में मोहन राकेश का विशेष हाथ है। उनकी नाट्य कृतियाँ ('आषाढ़ का एक दिन', 'आधे–अधूरे', 'लहरों के राजहंस') के मंचीय प्रस्तुतीकरण के माध्यम से यथार्थ जीवन की नाट्य परिकल्पना को अत्यधिक बल मिला। 'आषाढ़ का एक दिन' और 'लहरों के राजहंस' में पौराणिक कथा–सूत्र को बेशक ग्रहण किया गया है, तो भी इन नाटकों के मूल में तत्कालीन युग की त्रासद स्थितियों की झलक देखी जा सकती है। 'आधे–अधूरे' में आज के व्यक्ति की कई तहों में लिपटी मानसिकता को, उसके खण्डित व्यक्तित्व को गार्हस्थ्य जीवन की संक्रान्त स्थितियों में रखकर देखा–पड़ताला गया है। मोहन राकेश के नाट्य–विधान की एक विशेषता है उसका 'नाटकीय शब्द' जिस पर उन्होंने विशेष बल दिया है। एक स्थल पर उन्होंने कहा है : 'थियेटर को अपना निश्चित मुहावरा शब्द से लेना होगा, दृश्य से नहीं। शब्द ही उसका आधारभूत चरित्र है।' मोहन राकेश शब्द की अनुगूँज को अभिनय का मूल आधार मानते थे। उनके नाटकों में इस अनुगूँज को कई स्तरों पर सुना जा सकता है। यह अनुगूँज पैदा हुई है शब्दों में हरक़त की वजह से। हरक़त की यह भाषा और भाषा की यह क्रियात्मकता समकालीन नाटक को एक अलग पहचान और हैसियत प्रदान करती है। स्त्री–पुरुष सम्बन्धों की तलाश का, नारी मुक्ति की क्रमिक विकास यात्रा का मोहन राकेश के बाद कई दृष्टियों से अगला पड़ाव हैं सुरेन्द्र वर्मा के नाटक, ख़ास तौर से 'सूर्य की अन्तिम किरण से सूर्य की पहली किरण तक'। सन् 1980 के बाद स्त्री पुरुष सम्बन्धों की चीर फाड़ करते हुए उन्होंने नया रंग मुहावरा तलाशा है।

एक अरसा बीत गया जब नाटकों में विसंगति या विसंगतिपूर्ण जटिल अनुभवों का काफ़ी बोलबाला रहा। इस विसंगति की जड़ें तब एक ओर लक्ष्मीकान्त वर्मा के नाटकों में दिखायी दी थीं तो दूसरी ओर विपिन कुमार अग्रवाल के नाटकों में जिन्हें लक्ष्मीनारायण लाल जैसे नाटककारों ने आगे बढ़ाया। यह विसंगति केवल कथ्यगत नहीं एब्सर्ड थियेटर से जुड़कर आयी थी। लक्ष्मीकान्त वर्मा के नाटक 'आदमी का ज़हर', 'रोशनी एक नदी है' और विपिन कुमार अग्रवाल के नाटक 'तीन अपाहिज' में एब्सर्ड थियेटर के प्रभाव

को लक्षित किया जा सकता है। ये नाटक भुवनेश्वर के विसंगति–बोध और एब्सर्ड थियेटर के नाटकों के क्रम में देखे गये थे। परम्परागत रूप के बजाये ये नाटक नये मंच की ज़रूरत का एहसास पैदा करते हैं। नाटकों में विसंगति और विद्रूप का चित्रण कथ्य और थियेटर दोनों रूपों में समकालीन नाटक का ज़रूरी हिस्सा प्रतीत होता है जो व्यंग्य नाटकों और इधर के नाटकों तक चला आया है। व्यंग्य और विसंगति में से अस्तित्व और विद्रोह के प्रश्नों की गुंजाइश निकाल लिए जाने को लक्ष्मीनारायण लाल, मुद्रा राक्षस, सुरेन्द्र वर्मा और रमेश बक्षी के कई नाटकों के रंग विधान में देखा जा सकता है। लक्ष्मीनारायण लाल के नाटक 'अब्दुल्ला दीवाना' में एब्सर्ड थियेटर और अस्तित्ववादी भावबोध का सम्मिश्रण अद्‌भुत है।

सामाजिक धरातल पर विद्रोह और संघर्ष को नाट्य–विधान का हिस्सा बनाने वाले कई महत्त्वपूर्ण नाटक विभिन्न नाट्य शैलियों में खेले गये हैं–'बकरी' का नौटंकी शैली में, 'सैंया भए कोतवाल' का तमाशा शैली में और 'चरणदास चोर' का छत्तीसगढ़ी बोली में प्रदर्शन आज भी लोगों को याद है। ये ऐसे नाटक हैं जो थियेटर ऑफ एब्सर्ड का निषेध करते हैं, साथ ही जनचेतना से सम्बद्ध मंच की सम्भावनाओं को खोलते हैं। इस दृष्टि से दयाप्रकाश सिन्हा का नाटक 'कथा एक कंस की' कई बार खेला गया है और निर्देशकों द्वारा मिथकीय पात्रों की अलग–अलग व्याख्याएँ स्वतः होती गयी हैं।

इन नाटकों की एक मुख्य प्रवृत्ति रही है कि मिथकीय कथा और चरित्र के ज़रिए विद्रोह और संघर्ष को व्यक्त किया जायें शंकर शेष के नाटकों, ख़ास तौर पर 'एक और द्रोणाचार्य' में मिथकों के ज़रिए समकालीन यथार्थ को गहराई और मार्मिकता से उघाड़ा गया है, जो उनकी नाट्य क्षमता का परिचायक है। इसकी प्रासंगिकता दिनोंदिन बढ़ रही है। पिछले दिनों समीप सिंह के निर्देशन में इसकी प्रस्तुति देखी तो दृश्यों के संयोजन में से दलित और आदिवासी पीड़ा के सन्दर्भ दर्शकों की चेतना में उभरते चले गये। विनय के 'पहला विद्रोही' में भी नहीं, रमेश बक्षी के 'देवयानी का कहना है' और मणि मधुकर के 'रसगन्धर्व' में भी इस क्षमता को देखा गया जहाँ पौराणिक पात्रों के ज़रिए शोषण और दमन के खिलाफ़ विद्रोह व्यक्त किया गया है। कुछ नाटकों में व्यंग्यात्मक रवैया भी उभरा है जैसे शरद जोशी के नाटकों 'अंधों का हाथी', और 'एक था गधा' में तथा कुसुम कुमार के नाटकों जैसे 'संस्कार को नमस्कार' और 'दिल्ली ऊँचा सुनती है' में। विभाजन की त्रासदी

की नयी निर्देशकीय परिकल्पनाओं के साथ असगर वजाहत का नाटक 'जिस लाहौर नई देख्या, ओ जमाई नईं' और नरेन्द्र मोहन का नाटक 'नो मैस लैंड' ख़ूब चर्चित रहे हैं। इधर जन नाटक और नुक्कड़ नाटक भी महत्त्वपूर्ण भूमिका अदा कर रहे हैं। इस बीच अन्य कई नाटकों ने भी ध्यान खींचा है जिनमें से मुख्य हैं रमेश गौड़ का 'एक और चक्रव्यूह', नाग बोडस का 'कृति–विकृति', सुरेन्द्र तिवारी का 'एक था राजा', प्रताप सहगल का 'रंग बसन्ती', रामेश्वर प्रेम का 'चारपाई', जयवर्धन का 'क़िस्सा मौजपुर का', गिरिराज किशोर का 'प्रजा ही रहने दो', मृणाल पाण्डेय का 'जो राम रचि राखा', सुशील कुमार सिंह का 'सिंहासन खाली है' और नन्द किशोर आचार्य का 'गुलाम बादशाह' आदि।

'कहानी का रंगमंच' नाम लेते ही देवेन्द्र राज अँकुर याद आते हैं और डेढ़ सौ के क़रीब उनकी प्रस्तुतियाँ। अँकुर की कहानी मंचन की अवधारणा से हटकर भी कई रंगकर्मियों ने कहानियों के मंचन किए हैं। इस तरह के रंगमंच का एक पैटर्न–सा बनता जा रहा है। नये प्रयोगों के अभाव में सब रुका–रुका सा है। कहानी के रंगमंच पर चूँकि अलग से लिख चुका हूँ, इसलिए कविता के रंगमंच पर थोड़ी बात कर लें। इधर कविता का रंगमंच तेज़ी से अपनी पहचान बना रहा है। विजय सोनी शायद पहले रंगकर्मी थे जिन्होंने लगभग 50 वर्ष पहले मुक्तिबोध की लम्बी कविता 'अँधेरे में' त्रिवेणी प्रेक्षा–गृह (दिल्ली) में रंगमंच की साइको फिजिकल (मनोशारीरिक) पद्धति से मंचित की थी। इससे पहले बादल सरकार ग्रोतोव्स्की के थियेटर के ध्वनि प्रभावों को लेकर तीसरे रंगमंच की परिकल्पना ज़रूर कर चुके थे मगर ग्रोतोव्स्की से प्रभावित होने के बावजूद विजय सोनी ने मनोशारीरिक रंगमंच द्वारा अमूर्त मन और देह–भाषा के अन्तर्संबंधों की प्रस्तुति 'अँधेरे में' जिस प्रकार की वह अलग और विलक्षण थी। तब यह उम्मीद जगी थी कि कविता के मंचन में नये–नये प्रयोग होंगे, लेकिन कविता के रंगमंचीय प्रयोगों का वैसा सिलसिला न बन पाया जैसा कहानी के रंगमंचीय प्रयोगों का। तो भी, छिट–पुट प्रयोग होते रहे। सुमन कुमार ने अँधेरे में का नाट्य रूपातंरण सन् 1996 में किया और कंवल नयन ने सन् 2007 में कविता के पाठ को बरक़रार रखते हुए 'अँधेरे में' को प्रभावशाली प्रस्तुति दी। तीन लम्बी कविताओं 'एक अदद सपने के लिए' (नरेन्द्र मोहन) 'शिशु होकर' (कंवलनयन कपूर), 'जलावतन' (पाल कौर) जैसी लम्बी कविताओं की संयोजन और निर्देशन में यह अभिनय और सारे मंच विधान का अद्भुत विन्यास नज़र आया।

कविता को लेकर अभिनय और अभिनय में कविता का यह माध्यम बड़ा चुनौतीपूर्ण है जहाँ एकल अभिनय के लिए बड़ी स्पेस है। इस स्पेस को तीनों कविताओं की प्रस्तुति में ख़ूब निभाया गया। इसी तरह शशि बरहानपुरकर ने औरंगाबाद में धूमिल की लम्बी कविता 'पटकथा' के पाठ को एकल अभिनय द्वारा बड़ी मार्मिकता से प्रस्तुत किया। आर.एस. विकल ने जहाँ मित्र जिन्ना और मंच अँधेरे में नाटकों के केन्द्रीय विचारों को मनोशारीरिक शैली में प्रस्तुत किया वहीं उन्होंने कविताओं और लम्बी कविताओं को भी मंचित किया हैं। विकल और विभा रानी ने 'शर्मिला इरोम' जैसी कविता को रंग पाठ की ध्वनियों के साथ अभिनयात्मक पाठ की जो शैली अपनायी कविता के रंगमंच में एक अलग ढंग का प्रयोग था।

इन दिनों कलकत्ता में उमा झुनझुनवाला भी कविताओं/लम्बी कविताओं के मंचन में जुटी हुई है। 'एक अग्निकांड जगहें बदलता ' और 'एक अदद सपने के लिए' जैसी लम्बी कविताओं को एक–दूसरे में घुलाकर उन्होंने एक रंगमंचीय पाठ तैयार किया और लिटिल थेस्पियन रंग–मंडली द्वारा खेला तो शब्द, रंग और अभिनय का ऐसा अनूठा कोलाज़ बना कि उसकी रंग ध्वनियों को दर्शकों की चेतना का हिस्सा बनते देर न लगी। कविता और रंगमंच को एक वेवलेंथ पर तानने की, शब्द की ध्वनियों से बिना कोई छेड़छाड़ किए, अभिनय में, रंग–शब्द में ढालने से कविता का पाठ रंग–पाठ में बदलता गया। कविता के रंगमंचन की यह शैलियाँ और प्रयोग रसास्वादन की अलग–सी प्रक्रिया का आभास देने लगी है और उनकी प्रस्तुतियों के अलग–अलग रूप सामने आ रहे हैं।

नाटक और रंगमंच, संगीत और गायन अगर नाटकीय कथ्य और अभिप्राय से जुड़ा हुआ न होगा तो वह अपने उच्च स्तर और चमक के बावजूद किसी काम का नहीं है। ज़रूरी है कि वह नाट्य व्यापारों और चरित्रों पर एक मार्मिक टिप्पणी के रूप में हो। उसका महत्त्व बढ़ जाता है जब वह शब्द और रंग में घुला हो। 'कबिरा खड़ा बाज़ार में' (भीष्म साहनी) कबीर के पदों की गायकी मुख्य हो गयी है और 'कहै कबीर सुनो भाई साधो' में पदों की गायन प्रस्तुति व्याख्यात्मक टिप्पणी के रूप में है। अपनी कई विशेषताओं के बावजूद 'ताजमहल का टेंडर' का संगीत और गायन नाटक की प्रस्तुति का हिस्सा नहीं है बल्कि फ़िल्मी गीतों और ट्यूनों के ऊपर से थोपे होने की वजह से अस्वाभाविक है और रंग विरोधी भी। 'बाणभट्ट की आत्मकथा' का मंचन भारी–भरकम सैटो के नीचे दब कर रह गया है। देवाशीष मजूमदार के

नाटक 'रंगमाटी' में स्टेडियो में अभिनेत्री की इंटरव्यू का सन्दर्भ स्वाभाविक है। वहाँ प्रकाश, अंधकार और संगीत परस्पर नाट्य–वस्तु में घुल–मिल गये हैं, उसके साथ संश्लिष्ट होते गये हैं।

रंगमंच और ललित कलाओं की पहचान के आधार, उनकी रचना पद्ध तियाँ, उपकरण और प्रवृत्तियाँ अलग–अलग हैं, पर वे अपनी–अपनी दुनिया में बन्द नहीं हैं, खुली हुई हैं। अपनी पहचान में सिकुड़ी हुई नहीं हैं बल्कि हर बार एक पहचान में से दूसरी पहचान को जन्म देती हैं। देवेश राय के नाटक 'समय असमयेर वृत्तान्त' में विडियो का प्रस्तुति प्रयोग नयी नाट्य ध्वनियों का संचार करने लगता है। बनाते और ढहाते हुए, पाते और मिटाते हुए, लीक से हटकर प्रयोग करते हुए निरन्तर अन्वेषित होते रहना उनकी प्रकृति है। छाज की तरह सार–सार को ग्रहण करती हुई कलाएँ, 'थोथे', ऊपरी और कृत्रिम को उड़ा देती हैं। समय के अनुरूप नवीनीकरण का यह उनका अपना ढंग है।

समकालीन–बोध के नये सवाल, नयी चुनौतियाँ सामने हैं और नाटककारों, रंगकर्मियों की नई पीढ़ियाँ इन सवालों और चुनौतियों से जूझ रही हैं। अस्मिता थियेटर द्वारा मंचित, अरविंद गौड़ द्वारा निर्देशित महेश दत्तानी का नाटक 'फाईनल सोल्यूशन' और राजेश कुमार का नाटक 'अम्बेडकर और गाँधी' राजनीतिक विमर्श को रंगमंचीय दृश्यों और गतियों में जिस तरह तानते हैं उस से पक्ष–प्रतिपक्ष, पवॉइट काँउटर पवॉइट बनते जाते हैं और देर तक दर्शकों की चेतना में विचारों और अभिप्रायों को गूँजाते रहते हैं। ऐसा ही तब हुआ था जब अरविन्द गौड़ के ही निर्देशन में 'मिस्टर जिन्ना' नाटक का मंचन हुआ था, बैन होने के बाद जे.एन.यू. के ओपन एयर थियेटर में जो मेरे लिए यादगार रंगमंचीय अनुभव बन गया।

इधर के दौर में चित्र–कला और नाट्य कला के अभिप्रायों और सरोकारों के अन्तरावलम्बन को लेकर महत्त्वपूर्ण प्रस्तुतियाँ हुई हैं जिनमें से सत्यव्रत राउत का नाटक 'तुम्हारा विन्सेंट' वॉन गॉग की जीवनी पर आधारित है। पढ़ने में ही नहीं, मंच पर देखने योग्य भी है। जीवनी के उद्वेलनकारी अनुभवों को गहरे आत्मीय रंग देने के लिए वान गॉग के पात्रों का रंगमंचीय उपयोग पूरे नाटक और प्रस्तुति को जीवन्त बनाए रखता है। इसी तरह स्वदेश दीपक के कोर्ट मार्शल, कृष्ण बलदेव वैद के 'भूख आग है', मछिन्द्र मोरे के नाटक जानेमन और दानिश इकबाल के 'दिल्ली जो एक शहर था' नाटकों में समकालीनता बोध के तीसरे दौर के सम्बन्धों और सरोकारों में सभ्यतामूलक

परिवर्तनों और संकटों की आहटें सुनी जा सकती हैं। उमा झुनझुनवाला का नाटक 'रेंगती परछाइयाँ' (निर्देशन : अज़हर आलम) और अज़हर आलम का नाटक 'रूहें' (स्वयं नाटककार द्वारा निर्देशित), मीराकान्त का नाटक 'उत्तर–प्रश्न' (निर्देशक सतीश आनन्द), घन याम कुमार देवांस का नाटक 'हस्तिनापुर की निर्वासित स्त्री' (निर्देशक सुरेश शर्मा) और ऋषिकेश वैद्य का नाटक 'मार्फ़ासिस' (निर्देशन बापी बोस) पढ़ने, देखने लायक हैं। 'मार्फ़ासिस' नाटककार अभिनेता–निर्देशक के अन्तर्संबंधों की, उनके बीच के गहरे तनावों और सन्तापों की बेहद झकझोरने वाली प्रस्तुति है–कई स्थलों पर अतिरेक की हदों को छूती हुई–मुक्तिबोध की लम्बी कविता अँधेरे में को रूपान्तरण की दृष्टि से कुछ ज़्यादा ही खींच दिया गया है।

समकालीनता बोध के जिन दौरों के साथ जिस मोड़ पर हम आ खड़े हुए हैं वह उपभोक्तावाद का विकट दौर है जिसके साथ बाज़ार बड़ी तेज़ी से आ जुड़ा है और बाज़ार की विकृतियाँ भी। रंगतन्त्र के बाज़ारवाद में रंगकर्मी पर, अभिनेता पर, प्रकारांतर से नाटककार पर कई तरह के दबाव हैं। जितनी चुनौतियाँ नाटककार के सामने हैं, उससे कहीं ज़्यादा रंगकर्मी (निर्देशक) के लिए हैं। बड़ी संस्थाओं के बड़े खेल हैं और छोटी–छोटी रंग–संस्थाएँ जैसे–कैसे जी रही हैं और नाटक कर रही हैं। अनुदानों के जाल–जंजाल में फँसती हैं, तो मरती हैं, नहीं फँसती हैं तो आख़िरी साँसे गिनने लगती हैं। रंगमंच के लिए जज़्बा ही हमें इस स्थिति से उबार सकता है, रास्ता बता सकता है, हमें बचा सकता है, हमारे चेहरे की धूमिल पड़ती स्मृति को लौटा सकता है, रंगमंच की प्रतिरोध क्षमता के प्रति हमें सजग रख सकता है।

सार्वजनिक चौराहों पर व्यक्तिगत चेहरे

प्रो. मैनेजर पाण्डेय

हिन्दी में आत्मकथा के लेखन की कोई विकसित परम्परा नहीं है और एक साहित्यिक विधा के रूप में आत्मकथा के स्वरूप पर विचार–विमर्श की स्थिति भी कोई बहुत अच्छी नहीं है। आत्मकथा से सम्बद्ध पत्र, डायरी और संस्मरण आदि का भी संग्रह तथा सम्पादन बहुत कम ही हुआ है। पिछले एक दशक से हिन्दी में आत्मकथा के लेखन की ओर लेखकों का ध्यान गया है और उसके महत्त्व पर भी बहस की शुरुआत हुई है। आत्मकथा का लेखक अपने पाठकों को अपने नितान्त निजी संसार, अपने निजी जीवन और अनुभवों का सहभागी बनाने के लिए आमन्त्रित करता है, इसलिए उसके सामने यह समस्या होती है कि वह जो कुछ कह रहा है उसे पाठक सच मानेगा या नहीं और अगर सच मानेगा तो कैसे। सन्त ऑगस्ताइन ने अपनी आत्मकथा में लिखा है कि "वे (पाठक) जब मुझसे अपने बारे में सुनते हैं तो यह कैसे मानेंगे या जानेंगे कि मैं सच कह रहा हूँ, क्योंकि एक मनुष्य के मन में क्या चल रहा है यह उसकी चेतना के अलावा और कौन जान सकता है?" आत्मकथा का लेखक अपने जीवन के बारे में कही हुई अपनी बातों को सच साबित करने या सच मनवाने की कोशिश करता है और उसके लिए वह कभी–कभी कुछ कौशलें का प्रयोग भी करता है। जो आत्मकथाएँ आत्मस्वीकार या कन्फेशन के रूप में लिखी गयी हैं उनमें भी पाठकों के सन्देहों को दूर करने और अपनी बातों को सच के रूप में रखने के कौशल का प्रयोग दिखायी देता है। ऐसा ही प्रयोग रूसो ने अपनी प्रसिद्ध आत्मकथा के अन्त में किया है। उन्होंने अपनी आत्मकथा के अन्त में एक प्रबुद्ध श्रोतावर्ग के सामने अपनी आत्मकथा को पढ़कर सुनाने की बात लिखी है और यह भी लिखा है कि उनकी आत्मकथा सुनने के बाद श्रोताओं पर क्या प्रभाव पड़ा।

रूसो को इस कौशल से भी सन्तोष नहीं हुआ, इसलिए उन्होंने अपनी आत्मकथा के अन्त में यह भी लिखा है कि ''मैंने सच लिखा है। अगर कोई व्यक्ति मैंने जो कुछ लिखा है उसके विपरीत कुछ सुनता है, तो वह सब झूठ है। ऐसे व्यक्ति को चाहिए कि वह मेरी बातों से सुनी हुई बातों की तुलना करे और वह भी तब तक जब तक मैं ज़िन्दा हूँ। अगर वह ऐसा नहीं करता तो वह न तो न्याय का मित्र है, न सच का। मैं बिना किसी भय के यह घोषणा करता हूँ कि अगर कोई व्यक्ति मेरे स्वभाव, चरित्र, व्यवहार और आदतों को ठीक से जाने बिना मुझे बेईमान कहता है तो वह स्वयं बेईमान है और उसकी बातों पर ध्यान देने की जरूरत नहीं है।''

अच्छी आत्मकथा लिखने के लिए यह आवश्यक है कि लेखक में अप्रिय सच कहने का साहस हो और उसके पाठकों में वैसे सच को सहने तथा स्वीकार करने का धैर्य भी हो। भारतीय साहित्य में आत्मकथा के अभाव का एक कारण शायद यह भी है कि यहाँ लगातार यह उपदेश दिया जाता रहा है कि सच बोलो, पर अप्रिय सच नहीं। ऐसे उपदेशों से जो मानसिकता बनती है वह अप्रिय सच कहने के साहस का नाश करती है और उसे स्वीकार करने के धैर्य का भी। इस मानसिकता ने भारतीय समाज में सच कहने पर तरह–तरह के प्रतिबंध लगा रखे हैं। इसीलिए भारतीय साहित्य में आत्मकथा की परम्परा विकसित नहीं हुई है। आत्मकथा का लेखक सच कहने का दावा करता है, पर वह सच को छुपाने की कोशिश भी करता है। मार्क ट्वेन ने ठीक ही लिखा है कि ''आत्मकथा सर्वाधिक सच्ची किताब होती है; यद्यपि उसमें सच को छुपाने, उससे बचने और उसको आंशिक रूप से ही सामने लाने की कोशिश होती है, फिर भी उसमें पंक्तियों के बीच में निष्ठुर सत्य छिपा रहता है। इसलिए लेखक की कोशिश के बावजूद पाठक उसके जीवन के सच को पहचान ही लेता है।'' भाषा से परे सच का अस्तित्व नहीं है, लेकिन शब्द सच को छिपाने में जितनी मदद करते हैं उससे अधिक सच को खोलने का काम भी करते हैं। शमशेर जब कहते हैं कि ''बात बोलेगी / हम नहीं।'' तब वे शब्द की उसी क्षमता की ओर संकेत करते हैं जो सच कहने से जुड़ी होती है।

प्रत्येक आत्मकथा लेखक के सामने सामाजिक मुखौटा और व्यक्तिगत ईमानदारी का द्वन्द्व होता है। यह बात कहने और सुनने में अच्छी लगती है कि व्यक्तिगत चेहरे को सार्वजनिक चौराहे पर लाना महत्त्वपूर्ण है, लेकिन आत्मकथा लिखते हुए ऐसा करना आसान नहीं होता। मुखौटै से अस्मिता

का द्वन्द्व आत्मकथा लेखन में बार–बार प्रकट होता है और लेखक को उस द्वन्द्व का सामना भी करना पड़ता है। एक अच्छी आत्मकथा यह बताती है कि जीवन जीना कितना मुश्किल काम है। हर व्यक्ति के जीवन में अनेक प्रकार के अन्तर्विरोध होते हैं और उन अंतर्विरोधों के बीच से ही उसका आत्म बनता–बिगड़ता है। जो लेखक ऐसे अन्तर्विरोधों पर पर्दा डालकर अपने स्वत्व की कथा कहने का प्रयत्न करते हैं वे ख़ुद को धोखा देते हैं और अपने पाठकों को भी। जो लोग अपनी सामाजिक छवि की चकाचौंध के शिकार होते हैं, अपनी सामाजिक छवि के प्रभामंडल का प्रभाव बढ़ाने तथा फैलाने के लिए आत्मकथा लिखते हैं, वे झूठी आत्मा की कथा कहते हैं। लेखक की सामाजिक छवि और अपनी अनुभूति के प्रति ईमानदारी की जो कशमकश होती है वह आत्मकथा में जितनी ज़्यादा उभरती है उतनी ही ज़्यादा आत्मकथा की कला चमकती है।

जो व्यक्ति अकेला, निरावरण, सहज और साधारण होने के सुख और महत्त्व को नहीं जानता वह अच्छी आत्मकथा नहीं लिख सकता। इसका अर्थ आत्मा की स्वायतत्ता के नाम पर अत्यन्तिक व्यक्ति की वकालत करना नहीं है और न वैयक्तिकता की बलि–वेदी पर सामाजिकता का बलिदान करना है। इसका मतलब केवल यह है कि अपनी सामाजिक छवि की चिन्ता के अतिरेक के कारण व्यक्तिगत और निजी के महत्त्व को आत्मकथा का लेखक अस्वीकार न करे तभी आत्मकथा में आत्म का नैतिक विश्लेषण सम्भव होता है और अपनी दुविधाओं की अभिव्यक्ति भी हो पाती है। बीसवीं सदी का अधिकांश साहित्य विभाजित स्वत्व का साहित्य है। इसीलिए आत्मकथा आधुनिकता की प्रतिनिधि साहित्यिक विधा है; क्योंकि उसमें विभाजित व्यक्तित्व या स्वत्व के द्वन्द्व को पूरी जटिल समग्रता के साथ अभिव्यक्ति मिलती है। मुक्तिबोध के सम्पूर्ण काव्य में यह सच्चाई बार–बार सामने आती है। इसलिए उनकी कविता गहरे अर्थों में आत्मकथात्मक कविता है, जिसमें 'मैं' से 'वह' के अलगाव तथा द्वन्द्व में स्वत्व के विभाजन के सच और एकीकरण की आकांक्षा व्यक्त हुई है।

स्वत्व के विभाजन की अनुपम अभिव्यक्ति रोलॉ बार्थ की आत्मकथा में हुई है। उन्होंने एक किताब लिखी है, जिसका नाम है 'रोलॉ बार्थ के बारे में रोलॉ बार्थ।' उसमें रोलॉ बार्थ के जीवन और लेखन का तटस्थ और निर्मम आकलन है। आत्मकथात्मक होने के बावजूद वह प्रचलित अर्थ में आत्मकथा नहीं है। उसमें बार्थ के जीवन से अधिक उनके लेखन की कथा है और

लेखन से लेखक के सम्बन्ध की भी कथा है। यह किताब आख्यानपरक नहीं है। उसमें परस्पर सम्बद्ध, फिर भी स्वतंत्र टुकड़ों को अक्षरादि क्रम से संकलित किया गया है, जिनमें कुछ टुकड़े प्रथम पुरुष में लिखे गये हैं और कुछ तृतीय पुरुष में। शीर्षक भी आकस्मिक है। रोलॉ बार्थ ने स्वयं लिखा है कि यह उनके विचारों की किताब नहीं है, बल्कि अपने ही विचारों का उनके द्वारा प्रतिरोध की किताब है। वे यह भी लिखते हैं कि अपने बारे में जो भी लिख रहा हूँ वह अन्तिम नहीं है। मैं जितना अधिक ईमानदार हूँ उतना ही व्याख्या के लिए तैयार भी। इस पुस्तक को पढ़ते हुए लगता है कि बार्थ अपना विश्लेषण नहीं कर रहे हैं, बल्कि अपनी विभिन्न छवियों को उलट–पुलटकर जाँचने–परखने और पाठकों के सामने रखने की कोशिश कर रहे हैं। इसी प्रक्रिया में उन्होंने अपने लेखन का आत्मसजग विश्लेषण भी किया है।

आत्मकथा पर विचार करते समय यह ध्यान देने की बात है कि आत्मकथा के लेखक ने अपने जीवन के किस मोड़ पर आत्मकथा लिखी है और क्यों। प्रायः आत्मकथाएँ वे ही लिखते हैं जिनको समाज में अपने महत्त्वपूर्ण होने का बोध या कभी–कभी भ्रम होता है; क्योंकि जो महत्त्वपूर्ण होता है उसी की ज़िन्दगी में दूसरों की दिलचस्पी होती है। लोग उसके जीवन के सच और झूठ को जानना भी चाहते हैं। एम.एफ. हुसैन ने अपनी आत्मकथा 'एम.एफ. हुसैन की कहानी अपनी जुबानी' तब लिखी जब वे चित्रकला की दुनिया में लगभग शीर्ष पर पहुँचे हुए थे। उनकी आत्मकथा में मक़बूल के हुसैन बनने की कथा तो है ही, हुसैन के मक़बूल (हरदिल अज़ीज) होने की भी कथा है। महात्मा गाँधी ने अपनी आत्मकथा तब लिखी थी जब वे 'महात्मा' घोषित हो चुके थे। इसीलिए उनकी आत्मकथा में सत्य के साथ प्रयोग की जो कथा है वह गाँधी के महात्मा बनने की भी कथा है। उन्होंने स्वयं लिखा है कि "मैं इतना ही चाहता हूँ कि मैंने जिन प्रयोगों की चर्चा की है, उनको दृष्टान्त रूप मानकर सब अपने–अपने प्रयोग यथा शक्ति और यथामति करें। इस संकुचित क्षेत्र में मेरी आत्मकथा के लेखों में से बहुत कुछ मिल सकेगा, ऐसा मेरा विश्वास है।" ज्याँ पाल सार्त्र ने अपनी आत्मकथा तब लिखी जब वे केवल फ्राँस और योरोप ही नहीं, बल्कि दुनिया के जाने–माने बुद्धिजीवी और लेखक बन चुके थे। इसीलिए उनकी आत्मकथा 'शब्द' में एक ओर अपने समय के सवालों से मुठभेड़ की कोशिश है तो दूसरी ओर अपनी चेतना की जाँच–परख की ऐसी कोशिश भी है, जिसके माध्यम से

उसके बनने का ब्यौरा सामने आता है। उसमें अपने युग के बेचैन मानस का प्रतिबिम्बन है और अपने अस्तित्व की समस्याओं से जूझने के प्रयत्नों का आकलन भी। जुलियस फ्यूचिक और रामप्रसाद 'बिस्मिल' की आत्मकथाएँ जीवन की देहरी लाँघकर मृत्यु के क्षेत्र में प्रवेश करने वाले व्यक्तियों की आत्मकथाएँ हैं जो जीवन का अर्थ बताती हैं और मृत्यु की सार्थकता का रहस्य भी खोलती हैं।

आत्मकथा के रूप और शिल्प पर कम ध्यान दिया गया है। आत्मकथाएँ अनेक रूपों में लिखी गयी हैं। उनमें से सबसे जाना–पहचाना रूप है–जीवन के इतिहास के रूप में आत्मकथा का लेखन। राहुलजी की आत्मकथा 'मेरी जीवन–यात्रा', स्वामी सहजानन्द सरस्वती की आत्मकथा –मेरा जीवन संघर्ष' और यशपाल की आत्मकथा 'सिंहावलोकन' का लेखन जीवन के इतिहास के रूप में ही है, जिसमें व्यक्ति के साथ–साथ समय और समाज का इतिहास भी सामने आता है। कुछ आत्मकथाएँ अस्वीकार के रूप में लिखी गयी हैं, जैसे कि सन्त ऑगस्ताइन, रूसो और गाँधी की आत्मकथाएँ। प्रायः आत्मकथाएँ आत्म के बनने–बिगड़ने की आत्मकथाएँ होती हैं, उनमें स्वत्व की खोज और पहचान का आख्यान होता है। लेकिन ऐसी आत्मकथाएँ तभी महत्त्वपूर्ण होती हैं जब उनमें आत्मविश्लेषण हो और अपने नैतिक द्वन्द्वों–दुविधाओं और सन्देहों की अभिव्यक्ति भी हो। जहाँ आत्मकथा में आत्मविश्वास का अतिरेक होता है, वहाँ विवेक गायब हो जाता है। आत्मकथा को आत्मा की कथा के रूप में देखते समय यह जानना भी ज़रूरी है कि उसमें कैसी आत्मा की आवाज़ व्यक्त हुई है। क्या वह बेचैन आत्मा है या आश्वस्त आत्मा? संघर्षों में विकसित आत्मा बेचैन होती है, जबकि सुविधाओं में पली हुई आत्मा आश्वस्त होती है। बेचैन आत्मा की कथा में उसकी छटपटाहट और चीख सुनाई दे सकती है, जबकि आश्वस्त आत्मा सुविधा के लिए दुविधा की भाषा बोलती है। कुछ लोग पुराना हिसाब चुकाने या अपना पाप धोने के लिए आत्मकथाएँ लिखते हैं। कभी–कभी यह भी दिखायी देता है कि आत्मकथा का उपयोग खुद को सही साबित करने, अपनी सफाई देने और दूसरों को गलत सिद्ध करने के लिए किया जाता है। बच्चन की आत्मकथा में ऐसी कोशिशें हैं। जो लोग आत्मकथा का उपयोग अपने बारे में मिथक गढ़ने के लिए करते हैं वे आत्मकथा के नाम पर अपना स्मारक बनाते दिखायी देते हैं।

दुनिया में वही आत्मकथाएँ महत्त्वपूर्ण मानी गयी हैं जिनमें अपने जीवन और समाज में फैले पाखण्ड को अनावृत्त करने या उनकी पोल खोलने की

कोशिश है। इसी दृष्टि से 'उग्र' की 'अपनी खबर' विशेष रूप से महत्त्वपूर्ण है। लेकिन ऐसी आत्मकथा लिखने के खतरे भी हैं। जब उग्र की आत्मकथा छपकर आयी तो बनारस के पंडों ने उनको जान से मारने की धमकी दी थी। अभी हाल में तसलीमा नसरीन ने अपनी आत्मकथा 'द्विखण्डिता' (भाग 3) और 'वे अँधेरे दिन' (भाग 4) में साहित्यिक समाज में व्याप्त पाखण्ड और कदाचार का ब्यौरा दिया है तो उसके विरुद्ध बांग्लादेश और भारत में हंगामा पैदा हो गया है और तसलीमा का आत्मकथा लिखना गुनाह बन गया है।

हिन्दी में पिछले कुछ वर्षों में ऐसी आत्मकथाएँ आयी हैं जो आत्मकथा की दृष्टि से महत्त्वपूर्ण भले ही न हों, परन्तु वे आत्मकथा पर विचार करने की प्रेरणा ज़रूर देती हैं। ऐसी ही एक आत्मकथा है राजेन्द्र यादव की 'मुड़–मुड़ के देखता हूँ'। यह पूरी आत्मकथा वास्तव में असमंजस कथा है। इसका उपशीर्षक है 'लगभग आत्मकथ्य'। यही नहीं पुस्तक के अनेक निबन्धों के शीर्षक आत्मविश्वास के अतिरेक से भरे हुए हैं; जैसे कि हम न मरैं मरिहैं संसारा, लेकिन प्रायः निबन्धों का अन्त कहीं प्रश्न और कहीं असमंजस में होता है। लेखक को यह प्रश्न लगातार परेशान करता है कि "क्या यह सारी ज़िन्दगी यों ही व्यर्थ गयी?" राजेन्द्र यादव अपने–आप से बहुत सारे सवाल पूछते हैं–"स्वतन्त्रता की छूट का मेरा ऑब्सैशन सच ही कहीं 'लम्पटता की छूट' का ही तो दूसरा नाम नहीं है? मुझे घर भी चाहिए और निर्बंध उत्तरदायित्व हीनता भी। यह अपनी रचनात्मक ऊर्जा और वैचारिक स्वाधीनता के लिए बार–बार किया जाने वाला नवीनीकरण है या अधूरे होने की हीनताग्रन्थि से उत्पन्न दमित–सेक्स की विकृत–अभिव्यक्ति जो बार–बार दूसरे से अपनी पूर्णता की आश्वासन चाहती है? यह मेरी निजी कुण्ठा है या प्राक्ऐतिहासिक आदिम पुरुष–वृत्ति, जहाँ वह अपने कक्षों में शत्रुओं और शिकारों के सिर सजाकर विजय के गर्व को बार–बार जीवित रखता है? या वह सामन्त जिसे हरम में अनगिनत भोग–सामग्री चाहिए?" ये प्रश्न जिस निबन्ध में हैं उसमें ऐसे और भी अनेक प्रश्न हैं। राजेन्द्र यादव उनमें से किसी का उत्तर नहीं देते। वे प्रायः ऐसे सवालों को अपने–आप से अलग रखकर समझना चाहते हैं। राजेन्द्र यादव ने 'पुनर्नवा' नामक पत्रिका द्वारा 'आत्मकथा' पर आयोजित परिचर्चा में यह कहा कि "मैं श्रेष्ठ आत्मकथा का एक मात्र गुण मानता हूँ उन अन्तरंग अनछुए और लगभग अकथनीय प्रसंगों का अन्वेषण जो व्यक्ति की कहानी को विश्वसनीय और आत्मीय बनते हैं।"

राजेन्द्र यादव की आत्मकथा इस कसौटी पर खरी उतरती नहीं लगती। वे प्रायः अपनी सामाजिक छवि की चिन्ता और व्यक्तिगत ईमानदारी के द्वन्द्व में फँसे दिखायी देते हैं। उसी परिसंवाद में उन्होंने यह भी कहा कि "मैंने अभी तक अपने हरामीपन को स्वीकार करने वाली आत्मकथा शायद ही पढ़ी हो।" राजेन्द्र यादव जी ने अपनी आत्मकथा में इस दिशा में कुछ कोशिश ज़रूर की है, लेकिन वे बहुत सफल हुए नहीं लगते।

राजेन्द्र यादव की आत्मकथा की भूमिका में एक महत्त्वपूर्ण सवाल सामने आता है कि हमारे जीवन में स्मृति का कोई महत्त्व है या नहीं। वे अतीतजीवी और स्मृतिजीवी को लगभग एक मानकर दोनों का विरोध करते दिखायी देते हैं। वे कहते हैं कि अतीतजीवी व्यक्ति स्मृतिजीवी निठल्ला होता है और राष्ट्र सांस्कृतिक राष्ट्रवादी बन जाता है। वे इस बात पर ध्यान नहीं देते कि स्मृतियाँ कई तरह की होती हैं। कुछ स्मृतियाँ संघर्ष की होती हैं, यातना की होती हैं, दमन की होती हैं तो कुछ सफलता, सुख, ऐश्वर्य और विलासिता की भी होती हैं। दोनों तरह की स्मृतियों से छुटकारे की चिन्ता समान नहीं होती। संघर्ष, यातना और दमन की स्मृतियों से भविष्य में संघर्ष का संकल्प प्राप्त होता है, इसीलिए दुनिया भर के संघर्षशील समुदाय संघर्ष की पुरानी स्मृतियों को भविष्य की शक्ति के रूप में स्वीकार करते हैं। यह अकारण नहीं है कि आज नारी–मुक्ति के आन्दोलन से जुड़ी हुई स्त्रियाँ पण्डिता रमाबाई के जीवन–संघर्ष की स्मृतियों को इतिहास के पुनर्लेखन के माध्यम से सामने ला रही हैं और आज के दलित आन्दोलन में ज्योतिराव फुले तथा डॉ. अम्बेडकर के संघर्षों की स्मृतियों को विस्तार से जानने–समझने की कोशिशें हो रही हैं। जो लोग समाज और संस्कृति पर कब्जा करते हुए पराधीनता की पुरानी व्यवस्थाओं को कायम रखना चाहते हैं वे उन व्यवस्थाओं के विरुद्ध संघर्षों की स्मृतियों को मिटा देना चाहते हैं। कभी–कभी स्मृतियाँ अतीत के अन्याय और अत्याचारों के बारे में समाज को सजग बनाने का काम भी करती हैं। इसीलिए सन् 1946–47 के हिन्दू–मुस्लिम दंगे के शिकार उर्दू के एक शायर कलीम आज़िज ने लिखा है :

"वो जो शायरी का सबब हुआ वो मुआमला भी अजब हुआ मैं ग़ज़ल सुनाता हूँ इसलिए कि जमाना उसको भूला न दे।"

आत्मकथा के प्रसंग में भी व्यापक सामाजिक सन्दर्भ में स्मृतियों के बारे में सोचते और बात करते समय स्मृति के मोह और स्मृति के विवेक में फर्क़ करना ज़रूरी है। दूसरी बात यह है कि कभी–कभी स्मृति के नाम पर झूठ

का प्रचार–प्रसार भी होता है, जैसा कि आजकल सांस्कृतिक राष्ट्रवादी करते दिखायी देते हैं। तीसरी बात यह भी है कि उपनिवेशवादी और सांस्कृतिक राष्ट्रवादी समाज को विस्मृति की दशा में रखना चाहते हैं या फिर चुनी हुई और गढ़ी हुई स्मृतियों तक सीमित रखकर अपने उद्देश्यों को पूरा करना चाहते हैं। ऐसी स्थिति में स्मृति मात्र से बचने की कोशिश के बदले झूठी और सच्ची स्मृतियों के बीच फक्र करना ज़रूरी है और स्मृति के सम्मोहन से स्मृति विवेक को अलगाना आवश्यक है।

आत्मकथा का लेखन एक स्तर पर विस्मृति के विरुद्ध स्मृति के लिए संघर्ष से जुड़ा होता है। असल में आत्मकथा में स्मृतियाँ प्रायः वैसी नहीं होती जैसी वे वास्तव में होती है। आत्मकथा का लेखक जिन्हें याद करता है, वही स्मृतियाँ आत्मकथा में आ पाती है। यही नहीं आत्मकथा में जीवन भी वैसा नहीं होता जैसा वह जिया जाता है बल्कि जिया गया जीवन जैसा याद आता है या जैसा याद किया जाता है, वही आत्मकथा में व्यक्त होता है। वाल्टर बेंजामिन ने ठीक ही लिखा है कि 'आत्मकथा स्मृति और विस्मृति के द्वन्द्व से पैदा होती है।' उन्होंने यह भी लिखा है कि जीवन में घटनाओं का अनुभव सीमित होता है। वह देशकाल से बँधा हुआ भी होता है, जबकि याद किए जाने पर वह स्मृति के रूप में असीम बन जाता है; क्योंकि वह अतीत को वर्तमान से जोड़ता है।

यहाँ इतिहास और स्मृति का सम्बन्ध भी विचारणीय है। प्रायः इतिहास उनका होता है जो विजयी होते हैं। जो पराजित होते हैं उनकी आवाज़ भी, यहाँ तक कि उनकी चीख भी इस तरह दबा दी जाती है कि इतिहास और भविष्य उसे भूल जायें स्मृति की ज़रूरत और सार्थकता उन दबी हुई, कुचली हुई और भुला दी गयी आवाज़ों को खोजने, पहचानने और आमने–सामने लाने में है। जार्ज स्टाइनर ने ठीक ही लिखा है कि अन्याय और झूठ से मुक्त स्मृति से ही सच्चा भविष्य निर्मित हो सकता है। जो लोग ऐसे भविष्य की चिन्ता करते हैं वही लोग रामप्रसाद 'बिस्मिल', जुलियस फ्यूचिक और स्वामी सहजानन्द सरस्वती जैसों की आत्मकथाएँ पढ़ते हुए संघर्ष की स्मृतियों से शक्ति प्राप्त करते हैं। प्रायः कर्मवीरों के जीवन की स्मृतियाँ शब्दावीरों के जीवन की स्मृतियों से भिन्न होती है। इसीलिए उनकी आत्मकथाएँ भी एक जैसी नहीं होतीं।

पिछले कुछ वर्षों में हिन्दी में दलितों और स्त्रियों की जो आत्मकथाएँ आयी हैं, उन्होंने आत्मकथा लेखन की दृष्टि और दिशा को या कि आत्मकथा

की संस्कृति को बदल दिया है। दलितों और स्त्रियों की आत्मकथाओं ने इस विधा के लेखन को आत्मबद्धता से मुक्त किया है और 'मैं' की केन्द्रीयता से भी। आप कुछ और ग़ैर दलित पुरुषों की लिखी आत्मकथाओं के शीर्षकों पर ध्यान दीजिए तो उनमें 'मैं' की केन्द्रीयता स्पष्ट दिखायी देती है। गाँधी की आत्मकथा का नाम है 'सत्य के साथ मेरे प्रयोग', राहुल जी की आत्मकथा है 'मेरी जीवन यात्रा', सहजानन्द सरस्वती की आत्मकथा है 'मेरा जीवन संघर्ष' और राजेन्द्र यादव की आत्मकथा का नाम है 'मुड़–मुड़ के देखता... (मैं)'। अब आप कुछ दलितों और स्त्रियों की आत्मकथाओं के शीर्षकों को देखिए–'अपने–अपने पिंजरे' (मोहनदास नैमिशराय), 'तिरस्कृत' (सूरजपाल चौहान), 'जूठन' (ओमप्रकाश वाल्मीकि) और 'कस्तूरी कुण्डल बसै' (मैत्रेयी पुष्पा)। दलितों की आत्मकथाओं में केवल आत्म की कथा नहीं होती, बल्कि उससे अधिक अपने समुदाय का शोषण, दमन, यातना और जीवन–संघर्ष की कथा होती है। इन आत्मकथाओं के माध्यम से भारतीय समाज का जो अमानवीय रूप सामने आया है और उसकी जैसी आलोचना विकसित हुई है, वैसी पहले कहीं शायद ही मिले। दलितों और स्त्रियों की आत्मकथाओं में प्रतिरोध और आक्रोश की भी अभिव्यक्ति दिखायी पड़ती है, इसलिए उनका आत्मकथा लेखन अपनी अस्मिता और स्वाधीनता के दावों को समाज के सामने लाने का प्रयत्न भी है। कुछ लोग इन आत्मकथाओं को कला की कसौटी पर कसकर अस्वीकार करने की कोशिश भी करते हैं; उनसे गालिब के शब्दों में यही कहा जा सकता है :

फरियाद की कोई लै नहीं है
नाल: पाबन्द–ए नै नहीं है।

जो लोग फरियाद को किसी विशेष लय में सुनना चाहते हैं और अर्न्तनाद को बाँसुरी के स्वर में ही–वे कला–पारखी तो क्या, सच्चे इन्सान भी नहीं है।

मैत्रेयी पुष्पा ने अपनी आत्मकथात्मक रचना 'कस्तूरी कुण्डल बसै' में एक भारतीय स्त्री के रूप में स्वयं को और अपने समय के स्त्री जीवन को समझने की कोशिश की है। किताब का शीर्षक भारतीय स्त्री में उपजे आत्मविश्वास और आत्मावेषण की प्रवृत्ति की ओर संकेत करता है। यह एक प्रकार से भारतीय स्त्री के जागरण की कथा है और जड़ संस्कारों से मुक्ति के लिए संघर्ष की कथा भी। इस जागरण और मुक्ति की ओर स्पष्ट संकेत 'कस्तूरी कुण्डल बसै' के आख़िरी वाक्यों में है, "आकाश का अनंत विस्तार बच्ची ने

आँखें खोलकर देखा तो मैत्रेयी नरम धूप की लहरों में चक्राकार नाचने लगी। सारी दुनिया उसकी आस–पास घूमती है। घर का कारागार टूट रहा है।''

बेबी काम्बले मराठी की लेखिका हैं और दलित भी। उनकी आत्मकथात्मक रचना है–'जीवन हमारा'। उसमें महाराष्ट्र की दलित स्त्रियों की ज़िन्दगी की असह्य यातनाओं का सच हर पन्ने पर उभरकर पाठकों के सामने आता है। 'जीवन हमारा' में महाराष्ट्र के एक गाँव की महार जाति की स्त्रियों की गुलामी और यातना की तस्वीरें हैं और अनुभूतियाँ भी। इसमें गुलामी का वह पेचीदा मन्त्र सामने आता है जिसका शिकार दलित स्त्री समाज में होती है और अपने घर में भी। महात्मा ज्योतिराव फुले ने 'गुलामगिरी' में ठीक ही लिखा है कि ''जो सहता है वही जानता है'' और वही ऐसा सच अपनी आत्मकथनात्मक रचना में लिख सकता है। जब कोई दलित अपने समुदाय के जीवन के बारे में संवेदनशीलता और समझदारी से लिखता है तो उसकी दृष्टि में जैसी आग, उसके चित्रों में जैसी आभा और उसकी भाषा में जैसी ऊर्जा होती है वैसी ही 'जीवन हमारा' में है। इसमें दलित स्त्रियों का जीवन–संघर्ष ही नहीं है। उनके मुक्ति–संघर्ष की प्रेरणा और प्रारम्भ की कथा भी है।

सारांश

दलितों और स्त्रियों की आत्मकथाओं में इस विधा के लेखन को व्यक्तिवाद से मुक्ति मिली है और रचनाशीलता के स्तर पर सामाजिकता का विस्तार हुआ है। यहाँ रचना के स्तर पर आत्म की स्वायतत्ता से अधिक उसकी प्रातिनिधिकता की चिन्ता है, इसीलिए दलितों और स्त्रियों की आत्मकथाएँ अपने समुदायों की कथाएँ भी हैं। यहाँ पाठ रचने की प्रक्रिया में ही आत्मान्वेषण की प्रक्रिया भी चलती दिखायी देती है। आत्मकथा उपन्यास की तरह अपने समय और समाज से स्वतन्त्र नहीं होती, इसीलिए आत्मकथा लेखन इतिहास–बोध के निर्माण और विकास की दिशा में एक प्रयत्न की तरह हमारे सामने आता है।

वैश्विक परिदृश्य और हिन्दी कहानी

प्रो. (डॉ.) माधुरी छेड़ा

आजकल एक शब्द बहुत प्रचलित है 'ग्लोबल से लोकल तक' यानी वैश्विक से स्थानीय तक। आज से सौ वर्ष पूर्व तक वैश्विक और स्थानीय के बीच का अन्तर इतना ज़्यादा था कि उसे पाटना बहुत मुश्किल था। भारत में चार धाम की यात्रा पर जाने वाले व्यक्ति को विदाई ऐसे दी जाती थी मानो वह वापस लौट कर नहीं आ पायेगा। लेकिन पिछले कुछ वर्षों में दुनिया आमूल बदल गयी है और इन वैश्विक परिवर्तनों ने भारत को भी प्रभावित किया है।

टेक्नोलॉजी के विकास और यातायात की सुविधाओं ने विश्व को एक विश्वग्राम में बदल दिया है। वैसे विश्व और ग्राम शब्द बिल्कुल दो छोर पर स्थित हैं। जब हम विश्व शब्द कहते हैं तो उसमें विशालता, व्यापकता, और असीम होने का अहसास होता है। भौगोलिक दृष्टि से विश्व कहते ही इसकी सीमाएँ हजारों मील दूर तक फैली हुई हैं। जबकि ग्राम कहते ही ये सीमाएँ सीमित और समीप हो जाती हैं। एक गाँव की सीमा इतनी सीमित होती है कि आप पैदल ही पूरे गाँव की परिक्रमा कर सकते हैं। इस प्रकार ये दो विरोधी अर्थ देने वाले शब्द हैं। यहाँ सवाल विरोध का नहीं बल्कि संकोचन और विस्तार का है। आज यह विस्तार टेक्नोलॉजी के कारण अपनी विशालता के बावजूद समय के सन्दर्भ में बहुत छोटा हो गया है। इस टेक्नोलॉजी की वजह से सम्पर्क क्रान्ति का युग शुरू हुआ। इस सम्पर्क क्रान्ति में मोबाईल फोन, टीवी नेटवर्क और कंप्यूटर के माध्यम से इंटरनेट की ओर्कुफ्रट, फेसबुक, व्हाट्सएप और इंस्टाग्राम जैसे शक्तिशाली माध्यम उपलब्ध हो सके हैं। जिसके जरिए एक क्षण में दुनिया के किसी भी कोने में स्थित व्यक्ति से अपना सम्पर्क सम्भव है। इसीलिए हम ग्लोबल विलेज के समय में जी रहे हैं जिसका प्रभाव साहित्य पर भी दिखायी देता है।

इस संचार क्रान्ति का एक परिणाम यह हुआ है कि इसने विश्व ग्राम को बाज़ार में बदल दिया है। इस संचार क्रान्ति के कारण ही अमरिका जैसे देशों को भारत एक बाज़ार के रूप में दिखायी दे रहा है जहाँ अपना प्रोडक्ट बेच कर वे अधिकाधिक धन कमा सकते हैं। उनका यह बाज़ारवाद भारत के पिछड़े इलाकों के गाँवों तक पहुँच चुका है और वहाँ की ज़िन्दगी को भी प्रभावित कर रहा है।

ऐश्वर्या राय और सुष्मिता सेन जैसी विश्व सुंदरियों को देख भारतीय मध्यवर्गीय लड़कियाँ भी इन कोस्मेटिक का उपयोग कर विश्व सुन्दरी बनना चाहती हैं। इस बाज़ार को हथियाने के लिए ही इनके सिर पर विश्वसुन्दरी का ताज रखा गया था। कहा जाता है कि मोबाइल का उपयोग करने वालों की तादाद अमरिका की तुलना में भारत में अधिक है। अतः इसी परिदृश्य को सामने रखकर वैश्विक स्तर की ख़ूबसूरत कहानियाँ हिन्दी में लिखी गयी हैं।

पंकज मित्र की कहानी 'क्विज–मास्टर' संचार क्रान्ति की इस स्थिति की बड़ी ही सशक्त अभिव्यक्ति है। इस कहानी में एक छोटी–सी जगह के क्विज मास्टर की शुरुआती उपलब्धि और बाद में धीरे–धीरे महत्त्वहीन होते जाने की कहानी है। वह अपनी क्विज स्कूल लेवल से शुरू करता है तो गाँव के लोग चमत्कृत होते हैं और उसे बहुत महत्त्व मिलता है। उसे प्रोग्राम के लिए कई जगह आमन्त्रित किया जाता है। वह इसे बुद्धि बढ़ाने वाले खेल के रूप में आयोजित करता है। पर धीरे–धीरे वह महसूस करता है कि आयोजक इसे व्यावसायिक हितों के लिए 'यूज' कर रहे हैं। लेकिन तब तक सूचना क्रान्ति के विश्वव्यापी परिणाम नजर आने लगे थे। और इसके कुछ ही दिनों में टीवी पर शुरू हो गया 'कौन बनेगा करोड़पति'। क्विज–मास्टर जो कार्यक्रम प्रस्तुत करता था उसीका एंलार्ज देशव्यापी भव्य रूप। लेकिन इस कार्यक्रम का मुख्य ध्येय बुद्धि या प्रज्ञा नहीं था बल्कि इसका उद्देश्य था धन प्राप्ति। अभी तक जो लोग क्विज मास्टर के मुरीद थे उन्होंने उसे हाशिए में धकेल दिया। केबीसी का दैत्य उसे लील रहा था।

इस प्रकार क्विज–मास्टर दोहरी मार से व्यथित है। एक ओर क्विज जैसी बौद्धिक प्रतियोगिता के व्यावसायिक यूज से और दूसरे के.बी.सी. जैसे भव्य कार्यक्रम के सम्मुख अपने वजूद के मिट जाने से। जिस प्रकार आज बड़े–बड़े मॉल और मॉल–संस्कृति छोटे–छोटे दुकानदारों को निगल रही है, उसी प्रकार क्विजमास्टर जैसे छोटे स्तर के व्यक्ति को के.बी.सी. ने निगल लिया है। इसी क्रम में 'बाज़ार में रामधन' कहानी की चर्चा की जा सकती है।

कैलाश बनवासी की यह कहानी भी बाज़ारवाद के ही एक पहलू को व्यक्त करती है। किसान के जीवन में बैलों के महत्त्व से हम सब परिचित हैं। इसका हृदयस्पर्शी चित्र हमें प्रेमचन्द के 'गोदान' उपन्यास में मिलता है। लेकिन आज का बाज़ारीकरण पैसों के सम्मुख हर चीज़ को गौण कर देता है। बाज़ारवाद का ही प्रभाव है कि अर्थ के मूल्य के सम्मुख सारे मूल्य अर्थहीन हो गये हैं। 'बाज़ार में रामधन' इसी कटु सत्य को प्रकट करती है। हालाँकि यहाँ रामधन यथाशक्ति बाज़ार के दबाव का विरोध करता है।

'बाज़ार में रामधन' अपने शीर्षक से ही आज के लेखन के प्रिय मुहावरे को लक्षित करती है। जहाँ बाज़ार के हमले से उत्पन्न स्थितियों–खतरों की चिन्ता है। रामधन पर अपने बैलों को बेचने का इतना दबाव है कि वह उन्हें बेचने के लिए बाज़ार में पहुँच जाता है। वहाँ मोलभाव शुरू होता है। बाज़ार में ग्राहक, दलाल और दूसरे लोग मिलकर रामधन को मनाने की कोशिश करते हैं कि वह बैलों की जोड़ी को तीन–साढ़े तीन हजार में बेच दे। लेकिन रामधन इसके लिए तैयार नहीं होता। वह अपने निर्णय पर अडिग है। वह दाम चार हजार बताता है। इसीलिए नहीं कि उसे पैसे चाहिए, बल्कि इसीलिए कि कहीं न कहीं वह बैलों को बेचने का अवसर टालना चाहता है। वह जानता है कि इतने दाम में कोई बैलों को खरीदने तैयार नहीं होगा। इस प्रकार बाज़ार में पहुँचने के बाद भी वह बैलों को बेचना नहीं चाहता। यदि कोई चार हजार देता, तब भी वह उन्हें नहीं बेचता। क्योंकि दबाव उसे बाज़ार तक भेज सकता है पर उसके हाथों बैल नहीं बिकवा सकता। अन्त में वह घर लौट आता है। हालाँकि वह जानता है कि इस बार तो उसने बैलों को बचा लिया लेकिन हो सकता है अगली बार उसका छोटा भाई उन्हें बाज़ार में बेच आये। क्योंकि उन पैसों से वह अपना व्यवसाय शुरू करना चाहता है। यह कहानी मनुष्यता पर चौतरफा बाज़ार के हमले की कहानी है।

'ओर्कुटिया' कहानी एक मारक हास्यास्पद व्यंग्य है। कभी ओर्कुट एक बहुत लोकप्रिय वेबसाइट थी। इस पर युवावर्ग चौटिंग का मजा लेते थे। इस वेबसाईट की एक लाक्षणिक विशेषता यह थी कि इस पर आप अपने असली व्यक्तित्व को छिपाकर अपना एक नकली व्यक्तित्व प्रस्तुत कर सकते थे। जिससे आप चौटिंग करते हैं उसे आपके असली रूप का पता नहीं चलता था। न आपका नाम, आयु, लिंग कुछ पता नहीं चलता था। आप अपना छद्म व्यक्तित्व प्रस्तुत कर सकते थे। चौटिंग का यह नशा ऐसे सिर चढ़ कर बोलता है कि आप अपना विवेक खो बैठते हैं। इसी विकृत सच को इस

कहानी में प्रस्तुत किया गया है। मध्यवर्गीय परिवार का एक नवयुवक कंप्यूटर पर चौटिंग की लत का शिकार था। अपने आपको एक सुन्दर नवयुवती के रूप में पेश कर वह चौटिंग करता था। चौटिंग करने के बाद वह हमेशा इस सावधानी के साथ साइट बन्द करता था कि फिर और कोई उसे खोल न सके। उसका रहस्य रहस्य ही बना रहे। पर एक बार जब चॅटिंग के दौरान ही बिजली चली गयी तो मजबूरन उसे बिना साइट बन्द किए ही कंप्यूटर बन्द करना पड़ा। फिर वह बाहर चला गया। इधर दौरे पर गये हुए उसके पिता जी घर लौटे तब तक बिजली आ गयी। उन्हें भी चॅटिंग की ऐसी ही लत लगी हुई थी। घर लौटते ही उन्होंने कंप्यूटर खोला। खोलते ही वह साइट खुल गयी जिस पर बेटा चौटिंग कर रहा था। साइट देखते ही वे भौंचक्के रह जाते हैं। क्योंकि वह तो वही अकाउंट था जिससे वे चॅट किया करते थे। और उनके सामने यह सत्य उजागर होता है कि जिसे वे सुन्दर युवती समझकर चॅटिंग किया करते थे वह कोई और नहीं बल्कि उनका अपना ही बेटा है। तो यह विडम्बना है इस संचार क्रान्ति की। कैसे हम एक काल्पनिक संसार में जीते हैं। इस काल्पनिक संसार का विद्रूप सच जब पिता के सामने खुलता है तो वे शर्म से पानी–पानी हो जाते हैं। पाश्चात्य संस्कृति, टेक्नोलॉजी और विश्वग्राम की संकल्पना, ये सब मिलकर भारतीय जनजीवन के पारम्परिक पैटर्न को बदलने पर आमदा हैं।

निष्कर्ष

हिन्दी में अभी इस पर बहुत कम कहानियाँ मिलती हैं। क्योंकि इन सारे वैश्विक दबावों के बावजूद भारतीय परिवारों में कुछ सांस्कृतिक मूल्य बचे हुए हैं। नई पीढ़ी को प्रभावित करने के लिए ये संचार माध्यम बड़ी अहम् भूमिका निभा सकते हैं। हमारी पौराणिक कथाओं की टीवी पर प्रस्तुति अपनी रोचकता के कारण नई पीढ़ी को प्रभावित कर रही है। हम आशा कर सकते हैं कि ये संचार माध्यम हमारी युवा पीढ़ी को इस कदर प्रभावित करे कि फिर से शुभ मूल्यों की पुनर्प्रतिष्ठा हो सके।

लघुकथा की रचनात्मकता और उत्तमता

डॉ. पुरुषोत्तम दुबे

लघुकथा किसी न्यास अथवा मंडल के गठन हेतु प्राविधिक नियमावली का अनुकरण नहीं होती। शर्त का कोई पैमाना लघुकथा की नाप–तौल के लिए नहीं बना है। लघुकथा खुले व्योम की तरह आच्छादित ऐसा वितान है जिसमें संसार की समस्त हलचलें साँसें लेती जान पड़ती हैं। वर्तमान समय में लघुकथा की रचना–प्रक्रिया पर बहुतायत में चर्चाएँ–परिचर्चाएँ हो रही हैं। लघुकथा विधा के पक्ष में यह शुभ संकेत इसलिए भी है कि जितनी–जितनी चर्चाएँ लघुकथा पर जीवन्त रूप में चलती रहेंगी, उतनी–उतनी लघुकथा की सृजनावस्था पर कोई ठोस बात निकल कर सामने आयेगी। लघुकथा की रचनाशीलता के तारतम्य में एक ऐसा भी अजीबोगरीब सवाल पटल पर आ रहा है कि लघुकथा की रचना में जितना महत्त्वपूर्ण समापन बिन्दु होता है, उतना ही महत्त्वपूर्ण लघुकथा का आरम्भ बिन्दु भी होता है। यह यदि सोच है, या यदि लघुकथा की संरचना सन्दर्भित प्रश्न है, तो इसका सार्थक समाधान होना भी परम आवश्यक है। दरअसल एक लघुकथा उसके आरम्भ और उसके समापन, दोनों बिन्दुओं का ऐसा समेकित रूप है जिसमें लघुकथा के आरम्भ और समापन में पारस्परिक तालमेल दृष्टिगोचर होता है। फिर लघुकथाकार कोई निर्णायक नहीं है। लघुकथाकार के विचारों में जिस भी घटना का उद्वेलन भरसक रूप में क्रियाशील है, वह एक तरह से उसकी सोच की कलम से प्रकट होने में उतारू भी है, इसी बात में यह सन्दर्भ निहित है कि लघुकथाकार अपनी लघुकथा के सम्प्रेषण में लघुकथा के आरम्भ और उसके अन्त के मध्य कोई समझौतावादी सिद्धान्त लेकर नहीं चलता है। पानी का रेला जिस भाँति अनिर्दिष्ट दिशा में बहते जाने का

समीकरण हल करता मिलता है, लघुकथा की सृजनावस्था भी कुछ इसी प्रकार से सिद्ध होते हुए अपना समाधान प्राप्त कर लेती है। इससे इतर किसी भी रचना की निर्मिति में समकालीनता का अपना आग्रह होता है।

लघुकथा के आलेखन हेतु हाथ आयी जिस अर्न्तवस्तु का रचनाकार पूर्णरूपेण मंथन कर उसके सम्प्रेषण की दिशा में एक निश्चित कटिबद्धता के साथ कलम चलाता है, ऐसी दृढ़ता के बीच भी समकालीनता के तीव्र प्रहार उसकी अभिव्यंजना को मोड़ने में सफल हो जाते हैं। हर लघुकथाकार की भी यही मंशा होती है कि उसकी लघुकथा फक्त वायवीय न होकर तात्कालिक सामाजिक सन्दर्भों का स्पर्श करती हुई एक ऐसी लघुकथा सिद्ध हो सके, जिसमें प्रासंगिकता की गंध बराबर महकती मिले। लघुकथा की निर्मिति के सम्बन्ध में एक दूसरा पहलू यह भी खुलता है कि लघुकथा की रचना का आरम्भ बिन्दु किसे माना जाये। क्या जिस बिन्दु से हम लघुकथा को बनाते हैं अथवा जिस बिन्दु से हम लघुकथा को रचने की प्रेरणा ग्रहण करते हैं। वस्तुतः लघुकथा की निर्मिति का कारक वह बिन्दु होता है जिस बिन्दु का आधार ग्रहण कर हम लघुकथा का रचनात्मक आरम्भ करते हैं।

जहाँ तक लघुकथा को रचने या बनाने के सन्दर्भ में सृजनात्मक प्रेरणा की बात है, तो मैं यही कहना चाहूँगा कि समकालीन साहित्य में प्रेरणा जैसा शब्द महत्त्वहीन हो गया है। वर्तमान में कोई भी लघुकथाकार अपने समकाल से मुँह मोड़कर रचनात्मकता को सृजन की वह कसौटी नहीं दे सकता, जिसको साथ सामाजिक या पाठकीय स्वीकार्यता जुड़ी है। यहाँ एक महत्त्वपूर्ण बात और खड़ी होती है कि लघुकथा की सृजनात्मकता को लेकर रचनाकार कोई फैसला नहीं दे सकता है। अपितु रचनाकार का तो यही काम है कि रचनात्मकता को प्रस्तुत करे और काम खत्म कर दे। वैसे भी देखा जाये तो वर्तमान समाज के पटल पर नानाविध विषयों की भरमारें देखने को मिल रही हैं। बस आपको अपनी निर्मिति में प्रवेशित होना पड़ेगा। बात आपके दृष्टिसम्पन्न होने की है आप चीज़ों को कैसे और किस प्रकार देखते हैं। किसी भी लघुकथा में अर्थ की महत्ता उपजाने में लेखकीय अनुभूति एक बड़ा काम करती है। अनुभूति की तीव्रता के बग़ैर सृजनात्मकता अर्थ देने में निष्फल रह जाती है। लघुकथा लघु होकर भी अर्थ की दृष्टि से विस्तार की सहचरी है।

लघुकथा के तारतम्य में समय–समय पर अनेक प्रश्न उठाए गये हैं। एक विशेष प्रश्न लघुकथा के प्रारम्भिक बिन्दु को लेकर भी अक्सर सामने

आता रहा है। एक यह कि क्या लघुकथा का आरम्भ बिन्दु उसके समापन बिन्दु तक की रचना और रचनात्मकता की यात्रा का मार्गदर्शक हो सकता है? इस पर मेरा एक ही एक जवाब रहेगा। कदापि नहीं। लेकिन हाँ इस सवाल के जवाब में मैं इतना ज़रूर कहना चाहूँगा कि लघुकथा का आरम्भ बिन्दु लघुकथा के समापन बिन्दु का मार्गदर्शन करके चला जायेगा। जब आप घर से बाहर निकलते हैं तो घर को साथ लेकर नहीं चलते हैं। अक्सर लघुकथा का समापन लघुकथा की अन्तर्भूत वस्तुस्थित को प्रकट करता है। रचना की स्वतन्त्रता का प्रश्न रचना का निजी प्रश्न है। अतएव लघुकथा उसके समापन बिन्दु को स्वयं बताएगी, लघुकथाकार अथवा रचनाकार नहीं। सम्प्रेषण लेखक करता है और रचना को रच देता है। सम्प्रेषण की अवस्था में लघुकथाकार वैयक्तिक नहीं रह पाता है। सम्प्रेषण की प्रवाहमानता में सारी चीज़ों का महत्त्व खारिज होता चलता है। यहाँ तक कि लघुकथा में संवादों की स्थापना का भी। यहाँ मैं यह कहना चाहूँगा लघुकथा में अलग से 'नरेशन' की ज़रूरत नहीं है, यही लघुकथा की कसौटी है। कुल मिलाकर सैद्धान्तिक बात यह है कि, संवाद की बैसाखी लघुकथा में नहीं लगती है।

अक्सर लघुकथा का आरम्भिक बिन्दु लघुकथाकार की अन्त चेतना (इनरकान्शेन्स) के हाथ लगा ऐसा विनियोग है, जो लघुकथाकार को लघुकथा लिखने के लिए तैयार करता है। आम आदमी की तुलना में रचनाकार को एक ही बार की घटित घटना दो बार झकझोरती है। एक तो तब जब वह किसी घटना का प्रत्यक्षदर्शी बनता है तथा दूसरी बार तब जब वह उस घटना को अनुभूति में लेकर उसे अभिव्यंजना में पारित करता है। घटना का संवेदनापूरक अभिलेखन रचनाकार करता है। जैसा कि मैंने ऊपर कहा है कि घर से निकलते वक़्त कोई अपने साथ घर को लेकर नहीं निकलता, ठीक इसी तरह लघुकथा रचने के संक्रमण बिन्दु से परिचालित हुआ लघुकथाकार सृजन की दिशा को लगाम मुक्त होकर चलता है।

यहाँ प्रसंगावस एक बात ज़रूरी तौर पर स्पष्ट कर देता हूँ आशु (एक्स्टेम्पोर) लेखन की तर्ज पर लघुकथा लिखने वाला लघुकथाकार अधपकी लघुकथा को इच्छानुसार मोड़ प्रदान कर लघुकथा को समापन तक पहुँचा देता है। जबकि एक परिपक्व लघुकथाकार जो देश–काल की पृष्ठभूमि से पूर्णरूपेण अवगत होकर अन्तर्वस्तु के साथ कथ्य की अभिव्यंजना का धनात्मक साम्य स्थापित करते हुए लघुकथा की सर्जना करता है, ऐसी अवस्था में लघुकथाकार, लघुकथा के आरम्भ बिन्दु और समापन बिन्दु को

लेकर किसी द्वन्द्वात्मक झमेले में न पड़कर निर्वैयक्तिक भाव से लघुकथा के कथ्य को लघुकथा की निर्मिति में प्रवेशित होने के लिए स्वतन्त्र छोड़ देता है।

लघुकथा रचने के उपक्रम में किसी घटित घटना से संश्लिष्ट होकर घटना को लघुकथा में ढालने में एक बड़ी वैचारिक क्रान्ति काम करती है। कथ्य का प्रतिपादन किस ढंग से हो, कथ्य अभिव्यंजना की दृष्टि से किस ढंग से रूपायित हो, कथ्य को कथा रूप में विवेचित करने में अर्थ सम्पन्न शब्दों की चिनाई कैसे हो और अन्त में कथा विषयक पाठकीय ग्राह्यता का प्रश्न कैसे हल हो। यह सब बातें लघुकथा रचना के आरम्भ का द्वार खोलने वाली महत्त्वपूर्ण बातें हैं। अन्तर्वस्तु (कण्टैण्ट) को परिभाषित करने में कई बार ऐसे भी विरोधाभासी विचार रंग लाने लगते हैं जो कि कई दफे लघुकथाकार की चिन्तन की दिशा यक–ब–यक उलट देता है यानी लघुकथाकार कण्टैण्ट का आरम्भ लिखने से पूर्व कण्टैण्ट के समापन पर अधिक केन्द्रित होने लगता है, ऐसे में फिर वह रचना के सृजन में अन्त का छोर पकड़कर उस छोर के छेद में से रचना के आरम्भ का धागा निकालकर लघुकथा को पूर्ण करता है। ऐसी अवस्था में लघुकथा का आरम्भ और लघुकथा का समापन, दोनों ही लघुकथाओं में लघुकथा की चिन्ता उसकी अधिक है, जो ख़ुद लघुकथाकार है। जो कला में पारंगत हो जाता है, वही कलाकार कहलाता है। लघुकथा लेखन में जो पारंगत हो चुका है, वही लघुकथाकार है। लघुकथा लिखना बैठे ठाले का चस्का नहीं है। गहरे पानी में उतरना है और बिना नाव उस पार जाना है।

वर्तमान में बहुत सारे लोग (लघुकथाकार?) लघुकथा लिख रहे हैं। यानी लघुकथा–विधा में अपनी उपस्थिति दर्ज कराना चाह रहे हैं। कुछ ऐसे भी हैं जिनके विचारों में लघुकथा लिखना चुटकियों का काम है। ऐसे ही फुरतीले लेखक चुटकियों में लघुकथा लिखकर वाह–वाही (फिर चाहे सस्ती ही वाह–वाही क्यों न हों) बटौरना चाहते हैं। ज़्यादातर वाह–वाही जुटाने का शौक उसी में अधिक देखने में आ रहा है जिसनें यह बात फैला रखी हैं कि "आप मुझको शाबाशी दीजिए मैं आपको शाबाशी दूँगा।" यानी लघुकथा लेखन की दिशा में लघुकथा लिखने की रचना–प्रक्रिया से सर्वथा अन्जान ही अपने ही सरीखे अन्य लघुकथा लिखने वाले को ठेल रहा है। यानी कबीरदास के अनुसार "अंधे अंधा ठेलिया, दून्यूं कूप पड़ंत।" यह बात अब किसी से छुपी नहीं है कि वर्तमान समय में सैंकड़ों–हजारों की संख्या में लघुकथा के लिखने वाले पैदा हो चुके हैं। जन्मजात पैदा नहीं, सायास

रूप में पैदा। लघुकथा के लेखक होने के महत्त्वाकांक्षी विचार का खाद्–पानी ख़ुद में डालकर स्वयम्भू पैदा होने वाले लघुकथाकार! नतीजा यह हासिल हो रहा है कि लघुकथा का वृक्ष ऊपर से तो बहुत फैल रहा है मगर लघुकथा विधा के वृक्ष की जड़ें खोखली होती जा रही हैं।

लघुकथाकार होने का सेल्फ असेसमेण्ट (स्व–मूल्यांकन) यही अभागा चलन लघुकथा की कुण्डली में राहु की क्रूर दृष्टि के उदय की तरह उजागर हो रहा है। संजय दृष्टि का आधार छोड़कर धृतराष्ट स्वयं सृजन के कुरूक्षेत्र में लघुकथा का पतन न देखकर विजयश्री की कल्पित सम्भावना को ताक रहा है। लगने लगा है कि लघुकथा की संरचना के जाज्वल्यमान सूर्य ने दिशा बदली ली है, वह उत्तरायण में आ पहुँचा है, अतएव लघुकथा का सारगर्भित भीष्म–लेखन दम तोड़ने के कगार पर आ चुका है।

काँधे से काँधा मिलाकर लघुकथा लिखने वाले सिद्धहस्त लघुकथाकार नींव के नायक बनकर लघुकथा की रचना–प्रक्रिया के दर्पण बन चुके हैं। लघुकथा–लेखन में अभिरूचि पैदा करने वाले नये लघुकथाकारों को ऐसे दर्पण में झाँकना होगा, ताकि लघुकथा–लेखन की अस्मिता बनीं रहे। मैं यहाँ यह नहीं कह रहा हूँ कि अच्छी लघुकथा का लेखन समाप्त हो रहा है, कुछ दृष्टिसम्पन्न निष्ठावान लघुकथाकार हैं जो लघुकथा–विधा को जीवित बनाए रखने में प्राण वायु का संचार करते मिल रहे हैं। लेकिन मौजूदा वक़्त में लघुकथा लेखन में उतरा हुआ भीड़तन्त्र माना कि श्रेष्ठ लघुकथाकारों की लघुकथाओं को सर्जना के मापदण्ड के धरातल से धकिया नहीं रहा है प्रत्युत लघुकथा विषयक अपनी अमान्य अयोग्य रचनाशीलता के कूढ़े–कर्कट से अच्छी लघुकथा के लेखन के चयन को ढाँप अवश्य रहा है।

नवाचार हर जगह है। नये लघुकथाकारों का स्वागत करने में कतिपय लघुकथाकार सदाशय बने हुए हैं। ये ऐसे मेधावी और नामचीन लघुकथाकार हैं जो नहीं चाहते हैं कि उनको पूजा जाये? या उनके लघुकथा–लेखन की पद्धति का अनुकरण किया जाये। बल्कि यह चाहते हैं कि नवागन्तुक लघुकथाकार लघुकथा का इतिहास पढ़े, लघुकथा की रचना–प्रक्रिया विषयक प्रस्तावित सुझावों की बारहखड़ी से भिज्ञ बनें। इसके अलावे समय–समय पर सर्जना के धरातल पर करवटें लेती हुई लघुकथा की रचना पद्धति को जाने–समझें।

इधर सोशल मीडिया से दिन–ब–दिन चिपक रहीं लघुकथाएँ अपना अलग शोर मचा रही हैं। फेसबुक पर 'एडमिनों' के कई प्लेटफॉर्म बिछे हुए हैं।

मर्जी चाहे जिससे जुड़ें, मर्जी चाहे जिससे विलग हो जायें। फेसबुक पर हर तरह के 'एडमिन' अपनी बिछात बिछाकर बैठे हुए हैं। आप लघुकथाकार के रूप में पॉपुलर हो न हो एडमिन्स की बिछाते चर्चाओं में हैं। बरअक्स "एडमिन से एडमिन तक" लघुकथाओं की प्रतिस्पर्धाएँ अथवा लघुकथाओं का ओलॅम्पिक खेला जा रहा है। पुरस्कारों के चमकीले तमगे अंधों द्वारा बाँटी गयी रेवड़ियों की तरह बँट रहे हैं। फेसबुक पर चर्चारत एडमिनों द्वारा लघुकथा–सृजन का अभिसिंचन तो ज़रूर किया जा रहा है, लेकिन लघुकथा की पैदावरों में खपतवारों का प्रतिशत मापने का मापदण्ड अब ज़रूरी तौर पर एडमिनों को अपने हाथों में लेना चाहिए ताकि लघुकथा के श्रेष्ठ सृजन का गुणात्मक रूप सामने आ सके।

अब इधर एक सामयिक सवाल लघुकथा के आलोचकों को लेकर भी उठने लगा है। लघुकथा के तारतम्य में आलोचकों के तेवरों का ठंडापन खराब से खराब लघुकथाओं को 'ग्रीन कार्ड' दे रहा है। दूसरे अर्थ में कहें कि आलोचक का रूप लघुकथाकारों का स्तुतिवाचक रूप हो गया है। आलोचक और लघुकथाकारों के बीच दोस्ताना की शहद लपलपाती हुई दिख रही है। इसके बरअक्स लघुकथा संग्रहों की भूमिका लिखने का औदार्य–भाव पृथक् सें लघुकथा के औचित्य को खण्डित कर रहा है।

मेरी ज़िन्दगी तो मुखौटों का म्यूज़ियम है

प्रदीप सौरभ

अपने बारे में कहना निहायत मुश्किल काम है। और सच सच कहना तो उससे भी ज़्यादा पेचीदा। कोई भी जस का तस कहने की शायद हिम्मत नहीं रखता है। कम–से–कम मैं तो नहीं ही रखता हूँ। दूसरों के बारे में जैसा हम सोचते हैं, वह कह दें तो दुनिया के ढेर सारे रिश्ते भरभरा कर ढह जायेंगे। हर खालिस सच के पीछे की बुनियाद कहीं–न–कहीं झूठ पर ही टिकी होती है। हर शख्स के पास छिपाने के लिए बहुत सारी चीज़ें होती हैं। छिपाई जा रही चीज़ों को सामने न लाने के भी उसके पास बहुत सारे तर्क होते हैं। कई–कई तरह के तर्क कि यदि फलां बात का मैं खुलासा कर दूँ तो फलां की ज़िन्दगी बर्बाद हो सकती है। फलां को निजी पीड़ा हो सकती है। ऐसे सत्य को लिखने और बोलने से क्या फायदा? फिर नैतिकतावादी तर्क भी हैं कि अंधे को अंधा न कहो आदि आदि। इसलिए आत्मकथ्य जैसा कोई तथ्य शायद नहीं होता है या कहें कि नहीं होना चाहिए। आत्मकथ्य को आडम्बर के अलावा और क्या कहा जा सकता है?

आमतौर पर आत्मकथ्य और आत्मकथाएँ लिखने वाला आत्ममुग्ध होकर एक उपदेशक के तौर पर लिखता है। उसमें उसकी पूरी कोशिश होती है कि हर तरह से उसका महिमामंडन हो। कई बार उत्तेजना फैलाने के लिए भी लेखक कुछ सत्य लिख देते हैं। चोरी की या अपनी बहन को गलत नजरों से देखा आदि आदि। कई लेखिकाएँ यह लिखने में भी गुरेज नहीं करती हैं कि वे किसके साथ कितनी बार सोयी और न जाने क्या क्या। इससे भी ज़्यादा चौंकाने वाले वक्तव्य आत्मकथ्यों और आत्मकथाओं में आमतौर पर होते हैं। आत्मकथा के बारे में इतनी लम्बी–चौड़ी भूमिका बनाने के पीछे मेरा

मकसद सिर्फ इतना ही है कि आत्मकथ्य के अन्तर्गत कहने के लिए मेरे पास कुछ खास नहीं है। और यूँ भी मैं अपना बहुत सारा आपसे साझा करने के लिए तैयार भी नहीं हूँ।

मुझे लगता है कि किसी भी लेखक की रचना ही उसका असली आत्मकथ्य होती है। हर लेखक का मूल्यांकन उसकी रचना के आधार पर ही होना चाहिए। अपनी रचना के प्रति उसकी जवाबदेही बनती है। निजी जीवन के तमाम सच–झूठ उसके अपने होते हैं। दूसरों के कौतुहल के लिए ख़ुद को कठघरे में खड़ा करना मेरा शगल नहीं है। ज़िन्दगी की आपाधापी में हर शख्स की ज़िन्दगी में कई बार इतने खतरनाक सच आते हैं कि ख़ुद को शीशे के सामने रख कर उसकी गिनती कर पाना उसके लिए ही मुश्किल होता है। फिर दूसरों के सामने बेनकाब होने का दावा करना निहायत खोखला होता है। हर व्यक्ति कई मुखौटों में जीता है। मेरी ज़िन्दगी तो मुखौटों का म्यूजियम है। चलता–फिरता म्यूजियम। तरह–तरह के अनगिनत मुखौटे हैं मेरे पास जिन्हें एक जखीरे की तरह ज़िन्दगी के हर कोण में मैंने संभाल कर रखे हैं... कभी लगाए... कभी उतारे... कुछ सहेजे... कुछ फेंक दिए...कुछ नहीं गिर गये... कुछ कहीं खो गये... याद नहीं।

मेरे जीवन में बहुत सारा ऐसा है, जो नैतिक समाज के लिए अनैतिक हो सकता है। इसलिए जो भी मैं कह रहा हूँ वह मेरी ज़िन्दगी की कुछ शरीफाना झलकियाँ हैं। उनमें मेरे अन्दर की कमीनगी अनुपस्थित है। मैं देवता नहीं हूँ। इसलिए इंसान की सारी बुराइयां मेरे अन्दर हैं। हर दिन अपने दम पर गुजारता हूँ। अपने फैसले ख़ुद लेता हूँ। गलत हो या फिर सही हर पल का जश्न मनाता हूँ। भीड़ में रहकर भी अकेला हूँ और अकेले रह कर भी काफिले को साथ लिए चलता हूँ। किसी की परवाह किए बिना मैंने प्यार किया तो बेइन्तहाँ किया। दुश्मनी की उसे कब्रिस्तान तक निभाया। दुनिया की बुरी से बुरी आदतें सहेजीं। अच्छी से अच्छी चीज़ों का अनुभव किया। मेरे अनुभवों में अच्छी बुरी थीं और बुरी अच्छी निकलीं। पता नहीं जीवन के छह दशकों में क्यों और क्या किया। कभी किसी चीज़ का हिसाब–किताब नहीं रखा। जहाँ मन आया वहीं धूनी रमा दी और मन उचटा तो उसी वक़्त न बिना पल गवाएं नई डगर पर चल दिया। कभी कोई बँधा–बँधाया रास्ता नहीं, कभी कोई बँधा–बँधाया दिन नहीं। फिर भी वक़्त को थामे रखने का हौसला रखा। और हाँ! डरा किसी से नहीं। गुज़रात के दंगों के दौरान रिपोर्टिंग करते समय भी नहीं। सत्ता से भी नहीं। सबसे टकराया।

बाहर से लेकर भीतर तक। कई बार यह टकराहट ख़ुद से भी हुई। बहुत बार मुरझाया भी, पर बिखरा कभी नहीं। हर बार दोगुनी ताकत से खड़ा हुआ। अभी भी टकरा रहा हूँ। टकराना ही मेरा प्राप्य है। इस जातिवादी और पूँजीवादी–सामन्ती समाज में मेरे जैसे लोगों का टकराते रहना ही नियति है। सत्ता से लेकर साहित्य तक एक ही जाति के लोग मठ बना कर चांदी काट रहे हैं। दूसरों के लिए उसमें नो इंट्री का बोर्ड लगा हुआ है। मठ से अलग हट कर किसी भी काम को करना हमेशा जोखिम भरा होता है। लिखना और नौकरी करना दोनों। और जोखिम उठाना मेरी आदत है। टकराना मेरा शगल है। उपन्यास लिखना भी एक जोखिम था मेरे लिए। उपन्यास के पुराने ढांचे में उपन्यास लिखने के लिए मैं तैयार नहीं था। इसीलिए दो दशक से अधिक समय तक मैंने कुछ नहीं लिखा। लिखे हुए की प्रासंगिकता पर हमेशा सवाल उठाता रहा। मैं कभी उपन्यास लिख पाऊँगा, ऐसा दावा न मैंने किया था और न मेरे करीबियों को ही इस पर भरोसा था। वे तो अब भी यकीन नहीं करते हैं। उनका मानना है कि जो 'सूत्रों' में बोलता और लिखता हो वह उपन्यास कैसे लिख सकता है।

उपन्यास लिखने की कहानी भी रोचक है। मैं लिखने से भागता था। कथाकार और मेरी मित्र क्षमा शर्मा मेरे पीछे डंडा लेकर पड़ी थीं कि मैं आजादी के बाद देश में हुए मोहभंग पर एक उपन्यास लिखूँ। मुझे घेर कर उन्होंने यह काम करा ही दिया। पुरानी स्मृतियों को ताजा करने में मेरी मदद की मेरी सखी मीना ठुकराल ने। उपन्यास लेखन के दौरान जब भी थका तो हौसला हफजाई पारिवारिक मित्र कीर्ति अवस्थी ने की। और इस तरह मेरे पहले उपन्यास 'मुन्नी् मोबाइल' का जन्म हुआ। मैंने इस उपन्यास को पैंतीस दिन में लिख कर पूरा किया। उपन्यास जब बाज़ार में आया तो उसका स्वागत हुआ मठाधीशों की इच्छा के विपरीत। मुझे अपने इस नये मुखौटे (उपन्यासकार) पर मजा आने लगा। मुझे लगा कि मेरे अन्दर का पत्रकार मर गया है और उसने एक उपन्यासकार का चोला पहन लिया है। 'मुन्नी मोबाइल' के बाद आया 'तीसरी ताली'। 'तीसरी ताली' की कथा समाज के एक ऐसे समूह पर केन्द्रित थी, जिसे लिंग स्षटता के चलते लिंगधारी समाज अपने से बेदखल किए हुए है। हिजड़ों और समलैंगिकों पर लिखे इस उपन्यास को पाठक इतनी सहानुभूति के साथ लेंगे इसकी कल्पना मैंने नहीं की थी। इसके बाद आया 'देश भीतर देश'। उत्तर पूर्व के आतंकवाद की बैक ड्राप में एक प्रेमकथा है ये उपन्यास। इसमें ब्रह्मपुत्र नदी के दोनों ओर

रहने वाले समाजों की सांस्कृतिक टकराहट और एक दूसरे के अविश्वास की पड़ताल की गयी है। फिर आया 'और सिफ्र तितली'। इसमें शिक्षा की दुनिया के अन्र्तविरोधों और शोषण की परत–दर–परत पोल खोली गयी है। शिक्षा माफिया से टकराती और जूझती उपन्यास की नायिका तान्या के इर्द–गिर्द इस उपन्यास की संरचना है।

इस उपन्यास के बाद समय था लम्बे विराम का। वजह थी विषय चयन की। तय यह किया था मैंने कि जब तक विषय को दोहराऊँगा नहीं, तब तक नया–नया लिखता रहूँगा। वैसे भी जब मैं लिखता हूँ तो बस फिर उसी को जीता हूँ... उसी को खाता... उसी को पीता हूँ... उपन्यास खत्म करने की गजब की बेचैनी रहती है मुझमें... इसीलिए अब तक जितने भी मैंने उपन्यास लिखें हैं उन्हें तीस से पैंतीस दिनों में पूरा किया है... जब तक मन में पूरी तैयारी नहीं हो जाती तब तक लिखना शुरू नहीं करता हूँ.... जल्द इसलिए खत्म करता हूँ कि कहीं मैं विषय से बोर हो कर उसे बीच में न छोड़ दूँ....। वैसे जिसे मैं तीस से पैंतीस दिन कह रहा हूँ वह लेखन प्रक्रिया की बात है। असल में मुझे इस तरह कहना चाहिए कि मैंने 'मुन्नी मोबाइल' चालीस साल को पैंतीस दिन में लिखा है।

पाँचवें उपन्यास 'ब्लाइंड स्ट्रीट' का विचार 'और सिफ्र तितली' के प्रकाशन के कुछ माह बाद ही कौंधा था। हुआ यूँ कि दो दृष्टिबाधित शोध छात्र मेरा इंटरव्यू लेने मेरे घर आये थे। उनको देख और मिल कर मुझे लगा कि दृष्टिबाधित भी हाशिये के समाज से ताल्लुक रखते हैं। उनके दुख और सुख की एक अलग दुनिया है। अंधेरी दुनिया की पड़ताल की जानी चाहिए। इस तरह 'ब्लाइंड स्ट्रीट' उपन्यास की नींव पड़ी। बस काम शुरू कर दिया। सैंकड़ों दृष्टिबाधितों से मिला। उनके साथ उठा बैठा। दोस्ती गाढ़ी। उनके हॉस्टलों में रहा। इस काम में लगभग छह साल लग गये। फिर भी लिखने का दबाव नहीं बन पा रहा था। मुझे लग रहा था कि मैं अभी अंधों जैसा नहीं सोच पा रहा हूँ, तो उनकी दुनिया के बारे में क्यों लिखूंगा। जब मुझे लगा कि अब मैं तैयार तो 'ब्लाइंड स्ट्रीट' का लेखन प्रारम्भ किया और उसे पैंतीस दिन में पूरा कर दिया अपनी आदत के अनुसार।

आगे और नये विषय मिलेंगे कि नहीं और लिख पाऊँगा कि नहीं, 'ब्लाइंड स्ट्रीट' लिखने के बाद आजकल यही सोचता हूँ। फिलहाल कुछ रोचक बातें साझा कर देता हूँ। मेरे उपन्यासों में मेरी हर जगह मौजूदगी होती है... मेरे उपन्यासों के नायकों में लोग मुझे तलाशते हैं... नायक ही नहीं

कई बार खलनायकों में भी मुझे ही देखते हैं... सब जान कर बड़ा मजा आता है। एक दिलचस्प बात और साझा करना चाहता हूँ कि जब मैं उपन्यास समाप्त करता हूँ और उसके कुछ दिनों बाद मैं उन्हें पढ़ता हूँ तो मुझे यह कतई नहीं लगता कि ये उपन्यास मैंने लिखे हैं... यही नहीं कई बार उपन्यास के पात्र रात को मेरे सपनों में आते–जाते हैं और मुझसे लड़ते हैं... बिन्दु यादव उर्फ मुन्नी मोबाइल कई महीने मेरे सपनों में लड़ी कि तुम मुझे यूँ मार नहीं सकते हो... यह मेरा अन्त नहीं है... ऐसे ही तमाम अन्य पात्र भी मुझसे लड़ते हैं और सोने नहीं देते हैं। शायद मेरे उपन्यासों के पात्र मेरी ही तरह ज़िन्दगी की जद्दोजहद में टूट कर बिखरने में विश्वास नहीं करते हैं। लेकिन नियति को और कुछ मंजूर होता है। मैं उन्हें पराजित होते हुए देखना भी नहीं चाहता हूँ। शायद उनकी पराजयों में ही जय का घोष निहित है...टूट कर ही कुछ बनाया जा सकता है और जो बनेगा वह टूटेगा भी... आमतौर पर मैं बने बनाए को सायास तोड़ता हूँ या ऐसा करने की कोशिश करता हूँ... और भी बातें है फिर कभी मौका लगा तो कहूँगा... लिखूँगा... कह और लिख पाऊँगा कि नहीं इसका भी कोइ दावा नहीं... फिलहाल इतना ही..

(अन्तर्राष्ट्रीय इंदु शर्मा कथा सम्मान से सम्मानित होने के मौके पर 28 जून, 2012 में ब्रिटेन की संसद हाउस आफ कामन, लंदन में दिए गये वक्तव्य में कुछ संशोधन के साथ प्रस्तुत)

मुंबई महानगर और हिन्दी उपन्यास

डॉ. रीता दास राम

मुंबई महानगर देश का केन्द्रीय अत्याधुनिक शहर है। चकाचौंध से भरी लम्बी–चौड़ी सड़कें, जगमगाते चौराहे, ऊँची मीनारों सी इमारतें, सजे–धजे रहवासी संकुल, अत्याधुनिक बाज़ार, सिनेमा गृहों, मॉल और मल्टीप्लेक्स इसकी पहचान है। आधुनिक कलात्मक नवीनताओं, रफ्तार व गतिविधियों की पहचान से सराबोर देश के विकासशील भविष्य को स्वर्ण अक्षरों में लिखता नवीन उपलब्धियों को नियन्त्रित करता यह शहर औद्योगिक राजधानी कहलाता है। सपनों की नगरी, सितारों की दुनिया, मायानगरी, महानगर, 'The city which never sleeps' आदि कई बातें जबान पर आ जाती हैं, जब 'मुंबई' का महज नाम ही होठों पर आता है। आज सारे भारत में रहनेवाले लोग जीवन में कम से कम एक बार मुंबई आने का सपना ज़रूर संजोते हैं।

भारतवासियों के सपनों का शहर अन्तर्राष्ट्रीय व्यापारियों और पर्यटकों के आकर्षण का केन्द्र मुंबई भारत का जलमार्ग और वायुमार्ग का प्रवेभा द्वार कहलाता है। मुंबई द्वीपों का समूह पाषाण युग से अस्तित्व में हैं। द गजेटियर ऑफ बॉम्बे सिटी अण्ड आयलेंड के अनुसार इस भूभाग पर आदि मानव बसते थे। "सात द्वीपों पर बसे आधुनिक महानगर मुंबई में मनुष्य ने पहली बार पत्थर युग में घर बनाया था... इस इलाके से मानव विज्ञान शास्त्रियों को ऐसे चकमक पत्थर मिले हैं जो योरोप के गुफा–पुरुष द्वारा प्रयोग में लाए जाते थे।"[1] सात द्वीपों को जोड़कर बना, कोलियों का गाँव सर्वदेशीय और सर्वजातीय (कोस्मोपोलिटन) शहर आज मुंबई बन चुका है। मुंबई की स्थानीय उपयोगिता को मद्देनजर रखते हुए इसकी शुरुआती पहचान, निर्माण व विकास में यहाँ के गुज़रात से आये कोली समुदाय, हिन्दू और मुसलमान राजाओं, पुर्तगालियों, अँग्रेजों, भारतीय उद्योगपतियों,

और व्यापारियों ने महत्त्वपूर्ण भूमिका निभाई। आज राष्ट्रीय व अन्तर्राष्ट्रीय, सांस्कृतिक, सामाजिक, व्यापारिक और कलात्मकता के उच्चस्तरीय केन्द्रीय संस्थाओं एवं कार्यव्यापारों का केन्द्र मुंबई, भारत का सर्वोत्कृष्ट आकर्षण, अन्तर्राष्ट्रीय जगत में महत्त्वपूर्ण हस्ताक्षर बन चुका है। पुर्तगाली, अँग्रेज और फिर भारतीयों की पैनी दृष्टि ने मुंबई का महत्त्व आँका, सजाया, सँवारा। इसकी प्रगतिशीलता को काल्पनिक, मोहक, कलात्मक गति देते हुए सदियों पुराने अविकसित क्षेत्र का रूपान्तरण प्राकृतिक बन्दरगाह के बाद 'बॉम्बे' से कालान्तर में कई नामों के बाद नाम 'मुंबई' हुआ। आज मुंबई प्राचीन 'गोथिक शैली की इमारतों', आकर्षक समुद्रीय किनारों, मोनो–मेट्रो–लोकल, कई व्यापारिक राष्ट्रीय अन्तर्राष्ट्रीय उल्लेखनीय उपलब्धियों के साथ आधुनिकता का प्रतीक ही नहीं नित नये अच्छे–बूरे हादसों की पहचान भी है। भूमंडलीकरण के दौर में विश्व बाज़ार में आज मुंबई एक महत्त्वपूर्ण उपलब्धि है।

मेहनतकशों के बग़ैर मुंबई की पहचान नहीं की जा सकती। टैक्सी ड्रायव्हर, गार्ड, फेरी वाले, सब्जी–भाजी जैसे छोटे धंधों में लगे लोग, साफ़–सफाई कर्मचारी से लेकर निम्न स्तरीय व्यापारों और घरेलू काम में लगा समुदाय उत्तर प्रदेश और बिहार के रहवासी हैं। 'मनुष्य के रूप' की पंक्ति देखिए "बम्बई के नर–सागर में धनसिंह ऐसे आ मिला जैसे जल की एक बूँद अथाह प्रवाह में आ मिले और वह बूँद अपनी राह खोजने की चेष्टा करे। बम्बई में उसके लिए कहीं पाँव टिकाने के लिए जगह न थी, कोई उसकी ओर ध्यान न देता था।"[2] साक्ष्य है झोपड़पट्टियाँ, निम्नवर्गीय क्षेत्रों की जनसंख्या में बढ़ती वृद्धि ने अपराध जगत और असामाजिक तत्वों को पनपने के खुले अवसर उपलब्ध हुए।

मुंबई का आकर्षण, नजारा, संस्कृति, समाज, समस्याएँ, हिन्दी उपन्यासों में पर्याप्त मात्रा में प्रस्तुत हैं। मछुआरों के नाली पूर्णिमा के दिन लोकसंगीत के साथ समुद्र–पूजन बग़ैर यह मुंबई शोभाहीन है, "समुद्र किनारे जाकर सब ने नारियल चढ़ाए और खण्डाला देवता और समुद्र की पूजा की। तट की धूल माथे में लगाकर आँखों और शरीर पर पानी छिड़ककर कोलियों ने समुद्र–देव को अपनी–अपनी शक्ति के अनुसार रंग–बिरंगे नारियलों का प्रसाद चढ़ाया और गाते बजाते लौट आये।"[3] मछुआरे मुम्बई की पुरातन पहचान है। यह प्रजाति आज भी अपने आधुनिक रूप में विराजमान है। 'सागर, लहरें और मनुष्य' के अनुसार बरसोवा स्थित कोलियों के होली त्यौहार की धूम भी अलग रंग परोसती है–"शराब में धुत कोली स्त्री–पुरुष

झांगरी लिए गोल बाँधकर नाचने लगे। कुछ लोग संबेल बजाने लगे। आदमी औरतों पर गुलाल उड़ाते, रंग फेंकते और औरतें आदमियों पर... सारा गाँव उत्सव, नाच–गाने, शराब पीने में मस्त था। हिन्दू, मुसलमान, ईसाई सभी कोली आये।"[4] इस तरह उपन्यास मुंबई के मानव जीवन त्यौहार और रिवाजों को चित्रित करता है।

उपन्यास अमूमन घटनाओं को प्रधानता देते हुए पात्रों और चरित्र का निर्माण करते हैं। लक्ष्मीसागर वार्ष्णेय के अनुसार, "मानव जीवन की समग्रता एवं यथार्थ परिवेश ही उपन्यासों में चित्रित होते हैं और एक विराट कैनवास में युगीन एवं समकालीन जीवन चिन्तन के विविध पक्ष उसमें कलात्मक अभिव्यक्ति पाते हैं।"[5] समाज में सामाजिक मूल्यों के बदलाव के कारण उपन्यासों की कथ्य, शैली और भाषा में भी मनोवैज्ञानिक परिवर्तन सम्भव है। प्रेम भटनागर कहते हैं–"नए उपन्यासकारों ने विस्तार की अपेक्षा गहराई, परिणाम (घटनाओं की संख्या) की अपेक्षा गुणों और स्थूलता की अपेक्षा सूक्ष्मता को प्रश्रय दिया है।"[6] तमाम परिवर्तनों के साथ मुंबई पर कई साहित्यकारों ने उपन्यास विधा में अपनी लेखनी चलाई है।

'आमची मुंबई' मराठी भाषियों का गर्व जिस पर हिन्दी–भाषी साहित्यकारों ने अपनी रचनात्मक अभिव्यक्ति एवं सारगर्भित लेखन कर्म द्वारा वैचारिक पृष्ठभूमि पर महत्त्वपूर्ण उपलब्धि ही हासिल नहीं की बल्कि मुंबई की खूबियों, सामाजिक पृष्ठभूमि, जातीय व राजनैतिक कारण, अद्वितीय दृश्यों, आपसी व्यावहारिकता और समाज के मिश्रित भाषी परिवेश एवं गौरव को भी। मुंबई के परिवेश को केन्द्र में रख लोगों को ऐसा आभास होता रहा है कि उपन्यास कम लिखे गये जबकि इस पर कई महत्त्वपूर्ण उपन्यास प्रकाशित हुए। जिन लेखकों के उपन्यासों ने पाठकों का संज्ञान पाया और चर्चित हुए उनमें शुरुआत से देखें तो 'आख़िरी दाँव' (1950) भगवतीचरण वर्मा, 'सागर, लहरें और मनुष्य' उदयशंकर भट्ट (1955), 'बोरिवली से बोरिबन्दर (1959), 'क़िस्सा नर्मदाबेन', 'गंगुबाई' (1961), 'पुनर्जन्म के बाद' (1970) व 'कबूतरखाना (1960) शैलेश मटियानी, 'मुरदा–घर (1974) और 'कटा हुआ आसमान' (1971) जगदंबा प्रसाद दीक्षित, 'मनुष्य के रूप' (1964) यशपाल, 'तलाश' (1975) महावीर अधिकारी, 'यह भी नहीं' (1976) महीप सिंह, 'बहुत देर कर दी' (1984) अलीम मसरूर, 'असन्तोष के दिन' (1986) राही मासूम रजा, 'मुझे चाँद चाहिए' (1993) व 'दो मुर्दों के लिए गुलदस्ता' (1998) सुरेंद्र वर्मा, '17 रानडे रोड' (1994) रवींद्र कालिया, 'अठारह सूरज के पौधे' (1961) रमेश बक्षी ,'भ्रमभंग (1975)', 'स्वप्न दंश' (2014) व 'देवता के गुनाह' (2009),

देवेश ठाकुर, 'आवाँ' (1999) व 'नाला सोपारा' (2016) चित्रा मुद्गल, 'बेघर' (1971) ममता कालिया, 'दलाल की बीवी' (2014) रवि बुले के अलावा असगर वजाहत की 'पहर दोपहर', कमलेश बक्षी की 'दिशा खोजती ज़िन्दगियाँ', मधू अरोरा की 'उम्मीद अभी बाक़ी है', जयंती रंगनाथन की 'मुंबई मेरी जान', सन्तोष श्रीवास्तव की रचना 'करवट बदलती सदी–आमची मुंबई', सूरज प्रकाश की 'देस बिराना' जैसी महत्त्वपूर्ण रचनाएँ हैं। कई साहित्यकार मुंबई में नियमित पत्र–पत्रिकाओं में छपते हुए साहित्यिक योगदान करते रहे हैं। विमल मित्र, विष्णु खरे, हरि मभदुल, सूर्यबाला, सुधा अरोड़ा, सुन्दर चन्द ठाकुर, विजय कुमार, धीरेन्द्र अस्थाना एवं युवावर्ग इत्यादि।

साहित्य में जैसे–जैसे गद्य लेखन की प्रगति हुई विषय में तेज़ी से परिवर्तन और विस्तार होता गया। उपन्यास विधा के महत्त्वपूर्ण हस्ताक्षर 'प्रेमचन्द' ने ज़मीन से जुड़े सत्य को उद्घाटित किया। पिछले साठ–सत्तर सालों में यानी 1950 के बाद उपन्यासकारों ने शोषितों, पीड़ितों अभावग्रस्तों के पक्ष पर मानसिक लड़ाइयाँ लड़ी। मुंबई के परिवर्तित होते समाज पर भी लिखे गये उपन्यास सामने आये। मुंबई पर लिखे उपन्यास की शुरुआत में भगवती चरण वर्मा का 'आखिरी दाँव' (1950) एवं उदयशंकर भट्ट द्वारा रचित 1955 में प्रकाशित उपन्यास 'सागर, लहरें और मनुष्य' प्रकाश में आये। समाज में व्याप्त विद्रुपता पर 'आखरी दाँव' उपन्यास में भगवती चरण वर्मा कहते हैं, "इस पैसे की दुनिया में न पाप है न पुण्य, न प्रेम है न भावना, जो कुछ है वह धन है, जिसके पास है वह सबकुछ खरीद सकता है... रूप, यौवन, शरीर, आत्मा।"[7] 'सागर, लहरें और मनुष्य' उपन्यास में मुंबई की पुरातन पुर्तगाली शासन व्यवस्था की शुरुआत का ज़िक्र भी है, "वरसोवा किसी समय का एक बड़ा बन्दरगाह था जहाँ पुर्तगालियों के जहाज लगा करते थे। उन दिनों मुंबई नहीं बसा था। वर्ली से लेकर माहिम और शिवड़ी से मझगाँव तक किनारे किनारे रहने वाले शिवकर कहलाए। शिव का अर्थ कोली भाषा में सीमा है। इसी तरह गाँव में रहने वाले गाँवकर और थलगाँव में रहने वाले थलकर प्रसिद्ध हुए।"[8] यह उपन्यास मुंबई में कोली समुदायों के जीवन और मुंबई के इतिहास के महत्त्व को भी साबित करता है। उपन्यास में कोली समाज का सविस्तर वर्णन है। उपन्यास के अनुसार मछुआरों की बस्ती जो वरसोवा से माहिम के बीच बसी है, मुंबई की पुरातन धरोहर है। मछुआरे समाज की औरतों का परिवार में प्रमुखता, पुरुषों की दुय्यम पारिवारिक पात्रता, कोली समाज की सांस्कृतिक भिन्नता के बावजूद ख़ुद के सामाजिक पेशेवर कार्य से ऊपर उठने की आकांक्षाएँ

इस समाज को बदल रही है। साहित्यकारों ने अपने उपन्यासों में मुंबई के चेहरों को नई पहचान दी और विभिन्न कोनों से देखने का अवसर प्रदान किया। मुंबई पर लिखे उपन्यास मुंबईवासियों का जीवन परिचय देते हुए उनकी मानसिक स्थिति, अवस्था और परिवेश की घुटन का स्पष्ट अवलोकन करते हैं। असफलताएँ हो या सफलताएँ, उसे भविष्य में प्रयत्नरत रहने पर विवश करती हैं। बहुत कम ही वापसी को पचा पाते हैं अन्यथा आत्महत्या व मानसिक व्याधि की खबर वाकई कचोटती है।

चर्चित विषयों, मुद्दों, माहौल और दृश्यों पर उपन्यासकारों ने यथासम्भव अपनी योग्यतानुसार रचनात्मक वैचारिक दृष्टिकोण प्रस्तुत किए हैं। सन् 2016 में ज्वलंत मुद्दे पर प्रश्न उठाता समाज को जागरूक करता, प्रमुखता से उभरता चित्रा मुद्गल का महत्त्वपूर्ण सार्थक उपन्यास 'पोस्ट बॉक्स नं 203 नाला सोपारा' पाठकों के सामने आया। लेखिका मनोविश्लेषकों की राय द्वारा उपन्यास में किन्नरों के प्रति अपने विचार "अविकसित लिंग दोषियों के दिल–दिमाग़ में स्वयं के प्रति बैठे हुए नकारात्मक सोच को निष्कासित करना ज़रूरी है"[9] सामने लाती है। वें कहती है कि किन्नर भी अन्य व्यक्ति की तरह अपनी स्वतन्त्र ईमानदार वैचारिक दृष्टि व मान–सम्मान के लिए स्वतन्त्र हो। 'नाला सोपारा' समाज में उपेक्षित किन्नर, उनकी व्यक्तिगत–सामाजिक समस्याओं, विचारों, उनकी परेशानियों, इस्तेमाल की जाती उनकी ज़िन्दगी और सामाजिक सरोकारों पर केन्द्रित उपन्यास है, जो तत्कालीन समाज का एक बहुचर्चित मुद्दा है, जो प्रश्न बनकर समाज के सम्मुख प्रतिउत्तर की माँग करता है।

यह उपन्यास पत्राचार शैली व सरल भाषा में लिखा गया उपन्यास है। जिसमें किन्नर 'बिमली' जिसके और भी कई नाम हैं, ने अपनी माँ को अपनी व्यथा, अपनी आपबीती, सामाजिक उपेक्षाएँ, यातनाएँ और समाज एवं अपने परिवार से उसकी अपेक्षाएँ पत्र में लिखकर ज़ाहीर की हैं। पूरा का पूरा उपन्यास पत्रों में ही शुरू होता है और पत्रों में ही खत्म हो जाता है। उपन्यास बहुत ही मार्मिक और उपेक्षित समुदाय की कई आशंकाएँ, दुविधाएँ, मान्यताएँ सँजो कर ससवाल हमारे सामने प्रस्तुत है। लेखिका ने किन्नर बच्चे के जिज्ञासाओं, आरोपों, सवालों का ब्यौरा तो दिया है किन्तु माँ के पक्ष से कोई विचार या पत्र या सवाल या मुद्दा सामने नहीं रखा है यह बात चुभती है। माँ की अगर कोई व्यथा है भी तो बच्चे 'बिमली' द्वारा याद करते हुए जाहीर की गयी है। सिवाय इसके कि अन्त में 'अखबार में माँ

की छपी स्वीकारोक्ति' वह भी माँ के मरने के बाद। उपन्यास पढ़ते वक़्त माँ की आत्मीय–भावनाएँ व्यक्त करते मान के पत्र को माँ के मुँह से सुनने का इन्तजार सा बना रहता है। उपन्यास के रूप में लेखिका बहुत चुनौतीपूर्ण मुद्दा समाज के सामने रखती है कि एक किन्नर बच्चा अपने परिवार में ही अन्य बच्चों की तरह रह कर अपने जीवन को गति, आख़िर क्यों नहीं दे सकता? नौकरी या व्यवसाय की उसे सामाजिक अनुमति क्यों नहीं? इस सवाल का मुंबई में जीता जागता बहुत अच्छा उदाहरण है किन्नर लक्ष्मी नारायण त्रिपाठी। जिसने अपने माता–पिता के घर में परवरिश ही नहीं पाई बल्कि अध्ययन करते हुए साहित्य कर्म में जुट कर अपनी रचनात्मकता 'मैं हिजड़ा मैं लक्ष्मी' लोगों के सामने प्रस्तुत की। वाकई किन्नर बच्चे को पालते माता–पिता के लिए शर्म की मानसिकता समाज से हटनी चाहिए। यह एक सामाजिक सरोकारात्मक विचार है। सन् 1975 में प्रकाशित महावीर अधिकारी का उपन्यास 'तलाश' अनाथ और अवैध रिश्तों से जन्मे बच्चों की दयनीयता तथा विवशता को अंकित करता है जो अनाथालय में अवहेलना युक्त, तिरस्कृत, अपमानित ज़िन्दगी जीने के लिए अभिशप्त होते हैं। इस उपन्यास पर 'ज़िन्दगी और तूफान' फ़िल्म का निर्माण किया जा चुका है।

हिन्दी के कुछ उपन्यासों में मुंबई की जीती–जागती बीभत्स सच्चाई वेश्यावृत्ति का चित्रण है। सुरेंद्र वर्मा का 'दो मुर्दों के लिए गुलदस्ता' पुरुष वेश्या और अपराध जगत में लिप्त दो पात्रों पर केन्द्रित उपन्यास है। जो समाज की घृणित आश्चर्यजनक कड़वी हकीकत है और बड़े अफसोस की बात है कि यह मुंबई का हिस्सा है। दोनों ही कार्य समाज में बुराई के प्रतीक हैं किन्तु दोनों के लिए अलग नजरिए हैं। बावजूद इसके आशाएँ लोगों को नवीनता के मार्ग सुझाती है, "बम्बई सम्भावनाओं का समन्दर है... तुम्हारे हाथ में हुनर हो, तो हवा के झौंकों से नोटों की बारिश हो सकती है।"[10] यही है मुंबई का कड़वा सच जो आकर्षित करता है। समाज अपराध जगत में लिप्त को बुरा तो माना जाता है पर 'जिगोलो' के लिए घिनौना शब्द ही सार्थकता का प्रतीत समझा जाता है। उपन्यास 'दो मुर्दों के लिए गुलदस्ता' ने समाज के कुछ दृश्य ही सामने लाने के प्रयास किए हैं। इसके आगे के परिदृश्य को 'दलाल की बीवी' उपन्यास पूरा करता है।

रवि बुले का 'दलाल की बीवी' मुंबई के वेश्यावृत्ति में लिप्त कुछ ऐसे जगहों व अश्लील फ़िल्मों के कार्य–व्यापारों को अंजाम देने का वर्णन है जो समाज की नजरों में बहुत खुले रूप में न होते हुए भी उजागर है।

"शूटिंग करते करते वह बेकार हो जाता। तब उसे तैयार करने के लिए इंजेक्शन देने पड़ते। दवाइयाँ खिलानी पड़ती। इनका भी उस पर असर नहीं होता इतनी घबराहट होती। ऋतु उसे बार–बार विश्वास दिलाता कि उसकी फ़िल्में अमेरिकी बाज़ार में ही जाएंगी। योरोप के नहीं। इंडिया के नहीं।"[11] यह उपन्यास ऐसी दुनिया का सच बयान करता है जो साधारण मनुष्य की कल्पना के भी परे की बात है। यहाँ पुरुष और नारी दोनों ही इस बीभत्स तकलीफ को बराबरी से जीते हैं।

बीसवीं सदी के आठवे दशक के हिन्दी साहित्य शिल्पी जगदंबा प्रसाद दीक्षित ने 'मुरदा–घर' जैसी उल्लेखनीय कृति दी। उपन्यास की कथा हृदय विदारक दृश्यों का साक्षात विवरण है। 'मुरदा–घर' निम्नस्तरीय जीवन जीते मानव समुदाय के रोज की दो रोटी की जद्दोजहद की दास्तान वेश्यावृत्ति पर खत्म होती है। पुरुष वर्ग अपराध जगत और पुलिस के चक्कर से बचने में ज़िन्दगी होम कर बैठते हैं। कमाठीपुरा, ग्रांटरोड़ में बसा यह मानव समूह जिसके रहने का कोई ठिकाना नहीं असाध्य बीमारियों से जूझते, दाने–दाने को मोहताज आर्थिक परेशानी को झेलते हुए भी हँसते–हँसते एक–दूसरे को मदद करते, साथ देते मिलकर रहने की कोशिश करते ज़िन्दगी गुजारते हैं। "अँधेरे में बैठा हुआ है आदमी नंगा हजारों साल हो गये इसी तरह। धो रहा है एक गंदा कपड़ा साफ़ नहीं होता। छप–छप् दूर तक जाकर खत्म हो जाती है आवाज़। वहाँ और कोई नहीं। एक तरफ सागर... दूसरी तरफ आसमान... दूर टिमटिमाती हुई बत्तियाँ। फिर वही छप् छप् छप...।"[12] उपन्यास पढ़ते पाठक भीतरी अन्तर्नाद–सी दर्दनाक चोट और घुटन महसूस करते हुए लेखक के अनुभव पर ग़ौर करने के लिए ख़ुद को विवश पाता है। मुंबई पर लिखे उपन्यास दिमाग़ में कई सवाल उठाते हैं और समाज के प्रति वितृष्णा का भाव प्रश्नांकित करते हैं। जीवन की जिस विद्रूपताओं, विसंगतियों और अतियथार्थता का चित्रण इस उपन्यास में मिलता है किसी अन्य में नहीं।

शैलेश मटियानी का उपन्यास 'बोरिवली से बोरिबन्दर' भी वेश्याओं की जिन्दगियों को छूता है किन्तु अलग तरह से। कहने के लिए तो कृति लेखकों का अनुभव होती है या उससे जुड़ी परिकल्पना, लेकिन कथ्य कहने का ढंग विशेष ही साहित्यकार का हस्ताक्षर है। शैलेश मटियानी ने अपने अनुभव का लेखा–जोखा अपने अन्य उपन्यासों 'कबूतरखाना', 'क़िस्सा नर्मदाबेन, गंगुबाई' में भी दिया जो जिस्मानी कार्यों में लिप्त लोगों की कथा कहता है। "यहाँ, अन्दर ही अन्दर, एक रौरव नरक का निर्माण हो रहा है, जो एक दिन विस्फोटक रूप में सामने आयेगा। सत्य पर कब तक पर्दा डाला जा सकेगा?

बम्बई की रगों में अत्याचार और शोषण के जो विषैले किटाणु पनप रहे हैं, उन्हें देखने के लिए ख़ुर्दबीन की आवश्यकता है।"[13] बीते कई दशकों पहले शरतचन्द के रचना साहित्य में वेश्याओं को भी आदर दृष्टि से देखा गया। आज हिन्दी उपन्यासों में वह बात कहाँ। कारण समाज में अतियथार्थता इतने नग्न रूप में सामने खड़ी है कि हम आँखों का पानी भी नहीं बचा पा रहे। शैलेश मटियानी ने उपन्यासों में अपने भोगे कडवे अनुभव को प्रस्तुत किया। अब ये हम पाठकों को तय करना है कि समाज की नसों में भरता पारा निकालना है या करना है इन्तजार उसके गिर कर बिखर जाने का।

मुंबई में सदियों से शोषित–पीड़ित, मेहनतकश मजदूर संघर्ष, हड़तालों, यूनियन के कार्यकर्ता और नेताओं के दाँव–पेंच, और मजदूर आन्दोलन जैसे विषय पर चित्रा मुद्‌गल जी ने लिख कर वाकई अपना लोहा मनवा लिया। मटका के अखण्ड साम्राज्य की झलक भी हम 'आवाँ' में देखते हैं, "अभावग्रस्त मनुष्यों के पैबन्द–टके सपने उनके मटका दाँव की चौपड़। रोज शाम आँकड़ों के साथ करोड़ों के वारे–न्यारे खुलते बन्द होते उन दावों को झुठला देते कि क़िस्मतें ऊपर लिखी जाती है और उन्हें कोई और लिखता है।"[14] 'आवाँ' लेखिकाओं पर लगे 'नारी लेखन' के लेबल को खारिज करते हुए पुरुषों के इस विषय पर एकाधिकार के मुद्दे को तोड़ती है। श्रमिकों के समस्याओं और रोजमर्रा की त्रासदी के अलावा, सम्बन्धों की धज्जियाँ उड़ाते रिश्ते, धोखे, फरेब, जालसाजी, बिल्डरों की राजनीति, हत्या, साजिशों आदि को 'आवाँ' में स्थान देकर वे पुरुषों को मात तो देती ही हैं रोमांस, काम–सम्बन्ध, प्रेमलीला और नारी देह पर भी उन्होंने जम कर लेखनी चलाई है। जबकि बहुत ही घरेलू और रिश्तों की डोर से नाजुक सम्बन्धों पर दृष्टि डालता ममता कालिया का उपन्यास 'बेघर' वाकई लोकल की भीड़ के बीच पसरी उमस का एहसास कराता है जहाँ प्यार और अपनेपन की अनुपस्थिति में एक पारिवारिक ज़िन्दगी बदसूरत माहौल में साँसें लेने को विवश है क्योंकि समाज में 'प्यार' के बदले घिसी–पिटी पवित्रता की कसौटी मायने रखती है। नारी का कौमार्य ही उसका सबकुछ समझा जाता है लेकिन पुरुषों को आजादी मिलती है। फिर भी "विवाह पूर्व प्रेम सम्बन्धों की बात स्त्रियाँ भले ही अनसुनी कर दें, लेकिन पुरुष पत्नी की 'गलती' को 'आसानी से माफ़ नहीं कर सकता या करता।"[15] इसी कच्चे–चिट्ठे को साबित करता है बेघर। आज 'बेघर' जैसे मुद्दे मुंबई समाज से शायद खत्म हुए हो पर मुंबई में रिश्तों के सम्बन्ध बहुत आगे 'लिव–इन–रिलेशनशिप' तक बढ़ चुके हैं। जिसके उदाहरण 'आवाँ', 'मुझे चाँद चाहिए' में पढे जा सकते हैं जो अब मुंबई में

युवा वर्ग का सच हो चुका है। 'लिव–इन–रिलेशनशिप' में रहना अब एक फैशन बन चुका है। युवा वर्ग बहुत आतुर, भयमुक्त होता जा रहा है जो आगे चल कर समाज में उभरते नई समस्याओं के कारण हो सकते हैं। जगदंबा प्रसाद दीक्षित का 'कटा हुआ आसमान' उपन्यास इसका सटीक उदाहरण है। अपनी छोटी छोटी इच्छाओं के लिए नैतिकता–अनैतिकता से परे मर्यादाओं का उल्लंघन करते, घुटन संत्रास, अकेलेपन को दूर करने के लिए कमरा बुक कर शारीरिक भूख मिटाते युवा छात्रा किटी और प्रोफेसर के प्रेम सम्बन्ध कृति में परत दर परत उतरते दृश्य देखे जा सकते हैं "बम्बई के गटरों में रहने वालों को आपने अपने कॉलेज में प्रोफेसर बना लिया है ताकि वे अच्छी फैमिलीज की भोली–भाली लड़कियों को बिगाड़ दें।"[16] जो समाज की मिथ्या मान्यताओं, खोखले आदर्शों और रीति–रिवाजों की बखिया उधेड़ता है।

मध्यवर्गीय समाज की समस्याएँ, संघर्ष, जीवन जीने के तरीके, आधुनिकता का असर, टूटता संयुक्त परिवार, एकल परिवार की तकलीफे, अभावग्रस्ता, सीमित आय में बढ़ती ज़िम्मेदारियाँ, ज़िन्दगी की चुनौतियाँ आदि देवेश ठाकुर के उपन्यास 'भ्रमभंग' में लेखक की आपबीती के रूप में दिखायी पड़ती है। उनका एक और उपन्यास 'देवता के गुनाह' का नाम धर्मवीर भारती के उपन्यास 'गुनाहों का देवता' के तर्ज पर रखा गया नाम लगता है। पुरुष का अपने जीवन में कई औरतों से सम्बन्ध रखते हुए जीवन जीना किसी भी रिश्ते के प्रति गम्भीर होने नहीं देता। ऐसा व्यक्ति पत्नी का प्रेम बहुत पहले खो चुका होता है बुढ़ापा तनावग्रस्त और उसका यह विलासी पुरुष के जीवन का अन्त है जो सोचने पर मजबूर करता है कि "ज़िन्दगी कोई गणित नहीं है, जिसमें कदम–दर–कदम चला जाय।"[17] मुंबई ही नहीं किसी भी शहर से जुड़ी कथा हो सकती है। देवेश ठाकुर ने और भी कई उपन्यास लिखे हैं और सभी में मुंबई मुख्य रूप से मौजूद है जो उनके अनुभव के साक्षी हैं।

मुंबई के हर कोने, गली, मोड़ और विस्तारित क्षेत्र पर साहित्यकारों की सार्थक दृष्टि पहुँचने के बाद भी मुंबई अपने आपमें एक रहस्यपूर्ण नगरी है जिसके रहस्य से लाख दो–चार हो जाय कुछ न कुछ बचा ही रह जाता है। साहित्यकारों के अन्तः स्तल में धूमड़ते प्रश्न आज भी अनुत्तरित रह जाते हैं क्योंकि मुंबई में विकास की गति रातों–रात विस्तारपाती और बढ़ती जाती है। जिससे असामाजिक तत्वों को खुले रूप में बेखौफ जीने का माहौल मिला बल्कि उन्हें पाला–पोसा और अवसर दिए भी गये। गली के गुंडे, चोर–उचक्के, बदमाश, पेशेवर मवाली, डॉन, स्मगलर, राज करता अंडरवर्ल्ड सभी परिस्थिति और माहौल की पैदाइश हैं और समाज में होते

बड़े परिवर्तन के ज़िम्मेदार भी। एस हुसैन जैदी की लिखी पुस्तकें 'डोंगरी से दुबई तक' और 'मुंबई माफिया की हसीनाएँ' विक्रम चन्द्रा और प्रभात रंजन द्वारा अनुवादित ऐसी पुस्तकें हैं जो अपराध की पूरी सत्ता की क्रूरता को सजीव रूप में पाठक के सामने ही नहीं लाती बल्कि मुंबई के अपराधी जगत के पूरे छह दशकों का कच्चा–चिट्ठा प्रस्तुत करती हैं। जिसमें मुंबई के बढ़ते अपराधी दुनिया को उसके सही कारण और साक्ष्यों के साथ बताया गया है। हमारी पूरी व्यवस्था पर प्रश्नचिह्न लगाता 'दाऊद' आज भी देश के बाहर है और हम बंधे हाथों से अपने देश का कानून जी रहे हैं। वहीं 'बोरिवली से बोरिबन्दर' उपन्यास में अपराध में लिप्त कत्ल करना, जुआँ का अड्डा चलाना, चोरी करना, दारू की भट्टी चलाना, दारू सप्लाय करना आदि जरायम पेशे से जुड़ा व्यक्ति युसुफ दादा भी मोहब्बत की गिरफ्त में आकर एक हिन्दू वेश्या रेवा को अपने घर शरण देता है कि 'जब भी तुम्हें मनपसन्द आदमी मिले चली जाना' और इस वादे को पूरा भी करता है। अच्छा लगता है यह सुन कर कि आदर्शवाद सिर्फ कहने के लिए आदर्शवाद नहीं है आसपास ही कई उदाहरण देखने मिलते हैं। वैसे 'बहुत देर कर दी' उपन्यास में अलग दृष्टि नजर आती है,"दुनिया में वही काम बुरा है, जिसमें सलीका ना हो। चोरी सलीके से की जाय तो कौन बुरा मानता है। मुंबई में कैसे कैसे करोड़पति चोर है। लेकिन उनमें सलीका है तो कितनी इज्जत है उनकी।"[18]

'बहुत देर कर दी' जिस पर ऋषि कपुर, रति अग्निहोत्री और पूनम ढिल्लन अभिनीत 'तवायफ' फ़िल्म बनी है, मुंबई के डॉन करीम की वेश्या सुलताना और एक सामान्य आदमी दाऊद के बीच बढ़ते प्यार के रिश्ते की कथा है जो दाऊद और कायनात के प्यार भरी दोस्ती के बलिदान पर जीत हासिल करती है। करीम की मौत हालात और हादसा साबित होती है पर पाठक को सुकून पहुँचाती है। पूरा समाज ऐसे डॉन से बचना चाहेगा, बचना चाहता है लेकिन यह कठोर सत्य है कि वह भी इंसान है। और ऐसे ही इंसान (डॉन) को जब हम 'दलाल की बीवी' में हैवान बने देखते हैं तो इंसानियत का परदा भी हमारी आँखों के नफरत भाव को नहीं बचा पाता। सफेदपोश इनसे ज़्यादा दर्दनाक और आहत पहुँचाते हैं जो 'समाज में कोढ़' की व्याख्या पूरी करते हैं। मुंबई में ऐसे सफेदपोश कंपनी मालिक, बिल्डरों, व्यापारियों, संगठन कार्यकर्ताओं और धन्ना सेठों की दुनिया है जिनकी जालसाजी ने राज–नेताओं, सिनेमा और माफिया को जोड़े रखा है। जब जब इनके चेहरे से नकाब उठता है और असलियत सामने आती है हत्या, आत्महत्या की घटनाओं से अखबारों को दो–चार होना पड़ता है।

'बॉलीवुड' मुंबई का नया नाम है जो 'हॉलीवुड' के तर्ज पर लिया जाता है। फ़िल्म सितारों की दुनिया, सिनेमा की नगरी, मुंबई हिन्दी–मराठी सिनेमा और दूरदर्शन के लिए विख्यात है। सिनेमा एक ऐसा आकर्षण है जो आधुनिकता, शोहरत, ग्लैमर और दौलत का आकर्षण है। मुंबई की लत ज़िन्दगी का जुआँ है जिसके साथ–साथ दौलत चलती है। दौलत और शोहरत इंसान को आसमान की ऊँचाइयों पर ले जाता है जहाँ से इंसान को दूसरा कुछ नजर नहीं आता। जीत और सफलता का नशा सर्वोपरि होता है लेकिन यह आसमान की ऊँचाइयाँ हर वक़्त कायम नहीं रहती। तब ज़मीन पर उतरता व्यक्ति भीतर तक आहत होता है। आत्मसम्मान गँवा बैठता है। हारता है। अपमान सहता है। वापस जाने के बदले जीवन की ज़रूरतों को पोसते इस जादूनगरी में लुप्त हो जाता है।

'आख़िरी दाँव' में दौलत की भूख में अंधे हो चुके रामेश्वर को जुएँ व दारू की लत आख़िरकार जेल पहुँचा देती है। चमेली को बतौर हीरोइन काम दिलाकर चमेली के पैसे का इस्तेमाल करके भी, न वह चमेली को बचा पाता है न ख़ुद को। ये लालच की अंधी दौड़ मुंबई के रूपए–पैसे के दर्शन तो कराती है पर वसूल भी करना जानती है। लेकिन जो लोग अपनी अभिनय क्षमता को आजमाने मुंबई का रुख करते ही हैं। कई दिनों मुंबई की गलियों की खाक छानते हैं, किसी को सफलता तुरन्त मिलती हैं तो कोई एक बार सफलता की सीढ़ी चढ़ने का ख्वाब पाले ही ज़िन्दगी गुजार देता है। कुछ होते हैं 'हर्ष' जैसे लोग भी जो कला मूल्यों को जीते हैं और उसी के लिए मृत्यु को प्राप्त हो जाते हैं। 'मुझे चाँद चाहिए' जिस पर एक तेज़स्विनी कोल्हापुरे अभिनीत टीवी सीरियल बन चुका है। सिनेमा की दुनिया में कलाकारों के संघर्ष, उनकी आर्थिक परिस्थिति, उनकी मजबूरियाँ, उनके आदर्श, विचारों की ऊहापोह, भटकाव, कलाकारों का होता इस्तेमाल, कलात्मक सिनेमा से मिलने वाला सन्तोष, व्यावसायिक सिनेमा के पीछे भागती दुनिया, सेलिब्रिटी बनने की गौरव आदि कई सारी बातें कलाकारों की परीक्षा लेती हैं और तोहफा भी देती है।

यशपाल का लिखा सन् 1964 में प्रकाशित 'मनुष्य के रूप' साठ के दशक में फ़िल्म–उद्योग और उसमें औरतों की स्थिति दर्शाता है। देश में युद्ध का अंदेशा, देश की हालत, राजनैतिक पृष्ठभूमि, सामाजिक अवस्था आदि जानकारी उपन्यास के द्वारा सामने आती है। नायिका सोमा अपना सब कुछ कर मजबूरी और बेसहारा हो फ़िल्मों में कदम रखती, ख्याति प्राप्त करती है जबकि 'स्वप्न दंश' की गुंजन किसी समझौते के लिए तैयार नहीं होती।

सहेली के घर मुंबई आकर फ़िल्मी दुनिया के नब्ज और उतार–चढ़ाव को देखती है और वापस जाने का फैसला करती है। उपन्यास ऐसे युवाओं को सावधान करता है जो बिना कुछ सोचे समझे बंबई खींचे चले आते हैं। उपन्यास में लेखक लिखते हैं, "विश्व देखे तो सही व्यक्ति कहाँ से आरम्भ कर कहाँ पहुँच सकता है, अपने सामर्थ्य के माध्यम से महत्ती उद्देश्यों और दूरस्थ लक्ष्यों को प्राप्त कर सकता है। उसमें प्रतिभा है, कर्मठता है, एक जिद है कला के विश्व में अपनी पैठ बनाने की। सो, उसे यथार्थ की गहराई में उतरना ही होगा। किनारे पर बैठ कर सागर की गहराई को नहीं आँका जा सकता।"[19] फिर भी ग्लैमर और चकाचौंध की दुनिया कई जिन्दगियों को गुमनामी के अंधेरे में खत्म कर चुकी है। रवीन्द्र कालिया का उपन्यास '17 रानडे रोड़' मुंबई समाज की भीतरी तहें खोलता है। मुंबई की फ़िल्मी पार्टी, स्त्री–पुरुषों की दारू की लत, पार्टी में अच्छे कपड़ों से भरी झूठ की ज़िन्दगी की चाहत, लोकल के धक्के, बस के इन्तजार, अवसर की तलाश में लड़की का वेश्या बनता वजूद के अलावा, 'धोखे–बाजी' जिसे 'इसकी टोपी उसके सर' कहना सटीक बैठता है। साधारण आम जनता के लिए मुंबई ज़िन्दगी भर एड़िया रगड़ने के बाद भी एक घर का जुगाड़ भी मुश्किल से देती है। उपन्यास की ही पंक्ति देखिए, "मैं बीस बरस से भारत सरकार की सेवा कर रहा हूँ और मियाँ–बीवी मुश्किल से गोरेगाँव में जगह ढूँढ पाये हैं और तुम तो आज कुछ ज़्यादा ही लम्बी हाँक रहे हो"[20] स्पष्ट करता है कि बिना घपलेबाजी के घर बनाना एक सपना है। परिवार का बोझ, अतीत का सच, ज़िन्दगी की सच्चाई, ढेर सी मजबूरियाँ और बेबस करते हालात का बयान है 'अठारह सूरज के पौधे', जिस पर राखी गुलजार और एम के रैना अभिनीत '27 डाऊन' फ़िल्म बन चुकी है। यह सन् 1965 में प्रकाशित रमेश बक्षी का उपन्यास है जो मुंबई की लोकल और रेलवे से गुज़रती भीड़–भाड़ को शब्द देता है। भूमिका में वें लिखते हैं, "इस मशीनी दौड़ के बीच, कंधे ढेलती भीड़ के बीच, अनसुने शोर के बीच... ताजमहलों की भीड़ के पार, वर्तमान के पहियों से दूर, गतिमय कल के बीच एक दृष्टि को, एक स्वर को, एक रेखा को पकड़ना होगा, तब कहीं उसकी एक झलक देखी जा सकेगी।"[21] बस इसी तरह लोग अपनी सफल ज़िन्दगी की एक झलक पाने को मुंबई की भीड़ में भी खो जाने को उत्सुक हैं। यहाँ अली सरदार जाफरी के उद्‌गार याद आते हैं,

"जाने क्या है मुंबई तेरी शबिस्तां में, कि हम शामें–अवध और सुबहें–बनारस छोड़ आयें है"

निष्कर्ष

मुंबई केंद्रित उपन्यास, साहित्य जगत में अपना एक खास महत्त्व रखते हैं। मुंबई पर लिखना, यहाँ आकर बसना, यहाँ के समाज और परिवेश को समझना फिर चाहे वह फ़िल्मी दुनिया हो, वेश्याओं की बस्ती, कोली समुदाय, अपराधी वर्ग, सामान्य मध्यवर्ग या अमीरों की बादशाही अपने आप में बहुत बड़ी उपलब्धि है जो रचनाकार की सक्षमता, धैर्य और लगन को चिन्हित करता है। उपन्यासों में मुंबई की जानकारी के साथ घटनाओं और स्थानों के विस्तारपूर्वक विवरण भी देखने को मिलते हैं। ये सभी उपन्यास अपने आप में महत्त्वपूर्ण हैं और मुंबई के जीवन का यथार्थ चित्रण करते हुए जानकारी से पूर्ण पाठकों को आकर्षित करते हैं। कथानक के मौलिकता की दृष्टि से जगदंबा प्रसाद दीक्षित का 'मुरदा–घर' उपेक्षित वर्ग का अति मार्मिक चित्रण है। 'सागर, लहरें और मनुष्य' इकलौता ऐसा उपन्यास है, जो मुंबई के पुरातन कोली समाज पर लिखा गया। विषयों की विविधता भी उपन्यासों में दिखायी देती है। उत्कृष्टता की दृष्टि से 'मुझे चाँद चाहिए' उपन्यास अति रोचक, आकर्षक और विशिष्ट बन पड़ा है। इसका मुख्य कारण मुंबई के प्रमुख आकर्षक पहलू सिनेमा से जुड़ा होना ही नहीं बल्कि लेखक के अभिनय क्षेत्र की बारीकियाँ, उनके ज्ञान और पूरे अनुभव के साथ ली गयी है। कैमरे से शॉट, पूरे नाप जोख के बाद, रंगमंच का अतिसूक्ष्म अध्ययन, अनुभव, उत्कृष्ट भाषा, दाँव–पेंच और जानकारी उन्हें साबित करता है। स्पष्ट करने के लिए उपन्यास की कुछ पंक्तियाँ ही लीजिए, "हर्ष का रोल को निभाने का थ्रस्ट मुझे ऑलीवियर की याद दिलाता है, उसके समृद्ध स्वर और डिक्शन में बर्टन की नफासत और चमक है... ब्रेण्डो की तरह हर्ष का ग्राफ टेढ़ामेड़ा नहीं जाता। उसकी शैली क्लिफ्ट की तरह प्रखर, जटिल तथा सूक्ष्म है। वह डि नीरो के समान अपने चरित्र–विन्यास में बारीक नक्काशी करता है और उसमें डीन की तरह अपनी भूमिका से भी परे जाने की सामर्थ्य है। वह निसन्देह आज के भारत का सर्वश्रेष्ठ अभिनेता है..."[22] आधे उपन्यास के बाद 'मुंबई' का आना किसी भी तरह इसकी महत्ता को कम नहीं करता क्योंकि यह कथा की माँग है और उचित भी लगता है। इसके अलावा 'पोस्ट बॉक्स नं 203 नाला सोपारा' महत्त्वपूर्ण हस्ताक्षर के बावजूद 'बोरीवली से बोरिबन्दर', 'बहुत देर कर दी', 'मनुष्य के रूप', 'आवाँ', '17 रानडे रोड', 'स्वप्न दंश', 'बेघर', 'कबूतरखाना' अन्य कई उपन्यासों ने परिवेश अनुसार मुंबई के चित्रण और

अपने कथ्य को कहने में सफलता पाई है। कल्पना और अनुभव लेखक की दृष्टि के परिचायक हैं। दृष्टिकोण और विषय की वैशिष्टता से हर लेखक और हर उपन्यास सम्माननीय स्थान रखता है, जो मुंबई के मूल्य और गरिमा को आँकते ही नहीं गौरान्वित भी करते हैं।

संदर्भ

1. 'द गजेटियर ऑफ बॉम्बे सिटी अण्ड आयलेंड', वॉल्यूम 2, 1910, पृष्ठ 1.
2. यशपाल–मनुष्य के रूप, 2009, पृष्ठ 219.
3. उदयशंकर भट्ट–सागर लहरें और मनुष्य, संस्करण 2014, पृष्ठ 123, 4. वही, पृष्ठ 178.
5. लक्ष्मीसागर वार्ष्णेय–बीसवीं शताब्दी हिन्दी साहित्य–नए संघर्ष, 1966, पृष्ठ 256.
6. प्रेम भटनागर–हिन्दी उपन्यास शिल्प–बदलते परिप्रेक्ष्य, 1968, पृष्ठ 16.
7. भगवती चरण वर्मा–आखरी दाँव, पृष्ठ 238.
8. उदयशंकर भट्ट–सागर लहरें और मनुष्य, संस्करण 2014, पृष्ठ 12.
9. चित्रा मुद्गल–पोस्ट बॉक्स नं 203 नाला सोपारा, संस्करण 2016, पृष्ठ 178.
10. सुरेंद्र वर्मा–दो मुर्दों के लिए गुलदस्ता, संस्करण 1998, पृष्ठ 13.
11. रवि बुले–दलाल की बीवी, संस्करण 2014, पृष्ठ 82.
12. जगदंबा प्रसाद दीक्षित–मुरदा–घर, सं. 2011,पृष्ठ 44.
13. शैलेश मटियानी–बोरिवली से बोरिबन्दर, संस्करण 1959, भूमिका.
14. चित्रा मुद्गल–आवाँ, संस्करण 2012, पृष्ठ 45.
15. ममता कालिया–बेघर, संस्करण 2002, भूमिका, पृष्ठ 10–11.
16. जगदंबा प्रसाद दीक्षित–कटा हुआ आसमान, संस्करण 1999, पृष्ठ 165.
17. देवेश ठाकुर–देवता के गुनाह, संस्करण 2011, पृष्ठ 308.
18. अलीम मसरूर–बहुत देर कर दी, संस्करण 1985, पृष्ठ 60.
19. देवेश ठाकुर–स्वप्न दंश, संस्करण 2014, पृष्ठ 22
20. रवीन्द्र कालिया–17 रानडे रोड, संस्करण 2013, पृष्ठ 131.
21. रमेश बक्षी–अठारह सूरज के पौधे, भूमिका.
22. सुरेंद्र वर्मा–मुझे चाँद चाहिए, संस्करण 2002, पृष्ठ 541.

दक्षिण के हिन्दी उपन्यास

प्रो. (डॉ.) एस.एम.इकबाल

हिन्दीतर प्रान्त में रहकर द्वितीय भाषा के रूप में हिन्दी सीखकर उसमें महारथ हासिल कर हिन्दीवालों के बराबर हिन्दी साहित्य की वृद्धि में योगदान देने के बावजूद उनकी पहचान और उनके साहित्य का सही मूल्यांकन नहीं हो पाया है, और हिन्दी साहित्य के इतिहास में उनके साहित्य को समुचित स्थान नहीं दिया गया है। उपेक्षा एवं पत्रपात दृष्टि से यहाँ के साहित्य को देखा जाता रहा है इसलिए भी। तेलुगु भाषी हिन्दी उपन्यासकार विश्लेषण का प्रमुख विषय होने पर भी, दक्षिण भारत के चारों प्रमुख भाषा–क्षेत्रों के हिन्दी उपन्यासकारों के नाम गिनाते हुए तेलुगु हिन्दी उपन्यासकारों के योगदान पर विचार करना मेरे लिए समीचीन प्रतीत होता है।

दक्षिण भारत के मौलिक उपन्यासकारों में तेलुगु भाषी श्री आरिगपूडि रमेश चौधरी (1922–1983) तथा डॉ. बालशौरि रेड्डी (1928–2015) रहे हैं। आरिगपूडि जी ने उपन्यास लेखन कला में प्रवीण होकर पच्चीस उपन्यास लिखे हैं तो बालशौरि रेड्डी जी ने ग्यारह उपन्यास। इनके अलावा तेलुगु भाषा होकर भी हिन्दी में एक–दो उपन्यास लिखनेवालों में श्री दण्डमूडि वेंकट कृष्णा राव, श्री के. मल्लिकार्जुन राव, श्री बी.बी. सुब्बाराव, श्री इब्राहीम शरीफ आदि के नाम गिनाए जा सकते हैं, जिन्होंने वस्तु एवं शिल्प की दृष्टि से भी सशक्त उपन्यासों की रचनाएँ की हैं। दक्षिण के कन्नड मातृभाषी सन् 1957 में प्रकाशित 'खरे–खोटे' आरिगपूडी जी का दूसरा उपन्यास नारी चेतना को केंद्रित कर लिखा गया है। इसमें स्थानीय ग्रामीण संस्कृति तीज–त्यौहार आदि का भी विशेष वर्णन पाया जाता है। स्वतन्त्रता आन्दोलन में स्वच्छन्द रूप से भाग लेनेवाली नारी–चेतना का एवं तत्कालीन सामाजिक परिवेश का विस्तृत परिचय इस उपन्यास में मिलता है।

सन् 1958 में प्रकाशित 'दूर के ढोल' तथा 'आदरणीय' दोनों उपन्यास राजनीतिक विषय पर आधारित हैं। इनमें लेखक की राजनीतिक–चेतना प्रस्फुटित हुई है। 'दूर के ढोल' में प्रजातन्त्र में चुनावों के अवसर पर होनेवाली विसंगतियों पर उपन्यास के प्रधान पात्र रमा चौधरी आंबिकादीव, चेट्टिया और अन्नामै आदि के द्वारा प्रकाश डाला गया है। 'आदरणीय' उपन्यास में राजनीतिक क्षेत्र में व्याप्त भ्रष्टाचार, राजाश्रित पक्षपात के चित्रण के साथ–साथ समाज में नारी की समस्याओं को भी उजागर किया गया है।

'धन्यभिक्षु' सन 1958 में ही प्रकाशित एक अन्य उपन्यास है। यह स्नातक स्तर के हिन्दी छात्रों के लिए पाठ्य–पुस्तक के रूप में निर्धारित रहा है। इसमें भारतीय संस्कृति की गरिमा को रेखांकित करने का प्रयास है। धर्म के नाम पर लोगों के बीच वैमनस्य एवं समाज में अशान्ति फैलान वालों से सावधान रहने की चेतावनी देते हैं। वर्ण–व्यवस्था रहित भारत में जन्में बौद्ध धर्म की आरिगपूडि समर्थन करते हैं।

'पतितपावनी' उपन्यास सन् 1959 में प्रकाशित है। समाज में प्रताड़ित नारी के प्रति लेखक की सहानुभूति उपन्यास में है। इसी वर्ष प्रकाशित 'अपनी करनी' उपन्यास आरिगपूडित जी की एक सशक्त कृति है। डॉक्टरी पेशे में रहनेवाली डॉ. सुशीला निस्सन्तान होने से अपनी दुनिया पालतू कुत्तों के साथ जोड़ लेती है। लोग इसे मानसिक विकृति वाली महिला की संज्ञा देते हैं। एक वृद्ध सन्त स्वभाव व्यक्ति उसके हृदय को पहचानकर डॉक्टर का हृदय परिवर्तन कर उसे मनुष्यों की संगति में निहित प्रेम को समझाने में सफल होता है।

आरिगपूडि का सातवाँ उपन्यास 'अपने पराये' सन् 1960 में प्रकाशित हुआ। इसमें स्वतन्त्रता पूर्व के आन्दोलन की प्रमुख घटनाओं को प्रेरणाप्रद रूप में चित्रित किया गया है। ऐसा ही एक अन्य उपन्यास है 'मुद्राहीन' जिसमें राजनीतिक परिवेश के चित्रण के साथ नेताओं की स्वार्थ लिप्सा तथा भ्रष्टाचार जैसी कुप्रथाओं का भी पर्दाफाश किया है।

सन् 1961 में प्रकाशित पारिवारिक पृष्ठभूमि पर आधारित आपका उपन्यास है 'यह भी होता है'। इस उपन्यास में निस्सन्तान नारी को केन्द्रित कर लिखा गया है। सन् 1862 में प्रकाशित 'साँठ गाँठ' उपन्यास में लेखक की मानवीय दृष्टि छलकी है। जाति, रूढ़ियों का खण्डन एवं मानवीय संवेदनाओं को लेकर यह उपन्यास लिखा है। एक अन्य सामाजिक उपन्यास 'सारा संसार मेरा' भी सन् 1962 में ही प्रकाशित है। इसमें आरिगपूडि ने युगीन पीढ़ी में सामाजिक चेतना भरने का प्रयास किया है। आदर्श एवं सुखी

जीवन बिताने के लिए जाति के बंधनों, दहेज जैसी कुप्रथाओं को तोड़ने का सन्देश दिया गया है।

सन् 1964 में प्रकाशित 'झाड़फानूश' सामाजिक वस्तु प्रधान है। शिक्षा, नौकरी, आधुनिकता की आड़ में विश्रृंखल व्यवहार करती नारी की मानसिकता आदि का यथार्थ चित्रण उपन्यास में है। 'निर्लज्ज' (1965) आरिगपूडि जी का अगला उपन्यास राजनीति इतिवृत्त को लेकर चलता है। इसमें आधुनिक नारी पात्र 'रमा' के द्वारा नारी समस्याओं का और समाज में ऐसी महिलाओं की स्थितिगतियों का यथार्थ चित्रण हुआ है। 'उल्टी गंगा' सन् 1965 में प्रकाशित उपन्यास स्वतन्त्रता के समय के सामाजिक एवं राजनीतिक विषयों का आकलन करता है। 'चरित्रवान' आरिगपूडित जी का सन् 1966 में प्रकाशित उपन्यास है। पाश्चात्य एवं भारतीय संस्कृतियों के बीच देशीय संस्कृति को उच्चतर साबित करने की चेष्टा की है। 'उधार के पंख' (1967) एक अन्य सामाजिक उपन्यास है। इसमें वैज्ञानिक आविष्कारों के कारण आधुनिक युग में होनेवाले परिणामों का ब्यौरा मिलता है।

'नदी का शोर' सन् 1975 में प्रकाशित एक और सशक्त उपन्यास है। इसे आंध्र प्रदेश के ग्रामीण जीवन का दर्पण भी कहा गया है। स्वाधीन भारत की ग्रामीण जनता में चेतना जागृत करना ही इस उपन्यास का उद्देश्य है। अगला उपन्यास 'चमत्कार' सन् 1976 में प्रकाशित है। बाबा, सन्त एवं साधुओं के चमत्कारी क्रिया–कलापों को तार्किक दृष्टि से परखने की आवश्यकता को समझाया गया है। 'सब स्वार्थी हैं' (1981) उपन्यास में आरिगपूडि ने निरंजन और प्रसाद नामक पात्रों द्वारा बताया है कि युग की आवश्यकताओं की पूर्ति के लिए वैयक्तिक प्रयासों के साथ साथ सामाजिक क्रान्ति का आना भी जरुरी है। 'अभिशाप' उपन्यास भी इसी वर्ष प्रकाशित हुआ। यह उपन्यास अनुसूचित जाति एवं जनजातियों की जीवन–शैली, उनके सुख–दुःख एवं निरीहता का यथार्थ–चित्रण प्रस्तुत करता है।

'ये छोटे बड़े लोग' (1982) उपन्यास आरिगपूडि को गाँधीवादी विचारधारा के समर्थक के रूप में तथा प्रगतिशील विचारक के रूप में खड़ा कर देता है। मजदूर के लोगों के प्रति लेखक की संवेदना एवं आभिजात्य लोगों की हरकतों का पर्दाफाश करना इसका मुख्य उद्देश्य है। सन् 1983 में प्रकाशित 'सरला' उपन्यास में ईसाई धर्म में पली नायिका सरला धर्म सहिष्णु है। धार्मिक सद्भावना को बनाये रखने से ही शान्ति बनी रहेगी–यही सीख इस उपन्यास से मिलती है।

आरिगपूडि का अन्तिम उपन्यास है 'अन्तिम उपाय'। यह 1984 में उनके मरणोपरांत प्रकाशित हुआ है। उपन्यास की भूमिका में आरिगपूडि लिखते हैं कि–सामाजिक, सांस्कृतिक एवं राजनीति चेतना के लिए अन्तिम उपाय हिंसात्मक प्रवृत्ति नहीं होनी चाहिए। हिन्दी के प्रबुद्ध समीक्षक प्रो. पी. आदे वर राव जी के शब्दों में आरिगपूडित रमेश चौधरी के उपन्यासों में उनकी रचनात्मक, भावात्मक संवेदना के कई रूप उपलब्ध होते हैं। वे मूलतः मानवतावादी विचारों के समर्थक हैं। उनकी रचनाओं में मानव जाति के विकास के लिए जागृति का सन्देश मिलता है। वे सामाजिक चेतना के कारण हैं। उनके उपन्यासों के सभी पात्र युग–चेतना से संपृक्त होकर जन जीवन की यथार्थता, समाज कल्याण की भावना से निकट सम्बन्ध स्थापित किए हुए हैं।

आरिगपूडि रमेश चौधरी के उपन्यासों में भावात्मक संवेदना और मानवतावादी दृष्टि प्रमुख रूप में पायी जाती है। मानव जाति का विकास एवं उसकी जागृति का सन्देश आपके उपन्यासों के मूल में निहित रहता है। अतः उनके उपन्यासों के पात्र युग–चेतना से प्रेरित मानवता के आधारभूत तत्वों के लिए हुए पाये जाते हैं। समकालीन समाज की समस्याओं की यथार्थ भूमि का चित्रण कर उनके समाधान को बताने का प्रयास उपन्यासों में स्पष्ट मिलता है।

आरिगपूडि के 'खरे खोटे', 'साँठ गाँठ', 'सारा संसार मेरा', 'यह भी होता है' आदि उपन्यासों में नगरी जीवन के साथ–साथ ग्रामीण जीवन का भी विस्तृत एवं यथार्थ चित्रण पाया जाता है। समकालीन समाज की राजनीतिक, सांस्कृतिक, धार्मिक एवं आर्थिक समस्याओं का आकलन करने में आप को अपेक्षित सफलता मिली है। एक प्रगतिशील चिंतक के नाते आपने हमारे देश में प्रचलित अंधविश्वासों का विरोध और वैज्ञानिक दृष्टि युक्त नवीन–चेतना को जागृत करने का प्रयास इनके उपन्यासों में देखा जा सकता है। उन्होंने मनुष्यों में फैले असन्तोष को दूर करने के लिए उनमें क्रान्तिकारी भावनाएँ जागृत करने का प्रयास किया है। आपके उपन्यासों पर शोधपरक दृष्टि डालने वाली डॉ. अनीता दीपक सिंह ने लिखा है– "आंध्र की संस्कृति एवं जन जीवन का चित्रण आरिगपूडि के उपन्यासों में सुन्दर बन पड़ा है। आंध्र के सांस्कृतिक जीवन के अन्तर्गत उन्होंने आंध्र के पर्व, त्यौहारों, अंधविश्वासों, खान–पान, रहन–सहन, आचार–विचार, परम्परागत रीति–रिवाजों एवं वैवाहिक प्रथाओं का भी विस्तृत चित्रण प्रस्तुत है। उनके

उपन्यासों के अनुशीलन से आंध्र की संस्कृति का परिचय हिन्दी पाठक को प्राप्त होता है।"

आरिगपूडिजी का नारी–दृष्टिकोण नारी के प्रति संवेदना को व्यक्त करता है। वेश्या, पतिता, निरीह नारी पात्रों का एक ओर सहानुभूतिपूर्वक चित्रण किया है तो दूसरी ओर नारी की विलासितापूर्ण सोच एवं उसकी दुश्चरित्रता की भी निन्दा की है। उपन्यासों में जहाँ एक ओर नारी का सेविका रूप मिलता है तो दूसरी ओर उसका विद्रोही रूप भी। उपन्यासों में शोषित, पीड़ित, श्रमिक पात्रों का यथार्थ चित्रण जीवन की यथार्थता से आपके संबधों का परिचय है। आरिगपूडि जी में निहित प्रगतिवादी भावनाएँ पात्रों में विद्रोही चेतना को जन्म देती है।

डॉ. बालशौरि रेड्डी (1928–2018)

तेलुगु भाषी चेन्नेवासी दक्षिण के लब्ध प्रतिष्ठित दिवंगत उपन्यासकार श्री बालशौरि रेड्डी का नाम हिन्दी साहित्य संसार के लिए सुपरिचित है। 'चन्दामामा' बाल पत्रिका के हिन्दी अंक के प्रधान सम्पादक के रूप में आपका अनुवाद के क्षेत्र में पदार्पण होने के बाद स्वतन्त्र रूप से साहित्य लेखन की दिशा में प्रवृत्त हुए थे। आप धीरे– धीरे एक सफल उपन्यासकार, कहानीकार, समीक्षक एवं साहित्येतिहास के लेखक के रूप में भी ख्याति प्राप्त कर चुके हैं। लेकिन ग्यारह उपन्यासों की रचना कर आप उपन्यासकार के रूप में अधिक प्रतिष्ठित हुए हैं और सर्वाधिक सम्मानित भी। साठोत्तरी हिन्दी उपन्यासकारों में आपका योगदान विस्मृत नहीं किया जा सकता। बालशौरि रेड्डी जी का सर्वप्रथम उपन्यास 'शबरी' एकमात्र पौराणिक उपन्यास है, जो रामायण की शबरी पात्र पर आधृत है। प्रसंगवश समकालीन समस्याओं को भी जोड़कर उपन्यास को प्रभावशाली बनाया गया है। नारी जीवन की सेवापरायणता, त्याग का चित्रण करते हुए उपन्यास में श्रम के महत्त्व, वर्णाश्रम व्यवस्था की निरर्थकता आदि का तर्कयुक्त चित्रण प्रस्तुत हुआ है।

'ज़िन्दगी की राह' सन् 1962 में प्रकाशित रेड्डी जी का यह दूसरा उपन्यास सामाजिक है। मध्यवर्गीय परिवारों में होनेवाले प्रेम विवाह एवं माता–पिता द्वारा निर्धारित विवाहों की तुलना प्रस्तुत करने में लेखक को अपूर्व सफलता मिली है। दोनों प्रकार के विवाहों के परिणामों और नियति के लेख का सुन्दर चित्रण इस उपन्यास में मिलता है।

'ये बस्ती के लोग' (1963) उपन्यास डॉ. रेड्डी जी की सामाजिक प्रतिबद्ध ता एवं सामाजिक यथार्थ के चित्रण का उदाहरण है। मद्रास नगरी के

चकाचौंध एवं कृत्रिम व्यवहारों के खोखलेपन पर कई तीखे प्रहार किए हैं। लेखक अन्ततः मनुष्य को परिस्थितियों के हाथ की कठपुतली के रूप में प्रमाणित करते हैं। 'भग्न सीमाएँ' डॉ. रेड्डी जी का अगला उपन्यास है, जो 1965 में प्रकाशित है। काला धन, काला बाज़ार, जातिवाद आदि समस्याओं का ज्वलंत चित्रण पाया जाता है। 'बैरिस्टर' (1967) बालशौरि रेड्डी जी का पाँचवाँ उपन्यास है। इसमें अनमेल विवाह, बहु विवाह, झूठी आडम्बरता आदि की ओर लेखक की पैनी दृष्टि है। 'प्रकाश और परछाई' (1968) डॉ. रेड्डी जी का ऐतिहासिक लघु उपन्यास है। इनकी कथा आंध्र प्रदेश के मध्ययुगीन राजा श्री कृष्ण देवरायलु के समय से सम्बन्धित है। यह उस राज्य के साधारण ग्रामीण बालक के उज्ज्वल जीवन से सम्बन्धित कथा है।

सन् 1968 में प्रकाशित डॉ. रेड्डी जी का एक अन्य उपन्यास है 'स्वप्न और सत्य'। इसमें संयुक्त परिवार की आस्था, शोषण की समस्या, स्वार्थ से प्रेरित लड़ाई झगड़ों के चित्रण के अलावा विभिन्न परिस्थितियों में नारी मन की परतों को खोलने में डॉ. रेड्डी जी को अपूर्व सफलता मिली है। 'वसुधैव कुटुंबकम' की धारणा को प्रस्तुत करनेवाला डॉ. रेड्डी जी का उपन्यास है 'धरती मेरी माँ' (1969)। धरती, जनता और संस्कृति के समन्वित विराट रूप का चित्रण करने में लेखक सफल सिद्ध हुए हैं। 'लकुमा' (1969) डॉ. रेड्डी जी का ऐतिहासिक उपन्यास है। इसमें साम्राज्य पाने की लालसा में आत्मघात कर लेने वाली एक देदासी लकुमा की जीवन गाथा है।

सन् 1971 में प्रकाशित एक अन्य सामाजिक उपन्यास है 'प्रोफेसर'। यह उपन्यास पाश्चात्य जीवन के आकर्षण में पड़नेवालों के बारे में है। इस उपन्यास में स्वदेशी एवं विदेशी दृष्टिकोणों को दो शिक्षितों के माध्यम से व्यक्त किया गया है। देश के विश्वविद्यालयों में व्याप्त दुर्बलताएँ तथा प्रोफेसर या निर्देशक और शोधार्थियों के बीच के सम्बन्धों का चित्रण है। 'दावानल' डॉ. रेड्डी का एक ऐतिहासिक उपन्यास है। गुंटुर जिले का एक प्रदेश आंध्र के पलनाडु प्रान्त के युद्ध पर आधारित यह उपन्यास राजाओं के बीच राज्य के बटवारे को लेकर किए गये युद्ध के पूर्वापर घटनाओं को अंकित करता है। इस प्रकार बालशौरि रेड्डी जी के उपन्यासों के आकलन से पता चलता है कि विषय की दृष्टि से पौराणिक, ऐतिहासिक एवं सामाजिक उपन्यासों की रचना में लेखक को अपूर्व सफलता मिली है। वस्तु ही नहीं अपितु भाषा एवं शिल्प की दृष्टि से भी डॉ. रेड्डी जी के उपन्यास हिन्दी लेखकों के समकक्ष ठहरते हैं। आपके उपन्यास स्नातक स्तर के पाठ्यक्रम

में निर्धारित हैं। आपकी रचनाओं पर कई विश्वविद्यालयों में पीएच्.डी. तथा एम.फिल. का शोध कार्य भी सम्पन्न हो चुका है।

आरिगपूडि रमेश चौधरी तथा बालशौरि रेड्डी के अतिरिक्त हिन्दी उपन्यास साहित्य को समृद्ध करने वाले तेलुगु भाषी हिन्दी लेखकों में श्री दण्डमूडि वेंकट कृष्णाराव का नाम लिये जाना आवश्यक है जिन्होंने ऐतिहासिक उपन्यासों की रचना की है। आंध्र के इतिहास के शालिवाहन युग के गौरव पृष्ठों को अपने रचना–कौशल द्वारा उपन्यासों का जामा पहनाने में वेंकट कृष्णाराव जी को अतिशय सफलता मिली है। शालिवाहन राजा को विषय बनाकर 'शककर्ता शालिवाहन' (युगकर्ता शालिवाहन) शीर्षक उपन्यास आपकी रचना के प्रथम प्रयास को सूचित करता है। आंध्रा के इतिहास में एक युगांत के कारण भूतराजा शालिवाहन की राज्य प्रतिष्ठा एवं गौरवशाली चरित्र को प्रस्तुत करना ही इस उपन्यास का लक्ष्य रहा है। वेंकट कृष्णाराव जी का दूसरा उपन्यास है 'स्तवनीय शासक कृष्णदेवरायलु'। दक्षिण के ख्यातिप्राप्त विजय नगर साम्राज्य के राजा श्रीकृष्णदेवरायलु की शासन–व्यवस्था को उजागर करने के उद्देश्य से इस उपन्यास की रचना हुई है। इस उपन्यास की शैलीगत विशेषता यह है कि लेखक ने इसे पद्य–गद्य मिश्रित शैली में प्रस्तुत किया है। तेलुगु भाषी एक अन्य उपन्यासकार श्री बेदराजु वेंकट सुब्बाराव ने 'उफान' शीर्षक से प्रेम विषयक रचना की है।

तेलुगु भाषी होकर हिन्दी क्षेत्र में अपनी दो रचनाओं से कथाकार के रूप में प्रतिष्ठित अल्पायु में ही दिवंगत रचनाकार हैं इब्राहीम शरीफ। आपने 'अंधेरे के साथ' शीर्षक उपन्यास के अलावा 'कई सूरजों के बीच' शीर्षक कहानी संग्रह को भी प्रकाशित किया है। 'अंधेरे के साथ' एक सामाजिक उपन्यास है। इस उपन्यास में इब्राहीम शरीफ एक प्रगतिशील लेखक के रूप में जीवन की विशमताओं का चित्रण कर शोषितों के पक्षधर हैं।

डॉ. के. मल्लिकार्जुन राव आंध्र के इतिहास के बारहवीं शती के पौरुष–प्रधान सौतेले राजाओं के बीच साम्राज्य के बंटवारे को लेकर होनेवाले पलनाडु युद्ध को इतिवृत्त बनाकर 'प्रतिशोध' शीर्षक ऐतिहासिक उपन्यास की रचना की है। सन्दर्भानुसार पलनाडु युद्ध की तुलना महाभारत युद्ध से करने में लेखक को अपेक्षित सफलता मिली है। इस तरह हिन्दी साहित्य की उपन्यास विधा को परिपुष्ठ करनेवाले तेलुगु भाषी प्रमुख लेखकों के अलावा गौण लेखकों ने भी फुटकल रूप में रचनाएँ कर हिन्दी साहित्य की श्री वृद्धि की है। इनका सर्वांगीण शोधपरक अध्ययन आवश्यक है।

उत्तराखण्ड के लोकगीतों की समसामयिकता

प्रो.(डॉ.) दिनेश चामोला 'शैलेश'

"पंचाशद् योजनायात्र लिंशयोज – विस्तश्तय।
इदं वै स्वर्ग गमनं न पृथ्वी तां गहाविओ।।
गंगाद्वार मर्यादं ष्वेतांत वर वर्णिनि।
तमसातटत : पूर्व आगे बौद्वाचलं शुभम।।
केदार मंडलं ख्यातं अूम्यास्तद भिन्नकं स्थलय।
वात्सल्यात तव देनेशि कथितं देशगुत्तमत्र्"[1]

पौराणिक ग्रन्थों में केदार खण्ड अथवा केदार मंडल के रूप में विख्यात उत्तराखण्ड अनादि काल से ही पूरे विश्व के आकर्षण का केन्द्र रहा है। यहाँ के गगन चूमते रजत–धवल हिम शिखर, कल–कल करती मोक्षदायिनी नदियाँ हरे–हरे लहलहाते जीवन को नई ऊर्जा देते वन, ऋषी–मुनियों की तपोभूमि, सिद्वों दरवेशों पर्यटकों के आकर्षण का अदभुत स्त्रोत देवभूमि उत्तराखण्ड कालान्तर से ही प्राकृतिक सुषमा के लिए विश्वप्रसिद्ध रही है। सांस्कृतिक ऐतिहासिक व पौराणिक महत्त्व के साथ इसकी अक्षुण्ण प्राकृतिक सम्पदा सदैव ही साधु–सन्तों, ऋषिमुनियों सृजन् धर्मियों के सृजन की मूलभूत प्रेरणा रही है। पौराणिक व आध्यात्मिक दर्शन में अग्रणी इस प्रदेश की लोक साहित्य सम्पदा भी विश्व साहित्य में अपना विशिष्ट एवं महत्त्वपूर्ण स्थान रखती है। जिस धरती के कण–कण में कविता हो ह्दय–ह्दय से लोकगीतों की सुरसरि स्वतः स्फूर्त रूप में उर्वर बीजों को दिखा कर सृजन के सुरक्षित सुमेरु पर्वत खडे कर देती हो... ऐसी रत्नप्रसू स्वार्गिक वसुंधरा की लोक सम्पदा क्योंकर न कालजयी हो। जिस भूमि पर सृजन, चितंन, मनन, लेखन साधना व अवतरण के लिए स्वयं ईश्वर लालायित रहते हो... वहाँ की लोकसाहित्य की थाथी क्यों न वरेण्य न वन्दनीय हो। उत्तराखण्ड

के लोकगीत यहा की उर्वर व देव सृष्टि की अक्षुण्ण सम्पदा है जिसमें यहाँ के जीवन के दर्शन और अनुभूतियों की खनकदार अभिव्यक्ति मिलती है।

डॉ. श्रीराम शर्मा ने लोकगीत को परिभाषित करते हुए लिखा है–'लोक में प्रचलित, लोक द्वारा रचित एवं लोक के लिए लिखे गये गीतों को लोकगीत कहा जा सकता है। इसका रचनाकार अपने व्यक्तित्व को लोक को समर्पित कर देता है।'[2] ग्रिस का कथन है कि 'लोकगीत अपने आप बने हैं।' देवेंद्र सत्यार्थी के अनुसार 'लोकगीत खेत के पास पला है और गीत के विकास में खेत की कोख धन्य हुई है'।

डॉ. वासुदेव शरण अग्रवाल के शब्दो में 'लोक गीत किसी संस्कृति के मुँह बोलते चित्र हैं।[3] लोकगीतों के अनेक रूप हैं। प्रमुख रूपों में धार्मिक गीत, संस्कार गीत, ऋतुगीत, नृत्य गीत, प्रणय गीत, विविध गीत, पौराणिक व लोकगाथात्मक गीत, मांगल गीत आदि मुख्य हैं। इनकी प्रशासाएँ जागर, मनौती गीत जन्म, चूडाकर्म, विवाह, जनेऊ व अन्य संस्कार, बसन्ती, चैती ख़ुदेड व नारायासी गीत चौ फुला द्योपती, चांचर, घडया, तांदी, बाजूबन्द, लामणी, प्रेमगीत, कुलाचार चौमासा सामयिक, धार्मिक गाथाएँ, वीर गाथाएँ आदि अन्यान्य क्षेत्रों से सम्बन्धित हैं। लोकगीतों की विशदता व गहनता भी आपार है। ये अपनी शक्ति, सामर्थ्य तथा ऊर्जा के कारण व्यापते व पनपते रहते हैं। इस बृहद फलक में से हमारा आंशिक अध्ययन उत्तराखण्ड (गढवाल) के लोकगीतों पर ही केन्द्रित है। गढ़वाल के लोकगीतों में समसामयिक परिवेश का चित्रण इस गीत में कितनी सुन्दरता से निरुपित हुआ है, जैसे–

आई गेन ऋतु बौडी, दाई जस फेरो,
फूली गेन बण बीच, ग्वीद्याळ, बुरांश,
झपन्याली डाल्यूं मां, घुघूती घूराली,
गेरि ग़ैरी गदन्यूं मां म्योलडी बोलली।
ऊँचि– ऊचि डांड्यू मां कफू बासलो,
मोळली भांती भांती की, फूलेर डाळी।
ग्यों जौ कि सार सेरि, पिंगळी ह्वे गीन,
डांडि– कांठि गूंजी गेम, वीरु की मफ़रल्योंन।
गौं कि नौवि गीत, बसन्त गाली,
जौं कि बोई होली, मेंतष्डा बुलौली।

दांई के फेरे (चक्कर) की तरह ऋतु (बसन्त) फिर से लौट कर आ गयी है। ऊँचे–ऊँचे वनों में कवीर्याक व बुरांश के फुल भूल गये हैं। हरे–हरे मन्त्रों से अच्छा दिन पेडों पर घुघूती घुराने (गाने) लग गयी है। गहरी–गहरी

घाटियों में म्योळी ने बासना (कूजना–गाना) शुरु कर दिया है, ऊँचे–ऊँचे जंगलों में कफ्फू बांसेगा, फूलने वाले सभी वृक्ष फूलों से लगने लग जायेंगे। गेहूँ और नौ के खेत पक कर पीले पड़ गये हैं। ग्वाल–बालों की मुरुली (बासुरी) के स्वरों से पर्वतमालाएँ गूंज गयी हैं। गाँव की सभी बेटियाँ बसन्त के गीत गाएंगी। जिनकी माएँ होंगी वे उन्हें मायके (के देश) बुलाएंगी।

देवभूमि उत्तराखण्ड जहाँ तप, त्याग, साधना, शौर्य, पराक्रम व प्राकृतिक सौन्दर्य में विश्व में विशिष्ट स्थान रखती है वही यहाँ के लोकगीतों में यहाँ के जीवन के पग–पग पर हो रही हलचलों का लेखा–जोखा मिलता है। यहाँ की माताओं, बेटियों, बहुओं व निवासियों का माथा जहाँ सदैव अपने इष्ठ के प्रति नत रहता है वहीं पास परिवेश व जगत कल्याण के लिए हाथ सदैव जुड़े ही रहते हैं। यहाँ फसल पककर नये अनाज ग्रहण करने की बात हो, नये भवन, गऊशाला या स्थान का प्रवेश हो फसल काटने बोने या रोपणी (रोपाई) करने का अवसर हो या फिर जीवन से जुड़ा कोई मांगलिक अवसर ही वहाँ सर्वप्रथम इस भूमि के लोक देवता के वन्दन, अभिनन्दन का स्वर ही सर्वत्र सुनाई देता है। देवभूमि में निवास करने वाले प्रत्येक स्त्री–पुरुष के मन में जगती के कल्याण की भावना से ओत–प्रोत लोकगीतों की अनुगूंज भी गढवाल के लोकगीतों में यत्र–तत्र मिलती है। विश्वप्रसिद्ध तीर्थस्थान केदारनाथ से सबके कल्याण की कामना करता यह भान लोकगीतों की समसामयिकता की कड़ी का एक सुरक्षित पुष्पा ही तो है, जैसे–

हे केदार देबो नमके नम; शान्ति देवा हे केदार!
अन्न देवा, धन्न देवा, सुख देवा, शान्ति हे केदार !
मनसि बुद्धि देवा, गोडि दूध देवा, हे केदार !
ई भूमि तैं वर देवा, हरी–भरी कर देवा
साब्बि होंत सुखी, न क्वी रवो असुकी
सब्बू तैं अन्नवंतो धन्नवंतो कर देवा हे केदार
सकल जुग तें बुधि देवा, कष्ट सबका हरि लेवा
सदगुणों यनि बरखा करिघा, चमकि जौ संसार हे केदार!

(हे केदार देवता तुन्हें नमन है। हे केदार! तुम शान्ति के देवता हो। हे केदार। तुम हमें अन्न दो, घन–संपति दो सुख व शान्ति दो। हे केदारनाथ! मनुष्यों को सद्बुद्वि दो, गायों को दूध दो। इस भूमि को वरदान दो, केदारनाथ। इसे हरा–भरा कर दो। सभी सुखी रहें दुखी कोई न रहे सबको अन्न–धन से परिपूर्ण कर दो हे केदारनाथ। समूचे संसार को सदबुद्धि दो, सभी के कष्ट–दुख हर लो। सदगुणों की ऐसी बरसा कर दो की समूचा संसार आलोकित हो उठे हे केदारनाथ!)

'सर्वे भवन्तु सुखिन : सर्वे सन्तु निरामया'। की लोककल्याण की भावना यहाँ के समसामायिक लोकगीतों की ख्याती है। लोकगीतों में समसामयिक चिन्तन से धर्म, अध्यात्म, दर्शन, दया, परोपकार, सकल समृद्धि की कामना सन्निहित है, ये लोकगीत चाहे व्यष्टिगत पीड़ा चेतना न आव लेकर उपजे हों किन्तु इनमें समष्टिगत सुख, शान्ति व कल्याण का आप अन्तर्निहित रहता है। यहाँ तक कि धार्मिक भावनाओं के माध्यम से श्रद्धा व्यक्त करते लोकगीतों में भी ये स्वर स्पष्ट रूप से दिखायी देता है। देवभूमि के 'वसुधैवकुटुंबकम' के सन्देश को चरितार्थ करते उपयुक्त लोकगीत के अतिरिक्त दूसरे लोकगीत में इन्हीं भावों का एक अलग–अलग रंग इस प्रकार देखा जा सकता है –

जै...जै...जै...जै बदरीनाथ,
कृपा तेरी हम पर स्वागी, हम है दे दे तू आशीर्वाद।
काम कि सिद्धि दे–दे हम हैं, हे स्वामी बदरीश।
छाया तुमारि रैदं सदानि, पूरा ये भारत देश।
पास पड़ोसी भक्त तेरा हम, सब गढवाली द्यां।
कृपा रखणी अन्न–धन्न से, हम बड़ा बडभागी छाँ
हिम जडित दा हीरा मोती, तन तेरो श्रृंगार,
गंगा, यमुना की तेरा प्पुटों से, सौदि पवित्र जलंधार
हम कदां जों औणि–जाणी जैलि सुशिरदा त्वे
केबे भी करदा खाणि–पेणी, पैलि मिमौदा त्वे
चौतरफा तेरा देवी–देवता अरं गंगा की धार
चखळ–पखळ च चौक मां तेरा भक्तो की भरमार
जै...जै...जै...जै बदरीनाथ,
कृपा तेरी हम पर स्वामी, हम तैं दे दे तू आशीर्वाद।

(हे बदरीनाथ धाम! तेरी जय–जयकार हो। हमें यह आशीर्वाद देना कि तेरी कृपा हम पर सदैव बनी रहे हैं। हे बदरीनारायण। हमें अपने कामों में सिद्धि प्राप्त करने का आशीर्वाद देना। पूरे भारत देश पर तुम्हारी दया (कृपा) सदैव ही रहती है। हम सब पास–पड़ोसी तेरे भक्त गढवाली हैं, हम बड़े भाग्यशाली हैं, हम पर अन्न–धन की कृपा रखना, हीरे–मोती से सारा हिमालय चमकने वाला तेरा भारत भाल (हिमालय) वर्ष से रुका है जो तेरा श्रृंगार है। गंगा जमुना की पवित्र जलधारा तेरे चरणों से होकर आती कहती है, हम जहाँ भी आते जाते हैं, पहले तुम्हारा ही स्मरण करते हैं जो भी खाना आता (भोज्य पदार्थ) करते हैं पहले तुम्हें ही अर्पित करते (खिलाते) हैं। तेरे चारों ओर देवी–देवता और पवित्र गंगा की जलधारा है।

तेरे प्रागंण में भक्तों की अपार भीड़ के कारण सदैव चहल–पहल ही रहती है। अतः हे बदरीनारायण। तेरी जय जयकार हो। हमें यह आशीर्वाद देना कि तेरी कृपा हम पर सदैव बनी रहे।)

पास–परिवेश को चित्रित करते गढवाल के लोकगीतों में वहाँ के लोक जीवन के विधिवर्णी रंग मिलते हैं जो समय, स्थिति व परिस्थिति की स्मृतियों के छविचित्रों को पूरी तत्परता व तन्मयता से निरुपित करते हैं। गढवाली लोकगीतों का कथ्य व चित्रण फलक अत्यन्त व्यापक है। अतीत की स्मृतियों की रुनझून हो या समय के फलक पर खनखती गुदगुदाती भगभाती वर्तमान जीवन की अनुभूतियों की खनक, हर भाव का निरूपण मिलता है देवभूमि के इन गीतों में। विवाह गीतों में सप्तपदी के इस लोकगीत में समसामायिक परिवेश का निरूपण स्पष्ट है–

पहलो फेरो फेरे लाडी, कन्या च कुमारी
दूजो फेरो फेरे लाडी, कन्या च माँ की दुलारी
तीजो फेरो फेरे लाडी, कन्या च भाइयों की लड़्याली
चौघो फेरो फेरे लाडी, मेत छीडयाली
पॉचों फेरो लाडी, सैसर की च त्यारी
छठो फेरो फेरे लाडी, सासु की च ज्वारी
सातो फेरो फेरे लाडी, कन्या हव चुकी तुमांरी।

(पहला फेरा फेरने में कन्या कुँवारी है। दूसरा फेरा फेरने में कन्या माँ दुलारी। तीसरा फेरा फेरने पर कन्या भाइयों की लाडली है। चौथा फेरा फेरने पर बेटी ने मायके का देश छोड़ दिया। पाँचवाँ फेरा फेरने पर ससुराल की तैयारी है। छठा फेरा फेरने पर ससुराल में सास की बहू हो गयी है। सातवाँ फेरा फेरते ही बेटी तुम्हारी (ससुराल पक्ष की) हो गयी है।

लोकगीतों की गंगा ऊपर धरती से उफनती मन्दाकिनी की तरह विस्मृत हो रही है। गढवाल की इन रमणीय रसीले तालों, बुग्यालों, गहन घाटियों से लेकर अभाव व दुःखों के यथार्थ जीवन के भावुक दलदलों से पीड़ा के मशरुमों की तरह लोकगीत जब–तब जन्मते उफनते हैं। ये समूचे लोक की पीड़ा अपने मुख से प्रतिध्वनित ही नहीं करते बल्कि सम–सामयिकता को निर्देशित कर उपर्युक्त परामर्श देकर जीवन की कर्तव्यविमूढ़ता में अवलम्ब बनकर दिशा व दृष्टि की भी सामर्थ्य रखते हैं। लोकमाटी से ऐसे परोपकार के स्वर इस लोकगीत में देखे जा सकते हैं, जो जीवनलीला को समाप्त कर देने का निश्चय कर चुकी पर्वतीय ललना की पीड़ा की आधारभूमि जान उसे ऐसा न करने के प्रति भी आगाह करते हैं–

हे नौती बोल केकू गाड जांदी?
केक तैं अपणी तू ज्यान खोंदी
मुख लपेटी क्या दुख त्वेकू?
फुटि गेन जोग, त्या कमि त्वेकू?

(हे बेटी तू किस लिए गंगा (शरणहेतु) जा रही है? तू क्यों अपना जीवन नष्ट कर रही है? मुख लपेट रखा है, बता क्या दुख है तुझे, क़िस्मत फूट गयी है, बता कौन सी कमी है तुझको?) बेटियों के सुख–दुःख के प्रति यह सजगता प्रासंगिक और प्रशंसनीय है।

गढवाल के लोकगीत वहाँ के लोकजीवन के सुख–दुख के पारदर्शी दर्पण हैं जिसमें व्यष्टि से लेकर समष्टिगत जीवन के शौक, दुख, हर्ष, विषाद प्रेम विरह, मिलन के हृदय स्पर्शी चित्र दृष्टिगत होते हैं। ऋतु पर्वों पर अपनों की उपस्थिति अभावों के संसार को भी भावपूर्ण बना देती है जबकि भौतिक सम्पन्नता के निकष पर भी अपनो के अभाव में सम्पन्नता काट–खाने को दौडती है। आलोकपर्व दीवाली पर प्रवासी प्रियतम के न पहुँचने की कसक नायिका को किस कदर बेचैन करती है, इस लोकगीत में देखी जा सकती हैः–

आयो महीना असूज को, बादल गैन दूर,
ज्वौन कांठा मां औंदी, जिया लागो बुरु,
आयी दिवाली काहिग की, चढी घर–घर तैकू
यूं दिनु स्वामी का बिना, ज्यूं लगदु केकु।

(अगहन का महीना आ गया है, बादल दूर चले गये हैं। चाँद कांठों (पहाडियों के ऊपर) से झाँकता है तो मन को बुरा लगता है। कार्तिक की दीपावली आ गयी है घर–घर में नया उत्साह चढ आया है, इन दिनों स्वामी के बिना मन किसका लगता है।)

उत्तराखण्ड के लोकगीतों में लोकजीवन व सम–सामायिकता के सूत्र कूट–कूट कर भरे हुए हैं। जो दुख–दर्द व पीड़ा असहय व अवर्णनीय है, उसे पहाड़ की धियाणियाँ घास लकड़ी के लिए जंगल व ऊँची–ऊँची रमणीय उपत्यकाओं में भूखे ही से, पेट रो रोकर माँ प्रकृति के आँचल में ओ आती हैं। माँ प्रकृति ही एक गाँव उनकी दयार्द ममतामई वात्सल्य की शरणस्थली है जहाँ जाकर वे जीवन की विषमताओं, पीड़ाओं, घुटन की कारुणिक अभिव्यक्ति से पीड़ा के गुब्बार को आसुओं की अविरल धारा से प्रवाहित कर न केवल अपने दुखी मन को हलका करती हैं बल्कि उस गमगीन आबोहवा से जीवन के दुखों से दो–चार होने के लिए अद्‌भुत जीवनशक्ति के कण

भी बटोरती हैं। इधर गृहस्थ के अभावजन्य दुखों का गहरा समुद्र है, उधर जीवनाधार प्रिय प्राण प्रियतम जनसे हजारों–हजार मील दूर; इधर परिवार की विषमताएँ सास–ससुर का निर्मम व्यवहार, उधर पल–पल क्षण–क्षण रूप बदलती प्रकृति, सौन्दर्य के रंग–बिरंगे परिधान पहनती वस्तुएँ और ज़हरीली सर्पिणी–सी डंक मारती ऋतु पर्वों पर प्रवासी प्रियतम की स्मृतियों की पीड़ा विरहिणी नायिका के जीवन को दूभर बना देती हैं। उसका जीवन व प्राण किस कदर दुखों से छलनी–छलनी हो जाता है, यह इस लोक गीत में देखा जा सकता है।

फागूण मैना फगणोटू बोई, तिव मेरा स्वामी मुप्पडी लुकाई।
चैत मास बुही जाला धान मित खैरि खाए स्वामी का बाना,
वैसाख मैना लैंवी जाला ग्यूंऊ, स्वामी विदेश कन केक जौऊं।
जेठ का मैना गोडि जाला धान मी झूरिग्यों स्वामी का बाना।
सौंण का मैना रुणझोण्या पाणी कु रांड जांदि बिना स्वामी धाणी।
भादों का मैन कति रौला बौला अई जाना स्वामी मौज मा रौला।
असूज मैना धान लनादी, तिव मेरा स्वामी आत नि खामी।
कातिक मैना ज्वौन बादल बीच, हाय मेरा स्वामी त घर नी च।
गंगसीर मैना कुली जाली लैण, स्वामी का बिना कन केक रैण।
माघ मैना कुखेडी धुराई, तिन मेरा स्वामी मुखड़ी लुकाई।
बार मैनों की बारमासी आयी, तब बीटि वूं की चिटठ़ी नि आयी।

(फाल्गुन के महीने फाल्गुनी बीज बोए गये लेकिन तुमने मेरे स्वामी अपना चेहरा ही छुपा लिया है (यानी दूर देश चले गये हैं)। चेत के महीने खेतों में धान बोई गयी किन्तु मैंने स्वामी के बिना सदा गहरे दुख ही पाये (झेले) हैं।

बैसाख के महीने गेंहू की फसल कटी गयी, स्वामी विदेश हैं मैं वहां कैसे जाँऊ। जेठ के महीने धान की गुडाई की जाती है और मैं स्वामी की याद कर कर कृषकाय हो गयी हूँ। सावन के महीने रिमझिम रिमझिम पानी बरसता है–ऐसी कौन रांड (विधवा) है जो बिना स्वामी के खेतों में काम पर जाती है। भादों के महीने धरती हरी भरी हो गयी है–हे मेरे स्वामी आ जाओ मौज मनाएँगें। असूज के महीने धान की लबाई शुरु होंती है और मेरे स्वामी तुमने भात (चावल) चखा भी न होगा। कार्तिक के महीने चन्द्रमा बादलों के बीच चला गया है लेकिन मैं क्या करूँ मेरे स्वामी हो धन नहीं हैं। ममसीर के महीने लैण फूल गयी है ऐसे में अपने स्वामी के बिना मैं कैसे रहूँ। माघ के महीने सारा पास–परिवेश कोहरे से अच्छा दिन है और तब भी मेरे स्वामी

तुमने सूरत तक द्विया दी है। बारह महीनों के सारे माह बीत गये हैं लेकिन तब से उनकी कोई सन्त खबर (चिट्ठी) नहीं आयी है।)

उत्तराखण्ड की मनोहारी देवभूमि में देव कृपा जिसने जन्म पा लिया है या फिर इन रमणीय उपत्यकाओं की गोद में ऋतु–पर्वों के आँचल में जिसे जीवन के कुछ क्षण, दिन, मास या वर्ष व्यतीत करने का सुख व सुअवसर जिसे प्राप्त हो गया है उसे उसकी खुद (स्मृति) जीवन भर सालती रहती है, वह कितना बड़ा हो जाय, भारत छोड़ विदेश चला जाये लेकिन अपनी स्नेह वत्सला ममतामई जन्मभूमि की ख़ुद उसे गाहे बगाहे लग ही जाती है... रुखी–सूखी धरती के स्वार्थों सम्बन्धों की ऊब के बावजूद भी उसकी आँसों की पोरें जब तब तीज त्यौहारों पर बदलती ऋतुओं के संधिस्थल पर वहाँ (घर) की याद में गाने गुनगुनाने के लिए विवश करती ही हैं। गढवाल के लोकगीतों में अपनी माँ मातृभूमि व अपनों की ख़ुदेड पीड़ा की पराकाष्ठा दिखायी देती है जिनमें किसी भी पाषाण ह्रदय तक को पसीज कर रुलना देने की सामर्थ्य समाई रहती है। दूर विदेश से अपने गाँव व मातृभूमि के लिए छटपटाते युवक की पीड़ा की चरम स्थिति देखिए :–

बणौंदू दों रोटि हे माँ अबरांदि आग
धक–धक ख़ुदेंद प्राण तेरा पराज
द्वबटि भुलि क बोली हे माँ चिठि दियाली
सासरे का हाल सब्बि, वे माँ लिख्याली
विदेश कु रौण माँ जी अलु नी होण
यूं विदेशु चुलि अला वि डांडा बौण
ना हौदा हिसुल किरमोड ना ही बुरांश,
ना बासदा मोर कफ्फू ना ही हिलांस।
निरभागि घुघूति है मा बसि सुबेर
खुदि –ख़ुदी प्राण माँ जी लगायां फेर
अरे हवई छन मां जी ज्वौन्याली राति
कन केक काटण दिन बिन बिन चिठि–पाति
मामा अयां होला मेरा घर देश बीटी
वूँक तैं त बोली माँ भेजि देयां चिठ्ठी
अति दुखी हवे जांदा माँ जी चिठि पतरी ना
तुमारा लाडा ख़ुदांदा यों विदेशू माँ

(माँ जब भी परदेश में रोटी बनाता हूँ तो आग भबराती है फिर आवक मन तुम्हारी खुद (पार) में धक–धक कर रोता है, पैरों पर तुम्हारी याद में छवीं (गुदगुदि) लगती है। छोटी भुलि (बहन) को बोलता कि चिठ्ठी देना और अपने ससुराल के सारे हाल उसमें लिखना निर्दयी घ्युघी कल सुबह यहाँ बासी (कूजी) और फिर खुदेड मन रो–रोकर तुम्हारी यादों के इर्द गिर्द चक्कर लगाता रहा। बाहर चाँदनी रातों का उजास है माँ जी और मुझे बिना चिट्ठी पत्री के जीवन काटना कठिन हो गया है, परदेश से मेरे मामाजी घर आये होंगे उन्हें ही चिट्ठी लिखने को कहना, बिना सन्त–खबर (चिट्ठी–पत्री) के यहाँ विदेशों में हम अति दुखी हो जाते है तुम्हारे लाडले तुम्हारी खुद (याद) में बहुत रोते हैं। इन विदेशों का रहना कतई अच्छा नहीं हैं माँ इनसे कई गुणा भले तो हमारी वे डांडी–कठियाँ हैं।)

गढवाल के लोकगीतों में जीवन की महीन से महीन स्मृतियों, अभिव्यक्तियों जीवन की छेड़छाड़ों के साथ साथ पास–परिवेश के लोक जीवन व जीवन की अच्छी–बुरी प्रवृत्तियो का निरुपण भी ख़ूबी से हुआ है। यहाँ के लोकगीत पारदर्शी काँच की तरह है जहाँ से जीवन की ऊब खीज, परहंसता (सोंगडपन) व मनोवृत्तियों के चित्र सहजता से देखे जा सकते हैं। लोकगीत विकृत व विद्रूप भावनाओं का परिष्कृत रूप नहीं हैं बल्कि अस सच्चे व अच्छे बहुरंगी कैमरे की तरह हैं जो जिस चित्र को किस रूप में लोकगीत के कैमरे में कैद कर देता है उसे उसी रूप में सबके सामने ला उपस्थित कर देता है।

उत्तराखण्ड के लोकगीत संवादात्मक शैली में भी लोकजीवन की पीड़ाओं, दुख–दर्द व जीवन की स्थितियों का अंकन करते हैं। हम लोकगीतों में जहाँ वहाँ के जीवन के रहन–सहन न कार्य–व्यापारों का निरुपण हुआ है वही जीवन को विषम परिस्थितियों के चित्र भी जीवन्त रूप में उभर कर सामने आये हैं। एक सिपाही पती की ग़रीबी का चित्रण इस संवादी लोकगीत में किस तरह मूर्तिमान हआ है, वह देखिए–

मदुली–धोती बिलोज फटीगे स्वामी, गौलै जंजीर टूटीगे
तुमारों दर्शन द्यखण्या, मैंक तैची रुठीगे।
नाके की नथूली टूटे, हाय धगूली टूटी गे,
तुमारी खुदन स्वामी, खाणो–स्याणो छूटी गे।।
सिपाही–धोती, बिलोज पारसल कलू, गौला जंजीर भेजलू,
अेई जोलू मैं चेत–बेसाग, तब त्वेई देखलू।
नाके नथूली हाथे धगूली, सुनारा दियूलू मै,

चिठी भेजी देणे मदुली, कब तेरा प्रेम मा।
मदुली–दीदी तुमारी अेई गेग्यां भुलि गीता बि अेगीन हो,
एक–एक आखर सनू लेखी के चिठि हम भेजीन हो।
खर्चा पाणी लत्ता कपड़ा, स्वामी भेजी देयां हो,
दीदी अणींज आयां तुमारा, हाथ धगूली देण हो।।
सिपाही–सुनार कीर्ति क तैं बोली, धगूली दी वणै दे हो,
दी ई द्मूला रुप्या तेरा, घर औण पर हो।
मां जी क तैं बोली प्यारी, दुखी नी तू होण हो,
मेरा दुख अक ग़रीबी देखी, त्वीन बी नि रोण हो

(मदुली अपने सिपाही पति को पत्र लिखती है कि स्वामी जी मेरी धोती–बिलोज (ब्लाउज) फट गया है, गले की जंजीर टूट गयी है, हाथ के धगुले (कडे) टूट गये है तुम्हारी शूद मैं स्वामी खाना–सोना सब छूट गया है। तुम्हारा दर्शन करना मेरे लिए असम्भव हो गया है, नाक की नथुली (नथ) टूट गयी है। सिपाही पत्रों पर लिखता है मैं धोती और ब्लाउज का पार्सल कर दूँगा, गले की जंजीर भी भेज दूँगा। अब मैं चैत बैसाख में आ ही जाऊँगा तब तुझे देखूँगा, नाक की नथ व हाथ के कडों (धगुलों) का मैं सुनार कें पास दे आऊँगा। बस तुम प्रेमपूर्वक अपने कुशल क्षेम का पत्र भेज देना मदुली। मदुली फिर पत्र लिखती है कि तुम्हारी दीदिया व भुलि गीता भी मायके आ गयी हैं, सबने एक–एक अक्षर लिखकर तुम्हे पत्र लिख दिया है। स्वामी जी लते–कपडें न खर्चा पानी भेज देना, तुम्हारे दीदी भानजे आये हैं उनको चाँदी की धगुलियां (छोटे कडें) देने हैं। सिपाही उत्तर देकर लिखता है कि कीर्ति सुनार को कहना कि चांदो के दो धगुले बना देना तेरा कर्जा (धगुलों की क़ीमत) घर आने पर दे दिया जायेगा। प्रिये माँ जी को कहना कि दुखी मत होना तथा मेरे दुख न ग़रीबी की देखकर तुम भी मत रोना)

यही नहीं गढ़वाली लोकगीतों में जीवन की सहज व गम्भीर स्थितियों, सुख–दुख, मिलन–बिछोड़, मान–अपमान, हँसी–ठिठोली जैसी स्थितियो का भी वर्णन मिलता है। एक अपरिचित साधु का एक खेत में काम करती युवती से अनाव यक, बहिनामा, जहाँ पर्वतीय महिला के चारित्रिक पक्ष की पवित्रता का बोध कराती है वहीं उसके पतिव्रता धर्म का परीक्षण उसे अपने उभीष्ट तक पहुँचने का सेतु भी बनता है। कामकाजी महिला का मुँहतोड जवाब उसे अपने यथार्थ को पहचाने के लिए विवश करता है जब वह उसे अपने साथ अखरोट के पेड की छाँव में बैठने का न्यौता देने का प्रयास करता है। लोकगीत में चरित्र की उदात्तता व मूल्यों की प्रगाढता की एक बानगी देखिए–

अखोडे मिस द्यैल बेठि जोला मन को दुख बेठीक लगोला।
एक बोल बोली दूसरो न बोली, पापी जोगटा जुबान न खोली।
तेरा साथ बेठलि तेरी काकी, बोई, कुल कि नारि तेरि सबि कोई।
कि हेरी वैण भणजि नीं ज्वान, हू पिच्चो खोंद होलो मैं यान।
के डोमन दीने यो भगोया होई, मेरा सामणि तू खडों न होई।
मैं दगडि न करि औरुं कि सार, मुक लुकोऊ पुड जैक मौर।

(आओ अखरोट के पेड की छाया में बैठें। अपने मन का दुख वहाँ बैठकर एक–दूसरे को सुनाएँ। महिला कहती है हे पापी जोगी। तुमने एक बात बोल दी हैं, दुबारा यह बात न बोलना तेरे साथ तेरी चाची माँजी न कुल की दूसरी नारियाँ बैठेंगी। या तो तेरी कोई नौजवान बहन भानंजी नहीं है जो तू मेरे लिए ऐसे मुँह खोल रहा है, तुझे किस गिरे हुए आदमी (नीच) ने यह अगने वस्त्र पहनने को दे दिए हैं मेरे सामने हो तू अन खडा भी मन हो, मेरे साथ दूसरों का सा बर्ताव (व्यवहार) मत करना जा तू यहाँ से मुँह दिखाकर कही और मर (दूसरी जगह चला) जा पर्वतीय नारी का जीवन नीरस व निर्णय चट्टानों सा कठोर प्रतीत होता है। वहाँ उसके हदय की कोमलता व माता–पिता के प्रति का आदर भाव उसका गहरा है। वह भोली भाली गाय की तरह अपने माता–पिता के निर्णय को चुपचाप स्वीकार कर लेती है किसी प्रकार का विद्रोह नहीं करती। नारी मन की कोमलता का चित्र भी लोकगीतों के कथ्य का विषय बना है जहाँ एक सुन्दर, रुपवान बालिका पिता द्वारा एक वृद्व व्यक्ति को ब्याहे जाने के बाद अपनी पीड़ा का कारुणिक बखान अपनी माँ के पास इन शब्दों में करती हैः–

बाट पुंगडि लडबडी तोर, बुड़आ वी जांदो संगरांदि पोर।
मीं घऊं मांजी रात्रौ का लैक मन झुरी जांद ये बुड़या देखी।
मी दि घऊ मांजी ये बुड़या लैक, क़िस्मत मां पडि मेरि बुड़या बेख।
के क लोलू मां जी मीं हाथु मेंन्दी केक लोलू मी स्वाग बेंदी।

(रास्ते के खेत में लडबडी (खिली हुई) तोर है। ये बूढां (पति) संक्रान्ति से अधिक वहीं जायेगा (जल्दी मर जायेगा)। मैं हो माँ जी राजाओं के लायक थी। इस बूढे (पति) को देख कर मेरा मन दुखी हो जाता है। मैं इस बुढे के लायक नहीं थीं मेरी क़िस्मत में यह बूढा आदमी ही लिखा हुआ था। मैं अपने हाथों मे मेंहदी क्यों लगाऊँ माँ जी और क्यों मैं सुहाग की मतीक बिन्दी ही लगाऊं।)

पहाड की रसीली भूमि या तो हर–भरे खेतों से मनमोहनी लगती है या फिर हरे–भरे सुहावने जंगलों से। लेकिन प्रकृति का सौदर्य बहुगुणित

हो जाता है जब पशु–पक्षियों के संगीत के स्पर्श मात्र से प्रकृति जीवन्त हो उठती हैं स्वर्ग सी। प्रकृति सुन्दरी के सौन्दर्य प्रसाधन हैं उसमें विचरण करने वाले पशु–पक्षी इनसे ही प्रकृति को सुन्दरता के चार चाँद लगते हैं। इनके अभाव में सत्यम् शिवम् सुन्दरम् का शिवत्व महज भावत्व का ही बोध कराता है। गढवाल के लोकगीत पशु पक्षियों की उपस्थिति से जीवन्त बोलते लगते हैं। एक लोकगीत में पर्वतीय भू–भाग में उपलब्ध जीवों का वर्णण इस रूप में हुआ है:

धुगती, घेंदुडी, सेंहुली, कफु हिलांसी
मोर, तीतर, भुन्यारा अर डाहर फगलासी।
अपणी प्यारी धुन जब पेथली सुगौंदी,
गढवाल की भूमि जनो स्वर्ग बणोंदी।
घ्वेड, काखर, रिक बाध सुगसं की टोली,
कवि प्यारी लगदि वण, धुगती कि बोली।

(घ्युग्गी–गौरेया बैना कफ्फु, हिलांस, मोर, तीतर, मुन्यारी और डाडर फग लासी जैसी चिडियों (पक्षियों) की बोलियों व मोहक धुनों से गढवाल की धरती जैसे स्वर्ग बन जाती है। नहीं दूसरी और हिरब, काखड रीद व सूअरों की टोलियाँ हैं यहाँ–गुधी का मन मोहक संगीत कितना अच्छा लगता है।)

देवभूमि उत्तराखण्ड जहाँ भक्ति, अध्यात्म व पर्यटन का मुख्य केन्द्र है, वहीं यहाँ की प्रकृति की नैसर्गिक सुन्दरता विश्व में अपनी अलग पहचान रखती है। प्रदेश के हरिमाले बन ऊर्जा इमारती लकड़ी तथा प्राणदायिनी निर्मल वायु व अजस्र स्रोत तो हैं ही वहीं पर्यावरण सरंक्षण वर्षा व जीव जगत को जीवन देने में भी प्रमुख कारक हैं। यहाँ के अधिसंख्य बन प्राकृतिक सुषमा के संवर्धन में भी महत्त्वपूर्ण योगदान सुनिश्चित करते हैं। जीवन ऊर्जा के अमित स्रोत ये वन उत्तराखण्ड के लोकगीतों में भी अनचाहे ही प्रवेश पाते रहे हैं। एक लोकगीत में इनकी उपस्थिति का एक चित्र दृष्टव्य है–

वणों की शोभा देखा यह सुन्दर न्यारी
बांज की डाली कन लगदी प्यारी।
दिखेंदी कखि कुलांई देवदार,
बांज–बुरांश मोरु की धार।
खडीक अैवल, तोण कवीर्याल
धिंगारु, किरमोड और हिसूल
काफल, केला, अमरुद आम
नींबू नारंगी सेब बादाम

औंला, अखोड, अंजीर, अनार
जामुन, पपीता अर अमोर।
रे, मूलू, धनियां, पालिंगै कि क्यारी
आलू, अदरक अर मिर्चू कि बाडी।

(वनों की शोभा देखो वहाँ कितनी सुन्दर व न्यारी है। बांज (बलूत) के पेड कितने सुन्दर व प्यारे लगते हैं। कहीं कुलांई (चीड) व देवदार दिखायी देते हैं, कहीं बांज, बुरांश व मोरु के पेड दिखायी सन्दर नमते हैं कहीं खडीक भैबल, तौण व क्वीर्याल है तो कहीं हिसूल किरमोंड व धिंधारु की मीठी फलदार झाडियों भली लगती हैं। कहीं काफल केला अमरुद व आम हैं तो कहीं नील (दिमो) वारंगी सेत न नावाम हैं। कहीं आखले आंवले अखरोट जंजीर व अनार हैं तो कहीं जामुन पपीता व अमोर हैं। कटी राई धनियां, मूली व पालक की कारिमा हैं तो कहीं आलू, अदरक व मिर्च की खड़ी लडी क्यारियाँ हैं।)

देवभूमि उत्तराखण्ड की माटी की नैसर्गिक सुषमा बेजोड़ है। यहाँ के गगन चुंबी शैल शिखर बर्फ की बारमासी भवेत चादर ओढ़े हिमालय कल कल दल दल की निर्मल ध्वनि से निश्चल बहती देव सरिताएँ यहाँ के ऋतु पर्वों पर, मनों पर वशीकरण डालते झुमैले, सम्बन्धों का सविखता का अपनत्व किसे न आकर्षित करेगा। जब तक यहाँ आये व इसके स्वर्ग सदृण आँचल में सदा अदा के लिए बस जाने की यहाँ जड से चेतन तक चतुर्दिक उल्लास ही उल्लास है। एक शाश्वत व चिरंतन परमानन्द की सृष्टि जो कालान्तर तक लोकमाठी में स्वतः स्फूर्त हो गुंथ गुंथकर आति रहेगी एक मोहक खुद बनकर, ऐसे ही खुदेड लोकगीत का एक और नमूना दृष्टव्य है–

दाथुडी की नोक ब्वे, दाथुडी की नोक,
कफुवा बासलो ब्वे, मेरा मेत्यों का चौक।
नाजे की नाली ब्वे, नाजे की नाली,
लाल बणी हवेली ब्वे, स्था काफलू की डाली।
सूया भरी दैण ब्वे, सूया भरी दैण,
आग अबराली ब्वे, औजी भेजी देण।

(दराती की नोक है या दराती की रोक, मेरे मैत्रियों के चौक में कफ्फु बासेगा माँ। अनाज की नाली है या अनाज की राली, वह काफल की डाली माँ अब तक पक कर लाल बन गयी होगी। सूप्पा भर कर सरसों हे माँ सुप्पा भरा सरसों जब भी चूल्हे में आग भबराएगी मां जी, औजी (बड़े भाई) को मुझे बेदने (बुलवाने) के लिए भेज देना माँजी।)

निष्कर्ष

सार यह है कि गढ़वाल के लोकगीतों में समसामयिक परिवेश का चित्रण इतनी सुन्दरता व प्रभाविष्णुता के साथ हुआ है कि इस पर एक स्वतन्त्र पुस्तक की सामग्री संजोई जा सकती है। इस छोटे से आलेख में ऐसे बहुआयामी आलेख की बांदिल सामग्री को पिरो पाना सम्भव नहीं है। लोकगीतों का जन्म पीड़ा, संत्रास, अभाव, कुंठा, तिरस्कार, शोषण, अत्याचार के उतुंग शिखरों पर प्रतिशोध के अंगारों या मन की असाहय भावनाओं को माँ प्रकृति के आँचल करते हैं उतार देने पर होता है। यह हर उस हृदय को प्रभावित, आंदोलित व उद्वेलित करते हैं जहाँ संवेदनाओं व माँ मातृभूमि की स्पुद के संवेदनात्मक मेघ मंडराते हैं। लोक की इस थाती के संरक्षण का संकल्प भलाघनीय, वन्दनीय व अनुकरणीय है।

सन्दर्भ

1. वेद व्यास–स्कंदपुराण (केदारखण्ड) अध्याय–40 (लोक 27, 28, 29)
2. डॉ. श्री राम शर्मा–लोकसाहित्य : सिद्वांत और प्रयोग, पृष्ठ–39
3. डॉ. वासुदेव शरण अग्रवाल–आजकल, नवंबर 1951

खण्ड-2 : स्त्री विमर्श

स्त्री विमर्श के नये शगूफों में औरत की ब्रा और...

मैत्रेयी पुष्पा

मान तो कुछ ऐसा ही लिया गया है कि स्त्रियाँ जो कुछ और जैसा कुछ लिखती हैं वह स्त्री विमर्श में हीनता है। क्या यह मान लेने वाली बात है? हमें तो ऐसा महसूस भी होता है कि पुरुषों की कलम से भी स्त्री को लेकर बहुत कुछ लिखा गया है वरन दिव्या क्यों लिखी जाती जो वेश्या होने को अधिकार पाने के तहत स्वीकार करने में हिचकती नहीं। रेणु क्यों महंतों की जागीर रहे मठ को लछमी के हवाले करते जो मठ पर महज दासिन थी या काली को जाति प्रथा तोडने के लिए दुस्साहसी क्यों बनाते? ऐसे और भी उदाहरण मिल जायंगे जिनमें स्त्री के अधिकार केवल दया, तरस या पूजा और महिमा भर अर्जित करने तक सीमित थे, उन सीमाओं को तोड़ा गया।

स्वतन्त्रता के बाद स्त्री शिक्षा ने जब पाँव पसारे तो महिलाओं ने कलम उठा ली। अब तक उनके पक्ष विपक्ष में पुरुष लिखते रहे थे, उसका स्वरूप बदला क्योंकि डरती और झिझकती हुई औरत भी अपने मन की बात कह बैठी। सुविख्यात लेखक प्रेमचन्द की पत्नी शिवरानी देवी ने कुछ कहानियाँ ही नहीं 'प्रेमचन्द घर में' लिखने की आजादी ले ली। यह कहने का मतलब है कि स्त्री वह लिख सकती है जिसे उसके बारे में लिखने में ज़्यादातर पुरुष हिचकते हैं। उसके साहस दुस्साहस का वर्णन भी करते हैं तो इस भाव से कि देखो औरत होकर भी वह ऐसा कर गयी। ऐसी ही बँधी–बँधाई धारणाओं का खण्ड़न करने के लिए आया स्त्री विमर्श, साथ ही अपने मानवीय अधिकारों को लागू करने की पुरज़ोर आवाज़ देता हुआ। लडकी का जन्म रोका न जाये, उसकी परवरिश लडकी की तरह नहीं सन्तान की तरह हो। पढ़ने का हक उसका जन्मसिद्ध अधिकार है। उसकी रजामन्दी के बिना विवाह जुर्म है। पतिव्रता के नाम पर कर्मकांड और व्रत त्यौहार परम्परा नहीं

रुढियाँ हैं। बच्चे पैदा करना, न करना उसकी मर्जी पर है। सबसे ज़्यादा घातक वे शब्द हैं जो उसे चुड़ैल, डायन, बाँझ, विधवा, रंड़ी आदि विशेषण नवाजते हैं। दहेज और बलात्कार स्त्री के अपमान की पराकाष्ठा है।

उपरोक्त कठघरों को तोडने और अपनी पुरानी बेड़ियाँ काटने पढ़ी–लिखी महिला निकल पडी। कॉलम, कविता, कहानी और उपन्यासों की झड़ी लग गयी। स्त्री विमर्श का झंडा बुलन्द हुआ। मगर मैं मानती हूँ कि लिखावट जब तक व्यवहार में न आये हमारे शब्द और सतरें बेमानी हैं। कुछ पहले तक जिस तरह स्वतन्त्रता पाने के मूल्य को समझा जाता था, इसी तरह स्त्री विमर्श को बहुमूल्य माना जाता रहा लेकिन गुलामी के अपने ही आनन्द होते हैं और सुविधाओं के अपने सुख। जो स्त्री विमर्श के नाम पर क्रान्ति की पताकाएँ उड़ा रही थीं वे ही करवाचौथ मनाती हुई ब्यूटी पार्लरों में घुस गयीं। जो शिक्षा की बड़ी–बड़ी डिग्रियाँ लेकर महिला सशक्तीकरण का बिगुल बजा रही थीं वे दहेज का विरोध तो कर रही हैं मगर ख़ुद लाखों का लहँगा और लाखों के मेहंदी लगाकर वे मेकअप में कोताही नहीं करती। इतनी सजी–धजी स्त्री विमर्श की पुरोधा आगे चलकर तन ढकने वाले कपड़ों का बहिष्कार करती है। देह पर सुविधाजनक कपड़ों के नाम पर नंगा दिखना पहली पसन्द हो चला है। स्त्री विमर्श के नये शगूफों में इन दिनों औरत की ब्रा और माहवारी मुख्य मुद्दे हैं, सेनेटरी पैड सबसे बड़ी और महत्त्वपूर्ण डिमांड है तो फिर तय हो जाये कि स्त्री स्वतन्त्रता की क्रान्ति यहीं आकर दफन होनी है कि आगे भी कोई और मुद्दा जगह पायेगा। ये जो शगूफे हैं इनमें न तो कहीं किसान स्त्रियों को जगह है न मजदूर औरतों के अभावों की चिन्ता। तब क्या आज का यह नया विमर्श केवल सुविधाभोगी और गुलामी का आनन्द लेती महिलाओं के लिये हैं जो फैशनेबल कपड़ों से होता हुआ सेनेटरी नैपकिन पर विश्रमित हो बैठता है? नहीं तो बताया जाये कि इस चलताऊ स्त्री विमर्श से स्त्री का जीवन कितना बदला है? तुम्हारे हाथ में मोबाईल फोन है और ईव टीजिंग, बलात्कार, हत्या जैसे कांड लगातार घटित हो रहे हैं। औरत हर दिन अपमानित हो रही हैं। लिवइन स्वतन्त्र जीवन की निशानी है लेकिन आप बार–बार शादी में बंध जाने की कोशिश करती हैं तो फिर लिवइन का ढोंग क्यों?

स्त्री विमर्श शरीर पर घटित होने से पहले दिल और दिमाग़ पर घटित होना चाहिए। कोई भी और कैसी भी स्वतन्त्रता कपड़ों से, अत्याधुनिक फैशन से, ब्रा और नैपकिन के चलताऊ नारों से कभी नहीं आती, किसी तरह नहीं

आती क्योंकि हमारी शारीरिक हलचलें मर्दों की दिलजोई ही करती हैं। इस तरह के स्त्री विमर्श से उस आम और मामूली औरत को क्या मिलेगा जो आप के शहरी नारों का मतलब समझती नहीं। जहाँ तक तुझे महसूस हो रहा है जो विमर्श स्त्री के सामाजिक, सांस्कृतिक और राजनैतिक अधिकारों के लिए सजगता को लेकर उठाया गया था, आज बाज़ार की गिरफ्त में चला जा रहा है। नई पीढ़ी जब तक खुद कर्मकाड़ों, पाखण्डों और पारम्परिक रूढियों के खिलाफ कटिबद्ध नहीं होगी, तब तक विमर्श बेमानी है।

क्या आप में तर्क करने का माद्दा है? क्या आप चली आ रही पवित्र परम्पराओं पर सवाल उठा सकती है? क्या आप सुहाग श्रृंगार का अर्थ/अनर्थ समझती है? क्या आपका शिक्षा प्राप्त कर के नौकरी पा जाना ही ज़िन्दगी का मकसद है? क्या आप अपने घर के पुरुषों के अनाचार के प्रति बोलने का माद्दा रखती हैं? ये कुछ ऐसे सवाल हैं जो आज के नये स्त्री विमर्श से टकराते हैं क्योंकि विमर्श की पुरोधा या तो स्त्री की शारीरिक समस्याओं में विमर्श को खपा डालती है या बड़े–बड़े नारेबाजी के आख्यान लिखकर यू टर्न ले जाती है।

ऐसा सब तो तब भी होता रहा है जब स्त्री लेकर लेखिकाओं ने धुँआधार क़िस्म की रचनायें दीं और साहित्य जगत में तहलका मचा डाला। मगर गड़बड़ी यही थी कि बोला बहुत किया कुछ नहीं। असरदार साहित्य का यह नियम है कि आपका पात्र अपने संवाद में जिस तरह बोलता है उसी तरह अपनी ज़मीन पर वह करता पाया जायें लेकिन इस गड़बड़ी को हम उस जमाने के सिर डालकर रचनाकार को बचा लें या सवाल करें और पूछें कि ऐसा किस झिझक में किया अथवा अतिरिक्त सावधानी क्यों बरती? डरकर, बचकर और ज़्यादा सावधान रहकर चलना साहित्य के लिए घातक होता है। आप कल भी और आज भी भले ही साहित्य में पुरोधा कहलाए लेकिन आने वाली नस्लें इन गडबडियों और अतिरिक्त सावधानियाँ का हिसाब माँगेंगी। आगे यह भी मानना पडेगा कि बाज़ार से विद्रोह करने वाली महिलाएँ भी हमारे बीच हैं और बेहिचक सत्य को उद्घाटित करनेवाली रचनाकार भी दिखायी देती है। आत्मकथा लिखना सहज काम नहीं है, तलवार की धार पर चलना है जहाँ झूठ बोलने या यूटर्न लेने की सुविधा नहीं रहती। स्त्री विमर्श का यह सशक्त माध्यम है जिसने जुल्म की दबी छिपी परतों की बखिया उधेड़ डाली और बाकायदा ऐलान किया कि स्त्री कैसी ज़िन्दगी चाहती है। घर के परकोटे की दीवारें हाहाकार मचाती रहीं स्त्री जोगी की तरह

समाधिस्थ रही कि तपस्या टूटे नहीं। बदलाव ऐसे आता है कि एक स्त्री ने लिखा कई स्त्रियों ने जिया और लेखनी से निकला अमृत पिया।

बोलना हो तो जीवन के अनुभव बोलो, लिखना हो तो ज़िन्दगी की इबारत लिखो जो दूसरों के लिए असरदार रहे हैं। आसमानी बातें लुभाती तो हैं नजदीक से नहीं गुज़रती। अमूर्तन आकर्षित कर सकता है मगर भ्रमित भी कर देता है। हम भव्य और गरिमामय विमर्शों का भी क्या करेंगे, हमारी ज़मीन अभी कच्ची है। सब कुछ देख तो लिया है कि स्त्री महिमा में जो सूक्तियाँ सुनी वे असलियत में स्त्री की यन्त्रणाओं को लेकर अंधी है। क्या हमारी नई पीढ़ी को यह समझ में आयेगा कि सुहाग और पुत्रवती होने का सारा तामझाम इतना भारी होता है कि बड़ी जल्दी तुम्हारे व्यक्तित्व को कुचलकर रख देता है क्योंकि उनकी सलामती से ही तुम ज़िन्दा मानी जा रही हो। सो ममता और सुहाग में घुट घुटकर मरती हुई उन औरतों की ओर भी देखो जिन्होंने सोलह श्रृंगार किए थे और पति पुत्र की सलामती प्रार्थना की तरह गाती रहीं। यह रूप या वह रूप जिसमें सारी अश्लील गालियाँ स्त्री को लेकर बनी हैं और वहाँ माँ बहन और बेटी का बेलिहाज़ खुलकर योनिक भोग होता है। स्त्री विमर्श के दरमियान यह मुद्दा क्यों नहीं? अपनी कलम से, अपनी जुबानी अपने ही नारों में अपनी ही देह धर दी, अपने कपड़े उतार दिए तो कौन सी तोप चला दी जिस पर आज की स्त्री इतरा रही है और विमर्श ऐंठ ऐंठकर टूटता जा रहा है...

स्त्री विमर्श का लोकपक्ष

अनामिका

स्त्री भक्त कवि : अस्मिता विमर्श के आईने में

इतना तो हम समझते ही हैं कि अस्मिता लेखन का दर्शन है भेदभाव की सारी संरचनाएँ ढहाते हुए पर्यावरण–सजग, युद्ध और आतंकरहित बहुलतावादी विश्व का विकास! सारे उत्तर–मनोभाषिक अध्ययन यह स्पष्ट कर चुके हैं कि प्रकृति भी ऊँच–नीच नहीं मानती! पारस्परिक सहयोगपरक सम्बन्धों का अन्तर्जाल है प्रकृति और नाभिनालवाला जो रिश्ता समवेत का निजी से होता है, बहिरंग का अन्तरंग से, वो ही अस्मिता का आत्मन से है। और यह भी कि साहित्य वर्ग–जाति–लिंग– संप्रदाय आदि निरे संयोगों से बंधी यह अस्मिता स्पर्द्धामूलक भी होती है और सहकारितामूलक भी। पते की बात यह है कि अस्मिता–लेखन स्पर्द्धामूलक पक्षों के प्रति पूरा सजग होता हुआ भी सहकारितामूलक पक्षों का महास्वप्न आज तलक देखता है। टूटी–फूटी चीज़ों से जैसे वंचितजन पेपरमेशी की सुन्दर–सुन्दर चीजें गढ़ लेते हैं : टूटे–फूटे महावृत्तान्तों से अस्मितालेखन सर्वसमावेश न के महास्वप्न रचे जा रहा है–यह कम आश्चर्य की बात नहीं! स्त्री–दलित आदिवासी लेंस से देखने पर युद्ध, दंगा, बंटवारा, भूमंडलीकरण, पर्यावरण, वर्ण–व्यवस्था और वर्ग–वैषम्य, सब एक नया आयाम पा रहे हैं।

महाप्रमेयों के ध्वंस की घड़ी जब आयी, लघु–आख्यान और अस्मिता–विमर्श उसी मनोबल से उठे जिससे सूर्यास्त के वक़्त दीए की लौ उठती है और शोषण का इतिहास 'सर्वाईवल' के इतिहास के रूप में पढ़ा जाने लगा। दूसरों के दुख दूर करने में लग जाना अपने दुख से मुक्ति का सर्वथा कारगर उपाय है–भक्त कवियों की यह बात अस्मिता लेखन ने आत्मसात कर रखी है।

यथास्थिति को चुनौती देते हुए वैकल्पिक स्पेस गढ़ लेने का उसका तरीका, चिमटे की एक फटकार पर निजी को समवेत से चटाक जोड़ लेने का उसका तरीका भी भक्ति काव्य से काफ़ी मिलता जुलता है।

अस्मिता–आन्दोलन भी अहंकार–विलयन की, सबको एक चटायी पर बिठाकर घरेलू बिम्बों में अपना अनुभूत सत्य कहने की, बढ़ाते–बढ़ाते उसे सर्वसमावेशी कर लेने की वही बात कहते हैं। ज्ञानमार्गीनिर्वेद, वात्सल्य, साख्य भक्ति के तहत अहं की सरहद बढ़ाते–बढ़ाते सर्वसमावेशी कर ली जाती है। दास्य और मधुरा भक्ति में यह प्रक्रिया उल्टी चलती है। अहं की सरहद घटाते–घटाते उस शून्य पर ले आयी जाती है। 'जिसके आगे राह नहीं है' पर सर्वसमावेशन उसमें भी वैसा ही होता है।

पर सूचनाओं को ही ज्ञान समझ लेने का विभ्रम हमें ठीक से प्रेममार्गी होने नहीं देता। वात्सल्य माधुर्य–साख्य, दास्य, निर्वेद आदि जो महाभाव हैं, अपनी परमशुद्धता में हमारे भीतर पैदा नहीं होते। वात्सल्य बाधित हुआ है कि बच्चों का पालन–पोषण अक्सर हम अपनी अधूरी इच्छाएँ पूरी करवाने की खातिर करते हैं। माधुर्य बाधित हुआ है चूँकि स्त्रियाँ मनुष्य हो गयी हैं, और उन्हें बराबर का मनुष्य समझते हमारा कलेजा काँपता है। दास्य भक्ति बाधित हुई है कि दलित–आदिवासी और दूसरी जमातों का भी वैयक्तियन हो गया है और उनकी आँखों से अज्ञान का वह पर्दा भी उतर गया है जो महिमान्वितों को भगवान मान लेता था और भगवान की कल्पना भी सजे–धजे राजा या सामन्त की तरह ही कर पाता था। निर्वेद इसलिए बाधित है कि पैसा ही अब नया ख़ुदा है, तैंतीस करोड़ देवताओं के इस देश में बाज़ार नया देवता है जिसे शान्ति नहीं, स्पर्धा, प्रायोजित आतंक और कूटनीति से अपनी दुकान चलानी है। ठीक है कि–ज्ञान न खेतौ ऊपजै प्रेम न हाट बिकाई! ज्ञान न सही, सूचनाएँ तो कम्प्यूटर के खेत में लहलहा ही सकती हैं। प्रेम न सही, पर सेक्स तो हाट में अच्छी पैकेजिंग के साथ बिक ही सकता है! आनन्द न सही, सुविधाएँ तो खरीदी जा ही सकती हैं– भले ही उन सुविधाओं के एवज में धरती–माँ बुखार में तपती नज़र आये, सारा पर्यावरण तहस–नहस हो जाये!

मेरी समझ में भक्तिकालीन रचनाओं से अन्तःपाठीय जैसा संवाद विमर्शात्मक लेखन, खासकर स्त्री–लेखन ने किया है, उतना समकालीन लेखकों में किसी और ने नहीं। इससे बड़ा इसका प्रमाण क्या होगा कि इनके सरोकार एक हैं, तादात्म्य बनता तभी है जब सरोकार एक होते हैं!

इसका सबसे बड़ा साक्ष्य मेरे साथ घटी एक घटना है कि सन् 1996 में मुझे 'काली फॉर विमेन' द्वारा आयोजित एक अन्तर्राष्ट्रीय सेमिनार के दौरान दूसरी भारतीय भाषा की स्त्री लेखकों के साथ एक ही शिविर में कई दिन बिताने का मौका मिला। वहीं एक रात हमने तय किया कि मराठी, तमिल, कन्नड़ और हिन्दी की भक्त कवयित्रियों का अँग्रेजी अनुवाद हम एक–दूसरे के सामने रखे ताकि उस वक़्त को बगावत का अन्तरंग सामने आ सके। अनुवाद करते समय प्रायः सबके मन में एक ही तरह की प्रेरणा जगी कि 'ज्यों–की–त्यों धर दीनी चदरिया' वाला यथावत अनुवाद एक तरफ, और उसके बगल में उससे अन्तःपाठीय संवाद करता एक आधुनिक स्त्री–पाठ–दोनों साथ–साथ तैयार हो; इस क्रम में तमिल की अण्डाल, कश्मीर की लल्लदेह, कन्नड़ की अक्का महादेवी और महाराष्ट्र की जनाबाई से–मैंने जो अन्तःपाठीय गपशप की, उसके कुछ टुकड़े मैं आपके सामने रखती हूँ इस बात के प्रमाण के रूप में एक आधुनिक स्त्री–मन से इन पाठों में धड़कता स्त्री मन कितना मिलता जुलता है, कितने मिलते–जुलते हैं घरेलू बिम्ब, गहनतम बात सरल ढंग से सामने रखने की वजह अन्तरंग शैली और देह को लेकर इनकी चिन्ताएँ भी– ''कितनी मिलती–जुलती हैं–/व्यर्थ है मेरा सिंगार–रूप–यौवन/उस दूध की तरह /जिसे न बछड़ा पी सका/और न जो बाल्टी में ही/भरा जा सका। इस सांवले आम्रपल्लव की तरह/मैं कर रही हूँ प्रतीक्षा कि/कब पतझड़ का पीला वैभव/चबा ले मुझे। सुध ही नहीं लेता मेरा गोवर्धन–/ काटकर जो फेंक दूँगी अपने स्तन/तो उसको पता चले।'' –अण्डाल[1]

मान की पराकाष्ठा है यह जहाँ आत्मत्रास प्रिय का ध्यान खींचने का एकमात्र उपाय रह जाता है। घना है यह एहसास कि देह मिट्टी है, एक ऐसा आम्रपल्लव जिसे कल पतझड़ के पीले दाँत चबा जायँगे, फिर भी दैहिकता का एहसास इतना सघन है कि उसे भी दूध की तरह प्रिय के कंठ उतारना है–इसके पहले कि जीवन की गैया बिसुख जायें आधुनिक स्त्रियों के यहाँ देह अधिकतर शोषण की आधारभूमि के रूप में चित्रित हुई है, पर कहीं–कहीं वह आनन्द–निर्झर के रूप में भी सामने आती है–खासकर तब जब मनचीता पुरुष या कम–से–कम उसका काल्पनिक प्रारूप सामने होता है। इस लोक में तो मनचीते पुरुष उपलब्ध होते नहीं तो कल्पना के लोक में ही उसकी अनन्त छवियों से तरह–तरह के मान ठानती हैं भक्त कवयित्रियाँ! भाषा ही रंगीन पिचकारी से मनचीते कल्पना–पुरुष को अपने रंग में रंग लेना चाहती हैं या फिर उसके ही रंग रंग जाना चाहती है–'मैं तो सांवरे रंग राची' भाव से।

इतना हम सभी समझते हैं कि बौद्ध और जैन धर्मों की निग्रहवादी संचेतना के विपक्ष में सगुण भक्तों का यह सरस देहवाद पढ़ा जा सकता है। बौद्ध और जैन धर्मों का बढ़ता प्रभाव काटने के सूक्ष्म राजनीतिक उद्देश्य से भी सगुण भक्ति आन्दोलन संचालित था। मन्दिर भी राजनीति–मंडप सजाते हुए सभी वर्गों–वर्णों–लिंगों के लोगों को एक दरी पर बिठाने लगे थे–वाणिज्य–व्यापार द्वारा संपोशित कारीगरों का समूह भी इसमें शामिल होने लगा था और भक्त कवयित्रियों को 'सन्तन ढिंग' बैंठने का अवसर मिलने लगा था!

एक बिम्ब के सहारे अपनी बात कहूँ तो जैसे कुंडलिनी मूलाधार से चलकर सहस्रार तक उठ सकती है, ग़ैर ब्राह्मण और स्त्रियाँ भी भक्ति की सीढ़ी से भाव के उच्चतम शिखर पर पहुँच सकते हैं–प्रायः ऐसी ही एक मान्यता उमड़ने–घुमड़ने लगी थी। लोकलुभावन इसी राजनीति के तहत लोकभाषा में ज्ञान–ध्यान वार्ता और लेखन सम्भव हुआ शायद! कुल मिलाकर बात यह थी कि भक्ति अब वैयक्तिक स्तर पर रूमानी विहार न होकर, राजनीतिसजग आन्दोलन बन गयी थी, पर स्त्री की स्थिति ऐसी अब भी उसकी देह जबर्दस्ती के घाव झेलने को विवश थी, इसी स्थिति के प्रतिकार के लिए निर्वस्त्र तीर्थाटन पर निकल पड़ीं कश्मीर में लल्लदेह, कर्नाटक में अक्का महादेवी। डंके की चोट पर अक्का बोलीं– "राजा वसूलेगा कर/धन–वन–ज़मीन पर,/लेकिन लगाएगा कैसे लगान/रूप पर या गंध पर/वह प्रगाढ़ भाान्ति जो मुझको/लपटे हैं चारों तरफ से–/कैसे ले जायेँगे वे छीनकर? उसका ही नूर दुशाला जिसका, क्या उसको करना है वस्त्रों का?" –अक्का महादेवी[2]

इसी तरह मलिन नेत्रों वाले पण्डितों को चुनौती देती लल्लदेह कहती हैं–"शास्त्र रट जाना आसान है, उस पर अमल करना मुश्किल, सच का संधान नहीं/बच्चों का खेल। आँख गड़ाकर देखा तो उड़ गये/शब्द आख़िरी–/खुशदिल, प्रशान्त–/मुझे मिला बैठा वहाँ/मेरा वह उठा–बैठापन!" –लल्लदेह[3]

'ऐसा कोई ना मिला जिन सौं रहिए लागी' का मर्म स्त्रियाँ जितना समझती हैं, पुरुष नहीं समझते, क्योंकि पुरुषों की पसन्द के हिसाब से ढलने की जितनी कोशिश स्त्रियाँ करती हैं, स्त्रियों की के हिसाब से ढलने की उसकी भातांश कोशिश भी पुरुष नहीं करते। कई बार उन्हें सूझता ही नहीं कि ऐसा करना चाहिए क्योंकि बहुधा वे उन्हें मनुष्य ही नहीं समझते,

इसका नतीजा होता है कि स्त्रियाँ भी अपनी पसन्द का बबुआ या तो अपने बच्चों में या अपने 'मदन गोपाल' में ढूंढ लेती हैं–और फिर अक्सर ऐसा होता है कि देह का पिंजरा तो गृहस्थी के द्वार पर टंगा हुआ रह जाता है, पर मन की चिड़िया उड़ जाती है फुर्र! महाराष्ट्र की तीनों भक्त कवियों के साथ ऐसा ही हुआ, उन्होंने घर नहीं छोड़ा, आधुनिक स्त्रियों की तरह घर–गृहस्थी करते हुए अपना वैकल्पिक संसार कल्पना में बसाया और काल्पनिक सखा से मजेदार टोन में गपशप में की। तुकाराम की बहन, मुक्ताबाई निर्गुण भक्ति में पगी थीं, पर तन्त्रसिद्ध अपने गुरु चांगदेव से उनके प्रश्नपरक संवाद स्त्रीभाषा के बांकपन का अद्‌भुत नमूना है। कुछ अनूठी लोरियाँ भी इन्होंने लिखी हैं जिसमें गुरु ही माँ है और शिशु भीः "पालना हृदय में ही डोल रहा,/मौन की डोर से बंधा! शान्ति, क्षमा, देहशून्यता/आयी हैं झुण्ड बनाकर नाम धरने शिशु का!

सगुन खिलौना ही है। जब माँ की चुटकी से/सोडहम् सुनते–सुनते/आ जायेगी योगनिद्रा, जागेगा किसी और ही लोक में/मेरा बबुआ!" (लम्बी कविता का छायानुवाद) –मुक्ताबाई[4]

मोक्ष और स्वाधीनता : एक पंक्ति में कहें तो मुक्ति अपने दोनों अर्थों में क्षितिज अगाध कर लेने की सम्भावना का ही दूसरा नाम है। भक्ति आन्दोलन और अस्मिता आन्दोलन इसी अगाधता को समर्पित है।

महादेवी की मीराँ : मनचीते पुरुष की खोज

एशियाई स्त्रीवाद जे. बर्नहार्ट की इस अवधारणा से नजर आता है कि 'कहते रह गये फ्रायड धर्म को 'भ्रांति' और मार्क्स उसे अफीम बताते रह गये, पर मनुष्य की जात लाइलाज रूप में धर्मप्राण ही रही।'[1] इसलिए समझदारी इसी बात में है कि हम उभयनिष्ठ धार्मिक प्रपत्तियों या आध्यात्मिक मूल्यों (नैतिक कथाओं, मिथकों, रीति–नीतियों) की एक साझा गुदड़ी सिलें और फण्ड़ामेण्टलइजम की धज्जियाँ उड़ाते ऐसे धर्मेतर अध्यात्म के पैरोकार बनें जहाँ कुछ भी भयावह रूप से गम्भीर और सँकरा नहीं, तरल हँसमुख दोस्त दृष्टि से परिचालित है सब–कुछ! ज़रूरी है तो बस खिड़कियाँ–दरवाजे खुले रखना, इतर परम्पराओं से मुक्त संवाद की पहल। इसी क्रम में भक्त कवियों, धर्मग्रन्थों और गाथाओं की भी नयी विवेचनाएँ ज़रूरी हैं। आवश्यक है उनका पुनःपाठ और साथ में यह समझना भी ज़रूरी है हर युग किसी क्लासिक रचना का नया भाष्य लिखता है।

हिन्दी साहित्य के ज़्यादातर इतिहास स्त्री–कविता के नाम पर 'मीराँ' स्टेशन से एक छुक–छुक गाड़ी छोड़ते हैं। यह गाड़ी बीच के छोटे–छोटे स्टेशन फलांगती सीधी 'महादेवी' पर रुकती है और मजे की बात यह है कि इतनी सदियों के अन्तराल के बावजूद दोनों स्त्री–कवियों के 'चिरप्रतीक्षित पुरुष' एक जैसे हैं–काम्य परिवेश गढ़ने में निमग्न डीक्लास सखा। 'ज्ञानिनामअग्रगण्य' चरवाहा किशोर मीराँ रानी के मनचीते पुरुष हैं। रहा महादेवी का प्रश्न तो उनके निजी जीवन के बारे में तो बस और गाँधी, जो कहीं से भी 'मैचो' अतिपुरुष नहीं। दोनों के मनचीते पुरुष बराबरी में संवाद के लिए प्रस्तुत हँसमुख साथी हैं जो देश–काल में जरुरी परिवर्तन घटित करते हैं पर खून–खराबे से नहीं, रीति–नीति से। गपशप और हास–विलास के लिए हरदम उपलब्ध नहीं रहते, वियोग में डालते हैं। पर वह वियोग भी मीठा है, क्योंकि उसमें मार–पीट, गाली–गलौज की स्मृतियाँ डाका नहीं डालती। एक कल्पनाशील स्त्री के लिए तो सहज सौहार्द का तरल आश्वासन ही बहुत है और यह एहसास कि उस चिरप्रतीक्षित की स्मृतियाँ मधुर हैं और परिवेशगत विषमताओं के विरुद्ध संघर्ष के जिस महामिशन से वह जुड़ा है, वह उसे (स्त्री को) भी तो एक ऐसा स्नेह–तरल रचनात्मक स्पेस दे रहा है जहाँ हर समय कोई सर पर सँवार नहीं है!

दीवारें लाँघने का यह क्रम ही स्त्री को (स्त्री–भाषा, स्त्री–साहित्य को भी) वह हँसमुख दोस्त–दृष्टि देता है जो पदानुक्रम ढा दे। हास्य जगता ही वहाँ है जहाँ सोचने और देखने के स्थापित क्रम को एक खुशदिल–सी चुनौती मिलती है। मीराँ की भाषा में यह खुशदिल चुनौती स्पष्ट है, महादेवी की भाषा मुँह पर आँचल रख कर हँसती है–खासकर गद्य में। अवज्ञा वहाँ है पर सविनय, मीराँ की तरह बिन्दास अवज्ञा नहीं। हँसने के क्रम में वे रक्त और यौन सम्बन्धों तक कीलित परिवार और धर्म की जकड़बंदियों को चुनौती देना भी नहीं भूलती! वैश्णवों से मीराँ का मलंग विवाह और काशी विश्वविद्यालय के आचार्यों से महादेवी की गम्भीर असहमतियाँ इस बात का स्पष्ट साक्ष्य वहन करती हैं कि उनकी कविता की तरह उनकी धर्मचेतना भी जकड़बंदियों के बाहर थी! अब्राह्मण होने के कारण महादेवी वर्मा बनारस हिन्दू विश्वविद्यालय से संस्कृत में एम.ए. नहीं कर सकीं, पर संस्कृत में आर्य साहित्य से किए गये उनके अनुवाद और बौद्ध दर्शन से ही नहीं बल्कि बुद्ध के व्यक्तित्व से भी उनका गहरा अनुराग किसी भी शास्त्र से अधिक अन्तर्दृष्टिपूर्ण है। कृष्ण, गाँधी या और किसी योगीनुमा पुरुष के लिए स्त्रियों

के मन में एक स्वाभाविक आकर्षण होता है, वह शायद इसलिए कि सामान्य पुरुषों की तरह वे उनके पीछे नहीं पड़ते और थोड़े से शांत–सचेत होते हैं, स्त्रियों के ज्ञानात्मक या संवेदनात्मक विस्तार में उनकी रुचि होती है, उन्हें गर्भ मात्र या काया–मात्र मानकर खारिज करने में नहीं! इसलिए बाद के साहित्य में पनपी दोस्त और हमदर्द पुरुष की अवधारणा से भी उन्हें जोड़ा जा सकता है जिसे रेचल ऐल्स ने 'हेजेमोनिक' करार दिया है:

वर्चस्ववादी मर्दानगी के धारक 'धांसू रूप से आदर्श' पुरुष नहीं होते। वे तो अपने ढंग से अनूठे, सबसे अलग–लोकप्रिय नायक, फंतासी–प्रतिमाएँ और अनुकरणीय प्रतिमान होते हैं। वर्चस्ववाद सांस्कृतिक प्रभुत्व से सम्बन्ध का प्रश्न ही तो है, गणनावाद उसके स्वभाव में नहीं, सिर्फ सिर गिनकर सन्तुष्ट वही नहीं होता।[2]

ज़्यादातर पुरुष पढ़ी–लिखी, परिष्कृत मन वाली स्त्रियों के इस मनचीते पुरुष से चिढ़ते हैं। इस पूरे ब्लू प्रिंट से वे चिढ़ते हैं, क्योंकि इस पर खरा उतरना कई बार उनके लिए सम्भव नहीं होता और इस आदर्शीकरण की कुछ समस्याएँ भी हैं; खासकर पश्चिम में : सच पूछिए तो निर्विवाद रूप से आदर्श पुरुष कौन है–अमेरिकी मर्द–शादीशुदा, जवान, उत्तर अमेरिकी सफेद मर्द, शादीशुदा और नौकरीशुदा, कद–काठी, कार–वार–सब कुछ आदर्श, एक इंच कम, न ज़्यादा, खेल के मैदान में भी बाजी मार आया पुरुष। जो पुरुष ऐसा नहीं हो पाता, अपूर्ण और अयोग्य होने के एक कसक और कुंठा उसे आजीवन परेशान रखती है।

भूमंडलीकृत बाज़ार द्वारा प्रस्तावित 'कम्पलीट मैन' अब तो भारत में भी रेमण्ड्स सूट पहननेवाला और बड़ी गाड़ी पर घूमने वाला सम्पन्न पुरुष हो गया है, पर स्वाधीनता आन्दोलन तक ऐसी बात नहीं थी! नेहरू तो इस छवि में थोड़े फिट भी होते लेकिन जिन दो स्त्री–कवियों की बात आज हम करने चले हैं, उसमें एक का मनचीता पुरुष तो ज्ञानी चरवाहा था, और दूसरे का रातपट छोड़कर चल देने वाला सिद्धार्थ और (दूसरे चरण में) एक लंगोट में विलायती राउण्ड–टेबल कान्फरेंस हो आने वाला निर्भीक मोहनदास। इन तीनों में से किसी को अपने पौरुष के अनवरत रेखांकन के लिए अतिपुरुष होने की जरूरत नहीं थी और इसलिए ये संवेदनशील स्त्री कवियों के अनन्य सखा हो पाये।

ध्यान से देखें तो एशियाई स्त्रीवादियों की साहित्यिक आलोचना स्रोत–विश्लेषण में उत्तर–औपनिवेशिक, साम्य–दर्शन में मार्क्सवादी, भाषिक

विश्लेषणों और अस्मिता–विषयक अवधारणाओं में उत्तर–संरचनावादी है। 'सारि–सारि को गहि लियो, थोथा दियो उड़ाय' से ही इसने अपना मॉडल लिया है और इनकी अगाध गम्भीरता का आकलन तब तक सम्भव नहीं होगा जब तक हम हिन्दी में स्त्री–साहित्य की इतिहास–दृष्टि का सही आकलन नहीं करते और उसके नैतिक भूगोल का भी जिसका सीधा सम्बन्ध धर्मेतर आध्यात्मिक चेतना से बनता है।

'विनयपत्रिका' में तुलसीदास सीता से कहते हैं कि माता, उस समय मेरी अर्जी लगाना रघुवीर के आगे जब उनका चित्त प्रसन्न हो, यानी कि मूड़ ठीक हो। स्त्री से ज़्यादा पुरुष का मूड़ तोड़ने वाला होगा भी कौन! ज़िन्दगी मुँह ताकते बीत जाती है। अपनी मनौतियाँ–चुनौतियाँ भी वे उस अभेद्य गाँठ में छुपा कर रखती हैं जिसे देरिदा अपोरिया कहते हैं।

महादेवी का मीराँ–पाठ

हर पाठ में एक गुत्थी होती है। उस पर उंगली पड़ते ही सूत्र पकड़ में आ जाते हैं और अर्थ खुल जाता है। पाठ को पाठ के विरुद्ध पढ़ना यानी सीवन उधेड़ कर पाठीय अवचेतन तक पहुँचना आसान हो जाता है। आगे उद्धृत भाषण–शृंखला के मुख्य बिन्दुओं में महादेवी की पहली ओर अन्तिम स्थापनाओं की गाँठ में 'सविनय अवज्ञा' और 'अहिंसात्मक प्रतिकार' का वही महाप्रमेय है जिसके आलोक में सन् 1930 के आस–पास का पूरा स्त्री विमर्श समझा जा सकता है।

महादेवी के मीराँ–विमर्श में अपने युग की आहटें साफ़ सुनाई देती हैं : विद्रोह की मीठी धमक, जैसे थोड़ा–सा कहना है, थोड़ा अव्यक्त रख लेना है, पर्दे के खिलाफ बोलना है पर सर से आँचल गिरने नहीं देना है। कुल मिलाकर कहें तो महादेवी वर्मा की स्थापनाएँ विद्रोही की मर्यादित अभिव्यक्ति की प्रतीककीलित भाषा का भास्वर उदाहरण है। मीरा में भी वे विद्रोह का उन्नयन ही देखती हैं : प्रकट विद्रोह के अपने गीतों का साक्ष्य लेकर कहती हुई कि वे सामयिक सन्दर्भों में बंधे थे, इसलिए काल–कवलित हो गये। निजी सन्दर्भों के पार वियोग का रूपायन ही असली कला है, यानी वियोग किसी भी आदर्श स्थिति का अभाव है : घर में, सड़क पर, राजनीति में, सामाजिक संकायों में।

आख़िर हम भूलें भी कैसे कि महादेवी वर्मा छायावादी कविता की इकलौती बेटी हैं, सात भाइयों वाली चंपा की तरह अकेली, गम्भीर और

मातृमना। कुछ–कुछ वैसी ही जैसी हमारी दादी की पीढ़ी की ज़्यादातर स्त्रियाँ होती थीं–किस्से–कहानियों, गीतों–मुकरियों का सागर, ज्ञान–विवेक की पूरी पिटारी, पर जब जीवन के निजी प्रसंगों की बारी आती, छत्तीस तोले के करधन की तरह वे प्रसंग तकिये की रुई के नीचे कहीं गायब हो जाते। कोई तो बात होगी कि उन दिनों की एक हिट फ़िल्म थी– मैं चूप रहूँगी... महादेवी जी ने तो फिर भी बहुतेरे, उद्भट सत्य उकेरे हैं, उन्हें डीकोट करना हमारा काम है।

मीराँबाई और अन्य स्त्री भक्ति–कवि

वैसे तो 'हेजियोग्राफी' का अर्थ सन्तों की जीवनी होता है, पर इंग्लैण्ड में हेजियोग्राफी परम्परा के तहत ज़्यादातर कथाएँ (अपनी खूबसूरती से तबाह) स्त्रियों के नन बनने या बना दिये जाने के कारुणिक प्रसंगों के इर्द–गिर्द बुनी गयी हैं। इनके पन्ने पलटते हुए बुद्धकालीन थेरी गाथाएँ बरबस याद आती हैं, जहाँ धम्म का वरण मूलतः स्वैच्छिक है।

पर पूरे मध्य एशिया और भारत में भी कई बार महिला सन्त धर्म को, धार्मिक संरक्षण को एक खोह की तरह भी इस्तेमाल करती दिखती है। जैसे चिड़िया बाजों की क्रूर फड़फड़ाहट से परेशान होकर खोह में चली जाती है, बहुत सारी महिलाएँ सन्त, धर्म की शरण में गयीं, हालाँकि इस खोह में भी सांप कुंडली मारे पड़े थे। एक वैकल्पिक स्पेस की नींव पड़ी, जो अपेक्षाकृत सुरक्षित और दुनियावी जंजालों से मुक्त एक प्रायः स्वतन्त्र स्पेस था। आज भी है। आज भी पूरे घर में पूजाघर ही एक स्पेस होता है जहाँ स्त्रियाँ थोड़ी देर निश्चिन्त बैठ सकती है हालाँकि 'दूध ले लो', 'टिफिन बना दो', 'अखबार लाओ' की खटर–पटर वहाँ भी मचती रहती है। एक तरह से देखा जाये तो ये पूजाघर ही स्त्रियों का बैंक, डाकघर, घरौंदा, तकिया, खेल का मैदान और टेलीफोन–एक्सचेंज हैं। हमको मालूम है जन्नत की हकीकत, लेकिन दिन को खुश रखने को गालिब ये ख्याल अच्छा है : "अच्छी विमुक्त हुई।/तीन टेढ़ी चीज़ों से/अहा, मैं मुक्त हुई/ओखली से, मूसल से/अपने कुबड़े पति से/भली ही विमुक्त हुई। गया, मेरा निर्लज्ज पति गया/जो मुझको उन छातों से भी/तुच्छ समझता था/जिन्हें वह बताना था/अपनी जीविका के लिए।:" –सुत्तपिटक, थेरी गाथा (सुमंगला माता)[5]

धर्म भी एक छतरी ही था। धर्माधिकारी भी निर्लज्ज पति की श्रेणी में आते थे। धर्म की छतरी मरोड़–भींच कर उसका एक डंडा भी बना लिया

गया था, स्त्री की पीठ पर टूटने वाला बिकट दण्ड। यूनान और रोम के प्राचीन वैभव और पुनर्जागरणकालीन (व्यक्ति–केन्द्रित) चतुर्दिक अभ्युदय के बीच काले नद–सा बहता योरोपीय मध्यकाल कई नये परिवर्तनों का वाहक भी था। महारानी एलिजाबेथ का समय पुनर्जागरण कहलाता है, किन्तु उसके पहले की अवस्था घोर सुषुप्तावस्था नहीं थी। बहुत सारी नई संस्थाएँ जग–बन रही थीं, जो किसी–न–किसी रूप में अब तक हमारे बीच जीवित हैं। इनकी एक सूची बनाने चलूँ, तो लम्बी हो जायेगी, पर कुछ महत्त्वपूर्ण अवधारणाएँ/संस्थाएँ गिनाना तो ज़रूरी ही है जिनका सूत्रपात मध्ययुग में हुआ : विश्वविद्यालय, कानूनी संहिताएँ, रोमानी प्रेम, आधुनिक भाषाएँ, राजनीतिक सीमाएँ, राष्ट्र–राज्य, व्यापारी शहर, बैंक, चेक, गोली–बारूद, कम्पास, बुक–कीपिंग, चश्मे–सब मध्ययुग की ही देन हैं।

पर मध्यकाल की स्त्री–दृष्टि शोचनीय थी। उपदेशों, आचार–संहिताओं, कहावतों, पाठ्यपुस्तकों, औषधि विज्ञान के ग्रन्थों, सन्त–कथाओं और रोमांसों में भी धड़ल्ले से मध्ययुग स्त्रियों को कोंचता था। तीन तरह के अभियोग लगते थे स्त्री–समाज पर जिनसे ऊब कर स्त्रियाँ धर्म की राह चल देती थीं। पहला तो यह कि स्त्रियाँ बेहद भौतिकवादी, देहवादी, भोगप्रिय होती हैं। एक मुर्गा पन्द्रह मुर्गियों को यौन–तुष्टि देता है, पर पन्द्रह मर्द मिलकर एक स्त्री को यौन–तृप्ति नहीं दे सकते।[6] दूसरा अभियोग यह था कि स्त्रियाँ भाषा का कचूमर निकाल देती हैं। झूठ बोलने, बक–बक करने, गप्प हाँकने, झगड़ें और फरियाद करने में। 'सिटी ऑफ़ लेडीज' की शुरुआत में ही क्रिस्टीन लिखते हैं कि एक झगड़ालू चंट बीबी की चांय–चांय गिरजाघर के घंटे का निनाद भी ढंग लेती है।[7] तीसरा अभियोग यह कि साज–सिंगार और दिखावे में स्त्रियों को गहरी रुचि होती है। उनका ज़्यादातर समय इसमें ही बीत जाता है कि बाहरी आकर्षण कैसे बनाए रखा जायें आन्तरिक गुणों के विकास पर इनका ध्यान ही नहीं जाता। इन तीनों अभियोगों का एक ही प्रतिकार था–सन्त बनकर दिखा देना। ईव का चोगा छोड़कर मदर मेरी, वर्जिन मेरी का झिलमिल आवरण डाल लेना, स्त्री–काया पर, कामनाओं पर सिटकिनी–सी चढ़ा देना। घर में रहकर तो यह सम्भव नहीं था। घर से बाहर बस दो ही दरवाजे थे–एक गिरजाघर का, दूसरा चकलाघर का। पहला विकल्प दूसरे से बेहतर था, पर मजेदार बात यह है कि 'ननरी' दोनों को कहा जाता रहा।

सेंट ओड ने शादी की जहमत से बचने की खातिर अपनी नाक काट ली थी। एप्रिक एक मठ में रहने आयी तो मर्द वेश में। क्रिस्टिना मार्गरेट

की माँ ने तो प्रतिज्ञा ली थी कि उनकी जिद्दी लड़की का कौमार्य–भंग किसी तरह कोई कर दे तो उसे वे मोतियों से तौलें। उनके पिता ने कहा था कि 'परम्परा से प्रयाण की उसकी हिम्मत ही कैसे हुई, अपनी इज्जत बचा कर बाप की इज्जत सड़कों पर नीलाम करती है। एक साधारण लड़की की यह मजाल कि वह वर्जिन मेरी बनना चाहे।' एक साधारण लड़की की मजाल तब भी दुनिया देखती थी, अब भी दुनिया देखती है। साधारण की शक्ति हरदम असाधारण होती है। पूरब में, पश्चिम में, उत्तर में, दक्खिन में। परम्परा से प्रयाण करने वाली स्त्रियाँ हर जगह, हर समय रही हैं, पर पहले इसका एहसास सर्वव्यापी नहीं था कि 'हाय राम, कुड़ियों का है जमाना'। पहले जमाना कुड़ियों का नहीं था, गुड़ियों का था। इसलिए इक्का–दुक्का विशिष्ट सन्तों ने मुक्ति की चेतना पायी। अब मुक्ति का अर्थ और व्यापक हुआ है। साधारणीकरण हो गया है इसका। इस अर्थ में कि आँगन–चौबारे, गली–मुहल्ले, खेत–खलिहान, दफ्तर–कारखाने, देवालय, वेश्यालय हर जगह की स्त्री मीराँ के घुंघरुओं की तरह एक नई तरह के मुक्ति–संगीत के तबोताब में ठनक उठी है।

सोलहवीं शताब्दी की राठौर राजकुमारी मीराँ मेवाड़ के सिसौदिया परिवार में ब्याही गयीं। बिन माँ की बच्ची जितना प्रतिरोध कर सकती है, किया। उनके बाल–मन में कृष्ण की छवि बसी थी। मरने से पहले माँ ने कभी खेल–खेल में समझ दिया होगा कि वह कृष्ण की परिणीता है तो अब वह यह मानने को तैयार नहीं थी कि बिना दोष के पहला पति छोड़े क्यों और दूसरा ब्याह क्यों रचाएँ? रचा भी ले तो उसके इशारों पर क्यों नाचे, उसकी कुलदेवी क्यों पूजे, अपने हरि की तलाश में डगर–डगर क्यों नहीं घूमे, सन्तन ढिंग बैठ–बैठ हरि–चर्चा में रस क्यों न पाये! मंडी हाउस, विश्वविद्यालय, शोध–संस्थान, अखबार और टी.वी. के दफ्तरों, पुस्तकालयों के कैफे और चाय–ढाबों में आधुनिक स्त्रियाँ कला–साहित्य चर्चा में जो रस पाती हैं, दरअसल उसी रस का परिपाक है जो मीराँ को हरि–चर्चा में मिलता होगा। 'सन्तन ढिंग बैठि–बैठि लोकलाज खोई' का दंश अब भी स्त्रियों की जान खा जाता है। सीधे मुंह किसी से बात की नहीं कि लोक–कम्प्यूटर में शयन–कक्ष और स्नान–गृह तक की अटकलें दर्ज हो जाती हैं!

'सूली ऊपर सेज पिया की' कहती हुई मीराँ जल्पना के ऊपर कल्पना की ही प्राण–प्रतिष्ठा करती नजर आती है और विच्छिन्न यथार्थ के ऊपर एक सम्पन्न आदर्श लोक, एक यूटोपिया की! आधुनिक स्त्री–यूटोपिया धर्मेतर अध्याय (सबलाइम) की जो अवधारणा सामने रखता है, उससे इतना

तो स्पष्ट हो ही जाता है कि स्त्रीवाद और धर्मोन्माद सौतेली शक्तियाँ हैं! अंधी आधुनिकता के दोनों विरोधी हैं, सांस्कृतिक प्रतिनिधित्व के साधनों पर दोनों की दृष्टि है, पर धर्मोन्माद उन पर असंगत अधिकार चाहता है। और स्त्रीवाद, ठीक इसके विपरीत, यह कामना करता है कि साधनों और अवसरों का सम्यक (प्रजातांत्रिक) आवंटन हो (सिर्फ कामना ही नहीं करता, अनवरत कोशिशें भी करता है कि यह हो।) एक और बुनियादी फर्क दोनों में यह है कि परम्परा से रुढ़ियाँ चुन–फटक लेने की तमीज जैसी स्त्रीवाद के पास है, धर्मोन्माद के पास नहीं! इस क्रम में महादेवी की पहल अपने एकान्त को, अपने–आपको ही चीरकर दो भागों में बाँटने और अपने–आपसे संवाद कायम करने की महत्त्वपूर्ण पहल है। दांपत्य के क्लेशों को लेकर लम्बा–चौड़ा शिकायतनामा दर्ज करने के स्थान पर महादेवी इक्कट–दुक्कट में निष्णात बच्ची की तरह कड़वे यथार्थ के विषम चौखटे साफ़ लाँघ जाती हैं और कल्पित आदर्श के साथ–साथ खुद अपने से जो नया सम्बन्ध कायम कर लेती है, वह कम साहस का काम नहीं।

सुभद्राकुमारी चौहान ने वीर और वात्सल्य रसों को महादेवी की करुणा से अलग एक पहचान दी। यह उनका बड़ा अवदान है। रस–निक्षेप की दृष्टि से और शब्द–चयन के निकष पर भी स्त्री–कविता का परिवृत्त बड़ा करने का श्रेय उन्हें जाता है। काव्य–भाषा की जकड़न खोलने में, उसे बातचीत की भाषा के करीब लाने में सुभद्राकुमारी की कविताओं की बड़ी भूमिका है। यही काम पाँच शतक पहले भक्त कवयित्रियों ने किया था, विशेषकर मीराबाई ने। पर स्त्रियों के कामना–विमर्श की दृष्टि से मीराँ की कविता महादेवी की कविता से सीधी जुड़ती है।

सन्दर्भ

आण्डाल–नवीं शताब्दी की तमिल वैष्णव सन्त एक पुजारी की पोषिता थीं! मन्दिर में ही पली–बढ़ी अण्डाल बचपन से स्वयं को विष्णु की बहू कहती थीं! उनकी दो लम्बी कविताएँ बारहमासों के रूप में पढ़ी जाती रही हैं! बहुतेरे नृत्यगीतों का मंचन भी उत्कट हुआ है! (अण्डाल ऐण्ड अक्का महादेवी : फेमिनिटी टू डिविनिटी, अलका त्यागी, डीके प्रिंट वर्ल्ड, दिल्ली।)

अक्क महादेवी–बारहवीं शताब्दी की वीर शैव सन्त के बारे में कथा प्रचलित है कि इनके रूप से विमुग्ध राजा ने जबर्दस्ती इनसे शादी तो कर ली,

पर समागम के लिए तैयार न पाकर इन्हें महल छोड़ जाने की धमकी भी दे दी! ये निर्विकार भाव से सब छोड़कर महल से निकल ही रही थीं कि उसने ताना दिया कि कपड़े तो उसने उसके ही पहन रखे हैं! इस ताने का जवाब उन्होंने ऐसा दिया कि बिना कपड़ों से बाहर आ गयी और तब कहते हैं कि दैवयोग से उनके बाल ही द्रौपदी की साड़ी–से अगाध हो गया और उनकी लाज ढंक ली!

ललेश्वरी – चौदहवीं शताब्दी की कश्मीरी शैव सन्त लल्लेश्वरी भी एक कठिन गृहस्थी से उबरकर, पति और सास की मार–पीट से उबरकर निर्वस्त्र ही जंगलों में घूमकर वचन गाती रहीं जिनमें भीगें चीनारों की अनूठी से गंध और एक सूफियाना मस्ती भी : "मेरे गुरु ने मेरे आँखों का रथ मोड़ा/ बाहर से भीतर, भीतर रे भीतर/भीतर से दीखा, उसे देकर झम–झम नाचा ये मन!"

मुक्ताबाई – तेरहवीं शताब्दी के मराठी सन्त ज्ञानेश्वर के अनाथ भाई–बहनों में सबसे छोटी मुक्ताबाई ज्ञानमार्गी नामदेव की ऐसी शिष्या थीं जिन्होंने कूटगीत और जटिल अभंग लिख–दिए और प्रकाश जैसा रूप और गरूण का सम्बन्ध बताने वाली मुक्ताबाई नाथयोगी चारंग देव से भी दीक्षित हुई और दोनों के बीच के शास्त्रार्थ गूढ़ चर्चा का विषय रहे! उनकी केन्द्रीय मान्यता यह थी कि सुराही के पानी में पड़कर भी जैसे सूर्य का प्रकाश उससे लिप्त नहीं होता, शरीर में आत्मा भी निर्लिप्त रह सकती है। फ्रॉम फ्रीडम टू सेल्वेशन, सुहासिनी इरेकर, 2 साहित्य अकादेमी

संदर्भ

1. जे. बर्नहार्ट (1999), 'द इनक्यूरेबिली रिलीजस एनिमल', एमाइल साहलियेह (सम्पा.), रिलीजस रिसर्जेंस ऐंड पॉलिटिक्स इन द कंटेम्परेरी वर्ल्ड, एलबेनिस युनिवर्सिटी, न्यूयार्क।
2. रेचल ऐल्स, ऐनेटे फिट्साइमंस और कैथलीन लेनन (2002), थियराइजिंग मेन ऐंड मैस्कुलिनिटीज, पॉलिटी प्रेस, कैम्ब्रिज।
3. भरत सिंह उपाध्याय (2010), थेरी गाथा, गौतम बुक सेंटर, दिल्ली : 15।
4. हीड केंड (1964), केंटरबरी टेल्स, वेंटम बुक्स, यूके : 64।
5. वही।

साहित्य के इतिहास लेखन का स्त्री पक्ष : वर्तमान और भविष्य

प्रो. (डॉ.) शशि मुदीराज

वर्षों पहले साहित्य के इतिहास लेखन के सन्दर्भ में रेने वेलेक ने सवाल उठाया था कि क्यों ऐसा साहित्येतिहास लिखा जाना सम्भव है जो साहित्यिक भी हो और इतिहास भी? पिछली शती के मध्य में उठाया गया यह सवाल अनेक रूपों, पक्षों और आयामों का सन्दर्भ लेकर आज भी हमारे सामने खड़ा है कि क्या ऐसा साहित्येतिहास लिखा जाना सम्भव है जो समग्र हो, सर्वसमावेशी हो, सभी वर्गों का प्रतिनिधि हो यानी पूर्णतः मानवीय हो। ऐसा साहित्येतिहास जिसमें केवल रचनाओं, प्रवृत्तियों और रचनाकारों के आविर्भाव और तिरोभाव का विवरण न हो बल्कि बनते–बिगड़ते सामाजिक–आर्थिक सरोकारों के बीच उन अँधेरे–अनछुए कोनों पर भी प्रकाश पड़े, कुछ उनकी भी बात हो जो आज तक साहित्य की महफिल में अनामंत्रित ही रहे, जो नाट्यगृह और मंच की प्रकाश–परिधि से बाहर ही छूटे रहे यानी हाशिए के लोग और इतिहास में उनकी भूमिका। बात कहाँ से शुरू की जाये... वहाँ से जहाँ से सदियों पहले से बात शुरू हो चुकी है लेकिन कई बिन्दुओं पर अटकी पड़ी है, या आज से जहाँ बात आकर रुकी है....? आज की यानी वर्तमान की बात करने से पूर्व एक नजर बीते 'कल' पर डाल लेना ज़रूरी है ताकि आनेवाले 'कल' की रूपरेखा तय की जा सके। बात स्त्री की जो जाने कब से हाशिए पर खड़ी है... केन्द्र में रखे जाने की सारी ऐतिहासिक भ्रांतियों के बावजूद जिसका यथार्थ हाशिए का ही यथार्थ है और ऐसा ही बना रहेगा यदि उसे केन्द्रवर्ती बनाने की पुरज़ोर और ईमानदार कोशिश नहीं करेंगे।

साहित्य के इतिहास–लेखन के स्त्री–पक्ष को दो रूपों में देखा–समझा जाना ज़रूरी है। एक जहाँ स्त्री विषय है, वस्तु है, परिगणित है, और दूसरे

जहाँ स्त्री स्वयं कर्ता है और निर्णय लेने में, परिगणन करने में, मूल्यांकन करने में सक्षम है। अर्थात स्त्री जहाँ रचना का विषय है, इतिहास की भोक्ता है। यह एक पक्ष और दूसरा पक्ष जहाँ स्त्री रचनाकार है, आलोचक व इतिहासकार है।

स्त्री रचनाकार हो सकती है, होती है–यह बात पुरुष आलोचकों व साहित्येतिहासकारों के लिए स्वीकार करना हमेशा से मुश्किल रहा। इसका उल्लेख डॉ. सूजी थारू और के ललिता द्वारा सम्पादित 'Women writing in India' के पहले भाग (पृ.56) में किया गया है और डॉ. सुमन राजे ने भी अपने यशस्वी ग्रन्थ 'हिन्दी साहित्य का आधा इतिहास' में चर्चा की कि "संस्कृत विद्वान राजशेखर ने अपने ग्रन्थ 'काव्यमीमांसा' में लिखा है। "पुरुषों के समान ही स्त्रियाँ भी कवि हो सकती हैं। ज्ञान का संस्कार आत्मा से सम्बन्ध रखता है, उसमें स्त्री या पुरुष का भेद नहीं है। सुनते और देखते हैं कि अनेक राजकुमारियाँ, मंत्रियों की पुत्रियाँ, वेश्याएँ एवं नाट्य प्रयोक्ता की स्त्रियाँ शास्त्रों की प्रकाण्ड विदुषियाँ और कवयित्रियाँ हैं।" (पृ.19)

स्त्रियों में कवित्व और प्रतिभा की उपस्थिति को स्वीकार करने के लिए राजशेखर को एक आध्यात्मिक तर्क का सहारा लेना पड़ा कि ज्ञान का संस्कार आत्मा से सम्बन्ध रखता है और आत्मा स्त्री–पुरुष के भेद से परे है। राजशेखर की पत्नी अवन्ति सुन्दरी स्वयं कवि और आलोचक थी। इस भौतिक समकक्षता के बावजूद राजशेखर का पुरुष–मन स्त्री को रचनाकार के रूप में देखने में संकोच करता है। अवन्ति सुन्दरी को डॉ. सुमन राजे ने पहली महिला आलोचक माना है जिसने काव्य में शब्दहरण जैसे विषयों पर स्पष्ट मत दिया जिसे राजशेखर ने ही अपनी 'काव्यमीमांसा' में उद्धृत किया है। रचनाकार के रूप में स्त्रियों का उल्लेख वैदिक काल से ही मिलता है। ऋग्वेद में रोमशा, लोपामुद्रा, श्रद्धा कामायनी, यमीवैवस्ती, पौलोमी, शची, विश्ववारा, अपाला, घोषा, सूर्या, शाश्वती, ममता एवं उशिज आदि ऋषिकाओं के नाम मन्त्रद्रष्टा के रूप में प्राप्त होते हैं।

इसके बाद 'थेरी गाथाओं' का प्रणयन हुआ जिसे प्रथम भारतीय नवजागरण काल कहा गया। थेरी गाथाओं का समय 600 ई.पू. माना गया है। पालि भाषा के इन गीतों के कुछ उदाहरण 'Women writing in India' के पहले भाग में दिए गये हैं। डॉ. सुमन राजे ने भी कुछ थेरी गाथाओं का हिन्दी अनुवाद अपनी पुस्तक 'हिन्दी साहित्य का आधा इतिहास' में देते हुए यह महत्त्वपूर्ण टिप्पणी दी है कि बौद्ध वचनों में थेरी गाथाओं का पृथक संकलन साहित्येतिहास में महिला–लेखन का स्वतन्त्र रेखांकन है। (पृ.53) स्त्रीं–लेखन के प्रसंग में ऐसे कई पहल (Initiatives) हैं जो स्त्री–साहित्येतिहास के

प्रस्थान–बिन्दु बनाए जा सकते हैं, जैसे संस्कृत की तुलना में हीन समझे जानेवाली प्राकृत भाषा में अवन्ति सुन्दरी का ऐसा सुन्दर काव्य कि न केवल उसके पति राजशेखर ने उसे अपनी 'काव्यमीमांसा' में उद्धृत किया बल्कि उसकी प्रेरणा से स्वयं प्राकृत में 'कर्पूरमंजरी' नाटक की रचना की और हेमचन्द्र ने बारहवीं शती में रचे गये अपने कोश 'देशीनाममाला' में उसके उद्धरण दिए।

कुछ विद्वानों का तो मानना है कि धनपाल ने 972 ईस्वी में प्राकृत कोश की रचना अवन्ति सुन्दरी की प्रेरणा से ही की थी। महिला–लेखन की पहल का एक उदाहरण आठवीं शताब्दी में तमिल कवयित्री करयिकल अम्मायार के गीतों में मिलता है जिनसे नायनार आन्दोलन का आरम्भ ही नहीं होता बल्कि मध्यकालीन भक्त कवयित्रियों की सुदीर्घ परम्परा का सूत्रपात होता है। एक पहल, कश्मीर की सूफी कवयित्री ललेश्वरी ने भी अपने विशिष्ट काव्य–रूप 'वाक्य' से की जिसका लम्बे समय तक कश्मीर की साहित्यिक परम्परा में अनुसरण होता रहा। एक पहल सोलहवीं शताब्दी के आरम्भ में अटुकूरि मोल्ला ने की कि शूद्र और स्त्री होने की चुनौतियों के बावजूद तेलुगु में 'मोल्लां रामायणम' की रचना की और वह भी ऐसी तेलुगु भाषा में जो पारम्परिक से अधिक व्यावहारिक भाषा के निकट पड़ती थी। एक पहल गुलबदन बेगम की मानी जा सकती है भारतीय महिला इतिहासकार के रूप में जिसने 'हुमायूँनामा' लिखा। सन् 1587 में पूरा किया गया 'हुमायूँनामा' हुमायूँ के शासन का एक स्त्री की ऑखों से देखा गया चित्र है जिसमें शाही महल के दैनिक कार्य–व्यापारों, पारिवारिक सम्बन्धों और धार्मिक व ऐतिहासिक घटनाओं का आत्मीय पर्यवेक्षण स्पष्ट है। यह साफ़ बताता है कि इतिहास जब एक स्त्री की कलम से रचा जाता है तो क्यों और कैसे विशिष्ट हो जाता है। और एक पहल 'आमार जीबन' आत्मकथा की लेखिका रस सुन्दरी की मानी जा सकती है (जो 1876 में प्रकाशित हुई) जिसने अपने रसोयीघर की कालिख पुती दीवारों पर खुरच–खुरच कर अक्षरज्ञान प्राप्त किया और स्त्री–शिक्षा को अभिशाप माननेवाले अपने समय के समाज में विधवा होने पर केश मुडवा देने की अमानवीय प्रथा से गुज़री। रस सुन्दरी का मासूम–सा सवाल है कि "अपने जीवन के अन्तिम समय में मैं विधवा हो गयी। मुझे यह समझ कर और जान कर बहुत आघात लगा, बहुत लज्जा अनुभव हुई कि अगर कोई औरत अपना पूरा जीवन बिताती है और अपने बच्चों को पालपोसकर बड़ा कर इस लायक बनाती है कि वे अपना जीवन स्वतन्त्र रूप से बिता सकें वैसी औरत के लिए विधवा हो जाना अभिशाप ही माना जाता है, क्यों?"

इसी क्रम में रचनाकार के रूप में स्त्री की सहज स्वाभाविक अभिव्यक्ति और उसको प्रकाश में लाने के लिए कटिबद्ध दूसरी स्त्री के अनुपम प्रयत्नों का एक उदाहरण मिलता है जिसका विस्तार से निदर्शन 'Women writing in India' के पहले भाग में किया गया है। यहाँ प्रसंग है सन् 1730–1790 के काल में जीवित और रचनारत तंज़ोर के नायकी वंश के राजा प्रताप सिंह के दरबार से जुड़ी मुद्दुपलनी द्वारा रचित काव्यकृति 'राधिका सांत्वनम' का जिसे तेलुगु साहित्य के इतिहास में पहली बार 'अश्लीलता' के आरोप में प्रतिबंधित कर दिया गया। यह प्रसंग कई दृष्टियों से रोचक, कौतुहलपूर्ण और विचारोत्तेजक है। यह न केवल एक स्त्री कवि द्वारा एक युवती की कामेच्छा का खुला और सरस वर्णन है बल्कि सुधारवादी नैतिकतावादी साहित्याचार्यों द्वारा उठायी गयी आपत्तियों और अदालती आदेश से प्रतिबंधित कराए जाने के प्रयत्नों का लेखाजोखा है। ध्यातव्य है कि 'राधिका सांत्वनम्' की जब रचना की गयी थी तब इस पर अश्लीलता का आरोप नहीं लगा था बल्कि इसे एक प्रचलित विधा 'श्रृंगार प्रबन्धम' के रूप में पर्याप्त ख्याति मिली। यह समय था अठारहवीं शताब्दी के मध्य का लेकिन इसके एक शताब्दी बाद सन् 1887 में यह कृति पहली बार प्रकाशित हुई। इसे सम्पादित व संशोधित किया प्रसिद्ध भाषाविद सी.पी. ब्राउन के सहयोगी वेंकट नरसू ने। आश्चर्यजनक रूप से वेंकट नरसू ने इस कृति की प्रस्तावना को छोड़ दिया जिसमें मुद्दूपलनी ने अपनी साहित्यिक वंश परम्परा के अपनी नानी और मौसी से जोड़ते हुए सगर्व अपनी प्रतिभा और कृतित्व का वर्णन किया है।

सन् 1910 में इस कृति को एक अद्वितीय प्रशंसिका मिली और वह थीं बेंगलोर नागरत्नरम्मा जिसने एक स्त्री द्वारा लिखित रस से सराबोर इस कृति को उसके समग्ररूप में पुनर्प्रकाशित किया। नागरत्नम्मा जो स्वयं विदुषी, संगीतज्ञ, कलाओं की संरक्षिका और एक प्रतिष्ठित गणिका थी, ने इसे इसके सही रूप में लोगों के सामने लाने का संकल्प इसलिए किया कि यह सरस रचना एक स्त्री द्वारा लिखी गयी है और वह भी उस समुदाय की जिस समुदाय की स्वयं नागरत्नम्मा थीं अर्थात प्रतिष्ठित गणिका वर्ग की स्त्री। लेकिन इसके प्रकाशन के साथ ही तेलुगु साहित्य जगत में सभ्रांत, प्रतिष्ठित, नैतिकता के समर्थक सुधारवादी पंड़ितों की भृकुटियाँ चढ़ गयीं। आंध्र प्रदेश में सामाजिक सुधारवाद के जनक कंदुकूरि वीरेशलिंगम पन्तुलु ने भर्त्सनायुक्त शब्दों का प्रयोग किया कि मुद्दुपलनी चरित्रहीन महिला है। उसकी पुस्तक के कई अंश ऐसे हैं जो किसी स्त्री द्वारा सुने नहीं जाने चाहिए और किसी स्त्री के मुख से ऐसी बातें निकलना भी असह्य है। श्रृंगार रस के बहाने यह स्त्री (मुद्दुपलनी) अपने काव्य में सेक्स का खुला

चित्रण करती है। वीरेशलिंगम जी ने इसका कारण भी खोज निकाला–'ऐसा इसलिए सम्भव हुआ कि मुद्दुपलनी वेश्याओं के परिवार में जन्मी थी और स्त्री के लिए सहज लज्जाभाव से परिचित नहीं थी। निष्कर्ष उन्होंने निकाला कि यह काव्य विनाशक (Pernicious) है। इसकी प्रतिक्रिया में नागरत्नम्मा ने उतने ही तीखेपन से जवाब दिया कि यदि वेश्याकुल में जन्म लेने के कारण और स्त्री होकर सेक्स् का खुला चित्रण अपराध है तो ऐसे कई अपराध पुरुष और वह भी तथाकथित महान रचनाकारों द्वारा किए गये हैं। लेकिन नागरत्नम्मा इस कृति का बचाव करने में असफल रही और 1911 में पुलिस कमिश्नर के आदेश से इसकी सारी प्रतियाँ जप्त कर ली गयीं और इसके प्रकाशकों पर 'अश्लील' पुस्तक छापने का मुकदमा ठोक दिया गया।

एक लम्बे संघर्ष के बाद 1947 में राष्ट्रवादी नेता और आंध्र प्रदेश के अग्रणी पुरुष टंगटूरी प्रकाशम के हस्तक्षेप से इस पुस्तक पर से प्रतिबंध हटाया गया और 1952 में इसका नया संस्करण निकला। इसके बावजूद 'राधिका सांत्वनम' अश्लीलता के लांछन से मुक्त नहीं हुआ और विद्वज्जगत में यह बहिष्कृत ही होता रहा। इस प्रसंग के परिदृश्य में स्त्री–लेखन को लेकर कई प्रचलित मान्यताओं और उसके सामाजिक–आर्थिक कारणों का विस्तृत विवेचन 'Women writing in India' के सम्पादक युगल ने किया है और वे इस निष्कर्ष पर पहुँची हैं कि 'राधिका सांत्वनम' को लेकर छिड़ी यह बहस बदलते युगों के तेवरों के साथ बदलनेवाले साहित्यिक मानदण्डों से जुड़ी है। 'राधिका सांत्वनम' तंज़ोर राजाओं के काल में रचित तेलुगु साहित्य के स्वर्णयुग के ऐसे परिवेश में रचा गया जहाँ राजाश्रय में प्रतिष्ठित गणिकाएँ संगीत, साहित्य और कला के क्षेत्रों में निष्णात थीं। उस समय इस काव्य को समुचित आदर मिला। लेकिन युग बदला। ब्रिटिश उपनिवेशवाद में देश के भीतर व्याप्त सामाजिक सुधारवाद और नैतिकता के नये मानदण्डों के समर्थकों ने वर्ग, लिंग और सामाजिक ऊँच–नीच के भेदभाव के कारण इस प्रकार की अभिव्यक्तियों की भर्त्सना की। लेकिन इस पाखण्ड का पूरे साहस के साथ सामना किया बेंगलोर नागरत्नम्मा ने और अपने पाठकीय अधिकार, आलोचना–विवेक के साथ स्वयं स्त्री और गणिका वर्ग की स्त्री होने की सहानुभूतिजन्य ईमानदारी के साथ इस काव्यकृति को उसका स्थान दिलाया। जैसाकि एक आलोचक यंदमूरि सत्ययनारायण राव ने तंज़ोर के राजकुल में रचित तेलुगु साहित्य के अपने इतिहास में स्वीकार किया कि 'राधिका सांत्वनम' जैसी प्रबन्धात्मक कृतियाँ आज की स्त्री–दृष्टि से देखने पर नवरस से युक्त होने के बावजूद निम्न और अपरिष्कृत लगती हैं, लेकिन इसके पीछे हमारी संस्कृति की अक्षमता कारण है न कि उस प्रबन्ध काव्य या कवि की अक्षमता।

यह एक ऐतिहासिक तथ्य है कि साहित्येतिहास लेखन में स्त्री रचनाकारों के उल्लेख और मूल्यांकन में पुरुष इतिहासकार एक अजीब–से द्वन्द्व और संकोच के शिकार होते रहे। हिन्दी साहित्य के इतिहास–लेखन में इस पुरुषी मानसिकता के द्वन्द्व, संकोच, ऊहापोह और पूर्वग्रह को लेकर बहुत–कुछ लिखा और कहा जाता रहा है। इस सन्दर्भ में उल्लेनखनीय काम है डॉ. सुमन राजे का जिन्होंने अपने 'हिन्दी साहित्य का आधा इतिहास' में हिन्दी साहित्य के इतिहास के पुनर्लेखन की प्रस्तावना की। इस इतिहास में न केवल इतिहास–लेखन के लिए आवश्यक तीन शर्तों का पालन किया गया है (ये तीन शर्तें हैं इतिहासकार का दृष्टिकोण, सामग्री संकलन–कालनिर्धारण, वर्गीकरण और रचनाओं का साहित्यिक मूल्यांकन) बल्कि इसे एक रचनाकार की–सी तन्मयता और आवेगात्मकता (Passionately) के साथ रुपाकार दिया गया है। इस कृति को समर्पित किया गया भारतीय साहित्य की रचना में अपना योगदान देनेवाली लिखित और वाचिक परम्पराओं की ज्ञात–अज्ञातनामा साधिकाओं को, स्त्री–लेखन को पहचान देनेवाले संवेदनशील विद्वानों को और "उन नामवर आलोचकों को जो इस पूरी परम्परा से तटस्थ, उदासीन, विमुख और पूर्वाग्रही रहे, इस कथन के साथ कि 'हम अपना खून तुम्हें माफ़ करती हैं पर, वे नहीं करेंगी जो आगे आयेगी।" आगे अपना दृष्टिकोण वे इन शब्दों में स्पष्ट करती हैं कि "साहित्येतिहास लेखन की प्रक्रिया इतिहास बनाते हुए उसे खोजने की है।" (पृ.9) यह बहुत महत्त्वपूर्ण कथन है क्योंकि यह उनके इतिहास–लेखन के पूरे रूपाकार को एक मौलिक गत्यात्मक दिशा देता है।

डॉ. सुमन राजे ने अपने इतिहास–लेखन में सामग्री–स्रोत के रूप में लिखित रचनाओं के साथ स्मृत इतिहास और लोक साहित्य और लोकगीतों की वाचिक परम्परा को भी लिया है। ऐतिहासिक साक्ष्यों के अतिरिक्त स्त्री–गीतों व कथाओं की वाचिक अनवरत चली आनेवाली परम्परा में प्रयुक्त मिथकों की भी व्याख्या व उनका रचनात्मक उपयोग सुमन राजे के इस इतिहास की विशिष्टता है। सुमन राजे से लगभग डेढ़ दशक पूर्व अँग्रेजी में 'Women writing in India' के दो भागों में 600 ईसा पूर्व से लेकर बीसवीं शताब्दी के पूर्वार्द्ध तक की भारतीय भाषाओं की लेखिकाओं की प्रातिनिधिक रचनाओं को संकलित व विश्लेषित करने का स्तुत्य प्रयास डॉ. सूजी थारू व के. ललिता ने किया। यह रचना भी समर्पित है– "ForAll the writers we have not beenAble to include for the many we do not know yetAbout"– यहाँ भी सम्पादक द्वय का दृष्टिकोण स्पष्ट है कि– To makeAvailable for English lunguage readers in India And Around the world A group of woks that together will illuminate the conditions in which women wrote; bring more significunt women's writing to light; help us revaluate writers who were reasonably well known but had been misunderst+ood or dismissed; give usA sense of the themes And literary modes women drew on and made use of; And help us capture what is At stake in the practices of self or Agency And of nattatives that emerge At the contested margins of patrirchy." [EmpireAnd nation] Page No- xvii)

यह पुस्तक बहुत सीमा तक भारत में महिला लेखन का इतिहास प्रस्तुत करती है। ऐसे संकलनों, संग्रहों, वृत्तों के कई प्रयास मिलते हैं जो ऐतिहासिक होते हुए भी इतिहास नहीं हैं। अब सवाल उठता है कि इतिहास–लेखन के स्त्रीपक्ष का वर्तमान जिस मोड़ पर आ खड़ा है उसके आगे की दिशा क्या हो सकती है और क्या होनी चाहिए। मेरे विचार में साहित्येतिहास के स्त्री–पक्ष के आज के और भावी स्वरूप को निम्नलिखित बिन्दुओं में संक्षिप्त किया जा सकता है–

1. भारतीय भाषाओं में साहित्येतिहास–लेखन में स्त्री–लेखन को केन्द्रित कर जितने भी प्रयास किये जाते रहे हैं वे भारत के समग्र इतिहास, समाज, संस्कृति और आर्थिक–राजनीतिक गतिविधियों को दृष्टि में रखते हुए, अर्थात् स्त्री अपने आपमें स्वतन्त्र, खंड़ित, अकेली इकाई नहीं है। स्त्री के अनुभव, उसकी अभिव्यक्ति समग्र समाज का अनुभव और अभिव्यक्ति है। स्त्री–लेखन की इसी मानवीयता और सामाजिकता को दृष्टि में रखकर ही साहित्येतिहास में उसकी भूमिका निर्धारित की जा सकती है।

2. लेकिन इसका मतलब स्त्री–लेखन की विशिष्ट पहचान को मिटा कर उसका सामान्यीकरण कर देना नहीं है। स्त्री मनुष्य है, व्यक्ति है, लेकिन सदियों के शोषणमूलक एकांगी चिन्तन और व्यवहार ने स्त्री से ये दोनों अधिकार छीन लिये। साहित्येतिहास–लेखन में स्त्री की भागीदारी इन अधिकारों की वापसी का उपक्रम है।

3. अब प्रश्न उठता है कि साहित्येतिहास का अगर स्त्री–पक्ष से और स्त्री–दृष्टि से लेखन किया जाये तो क्या यह स्त्री के ही द्वारा होना चाहिए, अर्थात क्या स्त्री साहित्येतिहास–लेखन के साथ न्याय स्त्री ही कर सकती है? यह एक जटिल प्रश्न है। हिन्दी का ही सन्दर्भ दिया जाये तो डॉ. सुमन राजे ने कई उदाहरणों से पुरुष इतिहासकारों के स्त्री के प्रति पूर्वाग्रहों, सन्देहों और संभ्रम को स्पष्ट किया है। जैसे–डॉ. रमाशंकर रसाल सन् 1931 में प्रकाशित अपने 'हिन्दी साहित्य का इतिहास' में यह स्वीकार करते हैं कि"... हिन्दी साहित्य की जो रचना हुई है, उसके दो खण्ड दिखायी

पड़ते हैं। एक खण्ड को हम पुरुष काव्य (पुरुष कवियों द्वारा रचा गया काव्य) कह सकते हैं और दूसरे को स्त्री–काव्य। प्रथम की ओर तो हमारे कतिपय विद्वानों ने अपनी विचारपूर्ण दृष्टि डाली है किन्तु द्वितीय खण्ड की ओर किसी ने भी विशेष ध्यान नहीं दिया।" आगे वे निष्कर्ष देते हैं "स्त्री साहित्य, जो भी हमारे सामने उपस्थित है, उसी शैली में हमें रचा हुआ मिलता है, जिस शैली से हमारा पुरुष साहित्य रचा हुआ प्राप्त होता है। स्त्रियों ने प्रायः पुरुष कवियों की ही सभी प्रधान शैलियों और विषयों का अनुकरण किया है और उन्हीं के समान साधारण तथा व्यापक साहित्य की रचना की है।" रसाल जी के इस मंतव्य से यदि किसी को यह भ्रम हो कि वे स्त्री–पुरुष साहित्य को समान मानते हैं तो इसी कथन में व्यक्ति 'अनुकरण' शब्द पर ध्यान देना चाहिए और आगे भी रसाल जी अपने अनुकरण–सिद्धान्त को और स्पष्ट करते हुए मीराँ के एक छन्द पर सन्देह व्यक्त करते हैं कि "यह छन्द देव कवि का रचा हुआ कहा जाता है क्योंकि मीराबाई को काव्यशास्त्र अथवा छन्दशास्त्र का ऐसा प्रौढ़ ज्ञान न था...." आगे भी वे मीराँ की भक्ति, काव्यकौशल और भाषा–सौष्ठव की मौलिकता पर सन्देह प्रकट करते रहते हैं। यही रवैया वे शेख़ और आलम के सन्दर्भ में अपनाते हैं कि "शेख की रचना वस्तुतः ऐसी प्रतीत होती है, मानो किसी सुकवि की रचना हो। उसमें वाग्वैचित्र्य, चमत्कार–चातुर्य, सौष्ठव, कलापूर्ण काव्य का कौशल सभी अच्छे रूप में प्राप्त हैं। इसी आधार पर हमारा यह अनुमान है कि कदाचित प्रसन्न हो आलम ने अपने छन्दों पर शेख़ के नाम की मुहर लगाकर यह सुन्दर मुक्तक काव्य रच दिया है।" आगे सुन्दरबाई के प्रसंग में भी लिखा है कि "कहीं–कहीं तो इन्होंने ऐसी चोखी और अनोखी चातुर्य दिखाया है कि बलात् यह कहना पड़ता है कि यह रचना किसी देवी की न होकर एक प्रौढ़ सुकवि की है।" स्त्री–लेखन की गुणवत्ता पर सन्देह करनेवाले 'सुपुरुषों' में 1933 में 'हिन्दी काव्य की कोकिलाएँ' ग्रन्थ के लेखक–युगल गिरिजादत्त शुक्ल और ब्रजभूषण शुक्ल भी हैं जिन्होंने प्रश्न किया कि क्या शेख़ और प्रवीणा राय की कविता से हमारी गृहदेवियों को कोई पथ प्रदर्शन प्राप्त होगा?" फिर स्वयं ही 'नहीं' में उत्तर देते हुए वे निष्कर्ष देते हैं कि "हिन्दी साहित्य का वर्तमान काल हिन्दी काव्य' का उन्नत स्वरूप हमारे सामने नहीं रखता... देवियों का इस काव्य–प्रवाह के अनुसरण से भी विशेष लाभ न होगा और अधिक आशंका तो इस बात की है कि उनकी हानि होगी।" स्पष्ट है कि इस प्रकार की टिप्पणियों से

स्त्री–साहित्येतिहास लेखन के प्रयासों में लगी लेखिकाएँ तिलमिला उठती हैं। लेकिन सौभाग्य से ऐसे 'सुपुरुषों' की संख्या अपेक्षाकृत कम है। यदि हम इसे उन्नीसवीं शती और बीसवीं शती के पूर्वार्द्ध की पुरुष मानसिकता मानकर चलें (क्योंकि इसी काल में पहले उद्धृत वीरेशलिंगम पन्तुलु भी इसी समय के हैं) तो हमें ध्यान देना होगा कि लोकगीतों के शोध और संग्रहकर्ता रामनरेश त्रिपाठी भी पुरुष ही हैं जो असंदिग्ध भाव से लिखते हैं–''हमने गीतों का गहरा अध्ययन करके यह निष्कर्ष निकाला है कि स्त्रियों के गीतों में पुरुषों का मिलाया हुआ एक शब्द भी नहीं है। स्त्री–गीतों की सारी कीर्ति स्त्रियों ही के हिस्से की है। यह सम्भव हो सकता है कि एक–एक गीत की रचना में बीसों वर्ष और सैकड़ों मस्तिष्क लगे हों, पर मस्तिष्क थे स्त्रियों के ही।'' या 'स्त्री कवि कौमुदी' (सन् 1931) के लेखक ज्योतिप्रसाद निर्मल को इस बात में कोई सन्देह नहीं है कि ''पुरुष कवियों की भाँति स्त्री कवियों ने भी भाषा के भंडार की पूर्ति करने में वास्तविक और बहुत कुछ प्रयत्न किया है। यह ठीक है कि समय के प्रवाह और पुरुषों के प्रभुत्व से पुरुष–लेखकों की कृतियों का प्रचार अधिक हुआ....।'' वस्तुतः 'स्त्री कवि कौमुदी' संकलन ही इसलिए हुआ कि–''हिन्दी में अनेक संग्रह–ग्रन्थ प्राचीन और अर्वाचीन हैं परन्तु किसी ने स्त्रियों की रचनाओं को विशेष महत्त्व नहीं दिया।'' अगर इसी लेख में उल्लेखित 'राधिका सांत्वनम' पर छिड़ी बहस का उदाहरण लिया जाये तो इस कृति के पक्ष में खड़े होकर इसका मूल्यांकन करने में 'हमारी संस्कृति की अक्षमता' को कारण मानने वाले यंदमूरि सत्यनारायण राव भी पुरुष ही हैं। अतएव स्त्री साहित्येतिहास–लेखन का भार स्त्री ही उठाती रहे ऐसा मानना आज के समय में बहुत तर्कपूर्ण नहीं कहा जा सकता। आज का स्त्री–विमर्श, स्त्री–चिन्तन और स्त्री–लेखन अब ऐसी अनिवार्यताओं को मानकर नहीं चलता क्योंकि यह अब खुले छोरों वाला, समावेशी और चुनौतियों–भरा क्षेत्र है।

4. इसी तर्क और तथ्य को दृष्टि में रखकर यह कहना आवश्यक जान पड़ता है कि स्त्री–लेखन का इतिहास अपने दृष्टिकोण, प्रतिज्ञा और संकल्प में प्रतिपूरक हो किन्तु प्रतिद्वन्द्वात्मक और प्रतिशोधात्मक न हो। डॉ. सुमन राजे का 'हिन्दी साहित्य का आधा इतिहास' अपनी शोधमूलक दृष्टि, तथ्यपरक व्याख्याओं और तर्कपूर्ण निष्कर्षों के बावजूद इतने आवेग और वेग, ऊर्जा और शक्ति के साथ रचा गया है कि इसका स्वर कई बार प्रतिशोधात्मक हो उठा है। यह सच है कि इतिहास अतीत की पुनर्व्याख्या

है और खोज है लेकिन यह भी सत्य है कि इतिहास लड़ाई नहीं है किसी के पक्ष में और किसी के खिलाफ, यह अब तक किए गये और भोगे हुए अन्याय का प्रतिशोध नहीं हो सकता–इतिहास अतीत की पुनर्रचना है और रचना हमेशा सकारात्मक और संकल्पनात्मक होती है। इसलिए अब समय के बदलते सरोकारों को देखते हुए भी साहित्येतिहास–लेखन में स्त्री–पुरुष की सहभागिता और युगीन परिवेश के साथ उनके द्वन्द्वात्मक सहलेखन का मूल्यांकन व निर्धारण किया जाना चाहिए, तभी एक समूचे और पूरे इतिहास का निर्माण हो सकेगा।

5. स्त्री साहित्येतिहास–लेखन में विभिन्न युगों में उन समूहों और समुदायों की चर्चा आवश्यक है जिनका ये लेखिकाएँ प्रतिनिधित्व करती हैं। वैदिक काल में रचनारत ऋषिकाओं का यथासम्भव उपलब्ध विवरण डॉ. सुमन राजे ने अपने इतिहास में दिया है जो ऋषि परिवारों और राज परिवारों से सम्बन्धित हैं। लेकिन इसके बाद की शताब्दियों में (ईसा पूर्व 600 से लेकर अठारहवीं शती तक) जो स्त्री–रचनाकार मिलती हैं वे डॉ. सूजी थारू के शब्दों में "NearlyAll of it is either from pre-Aryan or non-Aryan sources." आगे वे अपना तर्क स्पष्ट करती हैं कि ये स्त्री रचनाकार हमेशा ब्राह्मण–पुरोहितवादी, सामन्ती व्यवस्था के विरोध में खड़ी दिखायी देती हैं, ये स्त्रियाँ हमेशा धारा के विरुद्ध तैरती हैं और अपने तट खुद बनाती हैं। 'थेरी गाथा' में तो विभिन्न वर्गों और वर्णों की महिलाएँ शामिल हैं जिन्होंने भिक्षुणी बनकर अपने जीवन के संचित अनुभवों को इन गाथाओं में गाया है। इनमें राजकन्याएँ हैं, सामन्तों के घरों से आयी स्त्रियाँ हैं, ब्राह्मण जाति की हैं, अन्य श्रम जीवी जातियों की हैं, गणिकाएँ हैं और दासियाँ हैं। इसके बाद आती है 100 ई.पू. में रचित संगम काव्य धारा में तमिल भाषा की रचनाकार स्त्रियाँ जिन्होंने संस्कृत का प्रयोग नहीं किया–जिस आधार पर सूजी थारू इन्हें पूर्व–आर्य सभ्यता की मानती हैं। भक्ति काल और भक्ति काव्य की रचयिता स्त्रियों में मीराँ की तरह राजघराने से लेकर अटुकूरी मोल्ल जैसी सामान्य शूद्र स्त्री शामिल हैं।

लेकिन ध्यान देने की बात यह है कि लिखित साहित्य से लेकर लोकगीतों तक में ये स्त्रियाँ श्रमजीवी हैं, ये वर्ग, वर्ण, जाति, कुलीनता–अकुलीनता से ऊपर उठकर अपनी अभिव्यक्ति में अपना दुःख बयान करती हैं। ये अपने आसपास के यथार्थ को भी स्वर देती हैं, मुक्ताबाई की तरह पेशवाओं द्वारा महिलाओं और शूद्रों पर किए जाने वाले अत्याचारों का विरोध करती हैं, और जैसा कि मुक्ताबाई के बारे में डॉ. सूजी थारू बताती हैं

कि "What inspires us today is the brand scope of her feminism. As she Maratha, takes up the cause of VijEilakshmi A Gujarati Brahmin widow And connects it to the plight of the Artisans And the ordinary people under imperialist rule." वस्तुतः स्त्री –लेखन अपने गर्भकाल से ही विद्रोह के संस्कार लेकर आया। संस्कृत के वर्चस्व के दिनों में स्त्रियों और सेवकों तथा शूद्रों के लिए प्राकृत भाषा के प्रयोग का विधान था लेकिन इसी प्राकृत को इन लोगों ने अपनी अभिव्यक्ति से विद्वानों के लिए ईर्ष्यायोग्य बना दिया। पालि भाषा प्रतिष्ठित हुई थेरी गाथाओं में, संगम काव्य में तमिल, तो भक्तिकाल में लोकभाषाओं को मंच मिला। उन्नीसवीं–बीसवीं शती से आधुनिक भारतीय भाषाओं की रचना में भी स्त्रियाँ अग्रणी रहीं।

एक बात और ध्यान देने योग्य है कि स्त्री–लेखन के आरम्भ से लेकर अठारहवीं शताब्दी तक स्त्रियों का एक ऐसा वर्ग सक्रिय रहा जिसे समाज से सम्मान और अपमान दोनों मिले और वह वर्ग है गणिकाओं का। नवीं शताब्दी में स्त्री–लेखन के महत्त्व को स्वीकार करते हुए राजशेखर ने वेश्याओं और नाट्य प्रयोक्ताओं की स्त्रियों के शास्त्रों की प्रकाण्ड विदुषियाँ और कवयित्रियाँ होने की बात की है। इसी रेखा को खींचकर 18 वीं शताब्दी में 'राधिका सांत्वनम' की रचनाकार मुद्दु पलनी तक लाया जा सकता है जिसके पक्ष में खड़ी होने वाली स्त्री–बेंगलोर नागरत्नतम्मा–भी गणिका समुदाय की ही थी और मूल लेखिका और उसके पैरोकार–दोनों को वीरेशलिंगम पन्तुलु जैसे सुधारवादी नेताओं की भर्त्सना झेलनी पड़ी थी। सामाजिक–आर्थिक दृष्टि से यह जाना–समझा तथ्य है कि भारत में गणिकाओं का मान–सम्मान कला व विद्या के संरक्षक के रूप में करने की परम्परा रही है। 'तवायफ' के रूप में भी उन्नीसवीं शताब्दी तक इस वर्ग की स्त्रियों के मान–सम्मान, धन–वैभव और कला–नैपुण्य की चर्चा डॉ. सूजी थारू ने अपने ग्रन्थ में की है। पुरुषों की तरह स्त्रियाँ भी कवि और कलाकार के रूप में राज दरबार से संरक्षण प्राप्त करती रहीं। लेकिन इसके लिए भर्त्सना और लांछन केवल स्त्रियों के ही हिस्से में गया, यह भी एक ऐतिहासिक विडम्बना है।

उन्नीसवीं शताब्दी में औपनिवेशिक शासन के दृढ़ होने के साथ मध्यवर्गीय नारी स्त्री–लेखन में उभर कर आयी। स्त्री की यह मध्यवर्गीय मानसिकता उसके पैरों की बेड़ी बनी तो उसके मध्यवर्गीय जीवनानुभवों ने उसके लेखन के लिए खादपानी का काम किया। आज स्वतन्त्र भारत के लोकतांत्रिक समाज में दलित, आदिवासी व अल्पसंख्यक समुदायों की स्त्रियों के लेखन में

अपनी पहचान बनाने के बावजूद वर्गीय दृष्टि से मध्यवर्गीय आर्थिक स्थिति और मानसिकता की लेखिकाओं की संख्या अधिक है।

6. स्त्री–साहित्येतिहास लेखन की एक और महत्त्वपूर्ण सामग्री है जिस पर ध्यान दिया जाना चाहिए और वह हैं–आत्मकथाएँ। स्त्री रचनाकारों द्वारा आत्मकथाओं का बड़ी संख्या में आना आधुनिक युग की भारतीय भाषाओं के लिए एक सुखद विस्मय रहा, लेकिन इसके पीछे सामाजिक–आर्थिक कारण हैं। सदियों से 'मार खा, रोई नहीं' वाली स्त्री असंख्य कंठों से फूट पड़ी। हालाँकि 'आत्म–निवेदन', 'आत्मपरिचय' के बहाने स्त्री रचनाकार विगत वर्षों में भी अपने आपको स्वर और महत्त्व देती रहीं, मगर रसोयी घर की कालिखपुती दीवारों में रूपहले अक्षर खुरच कर लिखना सीखनेवाली रससुंदारी देवी को 'आमार जीबन' के रूप में बंगाली भाषा की पहली आत्मकथा लिखने का जो श्रेय मिला वह स्त्री मात्र की जिजीविषा का प्रतीक है। आत्मकथा यानी आत्मचरित–अपना इतिहास–और अपना इतिहास ही सबके इतिहास की सीढ़ी बनता है। अधिकतर भारतीय भाषाओं में विशेषकर बांग्ला, मराठी, गुज़राती, हिन्दी में विभिन्न वर्गों और समुदायों की स्त्रियों की आत्मकथाओं में उनके अपने और उनके अनुभव में आये समाज के वास्तविक चित्र हैं इसलिए स्त्री साहित्येतिहास–लेखन के लिए ये आत्मकथाएँ, जीवनियाँ और संस्मरण महत्त्वपूर्ण सामग्री हैं।

7. साहित्येतिहास–लेखन के स्त्री पक्ष में स्त्रियों द्वारा प्रकाशित और सम्पादित पत्र–पत्रिकाओं का ऐतिहासिक महत्त्व है जिसे रेखांकित किया जाना चाहिए। देशभर में स्त्रियों ने विभिन्न भारतीय भाषाओं में पत्र–पत्रिकाओं का सम्पादन व प्रकाशन शुरू किया। यह परिघटना सन् 1880 से 1920 के मध्य हुई और इसे सम्पन्न करनेवाली स्त्रियों में से कुछ ने तो अक्षराभ्यास समाप्त ही किया था कि आत्माभिव्यक्ति के संघर्ष में वे कूद पड़ी। इनमें से कुछ के नाम डॉ. सूजी थारू ने गिनाये हैं, जैसे–स्वर्णकुमारी देवी, हिरण्मय देवी और सरला कुमारी देवी द्वारा सम्पादित 'भारती' (बंगाली 1884–1912), कमला सतीनन्दन द्वारा सन् 1901 से 1938 तक सम्पादित 'Indian Ladies Magazine' (अँग्रेजी), बीसवीं शताब्दी के आरम्भ में पुलुगुर्त्ति लक्ष्मी नरसमाम्बा द्वारा तेलुगु में 'सावित्री' का सम्पादन, 1909 में रामेश्वरी नेहरू द्वारा हिन्दी में आरम्भ किया गया 'स्त्रीदर्पण' और नंजनगुड्डु तिरुमलाम्बा द्वारा सन् 1917 से 1922 के बीच निकाली गयी कन्नड़ पत्रिका' कर्नाटकनन्दिनी। इसके अतिरिक्त 'वामाबोधिनी पत्रिका' (बांग्ला), 'सुन्दरी सुबोध' (गुज़राती), 'हिन्दू सुन्दरी' (तेलुगु), 'जनाना' (तेलुगु), 'स्त्रीबोध' (गुज़राती), 'खातून' और

'तहजीब निस्वा' (उर्दू) पत्रिकाओं में अधिकतर महिलाएँ ही लिखती थीं। स्त्रियों द्वारा लिखित– सम्पादित–प्रकाशित इन पत्रिकाओं में मुख्यतः उस समय की प्रचलित समस्याओं और कुरीतियों पर लिखा जाता रहा। यहाँ ध्यान देने की बात यह है कि पुरुष सुधारवादियों द्वारा किए जानेवाले कई प्रयत्नों से इन लेखिकाओं ने असहमति व्यक्त की जैसे 'विधवा विवाह' के प्रश्न पर वीरेशलिंगम से पुलुगुर्त्ति लक्ष्मी नरसमाम्बा की असहमति, 'परदा प्रथा' को कुरीति माननेवाले पुरुष सुधारवादियों को सौभाग्यवती और नजर सज्जाद हैदर जैसी लेखिकाओं द्वारा स्पष्ट किया जाना कि स्त्री के लिए 'परदा' एक अवरोध–भर है, असली कुरीतियाँ हैं अशिक्षा, परनिर्भरता, पराधीनता आदि। वे पूछती हैं केवल परदा–प्रथा हटा देने से क्या हो जायेगा?

आज स्त्री–केन्द्रित पत्रिकाएँ तो हैं लेकिन स्त्रियों द्वारा सम्पादित–प्रकाशित पत्र–पत्रिकाओं की संख्या् भारतीय भाषाओं में, विशेषकर हिन्दी में अपेक्षाकृत कम हैं या विरल हैं। यहाँ उल्लेखनीय है तेलुगु में प्रकाशित 'भूमिका' जो अपने स्त्री–केन्द्रित लेखों, रचनाओं, आयोजित संगोष्ठियों व चर्चाओं से स्त्री–लेखन का सक्रिय मंच बनी हुई है। इतिहास–लेखन में स्वाधीनता के बाद स्त्री–पत्र–पत्रिकाओं का स्वाधीनता पूर्व पत्र–पत्रिकाओं के साथ तुलनात्मक अध्ययन कई सामाजिक– आर्थिक और राजनीतिक निष्कर्ष सामने लाएगा इसमें सन्देह नहीं। संक्षेप में यह कहा जा सकता है कि अब तक के साहित्येतिहास लेखन का स्त्री पक्ष महत्त्वपूर्ण है मगर परिपूर्ण नहीं। पूर्णता का लक्ष्य वैसे तो हमेशा अप्राप्य ही रहता है फिर भी कोशिश इसे समग्र और समावेशी बनाने की होनी चाहिए।

सन्दर्भ :

1. Women Writing in India '600 BC to The Present, Vol- I : 600 B.C. to the Early Twentieth Century, Edited By : Susie Tharu & K- Lalitha Oxford University Press 1991
2. डॉ. सुमन राजे–हिन्दी साहित्य का आधा इतिहास, भारतीय ज्ञानपीठ प्रकाशन, नई दिल्ली. दूसरा संस्करण : 2004

समकालीन कविता और स्त्री विमर्श

डॉ. सीताराम पवार

साहित्य का उद्देश्य समाज की प्रगति है। वह रचनात्मकता के द्वारा समाज की कुरीतियाँ, पाखण्डता और आडम्बर जैसी स्थिति से अवगत कराकर नई दिशा की ओर ले जाता है। समकालीन हिन्दी साहित्य अजब स्थितियों से गुज़र रहा है। पाठक, श्रोता और दर्शक की अभिरुचि भी बदल रही है। निजीकरण, उदारीकरण, वैश्वीकरण, आधुनिकता और उत्तराधुनिकता के इस सन्दर्भ में समाज में आज अनेक चेतनाओं का उगम हुआ है। जैसे स्त्री चेतना, दलित चेतना, आदिवासी चेतना, किसान चेतना आदि चर्चा के विषय बन गये हैं। यह समाज घोर अन्याय का शिकार बनता जा रहा है। आज हम एक ऐसी दुनिया में जीने के लिए अभिशप्त हैं, जो मूलतः तनाओं की दुनिया है, यहाँ विश्वास कम और चालबाजियाँ ज़्यादा हैं। जनकल्याण की पाखण्डता के पीछे बेशर्म से शोषण जारी है।

स्वतन्त्रता के बाद हमारे देश में सामाजिक तथा सांस्कृतिक परिवेश में जो परिवर्तन आया है। स्त्री के पारम्परिक रूप बदले, उसका नया अस्तित्ववादी रूप अब अंकित है। इन समकालीन कविताओं में चित्रित स्त्री के माध्यम से ही स्त्री संवेदना और चेतना का जीवन अभिव्यक्त हुआ है।

भारतीय संविधान में स्त्री की अवधारणा, प्रेम, वात्सल्य, दया, ममता, माया की साकार मूर्ति के रूप में होता रहा है। भारतीय प्राचीन ग्रन्थ मनुस्मृति में उल्लेख है–यत्र नार्यंतु पूज्यंते रमन्ते तत्र देवताः" इसीलिए हिन्दी साहित्य में स्त्री का चित्रण आदिकाल से विविध रूपों में किया जाता है–आदिकाल में वीरांगना के रूप में, भक्तिकाल में देवता या संगिनी के रूप में, रीतिकाल में भोग–विलास की वस्तु के रूप में और आधुनिक काल में ममता, करुणा, वेदना और कई समस्याओं से घिरी हुई स्त्री के रूप में हुआ है।

समकालीन साहित्य में लेखकों की बराबरी में लेखिकाओं का योगदान भी रहा है। लेकिन उसका उचित मूल्यांकन नहीं हुआ। इसका कारण है पुरुष सत्तात्मक व्यवस्था। इसके पीछे मनोवैज्ञानिक एवं ऐतिहासिक कारण भी हैं। स्त्रियों को सदियों से अशिक्षित रखा गया। उनपर जुल्म किये हैं। वर्तमान समय में स्त्री ने अर्थार्जन करने के लिए पुरुषों के साथ कंधे से कंधा मिला लिया है। वह चौका बर्तन से, बंध कमरे से, पुरुषों की कठपुतली से सचेत हो गयी है। स्त्री चेतना एवं संवेदनाओं को लेकर समकालीन साहित्य में ममता कालिया, निर्मला पुतुल, अनामिका, कात्यायनी, कुसुम मेघवाल, सुधा अरोड़ा, सुनिता जैन, सविता सिंह, रजत रानी और पुरुषों में रघुवीर सहाय, सफदर हाशमी, कमल कुमार, आदि आते हैं। समकालीन स्त्री साहित्य ने अपनी अस्मिता, आत्मसम्मान, पीड़ा–आक्रोश, समानता, अंधविश्वास, पाखण्डता, धार्मिक आडम्बर, जुल्म, बलात्कार सामाजिक न्याय, संघर्षशील और विद्रोही चेतना के विभिन्न पहलुओं को उजागर किया है। स्त्री विमर्श पर यह पंक्ति सही लगती है– "एक टहनी एकदिन, पतवार बनती है। एक चिंगारी दहक अंगार बनती है। जो सदा से रौंदी गयी मिट्टी समजकर/एक दिन मिट्टी वही मीनार बनती है।

आम तौर पर स्त्री पढ़–लिखकर अर्थार्जन करने लगी तो वह सबल हो गयी परन्तु उस पर अन्याय–अत्याचार में कोई कमी नहीं आयी है। सफदर हाशमी स्त्री की समस्याओं पर 'औरत' कविता में लिखते हैं– "वह समाज जो न कर सके औरतों का सम्मान, जिस समाज में बसते हैं भैंस जैसे इंसान/जिस समाज में माँ बहनों की इज्जत बिक जाती है, जहाँ नजर हर गुंडे की औरत पर टिक जाती है। जहाँ नहीं औरत को सड़क पे चलने की आजादी/भूखी, नंगी बेघर है, बेबस, जहाँ हो आबादी।"[1] सविता सिंह जी अपनी कविताओं में स्त्री के स्वाभिमान आत्मनिर्भरता की स्वतन्त्र पहचान बताती है। उसे पुरुष के सहारों की ज़रूरत नहीं है। उसका अपना अस्तित्व है। उसकी अपनी चेतना है। अपना गौरव है। इसलिए वह अपनी कविता 'मैं किसकी औरत हूँ' में लिखती है– "मैं किसी की औरत नहीं हूँ, मैं अपनी औरत हूँ। जब जी चाहता है तब अपना खाती हूँ, मैं किसी की मार नहीं सहती/और मेरा परमेश्वर कोई नहीं है।"[2]

सुधा अरोड़ा स्त्री के बदलते स्वभाव का परिचय देते हुए कहती हैं कि पहले स्त्री ममता और त्याग की या समर्पण की पुतली थी आज वह बदल गयी है। शोषण के खिलाफ लड़ने की ताकत उसमें आ गयी है। 'शतरंज के मोहरे' नामक कविता में वे कहती हैं– "इक्कीसवीं सदी की औरत, हाड़

माँस की नहीं रह जाती, इस्पात में ढल जाती है, और समाज का सदियों पुराना/शोषण का इतिहास बदल डालती है।"[3]

ममता कालिया की कविताएँ महिला जीवन तथा संघर्ष का जीवन दर्पण है। उन्होंने अपनी कविता–'बिकाऊ माल', 'खाँटी घरेलू', 'अनमन मन' आदि में स्त्री मन के समस्त जटिलताओं को प्रस्तुत किया है। अनामिका का कहना है– स्त्री का अपना क्या है? स्त्री ही क्या है? स्त्री के देह के अतिरिक्त भी स्त्री का कोई अस्तित्व है? आज भी स्त्री एक घर की तलाश में भटक रही है। उन्हीं के शब्दों में– "राम, देख, यह तेरा कमरा है! लड़कियाँ हवा, धूप, मिट्टी होती है। उनका कोई घर नहीं होता।"[4]

कात्यायनी का कहना है–सामाजिक आदर्श मूल्यों तथा नैतिकता की दुर्ग रूपी बेडियों में कैद स्त्री सदियों से तड़पती और मुक्ति की आकांक्षा पाने के लिए तड़पती है। एक दिन अवश्य आयेगा वह दुर्ग धराशाई हो जायेगा। इसलिए कात्यायनी लिखती हैं– "शताब्दियाँ बीत चुकी हैं, मैं अब थक चुकी हूँ दुर्गपति। तुम्हारे अदृश्य दीवारों से टकराकर/मेरा सिर लहूलुहान हो रहा है। मैं निढाल हो चुकी हूँ। यह दीवार कहाँ तक फैली हुई है दुर्गपति। कहाँ है वह निकलने का द्वार।"[5]

सुशीला टाकभौरे दलित लेखिका हैं। वे अपनी कविता 'स्वाति बून्द खारे मोती', 'टूटता वहम' आदि में दलित स्त्री की पीड़ा, व्यथा, शोषण, अन्याय, अंधविश्वास, पढ़ी–लिखी स्त्री की घुटन, छुआछूत, दलित स्त्री को शिक्षित बनने प्रेरणा प्रदान करती हैं। कुसुम मेघवाल पुरुष प्रधान समाज व्यवस्था पर प्रहार करते हुए कहती है– "अपनी प्रकृतिदत्त, उन इच्छाओं का दमन। कैसे रोके रहती हो नारी तुम अपने को/और कैसे सहन करती हो तुम अपनी पीड़ा को।"[6]

रश्मि मल्होत्रा ने 'युग–धर्म' नामक कविता में पुरुष वर्ग की मानसिकता के माध्यम से स्त्री मन की व्यथा का चित्रण किया है। आदिवासी समाज की अशिक्षित नारियों की घुटन, पीड़ा, शहरों में पलायन, शोषण आदि को लेकर निर्मला पुतुल और रजत रानी जैसी कवयित्रियों ने अपने कलम चलाई है।

निर्मला पुतुल जी आदिवासी बहनों को सचेत करते हुए शहरी जीवन की धोखाबाजी का चित्रण करते हुए लिखती हैं–अब तो जान गयी की, दूर से चम–चमाता हुआ शहर दिल्ली। नहीं है हम जैसे लोगों के लिए। यह ऐसा शमशान है, जहाँ ज़िन्दा दफन होता है। लोग लाइन में खड़े हैं? तुम उस लाइन को तोड़कर बाहर आ जाओ लौट आओ जहाँ भी हो। निर्मला जी आगे कहती हैं– प्रजातन्त्र किस चिड़िया का नाम है। सरकार द्वारा घोषित योजनाएँ आदिवासियों तक नहीं पहुँच पाती। 'नगाड़े की तरह बजते शब्द'

नामक कविता में वह कहती हैं– ''इंदिरा आवास के लिए बहुत भाग–दौड़ की, पंचायत सेवक को मुर्गा भी दिया। प्रधान को भी दिया पचास टका, पर अभी तक कुछ नहीं हुआ। पूरा ढेढ साल हो गया।''[7]

स्त्री शक्ति का मान सम्मान, आत्मरक्षा, शोषण, अन्याय और गौरव को लेकर वैभव गुप्ता जी की एक कविता में लिखती हैं– ''मैं स्त्री हूँ, मैं नारी हूँ, मैं कली हूँ, फुलवारी हूँ। मैं दर्शन हूँ, मैं दर्पण हूँ, मैं नाद हूँ मैं गर्जन हूँ, मैं बेटी हूँ मैं माता हूँ मैं बलिदान की गाथा हूँ/मैं श्रीमद् भगवत गीता हूँ, मैं द्रौपदी हूँ, मैं सीता हूँ। पुरुषों की इस दुनिया में मुझे कैसी नियती दिखलाई, कभी जुए में हार गयी, कभी अग्नि परीक्षा दिलवाई, कलयुग हो या सतयुग हो, इल्जाम मुझी पर आता है। क्यों घनी अंधेरी सड़कों पर चलने को मन घबराता है। "और इस एहसास से बढ़कर कोई दर्द नहीं हो सकता है।

जो नारी का अपमान करे, ओ मर्द नहीं हो सकता है।'' जब सज़ा मौत की लागू होगी, सारे दोषी लड़कों पर, फिर कोई नहीं मिलेगी खून से लथ–पथ सड़कों पर। "तो आवो प्रण लो मेरे साथ और ए आवाहन करो, अपनी मर्यादाओं को समझो, नारी का सम्मान करो।''[8]

निष्कर्ष रूप में कहा जा सकता है कि भारतीय संस्कृति में नारी का स्थान महत्त्वपूर्ण है। संसार में यदि स्त्री नहीं होती तो, सभ्यता एवं संस्कृति न होती। अपने विविध रूपों नारी ने पुरुषों के संवर्धन प्रोत्साहन के लिए शक्ति दी है। इसीलिए कहा जाता है कि पुरुषों की कामयाबी के पीछे स्त्रियों का त्याग प्रमुख कारण है यही सच विनम्रता से प्रकट करता हूँ।

सन्दर्भ

1. सफदर हाशमी–'सफदर', राजकमल प्रकाशन, नई दिल्ली, पृष्ठ –79
2. kavitakosh.org
3. वही
4. संपा. डॉ. सुभाष तळेकर और सुरेश साळुंके–'काव्यायन' (काव्यसंग्रह) पृष्ठ–
5. कात्यायनी–इस पौरुषपूर्ण समय में, परिकल्पना प्रकाशन, प्रथम संस्करण 1999 पृष्ठ–63
6. कुसुम मेघवाल–'कैसे सहती हो नारी तुम इतनी पीड़ा', मूल निवासी प्रकाशन, उदयपुर (प्र.सं. 2007) पृष्ठ 12–13
7. निर्मला पुतुल–'नगाड़े की तरह बजते शब्द', भारतीय ज्ञानपीठ, नई दिल्ली, पृष्ठ–43
8. https://youtu.be/xxeptc-050k

खण्ड - 3 : दलित विमर्श

दलित साहित्य का सौन्दर्यशास्त्र

डॉ. चौथीराम यादव

आज भारत की विभिन्न भाषाओं में बड़े व्यापक स्तर पर दलित साहित्य भी लिखा जा रहा है और दलित साहित्य के सौन्दर्यशास्त्र पर भी चिन्तन–मनन जारी है। अब दलित साहित्य ने अपनी अलग पहचान बना ली है– स्वरूप और संवेदना दोनों दृष्टियों से। साहित्य की हर विधाओं में कविताएँ, कहानियाँ, उपन्यास, आत्मकथाएँ, नाटक, लघुकथाएँ और आलोचनाएँ धड़ल्ले से लिखी जा रही हैं। आरम्भिक विरोध और आरोप–प्रत्यारोप के बावजूद अब उन्हें स्वीकृति भी मिलने लगी है। फिर भी श्रेष्ठता के अहंकार से पीड़ित और जाति के अस्तित्व में ही अपनी सुरक्षा ढूँढने वाले यथास्थितिवादी बुद्धि जीवियों के गले दलित साहित्य नहीं उतर पा रहा है।

हजारों साल से अघोषित आरक्षण की सुख–सुविधाएँ भोगते आ रहे इन लोगों की समझ में आ गया है कि वर्चस्ववाद की चूलें अब हिलने लगी हैं–साहित्य में भी और समाज में भी। अतः हर स्तर पर घोषित–अघोषित रूप में विरोध की प्रक्रिया जारी है। प्रतिरोधी संस्कृति के परिवर्तनकामी विचारों का विरोध करना कोई नई बात नहीं है। हमेशा से ऐसा ही होता आया है। विरोध तीन स्तरों पर होता है, पहले तो जमकर विरोध करना, फिर तोड़–मरोड़कर उसका दुष्प्रचार करना और उसके बाद भी यदि वे विचार समाज में जीवित रह जाते हैं तो प्रतिरोध की धार को कुंद बनाकर उन्हें आत्मसात कर लेना। यह यथास्थितिवादियों का पुराना हथकंडा है। इसी हथकंडे का इस्तेमाल करते हुए शंकर और कुमारिल ने क्रान्तिकारी बौद्धदर्शन को आत्मसात कर लिया और इसी हथकंडे का इस्तेमाल करते हुए तुलसीदास ने सामंजस्य के नाम पर सिद्धों–नाथों तथा निर्गुण सन्तों के क्रान्तिकारी विचारों को विकृत

कर दुष्प्रचारित किया। अब यही सलूक दलित साहित्य के प्रतिरोधी विचारों के साथ भी किया जा रहा है।

जब से दलित साहित्य के सौन्दर्यशास्त्र की चर्चा तेज़ हो गयी है तभी से उसके विरोध की प्रक्रिया भी गतिशील हो उठी है। कहा जा रहा है कि साहित्य तो साहित्य होता है, क्या अभिजन साहित्य क्या दलित साहित्य! उसकी कसौटी तो एक होनी चाहिए। यदि दलित साहित्य अपनी अन्तर्वस्तु, स्वरूप और संवेदना में अभिजन साहित्य से मूलतः भिन्न है तो दलित साहित्य का सौन्दर्यशास्त्र भी अभिजन साहित्य के कलावादी सौन्दर्यशास्त्र से भिन्न होगा। भूखे पेट वालों का सौन्दर्यबोध और भरे पेट वालों का सौन्दर्यबोध दोनों एक कैसे हो सकते हैं? विडम्बना तो यह है कि हिन्दी का अपना कोई मौलिक सौन्दर्यशास्त्र है भी नहीं। यदि होता तो मुक्तिबोध को 'नए साहित्य का सौन्दर्यशास्त्र' लिखने की आवश्यकता न पड़ती। दरअसल हिन्दी का परम्परागत सौन्दर्यशास्त्र संस्कृत–काव्यशास्त्र और पाश्चात्य सौन्दर्यशास्त्र के मिश्रण से निर्मित हुआ है। संस्कृत, भाषा, साहित्य और काव्यशास्त्र अभी अभिजन समाज के जीवन तक सीमित है और शोषितजनों के प्रति अवज्ञा और अपमान का भाव बद्धमूल है। अकारण नहीं है कि अभिजनों की दृष्टि में गाँव का आदमी गँवार और उसकी भाषा गँवारू मानी जाती है। संस्कृत नाटकों में अभिजन पात्रों की भाषा संस्कृत और सामान्यजनों की भाषा प्राकृत निर्धारित की गयी है। इसमें वर्णभेद की भूमिका भी निर्णायक रही है। इतना ही नहीं, संस्कृत काव्यशास्त्र में ग्राम्यता को एक दोष माना गया है और काव्यशास्त्रियों ने इस दोष से बचने की सख्त हिदायत भी दी है। उनके अनुसार ग्राम्य शब्दों के प्रयोग से रसानुभूति और भाव–बोध दोनों बाधित होते हैं।

आकस्मिक नहीं है कि शास्त्र और काव्यशास्त्र के पक्के समर्थक आचार्य रामचन्द्र शुक्ल ने हिन्दी आलोचना के प्रतिमान निर्मित करते समय इन्हीं काव्यशास्त्रियों का अनुसरण करते हुए निम्न जातियों से आने वाले सिद्धों–नाथों और निर्गुण सन्तों की भाषा और विचार दोनों को अशुद्ध माना। उनकी भाषा सधुक्कड़ी और विचार भी पंचमेल ठहरे। अब कबीर के विचार कितने ही क्रान्तिकारी क्यों न हों जब भाषा ही शुद्ध नहीं तो उन विचारों की भला क्या क़ीमत? कबीर–रैदास की कविता भी उनके प्रतिमानों पर खरी नहीं उतरती और सिद्धों–नाथों के साहित्य को तो उन्होंने साहित्य ही नहीं माना। उन्हीं चौरासी सिद्धों में हिन्दी के आदि विद्रोही कवि सरहपाद भी आते हैं। मूल बात यह नहीं है कि इन कवियों के साहित्य रसकोटि में नहीं आते बल्कि

यही कि बुद्ध के सामाजिक चिन्तन से प्रभावित ब्राह्मणवाद विरोधी जीवनदायी साहित्य है जो दलित साहित्य के सौन्दर्यशास्त्र की पृष्ठभूमि बनाते हैं। दलित साहित्य की तरह ये भी कलावाद और शास्त्रवाद विरोधी साहित्य है। लेकिन अब इसका क्या कीजिएगा कि रक्त–गोत्र की शुद्धता से लेकर भाषा, साहित्य और कला–संस्कृति तक में शुद्धता की तलाश करने वाले वर्चस्ववादी बुद्धि जीवियों की तरह आचार्य शुक्ल ने भी सिद्धों–नाथों और निर्गुण सन्तों की भाषा, साहित्य और विचारों का मूल्यांकन करते समय उनके ऊपर 'संस्कृत बुद्धि, संस्कृत हृदय और संस्कृत वाणी' का अपना आलोचकीय निर्णय लाद दिया। शास्त्र और काव्यशास्त्र के प्रति अपने विशेष आग्रह के चलते उन्होंने सन्त काव्य के जनतान्त्रिक मूल्यों और उनके सामाजिक सरोकारों को नजरअन्दाज कर तात्विक समीक्षा को ही अधिक महत्त्व दिया जिसके चलते मनुष्य–केन्द्रित मानवतावादी साहित्य के सौन्दर्यबोध की घोर उपेक्षा हुई। इसीलिए लोकजागरण के उन्नायक कबीर उन्हें उतने प्रिय नहीं जितने पौराणिक पुनरुत्थान के प्रति आस्थावान तुलसीदास। परवर्ती आलोचक आचार्य रामचन्द्र शुक्ल की आलोचना–दृष्टि को ही प्रायः दुहराते रहे हैं।

हिन्दी आलोचना में आचार्य रामचन्द्र शुक्ल की 'लोकमंगल' की काल्पनिक अवधारणा वर्ण–भेद वाले सामन्ती आदर्श पर गढ़ी गयी है जिसे आज भी किसी अमोघ मन्त्र की तरह रटा–रटाया जाता है। जब आर्यशास्त्रानुमोदि वर्णाश्रमधर्मी समाज का सीमित लोक ही शुक्ल जी का लोक है तो उसमें दलित समुदाय के लिए क्या 'स्पेस' है? आचार्य रामचन्द्र शुक्ल के इस लोकमंगल से सवर्ण समाज का स्वार्थ भले सिद्ध होता हो लेकिन दलितों के लिए तो वह अमंगल सूचक ही सिद्ध होगा। इसी तरह 'लोकधर्म' की अवधारणा भी भेदभाव पर आधारित है जिसके चलते 'वर्णाश्रम धर्म के प्रति श्रद्धा' पैदा करने वाले कबीर आचार्य शुक्ल की दृष्टि में लोकधर्म विरोधी है तो वर्णाश्रम धर्म का समर्थन करने वाले तुलसीदास महान लोकधर्मी कवि सिद्ध होते हैं। क्या लोकधर्म को वर्णाश्रम धर्म का पर्याय माने बिना कबीर को लोकधर्म विरोधी और तुलसीदास को लोकधर्मी कवि सिद्ध किया जा सकता है?

आज एक बार फिर जब दलित साहित्य के सौन्दर्यशास्त्र की चर्चा विमर्श के क्रेंद्र में है तो भेदभाव वाली उसी मनोदशा के साथ उस पर तरह–तरह की आशंकाएँ व्यक्त की जा रही हैं और अनेक आरोप भी लगाए जा रहे हैं। यही कि साहित्य को बाँटकर नहीं देखना चाहिए, दलित साहित्य एक रस है, कलाविहीन है और यह भी कि दलित विमर्श खण्डित विमर्श है जिसके

चलते देश टुकड़े–टुकड़े में बँट जायेगा। पूछा जा सकता है कि जब समाज को आपने पहले से ही वर्ण–भेद, जाति–भेद के आधार पर अलग–अलग जाति समुदायों में बाँट रखा है तब बँटे हुए को क्या बाँटना? इसके बाद भी जब बहस थमने का नाम नहीं ले रही है तब विरोध के लिए एक दूसरा तर्क भी दिया जा रहा है कि जब हमारे यहाँ पहले से शोषित–पीड़ित जनता का पक्षधर मार्क्सवादी सौन्दर्यशास्त्र मौजूद है तो अलग से दलित साहित्य के सौन्दर्यशास्त्र की आवश्यकता क्या है? माना कि मार्क्सवादी सौन्दर्यशास्त्र में ऐसा बहुत कुछ है जिसमें दलित साहित्य का सौन्दर्यशास्त्र प्रेरणा और ऊर्जा ग्रहण कर सकता है। दोनों में पाये जाने वाले तत्वों की चर्चा हम आगे करेंगे। यहाँ इतना ही चाहेंगे कि यह कहना बेमानी है कि मार्क्सवादी सौन्दर्यशास्त्र ही दलित साहित्य के मूल्यांकन का भी आधार बनेगा। दोनों में जो विचारधारात्मक अन्तर है उसके चलते दलित साहित्य का सौन्दर्यशास्त्र सर्वथा अलग और स्वतन्त्र होगा। दलित चिंतकों के अलावा मार्क्सवादी आलोचक मैनेजर पाण्डेय ने भी इसे स्वीकार करते हुए लिखा है–"दलित साहित्य के सौन्दर्यशास्त्र के लिए मार्क्सवादी सौन्दर्यशास्त्र में सीखने लायक अनेक बातें हैं। एक तो यही कि दलित साहित्य के सौन्दर्यशास्त्र के स्वाधीनता कामी संघर्षशील बनाने की सीख मार्क्सवादी सौन्दर्यशास्त्र में मिल सकती है। दूसरे स्तर पर रचना के प्रभाव की व्यापकता की चिन्ता मार्क्सवादी सौन्दर्यशास्त्र में होती है जो दलित साहित्य के सौन्दर्यशास्त्र के लिए भी है। लेकिन दलित साहित्य का विचारधारात्मक आधार जहाँ तक मार्क्सवाद से अलग और स्वतन्त्र है वहाँ तक दलित साहित्य का सौन्दर्यशास्त्र मार्क्सवादी सौन्दर्यशास्त्र से अलग और स्वतन्त्र होगा।"[1]

कुछ दलित चिंतक मार्क्सवादी सौन्दर्यशास्त्र के प्रेरक और सकारात्मक तत्वों के नजरअन्दाज हुए उसकी सीमाओं को ही विरोध का आधार मान कर हिन्दी के परम्परागत सौन्दर्यशास्त्र की तर्ज पर उसे भी खारिज करने लग जाते हैं तो उनकी अतिवादिता स्पष्ट हो जाती है। सामाजिक मुक्ति के प्रश्न को आर्थिक मुक्ति की अपेक्षा कमतर आंकना मार्क्सवाद की सीमा हो सकती है लेकिन क्या आर्थिक मुक्ति के बिना दलित समाज की ग़रीबी दूर हो जायेगी। इस मुद्दे पर स्वयं दलित चिंतकों में गहरे मतभेद हैं। कुछ का मानना है कि दलित ग़रीब हैं इसलिए अछूत हैं तो कुछ के अनुसार दलित अछूत हैं इसलिए ग़रीब हैं। ऐसा मानने वालों में राजा ढाले का नाम प्रमुख है। उनका तर्क है कि यदि ग़रीबी अछूत होने का कारण होती तो हर वर्ण

के ग़रीबों को अछूत होना चाहिए था पर सामाजिक व्यवहार में ऐसा नहीं है। बात जो भी हो पर इतना तो सच है कि दोनों के संघर्ष मुक्तिकामी हैं और सामाजिक मुक्ति की प्राथमिकता के बावजूद दलित समुदाय को अस्पृश्यता और ग़रीबी दोनों से मुक्त होने के लिए लगातार संघर्ष करना पड़ेगा।

दलित लेखकों का यह मानना सर्वथा उचित है कि दलित साहित्य मूलतः मनुष्य–केन्द्रित जीवनदायी साहित्य है जिसका समुचित मूल्यांकन हिन्दी के कलावादी सौन्दर्यशास्त्र के आधार पर नहीं किया जा सकता क्योंकि दलित साहित्य की संवेदना और उसके आशय मूलतः कलावाद विरोधी हैं। कहने की आवश्यकता नहीं कि हिन्दी के परम्परागत सौन्दर्यशास्त्र का मूल आधार सत्यं, शिवम् और सुन्दरम् की काल्पनिक अवधारणा है जिसमें निहित सत्य और शिव को पूरे भारतीय समाज का सत्य और शिव नहीं कहा जा सकता। वर्णों और वर्गों में विभाजित समाज में कोई सत्य सर्वग्राही सत्य कैसे हो सकता है? अभिजन समाज के लिए जो सत्य, शिव और सुन्दर है यह दलित समुदाय के लिए असत्य, अशिव और असुन्दर हो जायेगा। इसलिए दलित चिंतकों ने इस पर बार–बार प्रश्नचिह्न लगाए हैं। शरण कुमार लिम्बाले नें गम्भीरतापूर्वक विचार करते हुए लिखा है–"सत्यम्, शिवम् और सुन्दरम्, ये भेद–भाव की कल्पनाएँ हैं– जिसके आधार पर आम आदमी का शोषण हुआ है। दरअसल सत्यं, शिवम् और सुन्दरम् की अवधारणा तो सवर्ण समाज को स्वार्थ–साधन के लिए रची गयी साजिश है।"[2]

अतः आज जब दलित साहित्य का सौन्दर्यशास्त्र निर्माण की प्रक्रिया से गुज़र रहा है तो 'सत्यम्, शिवम्, सुन्दरम', 'लोकमंगल' और 'लोकधर्म' जैसी भेद–भाव वाली काल्पनिक अवधारणाओं को पुनर्परिभाषित कर उन्हें समाज सापेक्ष एवं ऐहिक बनाए जाने की सख्त ज़रूरत है। ऐसा इसलिए भी आवश्यक है कि मार्क्सवादी सौन्दर्यशास्त्र में भी प्रायः आचार्य रामचन्द्र शुक्ल की 'लोकमंगल' एवं 'लोकधर्म' की एकांगी समाज–सापेक्ष व्याख्याओं को ही दुहराने की प्रवृत्ति लक्षित होती है। यहाँ पर उन्हें पुनर्परिभाषित करने का कोई प्रयास, आचार्य हजारी प्रसाद द्विवेदी को छोड़कर, दिखायी नहीं देता। प्रसन्नता की बात है कि दलित चिंतकों का ध्यान इस ओर गया है। शरण कुमार लिम्बाले ने 'सत्यम्, शिवम्, सुन्दरम' को न केवल पुनर्परिभाषित किया है बल्कि उसके समानान्तर सामाजिक और ऐहिक विकल्प भी प्रस्तुत किया है। विकल्प के सूत्र है–

'मनुष्य सर्वप्रथम मनुष्य है यही सत्य है।
मनुष्य की स्वतन्त्रता ही शिव है।
मनुष्य की मनुष्यता ही सुन्दर है।[3]

समता, स्वतन्त्रता एवं बंधुत्व के त्रिसूत्रों पर आधारित यह व्याख्या मानवीय भी है और सर्वथा नई भी। डॉ. अम्बेडकर की विचारधारा ही इसका प्रेरणा–स्रोत है। शरण कुमार लिम्बाले ने यहाँ जिस मनुष्य–सत्य को रेखांकित किया है वह 'ब्रम्ह सत्यं जगन्मिथा' का प्रतिवाद भी है और 'न मानुशात् श्रेष्ठतरं हि किंचित' का पुनर्पाठ भी। इसी मनुष्य–सत्य को स्वीकार करते हुए आचार्य हजारीप्रसाद द्विवेदी ने यह घोषित किया कि 'मनुष्य ही साहित्य का लक्ष्य है।' उन्होंने मनुष्य–सत्य को सबसे बड़ा सत्य मानते हुए मनुष्य की मनुष्यता और उसकी स्वतन्त्रता का दिल खोलकर समर्थन किया है–

- ''मैं साहित्य को मनुष्य की दृष्टि से देखने का पक्षपाती हूँ। जो वाग्जाल मनुष्य को दुर्गति, हीनता और परमुखापेक्षिता से न बचा सके, जो उसकी आत्मा को तेज़ोद्दीप्त न बना सके, जो उसके हृदय को परदुखकातर और संवेदनशील न बना सके, उसे साहित्य कहने में मुझे कोई संकोच होता है।''[4]
- ''समूची मनुष्यता जिससे लाभान्वित हो, एक जाति दूसरी जाति से घृणा न करके प्रेम करे, एक समूह दूसरे समूह को दूर रखने की इच्छा न करके पास लाने का प्रयत्न करे, कोई किसी का आश्रित न हो, कोई किसी से वंचित न हो, इस महान उद्देश्य से ही हमारा साहित्य प्राणोदित होना चाहिए।''[5]
- 'सुन्दरता सामंजस्य का नाम है। जिस दुनिया में छोटायी और बड़ाई में, धनी और निर्धन में, ज्ञानी और अज्ञानी में, आकाश–पाताल का अन्तर हो, वह दुनिया बाह्य असुन्दरता को 'ढूह' में खड़े होकर आन्तरिक सौन्दर्य की उपासना नहीं कर सकती। हमें उस बाह्य सौन्दर्य को देखना ही पड़ेगा। निरत्न, निर्वसन जनता के बीच खड़े होकर आप परियों के सौन्दर्यलोक की कल्पना नहीं कर सकते।''[6]

जाहिर है कि हजारी प्रसाद द्विवेदी के मनुष्य–केन्द्रित इस चिन्तन में शोषित–पीड़ित और अधिकार वंचित सामान्य मनुष्य की पीड़ा की अभिव्यक्ति के साथ ही उसकी सामाजिक और आर्थिक मुक्ति की पक्षधरता भी अभिव्यंजित हुई है। सत्य, शिव और सुन्दर के स्थापित मानक के विरुद्ध सामाजिक यथार्थ के परिप्रेक्ष्य में सत्य, शिव और सुन्दर का एक नया मानक प्रस्तुत

किया है जो समता, स्वतन्त्रता और बंधुत्व की भाव–भूमि पर आधारित होने का संकेत देता है। अकारण नहीं है कि आचार्य द्विवेदी के सम्पूर्ण साहित्य में 'निरत्न, निर्वसन, निर्वाक' जन का प्रतीक बार–बार आता है। एक प्रकार से देखा जाये तो द्विवेदी जी के तीनों उद्धरण शरणकुमार लिम्बाले के तीनों सूत्रों के भाष्य जैसे प्रतीत होते हैं। आचार्य द्विवेदी का सौन्दर्यशास्त्रीय चिन्तन, जिसे वे लालित्य चिन्तन कहते हैं, मार्क्सवादी सौन्दर्यशास्त्र और दलित साहित्य के सौन्दर्यशास्त्र का विजातीय नहीं है बल्कि दलित साहित्य के सौन्दर्यशास्त्र के कुछ अधिक निकट दिखायी देता है। उन उद्धरणों में भी कलावादी सौन्दर्यशास्त्र के सत्य, शिव और सुन्दर को, दलित दृष्टि से देखते हुए असत्य, अशिव और असुन्दर के रूप में रेखांकित किया गया है। हमें यह न भूलना चाहिए कि आचार्य द्विवेदी हिन्दी साहित्य और उसके इतिहास को 'सबाल्टर्न' दृष्टि से देखने वाले पहले आलोचक और इतिहासकार हैं। उनकी आलोचना के केन्द्र में कबीर हैं तो रामचन्द्र शुक्ल की आलोचना के केन्द्र में तुलसीदास। आकस्मिक नहीं है कि आचार्य शुक्ल द्वारा खारिज कर दिए गये सिद्धों–नाथों और तथाकथित नीची जातियों से आने वाले निर्गुण सन्तों के साहित्य का पुनर्मूल्यांकन करते हुए हजारी प्रसाद द्विवेदी ने उसे ब्राह्मणवाद विरोधी बौद्धों के चिन्तन की दूसरी परम्परा से जोड़कर देखा। इस प्रक्रिया में उन्होंने अपनी परम्परा की प्रगतिशीलता को तो रेखांकित किया ही, हिन्दी साहित्य की सीमा का भी विस्तार किया है।

हिन्दी साहित्य और उसके आलोचनाशास्त्र को एक बार खारिज करते समय हमें यह न भूलना चाहिए कि भारतीय चिन्तन परम्परा सपाट और इकहरी नहीं है। परस्पर विरोधी चिन्तन परम्पराओं की द्वन्द्वात्मकता में विरोध और सामंजस्य की युगपत प्रक्रिया में ही उसका विकास हुआ है। 'ब्रह्म सत्यं जगन्मिथ्या' तथा 'न मानुपात्श्रेष्ठतरं हि किंचित' इसी द्वन्द्वात्मक परम्परा का प्रमाण प्रस्तुत करते हैं। एक काल्पनिक आदर्श पर निर्मित है तो दूसरा सामाजिक यथार्थ पर। सत्य के नाम पर 'ब्रह्म सत्यं जगन्मिथा' के महान झूठ को समाज की जड़ों में इस प्रकार बद्धमूल कर दिया गया है कि अंधविश्वासों में जकड़े समाज के सामने इस झूठे सच का पर्दाफाश करना कितना कठिन है, इसे कबीर से बेहतर भला और कौन समझ सकता था–'सांची कहौ तौ मारन धावे, झूठे जग पतियाना।' आखिर इस महान झूठ को सच साबित करने के लिए शंकराचार्य को कितने पापड़ बेलने पड़े थे। चाहे शरणकुमार लिम्बाले का मनुष्य सत्य हो या हजारीप्रसाद द्विवेदी का, कबीर–रैदास का मनुष्य–सत्य हो अथवा सिद्धों–नाथों का, ये सभी 'न मानुपात्श्रेष्ठतरं

हि किंचित' की कोख से पैदा हुए हैं। इसी मनुष्य सत्य को चंडीदास ने भी रेखांकित किया था–'शबार ऊपरे मानुष्य सत्य ताहार ऊपरे नाई'। ये सभी मनुष्य–सत्य वर्णाश्रमधर्मी ब्राह्मणवादी व्यवस्था के विरुद्ध उसी प्रकार तनकर खड़े हैं जैसे 'ब्रह्मसत्य जगन्मिथ्या' के सामने 'न मानुशात्श्रेष्ठतरं हि किंचित' का सामाजिक यथार्थ। अतः दलित साहित्य के सौन्दर्यशास्त्र से भड़कने की ज़रूरत नहीं है। वह कहीं आकाश से नहीं टपक पड़ा है बल्कि उसकी जड़े हमारे इतिहास के मानवतावादी चिन्तन के जनतान्त्रिक मूल्यों से सन्निहित हैं जिसकी वर्चस्ववादी सत्ता ने घोर उपेक्षा की है। दलित साहित्य और उसका सौन्दर्यशास्त्र डॉ. अम्बेडकर की विचारधारा पर आधारित है जिसके निर्माण में बौद्ध दर्शन की महत्त्वपूर्ण भूमिका रही है।

अपने प्रखर इतिहास–बोध के चलते शरणकुमार लिम्बाले 'सत्यम् शिवम् और सुन्दरम्' की नई व्याख्या का निष्कर्ष निकालते हुए लिखते हैं–"काल्पनिक सत्य, काल्पनिक शिव और काल्पनिक सौन्दर्य ये मूर्खता की बातें हैं। विश्व में मनुष्य जैसी सत्य और सुन्दर दूसरी कोई चीज़ नहीं है। इसीलिए तो मनुष्य की समता, स्वतन्त्रता, न्याय और बंधुत्व की चर्चा होनी आवश्यक है। मेरे विचार में यही चर्चा दलित साहित्य के सौन्दर्यशास्त्र की चर्चा होगी।"[8] इससे इतना तो स्पष्ट है कि दलित साहित्य का सौन्दर्यशास्त्र अभी निर्माण की प्रक्रिया से गुज़र रहा है। भविष्य में इसका जो भी स्वरूप बनेगा उसमें शरणकुमार लिम्बाले के इस चिन्तन की महत्त्वपूर्ण भूमिका होगी। वैसे दलित साहित्य को पढ़ते समय लगता है कि उसके मुद्दे अब धीरे–धीरे स्पष्ट होने लगे हैं। हिन्दी पट्टी के दलित चिंतकों में ओमप्रकाश वाल्मीकि, सी.बी. भारती, कंवल भारती, एन. सिंह, तेज़ सिंह, माता प्रसाद आदि इस दिशा में सक्रिय हैं। ओम प्रकाश वाल्मीकि की पुस्तक 'दलित साहित्य का सौन्दर्यशास्त्र' इस सन्दर्भ में विशेष रूप से उल्लेखनीय है जिसमें उन्होंने हिन्दी दलित–लेखन की प्रमुख प्रवृत्तियों को ध्यान में रखते हुए दलित सहित्य के सौन्दर्यशास्त्र के प्रमुख मुद्दों को सूत्रबद्ध किया है। इनके अलावा राजेंद्र यादव ने नये सौन्दर्यशास्त्र की एक रूपरेखा प्रस्तुत करते हुए लिखा है–"जो नया सौन्दर्यशास्त्र बनेगा, वह संघर्ष से शुरू होगा, उस यातना से शुरू होगा, चाहे वह उसका रिइलाइज करने अथवा उस यातना को, उसकी तकलीफ को, उसके भेद–रूप को समझने के रूप में हो और उसके बाद बदलने की मानसिकता के रूप में हो, जिसे हम संघर्ष कह सकते हैं। तीसरा एक स्वप्न के रूप में होगा, हमें करना क्या है?, हमें समानान्तर सौन्दर्यशास्त्र

देना है, वैकल्पिक समाज बनाना है, यह सारा संघर्ष साहित्य में भी, समाज में भी।"[9] उलझाऊ वाक्य–विन्यास में जिस समानान्तर सौन्दर्यशास्त्र के रचने और वैकल्पिक समाज बनाने की बात राजेंद्र जी कर रहे हैं, उससे इतना तो स्पष्ट हो ही जाता है कि उसके केन्द्र में संघर्ष और विद्रोह होगा।

यही संघर्ष और विद्रोह मार्क्सवादी साहित्य और दलित साहित्य दोनों के सौन्दर्यशास्त्रों का केन्द्रीय स्वर है और दोनों में पर्याप्त समानताएँ भी हैं। यदि विचारधारात्मक आग्रह से मुक्त होकर विचार किया जाये तो दोनों एक–दूसरे के विरोधी नहीं, परस्पर सहायक हैं। शरणकुमार लिम्बाले ने गम्भीरतापूर्वक विचार करते हुए दोनों में निहित समान सूत्रों का उल्लेख कर महत्त्वपूर्ण टिप्पणियाँ की हैं–

- "मार्क्सवादी साहित्य और दलित साहित्य दोनों ही जीवनवादी साहित्यिक धाराएँ हैं। इस साहित्य की समीक्षा भी जीवनवादी है। मार्क्सवादी साहित्य यथार्थवादी साहित्य है। दलित साहित्य भी यथार्थवादी साहित्य है।"[10]
- "मार्क्सवादी साहित्य और दलित साहित्य जीवनवादी है और कलावाद को नकारता है लेकिन कला के महत्त्व को कम करके नहीं आँकता।"[11]
- "मार्क्सवादी साहित्य और दलित साहित्य मनुष्य को महान मानता है। मनुष्य की महानता का विचार इस साहित्य की समीक्षा में व्यक्त हुआ है। मार्क्सवाद मानवतावादी है कला और साहित्य का केन्द्र मनुष्य है।"[12]
- "दलित और मार्क्सवादी साहित्य ने आज तक अज्ञात रहे शोषित मनुष्य को अपने साहित्य का नायक बनाया। इस साहित्य की समीक्षा ने इस नये नायक के नायकत्व को प्रस्थापित और विशद किया और इस प्रकार उसके समर्थन की भूमिका अदा की। आम आदमी की मुक्ति का समर्थन करते हुए इस समीक्षा ने मनुष्य की शोषणवादी कला, साहित्य, समाज, संस्कृति अर्थ और राजनीति आदि पर कड़ा प्रहार किया।"[13]
- "दलित साहित्य और मार्क्सवादी साहित्य निश्चित ध्येय और विचार से प्रेरित है। इस कारण से दोनों के स्वरूप और प्रयोजन में साम्य दिखायी देता है। इन दोनों की प्रेरणा, भूमिका, प्रतिबद्ध ता, मानवतावाद में मिलती है।"[14]

- "दोनों विचारों में, साहित्य में, आन्दोलन में और समाज में मनुष्य की मुक्ति की और महानता का विचार व्यक्त हुआ है।"[15]

प्रसंगवश, मराठी का दलित चिन्तन क्रमशः परिपक्व होता चला गया है। उसके विकास की तीन धाराएँ स्पष्ट दिखायी देती हैं। पहली धारा अम्बेडकरवाद को ही दलित साहित्य का मूल आधार मानती है तो दूसरी धारा डॉ. अम्बेडकर और ज्योतिबा फुले दोनों के चिन्तन को महत्त्व देती है। तीसरी धारा के चिंतक दलित साहित्य के विकास में मार्क्सवाद से प्रेरणा ग्रहण करते हैं। इन चिंतकों में म. ना. वानखेड़े, बाबूराव बागूल, यशवंत मनोहर, रावसाहब कसबे, अर्जुन डांगले, नामदेव ढसाल, दया पवार आदि के नाम विशेष से उल्लेखनीय हैं। इन्होंने 'दलित' शब्द की परिभाषा के अन्तर्गत समेट लिया है। नामदेव ढसाल ने दलित की जो परिभाषा दी है उसमें "दलित यानी कि अनुसूचित जाति, जनजाति, बौद्ध, श्रमिक जनता, मजदूर, भूमिहीन, खेत मजदूर, यायावर और आदिवासी हैं।"[16] इस परिभाषा का आधार और उद्देश्य काफ़ी व्यापक है जिसमें सामाजिक और राजनीतिक एकता के लिए सम्भावनाओं की तलाश की गयी है जो मार्क्स और अम्बेडकर के बीच गहरी खाई खोदने वालों को सावधान भी करती है।

नामदेव ढसाल द्वारा दी गयी 'दलित' शब्द की परिभाषा को शरण कुमार लिम्बाले ने और भी ज़्यादा व्यापक और लचीली बनाया है। उनके अनुसार 'दलित केवल हरिजन और नवबौद्ध नहीं। गाँव की सीमा के बाहर रहने वाली सभी अछूत जातियाँ, आदिवासी, भूमिहीन, खेत मजदूर, श्रमिक, मेहनतकश जनता और यायावर जातियाँ सभी की सभी दलित शब्द की परिभाषा में आती हैं। दलित शब्द की परिभाषा में केवल अछूत जाति का उल्लेख करने से नहीं चलेगा। इसमें आर्थिक दृष्टि से पिछड़े हुए लोगों का भी समावेश करना पड़ेगा।"[17] दलित साहित्य की विकास प्रक्रिया में मराठी के चिंतकों में जहाँ दलित साहित्य और उसके सौन्दर्यशास्त्र के दायरे को व्यापक बनाने की मुहिम चल रही है वहीं हिन्दी के दलित चिंतकों में एक नई बहस छिड़ी हुई है कि दलित साहित्य को दलित साहित्य कहा जाये या अम्बेडकरवादी साहित्य? जो लोग दलित साहित्य को अम्बेडकरवादी साहित्य कहे जाने के पक्ष में हैं, उनमें डॉ.तेज़सिंह का नाम उल्लेखनीय है। उनका तर्क है कि जब मार्क्स की विचारधारा से प्रभावित साहित्य को मार्क्सवादी साहित्य कहा जाता है तो अम्बेडकर की विचारधारा से प्रभावित साहित्य को अम्बेडकरवादी साहित्य क्यों न कहा जाये? कौन जाने इस तर्क के पीछे यह भावना भी

छिपी हो कि दलित शब्द–हीनता का भाव पैदा करता है और अम्बेडकरवादी शब्द आत्मगौरव का बोध कराता है। लेकिन अम्बेडकरवादी साहित्य के लिए दलित साहित्य का प्रयोग इतना अधिक प्रचलित हो चुका है कि उसके लिए किसी नये शब्द का प्रयोग अधिकांश दलित लेखकों के गले के नीचे नहीं उतर पा रहा है। एक बात और, मराठी के दलित लेखन में अम्बेडकरवाद और मार्क्सवाद के बीच उतनी गहरी खाई नहीं है जितनी हिन्दी के दलित लेखन में देखने को मिलती है। हाँ, डॉ. तुलसीराम जैसे कुछ दलित चिंतक इस खाई को पाटने और हिन्दी दलित साहित्य को व्यापक और उदार बनाने की दिशा में अवश्य प्रयत्नशील हैं। इसका एक कारण वह भी है कि डॉ. तुलसीराम के चिन्तन में बुद्ध, अम्बेडकर और मार्क्स के विचारों का विरल सामंजस्य देखने को मिलता है। यही कारण है कि इनका चिन्तन मराठी के दलित चिन्तन की तरह परिपक्व भी है और प्रभावशाली भी तथा सैद्धान्तिक दुराग्रहों से बहुत कुछ मुक्त भी।

दलित साहित्य पर एक आरोप यह भी लगाया जाता है कि वह सीमित भाव–क्षेत्र का आक्रोशपूर्ण साहित्य है और आक्रोश भी छाती पीटने जैसा आक्रोश। यह तो सही है कि दलित संघर्ष और विद्रोह का साहित्य है जिसके कारण उसमें क्रोध और आक्रोश स्वाभाविक है। यह आक्रोश दरअसल वेदना और विद्रोह की अभिव्यक्ति है। छाती पीटने वाले आक्रोश में मूक विद्रोह और लाचारी होती है, वह निष्क्रिय होता है। दलित साहित्य में अभिव्यक्त प्रतिरोधमूलक आक्रोश सक्रिय और सर्जनात्मक है जो संघर्ष और विद्रोह के लिए प्रेरित करता है। यह सर्जनात्मक आक्रोश दलित साहित्य की सभी विधाओं में देखने को मिलता है। यही सर्जनात्मक आक्रोश प्रेमचन्द के उपन्यास 'गोदान' के मातादीन–सिलिया प्रसंग में भी दिखायी देता है। गाँव के दलितों द्वारा पं. मातादीन के मुँह में हड्डी का टुकड़ा डालना, सवर्णों के विरुद्ध दलितों की पहली सामूहिक कार्रवाई है– हिन्दी साहित्य में भी और दलित साहित्य में भी। हमें यह न भूलना चाहिए कि इसके लिए प्रेमचन्द को सवर्णों के आक्रोश का शिकार होना पड़ा था। प्रेमचन्द का सर्जनात्मक आक्रोश धीरे–धीरे मातादीन के हृदय में मानवीय संवेदना जगा कर उसका हृदय परिवर्तन कराता है जिसकी अन्तिम परिणति यह होती है कि रूढ़ संस्कारों में जकड़ा हुआ एक व्यभिचारी पुरुष एक विवेकवान मनुष्य बन जाता है, एक अवैध सन्तान को उसके पिता का नाम तथा अधिकार–वंचित एक दलित स्त्री को पत्नीत्व की सामाजिक प्रतिष्ठा मिलती है।

मातादीन जब अपने शिशु का अन्तिम संस्कार कराता है तो उसी के साथ पोथी–पत्रा को गंगा में डुबा देता है और ब्राम्हण–श्रेष्ठता के प्रतीक चिह्न को भी तोड़कर फेंक देता है। भाव के दाह–संस्कार के साथ ही अस्पृश्यता के मूल कारण वर्णव्यवस्था का भी अन्तिम संस्कार हो जाता है।

अतः प्रेमचन्द का कथा साहित्य यदि प्रगतिशील आन्दोलन की देन है तो उसमें दलित साहित्य आन्दोलन के विद्रोही तेवर की अभिव्यक्ति और दलित पक्षधरता भी दिखायी देती है। यह ध्यान रखना चाहिए कि उस समय दलित कथा–लेखन की कोई परम्परा भी नहीं थी। प्रगतिशील आन्दोलन दलित साहित्य आन्दोलन का विरोधी नहीं बल्कि कतिपय सीमाओं के बावजूद दलित साहित्य का आन्दोलन का सहवर्ती आन्दोलन है। यदि हमें सामाजिक–आर्थिक मुक्ति के लिए वर्चस्ववादी शोषक सत्ता के विरुद्ध संघर्ष करते हुए लड़ाई लड़नी और जीतनी है तो समानधर्मी जनान्दोलनों के साथ संयुक्त मोर्चा बनाना ही श्रेयस्कर होगा। इस सन्दर्भ में नारायण सुर्वे के विचार अत्यन्त महत्त्वपूर्ण हैं। उन्होंने लिखा है–"भारतीय स्तर पर सभी क्रान्तिकारक, समाज सुधारक, सभी परिवर्तनवादी शक्तियाँ, राष्ट्रीय स्वतन्त्रता आन्दोलन के सभी प्रगतिशील प्रवाह, सभी वामपन्थी आन्दोलन, सभी सोशलिस्ट और कम्युनिस्ट आन्दोलनों का झगड़ा और उनके द्वारा निर्माण किए गये संघर्ष, ये सभी शोषण विरोधी संस्कृति का और बदलाव माँगने वाले परिवर्तनवादी आन्दोलनों का महत्त्वपूर्ण हिस्सा है, इसे भी हमें नहीं भूलना चाहिए।"[18]

कुछ दलित चिंतक व्यक्तिगत जीवन, जाति और वर्ण को आधार बनाकर प्रेमचन्द जैसे महान लेखक की कटु आलोचना करते हैं। वे भूल जाते हैं कि दुनिया के किसी भी लेखक की पहचान उसके व्यक्तिगत जीवन, जाति अथवा वर्ण के आधार पर नहीं बल्कि इस बात से होती है कि उसके द्वारा स्थापित साहित्य–मूल्यों का पाठकों पर क्या प्रभाव पड़ा है। साहित्य–मूल्यों की अपनी इस प्रभावोत्पादक क्षमता के कारण प्रेमचन्द भारत ही नहीं दुनिया के दूसरे देशों में भी पढ़े–पढ़ाए जाते हैं। वह जितने लोकप्रिय भारत में है उतने ही लोकप्रिय पाकिस्तान में भी। रूस और चीन जैसे समाजवादी देशों में भी प्रेमचन्द की लोकप्रियता असंदिग्ध है। अकारण नहीं है कि मराठी के प्रसिद्ध दलित लेखक दया पवार ने कभी खुलेआम कहा था–"अगर मराठी में प्रेमचन्द जैसा लेखक होता, तो मराठी में दलित साहित्य का विस्फोट ही नहीं होता।"[19] प्रेमचन्द ने सौन्दर्य के जिस मेयार को बदलने की बात कही थी, वह न केवल प्रगतिशील साहित्य के नये सौन्दर्यबोध का प्रतिमान

था बल्कि दलित साहित्य के नये सौन्दर्यशास्त्र की ओर भी इशारा कर रहा था। मुक्तिबोध ने जब 'नए साहित्य का सौन्दर्यशास्त्र' लिखा तो उसमें कहीं–न–कहीं प्रेमचन्द की यह प्रेरणा भी काम कर रही थी। अतः दया पवार के उक्त वक्तव्य को ध्यान में रखते हुए यह समझने में कठिनाई नहीं होनी चाहिए कि क्यों प्रेमचन्द के समय अलग से दलित–लेखन का विस्फोट नहीं हो पाया।

ध्यान देने की बात है कि मराठी साहित्य और हिन्दी साहित्य दोनों में समान गति रखने वाले डॉ. सूर्यनारायण रणसुभे जैसे दलित चिंतक ने डॉ. धर्मवीर के प्रेमचन्द विरोधी चिन्तन का प्रतिवाद करते हुए, दलित साहित्य के विकास में प्रेमचन्द की सामाजिक भूमिका को रेखांकित किया है–"इस देश के लाखों पाठकों के मन में, चाहे वह सवर्ण हो या दलित, प्रेमचन्द को पढ़कर अगर वर्ण तथा जातिव्यवस्था के प्रति आकर्षण पैदा हुआ होगा तो डॉ. धर्मवीर के आरोपों में दम है, ऐसा कहना होगा। परन्तु वास्तविकता क्या है? लेखक अपना व्यक्तिगत जीवन किस प्रकार जीता है, यह बात तो व्यक्तिगत होती है, वह लेखक की मृत्यु के बाद समाप्त हो जाती है। वह लेखक अपनी रचनाओं द्वारा जिन मूल्यों को स्थापित करता है, वे मूल्य पीढ़ी–दर–पीढ़ी आगे पहुँचते जाते हैं। प्रेमचन्द के उपन्यासों और कहानियों में सामन्ती व्यवस्था की क्रुरता, अमानवीयता व्यक्त हुई है। पाठक के भीतर एक नई सोच की शुरुआत हो जाती है–ऐसा मैं नहीं कह रहा हूँ अपितु पिछले सात–आठ दशकों से प्रेमचन्द को पढ़ने वाले पाठकों ने रेखांकित किया है।"[20] अन्त में वे दलित लेखकों और चिंतकों को आगाह करते हुए लिखते हैं–"हिन्दी के दलित बुद्धिजीवी, संवेदनशील लेखक तथा सभी वर्ण–वर्ग के स्त्री–पुरुषों को अब यह स्पष्ट हो जाना चाहिए कि डॉ. धर्मवीर जैसे लेखक डॉ. बाबासाहेब अम्बेडकर जी के विचारों के विरोध में पूरी ताकत के साथ लड़ रहे हैं। फर्क इतना ही है कि उन्होंने मुखौटा तो डॉ. अम्बेडकर के विचारों का धारण किया है, परन्तु उनका असली चेहरा सामन्ती, प्रतिक्रियावादी और अम्बेडकर विरोधी है।"[21] जाहिर है कि डॉ. सूर्यनारायण रणसुभे दलित साहित्य और उसके सौन्दर्यशास्त्र को मराठी के अन्य दलित चिंतकों की तरह एक व्यापक भावभूमि पर प्रतिष्ठित करने के पक्षधर हैं और इसके लिए वे दूसरी प्रगतिशील धाराओं के योगदान को महत्त्वपूर्ण मानते हैं।

दलित साहित्य में शिल्प की अपेक्षा अन्तर्वस्तु और आशय की प्रधानता है। यह महत्त्वपूर्ण नहीं है कि उसकी भाषा कितनी प्रांजल और शिल्प कितना महत्त्वपूर्ण है बल्कि महत्त्वपूर्ण यह है कि उसका आशय क्या है?

उसके सामाजिक सरोकार क्या है और वह साहित्य जीवनवादी है अथवा नहीं? उसके आशय पर विचार करते हुए डॉ. सी.बी. भारती ने बड़ी स्पष्टता के साथ लिखा है–''दलित साहित्य की सौन्दर्यदृष्टि होती है उत्पीड़न, पीड़ा व उसके विस्तार का निरपेक्ष आकलन, धार्मिक पाखण्डों व निहित स्वार्थवश निर्मित शोषण के उपादानों के प्रति घृणा, एक सजग मानवीय अस्मिता, समत्वबोध, सामाजिक अन्याय के प्रति प्रतिकार का सामर्थ्य, सामाजिक परिवर्तनों के प्रति अड़िग आस्था व परम्परागत घृणित व्यवस्थाओं के विच्छेदन की सफलता का विश्वास। दलित साहित्य में नारी रूप की दीप्ति, सुकुमारता, कोमलता, बड़ी–बड़ी आँखों अथवा लाल गालों से नहीं निखरती, अपितु श्रम से निःसृत स्वेद कण ही उसके सौन्दर्य के परिमाण का निर्धारण करते हैं।''[22] कहने की आवश्यकता नहीं कि अभिजन साहित्य में वर्णन चाहे स्त्री सौन्दर्य का हो अथवा प्राकृतिक सौन्दर्य का, दृष्टि उपशोक्तावादी और सौन्दर्य अकर्मक होता है जबकि श्रमजीवी स्त्री का सौन्दर्य सकर्मक और क्रियाशील होता है और क्रियाशील जीवन ही सुन्दर होता है। दलित–दृष्टि से देखने पर क्रियाशील जीवन का सौन्दर्य ही यथार्थ रूप से सुन्दर प्रतीत होगा। दिलीप कठारिया की एक कविता 'विकास का मुंह टेढ़ा है' की कुछ पंक्तियाँ देखिए–'शिमला के पहाड़ों/और हसीन वादियों के बीच/बहते झरने/सुन्दर तो लगते हैं/लेकिन/दलितों के श्रम से/बहा पसीना/ज़्यादा ख़ूबसूरत है/माशूक की गोद के/सिरहाने में रोमानी खयाल/दिलकश तो है/पर इससे बड़ी हकीकत/बेटी पैदा हो जाने पर/गजमदा हो जाना है।'[23]

अभिजन समाज में एक श्रमिक का पसीना शोषण करने वाले सामन्तों और पूँजीपतियों के पाप से भी ज़्यादा बदबूदार माना जाता है। यह कविता शोषण और शोषित तथा कल्पना और यथार्थ के कंट्रास्ट में अभिजन रुचियों का 'क्रिटीक' भी रचती है। 'मेघदूत एक पुरानी कहानी' में कालिदास के 'पुश्पलावी' सौन्दर्य की व्याख्या करते हुए आचार्य हजारी प्रसाद द्विवेदी मेघ को निर्देश देते हैं कि तुम विदिशा की दुग्ध धवल अट्टालिकाओं में रहने वाली सुंदरियों के रूपजाल में मत उलझ जाना, वहाँ तुम सौन्दर्य का बिकार देखोगे। वहाँ से थोड़ा नीचे उतरना। निचली पहाड़ी के खेतों में सुबह से शाम तक काम करने वाली कृषक बधुओं के क्रियाशील जीवन में तुम्हें सच्चा सौन्दर्य देखने को मिलेगा जहाँ चोटी का पसीना एड़ी तक बहता रहता है। पसीना बड़ा पावक तत्व है मित्र! वह सारे विकारों को धो डालता है। इस प्रकार सामाजिक दायित्वबोध से जुड़ी रचनात्मकता और उसके प्रति सच्ची आस्था ही दलित साहित्य के सौन्दर्यशास्त्र का मौलिक प्रतिमान है।

दलित साहित्य परजीविता से मुक्त होने का साहित्य है जिसमें परजीवी परिस्थितियों के प्रति प्रतिरोध का भाव है जो दलित साहित्य के विकसित होने की ज़मीन तैयार करता है। दलित साहित्य में प्रतिरोध प्रायः आक्रोश के रूप में व्यक्त हुआ है लेकिन जब कभी वह व्यंग्य के रूप में व्यक्त होता है तो व्यंग्यगर्भित प्रतिरोध कहीं ज़्यादा सर्जनात्मक, कलात्मक और प्रभावशाली हो जाता है। इस सन्दर्भ में शोषक और शोषित का 'कंस्ट्रास्ट' रचती ओम प्रकाश वाल्मीकि की कविता 'ठाकुर का कुआँ' विशेष रूप से उल्लेखनीय है–''चूल्हा मिट्टी का/मिट्टी तालाब की/तालाब ठाकुर का/भूख रोटी की/रोटी बाजरे की/बाजरा खेत का/खेत ठाकुर का/बैल ठाकुर का/हल ठाकुर का/हल की मूठ पर हथेली अपनी/फसल ठाकुर की/कुआँ ठाकुर का/पानी ठाकुर का/खेत खलिहान ठाकुर के/गली मुहल्ले ठाकुर के/फिर अपना क्या?/गाँव? शहर?/देश?''[24]

अतः समझने में कठिनाई नहीं होनी चाहिए कि दलित साहित्य का सौन्दर्यशास्त्र हिन्दी के परम्परागत सौन्दर्यशास्त्र के कलावादी प्रतिमानों का मोहजाल नहीं है। वह रस, अलंकार, छन्द को नहीं बल्कि साहित्य के आशय और सामाजिक सरोकारों को महत्त्व देता है। उसमें जीवन के संघर्षों का अनुभूत सत्य अभिव्यक्त हुआ है। यदि उसका भोगा हुआ यथार्थ कटु और अपमानजनक है तो उसकी भाषा प्रांजल और घुमावदार कैसे हो सकती है? सौन्दर्यबोध के आधार पर दलित साहित्य को नकारने वाले ग़ैरदलित चिंतकों का प्रतिवाद करते हुए वरिष्ठ दलित लेखक माता प्रसाद ने लिखा है–''दलित साहित्यकार अपने या अपने समाज के दलन, उत्पीड़न, शोषण, अपमान, महिलाओं के साथ बलात्कार, व्यभिचार की बातें सामने रखकर उसके विरोध, प्रतिरोध या प्रतिशोध के लिए उकसाता है, इसलिए उसकी भाषा में कड़वाहट, रोश, क्रोध, चिल्लाहट, आन्दोलन और संघर्ष को बढ़ाने वाले शब्द होते हैं। ऐसी भाषा में रस, छन्द और अलंकार का अभाव होता है। उनकी कविता में छन्द का नकार होता है। दलित साहित्यकार की भाषा घुमाव–फिराव वाली न होकर स्पष्ट और सपाट होती है। वह श्रमण संस्कृति का पोषक है, इसलिए उसमें स्वाभिमान होता है।''[25] आज जिस तरह से मराठी का दलित साहित्य मुख्यधारा का साहित्य बन चुका है और उसके सौन्दर्यशास्त्र की रूपरेखा भी स्पष्ट हो चुकी है, उसी तरह भविष्य में तमाम विरोधों और बाधाओं के बावजूद हिन्दी का दलित साहित्य भी मुख्यधारा का साहित्य बनने की क्षमता रखता है। तब जाहिर है कि हिन्दी का जो भी नया सौन्दर्यशास्त्र बनेगा, वह दलित साहित्य की अनदेखी नहीं कर सकता।

सन्दर्भ

1. संपा. राजेंद्र यादव–'हंस', अगस्त 2004, पृ.203
2. शरण कुमार लिम्बाले–दलित साहित्य का सौन्दर्यशास्त्र, पृ.33
3. वही; पृ.33
4. हजारी प्रसाद द्विवेदी ग्रन्थावली–मनुष्य ही साहित्य का लक्ष्य है, पृ.24
5. वही; साहित्यकारों का दायित्व, पृ.101
6. वही; अशोक के फूल, पृ.164
7. हजारी प्रसाद द्विवेदी–कबीर; पद सं.168, पृ.248
8. शरण कुमार लिम्बाले–दलित साहित्य का सौन्दर्यशास्त्र, पृ.33–34
9. संपा.राजेंद्र यादव–काली सुर्खियां, पृ.12
10. शरण कुमार लिम्बाले–दलित साहित्य का सौन्दर्यशास्त्र, पृ.3.5.3, पृ.77
11. वही, पृ.78
12. वही, पृ.78
13. वही, पृ.79
14. वही, पृ.79
15. वही, पृ.85
16. वही, पृ.80 पर उद्धृत
17. वही, पृ.42
18. संपा. शरण कुमार लिम्बाले–दलित साहित्य वेदना और विद्रोह, पृ.282
19. डॉ.सूर्यनारायण रणसुभे–दलित साहित्य : स्वरूप और संवेदना, पृ.93 पर उद्धृत
20. वही, पृ.93–94
21. वही, पृ.97
22. संपा.डॉ.एन. सिंह–शिखर की ओर, पृ.351
23. संपा.विमल थोरात एवं सूरत वड़त्या–भारतीय दलित साहित्य का विद्रोही स्वर, पृ.89
24. संपा. कंवल भारती–दलित निर्वाचित कविताएँ, शीर्षक कविता, पृ. 56
25. संपा. माता प्रसाद–दलित साहित्य : दशा और दिशा, पृ. 6–7

भारतीयता और दलित साहित्य

डॉ. जयप्रकाश कर्दम

डॉ. लक्ष्मीमल्ल सिंधवी ने अपनी पुस्तक 'भारत और हमारा समय' में इस बात का उल्लेख किया है कि 'भारत से बाहर मैंने कई अप्रवासी भारतीय देखें हैं। उनकी भारतीयता से बहुत गहरे तक प्रभावित भी हुआ। किन्तु यहाँ आकार बहुत दुःखद और दयनीय त्रासदी मुझे दिखायी देती है कि भारतवर्ष में ही कई प्रवासी अभारतीय हैं?' उनकी चिन्ता भारतीय भाषाओं, विशेषतः संस्कृत और संस्कृति को लेकर थी। किन्तु उनके शब्द 'भारत में प्रवासी अभारतीय' बहुत कुछ कहते हैं। यदि भारतीयता भारत भूमि पर रहने वाले सभी लोगों की भावनाओं को समावेशित करके बनती है तो केवल वेद, पुराण आदि की परम्परा के निर्वाह पर ही ज़ोर क्यों है? इसमें कुरान, बाइबिल और त्रिपिटक की उपेक्षा क्यों है? क्या वर्ण–जाति–व्यवस्था और तद्जनित ऊँच–नीच, अस्पृश्यता के रहते भारतीयता की किसी अवधारणा की कल्पना की जा सकती है? शायद नहीं? शायद नहीं, कदापि नहीं? इसी तरह साम्प्रदायिक भेदभाव और घृणा के रहते भी भारतीयता का निर्माण नहीं हो सकता।

भारत एक स्वतन्त्र और संप्रभु देश है। संविधान के द्वारा भारत एक राष्ट्र और गणराज्य है। राष्ट्र और राष्ट्रवाद की अपनी एक संकल्पना है, जो संविधान की प्रस्तावना में स्पष्ट रूप से परिलक्षित होती है। किन्तु यथार्थ के धरातल पर भारत एक राष्ट्र नहीं है। संविधान की दृष्टि से भारतीय राष्ट्रीयता की अवधारणा समता और सम्यकता पर आधारित है। समता और सम्यकता सामाजिक मूल्य हैं। जब तक समाज में ये मूल्य स्थापित नहीं होते तब तक भारतीयता की अवधारणा मूर्त नहीं हो सकती। इसलिए भारतीयता की अवधारणा को मूर्त बनाने के लिए यह आवश्यक है कि समाज समतामूलक या समानता पर आधारित हो। भारतीयता की अवधारणा में यही सबसे बड़ा पेच है। हम वसुधैव कुटुम्बकम की बात करते हैं, किन्तु परस्पर असमान

और विभाजित हैं। विभाजित लोग कभी एकता की भावना के साथ संगठित नहीं हो सकते। यही भारतीय समाज की सबसे बड़ी कमज़ोरी और भारतीय राष्ट्रीयता के विकास में सबसे बड़ी बाधा है।

इसलिए हम कहने के लिए भले ही कह लें किन्तु भारतीय समाज जैसी कोई संस्था यथार्थ में नहीं है। भारत अभी एक समाज नहीं बन पाया है। समाज को परिभाषित करते हुए कहा गया है कि 'समां अजन्ति जनारू आस्तिमन इति समाजः' अर्थात जिसमें सभी लोग सम्यक रूप से गतिमान हों वह समाज है। वैसे भी देखा जाये तो समाज शब्द सम और अज के मिलने से बनता है। इसमें सम धातु अर्थात मुख्य शब्द है, अज सम धातु के साथ जुड़ा एक प्रत्यय है। इसमें सम का अर्थ है समानता। समाज के निर्माण के लिए उसमें समानता का होना प्राथमिक शर्त है। अर्थात समाज के सभी सदस्यों के बीच किसी भी प्रकार का कोई भेद या असमानता नहीं होनी चाहिए। जबकि भारतीय समाज असमानताओं का समाज है, जो हजारों जातियों, उपजातियों में विभक्त है, और सब जातियाँ एक–दूसरी से छोटी–बड़ी, ऊँची–नीची और छूत–अछूत हैं। यह असमानता का सबसे बड़ा आधार है। इस वर्ण–जातिगत असमानता के रहते भारतीय जन एक समाज के रूप में संगठित और एक नहीं हो पा रहे हैं। उनमें एकता और हम की भावना का अभाव है। भारतीय समाज की अवधारणा यथार्थतः एक भ्रमित और असत्य अवधारणा है। यदि कहीं समाज है भी तो वह एक समाज न होकर अलग–अलग वर्णों–जातियों के अलग–अलग समाज हैं, जिनके बीच आपसी समानता सम्भव है। इस तरह देखा जा सकता है कि जिस भारतीय समाज की कल्पना की जाती है, वह जातियों अथवा जातीय समाजों का समूह है। किन्तु, स्वयं को भारत मानने के दंभ का शिकार सामाजिक रूप से श्रेष्ठता के उच्च पायदान पर विराजमान तथा आर्थिक रूप से सम्पन्न जातियों का वर्ग इस जातीय समूह को ही भारतीय समाज मानता और प्रचारित करता है। शिक्षा पर इसी वर्ग का वर्चस्व है, इसलिए अपनी चेतना के अनुकूल समाज की व्याख्या और विश्लेषण कर अपनी स्व–निर्मित अवधारणा को स्थापित करते हुए जातीय समाजों के समूह को भारतीय समाज के रूप में विद्यार्थियों को पढ़ाता है। और इस प्रकार से समाज का भ्रम या भ्रम का समाज विकसित किया जाता है।

भारतीयता को समझने के लिए भारतीय समाज की संरचना को समझना आवश्यक है। राष्ट्रीयता की अवधारणा राष्ट्र के साथ जुड़ी है। राष्ट्रीयता किसी राष्ट्र के नागरिकों की वह भावना होती है जो उनको एकता के सूत्र

में बाँधकर परस्पर प्रेम, सद्भाव, सम्मान और सह–अस्तित्व के साथ जीने के लिए प्रेरित करती है। और राष्ट्र के नागरिक के रूप में स्वयं पर गर्व करना सिखाती है। कहने की आवश्यकता नहीं है कि इस सब का आधार समानता है। यदि राष्ट्र के नागरिकों के बीच समानता है तो उनके बीच परस्पर एकता, प्रेम और सद्भाव हो सकता है और वे परस्पर सह–अस्तित्व के साथ रह सकते हैं। समानता के अभाव में यह सम्भव नहीं है। स्पष्ट है कि राष्ट्रीयता का आधार समाज है। समाज बनेगा तो राष्ट्र बनेगा। समाज के जो मूल्य होंगे वही राष्ट्रीयता के मूल्य भी होंगे। समाज और राष्ट्र के मूल्य अलग नहीं हो सकते। भारतीयता की अवधारणा वस्तुतः वही होगी जिसे भारतीय संविधान में 'इंडिया देट इज भारत' कहा गया है। इसमें हिंद और हिन्दुस्तान के लिए कोई जगह नहीं है। जय हिंद या हिन्दुस्तान जैसे शब्द भारतीयता की अवधारणा के संवाहक नहीं हैं, अपितु भारतीयता की संवैधानिक अवधारणा के विरोधी हैं। कुछ लोग भारतीयता के मूल में करुणा को स्वीकार करते हैं। किन्तु सवाल है कि करुणा किस के प्रति है? क्या केवल ग़रीब ब्राह्मण के प्रति अथवा ग़रीब और अस्पृश्य शूद्र–अति–शूद्र के प्रति? यह सवाल इसलिए है क्योंकि भारतीय साहित्य और संस्कृति में ग़रीब ब्राह्मण के प्रति जितनी मानवीय करुणा देखने को मिलती है उतने ग़रीब शूद्र या अंत्यज के प्रति देखने को नहीं मिलती है। जबकि सबसे अधिक मानवीय करुणा की आवश्यकता हजारों साल से अमानवीय शोषण, उत्पीड़न के शिकार रहे शूद्र–अंत्यजों को है।

कुछ लोग वसुधैव कुटुंबकम को भारतीयता का मूल मन्त्र मानते हैं और इस पर गर्व करते हैं, किन्तु यथार्थ में यह एक बहुत बड़ा छद्म है, क्योंकि समाज वर्ण, जाति, उपजाति आदि में खण्ड–खण्ड विभाजित हो। जहाँ, समाज के एक बड़े वर्ग को शूद्र, अतिशूद्र, अंत्यज, अस्पृश्य कहकर उसे समाज से बहिष्कृत और मानवीय अधिकारों से वंचित रखा जायें उसके प्रति घृणा, उपेक्षा, अपमान, दमन और हिंसा का व्यवहार किया जायें रामराज्य की कल्पना का आधार भारतीयता की यही अवधारणा है। यह भारतीयता नहीं, हिन्दू भारतीयता है, जो इस तरह का विभेद भारतीयता का निर्माण नहीं कर सकता। इसलिए समस्त भारतवासियों की संवेदनाएँ, अनुभूतियाँ और जीवन–मूल्य एकसमान नहीं हैं। उनके संघर्ष, स्वप्न, आशा–आकांक्षाएँ, जिजीविषाएँ अर्थात उनका जीवन और जीवन–दृष्टि एकसमान नहीं, भिन्न हैं। वसुधैव कुटुंबकम के सम्बन्ध में यह प्रश्न बहुत स्वाभाविक है कि वह वसुधा कौन सी है जिस पर यह गर्व किया जा रहा है कि वहाँ पर सब लोग एक कुटुंब के रूप में रहते हैं। भारत की धरा पर तो यह सम्भव नहीं है।

विभाजन और विभेदों के चलते यहाँ तो लोग परस्पर कटुता, अलगाव और वैमनस्यता के साथ रहते हैं। और चूँकि वसुधैव कुटुंबकम की अवधारणा भारत की ही है तो फिर यह कौन से कुटुंब के सम्बन्ध में है। क्या यह कुटुंब केवल ब्राह्मणों का है अथवा तीन उच्च वर्णों अर्थात ब्राह्मण, क्षत्रीय, वेश्यों का है। ये ही एक–दूसरे के हितों के पोषण हेतु शूद्र और अंत्यजों का दमन, शोषण और उत्पीड़न करते हैं।

भारतीयता की अवधारणा में लोक–मंगल को परम श्रेयस माना जाता है। वसुधैव कुटुंबकम की अवधारणा में कहीं न कहीं लोक–मंगल का भाव है। तब यह सवाल उठाना भी अस्वाभाविक नहीं है कि वह कौन–सा लोक है जो मनुष्य मनुष्य में भेद करता है? एक व्यक्ति को ऊँचा और दूसरे को नीचा मानने की परम्परा को पोषित और संरक्षित करता है। सच्चाई यह है कि जिस विचार के आधार पर भारतीयता के निर्माण की कल्पना की जाती है अथवा उसे परिभाषित किया जाता है, उसका आधार धर्म और अध्यात्म है। धर्म और अध्यात्म की सत्ता ईश्वर या परमात्मा को सर्वोच्च सत्ता मानती है तथा परलोक और पुनर्जन्म में विश्वास करती है। उस विचार–परम्परा में इस लोक और यहाँ के लोगों के कल्याण से अधिक परलोक सुख का स्वप्न अधिक महत्त्वपूर्ण है। भारतीयता की इस अवधारणा में ब्रह्म, ब्राह्मण और वेद का सर्वोच्च स्थान है, इनके समक्ष सब गौण हैं। यह एक सामाजिक विकृति है, जो अत्यन्त संकीर्ण तथा एक वर्ग पर दूसरे वर्ग के वर्चस्व की मानसिकता की द्योतक है। इन संकीर्णताओं और विकृतियों से मुक्त होकर ही भारतीयता का सृजन या निर्माण किया जा सकता है।

धर्म के प्रभुत्व वाले भारतीय समाज में भारतीयता का उल्लेख किसी भी रूप में हो उसका झुकाव ईश्वर की ओर होता है। तात्पर्य यह है कि ईश्वर के बिना भारतीयता की कल्पना नहीं की जाती है। ईश्वर जिनकी श्रेष्ठता, सम्पन्नता और वर्चस्व का संबल और आधार है, उनकी चेतना का झुकाव ईश्वर की ओर होना स्वाभाविक और सम्भव है, किन्तु सदियों से ईश्वर के नाम पर ही जिनका शोषण और दमन किया गया है, उनकी चेतना का झुकाव ईश्वर के प्रति नहीं हो सकता है। उपनिषद के वाक्य 'अहम ब्रह्मास्मि' की व्याख्या यह कहकर की जाती है कि मनुष्य स्वयं ईश्वर है। किन्तु यथार्थ यह है कि स्वयं को ब्रह्म कहने और मानने वाला यह मनुष्य और कोई नहीं केवल ब्राह्मण है। अर्थात ब्राह्मण ही ब्रह्म या ईश्वर है। मानने को तो मनुष्य को देवताओं से भी श्रेष्ठ माना गया है। किन्तु अपवादों को छोड़कर मनुष्य ही देवताओं की शरण में जाता है और उनके समक्ष याचक बना कुछ न कुछ माँगता है।

भारत की सौन्दर्य दृष्टि भी धर्म और अध्यात्म केन्द्रित है। भिन्न–भिन्न रूपों में अनेक देवी–देवताओं की मूर्तियाँ इसका प्रबल उदाहरण हैं। देवी–देवताओं की इन मूर्तियों के भाँति–भाँति प्रकार से साज–श्रंगार किए जाते हैं। और इस श्रृंगार पर मुग्ध हुआ जाता है। इस सब के द्वारा मनुष्य में देवत्व को खोजने या स्थापित करने का प्रयास किया जाता है।

भारतीयता की अवधारणा में सर्वेभवन्तु सुखिनः अर्थात सबके सुखी होने की कामना का भी एक भाव है। किन्तु, भारतीय समाज का यथार्थ इसको पुष्ट नहीं करता। यहाँ एक जाति दूसरी जाति को, एक वर्ग दूसरे वर्ग को और एक व्यक्ति दूसरे व्यक्ति को दबाकर रखने की भावना से भरा है। वह अपने सुख के लिए दूसरे के सुख छीनता है। इसलिए सर्वेभवन्तु सुखिनः कह देने मात्र से सब सुखी नहीं हो जाते, जब तक सभी लोग सबके सुख का ख्याल नहीं करें, वैसा आचरण न करें। जब तक वास्तविकता के आधार पर सामाजिक–आर्थिक सभी क्षेत्रों में असमानता और शोषण व्याप्त है, इस प्रकार के शब्द नितांत भ्रामक और अर्थहीन हैं।

व्यक्ति की किसी भी धर्म के प्रति आस्था या निष्ठा हो सकती है किन्तु राष्ट्र के रूप में भारत धर्मनिरपेक्ष है। भारत गणराज्य, समाजवादी और लोकतन्त्रात्मक है। इसमें किसी भी व्यक्ति या जाति की श्रेष्ठता या वर्चस्व के लिए कोई स्थान नहीं है। यहाँ इस तथ्य को समझने की भी आवश्यकता है कि संविधान में समाजवाद की संकल्पना कोई विदेशी या आयातित विचार नहीं है, जैसाकि कुछ लोग इस तरह का आक्षेप लगाते पाये जाते हैं। अपितु यह विशुद्ध भारतीय विचार है। जैसाकि भारतीय संविधान के निर्माता डॉ. बाबासाहब अम्बेडकर ने कहा भी है कि मैंने समानता, स्वतन्त्रता और समाजवाद के सिद्धान्त को फ्रांस की राज्य क्रान्ति से नहीं, बुद्ध के दर्शन से लिया है। जो लोग लेनिन को भारतीय समाजवाद और साम्यवाद का जनक मानते हैं, उनको इस तथ्य को समझना चाहिए कि लेनिन से कई सदी पूर्व सन्त रविदास समाजवादी समाज की कल्पना कर चुके हैं। रविदास का यह कहना कि 'ऐसा चाहू राज मैं, जहाँ मिले सभी को अन्न छोट–बड़े सब सम रहें, रविदास रहे प्रसन्न' ही समाजवाद की भारतीय अवधारणा है और यही भारतीयता का मूलाधार है।

भारतीयता के सम्बन्ध में यह भी एक सच्चाई है कि जब से भारत में राष्ट्रवाद का विकास हुआ है, हिन्दू और भारतीय एक–दूसरे के पर्याय से बन गये हैं। जिससे यह आभास होता है कि हिन्दू राष्ट्रवाद ही भारतीय राष्ट्रवाद है। और केवल आभास नहीं है, अपितु कुछ लोग ऐसा चाहते हैं और इसके

लिए प्रयासरत हैं। इसका कारण यह है कि भारतीय राष्ट्रवाद की अवधारणा की उत्पत्ति जिस स्वाधीनता आन्दोलन के गर्भ से हुई है, अपने मूल में वह हिन्दुत्व के पुनर्जागरण का आन्दोलन था। जिसमें व्यक्ति की स्वतन्त्रता गौण थी। इसलिए भारतीयता को हिन्दुत्व का पर्याय मान लेना बहुत खतरनाक है, राष्ट्र के लिए भी और समाज के लिए भी। यह एक संकीर्ण, विभाजित, साम्प्रदायिक और जातिवादी भारतीयता है। भारतीयता की इस अवधारणा में मनुष्य नहीं संप्रदाय और जाति केन्द्र में है। यही कारण है कि बुद्ध से लेकर मकखली गोसाल, सम्राट अशोक से लेकर, चन्द्रगुप्त मौर्य और ज्योतिबा फुले से लेकर अम्बेडकर और पेरियार तक सबको समुचित स्थान और महत्त्व देना पड़ेगा। इनकी उपेक्षा करके भारत और भारतीयता का निर्माण सम्भव नहीं है। किन्तु वैदिक, पौराणिक आख्यानों पर आधारित जितने महाकाव्य, उपन्यास और नाटक आदि हैं उतने इन महापुरुष और महानायकों पर नहीं हैं। क्योंकि ये सब के सब विभाजनकारी, विभेदकारी और असमानतामूलक ब्राह्मणवाद का पोषण और संरक्षण नहीं करते, अपितु उसको नकारते हैं तथा बौद्ध धर्म के समानता, स्वतन्त्रता, न्याय और भ्रातृत्व के मानववादी सिद्धान्तों को स्वीकार करते हैं। कुछ लोग इस बात पर बहुत गर्व करते हैं कि ग्रीक रोमन सभ्यता कभी की लुप्त हो गयी जबकि अनेक झंझावातों से टकराने के बावजूद भारतीय सभ्यता आज भी अपने वजूद के साथ जीवित है,। किन्तु भारतीय सभ्यता का रूप क्या है? उसका चेहरा कैसा है? क्या एक मनुष्य द्वारा दूसरे मनुष्य को अपने से निम्न और हेय मानकर उससे घृणा और अस्पृश्यता का व्यवहार करना सभ्यता है? यदि हाँ, तो यह सभ्यता नहीं, घोर असभ्यता और अमानवीयता की पराकाष्ठा है।

अनेकता में एकता को भारतीयता का एक बहुत बड़ा गुण माना जाता है। किन्तु, ध्यान देने की बात है कि यह अनेकता अँग्रेजी शब्द डाइवर्सिटी के लिए प्रयुक्त किया जाता है, जिसका सही हिन्दी शब्द विविधता है। बहुत से लोग वर्ण–जाति के भेदभाव को भी विविधता के रूप में देखते और परिभाषित करते हैं। जबकि वर्ण–जाति विविधता नहीं समाज का विभाजन है। विविधता और विभाजन में बहुत अन्तर है। भारतीयों में खान–पान, पहनावा, भाषा, धार्मिक विश्वास आदि की विविधता है। इस विविधता के बने रहते उनमें एकता हो सकती है, किन्तु असमानता के आधार पर विभाजित लोगों के बीच समानता स्थापित हुए बिना उनमें एकता सम्भव नहीं है। किन्तु भारतीय समाज की यह बहुत बड़ी विडम्बना है कि यहाँ विविधता के नाम पर विभाजन को उपेक्षित कर दिया जाता है।

जहाँ तक साहित्य का सम्बन्ध है किसी भी लेखक की भारतीयता उसका देश अर्थात उसके निवास और अनुभव संसार का भौगोलिक क्षेत्र, परिवेश तथा उसके परिचय और सम्पर्क की दुनिया होती है। सभी भाषायी एवं भौगोलिक क्षेत्रों और संस्कृतियों से उसका परिचय और सम्पर्क अनिवार्य नहीं है। यह सहज रूप से सम्भव भी नहीं है। किन्तु, यदि वह मनुष्यता को संकीर्णता में न देखकर उसकी समग्रता में देखता, समझता और अनुभव करता है तो उसकी रचनाओं में भारतीयता का प्रतिबिम्बन हो सकता है। साहित्य में अभिव्यक्त भारतीयता के सम्बन्ध में जितनी सच्चाई यह है कि हिन्दी की किसी प्रमुख कहानी में शायद ही किसी पुत्र ने अपने पिता की हत्या की हो या किसी पुत्र ने अपनी माँ को वेश्या कहकर घर से निकाला हो या किसी स्त्री ने अपनी यौन पिपासा की तृप्ति अपने भाई या पिता में खोजी हो, उतनी ही, अपितु उससे भी बड़ी सच्चाई यह है कि हिन्दी साहित्य की सभी प्रमुख कृतियों के नायक उच्च कुलोत्पन्न ब्राह्मण या सामन्त रहे हैं। शूद्र–अतिशूद्रों को नायकत्व प्रदान करने वाली रचनाओं का सर्वथा अभाव रहा है। साहित्य की परम्परा को दलित समाज में नायकत्व के गुण दिखायी नहीं देते।

हिन्दी साहित्य की भारतीयता आदर्श पर आधारित है। इसमें संघर्ष और तनाव का चित्रण है, आदर्श और यथार्थ के बीच टकराहट की भी अभिव्यक्ति है, किन्तु अन्ततः जीत आदर्श की होती है, और उस आदर्श की जड़ें वेद, पुराण, रामायण, महाभारत और स्मृतियों आदि में ही होती हैं। यथार्थ पर आदर्श की जीत का सबसे बेहतरीन उदाहरण प्रेम है। समाज में युवक–युवतियों के सहज प्रेम को अनैतिक कहकर नकारा जाता है जबकि राधा–कृष्ण की प्रेम–लीलाओं को न केवल सहज रूप में स्वीकार किया जाता है, अपितु उन पर मुग्ध हुआ जाता है। भारतीयता की इसी साहित्य दृष्टि का परिणाम है कि महाकाव्यों की पहचान के नाम पर केवल रामायण और महाभारत को ही मानक के रूप में स्वीकार और प्रस्तुत किया जाता है। इसमें बुद्धचरित जैसी श्रेष्ठ महाकाव्यात्मक रचना का कहीं उल्लेख नहीं होता। क्योंकि रामायण और महाभारत के आदर्श और मूल्य मनुष्यता का ध्वंस करने वाली असमानतामूलक वर्ण–व्यवस्था का पोषण और संरक्षण करते हैं। जबकि बुद्धचरित में मनुष्यता का उद्घोष है। उसमें सर्वत्र समानता, स्वतन्त्रता और शान्तिपूर्ण सह–अस्तित्व के मूल्यों का महत्त्व और पोषण है।

आज भारत में हिन्दुत्व अर्थात ब्राह्मणवाद का वर्चस्व है, जो घृणा, हिंसा, दमन, असमानता, अन्याय और अमानवीयता का दूसरा नाम है।

इसलिए धर्म के आवरण में लिपटी भारतीयता एक ऐसे कृत्रिम मानव–समाज का निर्माण करती है, जिसमें वर्ण और जाति की सापेक्षता में मनुष्यता और मानवीय मूल्य सर्वाधिक कमज़ोर और महत्त्वहीन हैं। नामवर सिंह का यह कहना बहुत सही है कि 'भारतीयता को धार्मिक संकीर्णता से मुक्त करने की आवश्यकता है तभी सच्चे अर्थों में भारतीयता को आत्मसात किया जा सकेगा, क्योंकि यह ऐसा शब्द है जो बुद्धि का नहीं बल्कि मन का विषय है और दिल से समझने का विषय है।' भारतीयता का मतलब है भारतीय अस्मिता की पहचान। इसलिए भारतीयता के मूल स्वर को अभिव्यक्त करने वाला साहित्य ही भारतीय साहित्य हो सकता है, जिसमें भारतीयता के तत्व विद्यमान हों, जिसमें भारतीय जन–मानस के स्वर मुखरित होते हों, जिसमें भारतीय अस्मिता की पहचान निहित हो। चाहे उसकी रचना देश के भीतर हुई हो अथवा देश की सीमा से बाहर हुई हो। कहने की आवश्यकता नहीं है कि सभी प्रकार की असमानता, शोषण और अन्याय का प्रबल प्रतिकार करने वाला दलित साहित्य ही सही मायनों में भारतीयता की अवधारणा को पुष्ट करता है।

असमानता, शोषण, अन्याय के समस्त रूपों, कारकों और आधारों का नकार दलित साहित्य की ताकत और प्राण है। इनका जितना तीव्र प्रतिकार होता है, दलित साहित्य उतना ही सशक्त और सार्थक होता है। जिस ईश्वर पर सवाल करना ब्राह्मणवादी व्यवस्था में निषिद्ध प्रायः है, उसको चुनौती देना दलित साहित्य की शक्ति और साहसिकता का परिचायक है। ईश्वर को नकार देने के बाद अम्बेडकरी चेतना से युक्त दलित साहित्य के विषय में यह बात पूरी शिद्दत के साथ कही जा सकती है कि मनुष्य और मनुष्यता को एक पहचान, परिभाषा और गरिमा प्रदान करता हुआ दलित साहित्य मानववादी मूल्यों का संवाहक और मनुष्यता का गान है।

डॉ. अम्बेडकर का कहना था कि शोषण को सहना शोषण को बढ़ावा देना है। डॉ. अम्बेडकर के इस विचार को मूर्त रूप देते हुए हिन्दी दलित साहित्य ने सामाजिक, आर्थिक सभी क्षेत्रों में असमानता को नकारते हुए शोषण का, उसकी सभी शक्लों में प्रबल प्रतिकार किया है और समाज में इस चेतना का प्रसार किया है कि दलित भी मनुष्य हैं तथा उनको भी अन्य मनुष्यों की तरह समानता, स्वतन्त्रता और सम्मान से जीने का अधिकार है। रूढ़ियों, परम्पराओं, पाखण्डों और अंधविश्वासों के लिए दलित साहित्य में कोई जगह नहीं है।

अम्बेडकरवादी विचार और चेतना पर आधारित विकसित दलित साहित्य का चिन्तन ब्रह्म को नहीं जगत को सत्य मानता है। उसके लिए यह जगत,

इस जगत के लोग और जीवन सत्य हैं। हजारों साल से दलित अपमान, उपेक्षा, अभाव, उत्पीड़न और दमन के शिकार रहे हैं, और आज भी निरन्तर हो रहे हैं। इसे मिथ्या कहकर इसके प्रति उदासीन नहीं हुआ जा सकता। जगत को मिथ्या कहना दलितों द्वारा भोगे जा रहे घृणा, अपमान और अन्याय के दर्द और दंश को नकारना या अस्वीकार करना है। जबकि दलितों द्वारा भोगा जा रहा यह अपमानजनक, द्वेषपूर्ण अमानवीय व्यवहार उनके जीवन की ही नहीं, इस जगत की एक कड़वी सच्चाई है। दलितों के साथ यह अन्याय इस जन्म की समस्या है, इन समस्याओं का समाधान और इन सबसे मुक्ति भी उनको इसी जन्म में चाहिए। दलित समाज की मुक्ति की छटपटाहट ही दलित साहित्य का मुख्य स्वर है। इसलिए दलित साहित्य के सौन्दर्यबोध के मूल्य वर्णवादी और सामन्तवादी मूल्यों से भिन्न हैं। दलित साहित्य का सौन्दर्यबोध श्रम, शोषण और संघर्ष पर आधारित है। समानता और स्वतन्त्रता दलित साहित्य के सबसे बड़े मूल्य हैं। सामाजिक न्याय और मानवाधिकार के प्रश्न भी इसके अन्तर्गत आते हैं। दलित साहित्य इन्हीं पर केन्द्रित है और ये सब ही दलित साहित्य के विमर्श का निर्माण करते हैं। यह देखना सुखद है कि अम्बेडकरवादी विचार और चेतना से युक्त दलित साहित्य का विमर्श आज भारतीय साहित्य का भी प्रमुख विमर्श बनता जा रहा है। इसे दलित साहित्य के विमर्श की सफलता ही कहा जायेगा कि आज भारतीय साहित्य में कुलीनता का आग्रह कमज़ोर पड़ता जा रहा है तथा आम ज़िन्दगी के विषय और पात्र साहित्य के केन्द्र बनाकर उभर रहे हैं, जो किसी न किसी रूप में लोकतांत्रिक और मानवीय मूल्यों के संवाहक का काम कर रहे हैं। लोकतन्त्र ही भारतीयता का आधार, पहचान और प्राण है। लोकतन्त्र और लोकतांत्रिक मूल्य जितने अधिक सशक्त होंगे भारतीयता और भारत की सामाजिक राष्ट्रीयता उतनी ही अधिक सशक्त और सार्थक होगी।

परम्परागत रूप से हिन्दी साहित्य मुख्य रूप से वैदिक–पौराणिक आख्यान, राम और कृष्ण के चरित या उनकी गौरव गाथाओं पर केन्द्रित रहा है। इसके अलावा प्रकृति, प्रेम और युद्ध उसके प्रतिपाद्य रहे हैं। जिसमें किसी न किसी रूप में वर्णवादी और सामन्ती मूल्यों का पोषण या समर्थन मिलता है। इससे आगे बहुत कम सोचा गया है। समाज का आईना कहे जाने वाले इस साहित्य में समाज के दलित, उपेक्षित और वंचित वर्गों के जीवन तथा उनकी वेदना, संवेदना और संघर्षशीलता की अभिव्यक्ति लगभग नगण्य है। साहित्य का असली उद्देश्य समाज को संवेदनशील और मानवीय बनाना है। मानवीय समाज का आधार है सभी मनुष्यों के बीच समानता, स्वतन्त्रता, न्याय, प्रेम और भ्रातृत्व–भाव का होना। वर्ण–जाति–व्यवस्था

सामाजिक असमानता, भेदभाव और वैमनस्यता का आधार है, और इस सबके मूल में ईश्वर है। अनित्यता और अनात्मवाद पर आधारित अम्बेडकरवाद से प्रेरित तथा उससे प्रभावित दलित साहित्य ने इस तथ्य को पूरी गहराई से समझा है कि मनुष्यता के विकास में वर्ण–जाति–व्यवस्था सबसे बड़ी बाधा है और मनुष्यता के उदय के लिए इस व्यवस्था का अन्त आवश्यक है। इसलिए दलित साहित्य ने अपनी पूरी ताकत से वर्ण–व्यवस्था और जातिवाद पर प्रहार किया है। दलित साहित्य ने ईश्वर की मृत्यु या उसके अन्त की घोषणा की है। साहित्य की दुनिया में यह एक बड़ी क्रान्ति है। ईश्वर के साथ दलित साहित्य आत्मा–परमात्मा, अवतारवाद के भी खिलाफ है। यह भाग्य, परलोक, पुनर्जन्म को नकारता है। तथा घोषणा करता है कि दुनिया में मनुष्य से बढ़कर कोई चीज़ नहीं है। मनुष्य सर्वोपरि है। मनुष्य ईश्वर की रचना नहीं है, अपितु ईश्वर मनुष्य की रचना है। ईश्वर के साम्राज्य में दलितों के लिए कोई सम्मानजनक अथवा गरिमापूर्ण जगह नहीं है। इसलिए ईश्वर से मुक्ति दलित साहित्य और समाज की सर्वप्रमुख आवश्यकता है। दलितों को ईश्वर का साम्राज्य नहीं समानता का मानवीय समाज चाहिए।

संक्षेप में, दलित साहित्य विमर्श की यह सबसे बड़ी देन है कि उसने मनुष्य और मनुष्यता को परिभाषित और परिमार्जित कर साहित्य को जीवन्त बनाया है तथा लोकतांत्रिक और मानवीय मूल्यों की ऊर्जा प्रवाहित करने के साथ–साथ साहित्य को एक नई सौन्दर्य–दृष्टि भी प्रदान की है। दलित साहित्य मनुष्य की केन्द्रीयता के माध्यम से समस्त दुःखी, पीड़ित और वंचित जनों की पीड़ा, पोषण और संघर्ष को ईमानदारी और बेबाकी से अभिव्यक्त कर मानवीय मूल्यों को स्थापित करने में बड़ी भूमिका का निर्वाह कर रहा है। समाज भेदभाव, शोषण और अपमानजनक व्यवहार से मुक्त होगा तभी वह मानवीय बनेगा। तब ही लोगों में 'एकता' और 'हम' की भावना का विकास हो सकता है। समाज का मानवीय हो जाना और लोगों में 'एकता' और 'हम' की भावना का विकास हो जाना ही राष्ट्रीयता है। दलित साहित्य जन–मानस में इसी चेतना का संचार करने का सघन प्रयास कर रहा है कि सब मनुष्य समान हैं तथा सबको समानता, न्याय, प्रेम और स्वाभिमान के साथ जीने का अधिकार है। दलित साहित्य यह सीख देता है कि पारस्परिक व्यवहार कैसा हो। किस प्रकार लोग अपने जातिगत अभिमान और अहं से मुक्त होकर मानवीय बनें। मानवीय प्रेम और करुणा भारतीयता की पहचान है। मानवीय होना ही भारतीय होना है। यह कहना शायद अतिशयोक्तिपूर्ण नहीं होगा कि दलित साहित्य समाज और राष्ट्रीयता के निर्माण का साहित्य है।

आत्मकथा लेखन : जोखिम और चुनौती

प्रो. कालीचरण 'स्नेही'

हमने अपने विद्यार्थी जीवन में हिन्दी आत्मकथाओं को अन्य गद्य विधाओं के अन्तर्गत एक हाशिए की विधा के रूप में पढ़ा था, क्योंकि इन द्विज लेखकों की अधिकांश आत्मकथाओं के लेखकों ने अपने जीवन के समुज्ज्वल पक्ष को ही उभारने की कोशिश की है, उन्होंने अपनी पारिवारिक ग़रीबी आदि को एक गुण के रूप में वर्णित किया है। मुश्किल से दो–तीन हिन्दी आत्मकथाओं को हम अपवाद मान सकते हैं, जिसमें लेखकों ने अपनी असफलताओं–खामियों तथा भूल–गलतियों को दर्ज किया है, शेष आत्मकथाओं में खुद का महिमामंडन तथा कुलीन उच्चता को प्रमुखता से उकेरा गया है। 'क्या भूलूँ–क्या याद करूँ', जैसी आत्मकथाओं में लेखक ने यह छूट ले ली कि जो उसके और उसकी जाति के लिए लाभकारी है, उसे याद रखा जाये, शेष को वह भूल जाने की छूट हासिल कर लेता है, जबकि आत्मकथा और डायरी में सच ही लिखने का आग्रह रहता है, चाहे वह कितना ही भयावह क्यों न हो, हिन्दी के द्विज लेखकों ने सत्य को सीमित रूप में ही समाविष्ट किया है। उनका अधिकांश विवरण कल्पना आधारित तथा झूठ मिलेगा। यही कारण है कि हिन्दी आत्मकथाओं को वह महत्त्व नहीं मिल सका, जिसकी वह हकदार थीं। मराठी दलित लेखकों ने जब आत्मकथाएँ लिखना आरम्भ किया, तो मराठी साहित्य में उत्तेजना फैल गयी, दलितों का जीवन जिन त्रासद परिस्थितियों में गुज़रा और जिस तरह से सवर्ण अत्याचार, उन पर हुए, उसको पढ़कर रोंगटें खड़े हो जाते हैं। दया पवार, लक्ष्मण गायकवाड़, प्रो. शरणकुमार लिम्बाले आदि की दलित आत्मकथाओं ने मराठी साहित्य और समाज में अत्यधिक सम्मान और पाठक पाये।

हिन्दी में आत्मकथा लिखना सबके बस की बात नहीं है, क्योंकि इसके माध्यम से आत्मकथा लेखक केवल अपनी जीवनगाथा ही नहीं लिखता है,

बल्कि उससे जुड़े हुए उसके शत्रु–मित्र, नाते–रिश्तेदार, सहपाठी–सहकर्मी तथा लेखक के सम्पर्क में आये हुए सभी जड़–चेतन समाविष्ट होते हैं। उसके साथ किसका, किस तरह का सम्बन्ध रहा है, वह सब उसकी आत्मकथा का सहज हिस्सा होता है। मित्रों और सहयोगियों के विवरण देने में जितना बड़ा खतरा होता है, उससे भी बड़ा खतरा होता है, उनसे, जिनका लेखक से छत्तीस का आँकड़ा रहता है, उनकी पोल पट्टी खोलना, अपने और अपने परिवार के गुण–दोष लिखना। सत्य से जरा से विचलन होने पर ही सब के सब लेखक पर टूट पड़ेंगे, उसका सारा किया–धरा मटियामेट हो जायेगा, एक–दो घटनाएँ–दुर्घटनाएँ छुपा लेने या उनमें घालमेल करने पर उस लेखक की पूरी आत्मकथा ही सन्देह के घेरे में आ जायेगी, इसलिए आत्मकथा लेखक को अत्यन्त सतर्क सजग और निर्भीक होकर उन्हीं घटनाओं को लिपिबद्ध करना होता है, जोकि भात–प्रतिशत सत्य पर आधारित हों।

कोई लेखक यदि बलात्कारी है–व्यभिचारी, आचरण भ्रष्ट, शोषक, अत्याचारी, पाखण्डी तथा दोगला–दलाल प्रवृत्ति का है, तो वह कभी भी अपनी आत्मकथा नहीं लिखेगा, क्योंकि इससे वह समाज तथा कानून के दायरे में फँस कर जेल चला जायेगा, या फिर उसका अन्य सारा लेखन भी पाठकों की नजर में विश्वसनीय नहीं रह जायेगा। मान लीजिए किसी लेखक के शादी से पहले दो–चार महिलाओं से अवैध–अनैतिक सम्बन्ध रहे हैं, तथा शादी के बाद भी उसने ऐसे अवैध सम्बन्धों को जारी रखा है, अब यदि वह अपने इन सम्बन्धों का उल्लेख करता है, तो उन महिलाओं की ज़िन्दगी तबाह तो होगी ही, लेखक की अपनी खुद की शादीशुदा ज़िन्दगी को भी ग्रहण लग जायेगा और अगर वह इन घटनाओं का उल्लेख नहीं करता है, जिसे कि उसके नाते–रिश्तेदार पड़ोसी, शत्रु–मित्र, सब जानते हैं, तब फिर उसकी आत्मकथा, एकांगी, अधूरी और झूठी किताब बन कर रह जायेगी। दलित आत्मकथा लेखकों ने इस तरह के खतरे उठाए हैं, उनके पारिवारिक रिश्ते टूटे हैं, मित्रों का साथ छूटा है और उन्हें अपनी जाति–बिरादर वालों का गुस्सा तथा विरोध झेलना पड़ा है। झेलने की शक्ति और विरोधियों का मुकाबला करने का साहस, सब में नहीं होता है, यह हिम्मत और हौसला, हर लेखक नहीं दिखा पाता है जिसमें यह सब खतरे उठाने का साहस होता है, वही आत्मकथाकार बनता है, आत्मकथा लिखता है। इसमें दलित, ग़ैर दलित का भेद नहीं किया जा सकता है। यदि कोई दलित लेखक भी अवगुणी–दुर्व्यसनी या फिर बलात्कारी प्रकृति का है, तो वह भी कभी अपनी आत्मकथा नहीं लिखेगा।

बीसवीं सदी के अन्तिम दशक में हिन्दी पट्टी में दलित लेखकों ने अपनी आत्मकथाएँ लिखना आरम्भ कर दिया था। भगवानदास की

आत्मकथा–''मैं भंगी हूँ' अवश्य थोड़ा पहले, सन् 1981 ई0 में जालंधर से तथा मराठी में दया पवार की आत्मकथा 1962 ई0 में 'बलुतं' (अछूत) नाम से प्रकाशित हो चुकीं थीं।

हिन्दी के दलित आत्मकथा लेखकों में ओमप्रकाश वाल्मीकि को सर्वाधिक सम्मान एवं स्वीकार्यता प्राप्त है। उनकी आत्मकथा 'जूठन' शीर्षक से प्रकाशित हुई। इस आत्मकथा के माध्यम से उत्तर भारत के वाल्मीकि समाज की सामाजिक स्थिति तथा उनकी दारूण व्यथा–कथा सबके सामने आ चुकी है। वाल्मीकि समाज के लेखकों की अन्य आत्मकथाओं में सूरजपाल चौहान की 'तिरस्कृत', डॉ. सुशीला टाकभौरे की 'शिकंजे का दर्द', प्रो. श्यामलाल जेदिया की 'दा भंगी वाइस चांसलर (एक भंगी उपकुलपति की आत्मकथा) प्रमुख हैं।

प्रो. तुलसीराम की आत्मकथा–'मुर्दहिया' और 'मणिकर्णिका' दो शीर्षकों से आयी है। डॉ. धर्मवीर की आत्मकथा 'मेरी पत्नी और भेड़िया', प्रो. श्यौराज सिंह बेचैन की आत्मकथा 'मेरा बचपन मेरे कंधों पर', प्रा. रमाशंकर आर्य की आत्मकथा 'घुटन', माता प्रसाद 'मित्र' की आत्मकथा 'झोपड़ी से राजभवन तक', रूपनारायण सोनकर की आत्मकथा 'नागफनी', मोहनदास नैमिशराय की आत्मकथा 'अपने–अपने पिंजरे' शीर्षक से दो खण्डों में प्रकाशित हो चुकीं हैं। इन आत्मकथाओं में 'जूठन', 'मुर्दहिया' तथा 'मेरा बचपन मेरे कंधों पर' सर्वाधिक चर्चित और पठनीय हैं। इन आत्मकथा लेखकों ने अपने आत्मवृत्त के साथ ही अपनी–अपनी जाति और समाज की कड़वी सच्चाई को सबके सामने उजागर किया है।

दलित आत्मकथाओं में लेखकों ने पूरी ईमानदारी के साथ ख़ुद के जीवन को प्रस्तुत करने की कोशिश की है। कुछ आत्मकथाओं में आत्मकथा लेखकों ने अपनी पत्नियों के अन्य पुरुषों के साथ अवैध सम्बन्धों को भी उजागर करने में कोई गुरेज नहीं किया है। अपनी ज़िन्दगी को ज्यों की त्यों चित्रित करने में अधिकांश दलित आत्मकथा लेखक पूरी तरह सफल रहे हैं। लेखकों ने ख़ुद पर हुए अत्याचार, हमले तथा अपमानजनक त्रासद हादसों को इन आत्मकथाओं में प्रस्तुत कर, सवर्ण समाज को आइना दिखाने का कार्य किया है। यही कारण है कि हिन्दी में दलित आत्मकथाओं ने केन्द्रीय विधा के रूप में अपनी दावेदारी पुख़्ता की है। इन आत्मकथाओं में से कुछ आत्मकथाओं के अन्य भारतीय तथा विदेशी भाषाओं में अनुवाद भी हो चुके हैं। यह अनुवाद इन आत्मकथाओं के वैश्विक स्वीकृति होने का प्रमाण है। मराठी की ही तरह हिन्दी दलित आत्मकथाओं को भी पाठकों तथा अकादमिक क्षेत्र के विद्वानों ने हाथों–हाथ लिया है। इन आत्मकथाओं पर अनेक विश्वविद्यालयों

में शोधकार्य हो रहे हैं तथा इन्हें अब एम.ए. के पाठ्यक्रमों में शामिल कर पढ़ाया जाने लगा है।

मेरा मानना है कि तथाकथित सवर्ण लेखक, जिनकी पारिवारिक पृष्ठभूमि सामन्ती तथा अत्याचारी–दुराचारी रही है, ऐसे लेखक तो कभी भी आत्मकथा नहीं लिख सकते हैं, क्योंकि आत्मकथा में उन्हें अपने बाप–दादों तथा चाचा–ताऊ, दादी–नानी और माँ–बहनों के विवरण भी देने होंगे, यदि उनका कुनबा– दुराचारी और आचरण भ्रष्ट है, तब उसके लिए यह बिकट चुनौती होगी कि वह इन सबका उल्लेख करे या न करे, यदि उल्लेख करता है, तो उसकी सात पीढ़ियों को लांछित–अवांछित तथा तिरस्कृत होते देर न लगेगी और यदि यह सब तथ्य छिपाता है, तब उसकी आत्मकथा फिर आत्मकथा नहीं रह जाती है, अब तक द्विजों में ऐसा लेखक हिन्दी में तो एक भी नहीं हुआ है। एक अपवाद अवश्य है–वह भी एक महिला आत्मकथा लेखिका–रमणिका गुप्ता ने 'आपहुदरी' और 'हादसे' अपनी आत्मकथाओं में अपने ख़ुद के पर पुरुषों से अवैध सम्बन्धों का खुलासा किया है, पर उन पुरुषों का नामोल्लेख उन्होंने भी नहीं किया है। प्रेमचन्द की पत्नी–शिवरानी देवी ने अपने पति प्रेमचन्द का जरा सा संकेत भर किया था कि प्रेमचन्द के शिवरानी के अलावा अन्य स्त्री से भी शारीरिक सम्बन्ध रहे थे, इस पर डॉ. धर्मवीर ने प्रेमचन्द को जार घोषित कर दिया, इसलिए दर्जनों खतरे हैं, आत्मकथा लेखक के लिए।

हिन्दी के सवर्ण–लेखकों को मेरी यह चुनौती है कि वे आत्मकथा लिखकर दिखाएँ। हाँ, ये आत्मकथा के नाम पर 'आत्मप्रशस्ति' अवश्य लिख देंगे, पहले भी ऐसी आत्मप्रशस्ति, आत्मकथा के नाम से लिखी गयी हैं और अब भी लिखीं जा रही हैं, तथा आगे भी लिखी जाती रहेगीं, पर दलितों की तरह 'अक्करमाशी', 'उचल्या', 'तिरस्कृत' तथा 'मेरी पत्नी और भेड़िया' जैसी आत्मकथाएँ नहीं लिख पायेंगे। हो सकता है, भविष्य में कोई सवर्ण लेखक इस तरह का साहस करे भी, पर उसके लिए एक नहीं सैकड़ों खतरे और जोखिम रहेंगे। वैसे मैं, प्रतीक्षा करूँगा कि कोई सवर्ण लेखक अपने ख़ुद के और अपने सगे–सम्बन्धियों के ऐबों तथा अत्याचारों का खुलासा करे, यदि वह नहीं करेगा, तो उनके बाप–दादों की अत्याचारी और अन्यायी छवि दलितों की आत्मकथाओं में तो लगातार आ रही है। ओमप्रकाश वाल्मीकि ने 'जूठन' में अपने अध्यापकों तथा 'तगा' जाति के मनुवादी चरित्र को उजागर कर ही दिया है। अन्य दलित आत्मकथाओं में भी 'ठाकुर–ब्राह्मण तथा अन्य वर्चस्व वाली जातियों के काले कारनामें तथा दलित उत्पीड़न की सच्ची घटनाएँ, अब समाज तथा पाठकों के बीच आ ही रहीं हैं। दलित साहित्य, खासकर दलित आत्मकथाओं से इसीलिए

सवर्ण जाति के लोग नफरत तथा घृणा करते आये हैं, क्योंकि इस आत्मकथा साहित्य के माध्यम से इन सबके षड्यन्त्र और अत्याचार लगातार उजागर हो रहे हैं। वे और उनके पुरखे कितने अमानवीय– बर्बर तथा क्रूर थे, यह सब उजागर हो चुका है। दलित आत्मकथाओं को सवर्ण जाति के सहृदय पाठक और विद्यार्थी पढ़कर, खुद पर और अपने पुरखों के कुकर्मों पर लज्जित तथा शर्मिंदा होते हैं, पर जो अपने पुरखों की ही तरह क्रूर और धूर्त हैं, वे इन प्रसंगों को पढ़कर आग बबूला हो जाते हैं, वे दलित लेखकों पर तमाम अतार्किक टिप्पणी करते हैं कुछ तो दलित साहित्य को, साहित्य ही नहीं मानते हैं, वे इसे शिकायती साहित्य कहकर उपहास उड़ाते हैं, पर दलित लेखक, पूरी हिम्मत और साहस के साथ आत्मकथा लेखन कर ही रहे हैं।

मेरी राय है कि दलितों की जितनी उपजातियाँ हैं, उन सब की आत्मकथाएँ अवश्य आनी चाहिए, क्योंकि यहाँ हर दलित जाति का अलग पेशा तथा अलग सामाजिक स्थिति है। धोबी जाति की सामाजिक स्थिति, धानुकों से पृथक है। धानुकों की सामाजिक स्थिति स्वीपर समाज से अलग है। इसी तरह कोरी जाति की सामाजिक हैसियत, चमारों और खटिकों से अलग है। कहने का आशय यह है कि दलितों की जितनी उपजातियाँ हैं, वे सब अलग–अलग सामाजिक हैसियत रखती हैं। उनके प्रति अत्याचार और शोषण भी अलग–अलग तरह से होते हैं। इसीलिए मेरा आग्रह है कि धानुक–धोबी, पासी–मुसहर, बसोर, धरिकार, हेला, कठेरिया जैसी तमाम अन्य दलित जातियों के लेखकों को भी अपनी आत्मकथाएँ लिख कर एक बड़े सामाजिक दायित्व तथा साहित्यिक दायित्व को पूरा करना चाहिए। अभी तक चमार, जाटव, स्वीपर तथा खटिक जाति की आत्मकथाएँ ही प्रकाश में आयी हैं। इसलिए चमारों और स्वीपर जातियों का सामाजिक सच, पेशेगत परेशानियों तथा उनके शोषण–दमन का विवरण ही भारतीय समाज के सामने उजागर हुआ है। जिस दिन दलितों की इन तमाम उपजातियों की दारूण कथा और उन पर हुए अत्याचारों का विवरण साहित्य में आयेगा, उस दिन से एक नई साहित्यिक और सामाजिक क्रान्ति की शुरूआत होगी। इसलिए वर्ण आधारित तमाम जातियों–उपजातियों में बँटे हुए लेखकों के लिए यह चुनौती है। मुझे विश्वास है निकट भविष्य में हमें और हमारे समाज को दलितों की विभिन्न उपजातियों की दलित आत्मकथाएँ पढ़ने को मिलेंगी। सरकारी पेशे से जुड़े अफसरों, चिकित्सकों, प्रोफेसर–शिक्षक, वकील, आइएएस, आइपीएस अधिकारी नेता तथा अन्य जनप्रतिनिधियों को भी अपने जीवन की मुख्य घटनाओं–दुर्घटनाओं को अवश्य ही लिखना चाहिए। खासकर जिनमें लेखकीय गुण हैं, उन्हें तो आत्मकथा लिखने का जोखिम उठाना ही चाहिए।

डॉ. धर्मवीर जो कि एक आइएएस अधिकारी थे, उन्होंने अपने सरकारी नौकरी के अनुभव साझा नहीं किए हैं, काश वे यदि ऐसा कर पाते, तो हमारी नई पीढ़ी को बहुत ही प्रेरणा मिलती, उनकी आत्मकथा, एकांगी बन कर रह गयी है, इसी तरह प्रो. तुलसीराम जी की आत्मकथा में उनके जेएनयू में नियुक्त होने तथा वहाँ के संघर्ष और अनुभव दर्ज नहीं हो पाये हैं, हो सकता है, उन्हें वहाँ नौकरी के लिए और नौकरी करते हुए कोई बड़ा संघर्ष ही न करना पड़ा हो, क्योंकि जेएनयू का परिवेश और शैक्षिक माहौल, दलितों के लिए उतना दुखदायी नहीं है, जितना कि देश और राज्य के अन्य विश्वविद्यालयों का है। लखनऊ विश्वविद्यालय में प्राचीन इतिहास विभाग के प्रो. अँगनेलाल जी के पास विश्वविद्यालयी जीवन के कई कटु अनुभव थे, पर वे आत्मकथा लिखने से चूक गये यदि उनकी आत्मकथा आयी होती, तो निश्चय ही बड़ा हंगामा खड़ा होता, पर वे लेखक होने के बावजूद ऐसा नहीं कर पाये यही कारण है कि दलित साहित्य में उनका उल्लेख नहीं हो पाया, जबकि प्रो. श्यामलाल जेदिया, (जोधपुर) (राजस्थान) और प्रो. रमाशंकर आर्य पटना (बिहार) ने अपनी आत्मकथाएँ लिखकर, कुछ अंशों में विश्वविद्यालयों का सच बाहर लाने में सफल हुए हैं। डॉ. डी.आर. जाटव की आत्मकथा 'मेरा सफर मेरी मंजिल' इस दृष्टि से बहुत ही उपयोगी और प्रेरक आत्मकथा है।

आत्मकथा लेखक को अपने जीवन की किन घटनाओं को आत्मकथा में शामिल करना है, इसके चयन का पूरा अधिकार उसी को है, "पर मेरा मानना है कि अन्य घटनाओं के अलावा एक आत्मकथा में लेखक की वे सब घटनाएँ शामिल अवश्य होना चाहिए, जिससे हमारे समाज और राष्ट्र को मज़बूती मिलती हो अनेक लेखकों को कुछ इस तरह की घटनाएँ भी शामिल करनी हैं, जिनसे पाठकों को कोई प्रेरणा का सकारात्मक ऊर्जा मिलती है यदि इन घटनाओं को वे शामिल न भी करते तब भी आत्मकथा के कथ्य पर कोई प्रभाव नहीं पड़ता। हाँ, पर यहाँ यह भी ध्यान रखा जाना चाहिए कि किसी बड़ी सच्ची घटना को छुपाया नहीं जाना चाहिए, भले ही उसका प्रभाव कुछ भी पड़े यह पाठकों के विवेक पर छोड़ देना चाहिए कि वे उसे किस रूप में ग्रहण करते हैं। यदि कोई लाभ–हानि का गुणा भाग लगाकर आत्मकथा निकालेगा तो वह सच्ची आत्मकथा नहीं हो सकती है। लेखक के जीवन की भूल–गलतियाँ–सैतानियाँ तथा शरारतें भी आत्मकथा में दर्ज होनी चाहिए क्योंकि इसे पढ़कर हमारी भी पीढ़ी, ख़ुद को तरासने। सफल होगी आत्मप्रशस्ति और आत्मप्रर्वचना में सन्तुलन बिठाना ज़रूरी है। अब तक लिखी जा चुकी दलित आत्मकथाओं ने हमें निराश नहीं किया, बल्कि समाज को गहरे तक प्रभावित–प्रेरित किया है।

पंजाबी काव्य में दलित सरोकार

डॉ. अमरसिंह वधान

गत कुछ दशकों से पंजाबी साहित्य एवं अन्य भारतीय भाषाओं के साहित्य में दलितों के बारे में दलित लेखकों और अदलित लेखकों द्वारा बहुत कुछ लिखा जा रहा है। दलित चेतना, दलित विमर्श, दलित सरोकार, दलित संकल्प आदि अवधारणापरक शब्दों के केन्द्र में काव्य, कहानी, उपन्यास, नाटक, जीवनी, आत्मकथा, संस्करण आदि की सर्जना की जा रही है। आज 'दलित' शब्द निर्धारित आयतन तक सीमित न रहकर व्यापक सन्दर्भों में प्रयुक्त होने लगा है। 'दलित' शब्द की व्युत्पत्ति, इसकी विद्यमानता, अर्थ एवं परिभाषा की यदि शल्यक्रिया न भी किया जाये, तो इतना अवश्य कहा जा सकता है कि कोई पुरुष या स्त्री जो सामाजिक, आर्थिक, राजनीतिक, सांस्कृतिक एवं धार्मिक स्तर पर शोषित है; जो ज़िन्दगी की यातनाओं और यन्त्रणाओं को झेलने के लिए बाध्य है; जो सामाजिक व्यवस्था के इंद्रजाल में फँसा और पिसा हो और जो ज़िन्दगी की विसंगतियों और विरोधाभास में संगति न बिठा पाया हो, वही दलित है। यूँ तो 'दलित' शब्द का प्रयोग संस्कृत, उत्तरी भारत की सभी भाषाओं एवं पूर्वी एशिया की पुरातन बोलियों में मिलता है, लेकिन जोतिबा फुले और डॉ. अम्बेडकर जैसे विचारकों ने इस शब्द को आधुनिक सन्दर्भगत अर्थ प्रदान करते हुए इसकी प्रयोग–प्रासंगिकता को अधिक व्यापक बनाया। उनके चिन्तन क्षेत्र में दलित वर्ग, अनुसूचित जाति, मानवीय भेदभाव एवं आर्थिक असमानता के रूप में अधिक विवेचित और व्याख्यायित है।

मराठी, हिन्दी, मलयालम, तमिल, तेलुगु और कन्नड़ भाषाओं के साहित्य की मानिन्द पंजाबी साहित्य की अन्यान्य विधाओं में दलित वर्ग को निष्ठापूर्वक

एवं ईमानदारी से प्रस्तुत किया गया है। इस सत्य तथ्य पर अधिक ज़ोर देने की आवश्यकता महसूस नहीं होती कि पंजाबी साहित्य अत्यन्त समृद्ध एवं मानव–मूल्यों से भरपूर साहित्य है तथा पंजाबी साहित्यकार प्रारम्भ से ही साहित्य के उद्देश्य व इसके सामाजिक सरोकारों के प्रति सचेतनता से प्रतिबद्ध रहा है। यही वजह है कि पंजाबी कविता, नाटक, उपन्यास, कहानी आदि विधाओं में दलित चेतना, विमर्श और सरोकारों को व्यापक स्वर मिले हैं। पंजाबी रचनाकारों ने अपनी रचनाओं के जरिए दलितों के मन में नई रचना पैदा करके सामाजिक, राजनीतिक, आर्थिक एवं सांस्कृतिक बदलाव पैदा किया है। यह भी सही है कि पंजाबी रचनाकार का उद्देश्य लोगों को सांस्कृतिक तौर पर जागरूक करके, सामाजिक समस्याओं के बारे में जानकारी देकर, उनके चेतना स्तर को उदात बनाकर, उनके अपने अधिकारों के प्रति सचेत कराकर और उनमें उत्साह, वीरता, दृढ़ता, निड़रता, तप–त्याग की भावना पैदा करके उन्हें समूचे समाज की उन्नति की ओर प्रेरित करना रहा है।

इसे सुखद ही कहा जायेगा कि भारत के अन्य राज्यों की तुलना में पंजाब में पिछड़ी जातियों के लोगों का जीवन और उनकी सामाजिक स्थिति कुछ बेहतर है। इसका मुख्य कारण सिख गुरुओं, भक्तों एवं सूफी कवियों की समदृष्टि है, जिन्होंने अपने साहित्य में दलित लोगों को बराबर का दर्जा दिया है। भारतीय समाज में, विशेषकर पंजाबी समाज में जाति–पाँति आधारित भेदभाव समाप्त करने के लिए गुरु नानक, गुरु अमरदास, गुरु अर्जुन देव और गुरु गोविन्द सिंह ने केवल साहित्य में ही नहीं, बल्कि व्यावहारिक रूप में भी ईमानदार प्रयास किए। 'लंगर और पंगत' (सभी लोगों का एक पंक्ति में बैठकर मुफ्त भोजन करना) तथा 'खालसा पंथ' का निर्माण इसके उत्कृष्ट उदाहरण हैं। यह सच्चाई भी किसी सबूत की मोहताज नहीं है कि गुरु गोविन्द सिंह के 'पंज प्यारे' (पाँच प्रिय शिष्य) निम्न, मध्यम एवं उच्च वर्गों के लोग थे। इसमें हैरत भी नहीं कि पंजाबी साहित्य के इतिहास में दलित समाज के पक्ष में सशक्त स्वर की शुरुआत गुरु नानक की वाणी से होती है।

'नीचा अंबर नीच जाति/नीची हूँ अति नीच/नानक तिन के संग साथि/वडिआ सिऊ क्या रीस'[1]

जाहिर है कि गुरु नानक घोषित तौर पर दलित वर्ग के साथ खड़े होने का प्रण लेते हैं और इस शोषित वर्ग के साथ सहृदयता भरा व्यवहार करने तथा सामाजिक समानता की प्रेरणा भी देते हैं। दलित वर्ग से सम्बन्धित भाई

मरदाने को गुरु नानक ने अपना प्रिय शिष्य बनाकर जीवन भर साथ रखा, जबकि द्रोणाचार्य ने भील जाति के एकलव्य को अपना शिष्य बनाने से साफ़ इन्कार कर दिया था। इसमें भी आश्चर्य नहीं है कि गुरु अर्जुन–देव ने गुरु ग्रन्थ साहिब के सम्पादक के समय नामदेव, कबीर और रविदास जैसे दलित भक्तों की वाणी को सम्मानजनक स्थान दिया। कहना न होगा कि समूचे गुरु काव्य और गुरु ग्रन्थ साहिब में सम्मिलित भक्त वाणी में दलित सरोकार अपने व्यावहारिक रूप में सामने आते हैं। यह भी कि जहाँ मध्यकाल का गुरमति काव्य सचेत तौर पर सामाजिक व्यवस्था का विरोध करता है, वहीं पंजाबी क़िस्सा काव्य में स्वतन्त्र प्रेम के समर्थनार्थ जाति आधारित विवाह की पारम्परिक प्रथा को मारक चुनौती दी गयी है। दरअसल, यह काव्य सामन्ती व्यवस्था के खिलाफ उठ रही दबी–कुचली एवं किस्तों में साँस लेने वाली जातियों के विद्रोह और क्रान्ति को ही उजागर करता है। सूफ़ी कवि शाह हुसैन के काव्य में उच्च जाति को करारी चुनौती दी गयी है–

'सभै जाति वड्डियाँ / निमाणी फ़कीरां दी जाति।'[2]

साफ़ है कि मध्यकालीन गुरुमति काव्य, क़िस्सा काव्य एवं सूफ़ी काव्य की तीनों धाराएँ सनातनी सामन्ती सामाजिक ढाँचे को हर स्तर पर ललकारती हैं। इनमें सामाजिक–सांस्कृतिक आज़ादी को सार्थक व अनिवार्य महसूस करते हुए जाति–पाँति और ऊँच–नीच के विभाजन से ऊपर उठकर मानवतावाद का सन्देश दिया गया है। गुरु ग्रन्थ साहिब में दर्ज़ भक्त वाणी से स्पष्ट होता है कि ये भक्त सभी दर्शनशास्त्रों के तत्वों के ज्ञाता थे, तार्किकता के सभी तर्कों से वाकिफ थे और वेदों का सार आम जनता को समझाने की ताकत रखते थे। भक्त नामदेव ने अपने समय की जातिगत उँच–नीच भावना का खण्डन किया और लोगों को सन्देश दिया कि आध्यात्मिक पथ के राही के लिए जाति का कोई अर्थ नहीं होता। गुरु की कृपा किसी जाति–पाँति को नहीं देखती है–'कहा करउ जाति कहा करउ पाति / राम को नाम जपउ दिन राति'[3]

कबीर ने भी ब्राह्मण की उच्चता पर पैने प्रश्न चिह्न लगाए। जन्म आधारित जातिगत विभाजन के तहत ब्राह्मण को सर्वश्रेष्ठ मनुष्य होने का दर्जा दिया गया। लेकिन कबीर ने इस अन्तराल को ग़ैर–कुदरती साबित करने के लिए तीखा सवाल किया– 'जो तूं ब्राह्मण ब्राह्मणी जाईआ / तउ आन बाट काहे नहीं आईया / तुम कत ब्राह्मण हम कत सूद / हम कत लोहू

तुम कत दूध।'[4] इतना ही नहीं, कबीर ने अपनी वाणी के जरिए दलित वर्ग की मानसिक उलझन को खोलने का प्रयत्न किया। ब्राह्मणों, पण्डितों, राजाओं और मुल्लाओं के झूठ–फरेब भरे जीवन पर तीखे व्यंग्य किए। जाति–पाँति व्यवस्था के जालिम ठेकेदारों पर निर्मम प्रहार करते हुए प्रेम–भावनापूर्ण समाज के सृजन की पेशकारी की–'अवलि अलह नूर उपाइया/कुदरत के सब बन्दे/एक नूर ने सब जग उपजिआ/कउन भले को मन्दे।।'[5]

रविदास ने भी अपने समय की जाति, उँच–नीच व्यवहार एवं अमानवीय मूल्यों का कड़ा विरोध किया और मानव–प्रेम का सन्देश दिया। वे प्रत्येक मनुष्य की सामाजिक उन्नति के पक्षधर थे। उनकी प्रेरणादायी वाणी नीची जाति के लोगों में आत्म–विश्वास, सन्तोष और स्वाभिमान के भाव जगाने में महत्त्वपूर्ण भूमिका निभाती है।

इसमें कोई शक नहीं कि आधुनिक पंजाबी साहित्य में पिछले कुछ दशकों में मराठी और हिन्दी साहित्य के प्रभावाधीन उत्पन्न दलित साहित्य प्रवृत्ति की पृष्ठभूमि में अम्बेडकरवाद अधिक कार्यशील है। लेकिन यह भी सच है कि वस्तुगत दृष्टि से यह साहित्य पुरातन पंजाबी साहित्य से कटा हुआ नहीं है। इसके मूल में प्रगतिवादी और क्रान्तिकारी साहित्य के बीज देखे जा सकते हैं। यही वजह है कि सुजान सिंह, सन्त सिंह सेरवों, सन्तोरव सिंह धीर, गुरदयाल सिंह, सन्तराम उदासी, लाल सिंह दिल, गुरदास राम आलम, बलबीर माधोपुरी आदि रचनाकार अपनी रचनाओं के माध्यम से दलित मनुष्य के जीवन यथार्थ को चित्रित करते आ रहे हैं। कह देना होगा कि आधुनिक पंजाबी साहित्य अपने मानवतावादी रूझान के कारण दलित मनुष्य पर किसी–न–किसी रूप में केन्द्रित है।

इस सन्दर्भ में आधुनिक पंजाबी कविता की प्रगतिवादी धारा दलित मुक्ति की अवधारणा को दृढ़तापूर्वक स्वीकार करती है। इस काव्य का दार्शनिक आधार मार्क्सवादी जीवन–दर्शन होने की वजह से इस धारा के कवियों ने वर्ग दृष्टिकोण से ही काव्य सृजन किया है। इनमें गुरदास राम आलम एक ऐसा प्रगतिवादी कवि है, जो दलित सरोकारों के साथ सीधे जुड़ता है। उनकी कविता उन सभी सामाजिक एवं सांस्कृतिक स्थापनाओं का विरोध करती है जो जाति–वर्ग व्यवस्था के विषय में खामोश रही है। उनकी 'अछूत का इलाज' कविता दलित सरोकारों के साथ गहराई से जुड़ी आधुनिक पंजाबी कविता के इतिहास की प्रथम कविता मानी जा सकती है। कवि अपने दलित चिन्तन के द्वारा दलित मनुष्य को धर्मों के ठेकेदारों की

टुच्ची चालों के प्रति सचेत करता है। वह दलित मुक्ति के लिए दलित मानव को आत्म–ग्लानि की भावना से मुक्त होकर आत्म–सम्मान से जीने की प्रेरणा देता है। कवि आलम ने अपने परिवेश की मूल स्वीकृति अथवा उसके अनुकूलीकरण की कभी कोशिश नहीं की। पूँजीपति ताकतों के विरुद्ध उनका संघर्ष एवं विद्रोह बराबर सोद्देश्य रहा है, क्योंकि वह दबे–कुचले और शोषित मनुष्य की ज़िन्दगी को अधिक सुखी एवं अर्थवान बनाने के मकसद से प्रेरित है। इसीलिए उनकी 'इलेक्शन', 'भेड़ा' (भेड़ें), 'खोता' (गधा), 'मेरी कविता', 'मेरा काम', 'शायर' और 'मैं शायर हूँ' कविताएँ व्यवस्था के उत्पीड़न व दमन, यातनामय व यन्त्रणामय ज़िन्दगी के प्रति असहमति और विद्रोह का स्वर बुलन्द करती है। कवि में दलित चेतना की मौजूदगी है, स्थितियों में परिवर्तन लाने की क्षमता है और है अमानवीय तत्वों और सत्ताओं से टकराने की ताकत भी। मौजूदा व्यवस्था की साजिशों एवं तार्किकता को तीखी चुनौती देते हुए बदलाव की मानसिकता की तैयारी में वह सहभागी बनता है–'मैं शायर हूँ एक श्रेणी का/संसार को खुश नहीं कर सकता/मैं लिखता हूँ मजदूरों के लिए/ज़रदार को खुश नहीं कर सकता।'[6]

कवि सन्तोख सिंह धीर के काव्य में यथास्थिति से विद्रोह का आभास नज़र आता है। उनकी अधिकांश कविताएँ व्यवस्था परिवर्तन के औज़ारों की शिनाख्त में संलग्न दिखती हैं। इनमें जन–चेतना के सीमान्तों का विस्तार है। कवि दलित मानव मुक्ति के लिए मार्क्सवादी दर्शन पर आधारित लोक–युद्ध की ज़रूरत महसूसता है और मजदूरों को इस लोक–युद्ध का नायक बनने की प्रेरणा देता है–'संसार भर के मजदूरों!/रंग–बिरंगे फूलों के/गुलदस्ते की तरह गुँथ जाओ'[7] उनके 'सिंहावली' संग्रह की अनेक कविताएँ दलित सरोकारों को गहराई में रूपायित करती हैं। उन्हें विश्वास है कि दलित मुक्ति के लिए दलित वर्ग के अपने प्रयास ही अन्तिम विजय का कारण बनेंगे। इसी महत्त्वपूर्ण बिन्दु पर उनके काव्य–कर्म की सार्थकता व्यापक मानव–स्थितियों से सम्बद्धता के आधार पर साबित होती है। कवि मनुष्य और मनुष्य की ना–बराबरी पर चोट करते हुए उच्च वर्ग की घृणित भावना, सामाजिक भेदभाव और सामाजिक विषमता से परेशान मनुष्य की छटपटाहट की गहरी पहचान करता है–'कितने ऊँचे हैं वे/जिनको नीच कहते हैं/फेंके हुए दुत्कारे हुए/धिक्कारे हुए/तिरस्कृत किए हुए/ये, जो गिरे पड़े हैं/मिट्टी में/धूल में/इनको संभालो/ये किसी ताज की कलगी पर/जगमगाने वाले हीरे हैं।'

विद्रोही एवं क्रान्तिकारी कवि सन्तराम उदासी की कविता भी सामन्तवादी व्यवस्था और मानवीय शोषण पर चोट करने से गुरेज़ नहीं करती। उनके काव्य में सामाजिक सरोकार तीव्रता से उभरकर आते हैं। इसका एक कारण यह है कि उनकी कविता के केन्द्र में गाँव है और गाँव में मजदूर–किसान नायक के रूप में सामने आते हैं। कवि के दलित सरोकारों के मूल में उनका स्वयं का ग्रामीण जीवन अनुभव और नक्सलवादी आन्दोलन की सैद्धान्तिक समझदारी कार्यशील रही है। दलित जीवन की आर्थिक त्रासदी को मुख्य मुद्दा मानते हुए वह सामाजिक यथार्थ और व्यवस्थागत हक़ीकत के सभी पहलुओं के साथ–गहराई में संयुक्त है।

समकालीन पंजाबी कवियों में उनकी महान प्राप्ति दलित स्त्री के त्रासद जीवन की सच्ची तस्वीर पेश करने में है। इसी बिन्दु पर उन्होंने दलित सरोकारों को सही आधार दिया है। व्यक्ति चेतना से दलित चेतना की ओर अग्रसर होने के कारण ही उनकी कविता सामाजिक व्यवस्था के ठोस मुद्दों से टकराव का दस्तावेज़ बन गयी है। यह पंजाबी समाज का कड़वा सच है कि यहाँ दलित औरतों को केवल भोग–विलास की वस्तु समझकर ही इस्तेमाल किया जाता है। इसके ऊपर सितम यह कि इस अकाट्य सच से दलित मर्द भी वाकिफ है, लेकिन एकदम खामोश है। कवि उदासी की 'बुर्जुआ ताने–बाने', 'मजदूर लड़की की पहली रात', 'माँ जैसी भाभी' आदि कविताएँ इसी हक़ीकत को उच्च सीमा पर बयान करती है। मजदूर वर्ग की मानसिक, शारीरिक एवं मनोवैज्ञानिक लूट–दमन का भी दिल दहला देने वाला चित्रण है। उनकी 'उठने का समय' जैसी कविताएँ मजदूर–किसानों की बाजुओं की सत्ता का गहरा अहसास कराकर दलित वर्ग को सामाजिक बदलाव के लिए चुनौतीपूर्ण प्रेरणा देती है–'उठो मजदूर–किसानों उठो रे उठने का समय / जड़ें दुश्मन की उखाड़ रे उखाड़ने का समय'

आधुनिक पंजाबी काव्य के निर्भीक कवि लाल सिंह दिल की कविता जहाँ समूची भारतीय समाज की संरचना को जाति–वर्ग के दृष्टिकोण से विश्लेषित करती है, वहीं दलित मानव की मुक्ति के सम्भावना क्षेत्र की तलाश करते रहने की निरन्तर कोशिश में संलग्न भी है। कवि व्यक्तिगत जीवन में जातियों की कठोरता के भोगे हुए सन्ताप को अपने काव्य में निरपेक्षता से अभिव्यक्त करता है। उनकी 'शाम का रंग' कविता सदियों से शोषित और पीड़ित दलित मनुष्य की व्यथा–कथा पेश करती है। कवि को गहरा दुःख

है कि दिल चीरने वाली गालियाँ, अहसनशील तिरस्कार–दुत्कार और बेबसी इस कुचले वर्ग की कालजयी सम्पत्ति है। 'जट्टवादी संस्कृति' पंजाबी समाज में एक तरह से 'ब्राह्मणी संस्कृति' का ही प्रतीक है। परन्तु कवि दिल का विरोध 'जट्टू संस्कृति' से है जट्ट से नहीं। इसीलिए वह कई स्थानों पर निर्धन जट्ट की त्रासद स्थिति को चित्रित करता है, तो 'फालों से तीखे दाँत' कविता के माध्यम से जट्ट संस्कृति के विस्थापन की कोशिश में नज़र आता है–'हम जट्ट हैं/हम थक गये/हम नहीं लड़ सकते/ज़मीन हमारे पैरों से बहुत दूर चली गयी/ज़मीन को हमारा हाथ लगवाओ'

दलित सरोकारों से ओत–प्रोत कवि की 'बेगानियाँ', 'वेश्या' और 'भोलियाँ' कविताएँ नारी पीड़ा को अपने भीतर समेटती हैं। मौजूदा दुनिया की अमानवीयता ही कवि में बेहतर मानवीय दुनिया की जरूरत को अहसास जगाती है। व्यवस्था को ललकारते हुए बलबीर माधोपुरी दलित चेतना की उस प्रवृत्ति के साथ संलग्न होता है जो मराठी और हिन्दी साहित्य से प्रभाव ग्रहण करती है। उनके 'भखदा पाताल' संग्रह की कविताएँ दलित मुक्ति का सवाल लेकर सीधे तौर पर मानवीय सरोकारों के साथ जुड़ती हैं। ये कविताएँ व्यवस्था की चक्की में पिस रहे साधनहीन मनुष्य के जीवन का यथार्थ चित्रण करती हुई सामाजिक परिवर्तन लाने वाली चेतना बनती है–'ये निरे अक्षर नहीं/यह तो/साफ़ पानी की लहर है/और लहरें/समानता के लिए/किनारों के साथ रगड़ खाती हैं/मंज़िल की ओर बढ़ती सड़कें।'[11]

'काव्य लोचा' कविता में कवि का नया रूझान अम्बेडकरी विचारधारा पर आधारित दलितवादी प्रवृत्ति की ओर अग्रसर होता है और अनेक पर्तों और वर्गों वाले भारतीय समाज के सच को बड़े कैनवस पर चित्रित करता है। कवि की काव्य चेतना एकलव्य, बन्दा बहादुर और पीर बुद्धू शाह से पाब्लो नेरूदा तक के लोक नायकों और योद्धाओं के साथ भाईचारे के रिश्ते का सृजन करती है–'बस मैं चाहता हूँ/कि मेरी कविताएँ/उस काव्यधारा में शामिल हों/जिसमें/एकलव्य, बन्दा बहादुर की वारां हैं पीर बुद्धू शाह का संघर्ष है/पाब्लो नेरूदा की वेदना है।'[12]

उनकी 'लहरें', 'मेरा बुजुर्ग', 'मेरा गाँव', 'उसने कहा था' और 'संस्कृति' कविताएँ जाति के हीनता बोध, पुरातनता की निरन्तरता, भारतीय वर्ण–व्यवस्था के यथार्थ, ग़रीबी की दलदल और दलित मानव के चेतना को वाणी देती है।

साराशः

यह तथ्य भी निराधार नहीं है कि कविता मानवीय चेतना का प्रतिफल है और मनुष्य की चेतना उसके सामाजिक अस्तित्व तथा अनुकूल व्यवस्था से ही निर्धारित होती है। लेकिन दलित सरोकारों के प्रति रचनाबद्ध रचनाकार को इस बात का खास ख्याल रखना होगा कि व्यवस्था के बदलाव की बेचैनी में कविता के काव्यात्मक सरोकारों की दुनिया कहीं संकरी और सीमित तो नहीं हो रही है। इसलिए कवि दलित सरोकारों की संकेतित पट्टियों तक ही सीमित न रहकर समूचे सामाजिक खेत में और सभी दिशाओं में हल चलाए। तभी दलित सरोकारों के बृहतर सन्दर्भों के जरिए ज़िन्दगी को धनात्मक और गहरे अर्थों को व्यक्त किया जा सकेगा।

सन्दर्भ

1. गुरुगोविंद सिंह आदिग्रन्थ, पृष्ठ 15, 2. शाह हुसैन–'जां फोलां तां लाल', पृष्ठ 43, 3. गुरुगोविंद सिंह आदिग्रन्थ, पृष्ठ 485, 4. वही, पृष्ठ 324 5. वही, पृष्ठ 1349 6. गुरुदास राम–आलम–आलम काव्य, पृष्ठ 40 7. सन्तोख सिंह धीर, संजीवनी, पृष्ठ 112 8. सन्तोख सिंह धीर, सिंहावली, पृष्ठ 40 9. सन्तराम उदासी, सम्पूर्ण रचनाएँ, पृष्ठ 166 10. लाल सिंह दिल–नागलोक, पृष्ठ 79 11. बलवीर माधोपुरी–भखदा पाताल, पृष्ठ 13 12. वही, पृष्ठ 16

हिन्दी दलित कविता में स्त्री संवेदना

डॉ. रजत रानी 'मीनू'

दलित लेखक किसी न किसी प्रकार के संकट से गुज़र कर ही आये हैं। उन्होंने अपने आप को व्यक्त भी किया है और उनकी अभिव्यक्ति के अनेक रूप भी सामने हैं, परन्तु उन सब पर बात करना सम्भव नहीं है, इसलिए यहाँ मैं केवल एक बिन्दु चुन रही हूँ और वह कविता में स्त्री विषयक संवेदना का पक्ष। इस दृष्टि से मैं जब हिन्दी दलित कविता से गुज़रती हूँ तो स्त्री संवेदना के अनेक आयाम देखने को मिलते हैं। कवियों की कविताओं से गुज़रते हुए उनका वस्तुपरक मूल्यांकन करने का प्रयास करूँगी। मैं यह दावा नहीं करूँगी कि उनका मूल्यांकन पूरा हो जायेगा या पूरी तरह सही ही हो पायेगा। यह उन्हें समझने की एक विनम्र चेष्टा भर होगी। मैं सबसे पहले हिन्दी दलित साहित्य कि शिखर रचनाकार ओमप्रकाश वाल्मीकि का पहला कविता संग्रह 'सदियों का सन्ताप' जैसा शीर्षक वैसा ही उनकी कविताओं का ताप है। उसके बाद 'बस्स बहुत हो चुका' और 'शब्द झूठ नहीं बोलते' इन कविता संग्रहों में निरन्तर बदलते हुए भाव देखने को मिलते हैं। कवि की कविताओं में अनुभूतिपरक कविताएँ अधिक हैं। स्त्री पर केन्द्रित कविताओं में वे संवेदना के स्तर पर उनकी कविता में स्त्री माँ, बहन कभी बेटी के रूप में चित्रित हुई है। उन कविताओं और कवि का बदलते हुए भारतीय परिदृश्य से सम्बन्ध जुड़ता है। उनकी 'रामेसरी' कविता का मैं पहले अनेक बार सन्दर्भ दे चुकी हूँ इसलिए यहाँ उस कविता के भाव पक्ष पर बात करूँगी। कविता में रामेसरी नाम की एक भंगी जाति की स्त्री सुबह–सुबह धूल उड़ाती हुई सड़क पर झाड़ू बुहारती। इसको हम आज के कोरोना महामारी के बदलते परिदृश्य में हमने देखा कि सफाई कर्मियों ने पूरी सेवाएँ दी हैं जिसमें सफाई कर्मी स्त्रियाँ भी शामिल थीं। उन्हें सुरक्षा कवच तक नहीं दिए गये। उनके जीवन खतरे में बने रहे। कुछ तो महामारी की शिकार भी हुई हैं। वाल्मीकि जी की

कविता की 'रामेसरी' भी बिना किसी सुरक्षा कवच के झाड़ू लगाती है। उसके फेफड़े चिमनी की तरह धूल से संक्रमित हो जाते हैं। रामेसरी एक मात्र स्त्री भर नहीं है। उस जैसी काम करने वाली भारत में अनेक स्त्रियाँ हजारों वर्षों से अपने स्वास्थ को नजर अन्दाज करती हुई देश के सफाई के काम में जुटी हुई हैं। इस समाज ने उन्हें इसके बदले अस्पृश्यता, उपेक्षा, अवेहलना की है। उनकी यह कविता वाल्मीकि जी के पहले कविता संग्रह 'सदियों के सन्ताप' में संकलित है। दलितों के जीवन में संदियों का सन्ताप आज बना हुआ है। दलितों के गाँव के गाँव जला दिए जाते हैं। ओमप्रकाश वाल्मीकि की 'बिटिया का बस्ता' कविता की कुछ पंक्तियाँ इस सन्दर्भ में देखें– "लगा जैसे एक भीड़ है/आसपास, बेदखल होती बदहवास/चारों ओर जलते घरों से उठता धुआँ/जलते दरवाजे, खिड़कियाँ/फ्रिज, अलमारी/बिटिया का बस्ता/जिसे सहेजकर रखती थी करीने से/एक–एक चीज़/पेंसिल, कटर और रबर/कॉपी, किताब/हेयर–पिन, फ्रेंडशिप बैंड/बस्ता नहीं एक दुनिया थी उसकी. ../अजनबी घर में/जहाँ नहीं है उसका बस्ता/गोहाना की चिरायंध/फैली है हवा में/जहाँ आततायी भांज रहे हैं/लाठी, सरिये, गंडासे।"[1]

गोहाना आगजनी हत्याकांड सुर्खियों में रहा है। वह जातीय द्वेष की घटना संवेदनशील व्यक्तियों को झकझोर कर रख देती है। एक स्कूल जाने वाली बच्ची की संवेदना का कवि ने बहुत ही बारीकी से चित्रण किया है। दलितों की अस्मिताएँ संकटकाल में कुचली जाती रही हैं। दलितों के संकट एक जैसे नहीं हैं। वे उनके जीवन में निरन्तर किसी न किसी रूप में बने रहते हैं। हर तरह के संकटकाल में स्त्रियाँ सबसे ज़्यादा सफर करती है। जयप्रकाश कर्दम की 'अक्करमाशी' कविता की चुनिन्दा पंक्तियाँ हमें सोचने पर मजबूर कर देती हैं। वे लिखते हैं– "मुझे "अक्करमाशी" कहकर/मेरा उपहास मत उड़ाओ/मेरे खून को मत खौलाओ/अपनी माँ के कुकर्मों के कारण/नहीं हूँ मैं अक्करमाशी/मैं उसकी विवशता का परिणाम हूँ/पाटिल की औलाद होकर भी/बाप से बेनाम हूँ।"[2]

मराठी के सुविख्यात रचनाकार शरणकुमार लिम्बाले ने 'अक्करमाशी' शीर्षक से आत्मकथा लिखी थी। यह देश–विदेश में कई भाषाओं में अनूदित हुई। ख़ूब चर्चा हुई। कवि कर्दम की कविता उनके जीवन के उन्हीं पहलुओं को दर्शाती है जो लिम्बाले जी ने 'अक्करमाशी' में लिखा था। दरअसल कवि ने इस कविता के द्वारा एक बहुत बड़ी समस्या को उजागर करने का प्रयास किया है जिस समाज में सामन्ती प्रथा में स्त्रियों को एक वस्तु माना है। उनकी अस्मिता का कोई मूल्य नहीं है। दलित स्त्री की स्थिति और चिन्ताजनक है। क्योंकि उसका कमज़ोर समाज होने के कारण उसके समाज

की स्त्रियों को ये पटेल जैसे अनेक वर्चस्ववाली जातियाँ लठ या उनकी कमज़ोरी का फायदा उठा कर जार कर्म करते रहते हैं। यह अनैतिक कार्य उनकी परम्परा और संस्कृति का हिस्सा भी बना हुआ है। संस्कृति पर बात करने वाले विद्वतजन भी कभी इस ओर चर्चा नहीं करते। यहाँ दलित स्त्री अपमानित तो हो ही रही है मगर सवर्ण स्त्री को भी कोई सम्मान नहीं मिल रहा है। वह बाप, पति, बेटा और भाई के अनैतिक कार्यों का खुल कर विरोध भी नहीं कर पा रही है और अपनी विवशता पर खून के आँसू छिप–छिप कर पोछती रहती है।

इधर कालीचरण स्नेही जी कविता के क्षेत्र में बहुत ही सुपरिचित नाम है। उनके अब तक पाँच कविता संग्रह प्रकाशित हो चुके हैं। यहाँ हम उनके सभी संग्रहों से कविताएँ तो नहीं ले सकते क्योंकि हम शब्द विषय और शब्द सीमा के अनुशासन में बन्धे हुए हैं। 'दोनों के हाथ झाड़ू' कविता की कुछ पंक्तियाँ प्रस्तुत हैं–"पुरूष ने अपने हिस्से की/गंदगी धकेल दी है--/औरत की तरफ/घर–आँगन बुहारती है एक/और एक सड़कें।

अपने बच्चों का पाखाना उठाती है एक/और एक सारे मोहल्ले को/अन्तर कोई नहीं है दोनों के काम में/दोनों ही औरतें हैं–/झोपड़ी में भी/और महल में भी/दोनों के हाथ झाड़ू है/सवाल रानी–मेहतरानी का नहीं–/सवाल है हमारी दोहरी मानसिकता का/दोहरे बर्ताव का/औरत के शोषण का।"[3]

स्नेही जी की कविता जहाँ एक तरफ दलित स्त्री और सवर्ण स्त्री के कार्यों का बहुत ही सच्चाई के साथ बिम्ब हमारे सामने रखती है। दूसरी तरफ दोनों समाज में स्त्रियों की स्थिति का बेबाकी से चित्रण करती है। हमारी सोच और दोहरे मानस पर सवाल खड़ा भी करती है उनकी उक्त कविता। स्त्री को केन्द्र में रख कर इस तरह के भाव दलित कविता में बहुत कम देखने को मिलते हैं। उसके प्रति संवेदना का भाव जागता है तो उसके साथ बलात्कार और ग़रीबी की घटनाओं को साहित्य में अधिक स्थान मिला है। यहाँ दोनों वर्गों की स्त्रियों की सामाजिक हैसियत का पता चलता है दूसरी ओर उनके प्रति पुरूषों की मानसिकता भी उजागर हुई है।

दलित स्त्रियों की परेशानियों का कोई अन्त नहीं। दलित कवि संवेदनशील अधिक होता है। उसकी नजर चारों ओर जाती है। अपने घरों में काम करने वाली स्त्री की समस्या को कवि श्यौराज सिंह बेचैन की कविता 'रजनी' की कुछ पंक्तियाँ देखी जा सकती हैं– "इस छब्बीस/जनवरी के दिन/रजनी घर पर आयी थी/आँखों में दर्द और/होठों पै व्यथा ले आयी थी/"झुग्गी उठा कर आज मेरी/बिल्डर ने फिंकवा दी है/चार जगह फुटपाथ बुहारे/

कहीं न कोई जगह दी है/कितनी ठंडी हवा आज है–/उस पर बूंदा–बांदी है/बच्चे लेकर कहाँ रहूँ मैं/मुझको क्या आजादी है?"[4]

रजनी नाम बहुत है। कवि श्यौराज सिंह बेचैन की कविता में आयी रजनी दलित समाज की न लेखिका है न समाज कार्यकर्ता। यह इसलिए भी बताना ज़रूरी है कि दलित साहित्य में तीन रजनी हैं। यहाँ कवि की रजनी एक ऐसी स्त्री है जो आजादी के 70 साल के बाद भी उसका न कोई घर है न रोजगार की सुनिश्चिता है। कवि ने उसकी संवेदना को गणतन्त्र दिवस से जोड़ कर देखने का प्रयास किया है। यहाँ यह भी बता देना बहुत आवश्यक है कि हमारे देश में रजनी कोई एक स्त्री नहीं है जो रोजगार की तलाश में गाँव से शहरों की ओर आयी है और यहाँ उनके निवास से जुड़ी बेसिक बड़ी समस्या है। उसके बाद उनके जीवन की दूसरी समस्याएँ शुरू होती हैं। पानी और शौच से जुड़ी समस्याएँ उनकी तरफ तो अभी गम्भीरता से सोचा ही नहीं गया है। हम कवि की रजनी की समस्या को कोरोना महामारी के दौरान आयी समस्या से जोड़ कर देख सकते हैं। इस दौरान जो मजदूर मिल–फैक्ट्ररियों, निर्माण से जुड़े और घरेलू सेविका इत्यादि कार्यों में जो लोग जुड़े थे और उनका निवास भी उसी जगह से जुड़ा था। कोरोना के कारण सब बन्द हुआ तो इनके काम और रोजगार भी बन्द हो गये। कोरोना ने उनके समस्या को आग में घी डालने को काम किया है। कवि की रजनी उन्हीं मजदूरों में से एक है।

हिन्दी दलित साहित्य के स्थापित साहित्यकारों के अलावा इधर एक नई पौध ने भी कलम चलानी शुरू कर दी हैं। विचार के स्तर पर कुछ अम्बेडकरवादी हैं तो कुछ मार्क्सवादी विचार से अपने विचारों को पका कर दलित साहित्य लेखन भी करने लगे हैं। इनमें आर.डी.आनन्द का नाम प्रमुखता से लिया जा सकता है। उन्होंने अब तक एक दर्जन से अधिक रचनाएँ अनेक विधाओं में लिखी हैं। उनके यहाँ दलित स्त्री की संवेदना अलग से दिखायी नहीं देती है। स्त्री मात्र की मुक्ति को विभिन्न रूपों में वे देखते हैं। कभी अपनी 'विद्या' कविता में अपनी दादी, माँ की अशिक्षा का चित्रण करते हैं तो 'रेप' संस्कृति पर अलग ढंग से लिखा है। कुछ नमूने देखें–"सभ्य संस्कृति/सुन्दर नारी/परिधानों में/सजी धजी/नित रूप सिंगार/ किया करती थी/घुग्घु और भेड़ियों में/वह कैसे भला/ जिया करती थी/ पति था उसका/जाने कैसा/रेप पर रेप/सहा करती थी/ विक्षिप्त हो गयी/ जाने कब/बस नंगी रोड/फिरा करती थी।"[5]

यहाँ कवि आर.डी. आनन्द ने स्त्री की सामाजिक और पारिवारिक स्थिति और स्त्री की विवशता का चित्रण बहुत ही साफ़गोई शब्दों में किया है।

साथ ही प्रतीकात्मक ढंग से हमारी उस संस्कृति पर भी प्रश्न चिह्न लगा दिया है जिसमें स्त्री की अस्मिता घर में भी सुरक्षित नहीं है। यह समाज का सच आज के बदलते भारतीय परिवेश में भी स्त्री चाहे सवर्ण हो या दलित सामाजिक स्तर पर दोनों को मात्र भोग्या समझने वालों की कमी नहीं है। दलित कविता में संवेदना के स्तर पर उन चित्रों के बिम्ब दिखायी देने लगे जो अब तक हिन्दी में इतनी गहरी संवेदना के साथ इन विषयों को उसी तरह अनदेखा किया जाता रहा है जैसे दलितों के जीवन को। 'नारी सम्मान' शीर्षक से आर.डी. आनन्द की एक अन्य कविता के नमूने देखें–''मैं नारी हूँ/मुझे नहीं चाहिए/तुम मुझे देवी का दर्जा दो/मुझे नहीं कहना/तुम मेरी आरती उतारो/मुझे नहीं चाहिए/मेरी फोटो पर/तुम माला चढ़ाओ/मैं नहीं कहती/मेरे को देवी मान कर पूजो/...मैं सिर्फ चाहती हूँ/मुझे मेरे बाबा साहब द्वारा दिए गये/संवैधानिक अधिकार दे दो।''[6]

आजादी के बाद भारत का परिदृश्य संविधान के लागू होने के साथ बदलता है। वहीं से नारी की सोच बदलती है। आर.डी. आनन्द की उक्त कविता में जो नवीन मूल्य दिखायी दे रहे हैं। ये आज की नारी की आवाज़ है जिसमें वह देवी बन कर परलोक की चिन्ता नहीं आज के जीवन को एक मनुष्य के रूप में पूरी तरह से जीना चाहती है, इसीलिए तो बाबा साहब द्वारा संविधान में दिए गये अधिकारों को पाने की बात करती है। उसकी यह आवाज़ देश की हर स्त्री की है, जो पहले जाग गयी उसे उसके संवैधानिक अधिकार पहले मिल गये। जिसका समाज सो रहा है या आजादी के बाद वर्चस्ववादियों के चंगुल में फँसा है उस समाज की स्त्रियों के लिए संवैधानिक अधिकारों कल्पनातीत बने हुए हैं।

प्रो. करूणाशंकर उपाध्याय के शब्दों में कहें तो ''अस्मिता विमर्श के कारण हमारे परम्परागत साहित्य रामायण, महाभारत के वे उपेक्षित पात्र दलित, आदिवासी विमर्श के रूप में अब लेखक बन कर लिखने लगे हैं। यह भारत का बदलता हुआ परिदृश्य है।''[7] प्रो. करूणा शंकर उपाध्याय जी की बात का समर्थन किया जा सकता है। अतीत के उपेक्षित जीवन्त पात्र ही आज भारत का परिदृश्य बदला तो कुछ ने झाड़ू, कुदाली, खुरपी चलाने के साथ कलम पकड़ कर अपने अनुभवों पर आधारित साहित्य रचने लगे हैं। मुसाफिर बैठा युवा रचनाकारों से थोड़े आगे की पंक्ति में आते हैं। उनका एक कविता संग्रह है 'बीमार मानस का गेह' में वह 'गिरवी–दर–गिरवी' कविता में अपनी संवेदना और समाज के सच को इस प्रकार रखते हैं–''जिस माँ के कुपोषित स्तन में/न उतर सका ममता भर दूध भी/जिससे लगकर चुभक्का मारकर/दूध पी अघा सका न कभी उसका बच्चा/जो माँ अपनी

छाती के दूध के सिवा/अपने जिगर के टुकड़े को दे न सकी/किसी दूसरे पोशाहार का पूरक संबल/और बीत गया उसके लाल का अदूध ही/दूधपीता बचपन/उसकी जननी छाती का मन भर जुराए बिना ही।"[8]

मुसाफिर बैठा की यह कविता देख कर हमारा ध्यान आज के कोरोना महामारी के दौरान गाँव की ओर पलायन कर रहे हजारों की संख्या में मजदूर वर्ग और उनकी स्त्रियों उनके बच्चों की ओर जाता है। आज मजदूरों की लगभग यही स्थिति देखी जा सकती है।

निष्कर्ष रूप में हम कवि श्यौराज सिंह की निम्न पंक्ति के रूप में कह सकते हैं कि "जुल्मों सितम की मारी, मारी कहाँ हो तुम, हिंदोस्ताँ की नारी, नारी कहाँ हो तुम।"[9] नारी की सुरक्षा, उसकी अस्मिता, उसके अधिकारों के सवाल उस पर सामाजिक और घरेलू हिंसा की समस्याओं से वह घिरी है। आख़िर कब सभी भारतीय स्त्रियों की समस्याओं का निदान होगा? कब उसे सम्मान जनक जीवन जीने के अवसर मिलेंगे? कब आजादी का स्वाद वह चख पायेगी? स्त्रियों से जुड़े हुए ऐसे अनेक सवाल हैं। हमें उन पर सोचना होगा, विचार करना होगा।

सन्दर्भ

1. ओमप्रकाश वाल्मीकि–'शब्द झूठ नहीं बोलते' (काव्य संग्रह), अनामिका पब्लिशर्स, नई दिल्ली, (प्र.सं .2012), पृष्ठ–59–60
2. जयप्रकाश कर्दम–'गूँगा नहीं था मैं' (कविता संग्रह), अतिश प्रकाशन, दिल्ली (प्र.सं.1997), पृष्ठ–40
3. कालीचरण स्नेही–'आरक्षण अपना–अपना', नवभारत प्रकाशन, दिल्ली (सं. 2007) पृष्ठ–16
4. श्यौराजसिंह चौहान–'चमार की चाय' (कविता संग्रह), वाणी प्रकाशन, नई दिल्ली, (सं.2017), पृष्ठ–14
5. आर.डी. आनन्द–'स्याह रात का सूरज' (कविता संग्रह), बोधि प्रकाशन, जयपुर (सं.2018), पृष्ठ–16
6. आर.डी. आनन्द–'संस्कृतियों का आत्मबोध' (कविता संग्रह), बोधि प्रकाशन, जयपुर, (सं.2018), पृष्ठ–74
7. करूणा शंकर उपाध्याय–कला, रामानुज कॉलेज द्वारा आयाजित संवर्धन कार्यक्रम उद्घाटन व्याख्यान में, 22 मई 2020
8. मुसाफिर बैठा–बीमार मानस का गेह (कविता संग्रह), रश्मि प्रकाशन, लखनऊ (सं.2018), पृष्ठ–55
9. श्यौराजसिंह बेचैन–'रंगीता टाईम्स', 22 मार्च 1984, पृष्ठ–4

मलखान सिंह की कविता में विप्लव

डॉ. कर्मानन्द आर्य

छह निबन्ध लिखकर जैसे सरदार पूर्ण सिंह, 'हार की जीत' लिखकर जैसे सुदर्शन, 'दुनिया रोज बनती है' जैसे महत्त्वपूर्ण संग्रह के कारण आलोक धन्वा, 'भेड़िये' कहानी के कारण भुवनेश्वर, 'नगाड़े की तरह बजते हैं शब्द'–के कारण निर्मला पुतुल, 'केवल अपनी धार' के लिए अरुण कमल और 'उसने कहा था' जैसी कहानी के कारण चन्द्रधर शर्मा गुलेरी क्लासिक रचनाकार हुए ठीक वैसे ही 'सुनो ब्राह्मण' और 'ज्वालामुखी के मुहाने' की चन्द कविताओं के कारण मलखान सिंह हिन्दी कविता के अमिट हस्ताक्षर हो गये। उनकी कविता 'सुनो ब्राह्मण' ने लोकप्रियता के सारे प्रतिमान तोड़ दिए।

वे वंचित संवेदना के लेखकों में प्रमुख थे। हिन्दी आउटलुक के सन 2012 के साहित्य सर्वेक्षण में उन्हें हिन्दी दलित कविता का सबसे लोकप्रिय कवि माना गया था। वे अपनी कुछ 15–20 कविताओं के साथ हिन्दी में नक्षत्र के रूप में उभरे, और जगमगाते रहे। मलखान सिंह भाषा में भय के मनोविज्ञान के कवि थे। अपनी चुटीली किन्तु व्यंग्य परक अभिव्यंजना के कारण उनकी कविता अधिकतर 'वक्रोक्ति' शैली में धार देती है। यहीं उनकी कविता का लोकोत्तर चमत्कार हमें दिखायी देता है। उनका पहला संग्रह 'परिवेश' प्रकाशन से 1997 में आया। इस संग्रह ने अपने प्रकाशन के साथ जैसी लोकप्रियता अर्जित की वैसी किसी अन्य समकालीन कवि या कविता पुस्तक को नहीं मिली। बजरंग बिहारी तिवारी उनके दूसरे संग्रह की भूमिका में लिखते हैं कि 'एकबारगी सोचकर आश्चर्य होता है कि अत्यन्त चुभने वाली भाषा, तिलमिला देने वाले तेवर और बेचैन कर देने वाले कथ्य को कैसे स्वीकार कर लिया गया! अठारह बरस बाद कवि के दूसरे संग्रह 'ज्वालामुखी के मुहाने' का प्रकाशन इस अर्थ में 'सुखद' नहीं है कि हिंसाग्रस्त समाज

सचमुच ज्वालामुखी के मुहाने पर है। कला, संस्कृति, दर्शन का सार उनकी कविताओं में दिखायी देता है।

सफेद हाथी, सुनो ब्राह्मण, एक पूरी उम्र, पूस का एक दिन, फटी बंडी, ज्वालामुखी के मुहाने, आरक्षण आदि कविताओं से उन्हें विशेष ख्याति प्राप्त हुई। उनकी कविता में भूख का ज़िक्र बार–बार आता है। इसलिए आक्रोश मिश्रित करुणा उनकी कविता के मूल में है। वे भाषा के साथ खेलने वाले कवि हैं इसलिए सहज सरल भाषा में उनकी कविताओं को बिना प्रयास आत्मसात किया जा सकता है।

उनकी कविता ने लोकप्रियता के सारे प्रतिमानों को तोड़ दिया। उनकी कविता सीधे हृदय को बींधती है और शोषक की छाती छलनी करती चली जाती है। उनकी कविता का भाव–बोध किसी भी पाठक का विचार बोध कब बन जाता है, पता करना मुश्किल है। उनकी रचनात्मकता कविता में प्रतिपक्ष का रोल ही अदा करती है। उनकी कविता आत्म संघर्ष और जीवन संघर्ष के बीच दोलायमान रहती है। उसका प्रयाण हमेंशा अन्तिम मनुष्य तक होता है। उनकी कविताएँ मनुष्य और मनुष्य के बीच बढ़ती हुई गहरी खाई को पाटकर समता, स्वतन्त्रता और बंधुत्व की हिमायत करती है। बाबा साहब डॉ. भीमराव अम्बेडकर ने आजादी का जो सपना अपने जीवनकाल में देखा था उसी सपने को समय रहते पूर्ण करने को प्रतिबद्ध हैं मलखान सिंह की कविताएँ।

मलखान सिंह का जन्म 30 सितम्बर, 1948 को उत्तरप्रदेश के हाथरस (तत्कालीन जिला अलीगढ़) में हुआ। पारिवारिक पृष्ठभूमि किसान की रही इसलिए किसानी जीवन का ताप उनकी कविताओं में सबसे अधिक है। प्रेमचन्द के गद्य संवेदना को अगर हम कविता में पढ़ना चाहें तो हमें मलखान सिंह को पढ़ना चाहिए। कुछ लोगों ने उनकी तुलना संस्कृत के शूद्रक नामक कवि से की है। 'बसई काजी' जहाँ मलखान सिंह पैदा हुए थे उस गाँव में दलितों की आबादी लगभग पचास प्रतिशत है। गाँव में चमार, पासी, धोबी, खटिक वाल्मीकि, नाई मुस्लिम सक्का जैसी जातियाँ निवास करती हैं जिनमें से अधिकांश मजदूरी करके जीवन यापन करते हैं। गाँव में चमार जाति का बाहुल्य है। गाँव में ब्राह्मण, ठाकुर, बनिया और जाट समुदाय की आबादी भी काफ़ी संख्या में है लेकिन गाँव में राजपूतों का ही वर्चस्व रहा। मलखान सिंह की कविता में इन्हीं सामन्ती तत्वों की पहचान आप आसानी से कर सकते हैं।

मलखान सिंह अपने समय के परिवेश को बताते थे कि गाँव के सवर्ण गाँव में रह रहे दलितों के साथ दो तरह का व्यवहार रखते हैं। दलितों के वे

लोग जो समृद्ध किसान हैं उनके साथ सवर्ण समानता का व्यवहार अपनाते थे जबकि जो सफाई या चमड़े का व्यवसाय करते थे उनके साथ छूत–छात का व्यवहार आम बात थी। आर्थिक आधार लोगों का व्यवहार थोड़ा बदल जाते है। भेदभाव की मात्रा में भी फर्क पड़ता था। भेदभाव के कारण लोगों में इस बात का बहुत आक्रोश रहता है पर मलखान सिंह कहते हैं कि गहरा शोषण कई बार आक्रोश को क्षीण कर देता है। जो दलित जातियाँ अत्यन्त शोषित थीं वे अपने ऊपर हो रहे अत्याचारों का मुखर प्रतिरोध नहीं कर पाती थीं। उस समय भी वर्ग का निर्माण हो रहा था जिसे हम आज के शब्दों में ग़रीब वर्ग और अमीर वर्ग के रूप में रेखांकित कर सकते हैं। सवर्ण अवर्णों से घृणा का व्यवहार रखते थे। एक संवेदनशील व्यक्ति के तौर पर मलखान सिंह पर इन बातों का गहरा असर था। वे लोगों पर हो रहे अत्याचारों को अपनी चेतना से बदलने का प्रयास किया करते थे।

भारतीय दर्शन, साहित्य और संस्कृति में अपनी विशेष अभिरुचि के कारण पीसीएस की तैयारी के दौरान उन्होंने दर्शन शास्त्र को अपना मुख्य विषय चुन लिया था। उसी तैयारी के दौरान उन्होंने अद्वैत वेदांत को ठीक से समझा और ब्राह्मणवादी सवालों को सुलझाना सीख लिया। ब्राह्मणवादी व्यवस्था में जो भी लूपहोल है उसे मलखान सिंह की कविता में महसूस किया जा सकता है। उनके प्रिय रचनाकारों में कबीर के बाद गोर्की रहे। गोर्की के साहित्य ने उन्हें समाज को एक अलग ढंग से देखने का नज़रिया दिया। वे यह स्वीकार करते हैं कि डॉ. बाबासाहब अम्बेडकर को ठीक से समझने की भावभूमि उन्हें वामपंथ ने ही प्रदान की। मलखान सिंह समाजवादी युवाजन आन्दोलन में भी काफ़ी सक्रिय रहकर समाजवादी नीतियों के समर्थक बने रहे। उनका संघर्ष कभी न खत्म होने वाला संघर्ष रहा।

मलखान सिंह में रचनात्मकता के बीज बाल्यकाल से ही था। किशोरावस्था में पहली बार तुकबन्दी करना शुरू किया। मलखान सिंह बताते हैं कि उन दिनों की कविताएँ साहित्यिक धरातल पर उतनी प्रौढ़ नहीं थीं कि उन्हें सार्वजनिक जीवन का हिस्सा बनाया जायें समय के अन्तराल में वे कविताएँ, डायरियों में कहीं पीछे छूटती गयीं। यह जरुर है कि उनकी बचपन की कविताओं में हरिवंश राय बच्चन, नीरज आदि का प्रभाव था। बाद में उनकी कुछ चुनिन्दा कविताओं को उनके बाल सखा और मित्र 'डॉ. मूलचन्द गौतम' ने चयनित कर उसे अपने प्रकाशन से प्रकाशित किया। मलखान सिंह के पहले संग्रह 'सुनो ब्राह्मण' का शीर्षक भी डॉ. मूलचन्द गौतम का ही सुझाया हुआ है।

मलखान सिंह भाषा में भय के मनोविज्ञान के कवि थे। अपनी चुटीली किन्तु व्यंग्य परक अभिव्यंजना के कारण उनकी कविता अधिकतर 'वक्रोक्ति' शैली में धार देती हैं। यहीं उनकी कविता का लोकोत्तर चमत्कार हमें दिखायी देता है। प्रेमचन्द की तरह जहाँ मलखान सिंह की भाषा सहज और सरल है वैसे ही वे अपनी कविताओं में 'मुहावरों' और 'लोकोक्तियों' का भी भरपूर इस्तेमाल करते हैं। चौथीराम यादव ने उनकी कविता के बारे में कहा था कि–"वैकल्पिक प्रतिमान पर मलखान की कविताएँ एकदम खरी उतरती हैं। उनकी कविताओं की विषयवस्तु, निहितार्थ और आशय, भाषा शैली और शिल्प की अपेक्षा कहीं ज़्यादा महत्त्वपूर्ण है। उनकी भाषा लाग लपेट वाली भाषा नहीं बल्कि सहज, स्वाभाविक एवं सर्जनात्मक है। उनमें देशज और स्थानीय शब्दों तथा लोकजीवन के अनुभव में रचे बसे मुहावरों का धडल्ले से प्रयोग किया गया है।"[1] जब वे नोकदार पत्थर जैसे शब्दों से अपने वर्ग शत्रु पर हमला करते हैं तो उनका चेहरा तमतमा जाता है और भाषा की रंगत बदल जाती है।

मलखान सिंह जी अपनी कविता में मुखर और संवादी हैं, विवादी नहीं। वे केवल उकसाकर नहीं छोड़ देते अपितु समस्या के निदान की तरफ भी इशारा करते हैं। 'सुनो ब्राह्मण' संग्रह की पहली ही कविता 'हमारे दिन–हमारी रात' एक ऐसे विषमतामूलक भारत की बात को बताती है जो संसाधनों के असमान वितरण के कारण दुःख झेल रहे हैं वे उन तमाम लोगों को आमन्त्रण देते हैं कि आओ देखो और हमारी ज़िन्दगी को महसूस करो। कभी जनवादी रचनाकार अदम गोंडवी ने इन शब्दों में हुबहू इसी पीड़ा को अभिव्यक्त किया था। "आइए महसूस करिए ज़िन्दगी के ताप को–मैं चमारों की गली तक ले चलूँगा आपको। हमारी यही विडम्बना है कि हम एक दूसरे के परिवेश में रहते हुए भी एक दूसरे से कितना अनजान रह जाते हैं। रोटी–बेटी तो अलग हम सामान्य व्यवहार भी नहीं कर पाते अपने भाइयों से। मलखान अनायास ही नहीं लिखते–कैसा होता है ग्रीष्म–ग्रीष्म की तपन कैसी होती है/कैसे उठती हैं लपटें–नंगी धरती से–एक दिन–बस एक दिन/हमारे साथ भभकती हुई रेत पर–नंगे पाँव दस कदम–चलकर तो देखो/यहाँ तो पूरी की पूरी दोपहरी–सूरज की आग पीते कटती है/पसीना ऐसे टपकता है– बरसात में भीगे पेड़ से जैसे–पानी की बूँदे टपकती हैं।"[2] (हमारे दिन–हमारी रात)

यह कुछ हद तक सही है कि उदारवाद और औद्योगिकीकरण ने दलितों को कमाने खाने के नये अवसर दिए हैं पर सामन्तवाद की आग में तपकर

पैदा हुआ पूँजीवाद उससे भी अधिक ज़हरीले रूप में सामने आया है। इस बाज़ार में हर आदमी की क़ीमत तय है। बड़े–बड़े महानगरों में खुलेआम आदमियों की बोली लगती है। आदमी जानवर सरीखा अपनी बोली का इन्तजार करता रहता है। अब तो सरकारें उन्हीं पूँजीवादियों के इसारे की टट्टू हो चुकी हैं। अमेरिका से लेकर एशिया के बड़े देशों तक में उन्हीं का एकछत्र राज्य दिखायी देता है। उन्हीं के इशारे पर सत्ता का पत्ता डोलता है। वे उस अन्तिम मनुष्य की पीड़ा को स्वानुभूति पर परखकर जानते हैं कि बाज़ारों और मंडियों में सजने वाला आख़िरी आदमी आख़िर कौन है? पीढ़ी–दर–पीढ़ी आख़िर कौन इन बाज़ारों का हिस्सा बनता चला जाता है। केदारनाथ अग्रवाल की कविता याद आती है–एक हथौड़े वाला घर में और हुआ...कवि मलखान उदारीकरण की सच्चाइयों को भली भाँति जानते हैं। वे जानते हैं दलित दलित के घर ही पैदा होगा, किसी सवर्ण के घर नहीं। और उसका बिकना भी लगभग तय है। वे लिखते हैं –''नगर के चौराहे पर–बिकने वालों की/इतनी भीड़ है कि–पाँव रखने की जगह नहीं/गाँव बंजर हो गये हैं–हम सिमाने पर खड़े–/पेट के भेड़िये से जूझ रहे हैं।''[3] (कैसा उदारवाद यह)

उनके पहले संग्रह 'सुनो ब्राह्मण' में बाईस कविताएँ हैं जो जीवन के अलग–अलग पक्षों को रेखांकित करती हैं। ये कविताएँ बाबासाहब अम्बेडकर की बाईस प्रतिज्ञाओं की याद दिलाती हैं। इन कविताओं में धर्म का अनुदार पक्ष है तो थोथे मार्क्सवाद की अवहेलना भी है। दलित जीवन के उत्थान की पटकथा 'आरक्षण' है तो गाँवों का स्याह पक्ष 'हमारा गाँव' भी है। यह वही गाँव है जिसे महात्मा गाँधी ने भारत की आत्मा का वास कहा था। पर दलितों का गाँव वह गाँव नहीं है। पीड़ा, संत्रास, घुटन, अलगाव, छुआछूत के अड्डे का नाम है गाँव। गाँव का यही सच हिन्दी दलित कविता के अप्रतिम हस्ताक्षर ओमप्रकाश वाल्मीकि की आत्मकथा 'जूठन' में दिखायी पड़ता है तो मलखान सिंह की 'डोमपाड़ा' में भी। संज्ञा और सर्वनाम के व्यापक प्रयोग वाली इस आत्मकथा में वही गाँव है जो मलखान सिंह की कविता में बार–बार आता है। लगभग दलित रचनाओं में यही गाँव हमें दिखायी देता है।

हिन्दी के आलोचक दलित साहित्य पर कई तरह का आरोप लगाते रहे हैं। खासकर वह गुणवत्ता को लेकर, भाषा और शिल्प को लेकर दलित साहित्य को नकारते रहे हैं। दलित साहित्य ने संस्कृतनिष्ठ, पारम्परिक भाषा, काव्य शैली, प्रस्तुतीकरण को नकार कर सर्वग्राही भाषा का प्रयोग

किया। एक ऐसी भाषा जो दलितों की पीड़ा, अपमान, व्यथा और यथार्थ को अभिव्यक्त कर सके। वह कल्पना में जीने वाला साहित्य नहीं, कटु अनुभवों को प्रस्तुत करने वाला है। सवर्णों के इस छद्म को रेखांकित करने के लिए ही मलखान सिंह ने 'कामरेड' नाम से एक महत्त्वपूर्ण कविता लिखी थी। अपने जातीय संरक्षण में लगे हुए 'कामरेड' की असली तस्वीर का रेखांकन ही है मलखान सिंह की कविताई। कवि अपनी कविता 'कामरेड' में लिखता है कि–"मौसम के गरमाते–रेत के ढेर में घुसेड़ देते हैं गर्दन/निश्चिन्त हो जाते हैं– कि अंधड़ जब आयेगा–उन्हें छू भी नहीं पायेगा.../लाल रथ के पहिये–रेत में धंसे देख–झुंझलाते कामरेड/कंठी के मनके–गिनते बार–बार–एक दो तीन चार–एक दो तीन चार–/संख्या सही पाते हैं।"[4]

सदियों से जाति संस्कृति, अंधविश्वास, शोषण के हाथों पिसते हुए उसे हर दोराहे पर चुनौतियों से सामना करना पड़ता है। बेशक उनके लिए कोई टिकाऊ आन्दोलन न हुए हों पर विचारधारा के रूप में शोषण और दमन की चीड़फाड़ लगातार होती रही है। प्रतिरोध की आवाज़ के कारण लाखों लोगों को ज़िन्दा जला दिया गया है, लाखों लोगों को पशुवत क्रूरता का सामना करना पड़ा है, लाखों लोगों को अपना घर–परिवार छोड़कर निर्वासन में ज़िन्दगी जीने को मजबूर होना पड़ा है तब भी आवाज़ कहीं मन्द या क्षीण नहीं पड़ी। जैसे–जैसे शोषण और दमन चला, आवाज़ें और बुलन्द हुई। हिन्दू धार्मिक संस्थाओं द्वारा दलित बहुजन जातियों के ऊपर आध्यात्मिक, आर्थिक और शैक्षिक वंचना का परिणाम यह हुआ कि दलित बहुजन जातियाँ गोलबन्द हुई और अपने शोषण और दमन के खिलाफ एक मुखर आवाज़ से वाकिफ हुई।

डॉ. अम्बेडकर के नवयान बौद्धधर्म ने दलितों को पहली बार तर्कशील होना सिखाया। उन्हें हिन्दू धर्म की कुटिलताओं से परिचय कराया ताकि वे धीरे–धीरे हिन्दू धर्म की क्षुद्रताओं को पहचान सकें। मलखान सिंह यह जानते हैं कि उनके समूह को दलित धर्म का संरक्षण लेकर ही बनाया गया है यानी कि मानसिक गुलाम। धर्म के द्वारा ही उनकी संस्कृति को नष्ट करने का प्रयास आज तक हो रहा है। धर्म और कर्मकांड में फँसाकर ही ब्राह्मणवाद का भरण पोषण होता है। अपनी कविता 'पतित पावनी गंगा' में कवि उसी ब्राह्मणवादी तन्त्र का भंडाफोड़ करता है– "यही तो हैं वे–अपनी बस्ती के–राह भटके लोग/जो माथे पर तिलक–हाथों में पुजारा–पहुँचे में कलावा बाँधे बस्ती में खड़े–बोधिवृक्ष की जगत पर–देवी का दरबार सज़ा रहे हैं तने में लपेट रहे हैं/मन्नती धागे–शाखाओं पर हनुमानी लंगोट टांग

रहे हैं/कबीर की कुटिया में–गा रहे हैं हरि कीर्तन–गुरु के द्वार पर/भगवा फहरा रहे हैं"[5]

वे ब्राह्मणी संस्कृति को अच्छी तरह से समझने वाले रचनाकार हैं। वे सामन्ती मानसिकता के लेखन की मनोदशा को भली भाँति पहचानते हैं। अध्यात्म के जिस खोखलेपण के सहारे ब्राह्मणवादी अपने ऊँचे महल बनाते हैं उसकी हर ईंट को भली भाँति जानते हैं मलखान सिंह। 'महज इत्तेफाक नहीं हैं यह' नामक अपनी कविता में वे लिखते हैं–

"महज इत्तेफाक नहीं है यह–कि सदियों से वे–साढ़े तीन हाथ लम्बी नाक के लिए/अवतरित होते हैं–हम पैदा होते हैं नकटे–नकटे ही मर जाते हैं–कि हमारी धोती/घुटने नहीं ढक पाती हमारी–उनकी धोती–अंगुठा चूमती है पैर का/तर्जनी में झूमती है–कि हल की मूठ भी–पकड़ना नहीं जानते वे/कहलाते लम्बरदार–हम पूरी उम्र–बैल बन हाँफते हैं–हरामखोर कहलाते हैं/कि हमारी बस्ती में उगा पौधा–दरख्त होने से पहले ही–सुख जाता है/उनके आँगन का बूढ़ा पेड भी हाथी–सा झूमता है"[6]

प्रश्न है कि आरक्षण के सवाल पर किसी सवर्ण ने चाहे वह मार्क्सवादी हो चाहे राष्ट्रवादी, किसी ने पक्ष अथवा प्रतिपक्ष में अपनी कलम चलाई है? उत्तर है कभी नहीं, क्यों? क्योंकि इससे उनकी सामन्ती संस्कृति को ठेस पहुँचती है। इससे उनका ब्राह्मणवाद कमज़ोर होता है। जवाब यह भी है कि अभी तक भी वे दबाये हुए हिस्से को दबाकर ही रखना चाहते हैं। दलितों के पक्ष में लिखने से उनकी मठाधीशी बरकरार नहीं रहा पायेगी। तब आख़िर ग़रीबों और मजलूमों के यथार्थ लेखन को कौन लिखेगा। क्या खाया अघाया हुआ, भरे पेट का ब्राह्मणवादी। नहीं भाई, नहीं। वह लिखेगा तो कोई जयप्रकाश लीलवान सरीखा, कोई ओमप्रकाश वाल्मीकि जैसा या कोई मलखान जैसा आम जीवन जीने वाला कवि। वह आरक्षण को समझता है और उसके सांस्कृतिक अवदान को भी। 'आरक्षण' नामक अपनी कविता में आरक्षण जैसे जटिल सवाल का जवाब देते हुए कवि लिखते हैं कि–"वाह रे! बेताज के बादशाह–हमारी सत्ता में हिस्सेदारी पर तुमने टांग न आड़ाई होती–तो आज–देश के लोकतन्त्र का चेहरा/दूसरा ही होता–हमारे मुहल्लों से–हमारे केवल हमारे/कन्धों पर बैठ–जो भी खद्दर नारेश–पंचायत भवन में पहुचता वहः बिना नाथ के साँड़–सा आचरण न कर/हमारे प्रति जवावदेह होता–हमारे हितों के लिए विरोध/केवल विरोध ही नहीं–जान की वाजी लगा देता–आज/जड़, ज़मीन, बाज़ारों पर– हमारी भी हिस्सेदारी होती/हमारे कन्धों मैं बैसाखी नहीं–नहीं जाती का कटोरा–हाथों में होता/हमारे

खुद के पैर होते–हमारे खुद के हाथ होते–तब तुम्हारे साथ/एक ही पंक्ति में खड़े हो–एक ही प्रस्थान बिन्दु से–दौड़ में शामिल होते"[7]

'ज्वालामुखी के मुहाने' इस संग्रह की सबसे बेजोड़ कविता है। वस्तुतः यह कविता नहीं है अपितु पूरा काव्य शास्त्र है, संस्कृतियों का प्रतिदान है या प्रतिरोध की अन्तिम इकाई। अपनी कविता 'सुनो ब्राह्मण' की तरह यह सांस्कृतिक प्रतिरोध की कविता है। अन्याय को समझने का बीज मन्त्र है। सीधी सादी सरल भाषा में लिखा हुआ तर्कशास्त्र। कवि सम्बोधित करता हुआ लिखता है– "मतान्ध ब्राह्मण–धरती को नरक बनाने से पहले/यह तो सोच लिया होता–कि ज्वालामुखी के मुहाने/कोई पाट सका है–जो तुम पाट पाते!"[8]

निसन्देह महाकारूणिक बुद्ध, सन्त कबीर, चोखा मेला, सन्त रैदास, फुले, नारायणा गुरु और महामानव बाबासाहब भीमराव अम्बेडकर की चेतना कवि को वंशगत मिली है तो विज्ञान और तकनीकी ने उनको सहज सरल दुनिया को विज्ञान सम्मत देखने का नज़रिया भी दिया है। मार्क्स और अम्बेडकर का प्रभाव कवि को बलिष्ट बनाता है। वर्ग और वर्ण का समन्वय कवि की विशेषता है। कवि को जल्दी में समन्दर लाँघने की जल्दी नहीं है। कवि ने जो लिखा है वह जीवन की कसौटी पर कसकर लिखा है। इसलिए उनकी कविता दो शताब्दियों की कविता को एक साथ पाठकों के सम्मुख लाती है। उनकी कविता कई ऐसे बेचैन करने वाले सवालों को पाठकों तक लाती है जिनके उत्तर आज तक अनुतरित हैं। सवर्णवाद के समक्ष वे सर्वमानववाद को उठाने वाले विरल कवि हैं। वे कोई दलितवाद नहीं स्थापित करते पर वंचित और दमित की आवाज़ बन डूबते को तिनके का सहारा जरुर बनते हैं। अपनी कविता 'नहीं चाहिए' में उस मनुवादी सामन्तवादी ताकत का विरोध करते हैं और प्रतिकार करते हुए लिखते हैं कि–"नहीं चाहिए–नहीं चाहिए–तुम्हारा सच–तुम्हारा झूठ/तुम्हारा स्वर्ग–तुम्हारा नर्क–तुम्हारी देवी तुम्हारा देव/यह जनेऊ धारी सूरज–तुम्हें ही मुबारक हो/गढ़ेंगे नया सूरज हम–नीले आसमान में –ओढ़ेगा हमारे दुःख–दर्द –फटेहाल जो/हमारी टूटी खाट पर–संग–संग सोयेगा–तोड़ेगा पहाड़/जाति, धर्म, राज्य, भाषा के–नए राग–नए फाग नई आग घोलेगा"[9]

मलखान सिंह जानते हैं कि एक न एक दिन वह समतामूलक समाज जरुर बनेगा जिसकी कल्पना सन्त रैदास ने 'बेगमपुरा' के नाम से और डॉ. अम्बेडकर ने समतामूलक समाज की कल्पना में किया था। वे सवर्ण समाज की विसंगतियों को भली भाँति जानते हैं इसलिए अपनी कविता 'विषवृक्ष'

वे अपने वैचारिक प्रतिरोध को कुछ इस तरह से प्रस्तुत करते हैं–"राजघाट की धनाड्य वादियों में/पसरा महामानव/धतूरे के दंश को नष्ट करने के लिए/पत्तियों को शहद में डुबोने की बात कह/मतरंजी चाल चल रहा है।"[10]

वे अपनी कविता 'आख़िर कब तक' में शोषण और दमन का प्रतिकार अपनी वैचारिकी के आधार पर करते हैं–"कैसी लीला है परमेश्वर की–कि जब जब भी/बसन्त के फूल हमारे आँगन में खिलते हैं/स्वर बदल जाते हैं भोपुओं के/आदमखोर भेड़ियों की गुर्राहट/बिगड़ैल साड़ों की हुंकारें –पीताम्बरी ओढ़े सियारों की/खतरनाक दखलांदाजी/स्वरों को और भी–मारक बना देती हैं।"[11]

यदि कबीर आज भी प्रासंगिक लगता है तो वे सामाजिक स्थितियाँ ही हैं जो कबीर को प्रासंगिक बनाती हैं। दलित साहित्य के लिए अलग सौन्दर्यशास्त्र की आवश्यकता क्यों पड़ी यह एक अहम सवाल है। क्या वर्णधर्म से अलग भी कोई सौन्दर्यशास्त्र हो सकता है? ईश्वर का नकार उनकी वैचारिकी से ही उपजता है। अपनी कविता 'पत्र एक मित्र को' में वे लिखते हैं–"प्रिय मित्र–जिस वर्ण धर्म को तुम/ईश्वरीय कहते हो–वह हमारे लिए है–दासता का प्रवेशद्वार और तुम्हारे लिए/यश का विशाल साम्राज्य।"[12]

जबसे विचार की दुनिया में अस्मिताकामी चीज़ों ने प्रवेश किया है तबसे प्रगतिशील और परम्परागत धारा चौंकी है और उसमें नई तरह की हलचल का सूत्रपात हुआ है। अपनी कविता 'हमारे दिन हमारी रात' में मलखान सिंह लिखते हैं– "कैसा होता है चौमासा– मूसलाधार बरसात में/दगडे का भाव जब– ज्वार बन जब उफनता है/पोखर बना देता है बस्ती को– पूरी की पूरी रात/पानी उलीचते ही निकलती है– और दिन/चूल्हा सिल्गाने के इन्तजार में"[13]

आज दलित साहित्य के पास ऐसे सैकड़ों युवा चेहरे हैं जो नित नया कीर्तिमान स्थापित कर रहे हैं। जिनका ह्रदय विशाल हुआ है और उनके साहित्यिक प्रतिमान दलित साहित्य के प्रतिमानों पर खरा उतर रहा है। कवि अपनी कविता 'कैसा उदारवाद यह' में इसी उदारवादी छवि की बखिया उधेड़ता नजर आता है।

वंचना का परिणाम यह हुआ कि दलित बहुजन जातियाँ गोलबन्द हुई और अपने शोषण और दमन के खिलाफ एक मुखर आवाज़ से वाकिफ हुई। ग़रीबों मजलूमों ने श्रम की महत्ता को समझा है। इसी श्रम को अंगीकार करते हुए मलखान सिंह अपनी कविता 'सुनो ब्राह्मण' में सीधे ललकारते हैं–

"हमारे पसीने से–बू आती है तुम्हें–फिर ऐसा करो–एक दिन/अपनी जनानी को–हमारी जनानी के साथ–मैला कमाने भेजो/तुम! मेरे साथ आओ–चमड़ा पकाएंगे–दोनों मिल बैठकर/मेरे बेटे के साथ – अपने बेटे को भेजो/दिहाड़ी की खोज में–और अपनी बिटिया को–हमारी बिटिया के साथ/भेजो कटाई करने/मुखिया के खेत में।"[14]

कुछ लोग सेतु के बारे में सोचते हैं और कुछ लोग सेतु बना उसके पार उतर जाते हैं। मैं समझ नहीं पाता कि मलखान सिंह उन दोनों लोगों के बीच में कहाँ हैं। जैसे वीणा के स्वर केवल संवादी नहीं होते अपितु उनमें विवाद के स्वर भी सुनाई देते हैं। अम्बेडकर दर्शन एवं विचार ने दलित साहित्य में संघर्षशीलता को तीव्रता दी है। अपनी कविता 'सुनो ब्राह्मण' में वे ललकारते हैं– "हमारी दासता का सफर–तुम्हारे जन्म से शुरू होता है/और इसका अन्त भी–तुम्हारे अन्त के साथ होगा।"[15]

कवि अपनी कविता 'कामरेड' में लिखता है कि –"मौसम के गरमाते–रेत के ढेर में घुसेड़ देते हैं गर्दन निश्चिन्त हो जाते हैं–कि अंधड़ जब आयेगा–उन्हें छू भी नहीं पायेगा....लाल रथ के पहिये–रेत में धंसे देख–झुंझलाते कामरेड कंठी के मनके–गिनते बार–बार एक, दो, तीन, चार–एक, दो, तीन,चार संख्या सही पाते हैं।"

यातना, वेदना और बेचैनी दलित साहित्य की अन्य विशेषताएँ हैं। पारम्परिक साहित्य का स्थायीभाव आनन्द है। आनन्द का साहित्य ही श्रेष्ठ साहित्य है। जबकि अधिकांश दलित साहित्य यातना और वेदना का साहित्य है। यह बेचैनी हमें सोचने पर विवश करती है और संघर्ष कि ओर प्रेरित करती है। "पेट का दर्द–जब पीठ को रुलाता हूँ– बेहूदा मौसम/हमारी अस्मिता को–गाँव की गलियों में/नंगा घुमाता है तब– आँखों में चुभती है विरासत/सामने मसखरी करते–भेड़िये की गर्दन पकड़ने को/हाथ मचल–मचल जाता है।"[16]

मलखान सिंह की कविता कलावाद का विरोध करती है कला का नहीं। इसे ना समझ पाने के कारण कुछ लोग दलित कविता पर कला हीनता का आरोप लगाते हैं जो सही नहीं है। शरणकुमार लिम्बाले का कहना है कि जो प्रस्थापित सौन्दर्यशास्त्र है वह आनन्द पर आधारित है। जो कलाकृति स्वतन्त्रता की प्रेरणा दें वही सुन्दर है। दलित साहित्य के सौन्दर्य शास्त्र का आधार यही हो सकता है। मलखान सिंह 'एकलव्य' के बहाने उस मिथक को पुनः जीवित करते हैं जिनके कारन योग्य दलितों को उन्हें अपना अधिकार नहीं मिल पाता और राज्यसत्ता उन्हें नष्ट करने का कोई कोर–कसर बाक़ी

भी नहीं लगाती है। यह कविता आज भी सार्थक लगती है क्योंकि इक्कीसवीं सदी का होनहार दलित 'रोहित वेमुला' भी इन्हीं गुरुओं के षडयन्त्रों और हत्याओं का शिकार होता है। "हम जब भी– तेरे कदमों में सर रखने की सोचते हैं/तेरी धरती में गड़ा स्थूल लिंग–अग्रज एकलव्य का कटा अँगूठा प्रतीत होता है हमें।"[17]

बिम्ब वह शब्द चित्र है जो ऐंद्रिक अनुभवों के आधार पर निर्मित होता है. यह तथ्य है कि शब्द की अपेक्षा बिम्ब अधिक सन्दर्भ सापेक्ष होता है, क्योंकि वह यथार्थ का एक सार्थक टुकड़ा होता है। वह अपने ध्वनियों और संकेतों से भाषा को अधिक संवेदनशील और सार्थक बनाता है। कोश में नहीं, जीवन और इतिहास में उसका अर्थ निहित होता है।

जाहिर है कि गोरे लोगों के सौन्दर्य के प्रतिमान काले लोगों के सौन्दर्य के प्रतिमान कतई नहीं हो सकते ठीक वैसे ही खाए–पिए अघाये लोगों के प्रतिमान भूखे, नंगे, दूखे लोगों के प्रतिमान कभी नहीं होंगे।

मलखान सिंह की कविता में बेर के रूप में देह का बिम्ब कितना सार्थक है. वे लिखते हैं– "हाथ सुन्न/पाँव सुन्न/देह बेर सी कंपकंपा रही है।"[18]

निष्कर्ष

दलित साहित्य ने संस्कृतनिष्ठ, पारम्परिक भाषा, काव्य शैली, प्रस्तुतिकरण को नकार कर सर्वग्राही भाषा का प्रयोग किया। एक ऐसी भाषा जो दलितों की पीड़ा, अपमान, व्यथा और यथार्थ को अभिव्यक्त कर सके। वह कल्पना में जीने वाला साहित्य नहीं, कटु अनुभवों को प्रस्तुत करने वाला साहित्य है। उनकी काव्य भाषा की शिल्प और प्रविधि अलग है। फैंटेसी, प्रतीक, रूपक, मिथक, लोक कथा, पूर्वदीप्ती (फ्लैशबैक) चेतना प्रभा, यात्रा वृतान्त, आत्मविश्लेषणात्मक आत्मकथा, रेखा चित्र, डायरी, संवाद आदि का प्रयोग नितांत अपने अनुरूप किया है। मलखान सिंह ऐसे ही प्रतिमानों के कवि हैं। उनका सौन्दर्यबोध नितांत नया है।

हजार वर्षों की हिन्दी कविता के विशाल आकाश में अगर मलखान सिंह जैसा कोई दूसरा सूरज ढूँढे तो शायद निराशा ही हाथ लगे। सच्चे अर्थों में अपने समय का सूर्य। अपनी अप्रतिम मेधा और प्रतिभा से उन्होंने ऐसा रचनात्मक परिदृश्य तैयार किया है जो उन्हें वैश्विक धरातल के अनूठे कवि के रूप में स्थापित करने के लिए काफ़ी है। उनकी कविता के रुधिर का तापमान अभी तक कोई ठीक–ठीक नहीं माप पाया। आजीवन अपने दो संग्रहों के कारण वे कवियों और आलोचकों के बहुत प्यारे भी रहे और

निशाना भी बनाये गये। अपने समकालीन रचनाकारों यथा ओमप्रकाश वाल्मीकि, मोहनदास नैमिशराय, जयप्रकाश कर्दम, कँवल भारती, श्यौराज सिंह बेचैन, दयानन्द बटोही, विपिन बिहारी, नामदेव ढसाल, बाबुराव बागुल आदि की रचनात्मकता में भाव और संवेदना के होते हुए भी मलखान सिंह की कविताओं को बिना उनका नाम देखे पहचाना जा सकता है। वंचित संवेदना का शायद ही कोई कवि उनकी बराबर की ख्याति पाये। इसलिए उनकी कविताएँ देश के बाहर और भीतर विश्वविद्यालयी पाठ्यक्रमों का अनिवार्य हिस्सा बन पायीं।

भोगी हुई यातनाओं को शब्द दे पाना आसान नहीं होता है। यातना और उसकी स्मृतियाँ किसी को भी क्रोध से पागल बना देती हैं। मलखान सिंह आजीवन ऐसी ही स्मृतियों को शब्द देते रहे। माहिर कलावंत की तरह उनकी कविताओं ने लोकमानस पर अमित छाप छोड़ी। आज वे हमारे बीच नहीं हैं पर उनके शब्द चित्र 'सुनो ब्राह्मण' के शब्दों में ललकारते रहेंगे।

सन्दर्भ

1. मलखान सिंह–'ज्वालामुखी के मुहाने' (चौथीराम यादव का यात्रा का प्रस्थान बिन्दु तलाशती कविताएँ आलेख), रश्मि प्रकाशन, लखनऊ, पृष्ठ–57
2. वही, पृष्ठ–10,
3. वही, पृष्ठ–07
4. वही, पृष्ठ–14
5. वही, पृष्ठ–30,
6. वही, पृष्ठ–16,
7. वही, पृष्ठ–40
8. वही, पृष्ठ–49
9. वही, पृष्ठ–42,
10. वही, पृष्ठ–38,
11. वही, पृष्ठ–17–18
12. वही, पृष्ठ–61,
13. वही, पृष्ठ–14,
14. वही, पृष्ठ–108,
15. वही, पृष्ठ–107,
16. वही, पृष्ठ–26,
17. वही, पृष्ठ–89,
18. वही, पृष्ठ–44

'ईश्वर की मौत' में दलित विमर्श

डॉ. बाबू जोसेफ

अम्बेडकरवादी विचारधारा से प्रभावित होकर भारतीय साहित्य में जो नये साहित्य विमर्श शुरु हुए हैं उनमें से एक महत्त्वपूर्ण विमर्श है दलित विमर्श। दलित विमर्श पर चर्चा करते समय असंगघोष का नाम स्वाभाविक रूप से उभर आता है। समकालीन कविता में असंगघोष की एक जबर्दस्त उपस्थिति है। उनकी कविता का मूल स्वर जाति एवं वर्ण–व्यवस्था से पीड़ित दलित जनता की वेदना है। उनकी कविताओं में कथ्य एवं शिल्प की इतनी विविधता है जो उनके भोगे हुए यथार्थ की कठोरताओं को व्यंजित करती है। असंगघोष एक ऐसे कवि हैं जो कविता के लिए हमेशा नई नई जगह ढूँढ़ते हैं। कविता उनके लिए किसी पहनावे के समान या आभूषण के समान नहीं है। असंगघोष कविता सृजन को एक मोर्चा, ज़िम्मेदारी, चुनौती, आन्दोलन और प्रतिरोध के हथियार के रूप में मानने वाले कवि हैं। इसलिए कवि–कर्म उनके लिए जोखिम भरा काम है। शायद उनकी कविताएँ इसलिए जोखिम भरी हैं ताकि उन्हें अपने जीवन में कोई रसानुभूति महसूस नहीं होती, उनके बचपन में कोई अठखेलियाँ नहीं होती, उनकी जवानी में कोई दीवानी मौजूद नहीं होती, बल्कि इनके स्थान पर बराबर चुनौतियाँ, संघर्ष और हर जगह निन्दा और बेइज्जती की दीवारें पार करनी थीं।

वे कविता के लिए एक नये जनपद की तलाश करते हैं जो उत्पीड़ित लोगों का समाज है। लेकिन अब उत्पीड़ित लोग पहले के समान खामोश नहीं हैं, उनके मुँह से भी आवाज़ निकलने लगी है। वे भी अब खुली साँस ले रहे हैं। असंगघोष ने इसलिए अपने एक काव्य संकलन को "अब मैं साँस ले रहा हूँ" जैसा शीर्षक दिया है। 'ईश्वर की मौत' असंगघोष की एक महत्त्वपूर्ण काव्य कृति है। ईश्वर की मौत' काव्य संकलन में कवि ने सर्वाधिक

साहस एवं जुझारू मन के साथ धर्म और ईश्वर की जकड़बंदियों पर तीखी आलोचना की है।

उनकी कविताओं की एक विशेषता यह है कि जो पाठकों से खुद कुछ बोलती हैं। असंगघोष जाति की बू पर ज़्यादा चिन्तित हैं। यह सही है कि जाति व्यवस्था के रहते, आज के मनुष्य में घृणा और द्वेष अधिक कारगर होकर अपनी विकृतियों के साथ उपस्थित होते हैं जिसके कारण ही जीवन में असहयोग, विषमता जैसी अनेक विकृतियाँ पैदा हो जाती हैं। जिसके लिए कवि का आक्रोश उत्पन्न होना जायज ठहरता है और वह इन दुर्भाग्यपूर्ण व्यवहारों का, जायजा लेने को मजबूर होता है, अतः उसका प्रतिरोध भी ठीक लगता है। मलयज के इस कथन की सच्ची तस्वीर हमें 'जाति की बू' शीर्षक कविता में मिल जाती है–बन्द दरवाजे की बगल में–गाँधी टोपी लगाए–स्टूल पर अकड़कर बैठा–यह सफेद कपड़ों में लिपटा–आदमी–कभी अर्दली, –कभी दरबान, कभी चपरासी–कभी भृत्य कहलाता है।

असंगघोष की कविता में कहीं चेतावनी का स्वर है तो कहीं अनुरोध की पुकार है, कहीं डर की अभिव्यक्ति है तो कहीं दीन क्रंदन की अनुगूँज, कहीं यथार्थ की कठोरता है तो कहीं संवेदना की नरमी। कहीं उनकी कविता में अत्याचारों के खिलाफ आक्रोश है तो कहीं दुनिया के तमाम अंधकार को दूर करने की तीव्र इच्छा। इसलिए उन्हें दूर से आता हुआ वह नरभक्षी भेड़िया साफ़ दिखायी दे रहा है। 'जला दो मशाल' कविता में उन्होंने लिखा है–उसे थोड़ा और पास आने दो फिर जला दो मशालें' इस भयावह रात में व्याप्त घने अंधेरे को दूर करने अपनी मशालें जला दो ताकि रोशनी में साफ़ दिखायी दे सके चमकते नुकीले दाँतों, और खतरनाक मंसूबों के साथ वह आदमखोर। कवि की उम्मीद है कि इन मशालों की रोशनी में जग के सामने नंगा होने से कब तक बचेगा वह नरपिशाच। सदियों से दलित समाज के लोगों को सवर्ण समाज के लोगों के द्वारा अमानवीय व्यवहार भोगना पड़ा। भारतीय समाज में सबसे निचले पायदान पर खड़े लोग पढ़े लिखे होने पर भी इंसान के रूप में नहीं, बल्कि उन्हें जाति एवं वर्ण के नाम पर जाना जाता है। 'हम ही ध्वस्त करेंगे' कविता में कवि ने धर्म, ईश्वर और जाति के नाम पर हो रहे तमाम अत्याचार एवं शोषण को बेनकाब करने की कोशिश की है– इंसानों की गणना में 'हर बार मेरा नाम छूट जाता है मैं इंसान नहीं ढेड़, चमार, भंगी' पासी हूँ– क्यों छूट जाता हूँ जानवरों की गणना के बीच भी' मेरा नाम शुमार नहीं है, मैं असुर जो हूँ, दोपाया।

हम जानवरों से भी गये–गुज़रे क्यों हैं'? लेकिन अब कवि में इन सबको ललकारने की हिम्मत आ गयी है, इसलिए वे कहते हैं कि तुम्हारी थोपी वर्जनाएँ, तुम्हारे खड़े किए सारे अवरोध हम ही अपने सींगों से ध्वस्त करेंगे। जातिगत विषमताओं के कारण जहाँ इंसान को इंसान नहीं समझा जा रहा है, वहाँ कवि का आक्रोश और भी तेज़ मुखरित होता है– तुम्हारे लिए हम सिर्फ पासी थे कोरी थे, भंगी थे, चूहड़े थे, चमार थे। कवि ने अनुभव किया है कि हम अछूत थे, इसलिए हम गाँव से, चौपाल से, तालाब से, कुएँ से और हर जगह जहाँ तुम्हारा ज़ोर था, वहाँ से हम बाहर थे। हम हिन्दू कब थे? कविता में कवि ने मानवीय अत्याचारों की खुली अभिव्यक्ति की है– हम अछूत थे हमें अपने आने की सूचना–लाठी पलट देनी थी कमर के पीछे झाड़ू बाँध चलना था थूकने के लिए भी गले में हांडी लटकानी थी' ताकि तुम अबड़ा न जाओ हमारी छाया से हमारे पदचिह्नों से हमें छूकर बहती हवा से ज़मीन पर गिरे हमारे थूक से तुम अबड़ा ना जाओ अबड़ाने से तुम्हारा धर्म भ्रष्ट ना हो।

'कब्र' शीर्षक कविता में कवि के आक्रोश का स्वर और भी कटु हो जाता है। कवि की चेतावनी है कि पुश्त दर पुश्त मैं ही खोदता रहा कब्र, हर आकार की, छोटी बड़ी कब्र, ऐसे ही तुम्हारी कब्र भी मैं ही खोदूँगा जल्दी, तुम बस अपने कफन का इंतजाम करो। मेरे हाथ में कुदाल और फाउड़ा है, तुम्हारी कब्र मुझे ही खोदनी है, इसलिए अपने सारे औजार लिए तुम्हारे सपनों में लगातार तुम्हारी कब्र खोदने मैं आता ही रहूँगा। कवि इस बात को लेकर सचेत है कि तुम्हारी काली करतूतें कभी नहीं बन्द होंगी, इसलिए कवि इस संकल्पना को लेकर बैठता है कि तुम्हारे विरुद्ध अपना प्रतिरोध कभी खत्म होने नहीं दूँगा। यही प्रतिरोध, ताकत है मेरी। इसलिए कवि की उम्मीद है कि मेरी वाणी से तुम्हारी सारी करामातें पस्त हो जायँगी और मेरी लेखनी की धार तलवार जैसी तेज़ होती जा रही है। उनके दोगलापन से कवि अच्छी तरह वाकिफ है, इसलिए कवि को यह मालूम हुआ है कि तुम्हारी आवाज़ कोयल जैसी मीठी है, किन्तु कपट से भरी हुई भी है। तुम पेरासाइट हो, परजीवी हो और हमारा खून चूसने के लिए चमगादड़ों की मानिन्द हमारी पीठ पर लदे हो। इस सभ्य समाज में भी जाति का बंधन ढीला नहीं पड़ रहा है। आज कहीं जातिगत आरक्षण खत्म करने की बात उठ रही है। कवि ने अपनी 'जाति खत्म करो पहले' कविता में इस बात की विडम्बना का पर्दाफाश किया है– जातिगत आरक्षण को खत्म करो.. कैसे

करे खत्म? तुम नरश्रेष्ठ बने बैठे हो हजार साल से, तुम ही बने बैठे हो पीठाधीश्वर मंडलेश्वर महामंडलेश्वर। सारा गंदा काम और ऊँची जाति के लोगों की सारी सेवा–सुश्रुषा सदियों से इन लोगों को करना पड़ता है, जिस पर कवि का गहरा क्षोभ इस तरह फूट पड़ता है–महामूर्खों सबसे पहले अपना जन्मना आरक्षण छोड़ो, जातियों को खत्म करो...खत्म करनी ही होगी जाति जो आदमी को आदमी रहने ही नहीं देती। कवि यह महसूस करता है कि यह हमारे समय का सबसे खराब दौर है, जिससे हम गुज़र रहे हैं, लेकिन कवि का यह भी एहसास है कि हमारे पुरखों ने निश्चित ही इससे भी भयावह दौर से देखे होंगे। जाति के नाम पर जितनी बुराइयाँ समाज में चलती हैं, उनकी निन्दा करते हुए कवि 'पाखण्ड' कविता में कहते हैं–पाँव पड़ने–पड़ाने पाँव पुजने–पुजाने की सनातन परम्परा है तुम्हारी संस्कृति में, तुम कन्याओं से औरतों से बड़े ठाट से अपने पाँव पुजवाते हो उनके सिर पर अपना पाँव धर अपनी श्रेष्ठता पर गँवाते हो। कवि यह भी जानता है कि हमारे दिनों पर विपत्ति के बादलों का घना अँधेरा छाया हुआ है, इसलिए तुम्हारी ही शह पर यह सारा अत्याचार होता आया है, तुम्हारी ही शह पर हर किसी गाँव में एक दलित स्त्री सरेआम नग्न कर भरे बाज़ार घुमाई जाती है, फिर तुम्हारे ही सामूहिक बलात्कार के बाद पत्थर पटक, डायन बताकर उसकी नृशंस हत्या की जाती है। यह सारा अत्याचार सिर्फ तुम्हारी ही शह पर होता आया है।

सदियों से अत्याचार सहते–सहते अब दलित वर्ग के लोगों में भी नई ऊर्जा आयी है। अब वे सबकुछ चुपचाप सहन करने वाले नहीं रह जाते हैं। वे बागी बनना पसन्द करते हैं। इसलिए कवि ललकार के साथ कहते हैं –अब बन्द करो अपनी कुटिलता अपना घिनौना खेल वरना इन हाथों ने हथियार उठाना और चलाना सीख लिया है हमें अब बीहड़ से कोई खौफ नहीं है हम आतंकी के बजाय बागी बनना पसन्द करेंगे। 'ईश्वर' नामक कविता में कवि कहते हैं कि मुझे तुम्हारी सोच और यहाँ तक कि तुम्हारे धर्म से भी नफरत होती है क्योंकि अगर सच्चे अर्थों में ईश्वर मनुष्य के पक्ष में होता तो वह मन्दिर के बाहर का यह वाक्य ज़रूर पढ़ लेता... शूद्र मन्दिर में प्रवेश न करें'। इस तरह कवि ने अपनी कई कविताओं में ईश्वर की निरुपायता का चित्रण करने के साथ–साथ मनुष्यता को बचाने का कठिन श्रम किया है।

असंगघोष की कविताओं में धर्म और जाति को लेकर सच्चा विमर्श है, इसलिए उनकी कविता में जाति और धर्म को उखाड़ फेंकने की सशक्त कामना प्रकट हुई है। हाँ, हम हैं चमार' कविता में कवि मेहनत–मजूरी करने

वाले लोगों का पक्ष लेकर कहते हैं कि हममें से एक मरे जानवर का चमड़ा उतारता है तो दूसरा उस दुर्गंधाते चमड़े को पकाता है। तीसरा इस पके चमड़े को काट–पीट कर पाँवों के लिए जूते बनाता है। इस बात को लेकर कवि के मन में गर्व है कि हम मेहनत कर कमाते हैं, जबकि तू हमारी भूख पर कुदृष्टि रख हमला करता है। इस नाजुक स्थिति में भी कवि अपना आत्मविश्वास खोने के लिए तैयार नहीं होता। उनका अटूट विश्वास है कि मैं कभी हारा नहीं, कभी भीतर से टूटा नहीं। तुम्हारे हर अत्याचार के बाद पहले से कहीं अधिक बज़बूत होता हुआ अपनी ताकत को बटोरता रहा। मेरी मज़बूती मुझे यह अहसास कराती है कि मैं कमज़ोर नहीं हूँ। अपनी सारी ताकत बटोरकर तुम्हारे खिलाफ खुला विद्रोह करने के लिए मैं खड़ा हूँ।

निष्कर्ष

अतः स्पष्ट है कि इस संकलन की अनेक कविताओं में कवि ने बेडियों से मुक्ति की उम्मीदों के गीत गाए हैं। असंगघोष के 'ईश्वर की मौत' संकलन की कविताओं में जाति और धर्म की पाखण्डी हरकतों को उखाड़ फेंकने की कामना प्रकट हुई है। इस संकलन की 'सीढ़ियाँ कब हटा रहे हो', 'ईश्वर', 'मैं बागी बनूँगा', 'हाँ, हम हैं चमार', 'सुनो न्यायमूर्तियों', 'वो नहीं आयेगा बाहर', 'तुम छोड़ सकोगे', 'ईश्वर की मौत', 'मरघट', 'नहीं जोड़ना हाथ', 'ईश्वर से सवाल' आदि कविताओं में भी कवि ने जाति, वर्ण तथा धर्म के नाम पर होने वाले तमाम प्रकार के शोषण–तन्त्र, धूर्तता, अन्याय, उत्पीड़न, असमानता, अस्पृश्यता, अनाचार एवं खोखली आदतों का पर्दाफाश करने की कोशिश की है। असंगघोष की कविता में जातिवाद, वर्ण–व्यवस्था, गुलामी, धार्मिक पाखण्ड आदि के खिलाफ विद्रोही चेतना है। इसमें शोषण एवं असमानता से मुक्ति की कामना के साथ साथ दलितों को न्याय मिलने की प्रखर माँग भी है। उनकी कविता में कलात्मकता से ज़्यादा यथार्थ की कठोरताओं को महत्त्व मिला है। ये कविताएँ मानवीय संवेदनाओं को ज़रूर झकझोरती हैं। असंगघोष ने अपनी कविताओं के लिए एक नये सौन्दर्यशास्त्र को रचा है, इसलिए उनकी कविता की अन्तर्वस्तु अन्य कवियों से एकदम भिन्न है।

खण्ड - 4 : आदिवासी विमर्श

आदिवासी साहित्य की वैचारिकी

हरि राम मीणा

प्रायः आदिवासी साहित्य को अस्मितामूलक साहित्यिक अभिव्यक्ति के आन्दोलन का हिस्सा मानकर देखा जा रहा है, जिसके आरम्भ में स्त्री विमर्श एवं दलित चेतना रही। इसी कड़ी में गत करीब दो दशकों में उभरे आदिवासी स्वर का सन्दर्भ दिया जाता है। एक हद तक इस धारणा से सहमत हुआ जा सकता है, किन्तु साथ ही हमें यह देखना होगा कि आदिवासी साहित्य की मौखिक–वाचिक परम्परा बहुत पुरानी और समृद्ध रही है जो हिन्दी से इतर क्षेत्रीय एवं आदिवासी भाषाओं में मिलती है। दूसरी बात यह है कि स्त्री एवं दलित साहित्य की भाँति आदिवासी साहित्य को भी समाज के एक घटक की अभिव्यक्ति मान लिया जाये, लेकिन यह धारणा सतही सिद्ध होगी। जब आदिवासी साहित्य की वैचारिकी को परखा जायेगा, तो आदिवासी साहित्य समाज की किसी श्रेणी विशेष की सीमाओं को लाँघता मानवेतर जीवजगत और प्रकृति तत्वों को समेटता हुआ वैश्विक सरोकारों तक पसरा हुआ दिखायी देगा। इस यथार्थ को समझने के लिए आदिवासी समाज के जीवन में उपलब्ध दार्शनिक सिद्धान्तों की परख करनी होगी।

ऋग्वेद का एक सूत्र हैं–'ऋतस्य यथा प्रेत' अर्थात 'प्राकृत नियमों के अनुसार जीओ'। आदिवासी जीवन इसी दार्शनिक सूत्र पर आधारित है। अथर्ववेद में भी एक महत्त्वपूर्ण सूक्ति मिलती है– माता भूमिः पुत्रो अहं पृथिव्याः इसका अर्थ है– भूमि मेरी माँ है और मैं पृथ्वी का पुत्र हूँ। यह सूक्ष्म रूप से ध्यान देने की बात है कि भूमि और पृथ्वी को अलग–अलग शब्द प्रयुक्त हैं। स्वाभाविक है कि इस प्रयोग के पीछे यह उद्देश्य रहा हो कि जिस भूमि (खेत–बघार) से हम अन्न तथा अन्य भोजन पदार्थ प्राप्त करते हैं, वह मेरी माँ है। वैदिक दर्शन जब अपने इस मूल सूत्र से अलग होता

हुआ वर्ग (वर्ण) वर्चस्व और ब्राह्मणवाद के प्रभाव में आते रहने की प्रक्रिया में जब प्रकृति तत्वों के प्रति सहज आस्था को त्याग कर जटिल कर्मकाण्डवादी धर्म द्वारा संचालित भेदभावी समाज की ओर अग्रसर होने लगा तब महावीर स्वामी और भगवान बुद्ध की अगुवाई में धर्म–दर्शन की नई अलख के साथ समग्र क्रान्ति का सूत्रपात होता है। महावीर स्वामी 'अपरिग्रह' की बात करते हैं। आदिवासी समाज में सैद्धान्तिक स्तर पर आज भी एक तरह से निजी सम्पत्ति की अवधारणा का नकार है। जीवनयापन के लिए जितना न्यूनतम आवश्यक है, वह उसी में सन्तोष करता है। भगवान बुद्ध का 'सम्पत्तिविहीन भिक्षु' को आदर्श बताते हुए 'संघ' की महिमा के रूप में सामाजिक स्तर पर सामूहिकता पर ज़ोर देते हैं। आदिवासी समाज में सामूहिकता की भावना को उच्च स्थान दिया जाता रहा है। आगे चलकर हम भक्ति–सूफी कालीन धार्मिक–सामाजिक चेतना की विराट विभूति के रूप में कबीर को पाते हैं जो 'माया महाठगिनी' का सन्देश देते हैं। और फिर हिन्दुस्तान को आजाद करने में अहम् भूमिका निभाने वाले महात्मा गाँधी के उस कथन को याद करते हैं जिसमें वे कहते हैं कि 'इस धरती में मनुष्य सहित समस्त जीव–जन्तुओं का अनन्त काल तक पेट भरते रहने की अकूत क्षमता है, किन्तु किसी एक भी लालची मनुष्य को सन्तुष्ट करने की नहीं'। भारतीय चिन्तन की इस सम्पूर्ण परम्परा में प्रकृति प्रेम, मानवेतर प्राणी जगत के साथ सह–अस्तित्व और भौतिक स्तर पर सन्तोष को जो प्रमुखता दी जाती रही है, वह समझ आदिवासी समाज में आज भी देखी जा सकती है।

आदिवासी दर्शन और वैचारिकी आज भी केवल सिद्धान्त की बात नहीं है, बल्कि व्यवहार में इसे देखा जा सकता है। भील समुदाय में ऐसे बुजुर्ग व्यक्ति आज भी मिल जायेंगे जो सुबह जागते ही धरती को छूकर यह प्रार्थना करते हैं कि 'हे धरती माता, जीवनयापन की विवशता के कारण दिन भर मुझे तुम्हारी देह पर पाँव रखकर चलना पड़ेगा। इस पाप के लिए मुझे क्षमा करना।' विभिन्न समुदायों के गणचिह्नों के माध्यम से आदिवासी समाज प्रकृति तत्वों व मानवेतर जीवजगत के प्रति आत्मीय व संरक्षणीय दृष्टिकोण अपनाता रहा है। दिल्ली, पंजाब व हरियाणा जैसे समृद्ध व शिक्षित कहे जाने वाले क्षेत्रों में लिंगानुपात के असन्तुलन की समस्या है। इसके ठीक उलट सन्तोषजनक लिंगानुपात हमें आदिवासी अँचलों में मिलता है। ग़ैर–आदिवासी शहरों अथवा देहातों के कुलीन तथा मध्यवर्गों के परिवारों में घरेलू हिंसा अधिक मात्र में मिलती है। यही स्थिति दुष्कर्म की घटनाओं की है।

स्त्री के प्रति पुरुषवादी मानसिकता को दहेज, हत्याओं, लड़का व लड़की के प्रति असमान व्यवहार, महिला उत्पीड़न, वेश्यावृत्ति, देह व्यापार, विज्ञापन आदि के लिहाज़ से भी देखा जा सकता है। कन्या भ्रूणहत्या व सती जैसी बर्बर प्रथाएँ उच्च वर्णों में प्रचलित रही हैं। आदिम समुदायों में यह स्थिति नहीं मिलेगी। आदिवासी भाषाओं के मौलिक स्वरूप में दुष्कर्म जैसा शब्द एवं स्त्री सूचक कोई गाली नहीं है। अंडमान के आदिवासी पेट भरने के लिए उन जीवों का आखेट करते हैं जो बहुतायत में हैं और उनका संरक्षण करते हैं जो बिरले हैं। बैगा आदिवासियों का अभी भी यह विश्वास है कि 'जंगल व ज़मीन जीवनयापन के लिए पर्याप्त हैं। पृथ्वी के साथ अन्य कोई छेड़खानी करना ईश्वर की इच्छा के विरूद्ध होगा।'

'आदिम' से आदिवासी होने का अर्थ समाजशास्त्रीय है जिसकी अपनी सीमाएँ हैं। इस शब्द की व्यापक व्याख्या आदिवासी वैचारिकी के आधार पर समझी जा सकती है, जो एक तरफ संसार की समस्त मानवता के आदि–पुरखों के प्रकृति–प्रेम की महत्ता स्थापित करता है। दूसरी ओर आधुनिक अति–भौतिकवादी सभ्यता व सोच से उत्पन्न बहुआयामी संकटों का समाधान के संकेत देता है। वैश्विक पूँजी की गलघोंटू प्रतिस्पर्धा के साथ पृथ्वी की सतह को उधेड़ते हुए उसके गर्भ में संरक्षित रस–रत्नों को चूसते हुए कृत्रिम बौद्धिकता से संचालित उत्तर–मानव समाज (Post & human Society) की दिशा में अग्रसर यह तथाकथित सभ्य व विकसित मनुष्य पृथ्वी ही नहीं, प्रत्युत सम्पूर्ण सृष्टि के लिए जितना खतरनाक सिद्ध होता जा रहा है। ऐसी दशा में पृथ्वी के सामने बेहतर भविष्य का एक मात्र विकल्प 'आदिवासीयत' अर्थात आदिवासी दर्शन, वैचारिकी, समझ और जीवन शैली है।

जब हम आदिवासी साहित्य पर चर्चा करते हैं तो उक्त वैचारिकी से प्रेरित रचनात्मकता को दिलोदिमाग़ में रखना होगा। अगर आदिवासी साहित्य के नाम पर इस वैचारिकी से रिक्त कोई रचना पढ़ने या सुनने को मिलती है तो उसे हम आदिवासी साहित्य की श्रेणी में नहीं रख सकते। यह कहना इसलिए आवश्यक है कि 'आदिवासी' को आसानी के साथ सजावट, झाँकी, बाज़ार और प्रसिद्धि आदि के रूप में दुरूपयोग करते रहने की मानसिकता हम देखते रहे हैं। यह भी ध्यान रखना होगा कि सम्पूर्ण मानवता के आदि–पुरखे आदिमता का जीवन जीया करते थे। ऐसे पूर्वजों की अधिकांश सन्तानें आदिमता की उस जीवन शैली को त्याग कर ज्ञान–विज्ञान के सहारे भौतिक सभ्यता की यात्रा में कितनी भी आगे क्यों न निकलती जा रही हो, अभी भी बहुत कुछ है जिसे आदिवासीयत की समझ से अपनाया जा सकता है।

मैं इस बात को दोहराता रहा हूँ कि आदिवासी साहित्य की रचना जन्मना आदिवासी लेखक अथवा गैर–आदिवासी कोई भी कर सकता है, ध्यान यह रखना होगा कि उस साहित्यिक अभिव्यक्ति में आदिवासीयत की समझ हो। अक्सर आदिवासी समाज को या तो 'जंगली–बर्बर' के रूप में देखा जाता रहा है अथवा उसके प्रति रोमांटिक नज़रिया अपनाया जाता रहा है। यह बख़ूबी जाहिर है कि आदिवासी समाज अपने में खुला है लेकिन बाहरी लोगों के लिए बन्द श्रेणी में आता है। आदिवासी हिचकता है बाहरी आदमी से आसानी से घुल–मिलने में। इसलिए जब हम साहित्यिक अभिव्यक्ति के उद्देश्य से आदिवासी समाज को समझने का प्रयास करते हैं तो जरुरी नहीं कि बाहरी चश्मा से जो हमें दिखायी दे रहा है वह पूरी सचाई हो। आदिवासी जीवन के साथ जंगल, पहाड़, नदी–नाले, पशु–पक्षी, सरीसृप इत्यादि का संसार भी अभिव्यक्त होगा। अनुभव के स्तर पर हमारी दृष्टि वहाँ तक पहुँचानी चाहिए जहाँ ऋतुओं की भाव–भंगिमाओं से किस तरह जुड़ रहा होता है आदिवासीजन का मन। मानवीय जीवन के आदिम सरोकार यथा सामूहिकता, कृषि कर्म के साथ आखेट व वनोपज पर निर्भरता, नैसर्गिक भोलापन, आदिम संस्कृति के विभिन्न उपांग जैसे श्रम के संग उमंग आदि की अभिव्यक्ति अपेक्षित होगी।

आदिवासी साहित्य को समझने के लिए निम्न बिन्दुओं की ओर विहंगम दृष्टिपात करना समीचीन होगा–हिन्दी, अँग्रेजी व प्रांतीय भाषाओं की बजाय आदिवासी भाषाओं में यह साहित्य प्रचुर मात्रा में उपलब्ध है। आदिवासी साहित्य संविधान की पाँचवीं व छठी सूची में शामिल आदिवासी समुदायों के जीवन तक ही सीमित न होकर नृतत्वविज्ञान की दृष्टि से जो समुदाय आदिवासी श्रेणी में आते हैं वहाँ तक विस्तार लेता है। उदाहरणार्थ अपरिगणित, घुमंतू व अर्द्ध घुमंतू समुदाय।

प्रायः आदिवासी साहित्य को दलित साहित्य के बृहद दायरे में मान लिया जाता है। आदिवासी समाज भारतीय मुख्य समाज का हिस्सा कभी नहीं रहा, जबकि दलित वर्ग जाति–आधारित समाज का बाकायदा हिस्सा रहा चाहे निचले पायदान पर ही क्यों न हो। प्रत्यक्ष या परोक्ष रूप से सवर्ण तबके का असर दलितों पर पड़ा। जब आदिवासी स्त्री–पुरुष के सम्बन्धों की अभिव्यक्ति आदिवासी साहित्य में की जायेगी तो समानता के तत्व को उभारना होगा। बाह्य लोगों द्वारा आदिवासी स्त्री के शोषण को अलग से देखना पड़ेगा। आदिवासी मौखिक साहित्य में मिथक, किंवदंतियाँ, गल्प,

लीला, स्वांग, लोकोक्तियाँ, मुहावरे आदि के मूल अर्थ को समझने के लिए आदिवासी समाज के अतीत व गहरायी में जाना होगा। यह साहित्य प्रमुख रूप से करीब सौ आदिवासी भाषाओं में उपलब्ध है जिनमें भीली, गोंडी, मिजो, गारो, संथाली, मुंडा, खासी, बंजारी मुख्य हैं। इस साहित्य में परम्परागत विषय क्षेत्रों के साथ ही आदिवासी अँचलों पर पड़ रहे बाहरी दबावों को भी शामिल किया जा रहा है जिनमें मुख्य हैं विकास बनाम विस्थापन, वैश्वीकरण, मुख्य धारा में लाने के प्रयास, संस्कृति के संरक्षण का सवाल आदि। चौतरफा दबावों के चलते सहज, सरल व स्वाभाविक साहित्य के स्थान पर दबाव, अन्तर्विरोध, आशंका, चिन्ता, भय जैसी मनोदशा की अभिव्यक्ति प्रमुखता से सामने आ रही है।

मुख्य धारा की उत्तरोत्तर विकसित भाषा, शिक्षा के प्रसार और जानकारी के आदान–प्रदान के क्रम में चाहे रचनाकार आदिवासी है या ग़ैर–आदिवासी, सृजन की प्रवृत्ति अर्थात शिल्प, संरचना व रूप पर बाहरी एवं आधुनिक प्रभाव दिखायी देगा। आदिवासी साहित्य के शिल्प व सौन्दर्य बोध को समझने के लिए मुख्य धारा के प्रचलित प्रतिमान पूरी तरह काम में नहीं आयेंगे। इस साहित्य की तह तक पहुँचने के लिए आदिवासी समाज के अतीत, लम्बी परम्परा, संस्कृति, समग्र जीवन, भविष्य की अपेक्षाओं एवं आकाँक्षाओं आदि की अधिकारिक जानकारी अनिवार्य होगी। यहाँ यह बात पुनः रेखांकित की जा रही है कि आदिवासी साहित्य अपनी विशिष्ट विषय वस्तु, अनूठे शिल्प एवं आदिम परम्परा बोध से संपृक्त भाषिक मुहावरा के साथ आ रहा है और आयेगा। इसे समझने के लिए जापानी कविता के प्रेरणा पुरुष इमिकावा ताकुबोको इन शब्दों को ध्यान में रखना होगा कि 'शिल्प और भाषा वस्तु और जीवन दृष्टि के अनुरूप बदलते चलते हैं, उन्हें अलग से बदलने की ज़रूरत नहीं पड़ती। दरअसल इस बदलाव को समझने की आवश्यकता होती है।

मुक्तिबोध का कथन है कि 'अभिव्यक्ति की प्रणाली बदलते ही आलोचकों की नाड़ी छुटने लगती है। मुझे इस बात का गहरा सन्देह है कि इसका कारण यान्त्रिक बुद्धि है। अपनी अपनी थियरीज और सिद्धान्तों के कटघरे में किसी नई प्रवृत्ति को नहीं फँसते देखकर उस नई प्रवृत्ति को ही निन्दित किया गया, न कि उन सिद्धान्तों को बदला (गया) अथवा उन सिद्धान्तों के सम्बन्ध में अब तक उनकी अपनी जो समझ थी उसमें परिवर्तन किया गया। उन्हें अपने–अपने बौद्धिक मानसिक ढाँचों की ज़्यादा फिक्र थी किसी नई प्रवृत्ति के जीवन्त तथ्यों की नहीं।' जब तक हम आदिवासी दर्शन,

मनोविज्ञान, मिथक, गणचिह्न, संस्कृति, जीवन प्रणाली, परम्परागत ज्ञान भंडार, प्रकृति प्रेम व पर्यावरणिक चेतना, मानवेतर प्राणी जगत के साथ सह–अस्तित्व, जीवन संघर्ष इत्यादि को नहीं समझेंगे, तब तक आदिवासी साहित्य को कैसे समझेंगे?

आदिवासी साहित्य चाहे वह वाचिक परम्परा से सम्बन्ध रखता है या सीधा–सीधा लिपिबद्ध रूप में हमें उपलब्ध हो रहा है, दोनों ही दशाओं में उसकी परख का सवाल एक बड़े सवाल के रूप में हमारे सामने उपस्थित होता है। यहाँ आलोचना के स्थापित प्रतिमान शायद निकष के रूप में ज़्यादा उपयोगी सिद्ध न हो। साहित्यिक मूल्यांकन के लिए स्थापित प्रतिमानों के कुछ स्थायी सूत्र काम में आ सकते हैं जिसे हम 'आलोचना की समझ' कह सकते हैं अन्यथा विषयवस्तु, शिल्प, भाव पक्ष व मुहावरा इन सभी स्तरों पर आदिवासी साहित्य तथाकथित मुख्यधारा के साहित्य से इतर अपनी विशिष्टताएँ रखता है। उसे समझने के लिए एक सही दृष्टि की दरकार रहेगी जो ज़रूरी नहीं कि साहित्य के हर किसी प्रतिष्ठित समीक्षक या विद्वान के पास हो। आदिवासी समाज मूलतः भारतीय समाज का हिस्सा नहीं रहा। वह संस्कृति, परम्परा व भौगोलिकता के स्तर पर पूरी तरह अलग–थलग रहता आया, इसलिए उसकी तल्खी, तासीर व तेवरों को समझने के लिए 'आलोचना की समझ' की दृष्टि के साथ आदिवासी नजरिए का चश्मा भी ज़रूरी होगा।

आदिवासी समाज को समझने के लिए जिस कदर भ्रान्तियाँ पैदा होती या की जाती रही हैं उस प्रकार की भ्रान्तियाँ आदिवासी साहित्य की परख की प्रक्रिया में पैदा न हों, इसलिए हमें बहुत सावधानी और सतक्रता बरतनी होगी। यहाँ मैं एक उदाहरण देना समीचीन समझता हूँ। आदिवासी साहित्यिक विषयों पर शोध के इच्छुक छात्रों के साथ मुझे विमर्श करने का मौका पिछले दिनों केन्द्रीय विश्वविद्यालयों हैदराबाद, गुज़रात, अमरकंटक व राज्य विश्वविद्यालयों राजस्थान व इन्द्रप्रथ दिल्ली में मिला। पाँचों ही जगह जब मैंने छात्रों से आदिवासी समाज की छवि के बारे में प्रारम्भिक जानकारी प्राप्त की तो मुझे बताया गया कि 'आदिवासी अँचलों में शोध के लिए फील्ड सर्वेक्षण हमारे लिए कठिन होगा, चूंकि 1. आदिवासी लोग बाहरी लोगों पर अकारण हमला कर देते हैं, 2. आदिवासी लोग माँसाहारी होते हैं जो हमें मांस खाने के लिए विवश करेंगे, 3. आदिवासी लोग शराबी होते हैं, वे हमारे साथ कुछ भी अप्रिय घटित कर सकते हैं।' मैं यह सब धैर्य से सुनता रहा

और अन्त में मैंने यह जोड़ा कि 'आपने यह भी तो सुना होगा कि आदिवासी लोग नरभक्षी भी होते हैं!' विशेष रूप से अंडमान के आदिवासियों के बारे में नरभक्षण की भ्रान्तियाँ पैदा की जाती रही हैं जबकि वहाँ का यथार्थ यह रहा है कि वे अपने क्षेत्र में घुसने वाले बाहरी लोगों पर यदा–कदा हमला करते रहे हैं, यहाँ तक कि एकाध दृष्टांत मारकर जलाने के भी बताए जाते हैं। नरभक्षण का कोई उदाहरण अभी तक हमारे सामने नहीं है। हमला करने, मारने या जलाने की घटनाओं की पृष्ठभूमि को समझना ज़रूरी होगा। यह समझ तब होगी जबकि हमें अंडमान में हुई अबेर्दीन की उस लड़ाई का ज्ञान हो जब अँग्रेजी फौजों ने सन् 1859 में अंडमान के आदिवासियों को अपनी आजादी की लड़ाई लड़ते हुए गोलियों से करीब ढाई हजार की संख्या में भूना था। तभी से अंडमान के आदिवासी बाहर के लोगों से घोर घृणा करते रहे हैं। तो चर्चा के दौरान छात्रों द्वारा मुझे वो बताया गया जो उन्होंने अब तक सुन रखा था और जो सही नहीं था। जब आदिवासी समाज के बारे में इस तरह की भ्रान्तियाँ फैली हुई हैं तो आदिवासी साहित्य को समझने का सवाल उठेगा और हमें मुक्तिबोध की आलोचना के उन सूत्रों को पकड़ना होगा जिनमें रचना के साथ पृष्ठभूमि सहित रचना की समस्त प्रक्रिया शामिल होगी।

समकालीन कविता और आदिवासी विमर्श

डॉ. भीमसिंह

'समकालीनता', 'शाश्वतता' और 'सामयिकता' से भिन्न प्रत्यय है। 'शाश्वतता' में या 'सनातनता' में जहाँ स्थायित्व और स्थिरता का बोध होता है वहीं 'समकालीनता' में गतिशीलता और प्रासंगिकता का। परन्तु 'समसामयिकता' में जहाँ शाश्वतता का निषेध है वहाँ समकालीनता में शाश्वतता की सम्भावना है। सत्यप्रकाश मिश्र के अनुसार "समकालीनता का एक गहरा अर्थ अपने समय का निष्पक्ष, ईमानदार और न्यायिक विश्लेषण सिद्ध होता है। ऐसी स्थिति में भी समकालीन शब्द विशेषण के रूप में फैशनपरस्त, चालू और सामयिक से भिन्न अर्थ रखता है। इस अर्थ में समकालीन कवि या रचनाकार वही हो सकता है जिसे अपने समय का प्रत्यभिज्ञान हो जो उसे ईमानदारी और निष्पक्षता के साथ परिभाषित कर सकता हो या कर रहा हो, प्रवाह में बह नहीं रहा हो बल्कि प्रवाह के विरूद्ध चौकन्ना हो। वह चौकन्नापन ही समकालीनता का लक्षण है। इस दृष्टि से समकालीनता चालू मुहावरे या रुढ़ि की स्वीकृति नहीं है, इसकी विवेकपूर्ण अस्वीकृति है–तुलसी, कबीर, जायसी, मीरा और भवभूति सभी अपने समय के प्रतिकूल हैं। चालू मुहावरे, लक्षण और सर्वानुमतिवाद के खिलाफ हैं, इसीलिए समकालीन हैं।"[1]

इतिहासकार अर्जुनदेव ने समकालीन इतिहास का एक नया आयाम वैश्विक धरातल पर रखा है जिसमें उन्होंने उसके अभिलक्षणों को भी रेखांकित किया है–

समकालीन कविता का ऐतिहासिक–परिप्रेक्ष्य

समकालीन कविता नयी कविता के बाद की कविता है। 1960 ई. के बाद की कविताओं को समकालीन कविता कहा गया है। इसको दो धाराओं में विभाजित किया जा सकता है। पहली को साठोत्तरी या अकविता। दूसरी को

1980 ई. के बाद के दौर की कविता कहा जा सकता है। समकालीन शब्द यहाँ सम–सामयिकता का पर्याय नहीं है। समकालीन कविता अपने समय के यथार्थ को अधिक सतर्कता, प्रखरता के साथ ग्रहण करती है। 1951–60 ई. तक की नयी कविता आधुनिक भाव–बोध की कविता थी। 1960 से 1970 के दशक में जगह–जगह जन–आन्दोलन आरम्भ हुए, देश के कुछ राज्य इन आन्दोलनों से बेहद प्रभावित भी हुए। जैसे–नक्सलवाड़ी– आन्दोलन ने भारतीय समाज और राजनीति में किसान, युवाओं और आर्थिक सवालों को प्रमुखता से उपस्थित किया–उसी कालखण्ड में दलित आन्दोलन ने सामाजिक बराबरी और साहित्य का नया गवाक्ष खोला–इन सब आन्दोलनों को पेरिस के छात्र–आन्दोलन, ब्लैक–आन्दोलन (रेस के खिलाफ) और स्त्री–मुक्ति के प्रसंग ने प्राणवायु प्रदान की, साथ ही इस देश की सामाजिक–आर्थिक और ऐतिहासिक स्थिति भी इनके अनुकूलन में सहायक रही–यह सब नव–इतिहासवाद के चश्मे से देखी जानेवाली परिघटनाएँ हैं–अध्येताओं का एक वर्ग इसकी परम्परा को अतीत और पुरातन से जोड़कर अध्ययन की वकालत करता है। इन सबसे समकालीन कविता को नया प्रेरणा संसार मिला। समकालीन कवि पराजय बोध, निराशा, कुंठा से निकलकर आशा और परिवर्तन की कविताएँ लिखने लगे। अब आस्था और संघर्ष कविता का मुख्य स्वर बने।

समकालीन कविता की विशेषताएँ

यह उत्तर–आधुनिकता का युग है जहाँ विचारधाराओं से शुद्ध परहेज है। हर तरफ से मोहभंग की स्थिति है। यह कविता मोहभंग की कविता है किन्तु अंधेरे में भी प्रकाश की खोज करती है। इस युग में अंधेरा और घनीभूत हुआ है जो कवि को बेचैन भी करता है। किन्तु यह घनीभूत अंधेरा है तो जूझने की शक्ति भी है। यह कविता ऐसे समय में लिखी जा रही है जब बाज़ारवाद महत्त्वपूर्ण पूर्ण हो गया है। जहाँ उपभोक्तावाद और विज्ञानवाद का बोलबाला है। यह कविता राजनीति की विकृति–विकृत होती स्थिति को पहचानती है। यह कविता 1980 के बाद से अब तक लिखी जा रही है और इस अवधि में साम्प्रदायिकता तेज़ी से बढ़ी है। धर्म को लेकर साम्प्रदायिक दंगे भड़कते रहते हैं। समकालीन हिन्दी कविता की विशेषता के बिन्दु निम्नांकित हैं–

1. केन्द्रीकृत विचार की मुक्ति से परहेज।
2. प्रकाश की खोज।
3. यथार्थ के प्रति सजगता।
4. साम्प्रदायिकता का विरोध।

5. नव–इतिहासबोध की चिन्ता
6. बहुलतावादी नज़रिया।

समकालीन कविता में आदिवासी–जीवन के रचनाकार और उनकी धाराएँ

आदिवासी संकल्पना ने कैसे आकार लिया? यह सवाल प्राथमिक है–'आदिवासी' अवधारणा भाषाई–आधार के साथ–साथ जनजातीय अवधारणा भी है–इसका जनसंख्या के आधार पर विभाजन इसे अल्पसंख्यक का दर्जा भी दिलाता है–यह मूलतः राजनीतिक दमन के खिलाफ है–यह सामाजिक–सांस्कृतिक पहचान को लेकर अस्मिता और अस्तित्व के दो छोरों से बद्ध है– इस अवधारणा को विश्व पटल पर आगे बढ़ाने में सन् 1940–1950 के दशक में सामुदायिक और सांस्कृतिक चिन्तन के अध्ययन का विशेष योगदान है–

समकालीन हिन्दी कविता में आदिवासी जीवन को व्यक्त करने वाले प्रमुख कवियों–कवयित्रियों में हैं–(पहली धारा आदिवासी लेखकों की है–आदिवासी हिन्दी कविता की पूर्वजा सुशीला सामद, अभी तक ज्ञात स्रोतों के आधार पर आजादी–पूर्व हिन्दी की पहली आदिवासी कवयित्री जिनका 'प्रलाप' कविता–संग्रह–1935 में प्रकाशित हुआ था), रामदयाल मुंडा (दिवंगत), महादेव टोप्पो, हरिराम मीणा, उषाकिरण आत्राम, ग्रेस कुजूर, निर्मला पुतुल, वन्दना टेटे, सरिता बड़ाइक, उज्जवला ज्योति, जसिन्ता केरकेट्टा, अनुज लुगुन, जमुना बीनी तादर, ज़ोराम यालाम नाबाम, ज्योति लकड़ा, जनार्दन गोंड, वाहरू सोनवणे, प्रभात आदि।

दूसरी धारा ग़ैर–आदिवासी रचनाकारों की है, जिन्होंने आदिवासी जीवन को लेकर कविताएँ लिखी हैं– रमणिका गुप्ता (दिवंगत), कुमारेंद्र पारसनाथ सिंह, रणेन्द्र, एकान्त श्रीवास्तव, विनोदकुमार शुक्ल, ज्ञानेंद्रपति, चन्द्रकान्त देवताले, विनोद दास, ऋतुराज, सुदीप बैनर्जी आदि। इन सबके अलावा अँग्रेजी और हिन्दीतर भारतीय भाषाओं में आदिवासी कविता को अभिव्यक्ति के विविध रूप प्रदान करने में प्रमुख हैं –तेमसुला आओ, ममंग दई, इरोम चानू भार्मिला, कविता चकमा, सुशमा असुर, कमल कुमार ताँती, दुलाय चन्द्र मुंडा, के. वसामल्ली आदि। इस धारा में पूर्वोत्तर और दक्षिण भारत के आदिवासी और ग़ैर–आदिवासी रचनाकार अधिकांशतः शामिल हैं।

आदिवासी कविता पर बात करने से पूर्व यह जानना आवश्यक है कि आदिवासी कविता का स्रोत या उद्‌गम–स्थल आदिवासी भाषाओं के वाचिक–साहित्य में मुखर रूप से अभिव्यक्त हुआ है। यह आदिवासी कविता का पहला आयाम है। दूसरा आयाम–हिन्दी और अन्य भारतीय भाषाओं में

उसकी अभिव्यक्ति का है। तीसरा आयाम–अँग्रेजी में लिखित या अनूदित साहित्य का है। इस लेख में हिन्दी में प्रकाशित या अनूदित पाठ को ही आधार–सामग्री के रूप में चुना गया है। आदिवासी कविता मौखिकता और प्रकृति के संयोजन से निष्पन्न कविता है। इसलिए इसे निसर्ग या 'ओरेचर' के रूप में देखा जाता है।

समकालीन हिन्दी कविता में अभिव्यक्त आदिवासी–जीवन

विश्व मानव–सभ्यता के इतिहास में इतना भयावह एवं क्रूर समय आदिवासियों के लिए कभी नहीं रहा जितना की पिछले तीस वर्षों का समय रहा है। राज्य–सत्ता, बहुराष्ट्रीय कम्पनियों के साथ मानव समुदाय के एक विशिष्ट तबके को समूल नष्ट करने पर तुली हुई है। विनोदकुमार शुक्ल इस समय की भयावहता को कविता में इस प्रकार व्यक्त करते हैं–

"जो प्रकृति के सबसे निकट हैं–जंगल उनका है/आदिवासी जंगल में सबसे निकट है– इसलिए जंगल उन्हीं का है/अब उनके बेदखल होने का समय हैं–यह वही समय है/जब आकाश से पहले–एक तारा बेदखल होगा/एक पेड़ से–पक्षी बेदखल होगा/आकाश से चाँदनी–बेदखल होगी–जब जंगल से आदिवासी–बेदखल होंगे/जब कविता से एक–एक शब्द–बेदखल होंगे।"[2]

अर्थात् जो मानव–सभ्यता के शुरूआती विकास में सबसे अग्रणी रहे हैं जिन्होंने सर्वप्रथम अपने समीप के जीवन को पहचाना और अन्य जीवों के साथ सह–अस्तित्व का सहयोगी वातावरण निर्मित किया, आज उन्हीं के अस्तित्व पर खतरा मँडरा रहा है। मानव–सभ्यता के आदि–पुरुषों की सन्तान आदिवासियों को उनके परम्परागत जीवन जीने के आधारों अर्थात् जंगलों से उन्हें बेदखल करने का यह वक्त बड़ा भयावह है। काल वैसे भी क्रूरता को अपने पर हावी होने देता है लेकिन रचनाकार काल की क्रूरता से होड़ लेता है। सत्ता की अमानवीयता एवं अन्याय के प्रतिकार में रचनाकार हमेशा सृजनरत रहता है। कवि अपने समय के अंधेरे को अच्छे से पहचानता है। उपरोक्त कवितांश में समय कैसे आने वाला है– आ चुका है जो मानव–सभ्यता के एक हिस्से के पददलित होने से भी भयानक स्थिति को इसमें बयान किया गया है। आदि–मानव ने अपने विकास–यात्रा में एक रिश्ता या सम्बन्ध मानवेतर प्राणियों, नक्षत्रों और त्रिलोक से बनाया था। यह वक्त है–उस टूटते हुए सम्बन्ध का। कवि केदारनाथ अग्रवाल ने पेड़ और मानव के सम्बन्ध में लिखा है–"पेड़ नहीं–पृथ्वी के वंशज हैं। फूल लिये–फल लिये– मानव के अग्रज हैं।"[3]

आज वैश्विक पूँजी का प्रेत बेरोकटोक सारी दुनिया में मानव के दमन में भूमिका अदा कर रहा है। आदिवासी जो परम्परागत जीवन–शैली जी रहे थे, उनके विस्थापन का नया संजाल नव–साम्राज्यवाद बुन रहा है। अतः मनुष्य के अस्तित्व के साथ ही उसके परम्परागत ज्ञान एवं भाषाई–अस्मिता के लिए भी यह संकट का समय है। नव–मध्य वर्ग और नव–धनाढ्य वर्ग दोनों ही तटस्थता की नीति एवं उपभोग की जीवन पद्धति में म गूल हैं। उन्हें कवि हरिराम मीणा सचेत करने की कोशिश करते हैं और प्रकाश की ओर उन्मुख दृष्टि से देखते हैं। जैसे– "एकान्त को बनना चाहिए कोई विकल्प/विराट ऊर्जा का स्रोत..../वे ऐश्वर्य ओढ़कर सोते हैं निश्चिन्त/हम संघर्ष की सूली पर चढ़कर/भविष्य के आकाशमें तलाशते हैं–/स्वयं का परिचय और स्थान–/तनिक सोचो,/इस निर्जन एकाकी कारा में भी/मैं कहाँ हुआ निरुत्साहित।"[4]

वर्तमान वैश्विक परिदृश्य में बाज़ार हावी हो चुका है और किसी भी (जो विकल्प बन सके) विचार को आगे विकसित नहीं होने देना चाहता। खाओ–पिओ और मौज करो, अपने से मतलब रखो, दूसरे के जीवन में क्या घट रहा है उससे अपरिचित रहो, इस तरह के विचारों को नव–उदार शक्तियाँ पनपाने की कोशिश करती हैं। यह ऐसे लोगों के लिए सुखद ग्लोबलाइजेशन का प्रभावमात्र है जबकि उन्हें इस चकाचौंध के यथार्थ का वास्ता नहीं। कवि सुदेश तनवर 'सांस्कृतिक राष्ट्रवाद' नामक कविता में भूमंडलीकरण के स्याह पक्ष को इस प्रकार चित्रित करते हैं–

"निजीकरण–उदारीकरण–भूमंडलीकरण की आड़ में–तुमने– छिछोरेपन की–सारी हदें तोड़ दी हैं। मैं–तुम्हारें पुरखों के दिए गये–जातीय अपमान की आग में–झुलस रहा हूँ–भूख से–बिलबिला रहा हूँ–तुम–मिनरल वाटर–स्कॉच–नरम नरम गुदाज की मस्ती में झूम रहे हो–पर–आज मेरा दर्द–कल तुम्हारा भी होगा। क्या करोगे? मेरे–अपमान भूख पीड़ा के– इतिहास–सत्यों को दरकिनार कर–सबकी आँखों में धूल झोंक–देश के गुलाम होने का–ढिंढोरा पीटोगे–दलाली करते हुए–खुद भी कूद पड़ोगे–स्वतन्त्रता के छद्म–आन्दोलन में। बन बैठोगे–एक बार फिर–महान देशभक्त। राष्ट्र के शुभचिंतक!"[5]

भारत में निजीकरण और उदारीकरण की नीतियों के लागू होने के पश्चात ग़रीबी रेखा से नीचे रहने वाले लोगों की संख्या में बढ़ोतरी हुई वहीं दूसरी ओर भ्रष्टाचार का ग्राफ तीव्र गति से बढ़ रहा है। विदेशी बैंकों में जमा भारतीय जनता का काला धन हड़पने वाले नौकरशाह, राजनेता, नव–धनाढ्य वर्ग खुले आम नव–उदारवादी शक्तियों को लाभ

पहुँचा रहे हैं। यह सब प्रजातांत्रिक व्यवस्था के प्रतिकूल है। राज्य–व्यवस्था ने लोक–कल्याणकारी नीतियों से मुँह मोड़ लिया है। बहुराष्ट्रीय कम्पनियों के इशारे पर देश–व्यवस्था भी आदमखोर होती जा रही है।

मानवशास्त्री एवं प्रशासक डॉ. के.एस. सिंह ने दलित साहित्य से आदिवासी साहित्य की कुछ विभिन्नताओं की ओर संकेत करते हुए लिखा है कि– "दलित साहित्य का सम्बन्ध दलित चेतना से है, राजनीति से है, आन्दोलनों से है। दलित साहित्य में बहुत आक्रोश है, पूर्ण विद्रोह है, अलगाव है। आदिवासी साहित्य जो आदिवासी व ग़ैर–आदिवासी द्वारा लिखा गया है उसमें जीवन की समग्रता दिखायी पड़ती है। उसमें असीम सौन्दर्य–बोध है। उसमें प्रकृति के प्रति एक साझा लगाव है। स्वजन, परिजन, परिवार, समुदाय के लिए एक लगाव है। आदिवासी साहित्य में द्वन्द्व, संघर्ष, शोषण एक प्रमुख धारा के रूप में उभरकर सामने आयी है। आशा है कि यह एक मात्र धारा रहेगी और यह आदिवासियों की समग्र दृष्टि है जो सौन्दर्य–बोध को प्रभावित नहीं करेगी।"[6]

वर्तमान देश के सन्दर्भ में देखें तो उपर्युक्त वक्तव्य अर्ध–सत्य प्रतीत होता है क्योंकि आदिवासी साहित्य भी आदिवासी चेतना, राजनीति और आन्दोलनों से प्रेरणा ले रहा है। इसमें भी बहुत आक्रोश है। व्यवस्था के परिवर्तन की अनुगूँज है। दलित–साहित्य में जिस प्रकार अलगाव का तत्व मौजूद है उसी तरह आदिवासी–साहित्य में व्यवस्था द्वारा आदिवासियों को राष्ट्र की मुख्य धारा से अलग करने के कारणों की पड़ताल एवं संकेत एक साथ ही उपस्थित हुए हैं। यह अजीब विडम्बना है कि देश की मुख्यधारा का समाज एवं उनकी तथाकथित संस्कृति आदिवासियों पर थोपी और लादी जा रही है। इनकी अपनी जीवन–शैली विकृत होती जा रही है। आदिवासी जन–समुदायों पर सांस्कृतिक हमले चौतरफा हो रहे हैं। एक ओर मिशनरीज इनके परम्परागत प्रकृति आधारित धर्म (जीवन–शैली) को समाप्त करने पर लगे हुए हैं, वहीं दूसरी ओर मुख्यधारा का दखल इतना बढ़ गया है कि इन्हें राम का सेवक कहकर इनके हाथों में हनुमान का घोटा थमा रहे हैं। आदिवासियों की वास्तविक चिन्ताएँ नजरअन्दाज की जा रही हैं। औपनिवेशिक–कालीन काले–कानूनों का साया आज भी आदिवासियों की इह जीवन–लीला लील रहा है। इनकी भाषाओं को न तो राज्य सरकारें और न ही केन्द्र सरकार मान्यता दे रही है। इस तरह इनकी भाषिक–अस्मिता का लोप किया जा रहा है। अपने ही देश में परदेशी होने को विवश किए जा रहे हैं। यह खुले रूप से भारतीय संविधान में उल्लेखित नागरिक–अधिकारों का उल्लंघन है। विश्व–मानव अधिकार के अन्तर्गत भी यह न्यायोचित नहीं है।

ब्रिटिश प्रधानमन्त्री कैमरून ने म्यूनिख में बहुसांस्कृतिक राष्ट्रीयता को वर्तमान सन्दर्भ में ग़ैर–ज़रूरी बताया। इस विचार को योरोप में अत्यधिक राष्ट्रों के राष्ट्र–प्रमुखों का समर्थन प्राप्त हुआ। यह विचारणीय मुद्दा है कि वर्तमान वैश्विक परिदृश्य मुख्य–धारा के उग्र राष्ट्रवाद को विकसित करके किस ओर विश्व–मानस को खींच रहा है?

उच्चतम न्यायालय की दो सदस्यीय पीठ (न्यायाधीश मार्कंडेय काटजू और ज्ञान सुधा मिश्रा) ने 5 जनवरी, 2011 को आदिवासियों के सम्बन्ध में ऐतिहासिक वक्तव्य दिया कि–"समय आ गया है जब आदिवासियों के साथ ऐतिहासिक अन्यायों को निष्फल किया जायें। देश में आदिवासियों के प्रति जनता के रवैये में बदलाव आना चाहिए और वे भारत के मूल निवासी के तौर पर सम्मान के हकदार हैं। देश के इतिहास में आदिवासियों के साथ अन्याय हुआ है और यह एक शर्मनाक अध्याय है।"[7] उच्चतम न्यायालय की दो सदस्यीय पीठ ने साथ ही यह भी कहा कि–आदिवासियों को अक्सर राक्षस, असुर और क्या नहीं कहा जाता है। सदियों से उन पर सभी तरह के अत्याचार हो रहे हैं। इन सबके बावजूद आदिवासियों ने नैतिकता का उच्च स्तर बनाए रखा। चरित्र में ग़ैर–आदिवासियों की तुलना में वे कहीं श्रेष्ठ होते हैं। वे धोखाधड़ी नहीं करते, झूठ नहीं बोलते और सारे गलत काम नहीं करते हैं, जो ग़ैर–आदिवासी करते हैं। कवि हरिराम मीणा सम्भावित खतरे को पहले ही भांप लेते हैं। अमेरिका में हुए रेड इंडियन्स के सफाए को आधुनिक कुबेरपति नया जामा पहनाने के लिए कटिबद्ध हैं। आदिवासी जन को उसकी अनिवार्य, स्वाभाविक एवं इच्छा आधारित चीज़ों से महरुम किया जा रहा है। कवि कहता है–"वह कुबेर चर रहा था पहाड़ों को–जंगलों को–वनस्पतियों को–जीवों को–/पी रहा था नदियों को–झरनों को–सरोवरों को–झीलों को–समुद्रों को।"[8]

आदिवासी–जनजीवन का चित्रण करनेवाले कवियों ने सामाजिक न्याय की पक्षधरता लेते हुए अर्थ–व्यवस्था के विकास के बुनियादी मॉडल में परिवर्तन की माँग, लोक–बुद्धि को समझने का प्रयास इत्यादि अनिवार्य पहलुओं को कविता में सांकेतिक स्तर पर उठाया है। इन कवियों ने भारतीय सन्दर्भ में सुलगते प्रश्नों की ओर पाठकों, राजनीति तथा प्रशासन का ध्यान खींचा है। सबसे महत्त्वपूर्ण सवाल जो इन कविताओं में उभरकर आया है–वह अलगाव का है। आदिवासी अपने ही घर में परदेशी बन गये हैं। यह एक भयावह स्थिति है। अलगाववाद का पुराना इतिहास है। इसका प्रमुख कारण

औपनिवेशिक–युग में आदिवासियों की ज़मीन छीन जाना था। ज़मीन उनकी संस्कृति व आजीविका का आधार है।

आदिवासी–जनजीवन का चित्रण करनेवाले कवियों ने जो आदिवासी नायक इतिहास से बेदखल करने की साजिश के शिकार हुए हैं उन नायकों को महत्त्व देकर नवीन इतिहास–सृजन के लिए प्रस्थान बिन्दु तलाशे हैं। नव–इतिहासबोध का चिन्तन इनके लेखन को नया आयाम देता है। इतिहास केवल एक नहीं हो सकता है जो विजेता वर्ग द्वारा अपने पक्ष में लिखवाया गया है। इतिहास के अनेक संस्करण हैं। उन संस्करणों को देखने और समझने की आवश्यकता है। बिरसा इनके लिए आदर्श का प्रतीक था–है। यह इतिहास के एकरैखिय मॉडेल के प्रतिकूल है। यह अपनी सांस्कृतिक–जड़ों की तलाश का मुद्दा भी है, लेकिन उनके मूल आदर्श आज धूमिल हो गये हैं। बिरसा का मुख्य संघर्ष ज़मीन, जंगल, लोगों के अधिकार, स्वशासन और स्वतन्त्रता से था। अब लोग ज़मीन की बात भी नहीं करते। भूमंडलीकरण ने इस बात से उन्हें बेखबर कर दिया है कि ज़मीन उनकी संस्कृति का आधार था और है। वस्तुतः आदिवासी आज बरकरार है तो इसका बहुत बड़ा श्रेय इस बात को जाता है कि वह मुख्यतः ज़मीन पर आधारित एक समुदाय है। आदिवासियों की समस्याएँ बड़ी जटिल हो रही है और उनका उग्र–हिंसात्मक रूप भी देखने को मिल रहा है। 'बाँसुरी मशाल बन रही है'। देश के सभी भागों में परिवर्तन का तीव्र दौर चल रहा है। युवा–कवि अनुज लुगुन 'अघोषित उलगुलान' (आन्दोलन) की माँग को वर्तमान जीवन स्थितियों में जायज ठहराते हैं–"लड़ रहे हैं आदिवासी–अघोषित उलगुलान में–कट रहे हैं वृक्ष–माफियाओं की कुल्हाड़ी से और–बढ़ रहे हैं कंक्रीटों के जंगल। दान्डू जाये तो कहाँ जाये–कटते जंगल में–या बढ़ते जंगल में।"[9]

अर्थात् आदिवासी ऐसा अघोषित आन्दोलन लड़ रहे हैं जिसमें वृक्षों की रक्षा, माफियाओं की कुल्हाडी से करना चाहते हैं, जंगल को बचाना और जंगल को कंक्रीट में नहीं बदलने देना उनकी आकांक्षा और यथार्थ–स्वप्न है। दान्डू ऐसी स्थितियों में जहाँ एक ओर आदिवासी अघोषित उलगुलान में सक्रिय हैं वहीं दूसरी ओर माफियाओं द्वारा पेड़ों की कटायी और जंगल को कंक्रीट में परिवर्तित करने का क्रिया–व्यापार घट रहा हो ऐसे में उसकी स्थिति क्या होगी? निश्चित ही वह कटते जंगल को बचायेगा और बढ़ते जंगल में जायेगा।

समकालीन कवि निर्वासन या विस्थापन के विरुद्ध है। विस्थापन की समस्या बड़ी गहरी है। औपनिवेशिक काल में विस्थापन की समस्या मूलतः आदिवासियों के ग़ैर–आदिवासियों के पास हस्तांतरण से जुड़ी हुई थी।

स्वतन्त्रता प्राप्ति के बाद सरकारी परियोजनाओं द्वारा विस्थापन ने एक भयावह रूप ले लिया। देश के सभी भागों से दिल दहलाने वाली तस्वीरें आने लगीं। मुख्य सवाल ज्ञान व संवेदना के अभाव का है। विस्थापन ऐसे संसाधनों से हो रहा है, जिसमें एक परिवार, समुदाय, गाँव वर्षों से जुड़ा हुआ है, इसलिए एकमुश्त भरपाई से क्षतिपूर्ति नहीं होती है। विस्थापन एक त्रासदी है जिसका असर अनेक पीढ़ियों तक रहता है। विस्थापन का एक सांस्कृतिक व मनोवैज्ञानिक–पक्ष भी है। जो परियोजना लोगों को विस्थापित करेगी उसके लाभ में विस्थापितों को भागीदार बनाया जाये और विस्थापन एक सम्पूर्ण प्रक्रिया के रूप में माना जायें निर्मला पुतुल 'अपने घर की तलाश में' नाम की कविता में विस्थापन की समस्या को स्त्री से जोड़कर देखती हैं–"धरती के इस छोर से उस छोर तक/मुट्ठी भर सवाल लिए मैं/दौड़ती–हाँफती–भागती–/तलाश रही हूँ सदियों से/निरन्तर/अपनी ज़मीन, अपना घर/अपने होने का अर्थ !"[10]

विस्थापन की त्रासदी झेल रहे आदिवासियों के जीवन को आधार बनाकर कुमारेंद्र पारसनाथ सिंह ने 'बोलो मोहन गांजू' नामक काव्य–संग्रह में 'बन्धूदास' कविता में विस्थापित जीवन जी रहे झारखण्ड के आदिवासियों के वर्तमान को कविता में इस रूप में चित्रित किया है–"बन्धूदास को तुम जानते हो मोहन गांजू? तुम्हारे/अपने जंगल से बेदखल किए जाने का बहुत गहरा रिश्ता है/उसके उन छेदों का। दतुवन बेचना छोड़कर तुम भी/फावडा और बेलचा क्यों नहीं उठा लेते?"[11]

'बोलो मोहन गांजू' कविता–संग्रह में बिरसा के उत्तराधिकारियों की दयनीय होती स्थिति एवं समझौता परस्त होते स्वभाव को कवि ने इस प्रकार व्यक्त किया है–"यह तीसरी पुश्त है खदान की जिससे भात ने/जंगल के सब सपने छीन लिए हैं, और संखुआ/या साल की गंध कैसी होती है, उसे नहीं मालूम/मालूम यह भी नहीं है कि जिस नदी के जल में स्नान/करता है उसका क्या नाम है– और वह पहाड़ से/कैसे निकलती है/बानी ने उसे साहब या मुंशी की बात पर सिर झुकाकर/चलना सिखाया है। सीसो की तरह तनकर खड़ा होना नहीं।"[12]

अर्थात् संघर्षशील और स्वाभिमानी मानव–जीवन के स्वभाव के विपरीत पेट की भूख ने बिरसा के वंशजों को आत्मकेन्द्रित, डरपोक, स्मृतिहीन और प्रकृति–विमुख कर दिया है। उपर्युक्त कविता में भूख का सन्दर्भ और प्रसंग दलित साहित्य के साथ भी जुड़ता है–दलित–साहित्य में भूख का समाजशास्त्र नये सिरे से देखा गया है। उसी के समानान्तर उसका दूसरा पाठ आदिवासी कविता में देखा जा सकता है। आजाद समुदायों को भूख

पराजित कर दे रही है। आदिवासी जीवन–स्थिति की विडम्बना और उसके त्रासद–पक्ष को कवि ने वैचारिक आयाम प्रदान किया है।

अनुज लुगुन की दूसरी कविता 'आदिवासी' में आरक्षण का लाभ पानेवाले एवं वास्तव में उसके हकदार आदिवासियों की जीवन–स्थितियों को कवि ने अपनी समकालीन चिन्ताओं का हिस्सा बनाते हुए इस रूप में व्यक्त किया है–"वे जो सुविधा भोगी हैं–या मौका परस्त हैं–या जिन्हें आरक्षण चाहिए–कहते हैं हम आदिवासी हैं, वे जो वोट चाहते हैं–कहते हैं तुम आदिवासी हो, वे जो धर्म प्रचारक हैं–कहते हैं–तुम आदिवासी जंगली हो। वे जिनकी मानसिकता यह है–कि हम ही आदि निवासी हैं–कहते हैं तुम वनवासी हो, और वे जो नंगे पैर–चुपचाप चले जाते हैं जंगली पगडंडियों में–कभी नहीं कहते कि–हम आदिवासी हैं–वे जानते हैं जंगली जड़ी–बूटियों से–अपना इलाज करना–वे जानते हैं जन्तुओं की हरकतों से–मौसम का मिजाज समझना–सारे पेड़–पहाड़–नदी–झरने जानते हैं– कि वे कौन हैं।"[13]

आरक्षण के सवाल को दलित–चिंतक, साहित्यकार कवि जयप्रकाश कर्दम ने बहुत ही मुखरता से अपनी अभिव्यक्ति का हिस्सा बनाया है। औसतन इस ज्वलंत मुद्दे से बचने की कोशिश रचनाकारों की हिन्दी जगत में रही है। दलित और आदिवासी कविता इस मुद्दे को लेकर सजग और सचेत रूप है। यह पाठक की अभिक्रिया को विस्तार देती है।

समकालीन कवियों की कविता में आदिवासी जीवन का चित्रण करने में विकास के जो मानक सरकार या व्यवस्था द्वारा तय–अपनाए गये उनका प्रतिरोध स्पष्ट दिखायी देता है। क्योंकि ये विकास के मानक आदिवासियों के जन–जीवन के विकास में सहायक न होकर उनके जीवन में हस्तक्षेप, उनकी स्वायत्तता में दख़ल देने के लिए अपनाएँ गये हैं। कवि ज्ञानेंद्रपति कहते हैं– "इस आदिवासी गाँव के आँगन से गुज़रती हुई यह सड़क/अत्याचारियों के गुज़रने का रास्ता है/यह इनके पैरों से नहीं बना/यह इनके पैरों के लिए नहीं बना/बड़े–बड़े रोड रोलर आये थे लुटेरे वाहनों के आने से पहले/ धरती कँपाते धीरे–धीरे चलते हुए विशालकाय रोड रोलर..."[14] (एक आदिवासी गाँव से गुज़रती सड़क)

सत्ता के पोशक और कारिंदे जन के सहयोगी न होकर जन–लुटेरे हैं। समकालीन कवि विनोददास ने 'आदिवासियों का गीत–तीन कविताएँ' में इन जन–विरोधी साहबों के कुकृत्य का जायजा इस रूप में लिया है–

"यही वह वक़्त होता है/आती है शहर से एक जीप/उडाती हुई धूल हमारी इच्छाओं पर/उतरते हैं टायी पहने साहब हुक्म देते हैं हम

देखेंगे नाच/हम नाचते हैं कसते हैं वे फब्तियाँ/भूली यातनाएँ प्रकोप और जंगल/याद आने लगते हैं हमें फिर/सुबह होती है पडी मिलती हैं बंगले में/हमारे कुनबे की बेसुध लड़कियाँ/उनके देह पर चमकते हैं दाँत और नाखून के उभरे निशा/दिन के उजाले में।"[15]

आदिवासियों के जीवन पर आधुनिकता, विकास के मानकों और आधुनिक शिक्षा–व्यवस्था का बड़ा ही दूरगामी प्रभाव पड़ा। आदिवासियों के मुद्दों को मीडिया भी सही तरीके से नहीं उठाता। उनके प्रति संवेदनहीन बना रहता है और सत्तातन्त्र का सह–समर्थक होकर तथाकथित व्यवस्था की आँख बना रहता है।

आदिवासियों को देशज–ज्ञान का अनुभव है जो मानवता के विकास में सहायक हो सकता है। अतः परम्परागत ज्ञान एवं लोक–बुद्धि को समझने का प्रयास किया जाना चाहिए। न कि आधुनिक ज्ञान के दंभ पर इतराना। अनुपम मिश्र ने भाषा और पर्यावरण के सम्बन्ध में गम्भीर बात कही है– "भाषा यानी केवल जुबान नहीं है, जुबान एक अंग है। लेकिन जीभ का संचालन दिमाग़ से होता है। तो एक भाषा विशेष का दिमाग़ भी बनता है। वह दिमाग़ वहाँ के पर्यावरण और उसके समाज से बनता है।"[16]

वर्तमान परिदृश्य में अपनी भाषा, अपने ही आँगन में विस्थापित हो रही है, वह अपने ही आँगन में पराई बन रही है। एकान्त श्रीवास्तव का 'नागकेसर का देश यह' (कविता) में लिखा है कि– 'नागकेसर' छत्तीसगढ़ में उस लुप्त प्राय धान का नाम है, जिसके पौधों और बीज का रंग सुर्खलाल या लगभग कत्थई होता है। आज हिन्दी कविता में स्थानीयता का भूगोल उपस्थित हो रहा है। हिन्दी कविता का तेवर भी बदला है। हिन्दी कविता का पाट विस्तृत हुआ है। अभी तस्वीर अधूरी है लेकिन प्रयास जारी है। कवि का संघर्ष आततायी एवं अमानवीय स्थितियों के खिलाफ जारी है। इसलिए राजेश जोशी कहते हैं कि– "हमें एक तो वह कविता आकर्षित करती है जो बहुत सहज है, कुछ–कुछ अनगढ़–सी। जैसे उसे अकुशल हाथों ने गढ़ा है। जिसमें बिना काट–छाँट के, बिना तराशा–सा जीवनानुभव, बिना किसी तैयारी के, बिना कोई चुस्ती–फुर्ती दिखाए चला आया है। दूसरी ओर वह कविता भी हमें आकर्षित करती है जो बहुत गहरे बौद्धिक सवालों को उठाती है। जिसके पीछे बहुत कौशल, बहुत तैयारी होती है। एक विराट होता है जो हमारे समय को उसकी पूरी व्यापकता में समेटता है। पहली कविता के पास हम इसलिए जाते हैं कि वह हमारी स्वाभाविकता है और दूसरी के पास इसलिए कि वह हमारी इच्छा है। हम बार–बार अपनी नैसर्गिक सरलता में, सहजता में लौटना चाहते हैं, लौटने की कोशिश करते हैं और लौटते हैं। अनगढ़ता... मुझे लगता है जैसे वह हमारे

भूगोल का संस्कार है। बौद्धिकता की तरफ हम कभी–कभी इसलिए भी जाते हैं कि वह हमारे अहंकार को तुष्ट करती है।"[17]

समकालीन कविता उद्‌बोधन, प्रेरणा और संबोधन की कविता है। समकालीन हिन्दी कविता में आदिवासी–जीवन को अभिव्यक्त करने के लिए कवियों ने मिथकों का सहारा लिया है। इस दृष्टि से हरिराम मीणा का काव्य–संकलन 'रोया नहीं था यक्ष' महत्त्वपूर्ण है। इस संकलन में समकालीन सन्दर्भों में शाश्वतता के सवालों को प्रदीर्घ परक रूप में उठाया गया है। आदिवासी–जीवन में मिथकों के महत्त्व को समझे बिना आदिवासी–साहित्य नहीं लिखा जा सकता है। डॉ. वेरियर एलविन कहते हैं कि–"मिथक संसार को समझने की एक अन्तर्दृष्टि की प्रक्रिया है, इसलिए उसे आदिम दर्शन या मेटाफिजिकल विचार मान सकते हैं।"[18] समुद्र, पहाड़, जंगल बहुत सार्थक अभिप्राय हैं। मिथक भी हैं।

आदिवासी–समाज के सामने संकट आधुनिकता ने उपस्थित किया। जो पश्चिमी जीवन–दृष्टि पर आधारित है क्योंकि पश्चिमी–अवधारणा प्रकृति को विजित करने में यकीन करती है। जबकि भारतीय–अवधारणा प्रकृति के साथ मानव के सह–अस्तित्व में भरोसा रखती है। भारत में आदिवासी क्षेत्रों में विकास के मानक सही रूप में क्रियान्वित नहीं हो सके। उसकी दिशा और तरीका अनुचित था। प्रकृति से आदिवासियों का नैसर्गिकता का सम्बन्ध रहा है। प्रकृति से इनका व्यावसायिक रिश्ता–लेने या देने का कभी नहीं रहा। इनका रूहानी रिश्ता प्रकृति–जगत से रहा है। इनकी जीवन–दृष्टि में जल–जंगल– ज़मीन, जीव–जन्तु, पशु–पक्षी, पेड़–पौधे, चाँद–सूरज, हवा–रोशनी, आकाश–पाताल और ग्रह–नक्षत्र भी अपना जीवन जीते हैं। औषधीय क्षमता के बारे में आदिवासी–समाज के पास दुर्लभ ज्ञान है। भारतीय शिक्षा–व्यवस्था के चलताऊ रूप की जगह अलग शिक्षा–शास्त्र की माँग इन आदिवासियों को भारतीय शासन–व्यवस्था से जोड़ने में सहायक हो सकती है। आदिवासी–जीवन के अनुकरणीय पक्षों में प्रमुख हैं– प्रकृति से मैत्री, प्रेम, स्त्री–पुरुष सम्बन्ध, समानता, अतिथि–सत्कार और धरती के संरक्षक–केयरटेकर वाला पक्ष। वर्तमान भारतीय समाज–व्यवस्था की अनेक बुराइयों और विकृतियों के समाधान में इनके जीवनादर्श प्रेरक हो सकते हैं। इसलिए डॉ. वेरियर एलविन ने लिखा है कि– "मैं यह कहने के लिए लालायित हूँ कि लोक–कथाएँ मूलतः आदिम कला के रूप हैं।"[19]

ये लोक–कथाएँ विभिन्न कवियों की कविताओं में महत्त्वपूर्ण होकर वर्तमान सन्दर्भ को अभिव्यक्त करने के लिए आयी हैं। आदिवासी–जीवन

पारिस्थितिकी–सौन्दर्यशास्त्र, पर्यावरण के प्रति सहज लगाव, सामुदायिकता की भावना से गहरे रूप में जुड़ा हुआ है। यह वैशिष्ट्य विश्व–मानव समुदाय के हित में होगा। आदिवासी कविता के सरोकार धरा से जुड़े हुए मसले को भी सामने रखते हैं। धरा है तो हम हैं, नहीं तो गम हैं।

सन्दर्भ

1. सत्यप्रकाश मिश्र – कृति विकृति संस्कृति, 2010, इलाहाबाद, लोकभारती प्रकाशन, भूमिका से–XI
2. विनोदकुमार शुक्ल–वागर्थ, अंक–185, दिसंबर–2010, आमुख
3. हंस, जनवरी 2011, आवरण पृष्ठ
4. हरिराम मीणा – रोया नहीं था यक्ष, 2003, दिल्ली, जगतराम एण्ड सन्स, पृष्ठ 40–41.
5. विमल थोरात, सूरज बडत्या (सं.) – भारतीय दलित साहित्य का विद्रोही स्वर, 2008, जयपुर, रावत पब्लिकेशन्स, पृष्ठ 66.
6. रमणिका गुप्ता– निज घरे परदेसी (झारखण्ड के आदिवासियों पर केन्द्रित), 2004, दिल्ली, वाणी प्रकाशन, पृष्ठ 8.
7. स्वतन्त्र वार्ता (दैनिक), गुरुवार, 6 जनवरी, 2011 पृष्ठ 2.
8. हरिराम मीणा – रोया नहीं था यक्ष, 2003, दिल्ली, जगतराम एण्ड सन्स, पृष्ठ 26.
9. प्रगतिशील वसुधा–85, अप्रैल–जून 2010, पृष्ठ 184.
10. निर्मला पुतुल– अपने घर की तलाश में, अनुवाद – अशोक सिंह, 2004, दिल्ली, रमणिका फाउंडेशन, पृष्ठ 3.
11. कुमारेंद्र पारसनाथ सिंह– बोलो मोहन गांजू, 2008, दिल्ली, लोकमित्र, पृष्ठ 44
12. वही, पृष्ठ 45–46.
13. प्रगतिशील वसुधा–85, अप्रैल–जून 2010, पृष्ठ 185.
14. ज्ञानेंद्रपति– संशयात्मा, 2004, दिल्ली, राधाकृष्ण प्रकाशन, पृष्ठ 20.
15. विनोददास– खिलाफ हवा से गुज़रते हुए, 1986, दिल्ली, भारतीय ज्ञानपीठ, पृष्ठ 24–25.
16. अनुपम मिश्र–साफ़ माथे का समाज, 2006, दिल्ली, यात्रा बुक्स, पेंगुइन बुक्स, इंडिया, पृष्ठ 178.
17. राजेश जोशी–एक कवि की नोटबुक, 2004, दिल्ली, राजकमल प्रकाशन प्रा.लि., पृष्ठ 125.
18. पूर्वग्रह–130, जुलाई–सितम्बर 2010, पृष्ठ 113.
19. वही

भाषा समिति और आदिवासी कविता

प्रो. गणेश पवार

भारत में संधारणीय विकास हेतु यह सुनिश्चित करना आवश्यक है कि समाज के सभी वर्गों–संप्रदायों एवं समुदायों का देश की आर्थिक एवं सामाजिक समृद्धि में समान भागीदारी एवं लाभों में समान हिस्सेदारी हो। किन्तु यह व्यापक रूप से स्वीकार किया जाता है कि भारतीय समाज का एक बड़ा हिस्सा जिसे आदिवासी समुदाय कहा जाता है, जो पिछले सात दशकों से सरकार द्वारा कार्यान्वित विकास परियोजनाओं से लाभ नहीं उठा पाया है वरन इन परियोजनाओं का उन पर प्रतिकूल प्रभाव पड़ा है। इस प्रतिकूल प्रभाव का यह परिणाम हुआ कि आदिवासी साहित्य एक विशेष स्वर तथा विशिष्ट शैली के साथ साहित्य जगत में अपना स्वर बुलन्द करने लगा यदि हम आदिवासी कविताओं पर विचार करें तो स्पष्ट होता है कि सभी कविताओं में सरकारी नीति एवं सरकारी विकास मंडल के प्रति आक्रोश एवं अपने पर होने प्रतिकूल प्रभाव का विरोध दृष्टिगोचर होता है। इस विरोध एवं आदिवासी समुदायों द्वारा अपनाये गये विरोध के विभिन्न स्वरूपों एवं तरीकों के फलस्वरूप सरकार द्वारा आदिवासी समुदायों की समस्याओं के समाधान हेतु विभिन्न समितियों एवं आयोगों का गठन किया गया। इन समितियों एवं आयोगों में सन् 2013 में प्रो. वर्जिनिया शाशा की अध्यक्षता में गठित उच्च–स्तरीय समिति का विशेष महत्त्व है। शाशा समिति को आदिवासी समुदायों की सामाजिक, आर्थिक–शैक्षिक और स्वास्थ्य स्थिति की जाँच करने और उनमें सुधार के लिए सिफारिश करने का कार्यभार सौपा गया। समिति ने सन् 2014 मई में अपनी रिपोर्ट प्रस्तुत की, जिसमें रोचक, गम्भीर एवं विचारणीय मुद्दे हमारे समक्ष उभरे हैं। इस रिपोर्ट का निष्कर्ष आदिवासी

कविता के आक्रोश, विरोध एवं कविताओं में चित्रित आदिवासियों के हनन होने मानवाधिकार को प्रमाणित करता है।

शाशा समिति का निष्कर्ष एवं आदिवासी कविताओं का विश्लेषण करने से पूर्व यदि हम आदिवासी समाज पर गठित अन्य समिति एवं आयोगों पर विचार करे तो स्पष्ट होता है कि स्वतन्त्रता के पश्चात् सन् 1959 में एलविन कमेटी का गठन किया गया। एलविन की अध्यक्षता में समिति ने जनजातीय विकास कार्यक्रमों के लिए बुनियादी प्रशासनिक इकाई, बहु–उद्देशीय विकास माडल के क्रियान्वयन की जाँच की गयी। सन् 1960 में यू.एन. देबर आयोग का गठन किया गया, जिसने जनजातीय क्षेत्रों में भूमि अलगाव के मुद्दे के साथ–साथ आदिवासियों के समग्र स्थिति को सम्बोधित किया। सन् 1965 में लोकुर समिति का गठन किया गया। इस समिति ने आदिवासियों को परिभाषित करने के मानदण्ड तय किए जिनमें आदिवासियों की पहचान हेतु पाँच मानदण्ड "1) आदिम लक्षण 2) विशिष्ट संस्कृति 3) भौगोलिक अलगाव 4) सम्पर्क में संकोच तथा 5) पिछड़ापन आदि निश्चित किये गये।"[1] सन् 1991 में गठित भूरिया समिति की शिफारिशों द्वारा पेसा अधिनियम का मार्ग प्रशस्त हुआ। सन् 2002 से 2004 में भूरिया आयोग द्वारा आदिवासी भूमि व वन, स्वास्थ्य, शिक्षा, पंचायत व्यवस्था तथा आदिवासी महिलाओं की स्थिति जैसे कई मुद्दों पर अपना ध्यान केन्द्रित किया। 2005 में मंजेकर समिति द्वारा आदिवासी क्षेत्र में प्रशासन् एवं शासन पर अपने विचार व्यक्त किए।

उपर्युक्त सारी समितियों एवं आयोगों द्वारा विभिन्न मुद्दों पर विचार विमर्श एवं अनुशंसाएँ की गयी किन्तु आदिवासी समाज का न तो उचित विकास हो पाया है और न ही उनका योग्य संरक्षण। आदिवासी समाज की वही स्थिति रही है जो स्वतन्त्रता से पूर्व थी। आदिवासी समाज के विकास हेतु समितियों, आयोगों का गठन एवं विभिन्न विकास परियोजनाएँ कागजों एवं सरकारी फाइलों में चलती रहती हैं किन्तु वे व्यवहार्य रूप ग्रहण नहीं करती इसी भाव की अभिव्यक्ति महादेव टोप्पो करते हैं कि– "देश में या कहीं गालियाँ या गोलियाँ खाकर मर रहे हो/या दामोदर का पी रहे हो गंदा पानी बनाया जाना है। हमारे लिय कहीं–न–कहीं विकास का कार्य है प्रगति पर"[2] कहने का तात्पर्य यह है कि आदिवासियों के कागजी योजनाओं एवं वास्तविक रूप से क्रियान्वयन में व्यापक अन्तर है।

2013 में गठित शाशा समिति द्वारा प्रमुख पाँच मुद्दों पर विचार किया गया 1) आजीविका व रोजगार 2) शिक्षा 3) स्वास्थ्य 4) प्रतिकर्ष विस्थापन या प्रवासन् तथा 5) विधिक एवं संवैधानिक मामले। ये पाँचों मुद्दे मानवाधिकार से

भी सम्बन्धित हैं। इन पाँचों कारकों के अभाव में उन्नत एवं गरिमापूर्ण जीवन की कल्पना भी नहीं की जा सकती और गरिमापूर्ण जीवन जीने का अधिकार संविधान के अनुच्छेद 21 के तहत एक मौलिक अधिकार है। अतः आदिवासी समाज जीवन की अनिवार्य मूलभूत सुविधाओं एवं अपने मौलिक अधिकार से भी वंचित है। शाशा समिति इसी वास्तविकता से हमारे समक्ष उभारती है।

आजीविका और रोजगार की स्थिति

परम्परागत रूप से भारतीय आदिवासी समाज प्रधान अर्थव्यवस्था नहीं बल्कि उसने एक निर्वाह प्रधान अर्थव्यवस्था का अनुपालन किया है। यह अर्थव्यवस्था प्रकृति के निकट थी और स्वदेशी परम्परागत तकनीकों का उपयोग करती थी। आदिवासी समाज की आर्थिक स्थिति प्राकृतिक आवास में उपलब्ध अनायास रूप से प्राप्त संसाधनों पर निर्भर थी। परम्परागत आदिवासी अर्थव्यवस्था में आदिवासियों की वन आधारित आजीविका, पूर्व कृषि स्तरीय प्रौद्योगिकी, एक स्थिर या घटती जनसंख्या अत्यन्त कम साक्षरता तथा अर्थव्यवस्था। महज एक निर्वाह स्तर किन्तु समकालीन स्थिति में व्यापक परिवर्तन हुआ है। शाशा समिति ने स्पष्ट किया कि "शिकार और खाद्य संग्रहण का अध्ययन करने वाले समुदायों की संख्या में 24.08 प्रतिशत की गिरावट आयी है। तथा सरकारी और निजी सेवाओं स्वरोजगार आदि में नियोजित अनुसूचित जनजातियों की संख्या में तीव्र वृद्धि हुई है। आदिवासियों का भूमि स्वामित्व धारित औसत 0.708 है। 44.09 प्रतिशत परिवारों के पास बैंक खाते हैं। श्रमबल भागीदारी के सन्दर्भ में अनुसूचित जनजातियों की श्रम बल भागीदारी दर 56.7 प्रतिशत के साथ उच्चतम है। देश में आदिवासी महिलाओं की श्रमबल भागीदार सर्वाधिक है।"[3]

शाशा समिति के उपर्युक्त अवलोक के आकड़ों से स्पष्ट होता है कि आदिवासियों की स्थिति उतनी दयनीय नहीं जितनी मानी जाती है किन्तु सर्वाधिक श्रम भागीदारी के बावजूद "आदिवासी परिवारों की वार्षिक आय सामान्य जनसंख्या (72,717 रूपए) की तुलना में सबसे कम (32,345 रूपए) थी।"[4] वही यहाँ विचारणीय तथ्य यह है कि आदिवासी समाज की इतनी व्यापक श्रम भागीदारी के बावजूद पारिवारिक वार्षिक आय इतनी न्यून क्यों है। उसका सीधा उत्तर है कि आदिवासी समुदाय का श्रम शोषण हो रहा है। उन्हें उचित मजदूरी नहीं मिलती तथा स्त्री–पुरूष की मजदूरी में भी व्यापक अन्तर पाया जाता है। इन सबका प्रमुख कारण है कि आदिवासियों के परम्परागत जीवन निर्वाह के स्थान छीने जा चुके हैं केवल दिहाड़ी मजदूर बनकर रह गये हैं। आदिवासियों की इस स्थिति का चित्रण वाहरू सोनवणे

की कविता में हुआ है–"यहाँ रहकर क्या करें?/यहाँ हमें न सहारा है/न पेट के लिए चारा/न काम है न धंधा/काम माँगने गये तो/किया लाठी से वार/दर्द अभी भी ताजा ही था।"[5]

बेरोजगारी के इस भयावह स्थिति के फलस्वरूप आदिवासी किसी प्रकार भूख मिटाने हेतु न्यनतम मजदूरी पर कार्य करने के लिए बाध्य होता है यही कारण है कि आदिवासियों की श्रमभागीदारी अधिक है किन्तु वार्षिक आय न्यूनतम। न्यूनतम आय विभिन्न समस्याओं एवं दयनीय स्थिति का सृजक होती है। न्यूनतम आय के फलस्वरूप वर्ष 2011–12 की जनगणना के अनुसार आदिवासी समुदाय का 45.3 प्रतिशत अभी भी ग़रीबी रेखा से नीचे जीवनयापन हेतु मजबूर है।

विस्थापन या प्रतिकर्ष प्रवास शाशा समिति द्वारा आदिवासी विस्थापन एवं बाध्य प्रवासन् पर व्यापक एवं प्रमाणिक रूप से प्रकाश डाला गया है और अनुकरणीय अनुशंसाएँ भी दी गयी हैं। भारतीय आदिवासी समुदाय पहाड़ी क्षेत्रों में रहने आये हैं जो धात्विक एवं अधात्विक खनिज से समृद्ध है। भूमि आदिवासियों की सामाजिक, सांस्कृतिक एवं धार्मिक पहचान, आजीविका और उनके अस्तित्व का आधार है। परम्परागत रूप से आदिवासियों में भूमि का स्वामित्व सामुदायिक रहा है और आर्थिक गतिविधियाँ भी स्वदेशी एवं प्राकृतिक रही हैं, जिसने समता एवं बंधुत्व जैसे मूल्यों को बढ़ावा दिया और इन मूल्यों ने उनके शक्ति सम्बन्धों और संगठनात्मक प्रणाली को प्रभावित किया।

शाशा समिति द्वारा आदिवासी विस्थापन के कारण एवं विभिन्न तरीकों पर प्रकाश डालते हुए स्पष्ट किया कि "रेल्वे जैसे बुनियादी ढ़ाँचे के निर्माण हेतु वन भूमि के अधिग्रहण के लिए लाए गये भारतीय वन अधिनियम 186561878, 1927 में संशोधन ने राज्य को व्यावसायिकरण के उद्देश्य से वन भूमि पर एकाधिकारवादी नियन्त्रण का अवसर दिया।"[6] स्वतन्त्रता के बाद भी इस अधिनियम के प्रावधान के अन्तर्गत राज्य द्वारा सर्वोपरी नये अधिकारों के माध्यम से इस क्षेत्र के आदिवासियों के पास भूमि स्वामित्व का कोई दस्तावेज नहीं होता क्योंकि वे प्राचीनकाल से अपनी भूमि को केवल पत्थरों से चिहि्नत करते आये हैं। इसी का लाभ सरकारे एवं निजी कम्पनियाँ उठाती हैं। उनके स्वामित्व को अवैध घोषित कर जबरन भूमि से बेदखल कर दिया जाता है। महादेव टोप्पो की निम्न कविता में इसी स्थिति का चित्रण हुआ है– "डैम, नहर, सड़क, कारखाने, खदान के नाम/हटाया जाता हूँ जबरन रायफल की नोक पर।"[7]

आदिवासी विस्थापन का प्रमुख कारण है विकास की अवधारणा का नया सिद्धान्त जो कहता है कि सामाजिक राजनैतिक और आर्थिक विकास के लिए निर्णायक भूमि बाज़ार को सौंप देनी चाहिए। न की सरकार। इसी निजीकरण एवं वैश्वीकरण की अवधारणा ने आदिवासी जीवन संस्कृति, सभ्यता एवं उनके वनों पर परम्परागत अधिकारों को शिकार बनाया जिसके पीछे प्रमुख मंशा प्राकृतिक संसाधनों में छिपी हुई व्यापक सम्भावनाओं को वास्तविक रूप दिया जा सके। दूसरी ओर वही "सरकारे बड़ी आसानी से विकास का मुखौटा ओढ़कर अँग्रेजी राज के भू–अर्जन अधिनियम 1894 के हथियार से हजारों आदिवासियों को उनकी ज़मीनों से बेदखल कर देती है।"[8] कहना न होगा कि शाशा समिति भी अपनी रिपोर्ट में कहती है कि स्वत्रंततापूर्व अधिनियमों के माध्यम से आदिवासियों का मनमाने ढंग से विस्थापन हो रहा है। हालाँकि भूमि हस्तांतरण एवं भूमि अधिग्रहण के संवैधानिक तरीके भी हैं किन्तु उनका पालन कदाचित ही होता है। आदिवासी कवि अपना सब कुछ छीन जाने पर आक्रोश भरी शैली में लिखता हैं कि–"वैसे सब कुछ से किया है तुमने बेदखल/घर, द्वार, खेत, खलियान, भाषा, संस्कृति, अध्यात्म/जंगल, पहाड़, नदी, झरने, पेड़–पत्ते, हवा–सब कुछ/शरीर का माँस भी नोच लेने के बाद और क्या लोगे?/हमारी अस्थियाँ?"[9] इस प्रकार वैध–अवैध रूप से आदिवासियों की बेदखली के फलस्वरूप वे जीवन की अनन्त समस्याओं से घिर जाते हैं।

आदिवासी समाज और शिक्षा

स्वतन्त्रता के समय सन् 1951 में आदिवासियों के साक्षरता का दर मात्र 3.46 प्रतिशत था। जिसका प्रमुख कारण था औपनिवेशिक सरकार द्वारा आदिवासी शिक्षा पर पर्याप्त ध्यान न देना। स्वतन्त्रता–प्राप्ति के पश्चात सरकारों द्वारा आदिवासी शिक्षा पर ध्यान दिया गया है किन्तु परिणाम सन्तोषजनक नहीं है। जहाँ कुछ प्रतिशत नई पीढ़ी शिक्षित भी हुई हैः उनके साथ भी भेदभाव किया जाता है। शाशा समिति इस तथ्य को स्पष्ट करती है कि भेदभाव के एक स्थल के रूप में शिक्षा जनजातीय बच्चों के लिए शिक्षण–पाठन हमेशा अनुकूल नहीं होता है। पारम्परिक सामाजिक पूर्वाग्रह से मूल नहीं है।"[10] शिक्षा में भेदभाव का चित्रण आदिवासी कविता में भी होता रहा है। भेदभाव के भुक्तभोगी कवि लिखते हैं कि–"प्रतियोगिता में प्रथम आने की/कभी कोशिश मत करना/आलिम पायदान पर ही रखेंगे हम तुम्हें/डॉक्टर, इंजीनियर और ऑफिसर बनोगे/तो बना देंगे दुनिया को हम /मेरिट तुम में है कहाँ/ आरक्षण ही तो है तुम्हारा सहारा।"[11]

मुख्य धारा की यह मानसिकता आदिवासी समाज को विकसित होने एवं गरिमापूर्ण जीवन जीने के अधिकार में बाधक होती है। शाशा समिति ने आदिवासी क्षेत्र में शिक्षा की अनेक समस्याओं को स्पष्ट किया है जिसमें निःशुल्क शिक्षा की कमी, जनजातियों पर पाठ्यपुस्तकों सामग्री की कमी, उच्च ड्रापआउट दर, गुणवत्तामुक्त शिक्षकों की कमी जनजातीय छात्रों के लिए भाषाई समस्याएँ, घुमन्तू जनजातियों की समस्याएँ तथा आश्रम स्कूल, एकलव्य माडल स्कूल, कस्तुरबा गाँधी बालिका विद्यालय आदि संचालित प्रमुख योजनाओं में प्रशासन् गुणवत्ता की कमी तथा भ्रष्टाचार आदि प्रमुख हैं। शिक्षा की व्यावहारिक स्थिति का चित्रण निर्मला पुतुल अपनी कविता में करती है। "स्कूल मास्टर भी बदली कराकर चला गया/तब से बन्द हो पड़ा है स्कूल।"[12] आदिवासी क्षेत्र में शिक्षक काम नहीं करना चाहता। उस क्षेत्र में काम करने को एक दण्ड के रूप में अनुभव करता है और अपनी तबादला कराने का प्रयास करता है। फिर उस स्कूल हेतु नया शिक्षक नहीं मिल पाता।

विधिक और संवैधानिक मुद्दे

भारतीय वन अधिनियम 1927 तथा इसके पूर्वकीय अधिनियम 1878 में वन संसाधनों पर नियन्त्रण राज्य में निहित था। फलतः वन समुदायों को अतिक्रमणकारियों और वन क्षेत्रों में उनकी गतिविधियों को वन अपराधों के रूप में देखा गया। परिणाम यह हुआ कि आदिवासी समाज अपने परम्परागत अधिकारों से वंचित हो गया। वह एक सशक्त विरोध करने लगा। कई क्षेत्रों में नक्सली आन्दोलन उभरा इस आन्दोलन से निपटने हेतु सन् 2005 में एक सशक्त सलवा जुडुम जैसे अभियान चलाया गया, जिसमें व्यापक रूप से आदिवासियों के मानवाधिकारों का उल्लंघन हुआ। इन सब गतिविधियों का परिणाम यह हुआ कि आदिवासी समाज ने अपने क्षेत्र से पलायन कर शहर की ओर प्रवसन् किया जहाँ विभिन्न प्रकार से शोषित होता रहता है। शाशा समिति ने स्पष्ट किया कि "2001 से 2011 के दौरान शहरी जनजातीय आबादी में उल्लेखनीय वृद्धि हुई है, जो कि उनके बाद प्रस्थान (पुरा माइग्रेशन) का संकेत है, जिनके परिणामस्वरूप बंधुआ मजदूरी के रूप में उनके शोषण की स्थिति बनी है।"[13] इस प्रकार आदिवासी विकास बाधित हो रहा है तथा उनके मानवाधिकारों का खुले आम हनन हो रहा है।

सवाल उठता है कि यदि आदिवासी समाज शोषण से इतना पीड़ित है तथा उनके मानवाधिकारों का इतने व्यापक स्तर पर हनन होता है तो फिर वे संवैधानिक रूप से अनु–32 के तहत न्यायालय का दरवाजा क्यों नहीं खटखटाते। किन्तु न्यायालय की स्थिति एवं न्याय प्रक्रिया की विलम्बता पर कवि वाहरू सोनवणे अपनी कविता में चित्रण करते हैं कि–"गवाही के लिए दरवाजा खुला है/खिडकियाँ बन्द कर आती/चोरी–छिपे खिलखिलाने की आवाज़/भगवान की सौगंध/झूठ नहीं बोलूंगा/कहते–कहते छूट गये/कई गुनाहगार इसी कोरट से/बेगुनाह साबित होकर"[14]

अतः कहना न होगा कि शाशा समिति द्वारा विभिन्न मुद्दों को स्पष्ट किया गया है जो वास्तविक एवं प्रासंगिक भी है। आदिवासी कविताओं में चित्रित अन्याय, अत्याचार, शोषण, षड्यन्त्र तथा मानवाधिकारों के हनन की यह समिति कारणों एवं परिणामों के साथ सिद्ध एवं प्रमाणित करती है। आज एक अत्यन्त प्रासंगिक एवं महत्त्वपूर्ण विचारणीय मुद्दा यह है कि आदिवासी समाज पर विश्लेषण एवं पारदर्शी निष्कर्ष के साथ उनके विकास हेतु क्या वास्तव में कोई प्रयास हुए हैं? यदि हुए हैं तो शाशा समिति एवं आदिवासी कविताओं में समान समस्या क्यों व्यक्त हुई हैं। आदिवासी विकास हेतु पिछले कई दशकों के प्रयासों का परिणाम सन्तोषजनक क्यों नहीं है। आदि विभिन्न सवाल आज भी अपनी प्रासंगिकता को लेकर खड़े हैं।

सन्दर्भ

1. शाशा समिति की रिपोर्ट –Onlineportal जनजातीय मामले के मन्त्रालय, जनजातीय भारत –के–नदीम हसनैन, जनजातीय भारत पृ.–439, 526
2. महादेव टोप्पो–जंगल पहाड़ के पाठ– कवि– पृष्ठ–25
3. हरिराम मीणा–आदिवासी दुनिया, पृष्ठ–98
4. संपा.–रमणिका गुप्ता–कलम को नीर होने दो
5. वाहरू सोनवणे–पहाड़ हिलने लगा है, पृष्ठ–27
6. निर्मला पुतुल–नगाड़े की तरह बजते शब्द, पृष्ठ 99–100
7. महादेव टोप्पो–जंगल पहाड़ के पाठ, पृष्ठ–17
8. हरिराम मीणा–आदिवासी दुनिया, पृष्ठ–137
9. महादेव टोप्पो–जंगल पहाड़ के पाठ, पृष्ठ–73
10. सं. रमणिका गुप्ता–कलम को नीर होने दो, पृष्ठ–27
11. निर्मला पुतुल–नगाड़े की तरह बजते शब्द, पृष्ठ–4
12. वाहरू सोनवणे–पहाड़ हिलने लगा है के, पृष्ठ– 42

आदिवासी विमर्श और संजीव के उपन्यास

प्रो. भावेश जाधव

संजीव आज हिन्दी उपन्यासकारों में एक बहुचर्चित नाम है। पिछले कुछ दशकों से सामाजिक कार्यकर्ताओं और प्रतिबद्ध लेखकों का ध्यान आदिवासियों पर पड़ा है जिसमें संजीव का उपन्यास 'जंगल जहाँ से शुरू होता है' उसी दृष्टि का परिणाम है। लेखक संजीव ने जितनी संजीदा दृष्टि से आदिवासियों और जनजातियों की दशा को देखा और महसूस किया है उतनी ही तन्मयता के साथ उपन्यास में स्वर भी दिया है। किस तरह इस देश का जनतन्त्र जंगल तन्त्र बनते जा रहा है यह आज की स्थिति से पता लग सकता है जिसका आज उदाहरण है 'जंगल जहाँ से शुरू होता है' उपन्यास। उपन्यास में बिहार के पश्चिमी चंपारण के थारू जनजाति के जीवन संघर्ष और उनके दुख दारिद्रय को रेखांकित किया है 'जंगल जहाँ से शुरू होता है' उपन्यास की चरित्र सृष्टि एक अलग ऊँचाई को छुती है। थारू जनजाति के लोग अत्यधिक कोमल ह्रदय एवं अमन पसन्द लोग हैं। उपन्यास में डाकू समस्या के उन्मूलन के लिए बिहार के पुलिस आधिकारियों की बैठक होती है। इस अभियान का नाम ही ब्लैक पाइथन रखा जाता है। प्रधानमन्त्री स्वयं इस अभियान को सीमान्त अँचल के नागरिकों में विश्वास बहाली ऑपरेशन रूप में लेते हैं। जबड़े फैलाए विशाल अजगर डाकू समस्या की गम्भीरता का प्रतीक हैं। यहाँ उत्तर में नेपाल और पश्चिम में उत्तर प्रदेश के बीच दुर्गेश जंगल पहाड़ तथा मिलों तक फैले गन्ने के खेत हैं, इसके निकट ही नारायणी नदी है जो सीमान्त क्षेत्र है। वस्तुतः डाकू का अभ्यारण है। यह थारू जनजातीय क्षेत्र है और डाकू से उनके आपसी सम्बन्ध हैं। आसपास के चार जन मिलाकर उन्हें एबीसीडी जैसे चार प्रकार में बाँटा गया है और इस सम्मिलित के प्रभारी डी कुमार बनाए गये हैं। इनको इस जंगलराज में फैले अत्याचार को खत्म करने की ज़िम्मेदारी सौंपी गयी है वे अत्यधिक उत्साही एवं ईमानदार अफसर हैं।

चौकीदार पार्वती स्थानीय व्यक्ति होने के कारण इस विषय में पर्याप्त जानकारी रखता है। यह जानकारी वह अपने हाकिम कुमार साहब को भी देता रहता है। इस चित्र को और उसके वासियों को जानने समझने के विचार से कुमार चौकीदार के साथ सम्पन्न नागरिक वेशभूषा में सहोदरा का मेला देखने निकलता है। थारू युवतियों फ्रूट अप्सराओं का नाच देखने के लिए वह रुकता है। डाकू परशुराम अपनी जलती आँखों के साथ नाच में मौजूद है। उसकी एक आँख में ननद मल्हारी समाई है और एक में भोजाई विश्राम बहू। डाकू को पहचान कर भी पारबती चुप्पी साध लेता है आख़िर उसके अपने बाल बच्चे और उसका अपना परिवार भी है। संजीव जी ने इस उपन्यास में दिखाया है कि थारू जनजाति अपनी वनस्पति देवी ओझा तांत्रिकों में आस्था हैं। अपनी समस्याओं को देवी–देवताओं के माध्यम से सुलझाना चाहते हैं। इसका स्पष्ट उदाहरण संजीव जी के 'जंगल जहाँ शुरू होता है' उपन्यास में दिखाया है। उक्त उपन्यास में विश्राम बहू की बड़ी लड़की दुलारी को साँप के काट लेने के बाद डॉक्टर द्वारा उसका उपचार न कराकर ओझा को समर्पित कर दिया जाता है। लड़की मरी पड़ी थी। उस पर मन्त्र पढ़ते हुए झूम रहे थे। क्योंकि सामान्यतः जंगलों में तांत्रिक हो या मांत्रिक आसानी से मिल जाते हैं पर अस्पताल खोजना उनके लिए अत्यधिक मुश्किल बात है। ऐसा इसलिए भी है क्योंकि शासन ने जनजातियों के लिए जंगलों में अस्पताल की व्यवस्था ही नहीं की। शासन का जनजाति के प्रति मानवीय आचरण होना चाहिए।

इसी प्रकार संजीव का दूसरा सन् 1990 में प्रकाशित 'धार' उपन्यास आदिवासी जीवन की गरिमा तथा उपलब्धियों को उजागर करता है। 'धार' उपन्यास में संथाल परगना में कोयले की खदानों में काम करने वाले मजदूरों का चित्रण हुआ है। उपन्यास के केन्द्र में संथाल परगना का बास गड़ा अँचल और आदिवासी है। आदिवासी मजदूर पेट की आग के कारण कोयले की खदानों में काम करने जाते हैं। कभी ज़हरीली वायु फैलने के कारण कभी धरती के दसवीं के कारण तो कभी पानी भरने के कारण उन्हीं खदानों में समा जाते हैं। इसके अलावा प्रस्तुत इस उपन्यास में पूँजीवादी व्यवस्था के बिचौलियों की कुटिलता है। अवैध खनन माफिया गिरोह का अन्तर श्रमजीवीयों का शोषण आदिवासियों का जीवन आदि का भी चित्रण हुआ है।

वर्तमान समय में आदिवासी समाज की स्थिति पहले से खराब होती जा रही है। संजीव के 'धार' उपन्यास में इसका सजीव चित्रण दिखायी देता है जिसमें संथाल आदिवासी ग़रीबी तथा बेगारी में जीवन बिताते हैं। उद्योगपति महेंद्र बाबू आदिवासी इलाके में तेज़ाब का कारखाना शुरू करते हैं जिसके पानी से कुएँ, तालाब सब दूषित हो जाते हैं। अतः आदिवासियों को

नई समस्याओं से जूझना पड़ता है। इस उपन्यास की मैना अपने समाज की हालत को बयां करती हुई कहती है– खेत खतर पर रूप रुक कुआँ, तालाब हम और हमारा बाल बच्चा तक आज तेज़ाब निकल रहा है। मैना के माध्यम से उपन्यासकार में वर्तमान कालीन आदिवासियों के जीवन का कड़वा सच प्रस्तुत किया है।

आज आदिवासी का हर वर्ग शोषण का शिकार है ऐसा भी नहीं है कि आदिवासी शोषण के प्रति मौन रहते हैं। उनमें भी अब चेतना आयी है। वे भी अब संगठन शक्ति का महत्त्व पहचानने लगे हैं। संजीव के 'धार' उपन्यास में यही स्थिति अंकित है जहाँ अविनाश शर्मा तथा मैना खदान में आदिवासियों के साथ काम करते हैं जिसमें कोयला निकलता है लेकिन शोषण का सिलसिला यहाँ भी दिखायी देता है। इसीलिए आदिवासी साथियों से अविनाश शर्मा अपनी संगठन शक्ति का एहसास दिलाते हैं तो साथियों यह धार हमारी शक्ति हैं। इसलिए हमें धार की ज़रूरत है। सतत शान से ताजा होती धार चाहिए हमें कोई भी कुर्बानी क्यों न देनी पड़े।

उपन्यास के मुख्य पात्र मैना मर्दवादी व्यवस्था को तोड़ती आदिवासी नारी है। उसमें स्त्री सुलभ सात्विकता एवं सुन्दरता, दया, ममता, प्रेम आदि गुण हैं तो दूसरी ओर पुरुषवादी व्यवस्था से आक्रोश और विद्रोह फूट–फूटकर भरा हुआ है। मैना की अपनी एक जीवन शैली है और अपनी नैतिकता है। वह अपने समाज और बिरादरी वालों की परवाह न करते हुए बिना शादी के मंगर के साथ रहती है। जब वह पैसे के लालच में खलासी के साथ व्यभिचार करती रमिया को पकड़कर उसके बाप के पास ले जाती है तब गाँव वाले उसे ही भला बुरा कहते हैं और मैना का विरोध करने लगते हैं। तब वह निड़रता से कहती है– मैना का जब मनचाहा मर्द की या मन से उतर गया, छोड़ दिया, मर्जी से किया मजबूरी से नहीं, असल बाप का बेटा हो तो पहले मैंना बन के दिखाना तब बात करना इस कथन से उसके स्वाभिमानी व्यक्तित्व का परिचय होता है। मैंना अपने समाज से अत्यधिक प्रेम करती है इसलिए वह अविनाश शर्मा के जन मोर्चे से मिलकर सब को रोजगार मिले ऐसी जन खदान का निर्माण करती है। उसके इस कार्य से उसके प्रगतिवादी चरित्र का परिचय मिलता है। संजीव ने मैना के माध्यम से समाज की स्त्री वर्ग को प्रतिकूल व्यवस्था को परिवर्तित करने की प्रबल प्रेरणा देने का अमूल्य कार्य किया है। मैना एक साधारण अनपढ़ आदिवासी नारी हैं जो अपनी सोचविचारों से पुरुषवादी समाज व्यवस्था से संघर्ष कर असामान्य बन जाती है। इस तरह संजीव ने 'जंगल जहाँ से शुरू होता है' और 'धार' उपन्यास के माध्यम से जनजातीय जीवन की सच्चाई को व्यक्त किया है।

खण्ड - 5 : किसान विमर्श

हिन्दी कहानी और किसान अनुभूति

सुभाषचन्द्र कुशवाहा

आज खेती–किसानी के सवाल और सवालों की शक्ल बदल गयी है। किसानी के जटिल प्रश्नों को आयातित विचारों और लंपट कॉर्पोरेटी ऑक्टोपसी भुजाओं ने फांसकर, खाद्यान्न, खाद, बीज और कीटनाशकों पर नियन्त्रण कर, अपने व्यवसाय का संवर्द्धन किया है। वह देशभर की कृषि मंडियों को उजाड़कर अपनी मंडी स्थापित करना चाहा है जहाँ बेलगाम क़ीमतों और मुनाफा की बलि–बेदी पर ग़रीब मारे जायेंगे। दुनिया का मठाधीश बननेवालों के पाँव, किसानों की पीठ और पेट पर पड़ रहे हैं। गाँव की जल, ज़मीन, जंगल का दोहन उनके एजेंडे में है। अपने माल को खपाने के लिए गाँवों को उपभोक्ता बनाने की चाल, उनके एजेंडे में है। उनका अगला पड़ाव कॉर्पोरेट खेती है। वर्तमान विवादित तीन कृषि कानूनों और किसान आंदोलन के केन्द्र में भी कॉर्पोरेट की कुदृष्टि है जो खेती–किसानी को हड़पने को आतुर है। किसानों के पास खोने के लिए ज़मीन के अलावा, कुछ बचा नहीं है। ताल्लुकदारों और ज़मींदारों द्वारा औपनिवेशिक काल के बेदखली की ही तरह, ज़मीन हड़पने का काम, कुछ भिन्न तरीके से शुरू हो चुका है। हम यहाँ यह देखने का प्रयास करेंगे कि खेती–किसानी की गहराती समस्याएँ, हिन्दी साहित्य में किस सीमा तक स्थान पा रही हैं।

हिन्दी साहित्य पर शुरू से कुलीनता वादियों का एकाधिकार रहा है, जो अपने हाथों खेती नहीं करते थे। सन् 1900 से लेकर सन् 1960 तक के 'सरस्वती' अंक में खेती–किसानी की त्रासदी पर एकाध कहानी ही मिलती है। 1901 में माधवराव सप्रे ने एक कहानी–'एक टोकरी भर मिट्टी' लिखी थी। इस कहानी में एक विधवा, जमींदारी को मिट्टी का महत्त्व समझाती है। ज़मीन से बेदखल होनेवाले असहाय किसानों के दर्द को इस कहानी में

देखा जा सकता है। सन् 1934 में 'ग़रीबों का स्वर्ग' (श्रीनाथ सिंह) कहानी में कुछ हद तक गाँव, ग़रीबी, किसानी का दर्द दिखायी देता है। बेचन शर्मा उग्र की कहानी–'अभागा किसान', किसान आत्महत्या की पहली कहानी है जो 1929 के आसपास लिखी गयी थी। तब से अब तक गाँवों में बहुत कुछ बदला है मगर उस कहानी में किसान त्रासदी की अभिव्यक्ति आज नब्बे साल बाद भी कमोबेश वैसी ही है। आज अगर कथा साहित्य में वह नहीं दिखायी दे रही तो उसका कारण, हिन्दी कहानीकारों की प्राथमिकताएँ और उनका अभिजन का करीबी होना है। बहुत कम कथाकार हैं जो गाँवों और खेती–किसानी की पृष्ठभूमि पर कहानियाँ लिख रहे हैं। हिन्दी कथा साहित्य में गंवई पृष्ठभूमि, धूल धूसरित वितान, छीजते नदी–नाले, हरितिमा से मुक्त होते बाग–बगीचे अब दिखायी नहीं देते। यह सही है कि कृषि संरचना में व्यापक बदलाव आया है मगर वह हिन्दी कहानी में दिखायी नहीं देता। हिन्दी कथा साहित्य में खेती–किसानी की बात प्रेमचन्द, रेणु से शुरू होती है और हाँफते–काँपते कुछ डग भरने के बाद मार्कण्डेय, शिवप्रसाद सिंह, विवेकी राय तक आते–आते कहने को अकाल पैदा होने लगता है। गाँव बदल चुके हैं। गाँव की संस्कृति और सामूहिकता में घुन लग चुका है। ऐसे में कुछ कहानी कारगाँव–गिराँव की कहानी लिख रहे हैं तो कुछ पुराने आदर्शों को याद कर गाँव और खेती–किसानी को 'नॉस्टाल्जिया' की तरह ले रहे हैं।

ऐसा क्यों है कि देश की सत्तर प्रतिशत आबादी का यथार्थ, तीस प्रतिशत की खुशामदी और चाकरी के लिए बाध्य है। आजादी के बाद से अब तक, तीस प्रतिशत इंडिया के हाथों में सारा संसार है। मगर सत्तर प्रतिशत भारत के हाथों में आत्महत्या, विस्थापन और घर–परिवार की बर्बादी है। ब्रिटिश काल में ज़्यादातर किसान किराए पर खेती करते थे। ज़मींदारी खत्म होने के बाद पट्टे पर खेती करनेवाले किसानों की जगह, भूमिहीन या भूस्वामित्व वाले किसानों का दर्जा मिला मगर किसान त्रासदी की कहानी खत्म नहीं हुई। बेचैन शर्मा 'उग्र' की कहानी 'अभागा किसान' के भिक्खन ने तब बड़ी लड़की की शादी के लिए महाजन से कुछ रुपये कर्ज लिया था। फसल खराब हुई और कर्ज की भरपाई नहीं हो पाई। भिक्खन को जमींदार के कारिंदे पकड़ ले गये। उसकी पत्नी ने बच्चों व सास की दशा देख धैर्य खो दिया। वह दोनों छोटे बच्चों को खाना देने के बहाने एक तालाब के पास ले गयी और बच्चों का गला ऐंठकर तालाब में फेंकने के बाद स्वयं तालाब में कूदकर जीवन लीला समाप्त कर ली। किसान आत्महत्या की यह त्रासदी, खत्म नहीं हुई है। आज भी कर्ज से दबे किसान, फसल खराब होने या बेटी

की शादी न कर पाने के तनाव में ऐसे ही कर रहे हैं। बिगड़ते पर्यावरण सन्तुलन के चलते, फसल चक्र का ताना–बाना बिगड़ने लगा है।

आज जमींदारी नहीं है मगर कॉर्पोरेट हैं। साहूकार या बैंक कर्ज से दबे किसानों की कुर्की और आत्महत्या, ठीक भिक्खन के परिवार की तरह जारी है या यों कहें कि बढ़ी है, बढ़ती जा रही है। पूरे ब्रिटिश काल में किसान आत्महत्या के बहुत कम मामले प्रकाश में आये थे। 'गोदान' में एक किसान होरी की बेहोश होकर मौत हुई थी मगर विगत दो दशकों में साढ़े तीन लाख किसानों ने आत्महत्या कर ली है। वह वक़्त अँग्रेजी दासता का था, आज विश्वगुरु का दंभ भरने वाला आजाद भारत है।

किसानों और उनके बाल–बच्चों का भविष्य अंधेरे में है। विगत दो दशकों में सरकारी नौकरियों की समाप्ति, उजड़ते कल–कारखाने, कम्प्यूटरी कश्त दुनिया से गँवई युवाओं की बेदखली और 'मेक इन इण्डिया' की लफ्फाजी के सिवा कुछ हाथ नहीं आया है। बेरोजगार युवाओं की दिग्भ्रमित ऊर्जा गलत कामों में इस्तेमाल की जा रही है। चाहे वह आतंकवाद का क्षेत्र हो या अंध राष्ट्रवाद का। ये बेरोजगार युवक गाय, गाय का मांस, धर्म विशेष का अपमान करने के बहाने, नफरत की दीवार खड़ी करने में इस्तेमाल किए जा रहे हैं। गाँव की महिलाएँ तो हमेशा से हाशिए पर थीं ही, अब कबीलाई संस्कृति के फैलाव से, बलात्कार के बाद मार दी जा रही हैं।

दो दशकों में संचार माध्यमों के फैलाव के बावजूद गाँवों की त्रासदियों को बहुत कम स्थान मिला है। प्रशासन की सोच में गाँव महज ख़ैरात बाँटने से सन्तुष्ट हो जानेवाला है। हमारी पूरी शिक्षा व्यवस्था किसान और किसानी विरोधी बन चुकी है। शिक्षित होने का मतलब, शहरी होना समझा जा रहा है। पढ़ा लिखा युवक खेती नहीं करना चाहता।

कृष्णकान्त की कहानी 'मुआवजा' का अनुज, शहर से गाँव खेती करने आता है तो गाँव हैरान हो जाता है। यह हैरान होने की संस्कृति हमारी शिक्षा व्यवस्था की कोख से पैदा हुई है। अनुज जवाहरलाल नेहरू विश्वविद्यालय से राजनीतिशास्त्र में एम.ए. करके लौटा तो गाँव की चौपालों में बतकूटन के एक नये मुद्दे के बतौर शामिल हो गया। उसे लेकर गाँव में एक जुमला चल पड़ा था–पढ़े फारसी बेचौंतेल, यह देखौ क़िस्मत कै खेल...। बुजुर्गवार कहते–अरे भाई, हम पढ़े लिखे नहीं थे तो भी तो हमने खेती की। उसने तीस बरस की उम्र पढ़ाई में लगाकर क्या उखाड़ लिया? अब वह भी खेती ही करेगा। मूर्खों का कहीं गाँव बसता है क्या? इतनी उम्र में तो हम पाँच बच्चों के बाप थे। जब खेती ही करनी थी तो दिल्ली–पिल्ली जाकर लाखों रुपया क्यों फूँक आया?'

ऐसे समय में साहित्य की उपादेयता क्या होनी चाहिए? प्रेमचन्द के बाद, साहित्य की दुनिया में गाँव किस रूप में मौजूद है, कितनी ईमानदारी से मौजूद है, इस पर विचार किया जाना चाहिए। मधुकर सिंह, पुन्नी सिंह, विवेकी राय, गुरदयाल सिंह, विजयदान देथा और रामस्वरूप अणची, जिन्होंने गाँवों की कथा–व्यथा से हिन्दी पाठकों को जोड़ा था, और जिनमें से अधिकांश हमारे बीच से विदा ले चुके हैं, उनकी जगह लेने को कौन मौजूद है? शिवमूर्ति ने लम्बे समय से कोई धारदार कहानी नहीं दी है। इस बीच संजीव का एक उपन्यास 'फाँस' ज़रूर आया है इस मुद्दे पर, मगर शेष सन्नाटा है। अग्रज पीढ़ी में महेश कटारे ने भी गाँवों को केन्द्र में रख, कथा साहित्य में अपना योगदान दिया है। नई पीढ़ी के साहित्यकारों की सोच और समझ में किसान मुद्दे के होने या न होने का प्रश्न ज़्यादा ज्वलंत है। सत्यनारायण पटेल, कृष्णकान्त, चरण सिंह पथिक, सत्यनारायण, सुरेश कांटक, कैलाश वनवासी, सन्दीप मील और श्री धरम जैसे कुछ नाम दिखायी दे रहे हैं।

ज़्यादातर हिन्दी साहित्य शहर केंद्रित हो गया है। ऐसा इसलिए भी हुआ है कि पढ़ा–लिखा समाज और कहानीकारों का गाँव से रिश्ता टूटता जा रहा है। अगर कुछ रिश्ता है भी तो वह मात्र पुराने अनुभवों और समाचारपत्रों से आ रहा है। इससे वर्तमान के तमाम टटका यथार्थ छूट रहे हैं। कुछ कहानीकार अगर टटका यथार्थ को पकड़ने की कोशिश कर रहे हैं तो उन्हें उपेक्षित करने और हतोत्साहित करने का काम किया जा रहा है। इस कारण उनकी चाल इतनी सुस्त है कि तेज़ी से बदलते गाँवों के यथार्थ में से बहुत कुछ पकड़ में नहीं आ रहा है। कहा जा सकता है कि जितनी तेज़ी से उसे आत्मसात करने की ज़रूरत है, उतनी तेज़ी से कहानीकार आत्मसात नहीं कर पा रहे हैं। उनके लिए अभी भी सामन्ती उत्पीड़न और जातिवाद ही मुख्य मुद्दा है। जबकि सच यह है कि तथाकथित विकास की नई दुनिया ने शोषण के नये–नये तरीके इजाद किए हैं। शहरों से कहीं ज़्यादा वहाँ वेदना का क्षरण हुआ है। साइबर दुनिया से कहीं अधिक गाँव का आदमी अपनी कोठरी में सिमटने लगा है। चौपाल, किस्से–कहानियाँ, नाच–गाने, खेल–कूद समाप्त हो गये हैं। डाह, कूटनीति, पहले से ज़्यादा मुखर हुई है।

खेती को अलाभप्रद बना देने से गाँवों से पलायन तेज़ हुआ है। गाँव के घरों में ताले भी लटकने लगे हैं। गाँवों से किसानों के पलायन से पहले ही लेखकों का पलायन शुरु हो गया था। यह पलायन, शिक्षित वर्गद्वारा जीविका की तलाश में हुआ है। जीवन–यापन के लिए इसके अलावा उनके पास और कोई विकल्प नहीं है। अब हल–जुआठ पकड़े, ट्रैक्टर या कम्बाइन

के पीछे भागनेवाले कलम नहीं पकड़ते। तब देखना यह है कि आनेवाले दिनों में कथा साहित्य का गाँवों से जो रिश्ता बनेगा, वह सरकारी तस्वीरों से किस रूप में भिन्न होगा।

ऐसे समय और समाज में, हिन्दी कहानी में किसानों के दर्द की उपेक्षा, वाजिब नहीं कहा जा सकता। हम किसान आत्महत्याओं के सामाजिक सन्दर्भों की रचनात्मक व्याख्या, कहानियों में तलाशना चाहते हैं। हम चाहते हैं कि कमज़ोर समाज के साथ हिन्दी साहित्य खड़ा हो और अपनी सामन्ती मनोवृत्तियों को त्यागे। अगर साहित्य सामाजिक विडम्बनाओं को स्वर देने का काम करता है तो उससे पूछा ही जायेगा कि क्या वह गाँवों की विडम्बनाओं से टकरा रहा है या बाहर बैठ तमाशा देख रहा है? क्या हमारी कहानी हाईब्रीड कपास की खेती की त्रासदियों तक गयी है? या क्या उसने हाईब्रीड बीजों से बुने हसीन ख्वाब पर मौसम की मार को अभिव्यक्ति दी है? क्या भूमि अधिग्रहण के नाम पर औने–पौने में किसानों की ज़मीनों को हड़प कर रीयल स्टेटकारों बारियों को देकर करोड़ों कमाने के धंधे को संज्ञान में लिया जा रहा है? और अगर नहीं, तो कहा जा सकता है कि हिन्दी कहानी अभी भी अभिजात्य वर्गीय मानसिकता से उबर नहीं पाई है। या इस नई चहकती दुनिया में उसने भी अपना नाता हाशिए के समाज के बजाय मध्यवर्ग से जोड़ने में ज़्यादा दिलचस्पी दिखायी है।

किसानों की त्रासदी से बड़ी कोई सामाजिक त्रासदी आज दिखायी नहीं दे रही। सरकार किसानों की भलाई के नाम पर कॉर्पोरेट समर्पित नीतियाँ बना रही है। उसके उत्पाद का न तो न्यूनतम समर्थन मूल्य की गारंटी है, न उसको अपने उत्पाद का एम.आर.पी तय करने का अधिकार है।

किसान मुद्दों से टकराये बिना, कल के भारत का भविष्य चमकने वाला नहीं है। वर्तमान के द्वन्द्व से मुठभेड़ ही भविष्य के यथार्थ का पूर्वानुमान है। कथा साहित्य ऐसे ही मुठभेड़ की वैचारिकी है। तब सवाल यह है कि हिन्दी कहानी में सामाजिक यथार्थ से मुठभेड़ की वैचारिकी क्या है? क्या वह वैचारिकी अभी भी कुलीनतावादी मनोदशाओं से उबर पायी है?

निश्चय ही उपरोक्त सारे सवालों का जवाब कहानीकारों की वैचारिकी में मिलेगा। किसी भी वैचारिकी का निर्माण, लेखकीय पृष्ठभूमि, जिसमें सामाजिक, आर्थिक और जातीय या नस्लीय मनोवृत्तियाँ शामिल होती हैं, से होकर निर्मित होता है और जनान्दोलनों, जनउभारों या जनभागीदारी द्वारा परिष्कृत होता है। आज हिन्दी कहानी की बिडम्बना यह है कि वह जनान्दोलनों से दूर है। हिन्दी कहानीकार किसानों, मजदूरों या यों कहें कि सामान्यजन का सामान्यीकरण कर रहा है और कार्पोरेट, कुलीनता, अलंकारों

की क्लिष्टता पर कस कर वरेण्य बना रहा है। इसके लिए हिन्दी कहानीकारों की मध्यवर्गीय दृष्टि, गाँव से दूरी, खेती–किसानी का किताबी ज्ञान, उनके कथा साहित्य के छद्म के लिए ज़िम्मेदार है। यही कारण है कि हिन्दी कहानी में बेवफाई विशेषांक निकाले जाते हैं। स्त्री देह और समलैंगिकता, भूख से बड़े सवाल बन, केन्द्र में दिखायी देते हैं।

बिना वैचारिकी के हिन्दी कहानी का वर्तमान, समाज के एकांगी रूपान्तरण की ही तरह, खुद को एकांगी बनाते चल रहा है। वैचारिक विचलन ही वह कारण बनता गया, जिससे कहानीकारों ने किसान मुद्दों को ग़ैरज़रूरी मान लिया। इसके लिए उनका वर्गाधार भी ज़िम्मेदार कहा जा सकता है। निश्चय ही कहानी और कहानीकार का भी एक वर्गाधार होता है। वर्गाधार की एक निश्चित विचारधारा होती है। विचारधारा बिना कोई कहानी लिखी ही नहीं जा सकती। आजकल विचारधारा को मज़ाक का विषय बना लिया गया है। किसान परिवार से जुड़ा कहानीकार ही किसान विचारधारा का प्रतिनिधित्व करेगा। खास विचारधारा से मुक्ति की बात करनेवालों से पूछिये कि आज जो लोग सत्ता–सिंहासन पर आरूढ़ हैं, क्या किसी खास विचारधारा से नहीं जुड़े हैं? विचारशून्य कोई चीज़ तो जड़ ही हो सकती है। इसलिए प्रतिबद्धता या पक्षधरता तब तक हेय नहीं होती, जब तक कि वह आरोपित न हो। वह नारा न बन रही हो। जब तक कि वह स्वयं का पक्ष पोषण न कर रही हो। सामाजिक होने के नाते सामाजिकता या खेती–किसानी से जुड़े होने के कारण किसानों के प्रति प्रतिबद्धता या पक्षधरता तो होगी ही। अगर बाज़ारवाद की आँधी में गाँव तबाह हुए हैं, किसान आत्महत्या को मजबूर हुए हैं तो संवेदनशील रचनाकार उस पर जश्न तो मनायेगा नहीं? गाँव या किसानों का पक्ष तो लेगा ही? क्या यह पक्षधरता नहीं है कि देश का पेट पालने वालों करोड़ों किसानों में से किसी महान किसान का शहरों या गाँवों में, कहीं कोई मूर्ति नहीं लगी है। सड़क, तालाब या मैदान के नाम नहीं रखे गये हैं। कहीं कोई स्मारक नहीं बने हैं।

मई 2012 में 'कथादेश' का एक अंक मैंने सम्पादित किया था–'किसान जीवन का यथार्थः एक फोकस।' उस अंक में किसान मुद्दों को उठाने वाली कुछ कहानियों को प्रकाशित किया गया था। मदनमोहन की कहानी–'ज़हरीली रोशनियों के बीच', जिसमें बदलता गाँव और गाँव में चलाई जानेवाली योजनाओं की लूट, नेताओं का झूठ और किसान आत्महत्या की तस्वीर हमारे सामने उभरती है। पराग मांदले की कहानी–'ज़मीन से रिश्ता' गाँव से किसानों के पलायन के दर्द को व्यक्त करती है। इस अंक के सम्पादकीय में मैंने एक सवाल उठाया था कि भारत की तरह भू–भाग और कृषि संरचना

वाले दक्षिण अफ्रीकी देशों के लेखकों ने न केवल किसान आन्दोलनों में अपनी भागीदारी निभाई है अपितु साहित्य के केन्द्र में उन्होंने किसान समस्याओं को ही रखा है। हिन्दी साहित्य में ऐसा क्या है जो किसान समस्या को केन्द्र में नहीं आने देता? क्या यह इस साहित्य के विकास और संवर्द्धन से जुड़े लोगों की मानसिकता को नहीं व्यक्त करता? इसी अंक में एक साक्षात्कार में सुप्रसिद्ध साहित्यकार गुरदयाल सिंह ने कहा था–'साहित्य में किसानी जीवन की समस्याओं को उचित स्थान नहीं मिल पाया। अधिकांश लेखक, विकसित हो रहे नगरीकरण तथा मंडीकरण के कारण मध्यवर्ग के जीवन की ओर अधिक ध्यान इस कारण भी देते आये हैं कि भारत में आधुनिक साहित्य अँग्रेजी साहित्य से प्रभावित रहा है। 'पढ़े–लिखे' वर्ग के लेखकों को शहरी मध्यवर्ग की (मसनूई) जटिलता अधिक आकर्षित करती आयी है। किसानी जीवन पर पड़ने वाले दबावों की ओर उनका ध्यान अधिक नहीं रहा। जबकि गाँवों के जीवन की समस्याओं का सम्बन्ध मानव समाज की जड़ों से है। मानव के शरीर तथा आत्मा की जटिलता किसानी जीवन में अधिक महत्त्वपूर्ण है।'

मेरे द्वारा सम्पादित, 'कथा में गाँव', की भूमिका में सन् 2006 में प्रमुख आलोचक, प्रो. मैनेजर पाण्डेय ने लिखा था–'गाँवों और किसानों के जीवन पर केन्द्रित इस कहानी संग्रह में किसान–आन्दोलन की अनुपस्थिति आश्चर्यजनक है।' महेश कटारे की कहानी–'फागुन की मौत : बतर्ज क़िस्सा' की चर्चा करना चाहूँगा। हमारी खेती–किसानी आज भी मौसम की मेहरबानी पर निर्भर है। मौसम कभी रूठ जाता है तो कभी किसानों का साथ दे जाता है। अनिश्चितता के इस क्षेत्र में जोखिम ही जोखिम है और लाभ बहुत कम। किसान अपनी ज़मीन से लगाव के कारण ही उससे चिपका हुआ है। महेश कटारे, किसानों पर मौसम की मार के बावजूद जिजीविषा की उम्मीद को कहानी में व्यक्त करते हुए कहते हैं कि, 'इस साल रूठा है तो अगले बरस दया दिखायेगा।'' उम्मीद ज़िन्दा रख कर किसान जूझता रहता है। मगर उसके हाथ ना उम्मीदी फिर आती है। अगले साल भी ओला वृष्टि की मार पड़ती है। किसानों की कमर टूट जाती है। सरकार के पास ऐसी प्राकृतिक आपदाओं के जख्म पर, लगाने को कुछ मरहम हैं, कुछ झाड़–फूँक है। राहत के नाम पर लिए गये कर्ज की अवधि को बढ़ाना, वसूली को कुछ समय के लिए स्थगित कर देना, आत्महत्या करनेवाले किसानों को कुछ आर्थिक मदद देकर अपने को जन हितैषी बताने का प्रमाण है। सरकार की सोच इतनी है कि 'किसानों को लगते रहना चाहिए कि सरकार उनकी चिन्ता कर रही है।''

'मनरेगा' या 'मिड–डे–मील' की पूरी कार्य योजना ने देश की व्यापक ग़रीब आबादी को प्रभावित किया है। मेरी जानकारी में मनरेगा पर केवल दो कहानी दिखायी दे रही हैं। सन् 2012 में सुमनकुमार सिंह की एक कहानी आयी थी– 'मन–रे–गा'। 'मन–रे–गा' कहानी की भाषा, बुनावट, शिल्प में गंवई प्राण है, गंध है या यों कहें कि पूरी गंवई टटका छल–कपट, लूट–झूठ का एक आईना मौजूद है। मुखिया को नरेगा में काम देकर अपना हिस्सा वसूलना है। उपकार के बदले बेगार भी कराना है। सामन्तों द्वारा बेगारी कराना, हिन्दी पट्टी की पुरानी बीमारी रही है। दरवाजे पर एक दिन अचानक, सुबह–सुबह मुखिया का आना देख सुनैना कहती है–'मुखिये–सरपंच ठीक रहता तो इतने दिन से ब्लाक का चक्कर काटना पड़ता? अरे पइसवा तो आता ही है, बाकिर इस सब से बचे तब न।' इस कहानी में बिहार के मुखिया का सामन्ती वर्ग चरित्र का छल है, बल है, चन्दर का दरिदर (दरिद्रता) है। मनरेगा, गाँवों के बजाय प्रधानों का विकास कर रहा है, यह यथार्थ है। मुखिया समझाते हैं–'देखो चन्दर! योजना तो सरकार की है लेकिन चलाना तो हम ही को न है... जानते हो! गाँव में भी कम नेतागिरी नहीं है? कोई कुछ कहता है, कोई कुछ। तुम उस पर ध्यान नहीं दोगे। तुमको काम मिल जायेगा। और जब पैसा मिलेगा तो बैंक से निकाल कर तुम, आधा पैसा छोटन के हाथ में दे दोगे।' नरेगा की यही असलियत है। ऐसे ही खर्च हो रहा है नरेगा का पैसा। गाँव का आदमी सोचता है कि भागते भूत की लंगोटी भली? काम तो कुछ खास करना नहीं? केवल पैसे की बन्दर बाँट करनी है। कुछ हाकिम–हुक्काम और मुखिया खा रहे हैं, कुछ मजदूरों को मिल जा रहा है। मुखिया, नरेगा में काम देने का लालच देकर चन्दर जैसों से बेगार भी करा लेते हैं। हाजिरी गड़बड़ा कर भी कुछ धन ऐंठ लेते हैं और इस प्रकार 'मन–रे–गा' कहानी, गाँवों के टटका यथार्थ को सामने लानेवाली एक सफल कहानी है। कहानी का अन्त थोड़ी यान्त्रिकता लिए हुए है क्योंकि मुखिया की पूरी कुटिलता से आसानी से बच निकलनेवाला चन्दर और उसका बेटा, अन्त में जिस तरह प्रसन्नता जुटा लेते हैं, वह उतना आसान नहीं है। इसी विषय पर दूसरी कहानी–'नरेगा की नमकीन' मेरी थी, जिसे पाठकों ने पढ़ा ही होगा। मनरेगा पर कोई तीसरी कहानी मुझे नहीं दिखायी देती। इतने बड़े हिन्दी समाज के बीच से, विभिन्न प्रान्तों के भिन्न स्वरूप पर कहानियाँ आनी चाहिए।

खेती–किसानी के वर्तमान और ज़मीनों पर कॉर्पोरेट गिद्ध दृष्टि पर एकाध और कहानीकारों की नजर है। एकाध ही हैं जो देख रहे हैं कि गाँव

कितनी तेज़ी से बदल रहे हैं। नई पीढ़ी ने खेती से तौबा करना शुरूकर दिया तो खेत बेचने, खाने–पीने या जुआ खेलने की संस्कृति का विकास हुआ। पंजाब और हरियाणा इसके ज्वलंत उदाहरण हैं जहाँ हरित क्रान्ति का सबसे ज़्यादा ढिंढोरा पीटा गया था। आज पंजाब में ज़मीन बेचकर जीविका चलाने का प्रचलन चालू है। मध्य प्रदेश में इन्दौर के आसपास जिस तरह किसानों की ज़मीन खरीदकर बंगले बनाने का कारोबार तेज़ हुआ है, उस पर कहानीकार सत्यनारायण पटेल की नजर है। 'लाल छींटवाली लूगड़ी' सत्यनारायण पटेल की एक महत्त्वपूर्ण कहानी है, जिसमें खेती–किसानी से युवाओं का पलायन और रीयल स्टेट कारोबारियों द्वारा खेती योग्य ज़मीनों को खरीदने के खेल की सशक्त अभिव्यक्ति हुई है।'पढ़ी–लिखी पीढ़ी में कोई बिरला छोरा ही होता जो खेती–बाड़ी के काम में रुचि दिखाता, ' यह बात कहानीकार बताता है। इस कहानी का एक पात्र है डूंगा। डूंगा एक बज़बूत इरादों वाला किसान है। उसे भगवान पर कोई भरोसा नहीं फिर भीढ पली, करताल, खंजड़ी और झांझ बजाने मन्दिर जाता है। वह धैर्यवान है। वह अपने भीतर पसीने की अनगिनत धाराओं को समा लेता है। खेतों को बेचने का दबाव बनाने वाले दलालों (टुल्लरों) से वह अनभिज्ञ नहीं है। उसे खेत बेचकर लाखों रुपये बनाने का लोभ नहीं। जबकि दलाल अनगिनत सपने दिखाते हैं। उसकी भी आँखों में सुनहरे तारे झिलमिलाते। वह भी सपने देखता। मगर उसे अपनी मेहनत से सपने पूरे करने हैं, न कि ज़मीन बेचकर। कहानीकार कहता है,'डूंगा की आँखों में झिलमिलाते तारे केवल आसमान के तारे नहीं थे, एक सपना था। सपना भी क्या? एक लुगड़ी का सपना! छींटदार।सितारेटंकी लुगड़ी का सपना।'

कहानीकार कहता है कि–'डूंगा ऐसे समय और महान देश के गाँव का किसान था, जिसमें डूंगा तो क्या? उसके जैसे गाँव के किसी भी रामा बा या सामान्य किसान का पेट भरने के अलावा कोई सपना देखना और मेहनत की फसल बेचकर जीते–जी सपना पूरा करने का सोचना गुनाह से कम न था। ऐसा करने का मतलब सरकार और उसकी नीतियों की खुल्लम खुल्ला तौहीन करना था। हालाँकि सरकार की नीतियाँ इतनी ढीली–ढाली थी कि डूंगा जैसे धोती छाप लोग अपने सपनों को पूरा कर लेते। सरकार ने बहुत ही विकसित और ताकतवर देशों की सरकारों की मंसानुसार जो नीतियाँ बनायी थीं, उन्हें समझना डूंगा जैसे धोती छाप गाँवदियों के बस का तो था ही नहीं। लेकिन सरकार के भीतर–बाहर बुद्धि की खानेवालों का दावा करनेवालों के लिए भी, बग़ैर चन्द्रयान के चाँद पर जाने का सपना

देखने जैसा था।... ऐसी बखत में डूंगा का एक मनपसन्द लुगड़ी का सपना। पारबती का बूढ़ी हड्डियों को आराम और जवान छोरी को पर नाने का सपना। पवित्रा (बेटी) की आँखों में अच्छे घर और दूल्हे का सपना। सपना कोई बुरी बात नहीं। लेकिन जीते–जी पूरा करने की जिद। मेहनत की फसल से पूराकरने की अड़। ये सरकार की नजर में क्या था नहीं पता।

सत्यनारायण पटेल की कहानी का नायक डूंगा का आत्मबल बज़बूत है। घर–परिवार का दबाव, दलालों की धमकियाँ और भीतर घात सबसे वह बच निकलता है। वैश्वीकरण का वर्तमान आर्थिक बुलबुला अचानक फूट पड़ता है। शेयर मार्केट धराशायी हो जाता। उसकी ज़मीन खरीदने की योजना बनानेवाली मुंबई की कंपनी दिवालिया हो जाती है और डूंगा की ज़मीन का सौदा नहीं हो पाता। सत्यनारायण पटेल ने समाज, परिवार और दलालों के दबाव को झेलते डूंगा के स्वामिभान की रक्षा, सर्वग्रासी आर्थिक तन्त्र के खोखलेपन को प्रकट करते हुए की है, यह इस कहानी का सकारात्मक पक्ष है और हमें उम्मीद बंधाता है कि कथा साहित्य का ज़मीनी रिश्ता बचा ले जाने में ऐसे ही कहानीकार सफल होंगे।

आरा के सुरेश कांटक लम्बे समय से गाँव–गिराँव की कहानियाँ लिखते रहे हैं। वह खेती–किसानी के बहुचर्चित मुद्दों को ज़रूर उठाते हैं। वह प्रतिरोध को भी अपनी रचनाओं का हिस्सा बनाते हैं। यद्यपि कि कभी–कभी प्रस्तुतीकरण के सपाट रह जाने के कारण उनकी कहानी की प्रभावात्मकता प्रभावित होती है। किसान की पैदावार का एक समर्थन मूल्य घोषित करती है सरकार और भारतीय खाद्य निगम जैसे संस्थान किसानों का अनाज खरीदने का दायित्व निभाते हैं। समर्थन मूल्य का लाभ ग़रीब या छोटे किसान नहीं उठा पाते क्योंकि दबंग किसान, ग़रीबों का अनाज सस्ते में खरीदकर, क्रय केन्द्रों पर अपने प्रभाव और लेन–देन का इस्तेमाल कर महँगे दाम पर बेच देते हैं। इस प्रकार वे बैठे–बैठे लाभ कमा लेते हैं जबकि असल काश्तकार का अनाज खरीदा ही नहीं जाता। सुरेश कांटक ने इस समस्या को अपनी कहानी 'किसान क्या करे?' में उठाया है। कहानी का नायक कहता है–'मेरा नाम मुरारी है। मैं थोड़ा पढ़ा–लिखा, मगर ग़रीब किसान हूँ।... सरकार ने धान खरीद केन्द्र खोला है। वहाँ का मैनेजर बहुत बदमाश है। एक नंबर का घूसखोर है। मुझे तीन हफ्ते से दौड़ा रहा है।...जिससे पैसा मिल जाता है, उसी का धान तौलवाता है।'' कहानीकार बताता है कि काश्तकार का काम दो ही तरीके से हो सकता है। ऊपर के अधिकारियों से शिकायत करने से भी कोई लाभ नहीं। या तो घूस दो या हथियार उठा लो।

आज किसानों की एम.एस.पी. गारंटी माँग की ज़रूरत को इस कहानी में देखा जा सकता है। सुरेश कांटक की एक और कहानी 'गगन छल' पीढ़ियों की सोच और खेती–किसानी से पलायन को रेखांकित करती है। 'तुम्हारा मन नहीं करता है तो, मत कर खेती। जा, खोज ले नौकरी।' बाप कहता है। कर्ज और बेरोजगारी में दबे आज के किसानों की व्यथा को यह कहानी व्यक्त करती है।

चन्द्रकिशोर जायसवाल की कहानी 'जय किसान' में खेती–किसानी के प्रश्न पर बाप–बेटे के द्वन्द्व को उभारा गया है। यह नये और पुराने की सोच का द्वन्द्व है। बाप कहता है–'मुझे अच्छा लगा बेटा कि तुम बढ़ती की बात सोच रहे हो। मैं भी तो दिन–रात यही सोच रहा हूँ। मगर मैं इस तरह उछलना नहीं चाहता कि गिरूँ और हाथ–पैर तोड़ डालूँ। उँगली पर हिसाब जोड़ने से पैसा नहीं आ जाता। आपदा–विपदा को भी ध्यान में रखकर काम करना होता है।' 'टुअर होते वक़्त में' मेरी एक कहानी है जिसमें किसान की ज़मीन हड़पने और उसे आत्महत्या को विवश करने की त्रासदी को उठाया गया है। फिलहाल इसको विश्लेषित करने की ज़िम्मेदारी पाठकों पर छोड़ते हुए अन्य कहानीकारों पर बात केन्द्रित रखना चाहता हूँ।

कृष्णकान्त की कहानी 'मुआवजा' का ज़िक्र ऊपर किया जा चुका है। यह कहानी पुलिस और प्रशासन के सहयोग से पूँजीपतियों को लाभ पहुँचाने के उद्‌देश्य से बनाये जा रहे 'सेज' के खेल को सामने रखती है। सरकार के पास मुआवजे का फाँस ही सबसे आसान तरीका है, किसानों को फांसने के लिए। विकास का वर्तमान किसानों के पीठ से गुज़रता है और उससे दबकर किसान का पेट ज़मीन में चिपक जाता है। कुछ दम तोड़ देते हैं मगर विकास का खेल जारी रहता है। भाषा और शिल्प में बहुत कुछ आरोपित होते हुए भी किसान आन्दोलनों और उनके प्रति पूरे शासन तन्त्र की अमानवीयता का एक खाका इस छोटी–सी कहानी में मिलता है। आज किसान विस्थापन के जो नये–नये बहाने ढूंढ लिए गये हैं, उनकी एक पड़ताल इस कहानी में की गयी है। ज़मीन लेकर दिए जाने वाले मुआवजे पर कहानीकार सवाल उठाता है–'पर कितने दिन चलेगा यह मुआवजा? छह महीने... सालभर...दो साल पर उसके बाद? खेत तो हमारे पुरखों के हैं। उन्होंने भी इसी ज़मीन में रोटियाँ उगाईं। हम भी उगा रहे। ये बची रहेंगी तो हमारे बच्चे भी अपना पेट भर सकेंगे। यह हमारे बच्चों को अनाथ करने की साजिश है... हमारी ही ज़मीन हमसे छीनकर अनाज उगाएंगे और कलको हमी सोने के भाव गेहूँ के दाने खरीदेंगे। यह किससे पूछकर हो रहा है? क्यों हो रहा है? कैसा विकास होगा?

बिना हमारी राय लिए, बिना हमारी मरजी के यह कैसा विकास होगा? किसके लिए होगा?'

जैसा कि मैंने शुरू में कहा है कि खेती–किसानी का प्रश्न कॉर्पोरेट हितैषी बन चुका है। कॉर्पोरेट खेती इसका अगला पड़ाव है। 'मुआवजा'कहानी में कहानीकार स्पष्ट करता है कि'सरकार ने फैसला किया है कि इस इलाके से कुछ ज़मीन लेकर एक ऐसा क्षेत्र विकसित किया जायेगा जहाँ पर वैज्ञानिक ढ़ंग से खेती होगी। यह काम उद्योगपतियों को सौंपा जायेगा।' कहानी की यह उक्ति वर्तमान सरकार की किसान नीतियों का मुख्य बिन्दु कहा जा सकता है, जहाँ विकास की मार, किसानों के खेतों और अन्ततः उनके पेटों पर पड़ रही है, पड़नी है। कहानी के शब्दों में–'आदमी से उसकी रोटी छीन ली जाती है और उसकी मौत की वजह टी.बी., कैंसर या प्राकृतिक आपदा बताई जाती है।' यह वर्तमान किसान आत्महत्याओं का यथार्थ है।

ज़मीनों पर लगी कॉर्पोरेट गिद्ध दृष्टि के अलावा भी भारतीय सामन्ती समाज में विस्थापन के दूसरे घिनौने तरीके गाँव–देहातों में अपनाए जाते रहे हैं। ग़रीबों और मुख्यतः निम्न जातियों का शोषण और आखेट करना, उनकी थोड़ी बहुत ज़मीनों को हड़प लेना या अपने हितों के लिए दाना डालने जैसा खेल, चलता रहा है। कहानीकार चरण सिंह पथिक इस खेल पर से पर्दा उठाते, अपनी कहानी, 'बाँध टूट गया' में कहते हैं–'बड़े जोता जाल बिछाते, चुग्गा डालते और अपना शिकार फँसाकर मूँछों परताव देते।'' बाँध टूट गया' कहानी ने मिट्टी के बाँध और सब्र के बाँध को तोड़ते हुए हिन्दी कहानी के सामन्ती उत्पीड़न को बेपर्दा करने का प्रयास किया है। बाँध बाँधा गया है कि पानी जमाकर, उसमें से छोटी–छोटी नहरें निकाली जायें, जिससे किसानों के खेतों को पानी मिल सके। सिंचाई हो तो खेती लहलहाये। कुछ हद तक ऐसा हुआ भी। विकास के नाम पर बने बाँधों से सिंचाई होते ही अन्न उपजा। अन्न उपजने लगा तो खेतों के दाम बढ़े। ज़मीनों के दाम बढ़ते ही सामन्ती शार्क मछलियों ने छोटी मछलियों को भूमिहीन करना शुरू किया। यह काम पैसों से धमकाकर और खेतों की घेराबन्दी कर किया गया। एकाध ने प्रतिरोध किया। कहानी के नायक भरोसी ने बोलने का साहस किया कि–'पटेल, ज़मीन चाहे बंजर रह जाये, मगर बेंचूगा नहीं। ज़मीन तो माँ है। माँ को कौन पाजी बेचेगा?' गाँव का सामन्त धनजी पटेल चारा फेंकता है–'तो ज़मीन के बदले ज़मीन लेले।' भरोसी, पटेल की चाल को समझता है। वह जानता है कि गाँव के गोपाल डोम की ज़मीन को किस तरह से धनजी पटेल ने हड़प लिया था और गोपाल की बीवी को धनजी के नसेड़ीभाई ने रखैल बनाकर

रखा था। हालात यहाँ तक जा पहुँचे कि गोपाल डोम को गाँव छोड़ देना पड़ा था।

चरण सिंह पथिक की यह कहानी इस व्यथा को सामने लाती है कि बाँध का पानी ज़्यादातर ऊँची जातियों के खेतों में जाता है। निम्नजातियों के खेतों को पानी नहीं मिलता। जाहिर है जो पानी हड़पेगा, खेती उसी की होगी। जिसके खेतों को पानी मयस्सर नहीं, वह अपनी ज़मीन रख करही क्या करेगा। तभी तो इस कूटनीति का प्रयोग ग़रीबों और दलितों की ज़मीनों को औने–पौने दामों में खरीदने के लिए किया जाता है। कहानीकार ने अपनी कहानी में बड़े जोतदारों द्वारा छोटे जोतदारों की ज़मीनों को खरीदने के इसी कुचक्र का ज़िक्र किया है। पथिक की एक और कहानी–'सर्पदंश' किसानों के कर्ज जाल में फँसने की कहानी कहती है तो सन्दीप मील की कहानी' श्मशान की रातें' खेती–किसानी पर वातावरण परिवर्तन की मार को सामने रखती है।

गाँव से विस्थापन का नया दौर सीमान्त किसानों के उजड़ने के कारण तेज़ हुआ है। जयनन्दन की एक कहानी है– 'छोटा किसान'। दादू महतो के बेटे भी उन पर दबाव बनाते हैं कि ज़मीन बेचकर शहर चलिए। वहीं कर लेंगे छोटा–मोटा काम। गाँव से बेहतर गुज़ारा हो जायेगा। 'अब खेती–बाड़ी में हम छोटे किसानों के लिए कुछ नहीं रखा है बाऊ...घर–खेत बेचकर हमें शहर जाना ही होगा। सोचने–विचारने में हमने बहुत टैम बर्बाद कर दिया। 'बेटों के पास दादू को समझाने के लिए तर्क है। कहते हैं–'जो बड़े जोतदार हैं, उनके पास पूँजी है, उनके पास ट्यूबवेल है, खाद–मसाला देने की कूबत है। बिना खाद–दवाई के तो फसल अच्छी उपजती ही नहीं एकदम। पहले ऐसा नहीं था। माल–मवेशियों के गोबर और घर का कूड़ा–कक्रट ही काफ़ी होता था। किसी छिड़काव की भी ज़रूरत नहीं होती थी। मानसून ठीक समय पर आ जाता था। इधर कई वर्षों से तो समय पर भरपूर वर्षा होती ही नहीं है, होती है तो असमय हो जाती है और ख़ूब हो जाती है, जिससे फायदे की जगह नुकसान ही नुकसान हो उठता है।'' और एक दिन ऐसा आता है जब गाँव की हालात से तंगआ, दादू महतो गाँव छोड़ने को विवश होते हैं। हम देख रहे हैं हर विस्थापन में गाँव टूट रहा है और शहर बसता जा रहा है।

बदलते गाँवों से बैलों और हलों का विस्थापन होने लगा है। पहाड़ के गाँवों और खेतों की प्रकृति के कारण ट्रैक्टरों या कृषि यन्त्रों का पहुँचना अभी भी दुष्कर बना हुआ है। गढ़वाल के कहानीकार रानीराम गढ़वाली की कहानियों में पहाड़ी किसानों के दुख दर्दों का वर्णन उनकी ज़्यादातर

कहानियों में मिलता है। कथ्य और शिल्प के आधार पर भले ही ज़्यादातर कहानियाँ उथली और सपाट हैं तब भी पहाड़ी गाँवों को समझने में हमारी मदद करती हैं। उनकी कहानियों में बैंलों के तमाम देहाती नाम बड़ी सजीवता से सामने आते हैं। इनकी कहानियों में किसान अपने जानवरों से स्वाभाविक बातचीत करते हैं। 'सुखू माम' कहानी में हलचलाता किसान अपने बैलों को साधते हुए कहता है–'चल ख़ैराचल। देख भूरा देख। ढिस्वाल देख, तिरवाल देख (ऊपर देख,नीचे देख)''' उनकी कहानियों में पहाड़ के पेड़–पौधे और प्रकृति भी प्रमुखता से स्थान पाते हैं।

सारांश

पिछले बीस वर्षों में निश्चय ही हिन्दी कहानी में विषयों का विस्फोट हुआ है मगर किसानों के प्रति संवेदना का विस्फोट होना अभी बाक़ी है। खेती–किसानी की बदलती संस्कृति, उसमें आती विकृति और सरकारी नीति पर साहित्यकारों की निगाह होनी चाहिए। कृषि कानूनों की असलियत का पदार्फाश कथा साहित्य के माध्यम से भी होना ज़रूरी है। वर्तमान किसान आन्दोलन ने अब तक के बने–बनाए तमाम नैरेटिव को ध्वस्त किया है और आनेवाले दिनों में यह आन्दोलन 'इण्डिया' बनाम 'भारत' के नैरेटिव को साफ़–साफ़ परिभाषित करने जा रहा है। सम्भव है कि किसान मुद्दों पर भिन्न और सकारात्मक बदलावों के साथ कथा साहित्य हस्तक्षेप करें। यह भी सम्भव है कॉर्पोरेट कुचक्र का मुद्दा प्रमुखता से उठे और सत्ता में बैठे या सो रहे लोगों की नींद खुले। वर्तमान किसान आन्दोलन से हिन्दी कहानी प्रभावित हुए बिना रह नहीं सकती। अगर वह अप्रभावित रहती है तो माना जायेगा, हिन्दी साहित्य की संवेदना का क्षरण हुआ है। मगर मुझे आशा है ऐसा नहीं होगा और हिन्दी की किसान केन्द्रित कहानी अपना मोर्चा ज़रूर खोल देगी, पूरी संवेदना के साथ।

'फाँस' और किसान विमर्श

प्रो. (डॉ.) संजय नवले

एक

इस सत्य को हम नकार नहीं सकते कि आजादी के बाद अर्थात देश की पहली सरकार से भारतीय किसान के बारे में ठोस, बुनियादी कार्यक्रमों की कमी रही है। यह भी सत्य है कि प्रारम्भ के कुछ वर्षों में देश को जो राजस्व मिलता था वह सबसे ज्यादा खेती से था। जिससे उस समय उद्योग, सड़के, बिजली निर्माण के लिए खेती से मिला राजस्व काम आया। रासायनिक खतों के उपयोग की मात्रा कम थी। बाज़ार सुसंस्कृत था। लूट और लुटेरे कम थे। किसान और किसानी प्रतिष्ठा का विषय था। धीरे–धीरे व्यवस्था का चरित्र बिगड़ गया। सरकार में और बाहर लुटेरों की संख्या बढ़ गयी। सरकार खेती को उद्योग मानती ही नहीं है। इस देश में पाँच लाख पचहत्तर हजार गाँव है। यह देश गाँवों का है। लेकिन शहरों को संघाय बनाने के सपने देखनेवाली सरकारें, गाँवों को कोड़, रोग मानती है। क्योंकि गाँवों में ग़रीबी होती है। उन्हें ग़रीबी की शरम है। सरकार गेहूँ खरीदती है गरीबों के लिए। वह सड़ जाता है, बाद में शराब बनाने के लिए दिया जाता है। ग़रीब खाली पेट ही रह जाता है। क्योंकि शराब की फॅक्टरी सरकार में काम करनेवालों के ठेकेदारों की होती है। यह सच्चायी सबको मालूम होने के बाद भी चारों ओर मौन है।

सारी दुनिया को अन्न देनेवाला किसान स्वयम् भूखा रहता है। स्थितियाँ ऐसी बनी हुई हैं कि उसके कुछ आरमान बचे ही नहीं। वह सपने कभी देखता ही नहीं। उसकी परेशानी मात्र ज़िन्दा रहने की होती है। भारतीय भूभाग पर सत्तर प्रतिशत पानी है। तीस प्रतिशत ज़मीन है। उसमें कुछ

प्रतिशत जंगल है। किसानी के लिए तो ज़मीन है उसी पर अब सरकार उद्योग बढ़ाना चाहती है। सरकारी हिसाब से ज़मीनें खरीदी जाती हैं। किसान बेवारिश बन जाता है। उसके ज़मीन पर कारखाने खड़े किए जाते हैं। किसानों को भिखारी बनाने का कार्यक्रम सरकार चला रही है। इस देश में दो पद्धति के लोग रहते हैं। एक नक्से के अन्दर और दूसरे नक्से के बाहर। नक्से के अन्दर रहनेवाले लोग तथाकथित वैभवशाली लोग हैं। नक्से के बाहर रहनेवाले किसान, कामगार, दलित, आदिवासी हैं। हैरानी की बात यह है कि ऐसी जातियाँ, उपजातियाँ, ऐसे कुछ तबके हैं कि उनकी आज तक जनगणना भी नहीं हुई हैं। आगे चलकर घोटालों का देश, आत्महत्याओं का देश ऐसी पहचान होगी तो आश्चर्य नहीं होगा। सही बात यह है कि किसान उनके विकास के सूची में है ही नहीं। जो कुछ है वह दिखावा है। सरकारों की नीतियों का एक उद्धहरण देखने लायक है। सरकार ने किसान चैनल सुरु किया। दूरदर्शन, लिंटास कंपनी के सहयोग से। अमिताभ बच्चन को ब्रँड अम्बेसेटर बनाया। सच्चाई यह है कि पाँच लाख पचहत्तर हजार गाँवों में बिजली है क्या? अगर है तो वह कितने समय तक होती है। टी.वी. लेने के लिए उनके पास पैसें हैं क्या? कार्यक्रम किसानों के घर तक पहुँचता ही नहीं। मालामाल होते हैं ठेकेदार। इधर किसान भूखा, नंगा रह जाता है। अब उसके पास जीने के लिए विकल्प नहीं है। पर्याय एक ही है दुनिया छोड़कर जाना। इस देश में कितने उद्योगों ने कर्ज डुबोया है। रातोरात कम्पनियों को जलाकर बीमा कम्पनियों से दूगने पैसे लेकर लोग मालामाल होते हैं। इन्हें कभी सज़ा नहीं होती। यह सांड खूले आम व्यवस्था के आस–पास घूमते हैं। ग़रीब किसान देश के नक्से के और कार्यक्रम के बाहर होता है।

दो

विदर्भ को नागभूमि भी कहा जाता है। विदर्भ कई कारणों से प्रसिद्ध है। एक तो बुद्ध के विचारों से यह भूमि पवित्र बन चुकी है। वर्धा में गाँधी आश्रम विश्व प्रसिद्ध है। पवनार आश्रम से विनोबा भावे ने भूदान आन्दोलन का नारा लगाया। कार्यक्रम चलाया। मगर अब विदर्भ प्रसिद्ध है किसानों की आत्महत्या के कारण। इन महापुरुषों के विचार इस भूमि में होने के बाद भी यहाँ के लोग पलायनवादी विचार करते हैं। आधे में ही ज़िन्दगी छोड़ने के विचार आश्चर्य लगता है। अपने और दूसरों के जीवन को समझने का सन्देश इन महापुरुषों ने दिया है। ख़ैर, इसके पीछे अन्य कारण होंगे, उन कारणों की

पड़ताल करनी होगी। एक तो पिछले 15–20 वर्षों के बारिश को देखा तो उसकी औसत की मात्रा अन्य प्रान्तों और राज्यों के हिसाब से बहुत कम रही है। आसमान इस प्रान्त पर अधिक रुठा ही रहता है। जैसे मराठवाडा पर तो रुठा रहता है। ज़मीन के स्तर के हिसाब से यहाँ कपास की खेती अधिक होती है। रासायनिक खाद से ज़मीन और बंजर बनती गयी है। मराठवाड़ा में लगभग इकहत्तर छोटे–बड़े बाँध अधूरे हैं। तो विदर्भ की संख्या अस्सी के लगभग है। जब बारिश होती है तब उसे स्टोअर करने की कोई बुनियादी योजनाएँ यहाँ न के बराबर हैं। जब वर्षा होती है, थोड़ा बहुत पानी छोटे–बड़े बाँधों में रुकता है। महाराष्ट्र में गर्मी सबसे अधिक है। जनवरी से जून तक तापमान 40 ते 47 डिग्री सेल्शीयस तक रहता है। रुका हुआ तालाब का पानी भी अधिक तापमान से भाप बनकर उड़ जाता है। चारों ओर से विदर्भ पर आक्रमण रहते हैं। एक तो आसमान नाराज, ज़मीन बंजर, तापमान अधिक, राजनीति का गोरखधंधा, बाज़ार का बदलता चेहरा। सफेद सोने (कपास) के लिए प्रसिद्ध रहा विदर्भ अब दफनभूमि बन गया है। इन बातों के लिए प्राकृतिक प्रकोप जितना ज़िम्मेदार है उतनी ही व्यवस्था की नीतियाँ। इन सभी सन्दर्भों और कारणों की खोज कथाकार संजीव ने अपने नवीनतम उपन्यास 'फाँस' के माध्यम से की है।

तीन

कथाकार संजीव का आज तक का सारा कथा–शिल्प देखा जाये तो उसके केन्द्र में 'खोज' है। चाहे 'सूत्रधार' हो, 'सक्रस' हो, 'जंगल जहाँ शुरु होता है' हो, 'पाँव तले दूब' हो साथ ही साथ 'अपराध, अरोहन, सागर सीमान्त, धावका, मानपत्र में कालजयी रचना शिल्प की खोजी वृत्ति शिखर पर पहुँच चुंकी है। 'फाँस' उपन्यास निर्मिति के पहले उपन्यासकार विदर्भ के गाँव–गाँव जाकर आये। मात्र गाँव ही नहीं गये वहाँ का प्राकृतिक, आर्थिक, सामाजिक, राजनीतिक अध्ययन भी उन्होंने किया। ज़मीन, माटी, पानी, उर्वर क्षमता, पारम्परिक खेती, मानसिकता, भू–भाग की विशेष खासियत, बाज़ार सभी सन्दर्भों का उन्होंने अध्ययन किया। बरसों की तपस्या के बाद कलाकृति की निर्मिति हुई–उपन्यास 'फाँस'। यूँ कहें तो गलत नहीं होगा कि 'गोदान' के बाद किसानों के जीवन पर लिखा हिन्दी ही नहीं भारतीय उपन्यास क्षेत्र का सर्वश्रेष्ठ उपन्यास माना जायेगा। पहले ही स्पष्ट कर दूँ कि 'फाँस' किसानों के आत्महत्या का इतिहास बतलानेवाला उपन्यास नहीं है। 'फाँस' उपन्यास

आत्महत्या न हो उसका विकल्प बतलाने वाला उपन्यास है। पूरे उपन्यास में आत्महत्या न हो उसके लिए क्या कर सकते हैं इसके सन्दर्भ मिलते हैं। प्रेमपाल शर्मा के शब्दों में कहना होगा तो इस पद्धति से होगा कि ''उपन्यास में बहुत से सत्य आपको चौकायेंगे। सामाजिक सरोकारों से जुड़े संजीव ने स्वयं विदर्भ और अन्यत्र के गाँवों में जा–जाकर इसके कारणों के दर्द को समझा है। औपन्यासिक कला और संरचना के स्तर पर चरित्रों के विकास, माटी की सौंधी महक से महकता यह एक अभूतपूर्व उपन्यास है। कलावती (छोटी), सिन्धुताई, शकुन, सुनील, अशोक, विजयेंन्द्र, देवाजी तोपजी, दादाजी खोब्रागडे आदि ही नहीं, नाना और सदानन्द जैसे पात्र और परिवेश भी अविस्मरणीय है। 'फाँस' खतरे की घंटी भी है और आत्महत्या के विरुद्ध दृढ़ आत्मबल प्रदान करनेवाली चेतना और ज़मीनी संजीवनी का संकल्प भी।'' उपन्यास की कथावस्तु के अन्तर्गत सवाल बहुत सटिक उठाते हैं संजीव। उपन्यासकार का कहना है कि जंगल के फल, फूल, पत्ते, मद, मावा, पशु, पंछी खा सकते हैं, नीचे ज़मीन पर गिरकर नष्ट हो जायेगा पर ग्रामीणों ने खाया तो उन्हें सरकारी दण्ड किया जाता है। दो–दो साल लगातार सुखा। सारी ज़िन्दगी बंजर। कहीं भी उम्मीद नहीं। सभी अपदाएँ झेलकर निराश किसान को किसी से भी, कहीं से भी उम्मीदें नहीं है। सरकार के चेहरें अलग हैं। निराश किसान आत्महत्या कर रहा है। उस देश में अच्छें सन्दर्भों का इतिहास होता था अब यहाँ फाँस का इतिहास बन रहा है। युद्ध भूमि में लड़ते समय जैसी लाशें होती हैं। वैसी लाशें किसानों की आत्महत्या है। सरकार कहती है जितने किसानों ने आत्महत्या की है वह नशें में थे। लगातार दस–दस वर्षों से अनुत्पादन से किसान बेहाल हैं, किसान के साथ–साथ परिवार की मानसिकता वैसी होंगी। खाली पेट, खाली जेब, हड्डियों के जीवन्त ढाँचे। साँस चलती है इस कारण जीवन्त है। उपन्यासकार कहते हैं कि इनकी जेब खाली होने के कारण कहीं दूसरे गाँव जाने के लिए उनके पास पैसे नहीं होते। यह लोग 20–25 मील पैदल जाते हैं। इनके चेहरे देखें तो लगता है, सूखा फूल, सूखा तालाब है। यहाँ मात्र मजबूरी काम करती है। यही मजबूरी आगे उन्हें समाप्ति की ओर लेकर जाती है। सूखें हुए बरगद के जैसा, सुखी नदियों जैसा किसानों का चेहरा है। जैसा कि दूर–दूर तक कहीं पेड़ नहीं, पँछियों को बैठने के लिए जगह नहीं, पानी नहीं। नीचे ज़मीन, ऊपर आसमान वह भी रुठा हुआ आसमान। रात में अंधारा दिन में अंधारा, पेट में आग, गले में गमछा, बड़ी हुई दाढ़ी–मूँछे मट–मैला कुर्ता–पायजमा,

पसीने से लतपथ, दूर से हड्डियाँ और नसें गिनी जा सकती है। बीमार माँ, लड़की की शादी, बेटे की पढ़ाई। हाथ में कुछ नहीं। कर्ज ही कर्ज। उसे लगता है, हार गया हूँ। स्थितियों के लिए मैं ही ज़िम्मेदार हूँ। लटक लेते हैं–फाँस। यहाँ एक कहावत बन चुकी है कि 'किसान यानी की मौत'।

यह सारा परिणाम भूमंडलीकरण का है। बाज़ार, लूट, व्यापार के आगे किसी की ज़िन्दगी का उन्हें लेना–देना नहीं है। बाज़ार के प्रभाव से नई पीढ़ी आधुनिकता चाहती है। उसे कर्ज से लेना देना नहीं है। नई पीढ़ी को नये साधनों की आवश्यकता है। दो पीढ़ियों के संघर्ष के कारण ज़मीन, घर गिरवी रखना पड़ता है। पिछले चार–पाँच सालों से बारिश समय पर आती नहीं, आयी तो अगस्त में आती है। मात्रा अत्यन्त अल्प। कम्पनियों के बीज उगते नहीं। बीज की सभी कम्पनियाँ मालामाल। दो–दो बार बोआई करने के बाद भी उगता कुछ नहीं। पहली बार कहीं से जुगाड़ कर बोआई हुई। दुबारा बोआई से हाथ कुछ नहीं लगता। सरकार गूँगी, बहरी। मात्र मदद का नाटक। निराशा ही निराशा। दिशाहीन ज़िन्दगी आन्दोलन एक–दो चलते। लोग थक जाते। पुलीस से पिटायी। रोने के लिए आँखों में आँसू नहीं। महाराष्ट्र और उसमें विदर्भ के किसानों का यातनामय इतिहास इतना दर्दनाक है कि रोंगटे खड़े होते हैं। कभी बारिश हुई तो हल चलाने के लिए बैल नहीं हैं। होता है तो एक बैल, बाक़ी पत्नी, बच्चे, माँ–बाप सब जुड़ जाते बारी–बारी हल को। दुनिया में पहला दृश्य होगा यह। लेकिन यह सच्चाई है। आशा है–उग जायेगा, मिल जायेगा, पेटभर जायेगा, मंगलसूत्र के काले मणियों के सिवाय माँ, पत्नी, के गले में गहना नहीं। चिन्ता एक ही है, चूल्हा जले, रोटी मिले। नागार्जुन की कविता 'अकाल और उसके बाद' की याद आती है। उसके पहले चरण में जो उदासी है, वही यहाँ के किसानों की उदासी है। रोज, रोज किसानों की निलामी करनेवाली सरकार दुनिया में नहीं मिलेगी। क्या सरकार डकैत है।

संजीव के लेखन की विशेषता है कि वे अनाम, खुद्दार, हार न माननेवाले, सत्यनिष्ठा के लिए प्रण बनाकर ज़िन्दगी दाँव पर लगाकर जीनेवाले लोगों को ढूँढ़कर सामने लाते हैं। सेवावृत्ति पात्र संजीव के कथा संसार के हिरो हैं। संजीव के पात्रों ने कभी हार नहीं मानी। हारनेवाली ज़िन्दगी को जीत में बदलनेवाले पात्र संजीव के होते हैं।

कथाकार संजीव की यह खासियत है कि ज़िन्दगी को सूक्ष्मता से समझते हैं। वे ज़िन्दगी के बीच उतरते हैं। वातावरण में जो मूक, क्षीण आवाज़ें हैं, उन्हें पकड़े हैं। उन आवाज़ों के पास बैठते हैं। उसे सुनते हैं।

उसे सामने लाते हैं। पूरे उपन्यास में किसान के बजाय उन्होंने 'शेतकरी' शब्द का प्रयोग किया है। मराठी में किसान को 'शेतकरी' कहा जाता है। किसान का अपने ज़मीन से, बैलों से जो नाता होता है वह भगवान जैसा होता है। उसे विवशतावश अपने भगवान के साथ–साथ अपने जीवन को भी बेचना पड़ रहा है। व्यापार नीतियों ने उसे भीखारी बना दिया है। मूलतः 'फाँस' उपन्यास अलग–अलग आतंक से आहत क्षतविक्षत भारतीय किसान की आत्मा की पुकार है। मूक संवेदनाओं का अनसुना, उपेक्षित दर्द है, अँचल, जनपद और गाँव की अन्तरात्मा की आहटें हैं। किसानों के जीवन पर प्रहार करने वाली व्यवस्था की खोज–खबर है। अन्तर्वेदनाओं का सैलाब है। भविष्य में यह पल किसानों के जीवन में न आये इसकी ज़मीनी सच्चाई, अर्थ, ध्वनियों को विस्तारपूर्वक सुनने का यह उपन्यास एक रास्ता है। वेदना और संवेदना का द्वार इस उपन्यास ने खोला है। भूमंडलीकरण, मीडिया–क्रान्ति, बाज़ारवाद, विज्ञापन, विचारधारा का अन्तवाद, अतिवाद आदि से उपजे संकट से जूझने की तड़प उपन्यास में है। यह तड़प मेहनतकश की ज़िन्दगी की विपत्तियों का महाकाव्य है। धूल, माटी का चेतरा ही भाग्यविधाता है। वह आधे में छोड़कर गया तो लोगों का ज़िन्दगी से विश्वास उठ जायेगा। कम से कम मानवाधिकार के नाते तो किसान को जीने का अधिकार मिलना चाहिए। ज़िन्दगी मिलती है परन्तु अधिकार नहीं। बाज़ारवाद के खिलाफ जबर्दस्त प्रतिरोध के साथ इसमें किसान की बौद्धिक, दैहिक और भौतिक यथार्थ की जीवन्त स्थितियाँ दर्ज हैं। महाराष्ट्र सरकार कुंभ मेले को चारसौ करोड़ अनुदान देती है और पूरा खर्च आठईसौ करोड़ रुपये है। रेव्ह पार्टियों में नंगानाच चल रहा है। फाँस विदर्भ के ग्यारह जिलों का दर्द नहीं है। समूचे भारत भर का दर्द है। पूरे किसान जमात का दर्द है। किसानों का सरकार से कहना है कि हमें खरीद लो। मार डालों या काट डालों। सिर्फ पेट भर भोजन और इंसान की ज़िन्दगी दो। कान की बालियाँ बचेकर बीज खरीद लिया था। अब क्या बेचना बाक़ी है? उपन्यास की कथावस्तु में बदलता गाँव चित्रित हुआ है। समय के साथ बदली हर रेशा को कथाकार संजीव ने चित्रित किया है। राजनीति का नकाब चीर दिया है। 'गोदान' से लेकर आज तक साहुकार का फाँस किसानों के पीछे से छूटा नहीं। मराठी की प्रसिद्ध दलित आत्मकथा 'उठाईगीर' में पेट की आग की कहर से चोरी करने का परमीशन माँगा था। आर्थिक तंगी से किसान सरकार से आत्महत्या का परमीशन माँग रहा है। हर आठ मिनट को एक आत्महत्या हो रही है।

वातावरण निर्मिति में संजीव बेजोड़ हैं। उनके शब्दों में चित्रात्मकता भरी है। संजीव को पढ़ते समय रेणु की याद आती है। बोआई के समय लोहे के फन सुखी ज़मीन को चिरते चलते हैं। उस समय की माटी की सुगंध। आसमान में एक–दूसरा बादल, पेड़–पौधों का हवा के साथ नाचना। आकाश में पँछियों के झूंड एकदम लपकर ज़मीन पर आते और एकाध दूसरा दाना खाने की तरस, बैलों के गले की घंटियों की आवाज़ से भरा वातावरण, संजीव बड़ी ख़ूबी से शब्दों में भरते हैं। विषय की तीव्रता संजीव बड़ी ख़ूबी से शब्दों में भरते हैं। विषय की तीव्रता स्पष्ट करने के लिए जीवन्त वातावरण की निर्मिति महत्त्वपूर्ण होती है। 'फाँस' उपन्यास में संजीव ने परिवेश का अनुपम चित्र उपस्थित किया है। जिसमें महाराष्ट्र के विदर्भ की भूमि और भूमिका है। एक–एक घटना का बहुत बारिकी से वर्णन है। दो साल संजीव विदर्भ में रहें, लगता है सालों से उसी भूमि के भूमिपूत्र हैं। संजीव की खासियत यह है कि नजरों में जितना बिठाते हैं,उसे वे अपने बीच उतारते हैं। उस पर गहरा चिन्तन करते हैं। प्रारम्भिक जानकारी के आधार पर व्यक्त नहीं होते। सारे सन्दर्भों को खंगाल कर सूत्र को बाहर लाते हैं। जहाँ तक कोई पहुँचा ही नहीं है। प्रकृति के सभी रूपों का चित्रण उनके लेखन की खासियत है। ऋतु चाहे वसन्त हो, शिशिर हो या अन्य। चाहे भूमि बंजर हो या हरिभरी। जो साक्षात है, वही रूप शब्दों में भरते हैं। सूक्ष्मता इतनी कि कण–कण को उठाते हैं। लगता है चित्र देख रहे हैं। चित्रों के सभी रंग बड़ी ख़ूबी से भरते हैं–संजीव। उनका निरीक्षण, परीक्षण गजब का है। कहीं धांदली नहीं, कहीं गड़बड़ी नहीं। सारे अनुभवों को जैसे अंजुलि में भर लाते हैं और पाठकों के सामने रखते हैं। जैसा का वैसा रूप, वह जीवन्तता का ही अनुभव होता है। वे ही हैं जो प्रेमचन्द, रेणु के बाद की ज़िन्दगी को शब्दों में भरते हैं। उन सभी का परिणाम 'फाँस' उपन्यास है।

विदर्भ के किसानों के शोषण का हर चेहरा सामने लाया है। जीव–जन्तु मरने का जैसे मलाल नहीं होता वैसे किसान का हो चुका है। जूझनेवाले मिट्टी का सारतत्व अब हार में बदल गया है। संजीव मानवीय जीवन को सुरक्षित रखने के लिए लिखते रहते हैं। मूलतः 'फाँस' उपन्यास मुक्ति का महाकाव्य है। आत्महत्या से मुक्ति का। विदर्भ की ज़मीन पर अब यह दिखायी नहीं देता। विदर्भ की ज़मीन पानी से कम अक्स से ज़्यादा भिगी है। काव्यशास्त्रीय मानदण्ड़ों के आधार पर उपन्यास के नायक के बारे में संकेत करना महत्त्वपूर्ण है। लीक से हटकर मैं इतना ही कहूँगा कि 'फाँस' उपन्यास

का नायक विदर्भ का किसान है। गला और उसके आकार को 'फाँस' को केन्द्र में रखा है। इतना सच है कि रचना को रचने की दिवानगी संजीव में दिखायी देती है। जैसे 'अपराध' 'अरोहन' कहानियों में हैं। रुठे आसमान की नाराजगी, बंजर ज़मीन की कोख उकेरते हैं उपन्यासकार। उपन्यास की कथावस्तु में गीत की पंक्ति का उपयोग किया है–''तेरी दुनिया से दूर चलें होके मजबूर हमें याद रखना...'' काफ़ी कुछ अर्थ देती हैं यह पंक्ति।

निष्कर्ष

भारतीय किसान इस व्यवस्था को शायद यह कहता होगा कि यह दुनिया हमारी कभी हुई ही नहीं। मजबूरन हमें दूर जाना पड़ रहा है। हमें दुनिया छोड़कर जाना पड़ रहा है। किसानों की समस्याओं पर, जीवन पर, आत्महत्या रोकने की अपिल करती यह अनुपम कृति भारतीय साहित्य की बेजोड कलाकृति है। अन्त में इतना ही कहना होगा कि –

''ज़मीन जल चुकी है, आसमान बाक़ी है,
दरख्तों तुम्हारा इन्तजार बाक़ी है,
वो जो खेतों के मेठों पर उदास बैठे हैं,
बदलों अब तो बरस जाओं सूखी ज़मीन पर,
मकान गिरवी है और लगान बाक़ी है।''

खण्ड - 6 : अल्पसंख्यक विमर्श

हिन्दी उपन्यास और मुस्लिम यथार्थ

डॉ.टी.जे. रेखा रानी

साहित्य वह है जो मानव समाज के विभिन्न पक्षों को स्वयं में समाहित करने का सामर्थ्य रखता है। जहाँ एक ओर मानव अन्य प्राणियों की अपेक्षा बुद्धिमान और संवेदनशील है वहाँ दूसरी ओर मानव जीवन से उद्दीप्त साहित्य भी मानव जीवन के इर्द–गिर्द ही घूमता है। साहित्य का सृजन मनुष्य द्वारा ही किया जाता है जो कि लोक जीवन, संस्कृति, समस्याएँ तथा जीवन यथार्थ से साक्षात्कार कराता है। अतः इस तरह साहित्य मानव जीवन का ही वर्णन मात्र है।

भारत बहुधार्मिक, बहुसांस्कृतिक देश है। इन संस्कृतियों और धर्मों ने जहाँ एक–दूसरे में मिलकर विकास का रास्ता अपनाया तो कई बार इसमें टकराहट की गूँज भी सुनाई दी। मुस्लिम जन जीवन अपने अलग धर्म, पहनावा, रस्म–रिवाजों, खान–पान, भाषा आदि से भी स्पष्ट रूप से अलग एवं विशेष दिखायी देता है। इतिहास के पन्नों से यही ज्ञात होता है कि भारत जो कि एक 'सोने की चिड़िया' कहलाई जाती थी इसलिए इसे प्राप्त करने का कई प्रभावी योद्धाओं का सपना था। इस सपने को सच करने के लिए ही कई योद्धा ने भारत की और रूख किया। भारत में इस्लाम धर्म का प्रवेश तीनों ओर से हुआ। प्रथम व्यापारियों के रूप में दक्षिण भारत के तटीय क्षेत्रों में, दूसरा उमैय्या के शासन काल में और तीसरा तुर्क और अफ़गानी मुसलमान से बाबर के बाद अकबर से मुगलिया शासन का दौर ऐसा चला कि भारत में जन जीवन पर उसका गहरा प्रभाव पड़ा। मुग़ल शासक के शाही जीवन ने और सूफियों द्वारा सादा जीवन ने भारतीय जीवन पर गहरा प्रभाव डाला। मध्यकालीन मुस्लिम समाज और संस्कृति का प्रभाव साहित्य में भी परिलक्षित होता है। अरबी, फारसी से निकली ऊर्दू भाषा का प्रादुर्भाव हुआ। प्रसिद्ध इतिहासकार अलबरूनी ने तहकीक–ए–हिन्द (अरबी भाषा) हजन निजामी

ने ताजुल मासिर, निनहाज–उस–सिराज की तबकात–ए–नासिरी, बरनी ने तारिख–ए–फिरोजशाही, बाबर ने तुजुके बाबरी (तुर्की भाषा) जैसे साहित्यिक ग्रन्थों की रचना की। मध्यकाल में भारतीय भाषा में अपना योगदान देते हुए अमीर खुसरो, अब्दुल रहमान, अब्दुर्रहीम खानखाना जैसे मुस्लिम हिन्दी भाषा के कवि हुए। मलिक मुहम्मद जायसी का 'पद्मावत' साझा संस्कृति का श्रेष्ठतम ग्रन्थ है। मध्यकालीन अन्य सूफी कवि मंझन, कुतुबन, उस्मान का काव्य इस्लामिक दर्शन की दृष्टि से महत्त्वपूर्ण है। रसखान, मुबारक, आलम शेख़ ने रीतिकाल को और भी ताजगी दी।

भारतेन्दु युग में गद्य साहित्य के अविर्भाव से स्पष्ट होता है कि सर्वप्रथम राधा कृष्ण दास ने 'निःसहाय हिन्दू' नामक उपन्यास लिखकर अब्दुल अजीज नामक मुस्लिम पात्र को दृढ़ता से चित्रित किया है। प्रेमचन्द के उपन्यासों 'प्रेमाश्रय', 'रंगभूमि', 'कर्मभूमि' में मुस्लिम समाज, संस्कृति तथा साझा संस्कृति का बख़ूबी चित्रण हुआ है।

सन् 1947 में भारत विभाजन के साथ स्वतन्त्रता मिली। जिसमें लाखों मुसलमान अपनी ज़मीन से बेदखल हो पाकिस्तान पहुँचे तो पाकिस्तान से अपना भारी मन लिए लाखों हिन्दू भारत भूमि पर आये। लेकिन कई मुसलमान अपनी जन्मभूमि का मोह परित्याग नहीं कर पाये। और भारत–पाक विभाजन एक त्रासदी बन गया जहाँ से मुस्लिम समाज निकल नहीं पाया। उसके भीतर डर, आशंका, भय और तनाव की जो स्थिति पैदा हो चुकी थी, वह आज भी देखी जा सकती है। विभाजन ने पूरे मुस्लिम समुदाय की राष्ट्रीयता को शक के घेरे में खड़ा कर दिया। अपनी पीड़ा का बयान करते हुए चर्चित कथाकार एवं आलोचक ने कहा कि, "तुम अल्पसंख्यक होने की तकलीफ कभी नहीं समझ सकते, उनका डर, उनकी असुरक्षा, दहशत से एक–दूसरे से चिपके रहना शक और सन्देही की तेज़ रोशनी से घिरे रहने का आभास" और यह पूर्णतः सत्य भी है। भारत जैसे लोकतांत्रिक देश में सभी धर्मों के नागरिकों की सुरक्षा सुनिश्चित होनी चाहिए परन्तु वास्तविकता इससे अलग है। उत्तरशती के हिन्दी कथा साहित्य में मुस्लिम जन जीवन का जीवन्त चित्रण देखने को मिलता है।

भारतीय मुस्लिम समाज अपने पृथक धर्म, भाषा और रीति–रिवाजों के कारण विशिष्ट स्थान का अधिकारी है। उत्तरशती एक ऐसा कालखण्ड है जिसमें विभाजन के पहले और बाद की त्रासदी झेल रहे भारतीय मुसलमानों के उहापोह, उनके मनोभावों की सूक्ष्म अभिव्यक्ति सशक्त ढंग से हुई है। भारतीय समाज में अनेक धर्म, मत, जातियाँ, भाषा एवं संप्रदाय हैं। किन्तु जैसा कि हम सब जानते हैं कि इनके मूल में कुछ ऐसी विशेषता है जो इस

सब को एक सूत्र में बांधे हुए हैं। यही बात भारतीय मुस्लिम समाज में भी देखने को मिलती है। मुसलमानों में शेख, सैयद, मुग़ल, पठान, शिया, सुन्नी और अनेकानेक शाखाएँ पाई जाती हैं। इस्लाम धर्म के तहत अल्लाह की नजर में सभी मुसलमान समान हैं। इस्लाम इनसानों को जातियों में विभक्त नहीं करता।

देश का सबसे बड़ा अल्पसंख्यक समुदाय मुस्लिम समाज की अपनी एक खास पहचान है। उनका खान–पान, रीति–रिवाज, जीवन–शैली से हिन्दी साहित्यकार प्रभावित ही नहीं हुए बल्कि युगानुरूप बदलते सन्दर्भों को उन्होंने अपने उपन्यासों में उभारा है। मुस्लिम समाज भी अन्य भारतीयों के भाँति तीन वर्गों में विभक्त है–उच्च, मध्य और निम्न वर्ग। भारतीय मुस्लिम परिवारों पर दृष्टिपात करते हैं तो लगता है कि भारतीय मुस्लिम परिवार अशिक्षित, आर्थिक रूप से पिछड़ा हुआ, जिसमें अवैध सम्बन्धों का बोलबाला दिखायी देता है, तनावग्रस्त, बृहद्परिवार, स्त्रियों की शोचनीय दशा इत्यादी दर्शाती है। पारिवारिक जीवन पर दृष्टिपात करते हैं तो पाते हैं सामान्य परिवार है, आर्थिक दशा शोचनीय है। पति–पत्नी में अक्सर झगड़े होते हैं। इन झगड़ों के मूल कारण है बेरोजगारी। पैसे की कमी दूसरी पत्नी या प्रेमिका आदि। स्त्रियाँ प्रायः अशिक्षित है। गुलशेर सिंह शानी कृत 'कालाजल' उपन्यास तीन पीढ़ियों की महागाथा है। पारिवारिक कलह के कारण परिवार के सदस्यों के मध्य संवेदना टूटने लगती है। ऐसा प्रतीत होता है कि जीने के लिए रिश्ते बनाए रखना ज़रूरी है भले ही उसमें किसी प्रकार का प्रेम, सौहार्द हो या न हो। उत्तरशती के अनेक उपन्यासों में मुस्लिम जन–जीवन का यथार्थ चित्रांकन हुआ है।

मुस्लिम जन–जीवन में धार्मिक रस्मो–रिवाजों का अपना विशिष्ट स्थान है। सक्रात, चहल्लूम, फातिहा, विवाह आदि विभिन्न प्रकार के धार्मिक रस्म मुस्लिम समाज में देखने को मिलते हैं। मंजूर एहतैशाम के 'सूखा बरगद' उपन्यास में रशीदा के पिता को कैंसर है इसके लिए उनकी पत्नी इलाज के साथ–साथ गंड़े, ताबीज भी करवाती है। मरीज के पास बारी–बारी से माँ यह सब करवाती है और उसकी बेटी रशीदा इन अंधविश्वासों और ढकोसलों के खिलाफ है। चहल्लूम यह रस्म मुस्लिम समाज में काफ़ी प्रचलित रस्म है। किसी भी व्यक्ति की मृत्यु के चालीस दिन बाद मनाये जानेवाला रस्म चहल्लूम है। 'झीनी झीनी बीनी चदरिया' उपन्यास में मतीन की पत्नी अलिमुना के देहांत के बाद चहल्लूम रस्म मनाई जाती है। मतीन के बेटे का नाम इकबाल है उसे सारे रस्म ढकोसले लगते हैं अर्थात् उसके मन में आक्रोश है क्योंकि जीते जी उसकी माँ की इच्छा बनारसी साड़ी पहनने

का सपना पूरा नहीं हो पाया, अब सिपारा पढ़ने से आत्मा को शान्ति नहीं मिलेगी। इकबाल का आक्रोश निम्न पँक्तियों में उजागर हुआ है, "यह सब ढोंग है, मरनेवाला मर गया। अब उसके लिए कोई एक कुरान नहीं दस कुरान पढ़ देने से क्या होनेवाला है? यह सब सरमायादारों का बनाया हुआ ढकोसला है। खाने पीने का धंधा।"

फातिहा रस्म–'शबेरात' में मृत्यु को प्राप्त कर चुके परिवारवालों की पूजा की जाती है। यह रस्म दुआ की रात कहलाती है। 'काला जल' उपन्यास में प्रत्येक वर्ष फुफी के यहाँ शबेरात का फातिहा भेजा जाता है। उपन्यास का बब्बन जब अपनी फुफी के घर जाता है तो कमरे में दो–तीन गज गोलाकार जगह में सफेदी की गयी थी तथा फतिहा का सारा सामान जैसे लोबान, रोटी, हलवा के साथ–साथ उददानी आदि तैयार की जाती है। इस्लाम धर्म में विश्वास रखनेवालों तथा उसकी विशेषताओं का वर्णन उपन्यास में हुआ है।

इन उपरोक्त रस्मों के अलावा 'विवाह सम्बन्धी रस्म' भी काफ़ी महत्त्वपूर्ण है। 'झीनी–झीनी बीनी चदरिया' उपन्यास की पात्र रेहनवा को जिन्न है इसलिए इसका विवाह नहीं हो पाता है और उसका विवाह पाँच बच्चों वाले पिता लतीफ से कराते हैं। इस मौके पर लतीफ के बच्चे भी बारात में नाचते हैं। इसी तरह 'कालाजल' में दारोगिन और जज्जु मिर्या का विवाह होता है। तो रोशनबेग की शादी में सन्दल लगाने जैसी रस्मों का वर्णन हुआ है। 'ठीकरे की मँगनी' में महरून्निसा परवेज कृत चार पुश्तों से कोई लड़की नहीं जी पाई। कानपुरवाली खाला ने महरूख को जन्म के फौरन बाद गंदगी से भरे ठीकरे पर चाँदी का चमचमाता रुपया फेंककर कहा था कि लड़की जी जायें महरूख के जी जाने से उसकी खाला ने अपने बेटे के साथ ठीकरे की मंगनी तय कर दी। मुसलमानों में 'मोहर्रम' और 'चहल्लूम' के महीनों में घर में किसी प्रकार की ख़ुशी या फिर शादी–ब्याह नहीं जाती।

वर्तमान समय में अन्तर्जातीय या अर्न्तधर्मीय विवाह करना पेचिदा बन गया है। प्रगतिशील सोच एवं बदलाव की चाहत रखनेवाली युवा लेखिका हुस्न तबस्सुम निन्दा की कहानी 'दुआ में याद रखना' अपने आप में अलग बहानी बयां करती है। यह कहानी मुख्य रूप से तलाकशुदा शिक्षित स्त्री के पुनर्विवाह की कहानी है। तलाकशुदा कौसर को भी उसी के सहयोगी डॉ. कौशल से शादी करने का मन बना लेती है। डॉ. कौशल को भी कोई एतराज नहीं है। कौसर का मानना है कि धर्म कोई भी हो लड़का समझदार और नेकदिल होना चाहिए। परिवारवालों के खिलाफ जाकर वह अपना वैयक्तिक चयन करती है परन्तु यह शर्त लगा देते हैं कि डॉ. कौशल का धर्म परिवर्तन करके उसका नाम कादिर रखा जायेगा। कौसर उसे सिर्फ दिखावा करने

के लिए मना लेती है। परन्तु कौशल भले ही इन सब बातों को नहीं मानता हो लेकिन कौसर के परिवार वालों की सोच, व्यवहार और वातावरण को एड़जस्ट नहीं कर पाता है। कौसर की ख़ुशी के लिए उसकी हर छोटी–बड़ी बातें मानता है लेकिन अन्दर ही अन्दर दुखी भी है। उसे ऐसा प्रतीत होता है कि उसकी आइडेंटिटी यानी पहचान पर हमला हो रहा है। इसीलिए बिना किसी को बताए कौसर के नाम चिट्ठी रखकर घर छोड़ देता है।

उसका मन क्षुब्ध हो उठता है। मन में कई सवाल उठने लगते हैं कि मेरे और कौसर के बीच प्यार है फिर ये धर्म कहाँ से आ गया? शादी के समय बस लोगों को दिखाने के लिए इस्लाम ग्रहण किया लेकिन दबाव फिर दबाव बनता ही जा रहा है। कभी नाम बदलने की बात तो कभी खतना करने का ज़िक्र। कौसर भी तो मुझसे प्यार करती है, उसके लिए मैं अपना सब कुछ बदल दूँ, क्या उसका फर्ज नहीं कि वे मेरी भावनाओं को समझे। कौसर भी अपने परिवारवालों के व्यवहार से हैरान थी। उसे यह पूरी तरह से महसूस हो रहा था कि किसी को भी उसकी ज़मीन से नहीं काटा जा सकता। जिन संस्कारों और वातावरण में पला होगा वे इतनी आसानी से नहीं बदलते। कौशल के साथ इस जमाने में भी हम ज्यादती कर रहे हैं। वह कौशल को आजाद करना चाहती थी कि पता लगा की कौशल घर छोड़ चुका है। एक लम्बी सांस लेकर वह उसकी खैरियत चाहती है और कहती है कि दुआ में याद रखना।

पूँजीवादी व्यवस्था में किसी भी परिवार की स्थिति आर्थिक स्थिति पर निर्भर होती है। समाज में आर्थिक सन्दर्भ के आधार पर ही छोटे–बड़े, ग़रीब–अमीर की पहचान होती है। ग़रीब लोग अपनी आर्थिक तंगी के कारण छोटे–मोटे काम करके जीवनयापन करते हैं। छोटे और ग़रीब तबके के लोगों की दशा प्रायः दयनीय होती है क्योंकि उनके जीवन का अधिकांश समय कर्ज उतारने में ही व्यतीत हो जाता है। किसान, मजदूर, बुनकर, छोटे–छोटे काम करके जीविका चलाने वाले सरकारी कार्यालयों में छोटे कर्मचारी आदि लोगों की आर्थिक दशा दयनीय हुआ करती है। मुस्लिम परिवारों में आर्थिक तंगी के कारण कई बच्चों को स्कूल नहीं भेजा जाता है। मुस्लिम समुदाय धार्मिक शिक्षा पर ज़ोर देता है। 'झीनी झीनी बीनी चदरिया' उपन्यास में लतीफ अपने बेटे शरीफ को मदरसा भेजने को इच्छुक है। क्योंकि उनकी दृष्टि में अँग्रेजी स्कूल में पढ़कर उसे नौकरी नहीं करना है। बड़ा होने के बाद उसे पेटी लेकर गालिधर अर्थात् बनारसी साड़ियों के मार्केट ही जाना है।

'समर शेष है' उपन्यास में लेखक का शिक्षा प्राप्त करने का संघर्ष देखते बनता है। माँ की मृत्यु के बाद पिता के साथ उसे दादा, चाची तथा अन्य

रिश्तेदारों के यहाँ दर–दर भटकता है। ''शिक्षा ज़रूरी है या स्वाभिमान?'' यह प्रश्न बार बार हमारे दिमाग़ों से टकराने लगा और अन्ततः अब्बा ने यह फैसला किया कि शिक्षा ज़रूरी है। वह दोनों निहायती बेहया बनकर रहने लगे।

'ज़हराबाद' उपन्यास आर्थिक तंगी के कारण पारिवारिक कलह का ज्वलंत उदाहरण है। गाँव में अकाल पड़ने के कारण चारों ओर भूखमरी फैली है। जमींदारों ने अनाज दबा लिया और दुकानों की चीज़ें महँगी हो गयी हैं। लोग भूख से मरने लगे थे। नदी–नाले सब सूख गये। लेखक का घर भी इससे अछूता नहीं रहा। भूखो मरने की नौबत आ गयी थी। इसी कारण अम्मा और अब्बा में झगड़ा शुरू हो गया। अपने माता–पिता को झगड़ते हुए देखकर लेखक सोचता है ''सारी लड़ाई की जड़ है पैसा। घर में खाने को नहीं है इसीलिए झगड़ा हो रहा है। न अब्बा कुछ कर पा रहे हैं न अम्मा।''

मुस्लिम समाज में ग़रीबी या दरिद्रता भयावह रूप से विद्यमान है। निम्न एवं मध्यवर्गीय मुस्लिम परिवारों में ग़रीबी का सर्वव्यापी रोग व्याप्त है। दैनिक रोजगार, मौसमी रोजगार में कुछ संख्या में मुसलमान लगे हैं, अन्य जूता बनाने, बीड़ी बनाने तथा कपड़ा बुनने के काम में लगे हैं। टाँगा चलाना, रिक्शा चलाना, जुआ खेलना आदि मुस्लिम परिवारों की आर्थिक तंगी को दर्शाता है। अधिकांश युवाओं का भविष्य अंधकारमय है क्योंकि आज भी निम्नवर्गीय मुसलमान शिक्षा को कम महत्त्व देता है। स्त्रियों की दशा शोचनीय है। सामाजिक और आर्थिक विषमता स्त्री की प्रगति में रोड़ा है। परिवर्तन की काफ़ी सम्भावनाएँ होने पर भी बहुत ही धीमी गति से बदलाव देखा जा सकता है।

निष्कर्ष

अतः यही कहा जा सकता है कि देश के सबसे बड़े अल्पसंख्यक समुदाय के जन जीवन की अनदेखी नहीं होनी चाहिए। आज यहाँ अस्मितामूलक समाज का विमर्श ज़ोरों पर है इसी तरह मुस्लिम समाज भी उतना ही महत्त्वपूर्ण है।

सन्दर्भ

1. अब्दुल बिस्मिल्लाह–समर शेष है (कहानी संग्रह)
2. अब्दुल बिस्मिल्लाह–ज़हराबाद (कहानी संग्रह)
3. हुस्न तबस्सुम निंहा–दुआ में याद रखना (कहानी)
4. नासिरा शर्मा–कैदघर/सरहद के इस पार (कहानी संग्रह)
5. नासिरा शर्मा–राष्ट्र और मुसलमान
6. नासिरा शर्मा–औरत के लिए औरत

खण्ड - 7 : बाल विमर्श

बाल विमर्श : स्वरूपगत विवेचन

परशुराम शुक्ल

बीसवीं सदी के उत्तरार्ध से हिन्दी साहित्य में विभिन्न विषयों पर विमर्श का कार्य आरम्भ हुआ। इनमें नारी विमर्श, आदिवासी विमर्श, दलित विमर्श, कृषक विमर्श, किन्नर विमर्श आदि प्रमुख रहे हैं। हिन्दी साहित्य के अन्य विषयों की तुलना में ये विषय बहुत नये हैं। किन्तु प्रस्तुत आलेख में एक अति महत्त्वपूर्ण विषय पर प्रकाश डाला जायेगा जिसका नाम है–बाल विमर्श।

नारी विमर्श, आदिवासी विमर्श, दलित विमर्श, किन्नर विमर्श आदि की तुलना में बाल विमर्श सर्वाधिक नवीन है। बाल साहित्यकारों को इस पर ध्यान देना चाहिए और बहुत से बाल साहित्यकारों ने इस पर ध्यान दिया भी है तथा प्रचुर मात्रा में बाल विमर्श पर केन्द्रित बाल कविताओं, बाल कहानियों आदि का सृजन किया भी है। इनमें गिरिराजशरण अग्रवाल, उषा यादव, कामना सिंह, नागेण पाण्डेय 'संजय' आदि के नाम उल्लेखनीय हैं। मैंने भी बाल विमर्श पर केन्द्रित थोडी–बहुत बाल कविताएँ और बाल कहानियाँ लिखी हैं। मृदुला गर्ग, सूर्यबाला, गोविन्द उपाध्याय, नासिरा शर्मा, शर्मा जालान, मधु कुलश्रेष्ठ, रामदरश मिश्र, विमलचन्द्र पाण्डेय, दामोदर खड़से, शील कौशिक, दिनेश पाठक, सुभाष नीरव, मंजू शुक्ला, नीला प्रसाद, पूनम तिवारी, प्रज्ञा, सरोजिनी शाह, रमेश उपाध्याय, सरिता कुमारी, जयश्री राम, श्रद्धा थवाईत, उर्मिला जैन आदि के नाम गर्व के साथ लिए जा सकते हैं।

बाल विमर्श की अवधारणा

सामान्यतः हम विचार और विमर्श को एक ही अर्थ में लेते है और प्रायः दोनों को मिलाकर विचार–विमर्श का प्रयोग करते हैं। वास्तव में विचार

शब्द आइडिया और थॉट् (Idea and Thought) के निकट है, जबकि विमर्श डिस्कोर्स् (Discourse) के।

विमर्श शब्द का प्रयोग प्रायः बहस, संवाद, विचारों के आदान–प्रदान आदि के लिए भी किया जाता है। अँग्रेजी के डिस्कशन (discussion), डेलिबरेश्न (deliberation) आदि समानार्थक शब्द हैं। विमर्श के अन्तर्गत हम किसी विषय के सभी पक्षों को ध्यान में रखते हुए, उसे समग्रता से समझने का प्रयास करते हैं एवं किसी निष्कर्ष पर पहुँचने की कोशिश करते हैं। अँग्रेजी में विमर्श की अत्यन्त संक्षिप्त परिभाषा दी गयी है–"The Act of referring or conselling"

बाल विमर्श का अर्थ और परिभाषा

बाल विमर्श मूल रूप से बाल साहित्य के अन्तर्गत आता है और पूरी तरह बाल मनोविज्ञान पर आधारित है। बाल विमर्श, नारी विमर्श, दलित विमर्श, कृषक विमर्श, आदिवासी विमर्श आदि से अधिक महत्त्वपूर्ण है। नारी हो या दलित, आदिवासी हो या कृषक अथवा समाज के किसी अन्य वर्ग का व्यक्ति, आरम्भ में बच्चा होता है। इसी आयु से अर्थात् बचपन से ही यदि उसके मनोविज्ञान को समझा जाये और इसी के अनुसार उसके साथ व्यवहार किया जाये तो वह बड़ा होकर एक आदर्श नागरिक बन जायेगा। इसके बाद किसी अन्य विमर्श की आवश्यकता नहीं रह जायेगी। किन्तु बाल विमर्श निरन्तर चलते रहना आवश्यक है।

हमारे धर्म ग्रन्थों में तो यहाँ तक कहा गया है कि बालक की गर्भावस्था से ही उस पर परिवेश का प्रभाव पड़ने लगता है। माता का खानपान, उसका व्यवहार, उसकी मानसिक स्थिति आदि माता के गर्भस्थ शिशु को प्रत्यक्ष रूप से प्रभावित रहता है। महाभारत में यह उल्लेख देखने को मिलता है कि अभिमन्यु ने चक्रव्यूह तोड़ने की शिक्षा अपनी माँ के गर्भ में सीखी थी। माँ के सो जाने के कारण वह चक्रव्यूह तोड़ने की पूरी कला नहीं सीख पाया था। वर्तमान समय में विशेषज्ञ भी इस तथ्य को स्वीकार करते हैं कि माता के खानपान, उसकी मानसिक स्थिति तथा उसके कार्यों–व्यवहारों आदि का प्रभाव गर्भस्थ शिशु पर पड़ता है। वरिष्ठ साहित्यकार और जाने–माने शिक्षाविद् रमेश दवे ने अत्यन्त सरल शब्दों में बाल विमर्श को स्पष्ट किया है–"बाल विमर्श से तात्पर्य है ऐसा संवाद जिसमें बच्चों की बाल–सुलभ क्रियाओं, प्रवृत्तियों, उनके स्वभाव और उनके व्यवहार को लेकर बाल मनोविज्ञान के आधार पर विचार किया जाता है।"

विख्यात बाल साहित्यकार उषा यादव ने बाल विमर्श को परिभाषित करने के साथ ही बाल साहित्य को भी परिभाषित किया है और बाल विमर्श को बाल साहित्य का अंग माना है, एक सिक्के के दो पहलू माना है–"विमर्श शब्द का सामान्य अर्थ है–विवेचन। बालक को लेकर जो चिन्तन–मनन–विवेचन किया जाये समीक्षक दृष्टि से उसका आकलन–मूल्यांकन किया जाये, वह बाल–विमर्श है। साथ ही बच्चों के लिए जो साहित्य लिखा जाये वह बाल साहित्य है। जाहिर है, बाल साहित्य और बाल विमर्श एक सिक्के के दो पहलू हैं। दोनों के मध्य बालक की सत्ता है। बालक को लेकर किया जाने वाला विवेचन बाल–विमर्श ओर बालक को लेकर लिखा जाने वाला साहित्य बाल साहित्य है।" ('बाल साहित्य और बाल विमर्श एक सिक्के के दो पहलू', डॉ.नितीन सेठी का उषा यादव से साक्षात्कार), स्पन्दन (त्रैमासिक), काशी (उत्तर प्रदेश), अक्तुबर–दिसम्बर, 2017, पृष्ठ–67–68)

विख्यात ललित निबन्धकार एवं भारतीय संस्कृति के उद्‌भट विद्वान श्रीराम परिहार के अनुसार–"बच्चों के जीवन का समग्र रूप से अवलोकन, अध्ययन, निरीक्षण, परीक्षण, मंथन और प्रस्तुतीकरण को बाल विमर्श कहा जा सकता है।"

हिन्दी बाल साहित्य के पुरोधा, सृजनात्मक और शोधपरक बालसाहित्य पर अधिकारपूर्वक लेखनी चलाने वाले विद्वान साहित्यकार दिविक रमेश बाल विमर्श के सभी आयामों से भली–भाँति परिचित हैं। उन्होंने बाल विमर्श को परिभाषित करने के साथ इसके विभिन्न आयामों पर अपने विचार प्रकट किए हैं–"आज साहित्य में अनेक विमर्श ज़ोरों पर हैं। मैं उनके साथ हमेशा बाल विमर्श का मुद्‌दा उठाता रहा हूँ जिसकी उपस्थिति अभी बहुत कम है। बाल–विमर्श के दो भाग हैं–बड़ों का साहित्य और बाल साहित्य। बच्चे के हर प्रकार के शोषण की पहचान और उससे उसकी मुक्ति की आवाज़ की ओर ध्यान देना बाल विमर्श की ज़रूरत है। और अन्तिम बात यह है कि बाल की बात करते समय हर बच्चे को ध्यान में रखना–वह चाहे पहाड़ का हो या मैदान का, जंगल का हो या रेगिस्तान का, मित्र देश का हो या शत्रु देश का हो। तमाम भेदक तत्वों, स्थितियों से ऊपर उठकर बाल या बच्चे की बात करनी होगी।"

दिविक रमेश की कविताओं पर सन् 2017–19 में सिक्किम विश्वविद्यालय, गैंगटोक में 'दिविक रमेश की कविताओं में बाल–विमर्श' विषय पर 'लघु शोध–प्रबन्ध' लिखा जा चुका है। अनेक पुस्तकों के लेखक एवं बाल साहित्य

के मर्मज्ञ गिरिराजशरण अग्रवाल ने बाल विमर्श का अत्यन्त सूक्ष्म एवं गहन दृष्टि से अध्ययन किया है, विचार किया है। उन्होंने बाल विमर्श को परिभाषित करने के साथ–साथ इसे अत्यन्त सरल शब्दों में स्पष्ट करने का सफल प्रयास किया है–"बाल विमर्श का अभिप्राय है बाल के मनोविज्ञान, उसके मन, उसकी इच्छाओं–आकांक्षाओं और सोच को शब्द देना। बच्चों को लेकर लिखी गयी प्रत्येक रचना बाल–विमर्श की कसौटी पर खरी उतरे, यह आवश्यक नहीं है। बच्चा क्या सोचता है, अपने आसपास के समाज से क्या चाहता है, घर–परिवार, मित्रों के व्यवहार उसे किस रूप में प्रभावित कर रहे हैं, वह किस प्रकार उन सबको आत्मसात करता है, इस सबकी उपस्थिति बाल–विमर्श के लिए बहुत ज़रूरी है।"

बाल साहित्य के विशेषज्ञ सुरेन्द्र विक्रम ने बाल विमर्श और उसकी आवश्यकता पर प्रकाश डालते हुए लिखा है–"बच्चे समाज की महत्त्वपूर्ण इकाई हैं परन्तु आज उनके प्रति समाज का दृष्टिकोण बदल गया है। बच्चों की बात आते समय हमारा ध्यान भटकने लगता है क्योंकि बच्चों से जुड़ी सारी चीज़ें बाल विमर्श के केन्द्र में आती है। इस विमर्श में शिक्षाविदों, अभिभावकों, अध्यापकों/अध्यापिकाओं के साथ समाज का सहयोग भी अपेक्षित है।"

अगर शहर के पार्कों में अतिक्रमण हो जाता है तो यह बाल विमर्श से जुड़ा है। बच्चे आख़िर खेलने कहाँ जायेंगे। एक–एक, दो–दो कमरों के घरों में बच्चों का छीजता बचपन बाल–साहित्य के लिए चुनौती है। बच्चों की आँखों पर चढ़ता हुआ चश्मा बाल विमर्श के दायरे में है। बालश्रम ने कितने बच्चों का बचपन छीन लिया है, उन्हें अधिकारों से वंचित कर दिया है। कहने का तात्पर्य यह है कि बच्चों से जुड़ी सारी चीज़ें जिनसे उनका सरोकार है तथा उनकी प्रगति में बाधक है, बाल विमर्श से जुड़ी हुई हैं। समाज को इस पर गम्भीरता से विचार करने की आवश्यकता है।

डॉ. गिरिराजशरण अग्रवाल ने बाल–विमर्श का गहन अध्ययन, मनन के बाद इसे परिभाषित किया है। आपके अनुसार–"बच्चा क्या सोचता है, अपने आसपास के समाज से क्या चाहता है, घर–परिवार, मित्रों के व्यवहार उसे किस रूप से प्रभावित कर रहे हैं, वह किस प्रकार उनको आत्मसात करता है, इस सबकी उपस्थिति बाल–विमर्श के लिए आवश्यक है।" डॉ. सुरेन्द्र विक्रम के अनुसार–"बच्चों से जुड़ी सारी चीज़े बाल–विमर्श के केन्द्र में आती हैं। बस्ते का बढ़ता हुआ बोझ बाल विमर्श की माँग करता है।

इस विमर्श में शिक्षाविदों, अभिभावकों, अध्यापक/अध्यापिकाओं के साथ ही समाज का सहयोग भी आवश्यक है।''

डॉ. नागेश पाण्डेय 'संजय' का मत है कि–''बाल विमर्श से तात्पर्य ऐसे चिन्तन से है, जिसमें बाल–जीवन का सहज स्पंदन सन्निहित हो।''

यहाँ पर विशेष ध्यान देने योग्य बात यह है कि प्रत्येक परिभाषा में बाल विमर्श से सम्बन्धित किसी न किसी तथ्य की ओर स्पष्ट रूप से संकेत देखने को मिलता है। सभी परिभाषाओं का अध्ययन, मनन करने पर कुछ विशेष बिन्दु हमारा ध्यान आकर्षित करते हैं। इन्हें बाल–विमर्श की विशेषताओं के रूप में समझा जा सकता है।

मैं समझता हूँ कि बाल विमर्श की विशेषताओं पर चर्चा करने के पहले यह जानना आवश्यक है कि बालक क्या है? बालक को किस रूप में देखना चाहिए, बालक अपने माता, पिता, परिवार के अन्य सदस्यों, पड़ोस के लोगों, शिक्षकों, समाज, सरकारों के अधिकारी, प्रशासन, नेताओं आदि से क्या अपेक्षा करता है?

बच्चे ईश्वर का रूप होते हैं, इनमें सभी धर्मों का सार निहित है, ये जीवन के प्रेरणा है, ये समदर्शी होते हैं, ये अमूल्य होते हैं, ये हमें सच्चा प्यार देते हैं आदि। बच्चों के इन्ही गुणों को मैंने अपनी रचना 'बाल सतसई' में बड़े ही सरल और स्वाभाविक रूप में प्रस्तुत करने का प्रयास किया गया है–
बाल वन्दना मैं करू, बालक के गुण गाउँ। बाल रूप ईश्वर लगे, ताने शीश झुकाऊँ।। बच्चों के मन देखिये, सब धर्मों का सार। बच्चे ही संसार हैं, बच्चों से संसार।। बच्चों का नित कीजिए, मान और सम्मान। ये जीन की प्रेरणा, ये सच्चे इंसान।। (बाल सतसई, पृष्ठ–17,18,19)

बच्चों में बहुत से गुण होते हैं। उपरोक्त उद्धरणों से इनके कुछ गुणों का फलक मात्र मिलता है। अब प्रश्न यह उठता है कि क्या हम बच्चों के उपरोक्त गुणों से परिचित हैं? शायद नहीं। और यदि परिचित भी हैं तो क्या हम इन गुणों को ध्यान में रखकर बच्चों से व्यवहार करते हैं? निश्चित रूप से नहीं। यहीं से बाल विमर्श की आवश्यकता का जन्म होता है।

इसके साथ ही बाल–मनोविज्ञान से जुड़ा एक अन्य प्रश्न भी है। बच्चे हमसे किस प्रकार के व्यवहार की अपेक्षा करते हैं? यह एक अत्यन्त महत्त्वपूर्ण प्रश्न है। बच्चे अपने माता–पिता, परिवार के अन्य सदस्य, पड़ोसी, शिक्षक, नेता, सरकार, प्रशासन आदि से क्या चाहते हैं? आयु के अनुसार बच्चों की इच्छाएँ और आवश्यकताएँ बदलती रहती हैं। क्या इन्हें माता–पिता, परिवार

जन आदि जानते–समझते हैं? और यदि जानते भी हैं तो अपनी सामर्थ्य के अनुसार, इन पर कितना ध्यान देते हैं? यह याद रखने योग्य तथ्य है कि बच्चों की बहुत–सी इच्छाएँ और आवश्यकताएँ परिवार जनों की सामर्थ्य से सम्बन्धित होती हैं।

मुख्य प्रश्न यह है कि बच्चे हमसे किस प्रकार के व्यवहार की अपेक्षा करते हैं? इस प्रश्न को समझने और इसका उत्तर देने का निम्नलिखित उद्धरणों में प्रयास किया गया है– बच्चों को कुछ भी मिले, सदा लगाते आस। जरा प्रशंसा कीजिए, बढ़े आत्मविश्वास।। गोदी वाला लालची, समझे सब व्यवहार। प्यार करो तो हँस पड़े, डाँटो तो लाचार। बच्चों की बरबादियों, का होता भय मूल। जो कुछ भी आता इन्हें, वो भी जाते भूल।। बच्चों में क्षमता बहुत, करे आप विश्वास। अपने निर्णय से सदा, अपना करे विकास।। बच्चों के मन पर लगे, जब भी गहरी चोट। सीने से लिपटाइए, दे आँचल की ओट।। (बाल सतसई, पृष्ठ–41, 50, 52, 53, 54)

खण्ड - 8 : वृद्धावस्था विमर्श

वृद्धावस्था विमर्श

डॉ. गुर्रमकोंडा नीरजा

''जब मैं था नवयुवक, वृद्ध शिक्षक थे मेरे,
भूतकाल की कथा गूढ़ बतलाते थे वे।
मैं पढ़ने को नहीं, वृद्ध होने जाता था,
आग बुझा कर शीतल मुझे बनाते थे वे।
पर, अब मैं बूढ़ा हूँ, शिक्षक नौजवान हैं,
उन्हें देख निज सोयी वह्नि जगाता हूँ मैं।
भूत नहीं, अब परिचय पाने को भविष्य का
यौवन के विद्या–मन्दिर में जाता हूँ मैं।''[1]

(राष्ट्रकवि डॉ. रामधारी सिंह 'दिनकर')

काल की गति क्षिप्र है। वह इतनी शीघ्रता से चला जाता है कि उस पर किसी की दृष्टि नहीं जाती। एक नवजात शिशु कब अपनी शैशवावस्था छोड़कर युवावस्था में पहुँचा और कब वृद्धावस्था में, यह पता ही नहीं चलता। वृद्धावस्था से कोई बच नहीं सकता। यह जीवन का सत्य है लेकिन मनुष्य वृद्धावस्था की कल्पना मात्र से डर जाता है, निराश हो जाता है और सब चीज़ों से कटा हुआ महसूस करता है। कहा जाये तो वह केन्द्र से परिधि की ओर चला जाता है। उपेक्षित हो जाता है। समाज से, परिवार से और यहाँ तक कि अपने आप से। लेकिन वार्धक्य कोई अभिशाप नहीं बल्कि वह जीवन की चरम स्थिति है। अर्थात जीवन के विकास की चरमावस्था है वृद्धावस्था। पदमलाल पुन्नालाल बख्शी का कथन है कि 'इस अवस्था में लोगों के सभी भाव रस रूप में परिणत होकर आनन्दमय हो जाते हैं।'

युवावस्था में प्रायः आडम्बरप्रियता और प्रदर्शनप्रियता को देखा जा सकता है लेकिन वृद्धावस्था में ये सब नहीं रह जाते। वृद्धावस्था का सच्चा आनन्द आत्मसन्तोष है। जिन्हें भविष्य की कोई चिन्ता नहीं रहती वे ही वृद्ध हैं। कहने का आशय है कि 75–80 वर्ष के होने पर भी जिस व्यक्ति को भविष्य की चिन्ता होती है वह युवा ही है, क्योंकि उसे कार्यों को पूर्ण करने की चिन्ता जीवन में कुछ और बेहतर करने के लिए प्रेरित करेगी। जैसे–जैसे मनुष्य अपने आपको वृद्ध मानने लगता है, वह कमज़ोर महसूस करने लगता है तथा सहानुभूति अर्जित करने की इच्छा रखता है। धीरे–धीरे वह परिधि की ओर जाने के लिए विवश हो जाता है। प्रायः यह देखा जाता है कि जब तक व्यक्ति परिवार के लिए कमाने का यन्त्र है तब तक उसकी चलती है लेकिन जैसे ही उसका शरीर साथ देना छोड़ देता है वैसे ही परिवार के सदस्यों के लिए वह एक 'बेकार चीज़' बन जाता है। ऐसे में उसका अस्तित्व भी खतरे में पड़ जाता है। ऐसी स्थिति में उनका कुंठित होना स्वाभाविक है। परिवार के सदस्यों द्वारा उपेक्षित होने पर वृद्धों में असुरक्षा भाव उत्पन्न होना स्वाभाविक है।

भारतीय परम्परा के परिप्रेक्ष्य में वृद्धों की स्थिति दयनीय नहीं कही जा सकती। यहाँ बड़ों का मान–सम्मान किया जाता रहा है। कहा भी गया है, 'अभिवादन शीलस्य नित्यं वृद्धोपसेविनः –चत्वारि तस्य वर्धन्ते आयुर्विद्या यशो बलम'। अर्थात प्रतिदिन बुजुर्गों को प्रणाम करने और उनकी सेवा करने वाले व्यक्ति की आयु, विद्या, कीर्ति और शक्ति की वृद्धि होती है। लेकिन आजकल स्थितियाँ बदल रही हैं। मूल्य बदल रहे हैं। परिवार का विघटन हो रहा है। वार्धक्य समस्या बनने लगी है। जैसे–जैसे मनुष्य बुढ़ापे की ओर चलता है वैसे–वैसे अकेलापन, संत्रास, भय और असुरक्षा आदि उसको घेर लेते हैं। दरअसल उसे सुरक्षा और स्नेह की आवश्यकता होती है। बदलती परिस्थितियों में, वृद्धों के मनोविज्ञान को समझना भर काफ़ी नहीं है बल्कि आज के परिप्रेक्ष्य में उनके पुनर्वास का प्रश्न प्रबल हो उठा है।

उत्तरआधुनिक समय में लोगों की दृष्टि हाशियाकृत समुदायों पर पड़ी है तो स्त्री, दलित, आदिवासी, अल्पसंख्यक के साथ–साथ अब वृद्धों पर भी ध्यान केन्द्रित किया जा रहा है। परिणामस्वरूप वृद्धावस्था विमर्श उभरकर सामने आया है। लेकिन सिमोन द बुआ (9 जनवरी, 1908 – 14 अप्रैल, 1986) ने सन् 1950 से ही वृद्धावस्था पर चिन्तन–मनन करना शुरू कर दिया था। 1970 में प्रकाशित उनकी शोधपूर्ण कृति 'ला विएलेस्से' (फ्रेंच) इसका प्रमाण है। 'ला विएलेस्से' का अँग्रेजी अनुवाद 'ओल्ड एज' (पैट्रिक ओ ब्रेन)

सन् 1977 में प्रकाशित हुआ। सिमोन की भविष्योन्मुखी विश्वदृष्टि के कारण यह कृति वृद्धावस्था विमर्श की गीता बन गयी। हिन्दी में चन्द्रमौले वर प्रसाद ने इस कृति का सार–संक्षेप 'वृद्धावस्था विमर्श' (सन् 2016) शीर्षक से प्रस्तुत किया है।

यों तो इसमें सन्देह नहीं कि समाज, साहित्य और संस्कृति में वृद्ध सदा उपस्थित रहे हैं लेकिन उनकी यह उपस्थिति केन्द्र की अपेक्षा परिधि पर अधिक रही है। केन्द्र से अपदस्थ होते ही व्यक्ति समाज की उपेक्षा का पात्र हो जाता है। यहाँ तक कि बहुत बार तो उसे अपना जीवन अभिशाप–सा प्रतीत होने लगता है। परिधि पर धकेले गये (हाशियाकृत) एक समुदाय के रूप में वृद्ध समुदाय दुनिया का बहुत बड़ा उपेक्षित जन समुदाय है। वृद्ध ावस्था विमर्श इस उपेक्षित समुदाय की दृष्टि से, अथवा वृद्धावस्था को केन्द्र में रखते हुए समाज, साहित्य और संस्कृति की नई व्याख्या करने वाला विमर्श है। जैसा कि पहले संकेत किया जा चुका है, वृद्धों और वृद्धावस्था पर हमारे यहाँ चिन्तन की बड़ी पुरानी परम्परा है लेकिन उस चिन्तन परम्परा में वृद्धों को समाज में पुनर्वासित करने के स्थान पर वन की ओर प्रस्थान करने (वानप्रस्थ) और सब कुछ त्याग देने (संन्यास) के आदेश निहित हैं। आज का वृद्धावस्था विमर्श इससे आगे बढ़कर वृद्धों को समाज में पुनर्वसित देखना चाहता है। हिन्दी में इस दिशा में 'वागर्थ' ने दिसंबर 1999 में प्रकाशित वृद्धावस्था विशेषांक के माध्यम से गम्भीर विमर्श की शुरूआत की और यह संकेत दिया कि इक्कीसवीं शताब्दी के विश्व के समक्ष वृद्धावस्था सम्बन्धी समस्याएँ बड़ी चुनौती प्रस्तुत करनेवाली हैं।

वृद्धावस्था में जब मनुष्य पहुँच जाता है तो उसकी सोच में परिवर्तन आना स्वाभाविक है। इस स्थिति में परनिर्भरता के कारण वह कुंठित हो जाता है। जिन कार्यों को वह पहले आसानी से पूरा कर सकते थे उन्हीं कार्यों को पूरा करने में कठिनाई का अनुभव करता है। इसका एक कारण शारीरिक शिथिलता है तो दूसरा कारण है मानसिक शक्ति का क्षीण होना। वैज्ञानिक प्रगति के कारण एक ओर मानव की औसत आयु बढ़ती जा रही है तो दूसरी ओर वृद्धों की समस्याएँ भी बढ़ रही हैं। बचपन से युवावस्था में कदम रखने की आयु तो निश्चित है लेकिन वृद्धावस्था में मनुष्य कब किस आयु में कदम रखता है और किन परिस्थितियों में कदम रखता है इसकी कोई निश्चित लकीर नहीं है। चिकित्सा के क्षेत्र में वृद्धों के मनोविज्ञान (जेरिंटोलोजी) का विकास हुआ। इसका विस्तार वस्तुतः तीन स्तरों पर होने लगा–जैविक,

मानसिक एवं सामाजिक। "आधुनिक मनोविज्ञान यह मानता है कि वृद्धावस्था का कोई एक कारण नहीं है, यह जीव–प्रक्रिया का हिस्सा है। बाहरी बदलाव के साथ शरीर में भीतरी बदलाव भी होते हैं। रक्त–चाप, मानसिक मन्दता, हड्डियों और मांसल हिस्सों में बदलाव, श्रवण और दृष्टिशक्ति में क्षीणता–कुछ ऐसे लक्षण हैं जो वृद्धावस्था को प्रमाणित करते हैं। आधुनिक विज्ञान का मानना है कि जब तक मानसिक बल और सन्तुलन है, तब तक व्यक्ति वृद्धावस्था को नहीं पहुँचता।"[2]

युवा पीढ़ी को पुरानी पीढ़ी की बातें दकियानूसी लगती हैं। पीढ़ी अन्तराल के कारण युवा पीढ़ी वृद्धों को घृणित दृष्टि से देखती है, उनका मज़ाक उड़ाती है तथा बात–बात पर उनकी अवहेलना करती है। भले ही उनका तिरस्कार किया जाता है लेकिन "जिस समाज में सुरक्षा की भावना है, वहाँ के वृद्ध सम्मानपूर्वक रहते हैं क्योंकि यहाँ के युवा उनमें अपना भविष्य देखते हैं। जिस समाज ने संस्कार छोड़े और वृद्धों का तिरस्कार किया, उसका भविष्य भी अंधकारमय ही रहेगा।"[3]

भूमंडलीकरण के दौर में संयुक्त परिवार बिखर कर एकल परिवार में बदल गये। मनुष्य का वस्तुकरण हो रहा है। यहाँ पूँजी ही सब कुछ है। आर्थिक रूप से जब तक मनुष्य सबल है तब तक वह उपयोगी है अन्यथा वह अनुपयोगी बन जाता है। वृद्धावस्था की भी यही "जैविक सच्चाई है कि जो व्यक्ति आर्थिक दृष्टि से अनुत्पादक और अनुपयोगी हो जाता है वह समाज में कोई योगदान नहीं दे पाता। ऐसी अवस्था में वृद्धों की स्थिति क्या होती है, वही समाज का दर्पण माना जा सकता है।"[4]

सेवानिवृत्ति का प्रभाव अलग–अलग वर्ग के लोगों पर अलग–अलग ढंग से पड़ता है। एक अधिकारी यह सोचता है कि सेवानिवृत्ति के बाद उसका अस्तित्व ही मिट गया। एक मजदूर धनाभाव से चिन्तित हो उठता है क्योंकि उन्हें पूछने वाला भी नहीं रहेगा। सत्ता और पैसा है तो सब कुछ है। पति की सेवानिवृत्ति का समय करीब आने पर पत्नी भी चिन्तित रहती है चूँकि उसे अपनी गृहस्थी पर आने वाले वित्तीय संकट की चिन्ता सालती है। "सेवानिवृत्ति एक कठिन और जटिल समस्या है जिसमें व्यक्ति का मानसिक एवं शारीरिक क्षरण होता है और इसे रोकने के लिए निरन्तर किसी कार्य में लगे रहना चाहिए।"[5] नहीं तो मानसिक सन्तुलन बिगड़ सकता है।

प्रायः यह भी देखा जाता है कि वृद्धों को अपने अधिकारों से भी वंचित किया जाता है। जब वे विरोध करते हैं तो उनका अनसुना करके उन्हें घर

के कोने में रहने के लिए विवश किया जाता है। इस तरह के उदाहरण समाज के साथ–साथ धार्मिक और साहित्यिक ग्रन्थों में पाया जा सकता है। दरअसल वृद्धावस्था की बात होती है तो केवल पुरुषों को ही ध्यान में रखा जाता है। स्त्रियों की बात तो होती ही नहीं। स्त्री को बचपन से लेकर वृद्धावस्था तक बंदिशों में ही रखा जाता है। अतः वह वार्धक्य को आसानी से 'झेल' लेती है। फिर भी मानसिक रूप से वह भी कुंठित रहती है। ऐसे में यदि उन्हें वृद्धाश्रम का हवाला किया जाये तो वहाँ के जीवन को भी वे 'झेल' लेती हैं। "वृद्धाश्रम के जीवन को महिलाएँ अधिक सफलता से अपना लेती हैं। महिलाएँ आपस में हँस–बोल लेती हैं और साफ़–सफाई से लेकर पकाने तक के कामों से अपनी दिनचर्या बिता देती हैं। पुरुषों के लिए ऐसे कोई कार्य नहीं होते। वे दिन भर बिस्तर पर पड़े रहते हैं या जिनके पास कुछ पैसे हैं, वे शराब पीकर समय बिताते हैं।"[6] वास्तव में वृद्धों को चाहिए थोड़ा–सा स्नेह और आत्मीयता। उन्हें आश्वासन चाहिए कि वे सुरक्षित हैं। बस यही उनकी अपेक्षाएँ हैं।

वृद्धावस्था तक पहुँचते–पहुँचते व्यक्ति यह समझ जाता है कि उसने जीवन में क्या पा लिया है और पाने के लिए क्या शेष है। इस स्थिति में तो व्यक्ति अपने अधूरे कार्यों को पूरा करने का दायित्व भावी पीढ़ी को सौंप देता है। लेकिन युवा पीढ़ी उन्हें वृद्धाश्रमों के हवाले छोड़ देती है। वृद्ध भी 'पर निर्भर' होने से बचना चाहते हैं अतः वृद्धाश्रमों में शरण लेना ही श्रेयस्कर समझते हैं। वृद्धों का पुनर्वास एक गम्भीर समस्या है। वृद्धाश्रम इसका विकल्प नहीं हो सकता क्योंकि यह निष्कासन की प्रक्रिया को बढ़ावा देती है। "वृद्धावस्था में अपने को किसी उद्देश्य से सम्बन्धित रखने, अपने को किसी कार्य में व्यस्त रखने और एक ध्येय की ओर बढ़ते रहने की कामना से ही वृद्ध व्यक्ति का भविष्य प्रकाशमय हो सकता है, वरना वह किसी ऐसी बीमारी का शिकार हो सकता है जिससे उबार पाना कठिन हो और उसके परिवार के लिए अधिक चिन्ता का विषय बन जायें"[7] अतः कुकुरमुत्तें की तरह पनप रहे वृद्धाश्रमों का आश्रय लेने के बजाये इन वरिष्ठ और अनुभवी नागरिकों को मान–सम्मान दें तो ये हमारे लिए वरदान सिद्ध होंगे।

मनुष्य का जीवन तभी अर्थवान है जब वह प्रेम और सौहार्द के माध्यम से अन्य के जीवन से जुड़े। शोषित वृद्धों के जीवन में सुधार लाना चाहिए न कि उन्हें वृद्धाश्रमों के हवाले कर उन्हें और कुंठित करना। यदि वृद्धों को 'बेकार वस्तु' के बजाये मनुष्य समझा जाये तो सब कुछ ठीक हो सकता है।

मनुष्य और मनुष्य के बीच परस्पर सम्बन्ध की आवश्यकता है। ऐसा न होने के कारण ही पीढ़ी अन्तराल बढ़ती जा रही है। चन्द्रमौलेश्वर प्रसाद ने अपनी पुस्तक 'वृद्धावस्था विमर्श' में 'वृद्धावस्था नीति' की ओर इशारा किया है। उनका कहना है कि "वृद्धावस्था की तैयारी वृद्ध होने के बाद नहीं बल्कि बचपन और युवावस्था से शुरू करनी होगी। यदि मनुष्य को बचपन से ही समाज का अणु बनाया जाये तो वह समाज से अपने को कभी अलग नहीं समझेगा और सबके साथ हिलमिल कर रहेगा। ××× पर यह एक दिवास्वप्न ही रहेगा क्योंकि वृद्धावस्था युवावस्था से अलग स्थिति है और इसे हर कोई अपने–अपने उपाय से जीवन के साथ सन्तुलित करता है। समाज व्यक्तियों का ध्यान उस समय तक रखता है जब तक वे लाभ देते हैं। इसका लाभ युवा पीढ़ी उठा लेती है क्योंकि उनमें क्षमता और शक्ति होती है जबकि वृद्ध के पास न क्षमता बची रहती है न शक्ति, उसके पास केवल आँखें होती हैं आँसू टपकाने के लिए। जब तक हमारे पास ऐसी नीति नहीं है जो इन वृद्धों के आँसू पोंछ सकें, तब तक समय का यह चक्र वृद्धावस्था की दुर्गति को रोक नहीं पायेगा।"[8] वृद्धों को समाज में सही स्थान दिलाने, उन पर हो रहे शोषण को रोकने तथा जागरूकता फैलाने के लिए संयुक्त राष्ट्र ने 14 दिसंबर, 1990 को यह निर्णय लिया कि हर साल 1 अक्तूबर को अंतर्राष्ट्रीय वृद्ध दिवस के रूप में मनाया जायें 1 अक्तूबर, 1991 को पहली बार अंतर्राष्ट्रीय वृद्ध दिवस मनाया गया। भले ही अनेक वृद्धों की रक्षा एवं स्वास्थ्य की सुरक्षा के लिए अनेक कानून एवं प्रावधान बनाए गये फिर भी वृद्ध उपेक्षित हैं। इस सत्य को नकारा नहीं जा सकता। कुकुरमुत्ते की तरह पनप रहे वृद्धाश्रम इसके प्रमाण हैं। युवा पीढ़ी को जागरूक होना ज़रूरी है ताकि इन वरिष्ठ नागरिकों को अपना अधिकार प्राप्त हो सके।

वृद्धों की अनेक समस्याएँ हैं। संयुक्त परिवार टूटने के कारण वृद्ध धीरे–धीरे हाशिये पर धकेले जा रहे हैं। जब तक व्यक्ति उत्पादक है अर्थात कमाने की शक्ति जब तक उसमें हैं, तब तक घर–परिवार में उसकी भूमिका महत्त्वपूर्ण होती है। जैसे ही उसकी शक्ति क्षीण होने लगती ही वैसे ही मजबूरन उसे परिधि की ओर धकेला जाता है। इस सन्दर्भ में चित्रा मुद्‌गल का उपन्यास 'गिलिगडु' उल्लेखनीय है। इसमें वृद्धों की पीड़ा अभिव्यंजित है। तेरह दिनों की कहानी के माध्यम से उपन्यासकार ने सेवानिवृत्त सिविल इंजीनियर की स्थिति का बखान किया है–"इस घर में एक नहीं दो कुत्ते हैं–एक टॉमी, दूसरा अवकाश–प्राप्त सिविल इंजीनियर जसवंत सिंह!

टॉमी की स्थिति निस्सन्देह उनकी बनिस्बत मज़बूत है। उसकी इच्छा–अनिच्छा की परवाह पूरा घर रखता है। टॉमी अच्छी नस्ल का कुत्ता है। सोसाइटी में उनके घर का रुतबा बढ़ाता है। उनके चलते उनका रुतबा कलंकित हुआ है। कलंकित होकर अक्षत–चन्दन क्यों चढ़ाएँ?"[8]

आज बदलते परिवेश में वृद्ध के मानवाधिकार एवं पुनर्वास की बात की जा रही है। यों तो इसमें सन्देह नहीं कि समाज, साहित्य और संस्कृति में वृद्ध सदा उपस्थित रहे हैं। लेकिन यह भी निर्विवाद सच है कि उनकी यह उपस्थिति केन्द्र से ज्यादा परिधि पर अधिक रही है। जैसे ही कोई व्यक्ति परिधि की ओर जाता है वैसे ही वह उपेक्षा का पात्र बन जाता है। इतना ही नहीं उसका जीवन अभिशाप–सा प्रतीत होने लगता है। असुरक्षा भाव उसे घेर लेता है। इससे वह हर वक़्त आशंकित रहने लगता है। अपनी सन्तानों के सामने यदि किसी को अपने वर्चस्व की लड़ाई लड़नी पड़े तो यह बहुत ही दर्दनाक स्थिति होगी। गोविंद मिश्र की कहानी 'साधें' में यह स्पष्ट किया गया है कि जब किसी व्यक्ति को वृद्धावस्था में बहू–बेटों के सहारे जीना पड़े तो उसका वर्चस्व धीरे–धीरे समाप्त हो जाता है– "आज तक उनकी हांक से चलता था जीवन, अब वे परवश हो गयी। उनसे मिलना–जुलना होगा जिनसे बेटा–बहू मिलेगा, वहाँ आना–जाना होगा जहाँ वे आयँगे–जायँगे। आज सही मायने में वे अपाहिज हो गयी।"[10]

रमेश पोखरियाल 'निशंक' ने अपनी कहानी 'वह ज़रूर लौटेगा' में यह दिखाया है कि वृद्ध माँ जीवन के अन्तिम पड़ाव में भी यह आस लगाए बैठी है कि उसका बेटा एक–न–एक दिन ज़रूर लौट आयेगा–"इस बुढ़ापे में भी चैन नहीं, बेटा–बहू सब व्यस्त हैं अपने–अपने कामों में। दिल्ली जाकर लौटने का नाम नहीं लिया है।"[11] जीवन के अन्तिम पड़ाव पर पहुँचकर वृद्ध हताश हो जाते हैं। अन्दर ही अन्दर घुटते रहते हैं और अपने गुस्से को समेटने की कोशिश करते हैं। प्रेमचन्द की कहानी 'बूढ़ी काकी' में इस भावना को देखा जा सकता है– "पृथ्वी पर पड़ी रहती और घरवाले कोई बात उनकी इच्छा के प्रतिकूल करते, भोजन का समय टल जाता या उसका परिणाम पूर्ण न होता अथवा बाज़ार से कोई वस्तु आती और उन्हें न मिलती, तो वे रोने लगती थीं। उनका रोना–सिसकना साधारण रोना न था, वे गला फाड़–फाड़कर रोती थीं।"[12]

कृष्णा सोबती के उपन्यास 'समय सरगम' में वृद्धों के संसार को देखा जा सकता है। एक माँ अपने ही घर में उपेक्षित ज़िन्दगी जीने के लिएं मजबूर है। वह अपनी पीड़ा को इस तरह अभिव्यक्त करती है–"मैं तुम्हारी

तरह अकेली होती तो क्यों परेशान होती। बच्चे साथ रह रहे हैं। मेरे घर में–मेरा किचन चल रहा है। खर्चा मैं कर रही हूँ। और मैं अपने कमरे में अकेली पड़ी रहती हूँ। बिना मेरे इजाजत मेरा सामान इधर से उधर करते रहते हैं।"[13] यहाँ बेबस और उपेक्षित माँ की पीड़ा अभिव्यंजित है जो सबके साथ रहकर भी नितांत अकेली है। हिन्दी कथा–साहित्य में वृद्धों की पीड़ा तथा उनकी मानसिकता को साहित्यकारों ने भाषाप्रयोग से समय–समय पर अभिव्यक्त किया है। कुल मिलाकर यह कहा जा सकता है कि सामाजिक, मनोवैज्ञानिक, साहित्यिक और समाज भाषावैज्ञानिक आयामों की दृष्टि से वृद्धावस्था विमर्श को उद्घाटित करने की आवश्यकता है।

सन्दर्भ

1. www.hindikavita.in
2. चन्द्रमौलेश्वर प्रसाद–वृद्धावस्था विमर्श, पृष्ठ–23–24
3. वही, पृष्ठ–30
4. वही, पृष्ठ–31
5. वही, पृष्ठ–52
6. वही, पृष्ठ–51
7. वही, पृष्ठ–81
8. वही, पृष्ठ–95
9. चित्रा मुद्गल–गिलिगडु, पृष्ठ–96
10. वागर्थ, दिसंबर 1999, पृष्ठ–37
11. रमेश पोखरियाल 'निशंक'–क्या नहीं हो सकता, पृष्ठ 25
12. प्रेमचन्द–बूढ़ी काकी तथा अन्य कहानियाँ, पृ. 120
13. कृष्णा सोबती–समय सरगम, पृष्ठ–74

खण्ड - 9 : दिव्यांग/विकलांग विमर्श

कथा साहित्य और विकलांग विमर्श

प्रो. (डॉ.) श्रवणकुमार मीणा

प्रस्ताविक

जिन कहानीकारों ने अपनी कहानियों के कथ्य में विकलांग पात्र चुनकर विकलांग विमर्श की अवधारणा को गति प्रदान की उसकी चर्चा में धर्मवीर भारती की प्रसिद्ध कहानी 'गुलकी बन्नो' को हम भूल नहीं सकते जिसमें आधुनिक संवेदना को समष्टिसत्य के धरातल पर पकड़ा गया है। 'गुलकी बन्नो' मानवीय संवेदना को गहरा अर्थ देती है। गुलकी का कुबड़ापन उसकी टूटन और पराजय का घनीभूत रूप है जो इस समाज की कुरूपता और अमानवीयता की ओर निरन्तर संकेत करता है और संवेदनशील व्यक्ति के रोंगटे खड़े कर देता हैं। 'गुलकी बन्नो' बच्चों के लिए मसखरी का पात्र है। कहानी का मेवा कहता है–"एक कुबड़ी, ए कुबड़ी अपना कूबड़ दिखाओ और एक मुट्ठी धूल उसकी पीठ पर छोड़कर भागा।"[1] कुबड़ी केवल बच्चों द्वारा ही सताई हुई नहीं, अपितु ईश्वर, भाग्य और पति द्वारा भी सतायी हुई है।

भारती ने कहानी में मानवीय संवेदना के प्रति प्रश्नचिहन खड़े करते हुए बड़े ही करुणाप्रद प्रसंगों के सहारे ह्दयस्पर्शी संवाद एवं दृश्य रखे हैं। परित्यक्ता कुबड़ी गुलकी के नीरस जीवन में अगर कहीं कुछ ध्वनि, लय, कंपन भी है तो वे मिरवा और मटकी के गाने के कारण। यह कहानीकार की खूबी है कि केन्द्र में गुलकी होते हुए भी सभी पात्र अपनी विशिष्टताओं में पूरे–पूरे उबरे हैं और सब मिलकर उस अनुभूति और सत्य को अत्यन्त बेधड़क और मार्मिक रूप में व्यक्त करते हैं जो कहानी का उपेक्षित सन्दर्भ है। अनुभूति की सघनता ने छोटे–छोटे दृश्यों को गम्भीर अर्थ दिया है–चाहे

वह बच्चों का जुलूस हो, बच्चों का कुबड़ी से खेल, घेंघा बुआ का कूड़ा फेंकने का प्रसंग ये सब निष्ठुर समाज की स्वार्थपरता, मनुष्य से खिलवाड़ की प्रवृत्ति और गुलकी की मर्मभेदी करुणाओं को प्रस्तुत करते हैं।

ऐसी ही करुणामयी मर्मस्पर्शी दास्ता है 'गूँगे' की, जो रांगेय राघव की 'गूँगे' कहानी का केन्द्रीय आकर्षण है। यह कहानी एक गूँगे–बहरे लड़के की दास्तां है, जिसे एक मातृह्रदयी स्त्री दया की भावना से अपने यहाँ नौकर रख लेती है। गूँगा बोलता नहीं, सुनता नहीं पर काम करता है। वह काम छोड़–छोड़कर भाग भी जाता है, परन्तु उसमें ममता है, अनुभूति है और मनुष्यत्व। यही इस कहानी का मार्मिक सत्य है जो व्यक्ति, समाज और राष्ट्र को छूता है। इस कहानी में व्यक्त 'मनुष्य की करुणा की भावना उसके भीतर गूँगेपन की प्रतिच्छाया है।' जीवन में दुःख एक सत्य है, इसका अर्थ यह तो नहीं कि ऐसे दुःखी प्राणी साहित्य या समाज के लिए त्याज्य हैं? ह्यूगो ने कुबड़े का चित्र दिया था–व्यापक और महान्। वह भी जुझारू जीवन का यान्त्रिक चित्र नहीं था।

कहानी के 'गूँगे' में ह्रदय को रेत देने वाली पीड़ा है जो 'प्रसाद' के 'मधुआ' में भी अमर हो चुकी है। 'जन्म से वज्र बहरा होने के कारण वह गूँगा है।' इतना ही नहीं अनाथ भी है जिसे बुआ–फूफा ने पाला था, इसकी क़ीमत उसे पीटकर चुका लेना चाहते थे। वे चाहते थे कि गूँगा बाज़ार में पल्लेदारी करे, बारह–चौदह आने कमाकर लाए। इसी मार–पीट और बुआ–फूफा की अपेक्षा पर खरा नहीं उतरने के कारण गूँगा अब घर नहीं जाता। गूँगे को चमेली नौकर रख लेती है, एक दिन चोरी का अंदेशा होने पर मार–पीट कर घर से धक्का दे देती है–"मक्कार, बदमाश! पहले कहता था भीख नहीं माँगता और सबसे भीख माँगता है, रोज़–रोज़ भाग जाता है, पत्ते चाटने की आदत पड़ गयी है, कुत्ते की दुम क्या कभी सीधी होगी? नहीं, नहीं रखना है हमें, जा तू इसी वक़्त निकल जा।"[2] यहाँ चमेली की संवेदनशीलता, मनुष्यता अपने–पराये (बसन्ता–गूँगा) का भेद करती है। चमेली सोचती है उसने उस दिन भीख ली थी या ममता की ठोकर को निस्संकोच स्वीकार कर लिया था...। कहानीकार अन्त में प्रतीकात्मक शैली में कहता है "ये गूँगे... अनेक–अनेक संसार में भिन्न–भिन्न रूपों में छा गये हैं, जो कहना चाहते हैं पर कह नहीं पाते। जिनके ह्रदय की प्रतिहिंसा न्याय और अन्याय को परखकर भी अत्याचार को चुनौती नहीं दे सकती, क्योंकि बोलने के लिए स्वर होकर भी–स्वर में अर्थ नहीं है, क्योंकि वे असमर्थ है।"[3]

कहानी की चमेली जो किसी भी तरह से विकलांग नहीं है, सोचती है–आज के दिन ऐसा कौन है जो गूँगा नहीं है। किसका हृदय समाज, राष्ट्र, धर्म और व्यक्ति के प्रति विद्वेष और घृणा से नहीं छटपटाता, किन्तु फिर भी कृत्रिम सुख की छलना अपने जालों में उसे नहीं फाँस देती–क्योंकि वह स्नेह चाहता है। समानता चाहता है। रांगेय राघव की ही कहानी 'पंचपरमेश्वर' का 'कन्हाई' काना है। यह गाँव की नहीं शहर की कहानी है। शहर का निम्नवर्गीय तबका आर्थिक अभावों में, दरिद्रता के प्रकोप में नारकीय जीवनयापन करता है, ऊपर से यदि कोई निशक्त हो, अंग–भंग हो तो जीवन और नीरस तथा सूना–सूना हो जाता है। कन्हाई इसी का जीवन्त उदाहरण है। "बिस्तर में कन्हाई कुलबुलाया, अपनी अच्छी वाली आँख की मींड़ा। उसे क्या मालूम न था? फिर भी भारी गले से पड़ा–पड़ा बोला–कौन है?"[4] कथन से कन्हाई की विवशता, एकाकीपन, नीरसता और लाचारी का आभास ही हो जाता है। उसकी विकलांगता उसे एक वर्ग के दायरे में खड़ा करती है, लेकिन "हम वर्ग नहीं देखते, वर्ग में मानव देखते हैं, वर्गों का महत्त्व हमारे लिए इसलिए है कि मानव वर्गों में है।"[5] एक समाजशास्त्री ने कहा था–'पंचपरमेश्वर में जनता का मज़ाक उड़ाया गया है' न कि काने कन्हाई का। वस्तुतः यह कहानी एक विकलांग पात्र की होकर भी प्रतीक रूप में समाज के कमज़ोर वर्ग की पैरवी करती है।

विकलांग विमर्श से जुड़ी हुई कहानी 'राजू' ममता कालिया की ऐसी कहानी है जिसका 'राजू' एक आँख का काना होने के कारण अपनों ही से उपेक्षित होता है, उसे हिकारत की दृष्टि से देखा जाता है। राजू की माँ जो एक विधवा है, वह भी वैधव्य का दंश झेलती है। भारतीय ग्रामीण अंधविश्वासी समाज में जब कोई शुभ कार्य हो तो काने व्यक्ति या विधवा औरत की उपस्थिति को अशुभ माना जाता है। कहानी का मार्मिक अंश यही है कि जब एक बूढ़ी औरत कहती है–"भग्गी, ये कजहा (काना) कपूत घर में छोड़ आती तो एक दिन में तेरा दूध न सुख जाता, बियाह के घर लाकर खड़ा कर दिया सामने।"[6] इतना ही नहीं राहू की सगी मौसी ने ठसका दिखाते हुए कहा–"ब्याह शादी के मेले–ठेले सुहागिनों के होते हैं, कोई दूध पीती बच्ची तो नहीं जो कायदा समझाया जायें"[7] कहानी की मार्मिक संवेदना और विकलांगता के अभिशाप का अन्त तानों से खत्म नहीं होता, अपितु माँ विधवा भग्गो और काने राजू को काल कोठरी में कैद करके ब्याह के सारे रस्मों–रिवाजों (भाई की शादी में बहन द्वारा निभाये जाने वाले) से भग्गो को

वंचित कर देती है और 'राजू' का बारात में जाने का सारा उत्साह ठण्डा ही नहीं होता बल्कि अपनी ही माँ के मुँह से 'अपशकुनियाँ' सुनकर दिल तार–तार हो जाता है। 'अपशकुनियाँ' शब्द राजू के लिए नया तो नहीं था स्कूली बच्चों, मास्टरों, पड़ोसियों से सैंकड़ों बार सुन चुका था, लेकिन आज जब माँ ने कहा–"निकलकर देख तू कोठरी से बाहर, तेरी हड्डी–पसली न तोड़ दूँ। मरता भी नहीं, अपशकुनियाँ कहीं का।"[8] हिन्दी कहानियों में विकलांग पात्रों की एक श्रृंखला–सी दिखलाई पड़ती है। फणीश्वरनाथ रेणु की कहानी 'ठेस' का 'सिरचन' एक ग्रामीण कारीगर है जो मुँहज़ोर है, कमज़ोर नहीं, सिरचन मन का एकदम साफ़ है। यशपाल की 'अभिशप्त' कहानी का बालक अपने वर्ग का प्रतिनिधित्व करता है। कहानी के शुक्लाजी कहते हैं "हाँ... यह गूँगे नवाब का अहाता है; जहाँ बम पुलिस बनी है वही उसके साथ सटी हुई सी कोठरियाँ हैं। वहाँ पिछली रात खून हो गया, खून–खून किया किसने? पाँच साल के बच्चे ने।"[9] 'अभिशप्त' का गूँगा नवाब काफ़ी प्रभावशाली व्यक्तित्व है।

मैत्रेयी पुष्पा की कहानी 'सहचर' के अनपढ़ बंशी का अपनी पत्नी जो गेंगरीन से पैर कट जाने के कारण लंगड़ी हो गयी है, का इलाज करवाना, दूसरा विवाह करने के बिदकना सफल दाम्पत्य का अनूठा नमूना है। पैर कट जाने से विकलांग हो जाने पर उसका इलाज करवाने की अदम्य इच्छा, पत्नी के प्रति समर्पण और सद्भाव जहाँ विकलांगता के प्रति उपेक्षा के भाव से हमको ऊपर उठाता है। वहीं ओमप्रकाश भाटिया की कहानी 'बुर्ज', 'चाँद' और 'धुँआ' का अनिल अपने वृद्ध, बीमार और लकवाग्रस्त बाप को अवतार बना लोगों से धन ऐंठता है। "लकवाग्रस्त पिता घर में घुसते ही अंधेरे के बाद पहली प्रदर्शनी के रूप में रखा गया था।"[10] लेखिका विकलांग विमर्श के बहाने से आज की युवा पीढ़ी की स्वार्थपरता, बुजुर्गों के प्रति उनके निरादर के भाव और बाज़ारवादी दृष्टि को उजागर करती है। 'साक्षी'[11] की लेखिका जया जादवानी मानवीय सम्बन्धों को यथार्थ रूप से प्रस्तुत करती हैं। यह एक ऐसी महिला की कहानी है जो लकवाग्रस्त है, लेकिन फिर भी पूरा घर अपने अनुसार संचालित करना चाहती है।

शशिप्रभा श्रीवास्तव की कहानी 'साये का सुख' भी ऐसे ग़रीब स्त्री–पुरुष के वैवाहिक जीवन को चित्रित करती है जिसमें पत्नी पति के झगड़े में फिसलकर गिर जाने पर सिर में चोट लगने से पति का दाहिना हिस्सा अपाहिज हो जाता है। विकलांग की ऐसी स्थिति में पति की पूर्व क्रूरताओं,

बर्बरताओं को विस्तृत करते हुए पत्नी कहती है–''अपाहिज ही सही, मेरा शौहर घर में था और मैं उस घर की मालकिन थी, मेरे सिर पर इज्जत और हिफाजत का साया बना रहा।''[12] कहकर रचनाकार स्त्री संवेदना और उसके जीवन में पुरुष की अहमियत को स्पष्ट करता है।

राजस्थान के प्रख्यात कहानीकार रतनकुमार सांभरिया की कहानी 'सँवाखे' एक प्रज्ञाचक्षु जमन वर्मा की कहानी है, जो विकलांग होते हुए भी तथाकथित सवर्णों द्वारा सताया जाता है, इतना ही नहीं अंध विद्यालय के संचालक संस्थापक श्यामा जी, जमन वर्मा के अंधी वीमा से प्रेम विवाह करने पर पितृवत आशीर्वाद देता है। जमन वर्मा को अंध विद्यालय में ही अध्यापक की नौकरी एवं रहने के लिए कमरा भी देता है लेकिन उसी श्यामा को जब यह पता चलता है कि अंधी 'वीमा' शर्मा है और उसी के रिश्तेदारी में भी है, तब श्यामा मानवीयता की सारी हदें लाँघकर जमन की पत्नी वीमा का अपहरण करा देता है, नौकरी एवं घर से निकाल देता है और कहता है ''वह वीमा शर्मा है। तुम जमन वर्मा। वह जमींदार है। तुम फाकामार। शास्त्रों के लिहाज़ से सिर और पैर।''[13] श्यामा का यह कथन दलितों के प्रति ब्राह्मणों की सोच को मार्मिक ढंग से उद्‌घाटित करता है।

कहानी में दलित एवं विकलांग विमर्श को एक साथ व्यक्त करता एक संवाद 'यामा'–अंधा, ढूंढ, नीच जात! काबू में रह तू! जमन–''मुझे अंधा, ढूंढ और नीची जात कहकर आपने अपनी जात बता दी। श्यामा जी।'' श्यामा–''शुक्र है, अंधा है, तू! वरना तुझे यहीं बोटी–बोटी कर देता, अपना बोरिया बिस्तर समेट और स्कूल से दफा हो जा।''[14] इससे सवर्ण मानसिकता जग जाहिर हो जाती है। जमन का 'अजीज दोस्त कहानी का तीसरा पात्र देवतसिंह जो पैरों से विकलांग है और विकलांग संघ का अध्यक्ष भी है। वह जमन की मदद करना चाहता है लेकिन अखबार का सम्पादक सी.सी.झा, थाने का थानेदार, विकलांगों के आका मि. शर्मा, श्यामा शर्मा आदि सभी लामबन्द हो जाते हैं जिससे जमन वर्मा को न्याय नहीं मिल पाता है। थानेदार का विकलांगों के प्रति ऐसा व्यवहार–''स्साले अंधे, लंगड़े, लूले भी लड़कियों को धोखा देकर उनसे शादी रचने लगे हैं। लंपट कहीं का।''[15] अपंग देवतसिंह एवं अंधे जमन को तार–तार व छलनी कर देता है। देवतसिंह जमना वर्मा को सांत्वना देता हुआ कहता है–''जमन, हम विकलांग हैं, हमारी एक जात है। एक पात है। न लोभ हमें तोड़ सकता है। न लालच टस से मस कर सकता है, साहस डर को मारता है हताशा

डर को सींचती है, घबराओ मत।''[16] जयशंकर प्रसाद की 'बेड़ी', 'मधुआ', जैनेन्द्र कुमार की 'अपना–अपना भाग्य', निर्मल वर्मा की 'परिन्दे', रतन कुमार सांभरिया की 'बैल' 'हथौड़ा' आदि कहानियाँ प्रत्यक्ष–परोक्ष रूप से विकलांग विमर्श को वाणी देती है।

विकलांग विमर्श की चर्चा करते समय प्रेमचन्द का 'रंगभूमि' उपन्यास याद आता है। देखा जाये तो सूरदास के बहाने कथा साहित्य में विकलांग चरित्र को प्रथम बार प्रतिष्ठित किया गया है। कालान्तर में अन्य कई उपन्यासकारों ने विकलांग पात्रों को केन्द्र में रखा। यथा डॉ. हजारी प्रसाद द्विवेदी के 'बाणभट्ट की आत्मकथा', 'अनामदास का पोथा', उदयशंकर भट्ट के 'सागर, लहरें और मनुष्य', इलाचन्द जोशी के 'प्रेत और छाया', फणीश्वरनाथ रेणु के 'मैला आँचल', 'कितने चौराहे' आदि अनेक उपन्यासों में विकलांग पात्रों के प्रति आत्मीय भावों का यथार्थ उद्घाटन किया गया है।

कथा सम्राट प्रेमचन्द के चर्चित उपन्यास 'रंगभूमि' का सूरदास कृशकाय, सीधा–साद–नित्य प्रति निशार्जन के लिए निकलता है सबको दुआयें और आशीर्वाद देता हुआ स्वाभिमानी सूरदास सभी के अच्छाई की कामना करता हूँ 'जो दो उसका भी भला, न दे उसका भी भला।' सिद्धान्त का संवाहक सूरदास सच्चे अर्थों में मानवता का सबल समर्थक है यथा 'भगवान की चाकरी करता हूँ किसी दूसरे की ताबीदारी नहीं हो सकती।' उसकी बाह्य दृष्टि भले बन्द हो अन्तर्दृष्टि खुली हुई है।''[22] 'रंगभूमि' का सूरदास सच्चरित्र, परोपकारी, मानवतावादी, शरणागत का संरक्षक, स्त्री मर्यादा का कद्रदान, राष्ट्रप्रेमी और गाँधीवादी विचारों से लबरेज साहसी व्यक्ति है। वह अपने पुरखों की ज़मीन उद्योगपति जानसेवक को नहीं बेचता है, उद्योगों की स्थापना का विरोध करता है, उनके लगने के बाद पनपने वाली बुराइयों की ओर संकेत करके ग्रामवासियों को आगाह करता है। प्रस्तुत उपन्यास में सूरदास के साहस, राष्ट्रप्रेम को उजागर किया है। अपने अस्तित्व की रक्षा करते हुए सूरदास ने सत्य और नैतिकता के सहारे जो संघर्ष किया वह एक मिसाल है।

फणीश्वरनाथ रेणु के उपन्यास 'मैला आँचल' और 'कितने चौराहे' में अँचल विशेष के विकलांगों का सजीव व सार्थक चरित्रांकन किया है। 'मैला आँचल' का मार्टिन मन्दबुद्धि पात्र है लोग उसके प्रति संवेदना रखने की बजाये उपहास का पात्र समझते हैं, मनोरंजन का कारक मानते हैं। विकलांगों के प्रति व्याप्त उपेक्षा का भाव और सम्वेदनाहीन दृष्टि आम बात है।

कई बार उनकी बातों पर लोग यकीन भी नहीं करते हैं। मार्टिन को लोग पागल समझते हैं, वह प्रतिदिन पूणिया जिले की कचहरी में रद्दी कागजों का पुलिंदा बगल में दबाए भटकता रहता है, उसे पागल समझ पागलखाने में भर्ती कर दिया जाता है जहाँ उसकी जीवन लीला का अन्त हो जाता है। 'मैला आँचल' की कमला भी मानसिक रूग्णता का शिकार है। "एक दिन डॉक्टर कमली का ब्लड प्रेशर जाँच कर रहे थे तब कमला तिरछी नज़रों से डॉक्टर को निहारती है, डॉ. भी अवसर का लाभ उठा उसे बाँहों में जकड़ लेता है और उसे अपनी हवस का शिकार बना डालता है।"[23] मानसिक रोगग्रस्त नारियों को भक्ष्य करने वाले भेड़ियों की कमी नहीं। कमला उससे गर्भवती हो जाती है और इसका दंश उसे झेलना पड़ता है। उपन्यासकार ने यहाँ मन्दबुद्धि नारी की पीड़ा और विकलांगों के शारीरिक शोषण का मुद्दा उठाया है।

'मैला आँचल' का तीसरा पात्र सेवादास नेत्रहीन है। यथानाम तथा रूप निःस्वार्थ भाव से मठ की सेवा-सुश्रुषा में समर्पित है। महंत सेवादास अबोध, असहाय लक्ष्मी का लालन-पालन सन्तान की तरह करता है लेकिन गाँव वाले उस पर यौन-शोषण का आरोप मढ़ देते हैं। यादव टोली का किसनू कहता है-"अंधा महंत अपने पापों का प्रायश्चित कर रहा है। बाबाजी होकर भी रखेलिन रखता है वह बाबाजी नहीं।"[24] समाज में ऐसे निठल्ले नकारात्मक लोगों की कमी नहीं जो दूसरों पर आरोप मढ़ते रहते हैं। वे किसी भी व्यक्ति को पदचाप व सुगंध से ही पहचान लेते थे। उसकी नेत्रहीन ज्योति से मानो ज्ञान की रश्मियाँ विस्फूरित होती थीं।

फणीश्वरनाथ रेणु के ही उपन्यास 'कितने चौराहे' में एक ऐसे मानसिक विकलांग हाफिज की व्यथा-कथा अभिव्यक्त है जो मजहब के साथ राष्ट्र-प्रेमी है तथा महात्माओं के विचारों से अनुप्रणित है। "हाफिज महात्मा गाँधी और सरोजनी नायडू को आदर्श मानता है। मानसिक विकृति के कारण उसकी अतृप्त आकांक्षाएँ उसकी बातों से झलकती हैं।"[25] हाफ़िज गंगा-जमुनी तहजीब और साझी संस्कृति का संवाहक है लेकिन रूढ़िवादी समाज उसे जाति में जकड़कर अमानवीय व्यवहार करता है। हाफिज साम्प्रदायिक एकता का प्रबल समर्थक है। उपन्यासकार ने समाजवादी प्रगतिशील चेतना को सुदृढ़ करने का प्रयास किया है।

अमृतलाल नागर के 'खंजन नयन' उपन्यास (1981) में विकलांग पात्र सूरदास नौ वर्ष की अवस्था में गृहत्याग कर कृष्ण भक्ति में संलग्न हो जाते हैं। 'सुनैना और कंतो के आकर्षण के बाद भी भक्ति के समक्ष काम-भावना

पराजित हुई।' इन विक्षिप्तजनों में ही अपने परम सौन्दर्य चन्द्र श्यामा सखा को देखूँगी।''[26] नागर ने सूरदास के ज्ञान से उसकी आजीविका और पद–प्रतिष्ठा को जोड़ा है। सूरदास यहाँ असाधारण मानव के रूप में स्थापित किया जाता है। सूरदास ने सहज काम–प्रवृत्ति के उभरने के बाद भी आध्यात्मिक शक्ति से उसे नियन्त्रित रखा। समाज में विकलांग पात्रों को उनके गुणों के अनुरूप सम्मान नहीं मिलता। उन्हें तो उपहास का पात्र ही समझा जाता है।

कुछ भी हो विकलांग पात्रों की प्रतिभा अप्रतिम होती है। सूरदास की गायनकला, ज्योतिष विद्या, आध्यात्मिक शक्ति और भौतिक ज्ञान की चेतना अद्भुत है। सूरदास की साथी कंतो समाज की बदनामी के डर से उसका साथ छोड़ना चाहती है लेकिन सूर उससे यह कहते हैं–''कंतो... यदि इस समय तू जायेगी तो लोग यही कहेंगे कि कलंक से बचने के लिए सूरे ने कंतो का साथ छोड़ दिया है।''[27] सूरदास के पास दिव्य दृष्टि है लेकिन अंधेपन की पीड़ा का दंश उसे सालता है। ''ईंट–पत्थर की अंधेरी कोठरी में दीपक जलाकर उजाला किया जा सकता है किन्तु काया की अंधी कोठरी में।''[28] सूर का व्यक्तित्व आकर्षक है, आँखें सुन्दर हैं लेकिन निर्जीसव–सी। 'नागर में सूरदास की ज्ञान पिपासा को उनके जीवन की एक निरन्तर चलनेवाली प्रक्रिया के रूप में निरूपित किया है।' विकलांगता के बावजूद इनका जीवन लोककल्याणकारी है।

श्रीलाल शुक्ल के 'रागदरबारी' उपन्यास में लंगड़े का चरित्र विस्तीर्ण है। उसने कचहरी में एक दीवानी मुकदमा दायर किया जिसके लिए उसे पुराने फैसले की प्रति चाहिए थी जिसके लिए उसने आवेदन किया लेकिन रिश्वत नहीं देने के कारण उसे वह प्रति नहीं मिल सकी। उसी कड़ी में मृदुला सिन्हा का उपन्यास 'ज्यों मेंहदी को रंग' (1981 ई.) विकलांगता के दंश को भोगे हुए यथार्थ का जीवन्त दस्तावेज हे। लेखिका पुत्र परिमल की विकलांगता को शालिनी के अनुभूतियों को ही उपन्यास के पन्नों पर उतारा है। ये अनुभूतियाँ मेरी ही नहीं उन सब माँ–बापों की हैं जिनकी स्थिति मेरी जैसी थी, है या होगी।''[29] इस उपन्यास में लेखिका ने विकलांगों की समस्या पर बड़ी ही हृदयस्पर्शिता व मार्मिकता से अपनी लेखनी चलायी है। लेखिका के स्व–अनुभवों को यथार्थ रूप से चित्रित करने का प्रयास है। उपन्यास में एक अन्य पात्र युनुस मियाँ दोनों हाथों व पावों से कटा हुआ माँस–पिंड का लोथड़ा है जिसका दद्दा के संस्थान में इलाज होता है।

राजेन्द्र यादव लिखित उपन्यास 'अनदेखे अनजान पुल'–1963 एक ऐसी काली–कलूठी–कुरुप नवयुवती की दुःख भरी दास्तान है जो हीन ग्रन्थि की शिकार होकर जीवन के प्रत्येक सोपान में असफलता प्राप्त कर अवसाद से आछन्न है। "निन्नी का रंग काला है... होंठ सावले हैं और मसूड़े ज़रूरत से ज़्यादा लाल हैं और चेहरे पद दाँतों और कोथों की सफेदी उफननी लगती है।"[30] उपन्यास की नायिका निन्नी कुरुपता के कारण कुंठित है वह सोचती है उसके जीवन में सुख के सारे द्वार बन्द हैं। उसके जीवन में एक दर्शन नाम का युवक अवश्य आता है जिसे वह मन ही मन पति मान बैठती है। दर्शन की आत्मीयता से आप्लवित व्यवहार उसे आश्वस्त अवश्य करता है लेकिन वह कुरुपता के कुंद से बाहर नहीं निकल पाती है।

मृदुला गर्ग के उपन्यास 'अनित्य'–1996 में काजल और श्यामा दो विकलांग चरित्र हैं और उनके साथ अविजित नामक एक पुरुष पात्र भी है। "काजल साँवली, सलोनी, चेहरे पर चेचक के दाग लिए बदसूरत, हँसमुख और मेधावी है।"[31] काजल क्रान्तिकारी विचारों से ओतप्रोत नारी है, समतावादी समाज की पक्षधर है। उपन्यास की श्यामा अप्रतिम सुन्दरी है, वह उच्च वर्गीय घराने की पुत्री है, इसीलिए अविजित काजल के प्रणय निवेदन को ठुकरा कर श्यामा से विवाह कर लेता है। विवाह के कुछ वर्षों के बाद श्यामा के पैर में लाइलाज बीमारी हो जाती है जिससे वह अपंग की भाँति पलंग पकड़ लेती है। श्यामा आरामपसन्द स्त्री है। श्यामा के विकलांग के रूप में बिस्तर पकड़ने के बाद उनका दाम्पत्य जीवन औपचारिकता का निर्वाह मात्र रह गया है।

चित्रा मुद्‌गल के उपन्यास 'आवाँ' का देवीशंकर पाण्डे लकवाग्रस्त हो जाता है। पराश्रित होने की पीड़ा उसे दुःखी करती है। लकवा से दाहिने अंग प्रभावित होने के कारण वे नित्य–प्रति कार्य स्वयं नहीं कर पाते हैं। उनकी पुत्री नमिता निसंकोच भाव से ये सारे कार्य निपटाती है। पाण्डे शारीरिक रूप से विकलांग ज़रूर हो गये लेकिन मन से पूर्ण सशक्त है, अपनी बेटी नमिता को जाग्रत करते हैं, उसका मनोबल बढ़ाते हैं, आत्मनिर्भर बनने का सन्देश देते हैं। परिवार के भविष्य के लिए संचित निधि रखते हैं।

राजेन्द्र कुमार रस्तोगी के उपन्यास 'अंधे की आँख'–2007 का नायक चन्दर एक कार दुर्घटना में दोनों आँखें गँवा बैठता है और पराश्रित हो जाता है। वह जन्मांध नहीं है इसलिए आँखों की रोशनी चली जाने की पीड़ा से वह व्यथित है। उसकी माँ चन्दर के लिए बहुत चिन्तित है मेरे बाद का

क्या होगा–''मेरे पीछे दीवारे कब तक टटोल लोगे।''[32] चन्दर के माध्यम से अमानवीय समाज के बारे में लेखक लिखते हैं–''अनुभव में ऐसा भी आता है कि आदमी जब मर जाता है तब चन्दन की चिता सजायी जाती है... लेकिन जीवित अवस्था में देवतुल्य व्यक्ति को भी घास तक डालना पसन्द नहीं करता।''[33] आलोच्य उपन्यासों के साथ ही हजारीप्रसाद द्विवेदी के 'बाणभट्ट की आत्मकथा', मुक्तिबोध के उपन्यास 'अनास्वामी', उदयशंकर भट्ट के 'सागर लहरें और मनुष्य', इलाचन्द जोशी के 'प्रेत और छाया' आदि अनेक उपन्यास हैं जिनमें विकलांग चरित्रों की व्यथा, कुंठा, पीड़ा और विवशताओं व यत्र–तत्र उनके साहस को भी रेखांकित किया गया है।

निष्कर्ष

अतः यह कहा जा सकता है कि वर्तमान नवविमर्शों के दौर में विकलांग विमर्श अपने आप में एक नव अवधारणा है। जिसकी परिकल्पना, परिचर्चा इस दृष्टि से पूर्व में नहीं हो पायी थी, हालाँकि हिन्दी साहित्यकारों ने अपनी रचनाओं में विकलांग पात्रों को अवश्य चित्रित किया। हिन्दी कथा में ही नहीं हिन्दी कविता और अन्य विधाओं में भी यत्र–तत्र विकलांग पात्रों का उल्लेख होता रहा है। इसी परिप्रेक्ष्य में हिन्दी कथा साहित्य के सन्दर्भ में विकलांग विमर्श को विवेचित–विश्लेषित करने का प्रयास है। जिसे वर्तमान समय में अधिक प्रासंगिक कहना होगा।

सन्दर्भ

1. संपा. परमानन्द श्रीवास्तव एवं गिरीश रस्तोगी–कथान्तर, पृ.108
2. रांगेय राघव–मेरी प्रिय कहानियाँ, पृ.86
3. वही, पृ.88
4. रांगेय राघव–मेरी प्रिय कहानियाँ, पृ.28
5. वही
6. संपा. ममता कालिया–कथा कारवाँ, पृ.96
7. वही
8. वही, पृ.98
9. संपा. मंजू ज्योत्सना–कथा प्रभास, पृ.55
10. संपा. नमिता सिंह–वर्तमान साहित्य, पत्रिका, अक्टूबर–1999, पृ.23
11. संपा. राजेन्द्र यादव–हंस, मासिक, अगस्त–1996, पृ.27
12. शशि प्रभा श्रीवास्तव–साये का सुख कहानी, पृ.20
13. रतनकुमार सांभरिया–खेत तथा अन्य कहानियाँ, पृ.20

14. वही, पृ.21
15. वही, पृ.40
16. वही, पृ.39
17. रतनकुमार सांभरिया–हुकम की दुग्गी, पृ.54
18. वही, पृ.56
19. रतनकुमार सांभरिया–खेत तथा अन्य कहानियाँ, पृ.138
20. वही
21. रतनकुमार सांभरिया–काल तथा अन्य कहानियाँ, पृ.49
22. प्रेमचन्द–रंगभूमि, पृ.5
23. फणीश्वरनाथ रेणु–मैला आँचल, पृ.221
24. वही, पृ.26
25. फणीश्वरनाथ रेणु–कितने चौराहे, पृ.100
26. डॉ.पुष्पा बंसल–अमृतलाल नागर : भारतीय उपन्यास, पृ.60
27. खंजन नयन–अमृतलाल नागर, पृ.114
28. वही, पृ.15
29. मृदुला सिन्हा–ज्यों मेहंदी की रंग,
30. राजेन्द्र यादव–अनदेखे अनजान पुल, पृ.27
31. मृदुला गर्ग–अनित्य, पृष्ठ 164
32. राजेन्द्रकुमार रस्तोगी–अंधे की आँख, पृ.158
33. वही, पृ.158

खण्ड - 10 : किन्नर विमर्श

अस्तित्व की तलाश

डॉ. मोहम्मद फ़ीरोज़ खान

किसी भी सभ्य व सुसंस्कृत समाज की पहचान इस बात में निहित है कि वह अपने नागरिकों को किस प्रकार के अधिकार प्रदान करता है और उन अधिकारों के क्रियान्वयन के लिए वहाँ की संस्थाएँ किस हद तक सजग प्रहरी के रूप में ज़िम्मेदारियों का निर्वहन करती हैं। समतामूलक समाज अपने किसी भी नागरिक को जाति, धर्म, भाषा, क्षेत्र, नस्ल व लिंग के आधार पर भेदभाव नहीं करता। यदि किसी भी नागरिक के साथ ऐसा बर्ताव किया जाता है तो वह न्यायालय की शरण ले सकता है। लेकिन यह तभी सम्भव है जब वह नागरिक शिक्षित हो व अपने अधिकारों के प्रति जागरूक हो। भारतीय संविधान ने अपने नागरिकों को मौलिक अधिकार दिए है किन्तु समय–समय पर भारतीय नागरिकों के साथ जाति व लिंग के आधार पर भेदभाव किया गया। जिसकी आवाज़ माननीय उच्चतम न्यायालय व संसद भवन में भी सुनाई पड़ी। एक स्वस्थ व स्वच्छ प्रजातांत्रिक राष्ट्र की निशानी भी यही है कि यदि उसके नागरिकों के मौलिक अधिकारों का उल्लंघन हो तो उसकी रक्षा की जायें

हाल ही में उच्चतम न्यायालय द्वारा दिया गया निर्णय द्रष्टव्य है, जिसने (LGBTQ के सन्दर्भ में) लोगों का ध्यान आकर्षित किया। एक समय होमोसेक्सुअल, (गे और लेस्बियन) के मध्य स्थापित होने वाला प्रेम सम्बन्ध अप्राकृतिक समझा जाता था लेकिन माननीय उच्चतम न्यायालय ने इसे अपराध की श्रेणी से बाहर कर दिया। कोई भी दो वयस्क पुरुष आपस में प्यार का इज़हार बन्द कमरे में कर सकते हैं, ऐसे ही कोई भी दो वयस्क महिला बन्द कमरे की चारदीवारी में सम्बन्ध स्थापित कर सकती हैं।

एक समय इसे अप्राकृतिक मानकर उनका मानसिक व शारीरिक शोषण किया जाता था।

माननीय उच्चतम न्यायालय ने 15 अप्रैल, 2014 को अपने दिए गये एक निर्णय में किन्नरों को OBC वर्ग में रखा तथा केन्द्र व राज्य सरकारों को निर्देशित किया कि सारे शैक्षिक और सरकारी संस्थाएँ इनके लिए खोल दी जायें इसके पूर्व जेण्डर आधारित समाज इनके लिंग दोष से युक्त होने के कारण उन्हें हाशिए पर कर दिया था। लिंग दोष से युक्त होने की वजह से उन्हें अपना घर–बार छोड़कर जाना पड़ा। हाशिए पर रखे गये इस समुदाय को मुख्यधारा में लाने के लिए हिन्दी साहित्य के मूर्धन्य विद्वानों ने अपनी कलम चलाई। हिन्दी में थर्ड जेण्डर पर केन्द्रित उपन्यास लेखन की परम्परा 2002 ई. से हुई है। इस विषय पर सर्वप्रथम उपन्यास नीरजा माधव कृत 'यमदीप' (2002) लिखा गया है। इसके कुछ वर्षों पश्चात् और भी उपन्यास प्रकाशित हुए हैं। जैसे– प्रदीप सौरभ कृत 'तीसरी ताली' (2011), महेन्द्र भीष्म कृत 'किन्नर कथा' (2011) और 'मैं पायल...' (2016), डॉ. अनुसूया त्यागी कृत 'मैं भी औरत हूँ' (2009), निर्मला भुराड़िया कृत 'गुलाम मण्डी' (2014), चित्रा मुद्गल कृत 'पोस्ट बॉक्स 203 नाला सोपारा' (2016), भगवंत अनमोल कृत 'ज़िन्दगी' 50–50(2017), गिरिजा भारती कृत 'अस्तित्व' (2018), सुभाष अखिल कृत 'दरमियाना' (2018) राजेश मलिक कृत 'आधा आदमी' (2018), डॉ. लता अग्रवाल– 'मंगलामुखी' (2020), मोनिका देवी–'अस्तित्व की तलाश में सिमरन' (2019), हरभजन सिंह मल्होत्रा–'ऐ ज़िन्दगी तुझे सलाम' (2019), डॉ. विमला मल्होत्रा–'किन्नर मुनिया मौसी' (2019), अर्चना कोचर–'किन्नर कथा एक अन्तहीन सफर' (2020), नीना शर्मा–'मेरे हिस्से की धूप' (2020), मुक्ति शर्मा–'श्रापित किन्नर' (2019), श्रीगोपाल सिसौदिया–'वह' (2020), रेनू बहल–'मेरे होने में क्या बुराई है' (2020), शरद सिंह–'शिखण्डी : स्त्री देह से परे' और जया जादवानी कृत 'देह कुठरिया' (2021) जैसे अनेक उपन्यास प्रकाशित हो चुके हैं। महेंद्र भीष्म जिन्होंने किन्नर समुदाय को केन्द्र में रखकर 'किन्नर कथा' तथा 'मैं पायल...' लिखा। किन्नरों की त्रासदी भी ज़िन्दगी का जीवन्त चित्रण 'किन्नर कथा' में महेंद्र भीष्म ने सोना नाम की किन्नर के माध्यम से व्यक्त किया है। महाराजा जगतसिंह के यहाँ जन्म लेने के पश्चात् भी जो दुखमय जीवन उसे गुज़ारना पड़ा वह अकल्पनीय है। सोना के जन्म के पश्चात् माँ आभा ने इस राज को कई वर्षों तक दफ़न रखा यहाँ तक कि दाई से यह वादा कराया गया कि इस राज का पर्दाफाश न होने पाये कि सोना एक किन्नर है। एक दिन राजा जगतसिंह को यह

पता चल जाता है कि सोना एक किन्नर है। वे उसे मारने का हर जतन करते हैं किन्तु निष्ठुर प्रयत्न पिता के ह्दय में करुणा जन्म लेती है, सोना को न मारकर वे उसे किन्नरों को सौंप देते हैं और खुद राज–पाट त्यागकर संन्यास ले लेते हैं। जगतसिंह की यह मानसिकता उस पुरुष समाज की देन है जो लिंग को महत्त्व न देकर जेण्डर को महत्त्व देता है। जेण्डर के दो पहिए से चलने वाला समाज तृतीय लिंग जो शारीरिक रूप से अक्षम है उसे जगह नहीं देता। इसी मानसिकता को महेंद्र भीष्म ने बहुत ही रोचक ढंग से प्रस्तुत किया है।

हिन्दी साहित्य में इक्कीसवीं सदी के साहित्यकारों ने हाशिए पर गये लोगों के बारे में लिखा। कृषक, मजदूर, आदिवासी, नारी और थर्ड जेण्डर ऐसे अछूते विषय थे जिनको साहित्य में जगह बीसवीं शताब्दी के उत्तरार्ध और इक्कीसवीं शताब्दी में मिली। किन्नर विमर्श पर अज्ञानता की ऐसी चादर चढ़ाई गयी कि तमाम किवदंतियाँ गढ़ दी गयीं। अज्ञानता के इस चादर को हटाने का काम महेन्द्र भीष्म, चित्रा मुद्गल, सुभाष अखिल, गिरिजा भारती, प्रदीप सौरभ, नीरजा माधव व भगवंत अनमोल ने किया। इन्होंने इनकी संस्कृति, भाषा, रीति–रिवाज, धार्मिक विश्वास का ऐसा जीवन्त चित्रण किया कि मुख्यधारा के लोग स्वयं ही इनके बारे में जानने के लिए आगे आये। इनकी रचनाओं ने लोगों की मानसिकता बदली कि किन्नर भी हमारी तरह इंसान हैं, वे हमारे समाज के अभिन्न अंग हैं, वे लिंग दोष से युक्त हैं लेकिन इसके लिए वे स्वयं ज़िम्मेदार नहीं हैं। यह ईश्वर प्रदत्त है। ईश्वर द्वारा दी गयी किसी चीज़ पर हमें दोष निकालने का अधिकार नहीं है। यदि लिंग दोष से युक्त व्यक्ति के हाथ में यह सम्भव होता है कि वह अपने आपको ठीक कर सके तो वह कर लेता–किन्तु प्रकृति द्वारा दिए गये शरीर के आगे वह विवश है।

किन्नरों को उनके अधिकारों के प्रति जागरूक करने में माननीय उच्चतम न्यायालय, नई दिल्ली का विशेष योगदान है। अपने एक निर्णय में उच्चतम न्यायालय ने इन्हें ओ.बी.सी. वर्ग में रखा। माननीय उच्चतम न्यायालय ने राज्यों और केन्द्र सरकार को भी निर्देशित किया कि हाशिए पर फेंके गये इस समुदाय के लिए सारी संस्थाओं के दरवाज़े खोल दिए जायें सरकारी विभागों से निकलने वाले फार्मों में थर्ड जेण्डर नाम का एक अलग कालम बनाया जायें इसका परिणाम लक्ष्मीनारायण त्रिपाठी, मानोबी बंद्योपाध्याय, विद्या राजपूत, रवीना बरिहा, माही गुप्ता, आर्यन पाशा, वीना, भाबनम मौसी, धनंजय चौहान, काजल किरन, पायल, रेशमा और अन्य किन्नरों के रूप में

देखने को मिला जिन्होंने राष्ट्रीय स्तर पर अपनी पहचान बनायी और अपने समुदाय की आवाज़ को इलेक्ट्रॉनिक व प्रिंट मीडिया में मुखरित किया।[1]

किन्नरों को हाशिए पर ले जाने का सबसे प्रमुख कारण जेण्डर आधारित समाज है जो स्त्री व पुरुष के अलावा किसी अन्य जेण्डर को स्वीकार करने को तैयार नहीं है। इन दो खाँचों में न आ पाने के कारण किन्नर समुदाय अपना अलग समाज बना लेता है। एक ही परिवार में जन्मे लिंग युक्त और लिंग रहित बच्चों में इतना फ़र्क पैदा कर दिया जाता है कि वह ख़ुद ही परिवार छोड़कर चला जाता है। किन्नरों की यह स्थिति अँग्रेजों द्वारा बनाए गये क्रिमिनल एक्ट 1861 से उत्पन्न हुई जब उनके प्रेम सम्बन्धों और आजीविका के साधनों को अप्राकृतिक घोषित कर दण्ड का प्रावधान किया गया। हाल ही में उच्चतम न्यायालय ने इस एक्ट को क्रिमिनल एक्ट के वर्ग से हटाकर दण्डरहित बना दिया। कोई भी दो परिपक्व नवयुवक यदि कमरे की चाहरदीवारी के बीच में प्रेम करते हैं तो यह उनका निजी मामला है, यह दण्ड की श्रेणी में नहीं आयेगा।[2]

सभ्य कहा जाने वाला समाज सेक्स की जगह जेण्डर को आदर्श मानता है। सेक्स जैविक व प्राकृतिक है जबकि जेण्डर सांस्कृतिक व मानव निर्मित है। सेक्स किसी भी पुरुष, महिला व थर्ड जेण्डर की प्राकृतिक पहचान है जो उसे ईश्वर द्वारा प्रदत्त शारीरिक ढाँचे से मिलता है। पूरे विश्व में कोई भी स्त्री, स्त्री है क्योंकि ईश्वर ने उसे ऐसे सेक्सुअल आर्गन प्रदान किए हैं जो सार्वभौमिक हैं किन्तु उसका कपड़ा पहनना, चलना, उठना, बैठना, खाना–पीना परिस्थिति व वातावरण के हिसाब से अलग हो सकता है।[3] ए रेवती ने अपनी किताब 'Life of Transactivism' में लिखा है कि क्या बड़ी मूँछ और दाढ़ी वाला आदमी ही आदमी है क्या बड़े बाल रखने वाली औरत ही केवल औरत है।"[4] नहीं, एक औरत की पहचान प्रकृति द्वारा प्रदत्त सेक्सुअल आर्गन से है और यही पुरुषों के साथ है। किन्नरों का सेक्सुअल आर्गन न औरत की तरह होता है और न ही पुरुष की तरह। सुभाष अखिल अपने उपन्यास दरमियाना में लिखते हैं, "यौनिक अस्मिता को लैंगिक पहचान के साथ गड्ड–मड्ड नहीं किया जाना चाहिए। एक चुनी हुई पहचान और जन्मजात पहचान के अन्तर को समझना होगा। शरीर से औरत को गोश्त मानने वाले मर्द और मर्द को दैहिक ज़रूरत समझने वाली औरत ये दोनों ही इस तीसरे को ठीक–ठाक नहीं समझ सकते। इस तीसरे शरीर के बीच बसा मन..."[5]

सेरेना नन्दा ने अपनी किताब 'Neither Man Nor Woman : The Third Gender of India' में लिखा हैं–"यह ऐसे लोगों का समुदाय है जो कि न औरत है और न ही मर्द बल्कि उनके बीच के। ये अपने आराध्य देवी बहुचरा माता की पूजा करती हैं तथा अरावन को अपना पति मानती हैं। बच्चों के जन्म पर नेग माँगना तथा उन्हें आशीष देना उनका मुख्य पेशा है। इसमें से कुछ वेश्यावृत्ति में भी लगे हुए हैं।"[6]

किन्नर समुदाय को केन्द्र में रखकर कई उपन्यास लिखे गये जिसमें एक 'किन्नर कथा' भी है। इस उपन्यास में महेंद्र भीष्म ने किन्नरों की व्यथा, उनके हाशिए पर जाने के कारण, पितृसत्तात्मक समाज द्वारा उनका परित्याग तथा किन्नर टोली की संस्कृति और धार्मिक रीति–रिवाजों को प्रमुखता से उठाया है।

राजा जगतराज सिंह बुंदेला के घर में जन्मी दो जुड़वाँ सन्तानों में से एक का किन्नर होना परिवार के लिए सबसे बड़ी मुसीबत बन कर आता है। माँ आभा ने अपनी किन्नर बेटी सोना का राज अपने पति तक को नहीं बताया। दाई निरंजना के मुँह को बन्द करने के लिए तमाम कसमें–वादे दिलाए गये कि यह बात समाज में न उजागर होने पाये कि आभा की कोख से जनमी दो सन्तानों में एक किन्नर है। एक दिन यह राज राजा जगतसिंह बुंदेला के सामने खुल जाता है। वह दाई निरंजना को मौत के घाट उतरवा देते हैं केवल इसलिए कि उसने इस राज को छुपाया था। झूठी शान–शौकत के नाम पर 'आनर किलिंग' भारतीय समाज में एक सामान्य बात है। राजा जगतराज सिंह का झूठा अभिमान, क्षत्रिय शान–शौकत सोना पर भारी पड़ता है। सोना को मारने की जगह उसे तारा और मालिन किन्नर को सौंप कर वह अपने पद से हट जाता है। प्रायः यह देखा गया कि किसी भी किन्नर को पिता की जिद के आगे ही घर से बाहर किया जाता है। माँ कभी ऐसा नहीं चाहती किन्तु बाप की पुरुषी मानसिकता जो परिवार का मुखिया होने का दंभ भरता है। एक औरत को स्वतन्त्र निर्णय नहीं लेने देता है। आभा चाहकर भी सोना को अपने पास नहीं रख पाती। इसका वर्णन उपन्यासकार ने इन शब्दों में किया है, "सारी रात पति–पत्नी में विवाद होता रहा। इतना कि जितना पहले कभी नहीं हुआ, अन्ततः सारे वास्ते धरे के धरे रह गये। जगतराज ने अपनी पत्नी की एक न सुनी। गहरी नींद में सो रही सोना के मुँह में अपने हाथ से अफीम चटा दी और उसे आभा की गोद से छीनकर अपनी गोद में ले लिया।"[7]

किन्नर समुदाय के सांस्कृतिक, आर्थिक और राजनैतिक पहलुओं को उपन्यासकार महेंद्र भीष्म ने बेहद मार्मिक ढंग से प्रस्तुत किया है। सोना का तारा की मंडली का हिस्सा बनना परिस्थितियों का खेल नहीं वरन् समाज का ऐसा ताना–बाना है जो जेण्डर आधारित है। सोना की दुःखद ज़िन्दगी का किन्नर समाज में गुज़रना उपन्यासकार को मौका देता है कि वह इस समुदाय की ज़िन्दगी के समस्त पहलुओं को उजागर करता है– "किन्नर समाज में सात घर होता है, जिसका मुखिया नायक होता है, जो गुरु नियुक्त करता है। गुरु का महत्त्वपूर्ण स्थान होता है। किन्नर चाहे वह हिन्दू के यहाँ पैदा हुआ हो, मुस्लिम या किसी अन्य धर्म में, किन्नर समाज में सम्मिलित हो वह सभी एक पंथ के गामी बन जाते हैं, जो स्वअर्जित आय का निर्धारित हिस्सा अपने गुरु के चरणों में ईमानदारी के साथ रखते हैं। सभी एक परिवार के सदस्य की तरह साथ–साथ रहते हैं। एक–दूसरे के सुख–दुख में बराबर शरीक होते हैं।"[8]

उपन्यासकार सामाजिक रूप से हिजड़ों के बहिष्कार और एक विशेष अवसर पर उनकी उपस्थिति की चर्चा करता है। शादी–विवाह, बच्चे के जन्म और अन्य अवसरों पर उनकी उपस्थिति को अच्छा माना जाता है और इन्हीं चीज़ों से उन्हें वंचित रखा गया है– "मेल–जोल केवल वहीं तक इनकी ख़ुशी, शादी, ब्याह, बच्चों का जन्म या मुंडन, हमीं बिन बुलाए बेशर्मी से तालियाँ पीटते पहुँच जाते हैं, बिन बुलाए मेहमान की तरह हमें हिकारत की दृष्टि से देखते हैं, कोई नहीं चाहता हमारा साथ, दूर भागते हैं हमारी छाया से जैसे हम इंसान न हों, कोई अजूबा हों, अछूत की तरह व्यवहार किया जाता है, हम हिजड़ों से उठो, मातिन हम हिजड़ों के नसीब में जो लिखा है, वे हमें भोगना है, शापित ज़िन्दगी जी रहे हैं हम लोग।"[9]

डॉ. रेशमी पांडा मुखर्जी अपने लेख "अपमान और अवगुंठन की चाहरदीवारी के बीच का जीवन : किन्नर कथा" में लिखती हैं–"बिछुड़ने की यह तड़प नीरजा माधव कृत उपन्यास 'यमदीप' में हिजड़ी सन्तान नन्दरानी को अपनी माँ के आँचल से जबरन जुदा होते समय सहनी पड़ी थी। ध्यातव्य यह है कि तेरह– चौदह वर्ष का बालक जिसे उम्र के इस नाजुक दौर में परिवार के साथ और सौहार्द की सर्वाधिक ज़रूरत होती है। तब उसे केवल उस दोष के लिए परिवार से दुत्कार कर अलग कर दिया जाता है जिसके लिए वह बिल्कुल भी उत्तरदायी नहीं है। हिजड़े के रूप में जन्म लेने वाले किसी भी मनुष्य का हाथ नहीं होता पर उस निर्दोष किशोर को जीवन का सबसे बड़ा दण्ड भोगना पड़ता है। उपन्यास 'किन्नर कथा' में भी तारा को

जब परिवार से अलग कर दिया जाता है तब वह इस नाजुक दौर से गुज़र रहा था... समाज हिजड़ों को हाशिए पर सरका कर ही दम लेता है चाहे राजा जगतराज पिता होकर चार वर्षीया मासूम सोना ...की साजिश रचता है या फिर तारा का परिवार उसे चौदह वर्ष की उम्र में परिवार की चौहद्दी से दूर कर देता है।''[10]

'तीसरी ताली' के चन्दा की मान्यता है कि ''दुनिया के दंश से अपने–आपको बचाने के लिए मैंने लगातार लड़ाई लड़ी और ख़ुद को स्थापित किया। मैं नाचना–गाना नहीं, नाम कमाना चाहता था। भगवान राम के उस मिथक को झुठलाना चाहता था, जिसके कारण तीसरी योनि के लोग नाचने–गाने के लिए अभिशप्त हैं ...परिवार और समाज से बेदखल हैं... ।''[11] उपन्यास में चन्दा और मनीष का प्रेम प्रसंग बहुत ही भावनात्मक रूप में चित्रित किया गया है। चन्दा एक किन्नर है, यह जानकर भी मनीष उससे प्यार करता है। दोनों एक–दूसरे के पूरक हैं, समाज की नज़र में चन्दा अपूर्ण है क्योंकि वह लिंग दोष से ग्रसित है लेकिन मनीष के लिए चन्दा उसकी अर्धांगिनी है। वह जानता है कि चन्दा बच्चे को जन्म नहीं दे सकती है। वह एक औरत नहीं है बल्कि मर्द और औरत के बीच की है, इसके बावजूद मनीष का प्यार चन्दा के प्रति यह दिखाता है कि सच्चा प्यार शरीर का भूखा नहीं होता वह आत्मा व मस्तिष्क की आवाज़ सुनता है। शेक्सपियर 'True Love' में भी सच्चे प्यार को परिभाषित करते हुए कहते हैं कि यह समय और स्थान से परे है। भौतिक प्रेम की तरह यह शरीर का भूखा नहीं होता। यह शाश्वत है।

निष्कर्ष

उपर्युक्त विवेचन से सार रूप में कहना होगा कि चन्दा और मनीष का प्रेम प्रसंग यह दिखाता है कि किन्नर भी हमारी तरह इंसान हैं, उन्हें उसी चीज़ की ज़रूरत है जिसे हम सब महसूस करते हैं, वे भी प्यार के भूखे हैं। उनका भी दिल होता है। वे भी आसमान और ज़मीन की खुशियों को अपनी बाहों में समेटना चाहते हैं। लेकिन जेण्डर आधारित समाज अपूर्णता का दोष लगाकर उन्हें हाशिए पर कर देता है। उपन्यासकार ने लोगों की मानसिकता को बदलने के लिए चन्दा और मनीष को एक माध्यम के रूप में प्रस्तुत किया है कि मानव के इस प्रेम को भी हम मानवों को स्वीकार करने को तैयार रहना चाहिए।

सन्दर्भ :

1. https : // www.thehindu.com news 3 Feburary 2019, 11.27am
2. https://times of india.indinatimes.com 3 February, 2019, 11:28am
3. www.gender.cawater-infonet
4. A.Revathi:A Life of Transactivism. Translated by NUndini Murali. Zubaan : New Delhi, 2016, P. 29
5. सुभाष अखिल–दरमियाना, अमन प्रकाशन, कानपुर, प्र.सं. 2018, पृ. 30
6. Serena, NUnda. Neither Man nor Woman : The Third Gender of India. Belmont : CA Words Worth Publication, 2nd edition, 1999. p. ix
7. महेंद्र भीष्म–किन्नर कथा, सामयिक प्रकाशन, नई दिल्ली, संस्करण, 2016 पृ. 32
8. वही, पृ. 19
9. वही, पृ. 66
10. डॉ. शगुफ्ता नियाज–अनुसंधान, त्रैमासिक शोध पत्रिका, जुलाई–दिसंबर 2018, पृ. 72–73
11. प्रदीप सौरभ–तीसरी ताली, पृ.195

खण्ड - 11 : शिक्षा विमर्श

कथाकार सूर्यबाला की रचनाधर्मिता 'दीक्षांत' के परिपेक्ष्य में

प्रो.(डॉ.) रतनकुमार पाण्डेय

कथाकार सूर्यबाला की रचनाधर्मिता के परिप्रेक्ष्य में 'दीक्षांत' उपन्यास को मद्देनजर करके लिखना सुखद अनुभव है। यह कृति परिसर, यन्त्रणा के कोण, चक्रव्यूह, प्रयाण, लोग और आलोक–बिन्दु उपखण्डों में विभाजित है तथा अन्त में परिशिष्ट भी जुड़ा है। कथा लेखिका ने विसंगतियों, विद्रूपताओं और मोहभंग के बीच आस्था, सौहार्द्र और शाश्वत मानवीय–मूल्यों की रक्षा का यह सराहनीय कार्य किया है। वर्तमान युग में शिक्षा–संस्थानों पर उपन्यासों की रचना करने की कुंठित राजनीति करने वाले लेखकों को इन संस्थानों को सड़ांध, गलीज और बजबजाता रूप ही दिखायी पड़ता है। चाहे वह गुरुकुल हो या चक्रव्यूह सात दिन सात वर्ष सबकी नियति अपनी असफलता की कुंठा को शिक्षा व्यवस्था के मत्थे मड़कर महनीयता का खाल ओढकर मसीहा बनना है। डॉ. सूर्यबाला की प्रस्तुत रचना इससे अलग अपनी पॉजिटिव छवि रखते हुए शिक्षा व्यवस्था का वर्णन करती है। शिक्षा संस्थानों की विसंगतियाँ और विद्रूपताएँ, कुरूपताएँ यहाँ भी हैं किन्तु उसमें आशा को मशाल जलाए विद्याभूषण शर्मा जैसा कथानायक का ताना बाना बुना गया है जो आदर्शों, मूल्यों, संस्कारों की विरासत लिए कॉलेज की नौकरी में आता है और इन्टर कॉलेज में लेक्चरर बनता है। यही शर्मा– सर में परिणत होकर राधिका देवी बिसारिया कॉलेज में आने के बाद उसे अनुभव हुआ कि कर्तव्य, निष्ठा, नैतिकता, अनुशासन आदि सब शब्दकोश में ही शोभा पाते हैं। जीवन में निरर्थक हो चुके हैं। उनके मन में निरन्तर अन्तर्द्वंद्व बना है कॉलेज की आन्तरिक दशा को तथा कॉलेज की परमानेंटशिप, घर की समस्या,

गाँव से आये माँ–पिता की बीमारी के पत्रों के कारण, विद्याभूषण एम. ए., पीएच्. डी. और थ्रू आउट फर्स्ट क्लास हैं। यह योग्यता जोंक की भाँति चिपक कर उनको चूसती है। वे किसी प्राइमरी स्कूल में पर्मनेंट नौकरी पाने की बात करते हैं। क्योंकि मि. गुप्ता जैसा थर्ड क्लास पानेवाला व्यक्ति उनका सीनियर और विभागाध्यक्ष है, जो उन्हें काम नहीं करने देता और तरह–तरह के षडयन्त्र रचकर कॉलेज से निकलवाने की योजना बनाता है। अन्ततः सफल भी होता है। राधिका देवी बिसारिया कॉलेज उत्तर भारत का कोई भी कॉलेज हो सकता है। इसमें अतिरंजना का अंश जरा भी नहीं है।

जहाँ रतन बरूआ जैसे विद्यार्थी राजनीति का हिस्सा बनकर दूसरे शिक्षक को क्लास में पढ़ाने से रोकने को कोशिश करते हैं। परीक्षा नकल के बल पर और पैसे की ताकत से पास करने का आत्मविश्वास रखते हैं। शिक्षकों पर, लड़कियों पर फब्तियाँ कसना, दीवारों पर अश्लील चित्र बनाना और कालसूत्रीय नारे लिखना इनकी दिनचर्या में शुमार होता है। लेखिका के शब्दों में "ये सिलसिले कॉलेज की नियमित दिनचर्या बल्कि संहिता में बेकायदा शामिल हो गये हैं और बड़ी तेज़ी से अपनी हदें बढ़ाते जा रहे हैं, हद से गुज़र रहे हैं।"

राधिका देवी बिसारिया कॉलेज का एक और वर्ग है प्राध्यापकीय। इसमें एक से एक मगरमच्छ क़िस्म के लोग शिरकत करते हैं। जो स्वयं सरगोशियाँ, कानाफूंसियाँ करते हैं। पॉलिटिक्स विषय के प्रोफेसर चन्द्रभान सिंह जिनके लिए कोई भी कार्य पहुँच से परे नहीं हैं! उनके पास बदमाशों का एक पूरा दल है जिसके बल पर कॉलेज में और उसके बाहर उनकी धाक जमी है। इसमें यादव, बंसल, सेन गुप्ता, जैसे दब्बू क़िस्म के अध्यापक हैं तो मिसेस सब्बर वाला रोना, सूरो निखिलादास जैसी अभिजात्यापन का लबादा ओढ़े विदेशी इत्रों की खुशबू बिख़ेरती, ऊंची ऐड़ी की सैंडल, स्लीवलेस चुस्त ब्लाउज धारिणी कंधे में स्वैट बैग लटकाए अदाकारी की साक्षात प्रतिमाएँ भी हैं जिन्हें देखकर कॉलेज के मनचले लड़के आहें भरते हैं। इनके लिए अध्यापन टाइम पास का साधन है तो शर्मा सर जैसों के लिए मिशन है। इनके बीच किटी पार्टी से लेकर इम्पोर्टेड साड़ी, फ्रेंच, शिफॉन, ब्यूटीफुल शेड, च्वायस स्टाइल आदि की चर्चाएँ होती हैं। ये कॉलेज इसलिए आती हैं कि जरा अलग तरह के एकेदमिक माहौल का जायजा और समाज के कुछ और खस्ता हाल दिल दिमाग़ों को अपनी सम्पन्नता की चकाचौंध से चित्त करने का आत्मसुख उन्हें मिलता है। महिला प्राध्यापिकाओं का एक वर्ग और भी

हैं जिनकी औकात लेखिका उनकी चप्पलों को देखकर आँकती है। धूमिल की कविता का मोचीराम भी शायद जूतों की शक्ल से औकात आँकता था। इनकी विवशता है कि वे मध्यवर्गीय सादगी और उच्चवर्गीय सम्पन्नता को दिखावा कहकर सन्तोष प्राप्त करती है।

राधिका देवी बिसारिया कॉलेज का तीसरा और प्रबल अंग है प्रशासनिक, जिनके अंग प्रिंसिपल और मैनेजिंग कमेटी के पदाधिकारी हैं। प्रिंसिपल राजदान भी मैनेजिंग कमेटी के सामने गिड़गिड़ाने की मुद्रा में होते हैं किन्तु अध्यापकों की दुख–दर्द भरी दास्ताँ सुनने और उनके निवारण करने का समय और विवेक दोनों उनके पास नहीं हैं। उनके पास बिल्डिंग की रंग रोगन करने वाली "रेनबो" कंपनी के कॉन्ट्रैक्टर, ग़ैरेज मालिक जहाँ उनकी कार रिपेयर होती है उनके साथ घंटों बैठने और गप्पे करने का अवकाश होता है क्योंकि दम न बातों में है, न नारों में, दम पैसे में हैं" राजदान इस फार्मूले से पूर्ण परिचित हो गये हैं। प्रिंसिपल राजदान को संचालित करने वाली प्रबन्ध समिति पर दबाव डालने वाले राजनीतिज्ञ एम. एल. ए. और एम. पी. हैं। प्रिंसिपल राजदान पश्चाताप के स्वर से भरकर कहते हैं–"कैसी विडम्बना है। सारे निर्णय और आदेश कहीं और के लेकिन संस्था के कानूनी हेड होने के नाते आरोप और अपराधों के कटघरे में खड़े होने के हकदार हुए वे।" शर्मा सर के निष्कासन की बात को वे नरमेध की संज्ञा स्वयं देते हैं।

प्रबन्ध समिति और सत्ता की अनुचित राजनीति शिक्षा संस्थानों में प्रवेश करके शैक्षिक माहौल को विषाक्त बना रही है। यह व्यवस्था पलभर में शर्मा सर जैसों की रोजी–रोटी छीन लेती है। प्रिंसिपल राजदान कहते हैं– "तमाशबीनी ही करनी है तो जाकर कॉलेज कमेटी के हर एक मेंबर के दरवाजे पर क्यों नहीं करते। प्रेसीडेंट ही क्यों, उस विभागीय सेक्रेटरी, मन्त्री और तमाम–तमाम दबाव डालने वालों पर क्यों नहीं, जो कॉलेज में हो रही शिक्षकों की नियुक्तियों को लेकर इतने अनुचित दबाव डालते हैं तथा उनके छात्र के लिए असमर्थता जाहिर करने पर सीधे–सीधे ग्रान्ट बन्द कर देने की धमकी दे डालते हैं। जानो। जाओ। अपनी खिलाफत का झंडा लेकर ऊँचे मदर दरवाजे तक देखें कितना दम है तुममें। खड़े–खड़े जुलूस के बीचो बीच मूंगफलियाँ खाते दो चार नारे बुलन्द करने से कुछ नहीं होने वाला।"

लेखिका ने उपन्यास में अध्यापक को निम्न स्तरीय आर्थिक दशा का बड़ा कारुणिक दृश्य भी प्रस्तुत किया है। शर्मा सर की पत्नी फटाब्लाउज पहनाती हैं, बेटे का फटा बैग, टिफिन का स्टील का डब्बा जैसी छोटी–छोटी ज़रूरतें

भी पूरी नहीं होती। दूसरी ओर रतन बरूआ जैसे शाहजादे झलमलाती नाइलन की बुशर्ट, जिसकी तीन तीन बटन खुली रहती है, सोने की चैन,झलमलाते कार में फर्राटे से आते हैं और जानबूझकर कार को उस कीचड़ में चलाते हैं, जो उछलकर शर्मा सर की पुरानी घिसी बुशर्ट को गंदा कर देता है। शर्मा सर जैसे हिन्दी के अध्यापक जिनको दुनियादारी का ज्ञान नहीं, उन्हें ट्यूशन नहीं मिलती। टयूशन के लड़के अपने नौकरों जैसे व्यवहार उनके साथ करते हैं। ठक्कर जैसे धनाढ्य लोग ट्यूशन पढ़ाने जाने वाले शर्मा जी से पत्र की रजिस्ट्री कराते हैं, नागपुरी सन्तरे, जौनपुरी खरबूजे पहुचवाते हैं, ऑयल मिल से तेल मगवाते हैं आदि आदि। स्कूलों में जब वार्षिकोत्सव होता है तो रतन बरुआ का छोटा भाई राजा का रोल करता है और शर्मा सर का नो निहाल नौकर बनाया जाता है। शर्मा सर की यन्त्रणा का मानो अन्त नहीं है। इस यन्त्रणा के बीच शर्मा सर थोड़ा–थोड़ा रोज चुकते हैं, भरते हैं। उनका जीवन अपमान, दंश, पीड़ा का जलता सुलगता सम्पूर्ण इतिहास है।

विद्याभूषण एक सपना लेकर अध्यापक बनते हैं। वे मूल्य चिन्ता के वशीभूत कॉलेज की नौकरी में आते हैं। वे संकल्पों की मंजूषा, संस्कारों की पोटली किए आते हैं। शिक्षा को आदर्श की दृष्टि से देखने वाला, बेहतर इंसान निर्माण की सोच यहाँ स्पष्ट दिखायी पड़ती है। यह चिन्तन किस प्रकार तिल–तिल क्षरित होकर दम तोड़ देता है, और इस त्रासदी के पीछे कौन–कौन से कारण क्रियाशील हैं, यह भी रचना में उभर कर सामने आये हैं। शर्मा सर के सारे सपने एक–एक कर रेत की दीवार की भाँति भरभराकर ढह जाते हैं। अध्यापकीय कार्य पैसा कमाऊ व्यवसाय नहीं है। विद्याभूषण इस बात से परिचित थे। वे नैतिक आदर्श और आत्मिक सुख की तलाश में इस पेशे में आये थे। नियंता होने की कामना लेकर, छात्रों को एक अच्छा नागरिक बनाने की कामना लेकर, उनकी रूचियों और भावनाओं को जगाने का पवित्र उद्देश्य लेकर उनके सारे आदर्श बुरी तरह लहुलुहान होते हैं।

अध्यापक होने के बाद ही शर्मा सर उन सामाजिक विकृतियों से परिचित हुए, जो शिक्षा संस्थानों के भीतर घर कर गयी हैं, जो सारे आदर्शों की हत्या कर रही हैं और जिसके चलते नये–नये मूल्य विकसित हो रहे हैं। जो इंसान को निरन्तर अधपतन की ओर ले जा रहे हैं। परीक्षा में नकल ट्यूशन की भ्रष्टता, प्रिंसिपल और मैनेजमेंट की भ्रष्ट राजनीति आदि बहुत स्थूल बातें आम हैं। आज विद्यार्थी और अध्यापक के बीच रिश्तों का कोमलता टूट गयी है। विद्यार्थी समाज में फैली अराजकता, बेईमानी घुसखोरी और तिकडमी

राजनीति सब खुली आम बात बनी है। शर्मा सर जैसे लोगों के आदर्श और उपदेश उसे बहुत सतही प्रतीत होते हैं। अपने ज्ञान परम्परा से वह विच्छिन्न रहा है जहाँ विद्यार्थियों का उपयोग अध्यापकीय राजनीति के लिए हो रहा है, वहँ आदर्श रह भी कैसे सकता है ये समस्त बातें किसी पतनशील समाज की पुख्ता प्रमाण हैं। शिक्षा संस्थानों में पसरती जा रही है यह शून्यता हमारी सांस्कृतिक शून्यता का परिचायक भी है। प्रबन्ध समिति और सत्ता की शक्ति के कारण व्याप्त भय और खतरनाक सन्नाटे का यहाँ अन्दाजा तो लगाया ही जा सकता है। जहाँ सारे आम नकल कराई जाय, पैसा लेकर पास किया जाये, ट्यूशन न लेने पर सर्वोच्च अंक प्राप्त करने वाले विद्यार्थियों के अंक काट लिए जाये आदि। ऐसे संस्थानों में जुड़ा शिक्षक सबसे परिचित हो ही जाता है।

कथा–लेखिका इस तथ्य से पूर्णतया परिचित है कि इस व्यवस्था में आदर्शों से जीवन संचालित कर पाना अति दुष्कर कार्य है। जहाँ प्राइवेट मैनेजमेंट को शोषण का हक मिलता है, जहाँ योग्यता के सारे मानदण्ड प्रबन्ध समिति और प्रिंसिपल के हाथ बन्द हैं किसी के मुँह में जबान कैसे रह सकती है! वहाँ एक अनवरत यातना झेलना उन अध्यापकों की नियति बन जाती है। वहाँ परेशान करने के नित नये मार्ग इजाद कर लिए जा सकते हैं। राधिका देवी बिसारिया कॉलेज का अराजक वातावरण अध्यापक शर्मा के आदर्शों को झिंझोड़कर रख देता है। इस विद्यालय में शिक्षकों और विद्यार्थियों के बीच एक ऐसा सम्बन्ध विकसित होता है, जो हृदय में विक्षोभ पैदा करता है।

विद्यालय में फलती फूलती गुलामी की एक नई परम्परा कायम होती है। विद्याभूषण की एक–एक अभिलाषाएँ टूटती हैं। विद्याभूषण के आदर्शों का टूटकर बिखरना कम त्रासद नहीं है परन्तु अधिक ट्रैजडिक है शिक्षण संस्थानों की दुर्गतिपूर्ण दशा, संस्थानों में अकरूण होती मानवीयता। हमारे मानवीय मूल्य कैसे विघटित हो जाते हैं इसका सशक्त प्रमाण यह उपन्यास है। विद्यालय परिवार का एक सदस्य जो मूल्यों के प्रति आजीवन संघर्षरत रहता है, उसकी दुर्घटना में मृत्यु के बाद अध्यापकों के तीन दल बन जाते हैं "एक दल कॉफी हाउस में प्रिंसिपल को हरचुस्की के साथ गाँलियाँ देता है, दूसरा दल फायदा उठाने की दृष्टि से प्रिंसिपल का ख़ैरख्वाह बन जाता है और उनका रक्षा कवच बनता है। एक दल और भी है तीसरा जो शहर में हाफ रेट पर लगी एक पुरानी हिन्दी फ़िल्म की कुलिंग विंडों के पास खड़ा खिड़की खुलने का इन्तजार करता है। प्रेमचन्द की कहानी कफन के माधव

और घीसू अनपढ़ और गँवार थे। इस कारण कफन के पैसों से दारू पीते हैं, भरपेट पूरियाँ मिठाई खाते हैं और आनन्द का अनुभव करते हैं किन्तु यहाँ की दशा तो और भी भयावह है कि सारे बुद्धिजीवी प्राध्यापक हैं, जो शर्मा सर की मृत्यु का जश्न मनाने सिनेमा घर में पहुँच जाते हैं।

लेखिका ने परिशिष्ट का शीर्षक आलोक बिन्दु रखा है जहाँ विजयेन्द्र के पिता अचानक उस बस के पास पहुँचते हैं, जिसमें शर्मा सर की पत्नी और बच्चे दाह संस्कार के बाद वापस घर लौट रहे हैं। विजयेन्द्र के पिता ने शर्मा सर के बच्चों की शिक्षा का भार गुरुदक्षिणा के अधिकार के रूप में माँगा है क्योंकि विद्याभूषण के पिता उनके गुरु थे। 'दीक्षांत' गुरुदक्षिणा दिए बिना अधूरा रह जाता।

आज के रचनाकारों को हमारी यह व्यवस्था निश्चित रूप से मन को ठेंस पहुँचाती है। आज के शिक्षा संस्थान इसके छोटे मगर महत्त्वपूर्ण अंग हैं जिसे लेखिका ने चुना है। व्यवस्था के अलग–अलग अगों–उपांगों पर लेखन करने की आज अधिक ज़रूरत है और कथा लेखिका इस बात से परिचित है। इनकी अन्य रचनाएँ भी इस बात का साक्ष्य प्रस्तुत करती है। पाठकाव्य पहुँच ऐसी रचनाओं तक सरलता से हो सकती है, समय और अर्थ दोनों दृष्टियों से। यह उपन्यास हमारे सुप्त विवेक को झिझोड़कर जगाने का कार्य निश्चित रूप से करता है।

खण्ड - 12 : राष्ट्रीय विमर्श

राष्ट्रीय एकता और ललित निबन्ध

डॉ. श्रीराम परिहार

राष्ट्रीय एकता पर जब भी विचार करते हैं, तब हमारी चिन्तन–दृष्टि राष्ट्र पर जाकर टिक जाती है। राष्ट्र की अवधारणा का सम्बन्ध भूगोल की अपेक्षा भावना से अधिक है। भावना यदि ज्ञान–सम्मत है, तो वह अधिक प्रभावशाली और टिकाऊ होती है। राष्ट्र की अवधारणा भावात्मक और ज्ञानात्मक तत्वों के गम्भीर विश्लेषण से ही स्पष्ट होती है। इसके लिए जातीय स्मृति, परम्पराबोध, समग्र जीवन दृष्टि, ज्ञानात्मक विवेक, देश काल से अतीत, वर्तमान और भविष्य के जैविक और सांस्कृतिक सन्दर्भों का जुड़ाव, मिथकीय विश्वास और उनकी युगानुकूल व्याख्याएँ तथा अस्तित्वबोध के वर्तमान में नये आयामों का गम्भीर एवं निष्पक्ष अध्ययन–विवेचन आवश्यक हो जाता है। भारत विश्व के समस्त देशों में एक प्राचीनतम राष्ट्र है। भारत की संस्कृति ही उसका प्राणतत्व है। राष्ट्र का चैतन्य उसकी संस्कृति से ही उद्भूत होता है। अर्थात् भारत राष्ट्र की सांस्कृतिकता का गहरा सम्बन्ध उसकी राष्ट्रीयता से है। यह राष्ट्रीयता ही भारत की संस्कृति की धारक भी है और राष्ट्रीयता ही भारत को विश्व के अन्य देशों से अलग पहचान देती है। राष्ट्र अंत्योदय, सर्वोदय, लोकमंगल तथा सबकी भलाई 'सर्वे भवन्तु सुखिनः' का शिवसंकल्प है।

भारतीय वाङ्मय शिवसंकल्प, लोकमंगल की भावना और ज्ञानधारा से आपूरित हैं उसमें राष्ट्र, राष्ट्र की आत्मा और उसके पोषक तत्वों का संवेदनात्मक ज्ञान के स्तर पर अनुलेखन और प्रत्यार्पण हुआ है। भारतीय साहित्य की विधा ललित निबन्ध में राष्ट्र, राष्ट्र की छवि और राष्ट्रीयता के स्वर उसकी मूल सांस्कृतिकता और मूल्यवत्ता के साथ मुखरित हुए हैं। ललित निबन्ध–साहित्य राष्ट्रीयता या राष्ट्रीय एकता को स्थूल रूप में चित्रित

न करते हुए उसकी अन्तःशिराओं में प्रवाहित प्राणशक्ति की निरन्तरता और समावेतता का अनुष्ठान रचता है। भारतीय जीवन–दृष्टि भारतीय संस्कृति के भीतर ही विकसित हुई। भारतीय संस्कृति के विधायक तत्वों में लोक और शास्त्र दोनों का महत् योग है। परम्पराएँ, रीति–नीति, मंगल–अनुष्ठान, यज्ञ, पूजा, जप, तप, नियम, संयम, आचरण आदि ने भारतीय जीवन–दृष्टि के 'विजन' को फैलाव दिया है। भारतीय जीवन–दृष्टि के मूल में वेद, उपनिषद्, शास्त्र, गीता, ब्रह्मसूत्र, रामायण, महाभारत, रामचरितमानस के लोक कल्याणकारी और लोकाभिरंजन सिद्धान्त हैं। 'कर्म' की प्रतिस्थापना जीवन को अटूट और अजेय बनाती है। ऋषियों एवं मनीषियों और चार योग या दैवी मार्गों के बीच विकसित हुई है। "हिन्दू धर्म स्वयं को सनातन धर्म, शाश्वत विश्वास मानता है, क्योंकि इसका स्रोत एक गुरु की शिक्षा नहीं, बल्कि भारतीय सभ्यता के आरम्भ से ही ऋषियों एवं मनीषियों का सामूहिक विवेक और प्रेरणा है।"[1] भारतीय जीवन–दृष्टि के आधार में वैदिक चिन्तन प्रमुख है, जिससे भारत की मूलभूत एकता का रहस्य भी निर्मित हुआ है। भारतीय दृष्टि सृष्टि के जीव मात्र की महत्ता को स्वीकारती है। आदिकवि वाल्मीकि का हृदय क्रौंच–वध की घटना से द्रवित होकर काव्य की करुणाई धारा का उद्‌गम बनता है–

मा निशाद प्रतिष्ठांत्वमगमः शाश्वतीः समाः।
यत् क्रोञ्चमिथुनादेवकवधीः काममोहितम्।।[2]

भारतीय जीवन–दृष्टि में 'सर्वभूतहित' की अवधारणा है। अखिल ब्रह्माण्ड में जड़–चेतन जितने भी हैं, उसमें मनुष्य की स्थिति एक सदस्य की है। जितनी महत्त्वपूर्ण वनस्पति, उतनी ही महत्त्वपूर्ण चींटी, उतना ही महत्त्वपूर्ण हाथी और उतना ही महत्त्वपूर्ण मनुष्य। इस सृष्टि में सहअस्तित्व के सिद्धान्त को वह स्वीकारती है। लेकिन मनुष्य इच्छा, ज्ञान और कर्म के कारण सभी प्राणियों में श्रेष्ठ है। पुनर्जन्म के सिद्धान्त और चौरासी लाख योनियों की अवधारणा में मनुष्य–योनि ही श्रेष्ठ है, क्योंकि यह कर्म–योनि है। देवताओं की भोग–योनि है। मनुष्य कर्म द्वारा नर से नारायण बन सकता है। वह ईश्वर को प्राप्त कर सकता है। भक्ति–जैसे अद्‌भुत रस का आस्वाद और उसके माध्यम से परमपद की प्राप्ति कर सकता है। 'महाभारत' में वेदव्यास कहते हैं–

न हि मानुशात् श्रेष्ठतरं हि किंचित।[3]

'रामायण' और 'महाभारत' से भी पूर्व उपनिषद्काल में मानव को प्रतिष्ठा मिल चुकी थी। श्रुति और स्मृति कहती है कि हमारे क्रिया–कलाप, शुभ अनुष्ठान मानव–कल्याण के लिए ही होने चाहिए। उपनिषद् प्राणी–मात्र के लिए सद्भाव की दृष्टि देती है। 'सर्वेभवन्तु सुखिनः सर्वे सन्तु निरामयाः' की सृष्टि–हित–कामना भारतीय जीवन–दृष्टि का ज्योतिर्बिन्दु है। मानव–मात्र के प्रति राग–बोध और आत्मविस्तार की दृष्टि से ही 'वसुधैव कुटुम्बकम्' की बीज–भावना को मूर्त किया। इसी भाव के कारण भारतीय जीवन–दृष्टि आत्मविगलन और परात्म के पोषण को मान्य करती है। 'स्मृति' में कहा गया है कि जो कार्य स्वयं को सहन नहीं हो, वह दूसरे के लिए भी नहीं करना चाहिए–'आत्मनः प्रतिकूलानि परेशां न समाचरेत्।' अतः परदुःखकातरता, पराई पीर को जानना भारतीय जीवन–दृष्टि का विशिष्ट गुण है–

पर हित सरिस धरम नहिं भाई।
पर पीड़ा सम नहिं अधमाई।।[4]

इसी दृष्टि–विस्तार के कारण अहिंसा और जीवदया का भाव न केवल भारत बल्कि विश्व के अनेक देशों (सम्पूर्ण दक्षिण–पूर्वी एशिया) तक फैला। इसी से विस्तारित होता है अपरिग्रह और त्याग तथा बलिदान का उत्कर्षकामी बोध। अतः भारतीय दृष्टि मृत्यु–पूजक नहीं, बल्कि 'मागृधः कस्यस्विद्धनम्' मन्त्र का अनुयायी है। उसकी दृष्टि में आत्मा की अमरता का शाश्वत सत्य विराजित है। इसीलिए वह 'आत्मवत् सर्वभूतेषु' के भाव से सबको देखती है। ''भारतीय संस्कृति एक गतिशील संस्कृति है, जो अपनी मूल अवधारणा में विश्व का पथ–प्रदर्शन करने में समर्थ है, इसलिए आज भी प्रासंगिक है।''[5]

भारतीयता एक सनातन भाव है, जिसमें मनुष्य की नियति सर्वोपरित स्वीकार करते हुए उसके सत् चित्त आनन्द स्वरूप को विराट ब्रह्मांड की सापेक्षता में प्रस्तुत किया गया है। किन्तु पिछले कुछ दशकों से भारतीयता के लिए खतरे उत्पन्न हो रहे हैं, वे भारतीय जीवन–पद्धति को न केवल बदरंग बना रहे हैं, बल्कि उसे नेस्तनाबूत करने के लिए भी कटिबद्ध हैं और इस प्रकार उसे एक हास्यास्पद स्थिति में डालने का कुचक्र चल रहा हैं हमारा अधिकांश मीडिया–जगत् इसी कुचेष्टा में रत है। समाज के कर्णधार और चिंतक तथाकथित तात्कालिक लाभ के लिए भारतीयता के साथ खिलवाड़ करने से नहीं चूक रहे हैं। डॉ. धर्मवीर भारती ने जिसकी ओर संकेत करते हुए कहा है–''मनुष्य को जड़ बनाने वाला जड़वाद, आर्थिक सुविधाएँ छीनकर कुंठित और बीना बनाने वाला पूँजीवाद, विचार स्वातंत्र्य का अपहरण कर

मनुष्य को पशुधर्मी बनाकर व्यक्तिपूजा कराने वाला तथाकथित समष्टिवाद और न जाने कितनी ही पद्धतियाँ और सत्ताएँ–जो इस जड़वादी युग की देन है, मनुष्य से उसकी सहज रागात्मकता, श्रद्धामयता तथा उसके विकास की अमित सम्भावनाएँ छीनने में तत्पर हैं।"[6]

भारतीयता के प्रति इस नकारात्मक दृष्टिकोण के विरोध करने का साहस साहित्य में है, लेकिन साहित्यिक परिदृश्य में भी इस तरह के धूमकेतुओं का उदय हो चुका है, जो भारतीय जीवन–पद्धति को हेय और घृणास्पद मानते हैं। भूमंडलीकरण के घातक और विषाक्त प्रभावों के प्रति जो रुझान इधर के बुद्धिजीवियों में प्रकट हो रहा है, वह भारतीय जीवन–पद्धति की महाविनाशी भूमिका निर्मित कर रहा है, लेकिन साहित्य का यह नज़रिया स्थायी नहीं है। साहित्य निरन्तर अपना उपजीव्य अपनी जातीय संवेदनाओं से ही ग्रहण करता है। आज भी हिन्दी साहित्य का विधायक पक्ष भारतीयता की प्रतिस्थापना में सक्रिय है। साहित्य अपने भीतर प्रगतिकामी प्राणोद की ऊर्जा पालता है, इसलिए उसकी समाजनिष्ठ चेतना परम्पराओं का परिमार्जन भी करती चलती है। भारतीय जीवन–पद्धति के संग्रह–त्याग गुण को ललित निबन्धकारों ने स्वीकृति दी है।

ललित निबन्ध एक ऐसी रचना–विधा है, जो भारतीय जीवन पद्धति की सतत व्याख्याकार है। व्याख्याकार ही नहीं, अपनी विवेक दृष्टि से उसके तत्व की रक्षा करते हुए, उसके परिवर्तनकामी आशयों का परीक्षण करते हुए उसकी स्वीकृतिमूलक अवधारणाओं की उद्‌गाता भी है। भारतीय जीवन–पद्धति के प्रति सकारात्मक निर्भांत चिन्तन ललित निबन्धों के माध्यम से प्रस्तुत किया गया है। ललित निबन्ध भारतीय संस्कृति के विपरीत के खिलाफ जो लड़ाई लड़ रहा है, वह जंगल में लगी आग को बुझाने के लिए चिड़िया की चोंच भर पानी लाकर डालने का प्रयास है।

ललित निबन्ध में भारतीय जीवन–दृष्टि का अन्वेषण भारतीय संस्कृति के मूलाधारों की प्रकाश–रश्मियों में हुआ है। भारतीय वैदिक मान्यता है 'एकं सद् विप्रा बहुधा वदन्ति।' वह एक ही सत्य सब में समाया हुआ है। अवतारवाद की अवधारणा भी इसी के परिप्रेक्ष्य में है कि वह परम सत्य ही अवतार ग्रहण कर धरती पर मर्यादा की रक्षा, लोक–कल्याण और लोक–रंजन करता है–

यदा यदा हि धर्मस्य ग्लानिर्भवति भारत।
अभ्युत्थानमऽधर्मस्य तदात्म्यानं सृजाम्यहम्।।

परित्राणाय साधूनां विनाशाय च दुष्कृताम्।
धर्मसंस्थापनार्थाय सम्भवामि युगे युगे।।[7]

ललित–निबन्धों की विषय–वस्तु में आगम–निगम दोनों का गहरा प्रभाव मिलता है। डॉ.विद्यानिवास मिश्र के निबन्धों में 'एकं सद्' तथा 'आत्मवत् सर्वभूतेषू' की व्यापक निष्पत्ति हुई है। भक्ति का उनके निबन्धों में ऐसा रसमय भाव संसार है, जहाँ मोक्ष की कामना मिट जाती है। एक आकुलता निरन्तर बनी रहती है–ईश्वर के नैकट्य की। एक लालसा जगी रहती है–दर्शन की। एक अनबुझी प्यास बेचैन किए रहती है–रीते होने की, फिर भरने की। एक असमाप्त इच्छा बनी रहती है–स्वयं को सबमें बाँट देने की। एक ब्रह्म, अवतारवाद, पर उपकार, व्यष्टि से समष्टि होने की उनकी दृष्टि का प्रसार अनेकशः निबंधों में हुआ है–"एक तो यहाँ परमेश्वर स्वयं मनुष्य के, बहुत सामान्य मनुष्य के बहुत सहज–सलोने अपनाव के चाहक हैं। उनकी भूख बिना माखन, माखन–सा मानव–मन चखे जाती ही नहीं। उनकी प्यास यशोदा के दुलार के बिना नहीं बुझती, मनुष्य की मनुष्य मात्र के लिए, व्यष्टि की समष्टि के लिए और एक की अनेक के लिए चिन्ता हो, तो भक्ति का चरम चरितार्थ है। सबसे बड़ी कामना यहाँ मोक्ष नहीं है–क्या करेंगे पत्थर जैसा मोक्ष–पद लेकर, जहाँ खुद पत्थर होने का जोखिम है। हमें तो ऐसी भूमिका चाहिए, जहाँ दूसरे की पीड़ा अपनी पीड़ा हो जाये और विशाल और विपुल के सुख में ही अपना सुख समा जायें"[8] ईश्वर के मानुष–भाव का बीज रामायण, महाभारत और भागवत में है।

वाल्मीकि की 'रामायण' और तुलसीदास के 'रामचरितमानस' ने भारतीय जनमानस में श्रीराम के मर्यादापुरुषोत्तम के रूप में तथा वेदव्यास के महाभारत और श्रीमद्भागवत ने श्रीकृष्ण को लीलापुरुष के रूप में प्रतिष्ठित कर दिया। हिन्दी ललित निबंधों में राम, कृष्ण, शिव और दुर्गा के सर्वाधिक स्वरूपों और गुणों की कीर्ति का गान है। श्रीराम और कृष्ण के प्रति भारतीय जीवन में भक्ति का जो अजस्र प्रवाह है, वह विद्यानिवास मिश्र के निबन्धों में एक चैतन्य रसधार के रूप में उमड़ता है। डॉ.विद्यानिवास मिश्र के श्रीकृष्ण रस के साक्षात् विग्रह हैं। वे भावपुरुष हैं। यजुर्वेद में ईश्वर को स्वयंभू के अतिरिक्त 'कविर्मनीशी परिभूः' भी कहा गया है। अर्थात् वही रस है। इस रस को पाकर ही आनन्द का अनुभव होता है।

रसौ वै सः। रस ह्येवायं लब्ध्वा
नन्दी भवति।...एश ह्येवानन्दयाति।[9]

यहाँ द्वैत और अद्वैत का सहभाव है। परमतत्व का यह स्वरूप ही भक्ति का आधार है। वह एक से अनेक बनकर प्रकट हुआ। 'सोऽकामयत। बहु स्मां प्रयोयेयेति।' भारतीय जीवन–दृष्टि में अद्वैतभाव में यही सर्वात्मभाव है। उसने सृष्टि की और साथ–साथ ही वह उसमें प्रविष्ट हो गया। 'तन्सृष्ट्वा तदेवानुप्राविशत्' ईशावास्योपनिषद् का प्रथम मन्त्र 'ईशावास्यमिदं सर्वम् यत्किच जगत्यां जगत।' इसी भाव को व्यक्त करता है। इसी दृष्टि का उद्घाटन गीता में हुआ है–'मया ततमिदं सर्वं जगदव्यक्तमूर्तिना।' (9/4) परमात्मा से यह जगत् जल से बर्फ सदृश्य परिपूर्ण है और सब भूत उसी के अन्तर्गत संकल्प के आधार स्थित हैं।

डॉ. विद्यानिवास मिश्र उपर्युक्त भारतीय दृष्टि, सर्वात्मभाव, भक्ति–रस और मानुष–भाव को शब्द देते हैं–"मनुष्य की वह परवशता, यह अकिंचनता, यह रस प्रवाह में डूबना, क्या अपने आप में श्रीकृष्ण का अवतरण नहीं है, श्रीकृष्ण का परिप्लवन नहीं है, श्रीकृष्ण की उपस्थिति नहीं है, यदि है तो यही उपस्थिति उनकी विवशता है। यही लीला है। वे लीला करते हैं और ऐसी लीला करते हैं कि चर–अचर, जीव–जगत सब श्रीकृष्ण बन जाते हैं। गाय–बछड़ा, दही, गाय का दूध, दूध दुहने वाला, दूध दुहाने वाली, दही जमाने वाली, जमने की प्रक्रिया, दही से निकला नवनीत सब श्रीकृष्ण हो जाते हैं।"[10] यह लीला कथा बन जाती है। कथा लीला को शब्द दे देती है। कथा श्रवण बन जाती है। वह काल का अतिक्रमण करने वाली सनातन धारा बन जाती है। "श्रीकृष्ण की लीला तो सनातन है और लीला–गान भी सनातन है।"[11] काल से अविच्छिन्न रहते हुए काल की सीमा के पार जाने की क्षमता भारतीय जीवन–दृष्टि में है।

ईश्वर का मनुष्य–रूप में अवतार, उसकी मर्यादाएँ, उसकी लीलाएँ भारतीय जीवन–दृष्टि में सूरज किरन–सी कौंधी और प्रकाश का स्थायी भाव बन गयी। यह दृष्टि श्रुति–स्मृति से होते हुए महाभारत की उद्घोषणा बनकर दिगंत में छा जाती है।–'न हि मानुषात्श्रेष्ठतरं हि किंचित्' मनुष्य की श्रेष्ठता उसकी अदम्य जिजीविषा और निरन्तर विकासोन्मुखता में है। मनुष्य की हजारों वर्षों की अपराजेय यात्रा के प्रति आचार्य हजारीप्रसाद द्विवेदी गर्वित भी हैं और मनुष्य की पौरुषमय अविजित जीवनशक्ति के प्रति आश्वस्त भी। "मुझे मानव जाति की दुर्गम–निर्मम धारा के हजारों वर्षों का रूप साफ़ दिखायी दे रहा है। मनुष्य की जीवन शक्ति बड़ी निर्मम है। वह सभ्यता और संस्कृति के वृथा मोहों को रौंदती चली आ रही है। न जाने कितने धर्माचारों,

विश्वासों, उत्सवों और व्रतों की धोती–बहाती यह जीवन–धारा आगे बढ़ी है। संघर्षों से मनुष्य ने नयी शक्ति पाई है। हमारे सामने समाज का आज जो रूप है, वह न जाने कितने ग्रहण और त्याग का रूप है। देश और जाति की विशुद्ध संस्कृति केवल बाद की बात है। सब कुछ में मिलावट है, सब कुछ अविशुद्ध है। शुद्ध है केवल मनुष्य की दुर्दम जिजीविषा। वह गंगा की अबाधित–अनाहत धारा के समान सब कुछ को हजम करने के बाद भी पवित्र है।''[12]

अनेक जातियों और संस्कृतियों के आगमन से भारतीय संस्कृति पुष्ट और समृद्ध हुई है। विश्वकवि रवीन्द्रनाथ टैगोर ने 'महामानवेर' समुद्र कहा, तो उसके पीछे सबको पचा लेने और समाहित करने का भाव ही है। आचार्य द्विवेदी ने उसे ही गंगा का रूपक दिया है। तमाम नदियों के मिलने के बाद भी गंगा गंगा ही रहती है, ऐसी ही अन्तर्भूत करने की शक्ति भारतीयता में है। इससे यह विचार प्रबल हुआ कि जाति, धर्म, संस्कृति के समन्वयवादी स्वरूप के भीतर 'मनुष्यता' ही श्रेष्ठ है। भारतीय जीवन–दृष्टि के पास मनुष्यत्व की रत्नमणि है, जिसके प्रकाश में ही वह विश्व सभ्यताओं के बीच स्वयं को सिद्ध करते हुए विश्वमानव की प्रतिष्ठा करती है। इसी मानवत्व की स्थापना एवं समाज की दलित–पदमर्दित जातियों के उत्थान और उन्नयन के लिए आचार्य हजारीप्रसाद द्विवेदी प्रायश्चित की घड़ियों में चिन्तित होते हैं–''इस प्रकार की जातियों से ही भारतीय जन–समूह का संगठन हुआ है। ये लोग 'भारतवर्ष' है। इन्हीं प्रतीकात्मक संघमूर्ति का नाम भारतमाता है। भारतमाता का जय–जयकार वस्तुतः इन तहों को नष्ट कर देने का संकल्प है। सम्भवतः थोड़े लोग ही यह बात महसूस करते हैं।''[13]

भारतीय समाज–संस्कृति में प्रकृति के पाँच तत्वों–क्षिति, जल, पावक, गगन और समीर का बड़ा महत्त्व है। इसीलिए भारतीय जीवन–दृष्टि ने अपने अनुश्ठानों में इन पाँचों की प्रमुखता दी है। आर्य, द्रविड़, निषाद, किरात, कोल आदि से अनेक भारतीय समाज बना है। इसमें किन्नर, गंधर्व, यक्ष, नाग, देव, असुर, राक्षस जातियों ने भी योगदान दिया। वर्तमान में अनेक जातियों–उपजातियों में बँटा यह भारतीय समाज अपनी परम्परा और शास्त्र दोनों से दृष्टि प्राप्त करता निरन्तर आगे बढ़ रहा है। कुबेरनाथ राय ने अपनी कृति 'निशाद बाँसुरी' जैसे–ग्रन्थों में भारतीय सभ्यता के अनबूझे रहस्यों को खोला है। उनके अन्य निबन्धों में भी बृहत्तर भारत की जो परिकल्पना संचलित हुई है, उसमें अनेक अवधारणाओं का संप्रवाह गंगा की तरह करते

हुए भारतीय भू–आकाश–जल–अग्नि–वायु के संस्पर्श में सनातनता का उद्‌घोष है। "ओ निषाद, तेरी संस्कृति, तेरे संस्कार, तेरा मन, सब कुछ इस जल की तरह है। जो टूटता नहीं, कटता नहीं, भले ही दब जाता है और आकृति बदल लेता है, पर अस्तित्वहीन नहीं होता है। यहाँ तक कि सूख जाने पर भी या तो अन्तः सलिला का अंग बन जाता है या उड़कर मेघ बनकर पुनः लौटता है।"[14]

कुबेरनाथ राय चिन्मय भारत के दर्शन करते हैं। गंगा की धारा के ऊपर आकाश से हिरण्यमय रथ को उतरते देखते हैं। उन्हें अनुभव होता है–"नदी मुझे उपनिषद् पढ़ा रही है। परन्तु अभिसार की उपनिषद! दृष्टि मधु और दृष्टि **अभिसार** की उपनिषद! क्योंकि यह नदी परमपद का झरता हुआ मधु है और केवल यह विरक्तों, योगीश्वरों और 'काष्ठचित्त, संन्यासियों की ही नदी नहीं। यह दैनन्दिन सुख–दुःख की, अर्थ–धर्म–काम–मोक्ष चतुर्वर्ग की, सहज भक्ति और सगुण उपासना की नदी है। इसके पापहरा प्रवाह के सम्मुख खड़ा होने पर लगता है कि मैं वैकुण्ठ धाम की सीमान्त नदी विरजा के सम्मुख खड़ा हूँ, जिसके 'विरजं विशुद्धम्' जल में स्नान करके भक्त एवं मुनिगण वैकुण्ठ धाम में प्रवेश करने के अधिकारी होते हैं।"[15]

मनुष्य जीवन को अखण्ड एवं सृष्टि को अखण्ड रूप से देखने की दृष्टि भारतीय जीवन के पास है। ललित निबन्ध में अखिल ब्रह्माण्ड में व्याप्त निखिल सौन्दर्य, उसमें उपस्थित अखण्ड–जीवन और अखण्ड ललित, सीपी–सम्पुट में मोती की तरह आता है। भारतीय समाज में अन्तर्निहित भावात्मक और सांस्कृतिक ऐक्य है, वह ही असल है। ऊपर से वर्गों, जातियों, संप्रदायों, पंथों में बँटा दीखने वाला यह भारतीय समाज खण्डित दृष्टि वाला नहीं है। ये वर्ग–जातियाँ भी पारस्परिकता के नेह–सूत्र में बँधी हैं और उनकी जीवन–दृष्टि में कही भी मोतियाबिन्द नहीं है। भारतीय समाज में किसान, प्रकृति और मिट्टी के रिश्तों ने समभाव, त्याग, प्रतिदान, सहअस्तित्व, स्वतन्त्रता, समानता और सदाचरण के इन्द्रधनुशी वितान बनाये हैं। "इस देश की माटी का बेटा जब आकाश का 'सास्तर' (शास्त्र) बाँचता है, तो उसमें से कल्मष रहित सार निकलता है। इस मार को लोक के दीपक में भरकर जीवन की जोत को अविराम और निष्कंप प्रकाश–ऊर्जा देता है। यह प्रकाश बीज का मार्ग प्रशस्त करता है। बीज की अवधारणा अनन्त के ओर–छोर तक फैली है और उसकी जड़ें वसुधा के गर्भ में गहराई तक धँसी है।"[16]

भारतीय जीवन–दृष्टि में समग्रता का चिन्तन–लोक सन्दर्भित भी है। समाज के प्रत्येक वर्ग की पारस्परिक पूरकता सुनिश्चित है। गाँव

आत्मनिर्भर इकाई के रूप में स्थापित हैं। गाँव के संसाधनों से ही गाँव की आवश्यकताओं की पूर्ति होती है। वर्ग भेद ऊपरी है। उसके आत्मिक स्वरूप में ऐक्य और अभिन्नता है। गाँव में 'सबका अपना और अपना सबका' का भाव और व्यवहार है। सब में बँटकर सुख अनुभव करने की बात भारतीय जीवन–दृष्टि में है। इसी 'स्व' और 'पर' में मिला देने की हुलस का ललित निबन्धों में शब्दांकन हुआ है। ''जब भी किसी के खेत में नई फसल आती वह सबको बुलाकर बड़े उत्साह से ले जाता और वहाँ भूनकर होला–हुम्बी खाने का कार्यक्रम जमता था। हास–उल्लास के क्षणों में भी अगर किसी को मालूम हो कि गाँव के कोटवार के लड़के को बुखार आया है, तो सब उसे देखने जाते। कोई उसे ताबीज देता, कोई ओझा बैठाता, तो कोई दौड़कर अपने घर से कुनैन की गोलियाँ दे जाता था। जब भी किसी के यहाँ शादी–ब्याह का आयोजन होता, समूचे गाँव में उत्साह की लहर छा जाती। कोई जंगल से लकड़ी लाकर मंडप खड़ा कर देता, कोई गद्दे इकट्ठे कर बिछात कर देता और कोई बर्तन माँगकर भोजन का ठाठ जमा देता था।''[17]

आज यह परस्पर–मेहंदीभाव समाप्त हो गया है। लोक से, गाँव से भारतीय जीवन–दृष्टि को स्रोत मिला था, वह सूखता जा रहा है। आज गाँव बदल गये हैं। भारतीय जीवन में पदार्थवादी सोच और अर्थ–लोलुपता ने सर्वनाश के द्वार खोल दिये हैं। पुरुषार्थ–चतुष्ट्य में पहले धर्म प्रमुख था, अब अर्थ केन्द्र में हो गया है। इसके चलते व्यक्ति का पूरा चिन्तन और कर्मशास्त्र ही बदल गया है। पाश्चात्य जीवन–दृष्टि का प्रभाव गहराता जा रहा है। इन परिस्थितियों में भारतीय जीवन–दृष्टि को क्षय होने से बचाने के लिए ललित निबन्ध अपने भीतर सम्पूर्ण मानवीय कल्याण की अवधारणा मानवीय मूल्यों की पीठिका पर कर रहा है और मनुष्य को उसके वास्तव से बार–बार रूबरू कराने की कोशिश कर रहा। मनुष्य जीवन का वास्तविक अभिप्रेय 'स्व' में नहीं, 'पर' के प्रति समर्पण में है। ईश्वरीय सत्ता में स्वयं के विलीनीकरण में है।

सारांश

ललित निबन्ध का अनुभूति–स्रोत खाँटी देसी है। वह अपनी ज़मीन और अपने आकाश के बीच ही अनुभव सम्पन्न होता हुआ स्थानीयता में वैश्विक विस्तार पाता है। अनुभूतियाँ ज़मीनी होने के कारण उनके रूपाकार शब्द

भी देसी बनकर और सुगन्ध लिये होते हैं। जिस मिट्टी का संसार ललित निबन्ध में रचता–बसता है, उसी मिट्टी के संसार की बोली–बानी भी ललित निबन्ध में गूँजती है। इस कारण ललित निबन्ध की भाषा में एक खास क़िस्म का देसीपन ही होता है, जो अपने अन्तस्–बाह्य में देश की पहचान लिये होता है। ललित निबन्ध का संस्कार मिट्टी का है, अतः उसकी भाषा अपनी सांस्कृतिकता में देशीपन को सीप में मोती की तरह धारण किए हुए रहती है।

सन्दर्भ

1. डॉ. कर्णसिंह–हिन्दू दर्शन : एक समकालीन दृष्टि, पृष्ठ 9
2. वाल्मीकि रामायण–(2/15) पृष्ठ–31
3. वेदव्यास–महाभारत
4. गोस्वामी तुलसीदास–रामचरितमानस, उत्तरकाण्ड के दोहा क्र.40 के बाद की प्रथम चौपाई
5. सं. अमरेन्द्र मिश्र,–गगनांचल–अंक जनवरी–मार्च– 1995–पृष्ठ–32
6. डॉ. धर्मवीर भारती–ठेले पर हिमालय, पृष्ठ–77
7. श्रीमद्भगवद् गीता–अध्याय–4 भलोक–7 एवं 8
8. डॉ. विद्यानिवास मिश्र–अग्निरथ, पृष्ठ–22–23
9. तैत्तिरीय उपनिषद–(2/6) 10. डॉ.विद्यानिवास मिश्र–भावपुरुष श्रीकृष्ण, पृष्ठ–18
11. वही, पृष्ठ–19
12. सं. डॉ.मुकुन्द द्विवेदी–हजारीप्रसाद द्विवेदी ग्रन्थावली–भाग–9, पृष्ठ–23 13. वही, पृष्ठ–440
14. कुबेरनाथ राय–निषाद बाँसुरी, पृष्ठ–32
15. वही, पृष्ठ–12
16. डॉ.श्रीराम परिहार–आँच अलाव की, पृष्ठ–27
17. रामायण उपाध्याय–कुंकुम कलश और आम्रपल्लव, पृष्ठ–10

खण्ड - 13 : पत्रकारिता विमर्श

साहित्यिक पत्रकारिता-वर्तमान और भविष्य

रवीन्द्र कात्यायन

अतीत इतिहास है, वर्तमान यथार्थ और भविष्य स्वप्न। गौरवपूर्ण इतिहास मुखर है, भयावह वर्तमान किंकर्तव्यविमूढ़ और स्वप्निल भविष्य चुप। भविष्य की पत्रकारिता पर लिखना भविष्यवाणी करने जैसा है। आज हम इक्कीसवीं शताब्दी के झंझावातों से जूझ रहे हैं। ऐसे में यह प्रश्न उठना स्वाभाविक है कि क्या है साहित्यिक पत्रकारिता का वर्तमान और भविष्य? वर्तमान को देखते हुए भविष्य पर ज़्यादा कहा नहीं जा सकता। परिवर्तन, अनिश्चितता और विकराल वैश्विक संकट के इस दौर में साहित्य की भूमिका और बढ़ जाती है।

साहित्य का निर्माण उस काल की पत्रकारिता पर निर्भर करता है। साहित्य समाज का आईना है और पत्रकारिता साहित्य का। किसी काल–विशेष के साहित्य के विषय में जानना हो तो उस कालखण्ड की पत्र–पत्रिकाओं को पढ़कर उसे जाना जा सकता है। अकेली सरस्वती पत्रिका बीसवीं सदी के प्रथम बीस वर्षों के हिन्दी साहित्य का प्रतिनिधित्व करती है। यही योगदान हरिश्चन्द्र मैगजीन, ब्राह्मण, जासूस, चाँद, हंस, कल्पना, धर्मयुग, सारिका, कथादेश, तद्भव, कथाक्रम, समकालीन भारतीय साहित्य, वागर्थ, पल प्रतिपल और पहल जैसी अनेक महत्त्वपूर्ण पत्रिकाओं का है। अतः साहित्यिक पत्रकारिता के वर्तमान और भविष्य की दिशा को समझना भी रोचक होगा।

बीसवीं सदी मुख्यतः औद्योगीकरण और मशीनीकरण की रही है, किन्तु इक्कीसवीं सदी तकनिकीकरण और वैज्ञानिकीकरण की है। इक्कीसवीं सदी की पत्रकारिता में वैज्ञानिक दृष्टिकोण के साथ–साथ तकनिकी संसाधनों

का प्रचुर प्रयोग भी शामिल है। आज की पत्रकारिता सिर्फ कागजों तक ही सीमित नहीं है। आज हमारे पास कम्प्यूटर है, इंटरनेट है, स्मार्ट फोन है, जिसने तकनिकी संसाधनों का जखीरा उपलब्ध करा दिया है। इसलिए आज की साहित्यिक पत्रकारिता इंटरनेट पर भी समान रूप से उपस्थित है और बड़ी शान से है। आज लगभग हर पत्रिका मुद्रित होने के साथ–साथ इलेक्ट्रॉनिक रूप में भी उपलब्ध है। सबके अपने पोर्टल या वेबसाइट हैं और दोनों माध्यमों पर उनके पाठक भी ख़ूब हैं। पिछले करीब 7–8 सालों में स्मार्ट फोन की सहज उपलब्धता ने सूचना, शिक्षा और मनोरंजन के क्षेत्र में जन जीवन को अधिक सरल बना दिया है। अब ये यन्त्र हमारे पास सहज उपलब्ध हैं और इससे सारे संसार में सूचना और जानकारियों का विस्फोट हो गया है। न सिर्फ सूचना बल्कि मनोरंजन, शिक्षा, प्रशिक्षण, रोजगार, व्यवसाय, प्रबन्धन, चिकित्सा, सरकारों का संचालन तक मोबाईल और कंप्यूटर के हवाले हो गया है। अब हम यथार्थ से अधिक आभासी दुनिया में रह रहे हैं। कोरोना जैसी वैश्विक बीमारी ने तो ऑनलाइन के सारे संसाधन भी निचोड़ लिए हैं।

इक्कीसवीं सदी में दूसरी प्रमुख बात जो उभरकर आयी है–वह है साहित्य का वैश्वीकरण। आज विभिन्न भारतीय भाषाओं का उत्कृष्ट साहित्य हमें कम्प्यूटर या मोबाईल का बटन दबाते ही अपनी मातृभाषा पढ़ने को मिल जाता है। न केवल भारतीय, वरन् विदेशी भाषाओं का उत्कृष्ट साहित्य भी हिन्दी तथा अन्य भारतीय भाषाओं में हमें उपलब्ध है। इससे इक्कीसवीं सदी में अनुवादित साहित्य की माँग और आपूर्ति बढ़ी है। पत्र–पत्रिकाएँ अन्य भाषाओं की श्रेष्ठ अनुवादित रचनाओं को प्रकाशित करने में गर्व का अनुभव करती हैं। इस प्रकार की उपलब्ध पत्रिकाओं में 'समकालीन भारतीय साहित्य', 'कथादेश', 'गगनांचल', 'हंस', 'वागर्थ', 'तद्‌भव', 'आलोचना' आदि अनेक का नाम लिए जा सकते हैं। तकनिकी विकास और उसकी सार्वजनिक रूप से उपलब्धता ने भी साहित्य को प्रभावित किया है। हमारी समझ सूचनाओं के आतंक, बाज़ार के दबाव और नकारात्मक दिशा में बढ़ते हमारे कदमों तथा भाषा के विखण्डन से इतनी भोथरी हो रही है कि हम अपनी मानवीयता को भी अपने साथ लेकर नहीं चल पा रहे। आज विकराल वैश्विक संकट हमारे सामने है। इस समय हमारी प्राथमिकता सिर्फ मनुष्य को बचाने की है। यदि मनुष्य बचेगा तो साहित्य भी बचेगा, भाषाभी बचेगी और हमारे समक्ष यह पहली बार नहीं हो रहा है। करीब 100 वर्ष पूर्व भी ऐसी ही परिस्थितियाँ थीं, जिन्होंने साहित्य और पत्रकारिता पर बहुत बड़ी ज़िम्मेदारी डाली थी।

बीसवीं सदी की साहित्यिक पत्रकारिता पर विचार करें तो सर्वप्रथम हमारी दृष्टि निश्चय ही 'सरस्वती' पर ठहरती है। आचार्य महावीर प्रसाद द्विवेदी ने 'सरस्वती' पत्रिका के माध्यम से बीसवीं सदी के साहित्य का जो उपकार किया वह किसी से छिपा नहीं है। भाषा–परिष्कार के साथ–साथ द्विवेदी जी ने 'सरस्वती' में समाजशास्त्र, न्यायशास्त्र, अर्थशास्त्र, अपराधशास्त्र आदि अनेक विषयों पर बहुत–से लेख प्रकाशित किए हैं। उस समय 'सरस्वती' में जिन विषयों पर लेख प्रकाशित होते थे, उन विषयों पर अन्य पत्रिकाओं में भी लेखमाला छपती थी। यदि आज हिन्दी की कोई साहित्यिक पत्रिका इन विषयों पर लेख प्रकाशित करे तो मैं समझता हूँ कि शायद इसका स्वागत नहीं किया जायेगा। आज की साहित्यिक पत्रिकाओं में इस प्रकार के विषय दिखायी भी नहीं देते। उस समय आचार्य द्विवेदी जी ने इसे सम्भव किया था, पर क्या आज यह सम्भव है?

'सरस्वती' ने जो भूमि तैयार की, हिन्दी की साहित्यिक पत्रकारिता को जो स्वरूप दिया उसे चाँद, सुधा, जागरण, हंस, जमाना, मतवाला आदि ने आगे बढ़ाया। स्वतन्त्रता से पूर्व की पत्रकारिता के समक्ष एक मिशन था–एक उद्देश्य था– इसलिए तब की पत्रकारिता राष्ट्रीय आन्दोलन का मुख्य स्वर हुआ करती थी। स्वतन्त्रता के पश्चात् साहित्य के क्षेत्र में भारी परिवर्तनों का दौर प्रारम्भ हुआ। पिछले पचास वर्षों की साहित्यिक पत्रकारिता का इतिहास यदि बहुत गौरवपूर्ण नहीं तो हेय भी कदापि नहीं। कल्पना, अजन्ता, आलोचना, समालोचक, प्रतीक, अंकन, पहल, वसुधा, हंस, वागर्थ, वर्तमान साहित्य, कथादेश, लेखन, संबोधन, कथन, नटरंग, पूर्वग्रह, अब, कथा, आजकल, समास, कल के लिए, उत्तरार्ध, समांतर, रंग प्रसंग, कथाक्रम, तद्भव, कसौटी, नया पथ, बहुवचन, काशी प्रतिमान, कहन, सहित, साम्य, समयांतर, अभिप्राय, समकालीन सृजन, पाखी, गगनांचल और अन्य अनेक महत्त्वपूर्ण पत्रिकाओं ने स्वातंत्र्योत्तर हिन्दी साहित्यिक पत्रकारिता को एक मज़बूत आधार प्रदान किया है। 'सरस्वती' से शुरू हुई इस यात्रा में साहित्यिक पत्रकारिता में अनेक परिवर्तन आये हैं।

आज लगभग डेढ़–दो सौ साहित्यिक पत्रिकाएँ हिन्दी में प्रमुख रूप से प्रकाशित हो रही हैं। इनमें से कुछ मुद्रित माध्यम में और कुछ इलेक्ट्रॉनिक रूप में प्रकाशित हो रही हैं। कुछ दोनों माध्यमों पर हैं। ब्लॉग लेखन और वेबसाइटों के माध्यम से भी साहित्य की दुनिया का बहुत विस्तार हुआ है। आज लाखों की संख्या में वेबसाइट्स और ब्लॉग्स हिन्दी तथा भारतीय

भाषाओं में प्रकाशित हो रहे हैं। इनमें से कुछ बहुत महत्त्वपूर्ण हैं। समालोचन, अनुभूति, अभिव्यक्ति, कविता कोश, गद्य कोश, रेख्ता, प्रतिलिपि, जगरनाट, मातृभारती, स्टोरीमिरर, हिन्दी समय, नई दुनिया, आदि बहुत सारे ब्लॉग्स और पोर्टल हिन्दी तथा भारतीय साहित्य की अलख जगा रहे हैं।

जिस प्रकार हिन्दी साहित्य की महत्त्वपूर्ण विधाओं में लगातार परिवर्तन होते रहे हैं, उसी प्रकार इक्कीसवीं सदी की पत्रकारिता में भी कई महत्त्वपूर्ण परिवर्तन आये हैं और भविष्य में भी नये–नये प्रयोग होने की उम्मीद है। आज की हिन्दी पत्रकारिता स्मार्ट हो गयी है। इसका कारण तकनीक में लगातार विकास और वे सुधार हैं जिनके सहयोग से साहित्यिक सामग्री का प्रस्तुतीकरण, संयोजन, प्रकाशन, पुनर्प्रकाशन अत्यन्त सरल व तीव्रगामी सम्भव हो गया है। आज हमारे समक्ष साहित्यिक पत्रिकाओं की एक बड़ी संख्या अपनी उपस्थिति दर्ज कराती है। इन पत्रिकाओं को देखकर साहित्यिक पत्रकारिता की मज़बूत स्थिति दिखायी देती है। इन पत्रिकाओं पर नजर डालें तो पाते हैं कि यही पत्रिकाएँ इक्कीसवीं सदी की साहित्यिक पत्रकारिता का स्वरूप निर्धारित करती हैं और इनका भविष्य भी उज्ज्वल दिखायी देता है। इनमें कुछ पत्रिकाओं को छोड़कर लगभग सभी साहित्य की विभिन्न विधाओं पर केन्द्रित सामग्री का संयोजन करती हैं। कुछ पत्रिकाएँ कतिपय विधाओं पर ही पूर्णतः केन्द्रित रहती हैं। किन्तु अधिकतर में मिश्रित सामग्री ही मिलती है।

बीसवीं सदी की समाप्ति पर सन् 1999 में कुछ महत्त्वपूर्ण साहित्यिक पत्रिकाओं का गौरवशाली प्रकाशन प्रारम्भ हुआ। हिन्दी साहित्य में आलोचना केन्द्रित पत्रिकाओं की कमी सदा से ही अखरती रही है। सन् 1999 के प्रारम्भ से प्रकाशित नन्द किशोर नवल की त्रैमासिक पत्रिका 'कसौटी' ने इस खाई को बहुत कुछ पाटने की कोशिश की। उसके सम्पादकीय में नन्दकिशोर नवल जी ने लिखा था–साहित्यालोचन से रचना का पूरा सम्बन्ध–विच्छेद हो गया है जिससे वह शून्य में तैर रहा है या अपने को वाग्जाल से छिपा रहा है। यह कितना अजीब है कि आज आलोचना के लिए रचना का कोई मूल्य नहीं रह गया है, मूल्य उन अभिप्रायों का है जो रचना से सायास खोज लिए जाते हैं। क्या साहित्य–विवेक की रक्षा के लिए रचनाशीलता के प्रति ईमानदार होना आवश्यक नहीं है? रचनाशीलता और आलोचना के सरोकारों के प्रति प्रतिबद्ध 'कसौटी' पत्रिका किसी उम्मीद की तरह नजर आयी। इसी वर्ष 'आलोचना' पत्रिका का प्रकाशन पुनः प्रारम्भ हुआ जो कि सम्पूर्ण

साहित्यिक परिदृश्य के लिए सुखद रहा। इसका प्रथम अंक फासीवाद पर केन्द्रित था जिसमें आज के समय की मजबूरियों और विवशताओं की पड़ताल साहित्य को केन्द्र में रखकर की गयी थी। इसके सम्पादकीय में नामवर सिंह ने लिखा था–'आलोचना' अग्निपक्षी है। फिर जी उठी।

वर्ष 1999 में ही जिस सबसे महत्त्वपूर्ण पत्रिका का प्रकाशन प्रारम्भ हुआ वह है 'तद्भव'। लखनऊ से 'तद्भव' पत्रिका का त्रैमासिक प्रकाशन इक्कीसवीं सदी की हिन्दी पत्रकारिता के लिए एक प्रस्थान–बिन्दु है। इसका पहला अंक सुप्रसिद्ध कथाकार श्रीलाल शुक्ल पर केन्द्रित था। इसमें श्रीलाल जी के रचनाकार जीवन, उनके साहित्य के विभिन्न आयामों और उनके समकालीन साहित्यकार बंधुओं तथा चिंतकों द्वारा उनके विभिन्न चारित्रिक व रचनात्मक पहलुओं पर प्रकाश डाला गया। 'तद्भव' के सारे अंक अद्भुत हैं। किसी भी साहित्यिक पत्रिका में यदि सारे चोटी के रचनाकार एक साथ छप सकते हैं तो निश्चय ही यह कमाल सिर्फ अखिलेश जी ने किया है। 'तद्भव' को इक्कीसवीं सदी की साहित्यिक पत्रकारिता के लिए एक उपलब्धि और चुनौती के रूप में देखा जा सकता है। इसीलिए इसे भविष्य की पत्रकारिता के सन्दर्भ में साहित्यिक हिन्दी पत्रकारिता का प्रस्थान–बिन्दु माना जाना चाहिए।

इसी साल की तीसरी प्रमुख उपलब्धि है– महात्मा गाँधी अन्तर्राष्ट्रीय हिन्दी विश्वविद्यालय की त्रैमासिक पत्रिका–'बहुवचन'। यह पत्रिका अशोक वाजपेयी की व्यक्तिगत अभिरुचि की एक और वैभवपूर्ण उपलब्धि साबित हुई। इसी वर्ष शैलेन्द्र सागर की पत्रिका 'कथाक्रम' वार्षिक से बदलकर त्रैमासिक के रूप में प्रकाशित होने लगी। इस पत्रिका में स्त्री विमर्श और दलित विमर्श पर समकालीन रचनाकारों द्वारा सार्थक बहस प्रारम्भ हुई। ये दो मुद्दे ऐसे हैं जो आज के साहित्य का प्रमुख आधार हैं। इसी समय 'काशी प्रतिमान' पत्रिका नई धज से प्रकाशित हुई। सुरेश्वर त्रिपाठी द्वारा सम्पादित इस पत्रिका की सामग्री भी विभिन्न विधाओं पर केन्द्रित रही। कहना न होगा कि तद्भव, कसौटी, बहुवचन, कथाक्रम, सहित, काशी प्रतिमान आदि पत्रिकाओं ने इक्कीसवीं सदी के प्रारम्भ में अपनी उपस्थिति दर्ज करके भविष्य की साहित्यिक पत्रकारिता की नींव डाल दी थी। पिछले बीस सालों की पत्रकारिता में इनका योगदान अप्रतिम है। इन पत्रिकाओं के अतिरिक्त कथन–सम्पादक रमेश उपाध्याय, समयांतर–सम्पादक पंकज बिष्ट की उपस्थिति ने भी साहित्यिक पत्रकारिता को और लोकहितकारी तथा

समाजोन्मुखी बनाने में मदद ही की है। इन सभी पत्रिकाओं के अतिरिक्त जो पत्रिकाएँ साहित्य के अलम को थामे नई सहस्राब्दी में आयीं, उनमें हंस, कथादेश, पल–प्रतिपल, वर्तमान साहित्य, पहल, वसुधा, दस्तावेज, साक्षात्कार, सहित, रंग–प्रसंग, वागर्थ आदि का प्रमुख नाम हैं। आज हमारे साहित्य के वर्तमान स्वरूप में बहुत कुछ योगदान इन पत्रिकाओं का है। इनके द्वारा ही साहित्य के महत्त्वपूर्ण आन्दोलनों के विषय में सबसे पहले पता चलता है। इनमें ही साहित्य की धड़कन को सुना जा सकता है, महसूस किया जा सकता है।

साहित्यिक पत्रकारिता के नये–नये स्वरूपों तथा प्रतिमानों पर चर्चा प्रारम्भ करें तो सभी महत्त्वपूर्ण पत्रिकाओं के साथ–साथ हिन्दी के समाचार–पत्रों की स्थिति बज़बूत हुई है। पिछले बीस सालों में कई प्रमुख अखबारों के कई संस्करण बाज़ार में आये हैं। इनमें साप्ताहिक रूप से साहित्य का पन्ना प्रकाशित होने लगा। कभी–कभी यह साहित्यिक पन्ना बहुत आकर्षक और रोचक बन जाता है। इसमें आज के अच्छे–से–अच्छे रचनाकारों की रचनाएँ, समीक्षाएँ तथा साक्षात्कार व चर्चा–परिचर्चा आदि प्रकाशित होते हैं। हिन्दुस्तान, राष्ट्रीय सहारा, दैनिक जागरण, दैनिक भास्कर, अमर उजाला, आदि अखबारों में साहित्य का साप्ताहिक पृष्ठ प्रकाशित होता है जिसने सामान्य पाठकों के मन में साहित्य के प्रति आकर्षण बढ़ाया है। भविष्य के लिए यह बहुत आवश्यक है।

भविष्य में प्रकाशित होनेवाली पत्रिकाओं का स्वरूप क्या होगा? उनमें कैसे–कैसे परिवर्तन हो सकते हैं? इस पर कुछ विचार–विमर्श आवश्यक है। आज का युग Specialization का है। प्रत्येक क्षेत्र में विशेषज्ञता की कद्र है। साहित्यिक पत्रकारिता में भी यह चलन है ही। आनेवाले समय में पत्रकारिता में महिला विमर्श, दलित विमर्श, आदिवासी विमर्श, किन्नर विमर्श, पर्यावरण विमर्श आदि का अधिक विकास होने की सम्भावना है। साहित्यिक परिदृश्य पर ये मुद्दे लगभग स्थापित हो चुके हैं। साहित्यिक पत्रिकाओं में इन मुद्दों पर चर्चा होती रहती है।

साहित्यिक पत्रकारिता के समक्ष कुछ बुनियादी समस्याएँ लगातार बनी हुई हैं। इनमें पहली समस्या है पाठकों की कमी। एक बात निश्चित है कि 'गोदान' होरी की कहानी अवश्य है पर इस देश में होरी ने 'गोदान' नहीं पढ़ा, न ही उसे इसका भान है। हंस, पहल, वसुधा, कथाक्रम, बहुवचन, तद्भव, कथादेश आदि पत्रिकाएँ कोई किसान, कोई मजदूर, कोई रिक्शेवाला, कोई क्लर्क तो पढ़ने से रहा। इन्हें पढ़नेवाला एक निश्चित पाठक वर्ग है

जिसकी खास रुचि इन पत्रिकाओं में होती है। दूर की बात छोड़ दें तो हमारे विश्वविद्यालयों और महाविद्यालयों के हिन्दी विभागों में भी इनके पाठक अधिक नहीं हैं–जो कि खेद का विषय है। साहित्य को समझने के लिए न्यूनतम शिक्षा और समझ के साथ–साथ व्यक्ति में वह साहित्यिक अभिरुचि भी अपेक्षित है जिससे वह साहित्यिक पत्रिकाओं के अंक खंगालने में रुचि ले सकें। अब इस बात को लेकर परेशान होने की आवश्यकता नहीं कि साहित्यिक पत्रिकाओं के पाठकों की कमी है–क्योंकि साहित्य वैसे भी कम लोग ही पढ़ते हैं। और ऐसे में जहाँ दूरदर्शन के पचासों चैनल, फ़िल्मों, ओटीटी प्लेटफोर्म और फ़िल्म संगीत का बढ़ता प्रभाव, विश्वबाज़ार का बढ़ता प्रभाव और आतंक, सूचना प्रौद्योगिकी में कम्प्यूटर, ई–मेल, इंटरनेट, सोशल मीडिया, ऑनलाइन का विस्तृत संजाल हमारे जीवन को चौबीस घंटे संचालित कर रहा हो, साहित्य को पढ़ने की दिमाग़ी कसरत की फ़ुरसत किसे है–सिवाय कुछ खब्ती लोगों के, और यह कुछ खब्ती लोग ही साहित्य के वह गम्भीर पाठक हैं–जिनमें रचनाकार–वर्ग भी शामिल है।

इन साहित्यिक पत्रिकाओं में ही साहित्य के ज़रूरी प्रश्नों को उठाया जाता है। इनका प्रकाशन कभी–कभी अनियमित या बन्द हो जाता है। व्यावसायिकता से दूर यह पत्रिकाएँ अकादमिक या पूँजीपति संस्थानों से निकलने वाली उन पत्रिकाओं के विरोध में सिर उठाकर खड़ी रहती हैं–जिनमें खाये–अघाये लोगों द्वारा और उन सेठनुमा महिलाओं द्वारा जिनकी कमर में मोटापे की तीन–तीन पेटियाँ पड़ गयी हैं–अचार बनाने के नुस्खे, मासिक राशिफल, पुदीने के सेवन से लाभ अथवा कील–मुंहासों का देशी इलाज–सिर्फ सात दिनों में– आदि अनेक कॉलम नियमित छपते रहते हैं। सरकारी संस्थाओं, अकादमियों की पत्रिकाओं की छद्म राजनीति किस प्रकार की रचनाओं के प्रकाशन को प्रोत्साहित करती है–यह किसी से छिपा नहीं है। राजेन्द्र यादव ने कहा था–"लघु पत्रिका बड़े पत्रों की व्यावसायिकता और संघर्ष के खिलाफ एक विद्रोह और प्रतिरोध का स्वर है।" यहाँ पर यह भी स्पष्ट कर देना ग़ैर ज़रूरी न होगा कि साहित्यिक पत्रिकाओं को लघु पत्रिका कहने का तात्पर्य उनकी लघुता से न लिया जायें विष्णु नागर ने कहा है–"लघु पत्रिका को लघु न समझें। वह "वामनावतार" है। तीन पग में पूरी धरती माप लेती है।"

भविष्य की साहित्यिक पत्रकारिता में सम्पादक की ज़िम्मेदारी और बढ़ने की सम्भावना है। सम्पादक बनना जोखिम का कार्य है। सामाजिक कार्यक्रमों, कर्मकांडों, अपसंस्कृति के आगमन का विरोध, राजनीतिक षड्यन्त्रों,

साम्प्रदायिक ताकतों का फासीवादी उभार, विश्व बाज़ारीकरण आदि का उचित आकलन कर उसका सच्चा चेहरा सामान्य पाठकवर्ग को दिखाना एक सच्चे सम्पादक का धर्म है। जाहिर है कि इस महत्त्वपूर्ण और खतरनाक कार्य में जोखिम आना स्वाभाविक है। परन्तु एक अच्छे समाज के निर्माण के लिए उसका मार्गदर्शन करना और उसमें जागृति लाना बृहत्तर मानवीय हितों के समर्थन में सार्थक कदम है। इसी संघर्ष की ओर उर्दू के महान शायर अकबर इलाहाबादी ने कहा था–

"खींचो न कमानों को, न तलवार निकालो।
जब तोप मुकाबिल हो, तो अखबार निकालो"

आर्थिक स्तर पर भी साहित्यिक पत्रिकाओं के रास्ते आसान नहीं हैं। भविष्य में सामाजिक, सांस्कृतिक, राजनीतिक विकृतियों से संघर्ष भी इनके ज़िन्दा रहने के लिए ज़रूरी हैं। इसके लिए आवश्यक है कि सम्पादकों में आपसी संवाद हो जिससे विषयों का दोहराव न हो और विविधता और सन्तुलन भी बना रहे। सम्पादकों और रचनाकारों के संगठित होकर कार्य करने की आवश्यकता बढ़ गयी है, इसी से एक सुन्दर और आशातीत भविष्य का निर्माण सम्भव है। साहित्यिक पत्रिका एक आन्दोलन है, जिसमें हर सम्पादक व लेखक को अपनी ईमानदार भागीदारी सुनिश्चित करनी है। आज विभिन्न प्रकार के संकट हमारे समाज पर, साहित्य पर मंडरा रहे हैं, हमें इनसे एकजुट होकर लड़ना है और अपने सामाजिक दायित्व का निर्वाह करना है। अब समय है कि पत्रिकाओं के प्रकाशन के लिए ज़रूरी धन जुटाना, विज्ञापन बटोरना, मुद्रण की व्यवस्था करना या फिर वेबसाइट बनाकर, ब्लॉग बनाकर, सोशल मीडिया को सम्भालना– इन विषयों पर लेखक और सम्पादक मिलकर संवाद करें और इन समस्याओं के सामूहिक समाधान खोजें तभी भविष्य की साहित्यिक पत्रकारिता मज़बूत होगी और सम्पादकों तथा लेखकों में संवादहीनता की स्थिति भी खत्म होगी। तकनीक के अति दबाव ने हमको साहित्यिक पत्रकारिता से थोड़ा अलग कर दिया है। आज ऐतिहासिक, सामाजिक व सांस्कृतिक परिस्थितियाँ अत्यन्त विकट और विकराल हैं। कोविड–19 महामारी ने हमारे जीवन को और समाज को मरघट पर लाकर खड़ा कर दिया है। समाज इतने बड़े बदलाव के लिए तैयार नहीं था। साहित्य को इस तरह के बदलावों से और दबावों से निकलकर मानव जीवन को बचाना भी है, और उसे दिशा भी देना है।

आज आवश्यकता है–गाँव–गाँव, कस्बों–कस्बों और दूरदराज के शहरों के रचनाकारों को भी साहित्यिक पत्रकारिता में रेखांकित किया जाये और उनके जीवन के सच्चे अनुभवों को सबके समक्ष लाया जायें साहित्य को लोकोन्मुखी व सुसंस्कृत बनाने की दिशा में यह महत्त्वपूर्ण कदम होगा। हमें अपना साहित्य देश की उस पिछड़ी जनता तक पहुँचाना होगा, जो उपेक्षित, शोषित, पीड़ित, दलित, मजदूर, किसान के रूप में देश के कोने–कोने में फैली है। आज जिसका जीवन सबसे ज़्यादा दाँव पर लगा है और जिसके जीवन का मूल्य कुछ भी नहीं है–हमें उनको ही बचाना है। पुरानी लीक पर चलकर साहित्यिक पत्रकारिता नहीं चलेगी, हमें नई लीक बनानी पड़ेगी और साहित्यिक पत्रकारिता के भविष्य की राह खोजनी होगी।

हिन्दी पत्रकारिता में हैदराबाद का योगदान

एफ. एम. सलीम

संसार का हर जीव किसी न किसी रूप में संचारी होता है। चाहे वह मनुष्य हो, प्राणी हो, पक्षी हो या फिर पेड़ पौधे। ग़ौर करेंगे तो पायेंगे के खुशबू से लेकर भावों और विचारों की अभिव्यक्ति तक हर चीज़ मानो कह रही है,.. .मुझे कुछ कहना है।... कहने और सुनने वालों के बीच के सबसे आधुनिक माध्यम को मीडिया कहा गया है, जिसे हम पत्रकारिता के रूप में जानते, समझते और देखते हैं। हालाँकि पत्रकारिता का उद्देश्य शुद्ध सूचनाओं का संचार है, लेकिन हिन्दी में इसकी शुरुआत निश्चित ही साहित्यिक, सामजिक, सांस्कृतिक और राष्ट्रीय भावना को प्रोत्साहित करने के उद्देश्य की पूर्ति के रूप में हुई है। सामाजिक आन्दोलनों से शुरू होकर देश के स्वतन्त्रता संग्राम और फिर स्वतन्त्र देश के नवनिर्माण में पत्रकारिता की महत्त्वपूर्ण भूमिका रही है। आज अर्थात मार्च 2021 से पाँच साल बाद हिन्दी पत्रकारिता अपनी दो शताब्दियाँ पूर्ण करने जा रही है और इस दौरान पत्रकारिता ने कई आयाम जिए हैं। उत्तर भारत में जहाँ हिन्दी भाषी क्षेत्र होने के नाते पत्रकारिता दो सौ वर्षों से पूरी जीवटता के साथ प्रकाशमान है, वहीं दक्षिण भारत और उसका प्रवेशद्वार समझे जाने वाले हैदराबाद में पत्रकारिता ने कई महत्त्वपूर्ण दौर जिए हैं।

इस विषय पर आगे बढ़ने से पहले एक बात स्पष्ट करनी होगी कि हैदराबाद की भौगोलिक स्थिति उसे केवल हैदराबाद शहर रहने नहीं देती, बल्कि कृष्णा नदी की उप–धारा मूसा (मूसी) नदी के किनारे बसा यह शहर जहाँ उत्तर और मध्य देश की संस्कृति को दूर तक और देर तक अपनाए हुए है, वहीं दूसरी ओर अपना प्रभाव दक्षिण में दूर पर संवाहित करता रहा है।

इस तरह कह सकते हैं कि यह उत्तर को दक्षिण से और दक्षिण को उत्तर से जोड़ने वाला महानगर है। यह शहर उत्तर भारतीयों को भी उतना ही अपना लगता है, जितना की दक्षिण भारतीयों को। आपस में अजनबियत रहने नहीं देता। मित्र डॉ. मनोहर भंडारे के अनुरोध पर यह लेख लिख रहा हूँ तो यह भी बताता चलूँ कि मांजरा नदी जो महाराष्ट्र के लातूर और कर्नाटक के बीदर जिले से होकर तेलंगाना में प्रवेश करते ही मंजिरा बन जाती है, हैदराबादी लोग बरसों तक इस नदी का पानी पीते रहे हैं। इस तरह कर्नाटक और महाराष्ट्र के इन जिलों से हैदराबाद का पानी का रिश्ता भी बन जाता है। यदि भूगोल के साथ इतिहास भी जोड़ें तो हैदराबाद महाराष्ट्र के सोलापुर तथा कर्नाटक के शहर गुलबर्गा और रायचूर से भी जुड़ा हुआ है।

दक्षिण भारत में हिन्दी पत्रकारिता एक अवलोकन

हैदराबाद में हिन्दी पत्रकारिता की बात करने से पहले दक्षिण भारत में इसके इतिहास का संक्षिप्त अवलोकन करने की आवश्यकता है। विद्वानों ने स्वीकार किया है कि दक्षिण में हिन्दी पत्रकारिता को ऐतिहासिक परिप्रेक्ष्य में देखने के लिए काल विभाजन, पृष्ठभूमि निर्देश, प्रकृति निरूपण और मूल्यांकन जैसे वैज्ञानिक अनुशीलन की आवश्यकता है और ऐसा कोई अध्ययन समर्पित रूप से नहीं किया गया, जिससे की दक्षिण में हिन्दी पत्रकारिता के इतिहास की एक निश्चित रूपरेखा बनायी जा सके। समय–समय पर पत्रकारों ने जो योगदान दिया है, उसके बारे में भी अधिक जानकारी उपलब्ध नहीं है। डॉ. गोपाल शर्मा ने दक्षिण भारत में हिन्दी पत्रकारिता को अध्ययन की सुविधा से चार कालखण्डों में विभाजित किया है, उनका मानना है कि सन् 1921 से सन् 1947 तक इसका उद्भव काल रहा है, जबकि उन्होंने सन् 1948 से सन् 1972 तक विकास काल, सन् 1973 से सन् 1998 तक नवनिर्माण काल और सन् 1999 से अब तक वर्तमान काल का नाम दिया है। इंदौर में हुए हिन्दी साहित्य संमेलन की अध्यक्षता करते हुए गाँधीजी ने दक्षिण में हिन्दी के प्रचार प्रचार का प्रस्ताव रखा। पुरुषोत्तमदास टंडन, जमनालाल बजाज, पण्डित रामनरेश त्रिपाठी, एनी बेसेंट और सीपी रामास्वामी अय्यर इस प्रस्ताव के क्रियान्वयन के लिए आगे आये। गाँधीजी के पुत्र देवदास गाँधी ने इस प्रस्ताव के बाद सन् 1923 में मद्रास से 'हिन्दी प्रचारक' मासिक की शुरूआत की। पण्डित ऋषिकेश शर्मा 'तैलंग' इस पत्रिका के प्रथम सम्पादक रहे। देवदत्त विद्यार्थी, मोटुरि सत्यनारायण और नागेश्वर मिश्र भी इससे जुड़े।

हालाँकि शुरू में इसमें उत्तर भारतीयों के ही लेख प्रकाशित होते रहे, लेकिन बाद में बड़ी संख्या में दक्षिण भारतीय लेखक और रचनाकार और हिन्दी प्रचारक इसमें प्रकाशित होने लगे। बाल शौरी रेड्डी, शौरी राजन, एन. वेंकटेश्वरन, कामाक्षि राव, शारंगपानी जैसे बड़े नाम भी किसी न किसी रूप में हिन्दी प्रचारक से जुड़े रहे हैं। 'हिन्दी प्रचारक' नाम बदलकर यह पत्र 'हिन्दी प्रचार समाचार' और 'हिन्दुस्थानी प्रचार' के नाम से भी प्रकाशित हुआ।

मद्रास से ही सन् 1938 में दक्षिण भारत हिन्दी प्रचार सभा ने 'दक्षिण भारत' नाम से एक मासिक शुरू किया, जिसके सम्पादक मंडल में काका साहेब कालेलकर, पट्टाभि सीता रामैया, संजीव कामत चन्द्र, ए. रामअय्यर, अवधनन्दन, एन. सुन्दर अय्यर, आर.आर. दिवाकर, मोटुरि सत्यनारायण और भालचन्द्र आप्टे के नाम शामिल थे। हालाँकि कुछ साल बाद यह मासिक वार्षिक हुआ और फिर इसके विलय 'हिन्दी प्रचारक' में हो गया। इसी दशक में तमिलनाडू से हिन्दी पत्रिका, स्त्री धर्म और ब्रह्मविद्या जैसी पत्रिकाएँ प्रकाशित हुई।। सन् 1921 से सन् 1947 तक का समय हिन्दी पत्रकारिता के लिए तमिलनाडू के साथ–साथ कर्नाटक और केरल काफ़ी उपजाऊ रहे। लोग गाँधीजी के हिन्दी प्रचार आन्दोलन से जुड़कर हिन्दी सीख रहे थे। केरल में मलयालम पत्रिकाओं के साथ हिन्दी के खण्ड प्रकाशित हो रहे थे और पत्रिकाओं में स्थानीय रचनाओं को स्थान मिलने लगा था। केरल के त्रिचुर से ही सन् 1941 में 'हिन्दी मित्र' का प्रकाशन भी शुरू हुआ था। ध्यान दें तो पायेंगे कि यह सारे प्रयास राष्ट्रीय आन्दोलन का हिस्सा थे। हालाँकि बाद में 'चन्दामामा' जैसी बच्चों की पत्रिका भी मद्रास से ही प्रकाशित हुई और 'निर्मला' और 'युगबोध' जैसी पत्रिकाओं का प्रकाशन भी हुआ। सरस, सुलभा, अंकन, भक्तांबर, संगम सन्देश जैसी पत्रिकाओं के नाम भी मिलते हैं। इनमें से कुछ के तो एक दो अंक ही निकल पाये, लेकिन पत्रकारिता के इतिहास में नाम कर गये।

कर्नाटक से सन् 1950 के बाद कई स्थानों से हिन्दी पत्रिकाएँ प्रकाशित हुई। भानूदय (1956), भारत वाणी, मानसी, भारतीय, सप्तांशू, धीर, दमन जैसी पत्रिकाओं के नाम मिलते हैं, जबकि इक्कीसवीं सदी के प्रारम्भिक युग में बैंगलूर से राजस्थान पत्रिका ने दैनिक संस्करण शुरू कर वहाँ हिन्दी पत्रकारिता को नया आयाम दिया। तेलुगु भाषी क्षेत्र जो अब आंध्र–प्रदेश और तेलंगाना में बट गये हैं, यहाँ हैदराबाद ही हिन्दी पत्रकारिता का केन्द्र रहा है।

हैदराबाद में हिन्दी पत्रकारिता का उदय

सामान्य रूप से दक्षिण भारत और विशेष रूप से हैदराबाद से हिन्दी पत्रकारिता के विषय पर विचार करते हैं तो दो बातें स्पष्ट रूप से कही जा सकती हैं कि दक्षिण में हिन्दी पत्रकारिता शुरू तो मद्रास(चेन्नेई) से हुई थी, लेकिन यह जवान हुई तो हैदराबाद में और अब प्रतिस्पर्धात्मक तकनीकी तौर पर उन्नत दौर में देश और दुनिया में हिन्दी पत्रकारिता के क्षेत्र पूरे दमःखम के साथ अपनी प्रबल उपस्थिति बनाए रखी है। हैदराबाद की हिन्दी पत्रकारिता और यहाँ से प्रकाशित होने वाले समाचार पत्रों तथा साहित्यिक पत्र–पत्रिकाओं के कालखण्ड को मुख्य रूप से आजादी से पूर्व, आजादी के बाद और वर्तमान युग के रूप में देखा जा सकता है। दक्षिण भारत में हिन्दी पत्रकारिता की शुरुआती दौर को निश्चित रूप से राष्ट्रीयता की भावना और हिन्दी समुदायों में निज भाषा में अपनी जड़ों को तलाश करने की खोज के परिणाम स्वरूप उभरे हुए एक आन्दोलन के रूप में देखा जा सकता है, लेकिन बाद में साहित्य को प्रोत्साहित करने और भाषाई पत्रकारिता के रूप में दूसरी भाषाओं के साथ आगे बढ़ने में दक्षिण भारतीय हिन्दी पत्रकारिता कभी पीछे नहीं रही।

तमिलनाडू और केरल की तुलना में हालाँकि हैदराबाद में हिन्दी पत्रकारिता कुछ देर से शुरू हुई, लेकिन हिन्दी पत्रकारिता के स्वागत और विरोध का सामान यहाँ तमिलनाडू से अधिक ऊर्जावान था। कोई भी आन्दोलन या कार्य उसी अवस्था में तेज़ी से आगे बढ़ सकता है, जब या उसका पूरे जोश से स्वागत किया जाये या फिर जमकर विरोध किया जायें हिन्दी भाषी पत्र–पत्रिकाओं के स्वागत और विरोध को समझने के लिए हैदराबाद में भाषिक सामंजस्य और स्वरूप को समझना होगा।

हैदराबाद में हालाँकि हिन्दी भाषी औरंगज़ेब के हैदराबाद पर हमले के समय से ही रह रहे हैं और फिर निजामों के शासनकाल में कई परिवार उत्तर भारत और पश्चिमोत्तर भारत अर्थात, उत्तर प्रदेश, राजस्थान, हरियाणा, गुज़रात और पंजाब से हैदराबाद आकर यहाँ बस्ते रहे हैं। हो सकता है कि वे अपने घरों में अपने क्षेत्र की बोली बोलते हों, लेकिन आपस में सम्पर्क के लिए हिन्दी का उपयोग करते रहे हैं और चूँकि सरकार में उच्च पदों पर या सरकार तथा स्थानीय जनता के साथ व्यापार से जुड़े थे, इसलिए वे फारसी, उर्दू और दक्खिनी का उपयोग करते थे। इसे आप आज की भाषा में बी2बी

और बी2सी के रिश्ते के रूप में देख सकते हैं। जहाँ तक समाचार पत्रों की बात है तो हैदराबाद में उर्दू और अँग्रेजी समाचार पत्रों की शुरूआत हिन्दी से काफ़ी पहले हो चुकी थी। कुछ विद्वानों ने लिखा है कि हैदराबाद में हिन्दी को विदेशी या बगावत की भाषा समझा जाता था, इसको कुछ यूँ भी समझा जा सकता है कि वे स्थानीय प्रशासन या स्थानीय लोगों की समर्थित भाषा नहीं थी। हालाँकि मराठी, कन्नड, तेलुगु को स्थानीय समर्थन भी प्राप्त था और प्रशासन के लिए भी इन भाषाओं में कोई आपत्ति नहीं थी। यही कारण है कि हैदराबाद में इन भाषाओं में स्थापित स्कूल अपनी स्थापना की एक शताब्दि से अधिक समय पूरा कर चुका है।

बीसवीं शताब्दि के तीसरे दशक के प्रारम्भिक वर्षों की घटना है। डॉ. गोपाल शर्मा ने इस घटना का उल्लेख अपने एक लेख में भी किया है। उनका कहना है कि निजाम के शब्दों में हिन्दी एक विदेशी भाषा थी, लेकिन उन्होंने स्वीकार किया है कि सन् 1931 में अर्जुन प्रसाद मिश्र को 'भाग्योदय' नामक पत्रिका निकालने की अनुमति मिल गयी थी, लेकिन जनता ने डर के मारे सहयोग नहीं दिया। इस बात से सिंद्ध होता है कि पहले पहले निकलने वाले पत्रों में से एक को सरकार ने तो अनुमति दे दी, लेकिन जन सामान्य की ओर से उसका स्वागत नहीं किया गया। उस समय हिन्दी में पत्र–पत्रिकाओं के प्रकाशन की शुरूआत मूल रूप से आर्यसमाज के आन्दोलन के रूप में शुरू हुई थी और आर्य समाजी अपने प्रचार के लिए हिन्दी का उपयोग करते थे, इसलिए हैदराबाद में हिन्दी की आर्यसमाजी पत्रकारिता को दबाव का सामना करना पड़ा, लेकिन इस दबाव ने ही हिन्दी पत्रकारिता को नई दिशा दी। त्रिलोकीनाथ शास्त्री और श्रीरामदेव ने हैदराबाद के शासन के खिलाफ संघर्ष के लिए लोगों को तैयार करने के लिए 'आर्य सन्देश' नामक पत्रिका शुरू की। इस पर राजनीतिक चेतना जागृत करने के लिए उर्दू शायरी के एक शेर का हिन्दी रूपान्तरण शीर्षक के साथ लिखा होता था,.. उठ बाँधकमर क्यों डरता है, फिर देख प्रभु क्या करता है।. ... यह एक आश्चर्य की ही बात समझी जा सकती है कि एक ओर मुस्लिम मुल्ला और उर्दू पत्रकारिता ने भी जागरूकता लाने के लिए इन्हीं पंक्तियों को कुछ इस तरह अपनाया था,....उठ बाँध कमर क्यों डरता है, फिर देख ख़ुदा क्या करता है।.... दोनों के प्रचार में मात्र 'प्रभु' और 'ख़ुदा' का ही अन्तर था।

आर्य समाज ने अपने सिद्धान्तों के प्रचार प्रसार के लिए हिन्दी पत्रकारिता को अपनाया था। उसके लिए प्रशासनिक स्तर पर अनुमति की डगर आसान

न थी और ऐसा होना उसके लिए दीर्घकालिक का लाभ के रूप में सामने आया। विरोध और दबाव के कारण उनमें जोश और उत्साह और बढ़ा। जब भी हैदराबाद में किसी तरह की समस्या होती या पत्र बन्द कर दिया जाता तो, उसका प्रकाशन पड़ोसी शहर सोलापुर में कर उसका वितरण हैदराबाद में किया जाता। इसमें सन् 1939 में प्रकाशित दैनिक दिग्विजय भी शामिल है। कई पत्र नागपुर से भी प्रकाशित होकर हैदराबाद आये। बल्कि पत्रों के प्रकाशित होने और फिर कुछ दिनों बाद बन्द हो जाने का सिलसिला–सा चल निकला, कुछ पत्र–पत्रिकाओं को अपवाद स्वरूप छोड़ दिया जाये तो यह सिलसिला आज तक जारी है। कई बार तो नाम बदल–बदल कर पत्रिकाएँ प्रकाशित की गयी। आर्य सन्देश के विकल्प के रूप में प्रकाशित आर्य भानू के अलावा, दैनिक दिग्विजय, सुधाकर, हनुमान, दिवाकर, पताका, वेद प्रकाश, वैदिक ज्योति जैसे कई नाम मिलते हैं। डॉ. जयशंकर बाबू ने एक आलेख में दक्षिण भारत में आजादी से पहले सन् 1921 से सन् 1947 तक लगभग डेढ़ दर्जन पत्र–पत्रिकाओं के प्रकाशित होने का उल्लेख किया है।

आर्यसमाज के आन्दोलन को पत्रिकाएँ निकालने में जहाँ समस्याएँ और मुकदमे बाजी का सामना करना पड़ा, वहीं स्थानीय स्तर पर कुछ हिन्दी भाषी संस्थाएँ और व्यक्ति भाषिक स्तर पर बहुत ही रचनात्मक कार्य से जुड़े थे। हैदराबाद में हिन्दी भाषा के प्रचार के अनोखे उद्देश्य के साथ सन् 1928 में शुरू हुई मारवाडी प्रेस ने हिन्दी भाषियों के पठन–पाठन को सहज और सरल बनाने के लिए नागरी लिपि में प्राइमरियाँ प्रकाशित करनी शुरू कीं। मारवाडी प्रेस के संस्थापक बालकृष्ण लाहोटी ने हिन्दी शिक्षा का जो आधार बनाया था, वह लगभग तीन दशकों तक हिन्दी भाषा सीखने वालों का मार्गदर्शन करता रहा। सन् 1949 में जब हिन्दी साहित्य सम्मेलन का अधिवेशन हैदराबाद में हुआ तो मारवाडी प्रेस ने 'दक्षिण भारती' नाम से एक अखबार निकाला। पत्रकार और लेखक रवि श्रीवास्तव ने लिखा है कि यह पत्र दैनिक के रूप में हालाँकि तीन दिन ही निकला, लेकिन हैदराबाद से प्रकाशित होने वाला यह पहला हिन्दी दैनिक समाचार पत्र बना। बाद में यह मासिक में परिवर्तित हो गया और इसके पहले अंक का लोकार्पण आचार्य विनोबा भावे ने किया था। विष्णु प्रभाकर, हरिवंश राय बच्चन, धर्मवीर भारती, रघुवंश और महादेवी वर्मा जैसी हस्तियाँ इस पत्रिका के परामर्श मंडल में शामिल थीं, लेकिन यह पत्रिका भी दस साल तक के प्रकाशन के बाद दम तोड़ गयी।

स्वतन्त्रता के बाद हैदराबाद में हिन्दी पत्रकारिता का नया दौर देश की स्वतन्त्रता के लगभग 13 महीने बाद हैदरबाद राज्य का विलय भारतीय संघ में हुआ। हिन्दी पत्रकारिता के लिए हैदराबाद में यहाँ से एक नये युग की शुरूआत होती है। कई मासिक पत्रिकाएँ साप्ताहिक होने का प्रयास करती हैं और कई नयी पत्रिकाओं के प्रकाशन की शुरुआत होती है। इनमें सन् 1958 में शिवनन्दन शास्त्री ने साहित्यिक पत्रिका संगम का प्रकाशन किया, जिसकी हिन्दी भाषी क्षेत्र में भी सराहना हुई। आजादी के बाद हालाँकि अनेक पत्र पत्रिकाओं का प्रकाशन हुआ, लेकिन साहित्यिक पत्रिकाओं में जहाँ कल्पना ने पूरे हिन्दी जगत में अपना नाम किया वहीं दैनिक के रूप में हिन्दी मिलाप ने दक्षिण में पत्रकारिता को स्थिरता प्रदान करने में महत्त्वपूर्ण भूमिका निभाई। विभिन्न पत्रिकाओं की भूमिका के बारे में कुछ विस्तार की आवश्यकता है, जो निम्न प्रकार है।

जिस पत्रिका के बारे में कहा गया कि दक्षिण से प्रकाशित हुई हिन्दी की साहित्यिक पत्रिका 'कल्पना' का वही स्थान है, जो उत्तर में 'सरस्वती' पत्रिका का रहा है। हैदराबाद के भारतीय संघ में विलय के लगभग 11 महीने बाद हैदराबाद के एक उद्यमी बदरी विशाल पित्ती के मार्गदर्शन में 15 अगस्त, 1949 को 'कल्पना' का पहला अंक प्रकाशित हुआ। आर्येंद्र शर्मा, डॉ. रघुवीर सिंह. प्रो. रंजन, मधुसूदन चतुर्वेदी के बाद भवानी प्रसाद मिश्र, मुनीन्द्रजी, रघुवीर सहाय और जगदीश मित्तल जैसी शख्सियतें इससे जुड़ती गयी। इस पत्रिका में साहित्य के साथ–साथ कला एवं संस्कृति पर जिस तरह के लेख प्रकाशित हुए हैं, वह अपनी मिसाल आप हैं। 'कल्पना' ने रचनाओं के स्तर का एक मानक निर्धारित किया था। कहानी, कविता, निबन्ध, आलोचना और सांस्कृतिक आलेखों के क्षेत्र में इस पत्रिका ने अपना लोहा मनवाया था। देश के कई मशहूर साहित्यकारों के रचनात्मक जीवन का प्रारम्भ 'कल्पना' से हुआ है। अपने समय के देश के ख्यातिप्राप्त रचनाकार भी कल्पना में प्रकाशित होने को सम्मान महसूस करते थे। मुनीन्द्रजी से मेरी कई मुलाकातें रही हैं। उन्होंने अपने अनुभव साझा करने के दौरान जो कुछ 'कल्पना' के बारे में या उसकी कार्य संस्कृति के बारे में बताया था, उसे जानकर तो ऐसा महसूस होता है कि भविष्य में हिन्दी में इस तरह की कोई पत्रिका शायद ही कभी प्रकाशित हो। हालाँकि सन् 1949 से शुरू हुआ 'कल्पना' का सफर सन् 1975 तक चलता रहा। हालाँकि बहुत बाद बदरी विशाल जी के जीवन में और उसके बाद 'कल्पना' का काशी अंक और एक दो और अंक प्रकाशित हुए। कल्पना के बन्द करने के बारे में एक बार मैंने बदरी विशालजी से पूछा

था तो, उनका सीधा उत्तर था कि लोगों की खरीदकर पढ़ने की प्रवृति कम हो रही थी, इसलिए उन्होंने पत्रिका बन्द कर दी।

हालाँकि बाद में बहुत सारी पत्रिकाएँ प्रकाशित हुई, लेकिन 'कल्पना' के स्तर की पत्रिका का प्रकाशन सम्भव नहीं हो पाया। तत्कालीन आंध्र प्रदेश का जनसंचार विभाग तेलुगु और उर्दू के साथ–साथ हिन्दी में भी सरकार की ओर से सूचना तथा साहित्य आधारित पत्रिका आंध्र–प्रदेश प्रकाशित करता रहा। इसके सम्पादकों में कवि कमल प्रसाद कमल के योगदान को हमेशा सराहा गया, लेकिन यह पत्रिका भी बाद में बन्द हो गयी, हालाँकि बाद में जब आंध्र–प्रदेश हिन्दी अकादमी (अब हिन्दी अकादमी, हैदराबाद) का गठन हुआ तो साहित्य सेतु का प्रकाशन शुरू हुआ, जो अब भी जारी है। ग़ैर सरकारी संस्था हिन्दी अकादमी हैदराबाद द्वारा 'संकल्य' पत्रिका का प्रकाशन लगभग तीन दशकों से जारी है। वर्तमान में त्रैमासिक के रूप में इसका प्रकाशन का काम डॉ. गोरखनाथ तिवारी कर रहे हैं। यह पत्रिका साहित्यिक क्षेत्र में अखिल भारती स्तर पर सराही गयी है। प्रो. बैद्यनाथ चतुर्वेदी, प्रो. चक्रवर्ती, टी. मोहन सिंह जैसे हिन्दी के विद्वान इसके सम्पादन से जुड़े रहे हैं। डॉ. हरिश्चन्द्र विद्यार्थी के सम्पादन में राष्ट्र नायक एक उल्लेखनीय पत्रिका रही है। पत्रकारिता सहित विभिन्न विषयों पर इसके विशेषांकों का प्रकाशन उल्लेखनीय रहा है।

बीते पचास वर्षों में जिन पत्र पत्रिकाओं ने हैदराबाद की हिन्दी पत्रकारिता में अपनी भूमिका निभाई उनमें 14 सितम्बर, 1973 को मुनीन्द्रजी के सम्पादन में प्रकाशित होने वाला 'हैदराबाद समाचार' का उल्लेख किए बिना दक्षिण भारत की पत्रकारिता का इतिहास अधूरा रह जायेगा। यह पत्रिका बाद मे सन् 1991 में नाम बदल कर 'दक्षिण समाचार' के रूप में प्रकाशित होने लगी और आज मुनीन्द्रजी के पुत्र नीरज इसका सम्पादन कर रहे हैं। लम्बे अर्से तक इस पत्रिका का वितरण देश भर में होता रहा। पुरुषोत्तम प्रशान्त के सम्पादन में काव्य पत्रिका मध्यांतर का प्रकाशन भी उल्लेखनीय रहा है। उन्होंने इस पत्र की शुरूआत काव्य वार्षिकी के रूप में की और 5 अंक प्रकाशित कर देश भर के कवियों की रचनाओं के संकलन के रूप में इस पत्रिका के साथ अपना नाम भी पत्रकारिता के इतिहास में दर्ज करवाया। सार संसार पत्रिका का भी उल्लेख होता है, जो प्रकाशित तो दिल्ली से होती थी, लेकिन उसकी गतिविधियों का केन्द्र हैदराबाद में था और प्रो. अमृत मेहता इसमें विदेशी साहित्य के हिन्दी अनुवाद को प्रोत्साहित करते थे। डॉ. अहिल्या मिश्रा के सम्पादन में 'पुष्पक' का प्रकाशन भी निरन्तर जारी है।

दक्षिण भारत हिन्दी प्रचारसभा, हैदराबाद से एक पत्रिका का प्रकाशन निरन्तर होता रहा है। यह पहले 'श्रवंति' के रूप में हुआ और फिर 'पूर्णकुंभ' के रूप में किया गया। वर्तमान में यह पत्रिका फिर से श्रवंति के रूप में प्रकाशित हो रही है। वर्तमान में इसके सम्पादन का कार्य डॉ. नीरजा देख रही हैं। पूर्व डॉ. दिलीप सिंह एवं डॉ. ऋषभदेव शर्मा जैसे नाम इसके सम्पादन से जुड़े रहे हैं। गोविंद अक्षय के सम्पादन में मासिक पत्रिका 'गोलकोंडा दर्पण' हालाँकि काव्य पत्रिका के रूप में मशहूर हुई, लेकिन इसमें पुस्तकों की समीक्षा और खाके काफ़ी पठनीय रहे हैं। इसके अब तक 170 से अधिक अंक प्रकाशित हो चुके हैं। हिन्दी प्रचार सभा, हैदराबाद द्वारा 'अजन्ता' पत्रिका का प्रकाशन लम्बे समय तक किया जाता रहा। पहले मासिक और बाद में वार्षिकी के रूप में इस पत्रिका के सम्पादन से गया प्रसाद शास्त्री, श्यामु सन्यासी, वंशीधर विद्यालंकार, डॉ. श्रीराम शर्मा, हरिकृष्ण पुरोहित और भीमसेन निर्मल जैसे बड़े नाम जुड़े रहे। हालाँकि 'अजन्ता' नाम से एक और पत्रिका मामचन्द शर्मा कौशिक ने भी प्रकाशित की थी। हिन्दी प्रचार सभा द्वारा प्रकाशित विवरण पत्रिका का प्रकाशन निरन्तर जारी है। इन दिनों इसके सम्पादन का कार्य डॉ. सुषमादेवी देख रही हैं। हालाँकि सभा के सचिव के रूप में इसके सम्पादक के रूप में डॉ. पाण्डुरंग ढगे, डॉ. शीलम वेंकटेश्वर राव तथा धोंडिराव जाधव आदि के नाम इससे जुड़े रहे हैं।

दक्षिण भारत हिंद प्रतिष्ठान से 'अग्रतारा' का प्रकाशन होता रहा है। डॉ. विजवीर विद्यालंकार के सम्पादन में वैदिक आदर्श एवं आर्य जीवन भी प्रकाशित हुए। आध्यात्मिक पत्रिका के रूप में भक्ति आस्था भी प्रकाशित होती रही है। विभिन्न समुदायों से निकलने वाली हिन्दी पत्रिकाओं का योगदान भी महत्त्वपूर्ण रहा है, जिसमें अग्रवाल समाज की अग्रमंजुषा सामाजिक और सांस्कृतिक पत्रिका के रूप में निरन्तर प्रकाशित हो रही है। ट्रैवेल उदयोग से जुड़े दिलीप पसारी के सम्पादन में 'अग्रमंच' का प्रकाशन भी निरन्तर जारी है। इसके अलावा विभिन्न बैंकों, केन्द्र सरकारी संस्थाओं, विश्वविद्यालयों से समय समय पर प्रकाशित होने वाली संस्मारिकाओं का योगदान भी हिन्दी पत्रकारिता में महत्त्वपूर्ण रहा है।

हैदराबाद के हिन्दी दैनिक

आजादी के बाद अस्सी के दशक तक दिल्ली, मुंबई, कोलकता जैसे महानगरों के साथ–साथ उत्तर भारतीय शहरों में दैनिक समाचार पत्रों की

बाढ़–सी आ गयी, बल्कि कई अँग्रेजी समाचार पत्रों के घरानों ने अपने हिन्दी संस्करण निकाले और हिन्दी पत्रिकाओं ने छोटे–छोटे शहरों से भी संस्करण शुरू किए, लेकिन हैदराबाद में हिन्दी पत्रकारिता में ऐसा कोई बड़ा परिवर्तन नहीं देखा गया। हालाँकि यहाँ, अँग्रेजी, उर्दू और तेलुगु में बड़े समाचार पत्र प्रकाशित हो रहे थे। स्वतन्त्रता सेनानी और पत्रकार युद्धवीर ने 16 नवंबर, 1949 को हैदराबाद से 'उर्दू मिलाप' का प्रारम्भ किया था। मिलाप चूँकि 1920 से लाहौर से प्रकाशित हो रहा था, इसलिए हैदराबाद में उर्दू पाठकों ने इसे हाथों–हाथ लिया, विशेषता साहित्यिक गतिविधियों को प्रोत्साहित करने में उर्दू मिलाप ने ऐतिहासिक भूमिका निभाई। 'उर्दू मिलाप' के प्रकाशन के लगभग 9 साल बाद 7 नवंबर 1957 को 'मिलाप' के हिन्दी संस्करण का प्रारम्भ किया गया। इससे पूर्व जितने भी प्रयास दैनिक समाचार पत्र प्रकाशित हुए थे, वे चल नहीं पाये थे। 'हिन्दी मिलाप' का प्रकाशन भी इतना आसान नहीं था। लम्बे अरसे तक यह घाटे का सौदा रहा। यह आश्चर्य की ही बात समझी जा सकती है कि मिलाप के संस्थापकों का सम्बन्ध आर्य समाज से है, लेकिन हिन्दी मिलाप आज हैदराबाद ही नहीं, बल्कि तेलंगाना, आंध्र–प्रदेश और हैदराबाद–कर्नाटक के इलाकों में लगभग सभी मूर्तिपूजक हिन्दी समुदायों की धार्मिक और सांस्कृतिक गतिविधियों की सूचनाओं का संवाहक बन उन समुदायों को आपस में जोड़ने का महत्त्वपूर्ण माध्यम बना हुआ है। हिन्दी मिलाप की कई सारी विशेषताएँ हैं, एक ओर यह साहित्य के क्षेत्र में हर दिन कहानी प्रकाशित करने वाला देश का एक मात्र दैनिक है तो दूसरी ओर दक्षिण भारत में अपनी सबसे बड़े समाचार पत्र के रूप में पूरे 65 वर्षों से लगातर प्रकाशित हो रहा है।

मिलाप देश का अकेला ऐसा समाचार पत्र रहा है, जो 1970 में हिन्दी, उर्दू और गुरुमुखी लिपि में लंदन से साप्ताहिक के रूप में प्रकाशित किया गया। इस पत्रिका से न देश के कई प्रमुख पत्रकार जुड़े रहें। बीसवीं शताब्दि के अन्त में हैदराबाद से एक और दैनिक स्वतन्त्र वार्ता प्रकाशित हुआ और आज भी उसका प्रकाशन जारी है। एक छोटे दैनिक के रूप में प्रजा सहायता ने कुछ साल के संघर्ष के बाद बन्द हो गया और इन दिनों एक नया समाचार पत्र शुभ लाभ शुरू हुआ है। पहले टेलीविजन की लोकप्रियता और अब सोशल मीडिया के बाज़ार ने इन शंकाओं को हवा दी कि हिन्दी के मुद्रित पत्रकारिता अब समाप्त तब समाप्त की स्थिति में है, इसके बावजूद लोगों

को आश्चर्य है कि हैदराबाद से हिन्दी के समाचार पत्र पूरी ऊर्जा के साथ मैदान में खड़े हैं। हालाँकि हैदराबाद में हिन्दी भाषी किसी पार्टी के सत्ता में लाने के लिए वोट बैंक की हैसियत नहीं रखते, इसलिए इसको सरकार का उस तरह का समर्थन प्राप्त नहीं है, जैसे उत्तर भारतीय पत्र–पत्रिकाओं को रहता है, लेकिन हिन्दी भाषी पाठक समुदाय ने हिन्दी पत्रों के सर्वाइवल को सम्भव बनाए रखा है और भविष्य में प्रकाशक और पाठक के आपसी व्यावसायिक रिश्तों पर ही निर्भर है।

हैदराबाद और हिन्दी पत्रकारिता पर इस छोटे से आलेख में इस बात उल्लेख शायद ज़रूरी–सा लगता है कि जब न्यूज चैनलों का दौर शुरू हुआ तो हैदराबाद ने ई. टी. वी. के रूप में उत्तर भारतीय राज्यों को हिन्दी में चैनलों की स्थापना में अपनी महत्त्वपूर्ण भूमिका निभाई, यहाँ तक कि मराठी, गुज़राती और बांगला के चैनल भी हैदराबाद के रामोजी फ़िल्मसिटी से ही लम्बे अरसे तक प्रसारित होते रहे।

शोधकार्यों में पूर्व चुनौती की परम्परा ज़रूरी

पत्रकारिता पर विभिन्न प्रकार के शोध लेख पढ़ने के दौरान मैंने पाया कि शोधलेखों में प्रस्तुत तथ्यों को चैलेंज करने अथवा शोध प्रक्रिया द्वारा उन तथ्यों की पुष्टि करने की प्रवृत्ति कम होती जा रही है। अधिकतर आलेखों में हैदराबाद में हिन्दी पत्रकारिता के विषय पर जितनी सामग्री उपलब्ध है, उसमें एक दूसरे को कापी करने की प्रवृत्ति अधिक देखी गयी है। विशेषकर हिन्दी पत्र पत्रिकाओं के प्रारम्भ और उनके प्रकाशन के उद्देश्य के रूप में निजाम के निरंकुश शासन के विरुद्ध आन्दोलन को अधिक आधा बताया गया है। तत्कालीन शासन द्वारा हिन्दी पत्र–पत्रिकाओं के प्रकाशन की अनुमति न दिए जाने तथा उन्हें बन्द किए जाने से सम्बन्धित टिप्पणियाँ भी सभी आलेखों में एक समान नजर आती हैं। निश्चित रूप से इनमें कुछ सच्चाई भी हैं क्योंकि 'हिन्दी मिलाप' के संस्थापक सम्पादक युद्धवीरजी को भी 'हिन्दी मिलाप' के शुरूआती दौर में काफ़ी संघर्ष का सामना रहा, लेकिन एक पत्रकार के रूप में मैंने हैदराबाद में बसे हिन्दी भाषी घरानों, उद्यमियों, सरकार से जुड़े अधिकारियों, सामाजिक और शैक्षणिक संस्थानों के प्रतिनिधियों से बातचीत की, उनके पारिवारिक दस्तावेजों का अध्ययन किया तो पाया कि हिन्दी पत्रकारिता को दबाने या प्रतिबंधित करने में तथ्यों की अधिक खोज नहीं की गयी है।

हैदराबाद में विवेक वर्धिनी शिक्षण संस्थान ने अपनी स्थापना के 100 साल सन् 2008 में पूरे किए। यह संस्था वर्तमान में 1 दर्जन से अधिक शिक्षण संस्थाओं का संचालन करती है। निश्चित रूप से यदि तत्कालीन निजाम प्रशासन मराठी भाषाके विरुद्ध होता तो इन संस्थानों को शुरू करने या संचालित करने की अनुमति बिल्कुल नहीं दी जाती। इतना ज़रूर है कि इसके लिए सरकार को मनाने में काफ़ी संघर्ष करना पड़ा था। इतना ही नहीं, तेलुगु और कन्नड भाषी भी समान रूप से अपनी भाषाओं में शिक्षा तथा सामाजिक उद्देश्यों से पत्रिकाओं का प्रकाशन कर रहे थे। जहाँ तक पत्रिकाओं को बन्द किए जाने या अनुमति न दिए जाने का सम्बन्ध है, यह ज़रूर हुआ है कि जिन पर तत्कालीन निजाम सरकार ने प्रतिबंध लगाया था, उनमें वह पत्रिकाएँ शामिल हैं, जिनकी गतिविधियाँ सरकार के विरुद्ध थीं, या प्रशासन को जिनकी गतिविधियों पर सन्देह था। ऐसा केवल हैदराबाद में नहीं हुआ, बल्कि पूरे देश में,विश्वभर में जहाँ–जहाँ भी सरकार के विरुद्ध पत्रिकाओं का प्रकाशन हुआ, उन्हें प्रतिबंध और ज़ब्ती का सामना करना पड़ा। बात तब ही की क्यों, वर्तमान युग की भी की जा सकती है।

क्या आज तेलंगाना में के.सी.आर. सरकार, महाराष्ट्र में शिवसेना और उत्तर भारत के भाजपा शासित राज्यों में सम्बन्धित सरकारों के विरोध में आन्दोलन स्वरूप प्रकाशित होने वाली पत्रिकाओं के साथ इसी तरह का व्यवहार नहीं होता? यह माना जाना चाहिए कि यह प्रशासन और पत्रिका के विषय से सम्बन्धित परिस्थितियाँ रही हैं। इसे किसी विशेष धर्म से जोड़कर नहीं देखा जाना चाहिए, लेकिन दुर्भाग्य से कई आलेखों में पत्रिकाओं के सम्पादन और प्रकाशन को हिन्दू धर्म से और प्रतिबंधित करने वाले प्रशासन को मुस्लिम धर्म से जोड़ने के नजरिए ने निष्पक्ष शोध के सिद्धान्त को नुकसान पहुँचाया है। इस तरह की प्रवृत्ति शोध के क्षेत्र में अधिक सार्थक नहीं होती है। इसलिए शोधार्थियों को शोध के साथ तथ्यात्मक बातों को सामने लाना चाहिए। इसके लिए एक उत्तम उदाहरण मिलाप के सम्पादक युद्धवीरजी का है। हैदराबाद से उर्दू मिलाप के प्रकाशन के प्रारम्भिक दिनों में उन्होंने निजाम परिवार के साथ विरोध तो जताया, लेकिन स्थानीय उर्दू भाषी अर्थात मुस्लिम समुदाय का प्रेम और समर्थन प्राप्त किया। इस तरह वे यह जताने में सफल रहे थे कि उनका विरोध सैद्धान्तिक है, किसी व्यक्ति या समुदाय के विरुद्ध नहीं है, प्रशासनिक तन्त्र की खामियों के विरुद्ध है।

सारांश

हैदराबाद और तमिलनाडू की हिन्दी पत्रिका में एक बहुत ही मूलभूत अन्तर स्पष्ट है, लेकिन शोधकर्ताओं ने इस ओर अधिक ध्यान नहीं दिया। मद्रास में जहाँ गाँधी की प्रेरणा से हिन्दी के प्रचार प्रसार का अभियान शुरू हुआ था और प्रारम्भिक चरण में किसी प्रकार का विरोध नहीं था, वहाँ बाद में तमिल भाषियों के विरोध के चलते चँदामामा और गुडिया के एक दो उदाहरण अपवाद मानकर छोड़ दिए जायँ तो वहाँ हिन्दी पत्रकारिता अधिक फल फूल नहीं पाई, लेकिन निजाम शासन के दबाव का सामना करने के बावजूद हैदराबाद में हिन्दी भाषा की पत्रकारिता ने सफलताओं के नये शिखर छुए और माहौल कुछ ऐसा बना कि आजादी के बाद कल्पना जैसी विश्वविख्यात पत्रिका यहाँ से प्रकाशित हो सकी और हिन्दी मिलाप जैसा दैनिक पूरे जोश और बज़बूती के साथ इक्कीसवीं सदी में प्रवेश कर गया। इंटरनेट की दुनिया में साक्षी और ई.टी.वी. भारत जैसे दो अन्तर्राष्ट्रीय स्तर के हिन्दी समाचार पोर्टल भी हैदराबाद से ही संचालित हो रहे हैं। प्रिंट और इलेक्ट्रानिक माध्यमों के बाद हालाँकि आज सोशल मीडिया के नई दौर में हो सकता है कि जनसंचार का यह माध्यम वैचारिक और सैद्धान्तिक रूप से कुछ हिचकोले खाता हुआ दिखायी दे रहा है, लेकिन उम्मीदों पर दुनिया कायम है और निश्चित रूप से सकारात्मक सोच का दामन न छोड़ें तो उम्मीद है कि हम इस संक्रमण काल से बाहर निकल कर दुनिया को ख़ूबसूरत बनाने के इंसान के सबसे पुराने ख्वाब को पूरा करने के लिए आगे बढ़ जायँगे।

खण्ड - 14 : अनुवाद विमर्श

अनुवाद के बहाने

डॉ. सूर्यनारायण रणसुभे

मेरे लिए यह प्रसन्नता की बात है कि मित्रवर्य डॉ. अर्जुन चौहान जी की 60 वीं वर्षगाँठ पर उनके छात्र–छात्राएँ तथा मित्र मिलकर यह अभिनन्दन ग्रन्थ साकार करने जा रहे हैं। मैं अर्जुन चौहान जी को जब वे बी.ए. के अन्तिम वर्ष के छात्र थे, तब से जानता हूँ। प्रत्यक्ष भेंट तो बहुत बाद के वर्षों में हुई। जब उन्होंने मुझे एक पत्र लिखकर यह पूछा कि मैं हिन्दी में एम.ए. करना चाहता हूँ, उस हेतु हिन्दी प्रदेश के किस विश्वविद्यालय में जाना उचित होगा? शायद वे जानते थे कि मैंने इलाहाबाद विश्वविद्यालय से एम. ए. हिन्दी किया है। मैंने उत्तर में उन्हें लिखा कि अब आप हिन्दी एम.ए. के लिए कतई उत्तर भारत न जाएँ। महाराष्ट्र के अधिकांश वि.वि. में अब एम.ए. हिन्दी के अध्यापन की व्यवस्था हो गयी है। उत्तर से अगर एम. ए. करोगे तो नियुक्ति में भी अड़चनें पैदा होंगी। यहाँ के विभागाध्यक्ष की नजर में अगर आ गये तो नियुक्ति सहज सरल होगी। पत्र द्वारा ही उनका मुझ से यह परिचय था। शायद उन दिनों उन्होंने कलम से यह पत्र लिखा था। कई वर्षों बाद जब उनसे प्रत्यक्ष भेंट हुई तब उन्होंने उपरोक्त पत्र का सन्दर्भ देकर यह कहा कि आपके मार्गदर्शन माँगने हेतु मैंने वह पत्र आपको लिखा था। आपने तुरन्त उत्तर भी दिया। वह पत्र आज भी मेरे पास है।

एक दूसरा सन्दर्भ, अनुवाद के क्षेत्र में डॉ.अर्जुन चौहान के कदम रखने से सम्बन्धित है। उन दिनों मैं शिवाजी विश्वविद्यालय में व्याख्यान हेतु जाता रहा था। वहीं पर 22 वर्ष के एक युवक से–दादासाहेब मोरे –से मेरी भेंट शायद शरण लिम्बाले ने करा दी थी। ये दादासाहेब विमुक्त समाज से थे। बचपन से लेकर बी.ए. होने तक उन्हें रोटी के लिए भयंकर संघर्ष करना पड़ा था।

आयु के 22 वर्ष में उन्होंने अपनी आत्मकथा 'गबाळ' लिखी। मराठी की ही नहीं अपितु भारत की सर्वाधिक कम आयु में लिखी गयी यह आत्मकथा है। मराठी में उनकी यह आत्मकथा प्रकाशित भी हुई,चर्चित भी हुई। उन दिनों मैं प्र. ई. सोनकांबले की, शरण की आत्मकथा का हिन्दी अनुवाद कर चुका था। हिन्दी में उसकी काफ़ी चर्चा थी। इन अनुवादों के कारण हिन्दी में पहली बार दलित साहित्य की चर्चा शुरू हो चुकी थी। तो दादा साहेब की इच्छा थी कि उनकी आत्मकथा का भी हिन्दी अनुवाद मैं करूँ। मैं उन दिनों अकादमिक और घरेलू कामों में अत्यधिक व्यस्त था। तो मैंने अर्जुन जी से प्रार्थना की कि वे इसका अनुवाद करें। उन्होंने मेरी प्रार्थना को स्वीकार किया और 'गबाळ' का हिन्दी अनुवाद 'डेरा डंगर' शीर्षक से उन्होंने किया। फिर उन्होंने अनुवाद तथा समीक्षा यही दो कार्यक्षेत्र चुने और पूरी तरह से उसमें ख़ुद को उंडेल दिया। अनुवाद से सम्बन्धित उनकी 'अनुवाद चिन्तन' पुस्तक हिन्दी में कॉफ़ी चर्चित रही। 'अनुवाद चिन्तन' के लिए हिन्दी साहित्य अकादमी का पण्डित महावीर प्रसाद द्विवेदी पुरस्कार मिला। अनुवाद के तकनीकी पक्ष को उन्होंने इसमें विस्तार से समझाया है। आज भी सन्दर्भ ग्रन्थ के रूप में इसका उपयोग हिन्दी प्रदेश में किया जाता है।

अर्जुन जी जब शिवाजी विश्वविद्यालय के हिन्दी विभागाध्यक्ष हुए तो उनके कार्यकाल में सर्वाधिक कार्यक्रम वहाँ हुए। नामवर सिंह, विजय बहादुर सिंह तथा हिन्दी के कई लेखक कवियों ने वहाँ उपस्थिति दर्ज की। उसके बाद मैंने सुना कि विभाग अन्तर्गत की राजनीति के वे शिकार हुए। उन पर कई संकट आये। मैं उस सम्बन्ध में कुछ जानना भी नहीं चाहता और न जानने की इच्छा रखता हूँ। क्योंकि मेरा भी कार्य क्षेत्र विस्तृत होता गया। कोल्हापुर जाना भी करीब–करीब बन्द–सा हुआ। मेरी एक बहन और भाई वहाँ रहते थे। बहन गुज़र गयी, भाई अब वहाँ नहीं है। बहुत पहले से ही मैं कई स्थानों पर संगोष्ठी में जाता रहा और वहाँ अर्जुन जी आये हों तो उनसे भेंट होती। सम्भवतः एक डेढ़ वर्ष पूर्व वे लातूर आये थे किसी विशेषज्ञ समिति के सदस्य के रूप में। घर आये और करीब एक डेढ़ घंटे तक बातचीत हुई।

इस अभिनन्दन ग्रन्थ के बहाने उनसे सम्बन्धित कई यादें भीतर उमड़ती–घुमडती रही उनमें से कुछ। ख़ैर वैश्वीकरण के बाद भारतीय भाषाओं के साहित्य लेखन में जो उथल–पुथल शुरू हुई उनमें से एक उपलब्धि यह है कि अनुवाद के लिए अच्छे दिन आये। स्वतन्त्रता पूर्व काल में भारतीय भाषाओं की जिन कृतियों का अँग्रेजी में अनुवाद होता था, वह लेखक

या वह रचना कुछ ही दिनों में राष्ट्रीय स्तर पर चर्चित होती थी। क्योंकि उस अँग्रेजी से उसका अनुवाद अन्य भारतीय भाषाओं में अनुवाद होता था। सन 80–90 के बाद स्थिति में परिवर्तन हो जाता है। भारत के करीब–करीब सभी प्रदेशों में हिन्दी के प्राध्यापक नियुक्त हुए। वे अपनी प्रदेश की भाषा के साथ–साथ हिन्दी में लिख पढ़ सकते थे। जिस रचना का अनुवाद हिन्दी में हो जाता था वह कुछ ही दिनों में (अर्थात् स्तरीय हों तो) उसके अनुवाद अन्य भारतीय भाषाओं में ये प्राध्यापक करते रहते हैं। और उस कृति की चर्चा राष्ट्रीय स्तर पर होने लगती है। जैसे मैंने शरणकुमार लिम्बाले की अक्करमाशी का हिन्दी में अनुवाद किया। उसके कुछ ही वर्षों बाद उसका हिन्दी से गुज़राती, हिन्दी से पंजाबी, हिन्दी से उड़िया आदि अन्य भारतीय भाषाओं में अनुवाद होने लगे। इस कारण हुआ ऐसा है कि आज प्रत्येक भारतीय भाषा के लेखक की इच्छा होती है कि उसकी रचना का हिन्दी में अनुवाद हो। इसके लिए वह अनुवादक और प्रकाशक दोनों को आर्थिक सहयोग देने तैयार रहता है। हिन्दी में जब तक दलित साहित्य प्रवाह रूढ नहीं हुआ था, तब तक मराठी की दलित रचनाओं के हिन्दी अनुवाद की माँग थी। अब ऐसी माँग नहीं है।

यहाँ एक विशेष बात उल्लेखनीय है कि हिन्दी से मराठी में अनुवाद करने वाले सैंकड़ों की संख्या में मराठी में हैं। परन्तु मराठी से हिन्दी में अनुवाद करने वाले मुश्किल से एक दर्जन भी नहीं हैं। इसका कारण इतना ही है कि हिन्दी में अनुवाद करने हेतु हिन्दी प्रदेश, हिन्दी प्रदेश की संस्कृति, वहाँ की जीवन्त भाषा की जानकारी ज़रूरी हो जाती है। केवल ग्रांथिक हिन्दी जानने से काम नहीं चलता। डॉ. अर्जुन चौहान उन दस पाँच अपवादात्मक अनुवादकों में से एक हैं जिन्होंने मराठी की रचनाओं का हिन्दी में सफल अनुवाद किया है। अपनी मातृभाषा में अनुवाद करना काफ़ी सहज सरल होता है क्योंकि मातृभाषा की बारीकियाँ अनुवादक जानता है परन्तु दूसरी भाषा हिन्दी में अनुवाद करना काफ़ी चुनौतीपूर्ण होता है।

मेरी पीढ़ी के अनुवादक के लिए यह चिन्ता की बात है कि आज मराठी से हिन्दी में अनुवाद करने वाली जो पीढ़ी है उनके अनुवादों से मैं जब गुज़रता हूँ तो लगता है कि यहाँ अराजकता की स्थिति पैदा हो गयी है। अनुवादक धड़ल्ले से मराठी शब्दों को अपने अनुवाद में घुसा देते हैं। यह समझ कर कि यह हिन्दी का ही कोई शब्द है। यह शब्द हिन्दी में किस अर्थ में प्रचलित है, इसके लिए वे मराठी–हिन्दी शब्दकोश तक नहीं खोलते।

उदाहरण के रूप में ऐसे चार पाँच शब्द मैं यहाँ दे रहा हूँ। एक शब्द है अस्वस्थता। मराठी में इस शब्द का अर्थ है बेचैनी। तो हिन्दी में अर्थ है बीमारी। 'मी अस्वस्थ झालो' का हिन्दी अनुवाद यह करेंगे 'मैं अस्वस्थ हुआ'। हिन्दी पाठक इसका अर्थ लेगा कि वह बीमार हो गया है। हिन्दी के कई प्राध्यापकों द्वारा अस्वस्थ शब्द का प्रयोग बेचैनी के अर्थ में किया जाता है, जो पूर्णता गलत है। दूसरा शब्द है 'संशोधन'। 'संशोधन' शब्द का हिन्दी में अर्थ है दुरुस्त करना, जो मूल में है उसे कालानुरूप बदलना। जैसे संविधान 'संशोधन'। मराठी में इसका अर्थ है घटना दुरूस्ती। तो मराठी में 'संशोधन' का अर्थ है शोध–कार्य, अनुसंधान। दुर्भाग्य से हिन्दी के 90% प्राध्यापक हिन्दी में संशोधन शब्द का प्रयोग शोध कार्य के लिए करते हैं। पीएच.डी. धारी भी इसके लिए अपवाद नहीं हैं। इतनी भी फुर्सत नहीं है कि कभी तो हिन्दी शब्दकोश खोल कर देखें कि हिन्दी में इसका अर्थ क्या है।

ताज्जुब की बात यह है कि इनके मार्गदर्शन में शोध करनेवाले शोधछात्र भी कहते रहते हैं 'मैं हिन्दी में संशोधन कर रहा हूँ। संशोधन कर रहा हूँ मतलब प्रूफ़रीडिंग हो जाता है जब इनके मार्गदर्शक ही गलत प्रयोग कर रहे हैं, तो इसमें इन छात्रों का भला क्या दोश? ठीक यही स्थिति 'चिकित्सा' शब्द की है। मराठी में 'चिकित्सा' शब्द का अर्थ है समीक्षा। तो हिन्दी में अर्थ है रोग दूर करने की प्रक्रिया, इलाज। अब हिन्दी के प्राध्यापक, शोध मार्गदर्शक, अनुवादक हिन्दी में लिखते समय 'चिकित्सा' शब्द का प्रयोग समीक्षा के अर्थ में करते हैं। महाराष्ट्र के एक विश्वविद्यालय में हिन्दी के पीएच.डी. के विषयों का जो पंजीकरण हुआ है, उसकी सूची मैं देख रहा था। उसमें एक विषय पंजीकृत था–''नागार्जुन के उपन्यासों का 'चिकित्सक' अध्ययन''। धन्य हैं वे हिन्दी के मार्गदर्शक और उन्हें मान्यता देने वाले विशेषज्ञ। महाराष्ट्र की अधिकांश संगोष्ठियों में और अब वेबिनारों की जो पत्रिका छपती है, उसमें जो नाम और पद दिए जाते हैं वहाँ सम्बन्धित महाविद्यालय के प्राचार्य के नाम के नीचे 'प्रधानाचार्य' लिखा जाता है, जो अनुवाद की दृष्टि से हास्यास्पद है। प्रधानाचार्य अँग्रेजी के हेड मास्टर का हिन्दी अनुवाद है। महाविद्यालय के प्रमुख प्रधानाध्यापक, 'प्रधानाचार्य' हेड मास्टर नहीं होते। वे प्राचार्य होते हैं। प्रिंसिपल के लिए प्राचार्य शब्द ही मानक है। प्रधानाचार्य लिखकर उनके पद का अवमूल्यन ही कर रहे हैं। उनका अपमान ही कर रहे हैं।

केवल कुछ उदाहरण मैंने यहाँ दिए हैं। अलावा इसके ऐसे दर्जनों शब्द हैं जिसे व्याकरण में समान शब्दावली परन्तु विरुद्धार्थी शब्द कहा जाता है।

इधर के अनुवादकों को शब्दानुवाद करने की आदत लग गयी है। शाब्दिक अनुवाद एक सीमा तक ठीक है। परन्तु ऐसा अनुवाद करते समय काफ़ी गम्भीरता बरतनी पड़ती है। एक उदाहरण के रूप में बता रहा हूँ। मराठी की एक कहानी में एक वाक्य आता है 'मुलगा खूप दिवसानंतर गावाकडे आला म्हणून आईने काळेतिखट घालून आमटी केली' इसका हिन्दी अनुवाद अनुवादक ने किया 'बेटा बहुत दिन बाद घर आया है इसलिए माँ ने काली मिर्च की दाल बनायी।' काळेतिखट का यह शब्दानुवाद है। परन्तु हिन्दी में काली मिर्च का अर्थ भिन्न है। जिसे मराठी में काळीमिरी कहते हैं। इस प्रकार के अनुभवों के कारण हिन्दी प्रदेश में महाराष्ट्र के तथाकथित हिन्दी अनुवादक, हिन्दी प्राध्यापक और विद्वान मज़ाक के विषय बन जाते हैं। इस प्रकार की हास्यास्पद गलतियाँ तेलुगू, कन्नड़, तमिल, मलयालम भाषी हिन्दी लिखते समय कभी भी नहीं करते। क्योंकि उनकी भाषाओं का सम्बन्ध द्रवीड कुल के साथ है। हिन्दी और मराठी आर्यकुल की भाषाएँ हैं। इस कारण मराठी भाषी को लगता है कि यह शब्द हिन्दी में इसी अर्थ में प्रयुक्त होता होगा, जिस अर्थ में मराठी में प्रयुक्त होता है। वे कभी भी इन शब्दों के मूल अर्थ को जानने की कोशिश नहीं करेंगे।

मैं अपने अनुभव से बतला रहा हूँ कि हिन्दी भाषी लेखक, पत्रकार और पाठक मराठी वालों से बहुत चतुर और पाखण्डी होते हैं। वे आपके सामने आपकी बहुत तारीफ़ करेंगे। कहेंगे आप तो हिन्दी वालों से भी अधिक अच्छी हिन्दी बोल लिख पाते हैं। यह सुनकर आपका अहं फूल जायेगा। परन्तु आपकी अनुपस्थिति में आपकी हिन्दी में प्रयुक्त मराठी शब्दों को लेकर ख़ूब मज़ाक उड़ाएंगे। इसलिए मैंने आरम्भ में ही लिखा कि अनुवाद के क्षेत्र में इन दिनों अराजकता की स्थिति है। अनुवादकों और हिन्दी के प्राध्यापकों के घर पर हिन्दी–हिन्दी कोश, या मराठी–हिन्दी कोश या हिन्दी–मराठी कोश होता नहीं। और हों भी तो वे कभी भी उसे खोलकर शब्दों के मूल अर्थ को समझ लेने का प्रयत्न नहीं करते। इसी गुमान में जीते हैं कि मेरा तो हिन्दी पर असाधारण अधिकार है। एक परीक्षक के रूप में प्रतिवर्ष 1 दर्जन से भी अधिक अनुवादित रचनाओं– मराठी से हिन्दी या हिन्दी से मराठी– को मुझे पढ़ना पड़ता है। तब मुझे यह तीव्रता से अनुभव होता है कि यह पीढ़ी अनुवाद को लेकर अनेक भ्रमों में जी रही है। अनुवाद उसे सबसे आसान काम लगता है।

पूरी विनम्रता से मैं इस बात की सूचना देना चाहता हूँ कि मेरी एक पुस्तक है 'अनुवाद का समाजशास्त्र'। इसका दूसरा संस्करण कानपुर के

विकास प्रकाशन ने प्रकाशित किया है। मराठी में इसका तीसरा संस्करण 'अनुवादाचे समाजशास्त्र' पुणे के बाबासाहेब धोंगडे प्रकाशित करने वाले हैं। इसका अँग्रेजी अनुवाद Sociology of Translation शीर्षक से दिल्ली के अतुल्य प्रकाशन ने प्रकाशित किया है। इसका अँग्रेजी में अनुवाद जे.एन.यू. विश्वविद्यालय के दो अँग्रेजी प्राध्यापकों ने किया है। इस पुस्तक में अनुवाद प्रक्रिया को, अनुवाद में आने वाली बाधाओं को, अनुवाद और व्यवस्था को, कहावतों और मुहावरों के अनुवाद को, गालियों के अनुवाद को, प्रत्येक विधा के अनुवाद को–विस्तार से समझाया गया है। जिज्ञासु इससे आवश्यक मार्गदर्शन ले सकते हैं।

मैं एक बार पुनश्च डॉक्टर अर्जुन चौहान जी का अभिनन्दन करता हूँ कि अभिनन्दन ग्रन्थ के प्रकाशन के जरिए उनके कार्य का यथोचित सम्मान हो रहा है। इसके वे हकदार हैं। उन्हें दीर्घायु प्राप्त हो, वे जीवन पर्यंत अकादमिक कार्यों में जुड़े रहे, हिन्दी और मराठी की उत्कृष्ट रचनाओं का अनुवाद उपलब्ध करा दें ऐसी उम्मीद करता हूँ। फिर से उनका अभिनन्दन और अनेक शुभेच्छाएँ।

साहित्य में अनुवाद की भूमिका

प्रो.(डॉ.) एस. तंकमणि अम्मा

विभिन्न भाषा–भाषी तथा सांस्कृतिक परिवेशवाले राष्ट्रों और उनके विभिन्न प्रान्तों के बीच परस्पर सम्पर्क, सम्प्रेषण और ज्ञान–विज्ञान के आदान–प्रदान के सशक्त एवं सक्षम माध्यम के रूप में अनुवाद की अहं भूमिका है। वैश्वीकरण के वर्तमान दौर में अनुवाद की अनिवार्यता असंदिग्ध सिद्ध हो गयी है। वैश्वीकरण की प्रक्रिया अनुवाद को तथा अनुवाद की प्रक्रिया वैश्वीकरण को त्वरित गति प्रदान करती है। सूचना प्रौद्योगिकी तथा अन्य वैज्ञानिक उपलब्धियों के अभूतपूर्व विकास ने वैश्विक स्तर पर अनुवाद की सम्भावनाओं को बेहद बढ़ा दिया है।

विश्व के यत्र–तत्र–सर्वत्र असंख्य भाषाओं में विरचित साहित्य को सार्वभौमिक एवं सार्वकालिक आयाम प्रदान करने की दिशा में अतिप्राचीन काल से ही अनुवाद ने महती भूमिका निभाई है। भाषाओं और संस्कृतियों के बीच संवाद के सेतु के रूप में अनुवाद ने विश्व के बहुभाषा–भाषी राष्ट्रों को तथा जनमानस को आपस में जोडने का प्रयास किया है। इस अर्थ में अनुवाद मात्र भाषा और साहित्य का न रहकर संस्कृतियों का हो जाता है। अनुवाद के दौरान मूल और अनूदित रचना के बीच दो भिन्न–भिन्न भाषा और संस्कृतियों का सेतुबंधन अनजाने और अनायास ही हो जाता है। यह सांस्कृतिक सेतुबंधन साहित्यानुवाद की अनूठी उपलब्धि बनकर अनुवाद के आयाम को असीम बना देता है।

अनुवाद के माध्यम से ग्रीक, जर्मन, स्पेनिश, अरबी, फारसी जैसी भाषाओं के उत्कृष्ट साहित्य का परिचय विश्व भर के अन्यान्य भाषा–भाषियों को मिला है। बाइबिल का सर्वव्यापी प्रचार–प्रसार अनुवाद के माध्यम से ही हुआ है। संस्कृत के उत्कृष्ट ग्रन्थ विभिन्न विदेशी भाषाओं में अनूदित होकर भारतीय संस्कृति के उद्‌बोधक बने। रामायण, महाभारत, भगवद्‌गीता, शाकुंतलम जैसे ग्रन्थ अनुवाद के माध्यम से ही विश्वमंच पर आ गये।

साहित्यानुवाद की बहुत पुरानी परम्परा मिलती है। विश्व की कई भाषाओं में संस्कृत के कई उत्कृष्ट ग्रन्थों का अनुवाद उपलब्ध है। उसी प्रकार विश्व की अन्यान्य भाषाओं की श्रेष्ठ रचनाएँ भारतीय भाषाओं में अनूदित हुई है। वस्तुतः अनुवाद ने विश्व साहित्य को समृद्ध करने में महत्त्वपूर्ण योग दिया है। रामायण, महाभारत, इलियड, ओडीसी जैसे ग्रन्थ, पंचतन्त्र की कथाएँ, इसप कथाएँ, अरेबियन नाइट्स की कहानियाँ जैसी कालजयी कृतियाँ अनुवाद के माध्यम से विश्वव्यापी बन गयी हैं। एड्वर्ड फिट्ज़राल्ड कृत उमर खय्याम की रुबाइयों के अनुवाद ने पाठकों को इतना मोह लिया और वह इतना लोकप्रिय भी हो गया कि आगे चलकर अनुवादकों ने मूल कृति के बजाय अनुवाद का ही अनुवाद किया है।

विश्व साहित्य की संकल्पना और अनुवाद

विश्व साहित्य तथा तुलनात्मक साहित्य की संकल्पना को साकार करने में अनुवाद की सराहनीय भूमिका रही है। यह तो सर्वविदित है कि शाकुन्तलम के अनुवाद ने ही जर्मन के विख्यात साहित्यकार गटे (Gathe) को विश्व साहित्य की परिकल्पना की प्रेरणा दी थी। विश्व साहित्य तथा तुलनात्मक साहित्य की दिशा में अनुवाद प्रभावी भूमिका निभाता है। अनुवाद के अभाव में विश्व साहित्य तथा तुलनात्मक साहित्य की अवधारणा ही अपूर्ण रह जाती है। सूचना–प्रौद्योगिकी की क्रान्ति के वर्तमान दौर में विश्व अपने आप में एक छोटा–सा गाँव बना हुआ है। इस परिवेश ने भूमण्डलीकरण की स्थिति को जन्म दिया है। आर्थिक भूमंडलीकरण के समानान्तर साहित्यिक–सांस्कृतिक भूमण्डलीकरण भी आज ज़ोरों पर है। विश्व साहित्य विश्व संस्कृति का पुंजीभूत तत्व है तो उसे विश्व भर में प्रसारित करनेवाला प्राणतत्व अनुवाद ही है। पॉल ऐंजल का यह कथन सर्वथा सार्थक है–"विश्व जितना सिकुड़ता है अनुवाद की आवश्यकता उतनी ही विस्तृत होती है" (कॉन्टेम्पोरेरी फ्रेंच पॉइट्री की भूमिका, 1964)। ऐसे में अनुवाद की अनिवार्यता असंदिग्ध हो जाती है।

भारतीय साहित्य की संकल्पना और अनुवाद

भारत जैसे बहुभाषा–भाषी तथा प्रौढ़ साहित्यिक–सांस्कृतिक सम्पदा वाले देश में अनुवाद का विशेष महत्त्व है। भारतीय भाषाओं के पारस्परिक अनुवाद के सन्दर्भ में हिन्दी की भूमिका केन्द्रीय भाषा की है। सम्पर्क भाषा, राष्ट्रभाषा तथा राजभाषा की हैसियत से अखिल भारतीय भाषा की प्रतिष्ठा प्राप्त हिन्दी, सचमुच इस योग्य है। इतर भारतीय भाषाओं से हिन्दी में साहित्य एवं साहित्येतर सामग्री का अनुवाद हो रहा है तथा हिन्दी से इतर भारतीय

भाषाओं में भी अनुवाद कार्य सम्पन्न हो रहा है। इतर भारतीय भाषाओं की महत्त्वपूर्ण कृतियों का अनुवाद हिन्दी में होने का एक विशेष प्रयोजन यह भी होता है कि हिन्दी से यह कृति अन्यान्य भाषाओं में अनायास और अविलम्ब अनूदित हो जाती है। भारतीय ज्ञानपीठ पुरस्कार विजेता मराठी साहित्यकार विष्णु सखाराम खांडेकर की सुविख्यात एवं कालजयी औपन्यासिक कृति 'ययाति' के हिन्दी अनुवाद से ही इस कृति का अनुवाद मलयालम जैसी अन्य भाषाओं में हो पाया है। बंगाली, पंजाबी, गुज़राती, तेलुगु, कन्नड जैसी भाषाओं की अधिकांश प्रसिद्ध कृतियाँ हिन्दी के माध्यम से ही अन्यान्य भारतीय भाषाओं में अनूदित होकर आयी हैं। भारत जैसे बहुभाषा–भाषी देश में राष्ट्रीय–साहित्यिक एवं भावात्मक एकता को बनाये रखने में तथा उसके संपोषण में वस्तुतः अनुवाद का बड़ा योगदान है।

गुणवत्ता और अनुवाद

अनुवाद के महत्त्व को अक्षुण्ण बनाये रखने का दायित्व अनुवादकों का अपना है। क्योंकि अनुवाद क्षेत्र का कर्ताधर्ता वही है, चाहे तो वह अपनी सृष्टि (अनुवाद) को बढ़िया दर्जा दे सकता है, चाहे तो घटिया भी। वैज्ञानिक, प्रामाणिक एवं सुरुचिपूर्ण अनुवाद ही ऊँचे दर्जे को प्राप्त कर सकता है। अनुवाद तभी वैज्ञानिक, प्रामाणिक एवं सुन्दर होगा जब उसका कर्ता पूरी लगन व निष्ठा के साथ उस कार्य को सम्पन्न करे। स्रोत भाषा व लक्ष्यभाषा दोनों का सम्यक ज्ञान अनुवादक के लिए अनिवार्य है। अनुवाद के लिए दोनों भाषाओं की वैज्ञानिक व्यवस्थाओं व विलक्षणताओं की जानकारी भी अपेक्षित है। साथ ही साथ उन भाषा–भाषियों के भौगोलिक परिवेश एवं सामाजिक–सांस्कृतिक परिवेश की समझ भी आवश्यक है। स्रोत भाषा के कथ्य के साथ–साथ अनुवाद में सांस्कृतिक अभिप्रेतों और शैलीगत सन्दर्भों का अन्तरण भी होता है।

अनुवाद की गुणवत्ता की ये शर्तें हो सकती हैं–

- अनूदित कृति में मूल कृति की संवेदना की पूर्णतया अभिव्यक्ति प्रामाणिक, प्रभावी तथा सुन्दर ढंग से हो।
- अनुवाद में मूल कृति से कुछ छोड़ा न जाय, अपनी ओर से कुछ जोड़ा भी न जायें
- अनूदित कृति में मौलिक कृति की–सी सहजता एवं प्रवाहमयी हो।
- पढ़ते वक़्त सहृदय पाठक को वह कृति अनूदित न लग जाये, मौलिक लग जायें

भारतीय साहित्य का वैश्विक सन्दर्भ और अनुवाद

भूमंडलीकरण के इस दौर में भारत को अपने देश के भीतर और बाहर फैलने के लिए अनुवाद की अनिवार्यता है। विभिन्न भारतीय भाषाओं में सृजित मानक तथा उत्कृष्ट साहित्य का विदेशी भाषाओं में अनुवाद अनिवार्य रूप से होना है। इसके लिए योजनाबद्ध कार्यक्रम की आवश्यकता है। विदेशी भाषाओं के उत्कृष्ट साहित्य को भारतीय भाषाओं में लाना भी आवश्यक है। अनुवाद के क्षेत्र में कार्यरत सरकारी संस्थाओं के साथ–साथ विश्वविद्यालय, साहित्य अकादमियाँ, स्वैच्छिक साहित्यिक संस्थाएँ आदि भी इन योजनाबद्ध अनुवाद कार्यक्रमों में सहयोग दे सकती हैं। विश्व की विविध भाषाओं में प्रभूत मात्रा में प्रणीत साहित्य–कृतियों का एक प्रतिशत भी अनूदित होकर नहीं आता है। यही कारण है कि विश्व साहित्य की अनूठी रचनाओं से आज पाठक वंचित रहने को विवश हो जाते हैं।

समकालीन साहित्य और अनुवाद

विश्व भर में विविध भाषाओं में विरचित होने वाले समकालीन साहित्य को अनुवाद के माध्यम से सर्वसुलभ बनाना श्रमसाध्य कार्य अवश्य है। अनुवाद के जरिए ही क्षेत्रीय और राष्ट्रीय साहित्य विश्व साहित्य के दर्जे को प्राप्त कर सकता है। इस दिशा में अन्यान्य माध्यमों के साथ–साथ इलेक्ट्रोनिक मीडिया तथा इंटरनेट पत्रिकाएँ भी सराहनीय कार्य कर रही हैं। सूचना–प्रौद्योगिकी के विविध साधनों का उपयोग कर विश्व के कोने–कोने में विविध भाषाओं में विरचित साहित्य को विविध भाषाई अनुवाद के द्वारा तमाम विश्व के साहित्यास्वादकों के लिए उपलब्ध कराना वांछनीय ही नहीं बल्कि अनिवार्य भी है। समकालीन साहित्यिक रचनाएँ जन–मन और उसकी संवेदना की सटीक पहचान की सही दस्तावेज़ है।

विश्व मानवता की संकल्पना और अनुवाद

अनुवाद हमारे सम्मुख सम्प्रेषण की अनन्त सम्भावनाओं को खोलकर रखता है। विश्व मानव को बहुविध माध्यमों के सहारे उन सम्भावनाओं का लाभ उठाना है। तभी विश्व साहित्य, विश्व संस्कृति आदि के समानान्तर विश्वमानवता की संकल्पना भी साकार हो सकेगी।

खण्ड - 15 : कला विमर्श

ग़ज़ल : कला और अपेक्षाएँ

डॉ. गिरिराजशरण अग्रवाल

ग़ज़ल की कला अपने में संकेतों, उपमाओं और प्रतीकों के प्रयोग की कला है। इसमें एक शेर की दो पंक्तियों में कवि को अपना पूरा अनुभव और चिन्तन प्रस्तुत करना होता है, वह भी इस रूप में कि शैली गद्यात्मक न हो जायें। तात्पर्य यह है कि बड़ी–से–बड़ी बात को कम–से–कम शब्दों में कहना, गागर–में–सागर भरना ग़ज़लकार की पहली विशेषता होनी चाहिए। उर्दू में ग़ज़ल का इतिहास काफ़ी पुराना है। यह कहना अधिक उचित होगा कि अधिकांश उर्दू का इतिहास ग़ज़ल की विधा में सीमित है। यद्यपि ग़ज़ल के विरोध में भी आवाज़ उठती रही है और उर्दू के प्रसिद्ध आलोचक जनाब कुलीमुद्दीन अहमद ने ग़ज़ल की शैली पर कड़ी आपत्ति करते हुए उसे अर्द्धसभ्य युग की देन तक बता दिया था, किन्तु ग़ज़ल अपने आकार, अपने रूप तथा अपनी शैली के दृष्टिकोण से इतनी आकर्षक व परिपूर्ण थी कि आपत्तियों के होते हुए भी वह न केवल जीवित रही वरन् विकास की ओर कदम बढ़ाती रही। यह सर्वविदित है कि भारत में ग़ज़ल की शैली फ़ारसी भाषा से आयी। उसका चलन हुआ। इस प्रकार भारतीय कवि–शायरों को ग़ज़ल का बना–बनाया साँचा मिला। भारत में ग़ज़ल सर्वप्रथम दक्षिण के कवियों ने शुरू की। हिन्दी में ग़ज़ल को प्रचलित करने वाले कवियों ने शेरों की एक पंक्ति हिंद में तथा दूसरी फ़ारसी भाषा में कही। अमीर खुसरो तथा उनके समकालीन कवियों में भी साधारणतः यही रुझान दिखायी देता है। दक्षिण के कवियों में वली औरंगाबादी, सिराज, कुतुबशाह इत्यादि ने भारतीय प्रतीकों और उपमाओं के प्रयोग किए–

जोधा जगत् के क्यों न डरें तुझसे ऐ सनम,
तरकश में तिझ नैन के हैं अर्जुन के बान आज।

(वली औरंगाबादी)

सब अशशिकाँ तुझ इश्क़ में जूँ फूल बन तारे छिपे,
मोरा पपीहे कोयलाँ तुझ शौक में गावें मल्हार।

(कुली कुतुबशाह)

नैन रावन हैं, अर्जुन बान पलकें, भों धनक भिम की,
हमारे दिल की दुखनगरी के राजा रामचन्दर हो।

(सिराज)

इसके विपरीत राजधानी दिल्ली के आसपास ग़ज़ल उन दिनों जिस ढंग से लिखी जा रही थी, उसमें फारसी भाषा की तरकीबों (समास), प्रतीकों, उपमाओं आदि का प्रयोग किया जा रहा था। जैसे–जैसे उर्दू ग़ज़ल पर फारसी भाषा का रंग गहरा होता गया, वैसे–वैसे उसमें फारसी शब्दावली और प्रतीकों का प्रयोग बढ़ता चला गया। यहाँ तक कि उर्दू ग़ज़ल में फारसी की पूरी–की–पूरी कच्ची सामग्री विद्यमान है। शमा, परवाना, गुल, बुलबुल, क़फ़स, सैयाद, लैला–मजनूँ, शीरी–फ़रहाद, चमन आदि अनेक शब्द फारसी ग़ज़ल से जैसे–के–तैसे स्वीकार कर लिए गये। ऐसी स्थिति में एक ख़राबी भी उत्पन्न हुई। फारसी शब्दों की श्रृंखला के साथ–साथ विचार भी लगभग उसी रूप में उर्दू ग़ज़ल में आ गये। शायद उस युग के कवियों की यह विवशता रही हो कि फारसी भाषा के प्रतीकों तथा उपमाओं के माध्यम से जो अर्थयुक्त संकेत करने सम्भव थे, वे हिन्दी में उनके लिए कठिन लगते हों, क्योंकि फारसी और अरबी के अतिरिक्त संस्कृत ही एक ऐसी भाषा थी, जो ग़ज़ल के लिए आवश्यक संकेतात्मक शैली की पूर्ति कर सकती थी। तब या तो ग़ज़ल की शैली को संस्कृत के निकट लाया जाता अथवा फारसी के। इतिहास की पृष्ठभूमि में यह बात स्वीकार कर लेनी चाहिए कि कविता को फारसी भाषा की ओर बढ़ना होता, क्योंकि उस समय राज्य स्तर पर फारसी का बोलबाला था और कवि–शायर राजदरबारों से सम्बन्धित भी थे। परिणामतः ग़ज़ल सीधे तौर पर भारतीय भाषा से न जुड़कर या संस्कृत के निकट न आकर फारसी भाषा के प्रभाव में चली गयी।

फारसी भाषा में ग़ज़ल का जन्म किस प्रकार हुआ यह खोज भी बहुत दिलचस्प हैं। सामन्ती युग में वहाँ बादशाओं की प्रशंसा में जो क़सीदे (प्रशंसात्मक काव्य) लिखे जाते थे, उसमें काव्य का एक टुकड़ा 'तश्बीब' के नाम से पुकारा जाता था। इस टुकड़े में कवि को अपने मन की बात कहने की स्वतन्त्रता रहती थी। इसमें वह प्राकृतिक सौन्दर्य, प्रेम व वियोग आदि की भावनाएँ व्यक्त करता था। कसीदे का यह टुकड़ा ही उससे अलग होकर

ग़ज़ल बन गया। इसे ग़ज़ल नाम किस प्रकार मिला यह बात विवादास्पद है, किन्तु यह सर्वमान्य है कि 'तश्बीब' के शेरों में अपरापर सम्बन्ध नहीं होता था और अधिकतर शेर प्रेमवार्तालाप पर आधारित होते थे, इसलिए यह शायरी ग़ज़ल (जिस का अर्थ प्रेयसी से बातचीत करना बतलाया गया है) के नाम से पहचानी जाने लगी और उसने अपना अलग अस्तित्व स्थापित कर लिया। क्योंकि ग़ज़ल के शेर का सम्बन्ध उसके दूसरे–तीसरे या बाद के शेरों से भी हो, अतः ग़ज़ल का ढाँचा इस प्रकार तैयार हुआ है कि उसमें विभिन्न विषयों पर अलग–अलग अशआर लिखे जाने लगे और धीरे–धीरे ग़ज़ल के शेरों ने विषय की दृष्टि से विस्तृत दायरा ग्रहण कर लिया और इसमें नैतिक, सामाजिक, धार्मिक, प्रेम–भक्ति और जीवन से सम्बन्धित अनेक विषयों पर विचार व्यक्त होने लगे।

जैसा कि पहले कहा जा चुका है, उर्दू ग़ज़ल में न केवल शब्द फारसी भाषा से लिए गये थे अपितु सामान्यतः भाव और विचार भी आयातित ही थे, किन्तु मीर उर्दू का वह पहला शायर था, जिसने उर्दू को अपनी वास्तविक वाणी दी और एक ऐसी भाषा में अपनी बात कही, जो माँगी हुई नहीं थी।

मीर के बाद गालिब ने अपनी कलात्मक योग्यता से उर्दू ग़ज़ल को निखारा। गालिब और मीर के बीच जो अन्तर है, उस पर विस्तार से चर्चा करने की यहाँ आवश्यकता नहीं है, केवल इतना ही बता देना पर्याप्त होगा कि मीर भावनाओं के शायर हैं, जबकि गालिब ने भावनाओं के साथ विवेक का मिश्रण करके ग़ज़ल को बौद्धिक स्तर तक पहुँचा दिया।

अब हम ग़ज़ल की विशेष तकनीक पर बात करते हुए इस शैली में स्वयं आ जानेवाली त्रुटियों की ओर संकेत करना चाहेंगे। ग़ज़ल में जो शब्द प्रयुक्त होते हैं, वे अपने अर्थों में शाब्दिक न होकर प्रतीकात्मक होते हैं और प्रतीकात्मक शब्दों का दुर्भाग्य यह है कि वे बार–बार प्रयोग किए जाने पर न केवल नीरस हो जाते हैं, अपितु अपना वास्तविक अर्थ भी खो बैठते हैं। उदाहरणतः, उर्दू ग़ज़ल के पहले कवि ने जब अपने किसी शेर के क़फ़स के माध्यम से किसी भी स्थिति में पिंजड़ा नहीं होगा। निश्चय ही उसने क़फ़स के माध्यम से किसी घुटन या कारावास की ओर इशारा किया होगा, जिसमें मानव–जीवन की यातनाएँ सहनी पड़ती हैं। किन्तु क़फ़स का यह शब्द बार–बार प्रयोग किए जाने पर अपने प्रतीकात्मक अर्थ खो बैठा और बाद वाले शायरों के हाथ पड़कर केवल पिंजड़े के शाब्दिक अर्थ में रूढ़ हो गया। इसके साथ ही पिंजड़े की तिल्लियाँ, उसमें बन्द पंछी, पंछी को पकड़कर बन्द करने वाला शिकारी, ये सब भी ग़ज़ल की शब्दावली में प्रविष्ट हो गये।

इस प्रकार ऐसा प्रतीकात्मक शब्द, जो मानव–जीवन की घुटन को व्यक्त करने के लिए प्रयुक्त हुआ था, धीरे–धीरे निर्जीव होकर बाँस की तिल्लियों से बने पिंजड़े में सिमट गया और उसने कृत्रिम शब्दों की एक शृंखला भी अपने साथ बना ली; ग़ज़ल के दूसरे प्रतीकात्मक शब्दों के साथ भी यही हुआ। लखनऊ स्कूल की ग़ज़ल की शायरी को यदि ध्यानपूर्वक देखा जाये तो यह बात स्पष्ट रूप से परिलक्षित होती है।

ग़ज़ल की कला संक्षेप में चिन्तन, विचार तथा भावना के मिश्रण की कला है। अकेला चिन्तन उसे खुरदुरा, सूखा और नीरस बना देता है। अकेला भाव उसको इकहरा, सतही और क्षणिक बना देता है, केवल विचार–सामग्री उसे जीवन की वास्तविकता से अलग हटा देती है। इसलिए ग़ज़लकार का कर्तव्य हो जाता है कि वह विचार को चिन्तन में और चिन्तन को भाव में इस प्रकार परिवर्तित करे कि इन्हें एक–दूसरे से अलग न किया जा सके, ये तीनों पिघलकर एकाकार हो जाएँ।

कविता चाहे ग़ज़ल की शैली में हो अथवा किसी अन्य शैली में, परन्तु इस सत्य को स्वीकार करना ही होगा कि उसका सीधा सम्बन्ध अपने युग और उससे भी आगे बढ़कर उस युग के मानव–जीवन से होता है। उसकी ये अनुभूतियाँ कई अर्थों में विश्वव्यापक बन जाती हैं। अन्य कवियों की तुलना में ग़ज़लकार का उत्तरदायित्व यहाँ और भी बढ़ जाता है, क्योंकि उसे शेर की केवल दो पंक्तियों में जीवन की किसी वास्तविकता, किसी अनुभव या अपने समय की बड़ी या छोटी सच्चाई को समेट लेना पड़ता है। जैसे–

मैं कि हूँ हालात के तूफ़ाँ में तिनके की तरह
मेरी मजबूरी समझ, मुझसे ख़फा होते हुए।

(निश्तर ख़ानक़ाही)

आज के युग में परिस्थितियों ने आदमी को इतना विवश कर दिया है कि वह प्रायः सम्बन्धों को निभाना चाहते हुए भी निभा नहीं पाता और परिस्थितियों के आगे हथियार डाल देने पर विवश हो जाता है। इस शेर में हमारी भेंट वर्तमान युग के ऐसे पात्र से होती है, जिसकी दिशा जीवन की परिस्थितियाँ निर्धारित करती हैं और जिसकी आवश्यकताएँ उसे मानव–सम्बन्धों को पराजित कर अपने निजी अस्तित्व के लिए संघर्ष तक सीमित कर देती है।

ग़ज़ल अपने कवि से जिस दूसरी चीज़ की माँग करती है, वह है आदमी के जीवन का गहरा अध्ययन। सामने जो कुछ दिखायी देता है, उसके भीतर

भी इतना कुछ छिपा रहता है कि कवि–शायर उससे अपना दामन बचाकर निकल नहीं सकता। यदि निकलेगा तो स्वीकार करना होगा कि उसने अपने दायित्व को पूरी तरह से नहीं समझा। इसीलिए उर्दू ग़ज़ल की ऐसी समस्त शायरी, जो आदमी को केवल सतही तौर पर समेटती है, भुलाई जा चुकी है।

काव्य, रचनाकार की निजी, मानसिक, क्रियाशीलता होती है, उसमें किसी अन्य की भागीदारी सम्भव नहीं। यह बात ग़ज़ल की कला पर अधिक दृढ़ता से लागू होती है। ग़ज़लकार को अपनी तरह से सोचना, अपनी तरह से व्यक्त करना ज़रूरी होता है। जब ऐसा नहीं होता तो ग़ज़ल की कला सपाटपन का शिकार होकर अपनी विशेषता खो बैठती है और ग़ज़ल से हम जिस व्यक्तित्व की आशा करते हैं, वह नहीं बन पाता। यह ध्यान ज़रूरी है कि दूसरे कवियों द्वारा कही हुई बात को नमूना मानकर ठीक उसी ढंग से अपनी बात कहने का प्रयास नहीं होना चाहिए। अच्छा होगा कि उन विचारों को, जो किसी युग–विशेष में सामान्यतः प्रचलित हो गये हैं, अपने ढंग से प्रस्तुत करने का प्रयत्न किया जायें जब–जब भी किसी विशेष युग में पसन्द किए जानेवाले विचारों को एक ही ढंग से और एक ही रूप में ग़ज़ल द्वारा प्रस्तुत किया गया, तब–तब ग़ज़ल की कला अपने उच्चस्तर को खो बैठी। हिन्दी–ग़ज़लकारों को इस बात का विशेष रूप से ध्यान रखना चाहिए।

ग़ज़ल की कला का एक दुर्भाग्य यह भी है कि अतीत की लम्बी परम्परा के कारण उसकी एक विशेष शब्दावली बन गयी है और जब बिना सोचे–समझे इस शब्दावली का प्रयोग किया जाता है तो उसमें नये अनुभव, नये विचार, नई सोच के प्रवेश–द्वार बन्द हो जाते हैं। अतः निरन्तर नई शब्दावली की खोज की जानी चाहिए, ताकि ग़ज़ल की नई भाषा का विकास होता रहे और ताजगी बनी रहे।

अब ग़ज़ल की बनावट के सम्बन्ध में कुछ चर्चा करें। ग़ज़ल का पहला शेर 'मतला' और अन्तिम 'मकता' कहलाता है। यदि मतले के बाद वाला शेर भी मतले के समान हो तो उसे 'हुस्ने–मतला' कहते हैं।

मतला का शाब्दिक अर्थ है उदय होना। इसीलिए मतले से ग़ज़ल आरम्भ की जाती है। इसे हम ग़ज़ल का प्रारंभिक शेर कह सकते हैं। मतले की दोनों 'पंक्तियों में 'रदीफ' तो एक ही बनी रहती है, जबकि 'क़ाफिया' (तुक) बदल जाता है। रदीफ वे शब्द हैं, जो काफ़िए (तुक) के साथ प्रयोग किए जाते हैं और अन्त तक इनका रूप नहीं बदलता। नीचे की दो पंक्तियाँ देखे–

लहलहाता हुआ इक दाग़ बदन है उसका
फूल उसके हैं, महक उसकी, चमन है उसका

इन पंक्तियों में 'बदन' और 'चमन' (तुक) है और 'है' उसका रदीफ है। इस तरह मतले के बाद शेर कहें जायेंगे उनमें कफ़न, चलन, दमन आदि काफ़ियाँ (तुकों) का प्रयोग करने की स्वतन्त्रता है। किन्तु यहाँ चमन के साथ नागिन, रिमझिम, दिन आदि तुकों का प्रयोग नहीं हो सकता।

बात ध्यान रखने की है कि काफ़िए (तुक) में अधिक बल स्वरों की समानता पर दिया जाता है। जैसे बदन का 'दन' और चमन का 'मन' समान स्वर में हैं, जबकि 'दिन' और 'गिन' उससे भिन्न हो गये हैं। इसी प्रकार जलना, ढलना, मलना एक समान काफ़िए (तुकें) हो सकते हैं। इनके साथ हिलना, मिलना आदि का प्रयोग वर्जित है। स्व.दुष्यंतकुमार ने अपनी ग़ज़ल का प्रारंभिक शेर (मतला) इस प्रकार लिखा है–

हो गयी है पीर पर्वत–सी पिघलनी चाहिए
इस हिमालय से कोई गंगा निकलनी चाहिए

जबकि उसके आगे के शेर में क़ाफ़िया (तुक) इस प्रकार बाँधा गया है।

आज यह दीवार परदों की तरह हिलने लगी
शर्त लेकिन थी कि ये बुनियाद हिलनी चाहिए

यहाँ पर 'हिलनी' क़ाफ़िया (तुक) का प्रयोग उचित नहीं है। एक अन्य ग़ज़ल में उन्होंने 'नारे' और 'तारे' क़ाफ़िया (तुकों) के साथ 'पतवारें', 'तलवारें' और दीवारें क़ाफ़ियों का प्रयोग किया है। इनमें अनुनासिकता के कारण स्वर की भिन्नता हो गयी है। इन क़ाफ़िया को निश्चय ही स्वीकार नहीं किया जायेगा।

इसी प्रकार कुछ अन्य तुकों पर दृष्टि डाले। 'आकाश' का क़ाफ़िया 'विश्वास' नहीं हो सकता, क्योंकि 'श' और 'स' की ध्वनियाँ भिन्न हैं। हिन्दी में प्राय इस प्रकार का रुझान पाया जाता है कि किन्तु ग़ज़ल की कला इसे सहन नहीं करती। 'आयी', 'खाई' के साथ परछाई और साई; राख के साथ 'आग' और 'नाग'; 'शाम', 'काम' के साथ 'आन', 'बाण', 'प्राण' तथा 'हवा' के साथ 'धुआँ' क़ाफ़ियों का प्रयोग निषिद्ध है।

ग़ज़लकार को काफ़िए के सन्दर्भ में जो एक विशेष छूट दी जाने लगी है, वह यह है कि यदि उसने ग़ज़ल के प्रारंभिक शेर (मतले) में 'जलता' का क़ाफ़िया 'ऐसा' बाँधा है तो वह अन्त तक केवल 'आ' की पैरवी करते हुए 'तनहा', 'कोहरा', 'चेहरा' आदि क़ाफ़ियों (तुकों) का प्रयोग कर सकता है,

किन्तु यदि उसने प्रारंभिक शेर (मतले) में 'जलना' का क़ाफ़िया 'गलना' बाँध दिया है तो अब उसे अन्त तक की पाबन्दी करनी होगी और उसे 'छलना', 'ढलना', 'फलना' आदि का ही प्रयोग करना होगा।

दूसरी छूट ग़ज़लकार को यह दी गयी है कि वह बिना 'रदीफ़' (तुक) की पाबन्दी करनी होगी। जैसे–

कामना के सिंधु में डूबे हुए हैं हम
कौन कितना साथ देगा सोचते हैं हम

ग़ज़ल क्योंकि संगीत के बहुत निकट है और आरम्भ से अब तक गाई जाती रही है। इसलिए उसमें अखरनेवाले अक्षरों का प्रयोग नहीं किया जाना चाहिए। ट, ठ, ढ, ढ़, ड़, ण इसी प्रकार के अक्षर हैं। यदि विवशता ही हो तो केवल पंक्तियों के बीच में ही इनका प्रयोग किया जाये, क़ाफ़िए या रदीफ़ में इनके प्रयोग से बचाना चाहिए।

हिन्दी में ग़ज़ल को हिन्दी के छन्दों में भी कहा जा सकता है और अनेक ग़ज़लकारों ने ऐसा किया भी है, किन्तु हिन्दी भाषा में फ़ारसी की भी पर्याप्त बहरें प्रचलित हो गयी हैं। पर इनमें स्थान–स्थान पर भटकाव की स्थिति दिखायी देती है। कवि अनजाने कहीं भी बहर बदल देता है या उसे तोड़ डालता है। इसका कारण यह है कि हिन्दी–ग़ज़लकारों को ग़ज़ल की प्रचलित बहरों का वास्तविक ज्ञान नहीं है। उर्दू में ग़ज़ल की स्थाई बहरें 19 हैं, किन्तु बाद के कवियों–शायरों ने भाषा के बनाव और उनकी गीतात्मक इकाइयों के रचाव को देखते हुए उसमें और वृद्धि की है। आवश्यकता यह है कि बहरों के सम्बन्ध में हिन्दी–ग़ज़लकारों को जानकारी देने के लिए अलग से काम हो।

'मकता', जिसका शाब्दिक अर्थ कट जाना या समाप्त हो जाना है, ग़ज़ल का अन्तिम शेर होता है। यह जरुरी नहीं है कि इसमें कवि अपने नाम का प्रयोग ही करे।

हिन्दी–ग़ज़लकारों के सामने एक कठिनाई यह भी आ पड़ती है कि फ़ारसी बहरों के हिसाब से हिन्दी के कुछ शब्दों को दबाकर बोलना या लिखना पड़ता है। यदि इनको दबाकर लिखा या पढ़ा न जाये तो बह्र और वजन में बदलाव आ जाता है। जैसे 'तेरा' को 'तिरा' या 'मेरा' को 'मिरा' आदि। क्योंकि हिन्दी भाषा में इस प्रकार लिखने का अभ्यास नहीं है, इसलिए हिन्दी–ग़ज़लकारों को ग़ज़ल पढ़ते समय इस बात का ध्यान रखना चाहिए। जैसे–

कल चौदहवीं की रात थी, शब भर रहा चर्चा तेरा
कुछ ने कहा यह चाँद है, कुछ ने कहा चेहरा तेरा

यहाँ यदि 'तेरा' को 'तिरा' न पढ़ा गया तो शेर बह्र और वज़न से गिर जायेगा।

इसी प्रकार हिन्दी के कुछ और शब्दों और अक्षरों को भी दबाकर पढ़ने की अनुमति दी गयी है। जैसे–

'मगर यह बात है यारो किसी किसी के लिए'
यहाँ 'के' दबाकर 'क' पढ़न होगा।

उर्दू–ग़ज़ल पर क्योंकि फ़ारसी का विशेष प्रभाव रहा है, इसलिए उसमें फारसी तरकीबों का प्रयोग बहुत आम बात है। जैसे–जामे–शराब, पैमाना–ए–दिल, शामे–ग़ज़ल, जुल्फ़े–दराज, अहले–वतन, तहजीबी–तमद्दुन, तज़्ब–ए–अहमद आदि। इनको इजाफ़त (समास) कहा जाता है। ये का, की, के आदि को हटाकर संक्षिप्त करने के लिए प्रयुक्त की जाती हैं। क्योंकि यह विधि हिन्दी शब्दों के साथ नहीं अपनाई जा सकती, अतः हिन्दी में इनका प्रयोग नहीं होना चाहिए। अच्छा यह हो कि हिन्दी–ग़ज़लकार केवल उन बह्रों को चुनें, जिनमें इजाफ़त या तरकीबें लाने की आवश्यकता न हो।

इधर हिन्दी–ग़ज़ल में फ़ारसी के बहुत सारे शब्दों का प्रयोग किया जा रहा है। यह कोई अपराध तो नहीं, बल्कि इससे भाषा समृद्ध ही होती है। मैंने प्रायः ऐसे शब्दों का प्रयोग करते समय इस बात का विशेष ध्यान रखा है कि वे सामान्यतः बोलचाल के हों तथा हिन्दी की प्रकृति के निकट हो। साथ ही इन शब्दों को इस तरह न बिगाड़ा जाये कि वे अपना वास्तविक अर्थ और रूप ही खो बैठे। जैसे शत्रुता के अर्थ में 'खिलाफ़त' शब्द का प्रयोग किया जाता है, जो नितांत गलत है। यह 'मुलाखतफ़त' तो हो सकता है, खिलाफ़त नहीं। इसी तरह 'बुतपरस्ती' के स्थान पर 'बुत–परस्तगी' उचित नहीं है।

वर्तमान हिन्दी–ग़ज़ल अपने विकास की ओर अग्रेसर है और इसमें आगे बढ़ने, निखरने तथा परिपक्वता को पहुँचने की सम्भावनाएँ स्पष्ट रूप से दिखायी दे रही हैं।

खण्ड - 16 : पर्यावरण विमर्श

समकालीन कविता और पर्यावरण

प्रो. प्रतिभा मुदलियार

भारतीय संस्कृति में पर्यावरण संरक्षण को बहुत महत्त्व दिया गया है। मानव जीवन को हमेशा मूर्त या अमूर्त रूप में पृथ्वी, जल, वायु, आकाश, सूर्य, चन्द्र, नदी, वृक्ष एवं पशु–पक्षी आदि के सहचर्य में ही देखा है। पर्यावरण शब्द का अर्थ है हमारे चारों ओर का आवरण। पर्यावरण संरक्षण का तात्पर्य है कि हम अपने चारों ओर के आवरण को संरक्षित करें तथा उसे अनुकूल बनाएँ। पर्यावरण और प्राणी एक–दूसरे पर आश्रित हैं। यही कारण है कि भारतीय चिन्तन में पर्यावरण संरक्षण की अवधारणा उतनी ही प्राचीन है जितना मानव जाति का इतिहास। भारतीय संस्कृति में पर्यावरण संरक्षण का भाव पुरातन काल में भी मौजूद था, पर उसका स्वरूप भिन्न था। उस काल में कोई राष्ट्रीय वन नीति या पर्यावरण पर काम करनेवाली संस्थाएँ नहीं थीं। पर्यावरण का संरक्षण हमारे नियमित क्रिया–कलापों से जुड़ा था। इसी वजह से वेदों से लेकर कालिदास, सूर, तुलसी, जायसी, पन्त, प्रसाद, निराला, अज्ञेय आदि तक सभी के काव्य में पर्यावरण का व्यापक वर्णन है। भारतीय दर्शन यह मानता है कि इस देह की रचना पर्यावरण के महत्त्वपूर्ण घटकों से अर्थात् पृथ्वी, जल, वायु, तेज़ और आकाश से हुई हैं।

याद कीजिए–समुद्र मंथन से कल्पवृक्ष का निकलना, देवताओं द्वारा उसे अपने संरक्षण में लेना, इसी तरह कामधेनु और ऐरावत हाथी का संरक्षण इसके उदाहरण हैं। कृष्ण का गोवर्धन पर्वत की पूजा का अर्थ क्या है? मनुष्य, मिट्टी, पर्वत, वृक्ष एवं वनस्पति का आदर करना सीखें। श्रीकृष्ण ने स्वयं को ऋतुस्वरूप, वृक्ष स्वरूप, नदीस्वरूप एवं पर्वतस्वरूप कहकर महत्त्व को रेखांकित किया है।

भारतीय विचारधारा में जीवन का विभाजन भी प्रकृति पर ही आधारित था। चार आश्रमों में से तीन तो प्रकृति के साथ होते थे। ब्रह्माचर्य आश्रम,

जो गुरु–गृह में व्यतीत होता था और गुरुकुल सदैव वन–प्रदेश, नदी तट पर ही हुआ करते थे, जहाँ व्यक्ति सदैव प्रकृति से जुड़ा रहता था। वानप्रस्थ आश्रम में भी व्यक्ति वन प्रदेशों में रहकर आत्मचिन्तन तथा जन कल्याण के कार्य करता था। संन्यास आश्रम में तो समग्र उत्तरदायित्वों को भावी पीढ़ी को सौंपकर निर्जन वन एवं गिरि कंदराओं में रह कर ही आत्मकल्याण करने का विधान था।

जिस प्रकार राष्ट्रीय वन–नीति के अनुसार सन्तुलन बनाए रखने के लिए पृथ्वी का तैंतीस प्रतिशत भूभाग वनाच्छादित होना चाहिए, ठीक इसी प्रकार प्राचीन काल में जीवन का एक तिहाई भाग प्राकृतिक संरक्षण के लिए समर्पित था, जिससे कि मानव प्रकृति को भली–भाँति समझकर उसका समुचित उपयोग कर सके और प्रकृति का सन्तुलन बना है। उपनिषदों में लिखा है– हे अश्वरूप धारी परमात्मा! बालू तुम्हारे उदरस्थ अर्धजीर्ण भोजन है, नदियाँ तुम्हारी नाडियाँ हैं, पर्वत–पहाड़ तुम्हारे हृदयखण्ड हैं, समग्र वनस्पतियाँ, वृक्ष एवं औषधियाँ तुम्हारे रोम हैं। ये सभी हमारे लिए शिव बनें। हम नदी, वृक्ष आदि को तुम्हारे अंग स्वरूप समझकर इनका सम्मान और संरक्षण करते हैं।

मानव और प्रकृति का गहरा एवं अटूट सम्बन्ध है। वह प्रकृति की गोद में उत्पन्न होता है और प्रकृति के तत्वों के साहचर्य से ही जीवित रहता है। वस्तुतः मानव मात्र के विकास की सर्वांगीण प्रक्रिया प्रकृति की गोद में सम्पन्न होती है। हमारे चारों ओर व्याप्त प्राकृतिक तत्व पर्यावरण का सृजन करते हैं जिनसे सदैव ही मानव को अपने विकास के लिए प्रेरक मूलभूत तत्व प्राप्त होते हैं।

किन्तु इधर हमारे पर्यावरण का परिदृश्य बदलता जा रहा है। आपने टी.वी. पर खबरे सुनी ही हैं कि इस लॉकडाउन के दौरान प्रकृति में एक अदभुत परिवर्तन आया। कोरोना भले ही मनुष्य पर आतंक–सा छाया है... हम मृत्यु के भय में जी रहे हैं किन्तु प्रकृति मुक्त हो गयी थी। कारण मनुष्य का हस्तक्षेप बहुत कम हुआ था।

वर्तमान समय में पर्यावरण पर दबाव बढ़ता जा रहा है और मानव प्रकृति से दूर होता जा रहा हैं। बीसवीं शताब्दी में सभ्य मानव ने प्रकृति के साथ अत्यन्त छेड़–छाड़ की है। औद्योगिक, वैज्ञानिक एवं तकनीकी प्रगति के कारण प्राकृतिक तन्त्र में अनेक विसंगतियाँ हो गयी हैं और मानव जाति के सम्मुख प्रकृति और पर्यावरण को लेकर अस्तित्वहीनता की स्थिति उत्पन्न होती जा रही हैं।

विकास की अंधी दौड़ में प्राकृतिक संसाधनों के अतिदोहन के कारण पर्यावरण की जीवनप्रदायिनी क्षमता में भारी कमी आयी हैं जिसके कारण गुणवत्ता में गिरावट आयी हैं। मानव की अंधाधुंध एवं निरन्तर माँग ने भूमि, जल, वन एवं सम्पूर्ण पर्यावरणीय गुणवत्ता को प्रभावित किया है और उसमें ह्रास की प्रवृत्ति दृष्टिगोचर होने लगी। पृथ्वी के तापमान का बढ़ना, ओजोन परत का क्षतिग्रस्त होना, मरूस्थलीकरण, एसिड वर्षा, बाढ़, सूखा, भूकंप, त्सुनामी, प्रदूषण आदि गम्भीर समस्याओं ने पर्यावरणविदों का ध्यान आकर्षित किया और पर्यावरण के महत्त्व को स्थापित करने एवं संरक्षण के प्रति मानवों में चेतना जागृत करने हेतु पर्यावरण अध्ययन को शिक्षा के महत्त्वपूर्ण अंग के रूप स्वीकृत किया गया।

सन् 1972 में संयुक्त राष्ट्र संघ के तत्वावधान में स्टाकहोम में पर्यावरण एवं मानवता विषय पर सम्मेलन आयोजित हुआ, जिसके परिणामस्वरूप नैरोबी में संयुक्त राष्ट्र पर्यावरण कार्यक्रम (United Nations Environment Program & UNEP) स्थापना की गयी।

सन् 1982 में पर्यावरण एवं विकास पर विश्व आयोग की स्थापना हुई जिसके द्वारा सन् 1987 में आल कॉमन फ्यूचर रिपोर्ट जारी की गयी। पर्यावरण रक्षा के सम्बन्ध में सन् 1992 में पृथ्वी–संमेलन आयोजित हुआ, जिसकी योजना के अन्तर्गत न्यूयार्क में संयुक्त राष्ट्र संघ का विशेष अधिवेशन सन् 1997 में किया गया।

विश्व शिखर संमेलन का आयोजन सन् 2002 में अफ्रीका के जोहान्सबर्ग में किया गया। पर्यावरण ह्रास से उत्पन्न संकट के विषय पर अनेक राष्ट्रीय, अन्तर्राष्ट्रीय तथा स्थानीय संमेलनों में विचार–विमर्श हुआ और संयुक्त राष्ट्रसंघ ने पर्यावरण शिक्षा हेतु विशेष दिशा–निर्देश प्रदान किए।

वास्तव में पर्यावरण अध्ययन का स्वरूप बहुविषयक बहु प्रशासनिक (MULTI DISCIPLINARY) है। इनमें प्राकृतिक विज्ञान और मानविकी सभी समन्वित हैं। प्राकृतिक विज्ञान पर्यावरणीय तथ्यों का ज्ञान कराते हैं और मानविकी मानव के कार्यों द्वारा प्राकृतिक तन्त्रों की विसंगतियों तथा सामाजिक आर्थिक विकास के फलस्वरूप बदली हुई जीवनशैली से उत्पन्न प्रवृत्तियों का विश्लेषण एवं अध्ययन करती हैं।

साहित्य के साथ भी पर्यावरण का बहुत ही गहरा सम्बन्ध है। प्रकृति तो सहचरी है, जो साहित्य के हर विधा में उपस्थित होती है। उसके बिना साहित्य अधूरा है। भारतीय साहित्य के इतिहास के जब हम पन्ने खोलते हैं तो हमें ज्ञात होता है कि साहित्य और प्रकृति का अन्योन्याश्रित सम्बन्ध रहा है। आदिकालीन साहित्य, मध्यकालीन साहित्य से लेकर अब तक के

साहित्य में प्रकृति सहचरी बनकर ही हमारे सामने प्रस्तुत होती आयी है। उसका चित्रण अत्यन्त सुन्दरता से कवियों ने किया है। मैं छायावाद की केवल तीन कविताओं की याद दिलाना चाहती हूँ... पन्त की 'मोह', प्रसाद की 'बीती विभावरी' और निराला की 'जुही की कली' प्रकृति–सुन्दरता का वर्णन इन कवियों ने ख़ूब किया है।

पर्यावरण प्रदूषण इक्कीसवीं शताब्दी की सबसे बड़ी समस्या है। दिनोंदिन बढ़ती जनसंख्या, औद्योगीकरण, नागरीकरण इस समस्या को और बढ़ा रहे हैं। प्रदूषण के कारण भूमि, पृथ्वी, आकाश, जल सब कुछ प्रदूषित हो रहा है, लेकिन आधुनिकता की अंधी दौड़ के चलते किसी को इसकी परवाह नहीं हैं कि आने वाली पीढ़ी व वर्तमान जनसंख्या इसके लिए कितनी भारी क़ीमत चुका रही है। इक्कीसवीं सदी व्यक्ति, समाज और राष्ट्र के लिए ही नहीं बल्कि सम्पूर्ण विश्व के लिए चुनौती भरी होगी। बीसवीं सदी जहाँ गुलामी की त्रासदी आजादी के लिए संघर्ष और राष्ट्र निर्माण के प्रयासों में बीती, वहीं इक्कीसवीं सदी में देश के सामने कई अन्य चुनौतियाँ हैं। इनमें समाज के एक बड़े तबके में व्याप्त निरक्षरता, जनसंख्या वृद्धि तथा तीव्र गति से बढ़ता पर्यावरण प्रदूषण आदि प्रमुख समस्याएँ हैं। इसके प्रति चिन्तन और चिन्ता हमें समकालीन कविता में दिखायी देती है... पर्यावरण के प्रति चेतना का स्वर समकालीन कविता में विशेष रूप से दिखायी देता है।

आपको एक दो वाक्यों में मैं बता दूँ कि समकालीन कविता का जो समय हिन्दी साहित्य में माना जाता है वह है सन् 1970 के बाद की कविता...हाँ इस शब्द के अर्थ बोध और कालबोध को लेकर काफ़ी चर्चा होती रही है। मैं उसके बारे में अभी विशेष बात नहीं करना चाहती।

समकालीन कविता और पर्यावरण बोध

समकालीन या वर्तमान कवि के लिए अब प्रकृति केवल आलम्बन और उद्दीपन मात्र नहीं, बल्कि उसकी चिन्ता का विषय भी है। इसी कारण प्रकृति आज अनेक रूपों में व्यक्त हो रही है। ''इसमें प्रकृति की ओर वापसी का रूमानी आग्रह नहीं है, वरना उसे जीवन की सहधर्मिणी के रूप में स्वीकारने की समझ विद्यमान है। प्रकृति का मानवीकरण से अधिक मानव का प्रकृतिकरण है' कवि इस विषय से चिन्तित है।''[1] इसे कविता में प्रकृति और पर्यावरण की वापसी के रूप में भी देखा गया है। ''हालाँकि प्रकृति कविता से कभी पूरी तरह से निश्कासित नहीं हुई। क्योंकि हिन्दी कविता का मूल मिजाज प्रकृति केन्द्रित रहा है।''[2]

समकालीन कवियों ने अपनी कविता में पर्यावरण के बिगड़ते सन्तुलन और प्रकृति के नाना रूपों पेड़–पौधों, चिडियाँ, पहाड़, नदी, समुद्र, हवा, पानी, वर्षा, गर्मी–सर्दी, फल–फूल आदि को लेकर उन्हें नये सन्दर्भों के बीच रखकर अभिव्यक्ति देने का प्रयास किया हैं। इन कवियों की रचनाओं में प्रकृति कोई अमूर्त सत्ता नहीं हैं, बल्कि प्रकृति और मनुष्य का एक अटूट रिश्ता हैं। किसी एक का अकेले में कोई अस्तित्व नहीं हैं। यही कारण है कि समकालीन कवियों ने प्रकृति और मनुष्य के रिश्ते को बड़ी ही सजगता के साथ चित्रित किया है। साथ ही प्रकृति के क्षरण और पर्यावरण प्रदूषण की भयावह चिन्ता है।

रघुवीर सहाय ने प्रकृति और पर्यावरण को गहरी केंद्रिकता के साथ अपने काव्य में बख़ूबी चित्रित किया हैं। इनकी कविताओं में पर्यावरण सम्बन्धी चिन्ताएँ निहित हैं। कवि को यह चिन्ता मथती रहती है कि पहाड़, जंगल, मिट्टी जैसे घटते नैसर्गिक संसाधनों के कारण प्रकृति केवल किताबों में या स्मृति में ही न रह जाये–"वे पहाड़, जंगल, मिट्टी के मैदान हरे/छोटे हो गये हैं जो इतिहास में बड़े देश के प्रमाण थे/इनकी विशालता का कोई गुणगान/अब सुनाई नहीं पड़ता।"[3]

प्राचीन, मध्यकालीन एवं छायावाद तक जहाँ हमें प्राकृतिक सौन्दर्य व उनके अमूर्त रूप के दर्शन हुए वहीं समकालीन हिन्दी कविता तक आते–आते प्रकृति के संरक्षण के प्रति चिन्ता व जागरूकता दिखलायी पड़ती है, क्योंकि वर्तमान समय में प्रकृति का दोहन बड़े पैमाने पर हो चुका है और अनवरत हो रहा है। कवि को यही चिन्ता सता रही है कि अगर यही क्रम जारी रहेगा तो आगे क्या होगा। सामाजिक सरोकार से जुड़े भवानीप्रसाद मिश्र आज के पेड़–पौधे की स्थिति का वर्णन इस प्रकार करते हैं– "कहीं नहीं बचे हरे वृक्ष/न झील सागर बचे हैं न नदियाँ/पहाड़ उदास हैं और झरने लगभग चुप/आँखों में घिरता है अन्धेरी धूप/आसमान में चक्कर काटते/पंछियों के दल नजर नहीं आते, क्योंकि बनाते थे जिन पर वे घोसले, वे वृक्ष या कट चुके हैं या सूख चुके हैं/क्या जाने अधूरे और बंजर हम अब किस बात के लिए रूके हैं।"

आज जहाँ औद्योगिक उन्नति और वैज्ञानिक प्रगति ने मानव को सुविधा सम्पन्न तो बना दिया, परन्तु उसके दुष्परिणाम भी स्वयं मानव को ही झेलने पड़ रहे हैं। हवा, जल, अन्न सभी प्रदूषण का शिकार हो गये हैं और हमारे जीवन में ज़हर घोल रहे हैं। कवि भविष्य के प्रति चिन्तित है इसीलिए अपने परिवेश और प्रकृति में होने वाले परिवर्तनों तथा उससे जीवन पर पड़ने वाले प्रभावों के प्रति चिन्ता व्यक्त करता है।

रामदरश मिश्र अपनी कविता 'कन्धे पर सूरज' में पर्यावरणीय प्रदूशण से हो रहे प्रभाव को अभिव्यक्त करते हुए कहते हैं–"ओह कैसी हवा चल रही है आजकल/कि अमराई के सारे बौर, देखते देखते झुलस जाते हैं/बच्चे पैदा होते विकलांग हो जाते हैं/अन्न खाने से पहले ही अपच करने लगता है/नदियाँ अपना जल दिये/खुद ही प्यासी रह जाती हैं/बादल आकर बिना बरसे, जल लिये लौट जाते हैं/धरती के रस को पीती हुई बालियाँ, फसलों के कंधों पर/लाशों की तरह लटक जाती हैं। हवाएँ, हवाएँ हवाएँ/आँसू गैस भर गयी है/हर आँख में।"[5]

कवि की दृष्टि अपने समय की हर छोटी–बड़ी घटना पर रहती है। यातायात के साधनों की भीड़, धूल, धुआँ, गाडियों के हार्न, लाउडस्पीकर का तीखा स्वर, कारखानों की चिमनियों से उठता धुआँ, वातावरण के खतरों को कवियों ने अपनी कविताओं में अलग–अलग ढंग से प्रस्तुत किया है–"साँस लेने के लिए भी जगह होगी या नहीं/खिड़की से, क्या पता/कब दिखना बन्द हो जाये हरी पत्तियों के गुच्छे/कैसा पानी, कैसी हवा/ईंधन का पता नहीं क्या करेंगे।"[6]

कविता में पर्यावरण सम्बन्धी चिन्ताओं व सरोकारों की अभिव्यक्ति को देखते समय अज्ञेय की 'नन्दा देवी' शृंखला की कविताओं में न केवल सिर्फ पर्वतीय–प्रदेश की प्रकृति के कुछ अनुपम व मनोरम दृश्य उकेरे गये हैं बल्कि उन सबको खो देने का डर और पीड़ा भी अभिव्यक्त हुई है.... अज्ञेय का यह प्रकृति–बोध उन्हें अपने समकालीन कवियों से अलग पहचान देता है। नन्दादेवी नामक कविताएँ हिमालय के शिखर से सम्बन्धित है जिसकी चोटी का नाम नन्दा है। इन कविताओं में नन्दादेवी का प्राकृतिक सौन्दर्य तो अभिव्यक्त हुआ है। साथ ही इनके माध्यम से कवि ने अपनी कई अनुभूतियों को वाणी दी है। इस पर्वत चोटी के नीचे हरियाली है, गडेरिया के बाँसुरी की तान उन रेवडों को पुकारती है। नीचे भट्टी से उठते हुए धूँए का फँदा है और आदमी के अनेक गोरखधंधे हैं। पर नन्दादेवी इन गोरख धंधों और धूँए के फँदे से कई ऊपर है। आज यान्त्रिक सभ्यता के कारण बंजर ज़मीन, सुखी घाटी तथा तलहटी, नंगें और ठूँठे हो रहे पेड़ हर तरफ दिखायी पड़ते हैं। इससे दुखी होकर ही नन्दा देवी–2 में अज्ञेय कहते हैं–"आज ठेकेदारों को/हमारे पेड़ काट ले जाने दो/कल हाकिम/भेडों के आयात की/जना सुनाने आवेंगे/आज बच्चों को/भूखा सो जाने दो।"[7]

इस खण्ड की छठी कविता में आधुनिक वैज्ञानिक प्रगति से भविष्य के ध्वंस की ओर संकेत किया है। कवि कहता है कि–"नन्दा/बीस–तीस–पचास

वर्षों में/तुम्हारी वन–राजियों की लुगदी बनाकर/हम उस पर/अखबार छाप चुके होंगे,/तुम्हारे सन्नाटे को चीथ रहे होंगे/हमारे धुँधुआते शक्तिमान ट्रक।"[8]

कवि यहाँ यह संकेत दे रहे हैं कि आधुनिक सभ्यता निर्वाज्य प्राकृतिक सौन्दर्य को नष्ट कर देगी। कवि को लगता है कि बीस–तीस–पचास वर्षों में नन्दादेवी मुरस्थल बन चुकेगी और उसके 'नदी–धौत सीढी वाले मन्दिर में एक मरुदीप जला करेगा'।

केदारनाथ सिंह ने जल प्रदूषण से होने वाली हानियों के बारे में ध्यान आकर्षित किया है अपनी कविता नदियाँ में। उक्त कविता में नदी स्वयं अपनी व्यथा–कथा बयान करती है। नदियों का यह कहना है कि जिस मुक्ति के साथ नदियों को बहना चाहिए वह मुक्ति आज के इस विकासमान देश में सम्भव नहीं। विकास के नाम पर बनने वाले बड़े बड़े ब्रीज तथा बहुमंजिला इमारतों के कारण आज सारा पर्यावरण ही खतरे में आ गया है। इसलिए केदारनाथ सिंह अपनी कविता में नदियों के इस दर्द को शब्दबद्ध करते हैं–"पुल–/पृथ्वी के सारे के सारे पुल/एक गहरा षड़यन्त्र हैं नदियों के खिलाफ/और नदियाँ उन्हें इस तरह बर्दाश्त करती हैं/जैसे कैदी जंजीरों को/हालाँकि नदियाँ इसीलिए नदियाँ हैं/कि वे जब भी चाहती हैं/ उलट–पुलट देती हैं सारा कैलेंडर/और दिशाओं के नाम"[9]

इतना ही नहीं कवि आज की तारीख़ में नदियों में बहा दिए जानेवाले शैवों की बात कहते हैं जिससे जल प्रदूषण की मात्रा काफ़ी बढ़ रही है और लोग बिल्कुल परेशान नहीं है। वे मात्र अपने स्वार्थ में खुश हैं। कवि इसी व्यंग पर एक दृष्टि डालते हैं, जैसे–"हमारे देश में नदियाँ/जब कुछ नहीं करतीं/तब वे भावों का इन्तजार करती हैं/अँधेरे को चीरते हुए/ आते हैं भाव/वे आते हैं अपनी चुप्पियों की चोट से/जीने की धार को/ तीव्रतर करते हुए/नदियाँ उन्हें देखती हैं/और जैसे चली जाती हैं कहीं अपने ही अन्दर/किन्हीं जलमग्न शहरों की/ गंध की तलाश में/नदियाँ जोकि असल में/शहरों का आरम्भ हैं/और शहर जोकि असल में/नदियों का अन्त।"[10]

इक्कीसवी सदी के आरम्भ में यह प्रश्न सबके सामने मुँह बनाये खड़ा है–आधुनिक युग का सबसे बड़ा पाप है वायु प्रदूषण। कुछ लोगों को यह बात अवश्य आश्चर्य जनक लगेगी। लेकिन यह एक कटु सत्य है। वैसे तो प्रदूषण फैलाना अपने आप में बुरी बात है, इसलिए पाप है। क्योंकि, इंसान ही नहीं, बल्कि कोई भी जीव भोजन के बिना कुछ दिन जीवित रह सकता है, पानी के बिना कुछ घंटे जीवित रह सकता है। किन्तु साँस लिए बिना

कुछ मिनट ही शायद जीवित रह पाये। जीने के लिए प्राणवायु ज़रूरी है। वायु प्रदूषण के तहत एक अच्छा नारा आया था/पान खाओ तो मीठा पान खाओ, पीक निगल लो/आपको जहाँ तहाँ, थूकने का अधिकार नहीं/बीड़ी, सिगरेट पीओ शौक से, पर धुआँ निगल डालो, जहाँ–तहाँ ज़हर उगलने का तुम्हें कोई अधिकार नहीं।

प्राचीन काल से ही वृक्षों की पूजा की जाती रही है। धर्मशास्त्रों में बरगद और पीपल के पेड़ लगाना परमधर्म माना गया है। अब वैज्ञानिक शोध से भी प्रमाणित हुआ है कि पीपल का पेड़ केवल दिन में ही नहीं, बल्कि रात में भी ऑक्सीजन देता है।

हमारा साहित्य वायु प्रदूषण के इस असुर से बहुत अधिक प्रभावित है। आज का सजग कवि इस प्रदूषण से वाकिफ है और इसलिए कहता है–मुश्किल कर दिया प्रदूषण ने लोगों का अब जिना/दुर्लभ हो गया इस धरती पे स्वच्छ जल भी पीना/दिन–ब–दिन खोखला हो रहा है ओजोन का आकार/प्रलय की ओर बहुत तीव्र गति से बढ़ रहा संसार/सम्भालो, अपने हाथों अपनी चिता मत सजाओ दोस्तों/हर मन में भय प्रदूषण का जगाओ दोस्तों।

विश्व पृथ्वी दिवस महज एक मनाने का दिन नहीं है। इस बात के चिन्तन–मनन का दिन है कि हम कैसे अपनी वसुंधरा को बचाए। धरती को बचाने में ऐसे कई तरीके हैं जिसे हम अकेले और सामूहिक रूप से अपनाकर योगदान दे सकते हैं।

साहित्य के क्षेत्र में इस बोध को लेकर काम हो रहा है। समकालीन कवियों ने धरती को माँ कहकर ही पुकारा है। उसका सुजलाम् सुफलाम स्वरूप कौन नहीं जानता! किन्तु आज धरती की आँखों में आँसू हैं। उसे अपनी छाती पर होनेवाले विनाश को देखकर वह आहत हो रही है। कवयित्री कविता वाचक्नवी जी पृथ्वी की सहन शक्ति का वर्णन करते हुए कहती हैं कि यह हमारी धरती निःस्वार्थ भाव से मानव की सभी कामनाओं की पूर्ति करती है लेकिन मनुष्य उसपर अपने स्वार्थ क जुल्म ढालता ही जाता है और धरती है कि उसे सहती चली जा रही है। ''यह धरती, कितना बोएगी, अपने भीतर, बीज तुम्हारे/बिना खाद पानी रखाव के, सिर पर सम्मुख/भभक रहे हैं, लपटों में घिर देह बचाती/पृथ्वी का हरियाला आँचल, झुलूस गया हैं/चीत्कार पर नहीं करेगी, इसे विधाता ने रच डाला था सहने को, भला बुरा सब, खेल खेल में अनायास ही/केवल सब को, सब देने को।''[11] मनुष्य ने धरती पर क्रूर अत्याचार किए हैं। अपने स्वार्थ में अंधा होकर वह भूल ही गया है कि धरती हमें कितना देती है।

इक्कीसवीं सदी की दहलीज पर खड़े मनुष्य को ही यह फैसला करना है वे वैदिक संस्कृति को अपनाकर आने वाली पीढ़ी को स्वस्थ जीवन का वरदान देना चाहते हैं या उनके पैरों के नीचे की ज़मीन छीनना चाहते हैं। पर्यावरण को बेहतर बनाए रखने के लिए हमें प्रकृति के प्रति सचेत रहने की आवश्यकता है। कवि त्रिलोचन अपने उद्‌गारों को अभिव्यक्त करते हुए कहते हैं–''इस पृथ्वी की रक्षा मानव का अपना दायित्व है, इसकी वनस्पतियाँ, चिड़ियाँ और जीव–जन्तु उनके सहयात्री हैं, इसी तरह जलवायु और सारा आकाश उसकी रक्षा में मानव की या तो रक्षा है, नहीं स्वनाश अधिक दूर नहीं।''[12]

वृक्षों के प्रति भी कवियों का यही भाव है। पर्यावरण और मनुष्य जाति के अस्तित्व को जोडकर देखता है और इस खतरे से आगाह करती है, ''वे पेडों को काटना नहीं चाहते/उनका हरा पन चूस लेना चाहते हैं/वे पहाडों को रौंदना नहीं चाहते/उनकी दृढ़ता निचोड लेना चाहते हैं/अगर पूरी हो गयी उनकी चाहते/तो जाने कैसी लगेगी दुनिया।''[13]

वस्तुतः प्रेम और प्रकृति वे स्रोत हैं जिनसे आज की कविता चेतना, प्रेरणा और ऊर्जा ग्रहण करती है और इसे प्राप्त शक्ति को पूरी समझ के साथ उस आदमी की रक्षा के लिए इस्तेमाल करना चाहती है जिसे तोडने की खातिर दुनिया भर की मानव विरोधी बाज़ार व्यवस्था की ताकतें एकजुट हो गयी–''फूलों की खुशबू/और हवा की ताजगी/अपनी जगह है/मगर जो कविता लहू का दरिया तैरकर आती है/साथ–साथ लहू की ऊष्मा भी साथ लिए रहती है/मनुष्य के बीच यही उसकी सबसे बड़ी सार्थकता है।''[14] इस तरह कवि का विविध प्राकृतिक उपादानों के साथ स्नेह–सम्मिलन दर्शनीय है और उनके पर्यावरणीय बोध को भी रेखांकित करता है।

हिन्दी साहित्यकार की कविताएँ पर्यावरण असन्तुलन के दूरगामी प्रभावों के प्रति सोचने को बाध्यकर, असुरक्षित भविष्य से बचाव के लिए पर्यावरणीय संरक्षण का अलख जगाने का सन्देश दे रही हैं ताकि पृथ्वी पर जीवन का आधार बचा रह सके। इसी उद्देश्य की पूर्ति हेतु "समकालीन कवियों का प्रकृति के निकट जाना पन्त की तरह प्रकृति के प्रति विस्मय विमुग्धा ही नहीं है। अज्ञेय की तरह महावृक्ष की बोध छाया में जाना हैं–बल्कि प्रकृति के निकट जाना अपनी जिजीविषा, अपने संघर्ष, अपनी मूलगामी संवेदना को जानना और पुष्ट करना हैं।"[15]

पर्यावरण संरक्षण व्यक्ति का प्राकृतिक सामाजिक दायित्व है। साहित्य वह सशक्त विधा है जो जनसाधारण के मन मस्तिष्क को बड़े ही सहजभाव

से छू लेती है। यदि लोग साहित्यकार की रचनाओं में उद्धृत पर्यावरण संरक्षण एवं संवर्धन की भावनाओं को अपने जीवन में उतार ले तो पर्यावरण संरक्षण के प्रयास सहज एवं प्रभावी हो जायेँगे।

निष्कर्षतः हम कह सकते हैं कि हिन्दी आधुनिक कविता और पर्यावरण पर असाधारण निष्कर्ष सामने आये। समकालीन कविता में पर्यावरण के प्रति सजगता, पर्यावरण के असन्तुलन पर चिन्ता पर अनेक कवियों ने बेहतरीन कविताएँ लिखी हैं। कवि वर्तमानकाल में इन सभी बातों के प्रति सजग हैं। आज मानव की स्वार्थ बुद्धि, बढ़ती जनसंख्या, प्रदूशण आदि के कारण निर्माण हुई गतिरोधी स्थितियों से मूल्य गिरते जा रहे हैं। इन सभी से केवल वैज्ञानिक, समाज चिंतक अथवा प्रगत राष्ट्र ही चिन्तित नहीं बल्कि साहित्यकार भी चिन्तित हैं। आज विचार सामने आया है कि प्रकृति का मूल रूप ही मानव के लिए हितकर है। न केवल प्रकृति के हर रूप का चित्रण, मानव जीवन में उसकी आवश्यकता महत्त्वपूर्ण है अपितु उसके साथ तादात्म्य होना भी। आधुनिक हिन्दी कविता में प्रकृति अंकन हुआ है। परन्तु उसकी मानव जीवन के साथ की अभिन्नता का, गहरे रिश्तों का वर्तमान की दृष्टि से विवेचन नहीं हुआ था। साथ ही मानव द्वारा प्रकृति परिवेश में हुआ हस्तक्षेप यानी पर्यावरण असन्तुलन की बात कविताओं द्वारा अभिव्यक्त होने लगी है। इन सब बातों ने सोच–विचार सक्रीय रखे।

सन्दर्भ

1. सुधीश पचौरी–उत्तर आधुनिक साहित्यिक विमर्श, पृ.174
2. वही, पृ. 174
3. रघुवीर सहाय–प्रतिनिधि कविताएँ, पृ.128
4. भवानी प्रसाद मिश्र, परिवर्तन जिये, पृ.106–107
5. रामदरश मिश्र–कन्धे पर सूरज, पृष्ठ
6. वीरेन्द्र सिंह यादव–अंक 4 जुलाई–दिसम्बर खण्ड पृ.147
7. अज्ञेय–नन्दादेवी, पृ.60 8. वही, पृष्ठ 65
9. केदारनाथ सिंह–पचास कविताएँ, पृ. 82
10. वही, पृष्ठ 81
11. कविता वाचक्नवी–मैं चल तो दूँ, पृ.139
12. त्रिलोचन–ताप के तांए हुए दिन, पृ.62
13. मदन कर दुनिया–उन्नयन– 17, पृ.114
14. कुमारेंद्र पारसनाथ सिंह, बबुरीवन, पृ.
15. डॉ. रामस्वरूप चतुर्वेदी–कविता यात्रा रत्नाकर से रघुवीर सहाय तक, पृ.76

खण्ड - 17 : लिव-इन-रिलेशनशिप विमर्श

चुनौती 'लिव इन रिलेशनशिप' की

प्रो. (डॉ.) बळीराम संभाजी भुक्तरे

भारतीय समाज में प्राचीन काल से विवाह को एक पवित्र संस्कार माना जाता है। विवाह में आचार संहिता, मान, मर्यादा, प्रेम, सुरक्षितता और कानूनी प्रावधान होता है। आज भौतिकवाद, पाश्चात्य संस्कृति का संक्रमण, भूमंडलीकरण और बाज़ारवाद आदि के कारण समय बदल रहा है। आज युवा वर्ग खुली, मुक्त निर्बंध ज़िन्दगी जीना चाहता है। वह परिचित व्यक्ति के साथ विवाह कर सारी ज़िन्दगी उसके साथ बिताना आज की कई युवतियों को कठिन लग रहा है। उसे शादी विवाह में विश्वास नहीं रहा। शादी को नई पीढ़ी केवल बच्चे पैदा करने का लाइसेंस मानने लगी है। वह अपनी अस्मिता या अस्तित्व के लिए संघर्ष कर रही है। जिसमें वह बोल्ड होती जा रही हैं वह अपना जीवन अपनी शर्तों पर, अपनी मर्जी से, बिना किसी के बंधन के जीना चाहती है। बिना विवाह किए वह ऐसे पुरुष के साथ जीना चाहती है, जो केवल उसका प्रेमी या मित्र हो। अधिकार जताने वाला पति ना हो, विवाह में प्रेम, रिश्ते, नाते सब यही बनते बिगड़ते फिर सवरते रहते हैं। आज की स्त्री परिवार में अपनी अस्मिता एवं अधिकार ढूंढ रही है। इसी उलझन में नये स्त्री पुरुषों के सम्बन्धों का विकल्प उसने पाया 'लिव इन रिलेशनशिप' अर्थात सहजीवन में। विवाह संस्था को नई पीढ़ी बंधन और गुलामी मान रही है।

बड़े शहरों में रह रहे भिन्न लिंगी अपनी ज़रूरतों एवं कुछ स्वतन्त्रताओं को सुरक्षित रखते हुए अपनाते हैं। आर्थिक दबाव एवं सुरक्षित भविष्य के बीच युवाओं के सामने शादी जैसे विकल्प पर अमल करना मुश्किल होता है। पर शारीरिक, आर्थिक एवं सबसे महत्त्वपूर्ण भावात्मक ज़रूरतों के लिए दो युवाओं का एक साथ रहना ज़रूरत एवं मजबूरी भी है।

'लिव इन रिलेशनशिप' में न बंधन है, ना गुलामी। सब कुछ मुक्त, निर्बंध तथा स्वच्छन्द है। महानगरों की दौड़ धूप में स्त्री पुरुष एक–दूसरे के करीब आते गये और बसते गये और यहीं से आरम्भ हुआ सहजीवन। लिव इन रिलेशनशिप यह अवधारणा उदारीकरण के दौर में भारत में आयी है। 'लिव इन रिलेशनशिप' स्त्री पुरुष का एक ऐसा रिश्ता है जहाँ वे बिना विवाह किए पति–पत्नी जैसा रहते हैं। 'लिव इन रिलेशनशिप' का जन्म आधुनिक संस्कृति की कोख से हुआ है। इसमें स्वच्छन्दता है, दखलन्दाजी नहीं। पर समाज इन रिश्तों को अनैतिक एवं असामाजिक मानता है। फिर भी यह अमान्य रिश्ते समाज में बन, पनप एवं बिगड़ रहे हैं। विवाह संस्था पर प्रश्नचिह्न लगाने वाले यह आधुनिक रिश्ते समाज के सामने बड़ी चुनौती और प्रश्न लेकर आये हैं।

हिन्दी कथा साहित्य में पिछले दशक से लव इन रिलेशनशिप पर कई कहानियाँ तथा उपन्यास लिखे गये हैं। जिनमें चित्रा मुद्गल, सुधा अरोड़ा, रजत रानी मीनू, स्वाति तिवारी, सन्तोष श्रीवास्तव, रजनी गुप्ता, नीलम कुलश्रेष्ठ, उर्मिला शिरीश, जयश्री राय, सुषमा मुनीन्द्र, मनीषा कुलश्रेष्ठ, दीपक शर्मा, प्रत्यक्षा, आकांक्षा पारे, वन्दना शुक्ला, चेतना भाटी, वन्दना राग, कविता, गीता श्री आदि का साहित्य उल्लेखनीय है।

उर्मिला शिरीश की **'उसका अपना रास्ता'** कहानी की वृंदा नायिका है। वह स्कूल के दिनों से ही स्वयं के व्यक्तित्व और देह को लेकर सजग है। उसकी सुन्दर लम्बी, छरहरी देह, जो उसकी अपनी और सबसे मूल्यवान सम्पत्ति है। वृंदा की आदर्श टॉप मॉडल्स हॉलीवुड, बॉलीवुड की अभिनेत्रियाँ हैं। मिस यूनिवर्स, मिस वर्ल्ड और मिस एशिया पैसेफिक में चुनी जाने वाली लड़कियों की जीवन शैली का वह बारीकी से अध्ययन करती है। उसका अपना सपना है मिस वर्ल्ड बनने का। वह अपनी उमंगों की तरंगों में बहने लगी है। वह अपनी बड़ी बहन अनुराधा से कहती है "अनु दी, यह दुनिया बहुत बड़ी है, सब कुछ यहाँ भरा पड़ा है, पैसा, ग्लैमर, नाम, शोहरत। अगर मैं मिस सिटी बन गयी, तो मेरा नाम भी चर्चा में आ जायेगा। फिर मिस इंडिया तक पहुँचने का रास्ता साफ़ हो जायेगा। ढेर सारा पैसा, विज्ञापन और उसके बाद... मैं सब कुछ बदल डालूँगी।"[1] वह अपने सपने को पूरा करने के लिए सब कुछ कर सकती है। उसकी बड़ी बहन उसके लिए चिन्तित है। अनुराधा उसे समझाती है कि ऐसा कोई काम मत करना, जिससे उसके रास्ते में काँटे बिछाए जायें अनुराधा जानती थी वृंदा एक बार किसी के साथ

जुड़ गई, तो उसे उस व्यक्ति से अलग करना असम्भव होगा। पवन 'एड एजेंसी' चलाता है, उसने वृंदा के साथ अनुबंध कर लिया था, वह वृंदा को बनाने, तराशने, सँवारने के लिए अपना सब कुछ दाँव पर लगाता है। वृंदा के लिए पवन मॉडलिंग की दुनिया का प्रथम सोपान है। उसकी सहायता से ही वह अपनी मंजिल तक पहुँच सकती है। मिस इंटरसिटी स्पर्धा में विजयी होने पर पवन उसकी कमर में हाथ डाल कर उसे पत्रकारों और फोटोग्राफरों से बचाते हुए कमरे में ले जाता है। उसने वृंदा का हाथ चुमा और अपने आगोश में समेट लिया। अब वृंदा बोल्ड हो गयी है। किसी के छू लेने या गले लग जाने में उसे कोई बुराई महसूस नहीं होती। पापा की इच्छा के विरुद्ध मॉडलिंग करने के लिए पवन के साथ दिल्ली जाती है। अपनी देह की पूँजी से सपनों को मूर्त रूप देना चाहती है। उसकी नजर में कस्बाई मूल्यों और उससे जुड़ी नैतिकता की बातों का कोई मतलब नहीं है। वहाँ एक फाइव स्टार होटल में अप्रेंटिस के रूप में काम करता है। पवन उसका पूरा साथ दे रहा है, उसकी नजर में शादी किए बिना साथ रहना, शारीरिक सम्बन्ध रखना आपत्तिजनक नहीं है।

वृंदा मिस इंडिया स्पर्धा में असफल होती है। इस असफलता से बुरी तरह टूट जाती है। उसे शराब की लत लगी है, उसका पवन से झगड़ा होता है। एक रात नशे की हालत में पवन कहता है कि उसका जो खर्च हुआ है, उसकी भरपाई करनी पड़ेगी। अँग्रेजी पोर्नोग्राफिक मैगजीन के लिए वृंदा को नंगी तस्वीर छापने का वह प्रस्ताव रखता है। वृंदा इसका विरोध करते हुए पवन से झगड़ा करती है। कहती है "मैं उसका अधिपत्य सहन नहीं कर सकती, मैं उसकी खरीदी हुई गुलाम तो नहीं हूँ कि वह कहीं भी मुझे दाँव पर लगा दे। देह की भी एक सीमा होती है, कितनी बार कितनी तरह से उसका इस्तेमाल किया जायें"[2] अब पवन उससे चार–चार दिन दूर रहने लगता है। एक दिन तो एक लड़की को साथ लेकर आता है। वह उस लड़की को मॉडल बनाने के लिए मुंबई ले जाने वाला है। पवन ने वृंदा को अकेले छोड़ दिया है, वह कहता है "अब तुम अपना रास्ता ख़ुद तलाशो। यहाँ तक पहुँचा दिया, यहीं क्या कम है? रेस में हारी हुई घोडी को कौन पूछता है।"[3] वृंदा पूरी तरह टूट चुकी है। पराजय बोध में डूबी दस बारह दिन तक कमरे में बन्द पड़ी है। डॉक्टर ने बताया वह प्रेग्नेंट है, ऐसे समय पवन उसे छोड़कर चला गया। उसने कहा "मेरे पास इन बातों के लिए वक़्त नहीं है, मैं तो शादी के बाद भी बच्चा पैदा करने के बारे में दस बार सोच लूँगा।

यह तुम्हारी प्रॉब्लम है, मिडिल क्लास मेंटालिटी की कस्बाई लड़कियाँ प्रेम, स्थायित्व, मातृत्व आदि की भावनाओं में बह जाती है और साथी को भी फसाने की कोशिश करती है। इस उम्र में सेक्स एंजॉय करने के लिए होता है या बच्चे पैदा करने के लिए। अब आँसू बहाओ या माँ बनो या अबॉर्शन कराओ, मेरे पास इस बारे में बात करने के लिए फिर कभी मत आना।''[4]

पवन की दृष्टि से इन कोमल भावनाओं का कोई मूल्य नहीं है। वह वापिस अपने पिता के घर लौट भी नहीं सकती। उसके मन में गर्भपात का विचार आता है, फिर वह विचार बदल देती है। सोचती है यह हत्या है, जघन्य अपराध है, वह अकेले बच्चे को जन्म देने का निर्णय लेती है। वह मृत्यु को नहीं, जीवन को चुनती है। उसे एक साथिन मिलती है, जो उसे जीवित रहने और अपने मातृत्व के लिए शर्मिंदा ना होने की शक्ति और प्रेरणा देती है। उसे सहारा देकर अपने साथ रखती है। उसे आत्मसम्मान के साथ मेहनत करते हुए जीने का रास्ता दिखाती है। यहाँ वृंदा प्रातिनिधिक पात्र है, आये दिन ऐसी कई वृंदा पवन जैसे लोगों के जाल में फँसती है और अपना जीवन बर्बाद कर देती है। वैश्वीकरण के नाम पर छोटे बड़े शहरों में हो रही सौन्दर्य प्रतियोगिता के पीछे वैश्विक बाज़ार तन्त्र है। हमारे समाज का यह नीतिशास्त्र है, जो स्त्रियों के लिए एक तरह का और पुरुषों के लिए दूसरे तरह का नैतिक मानदण्ड बनाता है।

लिव इन रिलेशन में दोषी केवल पुरुष ही नहीं स्त्री भी है, इसका चित्रण स्वाति तिवारी की कहानी **'अब कोई वर्जना नहीं'** में हुआ है। निक्की इस कहानी की नायिका है। वह पूरी तरह पश्चिमी जीवन मूल्यों से प्रभावित है। इस रिश्तों में हम अधिकतर पुरुषों को ही दोष देते हैं। उन्हें खलनायक साबित करते हैं परन्तु यहाँ निकी अपने पुरुष साथी के साथ तीन साल तक रह कर उसके शादी के प्रस्ताव को ठुकरा देती है। वह कहती है ''जानते हो वह मेरा नया प्रोडयूसर था, मॉडलिंग की दुनिया में अभी तो मेरी दूसरी ऐड फ़िल्म बनने वाली है। शादी करके मैं अपना सारा कैरियर... उसने मुझे पाँच फ़िल्मों में साइन किया है। जानते हो नया फ्लैट देने वाला है, यह सब छोड़कर शादी?''[5] वह उसे छोड़कर अपने फ्लैट में चली गयी है। निक्की ने तो सारी वर्जनों को तोड़ने की पहल की थी। वह दस दिनों के तनाव से रिलैक्स होना चाहती है। वह कहती है हम जब तक साथ रहेंगे एक–दूसरे के प्रति वफादार रहेंगे, पर ऐसी कोई बाध्यता नहीं रहेगी कि हम किसी दूसरे से सम्बन्ध नहीं रख सकते। निक्की की रात में सफेद वाइन में बर्फ के टुकड़े

डालने के बाद सारी दुनिया ही बदल जाती है। वह रोमांस को पागलपन मानती है, इसके लिए उसे समय नहीं गँवाना, सेक्स उसके लिए शरीर की ज़रूरत है। शोहरत और सम्पन्नता के आसमान को अपने वश में करने की ख्वाहिश उसके मन में विस्तार की सारी हदों के पार तक फैलती है।

रजतरानी मीनू की कहानी **'धोखा'** में श्रुति और अमित अच्छे मित्र हैं। दोनों एक ही फ्लैट में रहते हैं। श्रुति प्राइवेट फर्म में असिस्टेंट मैनेजर है और अमित भी उसी ऑफिस में कार्यरत है। श्रुति की माँ अमीषा श्रुति को बार–बार अमित से शादी करने की बात कहती है। जिसे श्रुति जानबूझकर टालती रहती है और एक दिन कहती है "आजकल शादी–वादी की फॉर्मेलिटी इतनी ज़रूरी नहीं है, जितनी कि युवक–युवती की अंडर स्टैंडिंग... रो–रोकर जीवन काटती है। अमित और मैं बहुत अच्छे दोस्त हैं, साथ रहते हैं तो इसमें परेशानी की क्या बात है? महानगरों में मॉडर्न लाइफ जीने वाले लोग ऐसे ही रहते हैं।"[6] सहजीवन की कल्पना भौतिकवाद तथा आधुनिक संस्कृति की देन है। जहाँ युवा वर्ग नैतिकता के सारे बंधनों को तोड़कर सिर्फ स्वतन्त्र एवं निर्बंध जीवन जीना चाहता है। श्रुति इसी वर्ग का प्रतिनिधित्व करते हुए कहती है "मम्मी मैं अपने जीवन को नये ढंग से, नये तरह से अपनी इच्छा अनुसार उन्मुक्त होकर जीना चाहती हूँ।"[7] श्रुति की माँ हमेशा अपनी बेटी के जवाब सुनकर रोने लगती है और बेटी श्रुति के पूछने पर आपबीती श्रुति को बताती है। जिसे सुनकर श्रुति असमंजस में पड़ जाती है। अमीषा की मुलाकात सत्रह साल पहले श्रुति के पापा से हुई थी, जब दोनों मिलकर अंधविश्वास एवं रूढ़ियों से मुक्त, प्रगतिशील विचारों का जीवन जीते हैं। जिसमें न दहेज, न स्त्री को गुलाम करने वाला सुहागचिह्न (जैसे मंगलसूत्र और सिन्दूर आदि) ना दोनों के बीच ऊँच–नीच की भावना, दोनों विवाह का आदर्श विकल्प ढूंढते हैं। वैज्ञानिक विचार मंथन संस्था ने सहजीवन का पर्याय उनके सामने रखा। जिसमें दोनों एक–दूसरे के सहयोगी हो, दोनों का सम्मान हो तथा रिश्ता पारदर्शी हो।

यह ऐसा रिश्ता जो सिर्फ किताबों में पढ़ा या फिर उसकी कल्पना की थी। पर अब यथार्थ में अमीषा ने उसे अनुभूत किया था। वे दोंनों जीवन जीते समय बहुत खुश थे। दोनों में अटूट विश्वास भी था। पर घर के बर्तन तो टकराते ही हैं। कुछ वर्षों बाद छोटे–मोटे झगड़ों में वे एक दूसरे से हमेशा कहते हैं "हमने शादी कब की है, सहजीवन की घोषणा में यही होता है फायदा। जब चाहो अलग हो जाओ।"[8] यह सुनकर अमीषा हंसते

हुए टाल देती थी तथा हमेशा उनकी मर्जी संभालती थी क्योंकि अमीषा को उनसे बहुत प्यार था और उनके विश्वास और प्रेम की खातिर अपने परिवार से मुँह मोड़ कर उसने सहजीवन का रिश्ता जोड़ा था। पर परिणामों से वह वाकिफ न थी। एक दिन वह अचानक गायब हो गये। अमीषा के पुलिस में रिपोर्ट करने पर भी उनका पता ना चल पाया और छह महीने बाद उसने अन्य स्त्री से कोर्ट मैरिज कर लिया था। यह राज उन्होंने अमीषा से छुपा कर रखा था। अमीषा यह जानकर आश्चर्यचकित हो गयी। बेटी श्रुति की दुहाई, प्रेम की कसमे वादे तथा कोर्ट की धमकी देकर उसने उन्हें रोकने की कोशिश की। जिससे वह नाकामयाब हुई। अमीषा कोर्ट भी गयी पर हिन्दू विवाह अधिनियम के तहत उनकी शादी अवैध थी। अमीषा को न तलाक मिला, ना गुज़ारा भत्ता। वह थक चुकी थी। श्रुति के पिता ने अमीषा का अनेक वर्षों तक भोग लिया। उसे झूठे वायदे किए और जब उससे जी भर गया तब नई देह की तलाश में पुराने रिश्तों को रौंदकर चले गये। समाज ने अमीषा को प्रताड़ित किया। सम्मान तो दूर उसे रखैल जैसे अपशब्दों से नवाजा। ज़हर के घुट पीकर अमीषा जीवन जीती रही। ''प्रगतिशील, उन्नत विचारों के लिए मज़ाक बनकर रह गयी और मज़ाक बनकर रह गये मेरे विचार।''[9] हमेशा अपने पैरों पर खड़ी आत्मनिर्भर थी इसलिए वह जी पाई। जिन प्रगतिशील विचारों को लेकर अमीषा ने उनसे साथ सहजीवन आरम्भ किया था, वह उसी में टूट गयी।

माता–पिता एवं समाज से विद्रोह कर जिस व्यक्ति के लिए त्याग एवं समर्पण किया था, उसने एक ही झटके में उसे ग़ैर बना दिया था। पुरुष प्रधान व्यवस्था में कब किसे अपनाना है, छोड़ना है या रखैल बनाकर रखना है, इसका निर्णय पुरुष स्वयं लेता है। वह स्त्री को मोहरा बनाकर उसके साथ खेलता है। श्रुति के पिता ने अमीषा के साथ यही किया। वह जीवन जीकर अमीषा को सामाजिक, आर्थिक तथा भावनात्मक स्तर पर नुकसान ही हुआ है। सहजीवन की प्रयोगशाला में उसने सिर्फ़ खोया ही खोया था। वह अपने दर्द को भुला नहीं पाई थी और जब सत्रह साल बाद उसने अपनी बेटी को उसी रास्ते पर चलते देखा तो वह घबरा गयी। उसने अपनी बेटी के सामने विवाह का प्रस्ताव रखा था। जिस विवाह संस्था पर आरम्भ में अमीषा को विश्वास या दिलचस्पी नहीं थी, वही हमेशा अपने जीवन की प्रयोगशाला के अनुभव पर विवाह संस्था का समर्थन करती है। अपनी माँ अमीषा का भोगा हुआ जीवन एवं उसके परिणाम सुनकर शायद नई पीढ़ी

की श्रुतिया कुछ सीख जायें 'लिव इन रिलेशनशिप' के रास्ते को धूमधाम से स्वीकारने के बाद स्त्री क्या पाती है? क्या खोती है? उसे किन–किन स्तरों पर समझौते करने पड़ते हैं, इन प्रश्नों के उत्तर के रूप में यह कहानी उल्लेखनीय है।

आज 'लिव इन रिलेशनशिप' महानगरों में नई जीवनचर्या के रूप में बेझिझक अपनाई जा रही है। क्योंकि ज़िन्दगी की दौड़ में और परिचित व्यक्ति से विवाह कर पूर्ण एवं स्थाई रूप से जुड़ जाना नई पीढ़ी के लिए मुश्किल बन गया है। आधुनिक जीवन शैली पर पाश्चात्य जीवन शैली का प्रभाव एवं भौतिक ताप की कोख से जन्मी 'लिव इन रिलेशनशिप' आज फैशन बन गयी है। बाज़ारवाद ने इस रिश्ते को और अधिक हवा दी है।

चित्रा मुद्गल की कहानी 'आँगन की चिड़िया' में यही बात उजागर हुई है। नौकरी से अवकाश प्राप्त कर निश्चित जीवन जीने वाले पाठकजी और गृहस्थी की गाडी खिंचती उनकी पत्नी दोनों अपनी बेटी दिव्या को एम.बी.ए. आयी.एम.टी. जैसी उच्च शिक्षा देते हैं। माता–पिता ग्वालियर में रहते हैं और बेटी दिव्या दिल्ली में अमरिकन सॉफ्टवेयर कंपनी में नौकरी करती है और तीन सहेलियाँ मिलकर एक प्लेट में रहते हैं। अपनी सारी खबर दिव्या ग्वालियर स्थित अपनी माँ बाबूजी को फोन पर हमेशा देती रहती है। सहेलियों से तंग आकर वह दूसरा डबल बैडरूम वाला फ्लैट किराए से लेती है। इस फ्लैट को लेने में उसका सहपाठी विवेक उसे सहकार्य करता है। उँची उड़ान की अपेक्षा और हौसले बुलन्द होने के कारण दिव्या कुछ दिनों बाद अन्य विदेशी कंपनी जे.जे.जे. ज्वाइन कर लेती है। जहाँ उसे साढे बारह लाख वार्षिक पैकेज प्राप्त होता है। ट्रेनिंग के लिए वह विदेश जिनेवा जाती है और आने के बाद हाँगकाँग, ऑस्ट्रेलिया और अमेरिका की यात्रा करती रही है। इधर दिव्या के माता–पिता दिव्या के लिए आयी.ए.एस. लड़का तलाश कर लेते हैं। उनके परिवार से प्रारम्भ हुई बातचीत भी कर लेते हैं। यह सूचना बेटी दिव्या को देने के लिए दोनों दिल्ली निकलते हैं। रेलवे स्टेशन पर माता–पिता को लेने दिव्या अपने सहपाठी विवेक के साथ आती है। जो सामान उठाने में एवं घर तक पहुँचाने में उनकी मदद करता है। माँ जब बेटी से कहती है तेरे लिए मैं रजाई लाई हूँ तब आधुनिक दिव्या कहती हैं ''कौन ओढेगा रूई की रजाई में रजाई, डस्ट माइटसस हो जाते हैं। मैंने फोम खरीद ली है।''[10] यह सुनकर माँ हतप्रभ हो जाती है। काफ़ी देर फ्लैट में विवेक को रुका देखकर दिव्या की माँ उसे कहती है 'अब तुम

अपने घर जाओ' तब दिव्या हिचकते हुए कहती है "माँ हमने बिना फेरों के साथ रहने का निश्चय किया है। हम इस इन्तजार में थे अब तुम आ गयी हो तो हमारे सम्बन्धों पर स्वीकृति की मुहर लग जायेगी।"[11] यह सुनकर दिव्या के माता–पिता पर मानो बिजली गिर पड़ी हो। वे दोनों बगल के बेडरूम में चुपचाप चले गये। महानगरीय जीवन की तेज़ रफ्तार में दिव्या और विवेक सहजीवन को अपनाते हैं। जहाँ दिव्या के माता–पिता ना कुछ कर पाते हैं, ना कुछ कह सकते हैं। क्योंकि उन्होंने ही बेटी को ऊँची शिक्षा देकर उदारीकरण के समुंदर में फेंका था। जहाँ वह तैरना सीख कर अपनी मर्जी से जी रही थी। इस बाज़ार की चकाचौंध में नई पीढियाँ किस दिशा में दौड़ रही हैं, वह कहाँ जाकर रुकेगी कहना कठिन है।

सुभद्रा कुमारी चौहान की 'मझली रानी' एक विशेष कहानी है। जिसमें एक स्त्री के मन, विचार, आत्मीयता, सम्मान, भावना, अस्मिता एवं अस्तित्व का संघर्ष है। इस कहानी की नायिका सुशिक्षित नारी है, जो परिवार और पति की जुल्मों, प्रताड़ना एवं अपमान से पीड़ित है। परिवार में वह घुटन एवं मानसिक टीस महसूस करती है। जहाँ वह सुख, समाधान की कल्पना भी नहीं कर पाती। तब वह ऐसे व्यक्ति के साथ सहजीवन आरम्भ करती है, जिसमें उसका वैचारिक, आत्मिक एवं भावनात्मक सम्बन्ध जुड़ जाता है। जहाँ उसे अपने अस्तित्व एवं अस्मिता की पहचान होती है। सहजीवन जीने वाले प्रेमी युगल के निजी संसार, समस्याएँ, मान्यताएँ एवं मूल्यबोध को रेखांकित करनेवाली अनेक कहानियाँ आज लिखी जा रही हैं।

निष्कर्ष

लिव इन रिलेशनशिप के सम्बन्धों की यह त्रासदी है कि उसे कानूनी मान्यता मिलने के बावजूद समाज इन तमाम रिश्तों को अवैध ही मानता है। इन रिश्तों से जन्मे बच्चों का जीवन दर्दनाक बन जाता है। अगर पुरुष सहजीवन में जी भरने के बाद नई देह की तलाश में निकल पड़ा तो सारी उम्र स्त्री को अकेले काटना बड़ा कठिन बन जाता है। वह परिवार और प्रेमी दोनों ओर से टूट जाती है। अपमानित जीवन जीती है। वहाँ भी पुरुष का सामाजिक सम्मान बना रहता है, पर स्त्री के लिए समस्याएँ ही समस्याएँ निर्माण होती है। उसे रखैल आदि नामों से उच्चरित किया जाता है। आदिम युग में स्त्री पुरुष बिना किसी रिश्ते के बिना किसी बंधन के स्वच्छन्द साथ साथ रहते थे। जिस कारण कुछ समय बाद स्वैराचार, अनैतिकता और सुरक्षितता जैसे प्रश्न

निर्माण हुए। इसके पर्याय के रूप में विवाह संस्था का जन्म हुआ। जिसमें कर्तव्य, विश्वास एकनिष्ठता तथा सुरक्षितता, प्रेम जैसे मूल्य निर्धारित किए गये। हर धर्म में तथा हर देश में विवाह संस्था फली और फुली। आज यही 'लिव इन रिलेशनशिप' सहजीवन विवाह संस्था को चुनौती के रूप में उपस्थित है।

सन्दर्भ

1. स्वाति तिवारी (संपा.)–सम्बोधन, अक्तू.–दिसंबर 2013 (लिव इन रिलेशनशिप पर केन्द्रित कहानी अंक) उर्मिला शिरिश–उसका अपना रास्ता, पृष्ठ–50
2. स्वाति तिवारी (संपा.)–सम्बोधन (लिव इन रिलेशनशिप पर केन्द्रित कहानी अंक) उर्मिला शिरिश–उसका अपना रास्ता, पृष्ठ–74
3. स्वाति तिवारी (संपा.)– सम्बोधन (लिव इन रिलेशनशिप पर केन्द्रित कहानी अंक) उर्मिला शिरिश–उसका अपना रास्ता, पृष्ठ–74
4. स्वाति तिवारी (संपा.)– सम्बोधन (लिव इन रिलेशनशिप पर केन्द्रित कहानी अंक) उर्मिला शिरिश–उसका अपना रास्ता, पृष्ठ–74
5. स्वाति तिवारी (संपा.)– सम्बोधन (लिव इन रिलेशनशिप पर केन्द्रित कहानी अंक) स्वाति तिवारी, अब कोई वर्जना नहीं, पृष्ठ–185
6. रजनी तिलक (संपा.)– समकालीन भारतीय दलित महिला लेखन,रजतरानी मीनू–धोखा, पृष्ठ–96
7. रजनी तिलक (संपा.)–समकालीन भारतीय दलित महिला लेखन,रजतरानी मीनू– धोखा, पृष्ठ–97
8. रजनी तिलक (संपा.)–समकालीन भारतीय दलित महिला लेखन,रजतरानी मीनू– धोखा, पृष्ठ–98
9. स्वाति रजनी तिलक (संपा.)–समकालीन भारतीय दलित महिला लेखन, रजतरानी मीनू–धोखा, पृष्ठ–98
10. स्वाति तिवारी (संपा.)–सम्बोधन (लिव इन रिलेशनशिप पर केन्द्रित कहानी अंक) चित्रा मुदगल–आँगन की चिडिया, पृष्ठ–25
11. स्वाति तिवारी (संपा.)– सम्बोधन (लिव इन रिलेशनशिप पर केन्द्रित कहानी अंक) चित्रा मुदगल–आँगन की चिडिया, पृष्ठ–26

द्वितीय भाग

खण्ड - 18 : भाषा विमर्श

बहुभाषिकता ही भारतीयता

पद्मश्री गणेश देवी

(प्रसिद्ध हिन्दी आलोचक, साहित्यिक तथा वरिष्ठ हिन्दी प्रोफेसर (डॉ.) अर्जुन चव्हाण जी के अभिनन्दन ग्रन्थ के उपलक्ष्य में लिया गया प्रसिद्ध भाषाविद् प्रो.(डॉ.) गणेश देवी जी का साक्षात्कार)

साक्षात्कार दाता – गणेश देवी जी

साक्षात्कार कर्ता – मनोहर भंडारे

मनोहर भंडारे : आदरणीय गणेश देवी सर, मैं आपका हार्दिक स्वागत करता हूँ, श्रोताओं का स्वागत करता हूँ और आपसे जानना चाहता हूँ कि बालक में भाषा–विकास की प्रक्रिया कब शुरु होती है?

गणेश देवी : जब बच्चा पैदा होता है तो कुछ नौवें महीने से अठारहवे महीने तक बालक के दिमाग़ में एक न्यूरोलॉजीकल प्रक्रिया चलती है जिसे सायकॉलॉजी में 'मिरर स्टेज' कहा जाता है। इन नौ महीने से अठारह महीने तक का बच्चा 'मैं', 'तुम' ऐसे उच्चार करता हैं, मातृभाषा के अनुसार उच्चारण होते हैं. भाषा का उत्पत्ति स्थान इन्सान के जीवन में बचपन से होता है। आपकी ज़िन्दगी में भाषा का जो स्थान है वही मेरे ज़िन्दगी में है, जो हर बोलनेवाले के ज़िन्दगी में होता है।

मनोहर भंडारे : आपको भाषा के प्रति इतना लगाव कब से हुआ?

गणेश देवी : मुझे बिल्कुल पता नहीं कि भाषा के बारे में मेरा लगाव है या नहीं है लेकिन मैं इतना जानता हूँ मैं भाषा से घेरा हुआ हूँ। चारों ओर से अन्दर से बाहर से तो वो जो घेरना है। भाषा ने हमको घेरा उस घेरने का नाम मेरे पास है नहीं। मैं इसके लिए कोई लब्ज इस्तेमाल नहीं करना चाहता हूँ। लगाव है या बेलगाव है मुझे पता नहीं है लेकिन मैं इतना जानता हूँ भाषा मेरे अन्दर है और बाहर भी जिससे मैं घेरा हुआ हूँ।

मनोहर भंडारे : ग्रियर्सन के सर्वेक्षण के लिए तैंतीस वर्ष लगे लेकिन आपने वही काम ग्यारह वर्ष में पूर्ण किया है। सरकार ने इसके लिए 600 करोड़ रुपये का बजेट पास किया था लेकिन आपने यह कार्य एक रुपया भी सरकार का न लेते हुए दो करोड़ में पूर्ण किया यह अभूतपूर्व काम कैसे सम्भव हुआ?

गणेश देवी : ग्रियर्सन साहब के समय डाक का लेटर ले जाने के लिए ट्रेन्स तो थीं लेकिन उस ट्रेन की स्पीड प्रति घंटा बीस किलोमिटर थी। मैं जिन एरोप्लेन में गया बड़ौदा से गुवाहटी, बडोदा से अंदमान, पोर्टब्लेअर तो उसकी रफ्तार करीबन 800 से 1000 कि.मी. घंटा होती थी। तो मेरे कहने का मतलब ये है कि ग्रियर्सन साहब ने वो काम तैंतीस साल में पूरा किया तो मैं तो चौकन्ना हूँ। आज भी हूँ कि इतने कम समय में उन्होंने यह काम कैसे किया? उन्होंने जो काम किया, उन्होंने ग्यारह वैल्यूम, उसकी उन्नीस किताबे हैं, वे बहुत मुश्किल में काम कर रहे थे। उन्हें अपॉएंट किया गया था। ऐज लिंग्विस्टिक सर्वे ऑफ़ इंडिया का डायरेक्टर, तब उनकी उम्र रिटायरमेंट के नजदीक थी और दो ही साल या तीन साल में। उस समय में उन्होंने भारत के, उस समय के, इलाखों के, सभी स्कूल टिचर को अपने हाथ से खत लिखे थे। उस समय सॉयक्लो स्टायलिंग नहीं था। झेरॉक्सिंग नहीं था। एक–एक खत लिखना पड़ता था। वे उन्होंने लिखे थे। उसके जवाब में इन्फार्मेशन आयी। वे सब कार्ड लेकर रिटायरमेंट के बाद लंदन गये। उनकी डयूटी नहीं थी वे रिटायर हुए थे उनको पेंशन मिल रही थी। लंदन में रहकर उन्होंने लगभग चौबीस साल काम किया अपने बलबूते पे। उस काम के लिए उस समय की सरकार ने कोई अलग पैसा दिया नहीं था तो भी उन्होंने पूरा किया। तो बात यह है कि मैं ग्रियर्सन से बड़ा नहीं हूँ लेकिन मैं ग्रियर्सन से छोटा भी नहीं हूँ। और आप भी ग्रियर्सन से बड़े नहीं और ग्रियर्सन से छोटे नहीं है। ग्रियर्सन की परिस्थिति ग्रियर्सन के समय थी। मेरी परिस्थिति मेरे समय है। यह कोई मायने नहीं रखता कि सरकार का बजेट 600 करोड़ था या उससे बड़ा। हाँ, सरकार के पास था बजेट। सरकार की व्यवस्था काम नहीं कर सकी यह सच है लेकिन मैं उनको कोई दूषण नहीं देता हूँ क्योंकि उनकी मुश्किलें थी। जेनुईन मुश्किलें थी। इसलिए मेरे मन में कभी भी यह एहसास नहीं आता और न आयेगा। मैं आपको विश्वास के साथ कह सकता हूँ कि सरकार जो काम नहीं कर सकी वह काम मैंने किया ऐसा कहना यह मेरे लिए बेवकूफी होगी क्योंकि सरकार की व्यवस्था बहुत बड़ी होती है। अच्छी सरकार, गलत सरकार यह

बात अलग है लेकिन जो स्टेट है गर्व्हनमेंट मशीनरी व्हेरी व्हॉस्ट। मराठी में शब्द 'अजस्र' (विशालकाय)।

मुझे काम करते समय बहुत आनन्द मिला। परिश्रम भी लेने पड़े लेकिन परिश्रम मैं ले सका। 'It was possible for me'. बड़े आसानी से मेरे लिए सम्भव हुआ इसलिए उसमें मुझे कोई भी अननैचरल जिसे कहते कि खींच तान से किया ऐसा कुछ नहीं।

मनोहर भंडारे : आपका भाषा सर्वेक्षण का अनुभव जानना चाहता हूँ।

गणेश देवी : भाषा सर्वेक्षण में अपने ख़ुद के नॉर्म्स होते हैं और ये नॉर्म्स कैसे हो इसके बारे में युनेस्को में बहुत चर्चा हुई है क्योंकि युनेस्को के साथ जुड़कर मैंने बहुत सारा काम किया है। बहुत बार बहुत सारी कमिटियों का हेड भी था। तो मैंने इतिहास की जगह भूगोल अपनाने का निर्णय लिया। यानी मैंने भूतकाल में कौनसी भाषा अन्य भाषा से सम्बन्धित थी इसके बदले में मैंने कौनसी भाषा कौनसी ज़मीन पर खड़ी है अभी, कौनसे इलाके में हैं यह स्वीकारना तय किया। बहुत बड़ा डिपार्चर था। यह सब सर्वे मैंने 600 करोड़ में किया या पाँच रुपये में किया! इससे कोई फर्क नहीं पड़ता लेकिन यह जो मैंने निर्णय लिया है वो ऐतिहासिक महत्त्व का निर्णय था। और यह निर्णय लेते लेते मैंने लगभग अस्सी लोगों का नैशनल कलेक्टीव्ह बनाया था। एक्सपर्ट के साथ कुल मिलाकर अठारह महीने तक चर्चा करनी पड़ी थी। बार–बार बहुत बार डट कर चर्चा करनी पड़ी थी क्योंकि आप हिस्ट्री की जगह जिऑग्राफी के आधार पे भाषाओं का अध्ययन करते तो बहुत सारे निर्णय बदलते हैं। उस सर्वे में यह बात है।

खास कर 1925 में ग्रियर्सन ने जब भाषा का सर्वेक्षण किया तो दुनिया के किसी भी दूसरे देश में उस प्रकार का काम भाषा के सन्दर्भ में नहीं हुआ था। उनके पास सेट नॉर्म्स नहीं थे लेकिन मेरे पास, मेरे सामने कोई दिक्कत नहीं थी। एक दिक्कत थी कि ग्रियर्सन का सर्वेक्षण था तो उसके अपने नॉर्म्स थे। युनेस्को के नॉर्म्स बने हैं वो नॉर्म्स सामने थे। तीसरी एक व्हॉलेंटरी एजन्सी है जिसका नाम ऍथनोलॉग। ऍथनोलॉग ने 1961 से भाषा के बारे में, दुनिया के सभी भाषाओं के बारे में बहुत विस्तृत काम किया है, उसके अपने नॉर्म्स हैं तो थोड़ा टेक्निकल साइड में जाता हूँ जिससे हमारे जो श्रोता हैं उनको सही कल्पना आ सकेगी।

ग्रियर्सन साहब ने भाषाओं को फॅमिली के ढाँचे में, भाषा परिवार Language Family Format में विभाजित किया है। मैंने वो format अस्वीकार करने का सोच समझकर तय किया क्योंकि Family structure of Languages यह ऐतिहासिक इतिहास के आधार पर सिद्ध किया हुआ होता है।

मृत्यु कितनी हुई यह डिक्टेट करना जैसे युनेस्को डिजिटली डेढ़ लँग्वेज कितनी है, क्रिटिकल इन्डेन्जर लैंग्वेजस इस तरह टर्मिनोलॉजी इस्तेमाल करते हैं। मैंने वह टर्मिनोलॉजी अस्वीकार की. युनेस्को के नॉर्म्स मैंने अस्वीकार किए। तो यह हुआ कि मैंने ग्रियर्सन के नॉर्म्स भी अस्वीकार किए। ऍथनोलॉग के अस्विकार किए, युनेस्को के अस्विकार किए, उसकी जगह मैंने भाषा के नॉर्म्स भाषा को लगाए लेकिन यह अन्साइंटिफिकली या इमोशनली नहीं किया है। यानी कुछ लोग बहुत खुश हो जाते हैं कि चलो अपनी भाषा इधर रख देता हूँ आपकी निकाल देता हूँ। इस तरह से नहीं। बहुत ही नियम के अनुसार किया है और यह जो नॉलेज के फाउन्डेशन का मैंने चैलेंज खड़ा किया है उसको समझते–समझते शायद और कोई पच्चास सौ साल निकल जायेंगे। मैंने यह तय किया कि लिंग्विस्टिक में बननेवाली सायन्स जो है उसका भी अपना इतिहास हैं और उसके पीछे कोई धारणा है और कुछ सिद्धान्त है कुछ अवधारणाएँ हैं उसकी जगह लोगों की सोच में एक अलग–सा साइंटिफिक बेसीस होता है उसमें भी धारणाएँ, सोच होती है. यानी लोगों के बीच की धारणाओं का गहराई से अध्ययन किया। लोगों का भाषाओं के बारे में सायन्स है आज तक कभी भी लिखा नहीं गया उसको लेकर भाषाओं का क्लासिफिकेशन करने का तरीका अपनाया यह बहुत बड़ा डिपारचर है। और तीसरा था युनेस्को भाषाएँ ज़िन्दा कितनी हैं और डेड कितनी हैं यहाँ तक पहुँच गयी। युनेस्को को कुछ हद तक सफलता मिली है और उसका मुझे बड़ा सन्तोष है।

मनोहर भंडारे : भारत की बहुभाषिकता और बहुसांस्कृतिकता लोकतन्त्र के लिए कितनी आवश्यक है?

गणेश देवी : बहुत आवश्यक है क्योंकि हमारे संविधान में लिखा है कि इस बहुभाषिकता, बहुसांस्कृतिकता को बनाए रखना होगा। यह हर नागरिक की ज़िम्मेदारी है। तो विविधता में ज़िन्दगी सम्भव करने के लिए मिनीमम शर्त रहती है 'लाईफ इज पॉसीबल ओनली इफ डाइवर्सिटीज इज देअर'। क्रान्ति के जो नियम हैं, दो तीन नैचरल रिव्हल्युशन के जो नियम हैं उसमें डाइवर्सिटी यह नॉननिगोसीबल कन्डीसन रही है इसलिए केवल भारत में नहीं पूरी दुनिया में विविधता होना यह ज़रूरी है क्योंकि उत्क्रान्ति में विविधता जब होती है उसमें से चाइस का होना ज़रूरी होता है।

मनोहर भंडारे : आदिवासियों की भाषाओं की स्थिति के बारे में जानना चाहूँगा।

गणेश देवी : दुनिया में छह प्रतिशत पॉपुलेशन आदिवासी है। पूरी दुनिया में। जैसे दुनिया की पॉपुलेशन 800 करोड़ है तो पूरे दुनिया में इस

समय में तकरीबन 65 करोड़ आदिवासी और घुमन्तू लोग हैं। लेकिन इन 65 करोड़ में से तकरीबन 25 करोड़ लोगों को उनका आदिवासी होने का जो आयडेंटिटी का अधिकार है वह दिया नहीं गया। उसमें से ज़्यादातर लोग आफ्रिका में हैं, कुछ दक्षिण अमरिका में हैं। थोड़े बहुत योरोप में हैं जैसे जिप्सी लोग। हमारे भारत में कुल 13–14 करोड़ है जिनको हम भटके–विमुक्त मराठी में कहते हैं। उन्हें यायावर, घुमन्तू, खानाबदोश, डिनोटीफाइड ऐसे अलग–अलग नाम है। जिनको आदिवासी होने का अधिकार भी नहीं मिला। उनकी भाषा दुनिया में सबसे ज़्यादा खतरे में है क्योंकि वे लोग जब दो व्यक्ति में बोलते हैं। अपनी भाषा में बोलते हैं लेकिन अन्य भाषा वाले व्यक्ति की उपस्थिति होते ही वे अपनी भाषा बोलते नहीं। इसलिए उनकी भाषा बहुत जल्दी से खतम होगी। बाक़ी के जो तकरीबन चालीस करोड़ जो आदिवासी इंडीजीनीयस पीपल्स दुनिया में हैं वे अलग–अलग नाम से जाने जाते हैं। उनको आस्ट्रेलिया में ॲगोनिजी कहा जाता है। दूसरी जगह उन्हें इंडिजीनीयस कम्युनिटी कहा जाता है। किसी जगह उन्हें नेटिव्ह कहा जाता है। कोई उन्हें जनजाति कहता है। न्यूजीलैंड में उन्हें माओरी कहा जाता है। इनकी अलग–अलग भाषा फॅमीलीज हैं और उनकी स्थिति तथा कुछ भाषाओं की स्थिति ठीक है। कुछ भाषाओं की स्थिति खराब है और कुछ भाषाओं की बहुत ही खराब है। उनमें जिन भाषाओं की स्थिति ठीक है उसमें हमारे देश में खासी और गारो, जो मेघालय की अधिकृत भाषाएँ हैं और गौंडी कुछ महाराष्ट्र के हिस्से में बोली जाती है, ज़्यादातर उड़िसा, छत्तीसगढ़ और आन्ध्र–प्रदेश के हिस्सों में बोली जाती है उनकी स्थिति सही है। लेकिन भिल्ली की जितनी वैरायटीज हैं, भिल्ली भाषा की कुल 28 से ज़्यादा वैरायटीज हैं। उसमें छह या सात महाराष्ट्र में भी हैं जैसे पावरा और देहवाली की है। उसकी स्थिति खराब है देव्हाली। उसकी स्थिति इसलिए खराब है क्योंकि इस भाषा में उन लोगों को व्यवसाय उपलब्ध नहीं है। इसलिए दूसरी भाषा सिखना पड़ता है, बोलना पड़ता है।

मनोहर भंडारे : क्या कोरोना ने भाषा को प्रभावित किया है?

गणेश देवी : सबसे पहले भाषा में कोरोना का स्थान क्या है वह मैं आपको बताता हूँ। विलियम शेक्सपीयर ने एक नाटक लिखा था उनके ज़िन्दगी के आखरी सालों में। उस समय वहाँ इग्लैंड में अनाज की बहुत कमी थी और उसके लिए दंगे हुए थे। 'फुडस् हंगर रायटस' भूख के लिए आन्दोलन हुआ था। भूख पर उनको नाटक लिखना था तो उसके लिए शेक्सपीयर ने पन्द्रह सौ साल पहले के एक हीरो का चयन किया। यानी एक पात्र, एक किरदार और उनका नाम था कोरिओलेनस। जब लोग अनाज

माँगने जाते हैं तो उनको सज़ा करते। कोरिओलेनस को कोरिओलेनस नाम मिल रहा था। उनका असली नाम अलग था लेकिन उनकी कोई रोम के एक शहर में लड़ाई हुई थी और वह लड़ाई जीती थी। उस शहर में डायमंड बहुत बनते थे और डायमंड का ताज बनाकर इस व्यक्ति के सिर पर रखा था इसलिए उसका नाम कोरिओलेनस पड़ा। तो क्राउन जो है क्राउन कोरोना लैटीन शब्द था अँग्रेजी में जिसे क्राउन कहते हैं उसका लैटीन शब्द था कोरोना। जब इसके सर पर आ गया तो सत्ताधारी भूखे लोगों को गुस्सा करने लगे थे।

आपने मुझे सवाल किया था कोरोना का भाषा पर क्या असर है तो कोरोना के समय सत्ता में जितने लोग हैं वे ग़रीब और भूख ऊपर ज़्यादा गुस्सा करने लगे हैं। यह असर कोरोना का भाषा पर हुआ है। मैं आपको कुछ मिसाल दे सकता हूँ जैसे कोरोना आया और लॉकडाऊन हुआ तो लाखों के तादाद में असंघटित मजदूर श्रमिक गाँव की ओर निकले थे और उनके खाने–पीने की व्यवस्था की नहीं गयी थी। यानी बहुत सारे लोग मर गये तो उनका वर्णन करते समय सरकार ने जिन शब्द के प्रयोग किए हैं, वो कोरोना का भाषा पर क्या असर था वे दिखलाते हैं। वे शब्द थे कि ये ग़ैरकानूनी लोग हैं, तो भूख लगना, कोरोना का भय होना, अपने घर जाने की तमन्ना होना यह सब ग़ैरकानूनी बना। ग़ैरकानूनी यह शब्द इस्तेमाल होने लगा। बाक़ी कोरोना के समय 'मास्क' जैसा शब्द आया, 'व्हेन्टीलेटर' शब्द पाप्यूलर हुआ उसको मैं भाषा पर असर नहीं मानता। वो शब्द डिक्शनरी में थे जैसे पुराने जूते कभी–कभी पहन लेते हैं ऐसे वे शब्द हैं। तो भाषा पर करोना का असर यह हुआ है कि कोरोना आया और मानव समाज से करूणा चली गयी।

मनोहर भंडारे : वर्तमान समय में भाषा का संक्षिप्तिकरण हुआ है। चिह्न और चित्रों का प्रभाव हुआ है। छोटे–छोटे वाक्य प्रयुक्त हो रहे हैं और भावात्मकता की अपेक्षा तार्कीकता आयी है इस बारे में आपके क्या विचार हैं?

गणेश देवी : इंसान उक्रान्ति की प्रक्रिया में अपने को अलग रूप में देखना चाहता है। आज तक हम होमोसेपियन थे लेकिन उसकी जगह इंसान ख़ुद को साईबोर्ग के रूप में देखना चाहता है उसका मतलब है कि इंसानी दिमाग़ और मशिनी दिमाग़ मशिनी इंटेलिजीयन्स इसका एक सम्मीश्रण बन रहा है। इसे हम स्वीकारे या न स्वीकारे। इस समय भी मैं आपसे जो बात कर रहा हूँ वो आपकी स्मृति और मेरी स्मृति और बुद्धि के अलावा इसके बीच एक आर्टीफिशियल मेमरी आर्टीफिसियल इन्टेलिजन्स लगा है यह जो मेडियम हम इस्तेमाल कर रहे हैं तो हर चीज़ में हर ॲक्टीविटी में इन्सान ग़ैरइन्सानी बुद्धि, ग़ैरइन्सानी स्मृति पर निर्भर रहना पसन्द कर रहा है और

यह जो परावलम्बन है यह जो आर्टिफिसियल मेमरी ऊपर अवलंबित रहना है और वह बड़ी मात्रा में बढ़ रही है। यानी जो काम मनुष्य भाषा के द्वारा कर रहा था वो मशिनी स्मृति से हो रहा है। आपके मोबाइल पर ऐसे एप्स हैं कल मैं कौन से कलर की कमीज पहनी थी तो वह मशीन आपको जवाब देगी कि हाँ कल आपने नीले कलर की कमीज पहनी थी। आज आपको सफेद कलर की कमीज पहनना है, यह जो सम्मिश्रण हो रहा है इंसानी बुद्धि और मशिनी बुद्धि इसमें भाषा में बदलाव आना यह एक्सपेक्टेड है और बहुत बड़े हद तक यह प्लान्ड है। बहुत सारी सरकारें और बहुत सारी बड़ी कम्पनियाँ मिलकर इस तरह से इंसानों को चुप कर रही हैं। उनको सायलेंट कर रही हैं और जिसे इन्सान के पूरे पापुलेशन पर कंट्रोल रह सकेगा। जिसे आप साजिश कहे या षडयन्त्र कहे जिसे आप डेव्हलपमेंट कहे, जो भी कहे बहुत भयावह और डरावना है। यह सब और इसकी चिन्ता करना हमारे लिए ज़रूरी है इसलिए भाषा पे प्यार होना यह ज़रूरी है।

मनोहर भंडारे : वर्तमान समय में हिन्दी तथा अन्य भारतीय भाषाओं की क्या स्थिति है?

गणेश देवी : हिन्दी की स्थिति, इस समय दुनिया की सबसे तादाद में बोलनेवाली भाषाओं के रूप में हिन्दी है। मैं अँग्रेजी बोलता हूँ लेकिन वह मेरी मातृभाषा नहीं। सेकंड लैग्वेज, थर्ड लैंग्वेज, फोर्थ लैग्वेज है लेकिन अँग्रेजी बोलनेवालों की पूरी दुनिया में मातृभाषा के रूप में बोलनेवालों की तादाद इस समय में 55 करोड़ है और हिन्दी मातृभाषा बोलने वालों को तादाद 52 करोड़ हैं। कुछ सालों में हिन्दी यह दुनिया की नंबर दो की भाषा बनेगी। सबसे बड़ी है चाईनीज। उसके बाद हिन्दी और उसके बाद अँग्रेजी आयेगी। इसका मतलब यह नहीं कि अँग्रेजी में जो सभी ज्ञान है वह हिन्दी में आ गया।

अन्य भारतीय भाषाओं की जो स्थिति है उसमें भारत में आज इस समय पीपल्स लिंग्विस्टिक सर्वे में मैंने जो सर्वे किया उसमें 780 भाषाएँ देखने को मिली। उसमें से ही कुछ मर गयी हैं जैसे सिक्कीम में 'माझी' भाषा बोलने वाले उस समय चार लोग थे। आज उसमें से कोई ज़िन्दा नहीं। वह भाषा चली गयी। वह भाषा कोई बोल ही नहीं सकता। It is over. मैंने अपने कान से सुनी थी लेकिन उसे अब बोलने वाला है नहीं। ऐसी एक नहीं अन्य भी ज़्यादा भी मर गयी, मर चुकी लेकिन सरकार ने जो जनगणना की थी उसमें मातृभाषाओं की संख्या 1380 बताई थी। उसमें से चारसौ से जादा भाषाओं की ऐसी स्थिति है कि वह रहेगी, बचेगी या नहीं बचेगी यह कहना मुश्किल है। आज सन् 2021 है सन् 2050 तक यह चारसौ भाषाएँ नहीं होगी। बाक़ी की जो हैं उसमें से कुछ भाषाएँ बहुत गति से बढ़ रही हैं, डेवलप हो रही हैं।

उसमें मैंने भोजपुरी का नाम लिया। उसी तरह बिहारी नाम की भाषा साउथ में बोली जाती है, कर्नाटक में है। उसकी ग्रोथ बहुत अच्छी हो रही है। कोलामी भाषा है महाराष्ट्र में उसकी इतनी ग्रोथ है नहीं लेकिन अगर आप कोलामी की तुलना में देखते हैं तो महाराष्ट्र की अन्य भाषाएँ देखने को मिलेंगी ही जो बढ़ रही हैं।

मनोहर भंडारे : भूमंडलीकरण में भाषा के मरने का तात्पर्य क्या है?

गणेश देवी : आफ्रिका से लोग ऑस्ट्रेलिया गये। आफ्रिका से हमारे देश में जो लोग आये हैं भारत में उसका ओरिजनल आफ्रिका से मायग्रेट होके आये हैं। पहली बार 45000 वर्षों बाद अंदमान में वह पुराना सिलसिला है। अगर आफ्रिका से आस्ट्रेलिया तक लोग जा सकते हैं। तीस–चालीस हजार साल पहले आफ्रिका से भारत में आकर अंदमान से सौराष्ट्र तक लोग चले गये थे। ये भी जेनेटिकली प्रूव हुआ। पृथ्वी पर इंसान एक प्रदेश से दूसरे प्रदेश में घूमना फिरना यह सिलसिला बहुत पुराने समय से जारी है। ग्रीक लोग यहाँ भारत में आये थे यह हम जानते हैं। चीन से यहाँ लोग आते थे। आफ्रिका से आये थे। हमारे फिफ्थ सेंच्युरी के लोगों के भाषाओं के नाम भी हैं। उसके नाम आते ही यवनिका, रूमका, बरबारी का ये सब आते हैं नाम।

सवाल ग्लोबलायजेशन का नहीं है सवाल यह है कि पिछले नौ हजार साल में दुनिया में खेती के सहारे जीने वाली पाप्युलेशन बढ़ती गयी लेकिन पिछले पाँच सौ साल में स्थलांतर करनेवालों की तादाद बढ़ती रही। युनेस्को की जो लेटेस्ट रिपोर्ट है दो साल पहले की उसमें '36 प्रतिशत लोग अपनी ज़िन्दगी जीने के लिए स्थलांतरित हुए हैं' ऐसा लिखा है। यानी आज से पन्द्रह या बीस साल के बाद पचास प्रतिशत से जादा लोग मायग्रेटरी बनेंगे और लोग जब मायग्रेटरी बनते हैं तो भाषाएँ खत्म होना जादा जल्दी से शुरू होता है। तब स्थलांतर से भाषाएँ मर रही हैं। यह जो कहना है अँग्रेजी के फैलाव से मर रही है यह कहने जैसा ही है। लेकिन जो मर रही है वह स्थलांतर से ज़्यादा मर रही है यही बात सच है।

मनोहर भंडारे : वर्तमान समय में मातृभाषा के प्रति अनास्था, शिक्षा का अँग्रेजीकरण और हमारी शिक्षा–नीति में भाषा का स्थान इस बारे में थोड़ा बताने का कष्ट करें सर...

गणेश देवी : मातृभाषा का स्थान शिक्षा में होना चाहिए। यह ज़रूरी है। इसके बारे में कॉगनेटिव सायन्स में, न्यूरोलॉजी में, एज्युकेशनल फिलॉसाफ़ी में बहुत काम हुआ है और यह पूरी दुनिया ने स्वीकारा है कि बच्चे की पढ़ाई की भाषा बच्चे के घर के अन्दर या घर के इर्द–गिर्द बोली जाती है वही हो।

यह उतना ही वेलएस्टॅब्लीस सिद्धान्त है जितना जीने के लिए खाना ज़रूरी है, या तृष्णा पूरी करने के लिए पानी पीना ज़रूरी है। कम से कम पहले पाँच से सात साल मातृभाषा में हों बच्चों की कॉगनेटीव एबिलिटी, बौद्धिक ग्रहण करने की क्षमता बढ़ती है यह सिद्धान्त वेलएस्टॅब्लीस है।

भारतीय भाषाओं का पिछले दो सौ सालों में विकास हुआ। पिछले दो सौ सालों में उसमें सबसे बड़ा हिस्सा किसका है और उनके नाम जब मैं निकालता हूँ तो मुझे ऐसे ही नाम ज़्यादातर दिखते हैं जिन्होंने खुद पढ़ाई अँग्रेजी में की और लिखा मराठी में। हिन्दी में लिखा और कन्नड में भी। मैं इस समय कर्नाटक में हूँ। आपको कर्नाटक के उदाहरण देता हूँ चार–पाँच। यु.आर. अनन्तमूर्ति अँग्रेजी के प्रोफेसर थे। गिरीश करनाड ने अँग्रेजी में पढ़ाई की। कारंत, बेंद्रे ये इतने उदाहरण देखता हूँ। मैं थोड़ा हट के ऐसा अलग उदाहरण देना चाहता हूँ। एक अरविंद घोष नामक व्यक्ति बीसवीं सदी में हुए, अच्छे स्कॉलर थे वे एक अच्छे सेंटली पर्सन थे। उनके पिता ने उनको पाँच साल इग्लैंड भेज दिया गया उनके पिता डॉक्टर थे। उन्होंने वहाँ के उनके दोस्तों से कहा कि अरविंद घोष को सपना भी बंगाली में नहीं देखना चाहिए और फिर यह व्यक्ति उनके उम्र के तेईस साल यानी सतरह साल वहाँ गुजारने के बाद पूरी पढ़ाई मँचेस्टर में, लंदन के सेंट पॉल स्कूल में और फिर केंब्रीज युनिवर्सिटी में करने के बाद वो बड़ौदा में सयाजीराव गायकवाड के यहाँ सर्विस के लिए आये। फिर दो–तीन साल में संस्कृत का अध्ययन किया। वो मराठी भी सिख गये। गुज़राती बोलने लगे। बंगाली का उन्होंने अध्ययन शुरू किया और बंकिमचन्द्र का अनुवाद भी बंगाली से अँग्रेजी में किया।

मैं यह कह रहा हूँ कि हम बहुत बार यह मानते हैं कि भाषा का संवर्धन स्कूल में होता है यह बात को कोई साइन्टीफिकल बेस नहीं है। आप थोड़ा गहराई से सोचिए। यह स्कूल, यह जो व्यवस्था है वो अन्य जानवरों में है नहीं। अर्थार्जन करनेवाले, नौकरी पेशा माँ–बाप को बच्चों को कहीं न कहीं रखने की ज़रूरत होती है इसलिए स्कूल की शुरूआत हुई। यह स्कूल का असली इतिहास है। आप अगर गहराई में जाके इसके बारे में पढ़ा करेंगे रेफरेन्सेस देखेंगे तो यह आपको पता चलेगा। लेकिन अभी स्वीकार्य हो गया। मैं भी यह नहीं कहता कि स्कूल बन्द होने चाहिए। मैं इतना ही कह रहा हूँ कि भाषा यह लोकतान्त्रिक व्यवस्था है, डेमोक्रेटिक सिस्टीम है। मैं आपको यह कह रहा था कि कोई व्यवसाय यदि किसी भाषा में उपलब्ध है

उसके आधारित भाषा रहती है। जिस भाषा में बहुत स्कूल हैं, बहुत अच्छे स्कूल हैं लेकिन उसमें कोई व्यवसाय न हो तो भाषा खत्म हो जायेगी। आपको उदाहरण देता हूँ संस्कृत भाषा का। संस्कृत की पाठशाला जो थी वो संस्कृत में ही चलती थी लेकिन संस्कृत भाषा तो खत्म हो गयी। लैटिन भाषा के स्कूल लैटिन भाषा में चलते थे। लेकिन लैटिन चली गयी और उसकी जगह फ्रेंच, इटालियन, स्पैनिश में बारहवीं सदी में स्कूल नहीं थे वो भाषा उभर के आयी।

भोजपुरी में कोई स्कूल नहीं इस समय। यानी होंगे तो बहुत कम लेकिन स्कूल हिन्दी में चलते। भोजपुरी बोलनेवाले के एरिया में स्कूल हिन्दी में चलते हैं लेकिन भोजपुरी का विकास दुनिया के सबसे ज़्यादा फास्टेस्ट ग्रोईंग लैंग्वेज के रूप में हो रहा है।

आभासी श्रोता – प्रो. (डॉ.) अर्जुन चव्हाण जी :

आपने 'सोशल डिस्टन्सिंग' शब्द का कड़ा विरोध किया। बहुत अच्छा लगा, उसके लिए आपने दूसरा शब्द भी दिया। उस बारे में आपकी भूमिका जाननी है।

गणेश देवी : डॉ. चव्हाण जी मुझे आपको देखकर बड़ी ख़ुशी हो रही है। Lovely to see you. कोरोना का सिलसिला शुरु हुआ। 'सोशल डिस्टन्सिंग' को मैं समझाने की कोशिश कर रहा था कि उसका मतलब क्या है। तब इसे मैंने समझाना चाहा कि फिजीकल डिस्टन्सिंग को 'शारीरिक दूरी' कहना चाहिए। रूसो ने कहा है कि मनुष्य सामाजिक प्राणी है। तो सोसायटी में एक–दूसरे से दूरी रखना ये मनुस्मृति के समय से हमारे देश में एक बहुत खराब परम्परा सोशल प्रॅक्टीस शुरु हुई और उसमें से कुछ लोग सत्ता में और बाक़ी के शूद्र। तो मुझे 'सोशल डिस्टन्सिंग' शब्द में अन्टचेबिलिटी की छाया दिख रही थी। इसलिए मैंने 'फिजीकल डिस्टंस' (शारीरिक दूरी) शब्द प्रयोग करने की बात कही थी। इसीलिए मैंने फिर खत लिखा था प्रायमिनिस्टर को। अब 'दो गज की दूरी' जैसा शब्द इस्तेमाल कर रहे हैं। सोशल डिस्टन्सिंग इस्तेमाल नहीं करना चाहिए।

मनोहर भंडारे : गणेश देवी साहब बहुत–बहुत धन्यवाद आपको! आपने इतना समय दिया और अपनी बेबाक मान्यताओं को जानने का सभी को अवसर दिया। साथ ही सभी आभासी श्रोताओं को भी धन्यवाद और विशेष रूप से उपस्थित आदरणीय गुरुवर्य प्रो. (डॉ.) अर्जुन चव्हाण सर को साधुवाद। फिर मिलेंगे!!!

(आभासी साक्षात्कार–तिथि 10 अप्रैल, 2021 सुबह 11.00)

भाषा की लोकतांत्रिकता

प्रो. उदयनारायण सिंह

(प्रसिद्ध हिन्दी आलोचक, साहित्यिक तथा वरिष्ठ हिन्दी प्राध्यापक (डॉ.) अर्जुन चव्हाण जी के अभिनन्दन ग्रन्थ के उपलक्ष्य में लिया गया प्रसिद्ध भाषाविद् प्रो. (डॉ.) उदयनारायण सिंह जी का साक्षात्कार।)

साक्षात्कार दाता–उदयनारायण सिंह

साक्षात्कार कर्ता–अरिमर्दन

अरिमर्दन–आपकी दृष्टि में भारतीय भाषाई अध्ययन की विरासत में कौन–कौन से तत्व महत्त्वपूर्ण रहे हैं?

प्रो. उदय नारायण सिंह–भारत के भाषाई अध्ययन की विरासत बहुत पुरानी है, इसको प्राचीन भाषा विज्ञान कहा जा सकता है, जिसकी शुरुआत संस्कृत भाषा के अध्ययन और शोध–कार्य के साथ हुई थी, तब सबसे बड़ा विषय यह था कि भाषा के वैविध्य, लचीलेपन और अन्य बदलावों को कैसे रोका जाये और एक मानक रूप दिया जाये, ऐसा मानक रूप जो भाषा के बदलते–बिगड़ते स्वरूप के बावजूद उसको इस रूप से वर्षों तक बनाए रखे, ताकि वह शास्त्र और गहन अध्ययन–अध्यापन की भाषा बनी रहे। इस चुनौती को संस्कृत भाषा–शास्त्रियों ने इस रूप में लिया कि उनकी पूरी योजना सूत्रबद्धता पर केन्द्रित हो गयी, ताकि कम शब्दों एवं कम सूत्रों में संस्कृत के व्याकरण को बाँधकर रख सकें और इसके अध्ययन–अध्यापन में कोई समस्या न आये। इसलिए भाषा की एकरूपता पर भाषाविदों ने विशेष ध्यान दिया, ताकि न्याय, वैशेषिक, मीमांसा, विज्ञान, ज्योतिष या साहित्य में अफगानिस्तान से लेकर नेपाल तक और दक्षिण के श्रीलंका से लेकर हिमालय तक के सभी लोग आपस में शास्त्र–सम्मत चर्चा कर सकें। इसके बाद आधुनिक भाषाविज्ञान का अध्ययन–अध्यापन भारत में शुरू हुआ,

जो कि सन् 1916 के बाद की देन है। इसमें आकर बहुत कुछ बदल गया। इसके बाद हमारी आधुनिक भाषाओं के अध्ययन की शुरुआत हुई, जो प्राकृत की नदी से बहते हुए अपभ्रंश के माध्यम से आकर इधर अलग–अलग भाषा या बोलियों में विभाजित हो गयीं है। इनके लिए भी आज मानक रूप बनाने आवश्यकता है। दूसरी तरफ आधुनिक भाषाविज्ञान के सन्दर्भ में जब मानववैज्ञानिक दृष्टि से हम भाषाओं को देखते हैं तो भाषाओं की यही विभिन्नताएँ महत्त्वपूर्ण सूचक के रूप में सामने आती हैं। इसलिए आज की चुनौती है कि अलग–अलग बोलियों एवं इनके रूपों को कैसे विश्लेषित किया जायें इस प्रकार विरासत को देखें, तो उसमें भाषाई अध्ययन में शास्त्रार्थ, अध्ययन– अध्यापन और ज्ञान–विज्ञान को आगे बढ़ाने के लिए संस्कृत भाषा को किस तरह से मानक रूप में बांधने की मूल चिन्ता थी। आज यही चिन्ता विभिन्न बोलियों एवं और इनके विभेदन को लेकर है।

अरिमर्दन– भारत एक लोकतान्त्रिक देश है और बहुभाषिकता इसकी मूल पूँजी है। ऐसे में राष्ट्रवाद की अवधारणा और उसमें राष्ट्रभाषा की भूमिका को आप कैसे देखते हैं?

प्रो. उदय नारायण सिंह– यह तो बहुत कठिन सवाल है। पहले यह तय करना पड़ेगा कि राष्ट्रभाषा एक हो या अनेक। यदि किसी एक राष्ट्रभाषा की कल्पना हम करते हैं, तो भारत को उन देशों के समकक्ष रखने का प्रयास करतें हैं, जो आकार में छोटे हैं, जहाँ की जनसंख्या एवं विविधता कम है, जहाँ अलग–अलग संस्कृतियों के लिए कोई जगह ही नहीं है। सिर्फ ऐसी स्थिति में ही एक राष्ट्र के लिए एक राष्ट्रभाषा की आवश्यकता हो सकती है, ताकि वे आपस में लोगों को एक प्रतीक से बाँध सके। अब भारतीय बहुभाषिकता में भाषा, धर्म, संस्कृति और शास्त्र तथा इसकी मान्यताओं में पर्याप्त विविधता है। इसके साथ कई आधुनिक विचारधाराएँ भी एक साथ कार्यरत हैं। वैसे भी भारत की प्रसिद्धि ही इसमें है कि एक ही तरह की चिन्ता एवं भावना को कितने अलग–अलग तरीके से वर्णन किया जा सकता है। यहाँ की बहस इसीलिए आगे बढ़ती गयी कि हमने अलग–अलग तरीके से सोचना सीखा है और कभी तर्क को छिपाया नहीं है, बल्कि प्रोत्साहित किया है। भारत में बहुभाषा, बहुसंस्कृति, बहुधर्म की ओर से हर तरह से विविधता की चर्चा होती रही है। ऐसी स्थिति में एक विविधता वाले राष्ट्र की तुलना सामान्य देशों से नहीं की जा सकती। इस प्रकार भारत में एक राष्ट्रभाषा हो, यह सोचना बहुत कठिन काम है, क्योंकि प्रादेशिक स्तर पर बहुत सारे लोग ऐसे होंगे ही, जिन्हें राष्ट्रीय स्तर पर कार्यरत राजभाषा का सम्यक ज्ञान न हो।

इसके साथ कुछ ऐसे लोग भी होंगे, जिनको प्रादेशिक सत्र की राजभाषा का भी ज्ञान हो और राष्ट्रीय स्तर की राजभाषा का भी ज्ञान न हो। कुछ ऐसे लोग भी होंगे, जिनको दोनों तरह की राजभाषाओं का ज्ञान न हो, जो केवल कामकाज के लिए अपनी भाषा का प्रयोग करते हैं और हो सकता है एक साथ चार–पाँच बोलियाँ बोल लेते हों, लेकिन फिर भी राजभाषाओं के ज्ञान से दूर हों। अब राष्ट्र तो सबका है। कोई यह नहीं कह सकता है कि जो राजभाषा में काम कर सकता है, केवल उसी के लिए राष्ट्र बना है। राजभाषा चाहे प्रादेशिक स्तर या राष्ट्रीय स्तर की हो, वह केवल एक सुविधा के लिए है, जो सरकारी कामकाज में एकता और मानकता की दृष्टि से स्वीकारी गयीं हैं, ताकि कानून और उसकी व्याख्या में मत–भिन्नता न हो।

ऐसा देखा गया है कि भारत जैसे बहुभाषिक देशों में अनेक भाषाएँ राष्ट्रभाषा के रूप में उभर कर आती हैं। यह स्थिति अफ्रीकी देशों एवं अमेरिका में है। योरोप में कई ऐसे देश हैं, जहाँ एकाधिक भाषाएँ राष्ट्रभाषा के रूप में कार्य कर रही हैं। इस प्रकार कई राष्ट्रभाषाओं की माँग स्वाभाविक ही है। भारत के सम्बन्ध में राष्ट्रवाद अपनी जगह है और राष्ट्र के संचालन की चुनौती अलग है। इसके साथ राष्ट्रभाषा एवं राजभाषाओं के चयन और उसके निर्माण एवं प्रयोग की प्रक्रिया अलग है। ये तीन अलग–अलग मुद्दे हैं। चूँकि भारत एक राष्ट्र है, इसका हम विभाजन नहीं चाहते हैं, इसलिए भारत की एक राष्ट्रभाषा हो, यह एक पुराना तर्क है। आज के वैश्विक अनुभवों के आधार इस तर्क को अमान्य कर देना चाहिए। नये सिरे से सोचना चाहिए कि अगर हम एक ऐसे राष्ट्र का निर्माण करना चाहते हैं, जिसके लिए लोगों के मन में राष्ट्रवाद की भावना भी हो और जिसमें कई भाषाएँ एक साथ राष्ट्रभाषा के रूप में काम कर रही हों, तो उसका निर्माण हम कैसे करें? यह दूसरी चुनौती है, जिसमें हम गुज़राती, तमिल, बांग्ला, मराठी एवं पंजाबी को हिन्दी या अँग्रेजी के बराबर का दर्जा कैसे दिलाया जा सकता है, इनकी उन्नति कैसे सम्भव है ये सब भाषाविज्ञानियों एवं समाजशास्त्रियों के लिए चुनौती है और इसको स्वीकार किया जाना चाहिए।

अरिमर्दन–भारत में भाषाविज्ञान के अब तक के विकास को आप कैसे देखते हैं?

प्रो. उदय नारायण सिंह–भारत में भाषाविज्ञान अलग–अलग क्षेत्रों में से कुछ में काफ़ी अच्छा काम विद्वानों ने किया है, जैसे वर्णनात्मक भाषाविज्ञान में व्याकरण के क्षेत्र में भाषा के वर्णन के स्तर पर काफ़ी अच्छा काम हुआ है।

इसके बावजूद अनेक भाषाएँ हैं, जिनका वर्णन करना अभी बाक़ी है। इसमें यह सम्भव है कि उस वर्णन की जो प्रक्रिया है, उसमें एक–दूसरे के साथ कुछ तत्त्वगत पार्थक्य हो, क्योंकि भाषाविज्ञान में इतने सिद्धान्त हैं कि प्रत्येक के आधार पर किए गये विश्लेषणों में विभेद या मतभेद सम्भव है, लेकिन यह भी सही है कि काम हुआ है। दूसरी तरफ समाज भाषाविज्ञान में भी काफ़ी काम हुआ है, लेकिन बहुत काम अभी करना बाक़ी है। वास्तव में समाज भाषावैज्ञानिक विश्लेषणों में अब हमें किसी भाषा की सन्दर्भगत गुणात्मक एवं मात्रात्मक विश्लेषण करने की आवश्यकता है, इसी क्षेत्र में हम अभी तक पिछड़े हुए हैं। अभी तक के समाज भाषावैज्ञानिक विश्लेषणों में समाज और भाषा के बीच में क्या सम्बन्ध रहे हैं? वर्गगत, जातिगत, अर्थगत, लैंगिक आधारों पर बदलते रिश्ते हमारे समाज में देखे गये हैं। इन क्षेत्रों में भी काम करना अभी बाक़ी है। इधर कंप्यूटेशनल भाषाविज्ञान में हमने काफ़ी प्रगति की है, उसी के साथ–साथ कोशविज्ञान में भी हमने काफी काम किया है। इधर मनोविज्ञान एवं भाषा–भूगोल जैसे क्षेत्रों में हमारा काम बहुत कम रहा है। इसी तरह भाषा के विभिन्न पक्षों जैसे– खेल, बाज़ार, व्यापार आदि से जोड़कर काम करने की आवश्यकता है। यह काम केवल भाषाविद ही करें यह आवश्यक नहीं है। इस काम को संस्कृति, मानवविज्ञान, समाजविज्ञान के लोग भी कर सकते हैं। इधर ध्वनिविज्ञान पर भी बहुत काम नहीं हुआ है, जो कुछ हुआ भी है, औपचारिक पक्ष पर ही केन्द्रित रहा है और ध्वनिक और श्रवण पक्ष पर काम नहीं हुआ है। इसके साथ लिपि और इसके ऐतिहासिक विश्लेषण पर भी हमने काफ़ी काम किया है, लेकिन लिपि के विकास के रूप में और लिपि का आधुनिकीकरण एवं मानकीकरण के साथ इसको यूनिकोड से जोड़ने का कार्य किया है। सुलेखन (calligraphy) पर हमारे यहाँ बहुत काम नहीं हुआ है। टैरेटोग्राफी पर तो कुछ काम हुआ ही नहीं है। कुल मिलाकर कहा जा सकता है कि हमने बहुत कुछ काम किया है, लेकिन जिस तरह से एक बृहद भाषाविज्ञान का विकास भारत में होना चाहिए था, उस तरह से नहीं हुआ है।

अरिमर्दन–एक अनुशासन के रूप में भाषा और साहित्य के अन्तर्संबंध को आप कैसे देखते हैं?

प्रो. उदय नारायण सिंह–भाषा और साहित्य का अन्तर्संबंध इतना जटिल एवं परस्पर निर्भर है कि जब कोई साहित्य का अध्यापक भाषाविज्ञान की और कोई भाषाशास्त्री साहित्य की उपेक्षा करता है, तो आश्चर्य लगता है कि किस तरह से दोनों को हम एक–दूसरे से दूर रख सकते हैं।

मुझे लगता है कि इन दोनों में काफ़ी गहरा सम्बन्ध है। जैसे समय के साथ साहित्य की भाषा में जो बदलाव आ रहे हैं, उनका विश्लेषण एवं अध्ययन करना भाषाशास्त्री का काम है और वहीं एक साहित्यकार का काम है कि अपनी रचनात्मक विविधता एवं भाषाई प्रयोगों से भाषा को समृद्ध करे। किसी साहित्यकार की रचनात्मकता भाषाई नियमों का अतिक्रमण करती है, इसी अतिक्रमण को भाषाविद को पुनः नियमबद्ध करना होता है। इस तरह यह बहुत रोचक सम्बन्ध होता है और एक–दूसरे पर आधारित भी।

अरिमर्दन–भारतीय भाषाओं के अन्तर्वस्तु को अँग्रेजी की तुलना में किस रूप में रेखांकित किया जा सकता है?

प्रो. उदय नारायण सिंह–अन्तर्वस्तु के निर्माण में अँग्रेजी अग्रणी रही है, इसके विभिन्न प्रयोग–क्षेत्रों के आधार पर भी बहुत काम हुआ है, हालाँकि इसमें भारत जैसे देशों में भी किया गया काम शामिल है, जहाँ अँग्रेजी कोई मूल भाषा नहीं है। यहाँ अँग्रेजी एक महत्त्वपूर्ण भाषा है, लेकिन मूल नहीं। अब सवाल यह उठता है कि इतना विकास अपनी भाषाओं में क्यों नहीं हो पाता है। इसका जवाब देना बहुत कठिन है, क्योंकि बहुत सारे व्यक्ति ऐसे हैं, जो अँग्रेजी लेखन में ही सिद्धस्त हैं, लेकिन उनमें इतना आत्मविश्वास नहीं है कि वे भारतीय भाषाओं या अपनी मातृभाषाओं में भी उसी तरह के पाठ का निर्माण कर सकें। इस लिए वे इसका प्रयास भी नहीं करते। इस प्रकार बहुत लोग हैं, जो आसान रास्ता चुनते हैं। इसका एक कारण यह भी है कि चूंकि अँग्रेजी में अन्तर्वस्तु के निर्माण का काम इतना हो गया है, कि आगे उस पर काम करना आसान होता है, जबकि हमारी भाषाओं में किसी जटिल प्रयोग–क्षेत्र पर काम करने के लिए शुरू से काम करना पड़ता है, कोई आधार पहले से उपलब्ध नहीं होता है। इसमें पारिभाषिक शब्दों का अभाव है। भाषा की अपनी संरचना में चिकित्सा, अभियान्त्रिकी, तकनीक, वाणिज्य एवं बाज़ार आदि प्रयोग–क्षेत्रों के शब्दों के निर्माण में कठिनाई आती है और उसी से लोग बचना चाहते हैं। बहुत लोग इसमें रुचि नहीं लेते। अँग्रेजी की तुलना में भारतीय भाषाओं में निहित अन्तर्वस्तु की मात्रा एवं स्तर का काम होने का यह एक बहुत बड़ा कारण है।

अरिमर्दन–भारत की सत्ता–संरचना में भाषा और बोली के आन्तरिक सम्बन्धों को कैसे व्याख्यायित किया जाना चाहिए?

प्रो. उदय नारायण सिंह–भाषा और बोली के सम्बन्धों में जो अस्पष्टता है, यह प्रवृत्ति सिर्फ भारत की नहीं बल्कि वैश्विक है। इसको निर्धारित करना एक कठिन काम है। कभी–कभी यह भी देखा गया है कि एक ही भाषा दो

अलग–अलग नामों से पहचानी जाती है। इसका उदाहरण जर्मन और डच हैं जो अलग–अलग रूपों में विख्यात हैं, जबकि इनमें कोई विशेष अन्तर नहीं है। इसके साथ एक ही भाषा के कई ऐसे रूप (उपभाषाएँ) भी हैं, जिनमें बहुत अन्तर होने की बावजूद वे एक भाषा के रूप में विख्यात है। जैसे चिटगाँव में बोली जाने वाली बांग्ला, सिलहेट की बांग्ला, ढाका की बांग्ला और मानक बांग्ला में बहुत अन्तर है, इसके बावजूद इन सबको बांग्ला के नाम से ही जाना जाता है। ऐसे में हमारे पास कोई सर्वमान्य मानक नहीं है, जिससे इनको निर्धारित किया जा सके। हिन्दी की जो 49 उपभाषाएँ या बोलियाँ हैं, इनके आपसी सम्बन्धों की जो नजदीकी या दूरी है, उनमें पर्याप्त विविधता है, जिसको निर्धारित करने की अलग–अलग प्रविधि हो सकती है। एक भाषा से दूसरी भाषा, एक बोली से दूसरी बोली को स्पष्ट करने के कई तरीके हो सकते हैं। हर भाषा के लिए हमको तय करना पड़ेगा कि किस भाषिक रूप को हम उपभाषा या बोली कहेंगे और कौन–सा भाषिक रूप अब हिन्दी से निकलकर अलग एक भाषा के रूप में अपने आप को प्रतिष्ठित कर चुकी है, जैसे–राजस्थानी और भोजपुरी। इस प्रकार भाषा और बोली के सन्दर्भ में हर भाषा के लिए के कोई नियम लागू कर देना कठिन काम है।

अरिमर्दन–उत्तरआधुनिक साहित्यिक प्रवृत्तियों के सन्दर्भ में कथ्य एवं शिल्प के मध्य भाषा के महत्त्व को आप कैसे देखते हैं?

प्रो. उदय नारायण सिंह–उत्तर आधुनिकता को परखने के लिए भाषा एवं साहित्यिक सन्दर्भों को हम दो रूपों में देख सकते हैं। इसके साथ हमें यह भी देखना होगा कि उत्तर आधुनिकता की पश्चिमी बहस से समानान्तर हमारी उत्तर आधुनिक प्रवृत्तियों में अन्तर है। पश्चिम में आज अतिरेकी घोषणाओं का फैशन चल पड़ा है, जैसे विचारों के अन्त की घोषणा आदि, जबकि हमारे यहाँ इसी समय साहित्य में उन सार्वभौमिक प्रवृत्तियों को समझने का प्रयास हो रहा है, जो अपने स्वरूप में मुखर हैं। इनको समझना आवश्यक एवं ग्रहण करना हमारे लिए रोचक है, कैसे हम अपने सीमित शब्दावली के साथ असीमित रचनात्मकता की ओर बढ़ रहे हैं और इससे सीमित प्रयोग–क्षेत्रों का विस्तार हम कैसे कर पा रहे हैं। उत्तर आधुनिकता अभी संक्रमण काल में है, जो भारतीय साहित्य के लिए एक बड़ी चुनौती है। यह भी देखा गया है कि जब शहरी साहित्यकार एक ही तरह के प्रयोगों, रूपकों और विशेषणों का प्रयोग करते–करते थक गये हैं, तब अचानक किसी गाँव के सन्दर्भ से आकर किसी छोटे शहर या कस्बे को प्रकट करने के क्रम

में नई कहानियाँ, नये तरह की प्रस्तावना, नये तरह के मुहावरों की व्याप्ति भाषाओं में हुई है, जिससे उस साहित्य में व्यापक परिवर्तन भी आया है। अब उत्तर आधुनिक सन्दर्भों में अपने परिवेश एवं विरासत में इसको समझने का प्रयास हो रहा है। इस प्रकार उत्तर आधुनिकता को समझने के पश्चिमी दृष्टिकोण के विपरीत हमारी अपनी दृष्टि है, जो पश्चिमी मान्यताओं के विपरीत है, इसे उत्तर आधुनिकता की मूल बहस में शामिल करना चाहिए।

अरिमर्दन–'भारतीय भाषाओं का नया सर्वेक्षण' (NLSI) की आपकी योजना सफल तैयारी के बावजूद आगे क्यों नहीं बढ़ पाई?

प्रो. उदय नारायण सिंह–यह एक लम्बी कहानी है, जिसमें से अनेक पक्ष सामने नहीं आने चाहिए, फिर भी संक्षेप में कहा जा सकता है कि देश में जो दो बार भाषाई सर्वेक्षण के प्रस्ताव सामने आये, उनमें पहली बार सन् 1950–52 में लिङ्ग्विस्टिक सोसाइटी ऑफ इंडिया की ओर से हमारे अग्रज एवं गुरुजन एस. एम. कत्रे, शिवकुमार सेन एवं सुनीति कुमार चटर्जी आदि ने प्रस्तावित किया था, इस पर सन् 1954 में भारत सरकार के सामने बहस हुई थी कि ग्रियर्सन द्वारा किए गये भाषाई सर्वेक्षण को पचास साल हो गये हैं, इस बीच एक विश्वयुद्ध भी हो चुका है, बहुत बड़ा परिवर्तन आ गया है, जिनको नये सिरे से समझने के लिए भारतीय भाषा सर्वेक्षण किया जायें इस पर सन् 1956–57 तक के तत्कालीन कॉंग्रेस सरकार की आन्तरिक बहसों के साक्ष्य यह बताते हैं, कि सरकार का मानना था कि यदि देश में भाषाई सर्वेक्षण हुए, तो इसके टुकड़े–टुकड़े हो जायेंगे, ऐसा सुझाव गोविंद पल्लभ पन्त से नेहरू जी को दिया था। परिणाम स्वरूप वह सर्वेक्षण नहीं हो सका। इसको यदि आज के सन्दर्भ में देखें तो यह बहुत ही निराशाजनक कदम था। जिसमें सरकार की अपनी कमज़ोरी छिपी है। जिस देश को हासिल करने के लिए हम 100 सालों तक लड़े, हजारों लोगों का बलिदान हुआ, वहीं आप आँख मूँदकर कुछ द्वितीयक स्रोतों के आधार पर सामाजिक–आर्थिक योजनाएँ बना रहे हैं, यह जाने बिना कि हमारी कितनी भाषाएँ हैं, कितनी संस्कृतियाँ हैं, उनकी अपनी चुनौतियाँ क्या हैं, सम्भावनाएँ एवं सीमाएँ क्या हैं। तब तक उपलब्ध ग्रियर्सन का भाषा–सर्वेक्षण महत्त्वपूर्ण था, लेकिन परिस्थितियों की तत्कालीन व्याख्या करने में पूरी तरह समर्थ नहीं। अब 1954 तक के भाषावैज्ञानिक विकास एवं पारिस्थितिकीय परिवर्तन को निरूपित करने में 50 साल पुराने काम को कैसे आधार बनाया जा सकता है? जैसे अश्वथामा को दूध के बजाय कुछ और खिलाकर कहा गया कि यही दूध

है और इसको आप मान लो। यही स्थिति आज हमारी भी है। इसके बाद विचार हुआ कि बोली–भाषा की बात छोड़कर हमें केवल मातृभाषाओं की गणना करनी चाहिए और सन् 1961 की जनगणना के माध्यम से संसद में सन् 1652 मातृभाषाओं के होने की घोषणा हुई।

अब सवाल यह था कि सन् 1961 से 50 साल और ग्रियर्सन के सर्वेक्षण से 100 साल बीत जाने के बाद मैंने नये सर्वेक्षण का प्रस्ताव रखा था। जो सरकार एक समय यह सोचती थी कि भाषाओं के सर्वेक्षण के बाद देश के टुकड़े–टुकड़े हो जायेंगे और राज्य पुनर्गठन आयोग के माध्यम से राज्यों की संख्या कम करने पर आमदा थी, उसी ने आज इतने सारे प्रदेश बनाए हैं। जिसमें भाषाई विवादों से अधिक दूसरे ही कारण हैं। ऐसे में जब मैंने "भारतीय भाषाओं का नया सर्वेक्षण" का प्रस्ताव रखा, तो तत्कालीन मानव संसाधन विकास मन्त्री ने 13 बार संसद में घोषणा की थी, यह कार्य आगे बढ़ाया जायेगा, योजना आयोग ने भी इस प्रस्ताव अभूतपूर्व बताते हुए इसकी अनुमति दे दी थी। लेकिन इसी बीच रजिस्ट्रार जनरल और गृह मन्त्रालय की ओर से विरोध शुरू हुआ और मुझे स्पष्टीकरण के लिए बुलाया गया। तत्कालीन गृहमन्त्री शिवराज पाटिल जी को जब यह समझाया गया कि यह सर्वेक्षण क्यों आवश्यक है, तो उनकी टिप्पणी थी कि 'अब तक क्यों नहीं हुआ है?' स्पष्ट है कि उन्हीं के मन्त्रालय में पड़े पुराने फैसलों के बारे में उनको नहीं पता था और इस तरह यह प्रयास भी वहीं रुक गया, जो तत्कालीन सरकार की कमज़ोरी का ही परिणाम था। जिस दल ने स्वतन्त्रता–प्राप्ति से लेकर इतने दिनों तक देश पर शासन किया है, नीतियाँ बनायी हैं, वही इस बात से डर गयी कि सर्वेक्षण के परिणामों के बाद देश की एकता को खतरा होगा, और अंधी बनकर पुराने आँकड़ों के आधार पर देश की योजनाएँ चलाती रही। पुराने आँकड़ों के आधार पर बनाए गयी योजनाओं को लेकर कई बार उसे उच्चतम न्यायालय की डाँट भी सुनने को मिली है। यह सिर्फ भाषावैज्ञानिकों का ही अपमान नहीं था, बल्कि यह देश का भी अपमान था। इसके बाद आज कई सर्वेक्षण अलग रूपों में देखने को मिल रहे हैं, और वे अलग–अलग तरह से आलोचना भी करते हैं, लेकिन मुझे लगता है कि "भारतीय भाषाओं का नया सर्वेक्षण" की प्रस्तावित प्रक्रिया इन सबसे अलग थी, जिसमें देश के सैकड़ों भाषाविदों की भी भूमिका थी। मैं समझता हूँ कि आज भी यह काम महत्त्वपूर्ण है और होगा भी। अन्तर यह होगा कि हम और हमारी पीढ़ी उसमें नहीं होगी। किसी सरकार को तो इतिहास की भूलों को सुधारने की जिद होगी।

अरिमर्दन–देश में एक तरफ तो लोक–भाषाओं के संरक्षण एवं विकास की बात हो रही है, तो दूसरी तरफ बिना किसी ठोस मानक के भाषाओं के शास्त्रीयता के दर्जे की होड़ है, इसको आप कैसे देखते हैं?

प्रो. उदय नारायण सिंह–इस होड़ के शुरुआती दिनों से मैं इसके साथ जुड़ा हुआ हूँ, जब पहली बार भाषा के शास्त्रीयता के निर्धारण की दो सदस्यीय समिति बनीं थी, तो उसका मैं एक सदस्य था, दूसरे सदस्य डा. बी. एच. कृष्णमूर्ति थे, जो दुर्भाग्य से अब जीवित नहीं हैं। इसके बाद इस समिति में 4–5 और लोगों का नाम जुड़ा। इस प्रकार जो समझ में आया वह यह कि यह मामला भाषाविज्ञान से अधिक राजनीति का है, इसीलिए हमने शास्त्रीयता के निर्धारण की शर्तों में 2000 साल पुरानी भाषा का होने की शर्त रखी थी, जिसको राजनीतिक उद्देश्य पूरा करने के लिए कैबिनेट नोट के माध्यम से घटा कर 1000 साल कर दिया गया। सबसे पहले तमिल को रखने की बात सामने आयी थी, तो हमने अपने प्रत्यावेदन में संस्कृत के बारे में भी लिखा था, लेकिन सबसे पहले तमिल को घोषित किया गया। विचारणीय यह था कि तब अनेक तमिल के विद्वान इस बात पर सहमत थे कि शास्त्रीयता की शर्तों में यदि संस्कृत नहीं आती है, तो तमिल का आना उचित नहीं है। बहरहाल तब तो नहीं, लेकिन बाद में संस्कृत को भी शास्त्रीयता का दर्जा दिया गया, जो हास्यास्पद ही था।

उस समय हमने इस बात पर भी विचार किया था कि शास्त्रीयता के निर्धारण में सब पर एक साथ विचार करना चाहिए, जैसे बौद्ध एवं जैन के दर्शन और उसकी भाषाओं को छोड़कर दूसरी भाषाओं को इस सूची में शामिल करना, उचित नहीं होगा। उस समय कुछ लोगों का यह भी सुझाव था कि हर भाषा का एक शास्त्रीय एवं आधुनिक रूप है, ऐसे में हमें पुराने रूपों के संरक्षण पर ध्यान दिया जाना चाहिए। लेकिन जब एक बार इस प्रक्रिया ने राजनीतिक रूप पकड़ा, तो इसे जनान्दोलन के आवरण में कन्नड़ को इसमें शामिल करने की माँग बढ़ी, जिसके लिए हजारों लोग तत्कालीन भारतीय भाषा संस्थान, मैसूर में मेरे कार्यालय के सामने धरना देते थे और माँग करते थे कि जब तमिल शास्त्रीय है, तो कन्नड़ क्यों नहीं। अब चूँकि इसकी शुरुआत ही गलत तरीके से की गयी तो उसी आधार पर कन्नड़, तेलुगु, मलयालम और अब उड़िया इस सूची में शामिल है, जो तत्कालीन सरकार की अदूरदर्शी नीति एवं तुष्टीकरण के कारण हुआ है। आगे इसकी माँग कहाँ जाकर रुकेगी यह कहना भी मुश्किल है।

अरिमर्दन–देश में भाषाविज्ञान के विकास के लिए किन क्षेत्रों पर ध्यान दिया जाना चाहिए?

प्रो. उदय नारायण सिंह–जैसा कि मैंने पहले ही बताया है कि भाषाविज्ञान के कितने क्षेत्र हो सकते हैं, जिन पर काम नहीं हुआ है और उस पर काम होना चाहिए। इसको दूसरे अनुशासनों से जोड़कर गम्भीर रूप से शोध एवं अध्ययन–अध्यापन होना चाहिए। इसमें समस्या यह है कि सरकारें उतनी संवेदनशील नहीं हैं, जितनी होनी चाहिए। भाषाई अध्ययन की सबसे बड़ी संस्था आज सरकार की उपेक्षा की शिकार है, जहाँ कभी 150 से अधिक शोधकर्ता हुआ करते थे, आज यह महज 6 शोधकर्ताओं पर आश्रित है। इतना बड़ा संस्थान जहाँ पुस्तकालय, स्टूडियो, कंप्यूटर प्रयोगशालाएँ आदि समृद्ध हैं, वह आज खाली–खाली लगता है, जबकि पुराने समय की तुलना में आज भाषाई अध्ययन चुनौतियाँ एवं आवश्यकताएँ अधिक हैं। इसके साथ भाषा के लिए कार्यरत अन्य सभी संस्थाओं में आमूल–चूल परिवर्तन की सम्भावना है। इसमें सरकार, विश्वविद्यालय अनुदान आयोग जैसी संस्थाओं को अपना सक्रिय योगदान निभाना चाहिए, ताकि भाषाएँ राष्ट्र–निर्माण में काम आयें और उनमें आन्तरिक विभाजन दूर हो।

अरिमर्दन–साहित्यकार एवं भाषाविद दोनों में से एक को चुनना हो तो आप किसे चुनेंगे?

प्रो. उदय नारायण सिंह–एक अच्छा पति, एक अच्छा बाप भी बन सकता है, एक अच्छा भाई भी बन सकता है। यह इस पर निर्भर करता है कि वह अपनी सभी भूमिकाओं का निर्वहन कितनी ईमानदारी से करता है। एक आदमी सफल प्रशासक भी हो सकता है, अच्छा गीतकार भी हो सकता है, अच्छा साहित्यकार भी हो सकता है। एक ही व्यक्ति में अनेक गुण हो सकते हैं। इसलिए मेरे लिए इस चयन का सवाल ही नहीं हैं।

अरिमर्दन : भाषा सम्बन्धी इस मौलिक चिन्तन के लिए आपको बहुत–बहुत धन्यवाद!नमस्कार ! फिर मिलेंगे।

21वीं सदी और हिन्दी का भविष्य

प्रो. (डॉ.) सूर्यप्रसाद दीक्षित

भाषा मनुष्य के आन्तरिक चिन्तन, वैचारिक विनिमय एवं मनोगत भावों के प्रकटीकरण का सबसे सुगम और मूल माध्यम है। उसके बिना न तो अभिव्यक्ति हो सकती है और न चिन्तन की कोई प्रक्रिया चल सकती है।

भाषा की अनेकानेक विशेषताएँ परिलक्षित की जा चुकी हैं। उसके उद्‌भव और विकासक्रम पर देश–विदेश में बहुत चिन्तन हुआ है। निरन्तर हो भी रहा है। यह प्रायः सर्वत्र ही स्वीकार किया गया है कि भाषा का स्वरूप सदा–सर्वदा परिवर्तित होता रहता है। आगामी दशकों में ये भाषिक रूप उत्तरोत्तर अधिकाधिक परिवर्तित होते जायँगे बल्कि परिवर्तन का यह अनुपात दिनोंदिन तेज़ होता जायेगा। ऐसी स्थिति में यह जिज्ञासा बड़ी ही स्वाभाविक है कि भविष्य की हिन्दी भाषा कैसी होगी? अथवा यह कहें कि हमारी भाषा का भविष्य क्या है?

यहाँ भविष्य से भी दो अर्थ निकाले जा सकते हैं। एक आनेवाला समय और दूसरे, भावी योग क्षेम। एक कालवाची, दूसरा भाववाची शब्द। भविष्य स्थूलतः दो प्रकार का होता है–1. आसन्न भविष्य अर्थात् लगभग एक शताब्दी का विस्तार और 2. सुदूर भविष्य अर्थात युग–युगीन यात्रा।

सम्प्रति हम आसन्न भविष्य पर ही विचार कर सकते हैं; वह भी विगत और आगत के आधार पर। अनागत की एक धुँधली आकृति बनायी जा सकती है। यह 'फ्यूचर स्टडीज़' का विषय है, न कि ज्योतिष का, या कि किसी चमत्कारी लोकोत्तर साधना का। वस्तुतः भविष्य कोई बनी बनायी 'पेटेंट' वस्तु नहीं है। यह विकास प्रक्रिया की एक काल साधित स्वचालित परिणति होती है। इसलिए घटित के आधार पर घटमान तथा घटितव्य का संकेत प्राप्त किया जा सकता है। अर्थात् भूत से वर्तमान तक की यात्रा में

मोड़ों को सतर्कतापूर्वक परखते हुए भवितव्य का संकेत निकाला जा सकता है। किन्तु इसे 'प्रदमित्थम्' नहीं कहा जा सकता। तथ्य यह है कि आज जो जैसा घटित हो रहा है, उसकी भावी प्रतिक्रिया अनुकूल भी हो सकती है और प्रतिकूल भी। एक सीमा के बाद प्रत्येक कार्य–कारण अन्यथा रूप धारण कर लेता है। फिर भी वर्तमान और विगत के सहारे भविष्यत् का कुछ न कुछ प्रत्यय बनना अवश्य है। बशर्ते हम इतिहास–दर्शन का पूरी निष्ठा के साथ सहारा लें और स्वाध्याय पूर्ण सघन चिन्तन करें। यही नहीं, बल्कि हम हर क्षण के सजग साक्षी बने रहें और महाकाल की लीला को निस्संग–निरपेक्ष भाव से निहारते चलें। भाषा के भविष्य का हेत्वाभास इसी प्रविधि से किया–कराया जा सकता है। इसके लिए समाज मनोभाषिकी, ऐतिहासिक भाषा विज्ञान, तुलनात्मक भाषा शास्त्र और विकासवादी अवधारणा की बड़ी आवश्यकता है। गत एक शताब्दी के भाषिक परिवर्तनों को देखते हुए अगली शताब्दी में होने वाले भाषिक परिवर्तनों को इस प्रकार चिह्नित किया जा सकता है–

सरलीकरण

इन दिनों हर भाषा को जन भाषा बनाने का प्रयास किया जा रहा है, इसलिए कि प्रत्येक दिशा में जन सहभागिता बढ़ती जा रही है। भविष्य में 'मास लँग्वेज' का महत्त्व 'क्लास लँग्वेज' से ज़्यादा होगा। बहुसंख्यकता या बहुभाषिकता सबसे बड़ी शक्ति मानी जायेगी। यह शक्ति प्रकट होती है, भाषा के सरलीकरण से। इसीलिए अब महत्त्व बढ़ रहा है– सरल तद्‌भव देशज शब्दों का। इसीलिए हिन्दी के सड़क चौड़ीकरण, दोहरीकरण जैसे शब्द धडल्ले से प्रयुक्त होते जा रहे हैं। इसी प्रकार लम्बे वाक्यों का प्रयोग घट रहा है। संयुक्त वाक्यों की जगह छोटे वाक्यों का भविष्य में ज़्यादा चलन होगा। जटिल वाक्य विन्यास की जगह साफ़गोई का भविष्य में महत्त्व बढ़ेगा। 'जार्गन्स', क्लिष्ट पर्यायवाची और गूढ़ार्थ व्यंजक शब्द धीरे–धीरे लुप्त हो जाएँगे और बोलचाल की भाषा के शब्द चिन्तन तथा सर्जनात्मक लेखन पर हावी होते जाएँगे। ग्रीक, लैटिन, संस्कृत और प्राचीन भाषाओं की तुलना में अब 'लेमैन लँग्वेज' को ज़्यादा वरीयता मिलेगी। कुछ दशकों बाद धीरे–धीरे ये जन भाषाएँ ज्ञान–विज्ञान से समृद्ध होकर कुलीन तन्त्र से जुड़ जायेंगी, यानी सीमित हो जाएँगी और उनका स्थान वे बोलियाँ ले लेंगी, जो अभी आदिम हैं, अर्थात् पूरी तरह से विकसित नहीं हो पाई है। विश्व की अनेक

स्थापित भाषाएँ यद्यपि अपने सरलीकरण में लगी हुई हैं, किन्तु साहित्यिक भाषा, राजभाषा, संचार भाषा आदि रूप धारण कर लेने के कारण बहुत अर्से तक वे जन भाषाएँ नहीं रह पाएँगी। उद्‌भव और पराभव का यह क्रम एक नैसर्गिक नियम है।

मशीनीकरण

आनेवाले वर्षों में कम्प्यूटर लैंग्वेज का विकास अधिक होगा। हर भाषा में कुछ न कुछ व्याकरणिक अपवाद पाये जाते हैं। अभी दिन–प्रतिदिन यह प्रयोगगत वैविध्य बढ़ता जा रहा है। ऐसी स्थिति में प्रत्येक प्रोक्ति को कम्प्यूटर साधित बनाना आवश्यक हो गया है। अनुवाद कार्य कम्प्यूटर पर तेज़ी से चल रहा है। वर्तनी का नियन्त्रण अब उसी के हाथ में है। उच्चारण उसके द्वारा प्रतिबंधित होते जा रहे हैं। भाषा का मानवीकरण भविष्य के कम्प्यूटर के द्वारा ही सम्भव होगा। वह उच्चारण के साथ ही श्रुत लेख के आधार पर समानान्तर 'डिक्टाफोन' के सहारे टंकण मुद्रण करने में सक्षम है। यह मशीनीकरण भाषा के प्रत्येक कार्य में किया जाना अवश्यभावी है। विशेष रूप में फार्मूला बद्ध लेखन के क्षेत्र में जहाँ पेटेंट शब्दावली होती है, मशीनें ही स्वचालित लेखन करेंगी। मशीन द्वारा सही प्रोक्ति की खोज सरल हो जायेगी।

अप्रचलित शब्दों का लोप

प्रत्येक क्षेत्र में साभिप्राय और सार्थक शब्दों को बढ़ावा मिलेगा। हिन्दी में जल के कई पर्यायवाची शब्द हैं, किन्तु प्रयोग में जल और पानी दो ही शब्द प्रमुख हैं। शेष शब्द पद्य में चलते रहें हैं। कुछ कुछ आज भी चल रहे हैं। किन्तु एक तो कविता ही अस्तित्वहीन होती जा रही है, दूसरे, जो बची है, वह गद्यात्मक हो गयी है, इसलिए भविष्य की कविता में भी इन पर्यायवाची शब्दों का उपयोग नहीं हो पायेगा और ऐसे हजारों शब्दों का लोप हो जायेगा।

नई शब्द–संरचना

मानव समाज की नई आचार संहिताओं और जीवन–पद्धतियों के अनुरूप अनूदित नये–नये शब्द प्रत्येक जीवित भाषा में बढ़ते जा रहे हैं। यह बढ़ोतरी भविष्य में अनवरत रूप से होती रहेगी। पचास वर्षों बाद भाषा का परिकल्प इतना बदल जायेगा कि पुरानी पीढ़ी की वह दुर्बोध प्रतीत होगा; उसी तरह जैसे भारतेन्दु युग का गद्य हमें अटपटा ही नहीं, बल्कि जगह–जगह

दुर्गम भी महसूस होता है। हमारी बोलियों के कई मुहावरे तथा हिन्दी की अनेक लोकोक्तियाँ अब विस्मृत विलीन हो गयी है। दूसरी ओर, कई नई लोकोक्तियाँ इस बीच हमारी भाषा में घुस आयी है। इस नएपन के कारण एक शताब्दी बाद भी भाषा अपने 'फ्रेजेज' या पद–प्रयोगों के कारण पर्याप्त पृथक् रूप धारण कर लेगी। भविष्य में विदेशी भाषा का हिन्दीकरण और तेज़ी से होगा। इस प्रकार प्रयोग वार्षिकी और शब्द सर्वेक्षण द्वारा शब्द सम्पदा का विकास भी होगा।

सार्थकता वृद्धि

व्यावहारिक जगत में भाषा दिनोंदिन सटीक और सार्थक होती चली जा रही है। पहले 'स्वीकृति' शब्द से काम चल जाता था, अब शब्दों में भी कई पेंच आ गये हैं। स्वीकृति अलग, संस्वीकृति अलग, अनुमोदित अलग, पुष्टि–संपुष्टि अलग। इसी प्रकार सहमित, संस्तुति, अनुशंसा अलग। ऐसा अनेक शब्दों के साथ हुआ है। जैसे–जैसे कार्यकलाप में बारीकी बढ़ती जायेगी, उसी के अनुरूप नये–नये विशिष्ट शब्द स्थिर होते चले जाएँगे। भावी भाषा–संरचना में 'पुष्पितावाणी' भावोच्छवास अर्थात् लफ्फाजी के लिए गुंजाइश न होगी। चूँकि कुछ अधिक प्रयोग के कारण शब्दों के अर्थ छीज जातें है, इसलिए मूलभाव की सुरक्षा के लिए कुछ अतिरिक्त शब्द उपसर्ग या परसर्ग जोड़ने पड़ते हैं। इसीलिए हिन्दी के स्वागत शब्द को 'सुस्वागतम्' रूप में लिखा जाने लगा है। अँग्रेजी में इसीलिए 'थँक्यू' की जगह हकीक़त लाने के लिए अब 'थँक्यू इन डीड' कहा जाने लगा है। आनेवाली भाषा में इसी प्रकार नये सार्थक शब्दों की अधिकाधिक प्रविष्टि होगी।

शब्दों में निखार और परिष्कार

सभ्यता के विकास के साथ–साथ भाषिक संस्कृति का विकास होना भी अवश्यंभावी होता है हमारा सुरुचिबोध और सौन्दर्यबोध दिनों–दिन बढ़ता जा रहा है। इसी के अनुरूप शब्दों का परिमार्जन होता जा रहा है आज से कुछ दशक पूर्व 'पब्लिक लैट्रिन' के लिए 'बम पुलिस', 'टट्टी', 'पाखाना', 'संडास' जैसे शब्दों का प्रयोग होता था, फिर उसके स्थान पर 'शौचालय' का प्रयोग होने लगा। कालान्तर में 'प्रसाधन' शब्द प्रचलित हुआ। फिर 'सुलभ' शब्द आया। अब 'जन सुविधाएँ' शब्द का प्रयोग होने लगा है। ऐसे ही विभिन्न क्षेत्रों में दिखायी दे रहा है। शिष्टाचारवश अब 'रोटी खाना' की जगह भोजन

करना, शौच कर्म के लिए 'फ्रेश' होना जैसे प्रयोग बढ़ते जा रहे हैं। भावी भाषा में शब्दावली निश्चय ही अधिक सुसंस्कृत होगी।

संक्षेपण की प्रवृत्ति

वर्तमान आपाधापी के कारण हमारी भाषा में प्रयत्न लाघव की प्रवृत्ति बढ़ती जा रही है। जैसे बोलचाल की भाषा में सभी व्याकरणिक कोटियों को मिलाकर लम्बे वाक्य नहीं रह गये हैं, उसी तरह लिखित भाषा में भी संक्षिप्त से संक्षिप्त पद–प्रयोगों को प्रश्रय दिया जा रहा है। प्रत्येक समर्थ भाषा ने हजारों–हजारों संक्षिप्ताक्षर बना लिए हैं। कहीं आद्य अक्षर, कहीं मात्र अंत्याक्षर और कहीं मध्याक्षर। नासा, सीटो, भाजपा, सपा, बसपा आदि इसी प्रकार के प्रयोग हैं। अँग्रेजी में हर शब्द का संक्षेपण होने लगा हे। इलू, टाटा, ओ.के.सी.यू. इसी प्रकार के प्रयोग हैं। 'फास्ट लाइफ' के प्रभाववश भाषा में त्वरा बढ़ेगी। लघुपदत्व के मोहवश हिन्दी में भी इस बीच सैंकड़ों शब्द बनाए गये हैं। जैसे संसद सदस्य की जगह सांसद। स्वीकारा, नकारा, अवहेला इसी प्रकार के प्रयोग है। वाक्य–विन्यास की यह सामसिकता और शब्द प्रयोगों की सांकेतिकता भविष्य में और बढ़ेगी। सेलफोन दूरसंचार में 'एयर टाइम' की बचत करने के लिए और दुत संप्रेक्षण के लिए अब शब्द संक्षेपण अक्षर रूप में किया जाने लगा है, जैसे You की जगह U का प्रयोग। पूरे वाक्य अब कम ही दिखायी देते हैं। समयाभाव, स्थानाभाववश यह संक्षेपण अनिवार्य हो गया है। इससे हिन्दी लेखन में हड़बड़ियापन बढ़ता जा रहा है। उसके अभी बढ़ते रहने की पूरी सम्भावना है।

प्रभावी व्यंजना

अपनी अभिव्यक्ति की तासीर को बढ़ाने के लिए बीच तेज़ तल्ख शब्दों एवं धारदार वाक्यों का प्रयोग अपेक्षाकृत ज़्यादा ही दिखने लगा है। आज की बाजारू प्रतिस्पर्धा में भाषा का भी मिजाज तेज़–तर्रार हो गया है। उसमें चिल्लाहट भरती जा रही है। अब अखबारों में किसी के विरुद्ध होने वाली कारवाई के लिए लिखा जाता है–'अमुक पर गाज गिरेगी'। इसी प्रकार 'सचिन का तांडव', 'थूः थूः रैली', 'टॉय टॉय फिस्स', 'धूल चटा दी' जैसे सनसनीखेज शब्द प्रयोग निरन्तर बढ़ते जाएँगे। इन 'सुपर लेटिव' शब्दों की भरमार से भाषा की नफासत–नजाकत नष्ट हो जायेगी। महाप्राणत्व, परुषावृत्ति और कर्कशता के कारण सम्प्रति संचारभाषा ही नहीं, सर्जनात्मक भाषा की हाँफती हुई, फिचकुर निकालती हुई दिखायी दे रही है। ध्यानाकर्षण

या सम्प्रेषण के उद्देश्य से भावी भाषा एक विशेष प्रकार की 'एसर्टिव', अतिरंजित या चौंकाने वाली शब्दावली को निरन्तर बढ़ावा देगी।

पारिभाषिक शब्दों की वृद्धि

विज्ञान और तकनीक के युग में भाषा भी प्रौद्योगिकी का रूप धारण करती जा रही है। विभिन्न तकनीकों के लिए तकनीकी शब्द थोक में गढ़े जा रहे हैं। भावी भाषा में पारिभाषिक शब्दों का वर्चस्व बहुत बढ़ जायेगा।

गोपनीयता

व्यावसायिक प्रतिस्पर्द्धा के कारण भविष्य में कोड भाषा अर्थात कूट पदों का प्रयोग अधिक होगा। हर व्यवसाय के अपने अलग–अलग शब्द होंगे, जिन्हें केवल उस क्षेत्र से जुड़े व्यक्ति ही समझ सकेंगे। आज की 'पेटेंट संस्कृति' का यह अनिवार्य गुण धर्म है।

संवेदनहीनता

आने वाले समाज की भाषा भावना पर आधारित न होकर बौद्धिकता से प्रेरित होगी। उसमें विस्मयादिबोधक शब्दों की कमी हो जायेगी और वह प्रायः संवेदनशून्य हो जायेगी।

बहुभाषिक मिश्रण

हमारा वैश्विक सरोकार जैसे–जैसे बढ़ता जा रहा है, हम बड़ी उदारता के साथ विदेशी शब्दों को आत्मसात करते जा रहे हैं। कुछ दशकों बाद हिन्दी में हजारों की संख्या में अँग्रेजी की शब्दावली घुस जायेगी, चाहे तत्सम रूप में, या फिर तद्भव रूप। जिस देश से प्रौद्योगिकी आयेगी, वहीं की शब्दावली अन्यान्य भाषाओं में अपना स्थान बना लेगी। आनेवाले दशकों में उर्दू की तरह 'हिंग्लिश' जैसी वर्ण संकर 'क्रिओल' भाषा विकसित होगी और उधार ली गयी खिचड़ी शब्दावली हर भाषा की अनिवार्यता सिद्ध होगी।

कृत्रिमता

भाषिक संवेदना से रहित मात्र विपणन, प्रशासन, जनसम्पर्क, विज्ञापन आदि से जुड़ी हुई भाषा बड़ी औपचारिक होती है, इसीलिए वह कृत्रिम ज्ञात होती है। समस्त शिष्टाचार के बावजूद वह केवल वचन–चातुरी जैसी ज्ञात होगी। उसमें आत्मीयता की मिठास न होगी।

प्रतीकात्मकता

अगले दशकों की भाषा में अन्तर्राष्ट्रीय प्रतीकों का प्रयोग बढ़ेगा। अनेक अन्तर्राष्ट्रीय संस्थाओं के चक्रचिह्न सम्प्रति स्वीकृत है। जैसे रेडक्रास या ट्राफिक सिगनल। यह प्रवृत्ति भविष्य में और विकसित होगी।

अनुवादों की भाषा

जिस भाषा का शब्द सबसे अधिक सार्थक और लोकप्रिय हो जायेगा, उसका अनुवाद दूसरी भाषाओं में तत्काल कर लिया जायेगा। इस प्रकार विदेशी शब्दों के अनुवादों से ओत–प्रोत होकर हर भाषा का नवीकरण होना अवश्यंभावी है।

व्याकरणिक स्वेच्छाचार

प्रत्येक भाषा में सम्प्रति व्याकरण भ्रष्ट प्रयोगों को ग्लानि का विषय न मान करके, गौरवपूर्ण प्रयोग के रूप में मान्यता दी जा रही है। इस कारण भाषिक प्रमाद बढ़ता जा रहा है। व्याकरण सम्मत भाषा को 'प्राध्यापकीय हिन्दी' कहकर परिहास का विषय बनता दिया गया है। चूँकि नये–नये रचनाकार व्युत्पत्ति, निरुक्ति, व्याकरण, धात्वर्थ और शब्द–कोटि को जाने बिना स्वेच्छाचारपूर्वक भाषा लेखन करने लगे हैं और समादृत भी हो गये हैं। इसीलिए उनकी देखा–देखी इस भाषिक विरूपण को महत्त्व दिया जायेगा जिससे अपभ्रंश भाषाएँ जन्म लेंगी। प्राकृत या सुसंस्कार करना अर्थात् उसे नियन्त्रित कर देना और फिर इस आत्यंतिक नियन्त्रण से प्रेरित होकर भाषा को विरूपित करना एक सहज स्वाभाविक प्रक्रिया है। कुछ दिनों तक इस भाविक प्रदूषण से सुविज्ञ जन आहत होते रहेंगे। अन्ततः इसके अभ्यस्त के जाएँगे और एक दिन वे प्रयोग रूढ़ जाएँगे।

लोक भाषा को बढ़ावा

इधर प्रत्येक भाषा शहरीकरण से ग्रस्त है, इसलिए इसमें जनपदीय भाषाओं में शब्द और मुहावरे डालकर उसे जन भाषा बनाने का दिखावा करना ज़रूरी है। भावी भाषाओं को लोक भाषा का लहजा अपनाना होगा, ताकि लोकाग्राह्यता बनी रहे। इस उद्देश्य से देशज शब्दों का और लोकोक्तियों का प्रयोग अगले दशकों में बढ़ेगा। एक ओर शास्त्र, दूसरी ओर लोक, दोनों को मिलाने से भाषा में लालित्य का संचार होगा।

बोलियों की क्षति

भाषा के आधुनिकीकरण के कारण जनपदीय बोलियों का प्रयोग घटेगा। हिन्दी की ग्रामोद्योग शब्दावली दिनोंदिन नष्ट होती जा रही है। देहाती मुहावरे मिटते जा रहे हैं। साक्षरता तथा शहरीकरण के अनुपात में खड़ी बोली का प्रचलन भविष्य में और बढ़ेगा।

देह भाषा की प्रतिष्ठा

नई भाषा निरन्तर अनुभवों के सहारे विकसित होगी। अनुभावों की यह भाषा एक अलग भाषा के रूप में समानान्तर प्रचलित होगी। उसमें वाचिक अभिनय बढ़ेगा और तब देहभाषा का प्रशिक्षण अनिवार्य होगा।

मौखिक रूप को प्रश्रय

आगामी दशकों में लिखित भाषा की जगह टेली भाषा का अधिक प्रयोग होगा। ई–मेल, ई–गवर्नेन्स आदि के कारण भाषा का मौखिक रूप उत्तरोत्तर विकसित होगा।

निष्कर्ष : इस प्रकार यह स्पष्ट है कि भविष्य की भाषा एकल भाषा नहीं रह जायेगी। यह वैविध्यपूर्ण होगी। मुख्यतः कामकाजी संचार की भूमिका निभाएगी। उसमें सृजनात्मकता फार्मूलाबद्ध होकर आयेगी और संवेदना औपचारिक रूप में प्रकट होगी। भावी भाषा ध्वनि, बिम्बों और अर्थबिम्बों को अधिक वरीयता देगी। साथ ही, वह मशीनी साँचों में ढाली जायेगी। जाहिर है कि संसार की सभी भाषाओं की मशीनीकरण नहीं हो जायेगा, इसलिए अल्पप्रयोगों के कारण अधिकतर भाषाएँ समाप्त हो जायेंगी। केवल दो–तीन सौ समर्थ भाषाएँ ही प्रयोजनीय मानी जायँगी। इससे भाषाओं का ध्रुवीकरण होगा, विभिन्न भाषिक परिवारों की जगह समेकित विश्व संस्कृति के कारण एक समेकित भूमंडलीय भाषा कालक्रम में गठित होगी। पिछले दशकों में प्रयासपूर्वक 'इसपिरांतो' को विश्व भाषा बनाया जा रहा था। अब यह कार्य निरायास होगा। भविष्य की यह भाषिक प्रवृत्ति यद्यपि स्वचालित होगी, फिर भी यथासमय समुचित सावधानी बरतने से उसकी विकृतियों को नियन्त्रित भी किया जा सकता है।

साहित्यिक भाषा की अध्ययन प्रविधि

(आधुनिक हिन्दी भाषा के विकास के सन्दर्भ में)

प्रो.(डॉ.) उमाशंकर उपाध्याय

साहित्यिक भाषा, भाषा का एक विशिष्ट रूप है; भाषा की एक विशिष्ट प्रयुक्ति है जिसका समकालिक अथवा वर्णनात्मक अध्ययन काव्यशास्त्र अथवा साहित्यिक शैलीविज्ञान के अध्ययन का विषय है। साहित्यिक भाषा का विकास एक ओर भाषा के इतिहास से जुड़ा होता है तो दूसरी ओर साहित्य के इतिहास से, किन्तु इन दोनों से सम्बद्ध होते हुए भी साहित्यिक भाषा का विकास इनमें से किसी एक का अंगभूत नहीं है। अपनी प्रकृतिगत भिन्नता के कारण वह एक भिन्न अध्ययन प्रविधि की अपेक्षा करता है। इस भिन्नता पर ध्यान न दिए जाने के कारण साहित्यिक भाषा के विकास को प्रायः भाषा के इतिहास अथवा साहित्य के इतिहास का अंग मान लिया जाता है। यही कारण है कि जहाँ भाषा के इतिहास तथा साहित्य के इतिहास पर बहुत कार्य हुआ है वहाँ साहित्यिक भाषा के इतिहास पर अधिक ध्यान नहीं दिया गया है।

भाषा के इतिहास की अध्ययन सामग्री केवल साहित्यपरक नहीं होती। उसमें सभी प्रकार की लिखित सामग्री का समावेश होता है। समाज में भाषा प्रयोग के विभिन्न सन्दर्भों को देखते हुए अध्ययन सामग्री की यह व्याप्ति भाषा के सामान्यीकृत विकास के अध्ययन के लिए आवश्यक है। किन्तु उक्त वैविध्यपूर्ण सामग्री से भाषा के इतिहास के रूप में प्राप्त निष्कर्षों को यथा रूप साहित्यिक भाषा का इतिहास नहीं माना जा सकता। कहने की आवश्यकता नहीं कि साहित्यिक भाषा के विकास का अध्ययन साहित्यपरक सामग्री पर ही आधारित हो सकता है। यद्यपि साहित्य के इतिहास की मूल अध्ययन

सामग्री भी साहित्यपरक ही होती है उसके अध्ययन का लक्ष्य भाषाई विकास का अध्ययन नहीं होता।

भाषा प्रकृतितः विषम रूप होती है। उसमें विभिन्न प्रकार की बोलियों, शैलियों और प्रयुक्तियों अथवा कोड़ों का समावेश होता है। भाषा के ऐतिहासिक या कालक्रमिक अध्ययन में जो कि विभिन्न कालबिन्दुओं पर भाषा संरचना की तुलना पर आधारित होता है; भाषा को उपर्युक्त वैविध्य की उपेक्षा करते हुए एक समरूप व्यवस्था माना जाता है। किन्तु साहित्यिक भाषा के अध्ययन में उक्त भाषिक वैविध्य की उपेक्षा नहीं की जा सकती।

आधुनिक हिन्दी गद्य भाषा में उक्त वैविध्य के दो स्रोत हैं। गद्य भाषा के विकासात्मक अध्ययन में विकल्पन के इन दो स्रोतों में अन्तर करना आवश्यक है। हिन्दी प्रदेश के विभिन्न स्रोतों से संबंद्ध लेखकों द्वारा विशेषतः हिन्दी के प्रारंभिक गद्य में प्रयुक्त भाषा में उनकी क्षेत्रीय तथा सामाजिक बोलियों का प्रभाव देखा जा सकता है। उक्त वैविध्य से सम्बद्ध विभिन्न प्रयोगों को साहित्यिक भाषा के मानकीकरण की प्रक्रिया में प्राप्त विभिन्न विकल्पों के रूप में ग्रहण करना चाहिए। यथा– हुआ, भया, आते, आपने इत्यादि। मानकीकरण की प्रक्रिया के विभिन्न चरणों–चयन, कोड़ीकरण, विस्तारण और स्वीकृति के क्रम में यह विकल्पन–क्रमशः घटता जाता है। साहित्यिक हिन्दी में इस प्रक्रिया का नियोजित रूप आचार्य महावीरप्रसाद द्विवेदी के भाषा–विषयक योगदान के रूप में सुपरिचित है।

हिन्दी गद्य भाषा के विकास के सन्दर्भ में चयन और स्वीकृति को निर्धारित और प्रभावित करने वाले सामाजिक–सांस्कृतिक और राजनीतिक तत्वों पर यथा–अँग्रेज सरकार की भाषानीति, आर्यसमाज आन्दोलन आदि की विस्तार से चर्चा की गयी है। वस्तुतः यह साहित्यिक भाषा के कालक्रमिक समाजशास्त्र का विषय है और साहित्यिक भाषा के विकास की दृष्टि से इसका महत्त्व निर्विवाद है किन्तु इस प्रकार का विवरण साहित्यिक भाषा के संरचनात्मक विकास का स्थानापन्न नहीं हो सकता। मानकीकरण में विशिष्ट शब्दों, रुपों, वाक्य–रचनाओं आदि का चयन तथा अन्य शब्दों, रूपों, वाक्य–विन्यासों के परिहार का ध्यान भाषिक विकास के अध्ययन कि आवश्यक अंग हैं।

यह भाषा से विकल्पन का दूसरा स्रोत लेखकों द्वारा वैकल्पिक तत्वों का सामाजिक अर्थ से सम्पृक्त सौद्देश्य प्रयोग है। संरचनात्मक दृष्टि से भले ही इन्हें मुक्त विकल्प कहा जाये ये विकल्प भिन्न–भिन्न सामाजिक अर्थों के

व्यंजन होते हैं। प्रथम स्रोत के शब्दों का प्रयोग जहाँ लेखकों द्वारा अनजाने में होता है। इन वैकल्पिक रूपों का प्रयोग लेखक के सोद्देश्य चयन का परिणाम होता है। उदाहरणतः हुआ के स्थान पर भया या किसी पौराणिक कथानक में प्रयोग कथावाचकों की शैली को प्रस्तुत करने के लिए किया गया सोद्देश्य प्रयोग हो सकता है। इसी प्रकार आँचलिक उपन्यासों में पात्रों द्वारा बोलियों का प्रयोग अथवा आधुनिक कथा साहित्य में अँग्रेजी मिश्रित कोड़ वा प्रयोग लेखक के मानक भाषा विषयक ज्ञान की कमी का परिणाम नहीं, अपितु विशिष्ट प्रभाव उत्पन्न करने के लिए किए गये चयन का परिणाम है। इस प्रकार के विकल्प मानकीकरण की प्रक्रिया से अब प्रभावित रहते हैं। यद्यपि विकासक्रम में विभिन्न परिवर्तनों की सामाजिक अर्थवत्ता में अन्तर आ सकता है।

साहित्य के इतिहास की अध्ययन सामग्री में भी विचारधारागत एवं साहित्यिक स्वगत वैविध्य होता है। साहित्यिक इतिहास का अध्येता विभिन्न समवर्ती विचारधाराओं और साहित्यिक रूपों को पारस्परिक प्रभाव के सन्दर्भ में साहित्य के कालक्रमिक विकास का अध्ययन करता है। साहित्यिक भाषा के विकास को विभिन्न कालबिन्दुओं पर विचारधाराओं और साहित्यिक रूपों के सन्दर्भ में देखा जाना चाहिए। विचारधारा के सन्दर्भ में यदि देखे तो किसी विचारधारा विशेष से सम्बद्ध रचना किसी अन्य विचारधारा से सम्बद्ध रचनाओं की तुलना में भाषा प्रयोग की दृष्टि से अपेक्षाकृत कम या अधिक रूढ़िवादी हो सकती है। अतः एक ही कालबिन्दु पर भाषिक विकास की भिन्न अवस्थाओं से सम्बद्ध भाषा रूपों का प्रयोग देखा जा सकता है। इसी प्रकार जहाँ निबन्ध, आत्मकथा आदि व प्रत्यक्ष सम्प्रेषणपरक विधाओं में मानवीकरण के अभाव के फलस्वरूप पाया जानेवाले विकल्पन का आधिक्य होता है, वहाँ कथा साहित्य नाटक आदि अप्रत्यक्ष सम्प्रेषणपरक विधाओं में सोद्देश्य विकल्पन की सम्भावनाएँ भी होती हैं। इस प्रकार भाषा के कोड़विषयक रूप में साहित्यिक भाषा के विकास का अध्ययन जहाँ भाषा के इतिहास से सम्बद्ध है वहाँ समान अध्ययन सामग्री तथा अध्ययन सामग्री की वैविध्यपूर्ण प्रकृति साहित्यिक भाषा के विकासात्मक अध्ययन को साहित्य के इतिहास से जोड़ती है।

उपर्युक्त चर्चा से स्पष्ट है कि भाषा के कालक्रमिक अध्ययन का उद्देश्य भाषा के संरचनात्मक विकास का अनुशीलन है जबकि साहित्यिक भाषा के अध्ययन की प्रक्रिया में न केवल साहित्यिक भाषा के संरचनात्मक विकास का अध्ययन किया जाता है। अपितु संक्रातिकालीन साहित्यिक भाषा में

मानकीकरण की प्रक्रिया पर भी विचार किया जाता है। इस प्रसंग में यह स्पष्ट कर देना आवश्यक है कि साहित्यिक भाषा का विकास प्रायः भाषिक विकास के समानान्तर नहीं होता किन्तु साहित्य के इतिहास तथा साहित्यिक भाषा के विकास में एक निश्चित सहसम्बन्ध होता है।

भाषा के इतिहास का अध्ययन कालक्रमिक/ऐतिहासिक भाषाविज्ञान का विषय है तो साहित्यिक भाषा के विकास का अध्ययन कालक्रमिक वैज्ञानिक तथा साहित्यिक शैलीविज्ञान का विषय है जबकि साहित्य का इतिहास, साहित्यिक प्रोक्ति का कालक्रमिक अध्ययन है। साहित्यिक भाषा के विकास के अध्ययन के प्रथम चरण में उसके संरचनात्मक विकास एवं मानकीकरण का विवेचन किया जाता है। साहित्यिक भाषा के विकास के अध्ययन का द्वितीय चरण विभिन्न साहित्यिक सुक्तियों के विकासात्मक अध्ययन से सम्बद्ध है, जिनमें आधाभूत भाषा से द्वितीय क्रम की व्यवस्था के रूप में भाषा प्रयुक्त होती है। और मात्र साहित्य की सामग्री से साहित्य के माध्यम के रूप में रूपांतरित होती है। साहित्य के इतिहास में प्रस्तुत भाषाविषयक टिप्पणियों का सम्बन्ध भाषा के इसी रूप से है। किन्तु यह ध्यातव्य है कि साहित्यिक भाषा की आधारभूत व्याकरणिक व्यवस्था के ज्ञान के अभाव में साहित्य के माध्यम के रूप में उसके विकास का व्यवस्थित अध्ययन सम्भव नहीं है।

यद्यपि सस्यूर ने भाषा के ऐतिहासिक अध्ययन को ही भाषा का वैज्ञानिक अध्ययन मानने के विरोध में भाषा की सामाजिक या तात्कालिक अध्ययन को एक स्वतन्त्र तथा कालक्रमिक अध्ययन की आधारभूत भाषा के रूप में प्रस्तावित किया था और भाषा के समकालिक अध्ययन को कालक्रमिक अध्ययन से निरपेक्ष माना था। आज भाषा की विकल्पन तथा परिवर्तन से युक्त प्रकृति को स्वीकार करते हुए इस द्विधा को अस्वाभाविक माना जाता है तथा समकालिक अध्ययन में कालक्रमिक अध्ययन की उपयोगिता को स्वीकार किया जाता है। साहित्यिक भाषा के समकालिक अथवा वर्णनात्मक अध्ययन में भी साहित्यिक भाषा के विकासात्मक अध्ययन के महत्त्व को अस्वीकार नहीं किया जा सकता। साहित्य विषयक ज्ञान को समृद्ध करने में साहित्यिक भाषा के विकासात्मक अध्ययन के महत्त्व को देखते हुए इस दिशा में गहन विचार और कार्य की आवश्यकता है।

निम्नलिखित आरेख में भाषा के इतिहास, साहित्यिक भाषा के इतिहास तथा साहित्य के इतिहास में अन्तर एवं सम्बन्धों को देखा जा सकता है।

भाषा का इतिहास, साहित्यिक भाषा के इतिहास तथा साहित्य का इतिहास

अध्ययन सामग्री	साहित्येत्तर भाषा	साहित्यिक साहित्यिक भाषा	साहित्य
	को कोड	उपकोड़ उपकोड़	विचारधारा रूप
अध्ययन सामग्री की स्वीकृत पद्धति	समरूप	विषमरूप	विषमरूप
अध्ययन की पद्धति	संरचनात्मक	संरचनात्मक विकास विकास+ मानकीकरण	विकासात्मक परिवर्तन
	कोड कोश	उपकोड़–1 उपकोड़–2	विचारधारा रूप
अध्ययन का क्षेत्र	कालक्रमिक ऐतिहासिक भाषाविज्ञान	कालक्रमिक/ ऐतिहासिक भाषावैज्ञानिक साहित्यिक शैली विज्ञान	साहित्यिक, प्रोक्ति का कालक्रमिक अध्ययन कालक्रमिक काव्यशास्त्र

महात्मा गाँधी की भाषिक दृष्टि

पूर्व समकुलपति प्रो. चित्तरंजन मिश्र

महात्मा गाँधी आधुनिक भारत का ऐसा सपना देखने दिखाने वाले मनीषी–चिंतक, आन्दोलनकारी, सत्याग्रही थे जिनके सपनों के केन्द्र में भारतीयता का सच्चा विवेक था वह विवेक नहीं जो पश्चिम के अंधानुकरण से या उस निषेध की तीव्र प्रतिक्रिया से बनता हो बल्कि वह विवेक जो अपनी परम्परा से रस ग्रहण करता है और परम्पराओं की जड़ताओं की गाँठ से अपने को मुक्त भी रखता हो। यह विवेक सच्चे अर्थों में ठेठ देशी आधुनिकता की ओर अग्रेसर है जिसके केन्द्र में है सबकी स्वाधीनता की रक्षा करते हुए अपनी स्वाधीनता के लिए संघर्ष सिर्फ राजनीतिक स्वाधीनता के लिए नहीं, बल्कि चेतना की स्वाधीनता के लिए जो सभी तरह की औपनिवेशिक दासताओं का निषेध करती है, अपनी परम्परा की भी परख करती है और निरन्तर अपने प्रयोगों की सार्थकता को जाँचती रहती है। इस विवेक के केन्द्र में है भारतीय ऋषि द्वारा खोजी गयी अहिंसा की शक्ति और करुणा का अथाह पारावार, अपने सत्य का सहारा और टकरावहीनता का दर्शन, साधारणतः को गौरवान्वित करने का साहस और उसके लिए कुछ भी न्यौछावर करने को तत्पर अडिग आत्मविश्वास। विरोधी के भीतर भी सत्य के बीज बोते चलने और उसके भीतर भी करुणा तथा मनुष्यता के भावों के उदय की प्रतीक्षा का असमाप्त धैर्य। यह तथ्य सर्वशः स्वीकृत है कि गाँधी जी का धैर्य बिगड़ती हुई परिस्थितियों और विपरीत स्थितियों के बीच भी लगातार मज़बूत होता गया और इसके साथ ही सत्य के प्रयोग के उनके तरीके भी लगातार कठोर होते गये।

चेतना की इस स्वाधीनता के निर्माण के लिए गाँधी ने अथक उद्यम किया और सच्ची स्वाधीनता के आन्दोलन को 'निज भाषा' के महत्त्व के साथ

संपृक्त किया। वे पूरे जीवन में इस एक बात पर अड़े रहे कि कोई भी देश या समाज अपनी भाषा से वंचित होकर अपनी स्वाधीनता न तो प्राप्त कर सकता है और न ही प्राप्त कर लेने के बाद उसे बचाए रह सकता है। भारत की आजादी के आन्दोलन में सक्रिय होने के पूर्व उनके चिन्तन और विचार का एक प्रामाणिक दस्तावेज 'हिन्द स्वराज' के रूप में संसार के सामने आ चुका था। हिंद स्वराज में भाषा संबन्धी अपने दृष्टिकोण को स्पष्ट करते हुए उन्होंने लिखा– "करोड़ों लोगों को अँग्रेजी में शिक्षा देना उन्हें गुलामी में डालने जैसा है। मैकाले ने जिस शिक्षा की नींव डाली, वह सचमुच गुलामी की नींव थी। उसने इसी इरादे से यह योजना बनायी थी, यह मैं नहीं कहना चाहता, किन्तु उसके काम का नतीजा यही हुआ है। हम स्वराज्य की बात भी पराई भाषा में करते हैं यह कैसी बड़ी दरिद्रता है।"

आगे उनकी मान्यता है–"अँग्रेजी शिक्षा लेकर हमने अपने राष्ट्र को गुलाम बनाया है। अँग्रेजी शिक्षण से दंभ (ढोंग), द्वेश, बढ़े हैं। अँग्रेजी शिक्षा पाये हुए लोगों ने प्रजा को ठगने में, उसे परेशान करने में कोई कसर नहीं रखी है। हिन्दुस्तान को गुलाम बनानेवाले तो हम अँग्रेजी जाननेवाले लोग ही हैं। राष्ट्र की हाय अँग्रेजों पर नहीं पड़ेगी, बल्कि हमपर पड़ेगी।"[1]

तमाम अँग्रेजी पढ़े लिखे अँग्रेजीदाँ भारतीय लोगों के साथ विचार विमर्श करते हुए गाँधी जी ने जो अनुमान किया था उससे उन्होंने महत्त्वपूर्ण निष्कर्ष निकाला था कि "अँग्रेजी शिक्षा के कारण शिक्षितों एवं अशिक्षितों के बीच कोई सहानुभूति कोई संवाद नहीं है। शिक्षित समुदाय, अशिक्षित समुदाय के दिल की धड़कन को महसूस करने में असमर्थ है।"[2]

इस उदधरण से हम सहज ही इस निष्कर्ष तक पहुँच सकते हैं कि गाँधी जी ने यह अनुभव किया कि अँग्रेजी शिक्षा के कारण भारतीय समाज भीतर से खण्डित हो चुका है वह गुलामी से पड़ने वाली दीर्घकालिक प्रताड़ना को महसूस करने का विवेक भी खोता जा रहा है, इसलिए उन्होंने हर स्तर पर शिक्षा या विचार–विमर्श की माध्यम भाषा के रूप में अँग्रेजी को अस्वीकार किया और उसकी जगह पर अपनी चेतना को जगाने वाली, अपनी भाषा के व्यवहार पर बल दिया। हमें याद करना चाहिए कि काशी हिन्दू विश्वविद्यालय के स्थापना समारोह में उन्होंने अपने क्रान्तिकारी विचारों के साथ जो तल्ख भाषण दिया था, उससे उस सभा में उपस्थित कितने ही राजे–रजवाड़े सामन्त पिनपिना उठे थे, किन्तु उनकी परवाह न करते हुए गाँधी जी ने अपने संक्षिप्त और सारगर्भित वक्तव्य में, भाषा का सवाल भी उठाया था।

कहा जाता है कि भारत आगमन के बाद गाँधी जी का यह पहला सार्वजनिक भाषण था। इस पहले भाषण में भी उन्होंने भाषा विषयक अपनी मान्यताओं को स्पष्टता से प्रस्तुत किया। उनके पूर्व के सभी वक्ताओं ने अँग्रेजी में अपनी बातें रखी थीं लेकिन महात्मा जी ने हिन्दी में भाषण करते हुए कहा कि– "इस महान विद्यापीठ के प्रांगण में अपने ही देशवासियों से अँग्रेजी में बोलना पड़े यह अत्यन्त अप्रतिष्ठा और लज्जा की बात है। मुझे आशा है कि इस विश्वविद्यालय में विद्यार्थियों को उनकी मातृभाषा के माध्यम से शिक्षा देने का प्रयास किया जायेगा। हमारी भाषा हमारा ही प्रतिबिम्ब है और इसलिए यदि आप मुझसे यह कहें कि हमारी भाषाओं में उत्तम विचार अभिव्यक्ति किए ही नहीं जा सकते तब तो हमारा संसार से उठ जाना ही अच्छा है। क्या कोई व्यक्ति स्वप्न में भी यह सोच सकता है कि अँग्रेजी भविष्य में किसी भी दिन भारत की राष्ट्रभाषा हो सकती है? फिर राष्ट्र के पाँवों में यह बेड़ी किसलिए। यदि हमें पिछले पचास वर्षों में देशी भाषा के द्वारा शिक्षा दी गयी होती, तो आज हम किस स्थिति में होते! हमारे पास एक आजाद भारत होता, हमारे पास अपने शिक्षित आदमी होते जो अपनी ही भूमि में विदेशी जैसे न रहे होते बल्कि जिनका बोलना जनता के हृदय पर प्रभाव डालता।"[3]

काशी हिन्दू विश्वविद्यालय का यह भाषण उच्च शिक्षा के माध्यम के रूप में अपनी भाषा के महत्त्व की स्वीकृति का एक नीतिगत वक्तव्य है, जिसे तब तो कुछ ध्यान से सुना गया था क्योंकि हिन्दी स्वाधीनता आन्दोलन की भी भाषा बन गयी थी, स्वतन्त्र भारत में भी शायद उतने ही ध्यान से सुना और सुना गया होता तो स्वाधीनता हमारे लिए केवल सरकार बनाने के लिए मतदान करने की फर्ज अदायगी तक सीमित नहीं रह गयी होती। हमारे देश ने अपने ग़रीब बेसहारा लोगों की ज़रूरतों के प्रति लोकतन्त्र की ज़िम्मेदारी की सच्ची तस्वीर का साफ़ दृश्य देखा होता। आज हमारी स्वाधीनता इसीलिए अधूरी है कि हमने अपने सपने अपनी भाषा में देखने की जगह पराई भाषा भाषियों से ग्रहण कर लिए, पराधीनता में जिनसे लड़ते रहे, स्वाधीनता मिलने के बाद उन्हीं की ओर बढ़ते रहे और इसी की आँकड़ेबाजी में देश की आम जन को, संसाधनों और सुविधाओं से वंचित समुदायों को, और भी वंचित बनाते जाकर अब उन्हें देश की दौलत लूटकर अमीर बने अमीरों की दया का पात्र बनाने में, सफलता विकास और गौरव का, ढिंढोरा पीटा जा रहा है।

गाँधी के लिए भाषा का सवाल, सिर्फ़ राजभाषा या राष्ट्र भाषा का सवाल नहीं है, सिर्फ़ सरकारी कामकाज की भाषा का सवाल भी नहीं है, वह सवाल

है स्वतन्त्र देश की सत्ता–व्यवस्था में आम जन की भागीदारी का, सच्ची स्वाधीनता और लोकतन्त्र की सार्थकता के लिए उनकी भावनाओं और उनकी ज़रूरतों को समझकर योजनाओं के क्रियान्वयन का। इसी भाव को स्पष्ट करते हुए उन्होंने कहा कि "अँग्रेजी शिक्षा के कारण शिक्षितों और अशिक्षितों के बीच कोई सहानुभूति कोई संवाद नहीं है। शिक्षित समुदाय, अशिक्षित समुदाय के दिल की धड़कन को महसूस करने में असमर्थ है।"[4] भाषा नीति पर विचार व्यक्त करने वाले गाँधी को लगता है कि स्वराज्य की सफलता और सार्थकता तभी सम्भव है जब शिक्षित और अशिक्षित समुदायों के बीच संवाद बना रहे और जब पढ़े लिखे लोग–यानी कि व्यवस्था के संचालन के लिए ज़िम्मेदार लोग पीछे छूट गये लोगों की भावनाओं और उनके दिलों की धड़कन को महसूस कर सकें। तात्पर्य यह कि एक सहज और संवेदनशील सर्वसुलभ प्रणाली के लिए देशी भाषा की पढ़ाई और राज–काज में उसका व्यवहार ज़रूरी है तभी सच्चा स्वराज्य चरितार्थता प्राप्त कर सकता है।

गाँधी जी भाषा को देश की धड़कन मानते थे, इसलिए उन्होंने ऐसी हिन्दी पर बल दिया, जो हिन्दी भाषी राज्यों का सामान्य आदमी बोलता है और जिसे सारे भारत के लोग समझने में समर्थ हैं। उनकी हिन्दी जिसे वे हिन्दुस्तानी कहते हैं तत्समता प्रधान हिन्दी नहीं है बल्कि ऐसी हिन्दी है जिसे आम हिन्दुस्तानी गाँव का ग़रीब किसान मजदूर भी बोलता समझता है। इसी भाव से उन्होंने स्वाधीनता आन्दोलन के समय में ही काँग्रेस के लोगों के लिए हिन्दुस्तानी के प्रयोग पर बल दिया। उन्होंने इसी हिन्दी–हिन्दुस्तानी को आजादी की लड़ाई से भी जोड़ा था। सन् 1925 में काँग्रेस के कानपुर अधिवेशन में एक महत्त्वपूर्ण प्रस्ताव भाषा नीति के सन्दर्भ में भी पारित किया गया था। इस प्रस्ताव में कहा गया था कि काँग्रेस का काम–काज अधिक से अधिक हिन्दुस्तानी जबान में किया जाय।

इस प्रस्ताव को स्पष्ट करते हुए गाँधी जी ने अपने पत्र 'यंग इण्डिया' में 7.1.1926 को लिखा, "हिन्दुस्तानी के उपयोग के बारे में जो प्रस्ताव पास हुआ है वह लोकमत को बहुत आगे ले जानेवाला है। हमें अब तक अपना कामकाज ज़्यादातर अँग्रेजी में करना पड़ता है, यह निःसन्देह प्रतिनिधियों और काँग्रेस की महासमिति के ज़्यादातर सदस्यों पर होनेवाला एक अत्याचार ही है। इस बारे में किसी–न–किसी दिन हमें आख़िरी फैसला करना ही होगा। जब ऐसा होगा तब कुछ वक़्त के लिए थोड़ी दिक्कतें पैदा होंगी, थोड़ा असन्तोष भी रहेगा। लेकिन राष्ट्र के विकास के लिए यह अच्छा ही

होगा कि जितनी जल्दी हो सके, हम अपना काम हिन्दुस्तानी में करने लगें।"[5] वे काँग्रेस के उद्देश्यों से जिसमें स्वाधीनता की प्राप्ति मुख्य था– देश के ग़रीबों को भी जोड़ना चाहते थे। ग़रीबों को जोड़कर वे एक ओर इस आन्दोलन को मज़बूत बना रहे थे, तो दूसरी ओर उन्हें देश की मुख्य धारा में शामिल ही नहीं कर रहे थे बल्कि मुख्य धारा को उन्हीं की ज़रूरतों के अनुसार नियोजित भी कर रहे थे। अपनी दीर्घकालिक सोच को व्यक्त करते हुए उन्होंने दि. 3–1–26 के 'नवजीवन' में भी इसका खुलासा किया और लिखा–"जहाँ तक हो सके, काँग्रेस में हिन्दी–उर्दू का इस्तेमाल किया जायें यह एक महत्त्व का प्रस्ताव माना जायेगा। अगर काँग्रेस के सभी सदस्य इस प्रस्ताव को मानकर चलें, उस पर अमल करें, तो काँग्रेस के काम में ग़रीबों की दिलचस्पी बढ़ जायें"[6]

भाषा के बारे में अपनी साम्राज्यवाद विरोधी, उपनिवेशवाद विरोधी–देशी विचार प्रणाली को गाँधी जी ने हजारों बार हजारों तरह से स्पष्ट किया है उदाहरण दे–देकर समझाया है। वे भाषा को दिलों को जोड़ने वाले माध्यम के रूप में भी देखते थे और उन लोगों से उनकी असहमति थी जो भारतीय भाषाओं को एक–दूसरे से अलगाव पैदा करने का साधन बनाना चाहते थे। गाँधी जी की सतर्क और पारखी दृष्टि से यह तथ्य भी ओझल नहीं होने पाया कि औपनिवेशिक ताकत भाषा के नाम पर भी भारतीयों में फूट डालने की साजिश कर सकती है। 'हिन्द स्वराज' में उन्होंने लिखा "हर एक पढ़े–लिखे हिन्दुस्तानी को अपनी भाषा का, हिन्दू को संस्कृत का, मुसलमान को अरबी का, पारसी को फारसी का और सबको हिन्दी का ज्ञान होना चाहिये। सारे हिन्दुस्तान के लिए तो हिन्दी ही होगी। उसे उर्दू या नागरी लिपि में लिखने की छूट रहनी चाहिए। हिन्दू–मुसलमानों के विचारों को ठीक रखने के लिए बहुतेरे हिन्दुस्तानियों का दोनों लिपियाँ जानना ज़रूरी है।"[7] गाँधी जी की यह सलाह भाषायी आधार पर हिन्दू मुसलमानों में फूट डालने की साजिश के विरुद्ध एक सकारात्मक कोशिश के रूप में भी थी। सब जानते हैं कि एक खास साजिश के तहत फोर्ट विलियम कालेज द्वारा हिन्दी को हिन्दुओं की और उर्दू को मुसलमानों की भाषा के रूप में प्रचारित किया गया। गाँधी की कोशिश इस साजिश को असफल करने की थी।

हिन्दी को राष्ट्रभाषा बनाये जाने के लिए हर तरह से सक्षम मानते हुए गाँधी जी ने अपनी हिन्दी को भी व्याख्यायित किया और उनकी यह व्याख्या भी, उनके मूल सिद्धान्त जिसमें साधारणतः को सम्मानित करने का भाव था,

के ही अनुरूप है। हिन्दी भाषा के स्वरूप की व्याख्या करते हुए गाँधी जी ने कहा "हिन्दी भाषा मैं उसे कहता हूँ जिसे उत्तर में हिन्दू और मुसलमान बोलते हैं, और जो देवनागरी या उर्दू लिपि में लिखी जाती है। ऐ दलील दी जाती है कि हिन्दी और उर्दू दो अलग–अलग भाषाएँ हैं। यह दलील सही नहीं है। उत्तर भारत में मुसलमान और हिन्दू एक ही भाषा बोलते हैं। भेद पढ़े लिखे लोगों ने डाला है। इसका अर्थ यह है कि हिन्दू शिक्षित वर्ग ने हिन्दी को केवल संस्कृतमय बना दिया है। इस कारण कितने ही मुसलमान उसे समझ नहीं सकते हैं। लखनऊ के मुसलमान भाइयों ने उस उर्दू में फारसी भर दी है और उसे हिन्दुओं के समझने के अयोग्य बना दिया है। ये दोनों केवल पण्डिताऊ भाषाएँ हैं और उनको जन साधारण में कोई स्थान प्राप्त नहीं है। मैं उत्तर में रहा हूँ और हिन्दू–मुसलमानों के साथ ख़ूब मिला–जुला हूँ और मेरा हिन्दी भाषा का ज्ञान बहुत कम होने पर भी मुझे उन लोगों के साथ व्यवहार रखने में कोई कठिनाई नहीं हुई है। जिस भाषा को उत्तर भारत में आम लोग बोलते हैं, उसे चाहे हिन्दी कहें चाहे उर्दू दोनों एक ही भाषा की सूचक हैं। यदि उसे फारसी लिपि में लिखें तो वह उर्दू भाषा के नाम से पहचानी जायेगी और नागरी में लिखें तो वह हिन्दी कहलाएगी।"[8]

गाँधी जी यह भली भाँति समझते थे कि यह ब्रिटिश साम्राज्यवादियों की कुटिल चाल है कि वे भारतीय जनता को भाषा के नाम पर भी बाँटने में लगे हैं, इसलिए वे अपनी कोशिशों से भारतीय जनता को दीर्घकालिक एकता के सूत्र में पिरोना चाहते थे और उन्हें लग रहा था कि यह लक्ष्य भाषा नीति के द्वारा प्राप्त किया जा सकता है। 'हिन्दुस्तानी' की कल्पना को साकार करके उन्होंने एक साथ कई लक्ष्यों को साधने की दिशा में प्रयास किया। स्वराज्य, सच्ची स्वाधीनता, हिन्दू–मुस्लिम एकता, धर्म निरपेक्षता, जैसे बड़े आदर्श उनके सामने थे, और इन लक्ष्यों को वे भारतीय जनता तक न सिर्फ पहुँचाना चाहते थे बल्कि उसे भी उन लक्ष्यों की सिद्धि का ज़िम्मेदार बनाना चाहते थे। 29 अक्तूबर 1938 के 'हरिजन' में 'हिन्दुस्तानी, हिन्दी और उर्दू' शीर्षक से उन्होंने एक लेख प्रकाशित किया जिसमें उन्होंने लिखा। "बड़े दुःख की बात है कि हिन्दी उर्दू के सवाल को लेकर एक विवाद उठ खड़ा हुआ है और वह अब भी चल रहा है। जहाँ तक काँग्रेस का सम्बन्ध है, उसने हिन्दुस्तानी को ऐसी भाषा के रूप में विधिवत मान्य किया है, जिसे अन्तर्प्रान्तीय सम्पर्क के लिए अखिल भारतीय भाषा बनना है। मंशा यह नहीं है कि वह प्रान्तीय भाषाओं के स्थान पर स्वयं आसीन हो जाय, बल्कि यह है

कि उन्हें और भी समृद्ध करें।... जिन काँग्रेसियों को अखिल भारतीय स्तर पर काम करना है, यदि वे हिन्दुस्तानी को दोनों लिपियों में सीखने भर की तकलीफ उठाएँ, तो उसका मतलब होगा कि हम अपने राष्ट्र भाषा विषयक लक्ष्य की दिशा में कई कदम आगे बढ़ चुके हैं। असली स्पर्धा हिन्दी और उर्दू के बीच नहीं, बल्कि हिन्दुस्तानी और अँग्रेजी के बीच है।"[9]

गाँधी की भाषा दृष्टि उनकी स्वराज्य दृष्टि का एक मुख्य साधन है। इस दृष्टि से वे स्वाधीनता को, सहजता को, जन–भावना को, देश–भावना को, सच्ची लोकतांत्रिक चेतना को अहिंसा पर आधारित सामाजिक संरचना और सभ्यता को तथा भारतीय संस्कृति की मंगलकारी परम्परा को बज़बूत बनाने के अपने सपने को चरितार्थ कर रहे थे और चाहते थे कि काँग्रेस के लोग (मतलब यह है कि आजादी के लिए संघर्ष करने वाले लोग) तथा आम भारतीय नागरिक भी इस सपने के साथ जुड़ाव महसूस करता रहे।

सन्दर्भ

1. गाँधीजी–'राष्ट्रभाषा हिन्दुस्तानी' (अनुवादक–काशीनाथ त्रिवेदी), नवजीवन प्रकाशन मन्दिर, अहमदाबाद, प्र.सं.1947, पृष्ठ–27
2. सं. रामनाथ सुमन–शिक्षण और संस्कृति, उत्तर प्रदेश गाँधी स्मारक निधि सेवापुरी, वाराणसी, पृष्ठ–765
3. वही, पृष्ठ–164
4.
5. गाँधीजी–'राष्ट्रभाषा हिन्दुस्तानी' (अनुवादक–काशीनाथ त्रिवेदी), नवजीवन प्रकाशन मन्दिर, अहमदाबाद, प्र.सं. 1947, पृष्ठ–25
6. वही, पृष्ठ–25–26
7. गाँधीजी–हिन्द स्वराज्य, पृष्ठ–124
8. गाँधीजी–'राष्ट्रभाषा हिन्दुस्तानी' (अनुवादक–काशीनाथ त्रिवेदी), नवजीवन प्रकाशन मन्दिर, अहमदाबाद, प्र.सं. 1947, पृष्ठ–5–6

विश्वभाषा का सन्दर्भ और हिन्दी

डॉ. सुनील कुमार

विश्वभाषा के रूप में हिन्दी को लेकर बहुत लम्बे समय से चर्चा–परिचर्चा का दौर भाषा और साहित्य जगत में जारी है। यह मुद्दा इसलिए भी ज़ोर–शोर से उठ रहा है क्योंकि अब हिन्दी के प्रयोजनमूलक सन्दर्भ विश्व पटल पर नित नये आकार ले रहे हैं। वर्तमान में हिन्दी का बदला हुआ भाषिक परिदृश्य बहुत सारे व्यावसायिक कारणों से हमें देखने को मिलता है। जनसंचार प्रोद्यौगिकी और सोशल मीडिया, इंटरनेट, यूट्यूब, जैसे आधुनिक संचार में सभी प्लेटफार्म पर हिन्दी का व्यवहार राष्ट्रीय पटल पर तो बढ़ ही रहा है। अन्तर्राष्ट्रीय पटल पर भी तेज़ी से अपनी स्थिति को प्रभावशाली बना रहा है। आज अनेक ऐसे कार्यक्रम भारत में आयोजित हो रहे हैं जिन से विश्व समुदाय सीधे रूप से जुड़ रहा है। अमेरिका, ब्रिटेन, फ्रांस, चीन, जापान, आदि देशों में रहने वाले प्रवासी भारतीय और एशियाई मूल के लोग अब गूगल मीट, जूम और फेसबुक जैसे माध्यमों पर हिन्दी साहित्य के विभिन्न कार्यक्रम सफलता पूर्वक आयोजित और प्रसारित कर रहे हैं। बहुत सारे समाचार पत्रों का ई संस्करण भी निकल रहा जिसमें कुछ प्रमुख नाम हैं, हिन्दुस्तान, जागरण, अमर उजाला, नवभारत टाइम्स, नवभारत, नेशनल दुनिया, दैनिक भास्कर, राजस्थान पत्रिका, पंजाब केसरी, राष्ट्रीय सहारा, जनसत्ता, डेली हिन्दी मिलाप, लोकमत समाचार, नई दुनिया, नवोदय टाइम्स, आयी–नेक्स्ट, आज की जनधारा, इंडिया दर्पण, खास खबर, जन सन्देश टाइम्स, पायनियर, डीलए, प्रतिदिन अखबार, महानगर टाइम्स, राजधानी टाइम्स, लोक तेज़, लोकजीवन, लोकसत्य, विराट भारत, वीर अर्जुन, समय भास्कर, स्वतन्त्र चेतना, स्वतन्त्र भारत, हरि भूमि दैनिक ट्रिब्यून, दैनिक पूर्वोदय, नभछोर, प्रभात खबर, आज समाज, जनवाणी, अग्निबाण, स्वदेश, हिन्दी गौरव, हिन्दी अबोर्डा आदि का नाम लिया जा सकता है।

प्रमुख हिन्दी की ऑनलाईन पत्रिकाओं में आधारशिला, कथाक्रम, कथादेश, कादम्बिनी, गर्भनाल, तद्भव, नवनीत, पाखी, मधुमती, योजना, वर्तमान साहित्य, लमही, वसुधा, वागर्थ, साहित्य अमृत, विश्वा, हरिगंधा, हिन्दी चेतना निरन्तर प्रकाशित हो रही हैं।

इसी प्रकार की स्थिति हिन्दी के बहुत सारे समाचार के टीवी चैनल की भी है जिनमें प्रमुख हैं–आज तक, रिपब्लिक भारत, एबीपी न्यूज, टीवी 18 इंडिया, न्यूज 24, न्यूज नेशन, इंडिया न्यूज, आयीबीएन 7, समय, न्यूज वर्ल्ड इंडिया, सुदर्शन न्यूज, जी हिन्दुस्तान, चैनल वन, तेज़, जैन टीवी, लोकसभा टीवी, टीवी 24, चैनल लीमोन, जनता टीवी, 4 रील न्यूज, जी न्यूज, तेज़, टी.वी 9 भारत वर्ष, न्यूज नेशन, न्यूज एक्सप्रेस, डी.डी. न्यूज, लाइव इंडिया, एन.डी.टी.वी, इंडिया न्यूज, न्यूज स्टेट, फोकस न्यूज, सहारा इडिया, ई.टी.वी, चैनल और इनके यूट्यूब संस्करण, दुनिया भर में देखे और सुने जा रहे हैं। इसके साथ ही मनोरंजन से जुड़े टीवी चैनलों के कुछ प्रमुख नाम हैं, सोनी मैक्स, सोनी स्पोर्टस, सोनी सिक्स, जी सिनेमा, जी स्माईल, जी प्रीमियर, जी टी.वी, लाईफ ओके, कलर्स, स्टार उत्सव, स्टार प्लस, स्टार गोल्ड, स्टार स्पोर्टस, यू टी.वी मूवीज, यू टी.वी. एक्शन, मूवीज ओके, बी.फोर.यू. मूवीज, आशीर्वाद क्लासिक, जी अनमोल, रिश्ते, बिन्दास, सोनी पल, सब.टी.वी, जूम, सैट मैक्स, बिन्दास प्ले, बिग मैजिक, डी.डी. नैशनल, मैक्स टू, एंड पिक्चर्स, रिश्ते सिनेपलैक्स, जी क्लासिक, वी फिलिक्स मूवीज, आयी.बी.एन. सेवन, डी.डी. स्पोर्टस जैसे बहुत सारे चैनल हैं जिनका प्रसारण निरन्तर लोकप्रिय हो रहा है।

यह सारा घटनाक्रम हिन्दी भाषा के दर्शक वर्ग की विशाल उपलब्धता का ही परिणाम है। इलेक्ट्रॉनिक जनसंचार माध्यम को सबसे बड़ी दरकार दर्शक वर्ग की रहती है। इस पृष्ठभूमि में जिस भाषा के अन्तर्गत जितना व्यापक दर्शक वर्ग मिलेगा इलेक्ट्रॉनिक जनसंचार माध्यम और सोशल मीडिया उसी के आधार पर अपनी रणनीति तैयार करने के लिए बाध्य होंगे। यह सारा गणित माँग और आपूर्ति के सिद्धान्तों का प्रतिफलन है। यही नियति बहुराष्ट्रीय बाज़ार की भी है क्योंकि बाज़ार उपभोक्तावाद की संस्कृति का पोषक है। इस व्यवस्था में उपभोक्तावाद का गणित निर्धारित करता है कि बाज़ार की दशा और दिशा किस प्रकार की रहेगी। अभिप्राय यह है कि उपभोक्ता और दर्शक यदि किसी भाषा में सर्वाधिक हैं तो सूचना और संचार प्रोद्यौगिकी एवं सोशल मीडिया तथा बाज़ार उनकी अनदेखी कर ही नहीं सकता। यदि वह अपने व्यवसायिक हितों को साधना चाहता है तो उसके पास सर्वोत्तम विकल्प यही है कि दर्शक और उपभोक्ता की भाषा को

अंगीकार करते हुए आगे बढ़े। हम सब इस तथ्य से भली–भाँति अवगत हैं कि इस समय दुनिया के नक्शे पर बाज़ारवादी गतिविधियों का वर्चस्व कायम है। उपभोक्तावाद और बाज़ारवादी व्यवस्था के धरातल पर एक सर्वग्राह्य सम्प्रेषणमूलक भाषा की आवश्यकता रहती है जो बाज़ार के समीकरण को साधने की बहुराष्ट्रीय क्षमता रखती हो। इस पृष्ठभूमि में हिन्दी उन सभी पक्षों को साधने में सक्षम है जो प्रचार–प्रसार और विपणन की प्रणाली के लिए प्रभावशाली होते हैं। बहुराष्ट्रीय उद्योग जगत भाषा के माध्यम से उपभोक्ता को साधने का कार्य करता है और इसके लिए वह उन भाषागत विज्ञापनों का सहारा लेता है जो राष्ट्रीय और अन्तर्राष्ट्रीय परिप्रेक्ष्य में सर्वाधिक सम्प्रेषणीय और प्रभावशाली हों। जब हम इस दृष्टिकोण से भाषाओं के प्रयोक्ताओं के आँकड़ों पर नजर डालते हैं तो पाते हैं कि वैश्विक व्यवस्था के अन्तर्गत दुनिया के सबसे विशाल वर्ग को अपने साथ जोड़ने की जैसी क्षमता इस समय हिन्दी में मौजूद है वह दुनिया की अन्य किसी भाषा में नजर नहीं आती। इसका एक प्रमुख कारण है दुनिया भर में सम्प्रेषणमूलक भाषा के रूप में हिन्दी बोलने समझने वालों की सर्वाधिक संख्या का होना। जब संख्या घनत्व की बात होती है तो दुनिया और एशिया के भाषिक समीकरण को देख लेना बहुत ज़रूरी हो जाता है। जनसंख्या घनत्व के दृष्टिकोण से विश्व में एशिया का अपना अलग ही महत्त्व है। दुनिया के नक्शे पर जनसंख्या प्रतिशत की दृष्टि से एशिया की भूमिका प्रतिशतात्मक रूप में बहुत महत्त्वपूर्ण और निर्णायक हो जाती है। इसको समझने के लिए आँकड़ों को देख लेते हैं। जनसंख्या आँकड़ों के आधार पर दुनिया के महाद्वीपों की आबादी का जनसंख्या भूगोल कुछ इस प्रकार से सामने आता है।

स्थान	महाद्वीप	विश्व जनसंख्या	प्रतिशतता
	विश्व	7,77,4854,999	100%
1	एशिया	4,640810949	59.69%
2	अफ्रीका	1271966278	16.36%
3	योरोप	772820587	9.94%
4	उत्तरी अमेरिका	605,661,204	7.79%
5	दक्षिणी अमेरिका	441611764	5.68%
6	ओशिआनिआ	41984217	0.54%
7	अंटार्टिका	1,127	0.01%

दर्शाए गये आँकड़ों के आधार पर दुनिया की लगभग 60% आबादी एशिया में बसती है। इस धरातल पर ग़ौर करने वाली बात ये हैं कि वर्तमान में एशिया की सबसे बड़ी सम्प्रेषणमूलक भाषा हिन्दी बन चुकी है। अतः बाज़ारवादी समीकरण को साधने की जैसी क्षमता आज हिन्दी में है उस प्रकार की क्षमता एशिया और दुनिया की किसी दूसरी भाषा में दिखायी नहीं देती। यही कारण है कि हिन्दी भाषा के अन्तर्गत जिस प्रकार से वैश्विक संचार स्थापित हो रहा है वह आश्वस्त करता है कि भविष्य में हिन्दी का व्यवहार पूरी दुनिया में उसी प्रकार से होने लगेगा जिस प्रकार से अँग्रेजी के प्रचलन की बात कही जाती रही है।

विश्व पटल पर हिन्दी की प्रयोजनमूलक सार्थकता सिद्ध करती है कि हिन्दी के सन्दर्भ आज वैश्विक पटल पर घटित और सिद्ध हो रहे। जबकि अँग्रेजी जिसे विश्व भाषा के रूप में अधिमान दिया जाता रहा है वह अब सूचना संचार और मनोरंजन जैसे सभी क्षेत्रों में हिन्दी जैसी व्यापकता के साथ दिखायी नहीं देती। दुनिया की तीन सबसे बड़ी भाषाओं को लेकर जब हम चर्चा करते हैं और उनके विभिन्न पक्षों पर नजर डालते हैं तो जो हमें देखने को मिलते हैं वह कुछ इस प्रकार से है। पूरी दुनिया की कुल आबादी इस समय 7,77,4854,999 है, जिसमें भारत की जनसंख्या 139 करोड जो विश्व आबादी का लगभग 17.55% है तथा चीन की जनसंख्या 143 करोड है जो विश्व की आबादी का लगभग 18.4% है। भाषिक आँकड़ों के हिसाब से चीन की मन्दारिन भाषा के मातृभाषियों का प्रतिशत हिन्दी भाषा से अधिक है लेकिन दूसरी वास्तविकता यह भी है कि मन्दारिन को बोलने समझने वाले चीन से बाहर योरोप और एशिया के देशों में नहीं मिलते। इसके ठीक उलट हिन्दी को बोलने समझने वाले भारत सहित पूरे योरोप और एशिया में मिलते हैं। यही कारण है कि हिन्दी भाषा के माध्यम से व्यावसायिक गतिविधियाँ बहुराष्ट्रीय पटल पर अधिक गतिशील हो रही हैं। इसका सबसे प्रमुख कारण हिन्दी को बोलने समझने वालों की सर्वाधिक उपलब्धता ही है। हिन्दी का यही सिनारियो उसको दूसरी भाषाओं से विशेष बना देता है।

वर्तमान सन्दर्भ बाज़ारवाद और उपभोक्ता जगत के साथ सीधे रूप में जुड़ा हुआ है जिसकी अनदेखी नहीं की जा सकती। सूचना प्रोद्यौगिकी और बहुराष्ट्रीय उद्योगजगत को अपने उत्पाद के लिए खरीददार की तलाश रहती है और खरीददार किसी न किसी भाषा–भाषी समाज की इकाई होगा ही। अतः उस तक पहुँचने के लिए एक भाषा की ज़रूरत तो रहेगी ही। भाषा के अभाव में ग्राहक तक पहुँचने का कोई दूसरा उपाय तो है नहीं अतः ऐसे में बाज़ार उस भाषा का प्रयोग अपने प्रचार प्रसार के लिए करना चाहता है,

जो अधिक से अधिक उपभोक्ताओं तक उसके उत्पाद के विज्ञापन को पहुँचा सके। ये सारे समीकरण जिस भाषा के माध्यम से साधे जा सकते हैं बाज़ार उसका ही प्रयोग करने पर बाध्य होता है। इस धरातल पर हिन्दी के समतुल्य अन्य कोई भाषा इस समय तो दिखायी नहीं देती। इस वस्तुस्थिति को हम इस प्रकार भी समझ सकते हैं। दुनिया भर में लगभग 6809 भाषाएँ बोली जा रही हैं। इसमें चीन की मन्दारिन विश्व की प्रथम, हिन्दी दूसरी, अँग्रेजी तीसरी सबसे बड़ी मातृभाषाएँ हैं। शिक्षा के रूप में अँग्रेजी प्रथम, चीनी दूसरी, हिन्दी विश्व की तीसरी सबसे बड़ी भाषा है तथा सम्प्रेषणमूलक भाषा के रूप में हिन्दी प्रथम, अँग्रेजी दूसरी तथा मन्दारिन विश्व की तीसरी सबसे बड़ी भाषा है। आँकड़ों की दृष्टि से भाषिक व्यवहार की ज़मीन पर दुनियाभर में हिन्दी बोलने–समझनेवालों का प्रतिशत लगभग 26.8% से अधिक पाया जाता है। यह स्थिति चीनी की मन्दारिन भाषा में लगभग 18% के आसपास और अँग्रेजी भाषा में औसतन 14% है। इन सारे तथ्यों को देखने से विदित हो जाता है कि बहुराष्ट्रीय धरातल पर हर चौथा व्यक्ति सम्प्रेषणमूलक हिन्दी को जानता समझता है। इस धरातल पर वैश्विक आबादी का एक चौथाई से ज़्यादा हिस्सा हिन्दी प्रयोक्ताओं का पाया जाता है। विश्वभर में इस समय कोई अन्य भाषा ऐसे व्यापक स्वरूप वाली देखने को नहीं मिलती।

इस समय हिन्दी अपने अन्तर्राष्ट्रीय व्यवहारिक रूप में लगभग 200 देशों में बोली और समझी जाती है। लगभग सौ देशों के विद्यार्थी भारत में आकर हिन्दी भाषा का पठन–पाठन करते हैं। पूरी दुनिया में भारत और एशिया के उद्योगपति और व्यापारी अपने व्यवसाय के सिलसिले में आवागमन करते रहते हैं। इसी के साथ बहुत बड़ी संख्या में नौकरी पेशा लोग भी प्रवासी के रूप में विदेशों के निवासी हैं। शैक्षणिक रूप से दुनियाभर के लगभग 200से अधिक विदेशी विश्वविद्यालयों में हिन्दी भाषा और साहित्य का अध्ययन–अध्यापन चल रहा है। केवल अमेरिका में ही उसके 16 राज्यों के 30 विश्वविद्यालयों में हिन्दी विभाग संचालित हो रहे हैं। इससे इतना तो निश्चित हो ही जाता है कि हिन्दी अब ग्लोब्लाइजड रूप में है। किसी भी भाषा के साथ बहुराष्ट्रीय समुदाय का निरन्तर जुड़ते रहना कोई आकस्मिक घटनाक्रम नहीं हुआ करता, बल्कि भाषा की प्रयोजनीयता के कारण से यह घटनाक्रम घटित होता है। हिन्दी के साथ पूरी दुनिया की दिलचस्पी यूँ ही अकस्मात हुई हो ऐसा नहीं है, बल्कि ये सारा जुड़ाव व्यावसायिक हितों की पूर्ति के कारणवश है। वर्तमान में हिन्दी की वैश्विक प्रयोजनीयता और लोकप्रियता के फलस्वरूप ही कई सौ की संख्या में विदेशी स्वामित्ववाले टीवी चैनल हिन्दी भाषा में अपने कार्यक्रम भारत और एशिया में प्रसारित

कर रहे हैं। जबकि उनका स्वामित्व तथा प्रबन्धन–तन्त्र अधिकतर योरोपियन और अँग्रेजी भाषी है।

इससे इतना तो स्पष्ट हो ही जाता है कि वैश्विक परिदृश्य में हिन्दी के सम्प्रेषणमूलक स्वरूप की स्वीकार्यता निरन्तर बढ़ रही है। दुनिया भर में सोशल मीडिया की उपस्थिति भी हर रोज हिन्दी में बेतहाशा रूप से बढ़ती जा रही है। सोशल मीडिया अब दैनिक जीवन का अनिवार्य हिस्सा बनता जा रहा है। जैसे–जैसे यह जीवन के उपयोगी क्षेत्रों से जुड़ रहा है इसका महत्त्व भी उसी अनुपात में गुणात्मक ढ़ंग से बढ़ता जा रहा है। यह स्वीकार्यता अकारण ही नहीं हुई है बल्कि भाषिक प्रयोक्ताओं के संख्या बल और इससे मिल रही आवश्यक सुविधाओं के कारण से बनी है, जिन्होंने इसे महत्त्वपूर्ण बना दिया है। यहाँ मुद्दा यह नहीं है कि सोशल मीडिया किस गति से विकास करता जा रहा है, बल्कि मुद्दा ये है कि इसके माध्यम से हिन्दी को बहुत बड़ा और पटल विस्तार मिल रहा है।

आज इस माध्यम पर हिन्दी ने जिस तेज़ी से अपना विस्तार किया है वह दर्शाता है कि आनेवाले दशक में इनके माध्यम से हिन्दी की पहुँच दुनिया के हरेक क्षेत्र तक सुनिश्चित हो जायेगी। हम देख रहें है कि आज इसके माध्यम से पूरी दुनिया आपस में जुड़ी हुई है। वाट्सएप, फेसबुक, इंस्टाग्राम, ट्वीटर जैसे प्लेटफार्म इसका ज्वलंत उदाहरण बन चुके हैं। इसका प्रभाव यह हुआ कि अब एशिया और योरोप की भौगोलिक और भाषिक दूरियाँ सिमटने लगी हैं। स्थिति ऐसी है कि सोशल मीडिया के प्रयोक्ता चौबीस घंटे पूरी दुनिया के साथ परस्पर जुड़े रहते हैं। सोशल मीडिया आज ऐसा प्लेटफार्म बन चुका है जिसकी सक्रियता अनवरत चौबीस घंटे जारी रहती है। यह सब अब ग्लोब्लाईजड रूप से सामाजिकों के जीवन की दैनिक ज़रूरत के रूप में शामिल होने लगा है। आनेवाले समय में इसके और अधिक प्रभावी और उपयोगी प्रारूप तैयार होंगे तथा इसकी पहुँच एशिया में और अधिक व्यापक होगी। जिस अनुपात में इसका विस्तार होगा उसी के अनुसार हिन्दी की व्यवहारिक प्रयुक्तियाँ भी अपना विस्तार करती रहेंगी। क्योकि अब बाज़ार और उपभोक्ता से सारी गतिविधियाँ नियन्त्रित होती हैं, ऐसे में जो भाषा जितना बड़ा बाज़ार उपलब्ध कराएगी उसका सन्दर्भ उतना ही अधिक विस्तार ग्रहण करता रहेगा। हिन्दी की यही विशेषता उसको विश्वभाषा के रूप में रेखांकित भी कर रही है।

भविष्य में भाषिक रूप से आर्थिक संसाधनों के जैसे स्रोत हिन्दी में सृजित होने की उम्मीद बन रही है, वैसी किसी अन्य भाषा के माध्यम से बनती दिखायी नहीं पडती। इसी का प्रभाव है कि हिन्दीगत जनसंचार माध्यमों, इलेक्ट्रॉनिक

मीडिया और सोशल मीडिया का ग्राफ निरन्तर उछाल पर है। परिस्थितियाँ इस प्रकार की हैं कि अँग्रेजी माध्यम में संचालित होने वाले इलेक्ट्रॉनिक मीडिया चैनलों का प्रबन्धन तन्त्र इस पर अपनी मोहर लगाते हुए हिन्दी चैनल प्रारम्भ करने को प्राथमिकता देने लगा है। यही कारण है कि 'हिन्दी में सूचना की ताकत को देखकर बाज़ार भी भौंचक्का है। टीवी पर फ़िल्मी दृश्यों, अन्ताक्षरी, भूतकथाओं, खेल, धारावाहिकों की भरमार, बीते कुछ वर्षों में खासकर 11 सितम्बर को अमेरिका के कई ठिकानों पर हुए 'आतंकी हमले' के बाद समाचार चैनलों की दर्शक संख्या में आयी वृद्धि ने भी सभी को नये समाचार चैनल शुरू करने की तरफ लुभाया है।, आज तक, इंडिया टुडे समूह का समाचार चैनल है। सिर्फ 10 वर्षों की इसकी सफलता ने न सिर्फ सभी को हिन्दी समाचार चैनल की सफलता के लिए आश्वस्त किया है, बल्कि स्वयं इंडिया टुडे की लोकप्रियता को भी धूमिल किया है।'[1] यह सारा घटनाक्रम दर्शाता है कि अँग्रेजी भाषा के माध्यम से जो सफलता इंडिया टुडे प्राप्त नहीं कर पाया वह हिन्दी के माध्यम से उसको मिली। इस प्रकार के उदाहरण सूचना प्रोद्यौगिकी, इलेक्ट्रॉनिक मीडिया और सोशल मीडिया में बड़ी संख्या में मिल जाते हैं। जिस गति से हिन्दी माध्यम के टीवी चैनल की भरमार देखी जा रही है उससे आभास होता है कि आने वाले समय में इनका विस्तार और संख्या अँग्रेजी माध्यम की टीवी चैनल से अधिक और व्यापक हो जायेगी। हिन्दी माध्यम के टीवी चैनल का दर्शक वर्ग जिस गति से पूरी दुनिया में बढ़ रहा है उसे देखकर लगता है कि यह ट्रेंड भविष्य में और ज्यादा व्यापक होने वाला है। पूरी दुनिया के प्रवासी भारतीय और एशिया मूल के लोग तो हिन्दी माध्यम के टीवी कार्यक्रमों का हिस्सा बन ही रहे हैं उनके साथ साथ स्थानीय भाषाई समुदाय के लोग भी निरन्तर जुड़ रहे हैं। हिन्दी भाषा के अनेक टीवी कार्यक्रम इस समय दुनिया भर में लोकप्रिय हो चुके हैं जिसमें समाचार और मनोरंजन जगत के कार्यक्रमों को देखा जा सकता है जिसमें बहुत सारे नृत्य और संगीत के कार्यक्रम हैं और उनमें दुनिया भर के प्रतिभागी भारत आकर भाग ले रहे हैं। केवल प्रतिभागी ही भाग नहीं ले रहे बल्कि जिस समुदाय के प्रतिभागी इस प्रकार के कार्यक्रमों का हिस्सा बन रहे हैं उनका स्थानीय दर्शक वर्ग भी कार्यक्रमों के साथ सीधे रूप में जुड़ रहा है ऐसे ही कुछ कार्यक्रमों में प्रमुख हैं, सारेगमापा, (जीटीवी) इंडियन आइडियल, (सोनीटीवी) लिटिल चैंप्प (जीटीवी) सुपर डांसर (सोनी इंटरटेंमैंट), डांस प्लस (स्टार प्लस), नच बलिए (स्टार प्लस) आदि इसी के उदाहरण हैं।

भाषिक प्रयोजनीयता के कारण ही अब हिन्दीगत इंटरनेट व बेबसाईट और पोर्टल की संख्या निरन्तर बढ़ रही है। माइक्रोसॉफ्ट, याहू, आयीबीएम, इंटरनेट, गूगल, ई–वेब, ई–कॉमर्स, ई–बुक्स, ई–मैगजीन्स, ई–मार्केटिंग,

सहित सोशल मीडिया पर फेसबुक, व्हाट्सएप, मैसेंजर, ट्वीटर, लिंकेडलिन, इंस्टाग्राम, स्नैपचॅट, यू–ट्यूब, रैडिट, क्वारा, फिलिपबोर्ड, येल्प, जोमाटो, वर्ड–प्रैस, टम्बलर, मीडियम, पोलिवोर, गुडरीड, हाउज, लास्ट. एफ.एम, ऐयरबन्ब, उबेर, टास्करैबिट, विह्स्पर, जैसे माध्यम आज हमारे सामने हैं जहाँ हमारे लिए हिन्दी में कार्य करने का विकल्प उपलब्ध है।

आधुनिक व्यवस्था और भूमंडलीकृत बाज़ार की उत्पादक इकाइयाँ समझ चुकी हैं कि हिन्दी ही वह भाषा है जो उनके हितों को साधने में सबसे ज़्यादा समर्थ है। बहुराष्ट्रीय उद्योग जगत इस तथ्य से अवगत हैं कि 'जो उपभोक्तावाद आ रहा है, बाज़ारवाद आ रहा है, भूमंडलीकरण आ रहा है, इससे हम कतई नहीं बच सकते और यह जो भूमंडलीकरण का उपभोक्तावाद है, यह 5 साल में 5 गुना से अधिक बढ़ेगा।'[2] बहुराष्ट्रीय पटल पर हिन्दी का यही समीकरण और उसकी बढ़ती उपयोगिता एवं स्वीकार्यता स्पष्ट कर देती है कि विश्व भाषा के रूप में हिन्दी अपनी महत्ता निरन्तर सिद्ध कर रही है। अगले दो दशक भाषिक रूप से बहुत निर्णायक रहेंगे, जब हिन्दी को लेकर सारे द्वन्द्व और कयास शीशे की तरह साफ़ होकर विश्वभाषा के रूप में दुनिया के सामने होंगे।

सन्दर्भ

1. संपा. रामशरण जोशी–मीडिया और बाज़ारवाद, राधाकृष्ण प्रकाशन, दिल्ली–51, संस्करण 2004, पृष्ठ 142
2. अरविंद मोहन–मीडिया, शासन और बाज़ार, वाग्देवी प्रकाशन, बीकानेर, संस्करण 2006, पृष्ठ–57
3. डॉ. हरिमोहन–आधुनिक जनसंचार माध्यम और हिन्दी, तक्षशिला प्रकाशन नई दिल्ली 2002।
4. रमश नदाफ–इलैक्ट्रोनिक मीडिया और हिन्दी, संजय प्रकाशन नई दिल्ली 2010।
5. संपा. वशनि शर्मा–विश्व भाषा हिन्दी, केन्द्रीय हिन्दी संस्थान, आगरा, हिन्दी संस्थान मार्ग आगरा–282005 संस्करण 1999
6. प्रो. मीरा सरीन–विश्वभाषा हिन्दी, युक्ति प्रकाशन, ए–2 न्यू इंडिया अपार्टमैंट्स सेक्टर–9 रोहिणी दिल्ली–110085, संस्करण–2017

वैश्वीकरण और हिन्दी

प्रो. (डॉ.) ऋषभदेव शर्मा

वैश्वीकरण ने विगत दो दशकों में भारत जैसे महादेश के समक्ष जो नई चुनौतियाँ खड़ी की हैं उनमें सूचना विस्फोट से उत्पन्न हुई अफरा–तफरी और उसे सँभालने के लिए जनसंचार माध्यमों के पल–प्रतिपल बदलते रूपों का महत्त्वपूर्ण स्थान है। इसमें सन्देह नहीं कि वर्तमान सन्दर्भ में वैश्वीकरण का अर्थ व्यापक तौर पर बाज़ारीकरण है।

भारत दुनियाभर के उत्पाद निर्माताओं के लिए एक बड़ा खरीदार और उपभोक्ता बाज़ार है। बेशक, हमारे पास भी अपने काफ़ी उत्पाद हैं और हम भी उन्हें बदले में दुनियाभर के बाज़ार में उतार रहे हैं क्योंकि बाज़ार केवल खरीदने की ही नहीं, बेचने की भी जगह होती है। इस क्रय–विक्रय की अन्तर्राष्ट्रीय बेला में संचार माध्यमों का केन्द्रीय महत्त्व है क्योंकि वे ही किसी भी उत्पाद को खरीदने के लिए उपशोक्ता के मन में ललक पैदा करते हैं। यह उत्पाद वस्तु से लेकर विचार तक कुछ भी हो सकता है। यही कारण है कि आज वैश्वीकरण की भाषा का प्रसार हो रहा है तथा मातृबोलियाँ सिकुड़ और मर रही हैं।

आज के भाषा संकट को इस रूप में देखा जा रहा है कि भारतीय भाषाओं के समक्ष उच्चरित रूप भर बनकर रह जाने का खतरा उपस्थित है क्योंकि सम्प्रेषण का सबसे महत्त्वपूर्ण उत्तरआधुनिक माध्यम टी.वी. अपने विज्ञापनों से लेकर करोड़पति बनाने वाले अतिशय लोकप्रिय कार्यक्रमों तक में हिन्दी में बोलता भर है, लिखता अँग्रेजी में ही है। इसके बावजूद यह सच है कि इसी माध्यम के सहारे हिन्दी अखिल भारतीय ही नहीं बल्कि वैश्विक विस्तार के नये आयाम छू रही है। विज्ञापनों की भाषा और प्रोमोशन वीडियो की भाषा के रूप में सामने आनेवाली हिन्दी शुद्धतावादियों को भले

ही न पच रही हो, युवा वर्ग ने उसे देश भर में अपने सक्रिय भाषा–कोश में शामिल कर लिया है। इसे हिन्दी के सन्दर्भ में संचार माध्यम की बड़ी देन कहा जा सकता है।

सूचना संचार प्रणाली किसी भी व्यवस्था के लिए अत्यन्त महत्त्वपूर्ण होती है। अँग्रेज रहे हों या हिटलर जैसे तानाशाह, सबको यह मालूम था कि सैन्य शक्ति के अलावा असली सत्ता जनसंचार में निहित होती है। आज भी वैश्वीकरण की व्यवस्था की जान इसी में बसती है। दूसरी तरफ समाज के दर्पण के रूप में साहित्य भी तो संचार माध्यम ही है जो सूचनाओं का व्यापक सम्प्रेशण करता है। साहित्य की तुलना में संचार माध्यमों का ताना–बाना अधिक जटिल और व्यापक है क्योंकि वे तुरन्त और दूरगामी असर करते हैं। वैश्वीकरण ने उन्हें अनेक चैनल ही उपलब्ध नहीं कराए हैं, इंटरनेट और वेबसाइट के रूप में अन्तर्राष्ट्रीयता के नये अस्त्र–शस्त्र भी मुहैया कराए हैं। परिणामस्वरूप संचार माध्यमों की त्वरा के अनुरूप भाषा में भी नये शब्दों, वाक्यों, अभिव्यक्तियों और वाक्य संयोजन की विधियों का समावेश हुआ है।

इस सबसे हिन्दी भाषा के सामर्थ्य में वृद्धि हुई है। संचार माध्यम यदि आज के आदमी को पूरी दुनिया से जोड़ते हैं तो वे ऐसा भाषा के द्वारा ही करते हैं। अतः संचार माध्यम की भाषा के रूप में प्रयुक्त होने पर हिन्दी समस्त ज्ञान–विज्ञान और आधुनिक विषयों से सहज ही जुड़ गयी है। वह अदालतनुमा कार्यक्रमों के रूप में सरकार और प्रशासन से प्रश्न पूछती है, विश्व जनमत का निर्माण करने के लिए बुद्धिजीवियों और जनता के विचारों के प्रकटीकरण और प्रसारण का आधार बनती है, सच्चाई का बयान करके समाज को अफवाहों से बचाती है, विकास योजनाओं के सम्बन्ध में जन शिक्षण का दायित्व निभाती है, घटनाचक्र और समाचारों का गहन विश्लेषण करती है तथा वस्तु की प्रकृति के अनुकूल विज्ञापन की रचना करके उपभोक्ता को उसकी अपनी भाषा में बाज़ार से चुनाव की सुविधा मुहैया कराती है। क़िस्सा कोताह कि आज व्यवहार क्षेत्र की व्यापकता के कारण संचार माध्यमों के सहारे हिन्दी भाषा की भी सम्प्रेषण क्षमता का बहुमुखी विकास हो रहा है। हम देख सकते हैं कि राष्ट्रीय ही नहीं, विविध अन्तर्राष्ट्रीय चैनलों में हिन्दी आज सब प्रकार के आधुनिक सन्दर्भों को व्यक्त करने के अपने सामर्थ्य को विश्व के समक्ष प्रमाणित कर रही है। अतः कहा जा सकता है कि वैश्विक सन्दर्भ में हिन्दी की वास्तविक शक्ति को उभारने में संचार माध्यमों ने महत्त्वपूर्ण भूमिका निभाई है।

एक तरफ साहित्य लेखन की भाषा आज भी संस्कृतनिष्ठ बनी हुई है तो दूसरी तरफ संचार माध्यम की भाषा ने जनभाषा का रूप धारण करके व्यापक जन स्वीकृति प्राप्त की है। समाचार विश्लेषण तक में कोड़मिश्रित हिन्दी का प्रयोग इसका प्रमुख उदाहरण है। इसी प्रकार पौराणिक, ऐतिहासिक, राजनैतिक, पारिवारिक, जासूसी, वैज्ञानिक और हास्यप्रधान अनेक प्रकार के धारावाहिकों का प्रदर्शन विभिन्न चौनलों पर जिस हिन्दी में किया जा रहा है वह एकरूपी और एकरस नहीं है बल्कि विषय के अनुरूप उसमें अनेक प्रकार के व्यावहारिक भाषा रूपों या कोडों का मिश्रण उसे सहज जनस्वीकृत स्वरूप प्रदान कर रहा है। एक वाक्य में कहा जा सकता है कि संचार माध्यमों के कारण हिन्दी भाषा बड़ी तेज़ी से तत्समता से सरलीकरण की ओर जा रही है। इससे उसे अखिल भारतीय ही नहीं, वैश्विक स्वीकृति प्राप्त हो रही है।

स्वतन्त्रता प्राप्ति के समय तक हिन्दी दुनिया में तीसरी सर्वाधिक बोली जाने वाली भाषा थी परन्तु आज स्थिति यह है कि वह दूसरी सर्वाधिक बोली जाने वाली भाषा बन गयी है तथा यदि हिन्दी जानने–समझने वाले हिन्दीतर भाषी देशी–विदेशी हिन्दी भाषा प्रयोक्ताओं को भी इसके साथ जोड़ लिया जाये तो हो सकता है कि हिन्दी दुनिया की प्रथम सर्वाधिक व्यवहृत भाषा सिद्ध हो। हिन्दी के इस वैश्विक विस्तार का बड़ा श्रेय वैश्वीकरण और संचार माध्यमों के विस्तार को जाता है। यह कहना गलत न होगा कि संचार माध्यमों ने हिन्दी के जिस विविधतापूर्ण सर्वसमर्थ नये रूप का विकास किया है, उसने भाषासमृद्ध समाज के साथ–साथ भाषावंचित समाज के सदस्यों को भी वैश्विक सन्दर्भों से जोड़ने का काम किया है। यह नई हिन्दी कुछ प्रतिशत अभिजात वर्ग के दिमाग़ी शगल की भाषा नहीं बल्कि अनेकानेक बोलियों में व्यक्त होने वाले ग्रामीण भारत की नई सम्पर्क भाषा है। इस भारत तक पहुँचने के लिए बड़ी से बड़ी बहुराष्ट्रीय कम्पनियों को भी हिन्दी और भारतीय भाषाओं का सहारा लेना पड़ रहा है।

हिन्दी के इस रूप विस्तार के मूल में यह तथ्य निहित है कि गतिशीलता हिन्दी का बुनियादी चरित्र है और हिन्दी अपनी लचीली प्रकृति के कारण स्वयं को सामाजिक आवश्यकताओं के लिए आसानी से बदल लेती है। इसी कारण हिन्दी के अनेक ऐसे क्षेत्रीय रूप विकसित हो गये हैं जिन पर उन क्षेत्रों की भाषा का प्रभाव साफ़–साफ़ दिखायी देता है। ऐसे अवसरों पर हिन्दी व्याकरण और संरचना के प्रति अतिरिक्त सचेत नहीं रहती बल्कि पूरी सदिच्छा और उदारता के साथ इस प्रभाव को आत्मसात कर लेती है।

यही प्रवृत्ति हिन्दी के निरन्तर विकास का आधार है और जब तक यह प्रवृत्ति है तब तक हिन्दी का विकास रुक नहीं सकता। बाज़ारीकरण की अन्य कितने भी कारणों से निन्दा की जा सकती हो लेकिन यह मानना होगा कि उसने हिन्दी के लिए अनुकूल चुनौती प्रस्तुत की। बाज़ारीकरण ने आर्थिक उदारीकरण, सूचना क्रान्ति तथा जीवनशैली के वैश्वीकरण की जो स्थितियाँ भारत की जनता के सामने रखी, इसमें सन्देह नहीं कि उनमें पड़कर हिन्दी भाषा के अभिव्यक्ति कौशल का विकास ही हुआ। अभिव्यक्ति कौशल के विकास का अर्थ भाषा का विकास ही है।

यहाँ यह भी जोड़ा जा सकता है कि बाज़ारीकरण के साथ विकसित होती हुई हिन्दी की अभिव्यक्ति क्षमता भारतीयता के साथ जुड़ी हुई है। यदि इसका माध्यम अँग्रेजी हुई होती तो अँग्रेजियत का प्रचार होता। लेकिन आज प्रचार माध्यमों की भाषा हिन्दी होने के कारण वे भारतीय परिवार और सामाजिक संरचना की उपेक्षा नहीं कर सकते। इसका अभिप्राय है कि हिन्दी का यह नया रूप बाज़ार सापेक्ष होते हुए भी संस्कृति निरपेक्ष नहीं है। विज्ञापनों से लेकर धारावाहिकों तक के विश्लेषण द्वारा यह सिद्ध किया जा सकता है कि संचार माध्यमों की हिन्दी अँग्रेजी और अँग्रेजियत की छाया से मुक्त है और अपनी जड़ों से जुड़ी हुई है। अनुवाद को इसकी सीमा माना जा सकता है। फिर भी, कहा जा सकता है कि हिन्दी और अन्य भारतीय भाषाओं ने बाज़ारवाद के खिलाफ उसी के एक अस्त्र बाज़ार के सहारे बड़ी फतह हासिल कर ली है। अँग्रेजी भले ही विश्व भाषा हो, भारत में वह डेढ़–दो प्रतिशत की ही भाषा है। इसीलिए भारत के बाज़ार की भाषाएँ भारतीय भाषाएँ ही हो सकती हैं, अँग्रेजी नहीं। और उन सबमें हिन्दी की सार्वदेशिकता पहले ही सिद्ध हो चुकी है।

बाज़ार और हिन्दी की इस अनुकूलता का एक बड़ा उदाहरण यह हो सकता है कि पिछले पाँच–सात वर्षों में संचार माध्यमों पर हिन्दी के विज्ञापनों के अनुपात में सत्तर प्रतिशत उछाल आया है। इसका कारण भी साफ़ है। भारत रूपी इस बड़े बाज़ार में सबसे बड़ा उपभोक्ता वर्ग मध्य और निम्नवित्त समाज का है जिसकी समझ और आस्था अँग्रेजी की अपेक्षा अपनी मातृभाषा या राष्ट्रभाषा से अधिक प्रभावित होती है। इस नये भाषिक परिवेश में विभिन्न संचार माध्यमों की भूमिका केन्द्रीय हो गयी है।

हम देख सकते हैं कि इधर हिन्दी पत्रकारिता का स्वरूप बहुत बदल गया है। अनेक पत्रिकाएँ यद्यपि बन्द हुई हैं परन्तु अनेक नई पत्रिकाएँ नये

रूपाकार में शुरू भी हुई हैं। आज हिन्दी पत्रकारिता के क्षेत्र में हिन्दी और हिन्दीतर राज्यों का अन्तर मिटता जा रहा है। हिन्दी पत्र–पत्रिकाओं का पाठक वर्ग तो सम्पूर्ण देश में है ही, उनका प्रकाशन भी देशभर से हो रहा है। डिजिटल टेकनीक और बहुरंगे चित्रों के प्रकाशन की सुविधा ने हिन्दी पत्रकारिता जगत को आमूल परिवर्तित कर दिया है। इसी के साथ यह भी स्मरणीय है कि प्रकाशन जगत में भी वैश्वीकरण के साथ जुड़ी नई तकनीक के कारण मूलभूत क्रान्ति सम्भव हो सकी है। विभिन्न आयु और रुचियों के पाठकों के लिए हिन्दी में विविध प्रकार का साहित्य प्रचुर मात्रा में प्रकाशित हो रहा है तथा मनोरंजन, ज्ञान, शिक्षा और परस्पर व्यवहार के विभिन्न क्षेत्रों में उसका विस्तार हो रहा है।

रेडियो तो हिन्दी और भारतीय भाषाओं का प्रयोग करने वाला व्यापक माध्यम रहा ही है, प्रसन्नता की बात यह है कि टेलिविजन बहुत थोड़े समय के भीतर ही हिन्दी–माध्यम बन गया है। प्रतिदिन होने वाले सर्वेक्षण इस बात का प्रमाण हैं कि हिन्दी के कार्यक्रम चाहे किसी भी विषय से सम्बन्धित हों, देश भर में सर्वाधिक देखे जाते हैं, अर्थात व्यावसायिकता की दृष्टि से हिन्दी संचार माध्यमों के लिए बहुत बड़ा क्षेत्र उपलब्ध कराती है। यही कारण है कि अँग्रेजी के तमाम, जानकारीपूर्ण और मनोरंजनात्मक दोनों प्रकार के, कार्यक्रम हिन्दी में डब करके प्रसारित करने की बाढ़–सी आ गयी है। इससे अन्य भारतीय भाषाओं में भी उनके अनुवाद में सुविधा होती है। कहना न होगा कि टेलीविजन ने इस तरह हिन्दी के भाषावैविध्य और सम्प्रेशण क्षमता को सर्वथा नई दिशाएँ प्रदान की हैं।

इसी प्रकार फ़िल्म के माध्यम से भी हिन्दी को वैश्विक स्तर पर सम्मान प्राप्त हो रहा है। आज अनेक फ़िल्मकार भारत ही नहीं योरोप, अमेरिका और खाड़ी देशों के अपने दर्शकों को ध्यान में रखकर फ़िल्में बना रहे हैं और हिन्दी सिनेमा ऑस्कर तक पहुँच रहा है। दुनिया की संस्कृतियों को निकट लाने के क्षेत्र में निश्चय ही इस संचार माध्यम का योगदान चमत्कार कर सकता है। यदि मनोरंजन और अर्थ उत्पादन के साथ–साथ सार्थकता का भी ध्यान रखा जाये तो सिनेमा सर्वाधिक प्रभावशाली माध्यम सिद्ध हो सकता है। इसमें सन्देह नहीं कि सिनेमा ने हिन्दी की लोकप्रियता भी बढ़ाई है और व्यावहारिकता भी।

यहाँ यदि मोबाईल और कंप्यूटर की संचार क्रान्ति की चर्चा न की जाये तो बात अधूरी रह जायेगी। ये ऐसे माध्यम हैं जिन्होंने दुनिया को सचमुच

मनुष्य की मुट्ठी में कर दिया है। सूचना, समाचार और संवाद प्रेशण के लिए इन्होंने हिन्दी को विकल्प के रूप में विकसित करके संचार–तकनीक को तो समृद्ध किया ही है, हिन्दी को भी समृद्धतर बनाया है। इसी प्रकार इंटरनेट और वेबसाइट की सुविधा ने पत्र–पत्रिकाओं के ई–संस्करण तथा पूर्णतः ऑनलाइन पत्र–पत्रिकाएँ उपलब्ध कराकर सर्वथा नई दुनिया के दरवाजे खोज दिए हैं। आज हिन्दी की अनेक पत्रिकाएँ इस रूप में विश्वभर में कहीं भी कभी भी सुलभ हैं तथा अब हर प्रकार की जानकारी इंटरनेट पर हिन्दी में प्राप्त होने लगी है। इस तरह हिन्दी भाषा ने 'बाज़ार'और 'कंप्यूटर' दोनों की भाषा के रूप में अपना सामर्थ्य सिद्ध कर दिया है। भविष्य की विश्वभाषा की ये ही तो दो कसौटियाँ बताई जाती रही हैं!

इस प्रकार कहा जा सकता है कि इक्कीसवीं शताब्दी में मुद्रित और इलेक्ट्रॉनिक दोनों ही प्रकार के माध्यम नये विकास के आयामों को छू रहे हैं जिसके परिणामस्वरूप हिन्दी भाषा भी नई–नई चुनौतियों का सामना करने के लिए और–और शक्ति का अर्जन कर रही है।

भाषा और तन्त्रज्ञान की चुनौतियाँ

डॉ. सुनीलकुमार लवटे

भाषा मनुष्य की संवाद प्रणाली है। इसके जरिए मनुष्य व्यक्तिगत या सामूहिक तौर पर सन्देश, संवाद, विचारों का आदान–प्रदान करता है। मानव समाज के आदिम काल में ध्वनि के स्वरूप से हर्ष, शौक, भय आदि भावों की अभिव्यक्ति होती थी। उससे व्यक्ति या समुदाय अपने भावों का इजहार करता था। मनुष्य के विकास काल में यह आदान–प्रदान, चित्र, चिह्न, संकेत आदि से होने लगा। विकास काल में संस्कृति उदय और विस्तार से लिपि का आविष्कार हुआ। मौखिक संसार की जगह लिखित संवाद ने ली। भाषा का मुद्रित रूप लिपि का विस्तार है। भाषा के आज जो विभिन्न रूप हम देखते हैं, उससे पता चलता है कि भाषा या लिपि का क्षेत्र मनुष्य समुदाय विशेष, प्रदेश विशेष या काल विशेष होता है। हर देश, समुदाय की भाषा, लिपि का रूप अपना या अलग होना, उनकी सांस्कृतिक पहचान होती है।

भाषा प्रणाली है, तो मुद्रण तन्त्र। प्रणाली और तन्त्र दोनों कालसापेक्ष होते हैं। तरक्की के साथ दोनों में परिवर्तन आता है। पृथ्वी, आप, तेज़, वायु, आकाश हमारे प्राकृतिक तत्व हैं। मनुष्य ने इनसे सीख, सबक लेकर अपना तन्त्र विकसित किया। खेती, बुनना, चित्रकारी, पकाना, बर्तन बनाना, हत्यार और औजार, आग, पहिया, बिजली, यन्त्र इनसे मनुष्य जीवन में बुनियादी अन्तर आया। इसका श्रेय दिन–ब–दिन विकसित होते तन्त्रज्ञान को देना चाहिए। तन्त्रज्ञान असल में तन्त्र, कौशल, प्रणाली एवं प्रक्रियाओं का ऐसा जुगाड़ होता है, जिसके जरिए उत्पादन और सेवा क्षेत्र में इज़ाफ़ा एवं तरक्की की जाती है। तन्त्रज्ञान ने जीवन के अन्य क्षेत्रों की तरह भाषा एवं लिपि या लेखन, पठन–पाठन, मुद्रण, अनुवाद, सम्पादन जैसे क्षेत्रों में संगणक एवं अन्तर्जालीय प्रणाली के मेल से जालीय एवं अजालीय (ऑनलाईन/

ऑफ़लाईन) संसाधन विकसित किये हैं। इनसे भाषा का मानवीय व्यवहार अब संसाधनों के जरिए करना सम्भव हुआ है। तन्त्रज्ञान की इस प्रगति ने भाषा की अनुप्रयुक्त प्रणाली यन्त्र एवं संसाधनाधारित बनती एवं विकसित होती नजर आ रही हे। तन्त्रज्ञान के बढ़ते प्रभाव एवं परिणामों से भाषा का मानवचलित व्यवहार आमूल बदल गया है। उसने मुद्रित एवं इलेक्ट्रॉनिक माध्यमों को झकझोर दिया है।

भाषिक व्यवहार का विकास

किसी समय हिन्दी भारतवर्ष की भाषा की परिचायक थी, आज वह भारतीय संघराज्य की राजभाषा तथा सम्पर्क भाषा के रूप में कार्यरत है। उत्तर प्रदेश, छत्तीसगढ़, उत्तराखण्ड, दिल्ली, राजस्थान, मध्यप्रदेश, हरियाणा, बिहार और हिमाचल प्रदेश की प्रचलित भाषा हिन्दी है। भारतवर्ष के अन्य प्रान्तों में भी हिन्दी जानने वालों की तादाद लक्ष्यवेधी है। जनगणना के अनुसार चालीस प्रतिशत से अधिक आबादी की भाषा हिन्दी है। खड़ीबोली, ब्रज, अवधी, भोजपुरी, राजस्थानी, बुंदेली, कनौजी, अवधी, बघेली, मेवाती, मारवाड़ी, मालवी, बाँगरू, मगही, मैथिली, बज्जिका, अंगिका जैसे अनेक बोलियों के रूप हिन्दी के विस्तार और विकास की दुहाई देते हैं। हिन्दी, हिन्दुई, हिन्दुस्तानी में उर्दू का भी अन्तर्भाव होता आया है। हालाँकि उर्दू जबान है या हिन्दी बोली यह अक्सर विवाद और चर्चा का विषय बनता आया है।

आजादी के बाद हिन्दी का संवैधानिक रूप और ओहदा सर्वमान्य है। यही कारण है कि स्वतन्त्रता के बाद शिक्षा, साहित्य, संस्कृति आदि सभी क्षेत्रों में हिन्दी का प्रचार, प्रसार बढ़ा। बीसवीं सदी भारतवर्ष के लिए सुधार और परिवर्तन की साबित हुई। मुद्रण आम बात बनी। प्रकाशन व्यवसाय तेज़ हुआ। साहित्य और शिक्षा के बढ़ते प्रभाव ने भाषा शिक्षा का नया पर्व आरम्भ हुआ। शालेय शिक्षा से लेकर विश्वविद्यालय स्तरीय शिक्षा तक भाषा का अध्ययन, अध्यापन, अनुसंधान क्षेत्र क्षितिजस्पर्शी बना। पठन–पाठन, लेखन, टंकण, अनुवाद, सम्पादन, पत्राचार, पत्रकारिता, रेडियो, दूरदर्शन, दूरसंचार, बैंक, बीमा, व्यापार, उद्योग के जरिए हिन्दी भाषिक व्यवहार के वाचिक, लिखित, दृक् एवं श्राव्य क्षेत्र और साधन अनूदित विस्तारित होते गये। लेखनी, मुद्रण, टेलिफोन, टेलिप्रिंटर, टेलेक्स, मोबाईल जैसे साधनों का विकास भाषा के व्यवहार क्षेत्र एवं साधनों का विकास सिद्ध हुआ। इस सदी ने साक्षरता की जगह सुशिक्षित भाषिक समाज का निर्माण किया।

इसके चलते हिन्दी भाषा का वाचिक एवं मानवी व्यवहार यान्त्रिक बना। संगणक और अन्तर्जालीय विकास ने भाषा को सूचना एवं सम्पर्क साधनों के जरिए तन्त्रक्रान्ति से जोड़ दिया। बीसवीं सदी का हिन्दी भाषिक व्यवहार यन्त्र से तन्त्र का विस्तार साबित हुआ।

इक्कीसवीं सदी का भाषिक तन्त्र

सूचना और सम्पर्क क्रान्ति के संगणक, अन्तर्जालीय, मोबाईल जैसे साधनों ने भूमंडलीकरण की प्रक्रिया में गति आयी। दुनिया देहात बनी। (World become village) सूचना और सम्पर्क क्रान्ति ने टंकण, लेखन, मुद्रण को खारिज कर 'Seeing is debresing' का नया युग निर्माण किया। बीसवीं सदी का मानवीय समाज लिखता, पढ़ता, सुनता, देखता और टंकन करता था। नई सदी में उसके सारे व्यवहार उपर्युक्त क्रियाओं को अपनाते हुए आज दृक्–श्राव्य बनें। एक तरह से इक्कीसवीं सदी ने मनुष्य को दर्शक, श्रोता (ViewerAnd Listener) बना दिया। पिछली सदी की पीढ़ियाँ लिखितों की थीं। वर्तमान पीढ़ी दर्शक है। वह लिखती कम, देखती, सुनती अधिक है। इसमें भाषिक रूप से अनेक अन्तर आये। व्याकरणनिष्ठ, शुद्ध, प्रमाण भाषा का आग्रह दिनोंदिन व्यवहार में ढ़िला, शिथिल बन गया। हम ह्रस्व, दीर्घ लेखन, उच्चारण करने से शब्दार्थ, श्लेष, समान शब्दों का उच्चार और अर्थ भेद बेमानी मानते हुए नई पीढ़ी सम्प्रेषण की अपेक्षा भाषिक समझदारी (Communication And Understanding) पर ज़ोर, बल देने लगी। इससे भाषिक क्षेत्र प्रदूषित हुआ। शुद्धता का भाषिक शिष्टाचार पीछे रहा। मैं जो बोलता, लिखता हूँ, उससे दूसरा वहीं समझता है, जो मुझे अपेक्षित है, इस समाधान की कसौटी भाषा व्यवहार को प्रमाणित करती गयी। यही कारण है सामाजिक भाषिक व्यवहार में एक भाषिकता का लोप हुआ। जैसे कि बीसवीं सदी देवनागरी में लिखी जाती थी। इक्कीसवीं सदी में दुनिया में तमाम भाषाएँ रोमन/अँग्रेजी में लिखने का रिवाज आम बना। मैं मराठी भाषी हूँ। मेरी लिपि देवनागरी है। पर मैं हिन्दी/मराठी/रोमन/अँग्रेजी में लिख रहा हूँ। हिन्दी का उदाहरण–Muze pustak chahiye, MainAta hun, Intajar na kare... इतना ही नहीं, एकही शब्द आदमी तरह–तरह से लिखने लगा जैसे–Good night, Gn, Gn8, आदि। फिर भाषिक अराजकता ने आपातकालीन स्थिति को लाँघते सामाजिक आतंकवाद तक निर्माण किया। भाषा में वर्तनी (Spelling) की व्यवस्था थी। उसकी धज्जियाँ उड़ानी शुरू की।

वर्तमान भाषिक व्यवहार प्रयत्नलाघव की (Short cut) भाषा वैज्ञानिक वृत्ति का अतिरेक करता दृष्टिगोचर होता है। यह भाषा के लिखित रूप के सामने चुनौती है। Your के लिए Ur, Good morning के लिए GM, New Year के लिए NE जैसे संक्षिप्त रूप लिखित व्यवहार में (विशेषकर चैट, एसएम्एस, ब्लॉग आदि लेखन में) आम, प्रचलित बनते दिखायी देते हैं। इससे आगे जाकर इंस्टाग्राम, फेसबुक, वाटस्अप, एसएमएस में अक्षर, अंकों की जगह सूचक चिह्न एवं चित्रों का, इमोजीन का प्रयोग तो भाषिक व्यवहार का चित्रित संस्करण है। अब लोग तालियाँ नहीं बजाते हैं, अपितु तालियों की गूँज, ठहाके की आवाज़, गुब्बारे, गुलदस्ते, केक, फूल, मिठाइयों के चित्र भेजकर सन्तुष्ट होते नजर आते हैं। लोग गूँगे, मौन, तटस्थ बनते त्रयस्थ (Third Person) बनते जा रहे है, मैं अनुभव कर रहा हूँ।

सूचना और सम्पर्क क्रान्ति से उद्भूत जो तन्त्रज्ञान और तन्त्र के संसाधन हैं, उन्होंने भाषिक व्यवहार में मौन और निरक्षरता का साम्राज्य फैलाना आरम्भ किया है। हो सकता है, भविष्य में कृत्रिम बुद्धिमत्ता (Artificial Intelligence) के विकास युग में आदमी की लिखने, बोलने, स्मरण, विचार की क्षमता ह्रासमान न होगी, तो ही आश्चर्य! किसी समय हम टेलिफोन क्रमांक याद करते थे। आज वह क्रमांक नाम (संज्ञा) में बदला है। किसी समय हम शब्दों की वर्तनी ध्यान में रखते थे। आज कुंजीपटल शब्दों के पर्याय उपस्थित कर देता है–परिस्थिति, परिस्थिती आदि। हमें सिर्फ चयन करना होता है। पहले हम शब्दार्थ ध्यान में रखते थे। अब ऑनलाईन ऐप्स या ऑनलाईन शब्दकोश वह काम करते हैं। इससे हमारी स्मरण, विचार कुशलता मन्द होती नजर आ रही है। मनुष्य मतिमन्द, गतिमन्द होता जा रहा है।

भाषिक तन्त्रज्ञान ने एक ओर हिन्दी शब्द सम्पादन प्रक्रिया (Hindi Word Processor), हिन्दी वर्तनी जाँचक (Hindi Speel Checker), देवनागरी मुद्राक्षर (Devnagari Fonts), मुद्राक्षर परिवर्तक (Font converters), लिपि (Devnagari Fonts), लिपि परिवर्तन (Script Converters), हिन्दी शब्दकोश (Hindi Dictionary-Online, Offline), हिन्दी खोज संयत्र (Hindi Search Engine), हिन्दी अनुवादक (Hindi Translator) जैसे सैंकड़ों साधन (Application), संसाधन (Resources) निर्माण कर भाषिक प्रणाली और प्रक्रिया का समांतर साम्राज्य विकसित किया। इससे हमारी भाषिक बुनियाद दहल (या डह) गयी है। जैसे 'Google' पहले संज्ञा थी, अब Googling क्रिया बनी। पहले 'Friend' संज्ञा थी, अब 'To Frien-' मित्र–मित्र बनाना

क्रिया (Verb) बनी। विशेषण संज्ञा बन गये। धोखा विश्लेषण, क्रिया विशेषण था–धोखा, धोखा देना, धोखेबाज, धोखाधड़ी। इसमें से प्रयोग में मात्र धोखे का रहना हमारी भाषा का संकोच है।

भाषिक व्यवहार कुशलता का सिकुड़ता साम्राज्य और कौशल का संकोच भाषिक तन्त्रज्ञान से उद्‌भूत एक संकट है। भाषिक तन्त्र साधन वरदान ज़रूर है। वह सशक्त पर्याय भी है। पर उसकी अपनी मर्यादाएँ भी है। आज मनुष्य जिस धडल्ले से भाषिक संसाधनों का अंधानुकरण कर रहा है, उससे भाषिक अराजकता निर्माण हो रही है। उससे बचना होगा। भाषा के लोकरूप, प्रमाणरूप, प्रयोगरूप का विवेक करने का समय है यह! हम अस्मिता की अपेक्षा अस्तित्व की ओर देखें, तो आज भाषा के अस्तित्व रक्षा की चुनौती हमारे सामने खड़ी है। मानवी अनुवाद, सम्पादन, विश्लेषण, आकलन, रसग्रहण, परीक्षण, समीक्षण, मूल्यांकन की मूल्यवत्ता हमारे सामने हैं। और उनके यान्त्रिक, तांत्रिक संस्करण भी हमारे सामने हैं। Photo Shop ऐप भी है, शब्द भी है। अन्तर समझ कर प्रयोग का विवेक समझदारी का काम है। अनुकरण और अंधानुकरण, श्रद्धा और अंधश्रद्धा, विज्ञान और अध्यात्म के अन्तर को हम जिस गम्भीरता से लेंगे, उसी पर हमारा भविष्य निर्भर होता है। छुरी का प्रयोग हत्या, आत्महत्या के लिए करना है या फल काटने के लिए? विवेकी निर्णय पर मनुष्य समुदाय की शान्ति, स्वास्थ्य, आनन्द, सुख निर्भर है। हम बुद्धिमान ज़रूर हैं। इसमें हमें आगे जाकर समझदार बनना होगा। शिक्षा (Education) और समझ (Wisdom) की खाई पाटने का यह समय है। महात्मा गाँधीजी ने एक समय लिखा था, "जिस जबान को सब लोग न समझ सकें, वह निकम्मी मानी जायें जो भाषा काम नहीं दे सकती, वह बनावटी है।" हमें हिन्दी को निकम्मी और बनावटी बनने से बचाने का फर्ज़ निभाना है।

थारू-लोकगीतों का भाषिक सौन्दर्य

डॉ. प्रणव शास्त्री

थारू–जनजाति हिमालय की तराई के विभिन्न स्थानों में निवास करती है। उत्तर प्रदेश के नैनीताल जनपद की खटीमा और सितारगंज तहसीलों के एक बड़े क्षेत्र में थारू रहते हैं। यहाँ 95% राना थारू हैं। शेष क्षेत्रों में गढ़ोरा, धँगरा और गुसाई आते हैं। राना थारू अपना मूल जन्मस्थान मानते हैं और राजपूतों को अपना पूर्वज कहते हैं। इनका अन्य थारूओं से रोटी–बेटी का सम्बन्ध नहीं है। थारूओं की बोली के सम्बन्ध में विद्वानों में मतभेद हैं। श्रीमती कमला सांकृत्यायन ने थारूओं को किरात जाति से संबंद्ध मानते हुए उनकी भाषा पर भी विचार किया है। उनके अनुसार थारू अपनी पुरानी भाषा सैंकड़ों वर्ष पहले भूल चुके हैं और अपने पड़ोसियों की तरह अवधी, भोजपुरी या मैथिली बोलते हैं।[1]

डॉ. कृष्णदेव उपाध्याय का मत भी लगभग यही है कि थारूओं की अपनी कोई भाषा नहीं है। उन्होंने अपने आर्य पड़ोसियों की भाषा को पूर्ण रूप से अपना लिया है।[2] कुमाऊँ–लोकसाहित्य के अध्येता डॉ. त्रिलोचन पाण्डे ने नैनीताल के थारूओं की बोली को खड़ी बोली–मिश्रित ब्रज कहा है।[3] नैनीताल के थारूओं की भाषा के स्वरूप–निर्धारण के लिए डॉ. पाण्डे के मत को विशेष रूप से केद्रबिन्दु बनाया जा सकता है; क्योंकि अन्य समीक्षकों के मत सामान्य रूप से सभी थारूओं के आधार पर बने हैं, जबकि डॉ. पाण्डे ने कुमाऊँ–लोकसाहित्य के अन्तर्गत थारू–लोकसाहित्य पर भी कुछ पृष्ठ प्रस्तुत किए हैं। थारू–लोकसाहित्य समृद्ध है। उनके लोकगीतों में उनकी सामाजिक, सांस्कृतिक, नैतिक, धार्मिक तथा आर्थिक झाँकी मिलती है। यहाँ लोकगीतों के आधार पर थारू बोली का स्वरूप निर्धारित किया जा रहा है।

संज्ञा

एकवचन : थारू–बोली में, खड़ी बोली की प्रवृत्ति के अनुसार, कुछ संज्ञाएँ आकारांत तथा कुछ ओकारांत मिलती हैं। यथा– खजाना[4], सरसों[5], ऊधो[6] आदि।

बहुवचन : खड़ी बोली के अनुसार, तिर्यक् बहुवचन 'ओं' प्रत्यय के साथ मिलते हैं। यथा– यारों[7], किसानों[8]। कुछ शब्द 'इयाँ' प्रत्यय से युक्त हैं। यथा : बहियाँ[9], बहिनियाँ[10]। कुछ शब्दों में 'न' के संयोग से विकार उत्पन्न हो जाता है और दीर्घ 'आ' ह्रस्व 'अ' में परिणित हो जाता है। यथा– तिरिया से तिरियन[11]। कुछ में 'यन' आता है और दीर्घ 'ई' ह्रस्व 'इ' में बदल जाती है। यथा– गली में गलियन[12], सखी में सखियन[13]। कुछ शब्दों में 'न' के संयोग से विकार उत्पन्न हो जाता है और दीर्घ 'ई' ह्रस्व 'इ' में परिणित हो जाती है। यथा– खिड़की से खिरकिन[14]

'हम' का रूप सम्बन्ध–विभक्ति के साथ मिलता है, परन्तु 'हमारे' न होकर 'हमरो'[15] हो जाता है। कर्म सम्प्रदाय–विभक्ति 'एँ' के साथ संयुक्त होकर 'हमें'[16] हो जाता है। सम्बन्ध–विभक्ति के साथ 'हमारी'[17] ही मिलता है। 'हम'[18] का प्रयोग मूल रूप से भी हुआ है।

मध्यमपुरूष में : ब्रजभाषा की प्रवृत्ति के अनुसार, एकवचन 'तैं'[19] मिलता है। सम्बन्धवाचक विभक्ति से युक्त रूप 'तेरे' और 'तेरी'[20] है। बहुवचन में 'तुम'[21]का प्रयोग मिलता है। आत्मवाची सर्वनाम के सविभक्तिक रूप हैं : 'आपनी', 'आपने', 'आप'[22]। निश्चयवाचक का बहुवचन रूप 'ये' तथा 'जे'[23] मिलता है। दूरवर्ती निश्चयवाचक में एकवचन 'वह' का तिर्यक् रूप 'वाको'[24] और 'वाकी'[25] मिलता है। 'वे' के तिर्यक् रूप 'उन'[26] और 'उनहूँ'[27] मिलते हैं।

सम्बन्धवाचक का एकवचन रूप 'जो'[28] तथा बहुवचन 'जे'[29] मिलता है। अनिश्चयवाचक एकवचन में 'कोई'[30] का प्रयोग मिलता है। प्रश्नवाचक का मूल 'कौन' तथा तिर्यक् 'कासे'[31] मिलता है। पूर्णवाचक में 'सब', 'सबन', 'सबहि'[32] आदि का प्रयोग मिलता है। विशेषण–संख्यावाचक गणनात्मक रूप हैं : 'एक', 'तीन'[33] आदि। 'एक' का दूसरा रूप 'इक'[34] भी मिलता है। क्रमावत रूप है : 'पहलो', 'दूसरो', 'तीसरो'[35] आदि।

गुणवाचक 'ए' प्रत्यय–युक्त रूप हैं : 'हरे–हरे'[36]। समस्त का भाव व्यक्त करने वाले 'ओ' अथवा 'औ' प्रत्यय–युक्त रूप हैं : 'सारो'[37]। बिना प्रत्यय का रूप है : 'सयानी'[38]। परिणामवाचक रूप है : 'तिनक'[39]। निश्चयवाचक संख्याओं में 'ओं' प्रत्यय से निश्चित संख्यावाचक विशेषण बनते हैं। यथा : 'दोनों, पाँचों'[40]।

लिंग

स्त्रीलिंग शब्द में 'इया' प्रत्यय से युक्त मिलते हैं। यथा– बिटिया[41], पुरिया[42]। 'ई' प्रत्यय से भी युक्त स्त्रीलिंग शब्द प्राप्त होते हैं। यथा : घोड़ा से घोड़ी, बछेड़ा से बछेड़ी[43]। जैसा पहले कहा गया, कुछ शब्दों में 'न' प्रत्यय से विकार उत्पन्न हो जाता है और दीर्घ 'ई' ह्रस्व 'इ' में बदल जाती है। यथा– जोगी से जोगिन[44]। कहीं–कहीं 'ई' प्रत्यय लघुत्व का बोधक है। यथा– कटारी[45]। कुछ शब्दों में 'इया' प्रत्यय का संयोग मिलता है। यथा– गिलसिया[46]। यहाँ गिलसिया शब्द लघुत्व का बोधक है। कुछ शब्द पुलिंग हैं, परन्तु उनका प्रयोग स्त्रालिंग में किया जाता है। यथा– लाल[47], कमल[48]। साधारण बोलचाल में थारू लिंग का ध्यान नहीं रखते। थारू–स्त्रियाँ स्त्री सुलभ अभिव्यक्तियों में पुलिंग का प्रयोग करती हैं।

सर्वनाम

उत्तमपुरूष में 'मैं'[49] का प्रयोग खड़ी बोली की भाँति होता है। सम्बन्धवाचक विभक्ति –'एर' के साथ, मेरे, मेरी, मेरो और मोरी[50] रूप मिलते हैं। इसका तिर्यक् रूप 'मोय' तथा 'मोके'[51] मिलता है।

क्रिया

वर्तमानकालिक कृदंत में 'त' प्रत्यय मिलता है। यथा : 'उड़ावत, ढरत'[52]। भूतकालिक कृदंत पुलिंग एकवचन में 'ओ–औ' प्रत्यय मिलते हैं। यथा : 'पठायो, भयो, गयौ'[53]। पुलिंग बहुवचन में 'ए' प्रत्यय मिलता है, यथा : 'तजे'[54]। स्त्रालिंग की स्थिति में 'ई' प्रत्यय मिलता है, यथा : 'बिछाई'[55]। खड़ी बोली से प्रभावित 'आ' प्रत्ययवाले रूप भी मिल जाते हैं, यथा : 'गया'[56]।

एक ही क्रिया के त्रिविध रूप मिलते हैं, यथा : 'गौ, गयो, गयौ'[57]। कर्त्तृवाचक कृदंत क्रियार्थ संज्ञा के विकारी रूप के साथ 'ऐया' या 'वारे' प्रत्यय से युक्त रूप मिलते हैं, यथा : 'धरैया[58], हाँकनवारे'[59]। आज्ञार्थक रूप 'औ' या 'ओ' प्रत्यय के साथ मिलते हैं, यथा : 'दीजौ, लइयो'[60]। संयुक्त क्रियाएँ वर्तमानकालिक के साथ मिलती हैं, यथा : 'चढ़त है'[61],'पड़ी है'[62]। भूतकालिक कृदंत के साथ मिलने वाली सहायक क्रिया है : 'पजर गयौ'[63]। सहायक क्रिया 'होना' का संभाव्य भूत रूप 'होती'[64] मिलता है। क्रियाविशेषण कालवाचक रूप हैं : 'सांझ', 'दिन–रैन'[65] आदि।

स्थानवाचक रूप हैं 'ऊपर'[66] दिशावाचक रूप 'उतै', 'हूनै'[67], रीतिवाचक रूप 'न'[68] तथा परिमाणवाचक रूप 'बहुत'[69] मिलते हैं। संयुक्त अव्यय–संज्ञाओं

की द्विरूक्ति 'खेतन–खेतन'[70], क्रियाओं की द्विरूक्ति 'छट–छट'[71], 'उड़–उड़'[72], क्रियाविशेषणों की द्विरूक्ति 'घरी–घरी'[73] तथा विशेषणों की द्विरूक्ति 'तिनक–तिनक', 'लम्बी–लम्बी'[74] आदि मिलते हैं।

उपर्युक्त विवेचन के आधार पर हम देखते हैं कि थारू भाषा में ब्रजभाषा की ओकारांत और औकारांत, कन्नौजी की ओकारांत तथा खड़ी बोली की आकारांत प्रवृत्ति मिलती है। सर्वनामों के अधिकांश रूप ब्रजभाषा की प्रवृत्ति के अनुसार हैं, खड़ी बोली का 'ड़' भी मिलता है और 'र'[75] भी।

ब्रजभाषा की प्रवृत्ति के अनुसार, 'य' का 'ज' तथा 'ण' का 'र'[76] मिलता है। 'श' का 'स'[77] दोनों मिलते हैं। क्रियारूपों के 'हतो', 'हते' आदि प्रयोग नहीं मिलते। ब्रजभाषा का 'गयो, भयो', कन्नौजी की प्रवृत्ति के अनुसार 'गओ, भओ' भी हो जाता है। लिंग के सम्बन्ध में थारूओं में गड़बड़ी है। पुलिंग–स्त्रीलिंग के प्रयोग में सतक्रता नहीं बरती जाती।

निष्कर्ष रूप में कहा जाता है कि थारू भाषा कन्नौजी और खड़ी बोली–मिश्रित ब्रजभाषा है। इस प्रकार, थारू–लोकगीतों की भाषा हिन्दी की ही एक अहम बोली है।

सन्दर्भ

1. हिन्दी साहित्य का बृहत् इतिहास (सोलहवाँ भाग, पृष्ठ 657)
2. डॉ. कृष्णदेव उपाध्याय : भोजपुरी और उसका साहित्य–पृ. 22–30
3. डॉ. त्रिलोचन पाण्डे–कुमाँऊ का लोक साहित्य– पृ. 66
4. धन दौलत और माल खजाना।
5. खेतन फूली है सरसों।
6. ऊधो जाय दुआरिका मैं कहियो इतनी अरज मेरी हर सों।
7. खड़ी यारों से बतराती।
8. किसानों मैया नाँय गुज़ारो कोई ढंग से।
9. हरो रे दुबट्टा नाजुक बहियाँ।
10. मैया बहिनियाँ सब काहू की।
11. जे तिरियन के काजे लछिमन भैया पिरान तजे।
12. नैना अटके अलियन गलियन।
13. सब सखियन की बात निहारि और अन्तर की बात।
14. खिरकिन मैं देख ठाढ़ी राधा।
15. हमरो पिया जुहारन रे सो हर हर सीताराम।
16. हमें लगावौ दोस कान्ह तुम भयँ अधकारे।
17. सो गत भई हमारी।
18. हम जानी हमहिं पर बीती।

19. तैं का बाबुल मेरो ठाड़ो हेरै।
20. (क) अत कोमल बनमाँही लाल तेरे लछिमन रघुराई। (ख) बिगर जायगी तेरी सूरत।
21. तुम बिछुरत मेरे अँसुआ ढरत हैं।
22. (क) हमैं बतावै गमार आपनी करै बड़ाई। (ख) सो होरी चली। (ग) हमैं बतावै चोरटी आप बने साहब।
23. (क) ऐसी छाती बजर गात की कहाँ से ये लाई। (ख) जे तिरियन के काजे लछिमन भइया पिरान तजे।
24. इक्का बाको रंग–बिरंगो पहिया गोलन्दाज।
25. डेहरी मैं ठाड़ी बाक़ी अम्मा टेरै।
26. बइयाँ पकर उन झपट लई।
27. इक दिन गहन उनहूँ कौ घेरै।
28. (क) जो बनसी मेरी मोल की क्यों न देव गमार। (ख) जो बनसी को सार कहा तुम जानौ गुवालिन।
29. जे तिरियन के काजे लछिमन भइया पिरान तजे।
30. है कोई छैला मार गिरावै।
31. (क) कौन भये असवार कौन रथ हाँकनवारे। (ख) कहन कासे दुख जाऊँ।
32. (क) रूप सरूप अनूप देखकर वन सब हो जाई। (ख) कैसि कारन बनोवास दियो है सबन कौ दुखदाई। (ग) देही धरार सबहिं पर बीती।
33. (क) एक बाँह मेरी अरकै–फरकै। (ख) तीन भुमन पत राखतो मन मुरली से लागो।
34. इक दिन गहन, उनहूँ पर बीती।
35. (क) पहलो घैला (ख) दूसरो घैला (ग) तीसरो घैला।।।।
36. हरे हरे बाँस की बनी से बँसुरिया।
37. सारो पाताल जाके विश काँपै।
38. खड़ी सयानी नार।।।।
39. तिनक तिनक नाँय आवै।
40. (क) मेरे जे दोनों जुबना में रस नाँय। (ख) पाँचों भइया आगू लेन पठाये।
41. बिटिया देय असीस।
42. पुरिया खबैहों सब घर।
43. घोड़ी भी हारे, बछेड़ी भी हारे।
44. पिया के वियोग में जोगिन हुइ निकासी।
45. बैरिन हुई गयी सौत कटारी।
46. हाथ गिलसिया, हाथ में बोतल, राम राम कर पीता है।
47. घर मैं से एक लाल निकारी।
48. जल सूको कमल मुरझानी।
49. मैं हारी समुझाय पियाँ तोके।

50. (क) कहा खबैहों मेरे हाथी घोड़ा। (ख) अब तौ साम मेरी बहियाँ मरोरी। (ग) तैं का बाबुल मेरा ठाड़ो हेरै। (घ) सूरदास मोरी इतनी अरज है।
51. (क) मोय बिनु कन्त बसन्त न भावै। (ख) कहत अटपटी हमसे मोकै नाँय सुहाय।
52. (क) घूर उड़ावत कर सों। (ख) तुम बिछुरत मेरे अँसुवा ढरत हैं।
53. (क) तोय हियाँ कौन पठाओ। (ख) का सोवौ नल भोर भओ। (ग) पजर गयौ रे।
54. लछिमन भइया पिरान तजे।
55. फूलन सेज बिछाई।
56. एक खसम गया चोरी।
57. जर गयो जंगल, पजर गयौ रे तरूवर हुई गौ खाक।
58. अकेलो धीर धरैया कोई नाँय।
59. कौन भओ असवार कौन रथ हाँकनवारे।
60. (क) दीजौ उच्चाय। (ख) हाँ री बहू पनिया भर लइयो।
61. देवी के आँगन बकरा चढ़त है।
62. कोई छैला की नजर पड़ी है।
63. जर गयो जंगल पजर गयौ रे।
64. हाथों में मेरे चूड़ी होती तौ मेरा मन भावेगा।
65. (क) साँझ भओ दिन, अथवन लागो तुलसी के मन में सोच। (ख) लकुरा बीमन गयी जलाकै हूनै मजा उड़ाई।
66. चार यार जुर लै चले ऊपर चद्दर डारे।
67. (क) उतै से आवै हुई जगते से रसिया लचपच खेलैं सिकार। (ख) लकुरा बीमन गयी जलाकै हूनै मजा उड़ाई।
68. आधी रात कुइलिया बोलै कूक सही न जाई।
69. लांगुर तुम–से बहुत हैं हमसे माँगत दान।
70. खेतन–खेतन खइया खुदाई।
71. मेरो सुरमा छुट–छुट जाय।
72. मेरा कंचड़ उड़–उड़ जाय।
73. घरी–घरी मेरो आँचल उझकै।
74. (क) तिनक तिनक नाँय आवै। (ख) लम्बी लम्बी केस कमल को।
75. खिरकिन में ठाढ़ी देख राधा।
76. नील जामुन के तीर किरसन असनान न आवै।
77. (क) देवी के आँगन पीपर सोहै। (ख) गिरधर लाल सरन तेरी आयो।

तृतीय भाग

खण्ड - 19 : प्रो. अर्जुन चव्हाण जी का प्रतिनिधि साहित्य विमर्श

सृजनात्मकता के कर्मयोगी अर्जुन और विलक्षण विश्वास के प्रतिनिधि चव्हाण

कुलपति प्रो. रामदेव भारद्वाज

आधुनिक सन्दर्भों में प्रखर उन्मुक्त अभिव्यक्ति प्रदान करने में पारंगत डॉ. अर्जुन चव्हाण माँ सरस्वती के साधक हैं और माता वाग्देवी की उनपर दृष्टि है। तभी तो डॉ. चव्हाण की दैनन्दिनी एवं सहज चर्चा में भी साहित्यिक शैली का उल्लेख देखने को मिलता है। शिक्षाधर्मिता उनके रोम–रोम में है, विश्वविद्यालय में अध्ययन,अध्यापन और अनुसंधान कार्य में संलग्न होते हुए डॉ. चव्हाण जी की रचनाधर्मिता ने हिन्दी साहित्य को एक नये आयाम पर पहुँचाया है। उन्होंने कई रूपों में साहित्य सृजन किया है। कविताओं के माध्यम से,गजल के माध्यम से, आलोचना के माध्यम से तभी तो उनका व्यक्तित्व बहुआयामी है। वे सृजनकर्ता हैं, सृजनात्मक लेखक, समीक्षात्मक, साहित्यकार, कहानीकार, लघुकथाकार और यात्रावृतान्तकार के साथ–साथ प्रतिष्ठित साहित्य अनुवादक भी हैं।

50 से अधिक पुस्तकों के लेखक, समीक्षक, अनुवादक एवं सम्पादक प्रो. अर्जुन चव्हाण, महाराष्ट्र, जिले उस्मानाबाद के परण्डा तहसील के पारेवाडी गाँव में श्रीमती सीता गणपति और गणपति दगडू चव्हाण के परिवार में जन्में डॉ. अर्जुन ने अपने परिवार का नाम चरितार्थ किया और सही अर्थों में अर्जुन के चरित्र को अपने में रूपान्तरित किया। तभी तो कर्तव्य बोध, कर्मनिष्ठ, संघर्षशील और जुझारू व्यक्तित्व के रूप में अपनी पृथक पहचान बनायी है। प्रो. चव्हाण जी अन्तर्राष्ट्रीय स्तर पर सम्मानित हैं। इनमें प्रमुख हैं मॉरीशस द्वारा हिन्दी साहित्य अकादमी सम्मान, साहित्य शिरोमणि सम्मान, यात्रावृत्तान्त लेखन प्रथम पुरुस्कार। ताश्कंद (उजबेकिस्तान) द्वारा 'भारत के बाहर भारत' यात्रावृतान्त की पांडुलिपि के लिए पुरस्कार, ताश्कंद में साहित्य निधि सम्मान

प्राप्त हुआ है। साथ ही हिन्दी साहित्य अकादमी, महाराष्ट्र का पण्डित महावीरप्रसाद द्विवेदी सम्मान, महाराष्ट्र हिन्दी परिषद द्वारा श्रेष्ठ सृजनात्मक साहित्य सम्मान, लखनऊ में आयोजित अन्तर्राष्ट्रीय संगोष्ठी में भारतेन्दु भूषण सम्मान, पाब्लो नेरुदा इंटरनेशनल अवार्ड फॉर एक्सलेंस इन लिटरेचर आदि प्रमुख हैं। प्रो. चव्हाण जी के मार्गदर्शन में 24 शोधकर्ताओं ने पीएच. डी. तथा 34 शोधकर्ताओं ने एम.फिल. की उपाधि प्राप्त की हैं। प्रो. चव्हाण जी ने मॉरीशस, उज्बेकिस्तान, रुस आदि देशों में आयोजित अन्तर्राष्ट्रीय संगोष्ठियों में बीज वक्तव्य दिए हैं। ये सभी साहित्यिक गतिविधियाँ प्रो. चव्हाण जी की राष्ट्रीय एवं अन्तर्राष्ट्रीय साहित्य जगत में स्वीकारिता को प्रमाणित करती हैं।

अर्जुन चव्हाण जी समीक्षक के साथ–साथ सृजनात्मक लेखक भी हैं। सृजनात्मक लेखन प्रतिभा का प्रकाशपुंज और भावनाओं का प्रकटीकरण है। यही तो मानवता और मनुष्यता है, जो अन्यों से पृथक बनाती है। प्रो. चव्हाण की यह उपलब्धि है कि उनमें मानवता, संवेदनशीलता और भावुकतापूर्ण जीवन दूसरों के लिए अनुकरणीय है। सृजनात्मकता आन्तरिक गुण है। यह बाहर से नहीं आती और लेखन में सृजनात्मकता अन्दर की खोज को बाहर लाती है, सृजन करती है। लेखन के कारण रचनाकार समाज का सबसे निकटतम हिस्सा बन जाता है। लेखक समाज का निरीक्षण, परीक्षण, विश्लेषण कर शब्द को रूप देता है। ऐसे ही शब्द शिल्पी प्रो. अर्जुन चव्हाण लेखन के प्रति प्रतिबद्ध हैं। उनका सृजनात्मक लेखन तथ्याधारित है। वे 'ओ री प्रौद्योगिकी' काव्य संग्रह की भूमिका में लिखते हैं "कविता पाठक को कुछ दिला देती है, रुला देती है, दहाला देती है और समाज विरोधी तत्त्वों के लिए बला बनती है। वह कवि के कलम को नोक देती है, सियासी आलम को रोक देती है। विचारों का जल देती है और मुकाबले को बल देती है। कभी वह चिंघाडती है। कभी दहाडती है।"[1] उनकी साहित्य के प्रति जवाबदेही वृत्ति है। वैसे वे बहुमुखी प्रतिभा के धनी हैं। उन्होंने कविता, गजल, लघुकथा, निबन्ध, यात्रावृत्तान्त, साक्षात्कार जैसी विधाओं में सृजनात्मक लेखन किया है।

प्रो. अर्जुन चव्हाण जी विषय के मर्मज्ञ हैं। उनका विषय पर गहन अध्ययन है। तभी तो वे अच्छे चहेते प्राध्यापक हैं। वे तेज़तर्रार समीक्षक भी हैं, जिनकी वाणी में गहरी धार हैं। उनके लेखन और आचरण में सन्तुलन है। उन्होंने समाज और विश्वविद्यालयों में अपनी भूमिका तथ्यात्मक आधार पर स्थापित की हैं। वे पूर्वग्रही नहीं हैं। अतिआग्रही वृत्ति के भी नहीं हैं। ऐसे आचरणशील विद्वान मित्र पर हमें गर्व महसूस होता हैं, हमें अभिमान है प्रो. अर्जुन चव्हाण जैसे व्यक्तित्व के सानिध्य का। उनकी कविताएँ और गजलों का प्रस्तुतीकरण सबको प्रभावित करता है। एक अच्छा अध्यापक एक अच्छा

कवि भी होता है, जिसका परिचय प्रो. अर्जुन चव्हाण के व्यक्तित्व से आता है। वह अपनी कविताओं के द्वारा समाज की विद्रूपताओं, विडम्बनाओं और विषमताओं पर गहरी चोट कर बेहतर समाज का विकल्प देते हैं। उनकी कविता जहाँ एक ओर ग़रीब व्यक्ति की जद्दोजहद वृत्ति को प्रतिबिम्बित करती है तो दूसरी ओर मध्यवर्ग की खोखली मनोवृत्ति पर प्रहार करती हैं। 'नेकी हुई निलाम अब' कविता में कवि कहते हैं– "नेकी हुई नीलम अब/ सदाचार को अपनाओ/लेकर फरेब से कफन/दूराचार को दफनाओं/ भ्रष्टाचार का है बोलबाला; शिष्टाचार ही गया डूब, नेकी का चिराग जला दो। अब अंधेरा हुआ है ख़ूब।"[2]

उनकी कविताओं में व्यंग्य है, जो पाठक को अन्तर्मुखी कर अस्वस्थ करता है। सोचने के लिए बाध्य करता है। उनकी कविताएँ कई प्रश्न उत्पन्न करती हैं। 'वाह रे सीने गीत' में जिसका दर्शन होता है। जब सारी दुनिया कोरोना की महामारी की चपेट से घर में बन्द थी तब प्रो. अर्जुन चव्हाण हर दिन गजलें लिख रहे थें। उनके एक गजल संग्रह का नाम भी 'कोरोना की कृपा से' है। उनके द्वारा अब तक सात गजल संग्रहों का लेखन हो चुका है। वैसे गजलों के प्रति उन्हें विशेष रूचि हैं। उनकी गजलों में विषयगत विविधता और विभिन्नता परिलक्षित होती है। उन्होंने दोस्ती, मूल्य, त्यौहार आदि विषयों पर अधिकत्तर गजलें लिखी हैं। गाँव उनके धड़कन में हमेशा बसा रहता था लेकिन कोरोना के समय सभी को अपना गाँव याद आने लगा। उन्हीं के शब्दों में– "कोरोना के बावजूद गाँव प्यारा लगने लगा है/ विराने के बावजूद गाँव प्यारा लगने लगा है/बताते थे नगर में गाँव की अनगिनत समस्याएँ/अब उनको वहाँ का अभाव प्यारा लगने लगा है।"[3]

उनकी गजलें अव्यवस्था का विरोध और सुव्यवस्था का विकल्प देती हैं। परिवर्तनशीलता जिसका स्वभाव धर्म है। उसमें विद्रोह है, व्यंग्य है। उनके गजलों में चिंतक–विचारक प्रकट होता है। मित्रता का मूल्य उनकी गजलों में प्रधानता से आता है। गजलों में विसंगति पर व्यंग्य कसा है। वे दिखावटीपण का पर्दाफाश करते हैं– "हर चेहरे पे एक चेहरा है यारों; हर कुरसी पे एक बहरा है यारों। शान रखे उन शहीदों की जरासी/जिनके कारण तिरंगा लहरा है यारों। मंच जैसा अभिनय श्रोता जैसा भाषण/यह चरित्र ही बड़ा दोहरा है यारों।"[4]

उन्होंने 'बिटिया दिवस,' और 'अन्तर्राष्ट्रीय अनुवाद दिवस' पर भी गजलें लिखी हैं। आज बेटियाँ बड़े–बड़े पद पर आसीन होकर अपने परिवार और राष्ट्र का नाम रोशन कर रही हैं। वह अब लडके की तुलना में उन्नीस नहीं बीस हैं। ग़ज़लकार के शब्दों में– "उछलती चमकती दमकती आज

एक मिन्नत हैं बेटियाँ, इस धरती की जीती जागती जन्नत हैं बेटियाँ; माना करते थे जिसे धन–दौलत पराये घर की, बेटों से कहीं जादा आज उन्नत हैं बेटियाँ।"[5]

उनका गजल और कविता के साथ निबन्ध लेखन भी अत्यन्त चिन्तनीय है, जिससे वर्तमान समय की गहरी पहचान होती है। उनके निबन्धों में जहाँ एक ओर उपदेश, उपहास का उपहार है तो दूसरी ओर सामाजिक, धार्मिक, राजनैतिक और शैक्षिक क्षेत्रों के अन्तर्विरोधों पर करारा व्यंग्य है। 'जरा याद करो कुर्बानी' निबन्ध संग्रह सन 2005 में प्रकाशित है जिसमें कुल सोलह निबन्ध हैं। आज की युवा पीढ़ी को सही शिक्षा ग्रहण करनी चाहिए न कि मात्र डिग्रीधारी। जिसका जीवन से कोई सम्बन्ध नहीं वह शिक्षा किस काम की। डिग्रीधारी छात्र को कभी–कभार अपने ही खेत पर काम करना न्यूनता का लक्षण लग रहा है। इसलिए उनके निबन्धों में शिक्षा में बढते फैशन पर चोट की है। अँग्रेजी के उथले आकर्षण पर टिप्पणी की है। निबन्धकार को लगता है कि वैयक्तिक जीवन की अपेक्षा त्याग और सेवा से राष्ट्र समृद्ध होता हैं। वे लिखते हैं, "समस्याओं के अभिशाप से देश की मुक्ति का प्रयास करना ही सच्चे अर्थों में स्वाधीनता दिवस मनाना है। शहीदों के लिए यही सच्ची श्रद्धांजलि"[6]। इन निबन्धों में श्रमप्रतिष्ठा को प्रतिपादित किया है।

डॉ. अर्जुन चव्हाण जी ने लगभग पैंसठ लघुकथाएँ लिखी हैं। 'हंस' में प्रकाशित 'गूँगा बहिरा' लघुकथा 2011 वर्ष की हंस की उत्कृष्ट लघु कथा से पुरस्कृत है। आज हमारी आर्थिक और भौतिक प्रगति बहुत कुछ हुई किन्तु मूल्य विघटन, सम्बन्धों में बिखराव आया। 'ग़रीब और अमीर' लघुकथा में जहाँ एक ओर ग़रीबी से त्रस्त भूख से बेचैन मेधावी छात्र है तो दूसरी ओर 'शुभकामनाओं का हक्कदार' लघुकथा में पढा लिखा व्यक्ति साँप से भी अधिक ज़हरीला बन रहा है। इस विसंगतिपूर्ण परिवेश की गहरी चिकित्सा गागर में सागर जैसी है।

डॉ. अर्जुन चव्हाण जी को रुस, उजेबीकिस्तान, मॉरीशस जैसे राष्ट्रों में विशेष अतिथि के रूप में आमन्त्रित किया गया था। उस दौरान मॉरीशस में जो अनुभव आया उसे 'मॉरीशस एक सांस्कृतिक यात्रा' नामक यात्रा वर्णन में प्रस्तुत किया हैं। वे अपने ग्रन्थ की भूमिका में लिखते हैं–"मेरी यह विनम्र धारणा है कि एक हजार किताबें पढने से उतना नहीं पा सकते जितना एक लम्बी यात्रा से।"[7] यात्रा वर्णन अत्यन्त चित्रात्मक बन पड़ा है। मॉरीशस का प्राकृतिक वातावरण हुबहू पाठक के सामने उपस्थित होता है। भारत के बहार एक भारत से हम परिचित होते हैं। उन्हीं के शब्दों में–"मॉरीशस की गलियों से/गूँज रहा यह नारा/भारत के बाहर है एक और भारत न्यारा।"[8]

शिवसागर रामगुलाम इंटरनेशनल एअरपोर्ट, मॉरीशस पर मराठी भाषिक यंग मैन महेश की मुलाकात होना और उनके साथ प्रो. अर्जुन चव्हाण जी का मराठी में वार्तालाप बड़ा ही आत्मीय और रोचक लगता है। महेश जैसा सामान्य लडका मॉरीशस जाता है और वहाँ तीन बड़े हॉटेल शुरू करता है। इतना ही नहीं तो वह क्रिकेट का बड़ा शौकीन है। वहाँ के क्रिकेट बोर्ड पद पर भी कार्यरत है। महेश का चरित्र प्रेरणादायी लगता है। मुडिया पहाड के किवदन्तियों को मॉरीशसवासी से सुनकर लेखक की कैलास मानस सरोवर, हिमालय, शिव–पार्वती, कबीर और काशी जैसे स्थानों और महात्माओं की स्मृतियाँ तरोताजा होती है। लोकमानस और लोकविचार दुनिया में सभी जगह होते हैं जिसका साक्षात्कार भी सुन्दरता से व्यक्त हुआ है। यात्रा के आख़िर में लेखक को अपना हिन्दुस्तान ही सबसे प्यारा लगता है–"लौटने को अपनी मिट्‌टी में/बना बेताब अब समूह सारा/चाहे दुनिया हो जन्नत जैसी/आख़िर हिन्दुस्तान सबसे प्यारा।"[9]

प्रो. अर्जुन चव्हाण द्वारा सम्पादित 'आधुनिक हिन्दी :कालजयी साहित्य' एक अनुपम कृति है। पुस्तक में विवेचना की है कि साहित्य धर्माश्रय,राजाश्रय और लोकाश्रय में विकसित होता है। लोकाश्रयी साहित्य लोकाभिमुख होता है। सहित्य का इतिहास इस बात का प्रमाण है कालजयी साहित्य का सृजन जितना धर्माश्रय और लोकाश्रय में हुआ उतना राजाश्रय में नहीं हो पाया। कालजयी रचना उस बीज की पहचान करती है जिसमें अपने काल की सच्चाई का वटवृक्ष छिपा होता है। यह भी सत्य है कि विश्व की कोई भी रचना अथवा कृति सभी को समान रूप से सन्तुष्टि नहीं कर सकती। यही बात रामचरितमानस तक को लेकर है। यद्यपि कृतियों को कालजयी रूप में रेखांकित किया जाता है तथापि वे प्रेरक रहती हैं क्योंकि वे समाज के लिए परिवर्तक और प्रेरक होती हैं। प्रस्तुत ग्रन्थ प्रतिनिधि आधुनिक हिन्दी कालजयी साहित्यिक लेखकों पर केन्द्रित है किन्तु प्रेम, आदर्श, यथार्थ, मानवता, सामाजिकता, प्रगतिशीलता और आधुनिकता के साथ–साथ स्त्री–विमर्श और दलित विमर्श जैसे वैचारिक आन्दोलनों से प्रभावित सामाजिक उत्थान के भावों से आधारभूत शायद ही कोई विचार आन्दोलन हो जो पुस्तक में विवेचित न किया गया हो। इसमें भारतेन्दु और निराला से लेकर गुलेरी तथा प्रेमचन्द व मैत्रेयी पुष्पा तक के रचनाकारों को भी विभिन्न आन्दोलनों तथा संक्रमणकालीन परिवेशों ने प्रभावित किया उनके सुस्पष्ट चरित्र की समीक्षा की गयी है। साहित्य और यथार्थ की दृष्टि से प्रो. अर्जुन चव्हाण की यह अद्‌भुत कृति है 'मीडिया कालीन हिन्दी : स्वरूप और सम्भावनाएँ' आधुनिक काल में मीडिया की शक्ति को केन्द्रित मानते

हुए प्रो. अर्जुन चव्हाण मीडिया को एक साधन मनाते हैं जो मानव जाति के कल्याण के लिए अधिक उपयोगी सिद्ध हो सकता है। मीडिया युवाओं को रोजगार प्रदान करने तथा भाषा एवं साहित्य को भी मज़बूती प्रदान करने में सहायक सिद्ध हुआ है। पुस्तक में वैश्वीकरण के परिप्रेक्ष्य में हिन्दी, संचार माध्यमों में हिन्दी, रोजगार में हिन्दी, संगणकीय क्षेत्र में हिन्दी समसामयिक युग की माँग के रूप में प्रस्तुत किया है। प्रो. चव्हाण का मानना है कि भाषा के अधेयताओं के वर्तमान को बेहतर भविष्य में परिवर्तित करने की दृष्टि और दिशा पडताल कर सकती है। प्रो. अर्जुन चव्हाण द्वारा दादासाहेब मोरे की आत्मकथा 'गबाळ 'का 'डेराडंगर 'नाम से अनुवाद कार्य भी किया। इस पुस्तक के अनुवाद का कारण यह रहा है कि वर्तमान में दलित साहित्य लेखन में आत्मकथाएँ लिखी जा रही हैं, जो सम्पूर्ण भारतीय साहित्य की एक नई सोच, दिशा और समझ को विकसित करती है। 'डेराडंगर' अधिकांश आत्मकथाओं से इस प्रकार भिन्न है कि इसमें नायक गौण है तथा इसका परिप्रेक्ष्य, उसकी परिस्थितियाँ प्रधान हैं। इसमें नायक को केन्द्र में स्थापित करने की बजाय उस व्यवस्था को केन्द्र में रखा गया है जिसमें नायक के सम्पूर्ण समाज के लोग अपना पीडित, यातनामयी और नरकीय जीवन जी रहे हैं। पुस्तक के माध्यम से सम्पूर्ण समाज, जीवन प्रणाली, और संस्कृति का बोध प्रेरक और मानक क्रम प्रस्तुत होता है। सार रूप में कहना होगा कि प्रो. अर्जुन चव्हाण जी का व्यक्तित्व एवं साहित्य नई पीढ़ी के लिए मिसाल है।

सन्दर्भ

1. प्रो. अर्जुन चव्हाण–'ओ री प्रौद्योगिकी' (अप्रकाशित काव्यसंग्रह) की भूमिका से।
2. वही, पृष्ठ 9
3. प्रो. अर्जुन चव्हाण–'कोरोना की कृपा से' (अप्रकाशित ग़ज़ल संग्रह) पृष्ठ 14
4. वही, पृष्ठ 84
5. प्रो. अर्जुन चव्हाण–'बिटिया दिवस के अवसर पर लिखी ग़ज़ल (26 सितम्बर, 2021)
6. प्रो. अर्जुन चव्हाण–'जरा याद करो कुर्बानी'; अमन प्रकाशन, कानपुर (2005)
7. प्रो. अर्जुन चव्हाण–'मॉरीशस एक सांस्कृतिक यात्रा', वाणी प्रकाशन, दिल्ली (2016)
8. वही, पृष्ठ 62–63
9. वही, पृष्ठ 63

डंके की चोट करती कविता

प्रो. दामोदर मोरे

चित्रकला उसे कहते हैं, जहाँ रंग–रेखाओं का अभिनय होता है। संगीत कला उसे कहते हैं, जहाँ स्वरों का अभिनय होता है। ठीक उसी तरह काव्यकला उसे कहते हैं, जहाँ शब्दार्थों का मन लुभावन अभिनय होता है। मन के रंगमंच पर चलने वाले शब्दों के बेहतरीन नृत्य को मैं कविता कहता हूँ। जब अनुभूति की बहार आती है, तब मन की बेला पर कविता की सुन्दर–सुन्दर कलियाँ खिलने लगती हैं। अपने अर्थों की पँखुडियों से महकने लगती हैं। एक अच्छी कविता गुलाब के पँखुड़ियों–सी तेज़ तर्रार, हरसिंगार के फूलों सी मुलायम, बेला के फूलों–सी महकती रहती है। कभी उसमें शृंगार होता है तो कभी उसमें अन्याय के खिलाफ धधकता अंगार होता है। कविता के कितने सारे रुप–रंग होते हैं। कभी कविता रंजन करती है, तो कभी रुढिवादिता का भंजन। कभी वह हथियार बनकर एकलव्य के तीर–सा लक्ष्य भेद करती है। तो कभी हर तरह के भेदभाव पर प्रक्षेपणास्र–सा टूट पडती है।

'ओ री प्रौद्योगिकी!' प्रो. (डॉ.) अर्जुन चव्हाण जी का नया कविता संग्रह है। चव्हाण जी ने 51 कविताओं का सुन्दर गुलदस्ता पाठकों के हाथों में दिया है। जिसमें आशय और अभिव्यक्ति के कई अनूठे रंग हैं। इसके लिए कवि को मैं हार्दिक बधाई देता हूँ। अर्जुन चव्हाण हिन्दी साहित्य का एक ऐसा नाम है, जिन्होंने राष्ट्रीय स्तर पर अपनी पहचान बना ली है। मैं उसे अच्छी और सच्ची कविता कहता हूँ, जो ह्रदय की वीणा को झंकृत करे। मैं उसे अच्छी कविता कहता हूँ, जो सोचने के लिए मजबूर करती हो, मैं उसे अच्छी कविता मानता हूँ, जो पाठक को एक नई दिशा एवं दृष्टि दे। मैं उसे अच्छी कविता मानता हूँ, जो एकलव्य के तीर–सी अपने लक्ष्य का भेद करती हो। मैं उसे अच्छी कविता मानता हूँ, जो सामाजिक प्रतिबद्धता के बलबूते पर खड़ी हो। डॉ. अर्जुन चव्हाण जी की कविता अनेक प्रवृत्तियों से परिपूर्ण है।

सामाजिक प्रतिबद्धता का सौन्दर्य

डॉ. अर्जुन चव्हाण जी का 'ओ री प्रौद्योगिकी' यह कविता संग्रह पढ़कर मुझे अपनी छोटी–सी हिन्दी कविता याद आ रही हैं।' सुगंध को यह नहीं भूलना चाहिए कि, वह फूलों के कारण है। फूलों को यह नहीं भूलना चाहिए कि वह टहनियों के कारण हैं। टहनियों को यह नहीं भूलना चाहिए कि वह तना के कारण हैं। तना को यह नहीं भूलना चाहिए कि वह जडों के कारण है। जड़ों को यह नहीं भूलना चाहिए कि वह मिट्टी के कारण हैं, और मनुष्य हो या लेखक, कवि, उसे यह भूलना नहीं चाहिए कि वह समाज के कारण हैं, मैंने 'ओ री प्रौद्योगिकी' कविता संग्रह ध्यान से पढा। मुझे यह अहसास हुआ कि अर्जुन चव्हाण जी की कविता 'स्वान्त सुखाय' नहीं है। वह 'बहुजन हिताय' कविता है। यह कविता भँवर जैसी माशुका के ना तो बालों पर बैठती हैं ना गालों पर। कवि समय का संवेदनशील और सजग पहरेदार होता है। कवि समाज में न्याय के लिए आम आदमी की जो छटपटाहट चल रही है उससे दुखी है। इसी कारण उनकी कलम से 'तरसता है आदमी इन्साफ़ के लिए' जैसी कविता का जन्म होता है। विषमतावादी व्यवस्था के सामने सवाल खडा करना इस कविता की विशेषता है। 'नई सदी में उनकी और अपनी'– कविता में अपना क्या हैं इस नई सदी में? ऐसा तीखा सवाल कवि खड़ा कर देता है और कहता है– ''सारी सत्ता उनकी, अपना केवल श्रम/पूरी हवेली उनकी, महज सीढ़ियाँ हम/ताजपोशी उनकी, केवल बारुद हम/ऐशो–आराम उनको, काम–धाम में हम''[1]

आगे कवि ने लिखा है– ''मगर अफसोस कि/अपने करोडो में हैं/ फिर भी बिखरे, हारे, टूटे और खरीदे गये/वे मुठ्ठीभर हैं/किन्तु सदियों से शोषक बन सत्ता का सेहरा पहने हुए/बेशर्म बन बहुतेरा बाईज्जत लूटने के लिए।''[2]

इस कविता में कवि 'मैं' की बात नहीं करते। 'हम' की बात करते हैं। 'मैं' से अहंकार की बदबू आती है, तो 'हम' से सामाजिक प्रतिबद्धता की खुशबू। 'मैं' याने (i) हमें ness की तरफ ले जाता है तो हम (we) हमें illness की तरफ ले जाता है। बाबासाहेब डॉ. अम्बेडकर ने संविधान के उद्देशिका की शुरुआत में 'हम भारत के लोग' (we the people of India) ऐसी की है, और यह संविधान हमें welness की तरफ ले जा रहा है। कवि अर्जुन चव्हाण जी इन्हीं मूल्यों की पगडंडी पर चलना चाहते हैं। इसी कारण वे 'सारी सत्ता उनकी, अपना केवल श्रम' का वंचित जनता को अहसास दिलाते हैं।

बाबासाहेब डॉ. अम्बेडकर ने कहा था, इस देश में दो भारत हैं। एक 'सवर्ण भारत' और दूसरा 'बहिष्कृत भारत' इस 'बहिष्कृत भारत' की और गाँव के अन्दर के शूद्रों के दास्य, दैन्य, दुःख, दारिद्रय की पीड़ा कवि ने बयान की हैं। 'यों खुशहाली चारो ओर' कविता में कवि कहता है– 'यों खुशहाली चारों ओर/है चारों ओर दीवाली/सब की झोली भरी हुई/मगर मेरी ही क्यों खाली?'[3]

यहाँ सवाल महत्त्वपूर्ण है। भेदभाव पूर्ण व्यवस्था को ऐसे सवाल भले ही काँटे जैसे चुभे, लेकिन सवाल उठाते रहना चाहिए। सवाल खड़े करना जिवंतता का लक्षण है, और सवालों की पगडंडी हमें हमेशा समाधान के मुकाम पर ले जाती है। युवाओं के दिलों–दिमाग़ में ऐसे सवालों की आग धधकनी चाहिए। वह उनका और समाज का प्रगति का रास्ता रोशन कर देगी। यह कविता मुझे इस कारण अच्छी लगती है क्योंकि वह सवाल खड़े करते हुए शोषकों को बेनकाब करती है। इस कविता की यह सामाजिक प्रतिबद्धता ही उसका मन लुभावन सौन्दर्य है।

जाति की गुलामी कब तक?

जो जाति की ज्वाला से जले हुए हैं उन कवियों ने जाति की त्रासदी पर सबसे जादा कविताएँ लिखी हैं। जो हालात हैं, वही चितारा है। कवि जाति के सन्दर्भ में कहता है– ''कोई चाहता है इस से तलाक/कोई पाता है उस से ख्याति/किसी के लिए अल्लाउद्दीन का चिराग/किसी के लिए शनि की साढ़े साती/एक माला माल, तो दूसरा बेहाल''[4]/

वर्ण व्यवस्था से आयी जाति व्यवस्था ने भारत की बहुत–सी आबादी को विकलांग कर दिया है। बाबासाहेब डॉ. अम्बेडकर 'एनहिलेशन ऑफ कास्ट' इस महान ग्रन्थ में (1937) कहते हैं–यथा–''आप जाति पर बात नहीं करके उसे कायम रखना चाहते हैं। मैं आपको जाति पर बात करने के लिए मजबूर कर दूँगा। बीमारी पर बात करनी पडेगी। बीमार न चाहे तो भी। क्योंकि उसकी बीमारी से बाक़ी लोगों के बीमार होने का खतरा है। आपका इलाज तो मैं करके रहूँगा।''[5]

जैसे ही समझ आती है, बच्चे अपनी जाति का अदृश्य चश्मा पहनते हैं। इस चश्मे की विशेषता यह है कि इससे अपनी जाति का मनुष्य भले ही गुणहीन हो 'प्लस' दिखायी देता हैं। दूसरी जाति का महापुरुष भी क्यों न हो, वह हमेशा 'मायनस' दिखायी देता है। यह मानसिक बीमारी है। इसकी दूसरी विशेषता यह है कि यह बीमार आदमी दूसरी जाति के लोगों को मनुष्य के

रूप में स्वीकार न करते हुए उन्हें अपमानित एवं उत्पीड़ित करते रहता है। संविधान का कठोर अमल ही उसकी कारगर दवा है। जाति का कडुआ सच कवि ने सशक्त ढंग से बयां किया है। जब तक देश में अपनी–अपनी जाति की गुलामी लोग करते रहेंगे, तब तक राष्ट्र आगे नहीं बढ़ेगा।

राजनीतिक संचेतना

डॉ. अर्जुन चव्हाण जी की कविता न सिर्फ सामाजिक चेतना को बल्कि आर्थिक और राजनीतिक चेतना को निर्भिकता से अभिव्यंजित करती है। कवि चव्हाण जी सियासत का असली चेहरा पाठकों के सामने लाते हैं। यथा–"सियासत की दुनिया चुनाव में/अपना असली रंग दिखाती हैं/सारे रथी महारथियों को भी/बन्दर का नाच सिखाती हैं।"[6]

लोकतन्त्र पर धनतन्त्र हावी हुआ है। लोकतन्त्र कुछ गिने चुने पूँजीपतियों के हाथों की कठपुतली बन गया है। कवि को जनतन्त्र पर नाज है लेकिन धनतन्त्र की जीत होते हुए वह दुखी होता है। तमीज को दोशी ठहराने वाली और शालीन से जालसाजी एवं बदतमीज की ताजपोशी करनेवाली सियासत को कवि बेनकाब करता है। धनतन्त्र के वर्तमान हालात क्या है? 2021 के जनवरी में जारी ऑक्सफाम की रिपोर्ट में कहा गया हैं कि, '2016 में 58 प्रतिशत सम्पत्ति सिर्फ एक प्रतिशत लोगों के पास थी, जो 2017 में बढ़कर 73 प्रतिशत तक पहुँच गयी। 'एक तरफ अमिरी बढ़ रही है तो दूसरी तरफ गरिबी बढ़ रहीं है। झोपड़ियाँ बढ़ रही हैं। अमीरों की उँगलियाँ घी में हैं, तो गरिबों की उँगलियों में गोबर है। यह आर्थिक विषमता की त्रासदी कवि 'यहाँ अनभान करना मना है' कविता में सभाक्त ढंग से अभिव्यक्त करता है। यथा–"हर पाठ्यपुस्तक में/'भारत मेरा देश हैं' प्रतिज्ञा मिलती है/जनतन्त्र के नाम पर धनतन्त्र की चलती है। महल सब सुरक्षित, मगर झोपडियाँ ही जलती है/सात दशक से बातें कई खलती हैं।"[7]

डॉ. अर्जुन चव्हाण जी ने राजनीति के कई रूप रंगों को अपनी कविता में चित्रित किया है। बात हम भले ही 'लोकतन्त्र' की करते हैं, लेकिन कवि जमिनी हकीकत 'लियाकत हुई नाकाम यहाँ' कविता में मुखरित करता है। यथा– "लियाकत हुई नाकाम यहाँ/कमिनगी का शोर था/ठोकतन्त्र की हुई ताजपोशी/लोकतन्त्र में न ज़ोर था।"[8]

'धनतन्त्र' और 'ठोकतन्त्र' एक–दूसरे के रिश्तेदार होने के नाते दोनों मिल कर 'जनतन्त्र' पर हमला कर रहे हैं। इनका और एक साथी हैं भ्रष्टाचार। 'जय हो अन्ना हजारे' कविता में कवि कहते हैं यथा–"था नहीं ताल्लुक जिन्हें/भ्रष्टाचार के भय का/लगाते हैं वे नारा अब/अन्ना की जय का।"[9] भ्रष्टाचार आज शिष्टाचार बन गया है। संबोधन शैली में कवि भ्रष्टाचार से कहते हैं यथा –"भ्रष्टाचार तेरी मर्ज की दवा/है अन्ना जी के करीब/ रुचि में ख़ूब कडुवी/पर चाहते हैं ग़रीब।"[10]

यहाँ जो आखरी काव्य पंक्ति है वह समाज का मनोविज्ञान दर्शाती है। चाहे वो जाति हो या भ्रष्टाचार, जो लाभार्थी हैं वो हटाना नहीं चाहते। बल्कि जो उससे पीड़ित हैं वही उसे हटाना चाहते हैं। यह कवि ने बारिकाई से बयाँ किया है। प्रेमचन्द ने अपने निबन्ध 'कुछ विचार' में साहित्य के उद्देश्य पर प्रकाश डालते हुए लिखा है कि 'हमारी दृष्टि में वही साहित्य खरा उतरेगा जिस में उच्च चिन्तन हो, स्वाधीनता का भाव हो, सौन्दर्य का सार हो, जीवन की सच्चाई का प्रकाश हो, जो हम में गति, संघर्ष और बेचैनी पैदा करें'। अर्जुन चव्हाण जी की कविताओं में हमें जीवन की सच्चाइयों की रोशनी मिलती है। सामाजिक प्रतिबद्धता का सौन्दर्य मिलता है। यह कविता सामाजिक, राजनीतिक विरुपताओं, विद्रुपताओं, विषमताओं एवं विसंगतियों का एक ऐसा यथार्थ प्रस्तुत करती है, जो पाठक को बेचैन करते हुए कुछ न कुछ परिवर्तन के लिए करना चाहिए ऐसा सोचने के लिए मजबूर करती है। संवेदना को जगाती है।

मानवी मूल्यों की हिफाजत

एक सच्चा कवि मानवी मूल्यों को पैरों तले रौंदते हुए देख नहीं सकता। वह उसके खिलाफ अपनी आवाज़ बुलन्द करता है। राजनीति करने वाले बात तो मूल्यों की करते हैं, लेकिन उनका जो बर्ताव है वह मूल्यों के खिलाफ दिखायी देता है। मानवतावादी मूल्य मैं उसे कहता हूँ, जो ज़िन्दगी के हर अंधियारे मोड पर हमें विचारों की, विशिष्ट भावों की रोशनी देते है। मूल्य मैं ऐसे विचारों को या भावों को कहता हूँ, जिसकी महक से ज़िन्दगी बेहतरीन बनती है। मूल्य मैं उसे कहता हूँ, जो समाज के मार्ग में रुकावट पैदा करनेवाले गतिरोधकों को ध्वस्त करते हैं। मूल्य मैं उसे कहता हूँ, जो मन को मंगलमय बनाते हैं। मूल्य मैं उसे कहता हूँ, जो नकारात्मक सोच को भी सकारात्मकता की पगडंडी पर लाकर आनन्द की कलियां खिलाते हैं।

एक सजग और संवेदनशील कवि की कविता मानवी मूल्यों की सृजक एवं संरक्षक होती है। वह अपनी कविताओं के माध्यम से मानवी मूल्यों की हिफाजत का झण्डा फहराता है। डॉ. अर्जुन चव्हाण जी की कविता इस सन्दर्भ में सजग एवं संवेदनशील दिखायी देती है। इन कविताओं में नेकी, सदाचार, शिष्टाचार, सभ्यता, सच्चाई, ईमानदारी, जमीर, इन्साफ़, इन्सानियत, समता, इज्जत, वजूद, सत्वशीलता, त्याग और सेवा इन मूल्यों के मोतियों की महक आती है। यथा – 'नेकी हुई नीलाम अब' कविता में कवि कहता है –''नेकी हुई नीलाम अब/सदाचार को अपनाओं/लेकर फरेब से कफन/दुराचार को दफनाओ/भ्रष्टाचार का है बोलबाला/शिष्टाचार ही गया डूब/नेकी का चिराग जला दो/अब अंधेरा हुआ है ख़ूब।''[11]

भ्रष्टाचार का अंधेरा खत्म करने के लिए नेकी का चिराग जलाने की मंगल कामना कवि करता है। समाज में मूल्यों की क्या स्थिति है? ''सभ्यता की हार, बर्बरता की जीत/गोया पत्थर की हैं लकीर/सच्चाई की लड़ाई में सदा/पिछड़ते हैं साधु फ़कीर।''[12] एक सच्चा कलम का सिपाही वही होता है, जो मानवी मूल्यों के हिफाजत की लड़ाई लड़ता है। 'लगा हैं' कविता में वैश्वीकरण के हालात पर प्रकाश डाला है। भूमंडलीकरण के दौर में मानवी मूल्यों की कैसी छटपटाहट हो रही है उसे अभिव्यंजित किया है। यथा – ''वैश्वीकरण की व्यवस्था का ताल/इन्सानियत से बिछडने लगा हैं/नारा समता और ममता का/किन्तु दिनों – दिन पिछड़ने लगा हैं।''[13]

डॉ. अर्जुन चव्हाण जी की कविता सामाजिक, आर्थिक और राजनीतिक कुरुपता पर प्रहार करती है। एक सधे हुए कवि की ये रचनाएँ हैं। प्रतिरोध इस कविता का सौन्दर्य है। मनुष्यता बचाने की प्रामाणिक कोशिश करना कवि का प्रतिभाधर्म होता है। झूठ को उजागर करनेवाली, झूठ को फटकार के शटकार लगाने वाली यह कविता प्रतिबद्ध एवं प्रबोधक है। यह कविता समाज और देश की धधकती समस्याओं से रु–ब–रु कराती है, चिन्ता तो प्रकट करती ही है लेकिन समाधान के लिए चिन्तनशीलता का व्यापक फलक प्रस्तुत करती है। मौजूदा व्यवस्था कैसी मनुष्य विरोधी हैं यह बताना वह अपना सृजन धर्म मानती है। क्योंकि वह मानवता की पक्षधर है। यह रचनाएँ आवाम की बुलन्द आवाज़ है, जो समय और समाज को मुखरता प्रदान करती है। दोगलेपन पर तीखा प्रहार करना इस कविता की एक और विशेषता है। कवि सामाजिक व्यंग्य रोचक तरीके से कविता में प्रस्तुत करते हैं।

व्यंग्यात्मकता का प्रभावी अस्त्र

सामाजिक प्रतिबद्धता के बलबूते पर खड़ा सजग कवि ही कलम का हथियार जैसा सहजता से इस्तेमाल करता हैं। व्यंग्यात्मकता एक ऐसा प्रभावी प्रक्षेपास्त्र है, जो 'लक्ष्य' को ढेर करता है। व्यंग्यात्मकता एकलव्य का वह तीर है, जिसकी प्रहार क्षमता बेहतरीन है। डॉ. अर्जुन चव्हाण जी ने व्यंग्यात्मकता के तीर चलाये हैं। यथा– 'न्यूज आयी है' कविता में कवि कहता है– ''न प्रधान मन्त्री से/न सभापति से/न राष्ट्रपति से न्यूज आयी है एक आम आदमी से/झुलसे बिना राजनीति से/ज़िन्दा है वह/15 अगस्त उन्नीस सौ सैंतालीस से/न्यूज आयी है न्यूज/गलित से/न फलित से/न्यूज आयी है एक दलित से/शोषण और अन्याय का/शिकार बने बिना/सुरक्षित है वह/26 जनवरी, उन्नीस सौ पचास से।''[14]

व्यंग्यात्मकता बहुत प्रभावी होती है। इसके जरिए कवि ने आम आदमी, सामान्य नारी, दलित, मुसलमान, मध्यवर्गीयों की त्रासदी की तरफ पाठकों का ध्यान केन्द्रित किया है। ऐसी एक भी सुबह नहीं होती, जिस दिन दलितों पर अन्याय, अत्याचार ना हो। दलितों के बगैर ऐसा एक भी राजनीतिक दल नहीं जिसके पास अस्पृश्यता को नष्ट करने का 'एजेंडा' हो। यहाँ मुझे कविता याद आ रही है। मेरे 'सदियों के बहते जख्म' कविता संग्रह में 'अस्पृश्यता का डंक' शीर्षक की कविता है। यथा–पेड़ ने नागिन से पूछा–/'तुमसे भी ज़हरीला कौन है?'नागिन बोली'/'अस्पृश्यता मुझसे भी ज़हरीली है'/पेड़ ने पूछा–'वह कैसे?' वह बोली–'क्योंकि अस्पृश्यता/एकही बार हजारों को डँसती है।'[15]

नागिन एक बार एकही मनुष्य को दंश करती है। लेकिन यहाँ की जाति और अस्पृश्यता एक ही बार हजारों को दंश करती है। आज संवेदनशीलता का अकाल पड़ा है। लेकिन कवि के मन में संवेदनशीलता और इन्सानियत ज़िन्दा है। इसी कारण देश की नारी, दलित, मुसलमान, और मध्यवर्ग की त्रासदी देखकर कवि के मन को पीड़ा होती है और वही अनुभूति का रूप लेकर कविता बनती है।

व्यंग्यात्मकता हमें समस्या की गहराई तक ले जाती है। वह तीथी फटकार लगाती है। 'वाह रे सिने गीत' कविता के शीर्षक में भी व्यंग्यात्मकता है। कवि कहता है–''वाह रे सिने गीत ! तेरा क्या कहना? क्या–क्या तेरे बोल! गाली कहे कि गहना।''[16] देह केन्द्री गीतों पर कवि ने प्रहार किया है। 'सच्ची बातें' कविता में कवि ने त्रीपई के माध्यम से व्यंग्य के कई तीर छोडे हैं।

यथा–'लोग पूछते हैं मुझसे/'चौहान साब आप कैसे हैं?/जब तक जेब में पैसे हैं/पुजारी भगवान से कहता है/'एक तू ही तारणहार'/जब तक मिलता है उपहार।''[17] अल्पाक्षर रमणियत्व इस त्रीपाई की विशेशता है। जिसमें कवि ने स्वार्थी मानसिकता पर गहरी चोट की हैं।

विद्रोह की चिंगारियाँ

डॉ. अर्जुन चव्हाण जी की कुछ कविताएँ ऐसी हैं जिसमें वेदना की आहट और विद्रोह की धधकती ज्वाला है। इन्सान को इन्सान से अलग करनेवाली गंदी सोच पर वे शब्दों के दहकते तीर चलाते हैं और कहते हैं। यथा–''इस अंधे दकियानूस दरबार में/काहे को अँगारों को सुलगाते हो/कयामत बन के करो उनका खात्मा अब/जो इन्सान को इन्सान से अलगाते हैं।''[18]

एक सच्चा कवि मैं उसे मानता हूँ, इन्सानियत जब संकट में होती है, तब अपनी कलम को एकलव्य के तीर सी पैनी बनाता है और इन्सानियत की रक्षा करना अपना सृजनधर्म मानता है। अर्जुन चव्हाण ऐसे ही विद्रोही कवि हैं। इन्सानियत की हिफाजत के लिए उनकी कलम कैसे आगबबुला होती है देखे, यथा– ''इस अंधों और बहरों के नगर में/कैसी मजलिस और कैसे तराने/लगा दो आग, जला दो तख्त उनका/जो इन्सानियत के दुश्मन हैं पुराने/''[19] इन्सानियत के 'पुराने' दुश्मनों पर यह कविता बिजली–सी टूट पडती है। जिन्हें अन्याय की चिढ़ नहीं होती ऐसा 'नामर्द' नगर कवि को पसन्द नहीं। ऐसे नालायक लोग देखकर कवि की कविताओ में विद्रोह की चिंगारियाँ दहकने लगती हैं। यथा–इस नासाज, नामर्द, नालायक के नगर में/क्यों कर चेतना के चिराग जलाते हैं? बनकर बारुद उड़ा दो महल उनके/शोषक बन कर जो रुलाते हैं।''[20] शोषण करने वाले पूँजीपतियों के खिलाफ कवि ने अपनी आवाज़ बुलन्द की है।

मुहावरे–कहावतों का प्रयोग

कवि ने प्रभावी काव्याभिव्यक्ति के लिए मुहावरे–कहावतों का प्रयोग किया है। यथा–काम तमाम करना, रंग दिखाना, लेकर उधार न मनाए त्यौहार, घर की मुर्गी दाल बराबर, बाँका बाल करना आदि।

अँग्रेजी शब्दों का प्रयोग

'ओ री प्रौद्यौगिकी' कविता संग्रह में काव्याभिव्यक्ति के लिए कवि ने अँग्रेजी शब्दों का इस्तेमाल किया है यह इन कविताओं की एक विशेषता है। यथा

–हॉलिवूड, एजेंडा, विनर हॉर्स, ओटर, डैश, हैपन, मेनोफेस्टो, पीपीटी, पावर प्वाइंट, प्रेजेंटेशन, पावर स्पिच, प्लेट, बैलंस, न्यूज, कॉमन, फिक्सिंग, मिक्सिंग, बॉक्सिंग, बॉस, ओट, फिमेल, लव मैरेज, परचेस वन अँड गेट वन फ्री, वेल इन अडवांस, कॉल, पेडन्यूज, फ्रेंड, फ्लू, स्वाइन फ्लू, क्वाईन फ्लू, लाईन फ्लू, आदि।

उर्दू शब्दों का प्रयोग

ओरी प्रौद्योगिकी' कविता संग्रह में आशय की अभिव्यक्ति के लिए अँग्रेजी के साथ–साथ उर्दू भाषा के शब्दों का बड़े पैमाने पर प्रयोग किया है। यथा–फरेब, तमीज, तराने, जालिम, तलाक, इन्साफ़, मुवक्कील, दीमक, सेहरा, शहनशाह, सियासत, पनाह, जमीर, कशमकश, नुमाइश, इम्तिहान, लियाकत, कमिनगी, जद्दोजहद, उसूल, मुरादालियों, ताल्लुक, सलोने, दरख्त, गहमागहमी, इज़ाज, वजूद, मोहतरमा, महफिल–ए–रंग, जहाँ, इन्तकाम, ताज्जुब, गोश्त, तवायफ, दकियानुस, बियाबान आदि। लेकिन इनके प्रयोग से कवि की कविता सम्प्रेषणीय, रोचक और आकर्षक ही बनी है।

हिन्दी कविता में अँग्रेजी, उर्दू शब्द प्रयोग : क्या लाभ, क्या हानि?

किसी भी भाषा की कविता में अगर अत्यन्त जरुरी हो, तो दूसरी भाषा के शब्दों का प्रयोग किया जा सकता है। आज तक किया गया है। इसका (1) एक लाभ यह है कि, उससे कवि के अध्ययनशील व्यक्तित्व का, दूसरी भाषा ज्ञान का परिचय मिलता है। (2) इससे जिस भाषा में हम लिख रहे हैं वह भाषा समृद्ध होती है। उसका दायरा बढ़ जाता है। (3) कभी–कभी जिस कविता में हम उसका प्रयोग कर रहे हैं, उस कविता के कथ्य की गहराई बढ़ती है। किसी दूसरी भाषा के बहुप्रचलित शब्द सहज और अनायास रूप में आते हैं तो उससे कविता सम्प्रेषणीय बन जाती है। डॉ. अर्जुन चव्हाण जी की कविता इसी श्रेणी की है।

कविता में दूसरी भाषा के शब्द प्रयोग बार–बार आना उन कविताओं की विशेषता बन जाती है लेकिन कुछ पाठकों के मन में यह सवाल पैदा हो सकता है कि इतने अँग्रेजी या उर्दू शब्दों के प्रयोग करने की क्या जरूरत थी? हिन्दी में क्या शब्द नहीं थे। लेकिन हमें इस सन्दर्भ में उन कविताओं में आये उन शब्दों का अध्ययन करना पडेगा कि कहाँ–कहाँ वो जरुरी रूप में आये हैं। तभी हम कविता के साथ न्याय कर सकते हैं। दूसरी महत्त्वपूर्ण

बात यह है कि जो पाठक उर्दू जानते ही नहीं। उनके काव्यास्वाद में दिक्कत पैदा हो सकती है। उसे उर्दू–हिन्दी शब्दकोश का सहारा लेना पड सकता है, जो आम पाठक के लिए आसान नहीं।

नये शब्दों का प्रयोग

इन कविताओं में कुछ नये शब्दों का प्रयोग भी कवि ने किया है। यह इस संग्रह की एक उपलब्धि है। जैसे छत्रपति, पूँजीपति शब्दों के तर्ज पर उन्होंने मनपति, वनपति, गुणपति, कुँजीपति जैसे नये शब्दों का निर्माण किया है। उसी तरह दामशास्त्र, पाखण्डशास्त्र, स्वाईन फ्लू की तर्ज पर क्वाइन फ्लू, लाइन फ्लू, साइन फ्लू, वाइन फ्लू, ज्वाइन फ्लू, फाइन फ्लू, भााइन फ्लू, टाइम फ्लू, क्राइम फ्लू आदि। वही सच्चा कवि होता हैं, जो ख्यातनाम खिलाड़ी की तरह शब्दों के साथ अलग–अलग मन लुभावन ढंग से खेलता है। नये शब्दों का निर्माण करता है। डॉ. अर्जुन चव्हाण जी शब्द प्रयोग की दृष्टि से सशक्त एवं समृद्ध कवि लगते हैं।

कवि मध्यमार्ग के पक्षधर

कवि की कविताओं में कवि का व्यक्तित्व एवं जीवन दृष्टि अभिव्यंजित होती है। सारनाथ में अपना पहला प्रवचन देते समय करुणा के महासागर बुद्ध ने मध्यमार्ग की सीख दी है। उनका कहना है दो अतिवादिता से ही दुःख का जन्म होता है इसीलिए उन्हें छोडकर बीच का रास्ता अपनाना ही मध्यमार्ग है, सुखी जीवन का मार्ग है। प्रौद्योगिकी ने प्रगति के दरवाजे खोल दिये हैं लेकिन कवि का कहना है कि इसकी कहीं–कहीं अति या ज्यादती के कुछ खतरे भी सामने आये हैं। उच्च शिक्षा के क्षेत्र में, पी.पी.टी. अर्थात पॉवर प्वाइंट प्रेजेंटेशन के नाम पर पूरा स्पिच प्रेजेंट हो रहा है जिसमें अब दिमाग़, स्मरण, आत्माविश्कार, मौलिक अभिव्यक्ति आदि को न कोई स्थान है, न कोई गुंजाईश, न कोई जरूरत। कुत्ते को घर में और माँ–बाप को वृद्धाश्रम में भेजनेवाली आय.टी. जीवी पीढ़ी अन्ततः किस संवेदना की हिमायत करेगी, कैसी मिसाल बनेगी? अतिवाद इतना न हो कि आय.टी. से कोई वास्ता ही न हो और उस पर इतना निर्भर भी न हो कि शादी मेल–फिमेल से करने की अपेक्षा ई मेल से करे, बाप की मौत से आँखों से एक बूँद आँसू न टपके और कुत्ते की मौत से लगातार इतना रोते रहे कि बेहोश हो जायें' (कवि की कलम से–भूमिका) कहना होगा कि कवि मध्यवर्ग के पक्षधर हैं जिसकी आज सख्त ज़रूरत है।

आदर्श समाज का सुन्दर सपना

यह कविता परिवर्तन चाहती है। भेदभाव मुक्त, समताधिष्ठित समाज का सुन्दर सपना देखती है। 'आख़िर हिन्दुस्थान सबसे प्यारा' कविता में कवि कहता है–"दिया जब संविधान देश को/बची तब सर्वहारा की हानि/डॉ. बाबासाहेब की बौद्धिकता का/दुनिया में कौन है जी सानी।"[21]

कवि को पूरा विश्वास है कि सर्वहारा की जो पीड़ा हैं, त्रासदी है, वह दूर करने का सामर्थ्य प्रज्ञासम्राट बाबासाहब डॉ. अम्बेडकर के संविधान में है। कवि कहता है–"बुद्ध कबीर फुले की मिट्टी से/मिल रहे हैं अब मीठे फल/हिन्दुस्थान की इस धरती पे देखो/धवल उज्वल है आनेवाला कल।"[22]

कवि बुद्ध, कबीर, फुले और डॉ. अम्बेडकरी विचारधारा के पक्षधर हैं। यही विचारधारा की बात संविधान की उद्देशिका में दिखायी देती है। यह विचारधारा मनुष्य और मनुष्यता को बचाये रखना चाहती है। यह विचारधारा मानवाधिकार के सुरक्षा का झण्डा फहराती है। इसी कारण इस विचारधारा की राह पर यह कविता चल रही है। कैसा समाज चाहिए उसे? 'चलो ढूँढ़ते हैं वह ठौर' कविता में कवि आदर्श समाज का सपना देख रहे हैं। यथा–"चलो ढूँढ़ते चलें वह ठौर/जहाँ सज्जनों का स्खलन नहीं/दलितों का दलन नहीं/जीत की जलन नहीं/होड़ की सीलन नहीं/नहीं नारे बाजी का शोर/चलो ढूँढ़ते चलें वह ठौर/चलो ढूँढ़ते चलें वह ठौर/जहाँ धर्म की कुढ़न न हो/जाति की चिढ़न न हो/मानव–पीड़न न हो/नारी–उत्पीड़न न हो/और न हो अधिकारी के आतंक का ज़ोर/चलो ढूँढ़ते चलें वह ठौर।"[23]

स्पष्ट है कि डॉ. अर्जुन चव्हाण जी की कविता राजनीतिक, सामाजिक विद्रुपताओं, विडम्बनाओं, विषमताओं, विकृतताओं एवं विरुपताओं पर डंके की चोट के साथ इन्सानियत का उद्‌घोष करते हुए मनुष्य की बेहतर ज़िन्दगी के लिए आदर्श समाज का सपना साकार करने के लिए पाठक को प्रेरित एवं प्रबुद्ध करती है। यही इसकी उपलब्धि है।

सन्दर्भ

1. प्रो. अर्जुन चव्हाण–ओ री प्रौद्योगिकी काव्यसंग्रह की पाण्डुलिपि से पृष्ठ–'नई सदी में उनकी ओर अपनी' कविता से उद्‌धृत
2. वही
3. प्रो. अर्जुन चव्हाण–ओ री प्रौद्योगिकी काव्यसंग्रह की पाण्डुलिपि से पृष्ठ–'यों खुशहाली चारों ओर' कविता से उद्‌धृत

4. प्रो. अर्जुन चव्हाण—ओ री प्रौद्योगिकी काव्यसंग्रह की पाण्डुलिपि से पृष्ठ—'स्वर्ग और नरक' कविता से उद्धृत
5. डॉ. बाबासाहब अम्बेडकर—एनहिलेशन ऑफ़ कास्ट, 1937 से उद्धृत
6. प्रो. अर्जुन चव्हाण—ओ री प्रौद्योगिकी काव्यसंग्रह की पाण्डुलिपि से पृष्ठ—'राजनीति की रखैल' कविता से उद्धृत
7. प्रो. अर्जुन चव्हाण—ओ री प्रौद्योगिकी काव्यसंग्रह की पाण्डुलिपि से पृष्ठ—'यहाँ अनशन करना मना है' कविता से उद्धृत
8. प्रो. अर्जुन चव्हाण—ओ री प्रौद्योगिकी काव्यसंग्रह की पाण्डुलिपि से पृष्ठ—'लियाकत हुई नाकाम यहाँ' कविता से उद्धृत
9. प्रो. अर्जुन चव्हाण—ओ री प्रौद्योगिकी काव्यसंग्रह की पाण्डुलिपि से पृष्ठ—'जय हो अन्ना हजारे' कविता से उद्धृत
10. प्रो. अर्जुन चव्हाण—ओ री प्रौद्योगिकी काव्यसंग्रह की पाण्डुलिपि से पृष्ठ—'शान्तिपूर्ण अन्ना के अनशन' कविता से उद्धृत
11. प्रो. अर्जुन चव्हाण—ओ री प्रौद्योगिकी काव्यसंग्रह की पाण्डुलिपि से पृष्ठ—'नेकी हुई निलाम अब' कविता से उद्धृत
12. वही
13. प्रो. अर्जुन चव्हाण—ओ री प्रौद्योगिकी काव्यसंग्रह की पाण्डुलिपि से पृष्ठ—'लगा है' कविता से उद्धृत
14. प्रो. अर्जुन चव्हाण—ओ री प्रौद्योगिकी काव्यसंग्रह की पाण्डुलिपि से पृष्ठ—'न्यूज आयी' कविता से उद्धृत
15. दामोदर मोरे—सदियों से बहते जख्म, अखिल भारतीय साहित्य परिषद प्रकाशन, मुंबई, प्र.सं. 2001, पृष्ठ 87
16. प्रो. अर्जुन चव्हाण—ओ री प्रौद्योगिकी काव्यसंग्रह की पाण्डुलिपि से पृष्ठ—'वाहरे सिने गीत' कविता से उद्धृत
17. प्रो. अर्जुन चव्हाण—ओ री प्रौद्योगिकी काव्यसंग्रह की पाण्डुलिपि से पृष्ठ—'सच्ची बातें से' कविता से उद्धृत
18. प्रो. अर्जुन चव्हाण—ओ री प्रौद्योगिकी काव्यसंग्रह की पाण्डुलिपि से पृष्ठ—'है रंडुओं की बारात बसी यहाँ बेहुदा' कविता से उद्धृत
19. वही
20. वही
21. प्रो. अर्जुन चव्हाण—ओ री प्रौद्योगिकी काव्यसंग्रह की पाण्डुलिपि से पृष्ठ—'आख़िर हिन्दुस्थान सबसे प्यारा' कविता से उद्धृत
22. वही
23. प्रो. अर्जुन चव्हाण—ओ री प्रौद्योगिकी काव्यसंग्रह की पाण्डुलिपि से पृष्ठ—'चलो ढूँढ़ते चलें वह ठौर' कविता से उद्धृत

बेहतर इंसान और चैतन्यशील कवि

प्रो. वशिष्ठ अनूप

प्रो. अर्जुन चव्हाण जी से मेरा परिचय लगभग डेढ़ दशक पुराना है। वे एक खुशदिल, जीवन्त और स्नेही मित्र हैं। अपने सधन और सहृदय व्यवहार से वे हर किसी का दिल जीत लेने में समर्थ हैं। उन्हें साहित्य के साथ ही देश–दुनिया का विस्तृत ज्ञान है जो उनकी बातों में प्रकट होता है। बनारस से लेकर जौनपुर, मुंबई, गोवा आदि कई शहरों में उनसे अनेक बार मिलने और कहने–सुनने का अवसर मिलता रहा है। वे जागरुक और वैचारिक चेतना–सम्पन्न होने के बावजूद धार्मिक प्राणी हैं। वे सम्बन्धों को बनाना और अच्छे सम्बन्धों को निभाना जानते हैं। अहिन्दी क्षेत्र में वे हिन्दी का परचम बड़े साहस और विद्वत्ता के साथ लहराये हुए हैं।

इन सारी विशेषताओं के साथ ही डॉ. अर्जुन चव्हाण एक अच्छे शिक्षक, विद्वान, चिन्तक और चैतन्य कवि के रूप में भी जाने जाते हैं। उन्होंने समालोचना के क्षेत्र में भी उल्लेखनीय कार्य किया है। उन्होंने ग़ज़ल की शैली में भी कविताएँ लिखी हैं जिनमें उनके चिन्तन का दायरा बहुत विस्तृत और स्पष्ट है। समाज में घटित होने वाली हर घटना पर वे सजग दृष्टि रखते हैं और उसके कारणों की निष्पक्ष तलाश करके उस पर रचनात्मक टिप्पणी करते हैं। उनकी रचनाओं में सबसे ज़्यादा आक्रोश दिनोंदिन भ्रष्ट होती जा रही राजनीति को लेकर व्यक्त हुआ है। जनता को झूठे आश्वासन देकर सत्ता प्राप्त करने वाले नेताओं पर उन्होंने जमकर प्रहार किया है– ''जनता के सीने में सरासर नाराजी है, मगर सियासत के डीएनए में दग़ाबाजी है। कुर्सी के करीब देखो चारण सारे जहाँ, तरक्की की खातिर यहाँ हाँजी–हाँजी है। सूखा हैजा बाढ़ दंगा चाहे हो अकाल, खिदमत को हर हाल में नेता राजी है।''[1]

वे राजनीति के बढ़ते अपराधियों और दिनोंदिन राजनीति के अपराधीकरण पर बहुत चिन्तित हैं। सभाओं में धर्म, अहिंसा, न्याय, शान्ति आदि की बातें करनेवालों के जुलूसों में लोग हथियार लहराते हुए चलते हैं और लोगों को आतंकित करते हैं– ''अहिंसा का ढोल बजानेवाले हाथ में तलवार है, जुलूस को सजानेवाले के साथ में तलवार है।''[2]

इस दौर की व्यवस्था की विड़म्बना यह है कि कुछ लोग लगातार भाषणबाजी कर रहे हैं और कुछ भी अनर्गल बोले जा रहे हैं तथा कुछ लोग अपनी बुद्धि ताक पर रखकर उनकी बातें दुहरा रहे हैं और उनके निर्देशों का चुपचाप पालन कर रहे हैं– ''लफ्फाज हों ख़ूब, भाषणबाज भी हैं बहुत, हर कुर्सी पे यहाँ विराजित कोई सुआ है।''[3]

वह चुनावों में नई तकनीकी के दुरुपयोग से भी आहत हैं। जनता चाहे किसी को भी वोट दे, मशीनों के दुरुपयोग से जनादेश को बदला जा सकता है– ''नीति–मूल्यों का सम्मान करें, हमें हो उनपे नाज़/ गर शहंशाह हो घपलेबाज तो आदेश तेरा क्या होगा? वोट हमारा है अधिकार, उसे हम जरुर निभा लेंगे, 'इवीएम' दगा देगी तो जनादेश तेरा क्या होगा?''[4]

दुनिया में और हमारे देश में भी अधिकांश लोग आस्तिक हैं। सबका कोई न कोई या एकाधिक आराध्य होते हैं और व्यक्ति स्वेच्छा से अपने विश्वास के अनुकूल धर्माचरण करता है। इधर विसंगति यह हुई है कि धर्म में दिखावा और पाखण्ड बढ़ने लगा है। हमारे यहाँ ढोंगी और कपटी स्वभाव के लोग साधु–सन्तों के परिधान धारण कर धर्म के नाम पर ठगने और व्यवसाय करने लगे हैं। चव्हाण जी ने इसे ठीक से समझा है, इसीलिए वे कहते हैं कि–''तन चाहे धूमिल हो, लेकिन धूमिल न हो छवि, हर अभंग का कवि सन्त नामदेव नहीं होता।''[5] इसी प्रकार मन्दिरों में श्रद्धा, भक्ति और निष्ठा की जगह चढ़ावे के महत्त्व को देखते हुए वे इस प्रवृत्ति पर व्यंग्य करते हैं– ''मन्दिर की आरती में चढ़ावे की खींच, पूजा के बीच भी एक चालबाजी है।''[6]

आज हर तरफ धर्म की जगह पाखण्ड, ज्ञान की जगह सूचना, आचार–विचार की जगह भ्रष्टाचार और आत्मा की जगह देह की प्रतिष्ठा हो रही हे। इसी प्रकार ज्ञानी खामोश हैं और अज्ञानी प्रवचन कर रहे हैं। पहले अधजल गगरी छलकती थी, अब खाली गगरी ही छलक रही है। ऐसे में यह टिप्पणी बहुत अर्थवान है– ''छलक रही है यहाँ पर अब सारी–सारी खाली गगरी/देखेगी नखरे सारी नगरी, अब अधजल''[7]

यह अधपतन हर तरफ जारी है। शिक्षा के क्षेत्र में भी अनीतियों की भरमार है। तमाम शिक्षक और तथाकथित विद्वान चलते–फिरते अज्ञान के नमूने हैं। भाषा–विज्ञान की पुस्तकें लिखने वाले और पढ़ाने वाले तमाम लोग तकलची और तोतारटन्त हैं। कई तो शुद्ध उच्चारण भी नहीं कर पाते। इन विद्वानों के लिए ये पंक्तियाँ बहुत उचित लगती हैं– ''तोतारटन्त हैं ख़ूब यहाँ मगर कम हैं मौलिक चिन्तक, हर भाषा–विद्वान का लेखक भोलानाथ नहीं होता।''

चव्हाण जी ने इस क्रम में मध्यकालीन कवियों की भाँति कविता करने वाले तथा पुराने उपमानों के द्वारा नेताओं–अधिकारियों का यशोगान करने वाले चापलूस कवियों की भी अच्छी खबर ली है और साथ ही इन कवियों की सराहना करने वाले समीक्षकों को भी–''उपमान के प्रतीक हैं शशि और सविता/चारण की कविता करें समीक्षा बना डाला।''[8]

ग़रीबी हमारे देश की बहुत बड़ी समस्या है। कई लोग बेरोज़गार हैं और कुछ लोग काम करने के बाद भी पूरे परिवार का पेट नहीं भर पाते। दूसरी तरफ कुछ लोग आँसुओं के सैलाब में विलासिता के टापू खड़े करते जा रहे हैं। लगभग चालीस प्रतिशत आबादी को भर पेट भोजन नहीं मिल पाता। इन हालात पर ये पंक्तियाँ द्रष्टव्य हैं– ''आधी आबादी कौम की सोती है मिले खाकर जो भी, किसी हाबवाले को भी मगर कभी ये बेहाव दिखाओ।''[9]

उन्होंने ग़रीबी और अभाव की पीड़ा को मिथकीय प्रतीकों के माध्यम से भी व्यक्त किया है। वह आचार्य द्रोण की उस दुखद कथा का स्मरण करते हैं जब अभाव के कारण बालक अश्वत्थामा को दूध की जगह आटा घोलकर पिलाना पड़ा था– ''जाननी है जिसे अश्वत्थामा के बाप की पीड़ा, उसे थोड़ा अपने बेटे को आटा पिलाना होगा।''[10]

इसी क्रम में वे 'गोदान' और 'गबन' की जालपा और रमानाथ के बहाने उन जैसी ज़िन्दगी जी रहे ग़रीबों की तरफ भी संकेत करते हैं– ''गोदान हो मशहूर लेकिन गबन की भी है ख्याति, मगर खत्म नहीं जालपाएँ, खत्म रमानाथ नहीं होता।''[11]

डॉ. चव्हाण की निगाहें देश की अन्य समस्याओं पर भी हैं। इनमें बेरोजगारी की समस्या बहुत बड़ी है। बचपन से लेकर जवानी तक दिन–रात कठोर श्रम करने के बाद बड़ी–बड़ी उपाधियाँ प्राप्त करने के बावजूद हमारे देश के करोड़ों नौजवान बेरोजगार हैं और अर्थाभाव व मानसिक कष्ट तथा अपमान झेल रहे हैं। यह बात उन्हें परेशान करती है– ''बारिश के बावजूद

है जल–सब्जी का संकट यहाँ/उपाधियों के बावजूद आज रोजी का संकट है यहाँ।''[11]

आज पर्यावरण की समस्या सारी दुनिया के लिए चुनौती बनी हुई है। मनुष्य की लोभवृत्ति के चलते जल, जंगल, ज़मीन सब समाप्त हो रहे हैं। पहाड़ों का अस्तित्व समाप्त होता जा रहा है। नदियाँ, जंगल और पर्वत जो जीवन के स्रोत तो रहे ही हैं, संस्कृतियों के भी उद्गम केन्द्र रहे हैं, खतरे में है। इंसान इन्हें समाप्त करने पर तुला हुआ है–''समाज, प्रकृति प्रदूषण–मुक्ति के अभियान दिन–रात/पेड़ों के साथ–साथ मगर जड़ों की भी ख़ुदाई है।''[12]

यह सोशल मीडिया पर सक्रियता का दौर है। हर व्यक्ति जिसके पास स्मार्टफोन है और नेटवर्क की सुविधा है, वह फेसबुक, वॉट्सऑप, यूट्यूब आदि पर अपनी छोटी–बड़ी उपलब्धियों और तरह–तरह की तस्वीरें झाँक रहा है। तस्वीरों को सँवारने की ऐसी टेकनीक उपलब्ध है कि हर व्यक्ति का चेहरा अतीव सुन्दर दिखने लगता है। वास्तविक और पाउडर, क्रीम व टेकनीक से बनी तस्स्वीर में ज़मीन–आसमान का अन्तर होता है। इस प्रकृति पर चव्हाण जी की यह टिप्पणी महत्त्वपूर्ण है–''पाउडर के बिना 'अर्जुनजी' वे लगेंगे बन्दर, पर फेसबुक के अन्दर भी जालसाजी है।''[13]

प्रो. अर्जुन चव्हाण जी व्यापक दृष्टिकोण के साहित्यकार हैं। उन्होंने मानवीय–व्यवहारों, जीवन–मूल्यों, दुनियादारी, हमारे युग की समस्याओं, छल, फरेब, विश्वासघात, अनास्था, अविश्वास, भ्रष्टाचार, पारिवारिक विघटन आदि पर भी कलम चलाई है। उनके यहाँ श्रमशक्ति का सम्मान और प्रेम– सम्बन्धों पर विश्वास भी प्रबल है। उन्हें रचनात्मक सक्रियता और स्वास्थ्य–सुखद जीवन की हार्दिक शुभकामनाएँ!

मॉरीशस का आँखों देखा हाल

प्रो. (डॉ.) सरजूप्रसाद मिश्र

फ्रेंच उपन्यासकार बेरनार्दे से प्येर ने जिस द्वीप में तीन साल तक रहकर 'पॉल तथा वर्जनी' नामक अमर उपन्यास लिखा था, उसका नाम मॉरीशस है। गुरुदेव रवीन्द्र ने चौदह वर्ष की उम्र में उसका बंगला अनुवाद पढ़कर वहाँ जाने की तीव्र इच्छा का अनुभव किया था। नेपोलियन ने प्येर से पूछा था कि इस प्रकार का दूसरा उपन्यास आप कब लिखेंगे? स्पष्ट है कि प्राकृतिक सुषमा से युक्त मॉरीशस धरती पर स्वर्ग के समान है। वहाँ जाकर हम उसके इतने वशीभूत हो जाते हैं कि लौटने की इच्छा नहीं होती। सोचते हैं काश! यह भारत के करीब होता ताकि हम यहाँ बार–बार आ पाते। कुल सात सौ बीस वर्ग मील क्षेत्र वाला यह छोटा सा टापू मेंडागास्कर से पाँच सौ मील और अफ्रीका के समुद्र से सव्वा हजार मील पूरब में है। इस देश की लम्बाई करीब चालीस मील और चौड़ाई तीस मील है। ऐसे सुजलाम सुफलाम देश का यात्रा–वृत्तान्त है 'मॉरीशस : एक सांस्कृतिक यात्रा' जो डॉ. अर्जुन चव्हाण की लेखनी से निःसृत हुआ है। इस यात्रा का निमित्त बनी थी वह अन्तर्राष्ट्रीय संगोष्ठी, जिसका आयोजन भारत और मॉरीशस की साहित्यिक, सांस्कृतिक संस्थाओं ने मिलकर किया था। मैंने अपने यात्रा–वृत्तांत 'आँखों की राह जो मन में बस जाये' (विकास प्रकाशन, 2020) के प्राक्कथन में लिखा है–'भारतेन्दु के यात्रा–वृत्तान्तों में उनकी तीव्र निरीक्षण शक्ति के साथ तत्कालीन लोक जीवन की झाँकी मिलती है।' मेरा यह कथन डॉ. चव्हाण जी के यात्रा–वृत्तान्त पर सोलह आने सही उतरता है। विवरण की बारीकी इसकी सबसे बड़ी ख़ूबी है। दूसरी सबसे बड़ी ख़ूबी है उसका गद्य जिसमें मराठी की छौंक–बघार जरा भी नहीं है, हालाकि ऐसा होना कोई दुर्गुण नहीं है। अद्भुत आत्माविष्कार का इतना अच्छा उदाहरण कहीं नहीं मिलता।

प्रत्येक यात्रा के कहानी की तरह चार चरण होते हैं–प्रारम्भ, विकास, कुतूहल और अन्त। प्रस्तुत यात्रा–वृत्तान्त में इन चारों चरणों को देखा जा सकता है। अपनी भूमिका 'यात्रा के बहाने' में डॉ. अर्जुन जी चव्हाण ने एक महत्त्वपूर्ण बात कही है–'मेरी यह विनम्र धारणा है कि एक हजार किताबें पढ़ने से उतना नहीं पा सकते, जितना एक लम्बी यात्रा से।'[1] (भूमिका से, पृष्ठ–7) मॉरीशस के बारे में किताबों में ज़रूर पढ़ा जा सकता है लेकिन मॉरीशस जाकर उसकी प्राकृतिक सुषमा का अनुभव लेना कुछ और ही है। उन्होंने सन् 2015 में 7 जनवरी से 15 जनवरी तक अर्थात कुल नौ दिनों की यह यात्रा पूर्ण की थी। वृत्तांत में मुंबई से सुबह विमान में बैठने से यात्रा शुरु हुई लेकिन इसके पूर्व लेखक के मानस तथा परिवेश में क्या कुछ घटित हुआ, इसका कोई विवरण नहीं है लेकिन प्रबुद्ध पाठक इसका अनुमान आसानी से लगा सकता है।

अज्ञेय ने अपनी एक कविता में हवाई–यात्रा का वर्णन किया है। दिन में की गयी यात्रा में डॉ. अर्जुन चव्हाण उसका पूरा आनन्द ले पाये हैं–'मौसम साफ़ हो, आसमान खुला हो, विमान ख़ूब उँचाई से आसमान को छूते हुए गति से जा रहा हो, नीचे फैला हुआ सागर, खेत–खलिहान, जंगल, पहाड़, पेड–पौधे, झील–नदियाँ हों, छोटे–बड़े शहर हो, नगर–महानगर हों, पटरी और उस पर जा रही रेल हो, छोटी–बड़ी सड़कें हों, उस पर चीटियों जैसी जा रही छोटी–छोटी कार गाड़ियाँ हों, चलते चीटें जैसी दिख रही बसे हों, वाक्य के अन्त में आनेवाले अँग्रेजी पूर्णविराम के बिन्दु की तरह रास्ते से आवागमन करते दिखायी देनेवाले लोग हो, ऊपर से बीच–बीच में सफेद और काले घने बादल आने पर आगे का कुछ भी न दिखायी देने से लगने वाला डर हो या यात्रा के दौरान अनायास कभी अपने विमान की असुरक्षा के बोध से उत्पन्न हुआ अनागत भय हो और इन सबके बीच अपने मन्तव्य का स्थान आया हो और विमान यात्रा की समाप्ति सफल लैंड़िंग से हुई हो तो हर संवेदनशील यात्री को आनन्दानुभूति होना स्वाभाविक है।'[2] उपर्युक्त उद्धरण यह सिद्ध कर देने में पूर्णतः सक्षम है कि यात्रा–वृत्तान्त लिखने में यह लेखनी पूर्णतः सक्षम है।

किसी भी रचना में मानव मन की भावनाओं एवं संवेदनाओं का सूक्ष्म अंकन उसे महत्त्वपूर्ण बनाता है। भय एक ऐसी ही भावना है। मॉरीशस के एयरपोर्ट पर उतरने के बाद 20–25 बड़े–बड़े बॉक्सों को देखकर कस्टम

हाउस का अधिकारी शंकित हो उठता है। वह प्रवीणकुमार और अनिल सिंह को अन्दर बुला लेता है। इस प्रसंग में भय का अंकन है–''मन काँप रहा था भय से कि इतने बड़े सामान का अब क्या होगा?''[3] पता चलने पर कि कस्टम अफसर बिहार का है और इन लोगों को जाने देता है और भय का वातावरण खत्म हो जाता है–''विदेशी धरती पर स्वदेशी अजनबी के इस व्यवहार ने हम सबको चकित कर दिया।''[4] ग्री ग्री समुद्र तट और गंगासागर के वर्णन प्रसंग में फिर से भय का वातावरण पैदा किया है। मैंने अपने यात्रा–विवरण में (दूब पर पड़ती धूप–आत्मकथा, अमन प्रकाशन) ग्री ग्री के बारे में लिखा है–''यहाँ समुद्र उत्तप्त और हिंस्र है। डरावनी लहरें चट्टानों से टकरा रही थीं। लहरें फन फैलाए व्यालों सी लग रही थीं, मेरे मन में विचार आया कि यदि जयशंकर प्रसाद मॉरीशस आये होते तो 'कामायनी' का स्वरूप कुछ और होता।''

डॉ. अर्जुन चव्हाण जी लिखते हैं–''स्वच्छ पारदर्शक जल का किनारा किन्तु उतना ही खतरनाक। क्योंकि पानी खूब गहरा था और लहरें इतनी बड़ी–बड़ी थीं कि त्सुनामी का दृश्य याद आया।''[5] 'त्सुनामी' शब्द भयंकरता को साकार करता है। चव्हाण का गंगा सागर का वर्णन भय उत्पादक है–''गंगा सागर जानेवाली सड़क के किनारे खड़ी शिवजी की लम्बी मूर्ति के पास से गुज़रते समय तो सब डर गये थे। यहाँ ऊँचाई इतनी थी कि बादल और बारिश से आगे का कुछ भी नहीं दिखायी दे रहा था। एक खौफनाक सफर। बस ऐसे माहौल में भी गति से दौड़ रही थी। सब के सब भयग्रस्त।... और आखिर डॉ.विनय कुमार (बिहार) डर के मारे पिछली सीट से खड़े होकर चिल्लाये और गाड़ी रोकने की बात की।''[6] गाइड ने बताया कि यहाँ ऊँचाई के कारण हर दिन का वातावरण ऐसा ही होता है। तब लोगों ने राहत की साँस ली।

लेखक डॉ. अर्जुन चव्हाण जी ने मॉरीशस के अखबारों के बारे में एक महत्त्वपूर्ण जानकारी दी है–''पता चला कि मॉरीशस में छह दैनिक फ्रेंच में मिलते हैं और छह दैनिक अँग्रेजी में। किन्तु हिन्दी में एक भी दैनिक नहीं निकलता।''[7] जहाँ विश्व हिन्दी सचिवालय हो, बहुत अधिक संख्या में भोजपुरी, हिन्दी भाषी हों, हिन्दी का अध्ययन–अध्यापन होता हो, नागरी प्रचारिणी और हिन्दी से जुड़ी संस्थाएँ हों, वहाँ एक भी हिन्दी अखबार का न होना चिन्ता की बात है। टाइम्स ग्रुप जैसे किसी बड़े प्रकाश संस्थान को इस मामले में पहल कर आगे आना चाहिए।

प्रतिभागियों ने मॉरीशस के 'बॉटेनिकल गार्डन' में 'तालिपो' नामक पेड़ देखा, जिसकी उम्र सौ साल होती है। इसमें साठ साल में एक फूल आता है जो छह महीने तक रहता है। आम के पेड़ों पर सिन्दूरी आम पके हुए थे, ज़मीन पर भी बिछे हुए थे। प्रतिभागियों ने खुलकर उनका आस्वादन किया। पहरेदार चुप थे। कोई रोकटोक नहीं थी। लेखक ने इसका कारण भी दिया है–''इसका मूल कारण आबादी ही लगता है... बढ़ती हुई जनसंख्या की बदौलत भारत में बागानों की रक्षा हो चाहे सामाजिक सुरक्षा–सब में कड़ी पाबन्दी। लेकिन इससे अलग स्थिति मिलेगी मॉरीशस में। न जनसंख्या बढ़ी और न सुरक्षा कड़ी।''[8] लेखक जगह–जगह मॉरीशस की तुलना भारत से करता है। चाहें सड़कों का गड्ढे रहित चिकनापन हो या सड़कों पर भीड़भाड़ की कमी, हर मामले में यह छोटा टापू प्रशंसा–पत्र प्राप्त करता है। इस देश के सभी गाँव सभी सुविधाओं से युक्त शहर जैसे हैं। भीड़–भाड़ कहीं नहीं है और लोग यातायात के नियमों का ईमानदारी से पालन करते हैं। कहीं किसी प्रकार की लापरवाही नहीं है। प्रतिभागियों के दल ने विभिन्न समुद्र तटों का अवलोकन कया। कहीं भी गन्दगी का नामोनिशान नहीं है। ''खाने–पीने के सारे प्लास्टिक पाकेट, प्लास्टिक प्यालियाँ, बोतलें, कप, कागज़ी प्लेट आदि सबकी एक बड़ी थैली में डालने की लोगों में अच्छी आदत बनी है यहाँ पर। इसीलिए सागर का पानी सारे सागर किनारे और 'बीच' साफ़–सुथरे नजर आते हैं। आत्मानुशासन यहाँ की सबसे बड़ी खासियत कहनी होगी।''[9]

प्रतिभागियों ने मॉरीशस के पाँचों शहरों के दर्शन किए–फोर्ट लुई, कातेबोन, तुसेफ, ग्रांड ने, क्यूपेप। तुसेफ को बॉल्केनी (Volcano) भी कहा जाता है क्योंकि यहाँ कभी ज्वालामुखी का विस्फोट हुआ था। वैसे मॉरीशस ज्वालामुखी की देन है। इस वृतान्त में 'शमारेल' का रंगीन धरती का ज़िक्र नहीं है, प्रतिभागी रंगों की छटा वाले उस अद्‌भुत स्थान को नहीं देख पाये। मेरे खयाल से इसकी वजह सरकार द्वारा सायक्लोन की घोषणा है जब सभी को चुपचाप अपने होटल में रूकने के लिए मजबूर होना पड़ा। यह बात 12 जनवरी 2015 की है। 12 जनवरी को भी सायक्लोन घोषित था लेकिन 'बॉम्बे चाट होटल' के स्वामी महेश ने प्रतिभागियों को घुमाने के लिए टूरिस्ट–बस की व्यवस्था की। 24 प्रतिभागियों के दल ने कुछ सात बड़े पॉइन्ट देखे। इनमें गंगा तालाब के आसपास हिन्दू मूर्तियाँ देखकर उन्हें लगा–''मालूम हुआ कि मॉरीशस को लघु भारत क्यों कहा जाता है।''[10]

गिरमिटिया के रूप में जो भारतवंशी मॉरीशस गये थे, उन्हीं की सन्तानें आज वहाँ फल फूल रही हैं। उन आदि प्रवासियों की कष्ट–कथा जिन

स्थानों पर अंकित है उन्हें देखकर प्रतिभागी भावाभिभूत हो गये और यह स्वाभाविक प्रतिक्रिया थी। ऐसा महत्त्वपूर्ण स्थान है आप्रवासी घाट। सागर किनारे स्थित इस घाट में भारत से पहला जहाज 36 गिरमिटियों को लेकर सन् 1834 में आया था। यहाँ निर्मित संग्रहालय में गिरमिटिया लोगों का समग्र जीवन–क्रम प्रस्तुत है। उनका खान–पान, बर्तन, कृषि के औजार, झोपड़ी और लालटेन तक यहाँ दिख पड़ते हैं। दूसरा संग्रहालय महात्मा गाँधी संस्थान में है। यहाँ दिखाए गये आँकड़ों के अनुसार सन् 1842 से सन् 1910 की अवधि में कुल 4 लाख 54 हजार गिरमिटिया मजदूर भारत से यहाँ आये थे। उनमें 2 लाख के करीब अज्ञात कारणों से वापस लौट गये। इनका मासिक वेतन पाँच रूपए था। मॉरीशस के प्रेमचन्द माने जानेवाले अभिमन्यु अनत के 'लाल पसीना' आदि उपन्यासों में इन गिरमिटियों की संघर्ष–गाथा और अभूतपूर्व जीवन वर्णित है। सन् 1868 के बाद जो आये, उनमें से 2 लाख 20 हजार के फोटोग्राफ भी रिकार्ड में हैं। इसके पूर्व के रिकार्ड में फोटोग्राफ नहीं है, क्योंकि तब फोटो लेने की सुविधा नहीं थी। रिकार्ड के रजिस्टर में लेखक की एक ऐसी दम्पति की जानकारी मिली जो महाराष्ट्र के सातारा जिले के शिराला गाँव से आया था। इसका अर्थ यह कि आप्रावासी केवल यू.पी. और बिहार से ही नहीं आये थे। उपर्युक्त वर्णित दो स्थानों को देखकर पर्यटन हेतु भारत से आया व्यक्ति गहन चिन्तन में डूब जाता है और अतीव आश्चर्य में मग्न हो जाता है। कष्ट यातना सहकर भी आदि गिरमिटियों ने इस टापू को स्वर्ग बनाने में कितना पसीना बहाया था। सिफ्र तफरीह के लिए आनेवालों की बात और है। पेड़ लगाना महत्त्वपूर्ण है। फल तो सभी खा सकते हैं।

मॉरीशस में हिन्दी की स्थिति के बारे में बहुत महत्त्वपूर्ण जानकारी डॉ. अर्जुन चव्हाण जी की इस पुस्तक में मिलती है। यहाँ के 75 कालेजों में हिन्दी की पढ़ाई होती है और चार सौ से अधिक अध्यापक हिन्दी पढ़ा रहे हैं। पूछा गया कि हिन्दी पढ़ने से क्या रोजगार मिलता है? ज्ञात हुआ कि हिन्दी पढ़कर लोग स्कूल, कालेजों में अध्यापक बनते हैं। अध्यापक की नौकरी में यहाँ बहुत सम्मान है।

महात्मा गाँधी संस्थान की हिन्दी विभागाध्यक्ष डॉ. अलका धनपत विद्वान ही नहीं सहृदय, परदुखकातर, बड़े उदार मन की है। उनकी साहसिक उदारता का परिचय लेखक ने इस पुस्तक में दिया है। 'साहित्यिक–सांस्कृतिक शोध संस्था' के सचिव डॉ. प्रदीप कुमार के पैसे खतम हो गये और बैंक ऑफ़

इंडिया की कोई भाषा उस क्षेत्र में न होने के कारण उनका ए.टी.एम. कार्ड कोई सहायता नहीं कर पा रहा था। 15 जनवरी के ज़रूरी खर्च उठाने के लिए उन्हें पैसों की सख्त जरूरत थी। ऐसे आड़े वक़्त में डॉ. अलका धनपत ने मॉरीशस के 28 हजार रुपए लाकर दिए और उनकी चिन्ता दूर कर दी। तुलसी के शब्दों में 'ऐसो को उदार जग माही।'

मकर संक्रान्ति के दिन युवकों और प्रौढ़ों की एक टोली को ढोलक वादन के साथ गीत गायन में मस्त देखकर लेखक ने मॉरीशसवासियों की ज़िन्दादिली, रसिकता और तनाव मुक्तिप्रियता का परिचय दिया है। भारत से आये पर्यटक जानकर वे उल्लासित हो जाते हैं। भारत उनके मन में विराजमान है।

12 जनवरी, 2015 को सरकार ने सायक्लोन–2 की घोषणा की–एक तरह का लॉकडाउन! डॉ. प्रदीप कुमार और डॉ. अनिल सिंह ने बाहर जाकर एक होटल खोजा 'बॉम्बे चाट' इसका युवा मालिक महेश मॉरीशस का होते हुए भी भारत से लगाव रखता है। सब ने दोपहर का खाना वहीं खाया। 13 जनवरी को महेश ने ही बस बुलाकर मॉरीशस घुमाने की व्यवस्था की। 15 जनवरी को ऐन एयरपोर्ट पर मॉरीशस का महेश डॉ. चव्हाण जी से अस्सल मराठी में बात कर उन्हें आश्चर्यचकित कर देता है–'काय राव? इतक्या दिवसात, कधीच तुम्ही मराठी बोलताना दिसला नाहीत।' तीन होटलों का मालिक मॉरीशस का नागरिक महेश अपने व्यक्तित्व का राज अन्तिम समय में खोलता है। एम.बी.ए. की पढ़ाई मुंबई में, सन् 1989 से मॉरीशस में है, होटल में मैनेजर की नौकरी, फिर अपना होटल, प्रति वर्ष मुंबई की यात्रा, पत्नी व्यवसाय में सहायक, प्रदेश क्रिकेट के अध्यक्ष इत्यादि। लेखक चव्हाण जी अपने सामान के बारे में भूल गये–''क्योकिं भूतकालीन भारतीय और वर्तमानकालीन मॉरीशस का ज़िन्दादिल व्यक्तित्व सामने था–महेश के रूप में।''[11] परिचय के बाद बिछोह धक्कादायक था–किसी औपन्यासिक घटना की तरह। चव्हाण जी ने बोर्डिंग पास के काउन्टर की ओर बढ़ते हुए पीछे मुड़कर देखा तो पाया ''महेश अपने दो साथियों के साथ खड़ा था–सबकी ओर अपनेपन से देखता, हाथ उठाता हुआ, हिलाता हुआ बाय–बाय के अन्दाज में''[12] यहाँ आकर हमें लगता है कि जैसे हमने 'दाज्यू' या 'तीसरी कसम उर्फ़...' कहानी खत्म की हो। स्वाभाविक रूप से लिखा गया यह प्रसंग लेखक अर्जुन चव्हाण की बहुत बड़ी सफलता है।

पुस्तक का शिल्प 'जर्नल' जैसा है, मानो कोई अपना रोजनामा भर रहा हो। अध्यायों के शीर्षक संक्षिप्त, आकर्षक, मूल संवेदना से युक्त अर्थवान हैं। मॉरीशस के यातायात की तरह 'हार्न रहित', निःशब्द लेकिन प्राणवान। यह रोचक यात्रा–वृत्तांत मॉरीशस की उन बहुत सी खुबियों को दिखाता है, जिनकी भारत में कमी है लेकिन भारत में घनी आबादी वाले शहर हैं, जहाँ यातायात के साधनों की रेलचेल है, फिर भी हजारों को 'प्रतीक्षा सूची' में रहना पड़ता है। जो एक बार मॉरीशस जा आया उसके मन में जयशंकर प्रसाद का गीत उभरता रहता है–ले चल मुझे भूलावा देकर/मेरे नाविक धीरे धीरे! जिस निर्जन में सागर लहरी/अंबर के कानों में गहरी, निश्चल प्रेम कथा कहनी हो/तज कोलाहल की अवनी रे।।

अन्ततः मुझे यह कहते हुए अतीव प्रसन्नता हो रही है कि डॉ अर्जुन चव्हाण द्वारा लिखित यात्रा वर्णन 'मॉरीशस : एक सांस्कृतिक यात्रा' हिन्दी यात्रा साहित्य को समृद्ध करनेवाली एक सशक्त रचना है। यह सिर्फ रोचक तथा पठनीय ही नहीं अपितु ज्ञानवर्धक भी है।

सन्दर्भ

1. डॉ. अर्जुन चव्हाण–'मॉरीशस : एक सांस्कृतिक यात्रा', वाणी प्रकाशन, नई दिल्ली (प्र. सं. 2016) पृष्ठ भूमिका से पृष्ठ–7
2. वही, पृष्ठ–12 3. वही, पृष्ठ–14 4. वही, पृष्ठ–14 5. वही, पृष्ठ–48 6. वही, पृष्ठ–48 7. वही, पृष्ठ–54 8. वही, पृष्ठ–19
3. वही, पृष्ठ–86 10. वही, पृष्ठ–47 11. वही, पृष्ठ–77 12. वही, पृष्ठ–78

'विमर्श के विविध आयाम' के आलोक में

डॉ. अशोक मरळे

प्रसिद्ध लेखक, समीक्षक डॉ. अर्जुन चव्हाण जी का नाम हिन्दी साहित्य जगत् में विशेष आदर के साथ लिया जाता है। हिन्दी साहित्य की अनेक विधाओं में आपने अपनी दस्तक दर्ज की है। आपका साहित्य हिन्दी साहित्य को सिर्फ व्यापकता ही नहीं बल्कि गरिमा भी प्रदान करता है। आपने समीक्षात्मक, सम्पादित, अनूदित तथा सृजनात्मक साहित्य क्षेत्र में लीक से हटकर और रूढिवादी तथा परम्परावादी चिन्तन को त्यागकर मौलिक चिन्तन की स्थापना की है। समीक्षात्मक, सम्पादित, अनूदित तथा सृजनात्मक आदि आधे भातक से अधिक प्रकाशित पुस्तकों की आपकी ग्रन्थ सम्पदा है। आपका हर ग्रन्थ आपकी प्रखर प्रतिभा का परिचय है। आपका 'विमर्श के विविध आयाम' समीक्षात्मक ग्रन्थ हिन्दी साहित्य जगत् के लिए अमूल्य देन है। यह उस समय का लिखा ग्रन्थ है जिस समय में स्त्री और दलित विमर्श तक ही हिन्दी समीक्षा सीमित थी।

'विमर्श के विविध आयाम' : स्वरूप

डॉ. अर्जुन चव्हाण जी का 'विमर्श के विविध आयाम' समीक्षाजगत का मौलिक चिन्तनपरक ग्रन्थ है जिसमें समकालीन हिन्दी–मराठी बृहत उपन्यासों के आधार पर विमर्श के विविध आयामों की चर्चा की है। यह ग्रन्थ तीन खण्डों में विभाजित है। प्रथम खण्ड में स्त्री, दलित, विखण्डन, सेक्स, बाज़ार, सत्ता, शिक्षा, अल्पसंख्यक, सर्वहारा तथा आदिवासी विमर्श का विचारमंथन है जो समकालीन हिन्दी तथा मराठी बृहत उपन्यासों के तुलनात्मक परिप्रेक्ष्य में प्रस्तुत है। सभी विमर्शों को सहजता, स्पष्टता और प्रखरता से प्रस्तुत किया है। द्वितीय खण्ड में विवेच्य उपन्यासों के वैचारिक पक्ष का मूल्यांकन है। तृतीय खण्ड विवेच्य उपन्यासों के कलात्मक तथा विचारात्मकता पक्ष पर केन्द्रित है। हिन्दी तथा मराठी साठोत्तरी उपन्यासों के विमर्शमूलक अध्ययन करनेवाले

इस ग्रन्थ का योगदान तुलनात्मक अध्ययन की दृष्टि से और विमर्श के विविध आयामों की दृष्टि से विशेष महत्त्व रखता है।

विमर्श : लेखकीय दृष्टि

वर्तमान काल में 'विमर्श' साहित्य का अभिन्न अंग बन गया है। ज़्यादा मात्रा में दलित, स्त्री, अल्पसंख्यक तथा आदिवासी विमर्श काफ़ी चर्चित होते दिखायी दे रहे हैं। किन्तु प्रस्तुत रचना में उत्तर आधुनिक विमर्श, विखण्डन विमर्श, विघटन विमर्श, सेक्स विमर्श, श्रमिक विमर्श, बाज़ार विमर्श, सत्ता विमर्श, शिक्षा विमर्श तथा सर्वहारा विमर्श की विस्तार से चर्चा की है। आज ही नहीं बल्कि भविष्य में भी विमर्श निश्चित ही चर्चा के केन्द्र में रहेंगे। डॉ. अर्जुन चव्हाण जी का विमर्श से तात्पर्य है–विचार, चिन्तन, परामर्श आदि। उनकी दृष्टि से विमर्श किसी भी विषय को लेकर हो सकता है। "व्यक्ति, समाज, वर्ग, जाति विचार तथा कोई विशिष्ट स्थिति आदि सभी विमर्श के विषय हो सकते हैं। जीवन से सम्बन्धित किसी भी पक्ष, अंग या विषय पर गहन, गम्भीर विमर्श हो सकता है।"[1] स्पष्ट है कि 'विमर्श' अवधारणा काफ़ी व्यापक है किन्तु इसमें निहित विषय पर सूक्ष्मता से सोच विचार, चिन्तन की अपेक्षा होती है।

विवेच्य समीक्षा ग्रन्थ के मौलिक बिन्दु

प्रस्तुत ग्रन्थ में समकालीन हिन्दी एवं मराठी उपन्यासों में चित्रित विविध विमर्शों का गहन चिन्तन मिलता है। डॉ. अर्जुन चव्हाण जी के अनुसार विमर्श केन्द्रित लेखन प्रायः 1960 के बाद ही नजर आता है, जिसे प्रस्तुत ग्रन्थ में 'समकालीन' संज्ञा से सम्बोधित किया है। समकालीन उपन्यासों में प्राप्त विमर्श बहुमुखी हैं। उत्तराधुनिक विमर्श के बारे में उनकी दृष्टि काफ़ी प्रौढ़ है। उत्तराधुनिकता की अनेक कसौटियाँ हैं जिनकी पूर्ति के बाद ही उत्तराधुनिकता की अवधारणा स्पष्ट हो जाती है। "एक ओर विकास तो दूसरी ओर विनाश, अति यथार्थता, उदारीकरण, निजीकरण, पूँजीवाद तथा उपभोक्तावाद इसके अभिन्न अंग हैं।"[2] ये सारे पहलू उत्तराधुनिकता से जुड़े हैं जिन्हें बिना जाने इस अवधारणा को नहीं समझा जा सकता। गहन सोच–विचार एवं चिन्तन के पश्चात ही इस तरह की अवधारणाएँ स्पष्ट होती हैं। हिन्दी तथा मराठी दोनों भाषाओं के उपन्यासों से चुनिन्दा उदाहरणों का प्रयोग करने के कारण यह अवधारणा और अधिक स्पष्ट हो गयी है।

स्त्री विमर्श के बारे में डॉ. अर्जुन चव्हाण जी के विचार निश्चय ही सुलझी हुई सोच का परिचय देते हैं। आत्मचेतना, आत्मसम्मान, आत्मगौरव, समता और समानाधिकार की पहल को उन्होंने स्त्री विमर्श कहा है। उन्होंने यह अपेक्षा जताई है कि "जब भावना की अपेक्षा बुद्धि की कसौटी पर,

विषमता की अपेक्षा समता की कसौटी पर, परम्परा की अपेक्षा आधुनिकता की कसौटी पर, संस्कृति की अपेक्षा कार्यशक्ति की कसौटी पर और लिंगात्मक की अपेक्षा गुणात्मक कसौटी पर व्यक्ति के मूल्यांकन का सूत्रपात होगा, तभी स्त्री विमर्श के चिन्तन के लिए बल मिलेगा।''[3] हिन्दी एवं मराठी साहित्य में स्त्री विमर्शमूलक लेखन की बड़ी परम्परा है जिसे डॉ. चव्हाण जी ने सूक्ष्मता से अध्ययनपूर्वक अभिव्यक्त किया है।

दलित विमर्श के जरिए अत्याचार, उपेक्षा और वंचना को समाप्त करने का आग्रह डॉ. चव्हाण जी द्वारा व्यक्त हुआ है। समकालीन हिन्दी और मराठी उपन्यासों में चित्रित हुए दलित विमर्श को देखने के पश्चात उन्होंने यह तथ्य प्रस्तुत किया है कि दलित विद्रोह मुखर हो रहा है। स्थापित व्यवस्था में परिवर्तन लड़ाई का मुख्य प्रयोजन रहा है आदि तथ्यों के आधार पर यह समझना आसान होता है कि डॉ. चव्हाण जी की समीक्षा दृष्टि मूल मुद्दों को पकड़ने में सफल रही है।

परिचित विमर्शों के साथ–साथ कई नये विमर्शों की चर्चा डॉ. अर्जुन चव्हाण जी के मौलिक चिन्तन का ही परिपाक है। विखण्डन विमर्श को उन्होंने आधुनिक काल की पैदाइश माना है जिसमें नकार की वृत्ति प्रमुख है। ''यह एक ऐसा क्रिया–भाव है जिनमें विकास की अपेक्षा विनाश, जोडने की अपेक्षा तोड़ना, बनाने की अपेक्षा बिगाड़ना, रोपने की अपेक्षा काटना, समेटने की अपेक्षा बिख़ेरना और जुटाने की अपेक्षा बाँटना निहित होता है।''[4] आधुनिककाल में निर्माण हुई यह वृत्ति विनाशकारक, नकारात्मक और विध्वंसकता की ओर संकेत करती है जिस पर डॉ. चव्हाण जी ने रोशनी डाली है। इन्हीं वृत्तियों के कारण समाज में विखण्डन की प्रवृत्ति बढती जा रही है। हिन्दी और मराठी समकालीन उपन्यासों में उभर आयी इस वृत्ति को उन्होंने सूक्ष्मता से रेखांकित किया है। विखण्डन की यह प्रवृत्ति व्यक्ति, समाज और राष्ट्र के उन्नयन में हानिकारक है जिसकी ओर उन्होंने ध्यान खिंचा है। विघटन के कारण सामाजिक स्वास्थ खतरे में है जिसकी डॉ. अर्जुन चव्हाण जी ने चिन्ता जताई है।

'सेक्स विमर्श' पर समीक्षक डॉ. अर्जुन चव्हाण जी ने बेबाक़ी से लिखा है। 'सेक्स' शब्द को अछूत मानकर उससे कतराकर चलनेवालों की तादात कम नहीं है। लेकिन डॉ. चव्हाण जी ने इस अनछुए और हाशिए के पहलू को प्रखरता के साथ उद्‌घाटित किया है। उनका मानना है कि सेक्स के प्रति नई पीढ़ी अधिक सहज और प्रौढ़ दृष्टिकोण अपना रही है। लेकिन भोगवाद को अपनाने तथा सीमाओं को लाँघने से सेक्स की गरीमा क्षरित होती है। हिन्दी और मराठी समकालीन उपन्यासों में उस पर पर्याप्त मात्रा में विचार

चिन्तन हो रहा है। कई उदाहरणों के माध्यम से डॉ. अर्जुन चव्हाण जी ने सेक्स के विविध पहलुओं को बेबाक़ी से प्रकट किया है। 'सत्ता विमर्श' में सत्ताधारी नाटकीय, अन्यायी, अत्याचारी, अवसरवादी, मूल्यहीन तथा स्वार्थी राजनीति के माध्यम से किस तरह सत्ता का सदुपयोग कम, दुरूपयोग ज़्यादा हो रहा है, इसपर डॉ. अर्जुन चव्हाण जी ने रोशनी डाली है। अन्य विमर्शों की तरह 'श्रमिक विमर्श' को उन्होंने समय की माँग के अनुरूप उद्‌घाटित किया है। मेहनत तथा शारीरिक परिश्रम करके रोजी–रोटी कमानेवाला एक विशिष्ट वर्ग है जो हमेशा हाशिए पर रहा है जिसे केन्द्र में लाने का उन्होंने सार्थक समर्थन किया है।

'बाज़ार विमर्श' उत्तरआधुनिक युग की देन है। वर्तमानकालीन बाज़ार व्यवस्था ने पाश्चात्य संस्कृति के रंग में रंगकर किस तरह भारतीय बाज़ार को आहत किया है, इस पर डॉ. अर्जुन चव्हाण जी ने चिन्ता व्यक्त की है। क्रय और विक्रय के इस बाज़ार में संवेदनाएँ, भावनाएँ, रिश्ते–नाते, भारतीय मूल्य, परम्पराएँ किस तरह नष्ट हो रही हैं इसको उन्होंने समकालीन हिन्दी–मराठी उपन्यासों के उदाहरणों के माध्यम से चित्रित किया है।

'शिक्षा क्षेत्र' में आ रही अव्यवस्था एवं अनाचार अलग विमर्श की माँग करता था जिसकी पूर्ति डॉ. अर्जुन चव्हाण जी द्वारा हुई है। यह वह क्षेत्र है जो इस पुस्तक के समीक्षक के जीवन का अभिन्न अंग है। शिक्षा से सम्बन्धित विभिन्न आयामों का सोच विचार कर विवेचन–विश्लेषण तथा तद्‌विषयक समीक्षण करते हुए उन्होंने शिक्षा क्षेत्र के भविष्य की आवश्यकताओं की ओर इंगित किया है। अल्पसंख्यकों को आज भी सन्देह की निगाह से देखा जाता है जिससे सौहार्दता तथा मानवता खतरे में आ जाती है। इसी कारण अल्पसंख्यक विमर्श परिस्थिति की उपज के रूप में स्वीकार कर डॉ. अर्जुन चव्हाण जी ने उनके विचारों एवं समस्याओं को केन्द्र में रखकर हिन्दी–मराठी उपन्यासों के आधार पर तथ्य सामने रखे हैं। 'सर्वहारा विमर्श' में अति सामान्य समाज को चित्रित कर उसकी पीड़ा एवं शोषण को कई उपन्यासों ने वाणी दी है जिसका उन्होंने समग्र रूप से अध्ययन कर उस वर्ग को समाज के मुख्य प्रवाह में लाने की दिशा में सार्थक इंगित किया है।

'आदिवासी विमर्श' आदिम जनजातियों के जीवन व्यवहार पर गम्भीरता से सोच–विचार करता है। डॉ. अर्जुन चव्हाण जी के अनुसार "आदिवासियों की जीवन प्रणाली, सामाजिक स्थिति और प्रश्न पीड़ित ज़िन्दगी का विवेचन–विश्लेषण कर उसकी ओर हमारे सभ्य समाज का ध्यान आकर्षित करना तथा उसके विकास की पहल करना आदिवासी विमर्श का प्रधान प्रयोजन है।"[5] विमर्श के यह सभी पहलू हिन्दी साहित्य के अभिन्न अंग हैं।

समकालीन हिन्दी–मराठी उपन्यासों के सूक्ष्म अध्ययन के पश्चात ही ये सभी पहलू देखे जा सकते हैं। डॉ. अर्जुन चव्हाण जी के गहन सोच–विचार, चिन्तन और अध्ययन के साथ–साथ प्रखर समीक्षा दृष्टि के कारण ही ये पहलू उजागर हुए हैं। विवेच्य उपन्यासों के वैचारिक पक्ष की सीमाएँ तथा कलात्मकता और विचारात्मकता के सम्बन्धों को केन्द्र में रखते हुए दोनों की आवश्यकता दृढ़ता से प्रतिपादित की है।

निष्कर्ष

प्रसिद्ध लेखक, समीक्षक प्रो. (डॉ.) अर्जुन चव्हाण जी की शोध दृष्टि तथा चिन्तन के परिणामस्वरूप हिन्दी समीक्षा जगत् में 'विमर्श के विविध आयाम' के कारण 'विमर्श' का बहुमुखी रूप पाठकों के सामने आया। लीक से हटकर उन्होंने चिन्तन का नया रास्ता बनाया है। निश्चित ही यह रास्ता अनेक सम्भावनाओं से भरा है। मौलिकता डॉ. अर्जुन चव्हाण जी के लेखन का स्थायी भाव है। यह ग्रन्थ मौलिक चिन्तन का आदर्श प्रस्तुत करनेवाला है। प्रश्न पीड़ित ज़िन्दगी जीने के लिए विवश वर्ग ज़्यादातर उनके समीक्षा के केन्द्र में है।

समकालीन हिन्दी और मराठी उपन्यासों की वैचारिकता और कलात्मकता की खोज उनके समीक्षा का अंग रहा है, जिस कारण हिन्दी और मराठी उपन्यासों की स्तरीयता तुलनात्मक अध्ययन के आधार पर उद्‌घाटित होती है। यह तथ्य भी सामने आता है कि सम्पूर्ण ग्रन्थ में लेखकीय दृष्टि विकासोन्मुखी रही है। व्यक्ति, परिवार, समाज, राष्ट्र तथा सम्पूर्ण मानवता का विकास उनके जहन में है। भाषा चुस्त, दुरूस्त और प्रखर होने के कारण पाठक को रोचक लगती ही है साथ ही संवेदनशील पाठक को चिन्तन के लिए प्रेरित भी करती है। प्रासंगिक तथा गहन, गम्भीर वैचारिक पहल करनेवाला यह ग्रन्थ हिन्दी समीक्षा जगत् में दिशा–निर्देश करनेवाला तथा आदर्श स्थापित करनेवाला सिद्ध होता है। विविध आयामों के साथ विविध विमर्शों की पहल करने वाला अपने समय का यह पहला ग्रन्थ मानना पड़ेगा।

सन्दर्भ

1. प्रो. अर्जुन चव्हाण–विमर्श के विविध आयाम, पृष्ठ 19
2. वही, पृष्ठ 21
3. वही, पृष्ठ 39
4. वही, पृष्ठ 61
5. वही, पृष्ठ 181

'अनुवाद चिन्तन' के चुनिन्दा मंथन बिन्दु

डॉ. क्षितिज यादवराव धुमाळ

आधुनिक युग की प्रमुख भाषिक माँग के रूप में अनुवाद का महत्त्व निर्विवाद रहा है। अनुवाद जैसे विषय पर भारत में सूक्ष्म एवं मौलिक विचारों से युक्त जिन कृतियों का लेखन हुआ है, उनमें निश्चित ही डॉ. अर्जुन चव्हाण जी जैसे प्रबुद्ध समीक्षक की 'अनुवाद चिन्तन' रचना का योगदान काफ़ी सराहनीय है। भारत जैसे बहुभाषी राष्ट्र में अनुवाद के महत्त्व, उपयोगिता तथा अनिवार्यता को आपने सक्षम चिन्तन से सम्पन्न करने का प्रशंसनीय कार्य किया है। मेरा परम सौभाग्य यह रहा है कि मैं एम.ए. से लेकर पीएच.डी. तक सरजी का छात्र हूँ। इस पूरे सफर में मुझे गहन अनुवाद प्रक्रिया को समझने का अवसर मिला। अनुवाद के सन्दर्भ में डॉ. अर्जुन चव्हाण जी के प्रौढ़ ज्ञान से प्रस्तुत रचना उच्चस्तरीय बनी है। श्रेष्ठ अनुवाद के तत्वों को सही मायने में रूपायित करने का काम 'अनुवाद चिन्तन' में किया है। वस्तुनिष्ठ तथा तर्कसंगत विवेचन के कारण भी यह रचना अनुवाद के क्षेत्र में दिशादर्शक बनी हुई है ऐसा कहना अतिशयोक्ति नहीं होगा। अनुवाद–प्रक्रिया के साथ–साथ अनुवादक की अहम भूमिका को भी प्रस्तुत रचना में वर्णित किया गया है। निश्चित ही नये अनुवादकों के लिए यह रचना मार्गदर्शक बनेगी।

प्रस्तुत कृति का अनुक्रम भी काफ़ी विचारणीय बना है। प्रथम अध्याय 'अनुवाद : महत्त्व एवं उपयोगिता', अध्याय 2 'अनुवाद : अर्थ, परिभाषा, स्वरूप, प्रकृति', अध्याय 3 'अनुवाद – प्रक्रिया', अध्याय 4 'अनुवाद के प्रकार', अध्याय 5 'सफल एवं श्रेष्ठ अनुवाद के तत्व', अध्याय 6' अनुवाद के साधन' और अध्याय 7 'अनुवादक के गुण, से लेकर उपसंहार तक सर जी की विस्तृत अध्ययनशीलता तथा चिन्तनशीलता का परिचय मिलता है।

'अनुवाद चिन्तन' का एक अप्रिय घटना से भी महत्त्व अधिक बढ़ गया था। एक लेखक की 'प्रयोजनमूलक हिन्दी' पुस्तक में इस ग्रन्थ के चार–पाँच अध्याय यथावत उठाकर छप दिए गये थे। पाठकों ने यह घटना 'अनुवाद चिन्तन' के लेखक के संज्ञान में लायी। उन्होंने 'कॉपी राइट' कानून के तहत नोटिस देकर प्रयोजनमूलक हिन्दी के लेखक को अदालत में खींचा। बचाव, सुलह और कुछ 'कॉम्पेनसेशन' के साथ–साथ चौर्यकर्म करनेवाले से 'माफिनामा' पत्र के जरिए प्राप्त हुआ तब चव्हाण सर जी ने उसे उदारता से माफ़ कर दिया। नये संस्करण की भूमिका में इसका संकेत आपको मिल ही जायेगा।

पिछले कई वर्षों से सरजी की रचनाधर्मिता अखण्डित रूप से प्रवाहित रही है। महाराष्ट्र तथा भारत देश में कार्यरत हिन्दीसेवी इस बात को भली भाँति जानते हैं। आज डॉ. अर्जुन चव्हाण जी एक प्रखर 'अनुवाद चिंतक' के रूप में राष्ट्रीय ही नहीं अपितु, अन्तर्राष्ट्रीय स्तर पर भी अपनी अलग पहचान बनाये हुए है। 'अनुवाद चिन्तन' ही वह ग्रन्थ है जिसे प्रकाशित होते ही हिन्दी साहित्य अकादमी (मुंबई) ने (सन 1997–98 को) पण्डित महावीर प्रसाद द्विवेदी पुरस्कार से सम्मानित किया था। इससे ग्रन्थ की गरिमा तो बढ़ ही गयी है मगर इससे पुरस्कार की गरिमा बढ़ गयी है। इस देश के विश्वविद्यालय का शायद ही कोई ग्रन्थालय होगा जिसमें यह ग्रन्थ न मिलता हो। अनेक विश्वविद्यालयों में इसे सन्दर्भ ग्रन्थ के रूप में भी पढ़ाया जाता है। छात्रों के लिए इसका पेपरबैक संस्करण भी अलग से उपलब्ध है। यही कारण है इसके तीन–तीन संस्करण आये हैं और आगे भी आते रहेंगे। परिवर्धित और संशोधित रूपों में प्रथम संस्करण में कुल सात अध्यायों का समावेश था, जैसे–अनुवाद : महत्त्व एवं उपयोगिता, अनुवाद : अर्थ–परिभाषा–स्वरूप–प्रकृति, अनुवाद–प्रक्रिया, अनुवाद के प्रकार, सफल एवं श्रेष्ठ अनुवादक के तत्व, अनुवाद के साधन, अनुवादक के गुण आदि।

समय और समाज की माँग को देखते हुए प्रो.डॉ.अर्जुन चव्हाण जी ने अगले नये संस्करणों में 'अनुवाद मूल्यांकन के मानदण्ड' जैसे महत्त्वपूर्ण अध्याय को जोड़ दिया। इसमें अनुवाद को गम्भीर कार्य के रूप में देखने पर बल दिया है। बड़े–बड़े धुरंधर माने जानेवाले अनुवादकों की लापरवाही को सोदाहरण प्रस्तुत कर भाव और विचार प्रस्तुत किया है कि अनुवाद कार्य ईमानदारी और महत ज़िम्मेदारी का कार्य है। इसके अलावा 'अनुवाद–सॉफ्टवेयर' नामक नया अध्याय भी समाविष्ट कर दिया गया है जो आज सबसे अधिक महत्त्व

रखता है। इस पुस्तक के प्रथम संस्करण के काल में एक भी हिन्दी अनुवाद 'सॉफ्टवेयर' अस्तित्व में नहीं था, लेकिन आज वे हैं। इसीलिए इस नये विषय के समावेश ने 'अनुवाद चिन्तन' को अधिक प्रासंगिक बनाया है।

अन्तिम बात उल्लेखनीय समझता हूँ कि इस ग्रन्थ का 'समर्पण'। जिन्होंने इसके प्रथम संस्करण को पढ़ा है वे नये संवर्धित संस्करण के 'समर्पण' को लेखक ने क्यों बदला है--इसे बख़ूबी समझेंगे, उसकी अर्थवत्ता, सार्थकता और गुणात्मकता को जानेंगे। इसके लेखक का अनुवाद को मानवता, विश्वबंधुता का मार्ग मानना, उसे खिड़की नहीं महामार्ग मानना और तमाम अनुवादकों को यह ग्रन्थ समर्पित करना, ग्रन्थ की गरिमा बढ़ाता है। इससे इस लेखक की दृष्टि का परिचय मिलता है इसे अलग से कहने की ज़रूरत नहीं। प्रारंभिक और संवर्धित संस्करणों की भूमिकाएँ इस ग्रन्थ रुपी मन्दिर के प्रवेशद्वार या महाद्वार हैं, जिसे मैं लिखूँ तो फिर आप जैसे विद्वान पाठक किसलिए? पाठक की सुविधा के नाम पर, मैं मूल के मौलिक विचार से वंचित क्यों रखूँ। अतः ग्रन्थ के पाठकों को और इसके लेखक आदरणीय प्रो. (डॉ.) अर्जुन चव्हाण सर जी को अगले रचनाकर्म के लिए अनन्त शुभकामनाएँ!

'जरा याद करो कुर्बानी' में व्यंग्य विमर्श

डॉ. किरण चौगुले

हिन्दी साहित्य में निबन्ध विधा का विकास भारतेन्दु युग से हुआ। 'सरस्वती' पत्रिका सहित समकालीन विभिन्न पत्र–पत्रिकाओं ने निबन्ध विधा के विकास में महत्त्वपूर्ण भूमिका निभाई। भारतेन्दु के बाद बालमुकुंद गुप्त, रामचन्द्र शुक्ल, हजारी प्रसाद द्विवेदी, कुबेरनाथ राय आदि रचनाकारों ने निबन्ध विधा के विकास में महत्त्वपूर्ण योगदान किया। इन रचनाकारों ने जो निबन्ध लिखें वे साहित्यिक, सामाजिक, वैचारिक विषय को लेकर थे। लेकिन निबन्ध विधा के माध्यम से समाज में फैली कुप्रवृत्तियाँ, गलत धारणाएँ, अंधविश्वास सहित आम जनता की विभिन्न समस्याओं को व्यंग्यात्मक रूप से रखने का काम हरिशंकर परसाई ने किया है। व्यंग्यात्मक निबन्ध लिखने के कारण उन्होंने हिन्दी साहित्य में अपनी अलग पहचान निर्माण की। इनके इस योगदान से हिन्दी साहित्य में निबन्ध विधा का विकास हुआ। परसाई के बाद व्यंग्यात्मक निबन्ध का विकास रूक गया। काका हाथरसी तथा शरद जोशी आदि कुछ चुनिन्दा रचनाकारों ने व्यंग्यात्मक निबन्ध की रचना की। मगर इसके बाद अहिन्दी भाषी प्रदेशों में व्यंग्यात्मक निबन्ध के अन्तर्गत डॉ. अर्जुन चव्हाण जी का 'जरा याद करो कुर्बानी' निबन्ध संग्रह बड़ी क्षमता से दस्तक देता है। डॉ. अर्जुन चव्हाण जी अहिन्दी प्रदेश के रचनाकार होने के बाद भी उनका निबन्ध संग्रह सशक्त रहा है। बकौल प्रकाशक 'प्रस्तुत निबन्ध संग्रह में जो निबन्ध संकलित मिलते हैं उनमें एक ओर उपदेश तथा उपहास भी इन निबन्धों की सबसे बड़ी शक्ति, निबन्धकार की बेबाक दृष्टि तथा सृष्टि है/एक ओर सन्देश और विषय वैविध्य तो दूसरी ओर उपदेश के अलावा आत्ममूल्यांकन तथा आत्मपरीक्षण के लिए प्रस्तुत करना इन निबन्धों का स्थायी भाव है।'[1] इस प्रकार प्रस्तुत निबन्ध संग्रह के माध्यम से रचनाकार

समाज में परिवर्तन लाने की आस रखता है। वह मानवीय मूल्यों के विघटन को देखते हुए मानव जाति के आचार विचार में परिवर्तन लाने की कामना करता है। वह समस्त समाज के विचारों में सादगी, कृत्रिमता के स्थान पर सहजता, प्रदर्शन की वृत्ति और झूठी शान के स्थान पर आचरण में सादगी, मानव जीवन में व्याप्त आडम्बर का खण्डन, राष्ट्रप्रेम सहित राष्ट्रीय चेतना लाना चाहता है। इस दृष्टि से यह निबन्ध संग्रह सशक्त है। प्रस्तुत निबन्ध संग्रह में कुल सोलह निबन्ध हैं। इसमें एक राष्ट्रीय चेतना, पाँच वैचारिक और दस व्यंग्यात्मक निबन्ध हैं।

इन व्यंग्यात्मक निबन्धों को केन्द्र में रखकर ही मैंने निम्नलिखित मुद्दों पर प्रकाश डालने का प्रयास किया है।

सामाजिक अन्तर्विरोधों पर व्यंग्य

आज समाज में विविध स्तर पर अन्तर्विरोध दिखायी देता है। इस अन्तर्विरोध को गहराई से रखने का काम प्रस्तुत निबन्ध संग्रह में रचनाकार ने किया है। समाज में फैले उच्च–नीच वर्ग, जाति व्यवस्था, धर्म के नाम बाह्यांबर, शिक्षा के नाम पर दिखाऊ वृत्ति, अपने आपको सर्वश्रेष्ठ मानने की वृत्ति, एक ओर साधन सम्पन्न समाज और दूसरी ओर दो वक़्त की रोटी के लिए दिन रात काम करनेवाला समाज इन अन्तर्विरोधों और वैषम्य को दूर करना ही स्वाधीनता का सही अर्थ है।

लेखक ने 'जरा याद करो कुर्बानी' निबन्ध में कहा है कि 'समस्याओं के अभिशाप से देश की मुक्ति का प्रयास करना ही सच्चे अर्थों में स्वाधीनता दिवस मनाना है। भाहीदों के लिए यही सच्ची श्रद्धांजलि होगी।'[2] इस तरह आज हमें त्याग और राष्ट्रीय भावना की आवश्यकता है और यह भाव आज की युवा पीढ़ी में ही निर्माण होना आवश्यक है। तभी समाज में फैली विषमता और अन्तर्विरोध मिट सकता है।

धार्मिक अन्तर्विरोधों पर व्यंग्य

प्रस्तुत निबन्ध संग्रह में आधुनिक युग में बदलते धर्म के चेहरे का पर्दाफाश किया है। आज धर्म महज एक दिखाने का साधन मात्र बन गया है। आज धर्म के इन तत्वों को भूलकर इसमें अनेक बाह्याडम्बर, कुप्रवृत्तियाँ, दिखाऊ वृत्ति का प्रवेश हुआ है। प्रस्तुत निबन्ध संग्रह में 'भाषा में बढ़ता हुआ फैशन का दौर' निबन्ध में लेखक के सम्पर्क में एक कीर्तनकार आता है। वह अपने

कीर्तन में अँग्रेजी वाक्यों का प्रयोग करने की इच्छा रखता है। वास्तव में कीर्तन की उत्पत्ति आम जनता की भाषा में आम जनता को समझने के लिए हुई है। इसमें अँग्रेजी वाक्यों का प्रयोग करके कीर्तनकार अपनी विद्वता दिखाना चाहता है। इस प्रकार धर्म में फैले अनेक अन्तर्विरोधों को प्रस्तुत निबन्ध द्वारा प्रकट किया है।

उपाधि केन्द्रित शिक्षा पर व्यंग्य

प्रस्तुत निबन्ध संग्रह में 'अधजल गगरी छलकल जाय' और 'शिक्षा में बढ़ता हुआ फैशन का दौर' निबन्ध में उपाधि केन्द्रित शिक्षा व्यवस्था पर तीखा व्यंग्य कसा है। इसके मूल में सकारात्मक परिवर्तन की कामना है।

प्रशासन व्यवस्था पर व्यंग्य

आज संसार के हर व्यक्ति को प्रशासन व्यवस्था का शिकार होना पड़ता है। भले वह बड़ा उद्यमी अथवा किसी भी क्षेत्र का व्यक्ति हो, उसे गंदी प्रशासन व्यवस्था से गुज़रना पड़ता है। हमारे देश की प्रशासन व्यवस्था यानी मकड़ी का ऐसा जाल है जिसमें एक बार फसने पर बाहर आना असम्भव है। प्रस्तुत निबन्ध संग्रह में चित्रित 'अधजल गगरी छलकत जाय' निबन्ध में प्रशासन की झूठी सभ्यता पर व्यंग्य किया गया है। 'साहब जी इतना काम करने की कृपा करे। साहब जी इतना काम करने की मेहरबानी करे।'[3] में व्यंग्य भाव ही निहित है।

अर्थव्यवस्था पर व्यंग्य

स्वाधीनता के बाद देश में एक ओर ऐसी जनता है जो श्रम के महत्त्व को भूलकर आराम से जीवन जीने के लिए मजबूर है और दूसरी ओर ऐसा समाज है जो श्रम को अधिक महत्त्व देता है। प्रस्तुत निबन्ध संग्रह में रचनाकार ने देश की खोखली अर्थ व्यवस्था पर तीखा व्यंग्य कसा है। यहाँ भोगवादी और सुविधाभोगी मनोवृत्ति के लोगों का पर्दाफाश किया गया है। 'श्रम का महत्त्व क्यों भूल रहे हैं लोग' और 'आप बीती' ऐसे निबन्ध हैं जो अर्थव्यवस्था पर व्यंग्य करते हैं।

अध्यापक वर्ग पर व्यंग्य

आज शिक्षा क्षेत्र में दयनीय स्थिति निर्माण हुई है। गुरु–शिष्य के सम्बन्धों में वह अपनापन नहीं रहा जितना पहले था। गुरु–शिष्य के इस प्रकार के नये सम्बन्धों के कारण मानवीय मूल्यों का विघटन हो रहा है। प्रस्तुत निबन्ध

संग्रह में चित्रित 'देश के निर्माण में अध्यापक का दायित्व' शीर्षक निबन्ध में एक अध्यापक पीछे बैठे छात्र को आवाज़ सुनाई न देने के कारण उसके द्वारा ज़ोर से व्याख्यान देने की माँग करने पर अध्यापक महोदय कहते हैं कि "मुझे जितनी तनख्वाह मिलती है उतनी आवाज़ में मैं तो पढ़ा ही रहा हूँ उससे ज़ोर से बोलना और पढ़ाना इतनी तनख्वाह में पुसाता नहीं अर्थात परवडता नहीं...।"[4] अध्यापक जगत का यह सच लेखक ने व्यंग्यात्मक अन्दाज में ही प्रस्तुत किया है।

राजनीतिक व्यंग्य

प्रस्तुत निबन्ध संग्रह में रचनाकार ने राजनीति को भी निशाने पर लिया है। आज देश के हित के लिए और जनता को सुविधाएँ देने के लिए राजनीति में प्रवेश करनेवालों की संख्या कम है। अधिकतर राजनेता अपने स्वार्थ और आर्थिक लाभ हासिल करने के लिए राजनीति में प्रवेश करते हैं। प्रस्तुत निबन्ध संग्रह में 'देश की वर्तमान स्थिति में हमारा कर्तव्य और संकल्प' शीर्षक निबन्ध में लेखक ने कहा है कि'... आज देश सेवा में स्वयं को समर्पित करनेवाले नेताओं की तादाद घटती जा रही है। भ्रष्टाचार, रिश्वत, गुंडागर्दी, स्वार्थपरता और अवसरवादिता आदि राजनीति के विभिन्न अंग बने हैं।'[5] आज की युवा पीढ़ी भी चन्द खुशियों के चलते लालच में पड़कर ऐसे राजनेताओं को समर्थन दे रही है जो उनके शोषक हैं। पूँजीपति और राजनीति का शिकार बनी युवा पीढ़ी इस यथार्थ से दूर है। कुल युवा वर्ग इसे जानकर भी उसपर अमल नहीं करना चाहता। इस तरह राजनीति जैसे व्यापक विषय को भी रचनाकार ने अपने तीखे व्यंग्य का निशाना बनाया है।

डॉ. अर्जुन चव्हाण जी द्वारा लिखित 'जरा याद करो कुर्बानी' निबन्ध संग्रह व्यंग्य निबन्ध की परम्परा में एक मिल का पत्थर बना है। महाराष्ट्र के, अहिन्दी प्रदेश के होने के बाद भी उनकी रचनाओं में जो सशक्तता है वह हिन्दी प्रदेश की रचनाओं की तुलना में कम नहीं है। उनका व्यंग्यात्मक निबन्ध संग्रह समाज की कुप्रवृत्तियों पर तीखा व्यंग्य कसता है। इसके माध्यम से रचनाकार परिवर्तन की कामना करता है। वह इस समाज व्यवस्था को इस प्रकार निशाने पर लेता है कि समाज की कोई भी कुप्रवृत्ति इस निशाने से नहीं चुकती। कहना सही होगा कि 'जरा याद करो कुर्बानी' लेखक का सफल व्यंग्य संग्रह है जो सामाजिक क्षेत्र की बुराइयों पर प्रहार कर उसमें परिवर्तन की कामना करता है।

सन्दर्भ

1. डॉ. अर्जुन चव्हाण–जरा याद करो कुर्बानी, अमन प्रकाशन, 2005, पृष्ठ–फ्लैप से
2. वही, पृष्ठ–15
3. वही, पृष्ठ–18
4. वही, पृष्ठ–45
5. वही, पृष्ठ–78

चतुर्थ भाग

खण्ड - 20 : विचार-चिंतकों के आईने में
प्रो. अर्जुन चव्हाण : व्यक्ति विमर्श

लक्ष्यभेदी भाषा चिंतक

प्रो. दिलीप सिंह

एक

अर्जुन चव्हाण जी मेरे परम सुहृद हैं। मेरा और उनका न जाने कब से घनिष्ठ सम्बन्ध रहा है, और है। मैं उन्हें हमेशा से युवा ऊर्जा से लबरेज पाता रहा हूँ और ईर्ष्या करता रहा हूँ कि ऐसी सदाबहार जवानी मुझे क्यों नहीं मिली। अर्जुन जी युवाओं जैसा ही सोचते हैं, उनका लेखन भी युवा है और वे धजा भी युवाओं जैसी ही धारण करते हैं। मुझे आज भी याद है कि जब पहली बार मैं उनसे सम्भवतः पुणे या औरंगाबाद में मिला तो उनके कानों पर चढ़े घुंघराले–काले बालों और सफारी सूट में सजे उनके व्यक्तित्व ने मुझे अचंभे में डाल दिया। वे हिन्दी के अध्येता ही नहीं अपितु, एक आधुनिक चेता युवा लगे। युवा वे थे भी, शायद मैं भी था और जब उनके विचारों को मैंने मंच से सुना तो उनकी आधुनिक और सामयिक दृष्टि ने मुझे अपने पाश में बांध लिया। अर्जुन जी बहुत अच्छा बोलते हैं, दृढ़ता और ओज के साथ बोलते हैं तथा स्पष्ट और दो टूक बोलते हैं। ऐसा वे इसलिए कर पाते हैं कि वे एक अध्ययनशील व्यक्ति हैं, पढ़े हुए पर ख़ूब चिन्तन–मनन करते हैं, और तब बोलते हैं। प्रो. अर्जुन चव्हाण का अध्ययन क्षेत्र अत्यन्त व्यापक है, यह मैं बार–बार देख और महसूस कर चुका हूँ। उन पर एक अभिनन्दन ग्रन्थ निकाला जा रहा है, यह सूचना डॉ. मनोहर भंडारे जी की मार्फत मिलने पर मुझे अतीव प्रसन्नता हुई है और इसके लिए कुछ अन्दरूनी लिखकर मैं अतीव आनन्द का अनुभव कर रहा हूँ।

दो

अर्जुन जी का संसर्ग और साथ मुझे एक लम्बे अरसे से मिलता रहा है। मैं उन्हें अतिशय स्नेह देता हूँ और वे मुझे उससे भी अधिक आदर देते हैं। हम

कई गोष्ठियों में, कार्यशालाओं में, पुनश्चर्या पाठ्यक्रमों में भिन्न–भिन्न जगहों पर साथ रहे हैं। उनका साथ मुझे लुभाता है। वे हमेशा मुझसे अकादमिक बातें ही करते हैं। किताबों और पत्रिकाओं के सन्दर्भ उनकी जुबान पर रहते हैं। इन आपसी चर्चाओं में मैंने उनके आलोचक, साहित्य चिंतक, भाषाविज्ञानी और अनुवादशास्त्री वाले रूपों की विविध छवियाँ भी पहचानीं और इनसे प्रभावित हुआ। इसी प्रभाव के चलते मेरे उनके सम्बन्ध दृढ़ से दृढ़तर बनते चले गये। उनकी कई पुस्तकें प्रकाशित हैं। और लोग इन पर बात करेंगे। मुझे उनकी अनुवाद पर लिखी दोनों पुस्तकें 'अनुवाद चिन्तन' और 'अनुवाद : समस्याएँ एवं समाधान' विशेष प्रिय हैं। ये उनकी सर्वप्रिय पुस्तकें हैं जिन्हें उन्होंने बहुत परिश्रम से रचा है।

यहाँ यह स्मरण हो आया है कि जब मैं धारवाड़ में था तो उन्होंने कोल्हापुर विश्वविद्यालय के लिए अनुवाद का एक पाठ्यक्रम तैयार करने का बीड़ा उठाया था। इसमें उन्होंने मुझे भी शरीक कर लिया था। तब मैंने अनुवादशास्त्र के विषय में उनकी रुचि और उनके अध्ययन को देखा और अभिभूत हुआ कि हिन्दी का एक अध्यापक अनुप्रयुक्त भाषाविज्ञान तथा उसकी एक अत्यन्त उपयोगी शाखा अनुवाद विज्ञान पर इतनी गम्भीरता से सोच और चर्चा कर सकता है। अर्जुन जी ने मेरे साथ या कहें मैंने अर्जुन जी के साथ बहुत काम किया है। वे धारवाड़ भी आते रहते थे, और हमारी संगोष्ठियों में अपनी धमाकेदार उपस्थिति दर्ज कराते थे। अर्जुन जी साहित्यिक मंचों से अपनी दो टूक बात करने के लिए भी मुझे मोहते हैं। बहस करना, संवाद करना और विमर्श करना, साहित्यिक जगत में क्रमशः विरल होता जा रहा है।

अर्जुन जी अपने विचारों को बहस की भूमि पर ले जाने में संकोच नहीं करते। ज्ञान के विस्तार का यही सर्वोत्कृष्ट तरीका है। यदि भाषा और साहित्य के गम्भीर मसलों पर लोग एक–दूसरे से बात न करें, अपने विचारों पर उठाए गये विवादों को अपने ऊपर किया गया व्यक्तिगत आक्षेप मानें अथवा अपनी ज्ञान राशि को बाँटने में संकोच करें, तो निश्चित ही वाद–विवाद और संवाद की वह स्थिति ही आहत हो जायेगी जिससे साहित्यिक और भाषिक चेतना को जीवन रस मिलता है। अर्जुन जी जैसे कुछ साहित्य और भाषा चेता इस रस को सूखने नहीं देते और यह विश्वास जगाते हैं कि खुली चर्चा से ही किसी भी प्रकार की प्रगति का मार्ग प्रशस्त होता है। इसी रास्ते पर चलकर अर्जुन जी हिन्दी साहित्य और भाषाविज्ञान को प्रगति की सही दिशा देने में अहर्निश लगे हुए हैं। प्रो. अर्जुन चव्हाण मेरे आत्मीय हैं, इसलिए मैं ये बातें नहीं कह रहा हूँ, बल्कि वे मेरे आत्मीय इन्हीं बातों की वजह से बने

हैं। इस समय मुझे प्रो. बालकृष्ण शर्मा 'रोहिताश्व' का भी ध्यान आ गया है। रोहिताश्व अर्जुन जी के भी प्रिय मित्र थे और मेरे परम आत्मीय। वे गोवा विश्वविद्यालय में थे। रोहिताश्व भी वाद–विवाद–संवाद में विश्वास रखते थे। हम तीनों कई बार एक साथ रहे हैं, बहसें की हैं, मंच साझा किया है। रोहिताश्व अब हमारे बीच नहीं हैं, यदि होते तो इस अभिनन्दन ग्रन्थ के प्रकाशन पर वे मुझसे भी अधिक प्रसन्न होते।

तीन

मैं अर्जुन जी की जिन दो पुस्तकों की चर्चा कर रहा था, अनुवाद केन्द्रित वे मेरी दृष्टि में गम्भीर विषयों पर सम्प्रेषणीय लिखने का मापदण्ड हैं। 'अनुवाद चिन्तन' के बाद उनकी दूसरी पुस्तक 'अनुवाद : समस्याएँ और समाधान' आयी। इन दोनों पुस्तकों के प्रणयन में अर्जुन जी की चिन्तन और मंथन वाली प्रवृत्ति स्पष्ट दिखायी देती है। पहली पुस्तक में उन्होंने अनुवाद शास्त्र की सैद्धान्तिकता को अत्यन्त वर्गीकृत और विवेचनीय ढंग से प्रस्तुत किया है। इस पुस्तक में उन्होंने अनुवादशास्त्र के कतिपय मोड़ों या परिवर्तनों की ओर संकेत किया तथा उन परिभाषाओं की विवेचना भी की जिससे कि अनुवाद शास्त्र द्वारा प्रदत्त प्रणाली से अनुवाद करने की प्रक्रिया भी उभरती चले। दूसरी पुस्तक को उन्होंने इसीलिए पूरी तरह अनुवाद व्यवहार पर केन्द्रित किया जिसमें उन्होंने अनुवाद प्रक्रिया के सन्दर्भ में उन समस्याओं का उद्‌घाटन किया जो शाब्दिक, व्याकरणिक, सांस्कृतिक या मिथकीय पाठ तत्वों का अनुवाद करते समय उभरती हैं। वे इतने से ही सन्तुष्ट नहीं हुए, बल्कि इन समस्याओं के समाधान की ओर भी दृष्टिपात किया जैसा कि तब तक लिखी गयी अनुवाद सम्बन्धी अन्य पुस्तकों में नहीं मिलता। इन दोनों पुस्तकों की रचना के लिए उन्होंने निश्चित ही अनुप्रयुक्त भाषाविज्ञान की अन्य सम्बद्ध शाखाओं समाज–भाषाविज्ञान, शैलीविज्ञान आदि का गहन अध्ययन किया होगा। मैं जब भी इन पुस्तकों को देखता हूँ, मुझे अर्जुन जी पर अतिरिक्त स्नेह आ जाता है। कहना न होगा कि शिक्षा जगत में उनकी अनेक पुस्तकों में से ये दोनों पुस्तकें अत्यन्त लोकप्रिय हैं तथा मेरे जैसे भाषाशास्त्रियों के बीच इन पुस्तकों का बहुत मान–सम्मान है।

चार

ऐसी ही विवेचनीय दृष्टि अर्जुन जी की साहित्य के सन्दर्भ में भी है। वे राजेन्द्र यादव और उनके द्वारा सम्पादित पत्रिका 'हंस' (जिसे पहले प्रेमचन्द निकाला करते थे) पर गहन–गम्भीर चिन्तन करने वाले सम्भवतः पहले आलोचक हैं। मैंने उन्हें 'हंस' और यादव जी पर बहस करते हुए भी सुना है।

साहित्य की दृष्टि से उपन्यासों पर किया गया उनका काम भी स्पृहणीय है। अपने इस साहित्यिक चिन्तन में अर्जुन जी विचारों और सिद्धान्तों की अंधी गुफा में प्रवेश करने से बचते हैं, अतः उनका यह लेखन सहज भी है और सम्प्रेषणीय भी, जो एक साथ विद्वानों को भी अपनी ओर आकर्षित करता है और विद्यार्थियों को भी। यह बहुत कठिन काम है। यह काम अर्जुन जी ने कई पुस्तकें सम्पादित करके भी सम्भव कर दिखाया है। सहज लेखन व्यापक चिन्तन से ही उपजता है। गहन–गम्भीर विचारों को सहजता से कह देना रचनात्मक कुशलता है, कला है। प्रो. अर्जुन चव्हाण इस कला–कौशल के धनी हैं। उनके इसी गुण ने मुझे उनके लेखन से और अन्ततः उनसे भी बांधे रखा है।

अर्जुन जी के बोलने में भी यही सहजता होती है। वे अपनी बात कहते भी हैं तो वर्गीकृत करके, साफ़–साफ़ और स्पष्ट शब्दों में। उनका उच्चारण बहुत स्पष्ट है, बल्कि कई हिन्दी भाषियों से उत्कृष्ट और मानक है। बोलते समय वे अनुतान, बलाघात और काकु संयोजन का बहुत सटीक उपयोग करते हैं। मौखिक भाषा व्यवहार में यह कौशल सहजता से प्राप्त नहीं होता, निरन्तर अभ्यास से होता है, भाषा के अवयवों को अपने भीतर बार–बार मथने से होता है। हिन्दी भाषा के व्यवहार में अर्जुन जी का यह कौशल भी सराहनीय है।

पाँच

प्रो. अर्जुन चव्हाण एक व्यक्ति के रूप में भी अत्यन्त सरल, सहज और प्रियतर हैं। मैंने उन्हें कभी किसी की निन्दा करते हुए नहीं सुना। उनके चेहरे पर भी एक प्रकार की शान्ति और आत्मीयता का भाव सदैव विराजमान रहता है। वे मुस्कुराते हुए अपनी बात कहते हैं और ध्यान से आपकी बात सुनते भी हैं। उन्हें बढ़िया वार्तालाप करना आता है। अधिकतर वे साहित्य और भाषा पर ही बातचीत करते हैं। इधर–उधर की बातें भी, कम से कम मुझसे तो उन्होंने कभी नहीं कीं। मैं समझता हूँ कि सम्भवतः यही उनका प्राकृतिक गुण है। प्रो. अर्जुन चव्हाण के लेखन को मैं अतिशय आदर देता रहा हूँ, उन्हें पढ़ता रहा हूँ, पढ़कर उनसे चर्चा भी की है। वे क्या लिख रहे हैं, क्या पढ़ रहे हैं, उनका क्या प्रकाशित होने वाला है, ये सारी बातें वे मुझसे फोन पर करते हैं। मैं भी उन्हें अपनी गाथा सुनाता हूँ। यानी फोन पर भी हम इधर–उधर की बातें नहीं करते।

अर्जुन जी दशकों से मेरे प्यारे हैं और जीवनपर्यंत रहेंगे। इस अवसर पर ईश्वर से यही प्रार्थना है कि वह उन्हें स्वस्थ रखे, प्रसन्न रखे और वे निरन्तर

अपने रचना कर्म में उसी प्रकार लीन रहें जिस प्रकार कि वे आज हैं। मेरे साथ उनकी यह आत्मीयता भी इसी तरह बनी रहे क्योंकि चिन्तन जगत में कुछ खास लोग ही ऐसे होते हैं जो एक–दूसरे से अपने विचारों को बाँटकर या संवाद कर के सन्तोष या सुख का अनुभव कर पाते हैं। सबके साथ न तो ऐसा हो पाता है और न ही उनके बीच परस्पर वैचारिक तार ही जुड़ पाते हैं। मेरे और अर्जुन जी के बीच ये तार बड़ी बज़बूती से जुड़ा हुआ था।

''मोहब्बत के लिए कुछ दिल मखसूस होते हैं
ये वो नग्मा है जो हर साज पर गाया नहीं जाता।''

अविस्मरणीय व्याख्याता

कुलपति प्रो.टी.वी. कट्टीमनी

धारवाड़ और कोल्हापुर शहर अलग–अलग राज्यों में ज़रूर हैं, लेकिन दोनों शहरों में कई समानताएँ हैं–दोनों जगह बहुत अच्छे विश्वविद्यालय हैं, खेतिहर लोगों का बोलबाला और खास व्यंजन के लिए दोनों शहर मशहूर हैं। धारवाड़ में रहते हुए कई बार मैं शिवाजी विश्वविद्यालय, कोल्हापुर गया हूँ। परीक्षा के सिलसिले में, पी–एच.डी. मौखिकी लेने, सेमिनार, वर्कशाप में, पुनश्चर्या पाठ्यक्रम में लेक्चर देने के लिए। प्रो. अर्जुन चव्हाण इसी दौरान मेरे परम मित्र बन गये। वे लगातार धारवाड़ आते रहे, कभी कर्नाटक विश्वविद्यालय तो कभी प्रो.दिलीप सिंह जी के यहाँ, दक्षिण भारत हिन्दी प्रचार सभा में। लगातार मुलाकातें, नाश्ते, खाने के बहाने कभी हमारे यहाँ, कभी दिलीप सिंह जी के पास। डॉ. अर्जुन चव्हाण पढ़ने लिखनेवाले प्रोफेसरों में नम्बर एक हैं। एक बार मैंने पूछा भी कि, ''डॉक्टर साहब पढ़ने लिखने के अलावा आप और क्या करते है?'' ''नहीं, डाक्टर साहब इसके सिवाय मैं कुछ नहीं जानता।'' उनका यह सहज जवाब था। वर्कोहोलिक प्रोफेसर की देश भर के साहित्यकार, लेखक, कवि, नाटककार, आलोचक, अनुवादक और सम्पादकों से दोस्ती है। अव्वल दर्जे के दोस्त होने के साथ–साथ बड़े दयालु और केयरिंग शख्सियत होने के कारण से दोस्ती निभाने के वास्ते इन्होंने कई बार अनेक जोखिम भी उठाये हैं। मराठी और हिन्दी के बीच में अनुवाद इनका प्रिय काम रहा है। मराठी की लोकप्रिय रचनाओं को हिन्दी में और हिन्दी की कृतियों को मराठी में आपने पुनःसृजन किया है। हिन्दी के लोकप्रिय कहानीकार 'हंस'– पत्रिका के सम्पादक राजेन्द्र यादव जी के साहित्य पर आपने पी–एच.डी. प्रबन्ध लिखा। वह लोकप्रिय और ज़्यादा

रेफरेन्स करने वाली किताब सिद्ध हुई है। आप लगातार राजेन्द्र यादव तथा उनके समकालीनों की कहानियों, उपन्यासों और विचार साहित्य पर लिख रहे हैं और प्रकाशित हो रहे हैं। जिसके कारण आप ज़्यादा पढ़े, और रेफर किए जाने वाले लेखकों में प्रमुख है।

अनुवाद–प्रक्रिया हमारे देश में हमेशा गतिमान है। महाभारत, रामायण के अनुवाद, पुनःसृजन हर भारतीय भाषा में अनादिकाल से चलते आ रहे हैं। अनुवाद–परम्परा में मराठी भाषा का साहित्य समृद्ध रहा है। महाभारत की उप–कथाओं पर मराठी के हर समय–काल के कवि, लेखक, अपने समय के अनुसार साहित्य की रचना कर रहे हैं। वी. स. खाण्डेकर का 'ययाति' उपन्यास भारतीय मूल्य–व्यवस्था पर प्रश्न चिह्न खड़ा करता है। कोल्हापुर के शिवाजी विश्वविद्यालय का हिन्दी विभाग 'वी.स. खांडेकर' भवन में स्थित है। प्रो. अर्जुन चव्हाण ने 'अनुवाद कला' पर कई ग्रन्थों की रचना की है। अनुवाद विज्ञान पर इनकी इनोवेटिव सोच ने भारतीय अनुवाद चिन्तन–परम्परा में नई पद्धति को जन्म दिया है। साहित्य सिद्धान्त और अनुवाद चिन्तन पर अर्जुन चव्हाण जी के कई अविस्मरणीय व्याख्यान सुनने का मौका मुझे औरंगाबाद में प्राप्त हुआ था। इनकी आवाज़, प्रस्तुत करने की शैली और लम्बे–लम्बे बालों का वह प्रभावशाली व्यक्तित्व जिसके सामने प्रेक्षक मन्त्रमुग्ध हो जाते हैं। इसीलिए प्रो. दिलीप सिंह जी इनके बारे में अक्सर कहते हैं कि डॉ. अर्जुन चव्हाण जब बोलने लगते हैं तो लगता है कि तोप गरज रही है।

मेरे परम मित्र प्रो. अर्जुन चव्हाण जी लेखन तो निरन्तर करते रहे हैं लेकिन उन्हें अब लिखने, पढ़ने का, घूमने घुमाने का खूब समय मिलेगा। मुझे पूरा विश्वास है कि जिसका आप सदुपयोग करते हुए मराठी एवं हिन्दी साहित्य को समृद्ध करेंगे।

सहज, सरल, मिलनसार व्यक्तित्व

पूर्वकुलपति डॉ. इरेश स्वामी

'नहिं ज्ञानेन सदृणं पवित्रमिह विद्यते'

इस संसार में ज्ञान के समान पवित्र वस्तु कोई नहीं। लौकिक और आध्यात्मिक दृष्टि से इसका अर्थ युक्तियुक्त है। अज्ञान के अंधःकार में, प्रतिकूल परिस्थिति–ग़रीबी के गर्त में दिशाहीन मनुष्य जब विद्या को अर्जित करता है तो अपने साथ अपने परिवार का भी उद्धार करता है। इसका जीता जागता उदाहरण हमारे डॉ.अर्जुन चव्हाण हैं। शिवाजी विश्वविद्यालय के हिन्दी विभाग में आप आरम्भ से अध्यापन कार्य में रत रहे हैं। जब आपका परिचय हुआ, प्रभावशाली व्यक्तित्व लगा। प्रायः आप फुल सूट में, नेक टाय लगाये रहते थे। अध्यापक के अध्यापन में व्यक्तिमत्व का प्रभाव रहता है। सिर पर के घने भरे बाल आपके व्यक्तित्व की शोभा बढ़ाते रहे हैं. इस रूप के अनुकूल आपकी बुलन्द आवाज़, अध्यनशीलता छात्रों पर आपका प्रभाव इसी के कारण था। हिन्दी विभाग के खुलने के साथ ही आप लोग ही पहले थे। जिन्हें विभाग में स्वतन्त्र अपने–अपने कक्ष प्रदान किये गये थे। इस दृष्टि से आप और आपके छात्र सौभाग्यशाली रहें।

शिवाजी विश्वविद्यालय की स्थापना के पश्चात 1965 में हम पहले छात्र थे जिन्हें इस विश्वविद्यालय की बी.ए. की डिग्री प्राप्त हुई। 1964 तक पुणे विश्वविद्यालय के अन्तर्गत महाविद्यालय से संलग्न रहने के कारण विश्वविद्यालय के हिन्दी विभाग से सम्बन्ध रहा। अध्ययन मण्डल, कला शाखा सदस्य, अधिष्ठाता के रूप में शिवाजी विश्वविद्यालय हिन्दी विभाग विश्वविद्यालय के अधिनस्थ महाविद्यालयों के हिन्दी प्राध्यापकों से सम्बन्ध, परिचय फिर महाराष्ट्र के हिन्दी प्राध्यापकों, महाराष्ट्र के बाहर के विश्वविद्यालयों का मण्डल बृहत, बृहत्तर होता गया। इसमें डॉ. अर्जुन चव्हाण

नामक विश्वविद्यालय के प्राध्यापक का नाम उजागर होता गया। महाराष्ट्र के किसी आँचल में कृषक परिवार में जन्म लेकर विद्या के क्षेत्र में आपने अपना नाम बना लिया। आपके छात्र भी महाराष्ट्र तथा महाराष्ट्र के बाहर सेवारत हैं। उन्हें आपका शिष्य होने का गर्व है।

आपका हँसमुख चेहरा, मिलनसार वृत्ति के कारण जो भी आपसे एक बार मिला हो वह आपका मित्र हो ही गया। आपका परिवार बड़ा प्रिय परिवार है, आपको आज्ञाकारी पुत्र है। आपके व्यक्तित्व में आपकी धर्म पत्नी का सहयोग है। कुशल अध्यापक, लेखक, वक्ता बनने के लिए जो मानसिक स्वास्थ्य चाहिए वह गृहस्थ जीवन में ही प्राप्त होता है; वह आपको सफल गार्हस्थ्य जीवन से प्राप्त है। इसीलिए आप हिन्दी में स्वतन्त्र रचनाओं की निर्मित कर सके, जैसे–'जरा याद करो' 'कुर्बानी', 'जय बोलनेवाले', 'गूंगा, बहरा और अन्य कहानियाँ', 'करोना की कृपा से' आदि के अतिरिक्त यात्रा साहित्य में 'मॉरीशस : एक सांस्कृतिक यात्रा' आदि सृजनात्मक कृतियाँ विशेष हैं। अध्यापन कार्य में स्वतन्त्र दृष्टि और अध्ययनशीलता के फलस्वरूप उपन्यासकार राजेन्द्र यादव, राजेंद्र यादव के उपन्यासों में मध्यवर्गीय जीवन, आधुनिक हिन्दी : कालजयी साहित्य, मीडियाकालीन हिन्दी, विश्वमंच पर हिन्दी जैसी बारह से अधिक समीक्षात्मक ग्रन्थ प्रकाशित हैं। आपने अनुवाद के क्षेत्र में चार रचनाएँ दी हैं। पच्चीस से अधिक ग्रन्थ सम्पादित किये हैं। अध्यापक, प्राध्यापक, विभागाध्यक्ष, शोधनिर्देशक, सफल वक्ता तथा साहित्यिक, समीक्षात्मक आदि आधे शतक अधिक ग्रन्थों से भी अर्जुन चव्हाण एक मनुष्य के नाते सर्वोपरि हैं। आपका सहज, सरल, मिलनसार स्वभाव जिसमें किसी प्रकार का अहंभाव नहीं। छात्रों से लेकर प्रसिद्ध लेखकों, रचनाकारों, समीक्षकों से आपके आत्मीय सम्बन्ध हैं। शिवाजी विश्वविद्यालय के हिन्दी विभाग को याद करता हूँ तो डॉ. अर्जुन चव्हाण का स्मरण होना सहज स्वाभाविक है। उनके अवकाश ग्रहण के उपलक्ष्य में मैं उन्हें और उनके परिवारजन को हार्दिक शुभकामनाएँ देता हूँ।

चिंतक और संवेदनशील अध्यापक

समकुलपति डॉ. जोगेंद्रसिंह बिसेन

शिवाजी विश्वविद्यालय कोल्हापुर हिन्दी विभाग के वर्तमान विभाग प्रमुख अर्जुन चव्हाण जी से मेरे काफ़ी निकट के सम्बन्ध रहे। उनसे मेरा प्रथम परिचय औरंगाबाद में हुआ। 29, 30 मार्च, 1993 को महाराष्ट्र हिन्दी परिषद का चतुर्थ अधिवेशन औरंगाबाद में सम्पन्न हुआ। इसी अधिवेशन में मेरी चव्हाण सर से प्रथम भेंट हुई। मैं प्रतिभागी के रूप मे अधिवेशन में सम्मिलित था विभिन्न विषयों पर डॉ. अर्जुन चव्हाण जी ने जो अपने मौलिक विचार प्रस्तुत किए जिससे सभी प्रतिभागी उनसे प्रभावित रहे। इसके पश्चात परिषद के तीन चार अधिवेशनों में आपकी सक्रियता का अनुभव हम सभी ने किया। साहित्यिक ज्ञान एवम् समीक्षक के रूप में हम सभी आपसे लाभान्वित होते रहे। उस समय महाराष्ट्र हिन्दी परिषद के अधिवेशनों में प्रतिभागियों की संख्या भी काफ़ी होती थी। आगे परिषद का यह उत्साह कम होता गया। कोई कारण आवश्य रहा होगा कि अर्जुन चव्हाण जी परिषद से दूर हो गये।

लेखक, चिंतक समीक्षक के रूप में अर्जुन चव्हाण जी ने महाराष्ट्र ही नहीं देश–विदेश में भी अपनी छवि निर्माण की। निरन्तर अध्ययन, अध्यापन में रूचि रखनेवाले संवेदनशील व्यक्ति के रूप में छात्रों, मित्रों तथा साहित्य जगत् में भी प्रिय रहे। द्वापर युग में अर्जुन को बारह वर्ष वनवास जाना पड़ा। कलियुग के यह अर्जुन भी राजनीति के शिकार हुए, और उन्हें भी जीवन में संकटों का सामना करना पड़ा। भर्तृहरि ने राजनीति के सम्बन्ध में अपने विचार व्यक्त करते हुए लिखा है ''राजनीति वेश्या के समान होती है। कहीं झूठ, कहीं कठोर, कहीं प्रिय भाषिणी होती है।'' झूठे आरोपों के कारण तथा न्यायालयीन प्रक्रिया के कारण डॉ. अर्जुन चव्हाण

काफ़ी व्यथित हुए। मैं उसका साक्षी हूँ। लेकिन अर्जुन चव्हाण जी ने कभी हार नहीं मानी। पूरी शक्ति से संघर्ष किया और जैसे अग्नि में तपकर सोना और निखर जाता है उसी प्रकार अर्जुन चव्हाण जी अपने निखरे हुए उज्ज्वल व्यक्तित्व के साथ पुनः शिवाजी विश्वविद्यालय, कोल्हापुर के हिंदी विभागाध्यक्ष के पद पर असीन हुए। संकटों के समय आपत्तियों से जूझने की उनकी वृत्ति हम सभी के लिए प्रेरणादायी है। राजनीति के इस दाँवपेच ने न केवल उन्हें बल्कि हिन्दी परिवार को भी बड़ी क्षति पहुँचाई। यदि इस प्रकार की राजनीति न होती तो प्रोफेसर अर्जुन चव्हाण जी किसी विश्वविद्यालय के कुलपति होते। समय से पहले और भाग्य से अधिक किसी को कुछ नहीं मिलता।

दयानन्द कला महाविद्यालय, लातूर में 'मीडिया और समाज' विषय पर मैंने एक राष्ट्रीय संगोष्ठी का आयोजन किया था, जिसमें आप एक सत्र के अध्यक्ष के रूप में उपस्थित थे। अर्जुन चव्हाण जी को किसी ने निमन्त्रण दिया हो और उन्होंने आने से मना किया ऐसा कोई उदाहरण नहीं है। चव्हाण सर 30 अप्रैल, 2021 को अवकाश ग्रहण कर रहे हैं, मैं उन्हें अपनी ओर से शुभकामनाएँ देता हूँ। चिंतक, समीक्षक एवं संवेदनशील अध्यापक डॉ. अर्जुन चव्हाण जी अवकाश प्राप्ति के पश्चात किसी सामाजिक या शैक्षिक क्षेत्र में अपने आपको जोड़ें तथा माँ भारती की सेवा में समय दें। इसी अपेक्षा से मैं अपने शब्दों को विराम देता हूँ।

भवतु सब्ब मंगलम्।

प्रेरणादायी व्यक्तित्व

प्रो. (डॉ.) अशोक कामत

प्रो. डॉ. अर्जुन चव्हाण के छात्र उनके सम्मान में गौरव–ग्रन्थ प्रकाशित कर रहे हैं यह निश्चय ही एक अभिनन्दनीय और अगली पीढ़ियों के लिए प्रेरक कार्य है।

देहाती जीवन से विश्वविद्यालय तक

मैंने डॉ. अर्जुन चव्हाण की लम्बी शिक्षायात्रा को समय–समय पर बहुत नजदीक से देखा है। परांडा जैसे तहसील के एक छोटे–से देहात में प्राथमिक और शालेय शिक्षा, फिर बड़े शहरों में आकर, वहाँ के सारे विशिष्टवर्गीय वातावरण पर काबू करना और उच्च उपाधियाँ प्राप्त करना, सरल कार्य नहीं था। पर डॉ. अर्जुन ने यह कर दिखाया। अर्जुन जी ने एक ऐसी लम्बी शिक्षा यात्रा सफलता के साथ पार की, उसकी किसी के साथ तुलना करना भी सम्भव नहीं है। जब डॉ. चव्हाण शिवाजी विश्वविद्यालय में एक व्याख्याता के रूप में कार्यरत हुए तब से मैंने उनकी साहित्य सृजन एवम् अनुसंधान की अनवरत क्रियाशीलता और सहभागिता भी देखी परखी है। मुझे यह लिखते हुए कोई हिचक नहीं कि ऐसा वस्तुपाठ अपने छात्रों के सम्मुख रखने वाले बहुत ही कम लोग अध्यापक होते हैं। अक्सर जाति–पाँति और उसी पर आधारित राजनीति ही अनेकों के लिए जीवनाधार बनती है। अखण्ड उत्साह, अपने विषय के सम्बन्ध में अद्ययावत ज्ञान और छात्रों के साथ निष्कलंक व्यवहार डॉ. चव्हाण की त्रिवेणी–शक्ति रही है।

ग्रन्थकर्तृत्व

डॉ. अर्जुन चव्हाण द्वारा लिखित उपन्यासकार राजेंद्र यादव (1994), राजेंद्र यादव के उपन्यासों में मध्यवर्गीय जीवन (1995), समकालीन उपन्यासों

का वैचारिक पक्ष (2008) के साथ जरा याद करो कुर्बानी (निबन्ध) 2005, जय बोलनेवाले (काव्यसंग्रह) 2005, गूँगा, बहरा और अन्य कहानियाँ जैसी सृजनात्मक रचनाएँ भी उल्लेखनीय हैं। अनुवाद चिन्तन (1998), अनुवाद : समस्याएँ एवं समाधान (1999), आधुनिक हिन्दी कालजयी साहित्य (2002), मीडियाकालीन हिन्दी : स्वरूप एवं सम्भावनाएँ (2005), 'क्षितिजस्पर्श' संग्रह में श्रेष्ठ मराठी लघुकथाकार वि. स. खांडेकर की चुनी हुई कहानियों का अनुवाद है। इस प्रकार उनके पुस्तकों की संख्या पचास से अधिक है।

समीक्षक

एक तगड़ा साहित्य समीक्षक डॉ. अर्जुन चव्हाण में देखा जा सकता है। राजेंद्र यादव के कथासाहित्य का मर्मही उन्होंने स्पष्ट कर दिखाया है। आधुनिक हिन्दी का कालजयी साहित्य और साहित्यकारों की समीक्षा तथा विश्वमंच पर हिन्दी... जैसे उनके करीबन बीस ग्रन्थ प्रकाशित हुए हैं। डॉ.चव्हाण केवल आज के साहित्य तक सीमित नहीं रहे। उन्होंने मध्यकालीन हिन्दी के स्वरूप पर भी प्रकाश डाला है। आगे की सम्भावनाएँ स्पष्ट करने का प्रयास किया है। दलित साहित्य की मराठी में काफ़ी चर्चा है। डॉ. चव्हाण ने दलित और आदिवासी साहित्य चिन्तन के आद्य बिन्दुओं की व्याख्या की। इतने सारे प्रकाशनों के आधार पर डॉ. अर्जुन चव्हाण किसी भी बड़े साहित्य सम्मेलन की अध्यक्षता कर सकते हैं इसे अलग से कहना जरुरी नहीं।

अध्यापन/मार्गदर्शन कौशल

अध्ययन–अध्यापन और मार्गदर्शन किसी भी विश्वविद्यालयीन प्राध्यापक के लिए प्रमुख कार्य होते हैं। मेरा लगभग महाराष्ट्र के हर भाषा विभाग से एक अपनत्व का नाता रहा है मेरे परिचय में डॉ. अर्जुन चव्हाण से तुलना की जा सके, ऐसा कोई दूसरा हिन्दी विभागाध्यक्ष नहीं रहा। उत्तम अध्यापन और शोधार्थियों के लिए यथोचित मार्गदर्शन का कौशल होने के कारण वे छात्रप्रिय रहे। यही गुण उनकी शक्ति बना है।

आदर्श विभागाध्यक्ष

डॉ. अर्जुन चव्हाण जी ने शिवाजी विश्वविद्यालय के हिन्दी विभाग को एक नया गरिमामय आकार दिया। उसको सुदृढ़ भी बनाया। एम.फिल्. (हिन्दी) के चौतीस छात्र और पीएच.डी. के चौबीस छात्र ही नहीं बल्कि सैंकड़ों शोध छात्र ज्ञानार्जन के लिए हमेशा उनके साथ रहें। स्थानिक महाविद्यालयों के हिन्दी

अध्यापक भी इस विभाग में हमेशा आते रहे। विभाग के अपने लगभग सभी जिज्ञासु श्रोता और बाहर के श्रोतागण सहभाग लेकर यहाँ नित्य होनेवाली संगोष्ठियों को सफल बनाते हैं। विभाग इस तरह से अग्रणी और दर्शनीय रहा है। वहाँ के सारे सूचनाफलक नित्य नई जानकारी तथा साहित्य से भरे पूरे रहते देखे हैं मगर ऐसा भाषा विभाग अन्य किसी विश्वविद्यालय में नहीं देखा। विभागाध्यक्ष के रूप में उनकी क्षमता प्रशंसनीय है।

सर्वोत्तम हिन्दी विभाग

डॉ. अर्जुन जी अपनी योग्यता के बल पर आगे बढ़ते गये। कुछ लोग देखते और सराहते गये। कुछ अपने मत्सर से अपनी पद्धति से उनका अवमान करने हेतु अनेक षड्यन्त्र भी रचते रहे। और आख़िरकार उन्हें सफलता भी मिली। उचित समय पर डॉ. अर्जुन जी की पदोन्नति नहीं हुई। जो चयन समिति के सदस्य थे, उनके मत का अनादर किया गया। और डॉ. अर्जुन के द्वारा निर्मित गतिमान आदर्श विभाग की उन्नति अवरुद्ध हुई। उनका किया कराया सारा 'बेकार' और अर्थहीन सिद्ध हुआ। अर्जुन जी हिंमत नहीं हारे। लगभग दस वर्ष लड़ते रहे और उनको पुनः एक बार न्याय मिल गया। वे संघर्ष से बिखर नहीं निखर गये। अब एक बड़े अन्तराल के अनन्तर उन्होंने पुनः एक बार 'पुनश्च हरिओम्' किया है। वे अवकाश ग्रहण के बाद भी अकादमिक और साहित्यिक क्षेत्र में सक्रिय रहेंगे इसमें सन्देह नहीं। इस प्रेरणादायी व्यक्तित्व को मैं शुभकामनाएँ देता हूँ।

कालाय तस्मै नमः।

स्मृतियों के झरोखे से...

प्रो. (डॉ.) माधुरी छेड़ा

नौकरी से निवृत्त हुए ग्यारह वर्ष हो चुके हैं। यूनिवर्सिटी बहुत पीछे छूट गयी है। मानो भूतकाल हो चुकी है। ज़िन्दगी का ढर्रा बदल गया है। जैसे ही नौकरी में जुड़ते हैं एक आपाधापी शुरू हो जाती है। काम, काम, काम! नाम के लिए आप लेक्चरर होते हैं, पर काम के लिए आपका 'मल्टी टास्किंग' होना बहुत ज़रूरी होता है।...और इसी सिलसिले में आप अनेक लोगों के सम्पर्क में आते हैं। क्योंकि आपको सिर्फ पढ़ाना ही नहीं है, यदि आप यूनिवर्सिटी में काम कर रहे हैं तो परीक्षा, संगोष्ठी, कार्यशाला, व्याख्यान–माला ये सब आयोजित करना है। और ये सब अकेले का काम नहीं है। अकेला चना क्या भाड़ फोड़ेगा ! इस सामूहिक कार्य के लिए आपको अनेक सहयोगियों, मित्रों, मददगारों की ज़रूरत होती है। धीरे–धीरे आप अनेक लोगों के सम्पर्क में आते हैं। मिलते–जुलते हैं, आदान–प्रदान होता है, परिचय का दायरा बढ़ता है। कुछ से सहयोग मिलता है, तो कुछ से परेशानियाँ और समस्याएँ ! इन परिस्थितियों और समस्याओं से मुक्ति दिलाने में भी मित्र ही मदद करते हैं। इस प्रकार सहयोगी मित्रों की मदद से आप सफलता पूर्वक अपने कार्यों को अंजाम देते–देते एक दिन सेवा से मुक्त हो जाते हैं।

यूनिवर्सिटी आना–जाना बन्द हो जाता है। धीरे–धीरे सब पीछे छूटता जाता है। यूनिवर्सिटी, क्लास रूम, छात्र, ग्रन्थालय, साथ काम करने वाले सहयोगी, कैंटीन, कैम्पस सब कुछ और इसी के साथ, काम के सिलसिले में जो परिचय होते हैं, वे भी धुंधले होते जाते हैं। सम्पर्क छूटने लगते हैं। जीवन की आपाधापी कम हो जाती है और जीवन की गति मन्द पड़ जाती है। पर सच कहूँ तो सब छूटकर भी कहाँ पूरी तरह छूट पाता है? शेष रह

जाती हैं स्मृतियाँ और कुछ आत्मीय सम्बन्ध। वे आपके साथ–साथ घर तक आ आते हैं और फिर ताज़िन्दगी रहते हैं। यही तो हमारी असली कमाई होती है। तो बस कुछ लोगों के साथ ऐसे रिश्ते बन गये हैं जो बने भले ही नौकरी की वजह से पर फिर स्थायी हो गये। डॉ. अर्जुन चव्हाण जी के साथ भी मेरा ऐसा ही स्थायी सम्बन्ध है। जब उनसे परिचय हुआ और औरंगाबाद का सन्दर्भ सामने आया तो फिर तो मुझे लगा अरे! ये तो मेरे अनुज हुए। क्योंकि मैं भी वहीं की छात्रा रही हूँ। तो व्यावसायिक सम्बन्ध में पारिवारिक सम्बन्ध विकसित हो गया।

मुझे डॉ. अर्जुन चव्हाण जी और डॉ. रतन कुमार पाण्डेय जी का सतत सहयोग मिलता रहा। अर्जुन जी ने अनेक सिलसिलों में कई बार कोल्हापुर के अपने विभाग में आमन्त्रित किया तो भाभीजी से भी परिचय हो गया। भारत को परिवार का देश कहा जाता है। हम लोग तुरन्त पारिवारिक सम्बन्धों में बंध जाते हैं। इस प्रकार कई बार भाभीजी के बुलावे पर घर जाना भी हुआ।...और सच कहूँ तो इस आने–जाने के बाद ही डॉ. अर्जुन चव्हाण जी के असली व्यक्तित्व का परिचय हुआ। मैंने हमेशा उन्हें अपनी अकादमीय प्रवृतियों में लिप्त देखा। इसीलिए आज उनके नाम पर ऐसी कई किताबें मिलती हैं जो छात्रों और अध्यापकों के लिए बहुत उपयोगी सिद्ध होती हैं। मैंने देखा कि साहित्य के साथ–साथ उन्हें भाषा के प्रयोजनमूलक और कार्यालयीन रूप में बहुत रूचि है। इसी में अनुवाद के प्रति भी उनकी विशेष रुचि रही। उन दिनों ये सारी नई संकल्पनाएँ थीं। इन्हें लेकर छात्र–वर्ग हमेशा परेशान रहता था। इस दृष्टि से अर्जुन चव्हाण जी की पुस्तकों ने छात्रों एवं अध्यापकों का सही मार्गदर्शन किया।

यहाँ मैं कहना यह चाहती हूँ कि डॉ. अर्जुन चव्हाण सारे छन्द–फंद से अलग अपने और छात्रों के एकेडमिक विकास में व्यस्त रहे। जहाँ तक मैं जानती हूँ वे विषय–विशेषज्ञ के रूप में भारत की अनेक यूनिवर्सिटियों में आमन्त्रित किये जाते रहे हैं। सेमिनार हो या कार्यशाला हो या व्याख्यान–माला हो। जब एक टीचर हमेशा अपने को साहित्य और भाषा की नई प्रवृतियों से परिचित रखता है तो उसका लाभ हमेशा उसके छात्रों को भी मिलता है और वे समकालीन गतिविधियों से वाकिफ रहते हैं, जो उनके एकेडमिक विकास में सहायक होता है। सर के इस परिश्रम ने उन्हें सम्मान भी दिलाया। 'अनुवाद चिन्तन' ग्रन्थ के लिए महाराष्ट्र राज्य हिन्दी साहित्य अकादमी ने उन्हें पुरस्कृत भी किया है। मैंने उनमें हमेशा आपातकाल का एक सहयोगी पाया।

कई बार ऐसा हुआ कि किन्हीं कारणों से मुझे अचानक पीएच.डी. की मौखिकी या अचानक संगोष्ठी आयोजित करनी पड़ी। बहुत छोटी नोटिस पर विशेषज्ञों को आमन्त्रित करना पड़ा, ऐसे में हमेशा डॉ. रतन कुमार पाण्डेय जी और डॉ. अर्जुन चव्हाण जी ने मुझे अपना सहयोग दिया और सहज सरल रूप से चले आये। जब कभी सर ने मुझे कोल्हापुर बुलाया बहुत सम्मान के साथ मुझे रिसीव किया। जहाँ तक होता सर स्वयं मुझे लेने स्टेशन आते, पर विवशता में न आ पाते तो जिन छात्रों को भेजते वे ढेर सारे फूलों और उतने ही सम्मान के साथ मुझे रिसीव करते। सेवा निवृत्ति के बाद भी सर से सम्पर्क बना रहा। हालाँकि अब मिलना कम होता गया। फिर एक दिन सर का एक आमन्त्रण मिला। सर ने नया घर बनाया था। गृह–प्रवेश के कार्यक्रम में हम दोनों को आमन्त्रित किया था। हालाँकि जाना नहीं हो पाया।...और तब सर ने आग्रह किया था कि नये घर में अब सारी सुख–सुविधाएँ हैं इसलिए आप दोनों कुछ दिन हमारे साथ रहने आयें। वह हमारी पारिवारिकता थी। इसीलिए मैंने कहा था कि नौकरी के कारण नये सम्बन्ध बनते हैं लेकिन जो बाद में भी टिके रहते हैं वे ही सच्चे सम्बन्ध होते हैं।

डॉ. अर्जुन चव्हाण जी के अभिनन्दन ग्रन्थ का प्रकाशित होना अत्यन्त प्रसन्नता की बात है। इस अवसर पर अपने मन की सारी शुभाशंसाएँ प्रेषित करती हूँ। आने वाले भविष्य में उनके द्वारा अनेक सार्थक पुस्तकें लिखी जाएँ अपने रूतबे से अपनी इस अकादमीय यात्रा में वे अविरत आगे बढ़ते रहें। उन्हें अनेक सम्मान, पुरस्कार प्राप्त हों। वे सपरिवार प्रसन्न रहें, एक लम्बा व स्वस्थ जीवन पाएँ।

संघर्षमय सव्यसाची प्रोफेसर

प्रो. (डॉ.) केशव प्रथमवीर

सन् 1990–91 के आसपास की बात है। महाराष्ट्र के महाविद्यालयों–विश्वविद्यालयों के हिन्दी प्राध्यापकों का संगठन जिसका नाम रखा गया था "महाराष्ट्र हिन्दी परिषद"। इस संगठन के अध्यक्ष के रूप में पुणे विश्वविद्यालय की तत्कालीन हिन्दी विभागाध्यक्ष डॉ. दुर्गा दीक्षित को ही बनाया गया। यदि इस समय, मैं ठीक से याद कर पा रहा हूँ तो बताना यह चाहता हूँ कि मैं स्वयं और डॉ. अर्जुन चव्हाण उक्त परिषद के सामान्य सदस्य थे। कालान्तर में इसी समिति की गतिविधियों में अर्जुन चव्हाण और मैं, कभी सहयोग और कभी विरोध की भूमिकाओं के अन्तरावलम्बन के साथ, एक दूसरे को जानते–पहचानते रहें। किन्तु यह जान–पहचान दूर–दूर से ही थी। इस दौरान काम चलाऊ वार्तालाप हुआ होगा। इससे अधिक मेरे मन में तो कुछ नहीं था। इसके साथ ही कई बार संयोग बनता रहा। मुझे कोल्हापुर में किसी सेमीनार में भी बुलाया था। तब भी डॉ. चव्हाण जी से भेंट वार्ता हुई। कुछ समय बाद शिवाजी विश्वविद्यालय के हिन्दी विभाग के अध्यक्ष बनने के बाद डॉ. अर्जुन चव्हाण के आग्रह से मुझे वहाँ के हिन्दी अध्ययन मंडल के सदस्य के रूप में चुना गया। इससे सम्बन्धों को, स्वभाव को जानने पहचानने का अवसर मिलता रहा। कुछ दिनों बाद, विश्वविद्यालय अनुदान आयोग की 'विजिटिंग प्रोफेसर' योजना के अन्तर्गत दो बार, क्रमशः तीन और एक महीने के लिए मुझे डॉ. अर्जुन चव्हाण ने हिन्दी विभाग में आमन्त्रित किया गया था।

कुछ ही दिनों में मैं शिवाजी विश्वविद्यालय के हिन्दी छात्रों का प्रिय पात्र बन गया। अब मेरा क्रिया–कलाप वहाँ के हिन्दी विभाग की कक्षाओं तक ही सीमित नहीं रहा, बल्कि सुबह–शाम विद्यापीठीय परिसर में घूमते समय, परिसर और परिसर के बाहर की चाय की टपरियों (झोपड़ीनुमा छोटी

दुकानों) तक हिन्दी विभागीय छात्र मेरे साथ विभिन्न विषयों की चर्चा में संलग्न रहा करते थे। इस क्रम में कुछ छात्र तो शाम को अपना भोजन लेकर आते और मेरे साथ ही मिल–जुलकर एक सामुहिक भोजन का आनन्द लेते रहे। इन छात्रों में से श्री. विकास शेटे, हनुमंत शेवाळे, मनोहर भंडारे, भाऊसाहेब नवले... आदि वे आज तक मुझसे जुड़े हुए हैं। वे आये दिन अपनी व्यक्तिगत अथवा स्थानीय और राष्ट्रीय–अन्तर्राष्ट्रीय समस्याओं पर विचारों का आदान–प्रदान करते रहते हैं। इससे उनको क्या मिलता है, इसे तो वही जानें, किन्तु मेरा मानसिक क्षितिज अवश्य विकसित होता था और मेरे अन्दर का अध्यापकीय व्यक्तित्व सन्तोष की साँस लेता था। इस सन्तोष के लिए मैं डॉ. अर्जुन चव्हाण का हार्दिक आभार मानता हूँ।

डॉ. अर्जुन चव्हाण समारोहधर्मी व्यक्ति हैं। विभाग में पहुँचते ही उन्होंने मेरा स्वागत समारोह आयोजित किया। इसी तरह मेरा कार्यकाल समाप्त हो जाने पर एक बहुत ही शानदार किन्तु आत्मीय विदाई समारोह आयोजित किया गया। इन सभी समारोहों में विभाग के छात्रों के अतिरिक्त अन्य महाविद्यालयों के हिन्दी प्राध्यापकों तथा अन्य भाषा विभागों के प्राध्यापकों को भी बुलाया जाता रहा। कोल्हापुर शहर के अनेक हिन्दी प्राध्यापक आज भी मेरे साथ जुड़े हुए हैं।

मुझे बुलाया तो सिर्फ एक माह के लिए ही था। किन्तु छात्रों की माँग बढ़ती गयी और डॉ. अर्जुन चव्हाण मुझे किसी न किसी रूप में वहाँ बुलाते गये। इस बुलाने के पीछे भी कई कारण थे। विभाग में एम.ए., एम. फिल., पी.एच–डी. आदि प्रकार के पाठ्यक्रम चल ही रहे थे। इसके साथ ही डॉ. चव्हाण आये दिन किसी बहाने 'दिन विशेष' का आयोजन किया करते थे। किसी साहित्यकार की जन्म तिथि होती, किसी का स्मरण दिन होता, हिन्दी दिवस की तरह राष्ट्रीय त्यौहारों के आयोजन होते या किसी विधा विशेष से सम्बन्धित कोई आयोजन किया जाता। अतः मैं उनके लिए एक 'मल्टीपरपज' अध्यापक था। और नहीं तो उन सभी में मैं एक वरिष्ठ–बुजुर्ग व्यक्ति था। हमारे देश में बुजुर्गी भी सन्मानीय मानी जाती है, भले उसे कुछ आता–जाता न हो। अतः हर छोटे–बड़े सभी कार्यक्रमों में मैं एक, रेडीमेड़ अध्यक्ष था।

जैसे–जैसे समय गुज़रता गया डॉ. चव्हाण मेरे आत्मीय वृत में या यों कहें कि मैं स्वयं उनके आत्मीय वृत में प्रवेश कर गया। परिणाम स्वरूप उनके परिवार के प्रत्येक सदस्य से परिचय ही नहीं हुआ, बल्कि वे सभी मुझसे अपना आत्मीय अनुभव करने लगे। मैं सम्मानवश बुलाया जाने लगा। मुझे अपने भोजन मैं जवार की भाकरी (रोटी) बहुत प्रिय है। जब उनकी पत्नी को इस बात का पता चला तो मुझे हर बार जवार की भाकरी का ललचा देकर भी बुलाया जाने लगा। उनके घर जाता था तब डॉ. चव्हाण

के पिताश्री आण्णा से हर बार मेरी मुलाकात हुआ करती थी। नमस्कार के अतिरिक्त उनके साथ कोई विशेष संवाद नहीं हो पाता था, क्योंकि मुझे उनके स्तर की मराठी बोलना नहीं आता था। (मुझे इस बात का खेद है कि जीवन भर महाराष्ट्र में रह कर भी अच्छी मराठी बोलने नहीं आती है।) ख़ैर, इस संवाद विहीनता की स्थिति में भी, मैं एक विशेष अनुभाव किया करता था। वह यह कि यहाँ के किसी देहाती किसान को किसी कारण से शहर में रहना पड़े, तो उसकी हालत बड़ी बेचारी बन जाती है। गाँव के प्राकृतिक, सामाजिक और सांस्कृतिक वातावरण में जो व्यक्ति जीवन भर रहा हो, उसे अपने जीवन के उत्तरार्ध में शहर में रहना पड़े, भले ही वहाँ की सारी भौतिक सुख–सुविधाएँ प्राप्त हों, किन्तु उसका मन तो बार–बार उसी परिवेश की ओर खिंचा चला जाता है; जहाँ जीवन का अधिकांश समय बिताया गया हो। इसलिए ही तो महाकवि सूरदास के कृष्ण कह उठते हैं, "ऊधो, मोहि बृज बिसरत नाही।" इस प्रकार पीछे छूट गये परिजन–परिवेश की एक विशेष प्रकार की चुभन उनके मन में शायद हमेशा बनी रहती होगी। मुझे पता चला कि वे 'वारकरी संप्रदाय' से जुड़े हुए, दीक्षित वे सन्त थे। इसलिए उनके चेहरे पर प्रिंसिपल 'सोनोपन्त दांडेकर' जैसा एक वैराग्य भाव ही झलकता था।

डॉ. अर्जुन चव्हाण जी को कई पुरस्कार मिले। एक बार मैं स्वयं उनके घर गया, जो विश्वविद्यालय में अध्यापक निवास में रहते थे। मुझे लगा कि अर्जुन जी का सम्मान तो देशभर में, दुनिया भर में होता रहेगा। लेकिन जिनके कारण वे इस काबिल बने, वास्तव में उनका सत्कार करना चाहिए। इसलिए अपने कुछ मित्रों के साथ अचानक चव्हाण जी के घर जा कर; उनके पिताजी को हमने सम्मानित किया, तब सारे घर का परिवेश एक अपूर्व प्रसन्नता से भर गया। उस दिन का वह अचानक घरेलू उत्सव, जब भी स्मरण होता है, तब एक अपूर्व सुख की अनुभूति होती है।

मैंने अवकाश तो पुणे विश्वविद्यालय से ग्रहण किया लेकिन एक रोचक संस्मरण कोल्हापुर से सम्बन्धित है। मैं अपनी बेटी के पास जमशेदपुर गया था। अखबार में खबर पढी कि जमशेदपुर में प्रसिद्ध समीक्षक नामवर सिंह आ रहे हैं। स्वयं मैं भी सुनने गया। जब नामवर जी ने मुझे सभा से बैठा देखा तो उन्होंने आयोजकों से कहलवा कर मुझे मंच पर बुला लिया। पास में बिठा लिया। पूछने लगे कि "अरे पण्डितवीर जी (प्रथमवीर कहना भूल गये) कोल्हापुर से इधर कैसे आये?" हुआ यह था कि डॉ. अर्जुन चव्हाण जी के कारण शिवाजी विश्वविद्यालय, कोल्हापुर में वे बार–बार आये थे और

वहीं पर उनसे भेंट और बातें हुई थीं। अतः उनको लगा कि मैं कोल्हापुर का ही हूँ। इसके मूल में भी डॉ. अर्जुन चव्हाण और उनके उपक्रम तथा आयोजन रहे हैं।

डॉ. अर्जुन चव्हाण के साथ बिताए गये वे दिन मेरी अमूल्य थाती है। अनेक घटनाएँ स्मरण आ रही हैं। किन्तु स्वास्थ्य कुर्सी पर देर तक बैठने की इजाजत नहीं दे रहे हैं। इतना अवश्य है कि भले ही हम प्रत्यक्ष रूप न मिल पाते हैं, किन्तु दूरभाष पर निरन्तर संवाद बना रहता है। इस कार्य में अधिकांश पहल डॉ. चव्हाण की तरह से ही होती है। इसलिए मैं जानता हूँ कि उन्होंने अब तक उनकी प्राध्यापकीय जीवन यात्रा में अनेक भीषण उतार–चढ़ाव झेले हैं। अनेक झंझावातों का सामना किया है। मानव स्वभावों की वक्रता द्वारा निर्मित अनेक प्रकार के चक्रव्यूहों का भेदन डॉ. चव्हाण ने साहस और सहज रूप से किया है, इससे उनका व्यक्तित्व बिखर नहीं, निखर गया। मनुष्य की असली धातु का पता तो तभी चलता है, जब वह अनेक कठिनाइयों से गुज़रता है। किसी ने उचित ही कहा है–''वह पथ ही क्या जिसमें केवल कलियाँ हैं। चट्टानों को पार कर ही गाता है। है संघर्षों में छिपी सफलता। वरदान सदा बलिदानों पर ही आता है।'' एक पुरानी कहानी भी स्मरण हो रही है–''घन की चोट जो खाते हैं, वे ही, 'हीरे' कहलाते हैं।''

किन्तु यह पट्ठा 'सव्यासाची' है। (दोनों हाथों से बाण चलानेवाले 'अर्जुन') न रूका, न झुका। अड़ा रहा, खड़ा रहा। चढ़ता गया, बढ़ता गया। साजिश को साहस से ध्वस्त कर दिया और प्राध्यापकीय ज़िम्मेदारियों का बख़ूबी निर्वाह करते हुए, उनकी कलम निरन्तर चलती रही है। अतः उनके नाम पर अनेक पुस्तकें हैं। देश–विदेशों के अनेक चर्चा सत्रों, कृति सत्रों, सम्मेलनों में विशेषज्ञ के रूप में प्रपत्र वाचन करते रहे हैं–सहभागी होते रहे हैं। अब वे अपने विश्वविद्यालयीन चौखट के नीति–नियमों के बंधन से मुक्त होने जा रहे हैं। स्वच्छन्द गगन में उड़ान भरने के लिए वे स्वतन्त्र हैं। मन चाहे जैसा पढ़ें–मन चाहे जैसा लिखें। अपने मन की सारी आधी अधूरी योजनाओं को पूरा करने के लिए मुक्त हैं।

इस जीवन–जगत को संचालित करने वाली उस परमशक्ति परमात्मा से प्रार्थना है कि हमारे इस अर्जुन को सार्थक सारथ्य प्राप्त हो। वे अपने भविष्यकालीन जीवन में सुस्वास्थ्य पूर्वक द्रुतगति से अपनी सारी मनोकामनाओं को सफल एवं सुफल कर सकें।

अशेष हार्दिक शुभकामनाएँ।

अभिनन्दनीय प्रो. अर्जुन चव्हाण

डॉ. सुशीला टाकभौरे

शिवाजी विश्वविद्यालय, कोल्हापुर में मुझे दलित साहित्यकार होने के साथ, दलित साहित्य–विशेषज्ञ के रूप में सम्मान के साथ आमन्त्रित किया गया था, तब इस यात्रा का लाभ यह मिला था–प्रो. अर्जुन चव्हाण जी से भेंट। मैंने सर को पहली बार देखा था और पहली बार मैं उनसे मिली थी। वे बहुत ही आत्मीयता से मिले, बिल्कुल पारिवारिक अपनत्व महसूस हो रहा था। जब सर ने कहा–आप तो हमारी बहन है, तब मन में अपनत्व के साथ बहुत गौरव की अनुभूति भी हुई थी। बहुत आग्रह के साथ, अपने परिवार से मिलवाने के लिए अपने घर कार से ले गये थे। मैडम प्रतीक्षारत गेट के पास खड़ी मिली। इतने बड़े प्रोफेसर साहब की पत्नी को इतनी सादगी के साथ देखकर बहुत अच्छा लगा था–सादगीपूर्ण साथ ही सौम्य हँसमुख। बेटा और बेटियों का विनम्र अभिवादन पाकर मुझे भी बड़े होने का भाव महसूस हुआ था।

तभी नजर उठाकर मैंने ऊपर देखा था–सर के निवास स्थान का नाम 'अक्षर' है। मैंने पूछा था'– सर, अक्षर?'' अर्जुन चव्हाण जी ने हँसकर कहा था–''हाँ अक्षर, हमने अपने घर का नाम 'अक्षर' रखा है। यह 'अक्षर' ही तो है, जो हमारे जीवन का सार है।'' एक शिक्षक के लिए 'अक्षर' का क्या महत्त्व और सम्मान है, यह मैं भी जानती हूँ। 'अक्षर ज्ञान' प्राप्त करने के बाद, ज्ञान प्राप्त करना, उसके बाद ज्ञान देने की प्रतिक्रिया की लम्बी यात्रा का महत्त्व तय करना आदि से आपने अपने घर के शीर्ष स्थान पर 'अक्षर' लिखा था। यह देखकर मन धन्य–धन्य हो गया था।

मैडम के हाथों से बना भोजन ग्रहण करने के लिए हम सब डायनिंग टेबल की कुर्सियों पर बैठे। मैंने महसूस किया कि मार्च महीने के इस गरमी के मौसम में यहाँ हवा बहुत ठंडी–ठंडी आ रही है। मैंने ऊपर देखा,

वहाँ पंखा नहीं था। मैडम समझ गयीं, तब उन्होंने अपने घर की विशेषता बताई, ''अपने पूरे घर में कहीं भी पंखे चलाने जी ज़रूरत नहीं। हमारे घर की खिड़कियाँ ही इस कोण में रखी गयी हैं कि वहाँ से हवा पूरे घर में आती है'' इसी तरह अनेक बातें मैडम ने अपने घर के निर्माण की बताई। भोजन के बाद छत पर जाकर उन्होंने वह स्थान भी दिखाया, जहाँ अधिकतर सुबह और शाम के समय बैठकर सर पढ़ते और लिखते हैं। छत के कोने पर छोटे मन्दिर जैसा वह 'पिरैमिट' स्थान बहुत अच्छा लगा, जैसे प्राण वायु से पूर्ण और ज्ञान के प्रकाश से भरा। सर ने यह भी बताया था–''यहाँ बैठकर लिखते पढ़ते समय थकान महसूस नहीं होती।''

दूसरे दिन बस से लौटना था। सर स्वयं मुझे बस स्टॉप तक छोड़ने आये। केवल इतना ही नहीं, बस में बिठाकर ही बिदा किया। मैं बार–बार कहती रही–सर, आप क्यों तकलीफ... सर हर बार यही कहते रहें–''आप हमारी बहन है। अपनी बहन के लिए भाई को इतना तो करना ही चाहिए।'' पूरी यात्रा बहुत सुखद रही। अनेक बातें याद आती रही। सर ने मेरे काव्य संग्रह 'हमारे हिस्से का सूरज' पर बहुत ही सार्थक समीक्षा लिखी थी। यह आलेख उन्होंने एक कार्यक्रम में पढ़ा था जिसकी बहुत प्रशंसा हुई थी। उस समीक्षा को पढ़कर मैंने भी समझा था कि सर बहुत गहराई के साथ अध्ययन करने के बाद ही, इतना अच्छा लिखते हैं।

इसके बाद डॉ.चव्हाण सर से अनेक बार मुलाकातें हुई।। श्री सिद्धेश्वर महाविद्यालय, माजलगाँव जिला बीड में 30.09.2013 को कार्यक्रम था। विषय था–'स्त्री लेखन : सृजन के विविध आयाम'। इस राष्ट्रीय संगोष्ठी में 'बीज भाषण' के लिए चव्हाण सर जी ने कार्यक्रम समिति के सदस्यों को मेरा परिचय दिया था। वहाँ अनेक साहित्यकारों से भेंट हुई माननीय रणसुभे जी, माननीय दत्ता भगत जी अपने भाषण में मेरे लेखन प्रकाशन का भी उल्लेख कर रहे थे। यह सुनकर बहुत अच्छा लगा था। चव्हाण जी ने भी अपने वक्तव्य में नारी लेखन की स्थिति और उनकी समस्याओं की जानकारी देते हुए नारी समाज के प्रति अपनी भावनाओं का परिचय दिया था–नारी के प्रति श्रद्धा और सम्मान की उनकी विचारधारा को जानकर यह अभिमान जागा था कि मैं डॉ.अर्जुन चव्हाण जी की सम्माननीय बहन हूँ।

सन 2020 के पहले लगातार कई यात्राएँ हुई। कई शिक्षा संस्थाओं–विश्वविद्यालयों में आयोजित कार्यक्रमों में जाने के अवसर मिलते रहे। इसी बीच 6 से 8 दिसम्बर, 2019 में गोवा जाने का अवसर मिला। वहाँ भी

प्रोफेसर अर्जुन चव्हाण जी से भेंट हुई। अनेक बातें होती रही। वहाँ से सर को महाराष्ट्र के किसी अन्य शहर के कार्यक्रम में भाषण के लिए जाना था। यह तो सभी जानते हैं। किसी भी शिक्षण संस्था के आयोजित कार्यक्रम का आमन्त्रण मिलने पर सर मना नहीं करते हैं; बल्कि अपना कर्तव्य मानकर वे वहाँ जाकर अपने विचार और ज्ञान से वहाँ के लोगों को उपकृत अवश्य करते हैं। इसी सन्दर्भ में उनकी यात्राएँ लगातार चलती रहती हैं, आज भी वही सिलसिला है। फोन से उनके साथ बात करने पर हर बार उनके अनेक कार्यक्रमों की जानकारी मिलती रहती है। इस सन्दर्भ में वे यह भी कहते हैं–''क्या करें मैडम, जाना ही पड़ता है। लोग सम्मान के साथ बुलाते हैं, तब हमें भी उनका मान रखना पड़ता है। लोग कुछ सोच समझ कर ही हमें बुलाते हैं, हम उनकी अपेक्षा पूरी कर सकते हैं, तब जाना चाहिए।'' यह कथन भी बहुत महत्त्वपूर्ण है। सामाजिकता की ज़िम्मेदारी के साथ वे सबके विषय में कितना सोचते हैं और सबका कितना ध्यान रखते हैं यह उनके स्वभाव और व्यवहार का ही आदर्श रूप है।

एक बात मैं जरुर कहूँगी, चव्हाण जी को मैंने जब भी देखा, बहुत ही सरल, सहज और उनके आत्मीय व्यवहार के साथ ही देखा। उनमें कभी किसी बात का गुमान, अभिमान या अहं भाव महसूस नहीं हुआ। वे शिवाजी विश्वविद्यालय कोल्हापुर के हिन्दी विभाग के तीन–चार बार अध्यक्ष रह चुके हैं पर उन्होंने कभी अपने व्यवहार से बताया नहीं।...और अब पुनः उसी सम्माननीय पद पर रहकर गौरव–गरिमा के साथ अपनी ज़िम्मेदारी निभा रहे हैं। यह उनके व्यक्तित्व का विशेष पक्ष है कि वे हमेशा सरल सुलभ रूप में ही मिलते हैं। फोन करने पर भी वे आराम से बातें करते हैं। कभी उन्होंने यह नहीं जताया कि वे बड़े व्यक्ति हैं, उनके काम भी बड़े हैं, ज़िम्मेदारियाँ बड़ी हैं–कभी ऐसा महसूस नहीं होने दिया। घर–परिवार, लेखन प्रकाशन के साथ वे यहाँ वहाँ और सारे जहाँ आयोजित कार्यक्रमों की चर्चा और वहाँ मिले साथियों की जानकारी भी विस्तार के साथ देते रहे हैं। यह उनका बड़प्पन ही है।

बहुत ही आत्मीय, मिलनसार, हँसमुख और विद्वान प्रोफेसर अर्जुन चव्हाण जी का संक्षिप्त आत्म परिचय आज मैं देख रही हूँ तो बहुत गर्व हो रहा है कि इतनी उपलब्धियाँ उन्होंने कितने कठिन श्रम और संघर्ष के साथ प्राप्त की हैं। एम.ए., पी.एच.डी. हो जाना मेरी नजर में बहुत बड़ी बात नहीं है। इसके साथ जो पद, मान सम्मान और विशेष स्थान पाना ही हमारी स्थिति

की उपलब्धियाँ हैं। प्रोफेसर अर्जुन चव्हाण जी ने शिवाजी विश्वविद्यालय के हिन्दी विभाग के प्रति अपनी ज़िम्मेदारी निभाने के साथ–साथ बहुत कुछ पाया है। अध्ययन–अध्यापन के साथ, लेखन–प्रकाशन के क्षेत्र में उन्होंने गजब की सफलता पाई है। समीक्षात्मक, सृजनात्मक, अनूदित, सम्पादित और शोधपरक लगभग 50 से अधिक ग्रन्थों का प्रकाशन करना सरल काम नहीं है। इसके साथ 100 से अधिक शोध पत्रों का लेखन किया है। उन्होंने शोध परियोजनाएँ भी पूर्ण की हैं। जिसके अन्तर्गत है– यू.जी.सी. नई दिल्ली के आर्थिक सहयोग से सम्पन्न–

(1) अनुवाद–समस्याएँ एवं समाधान (1994 से 1995)

(2) समकालीन हिन्दी तथा मराठी बृहद उपन्यासों का वैचारिक पक्ष : तुलनात्मक विमर्श (2003 से 2006)

उनकी विदेश यात्राएँ भी हिन्दी साहित्य सम्मेलन, सेमिनारों से सम्बन्धित रही हैं। इस सन्दर्भ में मॉरीशस, उजबेकिस्तान (ताश्कंद), रूस (सेन्ट पीटरबर्ग, मॉस्को) में आयोजित अन्तर्राष्ट्रीय संगोष्ठियों में प्रमुख अतिथि और अध्यक्ष के सम्मानित पद के साथ वे सक्रिय सहभागी रहे हैं। साढे तीन सौ से अधिक राष्ट्रीय और अन्तर्राष्ट्रीय संगोष्ठियों, अधिवेशनों, कार्यशालाओं में अध्यक्ष, बीज भाषक, विशेषज्ञ एवं शोधपत्र प्रस्तोता के रूप में उन्होंने सहभाग लिया है।

बहुत बड़े–बड़े कार्यक्रमों में वे पुरस्कृत भी होते रहे हैं। केवल अपने देश ही नहीं बल्कि विदेशों में भी सम्मानित हुए। मॉरीशस की धरती पर उन्हें हिन्दी भाषा एवं साहित्य सेवा के लिए 'हिन्दी साहित्य अकादमी मॉरीशस सम्मान' दिया गया। मॉरीशस में ही 'साहित्य शिरोमणि सम्मान' भी मिला है। यात्रा वृत्तांत लेखन प्रतियोगिता के लिए भी मॉरीशस में सम्मान और पुरस्कार मिला है। 'भारत से बाहर भारत' यात्रा वृत्तांत की पाण्डुलिपि के लिए उन्हें ताश्कंद में 51000/– रु. का पुरस्कार मिला। साहित्य निधि सम्मान भी ताश्कंद में आयोजित अन्तर्राष्ट्रीय संगोष्ठी में उनके साहित्यिक योगदान के लिए दिया गया है। 'हिन्दी साहित्य अकादमी', महाराष्ट्र राज्य की ओर से 'अनुवाद चिन्तन' ग्रन्थ के लिए पं. महावीर प्रसाद द्विवेदी पुरस्कार और अहिन्दी भाषी हिन्दी लेखक के रूप में उन्हें तत्कालीन प्रधानमन्त्री अटल बिहारी बाजपेयी के हाथों पचास हजार की राशि से सम्मानित किया गया है। 'जरा याद करो कुर्बानी' व्यंग्य निबन्ध संग्रह पर उन्हें 'श्रेष्ठ सृजनात्मक साहित्य सम्मान' महाराष्ट्र हिन्दी परिषद ने दिया है। महाराष्ट्र राज्य हिन्दी

साहित्य अकादमी का 'सुब्रहमण्य भारती साहित्य सेतु जीवन गौरव पुरस्कार' उन्हें 51000/– रु. राशि सहित प्राप्त हुआ है। ऐसे अनेक पुरस्कार प्रो. अर्जुन चव्हाण जी को समय–समय पर मिलते रहे हैं। यह हम सभी हिन्दी भाषियों के लिए भी गौरव की बात है कि अहिन्दी भाषी प्रोफेसर अर्जुन चव्हाण जी हिन्दी के प्रति अपनी निष्ठा और गौरव की भावना के साथ ही इतना लेखन–प्रकाशन करके इतने सम्मान पा चुके हैं।

लगातार अध्ययन और चिन्तन मनन के साथ उनका लेखन लगातार चलता रहा है। उन्होंने 30 से अधिक पुस्तकों की भूमिकाएँ भी लिखी हैं। उनके भूमिका लेखन कार्य का लाभ स्वयं मुझे भी प्राप्त हुआ। मेरी आत्मकथा 'शिकंजे का दर्द' 2011 में वाणी प्रकाशन से छपी है। तभी से इस किताब का समीक्षात्मक लेखन और शोध अध्ययन लगातार हो रहे हैं। शोधकर्ताओं द्वारा इस पुस्तक की समीक्षाओं की माँग और उनकी आवश्यकता को देखते हुए इन समीक्षाओं को संकलित करके सम्पादित पुस्तक निकालने की बात हुई, तब मुम्बई के प्रोफेसर विष्णु सरवदे जी और दिल्ली के प्रोफेसर देवेन्द्र चौबे जी के सम्पादन में यह कार्य शुरु हुआ। तब माननीय प्रोफेसर अर्जुन चव्हाण जी ने मेरे सुझाव से इस पुस्तक की भूमिका लिखना सहज ही स्वीकार किया। इस सम्बन्ध में यह बताना भी जरुरी है कि लगातार यात्राओं में रहने के बाद भी सर ने 304 पृष्ठों की मेरी आत्मकथा का बहुत ही सूक्ष्मता–गहनता के साथ अध्ययन किया और इतनी प्रभावपूर्ण सार्थक भूमिका लिखी कि वह भूमिका उस पुस्तक का सार–तत्त्व बन गयी। सिफ्र भूमिका पढ़ने बाद ही ऐसा लगता है कि पूरी आत्मकथा और उसकी सभी समीक्षाओं को सहज ही समझा जा चुका है। इतना गहरा अध्ययन, इतनी सटीक भाषा कि एक शब्द भी इधर से उधर न कर सकते हैं न ऐसा करने की जरूरत। इसी से सिद्ध होता है कि किसी अहिन्दी भाषी प्रोफेसर और लेखक को हिन्दी लेखक होने का पुरस्कार ऐसे ही नहीं मिलता है। स्वयं टाईप करके भूमिका भेजी थी वह ज्यों कि त्यों पुस्तक में संकलित है। पुस्तक का नाम है–'शिकंजे का दर्दः दलित एवं नारी मुक्ति का यथार्थ दस्तावेज'। और उन्होंने अपनी भूमिका को नाम दिया था–**'कलाम को सलाम'**

जब एक भूमिका ऐसी है तब तीस भूमिकाएँ कैसी होगी? इस गणित को सहज ही हल किया जा सकता है, अन्दाजा लगाया जा सकता। इसका गुणन फल ही माननीय प्रोफेसर अर्जुन चव्हाण जी के लेखन का गुण है। समीक्षात्मक, सृजनात्मक, अनूदित और सम्पादित–सभी जगह उनकी

हिन्दी भाषा सहज, सरल साथ ही सार्थक और मार्मिक रही है। लगता है पर–उपकार की दृष्टि से वे अनुवाद कार्य और समीक्षात्मक लेखन पर ही अधिक समय देते रहे हैं। देश के अनेक प्रान्तों के कोने–कोने के गाँव और शहरों की शैक्षणिक और सामाजिक संस्थाओं द्वारा आयोजित कार्यक्रमों में अपनी भागीदारी और अपनी ज़िम्मेदारी निभाने में भी वे अधिक समय देते रहे हैं। इस तरह उनका क़ीमती समय अपने मौलिक लेखन को कम ही मिल पाया है। लेकिन यह भी सत्य है कि मौलिक लेखन स्वयं तक सीमित होता है जबकि अनुवाद कार्य और समीक्षात्मक लेखन हमें अन्य लोगों और अन्य भाषाओं के साहित्यकारों से जोड़ता है। इस दृष्टि से भी चव्हाण जी का लेखन कार्य महत्त्वपूर्ण है। दादा साहब मोरे की आत्मकथा 'डेराडंगर' (मराठी) हिन्दी में अनुवाद, वि.स. खाण्डेकर का लघु कथा संग्रह 'क्षितिज स्पर्श' मराठी से हिन्दी में अनुवाद इसी तरह धम्मपाल रत्नाकर के मराठी काव्यसंग्रह 'होटल मेरा देश' नामक हिन्दी अनुवाद, प्रसिद्ध मराठी लेखक रवीन्द्र ठाकुर के मराठी नाटक 'क्रान्ति संग्राम' का हिन्दी अनुवाद प्रो. चव्हाण जी ने किया है। यह भी दूसरों को सामने लाने और हिन्दी–मराठी लिखनेवाले सबको जोड़ने वाला कार्य है। इसके लिए वे अभिनन्दन के अधिकारी हैं।

उनके सृजनात्मक लेखन में निबन्ध संग्रह, काव्य संग्रह, गजल संग्रह, कहानी संग्रह, व्यंग्य लेखन–सभी सम्मलित है। 2005 में प्रकाशित 'जरा याद करो कुर्बानी' उनका व्यंग्यपूर्ण निबन्ध बहुत चर्चित हैं। मार्च 2020 से ही हम सभी कोरोना की प्रताड़ना को सह रहे हैं। कवि गज़लकार प्रो. चव्हाण जी ने अपनी अनुभूति को गजल रूप में लिखकर–'करोना की कृपा से' एक गजल संग्रह ही लिख लिया है। गजल लेखन के प्रति उनकी रुचि अधिक रही है। मैंने देखा है, कभी फोन पर कविता की बात करने पर वे बड़े चाव के साथ अपनी लिखी हुई नयी गजल सुनाते हैं। यह किसी भी सच्चे रचनाकार का गुण है। उसे पाठकों और श्रोता से कुछ नहीं चाहिए, बस उनका थोड़ा समय निकालकर सुनें। जैसे किसी जौहरी की गति को जौहरी ही जान सकता है, वैसे ही किसी रचनाकार–साहित्यकार की भावना को कोई साहित्यकार ही समझ सकता है। मैंने कई कविताएँ और गजलें सुनी हैं। 'जय बोलने वाले' उनके काव्य संग्रह की कविताएँ भी सटीक व्यंग्य करती हैं। सर ने एक बार फोन पर बताया था कि उनके 4–5 संग्रह प्रकाशन के लिए तैयार हैं, वे जल्दी ही प्रकाशित होंगे। समीक्षा की कुछ किताबें भी प्रकाशन के लिए भेजी हैं।

प्रो. चव्हाण जी का समीक्षात्मक लेखन बहुत समृद्ध है। 1994 से अभी तक उनकी अनेक समीक्षात्मक पुस्तकें प्रकाशित हुई हैं जिनमें उपन्यासकार राजेन्द्र यादव और राजेन्द्र यादव के उपन्यासों में मध्यवर्गीय जीवन हैं। इसी तरह अनुवाद और उसकी समस्याओं पर पुस्तके हैं। आधुनिक हिन्दी : कालजयी साहित्य, मीडियाकालीन हिन्दी : स्वरूप एवं सम्भावनाएँ, समकालीन हिन्दी उपन्यासों का वैचारिक पक्ष, विमर्श के विविध आयाम, विश्व मंच पर हिन्दी : विविध आयाम, दलित एवं आदिवासी साहित्य चिन्तन के आद्य बिन्दु, साहित्यिक शोध और बोध, सदी का श्रेष्ठ साहित्य और साहित्यकार, विश्वमंच पर हिन्दी : विविध आयाम–इस तरह उन्होंने हिन्दी भाषा, हिन्दी साहित्य और साहित्यकारों पर अपनी कलम चलाकर हिन्दी समीक्षा के क्षेत्र में महत्त्वपूर्ण योगदान किया है।

यात्रा वृत्तान्त के रूप में उनकी महत्त्वपूर्ण कृति है–'मॉरीशस : एक सांस्कृतिक यात्रा'। किसी अन्य देश की यात्रा करने के बाद वहाँ की सभ्यता और संस्कृति को समझकर उस पर इस तरह लेखन करना किसी भी साहित्यकार के लिए विशेष बात है। ऐसा सभी नहीं लिख सकते, यह बात भी सच है। जो लिख सकते हैं और जिन्होंने लिखा है–उनके वैशिष्ट्य और कौशल को स्वीकार किया जाना चाहिए। सर लगातार लिखते रहे हैं, छपते रहे हैं। यद्यपि यह बात भी महत्त्वपूर्ण है कि केवल लिखना और छपना उनका काम नहीं रहा बल्कि शिवाजी विश्वविद्यालय कोल्हापुर जैसे एक बड़े शिक्षा संस्थान में हिन्दी विभाग के प्राध्यापक और अध्यक्ष रहकर अपनी ज़िम्मेदारी पूरी निष्ठा से निभा रहे हैं। वहाँ भी सिर्फ अध्यापन उनका काम नहीं बल्कि इसके साथ लगातार हर साल एम.फिल. और पीएच.डी. शोधकर्ताओं का मार्गदर्शन भी करते रहे हैं। उनके मार्गदर्शन में 34 छात्रों ने एम.फिल. की उपाधि प्राप्त की है, 24 छात्रों ने उनके लगातार मार्गदर्शन के लाभ से पीएच. डी.–डॉक्टर ऑफ़ फिलासॉफी का मान–सम्मान पाया है। अभी स्थिति यह है कि उनके मार्गदर्शन में उपाधि प्राप्त करने वाले शोधार्थी अब स्वयं भी व्याख्याता और प्रोफेसर बने हैं और बन रहे हैं। सर का विनम्र स्वभाव और मदद करने की भावना से अनेक विद्यार्थी लाभ उठाकर सबल और सफल बने हैं–यह भी समाज को उनकी महत्त्वपूर्ण देन है।

वे विगत 35 वर्षों से इस तरह लगातार अपनी जिम्मेदारी निभा रहे हैं। उनकी कार्य क्षमता, लगन, निष्ठा और विद्यार्थियों–शोधार्थियों के मन में उनके प्रति प्रेम और अपनापन देखकर कुछ लोग उनके विरुद्ध स्थितियों का निर्माण

करते रहे। उन विरुद्ध स्थितियों से जूझकर उन्हें सुलझाना भी एक बड़े श्रम और संघर्ष का काम होता है–इन विपरीत स्थितियों का सामना भी प्रोफेसर चव्हाण जी ईमानदारी के हथियार से करते रहे हैं। कहते हैं जीवन में विपरीत परिस्थितियाँ ही इन्सान को सुदृढ़, सक्षम और समझदार बनाती हैं।

चव्हाण जी की इन बातों से मैं सहमत हूँ। मैं जानती हूँ, उनमें साहस है, हिम्मत है, सुझबूझ भी है। उनके स्वभाव और व्यवहार को मैंने देखा और समझा है। नेक दिल इन्सान कभी किसी का बुरा नहीं करते बल्कि अपना बुरा करने वालों को भी माफ़ कर देते हैं। ऐसे सदृढ़ व्यक्तित्व के धनी प्रो. अर्जुन चव्हाण जी सदैव प्रशंसनीय रहे हैं। मुझे इस बात का गर्व है कि वे मुझे अपनी बहन होने का आदर–सम्मान देते हैं, फोन पर उनसे अक्सर बातें होती हैं। अनेक बातों की जानकारी सहज ही मिलती है। मेरे लेखन और प्रकाशन के विषय में भी वे पूछते रहते हैं। कभी उचित मार्गदर्शन भी करते हैं। मेरी कुछ पुस्तकों के वे बड़े प्रशंसक भी रहे हैं। इसके साथ उनकी यह बात भी मुझे याद रहती है–उनका घर पहली बार देखकर मैंने प्रशंसा की थी तब भाई साहब प्रो. अर्जुन चव्हाण जी ने कहा था–''मैडम, यह घर आपके भाई का घर है। आप यहाँ कभी भी आकर रह सकती हो, चाहे जितने समय रह सकती हो। आप यहाँ आकर रहो और यही अपना लेखन कार्य करो।''

उनके इस कथन से बहुत अपनापन महसूस हुआ था। आगे क्या लिखूँ, शब्द नहीं मिल रहे हैं। उनकी सहृदयता की पूँजी सदा सलामत रहे। उनके प्रति शुभकामनाएँ हैं–एक भाई के रूप में। उनके प्रति बहुत सम्मान भाव है, उनके व्यक्तित्व और कृतित्व के लिए। प्रोफेसर, साहित्यकार, समीक्षक, अनुवादक, कवि, ग़ज़लकार और इन सबके बावजूद वे एक अच्छे इन्सान है इसके लिए आपका अभिनन्दन है! अभिनन्दन है! और अभिनन्दन है!

खण्ड - 21 : विश्वविद्यालयीन कर्मभूमि में प्रो. अर्जुन चव्हाण : कृति विमर्श

क्रियाशील और विनयशील प्रो. अर्जुन चव्हाण

कुलपति प्रो. (डॉ.) डी.टी. शिर्के

यह जानकर बहुत प्रसन्नता हुई कि हमारे विश्वविद्यालय के हिन्दी विभाग के भूतपूर्व प्रोफ़ेसर एवं पूर्व अध्यक्ष अर्जुन चव्हाण जी के अभिनन्दन हेतु हिन्दी साहित्य, भाषा और उनके व्यक्तित्व एवं कृतित्व के पहलुओं पर प्रकाश डालने वाला सारगर्भित ग्रन्थ प्रकाशित होने जा रहा है। खुशी इस बात की है कि इसमें देश–विदेश के मान्यवर साहित्यिकों, समीक्षकों तथा अध्यापकों ने अपने लेखों के जरिये भाषा और साहित्य के क्षेत्र में वैचारिक योगदान किया है। अतः मुझे आशा और विश्वास है कि प्रो. अर्जुन चव्हाण जी के अभिनन्दन के उपलक्ष्य में निर्मित यह ग्रन्थ साहित्य तथा भाषा के क्षेत्र में महत्त्वपूर्ण योगदान साबित होगा।

प्रो. चव्हाण अपने विषय के प्रति प्रतिबद्ध अध्यापक रहे हैं। समर्पितभाव से लेखन करने वाले प्रो. अर्जुन चव्हाण जी ने कई भूमिकाएँ बड़ी सूझ–बूझ के साथ निभायी हैं। वे हमेशा रचनात्मक कार्य में बने रहते हैं और इसका आनन्द लेते हैं, तभी तो उनके नाम पर पचास से अधिक किताबें दर्ज हैं, जिसकी बदौलत उन्हें कई पुरस्कारों से नवाजा गया है। लेखन और अकादमिक गतिविधियों से जुड़े रहना उनका स्थायी भाव है। वे क्रियाशील लेखक और समीक्षक हैं। वे आज से क़रीब पच्चीस साल पूर्व हिन्दी साहित्य अकादमी पुरस्कार से सम्मानित लेखक हैं। दिल्ली के राधाकृष्ण, राजकमल, वाणी और कानपुर के अमन जैसे प्रतिष्ठित प्रकाशन से उनकी कई किताबें प्रकाशित हैं। हाल ही में उनकी 'विश्वमंच पर हिन्दी : विविध आयाम' किताब प्रकाशित हुई, जो उन्होंने मुझे उपहार स्वरूप दी है।

वे एक ऐसे क्रियाशील विभाग अध्यक्ष रहें, जो अपने विषय के बड़े–बड़े साहित्यकारों, विद्वानों को विभाग से जोड़ते रहे। इससे छात्रों और अध्यापकों को सबसे अधिक लाभ होता रहा। वैसे तो अध्यापक की सही पहचान स्वयं अपने कार्य से होती है। यह पहचान मात्र विभाग तक नहीं होती है, बल्कि विश्वविद्यालय का नाम भी रोशन करा देती है। मेरी धारणा है कि प्रो. अर्जुन चव्हाण जी इसी कोटि के हैं। मैं कामना करता हूँ कि उनका स्वास्थ्य अच्छा रहें और भविष्य में निरन्तर लेखन कार्य करते रहें। *इसके लिए मैं उनको असीम और अनन्त शुभकामनाएँ देता हूँ।*

अभिनन्दन ग्रन्थ के अवसर पर

समकुलपति प्रो. (डॉ.) पी.एस. पाटील

बड़ी प्रसन्नता की बात है कि प्रो. अर्जुन चव्हाण जी के पष्ठाब्दि के उपलक्ष्य में अभिनन्दन ग्रन्थ का लोकार्पण होने जा रहा है। षष्ठाब्दिपूर्ति, सम्मान प्राप्ति तथा सेवानिवृत्ति जैसी घटनाएँ करीबन सभी की ज़िन्दगी में महत्त्व रखती हैं। अभिनन्दन भी मायने रखता है। मगर ग्रन्थ लोकार्पण के द्व ारा अभिनन्दन होना अलग अहमियत है। हिन्दी विभाग के प्रोफ़ेसर एवं पूर्व अध्यक्ष डॉ. अर्जुन चव्हाण जी के अभिनन्दन के उपलक्ष्य में ग्रन्थ का सम्पादन होना भी बहुत ख़ुशी की बात है। असल में वे स्वयं हिन्दी के लेखक, समीक्षक होने के कारण उनके अभिनन्दन हेतु यह आयोजन निश्चय ही स्वाभाविक है। यह गौरव ग्रन्थ नहीं, बल्कि विचार ग्रन्थ है, जो भाषा, साहित्य और अभिनन्दित के व्यक्तित्व तथा कृतित्व पर केन्द्रित है। हिन्दी के बहुत चर्चित, बड़े–बड़े साहित्यकारों तथा भाषा विद्वानों के लिखे लेखों की वजह से यह एक बढ़िया सन्दर्भ ग्रन्थ होगा इसमें मुझे सन्देह नहीं।

प्रो. अर्जुन चव्हाण छात्रप्रिय, सहयोगी वृत्ति के और मिलनसार अध्यापक हैं। वे उद्भट वक्ता, उत्कृष्ट लेखक तथा बेबाक समीक्षक हैं। अच्छे अनुवादक हैं और सच्चे मित्र भी। वे एक क्रियाशील और कुशल विभागाध्यक्ष रहे हैं। छात्रों के साथ उनका व्यवहार सौहार्दपूर्ण और उपक्रमशीलता को प्रोत्साहित करने वाला रहा है। छात्रों का मार्गदर्शन करना, उन्हें प्रेरणा देना, छात्रों को लिखने–पढ़ने के लिए प्रेरित करना प्रो. अर्जुन चव्हाण जी का स्वाभाविक धर्म है। उनमें निहित अपनापन छात्रों को प्रभावित और आकर्षित करता है।

सबसे ज्यादा उनकी रुचि का विषय रहा है हिन्दी में किताबों का लेखन। वह आज भी ज़ारी है। तभी तो देश–विदेश से उन्हें कई पुरस्कार हासिल हुए हैं। उन्होंने मॉरीशस, उज्बेकिस्तान, रूस जैसे देशों के अन्तर्राष्ट्रीय संगोष्ठियों में अध्यक्ष, बीजभाषक, विशेषज्ञ आदि के रूप में व्याख्यान देकर शिवाजी विश्वविद्यालय का नाम रोशन किया। लेखन उनका स्वभावधर्म बना है। यही उनकी शक्ति है और यही उनकी पूँजी है। वैसे तो हर अच्छा अध्यापक ज़िन्दगीभर सीखता है और लिखता है, जिसका परिचय प्रो. अर्जुन चव्हाण जी के व्यक्तित्व से होता है।

वे जहाँ–जहाँ व्याख्यानों में जाते हैं, वहाँ–वहाँ अपनी विशेषज्ञता और सौहार्दता का परिचय देते हैं पूरी गरिमा के साथ। पाठ्यक्रम निर्मिति में उनका विशेष ध्यान तथा योगदान रहा है, विशेषतः स्तरीय और नूतन रचना के सन्दर्भ में। मुझे आशा ही नहीं, बल्कि विश्वास भी है कि अभी औपचारिक अवकाश प्राप्ति के उपरान्त वे अधिक सक्रिय होंगे और अपने सृजनात्मक तथा रचनात्मक लेखन में अधिक बुलन्दियों पर पहुँचेंगे। *उसके लिए मैं उन्हें तहेदिल से शुभकामनाएँ देता हूँ।*

स्नेहशील व्यक्तित्व एवं सृजनशील कृतित्व

प्रो. (डॉ.) रवीन्द्र ठाकुर

हम सबके परमस्नेही और हिन्दी के लब्धप्रतिष्ठित प्रो. (डॉ.) अर्जुन चव्हाण जी के जीवन तथा साहित्यिक सेवा का सिंहावलोकनरूपी अभिनन्दन ग्रन्थ प्रकाशित हो रहा है, यह बड़ी प्रसन्नता की बात है। उससे भी बड़ी बात प्रस्तुत ग्रन्थ का सम्पादन उन्हीं के छात्रों द्वारा सम्पादित हो रहा है। क्योंकि अनेक बार उपाधि प्राप्त शोधछात्र और शोधनिर्देशक के सम्बन्धों में दूरी आती है किन्तु डॉ. अर्जुन चव्हाण जी का स्वभाव ऐसा है कि जो भी छात्र तथा प्राध्यापक उनके सम्पर्क में आ जाते हैं वे उन्हीं के बन जाते हैं। उनकी विनम्रता और विद्वता से प्रभावित होकर कोई भी उनका मुरीद बन जाता है।

सन् 1992 में मैं शिवाजी महाविद्यालय के मराठी विभाग में प्राध्यापक पद पर नियुक्त हुआ तबसे विश्वविद्यालय संकुल में जो कुछ गिने–चुने मित्र मिले उनमें प्रथम श्रेणी में डॉ. अर्जुन चव्हाण जी आते हैं। जब–जब मुझे साहित्यिक चर्चा करनी होती थी तब–तब मैं उनसे मिलने हिन्दी विभाग में जाता था। खुलेमन से कई घंटों वार्तालाप होता था। वैसे मराठी और हिन्दी दोनों भाषाएँ एक ही भगिनी वर्ग की हैं। मैं जितना मराठी साहित्य पढ़ता हूँ उतना ही हिन्दी भी। जैसे ह.ना. आपटे, श्रीधर व्यंकटेश केतकर, भालचन्द्र नेमाडे मेरे प्रिय लेखक हैं वैसे ही फणीश्वरनाथ रेणु और प्रेमचन्द भी। शरतचन्द्र चट्टोपाध्याय जैसे बंगाली साहित्यकार का अधिकतर साहित्य मैंने हिन्दी से ही पढ़ा।

डॉ. अर्जुन चव्हाण जी के कारण हिन्दी के अनेक लेखकों को जान सका। उस समय का वह मुक्तसंवाद कभी भूल नहीं सकूँगा। डॉ. अर्जुन चव्हाण का अभिनन्दन ग्रन्थ प्रकाशित हो रहा है यह अनेक दृष्टियों से संस्मरणीय घटना हैं क्योंकि उपेक्षित संभाग से आते हुए भी उन्होंने जो

मंजिल हासिल की वह काबिले तारीफ़ है। शिक्षा और साहित्य की कोई परम्परा न होते हुए भी अपने बलबूते पर बेहतरीन सफलता और सम्मान पाना आसान नहीं होता।

उन्होंने शिवाजी विश्वविद्यालय का हिन्दी विभाग राष्ट्रीय ही नहीं अन्तर्राष्ट्रीय स्तर पर पहुँचाया है, जिसका उल्लेख करना अनिवार्य होगा। जैसे वे विभिन्न संगोष्ठी के लिए विभिन्न विश्वविद्यालयों में जाते थे वैसे ही उन्होंने विभिन्न देशों के विभिन्न विश्वविद्यालयों की साहित्यिक यात्राएँ भी की हैं। किन्तु कोल्हापुर ने उनके साहित्यिक ज्ञान का उतना लाभ नहीं लिया। इस ग्रन्थ में उनके व्यक्तित्व एवं कृतित्व पर कई आलेख संकलित होंगे। उससे उनके बहुश्रुतता का परिचय होगा। उनके ग्रन्थों का उल्लेख करूँगा तो पुनरावृत्ति होगी इसलिए उसे टालता हूँ। जैसे उन्होंने समीक्षात्मक लेखन किया है वैसे सृजनात्मक भी। उन्होंने मेरे 'क्रान्तिसंगर' नाटक का हिन्दी में 'क्रान्ति संग्राम' नाम से अनुवाद कर मुझे हिन्दी साहित्य में पहुँचा दिया। हुआ ऐसा कि मेरा महात्मा फुले के जीवन चरित्र पर 'महात्मा' नामक उपन्यास प्रकाशित हुआ जिससे मराठी साहित्य क्षेत्र में मेरी बहुत प्रशंसा हुई। इस उपन्यास का हिन्दी और अँग्रेजी में अनुवाद भी हुआ। इसी विषय पर मैंने 'क्रान्ति संगर' नाम से नाटक भी लिखा। यह नाटक डॉ. अर्जुन चव्हाण जी को इतना भाया कि उन्होंने इस नाटक का 'क्रान्ति संग्राम' नाम से हिन्दी में अनुवाद भी किया। वह थोड़े ही दिनों में प्रकाशित होगा। मुझे महारथी कर्ण पर नाटक लिखने की प्रेरणा उन्हीं से मिली। क्योंकि उन्होंने जब मेरा कर्ण के चरित्र पर आधारित 'धर्मयुद्ध' उपन्यास पढ़ा और मुझे उसी पर नाटक लिखने के लिए प्रेरणा दी, जो नाटक अत्यन्त चर्चित तथा प्रशंसनीय रहा।

ऐसा जो स्नेहबंध है उसे कौन भूलेगा? मनुष्य के जीवन की यही अन्तिम और महत्त्वपूर्ण पूँजी होती है, जो स्वयं मुझे बहुत मिली। डॉ. अर्जुन चव्हाण का स्नेहशील एवं महत्त्वपूर्ण साहचर्य सबको मिलता रहे तो व्यक्ति और समाज जीवन सुकर और सुखद होगा इसमें दो राय नहीं। उनके अनेक ग्रन्थों की तरह यह अभिनन्दन ग्रन्थ भी प्रशंसनीय बनें यही मनोकामना!

(मराठी से हिन्दी में अनुवाद—डॉ. मनोहर भंडारे)

मशहूर मिसाल के प्रोफेसर अर्जुन चव्हाण

डॉ. बी एम हिर्डेकर

जब मैं शिवाजी विश्वविद्यालय में अध्ययन के लिए जाता था तब मेरे मन में कई जिज्ञासाएँ थीं। लगता था कि विश्वविद्यालय में पढ़ाने वाले अध्यापक कितने विद्वान होते होंगे? उनके पास इतना ज्ञान कैसे आता होगा? उनका चयन कैसे होता होगा? कुछ दिन के बाद पढने हेतु शिवाजी विश्वविद्यालय में मैंने प्रवेश लिया। एम. एड., एम. फिल. और पीएच.डी. की उपाधि ली, इस दौरान कई अध्यापकों का परिचय हुआ और धीरे–धीरे मुझे प्रश्नों के उत्तर मिलने लगे। संयोग से शिवाजी विश्वविद्यालय के प्रशासकीय अधिकारी के पद पर मेरा चयन हुआ। तब कुछ अध्यापकों से घनिष्ठता बढ गयी। उनका बोलना, बरताव और अध्यापन कौशल सीखता गया और मित्रता निर्माण होती रही। उन्हीं नामी–गिरामी मित्रों में प्रो. अर्जुन चव्हाण जी आते हैं।

प्रो. अर्जुन चव्हाण जी ने कई बार मुझे हिन्दी विभाग में आमन्त्रित किया था। आपके कार्यकाल में अनेक प्रसिद्ध हिन्दी साहित्यकार आये। जब भी महान विद्वान, कवि, आलोचक, कथाकार आते तब सर मुझे आस्थापूर्वक आमन्त्रित करते। कभी–कभार कार्यक्रम के अध्यक्ष या प्रमुख अतिथि के रूप में बुलाते और मैं बड़ी सजगता से हिन्दी में बोलता। उनको लगता होगा कि मेरी हिन्दी अच्छी है, जिससे वे बुलाते रहें। मुझे भी हिन्दी के विद्वान वक्ताओं को सुनना और मिलना बड़ा आनन्ददायी लगता। अच्छे वक्ताओं को सुनना जैसी मेरी आदत–सी बनी थी। प्रो. अर्जुन चव्हाण जी के कारण अनेक साहित्यकारों को सुनने का अवसर मिला और मिलना हुआ यह मेरे जीवन का अनमोल खजाना है। कई बार प्रसिद्ध आलोचक नामवर सिंह जी आये थे जनकी सादगी और स्वाभिमानी वृत्ति ने मुझे बहुत

प्रभावित किया था। उनका हिन्दी में भाषण सुनने के बाद मैं अचंभित हुआ और नतमस्तक भी।

स्वयं प्रो. अर्जुन चव्हाण जी के लेखक होने की जानकारी मुझे बहुत देरी से मिली। वे अपना बडप्पन ना कभी दिखाते थे, न जताते। बड़े–बड़े साहित्यकारों से उनके परिवारिक एवं आत्मीय सम्बन्ध थे। लेकिन वे इसकी कभी चर्चा नहीं करते थे। जो बात कभी सहजता से ही अनायास निकल जाती थी।

वे अपने छात्रों तथा अध्यापकों के सामने स्थापित साहित्यकारों को आमन्त्रित करते थे, जिनसे सबको ज्ञान मिलता, उन्हें बोलने और लिखने की प्रेरणा मिलती। विद्वान वक्ताओं को आमन्त्रित करने के पीछे यही प्रयोजन होता था। ईमानदारी से अध्यापन कार्य करते हुए आप अनेक सम्मेलनों, संगोष्ठियों, कार्यशालाओं में साधन व्यक्ति या बीज वक्ता के रूप में सहभाग लेते रहे हैं। यह सिलसिला निरन्तर आज भी जारी है। हिन्दी के प्रति आपको विशेष गर्व है। हिन्दी के प्रचार–प्रसार में आपका महत्त्वपूर्ण योगदान रहा है। एक अच्छा अध्यापक यकीनन एक आदर्श छात्र होता है। प्रो. अर्जुन चव्हाण जी के मन में अपने गुरुजनों के प्रति ख़ूब आदर रहा है। वे सभी के प्रति प्रसंगानुरूप कृतज्ञता व्यक्त करते हैं। ऐसे महानुभाव गुरुओं में आदरणीय प्रो. चन्द्रकान्त पाटगावकर, आदरणीय प्रा. शरद कणबरकर (जो मेरे भी गुरु थे) और प्रसिद्ध साहित्यकार डॉ. सुनीलकुमार लवटे जी के वे सम्पर्क में रहा करते। इसका एहसास चव्हाण जी के अध्ययन, अध्यापन और लेखन से होता है।

मैं प्राचार्य भी था तब की बात है। सामने वाले के पद की गरिमा को ध्यान में रखते हुए हिन्दी में कैसे वार्तालाप करें, उन्हीं से सीखे। वाणी सभ्य आचरण का ही प्रकट रूप होता है। मुझे भी उनके साथ हिन्दी में बात करना अच्छा लगता था। वैसे अधिकारी और अध्यापक के बीच कार्यालयीन कामकाज के बारे में ही चर्चा होती है लेकिन मेरे पंद्रह साल के कार्यकाल में हम दोनों जब–जब चर्चा करते तब हिन्दी साहित्य ही चर्चा का विषय होता था। उनसे मैंने बहुत कुछ सीखा। अब मैं आचंभित होकर सोचता हूँ कि हमने कभी कहीं मिलकर चाय पी है ऐसी एक भी घटना मुझे याद नहीं है। वे अपने काम में व्यस्त और मैं अपने काम में व्यस्त रहता था। निर्मल मित्रता, वैचारिक आदान–प्रदान और गुणग्राहकता, इतने ही बिन्दुओं पर स्नेह–सम्पर्क बनता है बढ़ता है, जिसकी मिसाल याने प्रो. अर्जुन चव्हाण जी की मित्रता!

''पढ़ना–पढ़ाना, सीखना–सिखाना
अपने छात्रों के लिए हर सम्भव

वह सब कुछ दिल से करना
अपनी चुस्ती, मस्ती में लिखते रहना
और अपने ढंग से सदा आवाहन
जिसका नाम है प्रो. अर्जुन चव्हाण।"

अपना विभाग हमेशा छात्रों के सर्वांगीण विकास के लिए कार्यरत हो इसी भूमिका से विभागाध्यक्ष पद पर विराजमान थे। वे उपक्रमशील तथा गतिमान थे इसीलिए उन्होंने अनेक कार्यक्रम सम्पन्न करवाये। विभाग का नाम, विश्वविद्यालय का नाम रोशन हो, उत्कृष्ट छात्र निर्माण हो यही मनीषा उनके हृदय में विद्यमान रहती थी। इसमें उनको काफ़ी सफलता मिली और इस विभाग की पहचान बनी।

विश्वविद्यालय के प्राध्यापक का पठन, पाठन, लेखन, अनुसंधान उत्कृष्ट हो, और हमेशा उर्ध्वोन्मुखी हो तथा अपने छात्रों के प्रति प्रतिबद्ध हो, जिसकी मशहूर मिसाल प्रो. अर्जुन चव्हाण जी का आचरण और व्यवहार है। सही मायने में वे हिन्दी प्रचार–प्रसार के पथिक हैं। विश्वास है आगे भी वे सक्रिय रहेंगे, स्वास्थ्य सम्पन्न भी होंगे अतः भविष्य के लिए उन्हें हार्दिक शुभकामनाएँ।

(मराठी से हिन्दी में अनुवाद–डॉ. मनोहर भंडारे)

खण्ड-22 : मित्रों के आईने में परिलक्षित प्रो. अर्जुन चव्हाण

अर्जुन चव्हाण की संगति से आत्मिक आनन्द

प्रो. (डॉ.) रतनकुमार पाण्डेय

डॉ. अर्जुन चव्हाण जी से मेरा साथ लगभग तीस साल से भी अधिक पुराना है। पहली बार शिवाजी विश्वविद्यालय की राष्ट्रीय संगोष्ठी में मेरा उनके साथ परिचय हुआ था। तब वे भी विभाग में कुछ वर्ष पहले ही नियुक्त हुए थे। उस परिसंवाद में मेरी तथा डॉ. चव्हाण जी की मित्रता की शुरुआत हुई जो आज तक निरन्तर प्रगाढ़ और घनिष्ठ होती गयी। कारण उनके गुणों का तथा ज्ञान का उत्कर्ष रहा है। पूरे देश में हजारों बार सेमीनार, रिफ्रेशर कोर्स, कार्यशाला आदि में मिलन होता रहा। उनके अध्यक्षीय कार्यकाल में देश के समकालीन लगभग सभी साहित्यकारों का वहाँ आगमन होता रहा। इसका कारण उनका व्यवहार गुण तथा साहित्य की मर्मज्ञता रहा। मेरा और इनका निरन्तर सम्पर्क एक–दूसरे को अभिभूत करता रहा। क्योंकि कहा है कि–

दोस्ती कब किससे की जाय, अन्दाजा नहीं होता।
ये वो घर है, जिसका कोई दरवाजा नहीं होता।

यह याद रखना चाहिए कि गुणों से ही मनुष्य महान बनता है। ऊँचे आसन पर बैठने से नहीं। महल के ऊँचे शिखर पर बैठे रहने के कारण कौवा गरूड नहीं होता। गुणों का ही महत्त्व होता है–

गुणैरुत्तुङ्गतां याति नोच्चैरासन संस्थितः।
प्रसाद शिखर रस्थोऽपि काको न गरुणायते।

अच्छे साथी के मिलने से मन प्रसन्न होता है। यह मैंने वर्षों वर्षों डॉ. अर्जुन चव्हाण के साथ अनुभव किया है। मानसिक शान्ति और आत्मिक आनन्द के लिए सच्ची संगति ही अनिवार्य है। मनुष्य का सर्वांगीण विकास अच्छी संगति मिलने से ही सम्भव है। मैंने डॉ. चव्हाण जी के और स्वयं

के भी सन्दर्भ में यह अनुभव किया है कि अपने गुणों के कारण यदि कोई यशस्वी बनता है तो उसे आदर पाने के लिए साहित्यिक समाज में आडम्बर की आवश्यकता नहीं होती। किन्तु जो दुर्जन और गुणहीन हैं किसी अच्छे के गुणों का आदर नहीं करता। उसका स्वभाव होता है कि वह गुणी व्यक्तियों के गुणों को भी बुरी नज़र से देखता है और बुरे कार्यों में लेता है। वह गुणी को जड़ और मुर्ख की उपाधि देता है, जो कोल्हापुर तथा मुंबई में हमने अनुभव किया है। मेरे साथी बनने के सन्दर्भ में मुझे देव गुरु बृहस्पति का कथन याद आता है–

यस्य न ज्ञायते शौर्य न शीलं न विचेश्ठितम्।
न तेन संगतिं कुर्यात इत्युवाच वृहस्पति।

जिस मनुष्य के बल का ज्ञान न हो, स्वभाव का ज्ञान न हो, उसके साथ कभी भी भूलकर भी संगति नहीं करनी चाहिए। यदि स्वभाव में अनुकूलता हो तो यही पहचान अपनत्व में बदलती है। मैत्री का द्वार खुल जाता है। अच्छे साथ से वाणी का मैल भी दूर होता है। चारों ओर यश फैलता है। सच्चे, खरे विद्वान लोगों से मेल मिलाप होता है, जो अनुभव मेरा चव्हाण जी के साथ से प्रबल हुआ है। मेहनत लगती है सपनों को हकीकत बनाने में। हौसला लगता है बुलंदियों को पाने में। अरसा लग जाता है ज़िन्दगी बनाने में तथा ज़िन्दगी कम पड़ जाती है आप जैसे दोस्त पाने में। अच्छे लोगों की ख़ूबी यह होती है कि उन्हें याद रखना नहीं पड़ता, वे याद रह ही जाते हैं। इससे ही सिद्ध होता है कि चव्हाण जी शख्सियत अच्छी है तभी तो इतना विरोध हुआ। आपका ज्ञान–समृद्ध होकर खुश रहना, आपका बुरा चाहने वालों के लिए सबसे बड़ी सज़ा रही। जिन्हें कहीं से प्रशंसा नहीं मिलती वे आत्म प्रशंसा करते हैं, ये हमारे अनुभव जगत की सत्यता है। अर्जुन जी के पास ज्ञान, विद्या है, इसलिए वे सर्वत्र सम्मानित होते रहे। उनकी वाणी और वक्तव्य कौशल भी दूसरों के चित्त को आकृष्ट करने में समर्थ रहे हैं इस कारण वे सभाओं में बोलने के लिए अपनी योग्यता से लगातार देशभर में बुलाए जाते रहे जिससे अपने, पराए, विद्वान और मूर्ख, शत्रु और मित्र सभी लोग इससे प्रभावित हुए हैं। कहा गया है कि–

तथास्तु वाचःसभायोग्याः याश्चित्ताकर्षण क्षमाः।
स्वेशां परेशां विदुशां द्विशामविदुशामपि।

जिसका जो स्वाभाविक गुण है उससे उसे वंचित करने की क्षमता किसी में भी नहीं होती। जिसने अपने को समझ लिया है वह दूसरों को समझाने नहीं जायेगा। वह यह सीख चुका है कि जीवन कर्तव्य करते हुए जीना चाहिए, आगे बढ़ना चाहिए। उन्होंने स्वयं पर भरोसा रखा जो उनकी ताकत बनी। उन्होंने जान लिया है कि पहचान से मिला काम बहुत कम समय के लिए टिकता है लेकिन काम से मिली पहचान, उम्रभर कायम रहती है। आपने स्वयं पर भरोसा रखा जो आपकी ताकत बनी। आपका जीवन कर्म, पुरुषार्थ तथा सकारात्मकता में नियोजित रहा है इसी कारण हर क्षण उनके लिए अवसर बनता रहा है। निरन्तर नया–नया सीखते रहे, आलोचक, कवि, गज़लकार आदि तथा उत्कृष्ट शिक्षक तो वे रहे हैं ही। नये शैक्षिक अनुभवों से रू–ब–रू होते रहे जिससे आपकी कार्यकुशलता और आत्मविश्वास बढ़ता गया। वे समझते हैं कि साहित्य जगत में सम्मान प्रतिष्ठा केवल आत्म नियन्त्रण और आत्मानुशासन द्वारा सम्भव होती है।

जब हमारा संघर्ष कमज़ोर पड़ता है, आत्मविश्वास डगमगा जाता है तब हम गिरने के भय से ग्रस्त हो जाते हैं। अर्जुन जी इसके परे हैं। इनके विचारों और कर्म में समता निरन्तर बनी रही जिसके चलते वे राग–द्वेष से दूर रहे हैं। जब हम ईमानदारी से अपने कर्तव्य का पालन करते हैं तो उससे अपने भीतर अपार सन्तोष महसूस करते हैं तब वही भाव विचारों में झलकने लगता है। इसी से हमारे व्यक्तित्व में सकारात्मक परिवर्तन होता है। अर्जुन जी के लिए यही सफल और सार्थक जीवन का परिचायक बन गया।

इन्हें बहुत सारी कठिनाइयों और समस्याओं का सामना करना पड़ा। पर जटिलताओं के भय से उन्होंने अपना रास्ता नहीं बदला। उन्हें पता था कि नकारात्मक विचार कभी टिकाऊ नहीं होता। बाधा बनीं रही जरुर परन्तु कभी निराश नहीं हुए। उन्हें पता था कि कभी–कभी गुच्छे की आख़िरी चाभी ताला खोल देती है। इसलिए मंजिल की ओर लगातार बढ़ते रहे। विपरीत परिस्थितियाँ आयी जरुर पर ये टूटे नहीं वरन रेकार्ड तोड़ दिया है। इसी कारण मैं कहता हूँ–

जो हो गया उसे सोचा नहीं करते,
जो मिल गया उसे खोया नहीं करते
हासिल उन्हें होती है सफलता,
जो वक़्त और हालात पर रोया नहीं करते।

नीचे गिरना पराजय नहीं है किन्तु गिरकर खड़ा न होना पराजय है। डॉ. चव्हाण जी निरन्तर खड़े होते आगे बढ़ते रहे। क्योंकि उन्हें पता था कि जीवन फूलों से भरा रास्ता नहीं है। वह समस्याओं के काँटों से भरा रास्ता है। लेकिन जीवन की राह फूलों से भरी हो सकती है। उन्हीं समस्याओं का सामना करके। उन्हें सुलझा लेने में ही जीवन का अर्थ छिपा हुआ है। ज़िन्दगी उसी को आजमाती है जो हर मोड़ पर चलना जानता है। कुछ पाकर तो हर कोई मुस्कराता है, ज़िन्दगी भी उसी की होती है जो सब खोकर भी मुस्कराना जानता है। उनका खुश रहना इनका बुरा चाहने वालों के लिए सबसे बड़ी सज़ा थी। हमारी मित्रता सतत् बढ़ती गयी। यहाँ तक कि पारिवारिक पहचान तथा निकटता बनी।...और आज मैं कह सकता हूँ कि मैं चाहे जैसा हूँ पर हूँ तो क्या–

पहचान मेरी 'शाद' मेरे दोस्तों से है।
मैं खुद बुरा भले, मग अच्छों के साथ हूँ।

बहुआयामी व्यक्तित्व

प्रो. (डॉ.) शंकरसिंह मोतीलाल बुंदेले

प्रो. अर्जुन जी चव्हाण एक सादगीपूर्ण जीवन के धनी और सच्चे शिक्षक, अन्वेषक, नवोन्मेष विचारधारा के संवाहक, समीक्षक, लेखक, कवि, संस्मरण लेखक, अनुवादक, अनुवाद चिंतक, अच्छे प्रशासक एवं कुशल प्रबन्धक तो हैं ही, मैं तो उन्हें एक सच्चे मित्र एवं सही मायने में हिन्दी के प्रचारक और वास्तविक अर्थ में अधुनातन हिन्दी जगत के दैदीप्यमान नक्षत्र मानता हूँ। वे निश्चित ही साहित्यप्रकाश में अपनी विविध विधाओं से, महत्त्वपूर्ण कृतियों के माध्यम से नवीनतम दिशाओं की ओर ले जाने में सफल एवं सक्षम रूप से प्रतिष्ठापित हुए हैं। प्रो. अर्जुन जी चव्हाण का व्यक्तित्व उद्‌घाटित करने का महती कार्य तभी पूरा होगा, जब उनका ग़ज़लकार का साहित्यिक व्यक्तित्व विश्लेषित होगा। सामाजिक एवं राजनैतिक चुटीले व्यंग्य बाणों से उनकी गजल अपनी अमृतमयी रसीले आस्वाद को सर्वत्र बिखरेती–सी प्रतीत होती है। ग़ज़ल में हिन्दी के नवीनतम शब्दों की बहुलता से प्रयोग उनकी अपनी विशेषता रही है। भाषा एवं भावों के अद्‌भुत समन्वय की पराकाष्ठा उनके साहित्यकार के लक्ष्य की ओर स्पष्टता इंगित करती दृष्टिगत होती है। वर्तमान समाज की राजनैतिक सत्ता का अपकार्यात्मक स्वरूप ही जहाँ प्रतिपाद्य है, वही व्यक्ति एवं समाज जीवन की विसंगतियों का सागोपांग चित्रण भी उनकी ग़ज़लें प्रस्तुत करती हैं इसमें कोई दो मत नहीं है।

मेरा और मेरे मित्र डॉ. अर्जुन जी के सम्बन्धों का इतिहास बहुत पुराना है। हिन्दी जगत् के शिक्षकों के प्रति अनेक ऐसी कथाएँ भी लिखी गयी, जिनके माध्यम से सकारात्मक अवधारणाएँ तो कम नकारात्मक स्थापनाएँ ही मूर्तगत होती हैं। प्रा. अर्जुन जी इस मान्यता को पलट देते हैं। प्रो. अर्जुन

जी हिन्दी जगत के विशाल वटवृक्ष की ऐसी सबल टहनी है, जिस पर एक संवेदनशील व्यक्ति, चिंतक, दार्शनिक, सर्जक, आलोचक, सूक्ष्मातिसूक्ष्म एवं पैनी दृष्टि वाले–सामाजिक निरीक्षक, अनुसंधानकर्ता और कला एवं विज्ञान के समन्वयकर्ता साहित्य में धर्म एवं अध्यात्म को सम्मिश्रित करनेवाले, सामाजिक चेतना के चितेरे और वस्तुनिष्ठता के प्रतिमानों के प्रतिष्ठापक रहे खग रूपी साहित्यकार विराजित है। उनका विपुल साहित्य–उनकी भावयित्री एवं कारयित्री प्रतिभा को उजागर करने का एक महत्त्वपूर्ण जख़ीरा है। उन्होंने अपनी शिक्षा–परम्परा में एक अच्छे शिक्षक के रूप में बहुत अधिक लोकप्रियता अर्जित की है। उनका प्रत्येक व्याख्यान छात्रों को नवीनतम मान्यताओं को क्रमबद्धता के साथ आत्मसात करने में एक बेजोड़ साधन सिद्ध होता रहा है। वास्तव में उनके विपुल ज्ञान–संज्ञान की सिद्धता का भान, उनके सजीव प्रतिपादन क्षमता से कक्षा में रूपायित होता रहा है। वे किसी भी विषय पर अपना मंतव्य नवीनतम मुद्दों को प्रस्तुत करते हुए, अपनी मौलिकता की छाप अवश्य ही छोड़ते रहे हैं। यही उनके आन्तरिक व्यक्तित्व की महत्त्वपूर्ण झाँकी हमें दिखायी देती है।

प्रो. अर्जुन चव्हाण जी का व्यक्तित्व एक गहन आत्मविश्वास से परिपूर्ण, कठोर साधनारत व्यक्ति का अद्भुत व्यक्तित्व रहा है, जिसमें विषम परिस्थितियों से भी संबल होते हुए, उसमें भी नव–नवीन स्थापनाओं को मूर्तता देने की अद्भुत क्षमता हमें परिलक्षित होती है। धैर्य के धनी, इतने कि विरोधियों के प्रहार एवं घनघोर विषम स्थितियों में भी अपने मार्ग के कंटकों का सफाया वे सहजता से करते रहे हैं। उनके इसी व्यक्तित्व की आभा हमें विश्वविद्यालयीन व्यवस्था में स्पष्टता से परिलक्षित होती रही है। प्रो. अर्जुन जी से एक अच्छे व्यक्ति एवं सामाजिकता के मानदण्ड पर खरे उतरने वाले मित्र सिद्ध होते हैं तुलसीदास जी ने लिखा है–

"धीरज, धर्म, मित्र अरू नारी।
आपद काल परिखयो चारी।।"

मैंने अनेक व्यवस्थाओं में प्रो. अर्जुन जी के साथ काम करते हुए, उनकी इस प्रतिभा का परिचय पाया है। इसीलिए मेरे लिए वे सच्चे मित्र के रूप में सर्वोपरि हैं। तुलसीदास का वह पद मुझे प्रो. अर्जुन जी के व्यक्तित्व को उद्घाटित करते समय याद आता है जो इस प्रकार है–

"तोसो भो सो नाते अनेक, मानिये जो भावे।"

दोस्ती का ऐसा सहज आस्वाद, वैचारिक समता, सहजता अपने से अधिक गुणों का समन्वय, जब हमें प्राप्त होता है तो फिर रसास्वाद ही मित्रता का मूल लक्ष्य प्रतीत होता है। जब हमारे दोस्त का कल्याण एवं अभीष्ट हमारा लक्ष्य हो जाये, तो समझ लो कि वह मित्रता के मानदण्ड पर पूर्णता प्राप्त दोस्ती होती है। प्रो. अर्जुन जी एवं मेरे बीच इसी दोस्ती का बीजांकुरण हुआ है जो समय–समय पर उद्घाटित होता रहा है। बात उन दिनों की है, जब हम यू.जी.सी. के गोपनीय कार्य से दिल्ली में सप्ताहभर एक साथ थे। दिल्ली की इस यू.जी.सी. की सभा में प्रो. अर्जुन जी को सभा–समाप्ति के उपरान्त एक रत्नजड़ित स्वर्ण अँगूठी मिली थी, जिसे उन्होंने मेरे पास दिया और सभागार में उपस्थित मित्रों से आवाहन कर जानने की कोशिश की थी कि क्या आज किसी का कुछ खोया? उस दिन हम दोनों में एक वरिष्ठ मित्र, रूडकी–हरिद्वार के बड़े साहित्यकार प्रधानाचार्य अरुण जी की पत्नी का जन्मदिन होने के कारण जरा जल्दी सभा से चले गये थे। उनसे अर्जुन जी ने फोन कर पूछा कि क्या आपकी कोई चीज़ गुम गयी है? अपनी अँगूठी खो जाने से वे परेशान थे। तब प्रो. अर्जुन चव्हाण ने उन्हें आश्वस्त किया था कि, ''आप निश्चित रहिये और आनन्द–विभोर हो जाइये–भाभीजी के जन्मदिवस पर, आपकी अमानत मैं और मेरे मित्र प्रो. शंकरसिंह बुंदेले जी के पास सुरक्षित है।'' इसी उद्गार से उनकी मित्रता की नींव कितनी आनन्दमय रही होगी इसकी कल्पना कर सकते हैं। वे दोस्तों की मदद करते हैं और उनकी ख़ुशी में ही सराबोर होने वाले सच्चे दोस्त रहे हैं और यही हमारी मित्रता का सूत्राधार भी रहा है।

प्रो. अर्जुन जी के व्यक्तित्व के बहुआयामी विवेचन में मुझ पर तटस्थता के मानदण्ड से विचलित होने का आरोप लगाया जाना सम्भव है किन्तु प्रो. अर्जुन जी हैं ही ऐसे विलक्षणतापूर्ण गुणों से परिपूर्ण जिनका समग्र अंकन, मुझे आपकी विशेषताओं को उद्घाटित करने के लिए सहज उत्प्रेरित करता रहा है।

अनेक आयोजनों में उनकी शिरकत हमें इस तथ्य को सत्य प्रमाणित करती रही है कि श्रोता एवं विद्वतजन की विश्लेषणात्मक एवं तर्कपूर्ण प्रतिपादन ओजस्वी व्याख्यान शैली से निश्चिततः प्रभावित ही नहीं होते रहे हैं, बल्कि उनकी नवीन मान्यताओं के कायल भी रहे हैं। यह भी एक ख़ूबी मेरे मित्र की रही है जो निश्चित ही उनके व्यक्तित्व की आन्तरिक झाँकी को उद्घाटित करती है। शोध के नवीनतम विषयों के चयन एवं उनके

विविध चरणों में विभाजन की अद्‌भुत क्षमता, उनकी अनुसंधान की आन्तरिक पैनी–दृष्टि को उजागर करती रही है, अनेक शोध संगोष्ठियों में उनका प्रतिपादन एवं सहज–निरूपण, उनकी अनुसंधानात्मक आन्तरिक प्रतिभा को उजागर करता रहा है। उनके अनेक शोध–कार्य इनके ज्वलंत प्रमाण रहे हैं। उनकी विविध क्षमताओं का प्रकटीकरण, तो अनेक अवसरों पर छात्र एवं अनुसंधानकर्ताओं के लिए शैक्षिक अनुभूतियों का जख़ीरा प्रस्तुत करता रहा है। मुझे शिक्षा के क्षेत्र में लगभग पैतालीस वर्षों के कार्यकाल में एक समग्र दृष्टि से परिपूर्ण शख़्स प्रो. अर्जुन चव्हाण मिले हैं, यह मेरे लिए बड़ी गर्व की बात है। व्यक्ति की सेवा निवृत्ति तो औपचारिक सेवाओं से होती है, मुझे पूर्ण विश्वास है कि मुझे मित्र के लिए उड़ान भरने का यह पूरा आकाश उपलब्ध हो रहा है। वे स्वस्थ रहकर सफलता के चरमोत्कर्ष को छूयेंगे ऐसी ही मेरी उनके लिए शुभकामनाएँ हैं।

अन्त में अन्तरंग मित्र प्रो. अर्जुन जी चव्हाण के बहुआयामी व्यक्तित्व को उद्‌घाटित करते मेरी निम्नांकित काव्यपंक्तियाँ उन्हें समर्पित हैं, जो निश्चित ही उनके लिए सटीक और पूर्णतः सार्थक सिद्ध होती है–जो इस प्रकार हैं–

"सत्य को प्रमाण की आवश्यकता नहीं होती।
कर्म को कल्याण की आवश्यकता नहीं होती।
हो मगर वास्तव में बहुआयामी व्यक्तित्व तब
उसे व्याख्यित करने की आवश्यकता नहीं होती।"

भाई प्रो. अर्जुन चव्हाण...

प्रो. (डॉ.) नवनीत चौहान

प्रो. अर्जुन चव्हाण के लिए लिखना मेरे जैसे व्यक्ति के लिए अत्यन्त दुष्कर कार्य है क्योंकि भाई अपने आप में एक संस्था हैं और विद्वान भी। वह मेरे बहुत पुराने मित्र हैं और नाटक–नाट्य से जुड़े हुए सहकर्मी भी। अतः एक अतिरिक्त लगाव का तत्व हम दोनों में विद्यमान रहा है। अस्सी के दशक के फ़िल्म अभिनेताओं जैसा हेयर स्टाईल, ख़ूब अपडेट होकर, सजधज कर मंच पर आना और अपनी बात को पूरी सिद्दत के साथ बेबाक होकर रखना डॉ. चव्हाण जी की ख़ूबी है।

भाई कवि भी हैं, काव्य कला और नाट्य कला की समझ अप्रतिम है। दिल्ली प्रवास के दौरान मैंने उनकी काव्य कला के दर्शन किए थे। मैंने देखा कि कविता में वर्तमान और इतिहास से प्रेरणा लेना उनकी विशेषता है। मेरा मानना है कि कवि केवल इतिहास का पुनरावर्तन नहीं करता बल्कि उसे अपने समय से जोड़कर भविष्य की ओर संकेत करता है। मानव जाति की इस चिर विकासशील अतीत की चेतना के अर्जन और नैरंतर्य को दृष्टि पथ में रखकर टी.एस. इलियट ने कहा था कि–"शेक्सपीयर ने लप्टार्क से जितना आधारभूत इतिहास ग्रहण कर लिया था उतना अधिकांश लोग पूरे ब्रिटिश संग्रहालय से भी नहीं कर सकते।" इतिहास का सत्य देश कालगत होता है और साहित्य का देश कालातीत। तभी तो अरस्तु ने कविता को इतिहास से अधिक श्रेष्ठ और तात्त्विक माना था, क्योंकि इतिहास का उद्देश्य जो कुछ घटित हो चुका है उसका वर्णन करना मात्र है वहीं कविता का उद्देश्य जो कुछ सत्य है और जो कुछ घटित हो सकता है उसका वर्णन करना भी है।

कविता जहाँ सार्वभौम का चित्रण करती है वहीं इतिहास विशिष्ट का। कविता के चित्र मरे हुए तथ्यों का पुनरुत्पादन मात्र नहीं होते, उनमें स्वर्णिम भविष्य के चित्र भी होते हैं जिसके कारण वह सार्वदेशिक और सार्वकालिक

बन जाते हैं। शूद्रक, भास, कबीर, तुलसी, भारतेन्दु का साहित्य हमें समाज के जिस यथार्थपरक चित्रण से अवगत कराता है वैसा इतिहास का कोई ग्रन्थ नहीं करा पाता, इसीलिए कविता उदाहरण बन जाती है। कवि नये–नये संसार की रचना करता है, मैंने देखा कि मेरे जैसा आम आदमी उन गहराइयों में प्रवेश नहीं कर पाता जहाँ प्रो. अर्जुन जी जैसा काव्यकार सहज ही पहुँच जाता है, यह उनकी कविताओं की विशिष्टताएँ हैं जो उनकी विचारधारा से जुड़कर कविता को शिलालेख बना देती हैं और वर्तमान का सशस्त्र दस्तावेज–जो भविष्य की ओर इंगित करता है। जैसे–

"जमाना गूँगा बनता जाये
चाहे लोग बने बहरे
व्यक्ति काना बन जाये,
चाहे हालात हो गहरे" [1]

उनकी दूसरी पसन्द नाटक है। मैंने उन्हें अक्सर संगोष्ठियों में नाटक की आलोचना करते हुए सुना है। थोड़ा अन्तर है–मैं नाटक से ज़्यादा नाट्य में रूचि रखने वाला व्यक्ति हूँ, जबकि डॉ. अर्जुन जी शुरु से नाटक पर बोलते हैं।

'त्रोलोवयस्यास्यसर्वस्य नाट्यं भावानुकीर्तनम्'

भरतमुनि ने नाट्यशास्त्र में असुरों को रूपक का स्वरूप समझाते हुए लिखा है कि रूपक–मात्र देवताओं–असुरों और मानवों के कार्यकलापों का अनुकरण ही नहीं करता वरन् तीनों लोकों के सभी प्राणियों के भावों का अनुकीर्तन है। भरत मुनि नाट्य के तीनों लोकों के प्राणियों की अन्तःप्रकृति, मनोभावों एवं नाना अवस्थाओं की अनुकृति अथवा भावानुकीर्तन मानते हैं। साहित्य में व्यापकत्व एवं घनत्व अधिक है, श्रेष्ठ रचनाकार केवल सृष्टा ही नहीं होता बल्कि दृष्टा भी होता है, वह भविष्य दृष्टि सम्पन्न जीवन का समीक्षक है। वह जीवन की अन्तरंग झाँकियों को प्रस्तुत करता है जो परम्परागत स्रोतों से सम्भव नहीं है। रूपक का पूरा स्वरूप साहित्य की समस्त विधाओं में यह कार्य बड़े प्रभावशाली एवं न्यायपूर्ण ढंग से प्रस्तुत करने के लिए रचा गया है। उसमें शब्द को बहुत ही सन्तुलित प्रकार से दृश्य में परिवर्तित किया जाता है, उसमें प्रयुक्त शब्द साहित्य की अन्य विधाओं के समान अदृश्य या काल्पनिक घटना को या दृश्य को जन्म देने वाला नहीं होता, वह चेतन है, मूर्तिमान है वह सुनने के साथ–साथ दिखायी भी देता है। अतः नाटक या रूपक का प्रत्येक तत्व साहित्य की अन्य विधाओं से अलग होता है। उसकी कथा केवल कहने और सुनने के लिए नहीं होती बल्कि देखने से ताल्लुक रखती है, वह पूर्वापर घटना नहीं होती–वर्तमान और यथार्थ होती है क्योंकि वह दृश्य है।

सफल नाटककार को अपने नाटक को लिखते समय यह ध्यान रखना अत्यन्त आवश्यक है कि वह अपने लिखे को प्रेक्षक को दिखा रहा है। अतः वह अपने शब्द को जीवन्त बनाता है, संवाद तो साहित्य की प्रत्येक विधा में होते हैं परन्तु नाट्य संवाद विशिष्ट इसलिए होते हैं कि वह केवल पढ़े या बोले ही नहीं जाते बल्कि एक अभिनेता के द्वारा अभिनयात्मकता के साथ अदा किए जाते हैं, उनमें साहित्यिक भाषा के स्थान पर अदायगी पर ज़ोर दिया जाता है, उनमें साहित्यिकता कम अदायगी और रवानगी ज़्यादा होती है। उनमें जीवन का स्पष्ट दर्शन छिपा होता है जो बिना किसी लाग–लपेट के सीधे–सीधे प्रेक्षक के दिलो–दिमाग़ पर अपनी अमिट छाप छोड़ता है और विचार करने के लिए मजबूर करता है–"जो डर गया समझो मर गया" कहने की जरूरत नहीं कि यह किस फ़िल्म का संवाद है और किसने बोला है लेकिन वर्षों बाद भी देश के बच्चे–बच्चे को याद है। साहित्य के नाम से एक अध्यापक के तौर पर देखने जाएँ तो इस संवाद में ऐसा कुछ भी नहीं है जो गौर–ए–ज़िक्र हो लेकिन ज़िन्दगी का एक बड़ा दर्शन अपने–आपमें लिए हुए यह संवाद हमें यह समझाता है कि निड़रता ही सफलता की कुँजी है–जीवन के किसी भी क्षेत्र में जो डर गया वह आगे नहीं बढ़ सकता।

यह नाटकीय साहित्यिकता है जो संवाद को आम जन की जुबान पर चढ़ाकर अमर और शाश्वत बना देती है। ठीक इसी प्रकार रंगमंच पर शब्द ही आहार्य का कार्य कई बार करते हैं इसीलिए संस्कृत में शब्द द्वारा प्रस्तुत को वाचिक अभिनय कहा गया है। अभिनेता अभिनय कला द्वारा उस भाव और दृश्य का निर्माण करता है जो कभी तो लेखक ने सोचा भी नहीं होता। मेरी दृष्टि में नाटक साहित्य के साथ–साथ कला है–यह समझना होगा नाटक लेखक को और नाटक आलोचक को। साहित्य की अन्य विधाओं की तरह न तो उसका लेखन होना चाहिए और न ही आलोचना। नाट्य आलोचना होनी चाहिए, उसका अलग स्वरूप होना चाहिए जिसमें आलोचक को साहित्य की समझ के साथ कला की भी अच्छी समझ होनी चाहिए।

भाई अर्जुन चव्हाण जी भी जब नाटक आलोचना करते हैं तो वह भी उपरोक्त को ध्यान में रखते हैं तब ही वह अन्य नाट्य आलोचकों से अलग हैं और प्रभावशाली भी। मैं अपने मित्र के इस प्रयास की सराहना करता हूँ और कामना करता हूँ कि वह इसी प्रकार अपना लेखन करते हुए अपने रचना कार्य और आलोचना कार्य को आगे बढ़ाते रहें!

सन्दर्भ

1. डॉ. अर्जुन चव्हाण–'जय बोलने वाले', काव्यसंग्रह, पृष्ठ 42,

गजब का गुणग्राहक व्यक्तित्व

प्रो. (डॉ.) ओमप्रकाश शर्मा

मैं शिवाजी विश्वविद्यालय के हिन्दी विभाग में यशवंतराव चव्हाण वारणा महाविद्यालय के प्रभारी प्राचार्य प्रोफेसर (डॉ.) प्रकाश चिकुर्डेकर के शोध छात्र के पीएच.डी. की मौखिकी लेने के लिए कुछ वर्ष पूर्व गया था। उस समय मेरी मुलाकात प्रो. (डॉ.) अर्जुन चव्हाण से हुई। डॉ. चव्हाण का व्यक्तित्व मेरी दृष्टि से चुंबकीय व्यक्तित्व है। जो भी उनके सम्पर्क में आता है वह उनके व्यक्तित्व की गरिमा का कायल हो जाता है। उस समय चव्हाण सर हिन्दी विभागाध्यक्ष नहीं थे। फिर भी उनकी प्रशासनिक पकड़ बहुत ही जबर्दस्त थी। पीएच.डी. के छात्र की मौखिकी सम्पन्न हुई। तब तत्कालीन हिन्दी विभागाध्यक्ष ने मेरे मानदेय के कागजात मंजूरी हेतु वित्त विभाग में भेज दिए थे। उस समय स्वयं चव्हाण सर मेरे साथ वित्त विभाग पहुँचे और उनकी सूचनानुसार बिना किसी रुकावट के आननफनन में मेरा मानदेय प्राप्त हुआ। इस प्रसंग से दिखायी देता है कि डॉ. चव्हाण जी की प्रशासकीय पकड़ कितनी मज़बूत है, साथ ही उनके आत्मीय सम्बन्धों की बदौलत मेरा कार्य सुचारू ढंग से सम्पन्न हुआ।

वे बेहद ही मिलनसार व्यक्ति हैं। उन्होंने अब तक विविध विषयों पर 50 से भी ज़्यादा किताबें लिखी हैं। पूरे देश में प्रखर वक्ता एवं प्रसिद्ध साहित्यकार के रूप में वे विख्यात हैं। इसके बावजूद उनके व्यक्तित्व में अहम् भाव की झलक कतई दिखायी नहीं देती। उनके पाँव जमीं से जुड़े होने के कारण मैं भी उनके व्यक्तित्व का कायल हो गया। अब वे मेरे परम मित्रों में से एक हैं। डॉ. चव्हाण जी की एक और विशेषता है। वे दूसरों की मदद के लिए हमेशा तत्पर रहते हैं। चाहे वह एम.ए. या पीएच.डी. का छात्र हो या सहयोगी अध्यापक।

पुणे के आबासाहेब गरवारे महाविद्यालय में एक संगोष्ठी का आयोजन किया गया था जिसमें शामिल होने के लिए मेरे मित्र चव्हाण सर की लड़की डॉ. चारूता आयी थी। उस समय डॉ. चव्हाण जी भी पधारे थे। संगोष्ठी का विषय भिन्न था। पर अपनी लड़की के लिए वे अपना काम स्थगित कर पुणे आये थे। उस समय वे हमारे महाविद्यालय के हिन्दी विभाग में मुझसे मिलने आये थे। मेरी 'नैक' की तैयारी जारी थी। मैंने उनसे सलाह माँगी कि मैं विभाग की उपलब्धियों को किस प्रकार प्रस्तुत करूँ। उस समय उन्होंने मौलिक सुझाव दिए जिसके आधार पर मैंने प्रस्तुतीकरण तैयार किया। हाल ही में कोल्हापुर के शिवाजी विश्वविद्यालय में नैक की कमेटी आयी थी। डॉ. चव्हाण जी ने तो अपने विभाग की सारी उपलब्धियाँ पेश की। कहना ज़रूरी नहीं कि जहाँ और जिस विश्वविद्यालय में उनके जैसे प्राध्यापक, लेखक, और विभागाध्यक्ष हो उसे ऊँची ग्रेड मिलना मुश्किल नहीं। परिणामस्वरूप नॅक ने A++ से विश्वविद्यालय को गौरवान्वित किया। डॉ.चव्हाण प्रसिद्ध लेखक तो हैं ही। देशभर के विविध विश्वविद्यालयों की संगोष्ठियों में अपने प्रखर वक्ता की धाक भी जमा चुके हैं। वे लगातार भ्रमण करते रहते हैं। अपना लेखन भी जारी रखते हैं। हाल ही के कोरोना काल में उन्होंने चार किताबें लिखी। अपने काम के प्रति समर्पित व्यक्तित्व के धनी डॉ.चव्हाण सद्गृहस्थ भी हैं। उन्हें दो बेटियाँ और एक बेटा है। बड़ी बेटी अमृता एल.एल.एम. की उपाधि प्राप्त कर एडवोकेट बनी और जज बनने की तैयारी में जुटी है। चारूता डॉक्टर है जो पोस्ट ग्रेज्युएशन एम.डी. कर रही है। उनका लड़का भूषण मानसोपचार विशेषज्ञ है।

डॉ. चव्हाण जी स्वयं बहुआयामी लेखक हैं और मेरे जैसे लेखक मित्र को भी प्रोत्साहित करते रहते हैं। मैंने इक्कीस कहानियों की किताब लिखी है जिसका नाम 'सहजीवन' है। सर ने वे कहानियाँ पढ़ी और मुझसे कहा कि आप इसी दिशा में आगे बढ़े। मौलिक सृजन जारी रखे। इस प्रकार एक सहृदय लेखक, प्रखर वक्ता, कुशल प्रशासक, ईमानदार, निष्ठावान हिन्दी विभागाध्यक्ष, सदा मदद करने के लिए तत्पर, गुणग्राहक प्रो. (डॉ.) अर्जुन चव्हाण को प्रभु, स्वस्थ, आनंदित रखे और शक्ति प्रदान करें ताकि वे अपना कार्य सुचारू रूप से पूर्ण कर सके।

मुझमें मेरा कछु नहीं...!

प्रो. (डॉ.) सुधाकर शेंडगे

सम्भवतः प्रो. अर्जुन चव्हाण जी की और मेरी मुलाकात किसी पुनश्चर्या पाठ्यक्रम में हुई थी। उस समय मैं प्रतिभागी था और वे स्रोत व्यक्ति। 'हिन्दी के ग्रामांचलिक उपन्यास' पर उनका चिन्तन और विवेचन अत्यन्त प्रभावी लगा तब से हम अर्जुन चव्हाण नामक प्रभावशाली व्यक्तित्व के फॅन बन गये हैं। डॉ. बाबासाहेब अम्बेडकर मराठवाडा विश्वविद्यालय के हिन्दी विभाग से उनका रिश्ता काफ़ी पुराना है। विभाग के संस्थापक अध्यक्ष स्व.प्रो. भगतसिंह राजूरकर जी के साथ भी उनका अटूट सम्बन्ध रहा है। विभाग में कोई संगोष्ठी हो, पुनर्नवा पाठ्यक्रम का आयोजन हो, पीएच.डी. पूर्व कोर्स वर्क हो आपको निरन्तर विभाग ने याद किया और आप ने कभी आनाकानी नहीं की बल्कि इस स्नेहनिर्झर को निरन्तर बहने दिया।

प्रो. अर्जुन चव्हाण जी ने अपने चिन्तन, मनन और सम्प्रेषण कला से भारत भर में अपनी परख और पहचान बनायी है। उनकी पहचान का एकमात्र साधन है, उनका विचारधन। अब तक विभिन्न विषयों को लेकर उनकी पच्चास से भी अधिक पुस्तकें प्रकाशित हैं। विभिन्न पत्र–पत्रिकाओं में उनके 100 से भी अधिक शोध–पत्र प्रकाशित हुए हैं। आपके शोध–निर्देशन में 24 छात्रों ने पीएच.डी. तथा 34 छात्रों ने एम.फिल. की उपाधियाँ प्राप्त की हैं। उनके निर्देशन में शोधकार्य करने के लिए छात्र हमेशा लालयित रहते हैं। 350 से अधिक राष्ट्रीय–अन्तर्राष्ट्रीय संगोष्ठियों में प्रमुख अतिथि, अध्यक्ष, बीजवक्ता, विषय प्रस्तोता के रूप में आपने अपनी भूमिका निभायी है। 'अनुवाद समस्याएँ एवं समाधान' तथा 'समकालीन हिन्दी तथा मराठी बृहद उपन्यासों का वैचारिक पक्ष' जैसे अधुनातन और अत्यन्त नये विषयों पर परियोजनाओं को पूर्ण करते हुए अपनी नित्य नूतनवृत्ति का परिचय दिया है। शिक्षक की इससे बढ़कर क्या सम्पत्ति हो सकती है। इस दृष्टि से देखें

तो वे धनी आदमी हैं। निरन्तर अध्ययनरत रहकर 'खुद ही को कर बुलन्द इतना' का परिचय हमें उनका व्यक्तित्व देता है।

उनकी पुस्तकें उनकी चिन्तनगर्भिता और गहरी पैठ का परिचय देती हैं। 'राजेंद्र यादव के उपन्यासों में मध्यवर्गीय जीवन', 'उपन्यासकार राजेंद्र यादव', 'अनुवाद चिन्तन', 'अनुवाद : समस्याएँ एवं समाधान', 'आधुनिक हिन्दी का कालजयी साहित्य', 'विमर्श के विविध आयाम', 'समकालीन उपन्यासों का वैचारिक पक्ष', 'मीडियाकालीन हिन्दी...' जैसी पुस्तकें उनके गहरे चिन्तन की परिचायक हैं। नयी सदी को विमर्शों की सदी कहा जाता है। वैश्वीकरण के परिप्रेक्ष्य में अनुवाद का महत्त्व अनन्यसाधारण है। इस दृष्टि से उनकी 'अनुवाद चिन्तन', 'अनुवाद : समस्याएँ एवं समाधान', तथा 'विमर्श के विविध आयाम' जैसी पुस्तकें अपनी मौलिकता स्वयं सिद्ध करती हैं।

छात्रों को दिये गये शोध–विषय में भी यह विषय–वैविध्य देखा जा सकता है। अमृतराय, कमलेश्वर, राही मासूम रज़ा, विनोदकुमार शुक्ल, निर्मल वर्मा, रामदरश मिश्र, कृष्णा सोबती, राजेंद्र यादव, श्रीलाल शुक्ल, नागार्जुन, मैत्रेयी पुष्पा, संजीव जैसे मूर्धन्य साहित्यकारों पर ही नहीं बल्कि नागार्जुन और नारायण सुर्वे, नागार्जुन और आनन्द यादव, हिन्दी–मराठी के ग्रामकेन्द्रित उपन्यास जैसे तुलनात्मक विषय और 'बीसवीं सदी के उपन्यासों का प्रवृत्तिमूलक अध्ययन', 'आपात्कालोत्तर ग्रामांचलिक उपन्यास', स्वातंत्र्योत्तर हिन्दी यात्रा साहित्य', 'हिन्दी उपन्यासों के नायकों की संघर्ष चेतना', 'हिन्दी कहानी में नारी विमर्श', 'सामाजिक यथार्थ के परिप्रेक्ष्य में संजीव का साहित्य' जैसे मौलिक विषय पर शोधकार्य करवाया है, यहाँ भी उनकी पैनी दृष्टि का परिचय होता है।

विदेश यात्रा करनेवाले तो हजारों मिलेंगे लेकिन विदेश की अध्ययन–यात्रा करने वाला प्रो. अर्जुन चव्हाण जैसा बिरला ही होता है। मॉरीशस, उजबेकिस्तान, रुस जैसे देशों की अध्ययन यात्राएँ की हैं। वहाँ आयोजित अन्तर्राष्ट्रीय संगोष्ठियों में कभी अतिथि, कभी अध्यक्ष तो कभी स्रोत व्यक्ति के रूप में अपनी सेवाएँ दी हैं। कई नामी संस्थाओं के लिए मानद सदस्य के रूप में आपने काम किया है। केन्द्रीय सचिवालय हिन्दी परिषद के सलाहकार समिति सदस्य, महाराष्ट्र राज्य हिन्दी साहित्य अकादमी सदस्य, महाराष्ट्र हिन्दी परिषद के प्रधान सचिव, शिवाजी विश्वविद्यालय हिन्दी परिषद के कार्याध्यक्ष आदि विभिन्न पदों पर आपने कार्य किया है।

लगभग पैंतीस वर्ष की अविरत सेवा में विभिन्न विश्वविद्यालयों से अकादमिक रूप में जुड़े रहना आपकी मेहनत, लगन, निरन्तरता का प्रमाण है। 'कर्मण्य वाधिकारस्ते मा फलेशु कदाचनं' यह वृत्ति जिसमें होती है,

सफलता उसके चरण छुती है। अत्यन्त नामी पुरस्कारों से आपको नवाज़ा गया है। पुरस्कार पानेवाले कई होते हैं, पुरस्कारों के लिए लॉबिंग करने वाले भी कई मिलेंगे पर पुरस्कार उन्हीं को शोभायमान होते हैं, जिनका असल में बेहतरीन काम है, उनमें से एक हैं अर्जुन चव्हाण जी। महाराष्ट्र राज्य हिन्दी साहित्य अकादमी का पं. महावीरप्रसाद द्विवेदी पुरस्कार, विश्व हिन्दी संमेलन, दिल्ली से 'राष्ट्रीय हिन्दी सेवा सहस्त्राब्दी सम्मान', नेहरु युवा केन्द्र की ओर से 'युवा प्रेरक मार्गदर्शक पुरस्कार', मानव संसाधन विकास मन्त्रालय से संलग्न केन्द्रीय हिन्दी निदेशालय का 'अहिन्दी भाषी लेखक पुरस्कार' यह पुरस्कार आपके समक्ष तथा समृद्ध व्यक्तित्व और कृतित्व पर मुहर लगाते हैं।

प्रो. अर्जुन चव्हाण की सबसे बड़ी विशेषता है, ज़मीन से जुड़े रहना। इस आदमी ने आकाश को छुआ है परन्तु 'हवा' नहीं लगने दी। इन्होंने अपने अन्दर 'अहंकार' को कभी जगह ही नहीं दी। इतने बड़े विद्वान हैं, देश–विदेश की यात्राएँ की हैं, भारत के कई विश्वविद्यालयों में आना–जाना है परन्तु इनका व्यवहार निरन्तर सादगी भरा रहा है। यही कारण है कि भारत के किसी भी विश्वविद्यालय में जाइए वहाँ डॉ. अर्जुन चव्हाण जी के एक–दो मित्र अवश्य मिलेंगे, मिलनसार, मितभाषी, निगर्वी, संवदेनशील, रहमदिल इन्सान के रूप में ही उनकी परख और पहचान बनी है। डॉ. बाबासाहेब अम्बेडकर मराठवाडा विश्वविद्यालय की शोध समिति में हमने एक साथ काम किया है। हिन्दी अध्ययन मंडल के चेअरमन डॉ. देविदास इंगळे और मैं डॉ. चव्हाण जी से ज्ञान और अनुभव की दृष्टि से छोटे हैं परन्तु उन्होंने निरन्तर पद और प्रतिष्ठा की गरिमा बनाये रखते हुए अपने सुझाव दिये हैं। यह अपनत्व का भाव लेकर वे पहले सामनेवाले का सम्मान करते हैं और अपने आचरण से सामनेवाले के दिल में कब बस जाते हैं, उसे पता नहीं चलता।

एक बार एक संगोष्ठी के वे बीजवक्ता थे और मैं सत्राध्यक्ष। उद्घाटन देरी से हुआ और बीजवक्तव्य के बाद सीधे भोजन के लिए जाना पड़ा। दोपहर में सत्र शुरू होने में काफ़ी देर हुई। उनकी टिकट बुक थी। दूसरा कोई होता तो अपने अन्दाज में कहता कि चलो ठीक है, मिलते हैं। लेकिन उन्होंने मेरे कंधे पर हाथ रखते हुए अपने अन्दाज में कहा, "भाई सुधाकरजी, मैं आपको सुनना चाहता था, मैं यह सोचकर आया था कि आपका सत्र समाप्त होने के बाद निकलूँगा पर मेरी गाडी का टिकट बुक है, मुझे समय से पहले वहाँ पहुँचना आवश्यक है, फिर कभी आपको सुनूंगा।" यह बड़प्पन किसी के भी पास नहीं होता, इसके लिए आदमी में इन्सानियत का होना बहुत जरुरी है, यह दरियादिली अर्जुन जी के पास है।

अभी हाल ही में हिन्दी विभाग, डॉ. बाबासाहेब अम्बेडकर मराठवाडा विश्वविद्यालय का स्वर्णजयंती समारोह सम्पन्न हुआ। हिन्दी विभाग के स्वर्णजयंती के उपलक्ष्य में हम विशेषांक निकालना चाहते थे और उसके लिए विभाग से जुड़े हुए लोगों से उनके अपने विचार, अनुभव शब्दबद्ध करना चाहते थे। अर्जुन जी से मैंने फोन किया तो उन्होंने अत्यन्त आत्मीयता से 'हाँ मैं जरुर लिखूंगा' कहकर मुझे आश्वस्त तो किया किन्तु व्यस्ता से वे समय पर भेज नहीं पाये। विशेषांक लगभग तैयार हो गया था लेकिन हमें उनके आलेख का इन्तजार था। मैंने अन्तिम बार फोन लगाकर कहा कि, "अर्जुन जी विशेषांक पूरा तैयार हो चुका है, केवल आपके आलेख का इन्तजार है।" फिर अचकचाकर बोले, "अरे यार सुधाकरजी, मैं जरा दूसरे काम में व्यस्त था, इसलिए समय पर नहीं भेज पाया लेकिन कल शाम तक आपको आलेख मिल जायेगा।"

उन्होंने अपना आलेख तो भेजा लेकिन उसमें जो शब्द सौन्दर्य तथा अनुभव का गाढ़ापन था, वह यह सिद्ध कर रहा था कि 'सब्र का फल हमेशा मीठा होता है।' इस आलेख से और अपनी अनुभव सिद्धता से हम इतने प्रभावित हुए कि, हमने ठान लिया कि विभाग के स्वर्णजयंती समारोह में उन्हें आमन्त्रित किया जायें वे बेहिचक उपस्थित भी रहे और अपनी सम्प्रेषण शैली से सभी विद्वज्जनों को प्रभावित किया। इस प्रकार प्रो. अर्जुन चव्हाण मुझे अकादमिक क्षेत्र में 'बाजीगर' नजर आते हैं। फिर भी भाव ऐसा कि 'मुझमें मेरा कछु नहीं'। भले ही वे औपचारिक रूप में अवकाश ग्रहण कर रहे हैं लेकिन एक सच्चा शिक्षक कभी रिटायर नहीं होता। हिन्दी भाषा और साहित्य के क्षेत्र में काम करनेवालों के लिए वे कल भी मार्गदर्शक थे, आज भी हैं और कल भी मार्गदर्शक रहेंगे। 30 से अधिक पुस्तकों की भूमिका लिखकर उन्होंने अपनी भूमिका का परिचय दिया है। उनके किसी से मतभेद हो सकते हैं लेकिन मनभेद नहीं। उनमें समर्पण वृत्ति है, उन्होंने अत्यन्त ईमानदारी से अपना सेवाकार्य सम्पन्न किया है। उनकी सक्षम और ईमानदार सेवा वृत्ति को शब्दों में साकार करना है तो कह सकते हैं–

"मुझको गिराने में कोशिश नहीं, साजिश करनी होगी।
मेरी इमारत में ईमान का पत्थर लगा हुआ है।।"

यही उनकी खनक है और रहेगी। उनके भविष्यकालीन सभी योजनाओं के लिए मेरी अनन्त शुभकामनाएँ!

हिन्दी भाषा के सच्चे प्रचारक

प्रो. (डॉ.) विष्णु सरवदे

सन 1996–97 की बात है उस समय गोवा विश्वविद्यालय में पाठ्यक्रम में मुंबई से मैं और प्रोफेसर रतनकुमार पांडे जी तथा कोल्हापुर से अर्जुन चव्हाण जी, शीतला प्रसाद दुबेजी, शाहू मधाले, बिहार से सुधीर रंजन और अन्य साथी थे। यही पर पहली बार डॉ. अर्जुन चव्हाण जी से भेट हो गयी थी। अर्जुन जी का स्वभाव शान्त, संयमी और सबके साथ मिलनसार होने के कारण उनसे अच्छी मित्रता हो गयी जो आज तक बनी हुई है। अर्जुन चव्हाण जी विद्यार्थी प्रिय अध्यापक भी हैं उनके मार्गदर्शन में अनेक छात्रों को एम. फिल., पीएच.डी. की उपाधियाँ प्राप्त हुई हैं। इतना ही नहीं उनके अनेक छात्र, स्कूलों, महाविद्यालयों, विश्वविद्यालयों तथा बैंकों में कार्यरत हैं। यह केवल उनके सहज सरल व्यक्तित्व के कारण हुआ है, वे हमेशा अपने छात्रों एवं मित्रों के साथ सहज सरल एवं आत्मीयता से मिलते हैं।

शिवाजी विश्वविद्यालय के हिन्दी विभाग में प्रारम्भ से कार्यरत डॉ.अर्जुन चव्हाण जी अपने साहित्य के कारण हिन्दी साहित्य जगत में जाने जाते हैं। लेकिन एक बात है जो व्यक्ति अध्ययनशील होता है उसको लोग कमज़ोर बनाने के लिए पीछे पड़ जाते हैं। परन्तु जो लोग सूरज को हथेली से झाँकने का प्रयास करते हैं वह समझते हैं कि मैंने सूरज को मुठ्ठी में बन्द कर दिया, उन्हें यह पता नहीं होता है कि हाथ की मुठ्ठी से प्रकाश बाहर भी निकलता है। प्रकाश को कभी बन्द नहीं किया जा सकता। वे अपनी गजल में कहते हैं–

"कुदरती 'कोरोना' से ग्रस्त भले ही चन्द है।
खुराफाती 'कोरोना' वाले ही मगर बेबन्द हैं।"

समाज में कोरोना से ग्रस्त अनेक लोग हैं वे सोचते हैं कि मुझे तो कोरोना हुआ ही है मैं दूसरे क्यों छोड़ूँ उसे भी कोरोना ग्रस्त कर दूँ। ऐसे कई लोग जीवन में मिलते ही हैं, लेकिन अर्जुन जी चेहरे पहचानने में माहिर हैं। इसलिए वे कहते हैं–

"हर गजल का अपना मतला बना,
लेकिन किताबों को नहीं चेहरों को पढ़कर यारों"

वे खुद चेहरे को भी पढ़ते हैं दूसरों को पढ़ने की सलाह भी देते हैं और उनका मानना है कि मेहनत के बूते पर हर व्यक्ति सफलता के शिखर पर पहुँच जाता हैं, लेकिन कुछ लोग उठापठक को अपनाते हैं। इसलिए वे अपनी कविता में कहते हैं–"तुम्हारे कारनामों का राज कभी तो खुलेगा–तुम गधे को घोड़ा सिद्ध करते रहे, यह कब तक चलेगा। हो सकता हैं यह उनके जीवन का भोगा हुआ अनुभव होगा। वे कहते हैं.. "तुम्हारी साजिश के शिकार बने–उपेक्षित की काबिलीयत का–एक दिन पता अवश्य मिलेगा?" उनका मानना है कि व्यक्ति को पीड़ित साजिश से किया जा सकता है। लेकिन उसकी काबिलीयत को नहीं। अर्जुन जी समाज के इन दोगले चेहरे के व्यक्तियों का नकाब फाड़ देते हैं। इसीलिए वे अपने साहित्य में समाज के दोगले चेहरों को बेनकाब करने में सफल हो जाते हैं।

हिन्दी साहित्य जगत में जिन–जिन चुनिन्दा मराठी व्यक्तियों नें हिन्दी को आगे बढ़ाने का काम किया हैं उनमें अर्जुन चव्हाण जी का नाम अग्रगण्य है। वे मूलतः मराठी भाषी हैं। महाराष्ट्र के जिला उस्मानाबाद, परांडा तहसील के पारेवाडी जैसे छोटे से गाँव में जन्में अर्जुन चव्हाण जी की मराठी के साथ हिन्दी भाषा पर ख़ूब बज़बूत पकड़ है। इसी कारण उन्होंने हिन्दी साहित्य में केवल सफल अनुवाद के रूप में नहीं बल्कि एक सफल साहित्यकार के रूप में भी अपने आपको स्थापित किया है। उनके द्वारा लिखे गये साहित्य के कारण वे हिन्दी भाषिक प्रान्तों में भी लेखन के कारण जाने जाते हैं। उनके साहित्य के कारण ही हिन्दी साहित्य के महान लेखक, समीक्षक तथा 'हंस' के सम्पादक राजेन्द्र यादव उनको मानते थे। अर्जुन चव्हाण जी का हिन्दी साहित्य के योगदान का आलेख अगर देखा जाये तो वह विशाल है। उनके द्वारा 'जरा याद करो कुर्बानी', (निबन्ध संग्रह), जय बोलने वाले (काव्य संग्रह), गालिब पूँजी दुष्यंत मेरा लक्ष्य (गजल संग्रह), कोरोना की कृपा से (गजल संग्रह), गूँगा, बहरा और अन्य कहानियाँ (कहानी संग्रह),

मॉरीशस : एक सांस्कृतिक यात्रा (यात्रा वृत्तान्त) जैसे अनेक श्रेष्ठ रचनाओं का लेखन हुआ है. इतना ही नहीं दादासाहेब मोरे की मराठी आत्मकथा 'डेराडंगर', वि.स. खांडेकर जी की 'क्षितिज स्पर्श' (लघुकथा संग्रह), 'होटल मेरा देश' (डी.बी. रत्नाकर का काव्य संग्रह), क्रान्ति संग्राम (रवींद्र ठाकुर का नाटक) का सफल अनुवाद किया है, जो हिन्दी साहित्य में चर्चित है। उपन्यासकार राजेन्द्र यादव, राजेन्द्र यादव के उपन्यासों में मध्यवर्गीय जीवन, अनुवाद चिन्तन, अनुवादः समस्याएँ एवं समाधान, आधुनिक हिन्दी : कालजयी साहित्य, मध्यकालीन हिन्दी, समकालीन हिन्दी उपन्यासों का वैचारिक पक्ष, विमर्श के विविध आयाम, विश्वमंच पर हिन्दी : विविध आयाम, दलित और आदिवासी साहित्य चिन्तन के आद्य बिन्दु, साहित्यिक शोध और बोध, सदी का श्रेष्ठ साहित्य और साहित्यकार, मीडियाकालीन हिन्दी : स्वरूप एवं सम्भावनाएँ यह अर्जुन चव्हाण जी की महत्त्वपूर्ण समीक्षात्मक पुस्तकें हैं।

महाराष्ट्र में हिन्दी साहित्य का प्रचार–प्रसार एवं अध्ययन के क्षेत्र में सफलता पाने में जिन लोगों का नाम आता है उसमें डॉ. अर्जुन चव्हाण जी का नाम अग्रगण्य है। डॉ. अर्जुन चव्हाण जी की मातृभाषा मराठी होने के बावजूद भी उनकी हिन्दी भाषा पर अच्छी पकड़ है। मुझे विश्वास है कि वे अपने जीवन में हमेशा हिन्दी का प्रचार–प्रसार करने मे सफल बनेंगे और हिन्दी का परचम विश्व में फैलाने का काम करेंगे।

अखण्ड और अद्‌भुत ज्ञानयात्री

प्रो.(डॉ.) यादवराव बाबुराव धुमाळ

हिन्दी साहित्य के मूर्धन्य समीक्षक, लेखक, कवि, नये–नये विषयों की खोज करके छात्रों को शोध–कार्य की प्रेरणा देनेवाले शोध–निर्देशक, अनुवाद तन्त्र को नया आयाम और बढ़ावा देनेवाले अनुवादक, शिवाजी विश्वविद्यालय के हिन्दी विभाग के अध्यक्ष डॉ.अर्जुन चव्हाण की हिन्दी साहित्य–सेवा के गौरवार्थ 'प्रो.डॉ. अर्जुन चव्हाण अभिनन्दन ग्रन्थ'का आयोजन उनके छात्रों तथा उनके हितैषी मित्रों ने करने का प्रशंसनीय प्रयत्न किया है, जो महाराष्ट्र के साथ–साथ पूरे भारत के हिन्दी–साहित्य जगत के लिए गौरवास्पद है। मैं डॉ. अर्जुन जी का एक आत्मीय मित्र रहा हूँ। एक मित्र के रूप में मुझे अर्जुन जी को नजदीक से देखने का, परखने का, अनुभव करने का मौका मिला, इसका लेखा जोखा इस अभिनन्दन ग्रन्थ में प्रस्तुत करना मैं अपना कर्तव्य मानता हूँ।

ज़िन्दगी में कुछ विरले विद्वान प्राध्यापक होते हैं जो केवल दूसरों की भलाई के लिए, दूसरों को स्नेह प्रदान करने के लिए, दूसरों के सुख–दुःख को अपना सुख–दुःख मानने के लिए, आपदा तथा विपदाग्रस्त लोगों को अदम्य ऊर्जा देने के लिए तत्पर रहते हैं; डॉ. अर्जुन चव्हाण जी इसका सर्वोत्तम उदाहरण है। पांडित्यपूर्ण विद्‌वत्ता और स्नेहशीलता तथा इन्सानियत उनके व्यक्तित्व का अभिन्न अंग है।

डॉ. अर्जुन चव्हाण के नाम में 'अर्जुन' शब्द का बड़ा महत्त्व है, महाभारत का अर्जुन जैसे उचित शरसंधान करता है वैसे शिक्षा–क्षेत्र में कार्यरत हमारे अर्जुन चव्हाण उचित शोध–संधान में निपुण हैं। उनकी जीवन–यात्रा सामान्य से असामान्य की ओर निरन्तर गतिशील रही है। उनका जन्म परंडा तहसील

के पारेवाडी गाँव में किसान परिवार में हुआ। प्रतिकुल परिस्थिति में उनकी प्राथमिक, माध्यमिक एवं महाविद्यालयीन शिक्षा–दीक्षा हुई। विश्वविद्यालयीन शिक्षा के बाद उनकी जीवन–यात्रा तेज़ गति से विकसित होती रही जिसका सारा श्रेय उनकी मेहनत और विद्वत्ता को देना पड़ेगा।

डॉ. अर्जुन जी का परिवार संयुक्त रहा है, ताऊ–ताई, चाचा–चाची, भाई–बहन, माता–पिता, सभी एक साथ रहते थे। अपनी ज़िम्मेदारी उन्होंने समर्थता के साथ निभाई। उनके पिताजी वारकरी संप्रदाय के होने के कारण वे सदा भजन–कीर्तन में व्यस्त रहते, खेती बाड़ी करते–करते परम्परा से आयी भारतीय आध्यात्मिकता का पालन भी करते थे। इसी धार्मिक–आध्यात्मिक का अनुगमन अर्जुन जी का पूरा परिवार करता रहा है। अर्जुन जी के विकास–कार्य को आगे बढ़ाने में उनकी पत्नी सौ.अनीता भाभी जी का बड़ा योगदान और सहयोग रहा है। उनकी बेटियाँ और बेटा भी उनकी विकास–यात्रा में योगदान निभाते–निभाते स्वयं शिक्षा–क्षेत्र में अपना स्थान ऊँचा बना चुके हैं। उनके पूरे परिवार से मेरा आत्मीय सम्बन्ध होने के कारण मुझे इस बात पर बड़ा गर्व होता है।

प्रोफेसर डॉ. अर्जुन चव्हाण एक सफल और सन्तुष्ट गृहस्थ हैं। उनका बेटा, उनकी बेटियाँ डॉ. अर्जुन जी के तेज़स्वी जीवन का आदर्श हैं। अपनी जीवन यात्रा के हर मोड़ पर एक कृतार्थ पथिक के रूप में हम उनकी गृहस्थी को देख सकते हैं। उनका समग्र जीवन संघर्ष और सफलता से भरा हुआ है। भूतकालीन अभावग्रस्ता ने उन्हें कर्तव्यनिष्ठ बनाया। अभावों के साथ संघर्ष करते हुए, हितशत्रुओं से मुकाबला करते हुए उन्होंने अपने जीवन का आलेख सदा उर्द्धगामी रखा। विश्वविद्यालयीन शिक्षा–जगत की सडांध राजनीति का मुकाबला करते हुए, हितशत्रुओं की दुष्टता को छेदते हुए उन्होंने कहीं पर भी हार नहीं मानी। 'सत्यमेव जयते' पर उनका भरोसा है, इसी को अपने जीवन का सिद्धान्त मानते हुए सभी मोड़ों पर डटे रहकर वे सफल होते हुए ज्ञानगंगा के यात्री बने।

महाविद्यालयीन स्तर पर भी कुछ वर्ष प्राध्यापक के रूप में कार्य किया किन्तु विश्वविद्यालयीन स्तर पर उन्होंने अधिक वर्षों तक काम किया। शिवाजी विश्वविद्यालय में सन 1993 में हिन्दी–विभाग प्रारम्भ हुआ। वे इस विभाग के प्रथम अध्यापक हैं। वहाँ पर केवल हिन्दी का पी.जी. सेंटर था। अर्जुनजी ने सन 1993 से आज तक के दौरान चार बार हिन्दी विभाग के अध्यक्ष पद का दायित्व निभाया है। उन्होंने अध्यक्ष पद की कुर्सी को ज्ञान–गंगा की धारा

का एक पवित्र हिस्सा मानकर, हिन्दी–विभाग के छात्रों, शोध–छात्रों, हिन्दी के प्राध्यापकों के लिए इस कुर्सी का सदुपयोग किया। इससे वे छात्र–प्रिय प्रोफेसर तथा अपने अधिनस्त प्राध्यापक के लिए प्रिय रहें। उन्होंने शिवाजी विश्वविद्यालय का नाम रोशन करते हुए इस विश्वविद्यालय के हिन्दी विभाग को देश के नामचीन विश्वविद्यालयों से जोड़ा।

ज्ञानगंगा यात्री तथा तपस्वी डॉ. अर्जुन चव्हाण जी मनन–चिन्तन में सदैव डूबे रहते हैं। उनके स्नेहशील और प्रेमपूर्ण स्वभाव के कारण उनका मित्र परिवार पूरे भारत भर के हिन्दी विभागों में मिलेगा। उनकी मित्रता सही रूप में भारतीय एकात्मता को बढ़ावा देती है। उनके मित्र उनकी मित्रता का, ज्ञान का तथा विद्वत्ता का आदर करते हैं। वे हिन्दी के सम्भवतः इकलौते अध्यापक हैं जिन्हें देश के विभिन्न विश्वविद्यालयों के हिन्दी विभागों में व्याख्यानों के लिए सम्मानपूर्वक बुलाया जाता है। डॉ. नामवर सिंह, डॉ. काशीनाथ सिंह, डॉ. बी.डी. मिश्र, राजेंद्र यादव, डॉ. गंगाप्रसाद विमल, डॉ. विश्वंभर अरूण, मैत्रेयी पुष्पा, डॉ. चन्द्रकान्त बांदिवडेकर, डॉ. रामजी तिवारी, केशव प्रथमवीर, डॉ. नारायण शर्मा, डॉ.शंकरसिंह बुंदेले आदि जैसे अनेक ख्यातनाम विद्वान उनके मित्र रहे हैं, जिनकी ऊर्जा पाकर उन्होंने शिवाजी विश्वविद्यालय के हिन्दी विभाग में पाठ्यक्रम की दृष्टि से अनेक नये–नये प्रयोग किये हैं। सन 2000 से सन 2005 तक हिन्दी अध्ययन मंडल का मैं अध्यक्ष था, इसी कार्यकाल में बी.ए., बी.कॉम. भाग–1 से लेकर एम.ए. भाग 1, 2 तक उन्नीस पाठ्यपुस्तकों का सम्पादन करके, हमने पाठ्यक्रम यू.जी. सी. गाईड लाईन के आधार पर बनाया। इस कार्य में डॉ. अर्जुन जी का सबसे बड़ा योगदान रहा है।

डॉ. अर्जुन जी का छात्र परिवार भी कॉफ़ी बड़ा है। वे एक छात्र–प्रेमी अध्यापक हैं। उनके सान्निध्य में आया हर छात्र उनके ज्ञान और स्नेह से लाभान्वित होता है। वे एक ज्ञान–तपस्वी शोध–निर्देशक हैं। उनके मार्गदर्शन में 55 से अधिक छात्रों ने पीएच.डी. और एम्.फिल. की उपाधियाँ प्राप्त की हैं। उनकी 50 से भी अधिक सृजनात्मक, समीक्षात्मक, अनूदित, सम्पादित आदि पुस्तकें प्रकाशित हैं। इन पुस्तकों में से अनेक पुस्तकों को तथा उनकी साहित्य सेवा को अनेक राष्ट्रीय, अन्तर्राष्ट्रीय तथा हिन्दी साहित्य अकादमी (मुंबई) के पुरस्कार प्राप्त हुए हैं।

डॉ. अर्जुन जी के गुणात्मक, स्तरीय साहित्यिक योगदान के लिए उन्हें अनेक पुरस्कारों एवं सम्मानों से गौरवान्वित किये जाना हमारे हिन्दी विभाग

तथा विश्वविद्यालय के लिए गौरव की बात है। उन्हें 'मॉरीशस हिन्दी साहित्य अकादमी' ने हिन्दी–भाषा एवं हिन्दी–साहित्य सेवा के लिए सम्मानित किया है। 'भारत से बाहर भारत' यात्रा–वृत्तान्त पुस्तक के लिए ताशकंद (उजबेकिस्तान) में सम्पन्न हुई अन्तर्राष्ट्रीय संगोष्ठी में 51 हजार रूपयों का पुरस्कार प्राप्त हुआ है। हिन्दी साहित्य अकादमी महाराष्ट्र राज्य का, 'अनुवाद चिन्तन' पुस्तक के लिए 'पण्डित महावीर प्रसाद द्विवेदी' पुरस्कार प्राप्त हुआ है। अर्जुन जी के 'अनुवाद : समस्याएँ एवं समाधान' ग्रन्थ के लिए अहिन्दी भाषी हिन्दी लेखक के रूप में पचास हजार की राशि का पुरस्कार देकर तत्कालीन प्रधानमन्त्री अटलबिहारी वाजपेयी द्वारा उन्हें सम्मानित किया गया है। दस दिवसीय विश्व हिन्दी सम्मेलन में उन्हें राष्ट्रीय हिन्दी सेवी सहस्त्राब्दी सम्मान, नई दिल्ली की ओर से प्रदान किया गया है। साथ ही हिन्दी–उर्दू अवार्ड कमिटी, लखनऊ की ओर से 17वे अन्तर्राष्ट्रीय संगोष्ठी में 'भारतेन्दु भूषण राष्ट्रीय सम्मान', महात्मा फुले रिसर्च अकादमी, नागपुर की ओर से 'पाब्लो नेरूदा इंटरनॅशनल अवार्ड फॉर एक्सलन्स इन लिटरेचर' तथा महाराष्ट्र राज्य हिन्दी–साहित्य अकादमी का 'सुब्रहमण्य भारती साहित्य सेतु'। जीवन–गौरव पुरस्कार (51 हजार का) आदि अनेक पुरस्कारों से अर्जुन जी को सम्मानित किया गया है। अपने कार्य–करतूत से अर्जुन जी ने इन सभी पुरस्कारों की ऊँचाई को बढ़ाने में महत्त्वपूर्ण योगदान किया है।

डॉ. अर्जुन जी अनेक छात्रों के जीवन के दीपस्तम्भ रहें जिससे इन छात्रों का अंधकारपूर्ण जीवन प्रकाशमय हुआ है। छात्रों की ज़िन्दगी को एक शिल्पी की भाँति उन्होंने सार्थक बनाया है। अनेक छात्रों को बड़ा बनाने में वे सदैव एक सूत्रधार की भाँति उनके पीछे रहते हैं। उनका छात्र परिवार, उनकी साहित्य सेवा का श्रद्धापूर्वक अभिनन्दन इस ग्रन्थ द्वारा कर रहा है, यही उनके छात्र–प्रेम का अच्छा सबूत है। अपने जीवन के सिद्धान्तों के बलबूते पर अपने जीवन–पथ को प्रशस्त बनाने वाले अपने सिद्धान्तों को लचिला बनाने की शक्तिा के साथ कभी–भी समझौता न करने वाले एक ज्ञान–तपस्वी डॉ. अर्जुन जी अपने छात्रों के लिए सदैव प्रेरणा स्रोत बने रहे हैं।

ज्ञानगंगा के यात्री प्रो. डॉ. अर्जुन चव्हाण जी का पूरा व्यक्तित्व उनकी कार्यशक्ति, ज्ञानलालसा और उनकी इच्छाशक्ति का त्रिवेणी संगम है। लेखन, मनन–चिन्तन उनके व्यक्तित्व का महत्त्वपूर्ण अंग है। उनके साथ साहित्यिक चर्चा करते समय वे सही अर्थ में एक विश्वकोश लगते हैं। मराठी भाषिक अर्जुन जी का हिन्दी–साहित्य के लिए किया गया योगदान बखानने योग्य है।

अर्जुन जी ने अपनी विद्वत्ता के बल पर महाराष्ट्र के साथ–साथ देश के सभी विश्वविद्यालयों के हिन्दी विभागों को लाभान्वित किया है। स्पष्ट है कि प्रो. (डॉ.) अर्जुन चव्हाण जी एक स्पष्ट वक्ता, सत्यवचनी, एक विचारवंत, सृजनशील बहुआयामी प्रोफेसर, ज्ञान और सद्गुण से युक्त व्यक्ति, संघर्षमयी जीवन के राही, ज्ञान–गंगा के तपस्वी, आदर्श शोध–निर्देशक, सहृदय मित्र, सृजनशील, चिंतक, स्वच्छ, निर्मल मन के निःस्वार्थी प्रोफेसर रहे हैं। उनके साथ मेरी सदैव शुभकामनाएँ रहेंगी। उनका पूरा जीवन सम्पन्न आरोग्यदायी एवं दीर्घायुष्य हो, यही ईश्वर से प्रार्थना करते हुए इस ज्ञानयात्री के कार्य का अभिनन्दन करता हूँ और नमन!

सच्चा सार्वभौम स्नेही

प्रो. (डॉ.) देवीदास इंगळे

लगभग चालीस साल पहले की बात है। शिवाजी विश्वविद्यालय के हिन्दी विभाग में हर साल की परिपाठी के अनुसार द्वितीय वर्ष के छात्रों की ओर से प्रथम वर्ष के छात्रों का स्वागत समारोह मनाया जा रहा था और उसकी ज़िम्मेदारी मेरे कंधों पर थी। सभी छात्र–छात्राओं की ओर से अपना–अपना परिचय दिया जा रहा था। कानों पर बाल, खड़ी रेखाओं का बुशर्ट पहना शख्स जिसने अपना परिचय देते हुए कहा कि मैंने एम.ए. भाग एक हिन्दी में प्रवेश लिया है और मेरा नाम अर्जुन गणपति चव्हाण। समारोह की औपचारिकता समाप्त होने पर सुविधा होनेवाले सभी एक–एक करके चले गये।

मैं और मेरा सहपाठी सत्यवान सुरवसे कक्षा के बाहर बरामदे में खड़े–खड़े बारिश के रूकने का इन्तजार कर रहे थे। कोल्हापुर की बारिश और वह भी जुलाई माह की झमा झम बरस रही थी, जो 'अपना–अपना भाग्य' कहानी की याद दिला रही थी। तभी वह शख्स हमारे पास आया। शायद वह भी बारिश के रूकने का इन्तजार कर रहा था। इस दृष्टि से जैसे हम तीनों एक जात के थे कि हमारे पास छाता खरीदने के लिए पैसे नहीं थे। उस शख्स ने मेरे पास आकर अपना परिचय देते हुए मुझे पूछा कि क्या आप उस्मानाबाद–सोलापुर की ओर के हैं? गाँव से दूर रहने वालों को गाँव तथा तहसील की भौगोलिकता आकर्षित करती है। मेरा और अर्जुन जी के सम्बन्धों का धागा गाँव की सोंधी मिट्टी से जो शुरू हुआ वह आज तक अर्थात चार दशकों तक दिन–ब–दिन मज़बूत होता गया है। हमने रहीम को पढ़ा ही नहीं अपनी जहन में उतारा है–'रहिमन धागा प्रेम का, मत तोड़ो चटकाय' वाली बात के अनुसार हमने अपनी मित्रता के धागे को टूटने नहीं दिया। दोस्ती का, प्रेम का वह धागा दोनों ओर से आज भी सुरक्षित है।

जब हमारी दोस्ती का दौर चल पड़ा, उस जमाने में हिन्दी के शोले, दोस्ताना, याराना जैसी एक से बढ़कर एक फ़िल्में आती रही हैं, दोस्ती की महत्ता का सन्देश दिया है। उस जमाने में दोस्तों ने–

ये दोस्ती हम नहीं तोड़ेंगे'

'सलामत रहे दोस्ताना हमारा'

'यारी है ईमान मेरा..'

गीतों की पंक्तियों को अपने जीवन में उतारा और प्रत्यक्ष रूप से जिया भी। अर्जुन जी की और मेरी दोस्ती ऐसी ही रही और हम उसे ऐसे बढ़ाते रहे कि....'दोस्त, दोस्त ना रहा' कहने की नौबत हम दोनों पर आज तक नहीं आयी।

दोस्ती केवल हम दोनों तक ही सीमित नहीं रही बल्कि वह हमारे परिवारों तक चली गयी। मेरे माता–पिता हो या अर्जुनजी के माता–पिता हो, मेरी पत्नी हो, अर्जुन जी की पत्नी हो ये सभी आपस में घुल–मिल गये हैं। पढ़ाई के वक्त की पहली ही दीपावली थी। उन समय मित्र किसन गोसावी के साथ पारेवाड़ी चले जाना बहुत आनन्दपूर्ण रहा। रामवृक्ष बेनीपुरी जी के बेनीपुर गाँव की तरह हमें तीन–चार मिल पैदल ही जाना पड़ा। पहुँचते–पहुँचते देर हुई थी। माताजी और अण्णा के आग्रह से रात को वही रूकना पड़ा। रात को विशेष खाना भी हुआ और सोने के लिए हम उनकी खेती के घर चले गये। बाद में भी वह सिलसिला आगे चलता रहा। जैसे–जैसे अध्यापकीय जीवन की व्यस्त्ता बढ़ती गयी, इसमें खण्ड पड़ता गया।

एम.ए. की पढ़ाई के पश्चात नौकरी के बहाने हमें अलग–अलग जाना पड़ा। मेरी शुरूआत शाहूवाड़ी तहसील के सरूड कॉलेज से हुई और अर्जुन जी की भी यहीं से हुई। विना अनुदान मसले से हम दोनों ने सरूड छोड़ा। मैं स्वामी विवेकानन्द शिक्षा संस्था के कराड, कड़ेपुर, तुळजापुर, पेण, उस्मानाबाद, नागठाणे और फिर उस्मानाबाद इस तरह घूमंती करता रहा। अर्जुन जी ने भी सरूड, सांगली, इस्लामपुर से कोल्हापुर की परिक्रमा पूरी की। शिवाजी विश्वविद्यालय के हिन्दी विभाग ने उन्हें स्थिरता प्रदान की। पहले सम्पर्क के लिए आज जैसे साधन नहीं थे। पत्राचार एक मात्र साधन था। पत्र मिलने को कभी–कभी पन्द्रह दिन लगते थे तो कभी मिलते ही न थे। ऐसी स्थिति में भी हमारा सम्पर्क बना रहा। छह–छह महीने के अन्तराल से क्यों न हो मिलना होता था। कभी महाराष्ट्र हिन्दी परिषद के अधिवेशन में, तो कभी किसी सेमिनार में। सम्पर्क की यह कड़ियाँ जुड़ती और मज़बूत होती गयी।

मनुष्य के जीवन में विवाह एक बहुत बड़ा पड़ाव होता है। वह एक ज़रूरी रस्म है। लड़की देखना, एक–दूसरे को पसन्द करना, विवाह तय होना और किसी निश्चित तिथि पर विवाह हो जाना एक लम्बी प्रक्रिया है। अर्जुन जी के लिए जहाँ कहीं से रिश्ता आता, लड़की देखने मुझे साथ जाना पड़ता। ऐसे ही एक बार लातूर जाना हुआ। उन्होंने भावी वधू से परंपरागत नहीं, कुछ नए प्रश्न पूछे, जैसे–ब्लड ग्रुप, प्रिय विषय, आगे पढ़ने की ईच्छा आदि। जिन्हें देखा, वही अनीता भाभी जी अर्जुन जी की धर्मपत्नी बनी। जिस दिन उनका विवाह था उसी दिन मेरी पत्नी सुनीता के भाई का भी विवाह था। मैंने पत्नी सुनीता को उसके मायके छोड़ा, हल्दी की रस्म वहाँ पूरी की और दूसरे दिन मित्र राणू कदम को साथ लेकर सीधा लातूर गया। न जाता तो अर्जुन जी से अधिक आण्णा नाराज होते।

अर्जुन जी का खुशियों भरा जीवन शायद परमात्मा को ही रास नहीं आया। न जाने उसे किसकी नजर लगी। अचानक एक दिन हमें बहुत बुरी खबर पता चली कि उनकी माताजी का देहान्त हुआ था। वह एक बहुत बड़ा हादसा था, जिसकी याद से आज भी शरीर पर रोंगटे खड़े होते हैं। मैं अत्येष्ठी में नहीं जा सका परन्तु एक–दो दिन पश्चात राणू कदम को साथ लेकर पारेवाड़ी पहुँचा। हमें देखते ही मित्र का बाँध टूट गया और हम काफ़ी देर तक आँसू बहाते रहें। माताजी की अचानक मृत्यु से मेरा मित्र एकदम टूट–सा गया था। दिनभर हम वहीं रूके रहे, निकलते वक़्त हमने बहुत ही दुखद महसूस किया। इसके बाद दूसरी घटना ससूरजी के मृत्यु की थी। उन्हें कैन्सर की बीमारी थी। जब वे बार्शी के नर्सिंग दत्त अस्पताल में थे तब अर्जुन जी के साथ वहाँ गया था। तीसरा प्रसंग आण्णा की मृत्यु का था। संचार साधनों से वह खबर जल्दी ही मिली थी इसलिए मैं, राणू कदम और सुब्राव जाधव के साथ अर्जुन जी के कोल्हापुर से पहुँचने के पहले हम पारेवाड़ी पहुँचे थे। प्रसंग चाहे कौनसा भी हो हमारा मिलना–जुलना होता रहा है।

मेरे मित्र अर्जुन जी ने हिन्दी जगत में नाम की तरह महारत हासिल की है। साहित्य जगत में अपना नाम बहुत ऊँचाई पर लाकर छोड़ा है। उनके समीक्षा ग्रन्थों की संख्या 13 है, सृजनात्मक किताबें 07 हैं, 25 किताबें सम्पादित हैं और अनुवाद ग्रन्थों के साथ–साथ शोधालेख सौ–ढेड़ सौ तक हैं। उनके मार्गदर्शन में 24 छात्रों ने पीएच.डी. और 34 छात्रों ने एम.फिल. की उपाधि प्राप्त की है। महाराष्ट्र हिन्दी साहित्य अकादमी की ओर से उन्हें दो बार सम्मानित किया गया है। देश का कोई ऐसा विश्वविद्यालय न होगा कि

जहाँ के हिन्दी विभाग में अर्जुन जी पहुँचे न हो। सेमिनार, व्याख्यान, पीएच. डी. रेफरी आदि के रूप में उनका देश–विदेश में भी आना–जाना हो चुका है। किसी सेमिनार में रहता हूँ तो मैं जान बूझकर उनका वक्तव्य सुनता हूँ। दस–पन्द्रह दिन पहले की बात है। मैंने फोन किया था उन्होंने उठाकर छोड़ दिया और मुझे कक्षा में पढ़ाने की आवाज़ आयी। लेक्चर समाप्त होने तक मोबाईल पर मैं जो सुनता रहा कहानी साहित्य पर था। दो माह पहले मैं शिवाजी विश्वविद्यालय के हिन्दी विभाग में गया था, तो उन्होंने अधिकार से मुझे कहा 'कामायनी' पर बोले और मुझे बोलना पड़ा।

बीच के समय में उनके साथ अपने ही कुछ लोगों ने राजनीति खेली। महाभारत के अभिमन्यु की तरह षड्यन्त्र के चक्रव्यूह में घेर डाला परन्तु वह अर्जुन था। वह क्या हार मानता? वह तो लड़ता रहा और अन्त में बड़े शान से जीतकर बाहर भी निकला परन्तु तब तक उनसे मार्गदर्शन पानेवालें छात्रों की अधिक हानि हुई। कहा जाता है–'भगवान के घर देर है, अंधेर नहीं।' अर्जुन जी के बारे में यह कहावत सच ही साबित हुई। वह कसौटी के अग्निपथ पर चलता रहा। डॉ. हरिवंशराय बच्चन की पंक्तियों के हवाले से मैं यह कहना चाहता हूँ कि–

'तू न थकेगा कभी
तू न थमेगा कभी
तू न हारेगा कभी'

अर्जुन जी का जीवन संघर्ष इसी तरह चलता रहा और कामयाबी की एक–एक सीढ़ी पार करता रहा। एक बात गर्व करने लायक है मेरे लिए कि मेरे इस मित्र का मित्रपरिवार देश और दुनियाभर में फैला हुआ है। मित्रता के दायरे में उन्हें सच्चा सार्वभौम स्नेही कहना पड़ेगा। कहते हैं पुत्र बड़ा होता है, तो पिता को गर्व होता है, शिष्य बड़ा होता है तो गुरु को गर्व होता है वैसे मित्र बड़ा होता है तो मित्र को भी उसका गर्व होता है। अर्जुन जी से मित्रता पर सचमुच मुझे गर्व है। सेवानिवृत्ति के काल में भी कामयाबी के रास्ते पर यह शख्स चलता रहेगा जिसका मुझे विश्वास है इसीलिए भगवान से प्रार्थना करता हूँ कि–

'इतनी शक्ति हमें दे न दाता
मन का विश्वास कमज़ोर हो ना'
सच्चे और अच्छे मित्र के मंगलमय भविष्य की कामना के साथ...

सरल, विनम्र और जोशीले विद्वान प्रोफेसर

डॉ. सन्दीप अवस्थी

कई बार ऐसा होता है कि हम जीवन की रसायनशाला में अपने में कुछ न कुछ रसायन कम पाते हैं। यथा विद्वता है तो सरलता नहीं, अधिक कार्य करते हैं तो थकान, चिड़चिड़ापन, कुछ नहीं करते तो जड़ता और विद्वानों में दुनिया मानने लगी तो बाकियों से कट गये आदि आदि कमियों से हम गुज़रते हैं। लेकिन यह कहने में मुझे कोई संकोच नहीं कि मेरे अग्रज अभिन्न मित्र अर्जुन जी इन सभी कमियों से दूर ऐसे अद्भुत ऊर्जावान इंसान हैं जिन्हें हम सदैव सृजनरत और सक्रिय पाते हैं। यह सक्रिय, ओजस्वी, सहज, सरल व्यक्तित्व जब किसी भी पद पर आसीन होते हैं तो उस संस्थान, विद्यार्थियों और कलीग सभी को उनकी गरिमामयी उपस्थिति का अहसास होता है। मेरी इनसे कई मुलाकातें हुई और अलग–अलग जगह हुई, जिनमें कई अन्तर्राष्ट्रीय कार्यक्रमों में मुख्य वक्ता, निर्णायक के रूप में उपस्थिति रही। अचानक से किसी ज़रूरी कार्य करने में आपका सहयोग रहा हो, आपने कभी निराश नहीं किया। मैं ही नहीं, आपको जानने वाला देश विदेश का हर विद्वान कहेगा कि प्रोफेसर अर्जुन चव्हाण की उपस्थिति माने बेहतरीन ढंग से कार्य का होना। कोई बाधा, समस्या ऐसी नहीं जिसका समाधान आपके पास न हो। ऐसे निष्ठावान, कर्मशील व्यक्तित्व के धनी हैं भाई जी।

मेरी पहली मुलाकात काफ़ी वर्ष पूर्व शिवाजी विश्वविद्यालय कोल्हापुर से संलग्न बाळासाहेब देसाई कॉलेज पाटण, जि. सातारा के 'हिन्दी के प्रचार–प्रसार में जनसंचार माध्यमों की भूमिका' विषय पर आयोजित राष्ट्रीय संगोष्ठी में उन्हें बीजभाषक एवं सत्र के अध्यक्ष के रूप में सुनते हुए मैं दंग रह गया था। तब दूसरी मुलाकात कोल्हापुर के पास देवचन्द कॉलेज

अर्जुन नगर में दो दिवसीय सेमिनार में हुई। आप शिवाजी विश्वविद्यालय में हिन्दी विभागाध्यक्ष थे और अतिथियों का व्यक्तिगत रूप से ध्यान रख रहे थे। महाविद्यालय कोल्हापुर से करीब बीस किमी दूर था और सम्भवतः गाड़ी आदि की कमी थी। आप पर काम की कई ज़िम्मेदारियाँ थीं, वाराणसी से प्रो. चौथीराम यादव, मुम्बई विश्वविद्यालय के तत्कालीन अध्यक्ष प्रो. रतनकुमार पाण्डेय, हैदराबाद से डॉ. कृष्णा, इन्दौर से डॉ. पुरुषोत्तम दुबे, गोवा से डॉ. रोहिताश्व आदि। हम सभी शिवाजी विश्वविद्यालय के अतिथिगृह में ही थे और सुबह सात बजे से अर्जुन जी हँसते, मुस्कराते प्रस्तुत। हमारे साथ बातचीत का दौर चलता रहा और बीच–बीच में फोन पर आवश्यक निर्देश। आपने आपकी वेगन कार अतिथियों को लाने हेतु युवा प्राध्यापक के हवाले कर दी थी। मुझे आज भी याद है एक कैंटीन की एक टेबल पर पाण्डेय जी, मैं, अर्जुन जी सुबह की चाय के साथ साहित्य और लेखन जगत की चर्चा में मुब्तिला थे। कविताएँ, ग़ज़ल और तसव्वुर की ऐसी लहरें उठी की समझें कि वहीं एक घण्टे में राजस्थान से लगभग आठ सौ किमी दूर आना सफल हो गया। सेमिनार प्रबन्धन का तनाव, चिन्ता, अपने कार्यक्रम कौन कब कहाँ बोलेगा, रहेगा सभी कुछ अर्जुन जी के निर्देशन में मानो स्वतः ही बिल्कुल अनुरूप हो रहा था।

यह ऐसे ही नहीं होता कि हर व्यक्ति, विद्वान, विद्यार्थी आपको सहयोग कर रहा है। बल्कि यह व्यक्तित्व की बरसो बरस परख, पहचान से होता है। वे सभी प्रो. चव्हाण जी को अपना सुख–दुख का साथी, सम्मानीय विद्वान और एक जादुई व्यक्तित्व से ख़ूब परिचित हों। यही ख़ूबी भारतीय शिक्षा पद्धति को ऊँचाइयों पर ले जाती है कि हमारे मध्य में ऐसे व्यक्तित्व हैं। जिनका लाभ छात्रों, शैक्षिक जगत, देश और समाज को मिलता है। उसी दिन शाम को कोल्हापुर के प्राचीन श्री महालक्ष्मी मन्दिर हम सभी को ले जाने के लिए अर्जुन जी स्वयं अपने निजी वाहन में हाजिर। पूरे कार्यक्रम के दौरान कहीं भी एक पल के लिए भी मैंने इन्हें विचलित या आपा खोते नहीं देखा। उस ग्रामीण इलाके के महाविद्यालय में यह भव्य राष्ट्रीय सेमिनार यकीनन युवा पीढ़ी के लिए बहुत महत्त्वपूर्ण साबित हुआ। जिस सत्र में मुख्य अतिथि मैं था, तो मेरा स्वभाव है छात्रों से सीधा संवाद करने का, मैंने व्यंग्य और विद्वानों पर सवाल पूछे और हिन्दी व्यंग्य के प्रतिनिधि लेखकों–परसाई जी, श्रीलाल शुक्ल के राग दरबारी, ज्ञान चतुर्वेदी के बारामासी से लेकर प्रेम जनमेजय, हेतु भारद्वाज पर चर्चा की। मुझे ख़ुशी हुई जब युवा पीढ़ी ने

उत्साहपूर्वक इसमें हिस्सा ले अपनी सीखने की प्रवृत्ति का परिचय दिया।... और प्रो. चौथीराम जी के गम्भीर वक्तव्य के समापन के बाद मुझसे औटोग्राफ लेने की भीड़ लग गयी जिसकी मुझे उम्मीद नहीं थी। लेखक हूँ तो मैंने हर एक को अलग–अलग प्रेरणादायी वाक्य लिखकर औटोग्राफ का सुख जीवन में दूसरी बार पाया। प्रो. यादव जी ने भी औटोग्राफ का सुख लिया। उसके बाद हम निरन्तर सम्पर्क में रहे और देश–विदेश के प्रो. अर्जुन चव्हाण जी के सम्मानों और नई किताबों के प्रकाशन की जानकारी मुझे मिलती रही। नई दिल्ली एन डी एम सी सभागृह, विश्व हिन्दी परिषद का अन्तर्राष्ट्रीय सम्मेलन मार्च, 2019। मुझे वहाँ हिन्दी की सेवाओं के लिए अन्तर्राष्ट्रीय सम्मान मिल रहा था, जैसे ही भव्य भवन में मैंने कदम रखा सामने अर्जुन जी की चिर परिचित विनम्र आवाज़ सुनी, 'यह कार्य और सिद्धान्त सभी लोग करते हैं परन्तु मजा तब है जब इससे युवाओ को भी जोड़ा जायें' हमेशा कुछ नया करने को तैयार भाई अर्जुन जी दिल्ली में सामने हैं। हम दोनों मिले अगले दो दिन तक। विपिनकुमार जी संस्थान के अध्यक्ष सदैव खुशमिजाज, उन्होंने एक सत्र में मुझे मुख्य वक्ता रखा था तो दोपहर के सत्र के अध्यक्ष प्रो अर्जुन चव्हाण थे। ICPR के अध्यक्ष मृदुला सिन्हा जी, पूर्व राज्यपाल गोवा, अब स्मृति शेष डॉ.मृदला सिन्हा, विदेश राज्यमन्त्री वी के सिंह, मनीष सिसोदिया उप मुख्यमन्त्री दिल्ली सरकार सहित कई जाने माने साहित्यकार प्रो. पुष्पिता अवस्थी, अनामिका, नरेन्द्र कोहली और देशभर से आये अनेक प्राध्यापक साथी थे।

इसके बाद कोरोना काल में वेबिनारों का दौर प्रारम्भ किया तो अन्तर्राष्ट्रीय वेबिनार (UGC नॉर्म्स से) में अमेरिका, पोलैंड, इंग्लैंड आदि के कई विद्वानों और विद्वान कुलपतियों के साथ प्रो. अर्जुन चव्हाण जी ने अलग–अलग विषयों पर सदैव सारगर्भित और विश्वसनीय व्याख्यान दिए। कई बार इनकी सहमति लिए बिना ही इनके नाम की घोषणा मैं पोस्टर में कर देता पर कभी भी आपने साहित्य, संस्कृति जगत को निराश नहीं किया। सदैव अपने सतत अध्ययन, मनन और विश्लेषण से इतने रोचक ढंग से विषय पर आप बात रखते हैं कि वह सभी के लिए प्रेरणादायी होती। साहित्य, आलोचनाकर्म और अनेक पुस्तकों के लेखक प्रोफेसर अर्जुन चव्हाण ने निरन्तर अन्य विद्वानों, लेखकों की पुस्तकों का अध्ययन किया है। एक और गुण इन्हें विशिष्ट बनाता है कि आप अन्य लेखकों की रचनाओं को भी ख़ूब पढ़ते हो और सभाओं में उनके नाम के साथ उल्लेखित करते हो।

यह इनके सहृदय और विनम्र होने का परिचायक है। आज जहाँ अधिकांश लोग मैं, मेरा, मुझे ही सब चाहिए कि रुग्ण मानसिकता के हैं, वहाँ ऐसे व्यक्तित्व का धनी होना जहाँ परहित निकाय ही लक्ष्य होना,बड़ी बात है। 'सर्वे भवन्तु सुखिनः, सर्वे सन्तु निरामयाः' के सिद्धान्त पर चलने वाले इस अच्छे इंसान से हम सभी यदि सबको खुशियाँ बाँटने और सीमित संसाधनों से भी बेहतरीन कार्य निष्पादित करना सीख सकें तो यह समाज और युवाओ के लिए बहुत अनुकरणीय होगा। मैंने इनसे बड़े से बड़े कार्य सहजता, सरलता और बिना दबाब के करना सीखा है।

आख़िर में यह ज़रूर कहूँगा कि जितनी योग्यता, क्षमता और विद्वता यह रखते हैं उसके अनुसार इन्हें वह सब नहीं मिला जो मिलना चाहिए था पर जैसा मैंने कहा कर्मशील व्यक्ति कर्मरत रहते हैं और कर्मफल की अपेक्षा बिना कर्म करते हैं। आपसे अभी उच्च शिक्षा, साहित्य और समाज के क्षेत्र में बहुत अपेक्षाएँ हैं अभी तो यात्रा गति पकड़ेगी, बहुत दूर तलक जाना है। मेरे अग्रज अर्जुन जी के व्यक्तित्व एवं कृतित्त्व को सलाम! भावी गतिविधियों में बनें रहने के लिए असीम शुभकामनाएँ!

बहुआयामी चिन्तनशील संस्मरणीय व्यक्तित्व

डॉ. भारती विजयराव शेळके

आज के आलोचक, साहित्यकार, प्रोफेसर एवं शिवाजी विश्वविद्यालय कोल्हापुर के हिन्दी विभाग के सक्षम अध्यक्ष और छात्र जीवन के श्री.अर्जुन चव्हाण जी से मेरा सर्वप्रथम परिचय सन 1981 में स्नातकोत्तर प्रथम वर्ष हिन्दी कक्षा में हुआ। अत्यधिक बुद्धिमान, चाणाक्ष, अध्ययनशील, जिज्ञासु छात्र, गुरुजनों से उत्सुकतावश प्रश्नोत्तर करनेवाले मेधावी छात्र के रूप में उनसे हमारा परिचय हुआ। उन दो सालों में उनके व्यक्तित्व के कई पहलुओं को देखकर हम सभी सहपाठी छात्रगण चकित हो जाते थे। कक्षा में हर किसी उपक्रम में वे उत्साह के साथ हिस्सा लेते थे। जी–तोड़ मेहनत करते हुए उन समस्त उपक्रमों को सफलता से पूरा कर देते थे। किसी विषय पर भाषण करना है तो उसकी गहराई में जाकर तर्क–वितर्क के साथ प्रस्तुत करते थे। आज भी उनकी अमोघ वक्तृत्व शैली की बराबरी कोई नहीं कर सकता। उस समय शिवाजी विश्वविद्यालय में प्रथम श्रेणी प्राप्त करना इतना आसान नहीं था, परन्तु उन्होंने उस शिवधनुष्य को अपनी मेधावी, कठोर परिश्रम एवं अध्ययनरत वृत्ति से तोड़ दिया और वे हिन्दी विभाग में सर्वप्रथम श्रेणी से पास हुए।

एम.ए. होने के बाद हर एक छात्र के समान हम अपने–अपने मार्ग पर आगे बढ़ते गये। मैं कोल्हापुर के ताराराानी विद्यापीठ की शाखा कमला महाविद्यालय में वरिष्ठ हिन्दी विभाग में प्राध्यापक के रूप में नियुक्ति हो गयी। उसी समय मुझे अवगत हुआ कि डॉ. अर्जुन चव्हाण पीएच.डी. कर रहे हैं और इस्लामपुर के कर्मवीर भाऊराव पाटील महाविद्यालय के वरिष्ठ हिन्दी विभाग में प्राध्यापक के रूप में नियुक्त हुए हैं। उनके जैसे मेधावी को अध्ययन, अध्यापन, अनुसंधान के क्षेत्र में हर सफलता को पाना बाएँ हाथ

का खेल था। अध्ययन क्षेत्र की सबसे बड़ी उपाधि विद्यावाचस्पति अर्थात् पीएच.डी. उन्होंने एम.ए. होने के कुछ ही वर्ष बाद प्राप्त की। छात्र जगत में वे प्रिय अध्यापक के रूप में भी हमेशा चर्चित रहे हैं।

बीच में कई साल बीत गये। छात्रजीवन के बाद उनकी और मेरी मुलाकात शिवाजी विश्वविद्यालय के हिन्दी विभाग में सहयोगी प्राध्यापक के रूप में हुई। अन्तर इतना ही था कि वे हिन्दी विभागाध्यक्ष थे परन्तु उन्होंनें कभी भी यह एहसास होने नहीं दिया कि मैं वरिष्ठ हूँ। हम पढ़ानेवाले सभी अध्यापकों को वे अध्यापन कार्य में आजादी और अपना सहयोग देते रहे। उनके चिन्तनशील, अध्ययनशील, उपक्रमशील, कोमल अनुशासनप्रिय स्वभाव के कारण हिन्दी विभाग अपना समुन्नत विकास करने लगा। अनुवाद, संगणकीय हिन्दी शाखा, अनुसंधान क्षेत्र में नवनवीन प्रयोग होने लगे। वे सिर्फ 'अध्यापनरत शिक्षक' के रूप में नहीं रहे तो अनुसंधाता, अनुवादक, मार्गदर्शक, समीक्षक, रचनाकार, आलोचक आदि विविध रूपों में उनके व्यक्तित्व के पहलू तेज़स्वी रूप में चमकने लगे। अनुसंधान के क्षेत्र में उन्होंने उत्तुंग छलाँग लगाई।

उन दिनों में अन्तर्राष्ट्रीय–राष्ट्रीय और राज्यस्तरीय अधिवेशन अर्थात संगोष्ठियाँ आदि आयोजित करना असम्भव रहता था लेकिन ऐसे अनेक आयोजन शिवाजी विश्वविद्यालय के प्रांगण में उन्होंने सफलता से किये। इससे समस्त महाविद्यालय के हिन्दी अध्यापकों को स्वयं को प्रस्तुत करने का बौद्धिक मंच उपलब्ध हुआ। इससे अध्यापकों में भी अध्ययन, अनुसंधान, लेखन करने की प्रवृत्ति को बढ़ावा मिला। हिन्दी साहित्य जगत के लब्धप्रतिष्ठित साहित्यकार, समीक्षक, कवि, आलोचकों को वे संगोष्ठियों में आमन्त्रित करते थे जिसका लाभ कई महाविद्यालयों के अध्यापक वर्ग को हुआ। हमें श्रद्धेय नामवर सिंह, राजेंद्र यादव, मन्नू भंडारी, मैत्रेयी पुष्पा, नरेन्द्र मोहन, गोविंद मिश्र जैसे विद्वतजन रचनाकारों से साक्षात्कार करने का और उन्हें सुनने का सुनहरा अवसर प्राप्त हुआ।

उन्होंने स्वयं को अध्ययन–अध्यापन जगत् तक सीमित नहीं रखा तो अपनी जादूई कलम से हिन्दी साहित्य जगत् को भी समृद्ध किया। आज वे एक श्रेष्ठ आलोचक, समीक्षक, अनुवादक हैं। अनुवाद, आलोचना, अनुसंधान पर उनके अनेक समीक्षात्मक ग्रन्थ प्रकाशित हुए। यू.जी.सी. के द्वारा घोषित विविध विषयों पर शोध परियोजनाएँ अर्थात प्रोजेक्ट का कार्य किया। देश–विदेश के हिन्दी साहित्यिक जगत के मंच पर उन्हें सादर आमन्त्रित किया गया है। मॉरीशस, दुबई, श्रीलंका, रूस आदि विदेशों में उनकी वक्तृत्व शैली का और

उनके समृद्ध अनुभव जगत् का डंका बजा है। उनकी जिव्हा पर साक्षात सरस्वती विराजमान है। किसी भी विषय की गहरी पैठ, अध्ययनशील वृत्ति, विषय की गहराई आदि गुणों से उनकी वक्तृत्व शैली विद्वत श्रोताओं को मन्त्रमुग्ध कर देती और सोचने के लिए बाध्य कर देती हैं। श्रोतावर्ग के स्तरों के अनुसार उनका व्याख्यान रहता है।

प्रो. (डॉ.) अर्जुन चव्हाण अनेक विश्वविद्यालयों के हिन्दी विभाग के अध्ययन मण्डल तथा शोध समिति में विशेषज्ञ के रूप में भी कार्यरत रहे हैं। उनकी गहन शोध दृष्टि के कारण हर एक शोधछात्र उन्हें ही अपना मार्गदर्शक के रूप में चयन करना चाहता था। उनके मार्गदर्शन में कई छात्रों ने पीएच.डी. और एम.फिल. की उपाधियाँ प्राप्त की हैं। उनकी सकारात्मक सोच में विलक्षण उर्जा, शक्ति और दिशा दिग्दर्शन की अनूठी क्षमता है। उनकी आलोचनात्मक सोच ने उन्हें एक चिंतक का व्यक्तित्व प्रदान किया है। वे आत्मचिंतक के रूप में हमेशा अपने व्यक्तित्व की ओर देखते रहे इसलिए उनका व्यक्तित्व हमेशा विनम्र, निस्पृह, निस्वार्थ, सजग, दूसरों के लिए मदद करने वाला, दूसरों के प्रति आदर एवं सम्मान व्यक्त करनेवाला सेवाभावी रहा है।

विविध क्षेत्रों में कार्यरत रहते हुए भी उन्होंने अपने अध्ययन क्षेत्र को विस्तृत, व्यापक एवं समृद्ध करने का प्रयास किया है। क्योंकि वे पहले शिक्षक हैं जिन्होंने छात्रों और प्राध्यापकों को चुनौति देनेवाले पाठ्यक्रमों का चयन किया। वे इन पाठ्यक्रमों में परीक्षक, व्याख्याता, विशेषज्ञ के रूप में तो गोष्ठी–संगोष्ठियों में विशेषज्ञ के रूप में, हिन्दी पुनश्चर्या पाठ्यक्रम में संसाधन व्यक्ति के रूप में जुड़े रहे, खड़े रहे और भिड़े रहे।

उनके व्यक्तित्व का अनोखा पहलू यानी विवेकपूर्ण सहृदयता, अपनापन परिवार के साथ–साथ बाहरवालों के लिए भी रहा है। उनकी विशेषता यह है कि वे अपने माता–पिता के प्रति अत्यधिक संवेदनशील रहे। भरी सभा में उन्हें यथोचित सम्मान और आदर देते हुए सभी से उनका परिचय करा देते थे। गर्व से कहते ये मेरे पिताजी हैं। हमेशा उनके पाँव ज़मीन पे रहे।

प्रो. (डॉ.) अर्जुन चव्हाण जी आजीवन हिन्दी साहित्य जगत की सेवा करते रहे। ऐसे मेरे सहअध्यायी–सहयोगी–सहपाठी मित्र के प्रति मैं गौरवान्वित महसूस कर रही हूँ। उनका चिन्तनशील व्यक्तित्व हमेशा समस्तजनों को प्रेरणा देता रहेगा। निश्चय ही भविष्य में भी उन्होंने काफ़ी योजनाएँ सोचकर रखी होंगी। उन योजनाओं और स्वस्थ एवं सुखद जीवन के लिए ढेर सारी मंगल कामनाएँ। उनके प्रति और उनके परिवारजनों के प्रति सदिच्छा और सद्भावनाएँ।

आत्मीय मित्र!

श्री. गोविंद गोडबोले

ज़िन्दगी के सफर में कई लोग मिलते हैं। कुछ आत्मीय होते हैं। कुछ झगड़ालू होते हैं। कुछ प्यार करते हैं और कुछ दिल में उतर जाते हैं। डॉ. अर्जुन चव्हाण जी मेरे आत्मीय मित्र हैं, जो दिल से जुड़े हैं। उस समय हमारी दोस्ती से बहुत से लोग अचंभित होते थे। क्योंकि हम दोनों की उम्र और पेशे में फासला भी अधिक था। सच तो यह है कि पेशा तथा दोस्ती की कोई उम्र नहीं होती। मेरा ऑल इंडिया रेडियो, रत्नागिरी से सांगली केन्द्र में तबादला हुआ और मैं और अर्जुन जी दोस्त बन गये। इस दोस्ती को करीबन तीन दशक हो चुके हैं। इस सिल्वर जुबली दोस्ती का श्रेय अर्जुन जी के स्वभाव को जाता है। बहुत कुछ कहने जैसा है, लेकिन लेखन में अपनी शब्द सीमा हो, इसलिए मैं सटीक रूप से बताने की कोशिश करूँगा।

जब मैंने डॉ. अर्जुन चव्हाण जी का पहला भाषण सांगली के ऑल इंडिया रेडियो के 'हिन्दी विविधा' कार्यक्रम के लिए रिकॉर्ड किया, तो उनकी लेखन कला ने मेरे मन में आदर और सम्मान का भाव निर्माण किया। सरल भाषा में किया उनका भाषण बहुत पसन्द आया।... और वहीं से डॉ. चव्हाण जी मेरे दोस्त बन गये। शिवाजी विश्वविद्यालय के हिन्दी विभाग में वे विभागाध्यक्ष थे और वे हमेशा अपने छात्रों का हौसला बढ़ाते थे। आपको एक अच्छा उदाहरण बताता हूँ। हिन्दी विभाग की बुद्धिमान छात्रा मनीषा सुर्वे को शिवाजी विश्वविद्यालय, कोल्हापुर की ओर से राष्ट्रपति शंकरदयाल शर्मा सुवर्ण पदक–प्रथम पुरस्कार घोषित हुआ तब डॉ. अर्जुन चव्हाण जी ने मुझे फोन किया और मुझे यह खबर सुनाई और अनुरोध किया कि ऑल इंडिया रेडियो पर हमारे छात्रों की सराहना की जायें 'बहुजन हिताय बहुजन सुखाय' हमारा आदर्श वाक्य है... मैंने वहाँ

जाकर उनका इंटरव्यू रिकॉर्ड किया और प्रसारण किया। इससे हिन्दी विभाग में हिन्दी के प्रति अच्छा माहौल बना जिसका श्रेय डॉ. अर्जुन चव्हाण को जाता है।

जब मेरी ओर 'हिन्दी विविधा' कार्यक्रम आया तो मैं इसका प्रारूप बदलना चाहता था। दरअसल, यह एक साहित्यिक आयोजन था... और तब आज जैसे नहीं था। उस कार्यक्रम के लिए चव्हाण जी ने मुझे बहुत ही महत्त्वपूर्ण मदद की थी। उन्होंने विभिन्न विषयों का सुझाव दिया। विभिन्न लेखकों तथा हिन्दी वक्ताओं के नाम सुझाए थे। सामान्य–सा कार्यक्रम लेकिन सर के नवीनतम दृष्टि से गोधूली के समय प्रसारित होता था। फिर भी उस कार्यक्रम को श्रोताओं का ख़ूब प्रतिसाद मिला।

प्रयोजनमूलक हिन्दी डॉ. अर्जुन चव्हाण जी के रुचि का विषय है। उन्होंने एम.ए. हिन्दी के पाठ्यक्रम में जनसंचार माध्यम को भी रखा था। इसलिए रेडियों नाटक, रेडियों समाचारपत्र को भी पाठ्यक्रम में सम्मिलित किया था। छात्रों के लिए निवेदन कौशल प्रमाणपत्र पाठ्यक्रम तैयार किया था। उसमें मेरा भी सहभाग था। सुविख्यात हिन्दी निवेदक अमीन सयानी जी ने भी उद्घाटन में आने की स्वीकृति दी थी। इसके पीछे अर्जुन जी की श्रम–साधना थी लेकिन मुझे ज्ञात नहीं है कि स्वीकृत पाठ्यक्रम कार्यान्वित क्यों नहीं हुआ?

यहाँ एक और यादगार स्मृति है जो मुझे अच्छी तरह याद है। डॉ. अर्जुन चव्हाण जी को 'अनुवाद चिन्तन' ग्रन्थ के लिए हिन्दी साहित्य अकादमी द्वारा सन् 1998 में पण्डित महावीरप्रसाद द्विवेदी पुरस्कार से सम्मानित किया गया था। इस अवसर पर उनका विश्वविद्यालय के शाहू हॉल में भव्य स्वागत–सत्कार का आयोजन किया था। उन्हें शिवाजी विश्वविद्यालय के पूर्व कुलपति डॉ. द. ना. धनागरे के हाथों से सम्मानित किया था। मंचपर साहित्य अकादमी के सचिव डॉ. केशव फालके, प्रसिद्ध लेखक डॉ. भगवान दास तिवारी, कोल्हापुर के पुलिस आयुक्त डॉ. माधवराव सानप आदि गणमान्य व्यक्ति उपस्थिति थे। उस समय मुझे भी अर्जुन जी के व्यक्तित्व के बारे में भाषण देने का अवसर प्राप्त हुआ। यह एक भव्य और सानदार आयोजन था। ऐसे नवोन्मेशालीनी शख्स ने औपचारिक आवकाश प्राप्त किया है, हाल ही में। लेकिन वे आज दुगुनी गति से लेखन कार्य में रत हैं। उनके सृजनात्मक, समीक्षात्मक और अन्वेषणात्मक लेखन के लिए तथा सुचारू स्वास्थ के लिए मेरी ओर से अनन्त शुभकामनाएँ!

(मराठी से हिन्दी में अनुवाद – डॉ. मनोहर भंडारे)

प्रो. अर्जुन चव्हाण जी संघर्ष से उत्कर्ष की ओर

प्रो. (डॉ.) वी. एन. भालेराव

प्रो. अर्जुन चव्हाण जी से मेरी पहली मुलाकात 15 अक्तूबर, 1995 में नाशिक रोड नाशिक के बिटको महाविद्यालय में हुई। जहाँ महाराष्ट्र हिन्दी साहित्य परिषद के छठवें अधिवेशन में मध्यकालीन काव्य पर डॉ. बिवलकर जी के निदेशन में राष्ट्रीय संगोष्ठी का आयोजन किया था। उन दिनों चव्हाण जी महाराष्ट्र हिन्दी परिषद के प्रधान सहसचिव थे। दो दिवसीय अधिवेशन के अन्तिम सत्र में परिषद का आय– व्यय प्रस्तुत कर रहे थे। उम्र करीब पैंतीस के आसपास होगी। गेहुंआ रंग, गठिला बदन, चेहरे पर मन्द मन्द मुस्कान, हिप्पीकट, उन दिनों का अमिताभ बच्चन स्टाईल, बेल बॉटम वाला शर्ट पैन्ट उनका पहनावा था। वैसे तो सफारी उन्हें अधिक जचती थी। मंच पर विराजमान सभी विद्वज्जनों में उम्र से कम लगते थे। पर आत्मविश्वास के साथ सरल शब्दों में शब्दों की अहमियत को परखकर बोल रहे थे। सुअवसर ऐसा रहा कि उसी दिन वे सहसचिव से प्रधान सचिव के पद पर चुने गये। करीब 10 साल तक महाराष्ट्र हिन्दी परिषद के प्रधान सचिव पद पर बने रहें। विविध महाविद्यालयों, विश्वविद्यालयों की समितियों पर हमने साथ –साथ काम किया। दोनों मराठी भाषी तथा मराठवाड़ा के होने से मित्रता और दृढ एवं गहरी होती गयी।

प्रो. अर्जुन चव्हाण जी निरन्तर अपने अध्यापकीय के साथ–साथ, लेखकीय दायित्व का निर्वाह करते रहें। आज वे महाराष्ट्र के जाने–माने प्राध्यापक, लेखक, अनुवादक के रूप में विख्यात हैं। उनके संघर्षशील व्यक्तित्व को देखकर प्रतीत होता है कि वे कबीर जैसे फक्कड़ प्रवृत्ति के हैं। अपने भीतर और बाहर जमाना लेकर चलते हैं। विगत दो–तीन दशकों से संगोष्ठियों,

चर्चासत्रों, कार्याशालाओं आदि में देश के अध्यापक, शोधार्थी, सुधीजन उन्हें सुनते आये हैं। दो टूक निर्भीकता, वक्तृत्व शैली ने उन्हें राष्ट्रीय स्तर पर पहुँचा दिया है। एक ग्रामाँचलिक व्यक्ति का राष्ट्रीय स्तर पर पहुँच जाना आसान नहीं होता। उसके लिए कुछ आवश्यकताएँ और योग्यताएँ लगती हैं। परिश्रम, ध्येयनिष्ठा, लगन और चिन्तन–मनन की। एक अच्छा वक्ता, एक अच्छा लेखक, एक अच्छा शिक्षक,एक अच्छा समीक्षक बनने से पहले एक अच्छा पाठक बनना ज़रूरी होता है। उनकी निरन्तर ज्ञानसाधना ने उन्हें कई पुस्तकों का लेखक बना दिया। वक्तृत्व में आवाज़ की बड़ी अहम भूमिका होती है। प्रो. अर्जुन चव्हाण को यह प्रकृतिदत्त देन है। अपने मौलिक विचार चिन्तन को आरोह–अवरोह की शैली में बोलने का उनका ढंग श्रोताओं पर छाप छोड़ देता है। कई सेमिनारों, चर्चासत्रों में हम साथ–साथ रहें। बात सन 2012 की है।

नांदेड के सुभाषचन्द्र बोस महाविद्यालय में तुलनात्मक साहित्य पर संगोष्ठी आयोजित थी। सत्र में हम दोनों साथ–साथ थे। सत्र के अध्यक्ष अर्जुन जी ऐसे बरसे कि पूरे सत्र पर छा गये। वैसे ही पनवेल में महात्मा फुले महाविद्यालय में नाट्य साहित्य पर संगोष्ठी थी। उन्होंने "इक्कीसवीं सदी के नाटकों का सरोकार" पर अध्यक्ष के रूप में बोलते समय उन्होंने नाटक के संवाद और अभिनय तत्व पर काफ़ी प्रभावी वक्तव्य दिया। हम सुनते ही रहें। बात 2014 की है। गोवा विश्वविद्यालय द्वारा पुनश्चर्या पाठ्यक्रम और राष्ट्रीय संगोष्ठी दोनों का आयोजन डॉ. मांद्रेकर मैडम तथा डॉ. खान मैडम के संयोजन में हुआ था। वहाँ 14 फरवरी, 2014 को मेरा दलित साहित्य पर व्याख्यान हुआ और उसके एक दिन पहले डॉ. अर्जुन चव्हाण जी का व्याख्यान हुआ था। मेरा व्याख्यान होने के बाद उपस्थित सभी प्रतिभागियों ने कहा "कल ही अर्जुन चव्हाण जी का दलित साहित्य पर बहुत बढिया व्याख्यान हुआ। दलित साहित्य को लेकर अनेक जिज्ञासाएँ थीं उन्हें परिपूर्ति हुई। "देवी अहिल्याबाई होलकर विश्वविद्यालय इंदौर, गुलबर्गा विश्वविद्यालय गुलबर्गा, कर्नाटक विश्वविद्यालय धारवाड़, मुंबई, पुणे, कोल्हापुर जैसे कई स्थानों पर हम साथ–साथ रहे हैं।

प्रो. अर्जुन चव्हाण जी अपने दायित्व के प्रति प्रतिबद्ध रहते हैं। मार्क्स, फुले, अम्बेडकर के प्रगतिशील विचारधारा के समर्थक एवं वाहक हैं। इसी विचारधारा के बीज बोने और फसल काटने की फारूक ने उन्हें कर्मठ योगी बना दिया है। उनकी सोच में तार्किकता, स्पष्टता, स्वाभाविकता के

दर्शन होते हैं। समता, बंधुता, न्याय जैसे संवैधानिक मूल्यों पर उनकी अपार निष्ठा है। जीवन में व्याप्त संकटों से लड़ने की मंशा रखते हैं। संघर्ष की लड़ाई में जो टिकता है वही विजयी होता है। अनेक चुनौतियों को झेलना पडता है। दुखों की मुक्ति के लिए स्वयं लडना चाहिए और लडने के लिए पढ़ना चाहिए। यही सिद्धान्त उन्होंने अपनाया है। इसी कारण वे सफलता के शिखर पर पहुँचे हैं। अन्यथा परंडा जैसे अभावग्रस्त तहसील के पारेवाडी गाँव में जन्म होना और विश्वविद्यालय के विभाग का अध्यक्ष बन कर विभाग का नाम राष्ट्रीय स्तर पर पहुचाना आसान नहीं है। यह अथक परिश्रम की, साहस और स्वभाव की परिणति है।

अपनी प्रदीर्घ अध्यापकीय सेवा के बाद वे अवकाश ग्रहण कर रहें हैं। उम्र के इस पड़ाव में उनके शिष्यों ने यथोचित सम्मान और अभिनन्दन ग्रन्थ प्रकाशित करने की योजना बनायी है। मैं उन तमाम प्रिय शिष्यों का अभिनन्दन करना चाहता हूँ और प्रो. अर्जुन चव्हाण जी के प्रति दीर्घायु की कामना करता हूँ। वे सहपरिवार कुशल मंगल रहे।

'जीवेत शरदः शतम्'।

विशेषज्ञ और दोस्ती के शायर डॉ. अर्जुन चव्हाण जी

डॉ. देवायत सोलंकी

प्रो. अर्जुन चव्हाण साहब का पहला परिचय 09 फरवरी, 1991के दिन हुआ। प्रसंग था हमारे महाविद्यालय के राष्ट्रीय संगोष्ठी में प्रो. चव्हाण साहब मुख्य अतिथि के रूप में उपस्थित थे। उन्होंने 'स्वातंत्र्योत्तर हिन्दी कविता' विषय पर विद्वतापूर्ण व्याख्यान दिया। संगोष्ठी के पूर्व प्रो. चव्हाण साहब से फोन पर स्वीकृति माँगी थी और हमारे क्षेत्र के लोग उनको सुनकर समृद्ध हुए। खुश हुए। तब से उन्हें कई बार निमंत्रित किया और वे आते रहे। व्याख्यान के लिए वे ना नहीं कहते। यही उनकी खासियत कहनी होगी। अपरिचित होते हुए भी साहब जी ने तुरन्त ही स्वीकृति दे दीं थी। तब से लेकर आज तक हमारा सम्बन्ध दिन प्रति दिन विकसित होता गया। हमारे क्षेत्र के लोग सुनकर समृद्ध हुए। खुश हुए। तबसे उन्हें कई बार निमंत्रित किया और वे आते रहें। व्याख्यान के लिए वे ना नहीं कहते। यही उनकी खासियत कहनी होगी। आगे प्रो. चव्हाण साहब जी के अनुरोध पर सद्गुरु गाडगे महाराज कॉलेज कराड (मराराष्ट्र) में विषय विशेषज्ञ के रूप में मेरा 'अनुवाद का सैद्धान्तिक और व्यावहारिक पक्ष' विषय पर व्याख्यान हुआ।

प्रो. चव्हाण साहब के ही आग्रह पर एक बार फिर महाराष्ट्र जाने का मौका मिला। दिनांक–4 अक्तूबर, 2015 को डॉ. घाले कॉलेज–गडहिंग्लज (महाराष्ट्र) में मैंने राष्ट्रीय संगोष्ठी में विषय विशेषज्ञ के रूप में 'प्रयोजनमूलक हिन्दी और रोजगार के अवसर' विषय पर व्याख्यान दिया। गत वर्ष अगस्त–2022 में पीएच.डी. की मौखिकी हेतु प्रो. चव्हाण साहब भक्तकवि नरसिंह मेहता विश्वविद्यालय– जूनागढ आये और हमारे कॉलेज में भी उपस्थित हुए। कोरोना के कारण उनका व्याख्यान सीमित छात्रों की

उपस्थिति में वर्गखण्ड में रखा गया और आपने 'वैश्विक स्तर पर हिन्दी' विषय पर विद्वतापूर्ण व्याख्यान दिया। इस प्रकार प्रो. अर्जुन चव्हाण साहब का और हमारा नाता गहरा होता गया। वे मेरे सुहृदय, हितचिंतक और शुभेच्छुक हैं। समय– समय पर मुझे मार्गदर्शन देते हैं। साहित्यिक संवाद द्वारा विकसित होने की प्रेरणा देते रहते हैं। साहब जी की कविता की रूचि की भी बात करूँ। वे एक वर्ष से वे निरन्तर इस विधा में पल्लवित होते–होते वटवृक्ष की ऊँचाइयाँ प्राप्त कर रहे हैं। चव्हाण साहब आलोचक ही नहीं, बेहतरीन कवि भी हैं। साथ ही नये–नये विषयों पर लिखनेवाले प्रभावशाली गजलकार भी हैं। उनकी गजलें पढने में जितना मजा आता है, उससे ज़्यादा उनके मुँह से सुनने में।

1 जून, 2021 से वे 'दस्तक दोस्ती के दास्तान की' शीर्षक से प्रति दिन एक शेर लिख कर अपने 125 देश–विदेश के चुनिन्दा मित्रों को भेजते हैं। इनमें :दोस्ती' की अहमियत, उसका स्वरूप, विशेषताएँ, विविध रंग, आयाम और सारी अच्छाइयाँ रेखांकित होती हैं। यह 'दोस्ती' नामक एक थिम विषय पर लिखा नया कीर्तिमान हो सकता है। मेरी धारणा है कि इस पर अनुसंधान कर एक स्वतन्त्र शोध–प्रबन्ध सम्पन्न हो सकेगा। उनकी–'दस्तक दोस्ती के दास्तान की' की कुछ पंक्तियाँ देखिए–''दोस्त जमाने का बड़ा अजीबोग़रीब शख्स होता है साहब। जब मिलने आये तो सब भूला दे, न आये तो याद दिला दें।।'' दोस्ती की सैंकडों खासियतें हम, इनमें पाते हैं, जैसे बेमतलब के तो कोई दुश्मनी भी नहीं पालता है साहब; एक दोस्त ही ऐसा शख्स है, जो मतलब के परे पहुँचा होता है। एक और विशेषता देखिए, जैसे–''न जाने किस मिट्टी के बने हैं ये अपने सब 'दोस्त' जनाब; तख्त पर आये न आये मगर वक़्त पर आये बिना नहीं रहते!' उनके 'दोस्ती' सम्बन्धी शेर मूल्यों की ही बात करते हैं, जैसे– ''दिल की बात के लिए 'दोस्त' का कोई सानी नहीं जनाब; भले दिमाग़ी बातों के लिए रिश्ते नाते और दुनिया फैली हो!'' एक और मार्के की बात का इजहार करनेवाला शेर देखिए–''सुनना 'दोस्त' की सब से बडी, कड़ी और तगडी ताकत है साहब; वरना न जाने हमें रोज सुनाने के लिए सारा जहाँ कब से बैठा है!'' दोस्त को भगवान के समान स्थान देनेवाला शेर लिखने में चव्हाण साहब का कोई सानी नहीं दिखता, जैसे–''कौन कहता है कि धरती पे भगवान या ख़ुदा नहीं मिलता जनाब; ज़िन्दगानी में मगर कभी 'दोस्ती' का रास्ता भी तो अपनाकर देखें!''

मैं अपना सौभाग्य मानता हूँ कि चव्हाण साहब से हमारे सम्बन्ध पारिवारिक हैं। हमारे दोनों परिवारों में आत्मीय सम्बन्ध हैं। पीएच.डी. की मौखिकी हेतु सौराष्ट्र विश्वविद्यालय राजकोट जब आते हैं तो सपरिवार केशोद आया करते हैं और सोमनाथ तथा द्वारका दर्शन हेतु हम दोनों परिवार साथ में जाया करते हैं, जिससे हमारे सम्बन्धों में आत्मीयता बढ़ती गयी हैं। हमारी दोनों की पत्नियाँ जब मिलती हैं तब बड़ी आत्मीयता से। एक गुज़राती भाषी और एक मराठी। प्रो. चव्हाण साहब की छोटी बेटी डॉ. चारूता दुभाषिया है। दोनों के संवादों में मिठास लाती है। प्रो. चव्हाण साहब का साहित्यिक योगदान महतम रहा है। आप देश--विदेश में विषय विशेषज्ञ के रूप उपस्थित रह चुके हैं। निरन्तर आपका अध्ययन--अध्यापन कार्यरत है। जीवन में आपको मनोवांछित स्थिति प्राप्त हो यही परमात्मा से प्रार्थना। आपका परममित्र देवायत सोलंकी का वन्दन।

बचपन का दोस्त, सचपन की शान डॉ. अर्जुन चव्हाण

श्री गोकुळ विठ्ठल बिडवे

डॉ. अर्जुन चव्हाण मेरे बचपन के दोस्त हैं। हम दोनों की दोस्ती सबसे पुरानी कहनी होगी। इस अभिनन्दन ग्रन्थ के जितने भी उनके बड़े–बड़े लेखक दोस्त हैं उन सबसे पुरानी। क्योंकि मैं उनका बचपन का सहपाठी हूँ। पहली कक्षा से चौथी कथा तक हम एक साथ पढ़े। कभी पेड़ के नीचे, कभी हनुमान मन्दिर में तो कभी गाँव के चौपाल में हमारी पढ़ाई होती। एक ही अध्यापक सभी विषयों और कक्षाओं को पढ़ाते रहते। स्कूल की कोई इमारत नहीं थी। लेकिन खेलना, गाना और पहाड़े कहना पढ़ाई का हिस्सा था और ख़ुशी का भी। अर्जुन चव्हाण इन सब में अव्वल। हमें चौथी कक्षा के बाद दूसरे गाँव डोणजा जाना पड़ा। वहाँ के जिला परिषद के स्कूल में हम पाँचवीं से सातवीं कक्षा तक पैदल जाते। रोज करीबन पाँच कि.मी. आना और पाँच कि.मी. जाना। लेकिन सातवीं के बाद वहाँ की शिक्षा सुविधा खत्म हुई। आठवीं से दसवीं की पढ़ाई के लिए हमें सोनरी जाना पड़ा। हर दिन दस कि.मी. जाना और दस कि.मी. आना। दसवीं तक पढ़ाई करने के लिए आने–जानेवाले पारेवाड़ी गाँव के हम तीन छात्र थें– मैं ख़ुद, अर्जुन चव्हाण और तीसरा दास बालगुडे। धूप, हवा और बारिश के बावजूद हम पैदल ही आते–जाते। कभी भी अनुपस्थित नहीं रहते। हमें साइकिल लेना भी सम्भव नहीं था। जूतें कभी मिलते कभी नहीं मिलते, मगर स्कूल बाकायदा आते–जाते। पिछड़ापन मराठवाडे का पीछा नहीं छोड़ रहा था। आज भी स्थिति में कुछ खास अन्तर नहीं दिखता।

सोनरी में दसवीं कक्षा में पढ़नेवाले कुल चौंतीस छात्रों में से हम पारेवाड़ी के तीन छात्र थे। बोर्ड परीक्षा के लिए परंडा जाना पड़ा। वह हमारा तहसील और एकमात्र परीक्षा केन्द्र था। परंडा तहसील के अन्तर्गत जवला,

मानकेश्वर, सोनारी आदि चार–पाँच हायस्कूल ही थे। एस.एस.सी. परीक्षा में हमारे स्कूल के सिर्फ चार छात्र उत्तीर्ण हुए जिनमें आनाळा का एक (अर्जुन शिंदे), कवड़गाँव का एक (एकनाथ ठवरे) और पारेवाड़ी के दो (अर्जुन चव्हाण और दास बालगुडे)। मुझे अँग्रेजी ने धोखा दिया। मगर सबको ताज्जुब हुआ कि पारेवाड़ी के दो उत्तीर्ण हुए। लेकिन दुख की बात यह कि उस वर्ष हममें से कोई भी आगे कॉलेज की पढ़ाई के लिए जा नहीं सका। केवल आर्थिक दुर्दशा के कारण। मेरे मित्र अर्जुन चव्हाण के घरवालों ने उन्हें खेती करने की बात कही। किन्तु उन्होंने बात नहीं मानी। उत्तीर्ण होकर भी वे एक साल बैठे रहे। मगर जब उन्होंने फौज में जाने का इरादा किया तब घरवालों ने बात मानी और एक साल बाद उन्हें पढ़ाई के लिए जिला परिषद ज्युनियर कॉलेज, परंडा भेज दिया। हमारे दूसरे साथी दास बालगुडे ने दो साल खेती की और मुंबई के एक कंपनी में काम के लिए चले गये। मैंने अँग्रेजी पर्चे को हल किया और पढ़ाई के लिए बार्शी चला गया।

बार्शी हमारे गाँव से पचास किलोमीटर की दूरी पर है जहाँ पढ़ाई की अच्छी सुविधा थी। यहाँ के प्रसिद्ध भगवंत मन्दिर के पास में ही नन्दकुमार बडवे के यहाँ बीस रुपये महीने से किराये पर कमरा लिया। अर्जुन चव्हाण और मैं, हम दोनों एक ही कमरे में रहते, ख़ुद खाना बनाते और पढ़ाई करते। एक बार वे काफ़ी बीमार पड़े। डॉ. बी. एम. नेने के अस्पताल में एडमिट करना पड़ा। जब तक आण्णा (उनके पिताजी) गाँव से नहीं आते, मैं अस्पताल में उनके साथ रहता। वे स्वस्थ्य भी हुए। पढ़ाई में वे सदा अपनी कक्षा में अव्वल रहे। स्कूल से कॉलेज तक की पढ़ाई में भी। एक बार मेरे 'तात्या' (पिताजी) बहुत बीमार पड़े। उन्हें बार्शी लाया। हिरेमठ अस्पताल में भर्ती कराया। जब तक मैं तैयार होकर नहीं आता तब तक मेरे दोस्त अर्जुन चव्हाण उनके साथ रहते और मेरे आ जाने पर वे अपने कॉलेज जाते। हम दोनों एक ही गाँव के, एक ही कमरे में रहते, एक साथ खाना खाते मगर दोनों के कॉलेज अलग–अलग थे। उनका श्रीमान भाऊसाहेब झाडबुके कॉलेज था और मेरा शिवाजी कॉलेज। हमारी आर्थिक स्थिति भले खस्ताहाल थी लेकिन मित्रता काफ़ी मज़बूत।

मैं बारहवीं के आगे पढ़ नहीं पाया। कारण अनेक थे। उन्हें यहाँ लिखना सम्भव नहीं। ज़रूरी भी नहीं। मगर मेरे मित्र अर्जुन चव्हाण ने हर तरह की बदहाली में ग्रैज्यूएशन पूरा किया और एम.ए. के लिए कोल्हापुर चले गये। जैसे वे कोल्हापुर चले गये, वैसे उन्होंने पीछे मुड़कर नहीं देखा। वे छुट्टी के दिनों में भी गाँव नहीं आते थे। यदि आ भी जाते तो चन्द दिनों बाद ही

लौट जाते। मगर उनकी तरक्की की खबरें ज़रूर मिल जाती। एम.ए. के बाद उन्होंने बी.एड्. किया। कॉलेज में अध्यापक बने। मगर पीएच. डी. करने में जुट गये। छुट्टियों में दिल्ली जाते। अनुसंधान में खो जाते। मेरी शादी के सात साल बाद उन्होंने शादी की। उनकी माँ उन्हें कहती– "तेरा सहपाठी गोकुल दो बच्चों का बाप बन गया है। तू कब करेगा शादी?" लेकिन वे पीएच. डी. के पीछे पड़े थे। उसके बाद ही वे शादी के लिए राजी हुए। धूमधाम से लातुर शहर में शादी हुई। उसमें मैं भी मौजूद था। गाँव के कई लोग थे।

डॉ. अर्जुन चव्हाण की तीन खासियतें मुझे प्रभावित करती हैं–वे पहले से पढ़ाई में बुद्धिमान, कठोर परिश्रमी और अच्छे दोस्त रहे हैं। उनकी कामयाबी का राज यही कहना चाहिए। पीएच. डी. के बाद वे कोल्हापुर के शिवाजी विश्वविद्यालय में प्राध्यापक के रूप में नियुक्त हुए। कॉलेज की नौकरी छोड़ने के बाद वे कोल्हापुर में विश्वाविद्यालय में अध्यापक, प्राध्यापक, शोध–निर्देशक और विभाग के प्रमुख बन जाने पर अधिक व्यस्त हो गये। गाँव आना–जाना भी कम हुआ। तीन–चार टर्म उन्होंने विभाग के अध्यक्ष की ज़िम्मेदारी निभाई। मगर वे दूसरों की तरह 'नौकरी मिली कि चुप हो गये' ऐसे नहीं हैं। वे निरन्तर लिखते गये। अनेक किताबों के लेखक के रूप में उन्हें ख्याति मिली। शैक्षिक और साहित्यिक कार्य के लिए देश भर बड़े–बड़े विश्वविद्यालयों का भ्रमण करते रहे और विदेशों का भी। यदि उनसे मिलना हो तो पहले उनके कोल्हापुर होने का पता करना पड़ता है। व्यस्तता उनके प्रगति का सबसे मुख्य कारण मानता हूँ।

डॉ. अर्जुन चव्हाण हमारे पारेवाड़ी गाँव के ही नहीं तो परंडा तहसील के पहले व्यक्ति होंगे जो शिवाजी विश्वविद्यालय कोल्हापुर के हिन्दी विभाग प्रमुख, शोध–निर्देशक, लेखक बने और जिन्होंने बड़े–बड़े पुरस्कार हासिल किये। हमारे देश के तत्कालीन प्रधानमन्त्री श्री अटलबिहारी बाजपेयी के हाथों उन्हें अपनी पुस्तक के लिए राष्ट्रीय पुरस्कार मिला। उनका बड़े–बड़े सम्मान, बड़े–बड़े दोस्त और बड़े–बड़े नगर–महानगर से जुड़ जाना जारी रहा लेकिन उनके सारे वर्तमान बड़े दोस्तों को शायद पता नहीं होगा कि वे जिस छोटे–से गाँव पारेवाड़ी में पैदा हुए वहाँ उनका बचपन का एक दोस्त गोकुल बिड़वे अभी भी मौजूद है। ठीक सुदामा की तरह। मुंबई गये हमारे तीसरे साथी दास बालगुडे को बैंक की नौकरी मिली मगर वह गुज़र गया। हमारा पारेवाड़ी एक ऐसा गाँव है कि यहाँ अभावग्रस्त ज़िन्दगी के

अनेक अवतार आज भी मिलेंगे। जब हम साथ–साथ पढ़ रहे थे तब की बात तो छोडिए–यहाँ पर आज भी दिन में एक भी एस.टी. बस नहीं आती, एक भी अखबार नहीं आता, एक भी अस्पताल नहीं मिलता, डाकघर नहीं मिलता (अभी कुछ वर्ष पहले क्रिकेट के खिलाड़ी सचिन तेंडुलकर ने जिस डोणजा गाँव को दत्तक ले लिया, उसी गाँव से हमारे यहाँ डाकिया हफ्तेभर में कभी–कभार आता है) उस गाँव के मेरे बचपन के सखा का कोल्हापुर के शिवाजी विश्वविद्यालय में डिपार्टमेंट का हेड होना, वहाँ शानदार मकान बनाना, देश की राजधानी दिल्ली और अनेक बड़े विश्वविद्यालयों में और दुनिया के अनेक देशों में विद्वान के रूप में निमंत्रित किये जाना तथा अपने ज्ञान और विद्वत्ता के झंडे गाड़ना काबिले तारीफ़ कहना होगा। डॉ. अर्जुन चव्हाण का गाँववाला और बचपन का सहपाठी होने के कारण उनकी तरक्की का सबसे पुराना गवाह मैं ख़ुद हूँ और स्वयं को भाग्यशाली मानता हूँ।

मैं स्वयं को इसलिए भी भाग्यशाली मानता हूँ कि डॉ. अर्जुन चव्हाण जी शौहरत की बुलंदियों पर पहुँचने के बावजूद न मुझे भूले, न अपने गाँव को। उनके लेखक, प्रोफेसर, अधिकारी, कुलगुरु और विद्वान जैसे बड़े–बड़े मित्र तो होंगे ही लेकिन अपने छोटे–से गाँव का मेरे जैसा छोटा–सा दोस्त भी उन्हें याद है। उन्हें अपने बचपन के सखा और पचपन–साठ साल पुराने दोस्त तथा गाँव से लगाव है। यह हम सबके लिए गर्व की बात है। पारेवाड़ी छोड़कर उन्हें करीब–करीब पैंतालीस साल हो गये। अब गाँव में उनका शादी–ब्याह, सुख–दुख के प्रसंगवश कभी–कभी ही आना होता है। उन्हें बड़े–बड़े पुरस्कार मिले हो और बड़े–बड़े पद पर भी क्यों न असीन हुए हो– वे अपने गाँव, गाँव के बचपन के मित्र और गाँववालों को नहीं भूलते। जब उनके ऑनलाइन, रेडियो तथा चैनलों पर भाषण या साक्षात्कार होते हैं, समाचार पत्रों में समाचार छपकर आते हैं तब हम सबको उन पर गर्व होता है। उन्होंने हमारे गाँव का नाम रोशन किया है इसलिए गाँववालों को उन पर नाज है।

डॉ. अर्जुन चव्हाण जी के बारे में मेरे कई संस्मरण हैं। लेकिन स्थान और समय की सीमा की वजह से सबको लिखना सम्भव नहीं। मगर कुछेक का ज़िक्र करना ही पड़ेगा। वे कुछ साल पहले मॉरीशस गये थे। वहाँ उनको पुरस्कार मिला था। उसी वर्ष आण्णा (उनके पिताजी) का निधन हुआ था। तब वहाँ से लौटने पर वे गाँव आये और सारी राशि से, उन्होंने गाँव के जिला परिषद की पाठशाला को अच्छा–सा फर्निचर खरीदकर भेंट स्वरूप

दे दिया। फिर सीधे कोल्हापुर चले गये। कहीं कोई बोलबाला या विज्ञापन करना उनको उचित नहीं लगा।

कुछ वर्ष पहले हमारे पारेवाड़ी गाँव में पुराने मन्दिर का नवीकरण करना शुरू हुआ। गाँव के लोगों ने मेरे मित्र डॉ. अर्जुन चव्हाण जी से फोन पर कुछ आर्थिक सहयोग माँगा। तब उन्होंने मुझसे फोन पर बात की। उनको बातों ही बातों से पता चला कि मेरा पोता बड़ी बीमारी से ग्रस्त है। मेरी आर्थिक हालत भी ठीक नहीं है। मुंबई–पुणे के अस्पतालों में इलाज करना पड़ रहा है। तब मेरे बचपन के इस सहपाठी ने तुरन्त मेरे नाम लिफाफा भेजा जिसमें बैंक के दो चेक भेजे थे। एक मन्दिर निर्माण के लिए और दूसरा मेरे नाम पोते के इलाज के लिए। लेकिन ग़ौर करने की बात यह कि जितनी राशि का चेक मन्दिर के काम के लिए दिया था उससे ढाई गुना अधिक बीमारी के इलाज के लिए भेजा था। वे भगवान को तो मानते हैं मगर उससे भी ज़्यादा इन्सान को। मुझे अपने मित्र पर नाज है। हवाई यात्राएँ करने के बावजूद वे ज़मीन से जुड़े हैं।

डॉ. अर्जुन चव्हाण जी के अभिनन्दन ग्रन्थ के लेखकों में शायद सबसे कम पढ़ा मैं ही हूँगा। फिर भी मुझ जैसे उनके बचपन के साथी को चन्द शब्द लिखने का जो अवसर दिया उसके लिए मैं सम्पादक का शुक्रगुजार हूँ। ईश्वर से प्रार्थना करता हूँ कि मेरे प्यारे, इकलौते बड़े दोस्त को लम्बी उम्र दें, रोज ख़ुशी दें और अच्छी सेहत।

(मराठी से हिन्दी अनुवादः श्री अनिल मकर, पीएच.डी. स्कॉलर, शिवाजी विश्वविद्यालय, कोल्हापुर– महाराष्ट्र)

खण्ड-23 : स्नेहसूत्रों के आईने में अभिलक्षित प्रो. अर्जुन चव्हाण

बातें कम काम ज़्यादा, यही हमारे दादा...

प्रो.(डॉ.) दत्तात्रय मुरुमकर

उद्भट वक्ता, मृदुभाषी, संयमी, अपने वैचारिक सरोकारों में स्पष्टता और प्रतिबद्धता रखनेवाला, मित्र को मित्र और उत्तम को उत्तम, सही को सही, गलत को गलत कहनेवाले कुछ विरले व्यक्तित्व के धनी आदरणीय प्रो. अर्जुन जी चव्हाण के बारे में लिखना आसान कार्य कहाँ है? उनके बारे में संक्षेप में कहना एक सिरे को पकड़ना और दूसरे को छोड़ना जैसे होगा।

मैं जब छात्र था तब उनको डॉ. बाबासाहब अम्बेड़कर मराठवाडा विश्वविद्यालय औरंगाबाद में पहली बार सुना था। न जाने मेरे मन में यह बात कब घर कर गयी मुझे पता नहीं कि भाषा पर पकड़ और विषय को बिना छोड़े इनके जैसा बोलना मैं भी सिख लूँगा। उनका व्यक्तित्व 70–80 के दशकों के नायकों जैसा केश विन्यास और ठेठ पाश्चात्य टाई–कोट का सुगढ़ रूप किसी को भी आकर्षित करनेवाला ही है। उन्होंने जैसे अपना व्यक्तित्व संजोया संवारा वैसे मानस और प्रखर बुद्धिजीविता का भी गठन किया है। कई ग्रन्थों के लेखक, विभिन्न विषयों के जानकार, व्याख्याता, अनुवाद के सैद्धान्तिक भाष्यकार और व्यावहारिक अनुवाद का प्रखर और सुलझा हुआ रूप, साहित्य और मीड़िया के ही नहीं अपितु नये विमर्शों के प्रवक्ता के वैविध्यपूर्ण रूप उनमें बसते हैं।

मैं जब मुंबई आया तब उनसे प्रगाढ़ता आदरणीय रतनकुमार पांडे जी के कारण बढ़ती गयी। और मेरे गुरुवर्य विष्णु सरवदे जी के कारण उनके प्रति सहजता भी बढ़ गयी। अपने बारे में निसंकोच रूप से जानकारी मुझ जैसे नये और अल्पज्ञ व्यक्ति को देने में उन्हें बिल्कुल भी संकोच नहीं हुआ। उन्होंने मुझे अपने सुख–दुःख में शामिल किया। पहली बार मुंबई विश्वविद्यालय

द्वारा आयोजित अज्ञेय पर केन्द्रित संगोष्ठी में मुझे सुना तो मुझे आपने कहा था कि मैं अब तुम्हें कोल्हापुर में बुलाउँगा, तुम विषय को बहुत ही अच्छे से प्रतिपादित करते हो। एक तरह से वे मुझे हौसला दे रहे थे मेरी तारीफ़ नहीं, मेरा साहस बढ़ा रहे थे उसके बाद उनके साथ कई मंचों पर बैठकर बोलने का जब–जब अवसर आया तब–तब मैंने स्वयं को गौरवान्वित महसूस किया है। मैं, प्रो. विष्णु सरवदे जी और आप साथ में लखनऊ गये थे तब लखनऊ घूमते समय वहाँ की जानकारी आप हमें दे रहे थे, जैसे आप उसी शहर के बशशिंदे हो। बहुत ही बारीक जानकारी आप गाँव–शहर–व्यक्तित्व की रखने के धनी हैं।

मैंने बहुत कम लोगों में वैचारिक सरोकार की स्थापना और प्रतिबद्धता पायी है उनमें से एक आप हैं। रुढ़िवादी चिन्तन के पूर्वाग्रहों से मुक्त होकर विषय को देखते हैं बिल्कुल एक वैज्ञानिक की तरह। यही आपकी सर्वोत्तम खासियत है। आप में न विचारक होने का दंभ न आलोचक होने का गर्व और न प्रोफेसर होने का अभिमान है। आप सहज, सरल, निश्चल मनुष्य मात्र की भूमिका में सदैव रहते हैं। यही आपका बड़प्पन है। यारों के यार और प्यारों से प्यार करनेवाले खुले मन के व्यक्तित्व हैं। ऐसा करते समय कई बार आपको दिक्कतों का सामना करना पड़ा है किन्तु यारी आपने बिल्कुल भी नहीं छोड़ी।

आप जितनी अच्छी पकड़ हिन्दी भाषा–साहित्य पर रखते हैं उतनी ही मराठी भाषा साहित्य पर। यही कारण है कि देश भर में आपको व्याख्यानों के लिए बुलाया जाता है। कालान्तर में आपकी कर्मभूमि में जितनी उपेक्षा हुई उतना आप भारत भर में विस्तृत होते गये। कहीं पर भी समय का दबाव आप पर नहीं रहा है। इसके पीछे केवल और केवल आपकी प्रखर अध्ययनशीलता ही है। आप समस्याओं में उलझे रहनेवाले व्यक्तित्व कभी नहीं रहे हैं।

सर्वहारा के विमर्शों से जुड़कर आप अपनी ही अन्तः चेतना से जुड़े हैं उसका एहसास बार–बार होता है। अपनी अध्ययनशीलता का वैचारिक पक्ष बेहद मज़बूत है। यह बात आपकी पुस्तक 'विमर्श के विविध आयाम' पढ़कर स्पष्ट रूप में सामने आती है। भूमंडलीकरण, बाज़ारीकरण, उपभोक्तावाद ने उपेक्षित समुदाय के सामने खड़ी की हुई चुनौतियों और इससे घिरे हुए समाज की सच्चाई को प्रखरता से आप सामने लाते हैं।

आप पर लिखने के लिए मुझे क्यों कहा गया यह तो मुझे मालूम नहीं है। मुझे लगता है कि अभिनन्दन ग्रन्थ का सारा कार्य पूरा हुआ है और सम्पादक

महोदय डॉ. मनोहर भंडारे जी ने मुझे सम्पर्क किया बहुत ही कम समय में किसी विमर्श पर लिखना सम्भव नहीं हुआ इस कोरोना काल में। उन्हीं के आग्रह पर आपके बारे में कुछ कहने का दुःसाहस कर चुका हूँ। भविष्य में आपका ज्ञान–प्रतिभा उत्तरोत्तर विकसित हो और आप स्वस्थ रहे यह इस बहाने मंगलकामना व्यक्त करता हूँ। 'कम बोलो और अधिक काम करो' यह आपके जीवन का दर्शन है। किन्तु आपने व्याख्यानों के जरिए जितना कहा उससे कई गुना अधिक चिन्तनपरक लेखन भी किया है किन्तु आपने यह कभी भी मुझे महसूस होने नहीं दिया। अपने व्यवहार और लेखन दोनों में यही "दादापन" अर्थात बड़े भाई की भूमिका आपने निभाई है। फिर एक बार आपको अनन्त शुभकामनाएँ देते हुए अपनी लेखनी को विराम देता हूँ।

धन्यवाद!

ओजस्वी व्यक्तित्व के प्रभावी प्रोफेसर

प्रो.(डॉ.) हूबनाथ

प्रो. (डॉ.) अर्जुन चव्हाण जी से मेरी मुलाक़ात मेरे गुरु डॉ. रतनकुमार पाण्डेय की मार्फत हुई। सूट बूट धारी लहराते केशों वाले यह प्रोफेसर पहली ही नज़र में अपने व्यक्तित्व से सभी को आकर्षित कर लेने वाले लगे।

मुंबई विश्वविद्यालय की शायद ही कोई संगोष्ठी रही हो जिसमें प्रोफेसर अर्जुन चव्हाण की गरिमामय उपस्थिति न रही हो। हिन्दी साहित्य की गद्य विधा के उद्भट विद्वान चव्हाण जी की सबसे बड़ी ख़ासियत यह कि गद्य और ख़ास तौर पर कथा साहित्य की कोई भी नई कृति आते ही वे न सिर्फ उसका अवगाहन करते बल्कि उस पर सार्थक समीक्षा दृष्टि से विचार भी प्रस्तुत करते। अपने समय के सभी कथाकारों और समीक्षकों से जुड़े हुए प्रोफेसर चव्हाण जी ने हिन्दी कथा समीक्षा को अभिनव दृष्टि प्रदान की। हिन्दी आलोचना के शिखर पुरुष डॉ. नामवर सिंह भी प्रोफेसर अर्जुन चव्हाण जी की कथा समीक्षा के क़ायल रहे। यूँ तो प्रोफेसर चव्हाण जी का कद्दावर व्यक्तित्व सहसा क़रीब नहीं आने देता था लेकिन एक बार आप उनके दायरे के भीतर शामिल हो गये तो उन जैसा स्नेहिल, सहज विश्वासी तथा हमदर्द शायद ही मिल पाये। छात्र प्रिय, गहन अध्येता, विशिष्ट समीक्षा दृष्टि सम्पन्न तथा कुशल प्रशासक होने के साथ–साथ वे मानवीय गुणों से सम्पन्न एक बेहतर मनुष्य भी हैं।

उनकी मित्रता को मैंने करीब से देखा है। मेरे गुरु प्रो. रतनकुमार पाण्डेय के वे अत्यन्त आत्मीय मित्र रहे हैं। 'अनभै' के सम्पादक डॉ. रतनकुमार पाण्डेय जी के और उनके बीच की मित्रता का एक मात्र सूत्र था साहित्यिक और अकादमिक मिजाज। इन दोनों के कॉमन अन्य मित्रों में भी यही सूत्र मिलेगा। 'अनभै' को फैलाने और बदल देने में प्रो. रतनकुमार

जी को सबसे ज़्यादा साथ–सहयोग प्रोफेसर चव्हाण जी का मिला। इसे देशभर में लोग जानते हैं। मुंबई के बाद 'अनभै' के आयोजन कोल्हापुर में अधिक हुए हैं, प्रो. अर्जुन चव्हाण जी के कारण। मेरे गुरुजी पाण्डेय जी के साथ मैं कई बार कोल्हापुर के आयोजनों में सहभागी रहा। बहुत संस्मरणीय आयोजन होते रहें। प्रो. अर्जुन चव्हाण जी के अनुभव सम्पन्न और कद्दावर व्यक्तित्व के कारण ही। औपचारिक अवकाश प्राप्ति के पश्चात निश्चय ही उनकी अध्ययनप्रियता, सृजनशीलता तथा समीक्षाकर्म अनवरत अबाध गति से चलता रहेगा और हिन्दी कथा समीक्षा के क्षेत्र में वे नये प्रतिमान गढ़ते रहेंगे और भावी पीढ़ी के लिए एक ज्वलंत उदाहरण बनकर साहित्य, समाज और संस्कृति को समृद्ध करेंगे। इन्हीं मंगलकामनाओं के साथ प्रोफेसर अर्जुन चव्हाण जी के सेवानिवृत्त और भावी जीवन के प्रति अशेष शुभेच्छा!

बहुआयामी व्यक्तित्व के धनी

प्रो. (डॉ.) सुनील कुलकर्णी

कुछ व्यक्तित्व आरम्भ से ही अन्यों की तुलना में सबसे अलग–थलग, हटके, निराले, अनोखे तथा विरले होते हैं। उनके इस बहुआयामी व्यक्तित्व के कारण ही लाखों की संख्या में भी उन्हें पहचानना सहज सम्भव हो जाता है। दिन में उनकी प्रतिभा हीरे की तरह प्रकाशमान होती है तो, रात के अंधेरे में वे तारे की तरह अंधकार को चीरते हुए अपने आलोक से सबका ध्यान अपनी ओर आकर्षित करने में सफल हो जाते हैं। प्रोफेसर अर्जुन चव्हाण ऐसे ही बहुआयामी व्यक्तित्व के धनी रहे हैं।

छोटी–सी नासिका, लम्बा–सा कद, तोंद तनिक–सी बढ़ी हुई, बाल इतने बड़े कि कानों को ढके हुए दिखायी देते हैं, शरीर हमेशा 'सफारी' ड्रेसकोड में शोभायमान रहता है। ऐसा कि मानो देखने वाला बस देखता ही रह जायें आवाज़ इतनी जबरदस्त कि सुनने वाला चाह कर भी अनसुना न कर सके। बोलते समय शब्दों की आरोहता और आवरोहता इतनी काबिले तारीफ़ कि श्रोताओं के अन्तर मन को कब भेद देती उन्हें भी पता न चल पाता। विषय की समझ और ज्ञान के बारे में तो जितना कहा जाये उतना कम ही होगा! जहाँ तक मुझे याद है मैंने प्रोफेसर अर्जुन चव्हाण जी को स्नातकोत्तर कक्षा में पहली बार सुना था। उसके बाद उन्हें सुनने के कई अवसर मिले। पर जब–जब भी उन्हें सुना तब–तब उनके प्रति मन में स्थित आदर और स्नेह का भाव बढ़ता ही गया। जिनको सुनते–सुनते मैंने बोलना सीखा उनके साथ एक दिन मंच साझा कर बोलने का अवसर मिलेगा इसकी तो मैंने सपनों में भी कल्पना नहीं की थी। परन्तु कालान्तर से बाद में हकीकत में वह कल्पना कई बार प्रत्यक्षतः साकार हो गयी। इस बात को लेकर मैं आज भी मन ही मन में गर्व का अनुभव करता हूँ।

प्रोफेसर अर्जुन चव्हाण जी का सत्संग मुझे उनके छात्रों की तरह सदैव प्रेरक और ऊर्जा का अखण्ड स्रोत प्रदान करने वाला रहा है। छात्रवत होने के उपरान्त भी उनका मेरे साथ सदैव मित्रवत किया गया व्यवहार न केवल संस्कार का भाग है बल्कि आदर्श का द्योतक भी है। कइयों ने उन्हें क्षति पहुँचाने की, बदनाम कर विनष्ट करने की, उनका अकादमिक जीवन बर्बाद करने की कोशिशें की लेकिन उनके द्वारा अन्यों के प्रति ऐसे व्यवहार का एक भी उदाहरण मेरे पास उपलब्ध नहीं है। इससे उनका व्यक्तित्व कितना शान्त, संयमी और सहनशील है इस बात का एहसास होता है। मैं जहाँ–जहाँ गया वहाँ मैंने यह अनुभव किया कि उनके बहुआयामी व्यक्तित्व ने सबको प्रभावित कर ज़िन्दगी भर के लिए एक अपनत्व का सह सम्बन्ध बना लिया है। उनके सानिध्य में मैंने एक चीज़ बार– बार अनुभव की कि बाहरी जगत में मनुष्य की पहचान सिर्फ ज्ञान और उत्कृष्ट कार्य के कारण ही नहीं होती, स्वभाव और संस्कार भी उसके लिए बड़ी मात्रा में कारगर सिद्ध होते हैं। कवयित्री बहिणाबाई चौधरी उत्तर महाराष्ट्र विश्वविद्यालय, जलगाँव के हमारे पूर्व कुलपति प्रोफेसर के.बी. पाटील हमेशा सचिन तेंडुलकर का उदाहरण देते हुए कहते कि सचिन तेंडुलकर को केवल इसलिए महान नहीं माना जाता कि वह अच्छा खेलता है। उसकी तुलना में अन्य टीमों में सर्वोत्कृष्ट खेलने वालों की संख्या की कमी नहीं है। परन्तु सचिन तेंडुलकर उत्कृष्ट खेलने के साथ–साथ अपने तथा अन्य टीम के छोटे–बड़े सदस्यों के साथ जिस आत्मीयता से व्यवहार करता है उसके कारण वह महान क्रिकेटर कहलाया जाता है। वैसा ही प्रोफेसर अर्जुन चव्हाण जी के सन्दर्भ में भी कहा जा सकता है। अकादमिक, साहित्यिक भ्रमण करते हुए वे जहाँ–जहाँ भी गये वहाँ–वहाँ उन्होंने अपने आत्मीय सम्बन्ध स्थापित किये हुए दिखायी देते हैं। यही कारण है कि न केवल महाराष्ट्र में बल्कि सम्पूर्ण देशभर में और यहाँ तक कि विदेशों में भी उनको जानने, मानने और पहचानने वाले बहुत बड़ी संख्या में हैं।

विपरीत परिस्थितियों से संघर्ष करते–करते प्रोफेसर अर्जुन चव्हाण जी ने हिन्दी विषय में एम.ए., पीएच.डी. तक की शिक्षा पूर्ण की। सामान्य तौर पर ऐसा दिखायी देता है कि एक बार नौकरी लगने के उपरान्त अधिकतर लोग भौतिक सुख सुविधाओं में लीन होकर विलासी जीवन के आदि हो जाते हैं। लेकिन प्रोफेसर अर्जुन चव्हाण जी इस दृष्टि से अपवाद सिद्ध होते हैं। अर्थार्जन की परिपूर्ति के बाद उन्होंने अपने आपको ज्ञानार्जन, सृजन, अनुवाद, सम्पादन, अनुसंधान, आलोचना आदि क्षेत्रों में सिद्धहस्ता पाने में व्यस्त कर दिया। इसी से उनका व्यक्तित्व बहुआयामी बनता चला गया। आज पैंतीस–चालीस वर्षों की साधना के उपरान्त जब हम उनकी

निम्नलिखित साहित्य सम्पदा की ओर दृष्टिपात करते हैं तो, इस बात का एहसास सहज रूप से होता है कि उनका व्यक्तित्व कितना बहुआयामी और विविधताओं से भरा हुआ है; जैसे–

समीक्षात्मक लेखन

उपन्यासकार राजेंद्र यादव, राजेंद्र यादव के उपन्यासों में मध्यवर्गीय जीवन, अनुवाद चिन्तन, अनुवादः समस्याएँ एवं समाधान, आधुनिक हिन्दी : कालजयी साहित्य, मीडियाकालीन हिन्दी : स्वरूप एवं सम्भावनाएँ, समकालीन हिन्दी उपन्यासों का वैचारिक पक्ष, विमर्श के विविध आयाम, विश्वमंच पर हिन्दी : विविध आयाम, दलित और आदिवासी साहित्य चिन्तन के आद्य बिन्दु, साहित्यिक शोध और बोध, सदी का श्रेष्ठ साहित्य और साहित्यकार तथा सृजनात्मक लेखन में–जरा याद करो कुर्बानी (निबन्ध), जय बोलने वाले (काव्य–संग्रह), ग़ज़ल @ ग्लोबल V. लोकल इंडिया डॉट कॉम. ओरी प्रौद्योगिकी– (काव्यसंग्रह), ग़ालिब पूँजी दुष्यंत मेरा लक्ष्य (गजल संग्रह), करोना की कृपा से (ग़ज़ल संग्रह), गूँगा, बहरा और कहानियाँ (कहानी संग्रह)

यात्रा वर्णन

मॉरीशस : एक सांस्कृतिक यात्रा के साथ ही अनुवाद कार्य–डेराडंगर (दादासाहेब मोरे की आत्मकथा) क्षितिजस्पर्श (वि. स. खांडेकर का लघुकथा संग्रह), होटल मेरा देश (डी बी रत्नाकर काव्य–संग्रह) क्रान्ति संग्राम (डॉ. रवीन्द्र ठाकुर के नाटक का अनुवाद) सम्पादित पुस्तकें 25 से अधिक है।

उपर्युक्त साहित्यिक योगदान से पता चलता है कि प्रोफेसर अर्जुन चव्हाण जी ने कितनी विपुल मात्रा में लेखन कार्य कर अपने बहुआयामी व्यक्तित्व के परिचय को प्रत्यक्ष रूप से साकार किया है। साहित्य लेखन के विविध अधुनातन आयामों में लेखनी चलाकर उन्होंने अपने व्यक्तित्व को सिद्ध करने का सफल कार्य है। भाषाविमर्श, अनुवाद विमर्श, साहित्य विमर्श, स्त्री विमर्श, दलित विमर्श, आदिवासी विमर्श, अल्पसंख्यक विमर्श, बाल विमर्श, किन्नर विमर्श, किसान विमर्श, मीडिया विमर्श से सम्बन्धित उन्होंने किया हुआ लेखन कार्य इस बात का साक्षी है कि उनका व्यक्तित्व तथा लेखन कार्य कितना बहुआयामी है। मुझे आशा ही नहीं अपितु विश्वास भी है कि प्रो.अर्जुन चव्हाण जी हिन्दी साहित्य जगत में आगे भी निरन्तर लेखन करते रहेंगे और हिन्दी भाषा, साहित्य को समृद्ध करते हुए नई पीढ़ी का उचित पथदर्शन–मार्गदर्शन करेंगे इस कार्य के लिए उनको मेरी ओर से हार्दिक शुभकामनाएँ!

वाणी के एक और डिक्टेटर...

प्रो. (डॉ.) साधना चन्द्रकान्त भंडारी

मैंने पहली बार प्रोफेसर डॉ. अर्जुन चव्हाण जी को पुणे विश्वविद्यालय के हिन्दी विभाग में 'रिफ्रेशर कोर्स' में सुना था, उस समय मैं उनके व्याख्यान से अभिभूत हो गयी थी– फिर जब–जब भी मैंने उनका व्याख्यान सुना मैं मन्त्रमुग्ध होती रहीं ! मुझे याद आते रहे वे शब्द जो आ. हजारीप्रसाद द्विवेदी ने कबीर के व्यक्तित्व के बारे में लिखे थे–"फक्कड, मस्तमौला... वाणी के डिक्टेटर...!" मुझे डॉ. चव्हाण जी को सुनने के बाद... आ. हजारी प्रसाद द्विवेदी के शब्दों की याद आती... लगता सही में डॉ. चव्हाण जी वाणी के एक और डिक्टेटर हैं, उनके व्याख्यान में श्रोता मन्त्रमुग्ध हो जाता है, उनकी वाणी में जादू – है – वे वाणी के जादूगर हैं... और उनका व्यक्तित्व भी मस्तमौला– फक्कड....! कितने सटीक बैठते हैं ये शब्द...!

मैं उनके व्याख्यान से हरदम मन्त्रमुग्ध रहीं–परिणामतः मैंने सोचा–मैं सर को अपने महाविद्यालय में आमन्त्रित करूँगी...! और सही में मैंने जितने भी सेमीनार आयोजित किये 'बीजभाषक' के रूप में डॉ. अर्जुन चव्हाण जी को आमन्त्रित किया–मुझे विश्वास था–इस बात का–अकेले डॉ. अर्जुन चव्हाण जी मेरी संगोष्ठी में चार चाँद लगाएँगे... और वैसे ही होता रहा...! हर व्यक्ति, श्रोता, प्रतिभागी मिलने पर मुझे यही प्रतिक्रिया मिलती...वाह! डॉ. अर्जुन चव्हाण जी का क्या व्याख्यान रहा? लाजवाब !...और मुझे हर संगोष्ठी में यह एहसास होता, डॉ. चव्हाण जी को आमन्त्रित कर मैं हिन्दी प्रेमियों की श्रवण की प्यास बुझा रहीं हूँ... हरदम 'ब्रह्मानन्द सहोदर आनन्द' मैंने उनके बीजभाषण में पाया है।

सन 2014 में 'हिन्दी कथा साहित्य में बदलते हुए जीवनमूल्य' पर मैंने संगोष्ठी आयोजित की थी, महाविद्यालय के तत्कालीन विद्यमान प्रधानाचार्य

डॉ. जी.पी. सातव जी मंच पर नहीं थे..., काम की वजह से वे अपने केबीन में थे, मैंने एक छोटी–सी चिट्ठी लिखकर छात्र के माध्यम से सर के पास पहुँचाई, जिसमें मैंने लिखा था' 'अभी डॉ. अर्जुन चव्हाण जी का व्याख्यान है, आप उन्हें न सुनेंगे तो शायद ज़िन्दगी में बहुत बड़ी निधि खो देंगे 'दो–तीन मीनट में ही डॉ. जी. पी. सातव हॉल में आकर मंच पर विराजमान हुए, डॉ. चव्हाण जी के व्याख्यान से वे इतने प्रभावित हुए की उन्होंने प्रतिक्रिया में मेरी पीठ थपथपाते हुए कहा... डॉ. साधना भंडारी मैडम ने 'सही वक्ता को चुना है, डॉ. चव्हाण जी को सुनते हुए ऐसा लग रहा था... मानो एक–एक 'उपन्यास' चलचित्र के भाँति मेरे आँखों कें सामने आ रहा है... उपन्यास के एक–एक पात्र को उन्होंने अपने शब्दों से जीवित किया है– मुझे सही में उस समय बड़ा गर्व महसूस हुआ...कि मेरा चयन बिल्कुल सही है!

प्रो. डॉ. अर्जुन चव्हाण जी एक लाजवाब व्यक्तित्व... अर्न्तबाहय ...पारदर्शी व्यक्तित्व...मैं जब जब भी उन्हें मिली मैंने एक 'सही मित्र' उनमें पाया...! फोन पर भी उनसे कई बार वार्तालाप होता रहा–मेरी किताबें– 'मारवाडी बोली', 'डॉ. धर्मवीर भारतीः साहित्य के विविध आयाम' की भूमिकाओं को सर ने लिखा, उस समय अपनी व्यस्ताओं में से समय निकालकर उन्होंने किताबों के सन्दर्भ में अपनी प्रतिक्रिया लिखी, सही में मुझे बड़ी ख़ुशी हुई ! उन भूमिकाओं में निहित उनके मंतव्य को मैंने कई बार पढा... महसूस किया कि सर की वाणी में भी जादू है और लेखनी में भी जादू है...! संगोष्ठी की 4–5 किताबें मैंने सम्पादित की हैं–हर किताब में पहला आलेख डॉ. अर्जुन चव्हाण जी का रहा है–उनके बहुत सुन्दर आलेख मैंने प्रकाशित किए यह मेरा अहोभाग्य रहा है।

मैंने उनको सुनते हुए हरदम यह महसूस किया कि डॉ. अर्जुन चव्हाण नामक शख्स 'व्यासंगी व्यक्तित्व' है! 'कथासाहित्य' पर उनका विशेष अधिकार रहा है उन्होंने जो पढा और लिखा उसे प्रस्तुत करने का सुन्दर कौशल उनके पास है ! सुनते समय ऐसा लगता है कि उस परिवेश में हम जी रहे हैं, उस पात्र की व्यथा हमारी व्यथा है ! हर उपन्यास कहानी में हम ऐसे डूबते कि मानो उससे बाहर निकलना कठिन हो जाता लगता अजीब जादूगर है अवलिया हैं। डॉ अर्जुन चव्हाण जी! ताकद है इनकी वाणी में! भगवान ने इन्हें वाणी का वरदान दिया है... ये वाणी के एक और डिक्टेटर हैं!

शिवाजी विश्वविद्यालय के असंख्य छात्रों को इन्होंने आकार दिया, अपने हाथों से गढ़ा है! 24 छात्रों ने इनके मार्गदर्शन में पीएच.डी. उपाधि प्राप्त

की है–लगभग 34 छात्रों ने इनके मार्गदर्शन में एम.फिल. उपाधियाँ हासिल की–उनकी ग्रन्थ सम्पदा अपार है–उनके समीक्षात्मक ग्रन्थ लगभग 13 से अधिक है। सृजनात्मक ग्रन्थ लगभग आठ हैं–सम्पादित कृतियाँ 25 से अधिक है–अनुवाद, यात्रावृत्तांत लघुकथा संकलन, काव्य संकलन... लगभग साठ तक उनकी ग्रन्थ सम्पदा हो सकती है–हिन्दी साहित्य के लिए यह अभूतपूर्व और अमूल्य देन है।

मुझे अपने पर गरुर होता है कि प्रो. डॉ. अर्जुन चव्हाण जी मेरे बहुत अच्छे हितैषी मित्र हैं, स्नेही है–उनकी सेवा अवकाश के उपलक्ष्य में मैं उन्हें 'सलाम' करती हूँ! और चाहती हूँ कि यहाँ सेवा से क्षणिक, औपचारिक अवकाश है...! डॉ. अर्जुन चव्हाण जी चुप रहनेवाले नहीं हैं; उनको हमें निरन्तर सुनना है ! इसी प्रकार वे हिन्दी भाषा तथा साहित्य की सेवा में आकंठ डूबते रहें... लिखते रहे...! और हिन्दी जगत को कालजयी कृतियों की देन प्राप्त होती रहें ! मैं उनके स्वास्थ्य के लिए और उनके भावी जीवन के लिए शुभकामनाएँ प्रदान करती हूँ सादर नमन के साथ।

असाधारण साधन व्यक्ति

प्रो. (डॉ.) ईश्वर पवार

प्रो. डॉ. अर्जुन चव्हाण जी एक सहज और सरल व्यक्तित्व के धनी हैं। सम्पूर्ण विश्वास से किसी भी विषय पर अपना मत व्यक्त करने वालों में बहुत कम लोग होते हैं, उनमें मैं प्रोफेसर अर्जुन चव्हाण जी को देखता हूँ। साहित्यकार, विशेष वक्ता और वर्तमान आलोचक की प्रथम पंक्ति में भी उनकी उपस्थिति दिखायी देती है। लेकिन इन सबसे बढ़कर जिस विषय की उन्हें जानकारी और पकड़ है बस! उसी विषय को लेकर अपने को प्रकट करने की उनकी प्रामाणिक आदत बहुत कुछ सिखा देती है। मेरे जैसे बहुत से विद्यार्थी कुछ नया सुनने के लालच में वे जहाँ कहीं भी हो उस सेमिनार में, गोष्ठियों में सहभागी होने के लिए लालायित होते हैं जिसकी एक ही वजह है कि प्रोफेसर अर्जुन चव्हाण जी को दिल से सुनना। घुमक्कड़ी तो अलबत्ता बहुत से लोगों को पसन्द है। इसके अलग–अलग कारण भी हो सकते हैं। कुछ लोग शौकिया घुमक्कड़ी करते हैं तो कुछेक की इच्छा विशेष जानकारी प्राप्त करने हेतु, जिनमें प्रोफेसर अर्जुन जी विशेष रूप से सुदूर तक पहचाने जाते हैं।

मैंने अनुभव किया है कि जब–जब किसी राष्ट्रीय, अन्तर्राष्ट्रीय गोष्ठियों में उनको सुनने का अवसर मिला तो बड़ी तबीयत से विषय को न्याय देने में वे माहिर हैं। बड़ी ही शालीनता, सहजता और वाणी की मिठास से विषय की गहराई को नापने का फन उनमें है। विषय के शीर्षक को लेकर मैंने उनको बहुत बार गम्भीर होते देखा है। गोष्ठी समाप्त होने के बाद संयोजक से गपशप करते हुए वह विषय के बारे में बहुत कुछ ज्ञान दे जाते हैं, तब ऐसा महसूस होता है कि विषय का चयन होने से पहले यदि उनसे कोई

चर्चा होती तो निश्चित ही गोष्ठी में सम्मिलित विद्वानों के लिए कुछ नया सुनने का सुअवसर प्राप्त होता।

मुझे ठीक से याद है, एक बार मैं उनके साथ मंच पर उपस्थित था, अन्तर्राष्ट्रीय गोष्ठी का विषय था विविध विमर्श जिसके अन्तर्गत बाल विमर्श, स्त्री विमर्श, किसान विमर्श, किन्नर विमर्श, वृद्धावस्था विमर्श आदि। इस संगोष्ठी की अध्यक्षता आदरणीय प्रोफेसर अर्जुन चव्हाण जी कर रहे थे। गोष्ठी में लगभग 15 शोध निबन्धों का, विविध विमर्श पर पठन हुआ। अध्यक्ष जी ने सभी निबन्धों का पठन बड़ी ही तल्लीनता के साथ सुना और अपनी अध्यक्षता में विषय के शीर्षक को लेकर विमर्श का इतिहास और वर्तमान स्थिति पर अपनी बात रखते हुए विभिन्न सन्दर्भों के साथ बड़ी ही नम्रता से विषय को श्रोताओं के सामने प्रस्तुत किया। यह सब प्रस्तुतीकरण करते समय प्रोफेसर अर्जुन चव्हाण जी ने कहीं पर भी 'मैं' को अधिक प्रबल नहीं होने दिया, अधिक ही क्या कहूँ 'मैं' को आने ही नहीं दिया। संगोष्ठी में सम्मिलित युवाओं और नये अध्यापकों को यदि कुछ सन्देश देना हो तो उनकी अपनी एक आदत है कि विषय को समझाने का नपातुला ढंग। युवाओं को उनकी ओर आकर्षित करने में उनका बस एक ही आधार है–विषय का विस्तृत ज्ञान।

कठिन से कठिन विषय से आसान विषय को भी वे बड़ी ही सरलता और सहजता से समझाते हैं। डाँट फटकार मैंने उनके स्वभाव में आज तक देखी नहीं। हाँ यह निश्चित है कि जहाँ पर लिखने में, विश्लेषण करने में या अनुवाद करने में कुछ गलतियाँ हो तो उन्हें सुधारने के लिए कई प्रकार के उपाय उनके पास बेबाक तैयार होते हैं। यही उनके स्वभाव की विशेषता है। साहित्यिक चर्चा की बात हो तो पूरे भारत भर में सर जी का भ्रमण होता रहता है। स्वभाव के अनुसार उन्होंने कई मित्रों को जोड़ा है, जो उनके मित्र बने और बाद में उनके साथ साहित्य की घंटों चर्चा करने लगे। विषय की गम्भीरता को परखने का नज़रिया सर जी में खूब है।

एक और प्रसंग मुझे और याद है। औरंगाबाद के डॉ. बाबासाहब अम्बेडकर मराठवाड़ा विश्वविद्यालय में अन्तर्राष्ट्रीय संगोष्ठी में 'अनुवाद मूल्यांकन' शीर्षक से संगोष्ठी का आयोजन किया गया था। वहाँ पर एक सत्र की अध्यक्षता सर जी निभा रहे थे। अनुवाद की परिभाषा से लेकर इतिहास और मराठी–हिन्दी के साथ अन्य भाषाओं में कौन–सी रचना किस लेखक ने, रचनाकार ने अनूदित की। भाषाशैली के साथ भाव और अर्थ का किस प्रकार

से ध्यान होना चाहिए, इस बात पर उन्होंने बहुत ही सहज और सरलता से अपने विचारों को व्यक्त किया। सभागार में जितने भी श्रोता थे वे प्रभावित होकर गोष्ठी के बाद चव्हाण सर जी से मिलने के लिए ख़ूब भीड़ करते मैंने प्रत्यक्ष देखा है। वाणी के साथ अपने चिन्तन पर भी प्रभाव रखने वाले प्रोफेसर अर्जुन जी महाराष्ट्र के दिग्गज अनुवादक, समीक्षक और हिन्दी के वक्ता के रूप में पहचाने जाते हैं। भारत के कोने–कोने में हिन्दी भाषा को पहुँचाने का कार्य उनके द्वारा सुचारू ढंग से हो रहा है इसलिए कहना पड़ता है कि 'जहाँ दूर तक हिन्दी है वहाँ तक चव्हाण सर है।' यह कहना बिल्कुल अनुचित नहीं होगा क्योंकि सर जी ने हिन्दी को अपनी मिठास भरी वाणी से दूर–दूर तक पहुँचाया है। गोष्ठियों में विशेष रूप से उनकी पहचान विषय की गम्भीरता के साथ अभिव्यक्ति शैली को लेकर होती रही है। गोष्ठियों में समा बांधने का काम, बिगड़ी हुई बात को ठीक करने का काम, माहौल को बनाए रखने का काम और श्रोताओं को हिन्दी से जोड़ने का काम वे विगत कई वर्षों से निरन्तर करते आ रहे हैं। यह सब करते हुए उन्होंने कतई यह महसूस नहीं होने दिया कि मैं ही सब कुछ जानता हूँ। जिस गोष्ठी की वे अध्यक्षता निभाते रहे वहाँ पर भी यह कभी महसूस नहीं हुआ कि वे अपने अध्यक्षीय वक्तव्य में किसी के विषय को, शोध पत्र को, चिन्तन को सीधे–सीधे खण्डित कर रहे हैं या नकार रहे हैं, ऐसा कभी हुआ ही नहीं। भ्रमित हुए शोध–पत्र पाठकों को वे छोटी–छोटी बातों से समझाने में तो माहिर हैं। बिना आघात किए हुए उन्होंने कठिन से कठिन विषयों को समझाने का काम गोष्ठियों में ही नहीं तो उनकी प्रत्यक्ष भेंट में भी किया है। एक सहज सक्षम संसाधक प्रोफेसर अर्जुन जी के मार्गदर्शन से हम भावी काल में भी लाभान्वित होते रहें बस! यही कामना और तमन्ना है तथा ऊपरवाले से प्रार्थना भी।

उपक्रमशील उमदा व्यक्तित्व प्रो. अर्जुन चव्हाण

प्रो. (डॉ.) सुजय बाबूराव पाटील

भाषा और साहित्य के प्रति आस्था, अस्मिता, आत्मीयता रखने वाला व्यक्ति अपनी अध्यापन की भाषा पर तो प्रेम करता ही है लेकिन उसका अन्य भाषाओं के प्रति भी गहरा लगाव होता है। उन्हीं में से एक हैं शिवाजी विश्वविद्यालय के हिन्दी विभाग के पूर्व अध्यक्ष तथा वरिष्ठ साहित्यकार प्रो. (डॉ.) अर्जुन चव्हाण। मशहूर आलोचक, सम्पादक, अनुवादक तथा अच्छे वक्ता के रूप में वे सर्वज्ञात हैं।

हिन्दी उनके अध्ययन और अध्यापन की भाषा होने के कारण हिन्दी से उनका प्यार स्वाभाविक है किन्तु उनका मराठी पर होने वाला प्रेम भी प्रशंसनीय है। क्योंकि उन्होंने मराठी और हिन्दी के तुलनात्मक अनुसंधान और अनुवाद के क्षेत्र में किए महत्त्वपूर्ण कार्य से यह स्पष्ट होता है। वैसे शुरू में चव्हाण सर जी से मेरा उतना ज़्यादा परिचय नहीं था। पूना विश्वविद्यालय के सन्त नामदेव अध्यासन के अध्यक्ष तथा मराठी और हिन्दी भाषा के नामचीन समीक्षक, सम्पादक, लेखक, ऋषीतुल्य व्यक्तित्व डॉ. अशोक कामत सर जी के जरिए यह परिचय दृढ़ होता गया। सन् 2005 में पूना में बातचीत के दौरान डॉ. कामत जी ने प्रो. (डॉ.) अर्जुन चव्हाण जी का ज़िक्र किया। 'शिवाजी विश्वविद्यालय के हिन्दी विभाग के एक अत्यन्त उपक्रमशील, उमदा व्यक्तित्व' के रूप में उन्होंने चव्हाण सर जी का किया हुआ ज़िक्र आज भी मुझे याद है।

इसके बाद बीच–बीच में चव्हाण सर जी से मिलने का सिलसिला शुरू हो गया। 'स्वागतशीलता' उनके व्यक्तित्व का महत्त्वपूर्ण गुण। दूसरी महत्त्वपूर्ण बात यह है कि छोटा हो या बड़ा वे अच्छाई की तारीफ़ करने में कभी नहीं चुकते। इसलिए तो वे मेरे जैसे नये प्राध्यापक के भी साहित्यिक

उपक्रमों की तारीफ़ करते हैं। इससे मेरे जैसे अध्यापक को आगे बढ़ने की प्रेरणा मिलती है। आकाशवाणी कोल्हापुर केन्द्र से जब–जब मेरे विविध विषयों पर कार्यक्रम प्रसारित होते तब–तब वे ज़रूर बताते कि 'आज का आपका कार्यक्रम सुना बहुत बढ़िया!' उनकी दिलखुलास प्रतिक्रियाएँ प्रेरणादायी लगती है।

मुझे याद है 10 अक्तूबर, 2016 की वह बात है। मैंने सिंधी और हिन्दी भाषा के मशहूर कवि हरिश करमचन्दाणी जी का आकाशवाणी कोल्हापुर के लिए हिन्दी में साक्षात्कार लिया था। इसके पहले मैंने कई दिग्गजों के साक्षात्कार लिए थे लेकिन हिन्दी में साक्षात्कार लेने का और वह भी एक सिंधी साहित्य अकादमी प्राप्त कवि का; इस प्रकार का यह मेरा पहला ही अनुभव था। इसलिए मैं दबाव में था लेकिन पिछले अनुभवों के बल पर मैंने साक्षात्कार अच्छी तरह से पूर्ण किया। दूसरे दिन चव्हाण सर जी का फोन आया, "पाटील सर, आप बहुत अच्छी तरह से हिन्दी में बात करते हैं। साक्षात्कार कैसे लेना चाहिए? साक्षात्कार–दाता को बातचीत के लिए कैसे प्रवृत्त करना चाहिए? इसका कौशल आपने अच्छी तरह से हासिल किया हो। आपका बहुत–बहुत अभिनन्दन!" सर जी की इस प्रतिक्रिया से मैं बहुत खुश हो गया। हिन्दी के एक दिग्गज लेखक, समीक्षक की यह तारीफ़, शाबाशी मेरे लिए ऊर्जावान साबित हो गयी।

हिन्दी भाषा के इस अध्येता और चिंतक ने अनेक ग्रन्थों का लेखन और सम्पादन किया। वे अपनी मातृभाषा मराठी में भी वे पीछे नहीं रहे। उन्होंने 'प्रा. अनुराधा गुरव : व्यक्ति आणि वाङ्मय अमृत महोत्सवी गौरव ग्रन्थ' नामक किताब का सम्पादन कर मराठी भाषा में भी अपना योगदान दिया है। प्रा. अनुराधा गुरव जी के गौरव ग्रन्थ का सम्पादन कर उन्होंने एक अलक्षित लेखिका के साहित्य की ओर पाठकों का ध्यान आकर्षित करने के लिए बाध्य किया। यह निश्चित रूप में काबिले तारीफ़ है। इस गौरव ग्रन्थ के बहाने उन्होंने नए–पुराने लेखकों के मिलाप का अवसर प्रदान किया।

शिवाजी विश्वविद्यालय के हिन्दी विभाग के साहित्यिक उपक्रम के माध्यम से चव्हाण सर जी ने अनेक राष्ट्रीय स्तर के मशहूर साहित्यकारों से मिलने का अवसर प्रदान किया। इसका लाभ जैसे हिन्दी विभाग को हुआ, वैसे कोल्हापुर जिले के अनेक साहित्य–प्रेमियों को भी। अनेक राष्ट्रीय, अन्तर्राष्ट्रीय संगोष्ठियों में उनका सहभाग, अनेक ग्रन्थों का लेखन, सम्पादन तथा प्रकाशन आदि विभिन्न दृष्टि से हिन्दी भाषा की सेवा में उनका

महत्त्वपूर्ण योगदान है। हिन्दी भाषा के प्रति उनका यह प्रेम और सेवाभाव निश्चय ही सबको प्रेरणा देने वाला है।

इस गौरव ग्रन्थ के बहाने मैं ईश्वर से कामना करता हूँ कि उन्हें 'दीर्घायु और उत्तम स्वास्थ्य' प्राप्त हो। उनको भविष्यकालीन उपक्रमों के लिए मेरी ओर से ढेर सारी शुभकामनाएँ!

(मराठी से हिन्दी में अनुवाद : विलास शेंडगे)

ज्ञान का लहराता सागर हो आप

डॉ. मिलिंद रोहिदास कांबळे

मेरे लिए बड़ी प्रसन्नता की बात है कि मुझे प्रोफेसर डॉक्टर अर्जुन चव्हाण सर जी के सम्मानार्थ कुछ भाव और शब्द लिखने का अवसर मिला –

"उजली धूप हूँ ,कैद करोगे कैसे?
फूल की खुशबू हूँ , लफ्जों में बयां करोगे कैसे?
ज्ञान का लहराता सागर हूँ, मुझे अंजुरी में भरोगे कैसे?"

सचमुच मैं अपने आपको धन्य मानता हूँ कि मुझे आपका संग मिला। सर आपका व्यक्तित्व बहुत मिलनसार तथा सीधा–सादा है। दिखावे का कहीं नामोनिशान तक नहीं। सर एक बात कहूँ, आपमें स्वाभाविक प्रेम है, जो सबको आपकी ओर खींचता है। इसका कई बार मुझे अनुभव हुआ है। आपको मैंने कई बार संगोष्ठी, परिसंवाद, व्याख्यान आदि में प्रमुख अतिथि, बीजवक्ता तथा अध्यक्ष के रूप में सुना है। सर आपकी यह विशेषता मानी जाती है कि शोध दृष्टि, समीक्षा तथा चिन्तन के क्षेत्र में आप लीक से हटकर चलते हैं। आप एक श्रेष्ठ अनुवादक हैं। अनुवाद के प्रति जनसामान्य की प्रतिक्रिया सम्मानजनक नहीं थी। अनुवाद को सृजनात्मक लेखन की तुलना में गौण माना जाता था। किन्तु सही अनुवाद करना कितना मुश्किल होता है जो 'अनुवादः समस्याएँ एवं समाधान' किताब लिखकर आपने अनुवादकों के सामने मानदण्ड स्थापित किए हैं। अनुवाद के क्षेत्र में आपका कार्य उल्लेखनीय है।

आप रुढ़िवादी तथा परम्परावादी चिन्तन को त्याग कर मौलिक चिन्तन की स्थापना करते हैं। आपके विचारों में हमें हर पल नया और मौलिक ज्ञान सुनाने को मिलता है। प्रोफेसर डॉ. अर्जुन चव्हाण सर जी का व्यक्तित्व वटवृक्ष

की भाँति है। इसलिए इनमें निहित सूझ–बूझ, सभी को साथ लेकर चलने की भावना, कर्म के प्रति लगन, कर्तव्यनिष्ठा, सद्भावना, साहित्य–ज्ञान एवं कार्यक्षमता, योग्यता, संगठन शक्ति, कुशल एवं विनयशील प्राध्यापक, विभाग प्रमुख, सफल शोध निर्देशक आदि कार्य गुण एक ऋषि की साधना की भाँति हैं। सर के सम्पर्क में आये छात्र, युवा प्राध्यापक न केवल ज्ञाननिष्ठ, समाजनिष्ठ बनते हैं बल्कि संस्कारित भी होते हैं। सभी से आप अत्यन्त सरलता, सहजता, सहृदयता, विश्वास और आत्मीयता के साथ बात करते हैं। सामनेवाला व्यक्ति अपनी अक्कड़ खो देता है, विरोधी परास्त हो जाता है और कठोर द्रवित। सर आपका व्यक्तित्व भारतीय संस्कृति, सभ्यता और मानवीय गुणों का संगम है। सिद्धान्त और व्यवहार का अनोखा अदभुत, अद्वितीय समन्वय आपके व्यक्तित्व में है।

सर आपके व्यक्तित्व के अनुकूल ही आपकी संप्रेषण की सीधी, सरल, प्रवाहमय मगर प्रभावशाली शैली है। किसी विषय का प्रतिपादन करते समय शब्दों का चयन करते समय, आप अत्यधिक सावधानी बरतते हैं। आपके मन में छोटे–बड़े का भेद–भाव कभी उपजते हुए मैंने नहीं देखा। मैंने आपकी सबसे बड़ी विशेषता यह देखी है कि हर कार्यक्रम में हर एक वक्ता की साधारण बात भी बहुत ही ध्यानपूर्वक सुनते हो, अगर अच्छी लगी तो तारीफ़ करते हो अगर संदिग्ध है या कुछ कमी रह गयी हो तो उस बात को सोदाहरण के साथ पूरा कर देते हैं। सर किसी भी कार्यक्रम में आप अपनी बात बेबाक़ी से रखते हैं। अपने विचार व्यक्त करते हैं तो बड़ी ही विनम्रता से, अध्ययन पूर्वक, सहजता से, सरलता से, विश्वास के साथ और तथ्यों के साथ। आपका जीवन सहयोग व सहकार की भावना से ओत–प्रोत है। यह इन्सान मात्र अपने शिष्यों में नहीं, जनता जनार्दन में भी लोकप्रिय है। विद्वान हैं गुणी हैं। अहिन्दी भाषियों के द्वारा हिन्दी सेवा करने वालों में आप दीपस्तंभ हैं। उनका गम्भीर व्यक्तित्व, उनका प्रतिष्ठित कार्य हमारे लिए मार्गदर्शक एवं ऊर्जास्रोत है। किसी व्यक्ति के द्वारा कोई विभाग और विश्वविद्यालय पहचाना जाता है, इससे बड़ा सम्मान एवं गरिमा और क्या होगी ! डॉ. अर्जुन जी ऐसे ही समृद्ध, बहुआयामी, जनधर्मी और दिशादायी व्यक्तित्व के धनी हैं।

ऐसे गुरु को कोटि–कोटि प्रणाम!!!

यादों के झरोखे से

श्री अरविन्द बाजपेयी

डॉ. अर्जुन चव्हाण उस शख्सियत का नाम है जो सब के लिए सहृदय, मृदुभाषी, मिलनसार, कर्मठ और अपने कार्यों के प्रति बेहद ईमानदार है। सभी के प्रति सहयोग की भावना इनके व्यक्तित्व को ख़ूबसूरत बना देती हैं। पन्त जी, निराला जी की तरह लम्बे–लम्बे बाल इस ख़ूबसूरत शख्स को और भी ख़ूबसूरत बनाते हैं। अपनी लेखनी के माध्यम से देश–विदेश में सम्मान प्राप्त करना और राष्ट्रीय तथा अन्तर्राष्ट्रीय साहित्य जगत में आदर–सत्कार पाना इतनी सारी खूबियाँ जिनमें समाहित हैं, उनका नाम है डॉ. अर्जुन चव्हाण।

मुझे स्मरण है कि लगभग 30–35 वर्ष पूर्व मैं अपने व्यवसाय के सिलसिले में सतारा से इस्लामपुर गया था। इस्लामपुर के कर्मवीर भाऊराव पाटील कॉलेज में मेरी पहली मुलाकात चव्हाण जी से हुई थी। मैं उनसे पहली बार मिल रहा था। स्टाफ रूम में काफ़ी देर तक उनसे वार्ता होती रही। जब मैं कॉलेज से बाहर कोल्हापुर जाने के लिए निकला तो मेरे जहन में डॉ. चव्हाणजी के प्रति बहुत सम्मान बढ़ा। ऐसे बहुत ही कम लोग होते हैं जो पहली मुलाकात में ही किसी अपरिचित से इतना प्रेम, सौहार्द्र और सहयोग करता हो। इसी पहली मुलाकात में उनके प्रति सम्मान का असर यह हुआ कि मैं जब भी महाराष्ट्र में व्यवसाय के सिलसिले में जाता तो चव्हाण जी से मिलने ज़रूर जाया करता था और यह सिलसिला उनके कोल्हापुर में शिवाजी विश्वविद्यालय में आ जाने के बाद आज तक बदस्तूर जारी रहा।

डॉ. चव्हाण जी अपनी ज़िन्दगी की लम्बी पारी यूनिवर्सिटी में अपने दायित्वों का सफलता पूर्वक निर्वहन करते हुए आज सेवा निवृत्त ज़रूर हो रहे हैं। किन्तु इस लम्बे काल में सम्बन्धों में मधुरता के कारण 'अमन प्रकाशन' को

उनसे बहुत कुछ सीखने को मिला, साथ ही उनकी उत्कृष्ट पुस्तकों का प्रकाशन करने का सौभाग्य भी प्राप्त हुआ। 'अमन प्रकाशन' द्वारा डॉ. चव्हाण जी की प्रकाशित पुस्तकों में वैसे तो सभी उत्कृष्ट हैं किन्तु उनकी दो पुस्तकें 'अनुवाद चिन्तन' तथा 'अनुवादः समस्याएँ एवं समाधान' विशेष उल्लेखनीय हैं। इनमें से 'अनुवाद चिन्तन' को प्रकाशित हुए वर्ष (सन 1998) में ही हिन्दी साहित्य अकादमी, मुंबई का पण्डित महावीर प्रसाद व्दिवेदी पुरस्कार प्राप्त हुआ। फिर उनको वर्ष 2003 में तत्कालीन प्रधानमन्त्री माननीय अटल बिहारी बाजपेयी द्वारा अहिन्दी भाषी हिन्दी लेखक राष्ट्रीय पुरस्कार से सम्मानित किया गया। अपने लेखक को सम्मान प्राप्त करने से जितनी ख़ुशी लेखक को होती है उतनी ही ख़ुशी प्रकाशक को भी। पुस्तक की स्तरीयता लेखके साथ–साथ प्रकाशक का भी सम्मन बढ़ाती है। इसे मैं अच्छी तरह से जानता हूँ।

वैसे तो एक प्रकाशक के लिए उसके सभी लेखक सम्मानीय होते हैं। किन्तु उनमें से कुछ विशेष होते हैं। उन्हीं विशेष में एक हैं डॉ. अर्जुन चव्हाण, वह हमारे लेखक कम मित्र ज़्यादा हैं। मैं जब भी कोल्हापुर जाता वहाँ पर होटल में ठहरा करता। मैं और डॉ. चव्हाण जी दिन में अपना–अपना कार्य पूर्ण कर लेने के पश्चात् कभी शाम को घूमने जाते, कभी कोल्हापुर के मन्दिरों में दर्शन करने जाते तो कभी रात में साथ–साथ होटल में खाना भी खाते और कभी–कभी तो आदरणीय भाभीजी के हाथों की गरम–गरम रोटी–भाजी खाने घर पर पहुँच जाते थे। ऐसे हैं हमारे चव्हाण सर जी, अगर उनकी खूबियों को लिखूँगा तो पूरी किताब लिख सकता हूँ। डॉ. मनोहर भंडारे जी जो हमारे लेखक भी हैं, ने जब मुझे फोन पर बताया कि चव्हाण सर के अवकाश प्राप्त होने के उपलक्ष्य में सभी मित्रों ने मिलकर अभिनन्दन ग्रन्थ प्रकाशित करने का निर्णय लिया है। उसके लिए आपको भी उनके बारे में अपना संस्मरण लिख देना है। मैं सहर्ष तैयार हो गया। क्योंकि मुझे अपने प्रिय लेखक कम मित्र के विषय में दो शब्द लिखने का मौका मिल रहा था। इधर हमारा स्वास्थ्य कुछ ठीक न होने के कारण लिखने में कुछ विलम्ब हुआ लेकिन फिर भी मैं इस अवसर को गँवाना नहीं चाहता।

प्रकाशक के नाते मेरा अनुभव रहा है कि पाठकों के बीच इनके किताबों की अच्छी माँग होती है। मगर ये अपनी कार्यालयीन व्यवस्था एवं व्यस्तता के कारण समय नहीं दे पाते। दमखम और सक्षम लेखक होते हुए। कई बार किताब पूरी तैयार है। मगर लेखक की भूमिका के लिए साल भर प्रतीक्षित।

मगर जब लिखेंगे तो तबीयत खुश। अन्तः में चव्हाण जी से यही आग्रह है कि अभी ज़िन्दगी में एक पारी और खेलना बाक़ी है। इस पारी में अब आपके पास पहले की अपेक्षा मानसिक शान्ति होगी। साथ ही समय भी होगा अपनी लेखनी को विराम न दें। बल्कि पहले की अपेक्षा ज़्यादा गति दें ताकि आपकी कलम से निकले शब्दों से मूर्तिकार लेती पुस्तकों से देश–विदेश के पाठकों, असंख्य छात्रों, शोध छात्रों तथा शिक्षकों को लाभ प्राप्त होता रहे।

खण्ड-24 : शोध-छात्रों के आईने में आलोकित प्रो. अर्जुन चव्हाण

गुरुवर्य और मित्रवर्य प्रोफेसर

डॉ. प्रकाश मोकाशी

मैंने अपनी पुस्तक 'यात्रा साहित्य : परिवेश एवं परिप्रेक्ष्य' की भूमिका में लिखा था कि, "मेरे लिए चिन्तन का विषय है कि डॉ.अर्जुन चव्हाण को गुरु कहूँ कि मित्र। क्योंकि वे मेरे लिए गुरु से ज़्यादा मित्र की भूमिका में रहे हैं और शोधकार्य में मित्र से बढ़कर गुरु रहे हैं।" इसे मैं आज भी याद करता हूँ।

प्रोफेसर अर्जुन चव्हाण जी का परिचय बहुत ही पुराना है। उनका मेरा सम्पर्क इस्लामपुर में 1986–1987 के दरमियान हुआ जब वे कर्मवीर भाऊराव पाटील महाविद्यालय में व्याख्याता के रूप में छह साल रहे। उस्मानाबाद जिले के परांडा तहसील के छोटे से पारेवाडी गाँव में एक सामान्य किसान परिवार में डॉ. अर्जुन जी का जन्म हुआ। किसान परिवार का एक काबिल शख्स अपनी कड़ी मेहनत से शिवाजी विश्वविद्यालय के हिन्दी विभाग के अध्यक्ष के रूप में गरिमा से कार्यरत रहता है यह एक प्रेरणादायी घटना है। मेरी जानकारी से अर्जुन चव्हाण सर ने प्रारंभिक नौकरी कोल्हापुर जिले के सरूड कॉलेज से आरम्भ की। एक–दो साल में ही वे इस्लामपुर में कर्मवीर भाऊराव पाटील कॉलेज में अधिव्याख्याता के रूप में आ गये थे। उसी समय मैं इस्लामपुर में यशवंतराव चव्हाण कॉलेज में अधिव्याख्याता के रूप में काम कर रहा था। उस समय से हमारा परिचय दृढ़ होता रहा है।

डॉ. अर्जुन चव्हाण सर प्रारम्भ से ही अत्यन्त परिश्रमी थे। इसके परिणाम स्वरूप उन्होंने राजेंद्र यादवजी के साहित्य पर पीएच.डी. की उपाधि अत्यन्त कम उम्र में प्राप्त की थी। थोड़े ही दिनों में शिवाजी विश्वविद्यालय के हिन्दी विभाग में अधिव्याख्याता के रूप में उनका चयन हुआ। मेरी जानकारी के अनुसार हिन्दी विभाग में कम उम्र में चुने जाने वाले विभागध्यक्ष भी डॉ. अर्जुन चव्हाण सर ही हैं।

शिवाजी विश्वविद्यालय में उनका व्यक्तित्व और निखरा। विभाग का विकास करते–करते उन्होंने सैंकड़ों छात्रों की शोध दृष्टि विकसित की। उनके अनेक छात्र–छात्राएँ बड़े–बड़े स्थानों और पदों पर काम कर रहे हैं। डॉ.अर्जुन जी के मार्गदर्शन में मेरे साथ अनेक छात्र–छात्राएँ एम.फिल., पीएच. डी. की उपाधि से सम्मानित हुए हैं। उनका ज्ञान हिन्दी विभाग तक सीमित नहीं रहा बल्कि देश के अनेक विश्वविद्यालयों तक फैल गया। उन्होंने अपनी ग्रन्थ सम्पदा एवं साहित्य के साथ अपनी योग्यता को पूरे देश में फैला दिया है। इसी कारण डॉ.अर्जुन चव्हाण जी को उनकी 'अनुवाद : समस्याएँ एवं समाधान' किताब के लिए तत्कालीन प्रधानमन्त्री अटल बिहारी वाजपेयीजी के करकमलों से पुरस्कार देकर सम्मानित किया था। शिवाजी विश्वविद्यालय के लिए यह गौरव की बात है। डॉ. अर्जुन जी चव्हाण सर के जीवन में यह सुवर्णक्षण है ऐसा मैं मानता हूँ।

उनके सहयोग से ही इ.स.2005 से 2010 तक मैं हिन्दी अध्ययन मंडल का अध्यक्ष रहा। क्योंकि तब डॉ. अर्जुन चव्हाण सर जी हिन्दी विभाग अध्यक्ष थे। तभी मुझे उनके साथ काम करने का अवसर मिला। स्नातक से स्नातकोत्तर तक अनेक पाठ्यक्रम बनाने का अवसर प्राप्त हुआ। शिवाजी विश्वविद्यालय में हिन्दी अध्ययन मंडल का अध्यक्ष बनने का सुअवसर डॉ. अर्जुन चव्हाण सर जी के प्रयास, दृष्टिकोण और आत्मीयता के कारण ही प्राप्त हुआ ऐसा मैं मानता हूँ। उनके मार्गदर्शन में इस काल में हिन्दी विषय के पाठ्यक्रम में हमने अनेक सफल प्रयोग किये।

मुझे डॉ. अर्जुन जी का और एक महत्त्वपूर्ण पहलू दिखायी दिया। वे कभी अकेले निर्णय नहीं लेते थे। अपने विश्वविद्यालय एवं बाहर के विश्वविद्यालय के अनेक मान्यताप्राप्त लोगों को बुलाकर विचार विमर्श किया करते थे, जैसे–डॉ. सुनीलकुमार लवटे, डॉ. के.पी. शहा, डॉ. प्रकाश शहा, डॉ. केशव प्रथमवीर, डॉ. चन्द्रकान्त बांदिवडेकर, डॉ. अशोक कामत, डॉ. रतनकुमार पांडे, डॉ. नारायण शर्मा, डॉ. यादवराव धुमाळ, डॉ. वसन्त सुर्वे आदि लोगों से विचार विनिमय कर बड़े–बड़े निर्णय लिया करते थे। क्योंकि मैं जब अध्यक्ष था तब मैंने यह सब अपनी आँखों से देखा है। इस काल में दूरशिक्षा केन्द्र के अन्तर्गत अनेक किताबों का सम्पादन करने का अवसर प्राप्त हुआ। काम स्तरीय कैसा हो इसकी सीख डॉ. अर्जुन चव्हाण सर जी के द्वारा हमें मिली। सर की ग्रन्थ सम्पदा ही उनके व्यापक अध्येता का परिचायक है। मेरे अनेक समारोह में चव्हाण सर उपस्थित नहीं हुए ऐसा

कभी हुआ नही। मुझे याद है कि उनके बिना हमारा कोई आयोजन नहीं होता था।

हम दोनों शुरू से ही परिचित होने के कारण पारिवारिक सम्बन्ध भी दृढ़ बने रहे हैं। मेरे अनेक सुख–दुख में वे भाई की तरह उपस्थित रहे हैं। मेरे छोटे लड़के की दुर्घटना के समय मैं उपस्थित नहीं था लेकिन कोल्हापुर के अस्पताल की सारी व्यवस्था मेरे प्रिय मार्गदर्शक और मित्र अर्जुन चव्हाण सर ने ही की थी। इस प्रसंग को मैं कैसे भूल सकता हूँ? ऐसा साया कभी नहीं भूल सकता। उनके अनेक सुख दुःख में हम उनके साथ सदैव खड़े रहे क्योंकि वे सत्य के पक्षधर थे। कहना आवश्यक नहीं कि आगे भी हम उनके साथ खड़े रहेंगे।

डॉ. अर्जुन चव्हाण जी के सम्बन्ध में पूरी तरह सारी चीजें नहीं लिख सकता जैसे हिमनग का हिस्सा ही ऊपर दिखायी देता है और अधिकतर अन्दर ही होता है, ऐसे मेरे प्रिय शोधनिर्देशक और मित्र डॉ. अर्जुन चव्हाण जी अवकाश ग्रहण कर रहे हैं। अतः उनका पूरा जीवन स्वस्थ, आरोग्यदायी रहे यही ईश्वर से प्रार्थना करता हूँ।

मकान, मन और ज्ञान का दरवाजा खुला रखनेवाले प्रोफेसर

डॉ. वसन्त सुर्वे

श्रद्धेय गुरुवर्य प्रोफेसर डॉ. अर्जुन चव्हाण शिवाजी विश्वविद्यालय, कोल्हापुर के हिन्दी विभाग के अध्यक्ष पद से हाल ही में अवकाश प्राप्त हुए हैं। आपने अपने कार्य कर्तृत्व से हिन्दी भाषा को गौरवान्वित किया। विद्यार्थीप्रिय अध्यापक, भाषा एवं हिन्दी साहित्य का प्रगाढ़ ज्ञान तथा अध्यापन की कुशलता के कारण आप जीवन में सफल रहे। छात्र परमुखापेक्षी बनने की अपेक्षा आत्मनिर्भर बने इसकी ओर आपने ध्यान दिया। अनवरत परिश्रम, चिन्तन, अध्ययन आदि से आपकी वाणी में तेज़ है। आप देश और विदेश के मंच उद्‌भट वक्ता हैं।

हिन्दी की रोटी के प्रति ईमानदारी रखकर वे हिन्दी भाषा के प्रचार–प्रसार में निरन्तर कार्यरत रहे हैं। स्तरीय शिक्षा, स्तरीय अनुसंधान और स्तरीय विचार–विमर्श का आपने कार्य किया है। हिन्दी अध्ययन मंडल के माध्यम से स्तरीय पाठ्यपुस्तकों की निर्मिति की ओर ध्यान दिया। अध्यापकों को लिखने के लिए प्रेरित किया है। महाविद्यालयीन क्षेत्र में हिन्दी छात्रों की संख्या बढ़ने हेतु आपने अध्यापकों को प्रेरणा दी, उनका मार्गदर्शन किया। उन्हें पत्र–पत्रिकाओं में लिखने के लिए प्रेरित किया। महाविद्यालयीन अध्यापकों के प्रति डॉ. चव्हाण का मित्रत्व और मेलजोल सर्वाधिक रहा। अध्ययन–अध्यापन प्रक्रिया की समस्याओं को सुलझाने में काफ़ी सहायता की है। विश्वविद्यालय के द्वारा बनाए गये पाठ्यक्रमों पर जब चर्चाएँ होती थीं तब वे स्वयं चर्चाओं में उपस्थित रहकर मार्गदर्शन करते थे। अध्यापकों के प्रश्नों के उत्तर देते थे। पाठ्यक्रम बनाने, विचार विमर्श करने तथा अध्यापन के क्षेत्र में आनेवाली समस्याओं का समाधान करने में डॉ. चव्हाण जी को हमेशा रूचि रही है। शिवाजी विश्वविद्यालय में दूर शिक्षा केन्द्र के छात्रों के लिए पाठ्यक्रम पर आधारित सामग्री बनायी जाती है। उसके लिए उन्होंने अध्यापकों का

मार्गदर्शन किया, प्रेरणा दी। हमेशा स्तरीय और नई सामग्री उपलब्ध कराने में उन्हें विशेष रूचि रहती है। नेट–सेट परीक्षार्थी के लिए कार्यशालाएँ लीं। शिक्षा के क्षेत्र में नई पीढ़ी पूर्ण क्षमता से काम करे इस बात की ओर उनका विशेष ध्यान रहा। वे जीवन में कभी हताश नहीं हुए। दूसरे के दुःख, निराशा, हतबल अवस्था को दूर करने का काम उन्होंने किया। उनकी वाणी में ऊर्जा भरने की क्षमता है। दूसरों का सहारा और मदद की क्षमता उनमें विद्यमान है। अन्यों के दुर्बलता का लाभ उन्होंने कभी नहीं उठाया।

भारत सरकार की ओर से अहिन्दी भाषी छात्रों और नवलेखकों के लिए हिन्दी अध्ययन यात्रा और नवलेखक शिविरों का आयोजन किया जाता है जिसके लिए छात्रों को प्रोत्साहित करने का कार्य उन्होंने किया। डॉ. चव्हाण के कार्य से अनेक साहित्यिक और समीक्षक शिवाजी महाविद्यालय में आते रहें, जैसे– राजेंद्र यादव, नामवर सिंह, डॉ. चन्द्रकान्त बांदिवडेकर, रामजी तिवारी, मैत्रेयी पुष्पा, उमाशंकर उपाध्याय आदि लेखक, साहित्यिक तथा आलोचकों से अध्यापक और छात्र परिचित हुए। डॉ. चव्हाण जी के प्रयत्नों से अनेक साहित्यकार कोल्हापुर आते रहे जिनका लाभ हिन्दी छात्रों और अध्यापकों को मिलता रहा है।

डॉ. चव्हाण स्वयं स्तरीय समीक्षक और मार्गदर्शक हैं। वे राष्ट्रीय और अंतर्राष्ट्रीय स्तर के समीक्षक हैं। विभिन्न महाविद्यालयों, विश्वविद्यालयों, राज्य और राष्ट्रीय स्तर पर अनेक संगोष्ठियों में आपने व्याख्यान दिए हैं। भारत के अनेक विश्वविद्यालयों की संगोष्ठियों में हिस्सा लिया है। वे केवल व्यक्ति ही नहीं बल्कि साहित्यिक संस्था हैं। उनकी वाणी और लेखनी में तेज़ है। गहरी पैनी दृष्टि, व्यापक, गहरा और सूक्ष्म अध्ययन और डंके की चोट का कथन उनके व्यक्तित्व को प्रभावशाली और असरदार बनाता है।

डॉ. चव्हाण जी स्वयं अच्छे अनुवादक हैं। मराठी, हिन्दी, अँग्रेजी का ज्ञान है। अनुवाद पर उनकी कई किताबें प्रकाशित हैं। जिनका लाभ अनुवादकों को हुआ है। अनुवाद–प्रक्रिया सम्बन्धी सुयोग्य बातें उनकी किताबों में उपलब्ध हैं। प्रो. (डॉ.) अर्जन चव्हाण छात्रप्रिय अध्यापक, कुशल साहित्यिक, आलोचक, अनुवादक, विद्वान वक्ता, आत्मीय मित्र, मार्गदर्शक, अनुसंधाता गहरे अध्येता हैं। उनके मार्गदर्शन में अनेकों ने पीएच.डी. उपाधि पाई है। मुझे गर्व है कि मैंने उनके निर्देशन में शोध कार्य किया है। उनका शोध छात्र होना मेरे लिए ख़ुशी की बात है। आज भी यह क्रम जारी है। उनसे मिलने के लिए उनके मकान, मन और ज्ञान का दरवाजा खुला रहता है। उन्हें अपनी वाणी, लेखनी, कर्तृत्व और कार्यकुशलता से अनेक सम्मान प्राप्त हुए। मैं उनकी दीर्घ आयु, निरामय आरोग्य तथा सुख–समृद्धि की कामना करता हूँ।

प्रेरणा के दीपस्तम्भ

डॉ. सुलोचना नरसिंगराव अन्तरेड्डी

आदरणीय, वन्दनीय, हिन्दी साहित्य के एक ख्यातनाम लेखक, प्रखर समीक्षक, वास्तववादी कवि, एक निष्ठावान अध्यापक श्रद्धेय गुरुवर्य प्रो. (डॉ.) अर्जुन जी चव्हाण के प्रति यह संस्मरण प्रामाणिकता से लिखा हुआ है यह कहना आवश्यक नहीं। मैं बीस दिन के शिशु को लेकर एम. फिल. प्रवेश परीक्षा के लिए शिवाजी विश्वविद्यालय गयी थी, उसी समय सर की पहली मुलाकात हुई। उन्हें उस बीस दिन के शिशु ने आकर्षित किया। परीक्षा फल भी अच्छा रहा। संजोग से मेरे पीएच.डी. के मार्गदर्शक डॉ. अर्जुन चव्हाण जी ही रहे। आज तक उनके परिवार से मेरे परिवार का घनिष्ठ सम्बन्ध रहा है। हर वक़्त दिक्कतों में अनीता भाभी का संबल मिला। उनके परिवार में बच्चों के लिए मेरा स्थान अनायास ही बुआ का प्राप्त हुआ जिसे मैं खुशक़िस्मती मानती है। सर जी हर पल मेरा मनोबल बढ़ाते रहे है। वे अपने कर्तव्य के प्रति निरन्तर जागरूक हैं. हर कठिन परिस्थितियों में उन्होंने मदद की। सर की वाणी सरल है किन्तु विलक्षण ओजस्वी वे सुननेवालों को अपनी ओर आकर्षित किये बिना नहीं रहते।

प्रो. डॉ. अर्जुन चव्हाण सर का गम्भीर चिन्तन और प्रखर अभिव्यक्ति विलोभनीय है। उनके लेखनी की स्याही कभी सूख नहीं सकती। वे हर वक़्त का स्वागत नये तेवर और ताजा मिजाज के साथ करते हैं। समय की नब्ज की पहचान से लिखी उनकी हर किताब उल्लेखनीय और नवीनतम है। हैरानी होती है कि कोई कैसे इतनी रफ्तार और पैनेपन के साथ अपने निरन्तरता से बनाये रख सकता है। उनका कृतित्व अपनी कसावट के साथ–साथ आश्चर्यजनक है। एक कालजयी युगदृष्टा चिंतक की तरह

उनकी रचनाएँ हैं। उनकी साहित्यिक और शोधपरक रचनाओं की भाषा का सौष्ठव देखते ही पता चलता है।

प्रो. डॉ. अर्जुन चव्हाण सर के साहित्य के विविध आयाम हैं। उन आयामों में उनका व्यक्तित्व झलकता है। समीक्षात्मक, सृजनात्मक, यात्रा वृत्तान्त, अनुवाद अदि में उनके व्यक्तित्व की झांकियाँ नजर आती हैं। उनके 'विमर्श के विविध आयाम' में–भाषा विमर्श, अनुवाद विमर्श, आदिवासी विमर्श, बाल विमर्श, स्त्री विमर्श, दलित विमर्श, वृद्ध अवस्था विमर्श, किन्नर विमर्श, किसान विमर्श, मीडिया विमर्श आदि विमर्श को रेखांकित किया है। स्मृतियों के झरोंखो से–इसमें संस्मरणात्मक लेख, साक्षात्कार, आलेख, पत्र आदि महत्त्वपूर्ण हैं। उनके साहित्य का उल्लेखनीय आयाम है शोधकार्य। उनके अनेक शोध पत्र राष्ट्रीय, अन्तर्राष्ट्रीय पत्र–पत्रिकाओं में प्रकाशित हो चुके हैं। कई छात्र विद्यावाचस्पति की उपाधि से सम्मानित हैं। आपने अनेक राज्यस्तरीय तथा राष्ट्रीय गोष्ठियों का आयोजन बड़ी सफलता पूर्वक सम्पन्न किया है। आपके 'अनुवाद चिन्तन' रचना को साहित्य अकादमी का पुरस्कार भी प्राप्त हुआ है।

कवि का कवि होने से भी अहम है कवि हृदय का होना। भीड़ से आपकी अलग पहचान है। आप कई प्रतिष्ठित राष्ट्रीय, अन्तर्राष्ट्रीय पत्र–पत्रिकाओं के साथ एक परामर्श दाता के रूप में सम्बधित है। राजभाषा हिन्दी के प्रचार–प्रसार के अन्यान्य योजनाओं में आपकी सक्रिय भागीदारी रही है जिसका प्रमाण है कई पुरस्कार। आप हिन्दीतर भाषियों का प्रतिनिधित्व कर रहे हैं। भारतीय संस्कृति उनके रग–रग में रक्त की तरह दौड़ती हैं। वे प्रखर समीक्षक कुशल वक्ता, निष्ठावान अध्यापक, निर्भीक और बेबाक साहित्यकार है। उनके व्यक्तित्व के विविध रूपों में–कवि, गद्यकार, समीक्षक, अनुवादक प्रमुख हैं। सामाजिक सरोकार तथा आम आदमी का द्वन्द्व, तनाव, परेशानियों से जद्दोजहद करते हुए बाहर आने की उत्सुकता एवं तीव्र छटपटाहट उनके 'जय बोलने वाले' काव्यसंग्रह का रचना संसार है। मनुष्यत्व की सार्थक खोज उनकी कविता है, जो पृथक स्वतन्त्र ढांचे की तलाश करना चाहती है। उनकी जनधर्मी सुविचारिता अति रंजन से बची है। वे प्रसन्न तथा रम्य अनुभूति के लेखक हैं।

वास्तव में गुरुवर्य प्रो. डॉ. अर्जुन चव्हाण जी के स्वभाव में आत्मीयता और ममता हैं। उनके लेखन की विशिष्ट पहचान का राज है। उनका शब्द चयन, उनका चिन्तन और लेखन में मौलिकता है। दादासाहब मोरे की

'गबाळ' आत्मकथा का अनुवाद 'डेराडांगर' याने एक मील का पत्थर है। उन्होंने जटिल विषयों को भी सहजता और सरलता से प्रतिपादित किया है। उनके व्यक्तित्व में एक पारदर्शिता है। इनकी कथनी और करनी में अन्तर नहीं दिखायी देता। वे अनछुए विषयों पर कलम चलाते हैं। वे भाषा, साहित्य, संस्कृति, अनुवाद में समय से होड़ करते हुए नयी दिशाओं के झरोखे खोलते चले जाते हैं। वे बहुआयामी प्रतिभा के धनि हैं। उनके निजी विशाल पुस्तकालय में कई अलमारियाँ और रैंकों की कतारे हैं. उनमें श्रेष्ठ और दुर्लभ से दुर्लभ साहित्य कृतियाँ हैं। डॉ. अर्जुन जी ग्रामीण परिवेश में लालटेन की रोशनी है। उनके जीवन का संघर्ष और प्रगति के सोपान हमारे लिए 'आकाशदीप' की तरह हैं। कभी हार न मानाने वाले, इस अथक साहित्यिक यौद्धा ने विपरीत परिस्थितियों से जूझते हुए न केवल ख़ुद को बनाया बल्कि अनगिनत उपलब्धियाँ भी प्राप्त की हैं। इनकी योग्यता, क्षमता और संघर्षशीलता का लोहा इनके विरोधी भी मानते हैं। इसलिए मैं यह कहना चाहती हूँ–'योग्यता, क्षमता, संघर्षमय जीवन इस त्रिभूज का नाम है पृथ्वीराज की भाँति अर्जुनराज।'

सामान्य छात्रों के प्रति उनके मन में अपनत्व रहता है। उनकी कष्ट करने की शक्ति, नये–नये ज्ञान के प्रति उत्सुकता देखकर मन में प्रशंसा का भाव उमडता है। कुल मिलाकर श्रद्धेय गुरुजी प्रो.डॉ.अर्जुन चव्हाण सर का व्यक्तित्व प्रभावशाली, प्रेरक एवं प्रेरणादायी है। इसलिए उन्हें भाव जगत का पारखी रचनाकार कहे तो गलत नहीं होगा। अन्त में कहना चाहूँगी–

'सुख दुःख दोनों ही आभासी रहते हैं,और मानने पर मिलते हैं, जो दुःख में भी अविचल खुश और सुख में शान्त रह सके वही योगाभ्यासी हैं... 'ऐसे प्रेरणा के दीपस्तंभ गुरुवर्य को शत शत प्रणाम!

अध्यापकों के अध्यापक प्रो. अर्जुन चव्हाण

डॉ. अलका निकम

प्रो. अर्जुन चव्हाण जी के बारे में जब मुझे लिखने के लिए कहा गया तब मेरे मन में ढेर सारी भावनाएँ उमडकर आयी। क्या–क्या लिखें? किन किन प्रसंगों को वाणी दे? विगत 30 सालों से मैं उन्हें जानती हूँ। वे मेरे पीएच. डी. के मार्गदर्शक भी रहे हैं। कई बार उनसे मिलना हुआ। हर बार उनके व्यक्तित्व का नया रूप नजर आया। उनके पास ऊर्जा का प्रचंड स्रोत है, जो समय–समय पर महसूस होता हैं। मुझे अच्छी तरह से याद है कि मैंने ज़िन्दगी में पहली बार सर के ही मार्गदर्शन में शोधालेख पढा था। वे हर समय छात्रों को प्रौत्साहित करते हैं। कहा जाता है कि यदि जीवन में सच्चा गुरु मिल जाएँ तो ज़िन्दगी की अनेक मुसीबतें कम होती है। गुरु द्वारा दिये गये ज्ञान से इंसान के सोचने और समझने के तरीके बदल जाते हैं। मुश्किल से मुश्किल लक्ष्य हासिल करने के लिए हृदय में उत्साह भर जाता है। गुरु द्वारा दिए गये ज्ञान की महत्ता शब्दों में बयान करना सम्भव नहीं है। मुझे याद है मेरे एम. फिल. मौखिकी के परीक्षक थे डॉ. चव्हाण सर। प्रथम दो बार किसी कारणवश मौखिकी नहीं हो पायी थी तिसरी बार जब मौखिकी का आयोजन हुआ मेरी तबीयत ठीक नहीं थी। मैं प्रेग्नंट थी। ऐसी अवस्था में सर जी ने जो मेरी मदद की, उसे मैं आज तक नहीं भूल पायी। मातृभाषा मराठी होने के कारण सर जी का आग्रह था कि पीएच.डी. का शोधकार्य दोनों भाषाओं के तुलनात्मक साहित्य पर हो। इसलिए प्रो. अर्जुन चव्हाण के मार्गदर्शन में ''नागार्जुन और नारायण सुर्वे के काव्य में चित्रित प्रगतिशील चेतना का तुलनात्मक अध्ययन'' विषय का चयन हुआ।

उसी दौरान शिवाजी विश्वविद्यालय के हिन्दी विभाग में मैंने पुनश्चर्या पाठयक्रम पूर्ण किया था। इसका आयोजन सर ने ही बड़े ही कुशलतापूर्वक

किया था। उन्हीं के कारण हिन्दी साहित्य की जानी–मानी हस्तियों से हम सभी प्रतिभागी मिल पाये। इस पुनश्चर्या पाठयक्रम में डॉ. नामवर सिंह, राजेंद्र यादव, गोविंद मिश्र, मैत्रेयी पुष्पा जैसे अनेक दिग्गज साहित्यकार मार्गदर्शन करने हेतु आये थे। उन साहित्यकारों से मिलना हुआ। बातचीत हुई। सभी प्रतिभागियों के स्मृति में वह पुनश्चर्या पाठयक्रम याद रहा होगा। इसी दौरान का 'एक शाम डॉ. नामवर सिंह के नाम' कार्यक्रम सबको आकर्षित कर गया। कहा जाता है कि 'खानदान की पहचान होती है आदमी की चाल से और विद्वानों की पहचान होती है उनकी जुबान से' जिसकी सार्थकता गुरुवर्य अर्जुन चव्हाण के व्यक्तित्व से होती हैं।

जब भी सर से बात करते हैं तो समय कब निकल जाता पता ही नहीं चलता। इस बातचीत से कई प्रश्नों के उत्तर मिल जाते हैं और जिज्ञासाएँ जाग जाती हैं। सर जी ने अनुवाद, विमर्श, कहानी, गजल, यात्रा वृतांत सभी विषयों पर अत्यन्त कुशलता से लेखनी चलायी है। बारामती में जो महाराष्ट्र हिन्दी परिषद द्वारा संगोष्ठी का आयोजन किया गया था, उसका विषय था 'अहिन्दी भाषी लेखकों का हिन्दी में योगदान'। मैंने गुरुवर्य डॉ. चव्हाण सर जी के 'मीडियाकालीन हिन्दी : स्वरूप एवं सम्भावनाएँ' इस किताब पर शोधालेख लिखा था, जो संगोष्ठी में काफ़ी सराहा गया था। मुझे ख़ूब अच्छा लगा।

सर मराठवाडा के परांडा तहसील के छोटे से गाँव से हैं। लेकिन वे उच्च विद्याविभूषित, संयमी, मितभाषी तथा सामाजिक, शैक्षिक क्षेत्र की अनेक संस्थाओं से सम्बन्धित रहे हैं। वे चिंतक, छात्रप्रिय शिक्षक, कुटुंबवत्सल हैं। मैं और मेरा परिवार सर जी के परिवार से अच्छी तरह से जुड़ा है। मेरी माँ के निधन के बाद सर ने जो हौसला दिया उसे आज भी नहीं भूल सकती। चाहे मेरी बेटी हो या पति सबकी खबर रखकर पूछनेवाले सर जी को मानना ही पड़ेगा।

मैं जब दूसरी बार शिवाजी विश्वविद्यालय की सिनेट सदस्या बनी तो मुझे याद है उस समय नतीजा आने के लिए रात के डेड बजे थे। तब उन्होंने मुझे स्पष्ट शब्दों में कहा था "चाहे कितनी ही देर क्यों न हो। मुझे रिजल्ट सुनना ही है। आप चिन्ता मत करो। तुम तो निश्चितरूप से जीतने वाली हो। और बात सही हुई। सर के आशीर्वाद से मैं सिनेट में दुबारा चुनकर आयी थी। वे जब भी बात करते हैं तो दमखम के साथ। उनके विचारों से मुझे हमेशा प्रेरणा मिलती रही है। इसीलिए वे निसन्देह अध्यापकों

के अध्यापक हैं। कभी सोचा न था कि देश–विदेश में अपने व्याख्यानों से दुनिया को जीतने वाले व्यक्ति से मेरा इतना आत्मीय सम्बन्ध आयेगा! आज भी जब उनसे मिलती हूँ तो बड़ी आत्मीयता से पूरी जानकारी लेते हैं यह उनका बडप्पन हैं। इसलिए कहने को मन करता है – "आकाश के सितारे कभी गिने नहीं जाते/समुंदर का पानी, कभी नापा नहीं जाता/सरस्वती का भंडार कभी, पढा नहीं जाता/और आप जैसे गुरुवर को कभी भूला नहीं जाता।"

भले ही सर जी विश्वविद्यालय से अवकाश प्राप्त हो रहे हैं मगर मुझे विश्वास है कि वे मार्गदर्शन करते रहेंगे। उससे वे कभी निवृत्त नहीं होंगे। उनके बारे में बहुत कुछ बोलना चाहती हूँ मगर निशब्द हूँ। मैं उनके ऋण में ही रहना चाहती हूँ। ना मैं उन्हें भूल पाऊँगी ना भूल सकूँगी। अन्त में ज़रूर कहूँगी कि– "उगता हुआ सूरज, तेज़ दे आपको/खिलती हुई कली, खुशबू दे आपको /हम तो कुछ देने के काबिल नहीं।/देनेवाला हजारसाल की उम्र दे आपको।"

आपको भविष्य के लिए ढेर सारी शुभकामनाएँ।

लक्ष्यवेधी भाषिक पण्डित

डॉ. शहाजहान मणेर

प्रो. (डॉ.) अर्जुन चव्हाण जी मेरे मार्गदर्शक गुरु हैं। उनका व्यक्तित्व बहुआयामी है। मेरे ही नहीं बल्कि साहित्य जगत कि समझ में वे एक लेखक, समीक्षक, विद्वान, कवि, कुशल प्रशासक, निपुण शोध निर्देशक तथा साहित्य प्रेमी हैं। उनके स्वभाव के बारे में कवि नीरज के शब्दों में कहूँ– 'इसको भी अपनाता चल/उसको भी अपनाता चल/राही है एक राह के सब पर/प्यार लूटाता चल।'

ऐसे बहुआयामी व्यक्तित्व पर एक अभिनन्दन ग्रन्थ निकाला जा रहा है यह सूचना गुरुबंधु डॉ. मनोहर भंडारे जी की ओर से मिलने पर मुझे बहुत ख़ुशी हुई। डॉ. अर्जुन चव्हाण जी आदरणीय व्यक्तित्व की मिसाल हैं। उनकी सेवा को स्मरणीय बनाने के उद्देश्य से यह अभिनन्दन ग्रन्थ सार्वजनिक रूप से उन्हें भेंट स्वरूप है। गुरुवर्य प्रो. अर्जुन चव्हाण जी के बारे में लिखने का मौका मिलते ही मैं बहुत प्रसन्न हुआ और जिसे लिखकर आनन्द और सन्तोष का अनुभव महसूस कर रहा हूँ। जीवन के सफर में समय इतना आगे ले जाता है कि कहाँ थे और अब कहाँ पहुँच गये? जीवन की भाग दौड़ जब कम हो जाती है तब शेष रह जाती हैं स्मृतियाँ, यादों की बारात और कुछ आत्मीय सम्बन्ध, जो हमेशा अपने साथ रहते हैं और वे जीने की प्रेरणा देते हैं।

मुझे सन 1989–90 का दौर याद आता है जब मैं एम.फिल. के लिए शिवाजी विश्वविद्यालय में दाखिल हुआ था तब पहली बार मैं अर्जुन चव्हाण सर जी से मिला था तब उनका पीएच.डी. का शोध कार्य अन्तिम पड़ाव में था, वे बहुत व्यस्त थे। पहली बार उनके व्यक्तित्व को देखने पर उनके कानों पर चढ़े घुंघराले काले बाल को देखने पर मैं सोच में पड़ गया उनकी हटके बालों की स्टाईल सबको आकर्षित करती रही। उस समय से ही मन

में उनके व्यक्तित्व की अलग पहचान बसी रही। उनके बालों की स्टाईल देखने पर हिन्दी के महान साहित्यकार कवि सुमित्रानन्द पन्त की ज़रूर याद आती है।

उस समय मुझे गुरुवर्य अर्जुन चव्हाण सर जी से मिलने की जिज्ञासा थी। मुझे उनसे यह जानना था उनका शोध कार्य कैसे सम्पन्न हुआ? उनके अनुभव का लाभ मुझे मिलेगा इस आशा से उनसे पहली मुलाकात हुई तब ज़्यादा बात नहीं हुई। उनका संयमशील और रियाक्ट न होनेवाला स्वभाव उनके चेहरे पर एक प्रकार की शान्ति और आत्मीय का भाव मुझे दिखायी दिया। उस समय इस्लामपुर के कर्मवीर भाऊराव पाटील कॉलेज में अध्यापक थे। आगे मेरा एम.फिल. का कार्य पूरा हुआ और मेरी लेक्चरर पद पर नियुक्ति हुई। कुछ अन्तराल के बाद वे शिवाजी विश्वविद्यालय हिन्दी विभाग में अध्यापक के रूप में दाखिल हुए। विभाग में संगोष्ठी, कार्यशाला, व्याख्यानमाला, सेमिनार के दरमियान हमारी मुलाकात होती रही।

आगे वे विभागाध्यक्ष बने। उन्होंने अहिन्दी प्रदेश में हिन्दी को पल्लवित पुष्पित करने के लिए शानदार कार्यक्रमों का आयोजन किया। अहिन्दी भाषी प्रदेश में हिन्दी को विकसित करने में प्रो. (डॉ.) अर्जुन चव्हाण जी का काफ़ी महत्त्वपूर्ण योगदान रहा है। हिन्दी के जाने माने, एक से बढ़कर एक साहित्यकारों को, समीक्षकों, विद्वानों को वे निरन्तर बुलाते रहे। इसमें नामवर सिंह, राजेंद्र यादव, मैत्रेयी पुष्पा, गोविंद मिश्र, संजीव, मोहनदास नैमिशराय, नाटककार नरेन्द्र मोहन, चितरंजन मिश्रा आदि मुख्य थे। मुझे याद है पन्तजी की शताब्दी मनाई गयी तब विभाग में नामवर सिंहजी का अमृत महोत्सव मनाया गया। 'एक शाम नामवरजी के नाम' कार्यक्रम में मैं सक्रिय था। शानदार समारोह का आयोजन और कुशल संगठन कौशल गुरुवर्य अर्जुन चव्हाण जी के पास है। इतना ही नहीं हिन्दी के महान समीक्षकों को जिसमें मैनेजर पांडे, पुष्पपाल सिंह, सूर्यप्रसाद दीक्षित, भगवानदास तिवारी, रामजी तिवारी, शशिभूषण शीतांशु, चन्द्रकान्त बांदिवडेकर, केशव फाळके, अशोक कामत, कुँवरपाल सिंह आदि एक से बढ़कर एक विद्वानों को, साहित्यकारों को कोल्हापुर में आमन्त्रित कर उन्होंने उनके विचारों की घुट्टी अध्यापकों, छात्रों को पिलाई। यह कहने में कोई संकोच नहीं होना चाहिए कि हिन्दी भाषा एवं साहित्य को जानने का और सहजता से बढ़ाने का माहौल गुरुवर्य प्रो. अर्जुन चव्हाण सर ने बनाया।

आगे संयोगवश उन्होंने मुझे पीएच.डी. शोधकार्य के लिए अनेक विषयों पर अध्ययन, चिन्तन, मनन करने को कहा और अन्त में उन्होंने मुझे शोधकार्य के लिए परखा, जाँचा तब वे मेरे शोधनिर्देशक बने। उस समय

मेरा विश्वविद्यालय अनुदान आयोग द्वारा टीचर फेलोशिप के लिए चयन हुआ और दो वर्ष हिन्दी विभाग में कार्यरत रहा। एक कुशल शोधनिर्देशक के रूप में गुरुवर्य प्रो.अर्जुन चव्हाण सर ने मुझे मार्गदर्शन किया।

सरजी दिनभर विभाग में लेक्चर लेना, कार्यशाला, व्याख्यानमाला, संगोष्ठी, शोध प्रबन्ध जाँचना, भूमिका लिखना आदि कामों में व्यस्त रहते। शाम छह बजे विभाग का बाबू विभाग बन्द करने के लिए आता था तब सरजी कहते 'तुम जाओ मैं रूकने वाला हूँ।' फिर रात आठ कभी नौ बजे तक हम दो चार लोग रूकते। फिर मेरा अध्याय जाँचने के लिए लेते, हर पंक्ति पढ़कर वे आगे बढ़ते। उनका मानना था जब तक छात्र शोध–प्रविधि को समज नहीं पाता तब तक उनका शोध कार्य सफलता से पूरा नहीं होता। मेरा शोध प्रबन्ध अनेक बार देखा, परखा बार–बार लिखने को कहा और अन्त में सहमती दर्शायी। प्रो. अर्जुन चव्हाण जी के प्रतिभासम्पन्न आत्मीय, प्रेरक, कार्य कुशल निर्देशन का ही फल है मेरा शोध प्रबन्ध। अपनी अनेक व्यस्ताओं के बावजूद उन्होंने मुझे और मेरे जैसे अनेक शोध छात्रों को मौलिक और सही दिशा में मार्गदर्शन किया है।

मुझे याद है जब मेरी पीएच.डी. की मौखिकी थी तब उन्होंने उस दिन एम.ए., एम.फिल., पीएच.डी. के छात्रों को मौखिकी के लिए बुलाया था। पूरा हॉल भरा हुआ था। मेरी मौखिकी एक घंटा चली, जो शोध कार्य किया था उसे पूरे आत्मविश्वास के साथ मैंने प्रस्तुत किया। कागज का एक भी टुकड़ा मौखिकी के समय हाथ में नहीं था। मौखिकी सन्तोषजनक हुई। तब सरजी को बहुत ख़ुशी हुई और तुरन्त उन्होंने अपनी धर्म पत्नी सौ. अनीता मैडम जी को फोन कर बताया "मैं आज बहुत खुश हूँ। मेरे एक छात्र ने शानदार मौखिकी प्रस्तुत की।" मेहनत का फल मिठा होता है। इस तरह गुरुवर्य डॉ. अर्जुन चव्हाण जी शोधनिर्देशन करते समय पूरी तैयारी कर लेते थे। दूसरे शब्दों में रगड़ कर लेते थे। तब जाकर शोधार्थी में आत्मविश्वास पैदा होता है। उन्होंने एक कुशल प्रशासक के रूप में विभाग में काम किया। किसी भी छात्र पर अन्याय न हो इसकी खबरदारी वे लेते रहे। लेक्चर लेने में भी आनन्द उठाते रहे। उनका व्याख्यान सुनने में बहुत अच्छा लगता हैं। वे दृढ़ता से स्पष्ट और दो टूक बोलते हैं। एक व्यक्ति के रूप में भी वे अत्यन्त सरल, सहज और प्रियतम हैं। उनकी मुस्कराहट में राज है जो कि दुश्मन भी दोस्त बन जायें

दीपावली के मौके पर कई बार उनके घर जाने का मौका किला। उनका 'अक्षर' निवास किताबों से भरा है। कहते हैं जो किताबों से दोस्ती करता

है वह अकेला नहीं होता। अर्जुन जी अपने निवास में किताबों में खोये हुए नजर आते हैं। अनेक पत्रिकाएँ, अनेक पुस्तकें, पत्रों के ढेर पड़े रहते हैं जिसे मैंने देखा है। वे हमेशा अध्ययन में मग्न रहते हैं। आत्मीय भावना से तो वे ओत–प्रोत हैं ही। विभाग में उनसे जब मिलता तब खाना खाने का समय हुआ तो वे तुरन्त कहते खाने के लिए बैठों मुझे आग्रह करते। सीधा सादा भोजन ही रहता था ज्वार या गेहूँ की रोटी, तेल चटणी, प्याज, मूली, हरी मिर्च ही उनका भोजन हुआ करता है। आधी रोटी तो वे खाने के लिए जरुर कहते। उनमें अहंकार मैंने कभी नहीं देखा!

अर्जुन लक्ष्यवेधी धनुर्धर था उसी भाँति गुरुवर्य डॉ. अर्जुन चव्हाण जी एक लक्ष्यवेधी भाषिक पण्डित हैं। वे भाषिक चिंतक हैं। उनका रचना संसार विशाल हैं, जिसमें समीक्षात्मक ग्रन्थ हैं, अनुवाद है, सृजनात्मक लेखन है, सम्पादित पुस्तकें हैं। विशेष रूप से 1998 में उनकी 'अनुवाद चिन्तन' पुस्तक प्रकाशित हुई। 1999 में 'अनुवाद : समस्याएँ एवं समाधान' नामक किताब प्रकाशित हुई। उन्होंने लिखी हुई किताबें छात्रों तथा अध्यापकों के लिए बहुत उपयोगी सिद्ध हुई हैं, होती हैं और होती रहेगी। हिन्दी के अध्यापकों को साहित्यिक एवं वैचारिक मंच पर लाने का काम सही मायने में प्रो. डॉ. अर्जुन चव्हाण जी ने किया।

मुझे स्वामी विवेकानन्द जैसी सुप्रतिष्ठित और महाराष्ट्र की एक बड़ी शिक्षा संस्था में प्रधानाचार्य बनने का मौका मिलने के बाद तळमावले तथा तुळजापुर के महाविद्यालयों में अनेक राष्ट्रीय संगोष्ठियों का सफल आयोजन करना डॉ.अर्जुन चव्हाण सर जी के सहयोग से ही सम्भव हुआ। उनका मुझे हमेशा सहयोग मिला। मुझे भरोसा दिलाया, घर का काम समझकर संगोष्ठी के दिन सुबह से शाम तक रूकते और सुचारु रूप से संगोष्ठी सफल करते। 'सर जी का संगोष्ठी के आना मानो संगोष्ठी सफल होना' यह सूत्र ही बना। इस तरह मुझे अनेक सेमिनार आयोजित करने में उनका महत्त्वपूर्ण सहयोग रहा है। संकट के समय गुरुवर्य डॉ. अर्जुन चव्हाण सर जी विचलित नहीं हुए। उन्होंने सम्यक और न्यायिक प्रतिवाद किया। उनका मानना है सत्य परेशान कर सकता है पराजित नहीं, अन्तिम जय सत्य की होती है। उनके प्रति मैं इतना ही कह सकता हूँ–"शरीफों की शराफत मुसीबतों में कम नहीं होती / सोना चाहे तुम उसके कितने तुकड़े कर लो / उसकी क़ीमत कम नहीं होती।" गुरुवर्य डॉ.अर्जुन चव्हाण सर के सम्मान में अभिनन्दन ग्रन्थ का प्रकाशित होना हम सभी के लिए अत्यन्त प्रसन्नता की बात है। इस अवसर पर ईश्वर से यही प्रार्थना है कि उन्हें स्वस्थ रखें, प्रसन्न रखें ताकि वे निरन्तर अपने रचना कर्म में लीन रहें।

गर्व है मुझे डॉ. अर्जुन चव्हाण जी का छात्र हूँ...

प्रो. (डॉ.) प्रकाश चिकुर्डेकर

गर्व है मुझे कि मैं प्रोफेसर (डॉ.) अर्जुन चव्हाण सर जी का छात्र हूँ। कार्य, कर्तव्य और कर्तव्य पूर्ति के बाद उन छात्रों में से मैं नहीं हूँ, जो अपने गुरु को अँगूठा दिखाते हैं। मैं हमेशा उनकी छत्रछाया में, निर्देशन में और आशीर्वाद में कार्यरत रहना और ज़िन्दगी की नैया गुरु के आधार पर, उनके सहारे, बेड़ा पार लगाना चाहता हूँ। मैंने तो गुरु को कुछ नहीं दिया लेकिन गुरु जी ने मुझे इतनी पूँजी दी है कि उम्र भर मैं अपनी ज़िन्दगी उसी के बल पर गुज़ारा करूँगा। आज मैं जो भी कुछ हूँ प्रोफेसर डॉ. अर्जुन चव्हाण जी के कारण ही हूँ। जितना मान, सम्मान, पद–प्रतिष्ठा प्राप्त हुई है, वह उनके कारण।

मैं निरन्तर प्रयत्नशील रहा और उसके बल पर वह मुझे प्रोत्साहित करते रहें, प्रेरित करते रहें, आशीर्वाद देते रहें। निर्देश देते रहे। सचेत करते रहें। मैं आगे बढ़ता गया, एक आदर्श गुरु, एक आदर्श शिष्य का रूप मैं इस बहाने देखता हूँ। न्याय, निष्ठा, मान–सम्मान उससे भी बढ़कर एक अपनापन मैं अपने गुरु में देखता हूँ। लगाव देखता हूँ। आजकल जो 'यूज एंड थ्रो सिस्टम' चल रहा है उसके सन्दर्भ में यह सम्बन्ध विशेष मायने रखता है। उनके सानिध्य में विगत 30 सालों से मैं हिन्दी भाषा, शोध संसार और अपने आपको समृद्ध करता रहा। व्यस्ता के बावजूद कई महीनों तक बात नहीं हुई, मुलाकात नहीं हुई या कोई कुछ कहे या ना कहे फिर भी हमारे आचार–विचार संस्कार इतने पक्के हैं कि हम कतई कुछ उल्टा–पुल्टा सोच ही नहीं सकते। अच्छे और बुरे दिनों में हम साथ–साथ रहे हैं।

1991 के मई माह में यशवंतराव चव्हाण वारणा महाविद्यालय में अधिव्याख्याता पद पर मेरा चयन हुआ। पहले मैं 'डी.एड्. प्राइमरी टीचर' था लेकिन निरन्तर उच्च शिक्षण की पढ़ाई करता रहा और कामयाब भी हुआ।

मुझे शोध की दुनिया में आगे बढ़ना था लेकिन रास्ता नहीं मिल रहा था। हिन्दी फ़िल्म सृष्टि के जाने–माने अभिनेता मनोज कुमार की फ़िल्मों में देशभक्ति विषय को लेकर अनुसंधान करना चाहता था लेकिन साहित्य की उपलब्धता और अन्य कई कारणों से विषय छूटता चला गया। बाद में मैं नाटककार सुरेंद्र वर्मा जी के साहित्य पर शोध करना चाहता था लेकिन वह भी विषय मुझसे छूटता रहा। क्या करूँ, किस रास्ते से जाऊँ शोध की दुनिया को लेकर मेरे बहुत बड़े–बड़े सपने थे लेकिन आकार नहीं मिल रहा था। उसी दरमियान शिवाजी विश्वविद्यालय में गुरुवर्य डॉ. चव्हाण जी से मिला। उन्होंने कहा कि 'अरे प्रकाश, पहले तुझे अपनी नौकरी पक्की करनी होगी। तो उसके लिए पीएच.डी. ज़रूरी है। फ़िल्म विषय को लेकर अनुसंधान किया जा सकता है। तेरा एम.फिल. का विषय भी बहुत व्यापक है। लेखक भी महान है और उस विषय का अन्दाजा भी आया है। उपाधि के बाद तू फिर जो चाहता है उस क्षेत्र में शोध कर सकता है।' सर जी की बात मानी। मैं पढ़ाई करता रहा और संयोग से विश्वविद्यालय अनुदान आयोग की ओर से मुझे दो साल के लिए फैलोशिप प्राप्त हुई। दो सालों तक शिवाजी विश्वविद्यालय के मानव्यशास्त्र बिल्डिंग में तब हिन्दी विभाग चलता था। मैं वहाँ विभाग से जुड़ा और कार्यरत रहा।

शोध–कार्य के साथ–साथ मैं उनके सानिध्य में रहा। उनकी कार्यप्रणाली को जानता रहा। अथक परिश्रम के बल पर वे निरन्तर कार्यरत रहे। मैंने देखा उस समय महाराष्ट्र हिन्दी परिषद का प्रधान सचिव पद डॉ. चव्हाण जी के पास था। घंटों उसके लिए अकेले काम करते थे। हमारे कहने पर ही हमें कुछ छुटपुट का ही कार्य देते थे। उनका हर काम अलग। वह महाराष्ट्र हिन्दी परिषद का स्वर्ण काल था। डॉ. केशव प्रथमवीर, डॉ. चन्द्रकान्त बांदिवडेकर, डॉ. चन्द्रदेव केवड़े, डॉ. सूर्यनारायण रणसुभे, डॉ. रोहिताश्व, डॉ. रतनकुमार पांडेय, डॉ. ओमप्रकाश शर्मा आदि विद्वतजनों से रूबरू होने का मौका डॉ. चव्हाण जी के कारण ही प्राप्त हुआ।

शिवाजी विश्वविद्यालय में शोध कार्य के दरमियान मैं दो सालों तक उनके साथ रहा। अनेक ज़िम्मेदारियाँ भी मुझे निभाने के लिए प्रेरित किया। मौका दिया। इसी दरमियान महान छायावादी कवि सुमित्रानन्दन पन्त जन्मशती समारोह आयोजन समिति का सदस्य होने का अवसर मिला। महान आलोचक नामवर सिंह, महान लेखक और 'हंस' के सम्पादक राजेंद्र यादव, महान लेखिका मैत्रेयी पुष्पा जी जैसे गणमान्यों को एक ही मंच पर लाकर उन्होंने मुझ जैसे सैंकड़ों शोधार्थियों को उनसे रूबरू करवा कर लाभान्वित किया।

फिर उनके ही सहयोग से महाराष्ट्र हिन्दी परिषद द्वारा प्रकाशित शोध सन्दर्भ ग्रन्थ का लेखन, विशालकाय कार्य करीब करीब 6 महीनों तक करता रहा। बाद में अन्य साथियों द्वारा वह कार्य पूरा हुआ। मेरी मेहनत के बाद भी सन्दर्भ से मेरा नाम छूट गया तब गुरुदेव डॉ. चव्हाण जी ने तत्कालीन अध्यक्ष जी से पत्र लिखकर कहा कि मेरे छात्र ने बहुत बढ़िया काम किया है और उस महानतम ग्रन्थ के लिए उसका योगदान सराहनीय है और उसका भी नाम इसमें क्यों नहीं है? उनके शब्दों में इतनी ताकत थी कि, प्रकाशन के वक़्त जो ग्रन्थ प्राप्त हुआ उसमें मेरा नाम छपा था। एक छात्र के लिए एक गुरु ने जो न्यायिक भूमिका दिखायी वह सच्चे अर्थों में सराहनीय है। वह सच्चे, न्यायवादी, मानवतावादी और जिसकी मेहनत उसे ही उसका श्रेय प्राप्त हो ऐसा उनका व्यक्तित्व रहा है। प्रस्तुत ग्रन्थ में मेरा नाम छपा न जाता तो कुछ न होता लेकिन एक गुरु ने देखा था कि छात्र ने कितनी मेहनत की है।

शोध कार्य के दरमियान उन्होंने वर्तनीगत गलती, शोध और समीक्षा के अन्तर को लेकर मुझे बार–बार कोसा। इतनी तराशने की कोशिश करती है कि एक बार तो मन कर रहा था कि पीएच.डी. छोड़ दूँ लेकिन मैं भी अध्यापक हूँ। अपने छात्र के लिए एक गुरु कुम्हार की भूमिका निभाता है, जो ऊपर से मिट्टी के गोले को ठोक देता है लेकिन भीतर से दूसरा हाथ भी आधार स्वरूप लगा देता है। तभी तो एक मिट्टी का बर्तन सुन्दर आकार ग्रहन कर उपयोगी साबित होता है। मेरे लिए वही महानतम कार्य है। सर जी उस समय शिवाजी विश्वविद्यालय के कॉलोनी में रहते थे। घर पहुँचने पर परम आदरणीय सौ. चव्हाण मैडम जी हमारे लिए कभी चाय बिस्कुट तो कभी शरबत देती थी। सर जी की बेटी अमृता, चारु, बेटा भूषण तब छोटे थे अब ये सब बहुत बड़े हुए हैं। उन्होंने अपने अपने बल पर ख़ुद का रास्ता चुनकर शिक्षा क्षेत्र में शानदार सफलता प्राप्त की है।

मेरा शोध कार्य पूरा होने के पश्चात मेरा शोध ग्रन्थ दिल्ली से प्रकाशित हो रहा था तब उन्होंने कहा कि, 'मेरठ – उत्तर प्रदेश के अमन सिंह आत्रेय हिन्दी विकास संस्थान द्वारा एक प्रतियोगिता आयोजित की गयी है। आप अपना शोध प्रबन्ध जल्दी प्रकाशित करें। 2002–03 साल के लिए देश के सर्वश्रेष्ठ शोध प्रबन्ध पुरस्कार से सम्मानित किया जा रहा है।' बस, मैंने कोशिश की, शोध प्रबन्ध प्रतियोगिता के लिए भेज दिया और गर्व की बात है कि जिस शोध प्रबन्ध के लिए ख़ूब मेहनत करवा कर ली थी उसे पुस्तकाकार दिया और देश का सर्वोच्च शोध प्रबन्ध सम्मान उस साल में मुझे प्राप्त हुआ। मेरठ–उत्तर प्रदेश में डॉक्टर चौधरी चरणसिंह विश्वविद्यालय में सम्पन्न

सम्मान समारोह के लिए मैं पहुँचा तो संस्थान के कार्याध्यक्ष प्रोफेसर डॉ. के. डी. शर्मा जी ने समारोह की बहुत बढ़िया तैयारी की थी। देश के गणमान्य चुनिन्दा साहित्यकारों से लेकर पत्रकारों तक के समक्ष मुझे सम्मानित किया 11000/– (ग्यारह हजार) रुपये की पुरस्कार राशि, सन्मानचिह्न साथ ही हवाई जहाज का व्यय भी संस्थान की ओर से सम्मान स्वरूप प्रदान किया गया।

'अनुवाद चिन्तन' ग्रन्थ के लिए साहित्य अकादमी द्वारा पुरस्कृत होने पर डॉ. अर्जुन चव्हाण जी का तत्कालीन कुलपति डॉ. द.ना. धनागरे, डॉ. भगवानदास तिवारी और डॉ. केशव फालके जी आदि की उपस्थिति में विश्वविद्यालय में हिन्दी के अध्यापकों तथा छात्रों द्वारा सम्मान समारोह आयोजित किया था। उसमें सर के पिताजी अर्थात अण्णा प्रथम पंक्ति में उपस्थित थे। सर्वप्रथम मैंने अण्णा का सत्कार किया तो सभागार तालियों से गूँज उठा था। वह क्षण मेरे लिए बहुत अविस्मरणीय और प्रेरणादायी रहा।

इस बहाने एक यादगार संस्मरण बताना चाहूँगा, महाराष्ट्र हिन्दी परिषद का कार्य सर जी ने महाराष्ट्र के साथ–साथ देश के कोने–कोने तक पहुँचाया और प्रधान सचिव पद से वह अलग हुए। हम जैसे शोधार्थियों की लत देखकर उन्होंने हमें निर्देश दिया कि हिन्दी शोधकर्ताओं के लिए एक ऐसे मंच की स्थापना हो जिसमें कोई गुटबाजी न हो। हर साधारण से साधारण छात्र को शोध के निर्देश, दिशा और मंच प्राप्त हो। सर जी के ही निर्देशन में पंजीकृत 'संशोधक विचार महासंघर्ष' की स्थापना हुई और कोल्हापुर के करवीर नगर वाचनालय में जेष्ठ साहित्यकार चन्द्रकान्त बांदिवडेकर जी मुंबई, डॉ. वेंकटेश्वर जी हैदराबाद की उपस्थिति में शानदार समारोह सम्पन्न हुआ। मैं इस संस्था का संस्थापक सदस्य रहा हूँ। मेरे ही कुछ हिन्दी प्रेमी अध्यापक आज भी इस संशोधक विचार मंच के लिए कार्यरत हैं और करीब करीब 15 से अधिक राष्ट्रीय, स्तर की संगोष्ठियों, गोष्ठियों, चर्चाओं का सफल आयोजन कर चुके हैं। इसी बहाने दो साल पहले शिवाजी विश्वविद्यालय में अत्यन्त प्रतिकूल परिस्थिति में भी सर जी ने महान हिन्दी लेखक प्रेमचन्द जयंती और 'अनभै' विशेषांक का प्रकाशन समारंभ आयोजित किया। समारोह के लिए देश के गणमान्य नाट्य रचना शिल्पी तथा हिन्दी के विद्वानों को एक साथ एक मंच पर लाने का कार्य किया। डॉ. रतनकुमार पाण्डेय, डॉ. हूबनाथ, डॉ. अवधेश राय और दिल्ली नाट्य संस्था के नाट्य कलाकारों ने प्रेमचन्द की अनेक कहानियों का नाट्य रूपान्तरण प्रस्तुत किया।

इस बहाने शिवाजी विश्वविद्यालय हिन्दी अध्ययन मंडल के लिए चुने गये सदस्यों का सम्मान भी सर जी द्वारा करवाया। नई पीढ़ी हर क्षेत्र में कार्य के लिए तैयार हो,हर क्षेत्र में कामयाब हो, ज़िम्मेदारी का एहसास और अनुभव उठाए ऐसे कई विशालकाय कैनवस का सोच विचार सामने रखकर निरन्तर शान्ति, संयम और आत्मविश्वास के बल पर आगे बढ़ने वाले गुरुदेव डॉ. चव्हाण जी सचमुच एक विरले अध्यापक हैं, श्रेष्ठ समीक्षक–आलोचक हैं, ग़ज़लकार और बहुमुखी साहित्यकार भी हैं।

डॉ. चव्हाण जी के साथ मुझे शिवाजी विश्वविद्यालय की विभिन्न समितियों में काम करने का मौका प्राप्त हुआ। मुझे पता है वहाँ तक पहुँचने में डॉक्टर चव्हाण जी ने ही मेरा नाम निर्देशित किया है। जब भी मैंने जाँच समिति, छानबीन समिति, सहयोगी प्राध्यापक पद हो या प्राचार्य पद के लिए शोध मूल्यांकन, हर काम करते वक़्त देखा कि, वे निरन्तर सकारात्मक सोच के लिए प्रेरित करते। मूल्यांकन करते वक़्त एक न्यायाधीश की भूमिका निभाते हुए मैंने उन्हें देखा। यह भी देखा कि,उन्होंने कभी 'ऑफिशियल टाइम' देख कर काम नहीं किया। दूरदराज से आये छात्र–छात्राओं को न्याय मिले, उन्हें दोबारा चक्कर काटना न पड़े इसलिए वे अधिक समय देकर देर रात तक हमें भी कार्य करने के लिए प्रोत्साहित करते और ख़ुद भी कार्यरत रहे। आज डॉ. चव्हाण जी के कारण ही शिवाजी विश्वविद्यालय का हिन्दी विभाग देश और दुनिया के कोने–कोने में पहचाना जाता है। संस्मरण का यह सिलसिला तो विशाल काय समन्दर की तरह है। मेरी अखण्ड जीवन यात्रा में एक आदर्श गुरु, आदर्श निदेशक, एक प्रेरक बड़े भाई, एक आदर्श निर्देशक, सकारात्मक सोचवाला सरल शख्स, शान्त–संयमी और आत्मविश्वासी आलोचक, एक आदर्श पिता, एक आदर्श पति, और मर्यादाओं के दायरे में रहकर हर पल–हर क्षण प्राप्त मौके का लाभ उठाकर ख़ुद के बदले दूसरों को लाभ देने के लिए निरन्तर कार्यरत रहने वाले, ख़ुशी के मौके पर भी कभी उछल कूद किये बिना संयम से रहनेवाले और कठिन समय और आपदा की घड़ी में कभी घायल न होनेवाले शख्स का नाम है प्रो. डॉ. अर्जुन चव्हाण। अतः गर्व है मुझे कि मैं प्रो. (डॉ.) अर्जुन चव्हाण सर का छात्र हूँ ऐसे मेरे शोध और जीवन के निर्देशक, मेरे गुरु, मेरे आदर्श को मैं इस संस्मरण के बहाने प्रणाम करना चाहता हूँ और उनके ऋण में ही सदैव रहना पसन्द करता हूँ।

निर्देशकों के निर्देशक आदरणीय गुरुवर्य

डॉ. विनायक खरटमल

मेरे आदरणीय गुरु डॉ. अर्जुन चव्हाण एक व्यक्ति नहीं बल्कि अनेक शक्तियों का एक अखण्ड तथा समृद्ध भण्डार है, जिनके सम्पर्क में आने से शिष्य का पूरी तरह से कायाकल्प हो जाता है। जिन छात्रों को उनका स्नेह तथा मार्गदर्शन मिलता, उनका जीवन स्वर्ण जैसा मूल्यवान बन जाता है। मुझे अपने गुरु का पहली बार परिचय पीएच.डी. के सन्दर्भ में कोल्हापुर में हुआ।

सन् 1994 में मैं संगमेश्वर महाविद्यालय सोलापुर से एम.ए. प्रथम श्रेणी में पास हो गया था। गुरुवर्य डॉ. प्रभाकर पाठक जी से मिलने के पश्चात मैंने उनसे बी.एड. करने की इच्छा प्रकट की। उस समय डॉ.पाठक जी ने मुझे बी.एड. के बजाय पीएच.डी. करने की सलाह दी। उस वक़्त मुझे पीएच.डी. किसे कहते हैं? वह क्या होती है? बिल्कुल भी मालूम नहीं था। डॉ. पाठक सर ने मुझे शिवाजी विश्वविद्यालय के प्राध्यापक डॉ. अर्जुन चव्हाण जी के लिए एक चिट्ठी दी और उनसे मिलने के लिए कहा। चिट्ठी पढ़ने के बाद आपने मुझे एम.फिल. करने की सलाह दी परन्तु मैं पीएच.डी. करने पर अड़ीग था। डॉ. अर्जुन चव्हाण जी ने मुझे पीएच.डी. के लिए तीन विषयों का अध्ययन करने के लिए कहा। उनके द्वारा दिये तीनों विषयों का अध्ययन कर उनसे मिलने गया। आपने मेरी लगन, परिश्रम, रूचि और अध्ययनशील वृत्ति देखकर पीएच.डी. के छात्र के रूप में स्वीकारा। मैं उनकी निःस्पृहता, पक्षपात विहीनता, जाति निरपेक्षता, चिन्तनशीलता और संभाषण मृदुता से प्रभावित हुआ। धीरे–धीरे गुरु–शिष्य के घनिष्ठ सम्बन्ध स्थापित हो गये।

जैसे–जैसे गुरुजी से मेरा परिचय बढ़ने लगा गुरुवर्य डॉ. अर्जुन चव्हाण जी की प्रतिभा से परिचित होने लगा। पीएच. डी. शोध कार्य के दौरान मुझे

कभी–कभी लगता था कि सर मुझे बेवजह बार–बार पढ़ने और पुनर्लेखन करने के लिए कह रहे हैं। कभी–कभी वे कठोर होकर मुझे डाँटते थे। किन्तु आज लगता है कि उनका वह डाँटना मेरे भले के लिए ही कितना ज़रूरी था।

पीएच.डी. उपाधि के पश्चात् आपने मुझे नौकरी के सन्दर्भ में भी पूरा सहयोग दिया। जब कभी जीवन में मुझे कठिनाइयाँ आती उस वक़्त फोन पर अथवा उनसे मिलकर विचार–विमर्श करता हूँ। वे मुझे हमेशा सही परामर्श करते हैं। आज मैं जो कुछ भी हूँ, वह मेरे गुरु डॉ. अर्जुन चव्हाण जी के कारण ही हूँ। ईश्वर है या नहीं मुझे पता नहीं; परन्तु मेरे गुरु ही मेरे ईश्वर हैं। मेरे गुरु ने मुझ पर अनन्त उपकार किये हैं। मैं हमेशा उनके ऋण में रहना पसन्द करूँगा। मेरे जीवन में मेरे माँ–बाप के समान मेरे गुरु का स्थान अग्रणी है। जिसके जीवन में संघर्ष नहीं, उसकी ज़िन्दगी व्यर्थ है। डॉ. अर्जुन चव्हाण जी को अपना कर्तव्य संभालते समय कुछ कठिनाइयों का सामना भी करना पड़ा। उनके जीवन में संघर्ष के साथ अनेक उतार–चढ़ाव आये, लेकिन संघर्ष और संकट की घड़ी में आपने हिंमत को बनाये रखा, जिससे आप दूसरों के लिए एक प्रेरणास्रोत बने।

मेहनत एवं प्रतिभा अपने कर्तृत्व से वे एक सफलतम प्राध्यापक, लेखक, अनुवादक एवं समीक्षक बने। वे अनुशासन प्रिय तथा विचारों को गम्भीरतापूर्वक महत्त्व देने वाले हैं। वे अपने जीवन में 'समय' को महत्त्वपूर्ण स्थान देते हैं। आज भी वे पढ़ने या लिखने घंटों बैठते हैं। हम छात्र उनकी बैठक का सामना नहीं कर सकते। प्रो. (डॉ.) अर्जुन चव्हाण जी ने पचास से भी अधिक उत्कृष्ट ग्रन्थों का लेखन, अनुवाद और सम्पादन कर हिन्दी भाषा की स्मरणीय सेवा की है। देश–विदेश के अनेक महाविद्यालयों तथा विश्वविद्यालयों में आपको आमन्त्रित करके आपके ज्ञान का लाभ लिया जाता है। गहन गम्भीर किन्तु महत्त्वपूर्ण ग्रन्थों के लेखन के कारण आपको अनेक देश–विदेश की यात्रा करने का अवसर मिला। 'मारीशस : एक सांस्कृतिक यात्रा' जिसका परिचायक है। आप समय–समय पर हिन्दी साहित्य के अनेक संस्थानों द्वारा पुरस्कारों से गौरवान्वित हुए हैं। लेकिन शोधकार्य के दौरान मुझे लगता नहीं था कि मैं उनका पहला शोधछात्र हूँ। क्योंकि वे मँजे हुए खिलाडी की तरह मँजे हुए निर्देशक लगते थे। इसका पता बाद में चला कि वे स्वयं अपने शोधकार्य के दौरान दिल्ली में जाकर रहे और राजेंद्र यादव, डॉ. नगेंद्र, डॉ. नामवर सिंह तथा मन्नू भण्डारी जैसे दिग्गजों के सम्पर्क रहे तथा

उनसे मार्गदर्शन लेकर आये हैं। साढ़े तीन दशक के अनुभव और अखण्ड उत्साह के कारण आज निर्देशकों के निर्देशक बने हैं मेरे आदरणीय गुरुवर्य।

प्रो. डॉ. अर्जुन चव्हाण जी का सम्पन्न एवं सुसंस्कृत परिवार भारतीय संस्कृति का एक बेहतरीन उदाहरण है। आपकी आदर्श सुसंस्कृत धर्मपत्नी अनीता मैडम जी ने अनुसंधान के वक़्त हम छात्रों को माता जैसा स्नेह दिया। मेरे कार्य में हमेशा आगे बढ़ने हेतु मुझे प्रेरणा दी। आपके परिवार से मेरा अटूट स्नेह रहा। गुरुवर्य आपके शुभ–आशीर्वाद के कारण ही मैं जीवन में सफल बनने की चेष्टा करता हूँ। मैं अपना सौभाग्य मानता हूँ कि आज निर्देशकों के निर्देशक गुरुवर्य चव्हाण सर का पी–एच.डी. का पहला छात्र होने का मुझे अवसर मिला। सर्वश्रेष्ठ सम्मान एवं अभिनन्दन के अधिकारी मेरे गुरुजी को इस अवसर पर हृदय से नमन करता हूँ और उनके स्वास्थ्य की मंगल कामना।

जीवन के सफर में गुरु ही मेरी पूँजी

प्रो. (डॉ.) अरुण गम्भीरे

भारत में गुरु–शिष्य परम्परा समृद्ध उज्ज्वल और विशाल है। इसीलिए भारत के विश्वगुरु होने का सपना वास्तव में साकार हो सकता है। क्योंकि जहाँ प्रेम, ज्ञान, निष्ठा, करूणा तथा मानव कल्याण की कामना ज्ञानदान करनेवाले गुरुओं में हो वहाँ पर जगद्‌गुरु या विश्वगुरु होने का दावा लाजमी लगता है। हमारा देश आज विकास के जिस पड़ाव पर पहुँचा है उसका सारा श्रेय मैं गुरुजनों को देता हूँ। मेरी मान्यता है कि सक्षम गुरु सक्षम नागरिक का और परोक्ष एवं प्रत्यक्ष रूप से राष्ट्र का निर्माता होता है। स्वयं मेरा अपना जमीर मुझे सवाल करता है कि यदि डॉ. अर्जुन चव्हाण सर गुरु के रूप में न आते तो?.... तो पता नहीं मैं आज कहाँ होता। हमारे यहाँ यों ही नहीं कहा गया...

"गुरु ब्रह्मा गुरु विष्णू, गुरु देवो महेश्वरा
गुरु साक्षात परब्रह्म, तस्मै श्री गुरुवे नमः।"

आदरणीय गुरुदेव प्रो. (डॉ.) अर्जुन चव्हाण जी का अभिनन्दन ग्रन्थ प्रकाशित हो रहा है, जो सबसे बड़ी गर्व और प्रसन्नता की बात है। वैसे आँखें तो सभी को होती हैं लेकिन सही, सच्ची और नई दृष्टि गुरु ही प्रदान करता है। वही दृष्टि ,वही दम, वही उमंग, नई चेतना तथा नया आशावाद निर्माण करने का कार्य प्रो. अर्जुन चव्हाण जी ने किया है। आपने ही कई सारी विपदाओं और आपदाओं से भरी स्थितियों के बावजूद सोचने और समझने की गहराई प्रदान की। सन् 1992 से सन् 1999 तक आपके के सान्निध्य में मुझे जो हौसला और जज्बा प्राप्त हुआ उससे आज भी मेरे भीतर का छात्र ज़िन्दा है ज़िन्दादिली के साथ। अनुसंधान कार्य के दौरान आपने मेरा कभी विश्वास डगमगाने नहीं दिया। आपने ही मुझे धैर्य दिया। निरन्तर मार्गदर्शन और प्रेम से मेरी हर मुश्किल आसान होती गयी। आपने माँ–बाप और आदर्श

गुरु का प्रेम देकर प्रोत्साहित किया। आप ही मेरे अभिभावक रहें। आज इस अवसर पर लिखते समय अधिक भावुक हो रहा हूँ। मानो बीते तीस वर्ष चलचित्र के भाँति सामने आ रहे हैं।

इस अभिनन्दन ग्रन्थ निर्माण के अवसर पर बहुत सारे विद्वज्जनों ने साहित्य, समीक्षा और जीवन पर लिखा होगा ही। परन्तु मैं आपके व्यक्तित्व के कुछ अनछुए पहलुओं को उद्घाटित करना चाहता हूँ। आपने बहुत ही शान्त और संयमित होकर हर छात्र को मार्गदर्शन किया है जिससे आपके सम्पर्क में आया व्यक्ति, हर छात्र आपसे प्रेम और सम्पर्क में रहे बिना जी नहीं सकता। हम जो प्रगति कर रहे हैं उसके पीछे आप ही का कृपाशीर्वाद है। नालंदा, तक्षशिला, काशी विश्वविद्यालय का नाम निरन्तर चलता आ रहा है। परन्तु उसी का साक्षात्कार आपके ज्ञान एवं नैकट्य से होता है। आपने हमें वह दृष्टि प्रदान की जिससे समाज को देखने का नया आयाम,नया नज़रिया मिला। सन्त ज्ञानेश्वर लिखते हैं –

''डोळिया अंजन भेटे, तव दृष्टीशी फाटा फुटे,
मग वास पाहिजे तेथे, प्रगटे महानिधी।''

अर्थात सामान्य आँखों में जब सुरमा (अध्यात्म का) डाला जाता है तब उसे अलैकिक तक दिख जाता है, उसी भाँति आपने मुझ जैसे सामान्य छात्र को वह दृष्टि प्रदान की जिससे जीवन के अनेक अलौकिक पहलुओं का ज्ञान प्राप्त हुआ। मुझ जैसे अनगिनत छात्रों को आपने सही दिशा दी, मार्गदर्शन किया। परिणाम स्वरूप आपके छात्र आपके ही के पगचिह्नों पर चलते रहेंगे इसमें दो राय नहीं। आप ऐसे गुरु हैं जिन्होंने अपने जीवन में छात्र को ही केन्द्र मानकर उन्हें लाभान्वित किया है। कहा जा सकता है कि– ''शिष्याची न घेता सेवा माणि देवा सारखे त्याचा फळे उपदेश।'' अर्थात शिष्य से कुछ अपेक्षा न रखते हुए तथा उससे सेवा न लेकर उस पर ही निरन्तर उपकार किया। ऐसे ही गुरु का उपदेश द्विगुणित होता है। इस अवसर पर आपके प्रति कृतज्ञता प्रकट करना मेरा धर्म है। आपही के मार्गदर्शन पर हम निरन्तर मार्गक्रमण कर रहे हैं और करते रहेंगे।

सौ. अनीता भाभी का स्नेह भी बरकरार रहा है। वे हमारे लिए मातृतुल्य हैं। स्वर्गीय आण्णा का आशीर्वाद मिलता रहा। इस अवसर पर उनकी याद आये बिना नहीं रहती। आपका स्नेह और प्रेम निरन्तर मिला है और मिलता रहेगा। आप स्वस्थ और कुशल रहें यही मनोकामना। आगे भी आपकी रचनाधर्मिता, आत्मीयता और प्रेरणादायी सौहार्दता बनी रहेगी। मुझे इसमें आशा ही नहीं बल्कि विश्वास भी है।

उत्साही, दिशादायी, बहुआयामी व्यक्तित्व

प्रो. (डॉ.) नाजिम शेख

सन् 1988–89 की बात है, मैं जब के.बी.पी. कॉलेज इस्लामपुर में ग्यारहवी कक्षा का छात्र था। अचानक एक दिन एक अत्यन्त तेज़स्वी अध्यापक ने हमारी कक्षा में प्रवेश किया। अत्यन्त शुद्ध हिन्दी भाषा में उस समय उन्होंने क्या पढाया याद नहीं, लेकिन अगले के.बी.पी. कॉलेज के पाँच वर्ष और शिवाजी विश्वविद्यालय का अब तक का समय उनके साथ कैसे बिता पता नहीं चला। आज जब मैं पीछे मुडकर देखता हूँ तो मुझे याद आता है सर का हमें ग्यारहवीं कक्षा से लेकर बी.ए. तक और आगे शिवाजी विश्वविद्यालय में एम.ए., एम.फिल. और पीएच. डी. तक का मार्गदर्शन। अध्यापकीय जीवन में भी हर–जगह आपका मार्गदर्शन अगर न मिलता तो आज मैं जिस जगह हूँ उस जगह शायद ही होता। गुरुवर चव्हाण सर की पढाने की विशेषता यह कि आज लगभग तीस–पैंतीस वर्षों के उपरांत भी आपने ग्यारहवीं–बारहवीं में पढाया हुआ महादेवी वर्मा का 'गौरा' नामक रेखाचित्र, सुभद्राकुमारी चव्हाण की 'टांगेवाला' जैसी कहानी, कबीर और सूरदास के पद, भगवतीचरण वर्मा द्वारा लिखित 'चित्रलेखा' जैसे उपन्यास को और बी.ए. के फायनल में पढाए हुए 'हिन्दी साहित्य का इतिहास', 'काव्यशास्त्र' और मन्नू भंडारी के 'महाभोज' जैसे उपन्यास को कैसे भूल सकते हैं। मुझे आज भी आपका पढाने का अन्दाज जैसे–का–तैसे याद आता है, बल्कि यूँ कहा जाये तो गलत नहीं होगा कि हर तासिका में हम सर की नकल ही उतारते हैं। जब मैंने बी.ए. की उपाधि प्राप्त की तब मुझे लगा शायद सर का साथ अब छूट जायेगा, लेकिन सर अपनी योग्यता के बल पर शिवाजी विश्वविद्यालय के हिन्दी विभाग में चुने गये और मेरे जैसे कई छात्रों का करिअर सर ही के कारण उभरकर आया।

मेरे शोधकार्य के दौरान प्रो.(डॉ.) अर्जुन चव्हाण सर शिवाजी विश्वविद्यालय के विभागाध्यक्ष थे, उन दिनों आप अत्यन्त व्यस्त थे, लेकिन व्यस्तता में

भी आपने मुझे हर सम्भव मार्गदर्शन किया। हम जैसे छात्रों पर उनका पहला प्रभाव उनकी अध्ययन–अध्यापन की शैली का ही पडता था। आपका व्यक्तित्व बहुआयामी होने से आपका प्रभाव सभी छात्रों पर अनायास ही हो जाता था। शोधकार्य की भाषा के सम्बन्ध में वे अधिक जागरूक रहते थे। छात्रों के भाषा सुधार में सर जी का बड़ा योगदान रहा है। मेरी अपनी बात कहूँ तो गलत नहीं होगा कि भाषा को लेकर जो गहरी चेतना मेरे भीतर पैदा हुई वह सर जी के सम्पर्क से ही।

गुरुवर्य डॉ. अर्जुन चव्हाण सर की, सन् 1994 में प्रकाशित राजेन्द्र यादव जी पर लिखी पुस्तक से चला यह कारवाँ आज लगभग 50 से अधिक समीक्षात्मक, सृजनात्मक, अनूदित, सम्पादित और शोधपरक पुस्तकों तक निरन्तर जारी है। डॉ.अर्जुन चव्हाण सर जी के विधिवत लेखन की शुरूआत भले ही शोधकार्य से हुई हो, लेकिन जल्द ही सर सृजनात्मक लेखन की ओर तेज़ी से मुडे। आपके सृजनात्मक लेखन में भी एक प्रकार का कसाव है, फिर वह कविता हो, गजल हो या लघु–कथा। अपने पहले काव्य–संग्रह 'जय बोलने वाले' से ही आगे गजलकार अर्जुन चव्हाण की आहट मिलती है। आज जब हम आपका सृजनात्मक साहित्य पढ़ते हैं तब पाते हैं कि राजनीति, भ्रष्टाचार अपनी कविताओं, गजलों, निबन्धों और लघुकथाओं के माध्यम से इन जड़ता तथा हीनता के विरूद्ध आपने लेखनी के माध्यम से आवाज़ को बुलन्द किया है। महाराष्ट्र जैसे अहिन्दी भाषी प्रदेश में रहने के बावजूद भी आपकी पुस्तकें देश और दुनिया के विश्वविद्यालयों में सन्दर्भ–ग्रन्थ के रूप में हैं। देश के लगभग सभी विश्वविद्यालयों में आपको अत्यन्त प्रतिष्ठा के साथ बुलाया जाता है। लेखन और वक्तृत्व दोनों गुण किसी एक व्यक्ति में बहुत कम मिलते हैं, एक अच्छा लेखक एक अच्छा वक्ता होगा इसकी कोई ग़ैरंटी नहीं और एक अच्छा वक्ता एक अच्छा लेखक होगा इसकी भी कोई ग़ैरंटी नहीं होती, लेकिन सौभाग्य से आपमें दोनों गुणों की सहजता है। आपके शब्दों का अर्थ इतना गहरा है कि पढनेवाला और सुननेवाला अपने अन्तरंग से महसूस करने लगता है।

अन्त में मैं सिफ्र इतना कहता हूँ कि जिस शख्स को मैंने ग्यारहवीं की कक्षा में मुझे पढाते देखा था, जो ठेठ परांडा के पारेवाडी जैसे देहात से आया था, वो अपनी कर्मठ साधना के बल पर आज देश और दुनिया के सुप्रतिष्ठित हिन्दी आलोचकों में विशिष्ट है। ग़रीब छात्रों के प्रति गहरी संवेदना और आम आदमी के प्रति उनके मन में अपार आदरभाव है।

ऐसे उत्साही, दिशादायी, बहुआयामी गुरुवर्य को सादर नमन और उनको भावी योजनाओं के लिए अनेक शुभकामनाएँ!

मंजिल तक पहुँचानेवाले सच्चे गुरु...

डॉ. सुनन्दा सोपानराव मोहिते

सन् 1988–89 का काल था मैं और मेरी छोटी बहन वन्दना, हम दोनों ने के. बी. पी. कॉलेज इस्लामपुर में बी.ए. भाग तीन में हिन्दी विषय के लिए प्रवेश लिया था। उसी समय आदरणीय प्रा. पट्टेकरी और आदरणीय डॉ. अर्जुन चव्हाण सर ये दोनों गुरुवर्य हमें पढाते थे। लगन और निष्ठा के साथ डॉ. अर्जुन चव्हाण सर बहुत सुंदर ढंग से पढ़ाते थे। स्वयं चिन्तन और मनन करते थे। छात्रों को भी चिन्तन और मनन के साथ अध्ययन कैसे करना चाहिए उसकी सीख देते। उनका यह तरीका आज भी हम अपनाते हैं। चव्हाण सर की तासिका शुरू होती थी तब 'कल हमने कौनसी इकाई का अध्ययन किया' इस पर आधारित प्रश्न पूछते थे और फिर अगली इकाई पर लेक्चर देते थे। तासिका शुरू होने से पाँच मिनट पहले सर क्लास में आकर चिन्तन और मनन करते थे। हमेशा कहते थे कि तुम बी.ए. की उपाधि हासिल करनेवाले हैं। तुम्हें लगन और निष्ठा से चिन्तन और मनन कर अध्ययन करना चाहिए। ठीक उसी के अनुसार हम मन लगा के रात के समय या सुबह जल्दी उठकर अध्ययन करते थे।

एक या एक से अधिक सन्दर्भ ग्रन्थ सामने रखकर नोटस् निकालने का तरीका सर ने हमें सिखाया। बी.ए. भाग तीन में चव्हाण सर पेपर नं छह 'विधा विशेष का अध्ययन' में 'आधे अधूरे' और 'आषाढ़ का एक दिन' ये दो नाटक पढ़ाते थे। साथ ही पेपर नं. पाँच काव्यशास्त्र और पेपर नं. आठ भाषाविज्ञान, कुल तीन पेपर पढ़ाते थे। उन्होंने परीक्षा की दृष्टि से हमारी बहुत अच्छी तैयारी करवा ली थी। बी.ए. भाग तीन में आदरणीय चव्हाण सर ने हमारी शैक्षिक अध्ययन यात्रा शिर्डी, नाशिक, त्र्यंबकेश्वर, अजन्ता, एलोरा,

पुना आदि जगह निकाली थी। शैक्षिक सफर में हमें पता चला कि हमारे गुरुवर्य जी को पुराने गाने बहुत पसन्द हैं। एक और महत्त्वपूर्ण बात का पता चला कि सर डायरी लेखन करते हैं। डायरी लेखन का अनुकरण हमने मात्र कुछ दिनों के लिए लिया। डायरी लेखन करना एक अच्छी आदत है। उनकी पसन्द के पुराने गीत 'सौ साल पहले' या 'जाने कहा गये वो दिन'। हम बी.ए. भाग तीन में थे तब दीपावली की छुट्टी में सर की शादी हो गयी। सर हमसे बड़े भाई जैसा प्यार करते थे। तब एक दिन अनीता भाभी के साथ हमारा परिचय हुआ। अपनापन और ममत्व जतानेवाली अनीता भाभी आज तैंतीस साल हो गये वही प्यार और अपनेपन का हमें एहसास दिलाती है।

बी.ए. भाग तीन का रिझल्ट लग गया। मन में बहुत डर था, अतः एक सहेली के घर जाकर रिझल्ट के बारे में पूछा तो पता चला कि विभाग में मैं पहली और बहन दूसरी आ गयी है। तब अगली पढ़ाई के लिए शिवाजी विश्वविद्यालय कोल्हापुर में जाना पड़ता था। तत्कालीन समय में लड़कियों को शिक्षा लेने के लिए बाहर नहीं भेजा जाता था। लेकिन सर ने कहा 'आगे बढ़ो! रूको मत! उन्होंने एक हिम्मत दे दी। पिताजी पुलिस विभाग से रिटायर्ड हो चुके थे। अर्जुन चव्हाण सर जी ने हमारे घर में आकर कई बार समझाया, फिर पिताजी ने हमें पढ़ने के लिए कोल्हापुर भेज दिया। यह सब उनके मार्गदर्शन की वजह से हुआ। सर के आशीर्वाद के कारण ही हमने शिवाजी विश्वविद्यालय कोल्हापुर से एम.ए. और एम. फिल. की उपाधि हासिल की। इसका पूरा श्रेय अर्जुन चव्हाण सर जी को जाता है। सचमुच ही अर्जुन चव्हाण सर ने बड़े भाई की भूमिका निभाई। मेरी बड़ी बहन और मैं अर्थात हम दोनों बहने आज पैंतीस साल हो गये हर वर्ष सर की कलाई पर राखी बाँधते हैं। सर ने यह बंधन बहुत अच्छे तरीके से निभाया है। भाई जैसा बेहद प्यार करनेवाले, अच्छे संस्कार करनेवाले, 'आगे बढ़ो' कहकर मन में धीरज निर्माण करनेवाले हमें वे सच्ची राह के निर्देशक के रूप में प्राप्त हुए। यह बताना ज़रूरी मानती हूँ कि हमारे जैसे बहुत सारे परिवार हमारे सर की वजह से आगे बढ़े हैं।

आज भी सर हमारे लिए मार्गदर्शक के रूप में उपलब्ध होते हैं। इतनी व्यस्ता के बावजूद भी सर हमें प्रत्यक्ष रूप में तो कभी फोन पर मार्गदर्शन करते हैं। संगोष्ठी आयोजन के बारे में तो बड़े उत्साह के साथ वे मुझे बहुत मार्गदर्शन करते हैं। मेरे महाविद्यालय में मैंने सर के मार्गदर्शन से राष्ट्रीय संगोष्ठियाँ ली हैं। अन्याय के खिलाफ लड़नेवाले आदरणीय चव्हाण सर को

नौकरी के दौरान बहुत संघर्ष करना पड़ा। आज हम सबको नाज है कि प्रोफेसर डॉ. अर्जुन चव्हाण जी ने शिवाजी विश्वविद्यालय कोल्हापुर के हिन्दी विभाग को देश के नामचीन विभाग के रूप में बहुत बड़ी गरिमा प्रदान करा दी। यह बहुत बड़ी उपलब्धि है।

मैं तो एक साधारण परिवार की लड़की, मुझे अपना भविष्य मालूम नहीं था। लेकिन सर ने अच्छा सुझाव दिया। उसी के अनुसार हम दो बहनों ने मार्गक्रमण किया। गुरुवर्य डॉ. अर्जुन चव्हाण जी की वजह से मैं सरदार बाबासाहेब महाविद्यालय, रहिमतपुर में तेईस साल से हिन्दी विभाग अध्यक्ष के रूप में कार्यरत हूँ। मेरा बेटा इंजीनियर है, बहू एम.ए.सी.बी. में कनिष्ठ अभियंता है। यह सब गुरुवर्य की कृपा, आशीर्वाद और मार्गदर्शन का फल है।

कुछ ही दिनों में आप नियमानुसार औपचारिक अवकाश ग्रहण करनेवाले हैं। लेकिन सर मुझे ऐसा लगता है कि आपके शब्दकोश में 'रिटायर्ड' शब्द नहीं है। छात्रों में आत्मविश्वास पैदा करके ज़िन्दगी की सच्ची राह दिखानेवाले आदरणीय गुरुवर्य अर्जुन चव्हाण जी आपको और हमारी आत्मीय अनीता भाभी, आप दोनों को मेरा सादर प्रणाम। ईश्वर से यह प्रार्थना करती हूँ कि आप दोनों की सेहत बहुत अच्छी रहें।

आप दोनों के बारे में यह कहना ही उचित होगा कि आदरणीय गुरुबंधु डॉ. अर्जुन चव्हाण सर और अनीता भाभी

"आप दोनों बड़े अच्छे हैं,
दिल के हैं सच्चे !
समझदारी है आपकी परिभाषा
भगवान रखे सलामत
यही है मन की आशा।
यही है मन की आशा।"

हिन्दी महासागर का दीप-स्तम्भ

डॉ. रमेशकुमार गवळी

किसी को अच्छा और सच्चा गुरु प्राप्त हो तो उसके जीवन की नैय्या पार हो जाती है। भारत में आज भी गुरु–शिष्य का नाता बड़ा ही पवित्र माना जाता है। मुझे पढ़ाने वाले, पीठ थपथपाने वाले प्राथमिक शिक्षा से लेकर आज तक के गुरुओं के प्रति मेरी आस्था बलवत्तर होती गयी, जिसका श्रेय उन गुरुओं को जाता है जिनके आचरण से आचार्य की सीख मिली। उनमें से सबसे अधिक आदर, आस्था, स्नेह और श्रद्धा रही हैं मेरे ग्यारहवीं से लेकर पीएच. डी. तक के मार्गदर्शक और मेरे गुरु शिवाजी विश्वविद्यालय, कोल्हापुर के हिन्दी विभाग के पूर्व अध्यक्ष आदरणीय डॉ. अर्जुन चव्हाण सर जी के प्रति!

छात्र दशा से ही मैं सर जी के सम्पर्क में आया और मैं 'हिन्दीमय' होकर हिन्दी का विभागाध्यक्ष, और अनुसंधाता से मार्गदर्शक बना। इस सफर में सर जी मेरे लिए.. हिन्दी महासागर में उठनेवाले महाकाय, राक्षसी लहरों में मेरी कश्ती के लिए दीप–स्तंभ बनकर खड़े हो गये हैं। मेरी कश्ती को सही दिशा दिखलाई। इसलिए आज मैं हिन्दी महासागर में टिक पाया हूँ। अपनी पहचान बना पाया हूँ। उन्होंने मुझे बी.ए. भाग एक से हिन्दी में लिखने के लिए प्रेरित किया। इस्लामपुर के कर्मवीर भाऊराव पाटील कॉलेज में पहली बार ही ऐसा हुआ कि शिवाजी विश्वविद्यालय, कोल्हापुर के मैगेझिन प्रतियोगिता में मेरे हिन्दी एकांकी 'सभ्य गृहस्थ' तथा हिन्दी व्यंग्य कविता 'गधे' को प्रथम पुरस्कार से नवाजा गया। छात्र अवस्था में विश्वविद्यालयीन दो पुरस्कार पाने की ख़ुशी को कैसे बयाँ करूँ..? बस्स मेरे अन्दर के साहित्यकार को सर जी ने इस तरह प्रेरित किया कि आज तक कलम छुटी नहीं है। हर छात्र की खासियत को पहचान कर उसे योग्य समय पर प्रेरित करने की बात आज के वेतनभोगी गुरुजन में कहाँ है?

हमेशा पढ़ते रहना और टिप्पणियाँ बनाकर पढाना तथा तथ्य से सम्बन्धित ही बोलना, अन्यत्र न भटकना सर जी की खासियत है, जो विरासत में मुझ जैसे अनेक छात्रों को प्राप्त हुई है। अपने आप पर संयम का अंकुश रखकर शान्ति के साथ खुद का और भाषा तथा स्वरों का स्तर न बिगाड़ते हुए वार्तालाप करना सर जी की और एक खासियत है। अनेक ग़रीब छात्रों को बिना स्वार्थ के शिक्षा के धारा में ही नहीं लाए अपितु उनके नौकरी तक का खयाल रखा। समय की पाबंधी न रखते हुए आज भी दिन–रात मार्गदर्शन करते रहते हैं। आज सर जी भारत के साथ–साथ विदेश में भी विशेषज्ञ के रूप में जाते हैं। फिर भी कोई अहम नहीं, अपनी ओर से कोई विज्ञापन नहीं, जैसे पहले से सीधे सादे थे आज भी वैसे ही हैं।

आज भी मुझे ज़्यादा मानसिक तकलीफ हुई तो मैं सर जी से जा मिलता हूँ या फोन करता हूँ। आज तक ऐसा कभी नहीं हुआ कि सर जी ने मेरा फोन नहीं उठाया हो या ये कहा हो कि मैं थक गया हूँ बाद में बात करना! सरजी आज अवकाश प्राप्त हैं। लेकिन मुझे लगता है कि अवकाश प्राप्त अध्यापक होता है, गुरु नहीं। मेरे गुरु के घर और दिल के दरवाजे आज भी सब के लिए खुले हैं। रेगिस्तान में चलनेवाले पथिक को चाह होती है कि एक घूँट पानी और थोड़ी –सी छाँव मिले ! लेकिन मेरे जैसे पथिक को तो ठंडे पानी का बहता हुआ निर्झर और बरगद के पेड़ जैसी विशाल छाँव मिली। फिर क्या.. दौड़ने के लिए चेतना आने लगती है...! दौडने की ऊर्जा देनेवाले, प्रेरणा, उत्साह, उमंग और धैर्यदायी गुरुवर को सादर वन्दन!

ज्ञान, प्रेरणा और संघर्ष की मिसाल

प्रो. (डॉ.) एकनाथ श्रीपती पाटील

सन् 1992 में एम.ए. उत्तीर्ण होने के बाद सरजी ने एम. फिल. उपाधि के लिए प्रवेश लेने हेतु प्रेरित किया और कहा–'आप सभी का भविष्य उज्ज्वल है, आप सभी वरिष्ठ महाविद्यालय में प्राध्यापक बन सकते हैं।' हमने उनका कहना माना और एम.फिल. उपाधि के लिए प्रवेश लिया और दूसरी ओर राधानगरी महाविद्यालय में प्राध्यापक पद के लिए मेरा चयन भी हो गया। एम.फिल. की उपाधि के तुरन्त बाद मैं पीएच्.डी. उपाधि के लिए पंजीकरण करना चाहता था लेकिन महाविद्यालय को अनुदान न होने के कारण तनख्वाह के रूप में फूटी कौड़ी भी नहीं मिलती थी। अतः शिवाजी विश्वविद्यालय में मेरा आना–जाना न के बराबर था। 1997 में महाविद्यालय को अनुदान मिला और हमें तनख्वाह मिलना शुरू हुआ। तनख्वाह मिलते ही मेरा विश्वविद्यालय में आना–जाना शुरू हो गया लेकिन पहले से पंजीकृत छात्र डॉ. अर्जुन चव्हाण जी के पास मौजूद थे।

इस बीच मैंने अपने गुरुवर्य प्रा. आय. आर. मोरे जी (भोगावती महाविद्यालय, कुरूकली) से इस विषय पर सलाह–मशवरा किया। तब उन्होंने मुझे डॉ. अर्जुन चव्हाण जी के निर्देशन में पीएच.डी. करने की सलाह दी और साथ ही उन्होंने मुझे डॉ. अर्जुन चव्हाण जी से मिलवाया और उन्हें कहा कि, 'एकनाथ पाटील मेरा छात्र है, जिसे आपके निर्देशन में पीएच्. डी. करनी है, और मेरा आपसे यह अनुरोध है कि आप मेरी बात न टाले।' डॉ. चव्हाण जी ने उन्हें 'हाँ' तो कहा लेकिन मुझे तुलनात्मक विषय का महत्त्व समझाया। तुलनात्मक अध्ययन पर काम करने की सलाह पाकर पहले तो मैं बहुत घबराया लेकिन उनके मार्गदर्शन के कारण मेरे मन में उत्पन्न भय दूर हो गया।

हम दोनों ने काफ़ी विचार–विमर्श कर 'नागार्जुन और आनन्द यादव के कथा साहित्य में चित्रित ग्राम जीवन का तुलनात्मक विश्लेषण' विषय को निश्चित किया। इसके बाद उन्होंने मुझे पढ़ने और किताबें संग्रहित करने की सलाह दी। इस बीच मैं केवल पढ़ता गया और पंजीकरण हुआ जनवरी, 2003 में। लगातार मैं पढ़ता गया। आदरणीय गुरुवर्य डॉ. अर्जुन चव्हाण जी ने दी सलाह का मुझे ऐसा लाभ हुआ कि मैंने दो साल में अपना शोध–कार्य पूरा किया। तीसरा साल पूरा होने से पहले ही मैं डॉ. एकनाथ पाटील बन गया। तुलनात्मक अध्ययन जैसा विषय लेकर पीएच्.डी. कार्य जो मैंने किया इसका पूरा श्रेय गुरुवर्य प्रो. (डॉ.) अर्जुन चव्हाण जी को ही जाता है, जिन्होंने मुझे पंजीकरण के दो साल पहले ही विषय निश्चित कर रूपरेखा मुझसे बनवायी थी। इससे आधार और सन्दर्भ ग्रन्थों का अध्ययन करने का अवसर मिला और महत्त्वपूर्ण मुद्दों पर टिप्पणी लेखन करना आसान हो गया।

सातारा में लाल बहाद्दुर शास्त्री महाविद्यालय में एम. फिल. पर कार्यशाला का आयोजन डॉ. सगरे जी ने किया था। उस कार्यशाला के बीज भाषक वक्ता डॉ. अर्जुन चव्हाण जी थे। इस कार्यशाला में उन्होंने मेरा उदाहरण उनके सामने रखा था। जब–जब मैं किसी विषय पर शोध आलेख लिखता हूँ तब–तब सर का मार्गदर्शन मुझे मिलता रहा। आज भी मुझे किसी विषय पर उनका मार्गदर्शन लेने में कभी संकोच का अनुभव नहीं होता। समीक्षा के क्षेत्र में जितने भी विमर्श की चर्चा हो रही है उनमें से किसी भी विषय पर मैं निःसंकोच उनका मार्गदर्शन प्राप्त करता रहा हूँ। एक बार मेरे महाविद्यालय के मेरे सहकर्मी डॉ. नितीन जरंडीकर जी ने 'दूसरी परम्परा की खोज' इस विषय के बारे में जानने की जिज्ञासा मेरे सामने व्यक्त की। मैं भी इस विषय के बारे में अनभिज्ञ था। अतः मैं उन्हें लेकर गुरुवर्य डॉ. चव्हाण सर जी के पास गया और सर ने उनसे एक घंटा भर इस विषय पर चर्चा की और उनका समाधान किया। हिन्दी साहित्य के किसी भी विषय पर बोलना उनका अपना अधिकार है और हम छात्र आज भी उनको सुनने के लिए हर समय लालायित रहते हैं। दुर्भाग्य की बात है कि एक छात्र की गलती के लिए साजिश के साथ सरजी को ज़िम्मेदार ठहराया गया और न किये अपराध की सज़ा उनको ही नहीं तो पूरे हिन्दी विभाग, छात्र–शोधछात्रों को दे दी। इस समय बड़ी–बड़ी बातें करने वाले कुछ दब्बू छात्र अध्यापक उनसे मिलने कतराते। उस मामले की सच्चाई सारी अकादमिक बिरादरी जानती थी कि सर जी के साथ अन्याय हुआ है। वे खुद मज़बूत थे ही मगर

इसमें उन्हें मानसिक बल तथा संबल देना हम छात्रों का दायित्व था। मैंने अपनी ओर से निभाया। कम–से–कम सप्ताह में एक बार उनसे मिले बग़ैर रहा नहीं जाता था। अपने गुरु तथा मार्गदर्शक से मिलने में मैं किसी से क्यों घबराऊँ? इस कालावधी में उन्होंने जिस त्रासदी का सामना किया है वे स्वयं जानते हैं। इसमें उनके धीरोदात्त गुणों का परिचय मुझे होता रहा। इस स्थिति को देखकर मुझे नागार्जुन की वह पंक्ति याद आती है, जो उन्होंने महाप्राण निराला को सम्बोधित कर लिखी थी–

'आये कोई तुमसे सीखे जीवन का हलाहल पीने'

इस हलाहल को उन्होंने जिस अन्दाज से पिया और पचाया वह काबिले तारीफ़ ही नहीं बल्कि मुसीबत से सलामत जीत की मिसाल है। जीवन में उत्पन्न स्थितियों का डटकर मुकाबला किया और फिर एक बार पुनः हिन्दी विभाग के अध्यक्ष के रूप में उन्होंने ज़िम्मेदारी का वहन किया। हिन्दी विभाग, छात्र, शोध छात्र, निर्देशक और अध्यापको को उन्होंने उत्साही बनाकर उर्जावान बनाया। उस पद से वे सकुशल अवकाश ग्रहण कर रहे हैं। मेरे आदरणीय गुरुवर्य को अवकाश के बाद का जीवन स्वास्थ्यपूर्ण और आनन्ददायी मिले और हम छात्रों एवं अध्यापकों के लिए वे सदैव प्रेरणादायी मार्गदर्शक बने रहे।

इसी कामना के साथ उन्हें प्रति सादर नमन !!

कार्य और 'सत्यमेव जयते' के प्रति निष्ठावान गुरुदेव

प्रा. संपतराव जाधव

अपने कार्य के प्रति हमेशा निष्ठा रखनेवाले कार्यमग्न मेरे गुरुदेव डॉ. अर्जुन चव्हाण सर जी से मेरा करीब सन् 1993 से परिचय है। शिवाजी विश्वविद्यालय के हिन्दी विभाग में दाखिल होने से पहले उन्होंने सरूड तथा इस्लामपुर में काम किया है। तब से मेरा उनके साथ गहरा रिश्ता है। अपने काम के प्रति वफादार मेरे गुरुवर्य का व्यक्तित्व मुझे हमेशा प्रभावित करता रहा है। उनका काम करने का ढंग तथा ऊर्जा दूसरों को भी हमेशा कार्यमग्न रहने के लिए प्रेरित करती है। उनके व्यक्तित्व का दूसरा महत्त्वपूर्ण पहलू उनकी छात्रप्रियता। अपने छात्रों के प्रति वे गहरी आत्मीयता रखते हैं।

सर जी उस्मानाबाद जिले के छोटे–से देहात से आने के कारण गाँव–देहात से आये छात्रों की समस्याओं को भलीभाँति जानते हैं। वे छात्रों को हमेशा आगे बढ़ने के लिए प्रोत्साहित करते रहते हैं। उनका ज्ञान का भांडार इतना विस्तृत है कि उनके सम्पर्क में आया व्यक्ति इनसे प्रभावित हुए बग़ैर नहीं रहता। इस विस्तृत ज्ञान के पीछे उनका संघर्ष भी उतना ही बड़ा है। अपनी परिस्थिति से संघर्ष करते हुए वे इतने बड़े पद तक तो पहुँच गये लेकिन विश्वविद्यालय में उन्हें गंदी राजनीति का शिकार होना पड़ा। अपने न्याय के लिए व्यवस्था के साथ उन्हें काफ़ी झगड़ना पड़ा। उनके इस संघर्ष को मैंने नजदीक से देखा है। ऐसी कठिन परिस्थिति में भी उन्होंने अपनी संयमशीलता को कभी ढलने नहीं दिया। इसका प्रभाव उन्होंने कभी अपने अध्यापन सेवा पर होने नहीं दिया। आखिर में सत्यमेव की जीत होती है। अपने ज्ञान से वे हमेशा छात्रों को लाभान्वित करते रहे और अवकाशप्राप्ति के बाद भी यह सिलसिला जारी रहेगा इसमें सन्देह नहीं है। उनका पीएच.डी. मार्गदर्शक के रूप में मुझे मिलना मेरे लिए सौभाग्य की बात है।

आदरणीय चव्हाण सर जी के प्रयास से ही शिवाजी विश्वविद्यालय का हिन्दी विभाग हिन्दी के कई जाने–माने ख्यातनाम साहित्यकारों के पदस्पर्श से पावन हो गया है। राजेंद्र यादव, मैत्रेयी पुष्पा, डॉ. नामवर सिंह जैसे–जैसे अनेक महान साहित्यकारों ने हिन्दी विभाग में उपस्थिति दर्ज की है। जिसका लाभ हिन्दी समेत अन्य भाषाओं के छात्र और अध्यापकों ने उठाया।

आदरणीय चव्हाण सर जी के ज्ञान के बूते उन्हें पूरे देश में जाना जाता है। ज्ञान तो उनकी महत्त्वपूर्ण पूँजी है ही लेकिन दूसरी महत्त्वपूर्ण बात है उनका आत्मीय स्वभाव। वे अपने साथ जुड़े व्यक्ति के साथ गहरा लगाव रखते हैं। एक दिन मैं अपने बेटे के परीक्षा के सिलसिले में रेल से मुंबई जा रहा था। रेल में चव्हाण सर जी की मुलाकात हो गयी। बड़ी आस्था के साथ उन्होंने हमारे साथ बातचीत की और बेटे को परीक्षा के लिए शुभकामनाएँ भी दी। सर जी के साथ मेरा पहले से ही गहरा रिश्ता है ही लेकिन अब पीएच्.डी. मार्गदर्शक बनने के बाद यह रिश्ता और गहरा हो गया है। मैंने नाटक विधा में एम.फिल. करने के कारण उन्होंने मुझे नाटक पर ही पीएच्. डी. करने की सलाह दी।

मुझे तुलनात्मक अध्ययन का विषय थोड़ा कठिन लग रहा था लेकिन सर जी ने समझाने के बाद मेरी उसमें रुचि बढ़ती गयी और पीएच.डी. के लिए 'मराठी और हिन्दी नाटकों में प्रस्तुत गांधीजी' विषय तय हुआ। वे समय–समय पर मुझे पीएच.डी. के साथ जीवन के सन्दर्भ में भी मार्गदर्शन करते रहते हैं। उनके साथ मुझे अनेक राष्ट्रीय, अन्तर्राष्ट्रीय संगोष्ठियों में भी शामिल होने का अवसर मुझे मिला है। वह अनुभव मेरे दृष्टि से अविस्मरणीय है। वे मुझे समय–समय पर मार्गदर्शन करते हुए मेरा आत्मविश्वास बढ़ाते हैं। मैं अपने गुरु की तारीफ़ नहीं करता लेकिन वे ख़ुद तारीफ़ के पात्र हैं। सन् 2021 में शिवाजी विश्वविद्यालय का जायजा लेने आयी नैक टीम ने ख़ुद उनकी तारीफ़ की। इससे बड़ी क्या बात हो सकती है। यह उनकी अपने पेशे के प्रति आत्मीयता, ज्ञान, मेहनत का फल है। यह मेरी दृष्टि से गर्व की बात है। अवकाश प्राप्ति के बाद भी अपने कार्य के प्रति उनका उत्साह, ऊर्जा आज भी कायम है। ऐसे गुरु का मार्गदर्शन हमें हमेशा मिलता रहे। उनके स्वस्थ, खुशहाल जीवन तथा लम्बी आयु की भगवान से प्रार्थना करता हूँ।

उन्हें और उनके परिवार के लिए ढेर सारी शुभकामनाओं के साथ सादर नमन करता हूँ।

विश्वविद्यालय के हिन्दी विभाग के वे स्वर्णिम दिन दाता

डॉ. शोभा माणिक पवार-निंबालकर

प्रो. अर्जुन चव्हाण सर के बारे में लिखने बैठी तो कई प्रसंग आँखों के सामने मंडराने लगे। कहाँ से शुरू करूँ? शुरू से शुरू करना ही ठीक होगा। विश्वविद्यालय के बारे में सुना था देखने के लिए कभी गयी नहीं थी। क्या पता था कि जीवन के उम्मीदवाले उस उम्र में यहीं पर काम करने का मौका मिल जायेगा। एम.ए., बी.एड. की उपाधि और सेट की गुणवत्ता प्राप्त करने के बाद जीवन की बहुत बड़ी आवश्यकता मेरे सामने खड़ी की थी नौकरी की और समय था 2001 का। अजीब–सा जुनून हुआ करता था उस जमाने में। न कोरोना की चिन्ता न समाज का यह आजवाला अव्यवस्थित रूप। बस नौकरी ढूँढने की जद्दोजहद। इसी गरज को पूरा करने के सिलसिले में शिवाजी विश्वविद्यालय, कोल्हापुर के हिन्दी विभाग में अस्थायी व्याख्याता के पद का विज्ञापन पढा और क़िस्मत आजमाने चल पडी।

शिवाजी विश्वविद्यालय का हिन्दी विभाग मैंने कभी देखा नहीं था, न ही वहाँ के किसी प्रोफेसर को मैं जानती थी। कोई अप्रोच भी नहीं था। मुझे याद है कि मौखिकी देने के लिए मैं अपने पति के साथ गयी थी। थोड़ी घबराई हुई, थोड़े आत्मविश्वास के साथ उस विशाल प्रांगण में पहुँची। मौखिकी लेने वाले कुल मिलाकर तीन–चार लोग होंगे। घबराहट के कारण केवल उन्हीं के तरफ ध्यान केन्द्रित रहा जो सवाल पूछ रहे थे। उनमें से एक थे कुलपति महोदय और दूसरे थे हिन्दी विभाग के अध्यक्ष प्रो. अर्जुन चव्हाण सर। कई सवाल मुझसे पूछे गये। मैंने सभी सवालों का सही जवाब दिया था। चूँकि हिन्दी प्रदेश में कुछ सालों तक मैं रही हूँ। अतः भाषा को लेकर कोई दिक्कत नहीं आयी। मौखिकी के बाद साठ किलोमीटर दूर घर वापस आ गयी और एक दिन बाद पता चला कि मेरा चयन हो गया है और मुझे नियुक्त होना है।

...और यहीं से शुरू हुआ चव्हाण सर के साथ का मेरा परिचय और उनके साथ काम करने, काम सीखने का सौभाग्य। मैंने यु.जी. के बच्चों को एक साल तक पढ़ाया था। विभाग में एम. ए. के बच्चों को पढ़ाना था। इन्हें पहली बार पढ़ाना था सो डर लगना स्वाभाविक था। डरते–डरते सर से अपनी कुछ शंकाएँ पूछने गयी उन्होंने सहज भाव से मुझे समझाया। विभाग में एक घंटे का लेक्चर वह भी दिन में चार–चार लेक्चर लेना था। पढ़ाते समय अपनी कमियों का अहसास मुझे हुआ था क्योंकि सेट परीक्षा क्वालिफाइड होते ही मैं अध्यापन के क्षेत्र में आ चुकी थी। अतः मैं लायब्रेरी के चक्कर लगाती रहती। जो मिलता जितना मिलता बस पढ़ डालती। धीरे–धीरे समय के साथ अपने आप को मज़बूत करती गयी। सर को भी मुझ पर काम अधिक सौंपने का विश्वास होने लग गया और फिर उन्होंने विभाग की कुछ ज़िम्मेदारी मुझ पर भी सौप दी। उस जमाने में विभाग में बड़ा ही अकादमिक, साहित्यिक और अनुसंधानवाला माहौल बना रहता था। विभिन्न विश्वविद्यालय के प्रोफेसर, कई हिन्दी, मराठी रचनाकार आते रहते थे। जैसे एक साहित्यिक मेला–सा लगा रहता था। लोगों की रेलचेल बनी रहती थी। एक हुजूम–सा बना रहता था। यहाँ यह कहना न होगा कि यह सब केवल सर की उनकी अपनी अकादमिक और साहित्यिक क्षमता के बदौलत होता गया था। सन 2001 की बात होगी। पाठयक्रम में मैत्रेयी पुष्पा जी की रचना लगाई गयी थी। सर ने राष्ट्रीय सेमिनार लेने का नियोजन बनाया। राजेन्द्र यादव जी, जिनके बारे में पुराने सर के समकालीन जानते ही हैं कि सर से उनका अपनापन और लगाव था अतः उन्हें और मैत्रेयी पुष्पा जी को बुलाने का निर्णय लिया। हम हिन्दी वाले जानते ही हैं कि अगर दिल्ली से मेहमान आ रहे हैं तो किसी भी चीज़ में कोई कमी नहीं होनी चाहिए अर्थात नियोजन को लेकर सर की ओर से यही सूचना थी। विभाग के शोध छात्र से लेकर हम कुछ प्राध्यापकों की मंडली रात के आठ–आठ बजे तक बैठते, काम का नियोजन करते, लिस्ट बनाते, कामों का बँटवारा किया जाता था। सेमिनार के दिन इन दो रचनाकारों को सुनने के लिए उस पूरे क्षेत्र से इतने लोग इकट्ठे हुए कि तत्कालीन कुलपति महोदय भी आश्चर्यचकित हो गये थे। उन्होंने मंच से यह बात कही भी थी कि हमारे हिन्दी विभाग का यह उपक्रम अत्यन्त गौरवपूर्ण है। चूँकि सर ने मुझे भी विचार रखने के लिए कहा था। अतः मैंने मैत्रेयी की 'छुटकारा' कहानी पर अपने विचार रखे थे जिसने उस जमाने में मुझे झकझोड़ कर रख दिया था। 'हंस' के कारण लोग

राजेंद्र यादव को साक्षात देखना और सुनना चाहते थे और कहना न होगा कि यह मौका प्रो. (डॉ.) अर्जुन चव्हाण सर के कारण सभी अहिन्दी भाषिक हिन्दी प्रेमियों को मिल गया था। इस तरह यह सेमिनार हमारे हिन्दी विभाग के इतिहास में उल्लेखनीय रहा। यहाँ केवल उदाहरण स्वरूप मैंने इसका उल्लेख किया है अन्यथा न जाने कितने विश्वविद्यालय के प्रोफेसर जो कि स्वयं भी प्रसिद्ध रचनाकार हुआ करते थे सर से मिलने विभाग आया करते थे। कुछ लोगों के नाम यहा लेना चाहूँगी जो मुझे याद है–प्रो. रोहिताश्व, प्रो. उमाशंकर उपाध्याय, प्रो. दिलीप सिंह, प्रो. केशव प्रथमवीर, प्रो. अशोक कामत, प्रो कट्टीमणी, प्रो. रतनकुमार पांडेय, प्रो. माधुरी छेड़ा, डॉ. नरेन्द्र मोहन, नामवर सिंह, मैनेजर पाण्डेय और न जाने कितने जो शायद आज मुझे याद नहीं आ रहे हैं। चव्हाण सर जी में काम करने का एक जुनून–सा बना रहता था। हिन्दी विभाग लोगों से भरा रहता था। छात्रों की संख्या साठ तक रहती थी। रोज शाम 7 बजे तक सर के कारण हम घर जा नहीं पाते थे। इसलिए विभाग में देर तक कार्य चलता रहता था।

मुझे लगता है कि प्रो. अर्जुन चव्हाण सर का भाईचारावाला स्वभाव, विभाग में पारिवारिक माहौल ही उनके व्यक्तित्व की सबसे बड़ी ताकत है। यह सिर्फ मैं ही नहीं कहती कि वे महान हस्ती हैं बल्कि उनकी जो प्रतिमा है वह भारत या भारत के बाहर के अनेक ऐसे देश हैं जहाँ के साहित्यिक, हिन्दी प्रेमी लोग उन्हें जानते हो। सैकडों शोधछात्र सर के शोधवृत्ति से लाभान्वित हुए है। अतः सही माने तो यह समय हिन्दी विभाग का स्वर्णिम काल होगा।

विभाग में काम करते समय मेरे मन में भी पीएच.डी. करने की इच्छा निर्माण हुई और मैंने जब यह बात उन्हें बताई तो उन्होंने तुरन्त अपने निर्देशन में मुझे काम करने की अनुमति दे दी। उस समय 'हंस' के कारण 'स्त्री विमर्श' काफ़ी चर्चित विषय था। अतः मैंने सर की सलाह पर इस विषय पर काम शुरू कर दिया। उस समय विश्वविद्यालय में इस विषय पर न के बराबर काम हुआ था अर्थात सब कुछ नया और अनकहा शोध करना था। सर अपने केबीन में सदैव व्यस्त रहते थे। डरते–डरते मुझे उनसे मार्गदर्शन के लिए समय मांगना पडता। मैं भी चूँकि विभाग में ही थी अतः समय रहते चर्चा कर लेती। मुझे उन दिनों शोध की भाषा की समझ न थी, न ही भाव की। लेखन करते समय वाक्य रचना कैसी होंनी चाहिए यह जब उन्होंने समझाया तब पता चला कि रिसर्च करना आसान नहीं होता है। उनके समुद्र रूपी ज्ञान के सागर में से एक–एक बूँद को संभाल कर मैंने अपने

पीएच.डी. का काम पूरा किया। साथ ही प्रो. कटीमनी तथा प्रो. रतनकुमार पांडेय जैसे विद्वानों द्वारा प्रबन्ध का जाँचा जाना मैं अपना सौभाग्य मानती हूँ। आज सोचती हूँ तो वाकई में लगता है कि प्रो. (डॉ.) अर्जुन चव्हाण सर जैसे मार्गदर्शक के कारण ही सही अर्थ में शोध की प्रक्रिया को हम जान पाये, शोध कर पाये। उनके मार्गदर्शन में एक सम्पूर्ण सन्तुष्टि का भाव शोधकर्ता के रूप में हमें प्राप्त हो जाता है। यहाँ मैं उलझ न जाऊँ उसके पहले ही स्पष्ट कर दूँ कि यह न कोई अतिशयोक्ति है न ही शब्द का जंजाल। जिन प्रसंगों को 2002 से लेकर 2009 तक मैंने अपनी आँखों से देखा है बस उसी का मुझे जितना याद है, व्यक्त कर रही हूँ।

सही मायने में प्रो. (डॉ.) अर्जुन चव्हाण सर ने अपना गुरु रूप का दायित्व पूरी क्षमता से संभाला है। उनके साथ उनका परिवार भी हमें सदैव प्रेरणा देता रहा है। विशेषकर भाभी जी का योगदान और सहयोग कदम–कदम पर उनके लिए बना रहा है। सर का पुत्र भूषण भी मेरा पुत्र पीयूष का एक अच्छा मित्र बन चुका था। उनके साथ सात साल तक काम करने के कारण ही मैं अपने व्यक्तित्व का निर्माण कर पाई हूँ। ज्ञान की बड़ी पूँजी जमा कर पाई हूँ, जो मेरे वर्तमान और भविष्य के कर्म क्षेत्र की धरोहर है।

ऊर्जावान और गरिमामयी गुरुवर्य डॉ. अर्जुन चव्हाण

डॉ. सरोज पाटील

बचपन से एक जुनून था पढने का, आगे बढ़ने का, अध्यापक बनने का, जिससे लगातार मैं पढ़ती रही। मेरे पिताजी हिन्दी के अध्यापक होने की वजह से हिन्दी भाषा के प्रति पहले से लगाव था। स्वाभाविकतः हिन्दी में एम.ए. की उपाधि प्राप्त की। अब एम.फिल. करना था इसलिए मैंने शिवाजी विश्वविद्यालय में प्रवेश लिया। हम हप्ते में तीन दिन एम.फिल. की कक्षा के लिए जाते थे। बाक़ी दिन हम अपनी इच्छा से पुस्तकालय में अध्ययन करते थे। बहिस्थ विद्यार्थी के रूप में मैंने एम.ए. किया था जिससे शिवाजी विश्वविद्यालय में प्रत्यक्ष पढ़ने का यह मेरा पहला ही मौका था। हिन्दी विभाग में प्रवेश से पूर्व मेरे मन में बहुत सारी जिज्ञासाएँ थीं कि एम.फिल. का पाठ्यक्रम कैसा होगा? अध्यापन प्रक्रिया कैसी होगी? अध्यापक कैसे होंगे? इन जिज्ञासाओं के साथ मैंने विभाग में प्रवेश किया।

फिर से एम.फिल. शुरु हुआ। अनुसंधान प्रक्रिया वाला पाठ्यक्रम पढाने एक अध्यापक हमारे समक्ष उपस्थित हुए। उन्होंने अपना परिचय दिया मैं डॉ. अर्जुन चव्हाण। उनकी वह विशिष्ट केशरचना, सफारी वेशभूषा, शान्ति से क्लासरुम में बैठने का तरीका, प्रत्येक वाक्य को ज़िम्मेदारी के साथ छात्रों के सामने रखते हुए उनकी बातों पर छात्रों में विचार मंथन की प्रक्रिया चल रही है या नहीं इसका अन्दाजा लेते हुए आगे बढने का ढंग बहुत अलग, बहुत विशेष महसूस हुआ। हर क्लास में उनकी बातों को सुनने में आनन्द मिलने लगा। अनुसंधान प्रक्रिया वाले पेपर से विशेष लगाव हुआ। हर क्लास की समाप्ति के बाद हमने उनसे बहुत कुछ हासिल किया है यह अहसास हमें आनन्द देने लगा। पाठयक्रम के साथ–साथ हिन्दी भाषा, हिन्दी साहित्य, हिन्दी साहित्यिकों का लेखन कौशल इनके बारे में ख़ूब सारी जानकारी साथ

ही ख्यातनाम साहित्यिक राजेंद्र यादव के साथ सर की निकटता एवं उससे जुड़े उनके अनुभव सुनना हम छात्रों के लिए नया और आनन्ददायी अनुभव था। व्यक्तिगत तौर पर सर की वजह से मुझे दिन–ब–दिन हिन्दी भाषा के प्रति अधिकाधिक लगाव महसूस होने लगा। मुझे हिन्दी भाषासे आजीवन जुड़े रहना है यह भावना छात्रदशा से मेरे जहन में स्थायी बन गयी।

एम.फिल. के दरमियान विभाग में विविध गतिविधियों का आयोजन होता था। वहाँ आमन्त्रित विव्दानों के साथ सर की ज्ञानपूर्ण चर्चाएँ, विभागीय कार्यक्रमों में अलग–अलग विषयों पर सर के स्तरीय व्याख्यान, अप्रिय विषयों को टालकर आगे बढने का अन्दाज, छात्रों के साथ आत्मीय व्यवहार इन बातों को देख सुनकर मेरे मन में यह बात स्थायी रूप में बैठ गयी कि भविष्य में परिपूर्ण अध्यापक बनना है तो डॉ. अर्जुन चव्हाण सर के आदर्शों पर चलना अनिवार्य है। सर हम छात्रों को अक्सर नेट–सेट उत्तीर्ण होने की सलाह देते थे। छात्रों को ज्ञानार्जन के साथ आत्मनिर्भर बनना अत्यन्त आवश्यक है इस बात के वे हमेशा आग्रही रहें। छात्रों को ज्ञानदान करने के साथ उनके भविष्य की ओर ज़िम्मेदारी से देखनेवाली उनकी दृष्टि हमारे लिए हमेशा पितृतुल्य बनी रही।

सर के विभाग अध्यक्षता के कार्यकाल में ही मैंने पीएच.डी. के लिए प्रवेश लिया। उस समय भी सर ने मुझे पीएच.डी. के साथ ही नेट–सेट पर ध्यान केन्द्रित करने की सलाह दी थी। नेट–सेट के बिना उज्ज्वल भविष्य का सपना धूसर है इसकी ओर मेरा ध्यान आकर्षित किया। प्रत्येक छात्र के प्रति उनका इतना लगाव अपने आप में बहुत बड़ी बात है। उस समय सर विभाग प्रमुख के रूप में विभाग की ज़िम्मेदारी सक्षमता से निभा रहे थे। कुछ अंदरुनी व्यवस्था का तनाव था। जो हम छात्रों की समझ से परे था। इन सब के बावजूद सर हम छात्रों के लिए बिल्कुल पहलेवाले सर बने रहें। वस्तुतः सर मेरे पीएच.डी. के अधिकृत निर्देशक नहीं थे। मेरा शोधप्रबन्ध पूरा होने के उपरान्त मैंने मेरा शोधप्रबन्ध उनके सामने हस्ताक्षर के लिए रखा। सर ने झट से प्रसन्न मुद्रा में मुझे बधाई देते हुए उस पर हस्ताक्षर किए। मेरी मौखिकी के उपरान्त भी मुझे ख़ूब सारी बधाइयाँ दी। सर की यह सहयोग वाली वृत्ति मेरे शैक्षिक जीवन से जुड़ी यादों की सूची में शीर्ष पर अंकित है।

यह सूची लगातार वृद्धिगंत हो रही है। हर अध्यापक के लिए पदोन्नति प्राप्त करना उसके शैक्षिक कार्यकाल का महत्त्वपूर्ण हिस्सा होता है। हाल ही में मैंने सहयोगी प्राध्यापक पद की पदोन्नति के लिए आवेदन किया और विभाग में जाकर सर से मिली। सर ने हमेशा की तरह मेरा हौसला बढ़ाते हुए

मुझे प्रझेंटेशन की तैयारी करने की सूचना दी। पूरी सकारात्मकता के साथ मेरे सहयोगी प्राध्यापक बनने की राह खुली होने के संकेत दिए। फिर भी मेरे मन में प्रझेंटेशन को लेकर कुछ आशंकाएँ–सी थीं। प्रत्यक्ष प्रझेंटेशन के दिन चयन समिति के बीचोबीच बैठे सर ने प्रसन्न मुद्रा में 'मेरी छात्रा' इन शब्दों में मेरा परिचय करवाकर मुझे अपनी बातें रखने का आदेश दिया। सर की बातों से मन की सारी आशंकाएँ धुल गयी। अन्दर से एक हौसला अपने आप मुझे सहज स्वाभाविक बनाता गया। मैं निर्धारित समय में अपनी बात समिति के सामने रख पाई। सर ने मेरा अभिनन्दन करते हुए मेरे सहयोगी प्राध्यापक बन जाने की शुभकामनाएँ दी। मेरा मन आनन्द, धैर्य, आत्मविश्वास जैसी अनेक ज्ञात–अज्ञात भावनाओं से भर गया। अपने शैक्षिक जीवन में अच्छे गुरु का स्थान कितना मायने रखता है इस बात का मूल्य मैंने नये सिरे से जाना।

हिन्दी भाषा से संलग्न प्रत्येक व्यक्ति के लिए चव्हाण सर का व्यासंग मौलिक उपलब्धि है। राष्ट्रीय, अन्तर्राष्ट्रीय चर्चा सत्रों में सर के अध्ययनपूर्ण व्याख्यान जरुर सुनना, सर किस तरीके से चर्चासत्रों पर छा जाते हैं यह देखना, उनसे बातें करना मेरे जैसे अनेक हिन्दी प्रेमियों के लिए सुखद अनुभव रहा है। देश–विदेश में आयोजित चर्चासत्रों में सर का सक्रिय सहभाग, निरन्तर समीक्षात्मक, सृजनात्मक, लेखन अनुवाद कार्य आदि उनका कर्मरत एवं व्यासंगी अध्यापक होने का परिचायक है। 'प्रयोजनमूलक हिन्दी और उसकी प्रासंगिकता', 'हिन्दी भाषा और अर्थार्जन', 'अनुवाद के क्षेत्र में रोजगार के अवसर' इन विषयों पर सर के व्याख्यानों को सुनना हिन्दी भाषा से जुड़ रहे नये अध्यापक तथा छात्रों के लिए वरदान सिद्ध होते हैं।

इन सबके साथ शैक्षिक संगठनों, विश्वविद्यालय के अनेक मंडलों पर सर की नियुक्ति शैक्षिक प्रक्रिया को तेज़ और स्तरीय बनाती है। मैं हिन्दी अध्ययन मंडल की सदस्य होने के कारण अध्ययन मंडल के अध्यक्ष सहित सभी सदस्यों को उचित मार्गदर्शन करते हुए अध्ययन मंडल को सही अर्थों में सक्रिय बनाने का काम सर किस गरिमामयी तरीके से कर रहे हैं इसका अनुभव मैं ले रही हूँ।

हाल ही में शिवाजी विश्वविद्यालय को नैक समिति ने भेंट दी। सर के नेतृत्व में हिन्दी विभाग ने नैक समिति को विशेष प्रभावित किया। नेतृत्व कौशल, प्रशासकीय कौशल एवं व्यासंग के समन्वय में सर ने हिन्दी विभाग को ऊर्जा तथा गरिमा प्रदान करा दी है। हिन्दी भाषा, विश्वविद्यालय का हिन्दी विभाग एवं हिन्दी साहित्य जगत के लिए सर का योगदान अमूल्य है। वे हम सबके वन्दनीय हैं।

आनेवाली अनेक पीढ़ियाँ लाभान्वित होंगी आपसे...

प्रो. (डॉ.) महावीर येल्लूरे

सन् 1995 में एम.ए. होने के बाद में शिवाजी विश्वविद्यालय कोल्हापुर में डॉ. अर्जुन चव्हाण सर जी से पहली बार मुलाकात हुई। सर, एम.फिल. में थेरी पढ़ाते थे। सन् 1995 से 2021 तक का लम्बा समय गुजर गया किन्तु आज भी सर की आवाज़ कानों में गूँजती है। पाठ पढ़ाने की वह लय, शब्दों के उच्चारण का वह आरोह–अवरोह, छात्रों के अन्तस तक अनुभूति का सम्प्रेषित होना उस समय और आज भी मेरे लिए चमत्कार–सा लगता है। एक शिक्षक को पाठ कैसे पढ़ाना चाहिए इसका एक ज्वलंत उदाहरण तब से लेकर और आज भी है। डॉ. चव्हाण जी को एक प्रोफेसर के रूप में मैं कभी भी नहीं भूल सकता। एक आत्मीय प्रोफेसर के प्रति जो सम्मान एवं श्रद्धा का भाव होता है वही भाव हमेशा सर के प्रति मेरे मन में होता है। 25–30 सालों में बड़ी मुश्किल से दो–तीन बार ही वे मेरे घर आये हैं। जब भी घर आते तो मेरे यहाँ कौनसी पत्र–पत्रिकाएँ आती हैं और अद्यतन नये–नये कौन–सी किताबें खरिदता हूँ, क्या पढ़ते हो इसके बारे में पूछते रहते हैं। इसलिए मेरे मन में सर के प्रति एक आदरयुक्त डर भी है। इतने विद्वान व्यक्ति के सामने बोलते समय संकोच भी होता है। मुझमें थोड़ा बहुत जो कुछ अकादमिक है, जिसका श्रेय श्रद्धेय गुरुवर्य डॉ. अर्जुन चव्हाण जी को ही जाता है। जिन्होंने मुझ जैसे मिट्टी के ढेले को आकार दिया।

आज शिक्षा के क्षेत्र में बहुत ही अराजकता मची हुई है। वर्कशॉप, चर्चासत्रों, संगोष्ठियों के लिए शासन की ओर से आर्थिक सहायता मिल रही है, पर उसका जो स्तर अपेक्षित होना चाहिए वह नहीं रहा है। चर्चासत्रों में शोधालेख पढ़ते समय, चर्चा करते समय प्रतिभागियों को बिना अध्ययन, मनन, चिन्तन के आने का साहस नहीं होता था। इतना ही नहीं तो अपने

विचारों के पुष्टि के लिए तथा अपनी सोच को परिस्कृत करने के लिए प्रोफेसर अर्जुन चव्हाण सर की मौजूदगी हम सबको सदा संगोष्ठी, चर्चासत्रों, वर्कशॉप, परिसंवाद आदि में आवश्यक लगती थी। साथ ही टीका–टिप्पणी, आलोचना करते समय व्यक्तिनिष्ठता के बजाये वस्तुनिष्ठता पर बल देने की बात भी मैंने इन्हीं से सीखी है। आजकल कई अध्यापक सेमिनार में सिफ्र फीस भरकर प्रमाणपत्र प्राप्त कर लेते हैं। उपस्थित रहने की उन्हें आवश्यकता ही नहीं लगती। चर्चा में भाग लेने की इच्छा तो बिलकुल नहीं होती, विषय के प्रति गम्भीरता नहीं और ज्ञान के प्रति निष्ठा एवं ईमानदारी तो दूर–दूर तक नहीं। ऐसे माहौल में नई पीढ़ी के अध्यापक प्रोफेसर अर्जुन चव्हाण जी का आदर्श ले सकते हैं।

सर के व्यक्तित्व का मुझ पर बड़ा असर है। उनसे मैं जादा प्रभावित हूँ। कई संगोष्ठियों में सर के व्याख्यान की अमृतवाणी से लाभान्वित हूँ। उनके व्याख्यान में नये विषय, नया जोश हुआ करता है। विषय को मौलिक रूप में प्रस्तुत करना कोई इनसे सिखे। सर के कारण जटिल से जटिल विषय सहज और आसान हो जाता है। व्याख्यान से एक नयी दिशा मिलती है, ज्ञान लेने की एक जिज्ञासा बढ़ती जाती है। सर का वक्तव्य बहुत लम्बा–चौडा नहीं होता है। सटिक, सारगर्भित और संक्षिप्त होता है। विषय के साथ वे सही न्याय करते हैं। हिन्दी और मराठी पर जबरदस्त प्रभुत्व होने के कारण उनके हिन्दी में दिये व्याख्यान अधिक प्रभावी ज्ञानोत्तेजक लगते हैं। इतने विद्वान व्यक्ति परन्तु छोटे–छोटे व्यक्ति का वक्तव्य बड़े रूचि और ध्यान से सुनते हैं। जब कब मैं चर्चासत्रों एवं सेमिनार में बोलता हूँ तो एक दबाव अपने–आप आ जाता है पर मुझे ख़ुशी भी होती है कि सामने बड़ा विद्वान व्यक्ति श्रोता है एवं ध्यान से सुन रहा है। मैं बहुत भाग्यशाली हूँ कि सर के द्वारा मेरी प्रतिभा को लगातार निखारने का प्रयास होता रहा है। सर जी को एक अच्छी आदत है कि वे नये पीढ़ी की प्रतिभा का हमेशा सम्मान करते हैं। संगोष्ठी में बोलने के लिए वे हम जैसे नये व्याख्याता को समय–समय पर सुअवर देते हैं। जिनमें प्रतिभा है उन्हें परखने तथा निखारने का कार्य करते हैं। उन्होंने ज्ञानदान के पवित्र कार्य एवं क्षेत्र में एक स्वस्थ परम्परा का नया सृजन किया है। इसलिए वे हिन्दी साहित्य में 'ऋषितुल्य' हैं। जब सर का वक्तृत्व सुनता हूँ तो मुझे ऐसा लगता है कि उनके चिन्तन के केन्द्र में आदर्श और यथार्थ होता है। चिन्तन का केन्द्र बिन्दु केवल मनुष्य रहता है। वह भी जीता–जागता जूझता मनुष्य। जो मनुष्य स्थितियों से जूझता–टूटता,

स्थितियों पर मात करता, स्थितियों से उबरने के लिए छटपटाता, परिस्थिति से समझौता न करके भी मूल्यों को लेकर जीनेवाला या मूल्यों की नयी व्याख्या करनेवाला मनुष्य। सर परिश्रमशील 'मनुष्य' से प्रेम करते हैं और मनुष्यों के बीच रहना पसन्द करते हैं।

उनके कृतित्व का लेखा–जोखा एक लेख में समेटना मुश्किल ही नहीं, तो असम्भव भी। उनके साहित्य के मूल्यांकन का आधार भी मनुष्य है। मनुष्य की मनोवैज्ञानिक स्थिति के स्तरों को पहचानना उनकी समीक्षा की विशेष पहचान है। वे मनुष्य को मनुष्य से जोड़नेवाले साहित्य को श्रेष्ठ मानते हैं। जो भी उनके सम्पर्क में आये वह हमेशा उनसे निःस्वार्थ स्नेह ही पाता है। प्राकृतिक नियमानुसार मनुष्य स्वार्थी बताया है, पर सर को मैंने हर एक की भलाई के लिए कष्ट करते पाया है। आज मनुष्य के मन को पहचानना और उससे ऊपर उठाने के लिए सहारा देना, मदद करना उनके स्वभाव में ही है।

उन्होंने अपने लेखन कौशल को केवल संभालकर नहीं रखा बल्कि उस लेखन के कई ऊँचे पायदान प्राप्त किये हैं। यह उनकी विशेषता है। वे आज ऊँचे स्थान पर हैं। पर उन्होंने अपनी ज़मीन छोड़ी नहीं है। न गर्व है न अभिमान। क्योंकि वे हमेशा मनुष्य का मनन, अध्ययन करते हैं। उनके चिन्तन, लेखन, व्याख्यान के विषय अनेक हैं। हाँ, अच्छा शिक्षक होना कितना महत्त्वपूर्ण और कितना कठिन होता उनके व्यक्तित्व से इसी की समझ आती है। आनेवाली अनेक पीढ़ियाँ आपके व्यक्तित्व–कृतित्व से लाभान्वित रहेंगी। वे हमारे लिए श्रेष्ठ वरिष्ठ मार्गदर्शक हैं, हमारे लिए एक शिल्प हैं। अक्षरों, किताबों की अक्षय निधि हैं। मेरे व्यक्तिगत जीवन में वे मार्गदर्शक, पथदर्शक हैं। *उनके व्यक्तित्व के सम्मुख मैं हमेशा नतमस्तक हूँ और कामना करता हूँ कि वे सदा स्वस्थ सानन्द रहें।*

मेरे दिल की बात

डॉ. भास्कर भंवर

जानता हूँ कि एक कठिन कार्य करने जा रहा हूँ, जो असम्भव तो नहीं मगर मुश्किल ज़रूर है। मेरे गुरुवर्य के बारे में लिखना, जिनकी वजह से मैं अच्छी–सी ज़िन्दगी बसर कर रहा हूँ वे हैं प्रो. अर्जुन चव्हाण जी। मुझे आज भी याद है कि उनके व्यक्तित्व ने मुझे 17 मई, 1997 को प्रथम भेंट में ही प्रभावित किया था। रेलयात्रा के दौरान की बात है। मैं कुर्डूवाडी माढा से मिरज जा रहा था। रेलगाडी में मेरे सामने एक असाधारण व्यक्ति बैठे थे। वे अपरिचित थे। लेकिन उनके आचरण के प्रभाव से मैं प्रभावित हुआ था। वैसे आचरण सुगंध की भाँति होता है जिनके मौन में भी अभिव्यंजना होती है। वैसे मैं एम.ए. प्रथम वर्ष प्रवेश लेने हेतु कोल्हापुर जा रहा था। मेरे हाथ हिन्दी साहित्य का इतिहास था, जो मैं पढ रहा था। सामने बैठे हुए सज्जन मुझे देख रहे थे। उन्होंने मेरा नाम, गाँव पूछा और मैंने सारी जानकारी दे दी। सुबह सात बजे हम मिरज स्टेशन उतर गये। उस सज्जन व्यक्ति ने गाँव से कुछ साहित्य लाया था। उसे उठाकर हम दोनों दूसरे प्लैटफार्म पर ले आये। दूसरे रेल से कोल्हापुर आये। फिर मैं उनके साथ उनके घर तक गया क्योंकि उनके साथ साहित्य अधिक था। उनके घर ब्रश किया, चाय पी ली। तब तक उन्होंने छात्रावास से एक छात्र को बुलाया। उस छात्र ने भी मुझे सर के बारे में कोई जानकारी नहीं दी। स्नान कर ग्यारह बजे विभाग पहुँचा। मुझे गुरुवर्य ताकभाते जी ने प्रो. अर्जुन चव्हाण जी के नाम एक चिट्ठी दी थी। मैंने चव्हाण सर के बारे में पूछा तब उनकी केबीन दिखायी गयी। जब मैं अन्दर गया तो आचंभित हुआ क्योंकि रातभर जिन सज्जन के साथ यात्रा की थी वे सज्जन यही गुरुवर्य अर्जुन चव्हाण थे। मेरी प्रवेश प्रक्रिया पूरी हुई। एम.ए. की पढाई के दिन यादगार कहने होंगे।

जब मुझे कुछ कठिनाई आती थी तब मैं अर्जुन चव्हाण सर के पास जाता था। वे मुझे समझकर लेते थें। वे अनेक बार मदद करते थे। एक दिन सर के पिताजी (आण्णा) के आँखों का ऑपरेशन था। सर जी ने अस्पताल में आण्णा की देखभाल की ज़िम्मेदारी पूरे भरोसे से मुझ पर सौंप दी थी और मुझे तीन–चार किताबें दी थीं, जिसे मैंने बड़े चाव से पढा। आण्णा की मैंने जितनी सेवा की उससे अधिक उनसे सीखा। वे वारकरी सम्प्रदाय में दीक्षित थे। विठ्ठल भक्त थे। तुकाराम के अभंग उनको कंठस्थ थे। भक्तिकाल के सन्दर्भ में आण्णा की वाणी यानी गागर में सागर।

एम.ए. उत्त्तीर्ण होने के बाद मैंने एम.फिल. में प्रवेश लिया। मुझे चव्हाण सर जी के मार्गदर्शन में एम.फिल.करना था। किन्तु कुछ असन्तुष्ट लोगों से चव्हाण सर मार्गदर्शक के रूप में नहीं मिल पाये। एम.फिल.के बाद बी.एड. करने का विचार सर के सामने रखा तब उन्होंने पीएच.डी. करने की सलाह दी और उन्होंने मुझे प्रोफेसर केशव प्रथमवीर के हाथ सौंप दिया। प्रोफेसर केशव प्रथमवीर जी ने मुझे अलग–अलग लेखकों की किताबें पढने के लिए कहा। प्रोफेसर केशव प्रथमवीर और गुरुवर्य अर्जुन चव्हाण जी के साथ बैठकर पीएच.डी. के विषय की चर्चा की और विषय निश्चित हुआ। इस बार भी वे मार्गदर्शक के रूप में नहीं मिल पाये। परन्तु मुझे कोई शिकवा नहीं था। क्योंकि सर मार्गदर्शक ना होते हुए भी मुझे उनका मार्गदर्शन निरन्तर मिलता रहा। पीएच.डी. होने के बाद नौकरी के लिए अधिक मेहनत नहीं लेनी पडी। सर जी के आशीर्वाद से एक–दो साक्षात्कारों में ही मेरा चयन हुआ। वैसे सब्र का फल मिठा होता है।

एक दिन सर सपरिवार मेरे घर आये थे तब मुझे बहुत ख़ुशी हुई थी। सौदागर सालुंके और मैंने सर का सत्कार किया। सर जी जब भी सोलापुर आते तब अवश्य फोन कर पूछते थे कि "तेरा परिवार कैसा है, पढाई कैसी है"। अचानक एक दिन डॉ. अर्जुन चव्हाण जी, डॉ. इंगोले जी, डॉ. विश्वनाथ शिंदे, डॉ. जयप्रकाश शिंदे जी सोलापुर विश्वविद्यालय की किसी गोपनीय समिति में आये थे तब वे सबके साथ सौदागर की खेती देखने भी आये थे। वैसे सौदागर की खेती देखने लायक है। आज जो कुछ मैं हूँ वह सर के आशीर्वाद का फल समझता हूँ। उन्होंने हमें रोना नहीं लडना सिखाया। आदरणीय गुरुवर्य जी को मेरी ओर से तथा मेरे परिवार की ओर से ढेर सारी शुभकामनाएँ। *भविष्य में उनके आशीर्वाद और मार्गदर्शन की कामना के साथ सादर वन्दन!*

अकादमिक दुनिया में जो बचा, ऐसे गुरुवर्यों से ही...

डॉ. पण्डित बन्ने

गुरुवर्य प्रो. अर्जुन चव्हाण सर का अभिनन्दन एवं सम्पादित ग्रन्थ के द्वारा होना शिक्षा क्षेत्र की सबसे श्रेष्ठ घटना मानता हूँ और साहित्य क्षेत्र की भी। उनकी विभागाध्यता के कार्यकाल में शिवाजी विश्वविद्यालय में बिताया समय मैं अपने जीवन का अत्यन्त क़ीमती मानता हूँ विषय का प्रतिपादन तथा भाषा की पकड़ मेरे जैसे अनेक छात्रों ने उन्हीं से सीखी। अतः उनके बारे में लिखने के लिए इस ग्रन्थ में 'स्पेस' मिलना हम सबके सौभाग्य की बात कहनी होगी। व्यक्तिशः मुझे तो एम. फिल., पी.एच्.डी. के लिए ही नहीं, डी. लिट. के लिए भी सहयोग मिला।

प्रोफेसर अर्जुन चव्हाण जी छात्रप्रिय अध्यापक, प्रतिबद्ध लेखक, बेबाक समीक्षक, विवेकी और ईमानदार प्रशासक, उत्कृष्ट अनुवादक, प्रगतिशील साहित्यकार है। उनका स्पर्श और संगत परीस की भाँति रहा है। उनसे मैंने बहुत कुछ सीखा। विशेषता अनुसंधान के सन्दर्भ में उनके साथ बात करनी है तो सोच समझकर ही बात करनी पड़ती है। अन्यथा मौन रहकर उनकी बात सुनना बेहतर। क्योंकि वे बहुत ही अनुशासनप्रिय अध्यापक हैं। हम छात्रों पर उनका नैतिक एवं अकादमिक दबाव रहता था और अभी भी हम महसूस करते हैं।

सोलापुर विश्वविद्यालय में जहाँ–जहाँ व्याख्यान देने हेतु वे आते हैं हम दो–तीन मित्रों के साथ उनसे मिलने अवश्य जाते हैं। उनको सुनने का हर बार आकर्षण रहता है क्योंकि हर बार नई बात सुनने और समझने के लिए मिलती है। उनका जीवन ज्ञानकोश की भाँति है। किसी भी रचना के बारे में पूछो उस बारे में वे अपनी सटीक टिप्पणी देते हैं। ताजुब लगता है कि इतना कब पढ़ा होगा। साहित्य तथा शोध साधना के बूते पर उन्होंने अपने जीवन के फलक को विस्तीर्ण है।

हमारे महाविद्यालय में अन्तर्राष्ट्रीय वेबिनार के लिए वे बीज वक्ता के रूप में उपस्थित थे। सेमिनार का विषय उनका प्रिय विषय था। उस दिन समकालीन विमर्श पर इतनी गम्भीर और विचारोत्तेजक बात की थी कि प्रतिक्रिया स्वरूप मुझे कई फोन आये। उनमें प्रोफेसर अर्जुन चव्हाण जी का ज़िक्र अवश्य किया जाता था। दूसरी बार मैंने संगोष्ठी का आयोजन किया था लेकिन सर के पास तिथि उपलब्ध नहीं थी। तब मुझे लोगों ने पूछा कि "बन्ने जी! क्या आज अर्जुन चव्हाण जी उपस्थित नहीं रहने वाले हैं" अच्छे वक्ता की अच्छे श्रोता को सही पहचान होती हैं। वह उनके स्मृति का हिस्सा बन जाता है। वे अध्ययनशील और तार्किक बात रखने वाले वक्ता है।

मेरे पीएच. डी. के मार्गदर्शक पुण्यश्लोक अहिल्याबाई होलकर, सोलापुर के संस्थापक कुलपति डॉ. ईरेश स्वामी जी से मिलने कई बार जाता हूँ तो वे भी प्रोफेसर अर्जुन चव्हाण के सन्दर्भ में कोई बात निकली तो उनकी साहित्य साधना के बारे में विशेष चर्चा करते हैं। उन्होंने अर्जुन चव्हाण जी के कई अनुभव मुझसे साजा किए हैं। तब मुझे प्रोफेसर अर्जुन चव्हाण जी के प्रति और अधिक गर्व महसूस हुआ है। हमेशा यही लगता है कि अच्छे व्यक्ति के संगत से कितना कुछ मिलता है।

मैंने उत्सुकता में एक बार अर्जुन चव्हाण जी से पूछा कि "आपने अब तक स्वयं का घर क्यों नहीं बनवाया?" तो उन्होंने तुरन्त कहा कि "हमारे प्राचीन ऋषि–मुनियों ने इतनी ज्ञानसाधना की क्या किसी ने घर बनवाया है। क्या यह आपने कहीं पढ़ा है। मेरी दृष्टि से घर से अधिक अक्षर अपना मूल्यवान होता है। घर तो एक साल में पूरा हो सकता है। लेकिन एक शिक्षक को अविरत रूप से अहर्निश जीवनभर ज्ञान साधना करनी चाहिए। "हाँ, हालाँकि बाद में सर जी ने भव्य घर बनवाया। उसका नाम भी 'अक्षर' ही रखा है। आज की दुनिया में ज्ञान की साधना करने वाले अर्जुन चव्हाण जी जैसे विरले ही लोग हैं। आज अकादमिक दुनिया में जो कुछ बचा है वह ऐसे ही ऋषितुल्य गुरुवर्यों के कारण ही। धनलालसा की इस दुनिया में, मैं अपने गुरुवर्य प्रो. अर्जुन चव्हाण सर की ज्ञानलालसा को नम्रतापूर्वक नमन करता हूँ।... और कामना करता हूँ कि उनके पद चिह्नों पर चलूँ।

सदाबहार संसाधक प्रोफेसर अर्जुन चव्हाण सर

प्रो. (डॉ.) चित्रा गोस्वामी

मैं उनका परिचय क्या दूँ? जो हिन्दी साहित्य जगत के सुपरिचित, जानेमाने हस्ती हैं। जो गुणाढ्य गुरु, लेखक, समीक्षक, शोधनिर्देशक और सबसे ज़्यादा चहेते बीजभाषक हैं। जो सदाबहार संसाधक हैं, जो छात्रों को कभी हौसलापरस्त नहीं होने देते हैं। ऐसे कितने सारे रूप एक ही व्यक्तित्व में देखने को मिलते हैं। बताइए वे कौन हो सकते हैं? जी हाँ, आपने सही पहचाना, वे शिवाजी विश्वविद्यालय, कोल्हापुर के हिन्दी विभाग के अध्यक्ष प्रोफेसर डॉ. अर्जुन चव्हाण सर ही हैं। जो लगभग तीन साढ़े तीन दशक से नेतृत्व करते रहे हैं, नई पीढ़ी को साहित्य तथा शोध जगत में काबिल बनाने के लिए और सही दिशा प्रदान करने के लिए। वे सदा से तत्पर रहे हैं।

सर जी से मेरा पहला परिचय सन 1995 को हुआ जब मैंने एम. ए. हिन्दी के लिए प्रवेश लिया था। शिवाजी विश्वविद्यालय के हिन्दी विभाग में जब उनको पहली बार सुना तब लगा कि सही जगह पर आयी हूँ।... और यहाँ से ज़रूर कुछ हासिल करके जा सकती हूँ। रोजाना व्याख्यानों में हो या खास आयोजनों में, सर जी को सुनते रहने की तमन्ना सदा बढ़ती गयी। वह आज भी बरकरार है। अध्ययन, लेखन, अनुसंधान, व्याख्यान, आयोजन या नियोजन करना हो, हर स्थिति में हमने उनसे सदाबहार संसाधक के रूप में मार्गदर्शन पाया है। इस बीच उनकी एक से एक किताबें प्रकाशित हुई जिनके भीतर हमें समृद्ध संसाधक मिलता गया।

प्रोफेसर डॉ. अर्जुन चव्हाण सर का एक शोधपत्र भी शोध और अनुसंधान के अनेक विषय सूचित कर देता है। उन पर कई पीएच. डी. हो सकती हैं। जैसे– निराला का पत्र साहित्य, राष्ट्रीय एकता और हिन्दी ग़ज़ल, सौ साल के सिनेमा गीत, गाँधी और राजभाषा हिन्दी, इक्कीसवीं सदी के हिन्दी नाटक, इक्कीसवीं सदी के उपन्यासों का पर्यावरणी परिदृश्य आदि उनके द्वारा लिखे

शोधपत्र इसकी सशक्त मिसाल हैं। उनके भीतर ऊर्जावान संसाधक बसा हुआ है जो सदाबहार है। वास्तव में यही वह कारण है कि उन्हें देश–विदेश में सादर आमन्त्रित किया जाता है। पद पर हो न हो, वे स्रोत व्यक्ति के रूप में सदा से सम्मान पाते आये हैं। शोध और साहित्य की दुनिया में उनका संसाधक रूप सदा से आदरणीय, अनुकरणीय तथा वन्दनीय है।

सर जी के लिए पुरानी तथा नई पीढ़ी के हम सब अध्यापक–प्राध्यापक 'सदाबहार संसाधक' ही मानते हैं। क्योंकि हम उन्हें अरसे से सुनते और जानते हैं। वर्ना कोई किसी को यों ही नहीं मानता। संसाधक के रूप में उनका अन्दाज और मिजाज उतना ही तरोताजा है जितना आज से तीन दशक पहले था। बल्कि कहना सही होगा कि उनकी वाणी में ओज और चिन्तन में तेज़ अधिक समर्थ लगता है। देश–विदेश की संगोष्ठियों में उनका सहभाग प्रतिभागियों के लिए ज्ञानवर्धक सिद्ध होता है।

वास्तव में संसाधक का कार्य होता है–अध्ययन अनुसंधान के स्रोतों को नये सिरे से ढूँढना, नई मान्यताओं को स्थापित करना, नये अर्थों को प्रस्तुत करना, तथ्य केंद्रित सत्य की दृष्टि देना, नई राहें बताना, विचारों को नई दिशाएँ देना, किसी विषय के विविध आयामों को स्थापित करना और तर्क तथा तथ्य के आधार पर सोचने की चेतना प्रदान करना आदि। यही दृष्टि और चेतना संसाधक प्रोफेसर अर्जुन चव्हाण सर से हमें प्राप्त हुई है। जहाँ पर एक सामान्य व्यक्ति की सोच थम जाती है वहीं से सर जी की नई सोच शुरू होती है।

हमारे गोगटे–जोगलेकर महाविद्यालय में 22 सितम्बर, 2013 को राष्ट्रीय संगोष्ठी का आयोजन किया था जिसमें अध्यक्ष के रूप में प्रोफेसर अर्जुन चव्हाण सर मौजूद थे। उन्होंने 'अनुवाद के क्षेत्र में हिन्दी तथा हिन्दीतर भाषियों का योगदान' पर जो भाषण दिया उसे सुन कर सब दंग रह गये। उनके संसाधकीय मन्तव्य की खासियत होती है सोदाहरण विवेचन। उस समय भी उन्होंने आवाहन किया था कि 'हिन्दी की रोटी खाने वाले हम सबको अपने अकादमिक जीवन में कम से कम किसी एक रचना का अनुवाद हिन्दी से या हिन्दी में करना चाहिए। इसका नतीजा यह हुआ कि कई हिन्दी अध्यापकों को अनुवाद में रुचि पैदा हुई और कुछ अनुवाद कार्य से जुड़ गये। एक सार्थक संसाधक के वक्तव्य का अपना अलग प्रभाव होता है, सर जी के संसाधक रूप की यह उपलब्धि कहनी होगी। मुझे एक और घटना याद है। 29, 30 जनवरी 2020 को गोवा के शासकीय महाविद्यालय सांकली तथा उच्च शिक्षा निदेशालय गोवा की ओर से आयोजित द्विदिवसीय अन्तर्राष्ट्रीय संगोष्ठी में सर अध्यक्ष के रूप में उपस्थित थे। उन्होंने 'हिन्दी

साहित्य तथा अनुवाद का वैश्विक परिदृश्य' विषय पर मार्गदर्शन करते हुए कहा था कि "अनुवाद कोई खिड़की नहीं, महाद्वार है। अनुवाद एक मेगा हायवे है, जिसके द्वारा देश–विदेश जाने–आने का रास्ता प्रशस्त हो जाता है।" स्पष्ट है कि सौ सालों से अनुवाद को खिड़की कहने की चली आयी मान्यता को तोड़कर सर जी ने उसे हायवे बताकर और बनाकर उसे नगर, महानगर तथा देश–विदेश से जोड़ दिया।

विश्व हिन्दी परिषद दिल्ली तथा राजभाषा विभाग, गृह मन्त्रालय भारत सरकार की ओर से, गाँधीजी के 150 वीं जयंती के उपलक्ष्य 13, 14 सितम्बर, 2019 को आयोजित अन्तर्राष्ट्रीय संगोष्ठी में उन्होंने 'हिन्दी के विकास में महात्मा गाँधी का योगदान' विषय पर बात करते हुए कहा था कि "हिन्दी भाषा का महत्त्व बाहरी देशों में बढ़ रहा है मगर वह अपने ही देश में उपेक्षित है। जैसे बेटे की इज्जत घर में नहीं बाहर होती है मगर उसे अपने परिवार में इज्जत मिलने लगे तो बाहर तो बढ़ेगी ही बढ़ेगी।" हिन्दी के सम्मान के सन्दर्भ में सर जी का यह चिन्तन प्रबोधन और चिन्तन को बाध्य करता है। उन्होंने एक और महत्त्वपूर्ण बात कही कि "अमरीका में एक शिक्षा संस्था ने एम. बी. ए. के अपने छात्रों के लिए हिन्दी विषय अनिवार्य कर दिया है। इसका मतलब यह नहीं कि उन्हें हिन्दी से प्यार उमड़ आया। बल्कि यह बाज़ारवाद की ज़रूरत है। हम भोले भ्रम में न रहे कि हिन्दी से उन्हें प्रेम है। वैश्वीकरण के चलते हिन्दी सीखना उनकी मजबूरी है।" सर जी ने एक और नई मान्यता स्थापित की कि "आज से पचास–साठ साल पहले हिन्दी (तथा रूसी, दोनों) तीसरे स्थान की दावेदार थी मगर आज वह प्रथमस्थान की दावेदार है। खुद इंग्लैंड में अँग्रेजी के बाद दूसरे स्थान पर हिन्दी बोलनेवालों की संख्या है।" सर जी के मान्यता के मूल में उनका अकादमिक आयोजनों में विदेश गमन है और मौलिक चिन्तन भी। आज मॉरीशस, फिजी, नेपाल, पाकिस्तान, दक्षिण अफ्रीका, त्रिनिदाद, अमेरिका, रूस चीन आदि देशों में हिन्दी बोलने वालों की संख्या बढ़ रही है।

कोरोना जैसी वैश्विक महामारी ने सारी दुनिया के सामने सवाल खड़ा किया था। लेकिन इस संकट की घड़ी में मानव ने हार नहीं मानी। शिक्षा और शोध जगत में ऑनलाईन वेबिनरों का विकल्प सामने आया। मुझे यह कहने में गर्व महसूस होता है कि गुरुवर्य प्रोफेसर अर्जुन चव्हाण सर अपनी सेहत का ख्याल रखते हुए करीबन सौ से अधिक राष्ट्रीय तथा अन्तर्राष्ट्रीय वेबिनरों में संसाधक के रूप में हमें देखने और सुनने को मिले। सर जी को हमने इन दो सालों में भी ऊर्जावान स्रोत व्यक्ति के रूप में पाया। दिल्ली, कोलकाता, इलाहाबाद, भोपाल, लखनऊ, मुंबई, गोवा, कोल्हापुर, नागपुर, लांजा, लातूर,

नांदेड़, सोलापुर, पुणे, फलटण, औरंगाबाद, त्रिवेन्द्रम, चेन्नई, गोवा, धूलिया, नीदरलैंड, बर्मिंगम–इंग्लैंड से भी बार–बार, कई बार सुना। युवा पीढ़ी की स्थिति और गति को जनानेवाले मँझे हुए समीक्षक के रूप में भी हम उन्हें देखते हैं। कालबाह्य, पुरानी बातों को लोगों के दिमाग़ से निकालने का ज़िम्मेदाराना काम भी सर बड़ी सिद्दत से करते हैं। दिन में सोलह घंटे लेखन का काम करने वाले सर जी का संसाधकीय व्यक्तित्व हमारे लिए प्रेरणा स्रोत है। सार्थक और अथक कार्यरत सर जी का व्यक्तित्व निश्चय ही नई मिसाल है।

प्रोफेसर अर्जुन चव्हाण जी भले ही नित्य नूतन विषयों के संसाधक हैं मगर उनको कुछ खास विषयों पर ज़रूर सुनना चाहिए, जैसे–रोजगार की हिन्दी, प्रयोजनमूलक हिन्दी, अनुवाद की उपयोगिता, जनसंचार माध्यम, हिन्दी उपन्यास साहित्य, हिन्दी कहानी साहित्य, विश्व मंच पर हिन्दी, नारी आत्मकथा, इक्कीसवीं सदी के नाटक, अनुसंधान के अधुनातन आयाम और तुलनात्मक अध्ययन की दिशाएँ। वास्तव में सर जी एक अपवाद स्वरूप ही हैं कि उनको बोलने के लिए कोई भी नया–पुराना विषय दे, वे उसमें जान भर देते हैं। खास कर वर्तमान काल में जहाँ लोगों को ज़िन्दगीभर दो चार विषयों के बाहर जाना सम्भव नहीं होता वहाँ पर सर जी का संसाधक रूप कुदरत की देन लगता है, उसमें मेहनत और सेहत तो है ही। वे हमारे लिए सबसे पहले आदर्श अध्यापक, अपूर्व अभिभावक, सुयोग्य पथप्रदर्शक, सच्चे हितचिंतक और सदाबहार संसाधक रहे हैं। ऐसे गौरवषाली गुरुवर को इस संक्षिप्त मंतव्य के जरिए इन शब्दों में वन्दन–

इस जीवन में मिल गये,
गरिमामयी गुरु आप जैसे।
सदाबहार संसाधक चैतन्य,
कोई सीखे तो आपही से।
कृपा बनी रहे सदा हमपे,
निरन्तर गुरु रूप विहंग से।
ज्ञान धन से हो समृद्ध,
दें आशीश, तमन्ना दिल से!

प्रोफेसर अर्जुन चव्हाण सर जी को इस अभिनन्दन ग्रन्थ के अवसर पर चन्द अल्फाज के जरिए कृतज्ञता व्यक्त करती हूँ कि आपका आत्मभाव, स्नेहभाव पूर्ववत बना रहा है। अन्तिम बात कि आप शुरु से खुले मन के मुक्त दाता, सबके त्राता रहे हैं। इसलिए ऊपरवाले को आपको स्वस्थ एवं सानन्द रखना ही रखना है।

गुरुप्रसाद ही मेरी पूँजी

डॉ. सौदागर साळुंखे

शिवाजी विश्वविद्यालय के परिक्षेत्र में हमारे गुरुवर प्रो. (डॉ.) अर्जुन चव्हाण सर जी के मार्गदर्शन से सैकड़ों–हजारों छात्र स्नेहसिक्त हुए हैं। उन्हीं में से एक हूँ मैं। आपने सही दिशा दी। आकाश में विचरण करने हेतु पंखों में योग्यता प्रदान करवा दी। मज़बूत ज्ञान पंख से हमारा विस्तार हुआ। निर्भयता से आकाश को नापने की ललक निर्माण हुई। आपके विभागाध्यक्ष के कार्यकाल में हमें पढने का अवसर तो मिला ही लेकिन अध्ययन–अध्यापन के अतिरिक्त अन्य उपक्रमों की जो गहमागहमी रही उससे व्यक्तित्व के विकास को गति मिली और दिशा भी। सारे उपक्रम छात्रोपयोगी, ज्ञानवर्धक और आनन्ददायी रहा करते थे। मेरे भीतर का निवेदक आपके कारण बाहर आया। आपके विश्वास तथा प्रोत्साहन के कारण मुझे विभाग के विविध आयोजनों में सूत्रसंचालन–निवेदन करने का कई बार अवसर मिला। आज जब पीछे मुडकर देखता–सोचता हूँ तो चकित होता हूँ कि आपके अन्दर अध्यापक, आलोचक, शोधनिर्देशक तो सर्वोत्तम है ही मगर प्रबन्धन (मैनेजमेंट) कौशल का शक्ति पुंज समाया है। मेरी पीढ़ी के सभी छात्र इससे लाभान्वित हुए हैं।

आपके व्यक्तित्व में कभी भेद–भाव दिखायीं नहीं दिया। आप हमेशा सोचते आये हैं, कि विभाग के छात्र कौशलयुक्त हो जिससे अनुवाद पदविका पर आप विशेष ध्यान देते रहें। विभाग के अधिकतर छात्र नेट/सेट उत्तीर्ण हो इसलिए कई कार्यशालाएँ सम्पन्न करवायी जिसमें अनेक बड़े–बड़े विद्वान आये थे। इसका लाभ अनेक छात्रों को हुआ।

अनुसंधान के सन्दर्भ में मैंने कई बातें आपसे सीखी हैं। हमारे जैसे देहाती छात्रों को आपने उपाधिधारी ही नहीं तो काबिल भी बनाया। मेरे अर्थपूर्ण जीवन का श्रेय आपको ही जाता है जिससे मैं भावविभोर हुआ हूँ।

आपकी छत्रछाया में माँ जैसी ममता और पिता जैसा धैर्य मिला। एक पीढ़ी के किसान बेटे ने दूसरे पीढ़ी के किसान के बेटे को शिक्षा देकर शिक्षक के काबिल बनाया यह मेरे लिए गौरव की बात है। मैं सदैव आपका ऋणी रहूँगा। आपसे जो संस्कारों का गुरुप्रसाद मिला वही मैं अपने छात्रों को दे रहा हूँ। यही गुरुकुल परम्परा है। उसीका मैं वाहक हूँ। आपने जो आकाश नापने की, समझने की समझ दी यही मेरी सबसे बड़ी पूँजी है। यही मेरी शक्ति है। यही मेरी सम्पत्ति और समृद्धि है। यही मेरी दृष्टि और दर्शन है। आपका औपचारिक अवकाश प्राप्ति का काल भी उज्जवल होगा इसका मुझे पूरा विश्वास है। भगवान आपको सुख, समृद्धि और स्वास्थ्य दे इसी मनोकामना के साथ गुरुवर के गुरुप्रसाद को, उनके व्यक्तित्व एवं कृतित्व को आदर तथा श्रद्धापूर्वक नमन!

बेजोड़ व्यक्तित्व के धनी

डॉ. भाऊसाहेब नवनाथ नवले

किसी भी अनन्यसाधारण व्यक्तित्व का निर्माण सहज रूप में नहीं होता है। व्यक्तित्व निर्माण में समसामयिक परिस्थितियों की महत्त्वपूर्ण भूमिका रहती है। प्रो. (डॉ.) अर्जुन गणपति चव्हाण जी का व्यक्तित्व सृजनात्मक धरातल पर हिन्दी तथा अहिन्दी भाषी प्रदेशों के लिए अपने–आप में अनूठा एवं अनन्यसाधारण रहा है। मराठवाडा जैसे अकालजन्य ग्रामीण परिवेश तथा किसान परिवार में जन्में सर जी का व्यक्तित्व हिन्दी साहित्य जगत के लिए एक महत्त्वपूर्ण उपलब्धि कहा जा सकता है। भले ही मराठवाडा की भूमि मौसम की दृष्टि से अकाल का शिकार रही है। लेकिन डॉ. चव्हाण सर जी जैसे साहित्यिक व्यक्तित्व उसी भूमि की महनीय देन है। अहिन्दी भाषी प्रदेश से होकर भी आपका हिन्दी के प्रति असीम प्रेम एवं निष्ठा विचारणीय रही है। मैं अपना सौभाग्य समझता हूँ कि उच्च शिक्षा का महत्त्वपूर्ण पड़ाव आपके निर्देशन में पूरा हुआ। मैं अपने शैक्षिक जीवन में मात्र एम.फिल. तथा पीएच. डी. का आपका छात्र ही नहीं रहा बल्कि वर्ष 2000 से आपके परिवार के एक सदस्य के रूप में आपके निर्देशन एवं आशीर्वचन के सौभाग्य का अधिकारी भी रहा। वर्ष 2000 को मैंने शिवाजी विश्वविद्यालय की एम.फिल. उपाधि की हिन्दी प्रवेश परीक्षा उत्तीर्ण की। प्रवेश परीक्षा उत्तीर्ण होने के बाद मेरे सामने कोल्हापुर में आवास तथा शोध निर्देशक के चयन को लेकर द्विधावस्था थी। उसी समय हिन्दी विभाग के रिसर्च फेलो साताप्पा चव्हाण जी ने आपसे मुलाकात करवाई। उस समय आप विभाग के अध्यक्ष के रूप में शिवाजी विश्वविद्यालय के मानविकी संकाय स्थित हिन्दी विभाग में दायित्व निभा रहे थे। मेरे साथ मेरे मित्र मराठी विषय के डॉ. बालासाहेब दास भी थे। हम दोनों आपके वक्तृत्व से अत्यधिक प्रभावित रहे। आपने मेरी ग्रामीण पृष्ठभूमि

तथा जिज्ञासा जान ली और आपके निर्देशन में एम.फिल. करने का अवसर दिया। मैं आपके व्यक्तित्व के कुछ महत्त्वपूर्ण पहलुओं को यहाँ उपस्थित करना चाहता हूँ जो आने वाली पीढ़ियों के लिए मार्गदर्शक एवं दिशादर्शक साबित हो सकते हैं–

संस्कारक्षम व्यक्तित्व

आपका जन्म भले ही उस्मानाबाद जिले के परांडा तहसील अन्तर्गत पारेवाड़ी नामक गाँव में क्यों न हुआ हो, उल्लेखनीय है कि आपको वारकरी सम्प्रदाय के सद्भाव पूर्ण संस्कार मिले। पिताजी गणपति चव्हाण जी (आण्णा) विठ्ठल भक्त तथा वारकरी संप्रदाय से जुड़े हुए थे। आप उन्हीं की छत्रछाया में पले एवं बढ़े और आपका शिक्षा का मार्ग तय हुआ। आपने उन्हीं संस्कारों की पूँजी को अपने जीवन में आत्मसात किया। इसी वारकरी संप्रदाय की पैतृक पूँजी आपके शैक्षिक एवं सामाजिक अवदान की महत्त्वपूर्ण नींव कही जा सकती है। इन्ही संस्कारों के कारण ही आपके परिवार में भी सदा भक्ति और सौहार्दपूर्ण वातावरण बना रहता। जब भी कभी घर आता था तो आण्णा से एकादशी का ज़िक्र होता था।

दायित्वों के हिमायती

आपका व्यक्तित्व इसलिए बेजोड़ कहा जा सकता है कि आप अपने दायित्व के पर्याप्त हिमायती रहे हैं। आपके साहित्यिक सफर का यह महत्त्वपूर्ण पड़ाव कहा जा सकता है। आपका व्यक्तित्व मात्र महाराष्ट्र के लिए ही नहीं अपितु सम्पूर्ण अहिन्दी भाषी प्रदेशों के साथ–साथ हिन्दी भाषी प्रदेशों में भी बहुचर्चित रहा है। आपने शिवाजी विश्वविद्यालय के हिन्दी विभाग के प्रोफेसर एवं अध्यक्ष के रूप में प्रशासनिक दायित्वों के साथ–साथ छात्रों के प्रति भी आपकी अनन्यतम प्रतिबद्धता महत्त्वपूर्ण रही है। अपने जीवन की महत्त्वपूर्ण पूँजी के रूप में आपने छात्रों को अहमियत दी है। जहाँ एक ओर आप प्रशासनिक एवं छात्रों के प्रति अपना दायित्व बख़ूबी वहन करते आये हैं वहाँ दूसरी ओर पारिवारिक दायित्वों के प्रति भी आप कटिबद्ध रहते हैं। मैंने अनुभव किया है कि जैसे ही आप विश्वविद्यालय से शाम 7:00 बजे घर लौटते थे, आपकी पारिवारिक ड्यूटी शुरू हो जाती थी। जिसमें आप पूर्णतः समर्पित रहा करते थे, यही कारण है कि आपने अपने लाड़ले बेटे भूषण तथा बेटी अमृता एवं चारुता की सफलता एवं शैक्षिक यात्रा में बख़ूबी दायित्व निभाया है। दूसरी ओर आज के जमाने में परिवार के बुजुर्गों को आउटडेटेड

समझने वाली पीढ़ी दिखायी देती है, वहाँ आपने आजीवन पिताजी (आण्णा) की सेवा की साथ ही गाँव के अपने भाई के प्रति भी दायित्व निभाने में कोई कमी नहीं दिखायी। पूरे परिवार के बारे में कहा जा सकता है कि आपने 'हम साथ साथ हैं' का निर्वाह कर हमारे सामने आदर्श स्थापित किया है।

जन्मभूमि तथा कर्मभूमि के प्रति आस्था

कहना सही होगा कि जिसकी जड़ें अपनी मिटटी के साथ जुड़ी होती हैं, वह दुनिया के किसी भी शिखर तक पहुँचने के बावजूद अपनी माटी के प्रति असीम आस्था रखता है। आपने कर्मभूमि कोल्हापुर को तथा राजर्षि छत्रपति शाहू महाराज के विचारों को आत्मसात ही नहीं किया अपितु उन विचार को नई पीढ़ी में बोने का काम भी किया है। आप दूसरी ओर शैक्षिक गतिविधियों के बूते पर अन्यान्य क्षेत्रों में सफलता प्राप्त करने के बावजूद अपनी मिट्टी अर्थात जन्मभूमि के प्रति आस्था रखते हैं। आपकी यह वृत्ति हम युवाओं के लिए दिशादर्शक सिद्ध होगी इसमें सन्देह नहीं।

आजीवन–अनुसंधाता

आजकल हम उस पीढ़ी को देख रहे हैं जो पीढ़ी सोशल मीडिया को ही अपना सब कुछ मान रही है। यहाँ तक कि अध्ययन–अध्यापन में कंजूसी का दृष्टिकोण अपनाया जा रहा है। लेकिन विचारणीय है कि आप अपने जीवन में स्वयं को निरन्तर छात्र एवं अनुसंधाता मानते रहे। हमने देखा एवं अनुभव किया है कि जब आप विश्वविद्यालय के आवास में रहते थे उस समय घर के कमरे बड़े होने के बावजूद आपको किताबें रखने के लिए घर में जगह की कमी रहती थी। आपके अध्ययन कक्ष में पुस्तकें ही पुस्तकें कहीं भी पड़ी रहती थीं। आप हिन्दी तथा मराठी भाषा पर समान अधिकार रखते हैं। तुलनात्मक अध्ययन एवं अनुवाद क्षेत्र आपके जीवन का अविभाज्य अंग रहा है। यही कारण है कि हिन्दी साहित्य की लगभग सभी विधाओं में आपने अपनी कलम चलाई है। हिन्दी जगत के ख्यातनाम समीक्षक के रूप में आपने अपनी पहचान बनायी है। जहाँ एक ओर आपके कृतित्व का समीक्षात्मक एवं सृजनात्मक पक्ष समृद्ध रहा है वहाँ दूसरी ओर आपके निर्देशन में पचपन से अधिक शोधार्थियों ने एम् फिल. तथा पीएच डी. उपाधि हेतु अनुसंधान पूर्ण किया है। उल्लेखनीय है कि आप महाराष्ट्र के ही नहीं बल्कि कर्नाटक, उत्तरप्रदेश, मध्यप्रदेश, गोवा, राजस्थान तथा गुज़रात जैसे देशभर के राज्यों

के विभिन्न विश्वविद्यालयों के एम.फिल. पीएच.डी. तथा डी.लिट् के विशेषज्ञ के रूप में दायित्व निभाते रहे।

ताकत कलम की

आपकी कलम के जादू ने ही आपको ऊँचाइयों के शिखर तक का सफर पूरा कराया है। आपकी कलम के जादू से आपके अध्ययनपूर्ण एवं तथ्यान्वेषी सोच का अनुभव हिन्दी जगत ने किया है। यही कारण है कि आप हिन्दी तथा अहिन्दी भाषी प्रदेशों के समीक्षकों में अपनी अमिट छाप छोड़ते हैं। हमने अनुभव किया कि शिवाजी विश्वविद्यालय ही एकमात्र विश्वविद्यालय है, जहाँ हिन्दी दुनिया के जानेमाने लेखक, समीक्षक, विचारक तथा चिंतकों ने शिवाजी विश्वविद्यालय में अपनी उपस्थिति दर्ज की है। जहाँ तक मुझे याद है आपने हिन्दी के मूर्धन्य रचनाकार राजेन्द्र यादव, मैत्रेयी पुष्पा, नामवर सिंह, कमलेश्वर, मैनेजर पाण्डेय जैसे महानुभावों को राष्ट्रीय संगोष्ठी के अवसर पर विश्वविद्यालय में लाकर इतिहास निर्माण किया। यह पूँजी विश्वविद्यालय की दृष्टि से ही नहीं अपितु हमारी पीढ़ी की दृष्टि से भी अनन्यतम महत्त्व रखती है।

दोस्ती के बादशाह

आपका व्यक्तित्व दोस्ती के बादशाह का व्यक्ति कहना होगा। अपने जीवन में आपने प्रा. चन्द्रकान्त पाटगावकर, प्रा. शरद कणबरकर को गुरु के रूप में स्थान दिया। जब भी इन महानुभावों से आपकी मुलाकात होती थी आपके साथ उनका जो व्यवहार होता था, वह विचारणीय, आत्मीय तथा दर्शनीय रहता था। किसी भी प्रकार के उम्रभेद से परे वे आपके साथ पेश आते थे। आपके अजीज दोस्तों में स्व. डॉ. बी. के शर्मा 'रोहिताश्व', डॉ. रतनकुमार पाण्डेय, डॉ. चन्द्रकान्त बांदिवडेकर, डॉ. नारायण शर्मा, डॉ. एम. व्यंकटे वर, डॉ. केशव प्रथमवीर, प्रो. रविरंजन, काशीनाथ सिंह, दूधनाथ सिंह, प्रो. उमाशंकर उपाध्याय, प्रो. रामजी तिवारी, शंकरसिंह बुंदेले, प्रो. चन्द्रदेव कवडे, प्रो. डॉ. अशोक कामत, डॉ. मु. ब. शाह प्रो. टी. व्ही. कट्टीमनी आदि अनगिनत नामों की सूची बन सकती है। मेरे कहने का तात्पर्य यही है कि आज के जमाने में दोस्त ढूँढ़ने पड़ते हैं, लेकिन आपका व्यक्तित्व ही ऐसा है जो औरों को अपनी ओर खींच ले आता है। आपकी दोस्ती का ही परिणाम है कि आपने जिस रचनाकार पर अनुसंधान किया उसी रचनाकार को विश्वविद्यालय में उपस्थित कर उनके मार्गदर्शन का अवसर उपलब्ध कराया।

कर्तव्य के प्रति प्रतिबद्ध

जहाँ एक ओर आपका व्यक्तित्व मिलनसार रहा है वहाँ दूसरी आप अपने कर्तव्य के प्रति प्रबल प्रतिबद्ध रहे हैं। छात्र हो चाहे आपके दोस्त, वरिष्ठ या कोई भी हो सभी के साथ आपका व्यवहार बराबरी का होता है। अध्ययन तथा अनुसंधान कार्य में किसी भी प्रकार के शॉर्टकट के लिए आपके पास कोई गुंजाइश नहीं है। आपके निर्देशन में कई ऐसे छात्रों ने एम. फिल. तथा पीएच. डी. अनुसंधान कार्य किया है, जो या तो आपके बराबरी के अर्थात दोस्त तथा कुछ वयस्क भी रहे है। मैंने अनुभव किया था, आपने एम. फिल. के अनुसंधान लिए तथा पीएच. डी. अनुसंधान के लिए लगभग छह महीने पढ़ने के लिए कहा था और तत्पश्चात शोध विषय निश्चित किया था। यह पद्धति सिर्फ़ मेरे बारे में ही नहीं बल्कि हर किसी के लिए हुआ करती थी। कहना गलत नहीं होगा कि शोध के स्तर को लेकर आप किसी भी प्रकार का समझौता नहीं करते। भले ही कई बार हमें ऐसा लगता था कि "दो पंक्तियाँ ही रही हैं, क्यों सर पूरा नहीं कर रहे हैं" लेकिन हम देखते थे कि विभाग बन्द होने के बाद भी आप पोर्च में खड़े रहकर अनुसंधान की फाइलें जाँचते थे।

संक्षेप में कहा जा सकता है कि गुरुवर्य डॉ. अर्जुन चव्हाण जी का व्यक्तित्व डायनेमिक रहा है। आपके बहुआयामी व्यक्तित्व को दो पृष्ठों में समेटना बड़े–बड़े विद्वानों के बस का नहीं है। अपने अनुसंधान के दौरान आपके साथ रहकर प्रत्येक क्षण का भागीदार होने का अवसर मुझे मिला। यही कारण है कि उसी पूँजी के बूते मार्गक्रमण कर रहा हूँ। मित्रवर डॉ. मनोहर भंडारे जी ने कम समय में और कम शब्दों में अपनी यादों को उजागर करने का संकेत दिया था। सम्भवतः मित्रवर के आदेश का अनुपालन करने का प्रयास किया है। लेकिन आदरणीय गुरुवर डॉ. अर्जुन चव्हाण जी के बारे में अपने विचारों को दो पृष्ठों में समेटना न गुरु के कार्य एवं व्यक्तित्व के साथ न्याय है और न मेरी अपनी कलम के साथ। सर जी को भविष्यकालीन योजनाओं के लिए तथा परिवार के सभी सदस्यों को अशेष शुभकामनाएँ। उम्मीद और विश्वास है कि भविष्य में भी आपका मार्गदर्शन एवं आशीर्वचन मिलते रहेंगे। धन्यवाद!

धैर्य और औदार्यमयी श्रद्धेय गुरुवर्य

डॉ. सन्मुख नागनाथ मुच्छटे

बात सन् 2000 की है। मैंने एम.ए. 'हिन्दी' विषय की स्नातकोत्तर उपाधि दयानन्द कला महाविद्यालय, लातूर से प्राप्त की थी। वरिष्ठ महाविद्यालय में अध्यापक बनने की इच्छा थी। इस सन्दर्भ में मैंने आदरणीय गुरुवर्य डॉ. सूर्यनारायण रणसुभे जी से चर्चा की। तब उन्होंने मुझे शिवाजी विश्वविद्यालय, कोल्हापुर से एम. फिल. करने का परामर्श दिया। सबसे पहले तो मेरे मन में कोल्हापुर का नाम सुनने के पश्चात अजीब–सा अजनबीपन महसूस हुआ। क्योंकि हमारे क्षेत्र से कोल्हापुर काफ़ी दूर था। डॉ. रणसुभे जी ने शिवाजी विश्वविद्यालय, कोल्हापुर से एम. फिल. करने की सलाह तो दी ही साथ ही वहाँ के हिन्दी विभागाध्यक्ष के नाम पत्र भी दिया। उस समय शिवाजी विश्वविद्यालय, कोल्हापुर के हिन्दी विभागाध्यक्ष आदरणीय गुरुवर्य डॉ. अर्जुन चव्हाण जी थे। हिन्दी विभागाध्यक्ष डॉ. अर्जुन चव्हाण जी से मिला। मन में एक प्रकार का भय था, परन्तु डॉ. चव्हाण जी ने अपनी मधुर और शिष्ट वाणी ने मेरे मन को भयमुक्त बना दिया। कुछ ही समय में उन्होंने अपनी वाणी और व्यवहार से अपना बना दिया। परिणामस्वरूप मेरे अन्दर का अजनबीपन गायब हो गया। इसका सारा श्रेय मेरे आदरणीय और श्रद्धेय गुरुवर्य डॉ. अर्जुन चव्हाण जी को ही जाता है।

डॉ. चव्हाण जी से एम. फिल. लघु–शोध प्रबन्ध हेतु विषय चयन और मार्गदर्शन में अपने मौलिक ज्ञान प्राप्त हुआ। लघु–शोधप्रबन्ध लेखन के लिए मेरे सम्मुख सबसे बड़ी समस्या लेखन अशुद्धि की थी। डॉ. चव्हाण जी को जब इसका अनुभव आया तो उन्होंने मुझे लेखन शुद्धि के तन्त्र और नियमों से परिचित कराकर मेरे लेखन–शैली को अनुशासित बनाया। डॉ. चव्हाण जी के

उस मौलिक मार्गदर्शन के फलस्वरूप ही मेरी लेखन यात्रा उचित पथ पर अग्रसर हो पाई। इसका सारा श्रेय गुरुवर्य डॉ. चव्हाण जी को ही जाता है। ज्ञानी गुरु मिलने के लिए भी भाग्य होना अत्यावश्यक है। ज्ञानी गुरु के शिष्य सभी दृष्टियों से सम्पन्न और वैचारिक स्तर पर सक्षम होते हैं और ऐसे शिष्य समाज के भविष्य निर्माण में अपनी ओर से मौलिक योगदान देने में हिचकिचाते नहीं। मेरा भाग्य अच्छा था, इसीलिए तो डॉ. चव्हाण जी जैसे ज्ञानी और मर्मज्ञ गुरु प्राप्त हुए। पूरे लघु–शोध प्रबन्ध लेखन में उन्होंने मुझे स्थान–स्थान पर अपनी मौलिक ज्ञानचक्षु से सम्मोहित किया। इसीलिए आज मुझे मेरे छात्रों को पीएच.डी. उपाधि का मार्गदर्शन करते समय किसी भी समस्या का सामना नहीं करना पड़ता है। इसके मूल में मेरे गुरुवर्य डॉ. चव्हाण जी का मौलिक मार्गदर्शन और परामर्श ही है। उन्हीं के फलस्वरूप आज मुझे अनुसंधान की दृष्टि प्राप्त हुई। क्योंकि उनके बिना हम इस क्षेत्र में अनभिज्ञ ही थे। कोल्हापुर में रहते समय मुझे समय–समय पर अर्थ की समस्या का सामना करना पड़ता था। तब मुझे उस अजनबी शहर में डॉ. चव्हाण जी का ही आश्रय था। मेरे सम्मुख जब भी यह समस्या निर्माण होती तो मैं तुरन्त डॉ.चव्हाण जी की ओर चला जाता और अपनी आवश्यकतानुसार अर्थ की प्राप्ति करता। यह केवल मेरे सन्दर्भ में ही होता है, ऐसा नहीं था। ऐसा प्रसंग विभाग के अनेक छात्रों के सम्मुख आता तो वे तुरन्त सर की ओर जातें और अपने अनुकूल अर्थ की प्राप्ति करतें। आदरणीय गुरुवर्य डॉ. चव्हाण जी बेहिचक अपने छात्रों की मदद करते थे। आज मैं अपने छात्रों को जो भी आर्थिक सहायता करता हूँ, उसके मूल में आदरणीय गुरुवर्य डॉ. चव्हाण जी के ही संस्कार हैं।

डॉ. चव्हाण जी एक सहृदय व्यक्ति हैं। इसका अनुभव मैंने कई बार लिया है और ले रहा हूँ। मेरे विवाह की तिथि निश्चित होने के उपरान्त मैंने सर जी को विवाह की तिथि पर निमंत्रित किया था। परन्तु किसी कारणवश उनको आना सम्भव न हो सका। बाद में वे अपनी धर्म–पत्नी समवेत मेरे घर पधारकर हम नव दांपत्यों को आशीर्वाद से मंडित किया था। मैं उनका साधारण–सा शोधार्थी था, परन्तु उन्होंने बेहिचक इतनी सुदूर यात्रा कर अपने शोधार्थी को आशीर्वाद देने का कष्ट लिया। हर समय अपने छात्रों से सम्पर्क में रहते हैं उनका सुख हो या दुःख। कोई छात्र उनसे कई दिनों तक सम्पर्क न किया तो वे स्वयं भ्रमणध्वनि द्वारा उससे सम्पर्क कर उसका हाल–चाल पूछ लेते हैं। यह सब करते समय उनमें कहीं पर भी बड़प्पन

के भाव का दर्शन नहीं होता है, यह विशेष है। धैर्य और औदार्यमयी श्रद्धेय गुरुवर्य डॉ. अर्जुन चव्हाण जी के जीवन में अनेक मानवनिर्मित समस्याएँ भी आयीं, लेकिन वे डगमगाये नहीं। वे अपने जीवन पथ पर नीडरता तथा धैर्य से चलते ही रहें। उसके द्वारा उन्होंने हमें वहीं जीवन दृष्टिकोण दिया है। गुरुवर्य डॉ. अर्जुन चव्हाण जी मेरे गुरु ही नहीं बल्कि एक हितचिंतक, मार्गदर्शक, प्रेरक के रूप में हैं। इसीलिए मेरे मन में सदैव उनके प्रति श्रद्धा, विश्वास, आस्था तथा सम्मान का भाव रहता है। मैं उस ईश्वर के प्रति धन्यवाद ज्ञापित करता हूँ, जिसने मुझे ऐसे मौलिक गुरु का साहचर्य प्राप्त करा दिया। सर जी प्रदीर्घ सेवा से अवकाशग्रहण प्राप्त कर रहे हैं। अतः मैं उनके भविष्यकालीन जीवन को सहृदयता से हार्दिक हार्दिक शुभकामनाएँ और उनके प्रति कृतज्ञता व्यक्त करता हूँ।

क्योंकि उन्हें पता था कि...

डॉ. रीना पाटील

आदरणीय गुरुवर्य डॉ.अर्जुन चव्हाण जी के बारे में मुझे लिखने का सौभाग्य प्राप्त हुआ यही बहुत बड़ी ख़ुशी की बात है। मेरे जीवन में डॉ.अर्जुन चव्हाण जी मील के पत्थर साबित हुए हैं। डॉ. अर्जुन चव्हाण सर के नाम में ही उनके व्यक्तित्व का सार छुपा हुआ है। पांडु पुत्र अर्जुन के जीवन में जैसे उनका लक्ष्य निश्चित था उसी तरह डॉ.अर्जुन चव्हाण सर जी के जीवन का भी लक्ष्य निश्चित था। जैसे उस अर्जुन के जीवन में अनेक कठिन परिस्थितियाँ आयी उसी तरह इनके जीवन में भी बहुत–सी संकट की परिस्थितियाँ आयी पर वे अड़िग रहें। क्योंकि उन्हें पता था कि उनका मार्ग सच्चाइयों का है तो ऐसे मार्ग में बाधाएँ तो आनी ही थीं। उनके इस स्वभाव से मैं भी प्रभावित हूँ। जीवन के हर एक पहलू को उन्होंने तटस्थ होकर देखा मगर कभी वे डगमगाए नहीं। अपने ज्ञान मार्ग पर बढ़ते ही चले गये। उन्हें पता था अन्त में जीत कर्तव्य के प्रति सचेत और ज्ञान के प्रति निष्ठावान व्यक्ति की ही होती है।

डॉ. अर्जुन चव्हाण जी और मेरी भेंट मेरी गुरुवर्या डॉ. शुभदा पाटील जी के कारण हुई। उन्होंने ही मुझे एम.फिल. करने के लिए शिवाजी विश्वविद्यालय जाने की सलाह दी। किन्तु शिवाजी विश्वविद्यालय में मैं किसी से भी परिचित नहीं थी। तब डॉ. शुभदा पाटील जी ने डॉ. अर्जुन चव्हाण जी से कहा कि 'आपको ही इसे एम.फिल. के लिए मार्गदर्शन करना है'। उनकी इस बात को चव्हाण जी ने मान लिया और मेरा सौभाग्य कि वे मुझे मार्गदर्शक के रूप में मिले। एम.फिल. में जब पढ़ाते थे तब वे विषय से सम्बन्धित सभी आवश्यक बातें बताते थे जिनका आगे चलकर हमें बहुत लाभ हुआ। जिस किसी भी विषय को वे पढ़ाते उस विषय के सभी पहलुओं को हमारे सामने

रखते थे जिसके कारण हम अतिरिक्त ज्ञान से लाभान्वित होते थे। आगे चलकर हमने भी उनका यही अन्दाज आत्मसात किया कि किसी भी विषय के सभी पहलुओं को देखे बिना किसी भी नतीजे पर नहीं पहुँचना चाहिए। यही नज़रिया शोध प्रबन्ध में बहुत उपयुक्त साबित हुआ। एम.फिल. के लघु शोध प्रबन्ध के लिए जब मैं विषय की खोज कर रही थी तब उन्होंने मेरी शोध जिज्ञासा को पहचान कर मुझे एक सशक्त विषय दिया। एक सच्चा गुरु ही अपने छात्र की जिज्ञासा को जान सकता है ऐसा मेरा मानना है। उस लघु शोध–प्रबन्ध को सही दिशा देने का कार्य उन्होंने किया। उस शोध–प्रबन्ध को पूरा करते समय जब भी मुझे उनकी सहायता की आवश्यकता होती वे मुझे सहायता करते थे। तब भी शिवाजी विश्वविद्यालय के हिन्दी विभाग अध्यक्ष के पद पर वे कार्यरत थे। ऐसे व्यस्त समय में भी वे हमेशा मेरी जिज्ञासाओं को सुचारु रूप से सुलझाते थे। कभी–कभी तो शाम भी हो जाती थी, मगर फिर भी भय नहीं लगता था, बल्कि उनके साथ सुरक्षितता महसूस होती थी। जैसे हम अपने माता–पिता के साये में होते हैं वैसा ही अनुभव मुझे उनके सम्पर्क से लगता था। यह बात मैं इसलिए लिख रही हूँ क्योंकि मैं एक महिला हूँ। आज जब मैं ऐसी कई वारदातों को सुनती हूँ तब लगता है धन्य हैं वे गुरु जिन्होंने मुझे ऐसा माहौल दिया। जहाँ मैं चैन से, खुले विचारों से पढ़ सकती थी। उन्होंने मेरे विचारों को सही दिशा देने का कार्य भी किया। मुझे यहीं पर रुकने नहीं दिया आगे बढ़ने का मार्ग दिखाया।

आगे प्रो. (डॉ.) अर्जुन चव्हाण जी के कहने पर ही मैंने पीएच.डी. का फॉर्म भरा। उन्होंने मुझे कहा, पीएच.डी. के लिए भले ही मैं तुम्हें मार्गदर्शक के रूप में नहीं मिल सकता किन्तु पीएच.डी. का मार्गदर्शक अच्छा ही मिलेगा। उन्होंने मेरे लिए डॉ.अलका निकम–वागदरे जी को मार्गदर्शक के रूप में चुना, जो मेरे लिए सही साबित हुआ। डॉ. अलका निकम–वागदरे जी ने भी मेरी बहुत सहायता की। पीएच.डी. के विषय का चयन करने में भी डॉ. अर्जुन चव्हाण जी ने मेरी सहायता की। वे भली भाँति जानते थे कि मैं किन विचारों से प्रभावित हूँ और कौन से विषय को मैं सही न्याय दे सकती हूँ। डॉ. अर्जुन चव्हाण जी तथा डॉ. अलका निकम–वागदरे जी के मार्गदर्शन के कारण ही मैं अपना प्रबन्ध पूरा कर सकी। साथ ही अपना मुकाम हासिल कर सकी। आज मैं म्हैसाल महाविद्यालय म्हैसाल में सहायक प्राध्यापक के पद पर कार्यरत हूँ। किन्तु आज भी मुझे अगर कोई समस्या सताए या मार्गदर्शन की ज़रूरत हो, तो मैं गुरुवर डॉ. अर्जुन चव्हाण सर जी से सलाह लेती हूँ। उनका मार्गदर्शन आजीवन मिलता रहे यही अभिलाषा।

बहुआयामी व्यक्तित्व के धनी

डॉ. दीपक रामा तुपे

कुछ लोग ऐसे विरले होते हैं जो अपने जीवन में अहंकार से दूर रहते हैं, जिनके पाँव हमेशा ज़मीन पर होते हैं, बुद्धिनिष्ठ होने के बावजूद विद्वता का लबादा कभी नहीं ओढ़ते। वे हमेशा ज़मीन से जुड़े रहते हैं, ठेठ देहात से आते हैं, सालोंसाल शहर में रहते हैं, लेकिन शहरी आबोहवा का इस्तेमाल वे केवल साँस लेने के लिए करते हैं। शहर की अहंकारी हवा को वे कभी आगोश में नहीं लेते। जिनकी करनी और कथनी में अन्तर नहीं होता और जो सही को सही और गलत को गलत कहा करते हैं। ऐसे एक विरले व्यक्तित्व धनी है–शिवाजी विश्वविद्यालय, कोल्हापुर के हिंदी विभाग के अध्यक्ष आदरणीय गुरुवर्य प्रो. डॉ. अर्जुन चव्हाण सर !

दरअसल, दि. 8 अप्रैल, 2021 की रात 9.22 बजे, दोस्त डॉ. मनोहर भंडारे जी का फोन आया। लगभग 12 बारह साल बाद। फोन काम का था और औचित्यपूर्ण; इसलिए तकरीबन 43 मिनट चलता रहा। पहले मैं गुस्सा हो गया, मगर समाचार सुनकर मायूस भी। क्योंकि समाचार था– श्रद्धेय गुरुवर्य प्रो. (डॉ.) अर्जुन चव्हाण सर के अवकाश ग्रहण का। यकीन नहीं हो रहा है–सर, अवकाश ग्रहण कर रहे हैं। तकरीबन 17 साल सर का सानिध्य। कभी फोन पर कभी साक्षात। जब मैं एम. ए. करता था तब मेरे बी.ए. के गुरु डॉ. शिवाजीराव नाले सर मुझे, चव्हाण सर के पास भेजा करते थे–अपनी कविता संग्रह की भूमिका लिखकर लाने हेतु। मैं जब–जब सर से मिलने जाता तब–तब वे अपने काम में व्यस्त। मुझे जवाब मिलता– 'कल आओ', 'परसो आओ'। मैं पूरे यकीन से तयशुदा समय पर मिलने जाता था। मुझे याद है कि उन्होंने जब–जब बताया तब–तब मैं उनके सामने हाजिर होता था। फलस्वरूप मुझे चव्हाण सर का छात्र होने का सौभाग्य प्राप्त हुआ।

मुझे एम. फिल. के लिए मार्गदर्शक खोजने की आवश्यकता नहीं रही। आछथक तंगहाली के चलते विश्वविद्यालय में रहना मुश्किल था, मगर सर ने अपनी बृहत् शोध परियोजना 'हिंदी तथा मराठी बृहत् उपन्यासों का वैचारिक पक्षः तुलनात्मक विमर्श' के लिए काम करने का अवसर दिया। इससे आर्थिक संकट खत्म हुआ। यही अवसर मुझे अनुसंधान की समग्र पद्धति से अवगत करा गया, मेरी मानक वर्तनी में सुधार आ गया, लेखन की तकनीक सीख गया और अनुवाद की प्रविधि भी। सचमुच आज भी उनका व्याख्यान मुझे काफ़ी प्रभावित करता है। परिणामी इसी अनुभव के बूते पर मैंने दो स्थानों पर परियोजना सहायक के रूप में कार्य भी किया। इस बीच, घटित एक घटना मुझे आज भी याद है। यू.जी.सी. की यह परियोजना समयावधि में पूरी करने हेतु सर दिन–रात एक कर रहे थे। उनके हम तीन चार छात्र भी तड़के चार–चार बजे तक परियोजना का काम करते रहते थे। तकरीबन 82 बृहत् उपन्यास आकार की दृष्टि से और विचार की दृष्टि से भी। काम बृहत् था और परियोजना भी बृहत् थी, मगर दिनभर विभाग का कार्य और रात भर परियोजना का कार्य हमारे गुरुवर्य चव्हाण सर करते रहते। एक दिन तड़के चार बजे तक परियोजना का काम खत्म किया और वे घर जाकर लेट गये, मगर रात भर काम की वजह से नींद नहीं हो पाई थी, इसी कारण अपनी बेटी अमृता को वे क्लास को छोड़ने नहीं जा पाये। उसे साइकिल पर जाने के लिए कहा गया, मगर सुबह सात बजे अमृता की साइकिल दुर्घटनाग्रस्त हो गई, जिसमें जख्म और खून से लथपथ अमृता। इस घटना से सर की नींद गायब हो गई। वे अमृता को लेकर अस्पताल गये और वही से अमृता को घर छोड़कर सीधे विभाग में आये। दोपहर घर से मैडम का फोन आया। इत्तफाक से फोन मैंने ही उठाया–

मैडम – 'कौन? दीपक!'

मैं – 'जी हाँ, मैडम।'

मैडम – 'सर कहाँ है?'

मैं – 'वे लेक्चर ले रहे हैं?'

मैडम – 'आपके सर को कहे की खाना खाकर जायें'

मैडम को लगा कि सर, गुस्सा होकर बिना खाना खाए ऑफिस चले गये हैं, मगर सच्चाई तो यह थी कि नियमित लेक्चर, विभाग का कार्यभार और परियोजना समयसीमा में पूरी करने की जद्दोजहद से सर को खाने–पीने की भी सुध नहीं थी। इससे साफ़ जाहिर होता है कि किसी भी काम के प्रति सर की बहुत लगन हुआ करती है। वे हर काम बड़ी संजीदगी के साथ

पूरा करते हैं। यही वजह है कि बृहत् शोध परियोजना सचमुच बृहत् हो गई थी–दो खण्डों में और 815 पृष्ठों में।

ज़िन्दादिल व्यक्तित्व के धनी डॉ. अर्जुन चव्हाण सर हमेशा अपने काम में व्यस्त रहते हैं और अपने काम से काम रखते हैं। प्रामाणिकता, अध्ययनशीलता, मिलनसरिता उनके व्यक्तित्व के अभिन्न पहलू हैं। उनके व्यक्तित्व का प्रभाव हम जैसे छात्रों पर भी दिखायी देता है। उनके प्रेम, प्रेरणा और परमर्श से मेरा खुद का व्यक्तित्व भी निखर आया है, इसलिए कहना जरुरी लगता है–"श्रेय आपका बड़ा, हम जो कुछ कर सके/बेफिक्र होकर गहन–अध्ययन कर सके/कदम–दर–कदम प्रेम, प्रेरणा, परामर्श से/मुश्किलों का ढेर पार कर सके। अकेले थे तो बहुत प्रश्न थे खड़े हुए। आपके साथ सब प्रश्न हल हो गये। आप जैसा बड़प्पन, कहीं नहीं/आप जैसा सरल मन, कहीं नहीं/कहूँगा–आपका निर्देशन छात्र को एक नई दृष्टि देता है और समाज को भी।" आपका साहित्य सृजन, चिन्तनशील पाठक को जीवन जीने की सही दिशा देता है। आपका शोधछात्र उसी का अनुसंधान करता है, जिसमें नयापन हो और जो मानव कल्याणकारी हो। आपका सर्जन एवं चिन्तन 'वसुधैव कुटुंबकम्' की अवधारणा की प्रचिती देता है और गलत को गलत और सही को सही कहने का दिशानिर्देश भी। आपकी साहित्यिक–सामाजिक मान्यताएँ चिन्तनशील छात्र बनाने को प्रवृत्त कर देती हैं। आपके हास्य–व्यंग्य संग्रह समाज की दुखती रग पर उँगली रखते हैं और सही–गलत का फैसला भी सुना देते हैं। 34 सालों का अध्यापन अनुभव, 55 से अधिक किताबों का प्रकाशन, 55 से अधिक एम. फिल. और पीएच. डी. उपाधि प्राप्त छात्र, 100 से अधिक शोध–निबन्धों का लेखन, 30 से अधिक किताबों की भूमिका लेखन, 350 से अधिक राष्ट्रीय–अन्तर्राष्ट्रीय संगोष्ठी–कार्यशालाओं में अतिथि, बीजभाषक, विषय विशेषज्ञ, शोध पत्र प्रस्तोता के रूप में सहभाग, 15 से अधिक राष्ट्रीय–अन्तर्राष्ट्रीय पुरस्कारों से सम्मानित महनीय व्यक्तित्व का योगदान किसी भी विश्वविद्यालय के कुलपति पद के हकदार से कम नहीं है। गुरुवर्य चव्हाण सर का यह योगदान हिंदी साहित्य में एक सूरज की तरह प्रकाशमान दिखाई देता है। सर, आज आप अवकाश ग्रहण कर रहे हैं। मुझे मालूम है कि आपका अवकाश ग्रहण नाममात्र है, सिर्फ औपचारिक है। भविष्य में भी हिंदी भाषा और साहित्य में आप योगदान करते रहेंगे और हम जैसे छात्र लाभान्वित होते रहेंगे और दिशानिर्देशित भी; इसी विश्वास के साथ आपके उज्ज्वल एवं बेहतर भविष्य की कामना करता हूँ, साद अभिवादन सहित।

अनुवादकों के अनुवाद मार्गदर्शक प्रो. अर्जुन चव्हाण

डॉ. गोरखनाथ किर्दत

शिवाजी विश्वविद्यालय के हिन्दी विभाग की ओर से सन् 1996 से 'अनुवाद पदविका पाठ्यक्रम' (Diploma in Hindi Translation) आरम्भ हुआ, जो छात्रों की दृष्टि से अत्यन्त लाभकारक रहा है। प्रस्तुत पदविका पाठ्यक्रम निर्धारण, सन्दर्भ ग्रन्थ लेखन एवं सुचारु कार्यान्वयन में प्रो. (डॉ.) अर्जुन चव्हाण सर का योगदान महत्त्वपूर्ण है। अनुवाद आपका सबसे प्रिय और रुचि का विषय रहा है। रुचि का विषय पढाने में अध्यापक को जितना आनन्द आता है उतना ही अधिक छात्रों का लाभ होता है जिसका गवाह खुद मैं हूँ। मैं स्वयं अनुवाद पदविका का छात्र रहा हूँ। आपके अध्ययनपूर्ण एवं सारगर्भित व्याख्यानों को सुनने का मुझे सुअवसर भी प्राप्त हुआ है। प्रस्तुत पाठ्यक्रम में अनुवाद के सैद्धान्तिक पक्ष के साथ ही परियोजना कार्य (Project Work) को भी सम्मिलित किया गया था, जिसके कारण पाठ्यक्रम व्यावहारिक बन पाया था। छात्रों को अनुवाद के व्यावहारिक पक्ष से परिचित कराने हेतु आप हमें विभिन्न सरकारी कार्यालयों, बैंकों, समाचार पत्रों के कार्यालयों में प्रत्यक्ष कार्य एवं सामग्री संकलन के लिए न सिर्फ भेज देते थे बल्कि सम्बन्धित कार्यालयों से समुचित जानकारी प्राप्त कराने का प्रबन्धन भी करा देते थे। अनुवाद पदविका के छात्र किसी भी प्रशासकीय कार्यालय में भेंट देने जाते थे तो आप हमें अनुमति हेतु पत्र देते थे। सर जी का अच्छा सम्पर्क होने से उन कार्यालयों की ओर जानकारी और आदरतिथ्य मिलता था। जानकारी पाना, उसका अनुवाद करना, गलतियों को सुधारना यह प्रक्रिया जहाँ एक ओर हमें कुशल बनाती तो दूसरी ओर आनन्द भी देती है। अनुवाद में उपाधिधारी होने से भवसागर पार नहीं होता है। इसलिए हम कड़ी मेहनत करते थे।

डॉ. चव्हाण जी छात्रों को परीक्षार्थी बनाने से शिक्षार्थी बनाने के पक्षधर रहे हैं। कड़ी मेहनत के आलावा कोई सफलता हासिल नहीं होती तथा

कोशिश करनेवालों की कभी हार नहीं होती यही सिख आप छात्रों को हमेशा देते रहें। आप अनुवाद के क्षेत्र के ऐसे अध्यापक हैं, जो मानते हैं कि अनुवाद वर्तमान समय की आवश्यकता है। समय की इसी माँग को पूरा करने हेतु विश्वविद्यालय के अनुवाद पदविका पाठ्यक्रम को व्यावहारिक बनाने में आपकी निर्णायक भूमिका रही है। विश्वभर की विभिन्न भाषाओं में बिखरे हुए ज्ञान–विज्ञान को पाने के लिए अनुवाद जैसा कोई दूसरा साधन नहीं हो सकता, तथापि अनुवाद का कार्य बहुत ही ज़िम्मेदाराना होता है जिसे निष्ठा, लगन और परिश्रम से ही पूरा किया जा सकता है। इस बात को समझाते हुए आप कहते हैं–''जैसे कोई गायक प्रत्यक्ष मंच पर गाने से पहले अर्से से रियाज करता है तत्पश्चात मंच को अधिकारपूर्वक जीत लेता है ठीक वैसे ही अनुवादक को भी निरन्तर अभ्यास करना पड़ता है।'' चूँकि 'करत करत अभ्यास जड़मति होत सुजान 'अर्थात Practice Makes Man Perfect इस उक्ति के नुसार छात्र को अपने गंतव्य तक पहुँचने के लिए हमेशा प्रयत्नरत रहना चाहिए, आप इसे एकलव्य के उदाहरण से समझाते हैं। आप कक्षा में कई बार कहते थे कि अनुवाद में न कुछ बढ़ाना चाहिए और न कुछ घटाना चाहिए। अनुवाद के सन्दर्भ में आपकी मान्यताएँ बड़ी स्पष्ट, तार्किक और मौलिक हैं। जैसे आपके शब्दों में कहे तो–''अनुवाद को अर्थ की मूलवत प्रतिस्थापना के साथ–साथ (लक्ष्य भाषाकी प्रकृति का ध्यान रखते हुए) शैली को भी मूलवत प्रभावशाली बनाये रखना जरुरी है। तभी अनुवाद अर्थ तथा शैली–दोनों स्तरों पर मूलनिष्ठ बनेगा।'' (डॉ. अर्जुन चव्हाण–अनुवादः समस्याएँ एवं समाधान पुस्तक से उद्धृत)

नवम्बर, 2013 की बात है। हमारे महाविद्यालय में हिन्दी, मराठी और अँग्रेजी विभाग के संयुक्त तत्वाधान में अनुवाद पर राष्ट्रीय संगोष्ठी ली थी। संगोष्ठी सर के मार्गदर्शन में ही सम्पन्न हुई थी। वक्ताओं का चयन हो, ग्रन्थ प्रकाशन की प्रक्रिया हो सारी बातें आपके दिशानिर्देशन में ही पूर्ण हुई थीं। आपने अपने बीज वक्तव्य से सबको मन्त्रमुग्ध किया था। लगभग 250 से अधिक प्रतिभागी उपस्थित थे।

आपका अनुवाद से सबंधित जो सैद्धान्तिक चिन्तन है वह अत्यन्त मूलगामी है। अनुवाद के विषय में आपकी रूचि का ही प्रतिफल है कि आपने 'अनुवाद चिन्तन' जैसे कालजयी ग्रन्थ का लेखन किया जिसे सन 1998 में हिन्दी साहित्य अकादमी (महाराष्ट्र राज्य) का 'पण्डित महावीर प्रसाद द्विवेदी' पुरस्कार प्राप्त हुआ। आपकी एक और अनुवाद से सम्बन्धित रचना–'अनुवादः समस्याएँ एवं समाधान' को सन् 2003 में केन्द्रीय हिन्दी निदेशालय मानव संसाधन विकास मन्त्रालय भारत सरकार की ओर से 'हिन्दीतर भाषी

हिन्दी लेखक पुरस्कार' प्राप्त हुआ। विशेष उल्लेखनीय है कि उक्त सम्मान में आपको तत्कालीन प्रधानमन्त्री अटल बिहारी वाजपेयी जी के हाथों रु 50 हजार की राशि प्रदान कर नवाजा गया है। यह राष्ट्रीय सम्मान आपके साहित्यिक महत्त्व को दर्शाता है। अनुवाद के व्यावहारिक पक्ष का सफल प्रयोग आपने किया है। जैसे–प्रसिद्ध मराठी साहित्यिक डॉ. दादासाहब मोरे जी की मराठी आत्मकथा 'गबाळ' का हिन्दी अनुवाद आपने 'डेराडंगर' के नाम से किया है, जो हिन्दी अनुवाद की उच्चतम कृति है।

अनुवाद के साथ आप हमारे भीतर ऊर्जा भी भरते थे। आप कहते हैं 'सफलता की कोई उम्र नहीं होती' जिसे सचिन तेंदुलकर, छत्रपति शिवाजी महाराज और सन्त ज्ञानेश्वर जी के उद्धहरणों द्वारा समझाते रहें। आपकी कक्षा याने ऊर्जा का स्रोत। आप समय की नब्ज को जानने वाले अध्यापक हैं। महँगाई के इस वर्तमान दौर में बढ़ती बेरोजगारी एक ज्वलंत समस्या है। तथापि अपने छात्रों का भविष्य सिर्फ कथा कहानी के पठन–पाठन और काव्यास्वादन से सुरक्षित नहीं रह सकता इस बात को आप की दूरदर्शीता ने जान लिया था। यही कारण है कि हिन्दी को रोजगारोन्मुख बनाने की पहल आपने अनुवाद के माध्यम से की। लीक से हटकर कार्य करनेवाले भाषा के अर्थार्जन के जितने अवसर उपलब्ध हैं उसके प्रति आप छात्रों का ध्यानाकर्षण करते रहे। उनको उचित मार्गदर्शन एवं प्रेरणा देते रहें। उसीका ही परिणाम है कि आज आपके कई छात्र न केवल अध्यापक, प्राध्यापक, प्रबन्धक, प्रशासक बन गये हैं, बल्कि पत्रकार, अनुवादक, संवाददाता, निवेदक, गीत लेखक, पठकथा लेखक, संवाद लेखक बनकर कई क्षेत्रों में अपना कीर्तिमान स्थापित कर चुके हैं। एक गुरु के लिए इससे बढ़कर गुरुदक्षिणा और क्या हो सकती है?

प्रो. अर्जुन चव्हाण सर अनुवाद कार्य में अनुशासन के हिमायती हैं। इसीलिए उन्होंने न स्वैर अनुवाद को पसन्द किया और न अनुवादक की लापरवाही को। 'अनुवाद चिन्तन' के नये संस्करण में 'अनुवाद मूल्यांकन' का नया अध्याय इसी वजह से उन्होंने जोड दिया। इस सन्दर्भ में उनकी मान्यता है कि ''विगत दो दशकों में 'बायोडाटा' प्रेमियों ने स्वयं को 'अकादमिक' सिद्ध करने या 'पेपर हॉर्स' (कागजी घोडा) बनाने हेतु अनुवाद के नाम पर जो कार्य किया वह न केवल निन्दनीय बल्कि भर्त्सनीय भी कहना होगा। ऐसे स्तरहीन अनुवाद का मूल्यांकन करते समय अनुवाद की सीमाओं पर तथा अनुवादक की अमर्याद आजादी पर भी प्रहार करना होगा।'' स्पष्ट है कि वे अनुवादकों के अनुवाद मार्गदर्शक हैं। उनका वह रूप निश्चय ही अनुवाद क्षेत्र के लिए उपयोगी मानना होगा। आपके अभिनन्दन हेतु बना प्रस्तुत ग्रन्थ हम सबके लिए गौरव का विषय है, आस्था का कार्य है और अस्मिता का भी।

आत्मविश्वास दिलानेवाले अभिभावक!

डॉ. चन्दा सोनकर

दुनिया में 'आत्मविश्वास' के साथ जीने का ढंग सिखानेवाले अभिभावक का स्थान जीवन में उतना ही अहम् होता है जितना जन्मदाता अभिभावक का! मेरे जीवन में गुरुवर्य प्रो. (डॉ.) अर्जुन चव्हाण सर का वही उच्चतम स्थान है। उनके सामने हमेशा ही विनम्रता से सिर झुकता है। सन 1997 में कोल्हापुर के शिवाजी विश्वविद्यालय के हिन्दी विभाग में (उन दिनों हिन्दी विभाग मानव्यशास्त्र भवन में था) एम.फिल. की शिक्षा हेतु मैंने प्रवेश लिया। प्रवेश परीक्षा की मौखिकी में डॉ. अर्जुन चव्हाण के विभागाध्यक्ष के रूप में दर्शन हुए। विभाग के प्रति मन में संकोचवश आशंकाएँ एवं डर था। वह सर के साथ हुए चन्द संवाद में दूर हो गया। पहली बार हिन्दी भाषा एवं साहित्य के एक पांडित्यपूर्ण व्यक्तित्व से मिलकर बहुत प्रसन्नता महसूस हुई। उच्च शिक्षा की महत्त्वाकांक्षा पूर्ति के लिए उचित स्थान पर पहुँचने का सन्तोष भी हुआ, जो आज सार्थक लगता है। सर आज भी विभाग के अध्यक्ष हैं और उनके मार्गदर्शन में मैं अपनी मंजिल की ओर आगे बढ़ रही हूँ। मेरी यह यात्रा बहुत सार्थक है।

सर की हमेशा से यह विशेषता रही है कि पिछड़े क्षेत्र से आनेवाले छात्रों के अध्ययन एवं ज्ञान प्राप्ति के प्रति समर्पण को भाँपना और उनके तथा हिन्दी के भविष्य को देखना। ऐसे छात्रों के लिए वे एक प्रेरणास्रोत बनकर रहे हैं। अपनापन एवं 'आगे बढ़ो' शब्दों से उनका आशीर्वाद छात्रों में जोश एवं आत्मविश्वास भर देता है। यह मेरा निरीक्षण ही नहीं तो स्वानुभव भी है। आदर और प्रेम माँगने से नहीं मिलता है। आदरणीय डॉ. चव्हाण सर को वह बिना माँगे असीम रूप में प्राप्त हुआ है क्योंकि दूसरों को उनका ज्ञान और प्रेम का दान हमेशा निरपेक्ष रहा है। यह हर एक के बस की बात नहीं होती।

उच्च शिक्षा लेने वाले कई छात्रों को अपने संघर्ष में कदम–कदम पर ठेस लगती है। वे गिरते हैं, पुनः उठकर अपने आपको सँभालते हुए मंजिल की ओर चला करते हैं। उनके लिए डॉ. चव्हाण सर 'दीपशिखा' बन जाते हैं। एक अध्यापक और छात्र के रूप में शुरू होनेवाला यह रिश्ता अपने आप गुरु और शिष्य के रूप में परिवर्तित हो जाता है। हमारा भाग्य है कि हमें सर जैसे गुरु का मार्गदर्शन और साथ मिला।

अनुवाद के क्षेत्र में 'मील का पत्थर' माने जानेवाले सर के 'अनुवाद चिन्तन' ग्रन्थ से अनुवाद कला का मुझे परिचय हुआ। अनुवाद क्षेत्र से मेरा जुड़ जाना महज एक इत्तेफाक नहीं बल्कि डॉ. अर्जुन चव्हाण सर ने बरसों पहले मुझे छात्रावस्था में पिलाई वह ज्ञान की घुट्टी थी जो आगे चलकर करिअर के संघर्ष में ऊर्जा का स्रोत बनी। एक महत्त्वपूर्ण कार्य के रूप में जब मैंने अनुवाद कार्य की शुरूआत की तब अड़चनों एवं त्रुटियों से रूबरू हुई तब सर द्वारा लिखित 'अनुवाद समस्याएँ एवं समाधान' इस पुस्तक के पठन से अनुवाद कार्य की मौलिक सीख मिली। सर को प्राथमिक स्तर पर अनुवाद कार्य करनेवाले अनुवादकों की सीमाएँ पता थीं जिसकी फलश्रुति इस मौलिक किताब का निर्माण है। अनुवाद क्षेत्र में उनकी ये किताबें एक महत्त्वपूर्ण उपलब्धि है।

''अध्यापक के लिए अपने छात्रों का उज्ज्वल भविष्य ही अध्यापक की सार्थक पूँजी होती है'' यह सर का विधान वर्तमान और भविष्य की अध्यापक पीढ़ियों के लिए एक बहुत बड़ा सन्देश है। जो इस सन्देश को समझेगा और उस पर अमल करेगा, वही इस क्षेत्र में आदर और सम्मान का हकदार बनेगा, वरना....। ख़ैर, मैं व्यक्तिगत स्तर पर हमेशा इसे याद रखूँगी। सैकड़ों की संख्या की ओर अग्रेसर उनके ग्रन्थों का खजाना हिन्दी भाषा, साहित्य और अनुवाद क्षेत्र में उनका अक्षय योगदान एक विरासत के रूप में रहेगा, इसमें कोई आशंका नहीं। हिन्दी के प्रति उनका प्रेम, समर्पण और योगदान अतुल्य है।

जीवन में 'आत्मविश्वास' नामक मानसिक शक्ति का आशीर्वाद मुझे आदरणीय प्रो. (डॉ.) अर्जुन चव्हाण सर से मिला है। एम.फिल., पीएच.डी. के अध्ययन के दौरान मैंने अपनी अध्ययन लालसा और आगे बढ़ने के जी तोड़ प्रयास ने ही सर का विश्वास हासिल किया। अठारह वर्षों के दीर्घ अन्तराल में संघर्ष से थकी–हारी मैं जब उनसे मिली, उनका वही विश्वास मुझ पर कायम मिला। उन्होंने विभाग में अध्यापन का अवसर दिया और विभाग की

महत्त्वपूर्ण जिम्मेदारी मुझ पर सौंप दी। फिर क्या था? मैं पुनश्च सकारात्मक दृष्टि से काम में जुट गयी। एक छात्र को अपने गुरु से बस यही तो अपेक्षा होती है! उनसे बिना बात के भी बहुत अर्थपूर्ण संवाद हो जाता है। इससे छात्र को अपने जीवन की नई दिशाएँ नजर आने लगती हैं। सर को लेकर मेरा यही अनुभव है। आज जीवन के महत्त्वपूर्ण पायदान पर खड़ी हूँ, प्रो. (डॉ.) अर्जुन चव्हाण सर जैसे गुरु का विश्वास और प्रेरणा लेकर आगे चलने के लिए तैयार हूँ। उनकी पत्नी गुरुमाता आदरणीय अनीता मैडम की ममता से मैं लाभान्वित हूँ। उनके साथ जब भी बात करती हूँ मुझे मेरी स्वर्गीय माँ की ममता का एहसास होता है। इस सन्दर्भ में मैं बहुत भाग्यशाली हूँ। उनका पूरा परिवार स्नेह, प्रेम और आत्मीयता का भंडार है। अपने क्षेत्र में सफलता हासिल की हुई उनकी बेटियाँ अमृता, चारूता तथा बेटा भूषण आदर्श और विनम्र सन्तान की मिसाल है।

मैं पत्थर की मूर्ति में ईश्वर का अस्तित्व नहीं मानती। लेकिन प्रो. (डॉ.) अर्जुन चव्हाण जी मेरे लिए इंसान में बसे देवता हैं। मेरी यह प्रामाणिक भावाभिव्यक्ति है। व्यक्ति के रूप में वे इन्सानियत की अद्‌वितीय मिसाल और जीवन की रणनीति में संघर्षयात्री के रूप में एक सफल, धुरंधर अर्जुन! सर, इस सफल यात्रा के लिए आपका तहेदिल से अभिनन्दन! हमने आपसे 'सत्यमेव जयते' का पाठ पढ़ा है। सत्य की जीत देर से होती है लेकिन वह जीवन का शाश्वत सन्तोष होता है' आपकी इसी परिपाटी पर हम चलते रहेंगे। अन्ततः सन्त कबीर के शब्दों में यही कहूँगी–"गुरु की महिमा अनन्त/अनन्त किया उपकार/लोचन अनन्त उघाडिया/अनन्त दिखावन हार।" *अवकाशप्राप्त स्वस्थ जीवन के लिए आपको ढेर सारी शुभकामनाएँ! आदरणीय तथा वन्दनीय सर और मैडम को सादर प्रणाम।*

अक्षरों के सर्वाधिक सार्थक धनी

डॉ. संजय चोपडे

शिवाजी विश्वविद्यालय, कोल्हापुर (महाराष्ट्र) के हिन्दी विभाग के चौथी बार अध्यक्ष बने प्रो. (डॉ.) अर्जुन चव्हाण सर जी की हिन्दी साहित्य क्षेत्र को अनूठी देन है। उनका शांत, संयमी और प्रभावशाली व्यक्तित्व हमेशा अपनी अलग अहमियत सिद्ध करता है। उनका हिन्दी में बात करने का लहजा सभी को प्रभावित करता है। साथ ही हिन्दी भाषिक प्रान्त के लोग भी उन्हें अपना मान कर जुड़ते हैं। इतना ही नहीं आजू–बाजू के लोग भी उनके साथ हिन्दी में बात करने के लिए सहज प्रवृत्त होते हैं। सहज स्मित हास्य यह उनकी खासियत है। सर जी हमेशा स्थिर, शांत रहते हैं। उनकी संयमी वृत्ति वाकई प्रणाम करने लायक और लाजवाब है। न्याय देवता पर विश्वास और 'सत्यमेव जयते!' का तत्व स्वीकारने वाले सर मेरे आदरणीय गुरु हैं, यह मेरे लिए गौरव की बात है। वे समीक्षात्मक ग्रन्थ, सृजनात्मक ग्रन्थ, अनुवाद साहित्य ग्रन्थ और सम्पादित ग्रन्थ, साथ ही भाषा विमर्श खण्ड, अनुवाद विमर्श खण्ड, साहित्य विमर्श खण्ड, स्मृतियों के झरोखे से, साक्षात्कार, संस्मरण, संस्मरण परक आलेख, यात्रावर्णन जैसे अनेक विषयों के रचना–संसार के धनी रहे हैं।

अक्षरों के धनी प्रो. चव्हाण सर अपने निजी जीवन में बहुत ममत्व रखने वाले और सात्विक वृत्ति के हैं। उनकी सहज, सरल आचरण वृत्ति किसी का नुकसान नहीं करती है। अपना श्रेष्ठत्व सिद्ध करने पर तुले लोग सामने वाले को नुकसान पहुँचाते हैं। मगर सर हमेशा उसे मौका देकर उन्हें माफ़ कर सुधरने का अवसर प्रदान करते हैं। उनकी उदारता को हमने पल–पल अनुभव किया हैं। उनका हिन्दी भाषा के साथ मराठी भाषा का ज्ञान अत्यन्त गहरा है। वर्तनी और व्याकरण पर हमेशा ध्यान देने वाले सर हाथ में मिली पत्रिका चाहे मराठी की हो या हिन्दी की उससे गलतियाँ निकालते ही हैं। आज

भी उनकी उम्र से ज़्यादा बड़े लोग उनके काम से और आदब से डरते हैं। उन्होंने कभी भी गलत बातों को स्थान नहीं दिया है।

कोई भी काम हो, विषय को समझ कर निपटाना उनसे सीखें। काम अधूरा छोड़ना उन्हें कभी अच्छा नहीं लगता। कितना भी समय लगे, बिना रूके, खाने–पीने की ओर बिना ध्यान दिए वे काम पूरा करके ही रूकते हैं। उनकी ऊर्जावान वृत्ति हमेशा प्रेरणा देती है। विषय हजारीप्रसाद द्विवेदी का हो या प्रेमचन्द का, दोनों साहित्यकार की विद्वत्ता को तत्कालीन यथास्थितिवादियों ने किस प्रकार ठुकराया, उन्हें क्षतिग्रस्त बनाया, वे घंटों तक विस्तार से बताते हैं। उनके बालों का अन्दाज निराला और पन्त जी की तरह हैं। निराला के निजी ज़िन्दगी को और उनके पत्रों के आधार पर शोधपत्र लिखा था जो पहली बार प्रकाशित करने का श्रेय डॉक्टर साहब को है। जब मैं उनको देखता हूँ तब मुझे उनमें नाटककार मोहन राकेश, तो कभी कवि निराला जैसे साहित्यकार की छवी नजर आती हैं। निरन्तर लेखन में मग्न सर जी कभी गजल भी लिखते हैं और बड़े उत्साह से हमें सुनाते हैं। भारतीय समाज की स्थिति पर बहुत कठोर शब्दों में प्रहार करते हैं। वे लिखते हैं–"अब कब्र नहीं कबीर को देखने का वक़्त है/ अब सब्र नहीं सैतान को रोकने का वक़्त है।"

जहाँ 'सत्यमेव जयते' का नारा दिया जाता है उसी देश में 'असत्यमेव जयते' से घेरा देखकर वे दुःखी हो जाते हैं। तब वे लिखते हैं, जैसे–"'सत्यमेव जयते' है नारा अपने देश का/मगर 'असत्यमेव जयते' का घेरा फक्त है।"

आगे वे नौजवान का हौसला बँधाते हुए आगे बढ़ने का मन्त्र देते हैं– "बिगड़े हालात में हौसला छोड़िए मत/अपने उम्मीद का दामन छोड़िए मत/जमीर की कुर्बानी से जो चाहे पाया हो/उसकी कामयाबी से मगर कुढ़िए मत/है जमाने की ज़रूरत 'अर्जुनजी' क्रान्ति/पल्लू शान्ति का मगर कभी तोड़िए मत।" उन्होंने जीवन में बिगड़े हालात में भी उम्मीदों का दामन छोड़ा नहीं। वे जरूरत के मुताबिक संघर्ष करते रहे मगर शान्ति का, अमन का पल्लू छोड़ना नहीं चाहते। यही उनका स्थायी भाव है।

पिछले अनेक सालों से बाधित समाज की मानसिकता का वे बेबाक बयान करते हैं। कोरोना से समाज भला ही बाधित हुआ है मगर कई सालों से यह मानसिक कोरोनारूपी वायरस प्रस्थापितों में है इसे वे डंके की चोट पर प्रस्तुत करते है। वे मन्दिर, मस्जिद, चर्च की सच्चाई भी प्रस्तुत करते हैं। भगवान के घर कोरोना के डर से दरवाजे बन्द किये हैं। लोगों की रक्षा

करने का ठेका जिसने ले रखा है उसके ही घर बन्द है। इक्कीसवीं सदी का नया वर्ष नई कोविड 19 की बाधा से ग्रस्त हुआ है। इस पर भाष्य करते हुए प्रो. अर्जुन चव्हाण सर लिखते हैं–"कुदरती 'कोरोना' से ग्रस्त भले ही चन्द हैं, / मनोवृत्ति 'कोरोना' ग्रस्त स्थापितों के नन्द हैं। मन्दिर, मस्जिद, चर्च सब भरोसे मन्द हैं, / कोरोना के डर से मगर दरवाजे बन्द हैं। शान से जीना कितनों के नसीब 'अर्जुनजी' / लाखों–करोड़ों में मगर यहाँ फ़कीर चन्द हैं।"

एक बात मुझे याद आती है, सर जी ने कॉलेज के साक्षात्कार में मुझे प्रश्न पूछा गया था–'विष्णु प्रभाकर की जीवनी का नाम क्या है?' मैंने 'आवारा मसीहा' उत्तर दिया था। तब सर जी ने सब कमिटी के सामने विष्णु प्रभाकर जी की पूरी जीवनी रखी थी। सर जी के पास ज्ञान का भांडार है। उन्होंने मराठी की अनेक कृतियों का हिन्दी में अनुवाद किया है। भालचन्द्र नेमाडे, जगदीश खेबूडकर, नारायण सुर्वे, आनन्द यादव, अनुराधा गुरव, रवींद्र ठाकुर, विश्वास पाटील, गौरी देशपांडे जैसे अनेक मराठी साहित्यकारों के साहित्य हिन्दी साहित्यकारों के साहित्य के साथ तुलनात्मक अध्ययन कराने का महत्त्वपूर्ण काम प्रो. (डॉ.) अर्जुन चव्हाण सर ने किया है। वे छात्र जगत, अध्यापक जगत तथा अकादमिक दृष्टि से निश्चय ही अजातशत्रु हैं। 'अक्षर' उनके साथ में, 'अक्षर' उनके हाथ में और 'अक्षर' उनके ध्यान, कान तथा मकान में है। अतः उन्हें 'अक्षरों' के धनी कहना सर्वाधिक सार्थक होगा।

पितृतुल्य गुरुवर्य

डॉ. विजय सदामते

अच्छा व्यक्ति वही होता है जो सभी का आदर्श हो, प्रेरणास्रोत हो तथा सभी के प्रति स्नेह रखनेवाला हो। ऐसे सर्वगुणसम्पन्न आदरणीय पितृतुल्य गुरुवर्य प्रो. (डॉ.) अर्जुन चव्हाण जी हिन्दी के अग्रगण्य साहित्यकार, अनुवादक एवं आलोचक हैं। सिर्फ तेरह साल की अवधि में मेरे व्यक्तित्व निर्माण में उनका कुम्हार जैसा स्थान रहा है। उन्होंने ही मुझे बनाया है। सर जी का परिचय स्नातकोत्तर कक्षा में प्रवेश लेने के बाद हुआ। माँ–बाप के बाद छात्रों के जीवन में गुरु का स्थान महत्त्वपूर्ण होता है। इसलिए छात्र में अध्यापक के गुणों के प्रतिबिम्ब होते हैं।

मैंने बचपन में अध्यापक बनने का सपना देखा था लेकिन वह साक्षात अवतरित हुआ। सर जी कक्षा में हमेशा जीवन के अनुभवों के व्दारा हर बात को समझाकर पढ़ाते और ऊँचा सपना दिखाकर उसकी पूर्ति हेतु प्रेरित करके हमारा हौसला बढ़ाते हैं। सीधा–सादा रहन–सहन किन्तु उँचे विचार रखनेवाले सर जी हमेशा छात्र–प्रिय रहें हैं। उनकी निरन्तर गम्भीरता से अध्ययन करने की सीख की बदौलत मैं आज शिवाजी विश्वविद्यालय के हिन्दी विभाग में कार्यरत हूँ। अध्यापक के रूप में उनके व्यक्तित्व में हिन्दी विषय का ज्ञान, जिज्ञासा वृत्ति, आदरभाव, प्रेम, अपनत्व की भावना, मित्रवत् व्यवहार तथा उचित मार्गदर्शन आदि कई गुणों को मैंने देखा है।

मैं अपने छात्र जीवन से अब तक सर के साथ जुड़ा हुआ हूँ। इसलिए कुछ बातों को लिखना मैं अपना कर्तव्य समझता हूँ। सर की पहली मुलाकात सन 2007 में एम. ए. को प्रवेश लेते वक़्त हुई। एम. ए. करने के उपरान्त मैंने अनुवाद पदविका पाठ्यक्रम तथा एम.फिल. की उपाधि हासिल की। उस समय जिज्ञासाओं की पूर्ति हेतु हमें मार्गदर्शन किया। 'Simple living And high thinking' से युक्त उनका व्यक्तित्व रहा है। उनके इस व्यक्तित्व से

प्रेरणा पाकर मैं नेट (JRF) परीक्षा उत्तीर्ण हुआ। उस समय मैं मिठाई लेकर सर से मिलने गया तो उन्होंने केवल शुभकामनाएँ ही नहीं दी, मेरे भविष्य को लेकर चर्चा तथा मार्गदर्शन भी किया।

सर जी जैसा बनना तो शायद मेरे लिए असम्भव ही होगा। क्योंकि ऐसा व्यक्तित्व सिर्फ साधु सन्तों का ही हो सकता है। संकट के समय में स्थिर रहकर उस स्थिति में भी मनुष्यत्व की भावना बनाए रखकर जीवन जीने की सीख वे हमेशा मुझे देते रहें हैं। क्षमा करना, काम के प्रति निष्ठा रखना, ईमानदारी और प्रामाणिकता से कर्तव्य को निभाना, किसी पर भी गुस्सा न करना, सबके के साथ एक जैसा व्यवहार करना, सबकी समस्याओं को समझकर जितना हो सके उतना उसे सुलझाने का प्रयास निरन्तर करना आदि कई पहलू उनके व्यक्तित्व में स्थायी भाव की तरह रुढ़ हो गये हैं। वे आदर्श मार्गदर्शक, आदर्श गुरु, आदर्श प्राध्यापक, आदर्शमित्र, आदर्शभाई, आदर्शपुत्र, आदर्श पिता, आदर्श पति तथा आदर्श नागरिक का सर्वोत्कृष्ट उदाहरण हैं।

सर जी के आदर्शवादी विचार हमेशा मेरा मार्गदर्शन करते हैं और उन्हीं के विचारों पर चलने का मैं प्रयत्न करूँगा। उनके व्यक्तित्व को ये पंक्तियाँ सौ प्रतिशत खरी उतरती हैं –

"गुरु कहं सर्बस दीजिए
तन–मन अरप सीस
गुरु बहियां गुरु देव है
गुरु साहब जगदीस"

दरिया साहब जैसा अपना तन–मन–धन, अपना सर्वस्व ही गुरु के चरणों पर वार दें। सर जी के इस सन्तत्व प्रवृत्ति से कई बातें सिखने को मिली। वह आचरण के सन्दर्भ का हो या अध्यापकीय कौशल के सन्दर्भ का हो। उनकी संगत ने मुझे आकार दिया। इसलिए अन्त में मैं सर जी के बारे में सन्त कबीर की पंक्ति कहना चाहूँगा–

"गुरुता जिसमें वह गुरु, शत–शत प्रणाम
कंकर से शंकर गढ़े, कर्म करे निष्काम"

सर जी छात्रों के लिए खासकर सामान्य परिवार के छात्रों के लिए सही अर्थ में परिस हैं। आपने मुझ जैसे सामान्य से सामान्य छात्रों को विशिष्ट बनाने का सफल प्रयास किया। मैं आपके मार्ग पर चलने का प्रयास करूँगा। आपने दी हुई प्रामाणिकता, ईमानदारी की शिक्षा कभी नहीं भूलूँगा। इस पेशे का मानसम्मान कायम रखूँगा। यह मेरी आपको गुरुदक्षिणा है। इस कार्य में आपका आशीर्वाद मिलता रहे यही मनोकामना। *सर आपको लाख–लाख नमन!!!*

अनुभव के आईने में अच्छाई और सच्चाई के पक्षधर

श्री. भिमाशंकर लक्ष्मण गायकवाड

वही शख्स सफलता के शीर्षस्थ स्थान पहुँचकर भी अपनी सादगी बनाये रखते हैं, ज्यों अनेक संघर्षों, कड़ी मेहनत और तपस्या के बल पर कामयाबी हासिल करते हैं। शिक्षा जगत में ज्ञान, अनुशासन, चारित्र्य, सृजनशीलता, समन्वय, सदाचार, निष्ठा, साधना और असीम संयम ये गुण महत्त्वपूर्ण माने जाते हैं। ये सभी गुण गुरुवर्य प्रो. (डॉ.) अर्जुन चव्हाण सर जी के व्यक्तित्व में पाये जाते हैं। एक सर्जनशील लेखक, समीक्षक और हिन्दी विद्वान के रूप में हिन्दी साहित्य जगत में उनकी पहचान है। ऐसे गुरु का शिष्य होना निश्चय ही मेरे लिए गर्व की बात है। सर जी का व्यक्तित्व जितना बड़ा है, उतना उनका संघर्ष भी बड़ा है। उन्होंने उसे उतने ही साहस, संयम, आत्मविश्वास से परास्त किया।

महान शिक्षक का व्यक्तित्व हमेशा आकर्षक होता है। हिन्दी विभाग में प्रवेशित होने के बाद विभाग की ओर से नवागत छात्रों के लिए स्वागत समारोह का आयोजन किया था। इस समारोह में अध्यक्ष के तौर पर डॉ. चव्हाण सर जी ने मार्गदर्शन किया था। उस व्याख्यान में सर जी की ओजस्वी वाणी और ज्ञान के भंडार से मैं प्रभावित हुआ। उनके व्याख्यान ने सभी छात्रों को अपनी ओर आकर्षित किया। उनका व्याख्यान भोजन के व्यंजन की तरह था। नये–नये विचार, प्रेरणा और प्रोत्साहन से उन्होंने छात्रों को उत्साहित किया। इसी कारण छात्र उनके ओर आकर्षित होते हैं। यह सिलसिला निरन्तर आज भी जारी है।

सर जी एक सकारात्मक ऊर्जास्रोत हैं। उनमें सकारात्मकता कुट–कुटकर भरी हुई हैं। उनका लेखन, चिन्तन और वैचारिकता सकारात्मकता की

मिसाल है। वे मानते हैं कि परिस्थिति कितनी भी विपरित क्यों न हो, उसे अपने कौशल और बुद्धिमत्ता के बल पर अनुकूल बनाकर उसका अपनी उन्नति के लिए सदुपयोग करना चाहिए। उनका लेखन और चिन्तन सकारात्मकता का ही परिणाम है। वे खुद कभी निराश नहीं होते और कोई निराश छात्र उनके सम्पर्क में आ गया तो उसे भी निराशा से बाहर निकालते हैं। वे हमेशा तरो–ताजा दिखायी देते हैं। इसी कारण ही यह अभिनन्दन ग्रन्थ निर्माण हुआ है। अनुवाद, निबन्ध, कहानी, कविता, गजल, आलोचना, यात्रावृत्त, संस्मरण आदि उनका सारा रचना–संसार सकारात्मकता के कारण ही निर्माण हुआ है। एक बार मैं स्वयं नकारात्मक सोच में डूबा था। सर जी ने मुझे नकारात्मक सोच से बाहर निकाला। मेरा हौसला बढ़ाया और लड़ने की हिम्मत दी। यह सब केवल उनके सकारात्मक सोच के कारण ही सम्भव हो सका।

सर जी स्वयं एक अच्छे अध्येता, प्रभावी वक्ता, विद्वान तथा सफल अनुसंधाता होने के कारण हमेशा अपने छात्रों से उम्मीद रखते हैं कि वे भी सफलता की सीढ़ियाँ हासिल करें। वे हमेशा छात्रों में नवनिर्माण का माहौल बनाते हैं, उन्हें प्रेरित करते हैं। साहित्य और समाज की जानकारी छात्रों को देते हैं। सर जी को छात्रों में छुपे गुणों की परख है। इसी के अनुसार वे उन पर काम सौंपते हैं। जब मैंने अपने अनुसंधान के बारे में उनसे चर्चा की तब कुछ सवाल उन्होंने मुझे पूछे। मेरी ओर से उसके उचित जवाब मिलने के बाद ही सर जी ने मुझे अपनी रुचि के अनुसार 'अम्बेडकरवादी विचार' पर तुलनात्मक अध्ययन करने का सुझाव दिया। वे हमेशा अच्छा काम करने वालों को प्रोत्साहन देते हैं।

सर जी ज्ञान का भंडार हैं। वे हमेशा अध्ययन करते दिखायी देते हैं। लिखने और पढ़ने में वे गहरी रुचि रखते हैं। आज भी वे घंटों लिखते बैठते हैं। गहन अध्ययन से ही ज्ञान प्राप्ति होती है इसलिए हमेशा नया–नया पढ़ना चाहिए ऐसा वे मानते हैं। अपनी विद्‌वत्ता के आधार पर ही वे अनेक छात्रों को उपन्यास, कविता, नाटक, आत्मकथा, यात्रा साहित्य, वैचारिक साहित्य, अनुवाद, मीडिया, विभिन्न विमर्श आदि पर अधिकारवाणी से मार्गदर्शन करते हैं। समस्याओं का समाधान निकालते है। ज्यो भी कोई अपनी समस्या लेकर उनके पास जाता है, उसका हल निकालने में उनका कोई सानी नहीं। वे हमेशा कहते हैं–'मैं छात्रों की मुसीबत बढ़ाने के लिए नहीं बल्कि उन्हें मुसीबत से बाहर निकालने के लिए यहाँ बैठा हूँ।'

सर किसी विषय पर बोलते हैं तो उसकी सारी बारीकियाँ उदाहरण के साथ समझाते हैं। उनकी प्रभावशील वाणी से मिलनेवाला ज्ञान अमूल्य है। उनका व्याख्यान सुनते ही रहें ऐसा लगता है। कई किताबें पढ़ने से जितना ज्ञान नहीं मिलता वह केवल सर जी का व्याख्यान सुनने से मिलता है। उन्हें इस अध्ययनशीलता के कारण ही पं. महावीर प्रसाद द्विवेदी पुरस्कार, हिन्दीतर भाषी हिन्दी लेखक पुरस्कार, हिन्दी साहित्य अकादमी मॉरीशस सम्मान, साहित्य शिरोमणि सम्मान, सुब्रमण्यम् भारती साहित्य सेतु, जीवन गौरव पुरस्कार आदि पुरस्कारों से सम्मानित किया गया है। सर जी संवेदनशील कवि होने के कारण उनका व्यवहार सबके साथ स्नेहपूर्ण रहा है। उनका व्यक्तित्व मिलनसार होने से जो भी उनसे मिलता है, उनसे हमेशा के लिए जुड़ जाता है। कश्मीर से लेकर कन्याकुमारी तक के अध्यापक, लेखक, विद्वान, कवि, पत्रकार, सम्पादक, चिंतक, प्रकाशक आदि के साथ उनका गहरा लगाव है।

गुरुवर्य अर्जुन चव्हाण सर जी अनुशासनप्रिय व्यक्तित्व होने के कारण छात्र उनसे बचकर ही रहते हैं। एक दो बार उनसे अनुसंधान या अन्य विषय के बारे में चर्चा करने के बाद पता चला कि वे कठोर व्यक्तित्व के नहीं हैं। सर छात्रों के मतों का भी आदर करते हैं। हम कभी कुछ सुझाव लेकर उनके पास जाते हैं तो उसे परखकर उसका स्वीकार भी करते हैं। सर जी छात्रों को अनुसंधान, वाचन, लेखन के लिए प्रेरित करते ही हैं लेकिन इसके साथ छात्रों को जीवन में आनेवाली चुनौतियों का सामना करने की सीख भी देते हैं। यदि कोई छात्र कोई समस्या लेकर उनके पास आता है तब उसका धीरज बाँधकर, हौसला बढ़ाकर सकारात्मक सोच से जीने के लिए प्रेरित करते हैं। सर जी गहन अध्येता, पाठक, चिंतक, अनुसंधाता होने के नाते उनका सबसे ज़्यादा लगाव किताबों से है। इसलिए उन्होंने अपने 'अक्षर' बंगले में अलग से ग्रन्थालय बनाया है। अपने मकान का वही उनका सबसे प्रिय स्थान है। उनके ग्रन्थालय में अनेक प्रकार की किताबें उपलब्ध हैं। इसका लाभ हम छात्र भी लेते हैं। मानो वह पुस्तकों का खजाना है।

इस तथ्य का उद्घाटन करना जरुरी है कि सर जी की सफलता में परिवार का स्थान महत्त्वपूर्ण है। उनका ज़्यादातर समय अध्ययन–अध्यापन में ही बितता है। जिस प्रकार वे छात्रों को प्रेरित और प्रोत्साहित कर सफलता की कामना करते हैं, उसी प्रकार अपने बच्चों से भी अपेक्षा रखते हैं। बच्चों ने भी उसकी पूर्ति की है। बड़ी बेटी एडवोकेट अमृता वकालत व्यवसाय में

कार्यरत है। बेटा भूषण मनोचिकित्सक है। मँझली बेटी डॉ. चारुता वैद्यकीय व्यवसाय में मनोयोग से मरीजों की सेवा कर रही है। सर जी के पिताजी स्व. अण्णा का भी स्नेह और आशीर्वाद हमें मिला। सर जी की जीवन संगिनी सौ. अनीता चव्हाण मैडम का स्नेह, ममता, आशीर्वाद तथा प्रोत्साहन हम सभी छात्रों के लिए अनमोल रहा है। भविष्य में भी उनका मार्गदर्शन हमें मिलता रहेगा इसमें दो राय नहीं।

सर जी आपके जीवन में सुख, समृद्धि, स्वास्थ्य फलता–फुलता रहें, यही कामना करता हूँ। अनुभव के आईने में देखने से यही स्पष्ट होता है कि हमारे गुरुवर्य चव्हाण सर सदा से अच्छाई के पक्षधर रहे हैं और सच्चाई के भी। वर्तमान काल में उनका व्यक्तित्व एवं कृतित्व आदर्श की मिसाल मानना पड़ेगा। खासकर छात्र जगत और अध्यापक जगत के लिए।

ज्ञान के सच्चे साधक और तपस्वी गुरुवर्य

श्री. अनिल विठ्ठल मकर

किसी भी व्यक्ति के महान बनने के पीछे उनकी निरन्तर साधना, तपस्या छिपी होती है। एक ऐसा ही अलग–थलग व्यक्तित्व शिवाजी विश्वविद्यालय के हिन्दी विभाग को मिला है, जिनका नाम है आदरणीय गुरुवर्य प्रो. (डॉ.) अर्जुन चव्हाण सर जी। उनके रचना–संसार और विद्वत्ता के चलते उन्हें सिर्फ महाराष्ट्र में ही नहीं तो देश–विदेश में भी जाना जाता है। शीर्षस्थ हिन्दी लेखकों के साथ उनका करीबी सम्बन्ध है। इसके पीछे उनकी तपस्या, त्याग, संयम और मिलनसार व्यक्तित्व छिपा हुआ है। ऐसा महान व्यक्ति कोल्हापुर के शिवाजी विश्वविद्यालय के हिन्दी विभाग को विभागाध्यक्ष के रूप में मिलना निश्चय ही गौरव की बात है। वे मेरे मार्गदर्शक होना मेरे लिए भी गौरव की बात है। वास्तव में ऐसे महान व्यक्ति के बारे में लिखना मेरे जैसे सामान्य छात्र के बस की बात नहीं।

दुनिया में विद्वानों की कमी नहीं है लेकिन चव्हाण सर जैसे विरले विद्वान बहुत कम ही हैं। एक छात्रप्रिय अध्यापक के रूप में उनकी पहली पहचान है। मेरे जैसे सामान्य परिवार से, गाँव देहात से आये छात्रों की गुणवत्ता को अचूकता से भाँपकर उन्हें उचित राह दिखाने का कार्य वे करते हैं। ऐसा नहीं है कि वे सिर्फ अपने ही छात्रों को मार्गदर्शन करते हैं, जब कोई भी छात्र उनके पास आता है तब वे उसको मार्गदर्शन किए बिना नहीं रहते हैं। वह हताश नहीं जाता। यह उनकी विद्वत्ता की बहुत बड़ी ताकत है। काव्य हो या उपन्यास, कहानी हो या साहित्य की कोई भी विधा हो उनकी विद्वत्ता लाजवाब है। मीडिया और अनुवाद तो उनके गहरी रुचि के विषय। इस विषय पर उनकी एक–से–एक बेहतरीन किताबें हैं, वह भी राष्ट्रीय, अन्तर्राष्ट्रीय पुरस्कारों से सम्मानित। वे जब किसी विषय पर बात करते हैं तो लगता है सुनते ही रहें। उन्हें देखने से लगता है–'उनके पास इतनी बड़ी विद्वत्ता आयी कहाँ से?'

कभी भी देखो सर के चेहरे पर वही ताजगी, वही उत्साह। सुबह काम की शुरुआत की तो रात आठ–आठ, दस–दस, कभी–कभी बारह बजे तक विश्वविद्यालय के हिन्दी विभाग में कार्यरत रहते हैं। लेकिन चेहरे पर कभी थकान नहीं। हररोज वही ऊर्जा, वही उत्साह। रात को घर जाते समय भी वे अपने साथ कुछ–न–कुछ साथ ले जाते। ले जाते समय कहते हैं–'यह रात में देखूँगा'। इतनी ऊर्जा उनमें आती हैं कहाँ से? यह देख सामने वाले में ऊर्जा का संचार हो जाता है। नहीं तो विश्वविद्यालय में और महाविद्यालयों में घड़ी की ओर देख कर काम करने वाले अध्यापक कम नहीं। चव्हाण सर जी का अध्यापकीय पेशा यह पेशा नहीं तो पेशन्स है, यही उनका जीवन और सब कुछ है। अपने परिवार से भी ज़्यादा वे अपने अध्यापकीय पेशे पर और अपने छात्रों पर प्यार करते हैं। इसके लिए कितना भी समय गँवाना क्यों न पड़े, इसकी फिक्र वे कभी नहीं करते। अपने छात्रों के गुणों की तारीफ़ करने में वे कभी नहीं थकते। इसका मतलब यह नहीं कि उनका परिवार पर प्रेम नहीं। उनमें परिवार के प्रति भी उतनी ही आत्मीयता दिखायी देती है जितनी छात्रों के प्रति। अपने काम के कारण परिवार को ज़्यादा समय न दे सकने का अफसोस भी वे कभी–कभी जताते रहते हैं। वे बीच–बीच में कहते भी हैं– 'मैं परिवार को ज़्यादा समय नहीं दे सकता, यह उनके साथ बहुत बड़ा अन्याय है।' मैं उनके गुणों की तारीफ़ इसलिए नहीं कर रहा हूँ कि वे गुरु हैं बल्कि उनके सम्पर्क में आनेवाला हर एक व्यक्ति यह जानता है। इसलिए तो कभी–कभी उनके दुश्मन भी उनके गुणों की तारीफ़ करते हैं।

वैचारिक मतभेद तो हर एक क्षेत्र में होते ही रहते हैं। विश्वविद्यालय का हिन्दी विभाग भी इसके लिए अपवाद नहीं है लेकिन सर को कभी किसी की बुराई करते हुए न सुना न देखा। ऐसे विषय को टाल कर वे काम में व्यग्र हो जाते हैं। जीवन में कितनी भी बड़ी कठिनाई हो, कितना भी बड़ा संकट हो अपने काम में व्यस्त रहना यह उनका महत्त्वपूर्ण गुण है। अपनी वैयक्तिक समस्याओं को उन्होंने अपने पर हावी होने नहीं दिया। इसलिए तो कठिनाई के या संकट के काल में उन्होंने दर्जनों दर्जेदार किताबों का लेखन किया। यह उनमें होने वाले अच्छे साधक का गुण है। उनके कुर्सी के पीछे हमेशा टंगी सुमित्रानन्दन पन्त जी की फोटो और उन्हीं की तरह उनकी हेअर स्टाईल, उनका रूतबा देखकर किसी भी व्यक्ति को लगेगा कि यह कोई अलग, बड़ा शख्स है।

मेरे जैसे सामान्य छात्रों के प्रति गुरुवर्य चव्हाण सर की गहरी आत्मीयता रहती है। जब मैं एम.फिल. के लिए सोलापुर जिले के मालशिरस तहसील के एक छोटे देहात से शिवाजी विश्वविद्यालय में आया तब विभागाध्यक्ष

चव्हाण सरजी ही थे। उस वक़्त मैं काव्य विधा कठिन होने से हिचक रहा था। उस दौरान चव्हाण सर जी ने मेरा आत्मविश्वास बढ़ाते हुए कहा, 'तू फिक्र मत कर, तेरा काम पूरा करवाने की ज़िम्मेदारी मेरी। मैं तुझे ऐसे अच्छे व्यक्ति के हाथ सौंपूंगा, तुझे कोई दिक्कत नहीं आयेगी।' हुआ भी ऐसा ही। उन्होंने मुझे वारणानगर के यशवंतराव चव्हाण वारणा महाविद्यालय के प्रो. (डॉ.) प्रकाश चिकुर्डेकर जी को मार्गदर्शक के रूप में दिया। वे भी अपने गुरु चव्हाण सर की तरह छात्रप्रिय और अध्ययनशील व्यक्तित्व। उनके मार्गदर्शन में एम.फिल. अच्छी तरह से पूरा हुआ। आगे मैं पीएच.डी. करना चाहता था लेकिन तत्कालीन विभाग की राजनीति ने मेरे विषय को नकार दिया तब मैंने शिवाजी विश्वविद्यालय में ही पत्रकारिता की दो साल स्नातकोत्तर उपाधि हासिल कर कोल्हापुर, जलगाँव और धुलिया में हिन्दी अखबार 'लोकमत समाचार' और मराठी अखबार 'लोकमत' में सात साल काम किया। कुछ कारणों से फिर कोल्हापुर आना हुआ। मैं हताश होकर शिवाजी विश्वविद्यालय के ग्राउंड पर अकेला बैठ गया था। उसी समय डॉ. अर्जुन चव्हाण सरजी सपत्निक सुबह घूमने के लिए आये थे। क्योंकि हररोज सुबह घूमना उनकी दिनचर्या का हिस्सा है। उन्होंने मेरी आत्मीयता से पूछताछ की। इसके बाद जब भी वे विश्वविद्यालय में मिलते तो मुझे बोलते, "आपको पीएच.डी. करना है, अभी से प्रवेश परीक्षा की तैयारी शुरु करें, पहले जो हुआ सो हुआ।" मेरे दोनों गुरुवर्यों के प्रोत्साहन की वजह से मैंने अब पीएच.डी. के लिए प्रवेश लिया है।

चव्हाण सर जी की तारीफ़ सिर्फ मैं ही नहीं करता, अभी–अभी मार्च 2021 में विश्वविद्यालय में आयी हुई नैक टीम ने भी उनकी प्रशंसा की। उनका रचना–संसार, ज्ञान, उनकी हिन्दी पर होने वाली मज़बूत पकड़, हिन्दी बोलने का लहजा, व्यक्तित्व आदि को देखकर नैक टीम के अध्यक्ष प्रो. शर्मा साहब ने भी अचरज से पूछा, 'आख़िर चव्हाण साहब आप हैं कहाँ के?' नैक टीम के अध्यक्ष के ये शब्द ही उनके व्यक्तित्व परिचय के लिए काफ़ी हैं। सर जी के बारे में जितना लिखूँ उतना कम ही है। ये शब्द सिर्फ उनके प्यार के खातिर न होकर उसमें सौ प्रतिशत सच्चाई है। एक पत्रकार होने के नाते मैंने बिल्कुल निःपक्ष रूप में अपनी भावनाएँ प्रकट की। सर जी को देखकर किसी को भी नहीं लगेगा कि वे सेवानिवृत्त होने जा रहे हैं। उनका उत्साह और ऊर्जा आज भी कायम है। भविष्य में भी ऐसा ही उत्साह और ऊर्जा बनी रहें और उनका मार्गदर्शन हमें मिलता रहें। भगवान के पास मैं उनके स्वस्थ्य, सानन्द जीवन की कामना करता हूँ, दिल और अन्तरात्मा की गहराई के साथ!

प्रबल प्रखर प्रेरणा के पथिक

श्री. विकास सुरेश शेटे

मैं एक छोटे कस्बे के एक छोटे–से महाविद्यालय से बी.ए. की उपाधि लेकर सन् 1999 में शिवाजी विश्वविद्यालय के हिन्दी विभाग में दाखिल हुआ था। हरे–भरे वृक्षों से घिरी एक बड़ी इमारत की दूसरी मंजिल पर हिन्दी विभाग था। वह आज भी है लेकिन स्वतन्त्र नई इमारत में। बी.ए. तक छोटे–से गाँव में पढ़ाई–लिखाई होने के कारण विश्वविद्यालय के गम्भीर शैक्षिक माहौल से मैं दब–सा गया था। लेकिन आदरणीय गुरुवर्य डॉ. अर्जुन चव्हाण जी के सम्पर्क में आने से यह दबाव धीरे–धीरे कम हुआ।

एम. ए. भाग 1 और 2 के छात्रों को पढ़ाने के लिए कई प्राध्यापक आते थे। आज मैं उन कई प्राध्यापकों के नाम भूल गया हूँ, लेकिन आदरणीय गुरुवर डॉ. अर्जुन चव्हाण, गुरुवर आचार्य डॉ. केशवसिंह प्रथमवीर जी और गुरुवर प्रा. अरविंद पोतदार जी को भूलना असम्भव हैं। चव्हाण सर एम. ए. भाग 1 के विद्यार्थियों को व्यावहारिक और प्रयोजनमूलक हिन्दी तथा एम. ए. भाग 2 के विद्यार्थियों को अनुवाद सिद्धान्त और प्रयोग ये दो पेपर पढ़ाते थे। प्रसिद्ध अभिनेता राजेश खन्ना की तरह हेअर स्टाईल, हाथ में छोटा–सा बॅग, पॉलिश किए हुए बूट और बढ़िया सफारी पहनकर गम्भीर चाल से वे हिन्दी विभाग में आते थे। उनकी चाल में जबरदस्त आत्मविश्वास था और आज भी है। उनके इस बाह्य व्यक्तित्व ने मुझे बहुत आकर्षित किया लेकिन उनके पढ़ाने के ढंग ने मुझे विशेष प्रभावित किया। वे समय के बड़े पाबन्दी थे। अपनी घड़ी देखते हुए वे ठीक समय पर कक्षा में प्रवेश करते थे। वे पढ़ाते समय न पुस्तक का न किसी प्रकार के नोटस् का सहारा लेते थे। गम्भीर आवाज़ और विषय पर अधिकार होने के कारण मैं उनका लेक्चर गम्भीरता से सुनता था। अनेक उदाहरणों के माध्यम से वे अपने विषय को

रोचक बनाते थे लेकिन अपने मुद्दों से हटकर किसी अन्य विषय पर कभी व्यर्थ चर्चा न करते थे। छात्रों के विशेष जिज्ञासावश वे अनेक विद्वजनों को विशेष लेक्चर के लिए आमन्त्रित करते थे। उसमें डिसकस करने की पूरी छूट होती थी। उनके व्यक्तित्व के इस पहलू ने मुझे नई दृष्टि प्रदान की।

वे अध्यापन के साथ–साथ विद्यार्थियों को अन्य गतिविधियों में व्यस्त रखते थे। वे भित्ति पत्रिका लिखने के लिए प्रोत्साहित करते थे। एक दिन उन्होंने एम.ए. के विद्यार्थियों को भित्ति पत्रिका तैयार करने की सूचना दी। सूचना मिलते ही दूसरे दिन मैंने ड्रॉईंग पेपर पर एक लेख लिखा और उसे लेकर उनके कक्ष में चला गया। उन्होंने लेख बारीकी से पढ़ा। कुछ त्रुटियाँ बताते हुए कहने लगे, ''विकास, तुम लिखते बहुत अच्छा, लिखावट भी अच्छी है और लेखन शैली भी। लिखते रहो।'' उनका आशीर्वाद पाकर मैं बेहद खुश हुआ। उन्होंने लेख के नीचे अपने हस्ताक्षर किए और नोटिस बोर्ड पर लेख लगाने की अनुमति दी। उन्होंने की हुई प्रशंसा की वजह से मैं धीरे–धीरे उनके सम्पर्क में आया और मैं उनका मुरीद ही बन गया।

गुरुवर्य चव्हाण सर एम.ए. भाग 2 की कक्षा को 'अनुवाद सिद्धान्त और प्रयोग' पेपर पढ़ाते थे। इस विषय पर उनकी एक पुस्तक प्रकाशित हुई थी 'अनुवाद चिन्तन ' जिसे साहित्य अकादमी का पुरस्कार मिला था लेकिन उन्होंने विद्यार्थियों से अपने पुस्तक को सन्दर्भ ग्रन्थ के रूप में पढ़ने का न कभी सुझाव दिया न कभी पुरस्कार की चर्चा की। वे हमेशा कहते थे इस पेपर से सम्बन्धित अनेक पुस्तकें ग्रन्थालय में उपलब्ध हैं, सभी पुस्तकों का अध्ययन करो।

चव्हाण सर हिन्दी विभाग के अध्यक्ष बने और राष्ट्रीय स्तर के अनेक साहित्यकारों को आमन्त्रित करते रहे। उनमें से दो साहित्यकारों का ज़िक्र विशेष करना होगा। एक हैं मैत्रेयी पुष्पा और दूसरे हैं आदरणीय गुरुवर आचार्य केशवसिंह प्रथमवीर। मैत्रेयी पुष्पा से नहीं किन्तु आचार्य केशवसिंह प्रथमवीर से मैं हमेशा के लिए जुड़ गया। उनसे आत्मीय सम्बन्ध निर्माण हुए। मैं प्रथमवीर जी का भी मुरीद बन गया। हम दोनों के मधुर रिश्ते का श्रेय चव्हाण सर को ही जाता है क्योंकि उन्होंने ही प्रथमवीर जी को विजिटिंग प्रोफेसर के रूप में आमन्त्रित किया था। उन्होंने एम. ए. के छात्र तथा कई शोधकर्ताओं को मार्गदर्शन किया। हिन्दी विभाग में मार्गदर्शन मिलने के बाद जब हमारी जिज्ञासा की प्यास न बुझती तब हम कुछ छात्र और कुछ शोधकर्ता जिसमें इस ग्रन्थ के सम्पादक डॉ.मनोहर भंडारे जी शामिल रहते थे।

हम सभी लोग प्रथमवीर जी से मार्गदर्शन प्राप्त करने हेतु विश्वविद्यालय के अतिथि गृह में भी चले जाते थे। चव्हाण सर विभाग के सारे काम निपटाकर शाम को घर जाने से पहले और रात को सोने से पहले कई बार अतिथि गृह में आकर प्रथमवीर जी से बहुत ही आत्मीयता से हालचाल पूछकर अपने घर चले जाते थे। अपने अतिथियों का सम्मान तथा उनकी देखभाल करने के संस्कार चव्हाण सर से मुझे मिले हैं।

मार्च 2020 में पूरे भारत में कोरोना की महामारी की वजह से लॉकडाऊन शुरु हुआ था। इसी दरमियान मैंने चव्हाण सर से फोन पर बात की थी। लॉकडाऊन पर जब हम चर्चा कर रहे थे तब उन्होंने मुझे कहा था, "विकास, लॉकडाऊन सभी अध्यापकों के लिए एक सुनहरा अवसर है क्योंकि पढ़ने–लिखने का इससे अच्छा मौका शायद ही मिलेगा। सभी अध्यापकों को इस सुनहरे अवसर का लाभ उठाना चाहिए। मैं इस छुट्टी में कम–से–कम दो पुस्तकें अवश्य लिखूँगा।" सर के इन विचारों से प्रेरित होकर मैंने हरिवंशराय बच्चन की आत्मकथाओं के चार खण्ड़ और ओमप्रकाश वाल्मीकि की आत्मकथा 'जूठन 'पढ़ी। हर संकट को अवसर के रूप में नये नजरिए से देखने की कला से चव्हाण सर अत्यन्त पारंगत हैं।

उन्होंने अपनी भाषा को प्रभावी बनाने का एक उपाय बताया था जिसे मैं कभी नहीं भूल सकता। उन्होंने एक ही वाक्य को अनेक प्रकार से लिखने की कला सिखाई थी। जैसे–'इंदिरा गांधी भारत देश की प्रधानमन्त्री थीं।' इस वाक्य को शब्दों में हेर–फेर करके यह वाक्य ऐसा लिखा जा सकता है– 1. भारत देश की प्रधानमन्त्री थीं–इंदिरा गांधी। 2. थीं इंदिरा गांधी भारत देश की प्रधानमन्त्री। 3. प्रधानमन्त्री थीं इंदिरा गांधी–भारत देश की। 4. इंदिरा गांधी थीं भारत देश की प्रधानमन्त्री। चव्हाण सर ने बिल्कुल इसी उदाहरण से अपनी भाषा को नया आयाम देने की कला सिखाई थी। उन्होंने भाषा का सौन्दर्य बढ़ाने की कला बहुत ही सहज ढंग से सिखाई थी।

अनुशासन तथा मेहनत प्रो. (डॉ.) अर्जुन चव्हाण सर के जीवन का अभिन्न अंग है। अनुशासन और मेहनत की वे अनूठी मिसाल हैं। अध्ययन–अध्यापन तथा चिन्तन उनके व्यक्तित्व का बुनियादी हिस्सा है। इसमें सन्देह नहीं कि उनके पारस स्पर्श से अनेक विद्यार्थियों ने लेखन तथा समीक्षा के क्षेत्र में अपनी पहचान बना ली है। मेरा भाग्य है कि मैं चव्हाण सर के सम्पर्क में आया जिससे साहित्य पढ़ने और समझने की नई दृष्टि मिली।

भारत के प्रसिद्ध महाकाव्य 'महाभारत' के अर्जुन को 'सव्यसाची' और 'गुडाकेश' भी कहते हैं। 'सव्यसाची' का अर्थ होता है–जो अपने दोनों हाथों से अपने सारे काम करता है और 'गुडाकेश' का अर्थ होता है–जिसने अपनी निद्रा पर विजय प्राप्त कर ली है। मेरी अपनी दृष्टि और सोच से मेरे गुरु डॉ. अर्जुन चव्हाण सर 'सव्यसाची' और 'गुडाकेश' भी हैं क्योंकि उन्होंने अपनी निद्रा पर विजय प्राप्त कर ली है इसलिए वे अपने दोनों हाथों से हिन्दी साहित्य की निरन्तर सेवा कर रहे हैं। सर के लिए मेरे दिल में विशेष स्थान है। ईश्वर से प्रार्थना करता हूँ कि वे उन्हें हमेशा स्वस्थ एवं सानन्द रखें। उन्हें दीर्घायु प्रदान करें।

खण्ड - 25 : विदेशी विद्वज्जनों की निगाहों में

प्रो. अर्जुन चव्हाण

भारतीय संस्कृति के रचनात्मक अध्येता : प्रो. अर्जुन चव्हाण

प्रो. पुष्पिता अवस्थी

किसी अपने आत्मीय पर सोचना और लिखना अपने पर लिखने सोचने की तरह होता है। उसमें जितना उनके व्यक्तित्व को उकेरने का उद्यम होता है उतना ही स्वयं का साक्षात्कार देना भी सन्निहित रहता है। आत्मीयता के दुर्लभ समय की सच्चाइयों पर बुने जाते हो जिन्हें बुनती तो निर्यात पर माध्यम हम लोग होते हैं। भाषा में स्वदेश की निजता के संस्कार होते हैं। भाषा का सम्बन्ध हार्दिकता से होता है इसीलिए वह मनुष्यता और अपनत्व की सजल उर पोषिका होती है और सारे विभेदों की जड़ों को निर्मूल करती है।

हिन्दी भाषा की देह में हिन्दुस्थानियत की अक्षय अस्मिता है। बौद्धिकता मौन होती है पर अपनी ध्यानस्थ अवस्था में आत्मीयता और संवेदना का सृजन करती है। प्रो. अर्जुन चव्हाण जी एक ऐसे ही विद्वान हैं। वे भारतीय मनीषा के रचनात्मक साधक हैं। एक ओर कहानी यात्रावृतान्त लिखकर इन्होंने कथा–साहित्य में अपनी पहचान बनायी है। गजल और कविता के द्वारा उन्होंने शब्दों में संवेदना की आर्द्रता विलय की है। दूसरी और आलोचना के क्षेत्र में 'साहित्यिक शोध और बोध', 'सदी का श्रेष्ठ साहित्य और साहित्यकार', 'मीडियाकालीन हिन्दीः स्वरूप एवं सम्भावनाएँ', 'विमर्श के विविध आयाम', 'समकालीन हिन्दी उपन्यासों का वैचारिक पक्ष' एवं 'आधुनिक हिन्दी कालजयी साहित्य' पर वैचारिक पुस्तकें तैयार की। जो एक ओर आलोचना की भाषा का रचनात्मक वितान रचती हैं तो दूसरी ओर हिन्दी की विविध विधाओं पर आलोचना के नवनिकष स्तम्भ भी खड़ा करती हैं।

भाषा में स्वदेश की निजता के संस्कार होते हैं। भाषा का सम्बन्ध जितना अधिक मानस से होता है उससे अधिक गहरा रिश्ता चिन्तन से होता है। इसलिए वह मनुष्यता और अपनत्व की पोषिका होती है और इसी क्रम में वह सारे निर्दयी विभेदों की जड़ों को निर्मूलन करती है। प्रो. अर्जुन जी ने भाषा का रहस्यमयी शक्ति को अनुमान करते हुए तक्र, तथ्य और सिद्धांत की स्थापना के साथ 'अनुवाद चिन्तन', 'अनुवाद समस्याएँ एवं समाधान' पर 1998–99 में विश्लेषणपरक वैचारिक पुस्तकें तैयार की। दोनों पुरस्कृत हैं और पाठक तथा विद्वत जगत में सम्मानित।

कोरोना के काल में बेवफाफरेस्तु के दौरान प्रो. अर्जुन चव्हाण जी के विद्वत्तापूर्ण सम्भाषण सुनने का मुझे सौभाग्य अर्जित हुआ और अनुभव हुआ कि हिन्दी साहित्य का अतीत वर्तमान में तब्दील हुआ है। उनके अध्ययन में इतिहास अपनी विश्वसनीयता के साथ अवतरित होता है। या यूँ कहे इतिहास के ताने में विचारों का बाना अनुस्यूत रहता है। जिससे एक ओर हिन्दी साहित्य की संस्कृति उजागर होती है तो दूसरी ओर भाषा की समृद्ध परम्परा एक विरासत के रूप में प्रकट होती हुई अविस्मरणीय मिसाल कायम करती है।

भाषा और संस्कृति परस्पर अनन्योश्रित हैं। वस्तुतः भाषाएँ संस्कृति की व्याख्याताएँ हैं इसलिए जिस देश की संस्कृति जिस साहित्य में होती है उसे उसी भाषा में सम्पूर्ण ऐतिहासिकता के साथ प्राणवान और जीवन्त तरीके से विकसित होना चाहिए। भाषाएँ किसी भी देश की संस्कृति का रचनात्मक मुखरित व्यक्तित्व है। संस्कृतियों का सरस दस्तावेज उस देश की भाषाओं में ही साँस लेते हुए धड़कता रहता है। भाषाऔर संस्कृति प्रबुद्ध मनुष्य के चित्त और चेतना में साँस लेती हैं। जो साहित्य के रूप में एक ओर संस्कृति की अस्मिता निर्मित करने में अपनी भूमिका निभाती है तो दूसरी ओर साहित्य रचयिता के व्यक्तित्व को आकार देती है। प्रो. अर्जुन चव्हाण जी का साहित्य सृजन एक विलक्षण निकष की निर्मिति करता है। वे सृजन और हिन्दी भाषा के रचनात्मक प्रतिमान एक साथ स्थापित करते हैं।

विश्वबंधुत्व के गर्व से भारतीयता का जन्म हुआ है। जिसकी अस्मिता में एक विश्वः एक संस्कृति का दर्शन सन्निहित है। भारतीयता वस्तुतः मनुष्यता का पर्याय है। इसमें वैश्विक मनुष्यत्व का समत्व समाहित है। विश्व की समस्त विभिन्नताओं और विविधताओं को मानव समाज द्वारा उसी तरह स्वीकार किया जाना चाहिए जैसे पृथ्वी की प्रकृति के वैविध्य को

इसकी उत्कृष्टता और सौन्दर्य के रूप में लक्षित किया जाता है। भारतीयता वस्तुतः क्रान्तिदर्शी है। आध्यात्मिकता और नैतिकता ही उसकी संस्कृति का दर्शन है। प्रो. अर्जुन चौहान जी के साहित्य के मूल्यों में इसी दर्शन की दृष्टि समाहित है इसीलिए इसका रचा साहित्य अपनी तरह से चव्हाण जी के व्यक्तित्व की निजता की पहचान लिए हुए विशिष्ट है और इसीलिए ऐतिहासिक और अविस्मरणीय है। मेरी धारणा है कि उनका समग्र साहित्य आनेवाले समय में गम्भीरता से अनुसंधान और आलोचना की माँग करता है।

पारस व्यक्तित्व प्रोफेसर अर्जुन चव्हाण

प्रो. (डॉ.) गंगाप्रसाद शर्मा 'गुणशेखर'

जिनके अपनेपन की उजास सूर की गोपियों की 'गुर चांटी ज्यों पागी'वाली मनःस्थिति में ला सकती है, जिनका प्रेम भरे भावों का गाढ़ा रंग मिलते ही किसी को भी अपने रंग में रंग सकता है, जिनसे मिलकर बहुत जल्दी से छूटा नहीं जा सकता, सरलता इतनी कि जिसके लिए बस यही कहा जाना उचित होगा कि जिसे भी एक बार मिले वह इन्हीं का होके रह गया और ये भी बस उसी के हो लिए। दुग्ध धवल चरित्र। सुमनोहर व्यक्तित्व। अनुकरणीय कृतित्व। इनको जितना तपाते जायेंगे इनके व्यवहार में उतनी ही सुवास और मिठास बढ़ती जायेगी। एक साथ बहुत सारी विशेषताओं वाले अपने दमकते दबंग व्यक्तित्व में गजराज की चाल में चलते हुए जिस अलमस्त व्यक्तित्त्व को चाहे नीरव बीहड़ हो या लाखों की भीड़ भरा मेला, दोनों जगहों पर मीलों दूर से पहचाना जा सकता हो, उसका कोई न कोई नाम तो होगा ही। होगा क्यों नहीं? बिना संज्ञा के कभी किसी को कोई पहचान मिली है क्या? लेकिन इतनी भी जल्दी किस बात की। इनकी संज्ञा तक पहुँचने के पहले इनके कुछ और विशेषणों को जान लेते हैं।

कर्म से भाग्य रेखाओं को ऋजु कोण पर काटता हुआ उन्नत ललाट। शीर्ष पर दूर्वादल के वर्तुल गुच्छ–सी भीतरी रस से श्यामल होकर फैली सघन केशराशि। उत्तरीय की तरह गरिमा की वनराजि को लपेटे हिमगिरि के किसी शीतल शिखर–सा विराट वक्ष। ग्रेनाइट के तराशे शिलाखण्ड–सी चमचम चमकती सुगठित देह पर चढ़ा अनुभवों की आँच में पका पक्का रंग और इसी पक्के रंग से रँगे कला, संस्कृति और साहित्य के न जाने कितने वलयों से बना है, लोहे को कुंदन बना देने वाला इनका यह पारस व्यक्तित्व।

चलो, अब अधिक प्रतीक्षा नहीं कराते हैं और बता ही देते हैं कि इस विराट व्यक्तित्त्व की भौतिक संज्ञा है प्रोफेसर अर्जुन चव्हाण।

प्रोफेसर अर्जुन चव्हाण से मेरी पहली भेंट मुंबई में उस समय हुई जब मैं चीन से एक अन्तर्राष्ट्रीय संगोष्ठी में सम्मिलित होने आया हुआ था। उस आयोजन के बीज वक्ता यही थे। मैं मुख्य अतिथि और प्रोफेसर चव्हाण जी बीज वक्ता। उस आयोजन का विषय सम्भवतः साहित्य और संस्कृति का अन्तर्संबंध था। इस अन्तर्संबंध की ऐसी व्याख्या कि रेशा–रेशा अपनी चमक से मन की आँखों को आकृष्ट करने लगा। अतः आयोजन में दोनों अपनी–अपनी भूमिका में व्यस्त होते हुए भी एक–दूसरे को जानने – समझने में रुचि दिखाने लगें। मैं इनके प्रतिभा से अभिभूत होकर इनसे परिचय के लिए आकुल–व्याकुल हो उठा। प्रगाढ़ता हेतु हाथ आगे बढ़े तो उस ऊष्मा से भीतर तक गहरे रिश्ते की एक विद्युतधारा दौड़ गयी। यह तो होना ही था।

शाम ढलते– ढलते उस दिन आपसे इतना गहरा नाता बन गया कि फिर दिनोंदिन प्रगाढ़ से प्रगाढ़तर होता चला। अतः आयोजन में दोनों अपनी–अपनी भूमिका में व्यस्त होते हुए भी एक–दूसरे को जानने समझने में रुचि दिखाने लगे। इनसे जुड़कर जाना कि दक्षिण और पश्चिम भारत के विश्वविद्यालयों के असली कुलगुरु यही हैं, जहाँ की हिन्दी शोध संगोष्ठियों की अधिकांश समिधा इन्हीं की जुटायी होती है। अपने इसी प्रभाव से इन्होंने सैकड़ों ऐसे सारस्वत यज्ञ कर करा लिए हैं, जिनके लिए बड़ों–बड़ों को एड़ी–चोटी का ज़ोर लगाना पड़ता है और उसके बाद भी वह आनन्द नहीं आ पाता और न ही उसे समुचित गरिमा मिल पाती है।

आपका सरलतम वैदुष्य भरा व्यक्तित्व हमें सदैव प्रभावित करता रहा है। सदाबहार मुस्कान तथा परोपकारिणी वृत्ति संयुत अहं रहित प्रतिभा और स्वार्थ रहित आत्मीयता सदैव आपको औरों से अलग और विशिष्ट बनाती रही है। अपनी इसी वृत्ति के चलते दक्षिण और पश्चिम से हमको जोड़ने वाले प्रोफेसर चव्हाण जी ही हैं, जिन्होंने दक्षिण भारत के कई विश्वविद्यालयों के आयोजनों में मुझ अजनबी–अकिंचन को निस्संकोच बुलवाया और ठप्पे से सम्मान दिलवाया।

अकादमिक गुरुत्त्व से समृद्ध सहज, सरस और सरल वक्तृत्व के धनी प्रोफेसर अर्जुन चव्हाण ने अपनी लेखनी से हिन्दी और मराठी दोनों भाषाओं को समान रूप से समृद्ध किया है। इनकी चर्चित कृतियाँ हैं– 'उपन्यासकार राजेंद्र यादव', 'राजेंद्र यादव के उपन्यासों में मध्यवर्गीय जीवन', 'अनुवाद

समस्या एवं समाधान', 'आधुनिक हिन्दी का कालजयी साहित्य', 'मध्यकालीन हिन्दी स्वरूप एवं सम्भावनाएँ, 'विश्व मंच पर हिन्दीः विविध आयाम', 'दलित और आदिवासी साहित्य चिन्तन के आद्य बिन्दु', 'सदी का श्रेष्ठ साहित्य और साहित्यकार', 'मीडियाकालीन हिन्दी स्वरूप एवं सम्भावनाएँ', 'जरा याद करो कुर्बानी', 'जय बोलने वाले', 'होटल मेरा देश' और 'मॉरीशस एक सांस्कृतिक यात्रा'। इन जैसी दर्जनों उपयोगी पुस्तकों से आपने हिन्दी साहित्य को न केवल समृद्ध किया है अपितु नई पीढ़ी को एक दृष्टि दी है।

समाज को चेतना प्रदान करने वाले प्रोफेसर चव्हाण जी के सारे विमर्श अपने समय और समाज से दो–दो हाथ करते नवीनतम विमर्श रहे हैं। इनकी शोध दृष्टि सदैव नवोन्मेषी रही है। इसी दृष्टिकोण के साथ इन्होंने सौ से अधिक शोध पत्रों के लेखन में महारत हासिल की है। इनकी शोधपरक, अनूदित, सम्पादित, सृजनात्मक व आलोचनात्मक लेखन की पचास से अधिक मौलिक पुस्तकें हैं। इतना ही नहीं इनकी अकादमिक उपलब्धियों में इनका समृद्ध वाचिक रचना संसार भी सम्मिलित है। इस क्षेत्र में चार सौ से अधिक राष्ट्रीय और अन्तर्राष्ट्रीय संगोष्ठियों में सहभागिता, शोध पत्र प्रस्तुति, बीज वक्तव्य, मुख्य आतिथ्य, अध्यक्षता और संयोजन भी विशेष रूप से उल्लेखनीय हैं।

वाणी प्रकाशन, नई दिल्ली से प्रकाशित 'मॉरीशसः एक सांस्कृतिक यात्रा' जैसे यात्रावृतान्त वहाँ की जीवन्त दृश्य छवियों में समाई अपनी रोचकता के लिए उद्धृत किए जाते हैं। इसके अलावा डेराडंगर (दादासाहेब मोरे की आत्मकथा)–राधाकृष्ण प्रकाशन, नई दिल्ली, क्षितिज स्पर्श (मराठी के प्रथम ज्ञानपीठ पुरस्कार प्राप्त लेखक वि. स. खांडेकर का लघुकथा संग्रह), होटल मेरा देश (डी. बी. रत्नाकर काव्य–संग्रह), क्रान्ति संग्राम (डॉ. रवीन्द्र ठाकुर के नाटक का अनुवाद) जैसे बहुमूल्य अनुवाद के साथ अनेक सम्पादित पुस्तकें देकर आपने हिन्दी साहित्य को समृद्ध किया है।

इनके व्यक्तित्व की सबसे बड़ी विशेषता है, सबकी सहायता ख़ुद करना और सरलता से उसका यश किसी और को दे देना। ऐसे आकर्षक व्यक्तित्त्व के धनी मिलनसार, मृदुभाषी, अनेक सम्मानों से सम्मानित, मौलिक चिंतक, विचारक और लेखक प्रोफेसर अर्जुन चव्हाण जी सिर्फ आपसे मिलने के लिए नहीं मिलते बल्कि आपका अपना हो जाने के लिए मिलते हैं।

अपने बहुआयामी व्यक्तित्व से अभिसंचित प्रोफेसर चव्हाण जी का रचना संसार किसी इकलौते अभिनन्दन ग्रन्थ जैसी सीमित मापनी से आसानी से

समेकित रूप में मापे और समझे जा सकने जितना सीमित नहीं है फिर भी इस प्रयास का मूल्य इस अर्थ में बहुत अधिक हो जाता है कि इस सार्थक प्रयास से इनके कृतित्त्व के मापन हेतु अनेक मापनियों के गढ़े जाने की सम्भावनाएँ बन रही हैं। इसके साथ ही इस अभिनन्दन ग्रन्थ से इनके व्यक्तित्त्व और कृतित्त्व को समझने के लिए कुछ नई दिशाएँ भी खुल रही हैं। मैं इस अभिनन्दन ग्रन्थ से साहित्य की अहैतुकी सेवा के धनी सम्पादक डॉ. मनोहर भंडारे को ह्दय से साधुवाद देता हूँ और प्रोफेसर अर्जुन चव्हाण जी के शताधिकायु होने की मंगल कामना प्रेषित करता हूँ।

धन्यवाद।

आचार्य जगत के देदीप्यमान सितारे

डॉ. रामेश्वर सिंह

जिस समाज में साहित्य और समाज की धड़कन को समझने वाले विद्वान पैदा होते हों, उस समाज में निश्चित रूप से मानव के प्रखर स्वरूप के रूप में विराट व्यक्तित्व प्रकट होते ही हैं। उनमें से एक हैं, प्रो. डॉ. अर्जुन चव्हाण जी। आप हिन्दी साहित्य जगत और हिन्दी आचार्य जगत के देदीप्यमान सितारें हैं जिनके व्यक्तित्व में चिंतक, दार्शनिक, कवित्त्व और मानवीय मूल्यों के समस्त पहलू उभर कर सामने आते हैं। मुझे खुशी है कि मैं एक समीक्षक, गजलकार, कहानीकार, कवि, सम्पादक, अनुवादक, प्रखर वक्ता, प्रासंगिक चिंतक की स्नेहमयी संगत में हूँ। आपकी पचास से अधिक पुस्तकों की लम्बी फहरिस्त हमें गर्व और गौरव प्रदान करती है। आपने हिन्दी साहित्य और भाषा की सेवा का जो कार्य किया है वह भारत सहित अनेक देशों तक आज भी गुंजायमान है। आपकी राष्ट्रीय और अन्तर्राष्ट्रीय परिधि शब्दों की पहुँच से परे है। आपने अनेक सेमिनारों और चर्चाओं में सार्थक और तर्कपूर्ण वक्तव्य देकर सैंकड़ों विद्वानों और शोधार्थियों का मार्गदर्शन किया है।

आपसे मेरा सन् 2016 में पहली बार परिचय हुआ रूस की राजधानी मॉस्को में। रूसी–भारतीय मैत्री संघ, दिशा, मॉस्को तथा एस. एस. आर. आय. मुंबई के संयुक्त तत्वावधान मॉस्को (रूस) में आयोजित अन्तर्राष्ट्रीय संगोष्ठी में विशेषज्ञ के रूप में चव्हाण साहब को पहली बार सुना था तो दंग रह गया था। विषय था ''भारत–रूस अन्तःसम्बन्धः भाषा, साहित्य और संस्कृति के सन्दर्भ में''। मैंने उनमें विषय केन्द्रित विचारों की गम्भीरता जितनी देखी, उतनी ही या उससे कहीं अधिक अभिव्यक्ति की क्षमता। व्यक्तित्व के अनुरूप उनका विवेचन का अन्दाज भी आकर्षक ही लगा। उसके बाद भारत के मुंबई में भी उनसे अन्तर्राष्ट्रीय संगोष्ठी में मिलना, उनको सुनना होता रहा।

कोरोना काल में ऑनलाईन आयोजनों, अन्तर्राष्ट्रीय वेबिनारों, में उन्हें सुनने का सिलसिला आज भी बरकरार है। आपकी विदवत्ता एवं वक्तृत्वता के कारण आपसे हुई मित्रता पर मुझे गर्व है। कामना है कि वह बढती रहे। मुझे आपके अभिनन्दन ग्रन्थ के प्रकाशन पर अपार हर्ष है। मैं रूसी–भारतीय मैत्री संघ, दिशा, मॉस्को (रूस), रूसी पत्रकार संघ की ओर से प्रो. डॉ. अर्जुन चव्हाण साहब को असीम मंगल कामनाएँ प्रेषित करता हूँ।

साधन व्यक्ति प्रोफेसर अर्जुन चव्हाण जी

डॉ. सिराजुद्दीन नुर्मातोव

मुझे मान्यवर प्रोफेसर अर्जुन चव्हाण जी से तीन बार मिलने का सुअवसर मिला था। दो बार उजबेकिस्तान की राजधानी ताश्कंद में स्थित लाल बहादुर शास्त्री भारतीय सांस्कृतिक केन्द्र में तथा एक बार मुंबई में आयोजित अन्तर्राष्ट्रीय संगोष्ठियों में हमारी भेंट हुई थीं। 29 मई, 2015 को पहली बार उजबेकिस्तान की राजधानी ताश्कंद में उन्होंने ''वैश्वीकरण के माहौल में भाषा की भूमिका'' विषय पर अत्यन्त गहन–गम्भीर विचार चिन्तन प्रस्तुत कर अध्यक्षीय मंतव्य से सारी सभा और प्रतिभागियों को प्रभावित तथा लाभान्वित किया था। इसमें उनकी अध्यक्षता में शोधपत्र प्रस्तुत करने का अवसर मिलना भी मेरे लिए गौरव की बात थी। दूसरी बार 23 मई, 2016 को उजबेकिस्तान की राजधानी ताश्कंद में ही'' भारतीय, उज्बेकी और रूसी संस्कृति, समाज और साहित्य'' विषय पर आयोजित अन्तर्राष्ट्रीय संगोष्ठी में प्रोफेसर अर्जुन चव्हाण जी का बीजभाषण सुनकर मैं दंग रह गया था कि वे कितने व्यापक विचार चिंतक, बड़े लेखक हैं।

उसके बाद 26 तथा 27 सितम्बर, 2016 को साठये कॉलेज मुंबई, महाराष्ट्र– भारत में मैंने प्रोफेसर चव्हाण साहब को अध्यक्ष के रूप में ही ''भूमंडलीकरण के परिपेक्ष्य में साहित्य, समाज, संस्कृति और भाषा'' विषय पर आयोजित अन्तर्राष्ट्रीय संगोष्ठी में अध्यक्ष के रूप में ही सुना था। मैंने महसूस किया कि बोलनेवाले डॉक्टर अर्जुन चव्हाण हो, और तालियाँ न हो, ऐसा हो ही नहीं सकता। तर्कसंगत तथा तथ्यात्मक वक्तव्य होने के कारण उनको ख़ूब तालियाँ मिलती हैं। सिर्फ तालियाँ नहीं, अपितु उनको सुनने की तमन्ना बढती है। मुझे तीन बार उनके वक्तव्य सुनने का सौभाग्य प्राप्त हुआ था।

प्रोफेसर अर्जुन चव्हाण जी के सारे वक्तव्य बहुत ज्ञानवर्धक एवं सारगर्भित थे। उनके तीनों वक्तव्य सुनकर मैंने काफ़ी जानकारियों की प्राप्ति की थी। मैं अपने आप को अति भाग्यशाली समझता हूँ कि मुझे प्रोफेसर अर्जुन चव्हाण जी जैसे वरिष्ठ विद्वान साहित्यकार, कवि, लेखक से बार–बार मिलने का और उनके वक्तव्यों को सुनने का मौका मिला। उल्लेखनीय है कि प्रोफेसर अर्जुन चव्हाण जी हिन्दी साहित्य के विकास के लिए जो कार्य कर रहे हैं, वे सारे अत्यन्त अतुलनीय एवं अति सराहनीय हैं। हमें उन पर बड़ा गर्व हैं।

मैं उनके सुस्वास्थ्य एवं उनके रचनात्मक कार्यों में सफलताओं की मंगलकामनाएँ करता हूँ। भगवान् उनको दीर्घ आयुष्य एवं उत्तम स्वास्थ्य प्रदान करें।

प्रोफेसर अर्जुन चव्हाण जी की साहित्यिक यात्रा

प्रो. निलांति कुमारी राजपक्ष

आज से तीन वर्ष पहले हैदराबाद में स्थित दक्षिण भारत हिन्दी प्रचार सभा के द्वारा आयोजित हिन्दी में पर्यावरण से सम्बन्धित संगोष्ठी आज भी याद है। इसमें बड़े–बड़े साहित्यकार पधारे थे और एक–से–एक बढ़िया भाषण सुनने का मौका मिला। मैं भाग्यशालिनी हूँ कि इस मौके पर शामिल होने का मुझे भी अवसर मिला। दोपहर के बाद जो सत्र आरम्भ हुआ था उस सत्र से सम्बन्धित सभी वक्तागण मंच पर पधारें। उसमें ऊँचा कद, सुन्दर मुख मुद्रा, मिलनसार साहित्यकार के प्रति सभी पाठकों का ध्यान आकर्षित हुआ था। ये और कोई नहीं बल्कि साहित्यकार प्रोफेसर अर्जुन चव्हाण थे। उनका भाषण यानी ज्ञान की वर्षा थी। सभी पाठक उनके भाषण से प्रभावित हुए थे। इसी दिन मेरी मुलाकात उनसे पहली बार हो गयी। अर्जुन जी का नाम भी सुना था। इसके बाद उनके कई भाषण सुनने का सौभाग्य मुझे मिला। उनकी साहित्यिक सेवा अनगिनत है।

प्रोफेसर अर्जुन चव्हाण जी भारत देश के, महाराष्ट्र राज्य के कोल्हापुर में शिवाजी विश्वविद्यालय के हिन्दी प्रोफेसर हैं। वे साहित्य, भाषा और अनुवाद आदि कई विषय–क्षेत्रों से सम्बन्धित साहित्यिक कार्यों में हमेशा कार्यरत रहते हैं। उनके कई समीक्षात्मक ग्रन्थ प्रकाशित हैं। ये ग्रन्थ हिन्दी उपन्यास, अनुवाद साहित्य, हिन्दी भाषा से सम्बन्ध रखते हैं। उपन्यास साहित्य प्रोफेसर अर्जुन चव्हाण जी का प्रिय विषय है। उनकी साहित्यिक सेवा का एक और पहलू है सृजनात्मक साहित्य। सृजनात्मक साहित्य के अन्तर्गत उनकी कई पुस्तकें हैं। इन पुस्तकों ने पाठकों के मन जीते हैं। इसके अलावा उन्होंने 'मॉरीशसः एक साँस्कृतिक यात्रा' नामक यात्रावृतान्त की रचना की है। इतना ही नहीं उन्होंने अनुवाद क्षेत्र से सम्बन्धित कार्य भी किया है। अनुवाद में

नाटक, पद्य, आत्मकथा, लघुकथा आदि विधाएँ हैं। दादा साहेब मोरे की 'डेराडंगर' आत्मकथा, वि. स. खांडेकर का 'क्षितिजस्पर्श' लघुकथा संग्रह, डी. बी. रत्नाकर का 'होटल मेरा देश' काव्य संग्रह और रवीन्द्र ठाकुर के नाटक का अनुवाद 'क्रान्ति संग्राम' नाम से किया है। इतना ही नहीं उन्होंने पच्चीस से अधिक पुस्तकों का सम्पादन भी किया है।

उनका 'सदी का श्रेष्ठ साहित्य और साहित्यकार' ग्रन्थ साहित्य के प्रति रुचि बढ़ानेवाला बहुत महत्त्वपूर्ण ग्रन्थ है। प्रोफेसर अर्जुन चव्हाण जी के सौ से अधिक शोधपत्र अनेक पत्र–पत्रिकाओं में प्रकाशित हैं। इतना ही नहीं उन्होंने ढेर सारे व्याख्यानों द्वारा पाठकों की ज्ञान वृद्धि भी की है। उन्होंने कुशल तथा प्रखर वक्ता के रूप में हिन्दी साहित्य क्षेत्र में नाम कमाया है। प्रोफेसर अर्जुन चव्हाण जी एक सफल अध्यापक तो हैं ही मगर उनके व्याख्यान सुनने के लिए देश–विदेश के छात्र एवं अध्यापक उत्सुक रहते हैं। शिवाजी विश्वविद्यालय में ही नहीं, देश–विदेश के विश्वविद्यालयों के बीच भी प्रोफेसर अर्जुन चव्हाण प्रसिद्ध हैं। एक तथ्य विशेष उल्लेखनीय है कि उनके भाषण, उनके साहित्यिक कार्य की विदेशियों ने भी नोटिस ली है। उनकी साहित्यिक सेवा सराहनीय है। वे आगे भी इसी तरह हिन्दी भाषा एवं साहित्य की सेवा करें, यही मेरी परमात्मा से प्रार्थना है।

विदेश में आँखों देखें प्रो. अर्जुन चव्हाण (साक्षात्कार)

साक्षात्कार दाता :– प्रो. (डॉ.) प्रदीपकुमार सिंह

साक्षात्कार कर्ता :– डॉ. मनोहर भंडारे

प्रश्न : नमस्ते सर। साक्षात्कार में आपका स्वागत है। मॉरीशस, रूस और उजबेकिस्तान जैसे देशों में साधनव्यक्ति के रूप गुरुवर्य प्रो. अर्जुन चव्हाण जी के साथ आप कई बार रहे हैं। सुना है उन्होंने वहाँ पर भी अपनी बेबाक वाणी का जबरदस्त परिचय दिया है। आप इसके ग्वाह हैं तो हम आपका अनुभव जानना चाहते हैं।

उत्तर : प्रो. अर्जुन चव्हाण जी ने साधनव्यक्ति के रूप में हिन्दी प्रचारिणी सभा मॉरीशस, एम. जी. आय. (महात्मा गांधी संस्थान) मॉरीशस, लाल बहादुर शास्त्री भारतीय सांस्कृतिक केन्द्र ताश्कंद और सेंट पीटर्सबर्ग, मॉस्को स्टेट यूनिवर्सिटी मॉस्को में अपने व्यक्तित्व का परिचय दिया है। वे बहुत सहज किन्तु सारगर्भित, विषय केन्द्रित और पते की बात बोलते हैं। कोई लागलपेट नहीं। भाषाबहुत कठिन नहीं। बहुत सरल, सहज, संवेदनशील और समझ में आनेवाली भाषा मगर ज्ञानवर्धक वक्तव्य। हर बार नई बात, नयें विषयों के साथ। सबसे बड़ी बात यह है कि उनकी जुबान से वे कोल्हापुर के रहने वाले हैं इसका पता चलता ही नहीं चलता। यह कोई समझ नहीं पायेगा कि सर यू.पी. के हैं या कोल्हापुर के हैं। उन्होंने अपने आपको इस तरह से ढाला है, बनाया है। वे मराठी का प्रभाव अपने हिन्दी वक्तव्य के दौरान आने नहीं देते। धुआँधार

लगातार बोलते रहते हैं यह इनकी विशेषता है। विदेशों में यही उनका व्यक्तित्व रहा है।

प्रश्न : प्रो. अर्जुन चव्हाण जी ने मॉरीशस की यात्रा की है। उस पर 'मॉरीशस : एक सांस्कृतिक यात्रा' नामक यात्रा वर्णन प्रकाशित हुआ है। उसमें कई बार आपका ज़िक्र आया है तो इसके बारे में क्या कहना चाहेगें?

उत्तर : ज़रूर! उस किताब में मेरा उल्लेख ज़रूर है लेकिन इसमें मेरा कोई विशेष रोल नहीं है। इसमें प्रो. अर्जुन चव्हाण जी का ही रोल है। इतना तब्बजु क्यों दिया है यह मालूम नहीं। अधिक बार मेरा नाम है मगर ऐसा है कि आदमी अच्छा काम करें तो नाम आता है या बहुत बुरा करें तो भी नाम आता है। मैं समझता हूँ कि दूसरेवाला नंबर मेरा होगा। क्योंकि मॉरीशस की यात्रा के दौरान परेशानी का कारण मैं रहा हूँ। मैं जिस संस्था का संयोजक रहा हूँ उस सामाजिक, सांस्कृतिक शोध संस्था का निर्माण मैंने किया। मॉरीशस की यात्रा में कुछ कमियाँ भी रही हैं। ऐसा नहीं कि सब कुछ अच्छा ही था। वहाँ पानी की बोतल की क़ीमत उस समय ढाई सौ रूपये। बहुत डेंजर पोजीशन थी। पर हमें ऑर्गनायझेशन करने में बड़ी दिक्कत आती थी। लेकिन किसी को मना भी नहीं करते थे और सुचारू रूप से काम चलता रहता था। लेकिन पानी चाहिए था। सबको पानी। मतलब पता नहीं पानी ज़्यादा लगता था या जो भी रहा हो लेकिन एक बोतल की क़ीमत ढाई सौ रूपये। मॉरीशस का मतलब दुनिया का अमीर देश है और सबसे तो नहीं लेकिन महँगा भी ज़रूर है।

प्रश्न : मॉरीशस हो, रुस हो या उजबेकिस्तान – वहाँ चव्हाण सर जी अध्यक्ष, बीजभाषक, मुख्य वक्ता तथा विशेषज्ञ के रूप में आमन्त्रित थे। विदेशी भूमि पर इन विविध रूपों में प्रो. अर्जुन चव्हाण जी की क्या खासियत रही है?

उत्तर : प्रो. अर्जुन चव्हाण जी की सबसे बड़ी खासियत हैं कि वे हमेशा जहाँ भी खडे हुए हैं, चाहे हिन्दी प्रचारिणी सभा, मॉरीशस हो, ताश्कंद हो या मॉस्को हो–सभी जगह पूरी तैयारी के साथ अनुभव सम्पन्न विषय विशेषज्ञ थे। वे मतलब मँजे–मँजाये

प्लेअर हैं। प्रो. अर्जुन चव्हाण जी की हम अगर तुलना करें तो धोनी से कर सकते हैं। धोनी जब बॉल मारता है तो छक्का ही मारता है। इनकी भाषा में धमाका होता है और आप जैसे ही मंच पर खड़े होंगे और बोलने लगेंगे तब तालियों की गड़गड़ाहट होनी लगती है यही उनके विषय ज्ञान और भाषा की खासियत है। इनके विशेषज्ञता की यह विशेषता है कि कम, सीमित समय में पते की बात करना। इतनी तेज़ी से रन बटोरते हैं कि आप कल्पना नहीं कर सकते। ये साहित्य के धोनी हैं और धोनी मतलब दो अर्थ में हैं। साहित्य में रमा अनुभव सम्पन्न, विद्वान व्यक्तित्व है और ऐसा नहीं है कि कठिन भाषा का प्रयोग करते हैं। कठिन शब्दों का चयन इनकी विशेषता नहीं है। इनकी विशेषता ये हैं कि किसी भी विषय को, कठिन विषय को श्रोताओं के हृदय में सहज और संवेदना के साथ उतारते हैं। यही इनकी विशेषता है। कठिन विषय को भी सरल बनाकर छक्के में बदल देते हैं। विषयज्ञान और अभिव्यक्ति के अन्दाज में इनके सामने बाक़ी कोई टिक नहीं पाता। उनके समकालीनों में भी भले ही आलोचना जगत में अपना नाम कमा रहे हैं मगर दूसरे अर्जुन चव्हाण पैदा नहीं होंगे। यह उनका अलग व्यक्तित्व है। कोई भी भाषा या साहित्य केन्द्रित विषय हो तो भी वे मूल्यों को साहित्य में रखते हैं। मानवीय संवेदनाओं की ओर वे विशेष ध्यान देते हैं। और सबसे बड़ी बात यह है कि ग़रीब बच्चों के प्रति उनका हमेशा ध्यान रहता है।

प्रश्न : आप उनकी मित्रता को कैसे आँकते हैं?

उत्तर : वह तो मैंने आपको पहले ही बताया कि मित्र के लिए वे दीवार बनकर खड़े हो जाते हैं। मॉरीशस में हमारे कॅल्कुलेशन में गड़बड़ी हुई थी। साहित्यिक, सांस्कृतिक शोध संस्था के पास उतना पैसा नहीं था। हम सब विदेशी यात्रा पर गये थे। मॉरीशस में हमें पैसे की कमी हुई थी। प्रो. अर्जुन चव्हाण हमारे कमरे में मतलब बिना कोट पैंट सिंपल कपडे में दोस्ती के लिहाज़ में आये थे। और हमने बताया कि भाई साहब यह प्रॉब्लेम हैं तो उनके पास, बैग में, जेब में जितना भी था सब

दे दिया और कहा कि यहाँ का सारा कार्य पूरा कर के ही निकले। यह देखिए उनकी मित्रता। उन्होंने यह भी नहीं सोचा कि मुम्बई एयरपोर्ट पर उतरने के बाद कोल्हापुर कैसे जाये? उन्होंने पहले ही निर्णय लिया था कि टॅक्सी करेंगे और घर में जाकर के पैसे दे देंगे। तो यह है इनकी विशेषता। मित्रता की यह अनुपम मिसाल है। दूसरी बात यह कि जब भी मैंने उन्हें किसी भी संगोष्ठी में आमन्त्रित किया चाहे दिल्ली हो, चाहे कर्नाटक हो या चाहे वह विदेश भी क्यों न हो। अगर उनका पहले से ही सेड्यूल्ड फिक्स नहीं है तो वह सहजता के साथ स्वीकार कर लेते हैं। आये बिना नहीं रहते, पूरी तयारी के साथ।

प्रश्न : मगर कोरोना के काल में आपकी विदेशी यात्राएँ भी बन्द रही होंगी?

उत्तर : जी, मगर इसकी पूर्ति हमने अलग से की। कोरोना के दौरान एस. एस. आर. आय मुम्बई की ओर से हमने करीब–करीब 26 वेबिनार लिए हैं और सुबह से शाम तक वेबिनार चलता था। हर सप्ताह में एक दुनिया के इतिहास में, दुनिया के प्लैटफार्म पर रामकथा को लेकर इतना बड़ा वेबिनार कभी नहीं हुआ और किसी ने नहीं लिया होगा। सुबह नौ बजे प्रारम्भ होकर शाम के पाँच बजे खतम होने वाले वेबिनार में अर्जुन चव्हाण जी की भूमिका जबरदस्त रहती थी। जब भी मंच पर यह निवेदित कर बुलाया जाता था कि कोल्हापुर से प्रो. अर्जुन चव्हाण अब आपको वक्तव्य देंगे। चाहे जितने भी लोग बोले हो चाहे कितने ही बडे–बड़े कुलपति, वे सबको धोकर रख देते थे, वैचारिकता और शालीनता के साथ।

प्रश्न : इसी प्रश्न का थोड़ा–सा विस्तार करना चाहता हूँ कि आप एक संस्था के अध्यक्ष हैं। आपका पहले अभिनन्दन कि आ. पने रामायण विश्वकोश जैसी परियोजना को 56 खण्डों में प्रकाशित करने का संकल्प किया है। एक जीवन में इतना बड़ा काम आप कर रहें हैं। इसमें प्रो. अर्जुन चव्हाण जी का सहयोग भी रहा है। उस बारे में क्या कहना चाहेंगे?

उत्तर : प्रो. अर्जुन चव्हाण जी का सहयोग तथा श्रम, मेरे साथ बडा, कडा और तगडा है। दुनिया का कोई भी काम हो, उनके पास राम के काम के लिए समय होता ही है। वे कहते हैं कि "मैं ऐसे कार्य के लिए तो घोडे बेचकर आऊँगा"। राम के जीवन मूल्यों पर वे आधिकार से ख़ूब अच्छी बात करते हैं। उनका तन–मन–धन से पूरा सहयोग रहता है। इस संस्था के साथ, राम कार्य के साथ मतलब मेरे साथ। हम एक नया आयाम रच रहे हैं। हम रहे या ना रहें। प्रो. अर्जुन चव्हाण रहे या ना रहे लेकिन जो आयाम रचा जा रहा है वो हमेशा रहेगा। जब तक सूरज चाँद रहेगा तब तक यह रामकथा रहेगी, राम का नाम रहेगा। याद रहें हम राम कथा नहीं रच रहे हैं। रामकथा बिल्कुल नहीं। हम इन्सायक्लोपीडिया रामायण रच रहे हैं। हम रामायण महाकोश रच रहे हैं और अपने ढंग का निराला महाकोश है। आज तक किसी ने न सोचा है और आगे भी कोई सोच न पायेगा। सरकारी व्यवस्था होती तो कम से कम करोड़ों रुपए एक ही खण्ड के लिए खर्च हो गये होते। इसमें मेरे भी पैसे खर्च हुए होंगे लेकिन उसे अभिव्यक्त नहीं करना चाहिए। 56 खण्ड इसी जनम में निकालने हैं। जब तक राम जी की कृपा से मेरी साँस चलती रहेंगे तब तक कार्य करना है। राम के इस कार्य को सम्पन्न कराने के लिए प्रो. अर्जुन चव्हाण जी का अनुपम सहयोग शुरू से ही मिल रहा है। वे चाहते तो शायद मना भी करते। कह देते कि "हम यात्रा वर्णन, गजल, समीक्षा या उपन्यास लिख रहे हैं। तुम्हारे चक्कर में कहाँ आयेंगे।" लेकिन उन्होंने ऐसा नहीं किया। पूरा सहयोग दिया। सच्चा विद्वान सहयोग ही देता है, चव्हाण साहब उन्हीं में से हैं।

प्रश्न : इसी प्रश्न से जुड़ा दूसरा एक प्रश्न है कि जहाँ एक ओर सर जी ने रामायण विश्वकोश के सन्दर्भ में गहरा अध्ययन किया है वहाँ दूसरी ओर नये विमर्श के बारे में भी। लोग कहते हैं नये विमर्श पर बात करनी है तो प्रो. अर्जुन चव्हाण जी को आमन्त्रित कीजिए। मध्यकाल, आधुनिक काल और

उत्तरआधुनिक काल अर्थात सब जगह अत्यन्त अधिकार से बात करते हैं यह कैसे सम्भव होता होगा। उस बारे में आपको क्या लगता हैं?

उत्तर : भाषा, साहित्य, संस्कृति, अनुवाद, प्रयोजनमूलक हिन्दी और रामायण जैसे विषय चव्हाण साहब के अध्ययन, लेखन और चिन्तन के विषय हैं। विमर्शों के बारे में मैं थोड़ासा बताऊँ, आपको ! स्त्री विमर्श चला है चल चुका है। दलित विमर्श चल चुका है और ये दो विमर्श बहुत ही प्रमुख हैं। नया लेटेस्ट विमर्श आया है– विकलांग विमर्श। विकलांग विमर्श पर इनके ही मित्र प्रदीप सौरभ जी ने 'ब्लाईंड स्ट्रीट' नामक एक उपन्यास लिखा है। चव्हाण साहब विमर्शों में तो वे माहिर हैं। 'विमर्श के तिविध आयाम' इनकी चर्चित पुस्तक है, जो वाणी प्रकाशन दिल्ली से प्रकाशित है। हर विमर्श को इसलिए वे अधिकार से कहते हैं। क्योंकि वे जब किसी विमर्श की अभिव्यक्ति करते हैं तब उसके जीवन मूल्य, उस भाव पक्ष को अपनी भावना एवं सम्भावना के साथ जोड़ कर विमर्श की अभिव्यक्ति करते हैं। अभिव्यक्ति में चव्हाण साहब सिद्धहस्त माहिर व्यक्तित्व है। बहुत ही गम्भीर चीज़ों को भी सहज और सरलता से व्याख्यायित कर सकते हैं और इन्सॉयक्लोपीडिया रामायण एक अलग मुद्दा है। एक अलग विमर्श की बात जिसे हम 'रामायण विमर्श' कह सकते हैं। दोनों जगह इसलिए चव्हाण जी सिद्धहस्त पाये जाते हैं क्योंकि सिद्धहस्त का कारण यह पीढ़ी पहले की है। पहली को मध्यकाल से लगाव था। जुड़ाव था। संवेदना जुड़ी थी। मानवीय मूल्यों के साथ जुड़कर के अध्ययन और अध्यापक का कार्य करते थे। आज आधुनिक परिवेश आ गया है। आधुनिक चीज़ें आ गयी हैं। लेकिन प्रो. अर्जुन चव्हाण जी ने दोनों युगों में समतुलता बनायी रखी है, प्रासंगिकता और तटस्थता के साथ।

प्रश्न : आप चैनल चलाते हैं। जिस चैनल के जरिये आपने प्रो. अर्जुन चव्हाण जी के रात के 10:30 से 11:00 बजे तक एक माह

तक नेट/सेट जैसी परीक्षाओं के बारे में व्याख्यानों का आयोजन किया। शायद चौबीस व्याख्यान पूर्ण हो चुके हैं। आपने सर जी को ही व्याख्यानों के लिए क्यों चुना?

उत्तर : चैनल का नाम है 'विश्व यात्रा टाइम्स न्यूज चैनल, मुंबई। वह आज भी है। इस कार्यक्रम के पीछे मेरा उद्देश्य यह था कि ग़रीब और सुदूर देहातों में भी बच्चों को नेट/सेट के बारे में सही मार्गदर्शन मिले। अर्जुन चव्हाण जी को ही चुनने का मकसद यह था कि ये वे अनुभव सम्पन्न विद्वान हैं, जो काफ़ी समय से नेट/सेट प्रक्रिया से जुड़े हैं। सबसे बड़ी बात कि वे सहयोग की मनोवृत्ति के विद्वान हैं। वहाँ उनको जिस प्रकार का अनुभव मिला वहीं छात्रों को मिले। काबिल और सटीक व्यक्ति को पकड़े बिना ठीक बात भी नहीं बनेगी। जैसे एक कमरे में घुसते हैं, कमरे में चार–पाँच बटन लगे हैं, जब तक सही बटन पर उँगुली नहीं जायेगी तब तक लाईट नहीं मिलेगी। इसलिए लाईट को जलाने के लिए नेट रूपी जो प्रकाश फैलाने के लिए प्रो. अर्जुन चव्हाण जी को चुना। सही स्विच को चुना और लाईट जल गयी। मतलब परिणाम भी अच्छे मिले। उनका मार्गदर्शन और वक्तव्य बहुत अच्छा रहा और इसका बच्चों को अच्छा लाभ हुआ। कई छात्र उत्तीर्ण हुए। मैं बढाई नहीं कर रहा हूँ। मैं आपको प्रमाण देना चाहता हूँ। एक विकलांग बच्ची जो कि चालीस प्रतिशत की लड़की नेट उत्तीर्ण हुई। मेरी ही छात्रा है। उसे लाभ हुआ। मुझे लगता था कि वह कभी नेट नहीं होगी। लेकिन प्रो. अर्जुन चव्हाण के मार्गदर्शन के बाद उसने नेट पास किया। उसका मैं आपको सर्टिफिकेट भी भेज सकता हूँ। कई जगह से मुझे फोन आये। सर मैं नेट पास हो गया। मैंने कहाँ तू भी पास हो गया? प्रो. अर्जुन चव्हाण जी ने भाषणों के साथ – हमें कुछ सुझाव दिए थे, उसे फालो किया। तकरीबन ढाई दर्जन विद्यार्थी नेट पास हुए हैं। यह उनके लेक्चर का प्रभाव रहा। अन्ततः कहना चाहूँगा कि चव्हाण साहब, जो विदेशों के मंचों पर भी छा

जाते हैं, वे जब–जब भी पुकारेंगे, ज़रूर सहयोग के लिए संकटमोचक बनकर आ जाते हैं। मानो एक सूत्र बना हो कि ''जहाँ चव्हाण साहब बुलाये, वहाँ आयोजन सफल हुए।'' ठीक है, आपके उपक्रम के लिए अभिनन्दन। पुनश्च आपके अभिनन्दन ग्रन्थ के लिए बहुत–बहुत शुभकामनाएँ।

धन्यवाद डॉ. प्रदीपकुमार जी। गुरुवर्य प्रो. अर्जुन चव्हाण जी के सन्दर्भ में आपने बड़ी सहजता से कई नई जानकारी दे दी। अच्छा लगा। आपका पुनश्च धन्यवाद। फिर मिलेंगे।

(तिथि – 14 अप्रैल, 2022, श्याम 22:40 बजे – आभासी साक्षात्कार)

खण्ड - 26 : परिवार के परिप्रेक्ष्य में

प्रस्तुत प्रो. अर्जुन चव्हाण

हमें नाज है अपने बहनोई पर...

श्री. राजाराम संतराम ठाकुर

डॉ. अर्जुन चव्हाण जी पर लिखना आसन नहीं है। शुरू में ही मान लेता हूँ कि मैं एक मुश्किल काम करने जा रहा हूँ। वह यह कि एक साधारण व्यक्ति द्वारा असाधारण व्यक्ति का मूल्यांकन। हालाँकि इसे मूल्यांकन भी नहीं, अनुभव कथन कहना चाहिए। क्योंकि मराठवाडा के उस्मानाबाद जैसे पिछडे जिले में स्थित पारेवाडी जैसे अभावग्रस्त गाँव में जन्म होने के बावजूद इतने ऊँचे पद पर आसीन होना आसान नहीं। पहली बार मैं और अपना चचेरा भाई प्रकाश ठाकुर, हम दोनों चव्हाण सर के घर पारेवाडी बहन के रिश्ते की बात करने मुगाँव नामक गाँव से पाँच किलोमिटर साईकिल पर गये थे। आज भी याद है कि उनके माता–पिता ने बड़े सादगी से हमारा आतिथ्य किया और हमारे लातूर के घर आने का न्यौता स्वीकारा। पहले उनके पिताश्री आकर देखकर गये और फिर सर को भेज दिया। उन्होंने पहली मुलाकात में ही बहन को पसंद किया और सगाई तय हुई। उनके परिवार पर आर्य समाज का प्रभाव होने से उन्होंने दहेज लेने से इन्कार किया था। उन्होंने इतना ही कहा कि हमें दहेज नहीं चाहिए लेकिन शादी ठीक–ठाक हो यही हमारी कामना है।

लातूर के 'महात्मा बसवेश्वर मंगल कार्यालय' में शादी का आयोजन किया गया था और यह पहली शादी थी जो आर्य समाज पद्धति से हुई थी। शादी हुई तब से अब तक हमारे हर कार्यक्रम में मेरे बहनोई प्रो. अर्जुन चव्हाण सर बिना भूले उपस्थित रहते हैं। वे हमेशा हमारे सुख–दुख में सहभागी रहते हैं। प्रत्येक कार्यक्रम में वे बड़े खुशी के साथ हमें सहयोग करते हैं। हमारी पूरी ठाकुर बिरादरी उन पर गर्व महसूस करती है। हम बड़े गर्व से कहते हैं

कि हमारे बहनोई डॉ. अर्जुन चव्हाण जी शिवाजी विश्वविद्यालय, कोल्हापुर के हिन्दी विभाग में विभागाध्यक्ष हैं।

जैसे उनके ज्ञान, मार्गदर्शन, लेखन आदि का लाभ विश्वविद्यालयों के अनेक छात्रों को हुआ है वैसे हमारे रिश्ते–नाते के नई पीढ़ी को भी हुआ है। मेरी बड़ी लडकी वर्षा ने मराठी में एम.ए.,बी.एड. किया। वह अब अभिनव बी. एड. कॉलेज कात्रज, पुणे में अध्यापन का कार्य करती है। बेटी वर्षा को भी उन्हीं का मार्गदर्शन मिलता रहा है। दूसरी बेटी हर्षा, बेटे सागर, गोंविदा को भी हमेशा वे दिशा निर्देशित करते हैं। उन्हें पढने के लिए नई–नई किताबें लाते हैं। निरंतर पढने के लिए प्रेरित करते हैं। कोई ज़रूरी किताब पढ़ी या नहीं उसकी भी जानकारी रखते हैं, पूछ–ताछ करते हैं।

शिक्षा ही नहीं बल्कि परिवार में भी कोई दिक्कत आ गयी तो वे हमें मार्गदर्शन करते हैं जो अत्यन्त महत्त्वपूर्ण होता है, जिसका हमें अनेक बार अनुभव और लाभ हुआ है। वे हमारे बिरादरी के सभी लोगों से सम्पर्क रखते हैं। सभी उन्हें पहचानते हैं। सभी उनका आदर करते हैं। लातूर आने के बाद बिना भूले मिलने सबके घर जाते हैं। रिश्ते–नाते के छोटे–बडे, सबसे मिलना, बात करना उनको ख़ूब पसन्द है। अच्छा लगता है। इसलिए सभी उन पर गर्व करते हैं। मेरी पत्नी बेबीसरोजा उनका जो भी आदर–सत्कार करती है, वे ख़ुशी से स्वीकारते हैं। वैसे वे बहुत बड़े हैं लेकिन हमसे जुड़े हैं। अभी भी उनकी जडें ज़मीन में गढ़ी हैं। ज़िन्दगी से और क्या चाहिए। वैसे उनकी ज़िन्दगी सभी के लिए आदर्श की मिसाल है, जो एकलव्य की याद दिलाती है। वे सिर्फ प्रोफेसर नहीं, विचारक, चिंतक, लेखक, प्रेरक, सच्चे मार्गदर्शक और बेहतर इन्सान हैं। हाँ, अभी इतनी मनोकामना है कि वे कुलपति बने। उनकी काबिलियत का शिक्षा क्षेत्र और समाज को निश्चय ही लाभ होगा। उनका परिवार सुखी और सानन्द रहे, उनकी उन्नति के आलेख उर्ध्वगामी रहें। यही ईश्वर से कामना है।

(मराठी से हिन्दी में अनुवाद –डॉ. मनोहर भंडारे)

गर्व से कहती हूँ, प्रो. अर्जुन चव्हाण की पत्नी हूँ...

श्रीमती अनीता अर्जुन चव्हाण

मेरी ज़िन्दगी में कुछ तिथियों और रविवार का अलग महत्त्व है। उसमें 12 जून, 1990 सबसे क़ीमती। इसलिए कि जिनके अभिनन्दन हेतु यह ग्रन्थ बना उनको मैंने इसी दिन पहली बार देखा। मेरे पति डॉ. अर्जुन चव्हाण और मैं–दोनों पहली बार इसी दिन मिले थे। एक–दूसरे को पसन्द किया था। हमारी शादी परम्परागत रूप से ही हुई। 3 दिसंबर, 1990 को। हम दोनों के घरवालों ने पहले हमें देखा था फिर हमने एक–दूसरे को। हमारी यह पहली वधू–वर परीक्षा थी और अन्तिम भी। मेरे पिताजी ने उनको देखा था और उनके पिताजी ने मुझे। उनकी निगाहों में हम दोनों एक–दूजे के अनुरूप हो सकेंगे ऐसी उनकी धारणा बनी थी। वे इस्लामपुर से लातुर आये। हमारा संवाद हुआ। आण्णा (मेरे ससूर) ने पहले ही लातुर आकार मुझे बताया था कि 'वह' (माने उनके बेटे अर्जुन चव्हाण) क्या पूछ सकते हैं आदि। हुआ भी वही। परम्परागत सवाल–जवाब एक भी नहीं था। उन्होंने सारा सहज संवाद के अन्दाज से जान लिया जो वे जानना चाहते थे। वे अपना पीएच.डी. प्रबन्ध सब्मिट कर आये थे और मेरा बारहवीं का रिजल्ट कल ही घोषित हुआ था। 'आपका पसन्दीदा विषय कौन सा है' का जवाब मैंने 'हिन्दी' दिया तो वे और सब हँसने लगे। मेरी समझ में नहीं आया कि क्या बात है? पता बाद में चला कि ये हिन्दी के प्राध्यापक हैं। ब्लड ग्रुप पूछने पर मैंने 'ए' पॉजिटिव बताया था। खाने में ज़्यादा पसन्द क्या है शाकाहार–माँसाहार, आगे पढ़ने की बात, नौकरी करने की इच्छा, बच्चों के बारे में भी खुला संवाद हुआ था। उन्होंने यह भी पूछा था कि 'मुझसे यदि कुछ जानना है तो ज़रूर पूछिए'। आज याद नहीं मगर कुछ बातें मैंने भी उनसे पूछी। बिना किसी दबाव के हमारा संवाद हुआ।

उनकी बातचीत और अन्दाज भी मुझे अच्छा लगा। बाह्य व्यक्तित्व तो हीरो से बढ़कर था ही। खाना खाकर वे 'आता हूँ' कहकर चले गये।

हमारा परिवार संयुक्त और बड़ा था। उस समय की फ़िल्म 'आज का अर्जुन' कहते हुए परिवार में मेरी चुटकी भी ली जाने लगी। जिज्ञासा तो सबको थी। मोबाईल का जमाना नहीं था। लैंडलाइन फोन वह भी सीमित। उन्होंने अपने परिवार में चर्चा की। एक महीने के बाद उनसे और उनके पूरे परिवार से पसन्द की खबर मिली गयी। मेरी भी हामी थी। दोनों परिवार ख़ुशी से एक–एक कर सारी रस्में पूरी करने में जुट गये। 21 अक्तूबर को तिलक, 21 नवम्बर को रोलीरस्म और 3 दिसंबर को शादी। सब गति से और धड़ल्ले से हुआ। कोई माने न माने लेकिन तीन का पहाड़ा और रविवार मेरे लिए अत्यन्त अनुकूल और शुभ रहे हैं। हम दोनों का जन्मवार रविवार और हमारे बच्चों का भी। दूसरी बात हम सभी की जन्मतिथियाँ भी तीन के पहाड़े में आनेवाली, जैसे–12 जनवरी, 3 मार्च, 12 अप्रैल, 30 मई, 21 अक्तूबर, 3 दिसंबर और 6 दिसंबर आदि।

हमारा वैवाहिक जीवन भी सबकी तरह सामान्य रूप से शुरू हुआ था। उनकी आवश्यकताएँ बहुत सीमित थीं, समय पर दो वक़्त का खाना और बढ़िया वेशभूषा, जो आज भी वैसी ही है। उनको दूध पीना और पढ़ना लिखना पसन्द था और मुझे आईस्क्रिम, पानीपुरी और इतवार के दिन सिनेमा। बाद में हुआ यह कि मेरी वजह वे सिनेमा देखने लगे और उनके कारण मैं किताबें पढ़ने लगी। हमारी शादी तय हुई थी मगर शादी से पहले मैंने रेडियो से उनका एक भाषण सुना था 'हिन्दी काव्य में सावन का चित्रण।' तब लगा था कि ये बड़े शृंगारी और रसिक होंगे। लेकिन इनमें से आधा सच निकला। उन्हें दोनों चीज़ें पसन्द हैं लेकिन अपनी सीमा में। सोदाहरण ही बताना हो तो उन्हें श्रीकृष्ण से ज़्यादा श्रीराम की प्रकृति अधिक प्रभावित करती है। वे मूलतः सहज, सरल मगर गम्भीर प्रकृति के हैं।

विवाह के बाद मैं ससुराल आयी। रस्म अदायगी के बाद ससुराल से मुझे उन्हीं के साथ इस्लामपुर भेजा। वहाँ कर्मवीर भाऊराव पाटील कॉलेज में वे प्राध्यापक थे। हम दोनों के परिवार में बड़ों के सामने पति अपनी पत्नी को नाम से नहीं पुकारते थे। लेकिन ये सबसे ज़्यादा शिक्षित होने और खुले मन के होने के कारण मेरे ससुराल में सबके सामने मुझे नाम से पुकारते रहते। मुझे अच्छा नहीं लगता। तब मैंने इनसे कहा– "लगातार अनीता अनीता क्यों पुकारते हो? क्या सोचेंगे घरवाले कि अभी से पत्नी के अधीन हुए आप।" तब से फिर इन्होंने मुझे नाम से पुकारना बन्द किया।

दाम्पत्य जीवन में सुख–दुख के साथ उतार–चढ़ाव भी आते हैं। पति–पत्नी में कभी झगड़ा भी होता है। हम भी इसके लिए अपवाद नहीं थे। मुझे इनका स्वभाव मालूम नहीं था। एक–दूसरे को समझ लेना और 'एडजस्ट' होने के लिए शुरू के दो साल लगे। मैं ख़ुद को खुशक़िस्मती मानती हूँ कि मुझे सास बहुत अच्छी मिली। मेरी सुखकर गृहस्थी में उनका बहुत बड़ा योगदान है। वह पढ़ी लिखी नहीं लेकिन ख़ूब समझदार थी। उन्होंने वर्णमाला सीख ली थी इसलिए वह बहुत कुछ पढ़ चुकी थी।

हम दोनों में जब कभी किसी कारणवश अनबन होती तो सास मेरा पक्ष लेती। उन्होंने एक सच मुझे बताया था कि "देख अनीता, अर्जुन कभी बोलकर दिखाएगा नहीं, मगर उसका प्रेम अन्दरूनी है, कलेजे में, पेट में। तुझे भी इसका अनुभव आयेगा।" यह बात आगे मेरे लिए मन्त्र साबित हुई। इसका अहसास मुझे आज तक होता आया है। मुझ पर गुस्सा करने पर एक बार उन्होंने इनको भी मेरे सामने ही समझाया कि "देख अर्जुन, तू प्यार से समझाता जा, गुस्सा अच्छा नहीं, वह डर के मारे मर जायेगी।" तब से उन्होंने भी सदा प्रेमपूर्ण रवैया अपनाया।

जब पहले बेटी आ गयी तो मुझसे ज़्यादा इनको ख़ुशी हुई। हालाँकि हम दोनों ने चाहा था कि एक ही सन्तान पर रूकेंगे। लेकिन मैंने उनको मनाया कि हम दोनों भी घर, परिवार, गाँव–सबसे दूर हैं तो अपना निर्णय बदलते हैं। वे भी मान गये, अलग से कहना ज़रूरी नहीं।

हम दोनों के ससुरालवाले चाहते थे कि हम छुट्टियों में आते रहे। छुट्टियों में हम जाते भी थे। जब मेरे मायके लातुर जाते तो मेरे पिताजी इनको साथ लेकर 'सराफ लाईन' में जाते और अपने सभी परिचितों से मिलाते रहते। इनका परिचय करा देते। अपने सभी दामादों में से उन्हें इन पर गर्व था। इनकी आदतें और काबिलियत के कारण। ये चाय तक नहीं पीते। बिलकुल आज भी। सुपारी–सुरती की बात तो दूर।

जब मैं अपने ससुराल (पारेवाड़ी) आती तो पूरा परिवार खुश होता। यहाँ का परिवार भी बड़ा था। इनके ताऊ, ताई, चाचा, चाचियाँ और उनके बच्चे भी। लेकिन हमारे आगमन से सब से ज़्यादा ख़ुशी मेरी सास को होती। मुझे देखकर और अपने बेटे को देखकर। नातिन अमृता को देखकर तो उनकी ख़ुशी और बढ़ जाती। उसे घूमाना भी उनको आनन्ददायी लगता। जब छुट्टियाँ खत्म होने पर हम घर से इस्लामपुर या कोल्हापुर लौटते तो दाने, दाल, जवार को साथ लेकर।.... और सूखी मिर्च की चटनी तो होती ही थी। तीखी और स्वादिष्ट भी। यह सब मेरी सास गठरी या बोरे में भर कर

मुझे देती थी। तब हमारे पास गाड़ी भी नहीं थी। रेल या बस से आना–जाना होता था। लेकिन उन दिनों का माहौल ही ख़ूब आनन्ददायी था। मेरे पिताजी ने इनसे विवाह तय कराते समय यह भी देखा था कि इनको खेती भी है।

फुर्सत के समय में इन्होंने एक दिन मुझसे बात की– "हम पति–पत्नी एक–दूसरे के जीवन साथी मगर न एक–दूसरे को नाम से पुकारते, न नाम लेते हैं? नाम तो दुश्मन का नहीं लिया जाता। क्या तुम मुझे नाम से पुकार सकती हो?" इनकी बात सुनकर मेरे पैर के नीचे की ज़मीन ही खिसक गयी। मैंने कभी इनको किचन में लहसून–प्याज के छिलके निकालने के लिए भी प्रवेश नहीं दिया था। हालाँकि ये मदद करना चाहते थे, अपनी मर्जी से। लेकिन मैंने इनको बताया– "मैं भारतीय नारी हूँ। मुझसे यह नहीं होगा। मैं इतना ज़रूर चाहती हूँ कि आप सदा मेरे साथ रहे।'' भारतीय पत्नी की छवि और तमन्ना क्या होती है इसके लिए इस्लामपुर में मैंने इनको उस समय की चर्चित फ़िल्म 'रोजा' दिखायी थी। तब मैंने इनकी नाम से पुकारनेवाली बात नहीं मानी थी। फिर इन्होंने कभी इसकी ज़बरदस्ती भी नहीं की। मुझे लगता कि यदि कभी हम दोनों के माता–पिता ऐसी बातें सुनेंगे तो क्या होगा? मैं क्यों बदनाम हो जाऊँ खामख्वाह।

हमारी शादी के ढाई–तीन साल बाद शिवाजी विश्वविद्यालय, कोल्हापुर में हिन्दी विभाग, नया खुल गया और उसमें इनका चयन हुआ। हम इस्लामपुर से कोल्हापुर आ गये। अब मुझे अच्छी तरह पता चला था कि पीएच. डी. के बाद भी लगातार ये लिखते और पढ़ते क्यों हैं। शुरू में इस्लामपुर कॉलेज खत्म होने के बाद ये घर आते। खाना खाने के बाद दिनभर लिखते बैठते थे। लेकिन मुझे लगता कि पीएच. डी. होने के बाद भी और क्यों लिखते पढ़ते हैं?

इस बीच एक दिन इन्होंने मुझे पूछा कि 'विवाह से पहले तो तुमने बताया था कि तुम पढ़ना चाहोगी। उसका क्या हुआ' तब मैंने कहा 'वह तो विवाह के पहले कहा था, अब वह हो गया, मुझे तो अब घर–परिवार देखना है।' तब उन्होंने कुछ कहा तो नहीं मगर मुझे लगा कि इनको यह बात बुरी लगी। फिर धीरे–धीरे यह भी महसूस हुआ कि इनके मित्र, छात्र, बड़े–बड़े साहित्यकार, समीक्षक और सम्पर्क इतने अच्छे हैं कि मुझे पढ़ना चाहिए। फिर एस.एन.डी.टी. विश्वविद्यालय से संलग्न महिला महाविद्यालय, सांगली में प्रवेश लिया। तब इनको बहुत अच्छा लगा। बी.ए. भाग एक से तीन की पढ़ाई के दौरान मुझे ख़ुद इन्होंने पढ़ाया। हर एक विषय को समझाया। मैंने प्रथम श्रेणी में बी.ए. किया। हिन्दी लेकर ही। आगे एम.ए. भी हिन्दी में।

मुझे यकीन है कि यदि मुझे सरदर्द की तकलीफ न होती तो इनके आग्रह से मैं पीएच.डी. भी हिन्दी में ही होती। वह भी हरिशंकर परसाई के साहित्य पर। इनके कारण मुझे हिन्दी पढ़ने का चस्का लगा। मन्नू भण्डारी, राजेंद्र यादव, कमलेश्वर, रमणिका गुप्ता, भीष्म साहनी, मैत्रेयी पुष्पा जैसे अनेक साहित्यकारों का साहित्य मुझे पढ़ने को मिला।.... और मेरे पति के कारण मुझे इन सबसे मिलने का अवसर भी मिला। इनमें से कुछ साहित्यकारों से तो अनेक बार दिल्ली आने–जाने या कोल्हापुर में उनके आते रहने से पारिवारिक सम्बन्ध बना रहा। बिलकुल अपने रिश्ते–नाते दार जैसे ही।

शिवाजी विश्वविद्यालय कोल्हापुर के कैम्पस में रहने के कारण और मेरे पति के सहयोगी और मिलनसार स्वभाव के कारण सभी छात्र, अध्यापक इनके सम्पर्क में रहते। मिलने के लिए घर आते–जाते। विशेषतः शोधछात्रों को इनकी ज़्यादा ज़रूरत होती। ये उनको समय भी ख़ूब देते। सहायता करते मगर अनुशासन प्रिय। लेकिन जब कभी समय पर अपना टॉपिक लिखना सम्भव नहीं होता तब छात्र घर आकार 'लेट टॉपिक' मेरे पास छोड़कर जाते। ताकि सर से मिलने में उनको डर लगता था।

लेकिन कहना चाहिए कि छात्रों को इनसे इतना प्रेम करते मैंने पाया कि उसके बारे में आज भी ताज्जुब होता है। अपने माँता–पिता के समान या उनसे भी बढ़कर वे इनका सम्मान करते हैं, इज्जत करते हैं। यह मैं आज भी देखती हूँ। इसका एक ही कारण है कि ये सभी का मार्गदर्शन और मदद करते आये हैं। समान रूप से। अपने बच्चों की तरह। इसीलिए कुछ छात्रों को तो भ्रम रहता कि "हम ही सर के सबसे अधिक निकट के हैं और सर हम से ही ज़्यादा नजदीक के हैं" मगर सच कहूँ तो सबका ख्याल रखना, मदद करना इनका स्वभाव है। खास कर ये शोध छात्रों की गलतियाँ दुरुस्त करते हैं, अच्छी तरह से समझा देते हैं और उनको उपाधि मिल ही जाती हैं। कभी–कभी जाँची हुई फाइलें मैं देखती तो सब कुछ लाल–लाल निशान और करेक्शन। सूचनाएँ और दुरुस्तियाँ लिखने के लिए जगह नहीं होती। मगर इनके मार्गदर्शन से निकले हुए छात्र आगे काफ़ी सुधरे और अच्छी पोजीशन में पहुँचे हुए सैंकड़ों की संख्या में मैंने पाये हैं। छात्रों को कभी डाँट भी देते तो भी छात्र उन्हीं से चिपके रहते। यह सिलसिला आज भी जारी है। फाइलें जाँचते समय रावसाहेब पाटील और महावीर येल्लूरे को इतना डाटा हुआ मुझे याद है कि मैं भी डर गयी थी। उनके जाने पर मैंने पूछा तो इन्होंने इनकी अशुद्ध भाषा और वाक्य रचना दोष का कारण बताया। ऐसे कई नाम हैं, जो आज प्राध्यापक हैं। लेकिन सच है कि ये उन्हीं को

डाँटते जो नजदीक के हो।... और जितना डाँटते वे छात्र अधिक करीब आते। इसका श्रेय इनके स्वभाव को देना होगा। ये जितने बड़े पद पर गये, उतने ही ज़मीन पर रहे। सबके लिए समान रूप से मदद करते हुए। दूसरी बात पद की हवा इन्होंने कभी अपने दिमाग़ में जाने नहीं दी। वरना मैं आज देखती हूँ कि किसी को कुछ छोटा–मोटा मिल जाता है तो पता नहीं अपने आपको क्या समझते हैं। खासकर विश्वविद्यालयों की दुनिया में यह कॉफ़ी कुछ देखने को मिलता है। मुझे अपने पति पर गर्व इसलिए भी है कि उन्होंने किसी से कोई अपेक्षा नहीं की। वे सदा निरपेक्ष रूप से कार्य करते रहे। इसलिए वे सदा सुखी रहे हैं। जो व्यक्ति अपेक्षा ही न रखता हो वहाँ उसके भंग होने का सवाल ही नहीं होता। शायद इसीलिए इनके छात्रों और मित्रों की संख्या ज़्यादा है। देश का शायद ही कोई कोना या राज्य होगा जहाँ इनका मित्र या छात्र न हो। इनको जानने–माननेवालों की नामावली याद रखाना भी मुश्किल है। पिछले कुछ वर्षों से विदेशी यात्राएँ, वहाँ की संगोष्ठियों में सहभाग से यह दायरा और बढ़ गया।

मेरे लिए डॉ. अर्जुन चव्हाण की पत्नी होना जितना सुखद रहा उतना ही कष्टकर भी। क्योंकि संगोष्ठियों और अन्य कामों के लिए इनको देशभर में इतनी जगहों से निमंत्रित किया जाता कि क्या कहे...?.... और ये भी निरन्तर जाते। जहाँ ये पहली बार गये वहाँ बार–बार या कई बार बुलाये गये। यह सिलसिला आज भी जारी है। ऐसे में घर, परिवार, बच्चों की ज़िम्मेदारी मुझ पर रहा करती। तकलीफें हुई लेकिन मैं ख़ुद और बच्चे भी ज़िम्मेदारी के लिए तैयार हुए। जब बच्चे छोटे थे तब मेरी इनसे एक शिकायत होती कि 'आप बड़े बच्चों का ही ज़्यादा ख्याल रखते हैं, छोटे बच्चों का कम।' मगर ये हैं कि सुन लेते और काम में व्यस्त रहते। लेकिन घर में जो आवभगत रही, इनकी दिनचर्या रही और जो माहौल रहा उसका प्रभाव आज देखने को मिला। तीनों बच्चों में से अमृता एडवोकेट और लॉ की सहा. प्रोफेसर, चारुता डॉक्टर और भूषण मनोवैज्ञानिक के रूप में अच्छा काम कर रहे हैं। माँ के नाते मुझे तो इसकी खुशी है ही मगर मुझ से ज़्यादा मेरे पति को।

एक और अहम बात...आज सब लोग मेरे पति प्रो. अर्जुन चव्हाण की शौहरत, नाम और काम देख रहे हैं लेकिन ऐसा नहीं कि इनको सब कुछ आसानी या सरलता से हासिल हुआ। सच बताऊँ तो जितना कडा संघर्ष इनको करना पड़ा, लोग उसकी कल्पना नहीं कर सकते। इनकी ताकत थी सच्चाई और बल था आत्मविश्वास। उस पर लिखूँगी तो एक बड़ी किताब

बनेगी। ये आत्मकथा लिखेंगे तो उसमें वह सब आयेगा। ....और आप सब कहेंगे तो शायद ये ज़रूर लिखेंगे। लेकिन मैं कुछ सुखद स्मृतियों को ही साझा करना जरुरी समझती हूँ ताकि किसी को कुछ प्रेरणा मिले।

मैं जम्मू कश्मीर से कन्याकुमारी तक पति के साथ घूम चुकी हूँ। एक बार नहीं, बार–बार, दिल्ली, कुरुक्षेत्र, हरिद्वार, ऋषिकेश, बनारस, प्रयाग, उज्जैन, इन्दौर, ओंकारेश्वर, सौराष्ट्र, (राजकोट), जुनागढ़, केशोद, भालकी, सोमनाथ, पोरबन्दर, द्वारका, महाराष्ट्र के सारे छोटे–बड़े शहर, आंध्र, गोवा, कर्नाटक और केरल तक। हर सम्भव हम दोनों साथ में घूमें। यथासम्भव बच्चे भी साथ में रहें। अब वे बड़े हुए हैं और अपनी– अपनी ज़िम्मेदारियों में व्यस्त। हमारे देश की साहित्यिक, सांस्कृतिक और प्राकृतिक सम्पदा देखने का जो सौभाग्य मुझे मिला वह सभी महिलाओं को मिल सकता है यदि वे अपने पति को क्षमता से आगे बढ़ने का साथ दें। पति के कार्य में रूचि लें, उसे समझ लें। मुझे याद है कि बड़े–बड़े आयोजनों में ही नहीं बल्कि छोटे मोटे कार्यक्रमों, विशेष व्याख्यानों में भी मैं इनके विभाग में जाती, अच्छे व्याख्यानों को सुनती। सुनना मुझे अच्छा लगता था। हिन्दी विभाग में काफ़ी भीड़ रहती थी। शुरू में लोगों को पता ही नहीं था कि मैं कौन हूँ? लोग समझते कि कोई किसी कॉलेज की मैडम होगी। सन् 1994 की बात है। राजेन्द्र यादव पर लिखी इनकी पुस्तक का लोकार्पण समारोह विभाग में था। गोवा विश्वविद्यालय के ब्रह्मदेव मिश्र बोलने के लिए अतिथि के रूप में आये थे। मैं भी सुनने गयी थी। पहली पंक्ति में बैठी थी। कार्यक्रम शुरू होना था। सभागार में खामोशी थी। जब मंच पर सभी मान्यवर आ गये तो इन्हें देखकर मेरी गोद में बैठी अमृता 'पिताजी...' कहते हुए ज़ोर से चिल्लाई तब सभी का ध्यान मेरी ओर गया। उससे सबको पता चला कि यह डॉ. अर्जुन चव्हाण सर की बेटी है और मैं उनकी पत्नी।

मैंने इनका सबसे पहला और बड़ा कार्यक्रम अन्टेंड किया था इनके सारस्वत सम्मान का। 'अनुवाद चिन्तन' पुस्तक के लिए इन्हें 1998 को हिन्दी साहित्य अकादमी का पुरस्कार मिला था। इसलिए शिवाजी विश्वविद्यालय के शाहू सभागृह में पूर्व कुलपति धनागरे सर के हाथों और अनेक मान्यवरों की उपस्थिति में इनका सम्मान समारोह आयोजित किया था। बच्चे छोटे होने की वजह से मैं इनके साथ अकादमी के पुरस्कार वितरण समारोह में जा नहीं सकी थी। जब वे पुरस्कार लेकर आये थे तो मेरी आँखें भर आयी थीं। ख़ुशी के मारे रोई भी थी। मगर कोल्हापुर के सारस्वत सम्मान समारोह में

ज़रूर गयी थी। उसमें हमारा पूरा परिवार था। आण्णा भी (इनके पिताजी) थे। चारुता उनके गोद में थी और भूषण मेरी गोद में। उस समय इनके बारे में वक्ताओं के भाषण सुनकर भी मैं गदगद हुई थी। तब मुझे पहली बार लगा था अब अपना दायित्व भी बढ़ गया है। जितना हो सके परिवार का दायित्व संभालना और इनको अपने काम के लिए ज़्यादा से ज़्यादा समय देने में सहयोग देना। जितना हो सके, अपनी ओर से मैं यह निभाती रही हूँ।

मैं यथासम्भव इनके हिन्दी विभाग में बड़े–बड़े साहित्यिक और समीक्षकों को सुनने के लिए जाती, अध्यापिकाओं के बीच में बैठकर सुनती। बड़े–बड़े लेखकों, वक्ताओं को मैंने सुना जिनमें आज याद है प्रो. सूर्यप्रकाश दीक्षित (लखनऊ), प्रो. मैनेजर पाण्डे (दिल्ली), नरेन्द्र मोहन (दिल्ली), प्रो. चन्द्रकान्त बांदिवाडेकर, प्रो.रामजी तिवारी (मुंबई), गोविंद मिश्र (भोपाल), शिवकुमार मिश्र (गुज़रात), प्रो. अशोक कामत, प्रो. केशव प्रथमवीर (पुणे), आदि। इनमें डॉ. कुँवरपाल सिंह (अलीगढ़) को विशेष याद करूँगी। वे बहुत अच्छा बोलते हैं सुना था। प्राध्यापकों के लिए आयोजित हिन्दी रिफ्रेशर कोर्स में उनके व्याख्यान थे। मैं भी सुनने के लिए गयी, वे अनुशासन प्रिय थे। उनको प्राध्यापकों का बीच–बीच में उठकर आना –जाना अच्छा नहीं लगता था। वे बोलते ख़ूब अच्छा लेकिन डाँटते भी थे। मुझे पता नहीं था। मैं व्याख्यान शुरू होने के थोड़ी देर बाद आयी तो उन्होंने कहा कि मैडम इतनी देर से क्यों आयी? मैं डर गयी, सकपका गयी। तब अन्य प्राध्यापिकाओं ने कहा कि मैडम प्रतिभागी नहीं हैं, आपको सुनने के लिए आयी हैं और ये हिन्दी विभागाध्यक्ष डॉ. अर्जुन चव्हाण सर की मिसेस हैं। तब वे मान गये और खुश भी हुए।

शिवाजी विश्वविद्यालय के हिन्दी विभाग में जितने बड़े आयोजन होते, उसमें जितने बड़े वक्ता आते, वे सब हमारे घर आते रहते। इनको उन्हें घर लाने मिलने–मिलाने, परिचय कराने में आनन्द आता। घर में खाना भी बनता। मैं और मेरे पति, हम दोनों संयुक्त परिवार से थे अतः दस पंद्रह लोगों का खाना मैं स्वयं अकेली घर में बनाती। एक बार नामवर सिंह जी ने हमारे घर में बढ़िया खाना और घर का गाढ़ा दही देखकर मुझे कहा था 'अभी मुझे पता चला कि अर्जुन जी का स्वस्थ्य इतना अच्छा क्यों है।' 'हंस' के सम्पादक दिल्ली से आये राजेंद्र यादव जी को आम्रखण्ड, पराठे, चपाती अच्छी लगती। मैत्रेयी जी ने मोठ की सब्जी को ख़ूब पसन्द किया याद है। बनाने का तरीका भी मुझसे जान लिया था। डॉ. केशव प्रथमवीर जी को जवार की रोटी और बैंगन का भुर्ता ख़ूब पसन्द आता। मैं खुद को

खुशक़िस्मती मानती हूँ कि हिन्दी के बड़े–बड़े साहित्यकार, समीक्षक, विद्वान हमारे घर आये हैं और मेरे हाथ की बनी रोटी सब्जी उन्होंने खाई है।

मुझे गर्व है कि अपने पति के सबसे क़ीमती और सुखद घड़ियों की मैं गवाह हूँ। प्रधानमन्त्री अटलबिहारी बाजपेयी के हाथों इनकी पुस्तक 'अनुवाद : समस्याएँ एवं समाधान' को इन्हें राष्ट्रीय पुरस्कार से दिल्ली में सम्मानित किया जा रहा था और मैं भी इस बार इनके साथ गयी थी। विमान की पहली बार यात्रा करके। सच कहूँ तो मैंने पहली बार दिल्ली में इनका रूतबा देखा था। ये दिल्ली आ रहे हैं पता चला तो लेखक राजेंद्र यादव जी ने दिल्ली के इन्दिरा गाँधी एयरपोर्ट पर अपने ड्राइवर किसन को गाड़ी और इनके नाम के बोर्ड 'डॉ. अर्जुन चव्हाण का स्वागत है' के साथ भेजा था। गोमती गेस्ट हाउस में मैनेजर पाण्डे जी ने इनके रहने का प्रबन्ध कराया था। दूसरे दिन प्रधानमन्त्री आवास पर अनेक बड़े मन्त्रीगण और साहित्यिकों की उपस्थिति में इनका सत्कार प्रधानमन्त्री श्री अटलबिहारी बाजपेयी जी के कर कमलों से मानव संसाधन विकास मन्त्री मा. श्री मुरलीमनोहर जोशी जी की मंचीय मौजूदगी में सम्पन्न हुआ। मैं अपना छोटासा कैमेरा साथ में लेकर गयी थी लेकिन उसे वहाँ लॉकर में रखवा दिया गया। मुझे बताया गया कि 'आपको छायाचित्र दिलवाया जायेगा।' तब फोटो ही नहीं, हमें वीडीओ शूटिंग की कैसट भी दी गयी। प्रधानमन्त्री बाजपेयी जी का भाषण बहुत अच्छा लगा। 'पुरस्कार की पचास हजार की राशि ज़्यादा नहीं, एक लाख कर दो' यह उन्होंने उसी वक़्त अपने भाषण में कहा। क्योंकि निवेदक बार–बार बल देकर निवेदन कर रहा था कि 'डॉ. अर्जुन चव्हाण को रूपये पचास हजार की राशि से सम्मानित किया जा रहा है मा. प्रधानमन्त्री जी के हाथों।' उनके भाषण के सामाप्ति के साथ खाना भी शाही अन्दाज का था। अनगिनत चीज़ें अनगिनत स्वाद।

दिल्ली में मैंने देखा कि चार–पाँच दिनों में न इनको होटल का खाना पड़ा और न कोई टैक्सी लेनी पड़ी। कभी इनके मित्र, कभी इनके प्रकाशक, तो कभी मैत्रेयी पुष्पा के यहाँ खाना हुआ और लाने पहुँचाने के लिए गाड़ी ड्राइवर को भिजवाते। इनके पुरस्कार की खुशी में लेखक राजेंद्र यादव जी के कहने पर हमें दावत दी थी प्रसिद्ध लेखिका रमणिका गुप्ता के यहाँ। मुझे वह भी यादगार लगी। दस–बारह ही लेकिन बड़े साहित्याकार निमन्त्रितों में थे। राजेंद्र यादव और कमलेश्वर के बीच इनको बिठाया था। मैं मैत्रेयी के पास ही बैठी थी। बड़े प्यार से दावत आयोजित थी। हमने 'बेगानी शादी में अब्दुला दीवाना' गीत सुना था मगर यहाँ तो 'बेगानी शादी में अब्दुला के

यहाँ खाना' जैसी बात थी। रमणिका गुप्ता जी बड़ी लेखिका है मुझे तभी पता चला। उनके जूझारू व्यक्तित्व का भी। अब तक उनकी आत्मकथा भी नहीं आयी थी। जब उनको पता चला कि मैं भी हिन्दी की हूँ तब उन्होंने मुझे अपनी किताबों की आलमारी खोलकर दिखायी और कहा कि ये मेरी लिखी हुई हैं, उनमें से जो चाहे आप अपने लिए ले लो। मैत्रेयी जी ने भी मुझे अपने किताबों की अलमारी दिखाकर कहा था– "अर्जुन जी के पास भले हो, न हो। आप अपने लिए जो चाहे ले लो।" तब मैंने दोनों लेखिकाओं के यहाँ से दस–बारह किताबें छाँटी और ले ली थीं। फिर बाद में कई बार दिल्ली आना–जाना होता रहा। 'हंस' का कार्यालय तो अपने घर जैसे लगा। वहाँ के सभी जन मुझसे अच्छा बरताव करते। दिल्ली शहर ही मुझे अपने रिश्तेदारों का लगने लगा। लेकिन यह मेरे पति के कारण। उस दिल्ली के सत्कार समारोह से मैंने महसूस किया कि अब अपनी ज़िम्मेदारी अधिक बढ़ गयी। इनको बहुत दूर दराज के निमन्त्रण आते। खासकर संगोष्ठियों, व्याख्यानों के निमन्त्रण। लेकिन ये कभी छोड़ते नहीं थे और मैंने भी इनको कभी रोका नहीं। इनको व्याख्यान देने में तरोताजा लगता है, आनन्द मिलता है, यह मैंने कई बार सुना है। श्रोता इनको पसन्द करते हैं यह भी देखा है।

एक बार विभाग से एक अध्यापिका ने, जो उन्हीं की शोधछात्रा थी, घर आकर मुझसे कहा कि 'सर आज विभाग में नहीं हैं, अब सर का इतना नाम हो चुका है तो उनको बाहर जाने की क्या ज़रूरत?' मुझे ताज्जुब हुआ सुनकर। इन दिनों के छात्र पीएच.डी. होने के बाद खुद को गंगा नहा लिए' समझते हैं। मगर वे अपने गुरु को नहीं समझते। आगे क्या करना चाहिए नहीं सीखते। मन में आया कि मैंने इनको कभी मना किया नहीं, रोका नहीं और यह कैसे ऐसा सोचती है?

इनके व्यक्तित्व की खासियत है छात्र प्रिय और मित्र प्रियता। छात्रों के इतने चहेते कि आज भी 30–35 साल पुराने छात्र भी मिलने के लिए आते रहते हैं। मित्रों में भी उतने ही प्रिय। लेकिन दोस्ती का मूल सेतु अकादमिक गुणवत्ता, लेखन और प्रकाशन। कुछ खास जगहों के आयोजनों में तो ज़रूर जाते रहे हैं, जैसे मुंबई में डॉ. रतकुमार पाण्डे, अमरावती के डॉ. शंकरसिंह बुंदेले, गोवा के डॉ. रोहितश्व, औरंगाबाद के डॉ. नारायण शर्मा, डॉ. चन्द्रदेव कवाड़े, डॉ. माधव सोनटक्के, डॉ. अम्बादास देशमुख, डॉ. गणेश सोनाले, धारवाड़ के डॉ. टी. वी. कट्टीमणी, डॉ. सीताराव पवार, डॉ. दिलीप सिंह, हैदराबाद के डॉ. शशि मुदिराज, पुणे के डॉ. उमाशंकर उपाध्याय, डॉ. टी. आर. पाटील आदि के आयोजन हो, ये बुलाये नहीं और ये गये नहीं,

ऐसा कभी हुआ नहीं। यह सूची बहुत लम्बी है और इसमें आगे कितने–कितने नाम जुड़े हैं उन्हें बताना मेरे लिए असम्भव है।

एक बहुत दुखद और संवेदनशील घटना मुझे याद है। ये केरल के त्रिवेन्द्रम विश्वविद्यालय में रिफ्रेशर कोर्स में व्याख्यान देने गये थे और वहाँ से गोवा की संगोष्ठी कर लौटने वाले थे। पूरे एक सप्ताह भर का नियोजन था। इधर चौथे दिन, झाड़ू लगाते समय गिर जाने से मेरे सर को चोट लगी। भोहें के ऊपर के हिस्से से भी खून निकला। बच्चे भी छोटे थे। विश्वविद्यालय के स्वस्थ्य केन्द्र को छुट्टी थी। तब डॉक्टर टी. के. पाटील खुद अपनी गाड़ी लेकर आये, मुझे लेकर डॉक्टर भद्रे मैडम के अस्पताल में गये, इलाज कराया। घर भी लाकर छोड़ा। इनको किसी ने फोन पर भी बताया। इनको रहा नहीं गया। घर में लैंडलाईन से फोन किया और मुझसे भी बात की। कहने लगे 'तुरन्त आ जाऊँ?'। 'आप अपने नियोजन के अनुसार आइए, मैं ठीक हूँ अब।' मेरी बात से फिर उन्होंने केरल के बाद गोवा की संगोष्ठी की और कोल्हापुर लौटे। ठीक तड़के के समय। मैं जाग गयी तो देखा कि मेरा सर इनकी गोंद में था और आँखें भरी हुई।

"कब आये?"

"अभी आया, तुझे टाँकें भी पड़े और मुझे बताया कि ज़्यादा कुछ नहीं हुआ?"

मैं कुछ नहीं बोली। फिर दोनों के बीच खामोशी ही। किन्तु मैंने महसूस किया कि उनको बहुत बुरा लगा था। तब मैंने ही उनको समझाया था।

आज हमारे इतने अच्छे–से 'अक्षर' (मकान) को देखकर सबको अच्छा लगता है। लेकिन वे नहीं जानते कि यह सब एक दिन में नहीं हुआ। इनकी मेहनत और नेकी इसकी बुनियाद है। एक और बात है– सादगी। हम दोनों के व्यक्तित्व में जो है। आज पीछे मुड़कर देखती हूँ तो किसी को विश्वास नहीं होगा विश्वविद्यालय में पढ़ाने वाले प्राध्यापक, मेरे पति, आज से करीबन तीस साल पहले स्वातन्त्र्य सैनिक कोलोनी राजेंद्रनगर, कोल्हापुर में किराए के मकान से विश्वविद्यालय तक पैदल आते जाते थे। रोज पैदल। टु विलर तक नहीं थी हमारी। इसके पहले इस्लामपुर कॉलेज में भी छह साल तक प्राध्यापक किन्तु पैदल ही आना–जाना। छोटे–छोटे दो कमरे का किराए का मकान। शान–शौकत बिल्कुल नहीं। कभी मैंने भी जिद नहीं की। मैं खुद मिट्टी के तेल का प्रयोग कर स्टोव पर खाना बनाती थी। न गैस सिलेंडर और न गैस सेगड़ी। एक दिन इनके मुंबई के मित्र डॉ. दाभिलकर गोवा जाते

समय कोल्हापुर में खाने के लिए घर आये और देखा कि घर में भोजन कैसे बन रहा है। तब गोवा जाकर तुरन्त गैस कम्पनी से कोल्हापुर के 'घोटने गैस कम्पनी' को फोन कराया और वी.आय.पी. कोटे से दूसरे दिन हमारे घर रसोयी गैस पहुँचा दिया गया।

ज़िन्दगी में सभी को वर्तमान दिखता है, अतीत नहीं। बड़ा पद दिखता है, मेहनत नहीं। इनकी इज्जत मान–सम्मान दिखता है, संघर्ष नहीं। और हाँ, संघर्ष की बात से याद आया, पर लिखने का यह स्थान नहीं। इस पर लिखूँगी तो नई किताब बनेगी। यहाँ इतना ही कहूँगी कि इनकी कामयाबी को नजर ही नहीं बल्कि डायन भी लगी। कहे कि खग्रास या खण्डग्रस ग्रहण, जो चन्द्र–सूर्य को भी लगते हैं। मेरे पति भी इसके लिए अपवाद नहीं। लेकिन इनके बारे में सबसे ज़्यादा मैं आश्वस्त थी। इसलिए कि इनके आचार–विचार, कार्य और हुनर को मैं जानती थी। सारे घने और बौने बादल ध्वस्त करने में ये कामयाब हुए। सारा सारस्वत समाज इनके साथ था, जो व्यथित हुआ था मगर इनकी कामयाबी से बहुत खुश हुआ। हमारा परिवार भी खुश हुआ। इसलिए गर्व से कहती हूँ कि मैं प्रो. (डॉ.) अर्जुन चव्हाण की पत्नी हूँ...।

एक और बात कि मैं हिन्दी के सम्मानित लेखक, समीक्षक, नामचीन प्रोफेसर (डॉ.) अर्जुन चव्हाण की पत्नी ज़रूर हूँ लेकिन लेखिका नहीं। इसलिए हो सकता है किसी भी स्तर पर कुछ त्रुटियाँ रही हो, कोई कमी या गलती हो तो मैं क्षमा चाहती हूँ। मैं उन सबका अभिनन्दन करती हूँ जिन्होंने पूरी साल भर की मेहनत से इस अभिनन्दन ग्रन्थ को साकार बना दिया। अपने गुरु के प्रति कृतज्ञता ज्ञापित करने का उनका यह प्रयास निश्चय ही प्रशंसनीय है। साथ ही इस ग्रन्थ में देशभर के मान्यवर साहित्यिक, समीक्षक और भाषाविद्वानों ने अपने लेखन के जरिए जो वैचारिक योगदान किया इसके लिए हमारे परिवार की ओर से विशेष साधुवाद! इनके देश–विदेश के मित्रों ने और छात्रों ने इस ग्रन्थ के लिए लेखन कर जो योगदान किया, मेरे परिवार की ओर से उन सबके के प्रति धन्यवाद! मुझे विश्वास है इस ग्रन्थ से इनके व्यक्तित्व और साहित्य को समझने की दृष्टि मिलेगी...और प्रेरणा भी। यही इसकी सार्थकता कहनी चाहिए।

पिताजी में दुनिया और दुनिया में पिताजी

एडवोकेट अमृता अर्जुन चव्हाण

'पिताजी' शब्द में जो असीम ताकत, प्रखर ऊर्जा, सारी सकारात्मकता और गजब का संयम है वह किसी में नहीं। इस इकलौते लफ्ज में हमारी सारी दुनिया है। बचपन से हमें अपने माता–पिता ने जो सर्वोत्तम आदतें डलवाई उनमें से एक है 'पिताजी' सम्बोधन। हम सभी भाई–बहनों की यह आदत उन सभी बेहतरीन आदतों में से एक पसन्दीदा है। आप सब जानते हैं कि हमारे 'पिताजी' देश–विदेश के नामचीन प्रोफेसर और साहित्यकार हैं। हमारे देश का शायद ही कोई विश्वविद्यालय होगा जहाँ पिताजी को विशेषज्ञ के रूप में बुलाया न हो। पचास–साठ किताबों के लेखक, राष्ट्रीय–अन्तर्राष्ट्रीय पुरस्कार प्राप्तकर्ता और माँ भी उच्चशिक्षित। इसलिए साहित्यकार के साथ–साथ एडवोकेट–प्रोफेसर, डॉक्टर, सायकॉलॉजिस्ट बनानेवाले और उचित दिशा से परवरिश करने वाले परिवार में पैदा होने का मतलब ही साक्षात् सरस्वती, गणपति और लक्ष्मी की कृपा और आशीर्वाद कहना होगा।

जब मुझे पिताजी से पता चला कि उनके अभिनन्दन ग्रन्थ का कार्य शुरू है और उसे कितने सारे महानुभावों का प्रेम, आदर तथा उत्साह से प्रतिसाद मिल रहा है तब गदगद होना स्वाभाविक था। पिताजी ने जब हम तीनों भाई–बहनों को लेख लिखने की बात कही तब लगा कि इससे अच्छा अवसर और क्या हो सकता है? लेकिन उनसे यह भी पता चला कि यह ग्रन्थ पाँच–छह सौ पृष्ठों के ऊपर गया है, बड़ा हो गया है। इसलिए संक्षिप्त में लिखना है। इससे थोड़ा अफसोस भी हुआ मगर भाषण के लिए दो–तीन मिनट का समय मिलने पर भी चार–पाँच बार तालियाँ लुटनेवाले पिताजी की सन्तानें होने के कारण उनपर संक्षेप में लेख लिखने का प्रयास तो करना ही होगा, शिवधनुष उठाने का प्रयास। जब पिताजी के बारे में लिखने की

बात आयी तब सवाल यह नहीं था कि क्या लिखें, बल्कि सवाल यह था कि कितना लिखें? थोड़े में लिखना हो तो किसे ले लें, किसे छोडे? हम तीनों की हालत एक जैसे ही हुई।

पिताजी की पढ़ाई मराठवाड़ा जैसे पिछड़े इलाके के जिन तीन–चार स्कूलों में हुई, गाँव की तरफ आते–जाते समय वे सब हमें भी देखने को मिले। घर, परिवार, रिश्तेदार तथा गाँव के लोगों से भी पता चला था कि मेरे पिताजी की शिक्षा खस्ता हाल में हुई। उन्हें चौथी कक्षा के बाद दूसरे गाँव में हर दिन बीस–बीस किलोमीटर आना–जाना पड़ा। साइकिल का सौदा सिर्फ 15 रुपयों में टूट गया। महाविद्यालय तथा विश्वविद्यालय की पढ़ाई उनकी दो ड्रेस पर पूरी हुई। कागज, कलम, किताबें और फिस भर देने के लिए मेरी दादी माँ ने मुर्गियाँ पाली और अंडे बेचकर पैसे भेजे। अपने बेटे पर वह जान न्योछावर के लिए तैयार रहती। पिताजी आज भी कभी यादें बताते हैं तब सब कुछ भयंकर लगता है। जिस गाँव में आज भी डाकघर नहीं, स्वास्थ्य केन्द्र नहीं, कोई मेडिकल दूकान नहीं, एक भी एस टी बस नहीं, एक भी दैनिक अखबार नहीं, उस गाँव की मेरी दादी माँ में अपने बेटे के पढ़ाई की चिन्ता, कामना और सपना निहायत ताज्जुब की बात है। वह भी आज से पचास–साठ साल पहले। इसके बावजूद मेरे पिताजी का बचपन खेत–खलिहान, बकरियों का दूध, कुश्ती का आखाड़ा और गाँव के मन्दिर में चले रामायण–महाभारत के पारायण सुनने–सुनाने में बीता। लगता है जीवन मूल्य एवं जीवन–संस्कार की नींव यहीं पर बनी हो।

इस लेख को लिखते समय लगा था कि दुनियाभर का मशहूर साहित्यकार, परिवार प्रमुख, एक बेटा, भाई, पति और पिता के रूप में मेरे पिताजी कैसे हैं इस पर रोशनी डालूँ। लेकिन तहेदिल से लगा सारी भूमिकाएँ और साहित्यकार को अलग नहीं कर सकते। मेरे पिताजी और साहित्यिक ये एक ही सिक्के के दो पहलू लगते हैं। अतः सिर्फ किसी एक पर ध्यान केन्द्रित करना असम्भव है। मुझे आज भी याद है कि मेरे बचपन में यदि हम किसी रिश्तेदार के यहाँ जाते तो पिताजी वहाँ भी पढ़ने–लिखने में मगन रहते। बचपन में शुरू में हम भाई–बहनों को इसका कोई खास महत्त्व नहीं महसूस होता था लेकिन आगे चलकर अनजाने में हमें भी यह आदत लगी। हम भाई–बहन भी बच्चों की कहानियों की किताबें एक साथ, लगे हाथ पढ़कर खत्म करते। हम बच्चों के खेल में भी किताबें शामिल हुआ करती। उदाहरण के रूप में किसी एक का काम घर में किताब के कमरे में से एक

किताब चुनना, दूसरे ने उस किताब के लेखक का नाम याद रखना और तीसरे ने उसे किताबों से भरे कमरे से खोज निकालना। आज भी इस खेल को याद करने से हँसी आती है। मगर ऐसे ही खेला करते थे हम। जिस उम्र में दूसरे माँ–बाप अपने बच्चों को केबल टी.वी. पर कार्टून्स, फ़िल्में दिखाते उस उम्र में हम भाई–बहन किताबों की दुनिया और खेल के मैदान में मशगूल हो जाते थे। आगे चलकर इसी माहौल का लाभ शारीरिक, मानसिक तथा बौद्धिक विकास में हुआ। जिस समय छोटे बच्चे वीडियो गेम्स् खेला करते उस समय हम तीनों भाई–बहन, शिवाजी विश्वविद्यालय, कोल्हापुर में ही निवास होने के कारण, विश्वविद्यालय में होनेवाले एक से बढ़कर एक राष्ट्रीय–अन्तर्राष्ट्रीय कार्यक्रमों को देखने के लिए जाते जो अक्सर रंजक और ज्ञानवर्धक होते थे।

पिताजी के कारण हिन्दी विषय के बड़े–बड़े साहित्यिक, जाने–माने दादा लोग जिन्हें लोग फोटो में देखते या किताबों में पढ़ते थे– हमें उनसे अपने घर में, डायनिंग रूम में, हॉल में बैठकर मिलने, बातें करने का अवसर मिला। उनका सदा साहचर्य मिला। आदरणीय नामवर सिंह जी, राजेन्द्र यादव जी, मैत्रेयी पुष्पा जी, केशव फालके जी, अशोक कामत जी, केशव प्रथमवीर जी, दिलीप सिंह जी, इरेश स्वामी जी, तेज़स्वी कट्टीमणि जी, शंकरसिंह बुंदेले जी, रतनकुमार पाण्डेय जी ऐसे कितने सारे नाम हैं जिनकी सूची खत्म नहीं हो सकती।

वास्तव में हमारे पिताजी ही हमारे प्रेरणा स्थान हैं। वे ही हमारे आदर्श हैं और आयडॉल भी। मुझे याद है चौथी कक्षा उत्तीर्ण होने के बाद उन्होंने मुझे पूछा था कि "पाँचवीं कक्षा में तुझे किस स्कूल में पढ़ना है? या उसी स्कूल में आगे पढ़ना है?" असल में चौथी कक्षा तक पढ़ी बच्ची की कितनी सोच–समझ होगी? लेकिन वे अपनी छोटी बच्ची की राय, उसका मत महत्त्वपूर्ण मानते आये हैं। ऐसे अनेक प्रसंग हैं। जब हमारा मकान बन रहा था तब फर्निचर और कलर चॉइस, डिजाइन और बाथरूम टाइल्स के चयन के लिए भी हम बच्चों को ले जाते, हमारी पसन्द को देखते। हम दो या तीन सैंपल सुझाते और अन्त में सर्वसम्मती से उन्हीं में से चयन होता। हम सबके विषय–चयन और अध्ययन की शाखाओं के चयन में भी उन्होंने हम पर पाबन्दी नहीं डाली थी। उनका शुरू से इतना निर्देश ज़रूर होता कि "ज्ञान–विज्ञान की हर शाखा, हर विषय महत्त्वपूर्ण होता है, बस तुम जिस किसी भी विद्या शाखा को चुनोगे, उसमें बेहतर परफारमन्स होना चाहिए,

टॉपर में जाने का प्रयास होना चाहिए तब आनेवाला कल तुम्हारा है।" यही बात मुझे बल देती रही। पिताजी ने हमें आजादी दी। उनके व्यक्तित्व एवं विचारों का कुछ ऐसा प्रभाव पड़ता गया कि मैं ही नहीं मेरे छोटे भाई–बहन भी टॉपर ही रहे। यह पिताजी के सहज स्वभाव और विश्वास का प्रभाव है। उन्होंने कोई बंधन लादा नहीं। दिया तो ढेर सारा प्यार और विश्वास ही विश्वास। इसलिए हमारी कामयाबी अधिक आसान बनती गयी। हम भाई–बहन उनके विश्वासपात्र तो रहे ही किन्तु उनके विश्वास का नाजायज फायदा उठाने की न हिम्मत हुई, न ज़रूरत पड़ी। खुली चर्चा करना, प्रेरणा–प्रोत्साहन देना और प्यार–भरा साथ देना यही उनकी खासियत रही है। तभी तो हर समस्या के समाधान का नाम ही पिताजी है। जी हाँ, इसमें माँ का साथ और हाथ हमेशा रहा, यह कहना भी ज़रूरी लगता है।

मेरे पिताजी को अपने पिता से सबसे ज़्यादा लगाव था। हम सबके साथ ही वे रहते थे। इसलिए यह देखने का सौभाग्य मिला कि वे उनका कितना आदर और प्यार करते थे। खासकर बीमारी की दशा में उनकी कैसे सेवा की थी, अपने बड़े भाई की भी बीमारी में देखभाल कैसे की थी इसे भी देखा है। पारिवारिक जीवन के उतार–चढ़ाव में भी पारिवारिक एकता को बनाये रखने का हुनर कोई पिताजी से सीखे। अपने बच्चों के लिए वे हमेशा सर्वोत्तम का चयन करते रहे हैं, उसके पीछे की भूमिका, विचार एवं दूरदृष्टि भी समझाते रहे हैं। इसके साथ ही वे हमारी राय, हमारा मत जानना भी कभी भूले नहीं। एक उच्चशिक्षित ही नहीं बल्कि सुसंस्कृत परिवार क्या होता है इसे उन्होंने अपने बर्ताव से सिखाया है।

पिताजी की सही पहचान माने अत्यन्त उदारमना, शान्तिपूर्ण, संयमशील, क्षमाशील और गजब के सहनशील। लेकिन इन सबके बावजूद वक़्त आने पर भेषधारी भी और दहाड़ भी। मगर मूलतः वे शान्ति और संयम के कायल हैं। लेकिन कभी–कभी इसकी ज्यादती के कारण उनके गुरु को अधिकार से उन पर प्यार–भरा गुस्सा उतारते हुए भी देखा है। उनकी अतिरिक्त उदारता के कारण कभी–कभी हमारा परिवार भी उनपर नाराज होता है। लेकिन संघर्ष में ज़िन्दगी का क़ीमती समय गँवाने से बेहतर उन्होंने साहित्य सृजन को महत्त्व दिया। 'अपनी कलम ही अपनी ताकत' पर भरोसा रखने वाले पिताजी स्वरचित साहित्य के बलबूते पर अनाचारी, अत्याचारी और असामाजिक तत्त्वों पर टूट न पड़े हो तो साहित्यकार कैसे? राजनीतिक, सामाजिक, आर्थिक तथा मानव निर्मित संकट का सामना कर उन्होंने अपने

में निहित लेखक, समीक्षक, कवि, गजलकार, कथाकार को ज़िन्दा रखकर आने वाली पीढ़ी के सामने नया आदर्श रखा। संकट को अवसर में बदलने का हुनर भी पिताजी से ही सीखे। उन्होंने विकास को अपने तक सीमित न रखकर अपनी मातृभूमि, कर्मभूमि और शिक्षा क्षेत्र से जुड़ी नई पीढ़ी तक पहुँचाया। आसपास मँडराती कुप्रवृत्तियों के बावजूद अपनी रचनात्मकता को बनाये रखा। शायद इसी का प्रतिफल है 'जय बोलने' काव्य–संग्रह। इसमें निहित 'जंगल में मंगल' और 'क्यों गधे को घोड़ा बनाते हो?' जैसी रचनाएँ पाठकों के साथ–साथ हमें भी भाती हैं।

कोरोना जैसे महामारी की वजह से लॉकडाऊन के समय भी मेरे पिताजी में निहित साहित्यकार और वक्ता देश की सीमाओं को लांघकर ज्ञान के असीम सागर माने वेबिनारों में मुक्त संचार करता रहा। उनके अन्दर का गज़लकार समाज विरोधी, घातक, कुप्रवृत्तियों और विकृतियों पर टूट पड़ा। लॉकडाऊन के वक़्त पिताजी के कलम का हथियार अधिक धारदार हुआ दिखायी दिया। फलस्वरूप 'कोरोना की कृपा से' जैसे गजल–संग्रह के अलावा साहित्य–प्रेमियों के लिए अनेक नई रचनाओं की मानो दावत ही थी। अनेक वेब संगोष्ठियों तथा साहित्यिक महफिलों में पिताजी ऑनलाईन जुड़ जाते और हम सबको उन्हें सुनने का मौका घर में ही मिलता। घर का ग्रन्थालय उनका पसन्दीदा कमरा है। वहीं से वे ऑनलाईन जुड़ जाते हैं। मेरे कलेजे को हिला और दहला देने वाली उनकी यह गजल मुझे अधिक भाती है–

'तुम तूफान लेके आओ, कश्ती लेके हम हैं;
देखेंगे आज मगर क़िस्में कितना दम है !'

कोरोना जैसे वैश्विक महामारी के भयंकर डरावने और नकारात्मक माहौल में भी एक संवेदनशील, ऊर्जावान साहित्यिक कितना गजब का आशावाद और असीम सकारात्मकता निर्माण करने की ताकत देता है; हम सब परिवारवाले इसके चश्मदीद गवाह हैं। आज भी पिताजी को जरा–सी कहीं फुर्सत मिली कि दो पंक्तियाँ तो लिख ही देते हैं। बिल्कुल परिवार या दोस्तों के साथ रममान हुए हो या कहीं घूमने गये हो तो भी, उनके अन्दर का साहित्यिक बाकायदा सचेत रहता है। इसकी बेहतरीन मिसाल है पिताजी की 'मॉरिशसः एक सांस्कृतिक यात्रा' पुस्तक। यह उनका यात्रावर्णन है जिसे पढ़ने से साबित होता है कि लेखक स्थल, काल के परे देखने की दृष्टि देता है, दिशा देता है और बदलाव के लिए सामाजिक क्रान्ति की ताकत रखता है।

पिताजी के लिए अध्यापन कार्य सदा साधना, आराधना और प्रेरणा का ही कार्य था। अपने इर्द–गिर्द शिक्षा क्षेत्र को कलंकित करने वाली घटनाएँ घटित होते देख कर उन्होंने अपने सम्पर्क की नई पीढ़ी के अपने दायित्व को पहचान कर अपने फर्ज के प्रति निष्ठावान रहने की सीख दी। उनको हमेशा यह कहते हुए सुना है कि "नेकी कर और दरिया में डाल"। इस छोटे से कथन के जरिए वे जीवन–दर्शन और मूल्य का ही सन्देश देते हैं। उन्होंने नैतिकता और आदर्श के पाठ अपनी वाणी से ज़्यादा आचरण से पढ़ाये हैं। ज्ञान और ईमानदारी के बूते पर उन्होंने अपने कर्तृत्व तथा नेतृत्व का आदर्श सबके सामने प्रस्तुत किया है।

मैंने देखा है कि उनके व्यक्तित्व के निर्माण में उनके माता–पिता का बहुत बड़ा योगदान है। दादी माँ का साहचर्य मुझे ज़्यादा नहीं मिला मगर जितना मिला उससे मुझे पता है कि मैं उनके लिए बहुत प्यारी थी। इसलिए भी कि मैं उनके प्यारे बेटे की बेटी थी। बड़ी और पहली। पिताजी की एक और खासियत कि अपने व्यक्तित्व के विकास वे माता–पिता के अलावा अपने गुरुजनों का योगदान भी मानते आये हैं। उनमें से कुछ महनीय, वन्दनीय व्यक्तियों से मिलने, संवाद करने का मौका भी मिला। महसूस हुआ कि अपने गुरुजनों के बीच भी मेरे पिताजी प्रिय विद्यार्थी रहे हैं। शायद इसीलिए पिताजी अपने गुरुओं की भाँति छात्रप्रिय प्राध्यापक हैं। इतनी छात्रप्रियता बहुत कम प्राध्यापकों के नसीब होती है। पिताजी से निस्सीम और असीम प्रेम करनेवाला बहुत बड़ा छात्र समुदाय बरसों से देखने को मिला है। तभी तो तीस–पैंतीस साल पुराने छात्र भी पिताजी से मिलने आते हैं।

पिताजी ने अपने लिए खर्च किया हो तो सिफ्र किताबों पर ही। इसके अलावा उन्होंने स्वयं के लिए की खरीददारी याद नहीं है। आज भी उनके अन्दर का साहित्यिक निरन्तर कार्यरत दिखायी देता है। कभी–कभी तो लेखन के लिए अध्ययन कक्ष में बैठ गये तो सारी रात बैठे रहते हैं। लोगों के उठने का और पिताजी के सोने का समय हो जाता है। लिखते समय सुद–बुध खो जाते हैं। उन्हें सो जाने के लिए दस–बीस दफे याद दिलाना पड़ता है। तब उनका तयशुदा उत्तर होता है– "हो गया, अब सिर्फ़ पाँच मिनट।" इसकी वजह से दूसरे दिन हम भाई–बहनों के बीच उन्हें 'होम मिनिस्टर' से 'सुनना' भी पड़ता है और वे हैं कि चुपचाप सुन लेते हैं– अन्दर ही अन्दर आनन्द/मजा लेते हुए, यह भी एक अलग खासियत।'

बड़ी बेटी होने के नाते पिताजी का मुझे ज़्यादा प्यार मिला। असल में हम तीनों भाई–बहनों में से सबको यही लगता है। मेरी बहन को लगता है कि छोटी बेटी होने के कारण पिताजी उसे ज़्यादा प्यार करते हैं और भाई को लगता है वह सबसे छोटा होने के कारण पिताजी उसे ज़्यादा प्यार करते हैं। मगर सच तो यह है पिताजी हम तीनों को समान रूप से चाहते हैं, ख़ूब प्यार करते हैं और उतना ही हमारी माँ को। घर–परिवार, माता–पिता, ताऊ–ताई, चाचा–चाचियाँ, सगे–चचेरे भाई–बहन, गली–मुहल्लेवाले, गाँववाले–भागवाले, जन्मभूमि–कर्मभूमि वाले और उनके सहपाठी–दोस्त आदि। सभी के चहेते पिताजी हैं और ये सब पिताजी के चहेते।

पिताजी के बारे में दर्ददायी संस्मरण भी है। शायद मैं पाँचवीं–छठी में होंगी। मेरी माँ की तबीयत ठीक नहीं थी। वह सुबह उठ नहीं पायी थी। नहाने के लिए पानी गैस पर उबला हुआ था। उसे बाथरूम में मैं ले जाऊँ और गिर जाऊँ तो? मेरे साथ कुछ अनहोनी न हो इसी सोच से पिताजी उबले पानी का बर्तन ख़ुद उठा कर ले जाने लगे। (यह काम रोज मेरी माँ करती थी) आदत न होने के कारण पानी उनके पेट पर गिरा। कुछ हिस्सा जला। पेट पर बड़े–बड़े फोड़े आये। डॉक्टर ने बताया कि बनियान, शर्ट आदि वस्त्र पेट को चिपकेगा इसलिए उसे मत पहनना। सबको बहुत चिन्ता होने लगी। उनको ख़ूब दर्द भी होता था। सबसे बुरा मुझे लगा क्योंकि मेरे कारण जो हुआ था। लेकिन ग़ौर करने की बात कि पिताजी ने कमीज पहनी, एक हाथ से उसे ऐसे पकड़ा कि कपड़ा पेट को चिपकेगा नहीं। मगर एक दिन भी न लेक्चर छोड़ा और न छुट्टी ली। यह सिलसिला करीब महीनेभर चला। अपने कर्तव्य के प्रति उनका समर्पण हमेशा दंग कर देता है।

सच कहूँ तो पिताजी के व्यक्तित्व के पहलुओं के बारे में लिखना इतना आसान नहीं। उनकी सामाजिक प्रतिबद्धता नई पीढ़ी के लिए बहुत कुछ सिखा देती है। वे अपने विभाग के ग़रीब, निर्धन तबके के बुद्धिमान छात्रों की आर्थिक मदद बिना किसी विज्ञापन के करते थे। मौन गोद लिये छात्र, बिना किसी चर्चा के, बिना बोलबाला के। सालो–साल। उनका यह उपक्रम, जन्मभूमि और कर्मभूमि में उनको आनन्ददायी लगता। जब विदेश में पुरस्कार मिला तो उसकी सारी राशि से जन्मभूमि पारेवाड़ी जैसे पिछड़े इलाके की पाठशाला को बढ़िया कबर्ड, संगणक–टेबल, वी. आय. पी. कुर्सी आदि फर्निचर भेंट दे दिया। इसकी सबसे ज़्यादा ख़ुशी वहाँ के मुख्याध्यापक के चहरे पर देखी थी। मेरे पिताजी से उन्होंने कहा था– "सर, एक रुपिया

कोई नहीं देता हमें, अपने इतना सारा दिया।'' आजकल के 'पेड न्यूज' के जरिए चर्चा में बने रहनेवालों के इस जमाने में पिताजी का कार्य सालों साल बेमिसाल है।

क्षमा करें लेकिन नई पीढ़ी के ऐसे अध्यापक देखने को मिलते हैं कि विश्वविद्यालय में नियुक्ति मिलते ही प्लॉट, फ्लैट, डुप्लेक्स बुक करते हैं। लेकिन कैम्पस में रहना नहीं चाहते, अपने आर्थिक लाभ की सोचकर तुरन्त बाहर निकल पड़ते हैं। मेरे पिताजी की बात दूसरी है। उन्होंने विश्वविद्यालय कैम्पस में 'टिचिंग स्टाफ क्वार्टर' में रहना पसन्द किया। हम तीनों भाई–बहनों में से दो तो पैदाइशी विश्वविद्यालयी हैं। यहीं पर बचपन बीता, पले–बड़े हुए। पिताजी के सेवा काल के अन्तिम दशक में उन्होंने अपना मकान बनाया। सो भी मेरी माँ के आग्रह करने, पीछे पड़ने पर। लेकिन आज लगता है हमारे व्यक्तित्व के निर्माण का श्रेय पिताजी की दृष्टि और विश्वविद्यालयीन अकादमिक माहौल को देना होगा। इस बात का ज़िक्र करना आज मुझे अपने इस लेख में सबसे ज़रूरी लगता है। मैं अपने नजरिए से सोचती हूँ तब अत्यन्त विनम्रता से कह सकती हूँ कि 'पिताजी में दुनिया और दुनिया में पिताजी' देखने लायक हैं। आज तक का तजुर्बा यही बताता है।

मेरा दावा नहीं कि मैं अपने पिताजी के सारे पहलुओं को अंकित कर पाई हूँ। यह मेरा अपना चन्द शब्दों में किया प्रयास है, बाक़ी सारा देश–विदेश के विद्वानों द्वारा लिखा खास है। उसे यह अभिनन्दन ग्रन्थ बता ही देगा।

अन्त में इस सुअवसर पर मेरी ओर से पिताजी आपका अभिनन्दन, चरण वन्दन और आपके कार्य को सादर नमन ! परमात्मा से प्रार्थना कि असीम कृपा बनी रहे मेरे पिताजी पर और उनका आशीर्वाद सदा मुझ पर।

काश ! मेरे पिताजी जैसे पिताजी सबको मिलते...

सायकोलोजिस्ट भूषण अर्जुन चव्हाण

मेरे पिताजी के बारे में लिखने का मतलब है चुनौती भरा काम करना। मगर वह जितना चुनौतीदायी है उससे ज़्यादा आनन्ददायी। मैं अपने अनुभव जगत से ही इसका प्रारम्भ करूँ। मनोविज्ञान में एम.ए. करने के बाद पिछले तीन–चार साल से मेरे नाम के साथ 'सायकोलोजिस्ट' विशेषण जुड़ गया। कोल्हापुर में दो–तीन एन.जी.ओ में मनोविज्ञानी के रूप में काम करने लगा हूँ। मगर 'स्टूडेंट कौन्सेलिंग' के वक़्त मुझे जो अनुभव मिला वह सबसे अलग है। मुझे ऐसे कई छात्र कौन्सेलिंग' करते वक़्त बताते हैं कि–'मुझे इंजीनियरिंग, मुझे मेडिकल करना है।' जब मैं पूछता हूँ कि वही क्यों? तब वे बताते हैं–'मम्मी–पापा ने बताया है या मम्मी–पापा दोनों चाहते हैं।' कई बार समुपदेशन के दौरान अभिभावक बताते हैं बेटे या बेटी को इंजीनियर ही बनाना है, डॉक्टर ही बनाना है। बच्चे क्या चाहते हैं? उनकी पसन्द, योग्यता क्या है? इससे उन्हें कोई लेना–देना नहीं होता। मैं खुद भाग्यशाली हूँ कि मुझे ऐसे अभिभावकीय दबाव से गुज़रने की नौबत नहीं आयी। इसका मूल कारण है मेरे पिताजी। उन्होंने मुझ पर अपनी इच्छा कभी लादी नहीं कि इसी में करियर करना है, यही करना है या यह नहीं करना है।

मुझे करियर के चयन में पिताजी ने पूरी छूट दी। उनका शुरू से कहना था–"तू जो चाहता है, चुन ले, अपनी मर्जी से क्षेत्र का चयन कर ले लेकिन जिसका चयन करोगे उसमें टॉपर बनने का प्रयास करना।" उनका यह भी कहना था कि–"बाक़ी बच्चे भी बुद्धिमान होते हैं, वे भी टॉपर आ सकते हैं, तुम टॉपर नहीं आये तो भी कोई बात नहीं। मगर तुम्हारा प्रयास होना चाहिए।" पिताजी के इस कथन से दोहरा लाभ हुआ–एक तो उत्साह बना

रहा और दूसरी बात कि कोई दबाव या तनाव भी नहीं रहा। यह बात मेरी बहनों के लिए भी थी।

मुझे आज भी अच्छे से याद है पहली से चौथी कक्षा तक की पढ़ाई होने के बाद पिताजी ने पूछा था–''तुझे कौन–से स्कूल में पढ़ना है?'' मैं आठ–नौ साल की उम्र का था मगर मेरी चाहत का ख्याल पिताजी को था। मेरा उत्तर था–"मुझे उस स्कूल में प्रवेश चाहिए जहाँ अच्छी शिक्षा के साथ खेलने के लिए अच्छा–सा ग्राउंड हो।" उन्होंने बात मानी। क्योंकि वे ख़ुद खिलाड़ी थे इसलिए खेल का महत्त्व जानते थे। मैं पढ़ाई से ज़्यादा खेल–कूद में रूचि रखता, इसे वे जानते थे। जूडो, कराटे, स्केटिंग और क्रिकेट मेरी रूचि के खेल थे। हमारा परिवार शिवाजी विश्वविद्यालय में रहता था। बचपन से, संयोग से ग्राउंड की कोई कमी न थी। वहीं पर मैं स्केटिंग, कराटे, क्रिकेट खेला करता था। साइकलिंग करता था।

एक घटना मुझे विशेष याद है। मैं अपने स्कूल का अंडर नाइनटिन का क्रिकेट टिम का उपकप्तान था। सातारा में मैचेस हुए। हमारी टिम हार गयी। लेकिन हमारी टिम के दो छात्रों को आगे राज्यस्तरीय टिम के लिए चयन करने हेतु चुना गया जिसमें मैं भी था। वह चयन का टेस्ट अमरावती में था। हम जम कर प्रैक्टिस करने लगे। इस दौरान मेरे दाँये पैर को मोच आयी। रात को पिताजी को फोन पर बताया तब उन्होंने पूछा–"चलने–दौड़ने में कोई तकलीफ है?" तब मैंने सही बताया–"चल सकता हूँ मगर दौड़ने में ख़ूब दर्द होता है।" तब उनकी सलाह थी– "प्रैक्टिस मत करो वापिस आओ।" मैं कोल्हापुर लौट आया। तब एक दिन पिताजी ने परिवार में मुझे सबके सामने पूछा–"तुझे क्या बनना है?" मेरा जवाब था–''डाक्टर और इंजीनियर तो नहीं बनना।" तब उन्होंने कहा था कि–"विज्ञान छोड़कर कला शाखा में आ जाओ, बड़े से बड़े पद पर पहुँच सकते हो, ख़ूब खेल भी सकते हो। मगर याद रखो कि हर कोई सचिन तेंडुलकर नहीं बन सकता। हजारों–लाखों कतार में खड़े हैं। करियर के लिए अन्य विकल्प रखना भी ज़रूरी है।" मैंने बात मानी। मैं बारहवीं में विज्ञान छोड़कर कला शाखा में आया। खेलने के लिए भी ख़ूब समय मिलने लगा।

मुझे बी.ए. स्पेशल के विषय चयन की भी पूरी आजादी थी। मुझे पिताजी का इतना ज़रूर कहना याद था कि–''जो कुछ अपनी रूचि, मर्जी से चुनोगे, उसमें अव्वल आने का प्रयास करना चाहिए।'' बी.ए.स्पेशल के लिए मैंने मनोविज्ञान विषय चुना। लेकिन कॉलेज के हिन्दी के विभागाध्यक्ष मेरा

आवेदनपत्र मनोविज्ञान विभाग से हिन्दी विभाग में ले आये। मुझे भी बुलाकर बताया– "आप हिन्दी लीजिए। आपके घर में ही पूरा हिन्दी का माहौल है।" बाहर के भी अनेक लोगों ने बताया आपके पिताजी ख़ुद हिन्दी के बड़े नामचीन प्रोफेसर हैं। वे विश्वविद्यालय के हिन्दी विभाग के अध्यक्ष हैं। संयोग से बी.ए. भाग दो में मेरे जो दो स्पेशल विषय थे उसमें एक मनोविज्ञान और दूसरा हिन्दी था। हिन्दी में मुझे डिस्टिंगशन था, अस्सी से भी अधिक अंक मिले थे। लेकिन मैंने विनम्रता से कॉलेज के हिन्दी अध्यापक से कहा कि मुझे बी.ए. फाइनल के लिए मनोविज्ञान स्पेशल लेना है। सो मैंने ले भी लिया। कुछ लोगों को लगा कि मेरे पिताजी मुझे हिन्दी लेने के लिए ज़रूर प्रवृत्त/बाध्य करेंगे। लेकिन मैं उनको जानता था। उन्होंने यहाँ भी मुझ पर कोई पाबन्दी नहीं डाली, दबाव की तो कोई बात ही नहीं थी।

मैं पैदाइशी विश्वविद्यालयी हूँ। मेरा जन्म शिवाजी विश्वविद्यालय के अध्यापक निवास में हुआ, बचपन भी विश्वविद्यालय में बीता। जिस उम्र में, कॉलेज जीवन में अन्य बच्चों को विश्वविद्यालय क्या होता है, वहाँ कौन–कौनसे विभाग होते हैं, वहाँ क्या और कैसे अध्ययन–अध्यापन होता है इसके बारे में कुछ मालूम नहीं होता, उसी माहौल में मैं पैदा हुआ, पला और बढ़ा भी हुआ। पिताजी से मिलने आनेवाले सब देखने–सुनने को मिलते। उनकी चर्चाएँ कानों पर आती, देखने को मिलती। रिसर्च, एम.ए., पी.जी., एम.फिल., पीएच.डी., एच.ओ.डी., नैशनैल–इंटरनैशनैल कॉन्फरन्स, बी.ओ.एस., सिनेट, एम.सी. मेंबर, रजिस्ट्रार, वी.सी., पी.वी.सी., चान्सलर, प्रायवेट–स्टेट–सेंट्रल युनिवर्सिटी जैसे शब्द हमेशा मेरे स्कूली जीवन में ही मेरे कानों पर पड़ते रहते। कक्षा नौवीं–दसवीं तक तो यह शब्दावली मुझे कंठस्थ हो गयी थी। स्कूली जीवन में, विश्वविद्यालयीन क्षेत्रों के नाम और काम मालूम होना, हो सकता है मैं उसके लिए अपवाद हूँ।

मेरे पिताजी का प्रधान प्रयोजन था अपने बच्चों को शैक्षिक माहौल प्रदान करना। इसीलिए अपने अध्यापकीय जीवन के पैंतीस सालों में से अधिकतर समय उन्होंने शिवाजी विश्वविद्यालय के निवास में बिताया। वरना ऐसे अध्यापक भी देखने को मिले हैं कि नियुक्ति मिलते ही तुरन्त या कुछ वर्षों बाद विश्वविद्यालय का कैंपस छोड़ फ्लैट बुक कर बाहर रहने गये, निवास किराया भत्ता (एचआरए) बचाया। हम तीनों भाई–बहनों ने देखा है कि पिताजी ने हमें अकादमिक वातावरण देने और देखने का अवसर दिया। जिन विश्वविद्यालयों के नाम भी लोगों को पता नहीं उनमें आने–जाने–देखने का

मौका देने के लिए पिताजी हमें अपने साथ ले जाते। उनमें से देवी अहिल्या विश्वविद्यालय इन्दौर, उज्जैन, उस्मानिया विश्वविद्यालय हैदराबाद, गोवा विश्वविद्यालय से लेकर केरला विश्वविद्यालय त्रिवेन्द्रम, कन्याकुमारी तक की यात्रा और वहाँ का पर्यटन भी याद है। आण्णा (मेरे दादा) और माँ की गोद में बैठकर मुझे, शिवाजी विश्वविद्यालय की राष्ट्रीय संगोष्ठियों में मंच पर बैठे नामवर सिंह, राजेंद्र यादव, मैत्रेयी पुष्पा, गोविंद मिश्र, अशोक कामत, केशव प्रथमवीर, कुलगुरु आदि मान्यवरों के साथ विभागाध्यक्ष के रूप में संयोजन करते हुए पिताजी को देखने का सौभाग्य मुझे दो–चार साल की उम्र से मिलता रहा। दसवीं कक्षा से पहले ही अनेक विश्वविद्यालयों में पीएच.डी. का मौखिकी देखने का मौका भी पिताजी के कारण मिला। वे यथासम्भव हमें साथ में ले जाते। तब मेरी जिज्ञासाएँ भी बढ़ जाती। अब समझ में आता है कि बस वही तो पिताजी का उद्देश्य था। शायद आज उसी के प्रभाव स्वरूप तेईस–चौबीस की उम्र में मुझे पीएच. डी. एंट्रन्स देने के बाद उस सेंट्रल यूनिवर्सिटी में प्रवेश मिला जो देश के चुनिन्दा विश्वविद्यालयों में से एक है।

मुझे बचपन से देखने को मिला कि पिताजी को जानने–माननेवाले बहुत हैं। उनकी मित्रता की दुनिया विद्वान, शिक्षण, लेखन, साहित्य क्षेत्र के नामचीन से भरी है। जिनका घर में आना–जाना–मिलना, फोन पर बातें करना होता था, उनमें से कुछ कुलगुरु–प्रकुलगुरु बने हैं। पिताजी के सैंकड़ों छात्र अध्यापक, प्राध्यापक, विभागाध्यक्ष, अध्ययन मण्डल के अध्यक्ष, अनेक क्षेत्रों में अधिकारी, व्यवसायिक आदि बनें हैं। उनमें से कई आज भी मिलने आते हैं और बताते हैं कि– ''मैं सर का पच्चीस–तीस साल पुराना छात्र हूँ, आज जो कुछ भी हूँ, सर की वजह से हूँ।'' तब हमें पता चलता है कि पिताजी सिफ्र प्रोफेसर या विभागाध्यक्ष नहीं, वे छात्रों के अभिभावक भी रहे हैं। यह छात्र प्रेम बहुत कम लोगों के नसीब होगा।

पिताजी से सीखने लायक और उनके बारे में लिखने लायक काफ़ी सारा है। लेकिन शब्द सीमा के कारण उन चुनिन्दा बातों को ही लिखना ज़रूरी मानता हूँ, जिसे मैं ख़ुद देखता–सीखता आया हूँ, जैसे –

1 सफल, स्वस्थ और आनन्दी जीवन के लिए सदा सकारात्मक रहना, सोचना।

2 किसी को भी दिए हुए शब्द और समय का बिना भूले पालन करना।

3 दोस्ती किससे और कैसे होना, करना, उसका निर्वाह भी कैसे करना।

4 शारीरिक और मानसिक रूप से तंदुरुस्त रहने के लिए रोज एक–डेढ़ घंटा समय देना।

5 चाहे कहीं भी हो लेकिन रोज बिना भूले घूमना तथा योगासन करना।

6 चाहे जितनी बड़ी मुसीबत आ जाये, बिना डगमगाये उसका सामना करना।

7 संकट की घड़ी में निर्णय क्षमता और उस पर यथायोग्य अमल करना।

पिताजी में मुझे सिफ्र सफल प्रोफेसर और विभागाध्यक्ष ही नहीं दिखता बल्कि उनमें कुशल प्रशासक, प्रबन्धक, संगठक और संयोजक भी दिखायी देता है। मैंने अनेक छोटे–बड़े आयोजनों में उन्हें मंच से प्रभावशाली वक्ता के रूप में भाषण देते हुए सुना है। लोगों को उन्हें सुनने के लिए तत्पर, आतुर रहते देखा है। मैं दूधमुहाँ था तब से उन्हें मंच पर से सुनता आया। उन्हें सुननेवालों की तालियों को भी सुना। फलतः मुझमें जो अनायास स्टेज डेयरिंग बढ़ गया उसके मूल में भी पिताजी ही हैं। मुझे अपने समुपदेशन कार्य के क्षेत्र में इस कौशल का सर्वाधिक लाभ हुआ। कोल्हापुर जिला क्रीडा विभाग प्रमुख की ओर से जब मुझे पहली बार महाराष्ट्र राज्य के स्तर पर क्रीडा अध्यापकों के लिए मेरे विशेष व्याख्यान का आयोजन किया तब मैंने 'सायकालोजिस्ट' के रूप में भाषण दिया। शाम को घर लौटा तो पिताजी ने अभिनन्दन किया। यह कहते हुए कि– ''बहुत अध्ययनपूर्ण, उत्साह और जानकारी वर्धक भाषण रहा तेरा।'' वे खुश दिखायी दिये। लेकिन मुझे आश्चर्य हुआ क्योंकि वे कार्यक्रम के लिए नहीं आये थे। शायद मुझ पर दबाव आयेगा यह सोचकर। मगर उन्होंने ऑनलाईन सब देखा था। उनका यह अभिनन्दन मेरे लिए बड़ा पुरस्कार ही था।

असल में पिताजी सबके लिए ऊर्जा स्रोत, प्रेरणा स्रोत हैं। मेरे लिए तो वे विश्वकोश हैं। बहुत बार किसी विषय या घटना आदि के बारे में उनसे पहले चर्चा करता हूँ। मगर यह देखकर दंग रह जाता हूँ कि नतीजा वही निकला जो पिताजी ने पहले ही बता दिया था। उनके अनुमान को देखकर लगता है कि उनमें ऐसा कौनसा जादू है? वे परिणाम को पहले ही कैसे जानते हैं? आगे जब मैंने मनोविज्ञान को स्पेशल विषय के रूप में चुना तब उनसे की बातचीत का मुझे बहुत बड़ा लाभ होता गया।

पिताजी का हमेशा कहना होता है कि–''अपनी शक्ति का अपव्यय संघर्ष में नहीं करना चाहिए। किसी के पाँव खींचने–काँटने से ज़्यादा अच्छा है कि हम अपने काम से अपनी ऊँचाई बढ़ा दे। इससे नाटे अपने आप नाटे दिखते हैं।'' मनोविज्ञान का अध्येता होने के नाते मुझे इसका अधिक लाभ होता है। मैंने देखा है कि जब कभी पिताजी के सामने चुनौतियाँ खड़ी हुई। तब उन्होंने उसे अवसर में बदल दिया। इसे मैंने उनके व्यवहार में देखा है। जैसे विराट कोहली पहले मैदान के बाहर 'अग्रेसिव' था और उसने 'सायकालोजिस्ट' से सम्पर्क किया। उन्होंने जब उसे 'अग्रेशन' का 'कनवर्षन' मैदान पर अपने खेल में करने की बात कही तब से उसके खेल में अच्छा नतीजा देखने को मिला। मेरे अनुभव से 'सायकालोजी' में 'प्रैक्टिकल' का, 'रिसर्च' में 'हायपोथेसिस' का विशेष महत्त्व होता है उसी तरह किसी 'ऐक्ट' या 'टास्क' में 'लॉजिक' और 'रिजल्ट' का। पिताजी में मुझे यही दिखायी देता है। वे कृति से पहले नतीजा बताते हैं। शुरू में लगता था उनके पास कोई जादू है। लेकिन सारी चीज़ें अब समझ पा रहा हूँ।

आज मेरे नाम भूषण अर्जुन चव्हाण के साथ 'सायकालोजिस्ट' विशेषण जुड़ गया, वह सिर्फ पिताजी से मिले संस्कार और विचार के कारण। मैं बचपन से उनसे 'प्रैक्टिकल' सीखता रहा हूँ। जब लेना–देना–खरीदना, संवाद–सम्पर्क करना होता तब पिताजी मुझे साथ ले जाते। यह देखकर उनकी बुआ को भी बहुत अच्छा लगा था। आगे चलकर मुझे भी उनके साथ चलने की आदत लगी। चाहे वे ड्राइविंग सीख रहे हो या मकान बनाते समय ज़रूरी साहित्य खरीद रहे हो। यथासम्भव हम सब भाई–बहन उनके साथ रहते। पिताजी के इस तन्त्र की अहमियत अब समझ में आती है कि वे हमें प्रत्यक्ष अनुभव–व्यवहार से प्रशिक्षित कर रहे थे। विश्वविद्यालय के कैंपस में रहने वाले अन्य अध्यापकों के मेरी उम्र के बच्चों को यह देखकर बुरा भी लगता, कुछ दोस्त मुझे बता भी देते कि उनके पिता उनसे कभी ऐसा व्यवहार नहीं करते। आगे हुआ यह कि मैं दसवीं में पढ़ रहा था, हमारे मकान का काम चल रहा था, पिताजी अपने काम से दिल्ली में हफ्तेभर से गये और 'लेबर पेमेंट' आदि की ज़िम्मेदारी मुझे सौंपी। इतना ही नहीं, आण्णा के साथ मकान के काम पर निगरानी मुझे भी करनी थी। अब लगता है पिताजी मेरे लिए अभिभावक ही नहीं, कुशल 'ट्रेनर' भी हैं। मैंने उनसे जो सीखा उनमें से कुछ महत्त्वपूर्ण काम की बातें हैं, जैसे–घर और ऑफिस में अन्तर रखना, घर में ऑफिस नहीं और ऑफिस में घर नहीं आने देना, शारीरिक और

मानसिक तंदुरुस्ती पर ध्यान देना, संवाद कौशल, ख़ुद को और परिवार को समय देना, धैर्य, संयम, मित्रता, सहिष्णुता, अपने परिवार में शेयरिंग करना, उनकी राय जानना और दूसरों की बातें भी सुनना–जानना आदि। ऐसी कई बातें हैं। आगे जब मैं मनोविज्ञान में यू. जी. और पी. जी. करने लगा तो पता चला कि मनोविज्ञान का 'बेसिक' तो यही है।

'अपने परिवार में शेयरिंग' करना पिताजी की शुरू से आदत है। परिवार में आपस में चर्चा, संवाद करने की हमें भी बचपन से आदत पड़ी। पहली, दूसरी कक्षा से लेकर कॉलेज की कक्षाओं तक रोज क्या–क्या होता इसकी चर्चा हम सब माँ–पिताजी, दोनों से करते। घर आकर उन्हें सब बताते। हम सब में सफल संवाद की आदत पिताजी के कारण बढ़ती गयी। मेरे दादाजी के साथ मैंने पिताजी को, खासकर संघर्ष के समय सलाह–मशवरा करते देखा है। पिताजी जानते थे कि उनके पिता उनसे ज़्यादा अनुभवी हैं। कभी दादाजी को यह कहते भी सुना कि–''अर्जुन, तेरा सही है, छोड़ मत'' या कभी यह भी कहते कि–''जाने दे, छोड़ दे, फिर कभी देख।'' विश्वविद्यालय के 'क्वार्टर' के दिनों में लगता था मेरे दादा के ये शब्द पिताजी को बहुत बल देते रहे हैं।

एक और खास आदत कहूँ या रस्म लेकिन यह भी पिताजी की देन कहनी चाहिए। हमारे घर में सुबह किसी को स्कूल, कॉलेज, ऑफिस जाने की जल्दी होती इसलिए परिवार में सबका खाना एक साथ सम्भव नहीं होता था। लेकिन परिवार में रात का खाना एक साथ होता। यह आज भी जारी है। मेरे पास अब जब 'फैमिली काउन्सलिंग' के लिए कुछ अभिभावक आते हैं और बताते हैं कि– ''बेटा अपने कमरे में ही अकेले खाना खाता है, पत्नी टी. वी. देखते–देखते अकेले खाना खाती है, ऑफिस के फोन आते हैं इसलिए मैं भी सबके साथ खाना नहीं खा सकता।'' तब अनायास समझ में आता है कि हमारे पिताजी कौन–कौनसे विषय जानते हैं– हिन्दी के अलावा भी।

हम तीनों भाई–बहनों को पिताजी ने शुरू से आदत डलवायी कि गुणवत्ता के बूते पर आगे बढ़ना चाहिए। अपनी मेहनत और मेरिट से शिक्षा क्षेत्र में प्रवेश और नौकरी पाना चाहिए। इसलिए हम सब शुरू से, खास कर 'एडमिशन' के वक़्त पिताजी का नाम नहीं बताते थे। इसका अनुभव भी मुझे पी. जी. प्रवेश के वक़्त आया। शिवाजी विश्वविद्यालय में मनोविज्ञान विभाग नहीं था। इसलिए मैंने संलग्न दो–तीन महाविद्यालयों में पी. जी. प्रवेश के लिए आवेदन–पत्र भर दिया। एक महाविद्यालय के अध्यापक ने कहा कि

हमारे महाविद्यालय में 75% से कम को प्रवेश नहीं मिलता। मैं प्रवेश का आवेदनपत्र जमा कर घर लौटा। दो–तीन दिन बाद फोन आया कि– "मैं मनोविज्ञान विभाग का एच. ओ. डी. बोल रहा हूँ, आप डॉ. अर्जुन चव्हाण सर के बेटे भूषण बोल रहे हैं ना?" मेरे हाँ कहने पर उधर से आवाज़ आयी–"कल कॉलेज आकर प्रवेश लेकर जाइए।" यह बात अलग है कि मैंने वहाँ पर प्रवेश नहीं लिया क्योंकि मुझे लगा प्रवेश मुझे मेरिट पर नहीं, मेरे पिताजी के नाम पर मिल रहा है। मैंने कोल्हापुर के महावीर महाविद्यालय में भी पी. जी. प्रवेश के लिए आवेदनपत्र भरा था। मैं वहाँ पहुँच गया। वहाँ प्रवेश समिति के सामने खड़ा हुआ। मेरे आवेदनपत्र में मेरा पूरा नाम लिखा था। सर ने पूछा– "आपका नाम भूषण अर्जुन चव्हाण है तो डॉ. अर्जुन चव्हाण सर के कौन?" मैं झूठ क्यों बोलूँ? मैंने सही बता दिया–"बेटा हूँ।" तब सर खड़े हुए और मुझसे हाथ मिलाया। कहा कि–"सर कई बार यहाँ आये हैं, वे हमारे महाविद्यालय के हितैषी हैं। आपका प्रवेश हो गया।" तभी मुझे लगा कि अब अपनी ज़िम्मेदारी बढ़ गयी। पिताजी के नाम के अनुरूप काम करना होगा।

अगर सच कहूँ तो कह सकता हूँ कि असल में मैंने सही पढ़ाई तो पी. जी. में ही की। मेरा यू. जी. तो खेल–खेल में हुआ। मगर पी. जी. में मन से अध्ययन शुरू किया। तब प्रथम सत्र में ही मैं 'डिसटिंगशन' में आया सो पीछे देखा नहीं। चारों सत्रों में 'डिसटिंगशन'। कॉलेज के पी. जी. छात्रों को दिया जाने वाला उस वर्ष का 'आदर्श विद्यार्थी' पुरस्कार भी मुझे मिला। शिवाजी विश्वविद्यालय की ओर से अध्यापकों की सन्तानों को दिया जानेवाला गुणवत्ता पुरस्कार भी उस वर्ष मुझे मिला। साथ ही विश्वविद्यालय के 'सुप्टा' अध्यापक संगठन की ओर से दिया जानेवाला गुणवत्ता पुरस्कार भी मुझे मिला। इससे मुझे तो ख़ुशी हुई ही मगर मुझसे ज़्यादा मेरे पिताजी को। अब मैं भी पिताजी के 'गुडविल' का अधिकारी बना। अब तक मेरी एडवोकेट दीदी जो आज राष्ट्रीय विधि विश्वविद्यालय में सह. प्रोफेसर है और मेरी डॉक्टर दीदी जो आज एम.डी. में है, दोनों मुझसे पहले और मुझसे ज़्यादा उनके 'गुड़विल' में रही हैं। मगर एक दिन मैं भी उनमें पहुँच गया।

अपने पेशे में पिताजी सिर्फ अच्छे प्रोफेसर ही नहीं तो सदाचारी और मददगार भी रहे हैं। शायद यही कारण होगा कि देश के चारों ओर हर राज्य में उनका छात्र या मित्र ज़रूर मिलेगा। उनके छात्र उनके पढ़ाने के तरीके से तो सीख लेते हैं ही लेकिन उससे ज़्यादा उनके 'बिहेवियर' से, बर्ताव से। इसी कारण उनका व्यक्तित्व चुम्बकीय बन गया। उनके कई पुराने

छात्र इतने साल बाद भी मिलने आते हैं, उनके सम्पर्क में रहते हैं। लेकिन कुछ मतलबी भी देखे, काम बना तो कभी लौटे नहीं। मगर पिताजी बुरा नहीं मानते। उनका तो सिद्धान्त है– "नेकी करो और दरिया में डालो।"

पिताजी की बारहवीं तक की सारी शिक्षा मराठवाडा जैसे पिछड़े इलाके के गाँवों में हुई। उस समय का अभाव और असुविधाओं की कई घटनाएँ गाँव में सुनने को मिली। प्राथमिक पाठशाला की कक्षाएँ पेड़ के नीचे तो कभी हनुमान मन्दिर में थीं। गाँव में ही बिजली नहीं थी तब घर में कैसे होगी? ढिबरी की रोशनी में पढ़ाई करना, चौथी कक्षा के बाद हर दिन बीस–बीस किलोमीटर पैदल आना–जाना, पंधरह रूपयों के कारण साइकिल का सौदा टूट जाना (क्योंकि बेचने वाला एक सौ चालीस कहता और मेरे दादाजी एकसौ पच्चीस में माँगते थे), परीक्षा देते समय टाइमिंग में पेपर कवर करने के लिए दूसरों की धड़ी ले जाना, एम. ए. को पहली बार घड़ी मिल जाना आदि सब रोंगटे खड़ी कर देने वाली घटनाएँ हैं। आपको जानकर ताज्जुब होगा कि मेरे पिताजी अपने परिवार के ही नहीं तो गाँव के भी पहले एम.ए., पीएच.डी., प्रोफेसर, हेड, लेखक, समीक्षक हैं और दसवीं–बारहवीं पास होने वाले भी गाँव के पहले सुपुत्र। मैंने सुना था कि बी.ए. हिन्दी स्पेशल होने के बाद एम.ए. हिन्दी के लिए उन्हें बनारस जाना था। किन्तु सम्भव नहीं हो सका। मगर बाद में काशी विश्वविद्यालय के प्रोफेसर के चयन के लिए वे 'एक्सपर्ट' के रूप में गये। वहाँ अनेक संगोष्ठियों में विशेषज्ञ, अतिथि के रूप में गये। वहाँ 'हिन्दी भूषण' पुरस्कार से सम्मानित हुए। देश के साथ–साथ विदेश में भी उन्हें सादर आमन्त्रित किए जाना उनके लिए गौरव की बात है और हमारे लिए प्रेरणा की।

मैंने अपनी दादी को नहीं देखा। मेरे पैदा होने से चार साल पहले वह गुज़र गयी थी। लेकिन आण्णा (मेरे दादा) के साथ मैंने कॉफ़ी अच्छा समय बिताया। उनका व्यक्तित्व काफ़ी कदकाठी का था, प्रभावशाली था। वे भी हमारे साथ ही विश्वविद्यालय के अध्यापक निवास में रहते थे। विश्वविद्यालय के रास्तों से आते–जाते वक़्त वाचमन, सिपाही से लेकर मा. कुलगुरु–प्रकुलगुरु तक उनको जानते थे कि 'ये डॉ. अर्जुन चव्हाण के पिताजी हैं।' मेरे पिताजी आण्णा को बहुत चाहते, प्यार करते और वे पिताजी को। दोनों में कौन किसे ज़्यादा चाहता, कहना मुश्किल है। जब आण्णा बीमार थे तब पिताजी ने जो उनकी सेवा की, उसे मैंने नजदीक से देखा और उसमें थोड़ा–सा हाथ भी बटोरा है। 2014 के 9 अगस्त 'क्रान्ति दिवस'

के दिन वे मेरे ताऊ के पास, पैतृक गाँव में गुज़र गये। बाप–बेटे का इतना सहज स्नेहशील रिश्ता मैंने घर में ही देखा। एक दिन मैंने अपनी एडवोकेट दीदी से कहा– ''दीदी, अपने नये बंगले में आण्णा का कुछ दिन और साथ मिलना चाहिए था, जिसके निर्माण में पिताजी के व्यक्तित्व की भव्यता और सादगी है। आण्णा हम सबके आधारस्तंभ थे। लगता था हमारे साथ बहुत बड़ी ताकत है। आज भले ही उसकी पूर्ति पिताजी से होती है लेकिन आण्णा तो आण्णा ही थे। एक और यादगार बात कि जब कभी आण्णा भोजन के लिए समय पर नहीं आते थे तब मेरी माँ मेरे पिताजी को फोन कर बता देती। मगर पिताजी भी असहाय होते। क्योंकि आण्णा सन्त और घुमक्कड़ आदमी थे। भजन–पूजन के लिए दूर–दूर तक जाते थे। आण्णा के पास मोबाईल नहीं था। आण्णा खुद 'मोबाईल मैन' थे। लेकिन इतना ज़रूर देखा कि जब लौटते तब पिताजी उनसे कभी ऊँची आवाज़ में भी बात नहीं करते थे।

कुछ लोगों को पता नहीं कि पिताजी अच्छे खिलाड़ी भी थे। स्वयं मुझे भी पता नहीं था। जब एक दिन तैरना सिखाने के लिए वे हमारे साथ आये और 'स्विमिंग टैंक' की सीढियों में उल्टे खड़े होकर छलांग लगायी तब हम सबको आश्चर्य हुआ। नरसिंगवाड़ी में कृष्णा जैसे बड़ी नदी के दह में भी ऐसी छलाँग लगाते देखा था। असल में इसके लिए कॉफ़ी 'प्रैक्टिस' की ज़रूरत होती है। कुश्ती उनका पसन्दीदा खेल रहा है। जब कोई उनके साथ नाइन्साफ़ी, छल या बेमानी करता है तब वे छोड़ते नहीं। ऐसे में धोबीपछाड़ या और कौनसे दाँव का अवलम्ब करना है इसे वे भली भाँति जानते हैं। लेकिन नौबत आने पर ही प्रयोग करते हैं। 'सत्यमेव जयते' उनका जीवन मूल्य है। वे सदा कर्मरत रहते हैं। मेरी विनम्र धारणा है कि मेरे पिताजी वह मिसाल हैं जो बेमिसाल हैं। इसीलिए मुझे बार–बार लगता है कि काश, मेरे पिताजी जैसे पिताजी सबको मिलते...।

खण्ड – 27 : प्रो. अर्जुन चव्हाण का प्रतिनिधि सृजनात्मक लेखन

ओ री प्रौद्योगिकी !

ओ री प्रौद्योगिकी !
देख तेरा जलवा
अनपढ़ के दिमाग़ का दही
सुपढ़ को हलुवा।

'आय.टी.' तू सूचना प्रौद्योगिकी !
कैसा तेरा फतवा
अजान की तू दुश्मन
सुजान की हो मितवा!

अरी वो प्रौद्योगिकी!
जालिम तेरे जेवर
विद्वान भी कभी खामोश
मगर टुच्चे के कड़े तेवर।

प्रौद्योगिकी वो प्रौद्योगिकी!
देखा तेरा इज़ाज
तुझसे कुढ़नेवाले बेहाल
जुड़नेवाले का मिजाज।

देख साहिबा प्रौद्योगिकी!
पीपीटी तेरा प्रजेंटेशन
मगर पावर प्वाइंट के नाम
पावर स्पिच का ही सेशन।

सुन री प्रौद्योगिकी छोरी !
उमर तेरी बाली
पाओगी जवानी तब
कैसी होगी लाली।

प्रौद्योगिकी री प्रौद्योगिकी !
रियासत तेरी यहाँ वहाँ
अपना ले तो मातम,
दफना दे तो वजूद कहाँ?

('ओ री प्रौद्योगिकी !' काव्य संग्रह से उद्धृत)

चलो ढूँढ़ते चलें वह ठौर...

चलो ढूँढ़ते चलें वह ठौर...
जहाँ शिष्टाचार के भीतर
भ्रष्टाचार नहीं
तरक्की के लिए आदमी लाचार नहीं
अधिकार अर्जन के लिए किसी को
पड़ती नहीं देनी देह की कुर्बानी
करिअर के नाम बर्बाद नहीं ज़िन्दगानी
खींचता नहीं कोई किसी के मुँह का कौर
चलो ढूँढ़ते चलें वह ठौर...

चलो ढूँढ़ते चलें वह ठौर...
जहाँ न तनाव है न चुनाव
न राजा है, न रंक
न झूठ है, न फरेब
न खली है, न बलि
न नफरत की हैं मीनारे
न ईर्ष्या की ऊँची दीवारें
और नहीं है उचक्का चोर
चलो ढूँढ़ते चलें वह ठौर...

चलो ढूँढ़ते चलें वह ठौर...
जहाँ सज्जनों का स्खलन नहीं
दलितों का दलन नहीं
जीत की जलन नहीं
होड़ की सीलन नहीं

नहीं नारे बाजी का शोर
चलो ढूँढ़ते चलें वह ठौर...

चलो ढूँढ़ते चलें वह ठौर...
जहाँ धर्म की कुढ़न न हो,
जाति की चिढ़न न हो
मानव–पीड़न न हो
नारी–उत्पीड़न न हो
और न हो अधिकार आतंक का ज़ोर
चलो ढूँढ़ते चलें वह ठौर...

चलो ढूँढ़ते चलें वह ठौर...
जहाँ युवाओं को व्यसन नहीं
चरित्रों का दूषण नहीं
हवाओं का प्रदूषण नहीं
श्रमिकों का शोषण नहीं
नेताओं का आश्वासन नहीं
और नहीं है मानापमान घोर
चलो ढूँढ़ते चलें वह ठौर...

चलो ढूँढ़ते चलें वह ठौर...
जहाँ है नहीं असीम भोग
है नहीं असाध्य रोग
न उन्नति अवनति का योग
न दुष्कर्म का भोग
न राजनीतिक अभियोग
न मिलन जुदाई का संयोग
और नहीं होते हैं बोर
चलो ढूँढ़ते चलें वह ठौर...!

('ओ री प्रौद्योगिकी!' काव्य संग्रह से उद्धृत)

जंगल में मंगल

गधे ने खोला
संगीत का क्लास।
कोयल फैल
और कौवा पास।।

लोमड़ी बनी
जज–अधिकारी।
बकरी को फाँसी
और भेड़िया बरी।।

बन्दरिया के यहाँ
नृत्य स्पर्धा का आयोजन।
मोरनी पराजित
और कुतिया नंबर वन।।

जंगल में मंगल
चुनाव फिर शासन।
गुलाब निष्कासित
धतुरे को सिंहासन।।

('जय बोलने वाले' काव्य संग्रह से उद्धृत)

जय बोलने वाले

जय बोले इसकी
जय बोले उसकी
जय बोले किसकी
चाहे जब जिसकी।। धृ.।।
दाम की काम की
नाम की बेनाम की
साधु और फकिर की
सेव्य और सेवक की
आत्मा और परमात्मा की
साहित्य और समीक्षा की
आदर्श और यथार्थ की
द्विधा और सुविधा की...
जय बोले इसकी
जय बोले उसकी
जय बोले किसकी
चाहे जब जिसकी।
पक्ष और विपक्ष की
कान्हा और कंस की
नेताओं के वंश की
देश और विदेश की
समाज और संस्कृति की
इतिहास और पुरान की
धर्म और जाति की

न्याय और नीति की
भक्ति और प्रीति की...
जय बोले इसकी
जय बोले उसकी
जय बोले किसकी
चाहे जब जिसकी।
जिना और गाँधी की
सोना और चाँदी की
पूजा और पाठ की
चिकन और चाट की
छात्र और मित्र की
पिता और पुत्र की
स्टुडेंट और 'गाईड' की
मार्क्स और 'फ्राइड' की...
जय बोले इसकी
जय बोले उसकी
जय बोले किसकी
चाहे जब जिसकी।
कारगिल के वीरों की
यश के ढेरों की
नेता के नारों की
जनसेवक प्यारों की
शहीदों के शहादत की
उनके घर और परिवार की
बीवी और बच्चों की
बेहाल और अच्छों की
बुरे और सच्चों की
भावना से प्रेरित हमदर्दी की
मेहरबान, कद्रदान दाताओं के दान की
अखबारों में छपी तस्वीरों के शान की
शौहर के लिए बेताब जान की...'

जय बोले इसकी
जय बोले उसकी
जय बोले किसकी
चाहे जब जिसकी।
कमी नहीं यहाँ उसफ़लों की
उसुलों को तोडनेवालों की
सम्बन्धों को जोडनेवालों की
बनाने और बिगाडनेवालों की
सुमनांजलि पानेवालों की
श्रद्धांजलि लेनेवालों की
और तिलांजलि देनेवालों की
गंगा गये गंगादास की
जमुना गये जमुनादास की
वाम पंथों की
साम पंथों की
दाम पंथों की
राम पंथों की
कमी कहाँ है यहाँ
एक ही गले से
राम और रावण की
जय बोलनेवालों की....
जय बोले इसकी
जय बोले उसकी
जय बोले किसकी
चाहे जब जिसकी।

('जय बोलने वाले' काव्य संग्रह से उदधृत)

मेरी कविता तलाकशुदा है...

फूलों और पत्तों से
शहँशाह के पुत्तों से
कार में घूमते कुत्तों से
सदा से जुदा जुदा है
मेरी कविता तलाकशुदा है...

मधुशाला के आदियों से
पहाडों और नदियों से
ग़ज़ब के अतिवादियों से
जब तक घनघोर विपदा है
मेरी कविता तलाकशुदा है...

चाँद और चाँदनी रातों से
चुनाव की सौगातों से
लफ्फाजों की बातों से
गर दूरियाँ न ज्यादा हैं
मेरी कविता तलाकशुदा है...

कजरारी बड़ी आँखों से
ऊँची नुकीली नाकों से
बड़े–बड़े शौकों से
गर हद से ज्यादा फिदा हैं
मेरी कविता तलाकशुदा है...

सावन की झडी से
मन भावन घड़ी से
लुभावन गुलछडी से
अगर अतिरिक्त अदा है
मेरी कविता तलाकशुदा है...

मिट्‌टी से जुड़े किसानों को
सरहद पर खड़े जवानों को
जब तक वंचित पाती है
और इनसे दूरियाँ तयशुदा हैं
मेरी कविता तलाकशुदा है...

हैवानियत से लड़ना
इंसानियत से जुड़ना
जब तक मुमकिन नहीं
और नापाक इरादा है
मेरी कविता तलाकशुदा है....

('नयी सदी के स्वर' भाग 3 से उदधृत)

‘अन्तर्राष्ट्रीय अनुवाद’ दिवस के बहाने...

कोरोना के शिकार बनें अभागों का जरा अनुवाद चाहिए
लावारिस बनें बच्चों के आँसुओं का जरा अनुवाद चाहिए!

दुनिया सारी अनजान नहीं यहाँ के असलियत की दास्तान से
ऑक्सिजन किल्लत, सियासी जिल्लत का पूरा अनुवाद चाहिए!

कर दी महामारी के हवाले अपनी सेवा और ज़िन्दगी प्यारी
उन स्वास्थ्य, पुलिसकर्मियों के दर्द का सारा अनुवाद चाहिए!

सुनते हैं भावार्थ और शैली है तर्जुमा की जान–पहचान
सैलाब और तूफान के हाहाकार का भरापूरा अनुवाद चाहिए!

तालाबन्दी की बदौलत अपनी नौकरी से हाथ धोना पड़ा
उनके व्यथा की कथा के दास्तान का निरा अनुवाद चाहिए!

दुनिया के मजहबी मातम, सियासी सितम के माहौल का
जो कहीं बिखरा है मगर उसका निखरा अनुवाद चाहिए!

लफ्फाजों की सारी बस्ती में और अल्फाजों की मस्ती में
आत्मविज्ञापनी स्वर का कूट–कूट कर भरा अनुवाद चाहिए!

यह किसने कहा सिर्फ़ कविता का अनुवाद मुश्किल है ‘अर्जुनजी’
सरहद के जवानों की कुर्बानियों का खरा–खरा अनुवाद चाहिए!

(30 सितम्बर, 2021)

(‘अन्तर्राष्ट्रीय अनुवाद दिवस, 30 सितम्बर के अवसर पर लिखी गजल’)

'बिटिया दिवस' के उपलक्ष्य में

उछलती चमकती दमकती आज मिन्नत हैं बेटियाँ;
इस धरती की जीती जागती जन्नत हैं बेटियाँ!

माना करते थे जिसे धन दौलत पराये घर की;
खुशहाल परिवार की आज अमानत हैं बेटियाँ!

थी अवसर से वंचित, चार दीवारों में कैद मगर;
अव्वल आनेवाली तो अब अनगिनत हैं बेटियाँ !

कुल दीपक की कामना करनेवाले औकात में रहें;
बेटों से कहीं ज़्यादा आज जो उन्नत हैं बेटियाँ !

जीते रहती थीं सदा से नतमस्तक के साथ;
हर किरदार में मौजूद मगर अब अनत हैं बेटियाँ!

दंग रहते हैं जिनकी ज़िम्मेदारियों को देखकर हम;
अपने दम खम रिदम से रोज–रोज कार्यरत हैं बेटियाँ!

वे फिक्र छोड़कर अब हर दिन फख्र करते हैं 'अर्जुनजी'
जिनके खानदान को काबिल बनाती जीनत हैं बेटियाँ!

(26 सितम्बर, 2021)

('बिटिया दिवस, 26 सितम्बर के अवसर पर लिखी ग़ज़ल')

ग़ज़ल

कोरोना के बावजूद गाँव प्यारा लगने लगा है;
वीराने के बावजूद गाँव प्यारा लगने लगा है!

जो कहते थे हमेशा क्या रखा है गाँव में
उन्हें गँवारों का स्वभाव प्यारा लगने लगा है!

शहर जाते ही गाँव की मिट्टी से तलाक लिया
उन्हें अब आखाड़े का दाँव प्यारा लगने लगा है!

बताते थे नगर में गाँव की अनगिनत समस्याएँ
अब उनको वहाँ का अभाव प्यारा लगने लगा है!

थके न कभी गाँव की राजनीति पे उँगली उठाते
मगर वहाँ का उन्हें प्रभाव प्यारा लगने लगा है!

था निन्दा का विषय गाँव के बनाव बेबनाव का
वहाँ का अब तो चुनाव प्यारा लगने लगा है!

बाज न आये गाँव की कमियाँ गिनते 'अर्जुनजी'
उन्हें वहाँ का मगर बेभाव प्यारा लगने लगा है!

(16 अप्रैल, 2021)

('कोरोना की कृपा से' अप्रकाशित हिन्दी ग़ज़ल संग्रह से उद्धृत)

ग़ज़ल

हर चेहरे पे एक चेहरा है यारो;
हर कुरसी पे एक बहरा है यारों!

शान रखे उन शहीदों की जरासी
जिनके कारण तिरंगा लहरा है यारो!

किस किस को दिखायें कमीज खोल कर
जख्म सीने का बहुत गहरा है यारो!

धकधकती आग सारी बुझने के बाद
कोई बादल यहाँ से विहरा है यारो!

समझते तुम जिसे कसरत का प्रभाव
छोरा रोटी के अभाव से छरहरा है यारो!

मंच जैसा अभिनय, श्रोता जैसा भाषण
यह चरित्र ही बड़ा दोहरा है यारो!

ज़िन्दगी के सफर में ठहराव है ज़रूरी
लाल के बाद ही 'सिग्नल' हरा है यारो!

सलोनी सुबह के माहौल में ही सदा
बहुत–सा घना कोई कोहरा है यारो!

जो अर्से से हैं जमानत पर 'अर्जुनजी'
आज उन्हीं के सर पे सेहरा है यारो!

('कोरोना की कृपा से' अप्रकाशित हिन्दी गजल संग्रह से उद्धृत)

गणतन्त्र दिवस के उपलक्ष्य में

(ग़ज़ल)

रंग सारे सारे बौछार कर दें कुदरत, हमारे प्यारे देश से;
ढंग न्यारे न्यारे न्योछावर दें कुदरत, हमारे प्यारे देश से!

अहिंसा के कायल हम, कश्मीर से कन्याकुमारी तक,
लडने की हिम्मत, न लगाये तोहमत, हमारे प्यारे देश से!

दुश्मनी हर्गिज नहीं चाहते हम, चाहते हैं दुनिया से दोस्ती,
तब्दील पाक हो पड़ोसी की फितरत, हमारे प्यारे देश से!

शिक्षा दीक्षा रक्षा की नेकनामी में ही है जिनकी कसरत,
माफ़ी माँगने की कल न पडे ज़रूरत, हमारे प्यारे देश से!

देने के काबिल और तत्पर हैं दुनिया वालों को दवा,
मिलती कोरोना बाधितों को राहत, हमारे प्यारे देश से!

बुद्ध कबीर फुले गाँधी नेहरू सुभाष अम्बेडकरी खदानें हैं,
दुश्मन को निहायत, दोस्ती की चाहत, हमारे प्यारे देश से!

माँ बहन बेटी सखी सहेली और जीवन साथिन की,
सीखे कोई कैसे करनी चाहिए इज्जत, हमारे प्यारे देश से!

दुर्बल डरपोक नहीं, सबल सक्षम क्षमाशील हैं 'अर्जुनजी'
हासिल हो संसार को मानवता में महारत, हमारे प्यारे देश से !

(गणतन्त्र दिवस, 26 जनवरी, 2022)

प्रतिनिधि लघुकथाएँ

दो वृद्धाश्रमवासी

...और अन्ततः बाप अपने परिवार से तंग आकर एक दिन वृद्धाश्रम चला गया। दूसरे दिन घर का कुत्ता भी अपने बड़े मालिक को ढूँढ़ते–ढूँढ़ते वृद्धाश्रम चला आया। तीसरे दिन अखबार में विज्ञापन आया, जिसमें लापता कुत्ते का वर्णन और सम्पर्क के लिए मोबाईल नंबर दिया गया है।

वृद्धाश्रम के संचालक उस पर सम्पर्क कर बताते हैं कि "आपका कुत्ता वृद्धाश्रम आया है और पिताश्री भी।"

खबर मिलते ही वह फोरविलर तथा ड्राइवर लेकर वृद्धाश्रम गया। पहले संचालक से मिला। फिर एक कमरे के दरवाजे के सामने कुत्ता भी बैठा हुआ पाया। वहाँ जाकर जब वह अपने कुत्ते को खींच लेता है तो कुत्ते के चिल्लाने की आवाज़ आती है। कमरे के अन्दर बैठे वृद्ध ने बाहर आकर देखा तो पाया कि बेटा कुत्ते को गाड़ी में बिठाकर ले जा रहा है। किन्तु बाप को वहीं छोड़कर। न कोई बातचीत, न कोई पूछताछ।

कुत्ता अगले दिन फिर वृद्धाश्रम आ जाता है, अपने बुजुर्ग मालिक के लिए। लेकिन बाप के लिए बेटा नहीं आता। अब दो वृद्धाश्रमवासी एक–दूसरे को पाकर बेहद खुश हैं। मानो वे अलग नहीं होना चाहते।

('गूँगा, बहरा तथा अन्य कहानियाँ' लघुकथा संग्रह से उद्धृत)

शुभकामनाओं का हकदार

सावन का महीना था। दिन सावन शुद्ध पंचमी का था। आज नागपंचमी का त्यौहार मनाया जा रहा था। लोग मन्दिर में जाकर नागदेवता की पूजा कर रहे थे। उसे हाथ जोड़कर वन्दन कर रहे थे। लेकिन इसी समय एक ताज्जुब की घटना घटित हुई। नागराज मूर्ति से प्रकट हुए और बोलने लगे–

"मेरे अप्रिय और अशुभ आदमी! यह मेरी शिकायत नहीं लेकिन सच है कि मेरी सारी–सारी विशेषताएँ फिलहाल तूने हथिया ली हैं। तू मेरे जैसा प्रतिशोध लेता है। औरों के बारे में ज़हर घोलता है। नौबत आने पर केंचुली फेंक देता है। वक़्त आने पर किसी को भी अपना फना उठाकर डरा–धमकाता है। अपनी जान खतरे में पाकर चाहे जिसे डसता है। चाहे जब, चाहे जिसे दगा दे सकता है। पार्टी से रात–बे–रात लौटते समय तू मेरे जैसे हिलता–डुलता है। मेरे ज़्यादातर गुण तुझमें हैं। इसलिए नागपंचमी की शुभकामनाओं का हकदार मुझसे ज़्यादा तू है।"

नागराज की बात सुनकर आदमियों से भरे भीड़ की बोलती बन्द हुई। वह अभी भी बन्द है।

('गूँगा, बहरा तथा अन्य कहानियाँ' लघुकथा संग्रह से उद्‌धृत)

अमीर और ग़रीब

अपने आय. ए. एस. बेटे की शादी की तैयारी में मिसेस पाल बहुत व्यस्त थी। उनके पति भी आय. ए. एस. अफसर थे।... और अब इस साल बेटा भी अफसर बना था। इकलौता बेटा वैभव। पिछले एक महीने से उसके शादी की तैयारी धूमधाम से मिसेस पाल की निगरानी में चल रही थी। अब सिर्फ एक सप्ताह ही बचा था। आनेवाले सोमवार के दिन ही विवाह का मुहुर्त था।

आज कपड़ों की खरीददारी थी। उसकी ज़िम्मेदारी भी मिसेस पाल पर थी। उन्होंने अपनी गाड़ी और ड्राइवर ले लिया। शहर के मशहूर दुकान में गयी। जमकर कपड़े खरीदे। अच्छी, महँगी और ख़ूबसूरत साड़ियाँ भी चुन–चुनकर ले लीं। फिर सारे कपड़े गिनकर देखे। अन्त में उन्होंने और एक साड़ी लाने की बात की। दुकानदार ने जब अपने नौकर को अच्छी साड़ी लाने को कहा तब मिसेस पाल ने कहा–

"अब महँगी नहीं, साधारण–सी चाहिए।"

"ये लीजिए" कहते हुए नौकर ने कुछ साड़ियाँ सामने रख दीं।

"ऐसी अच्छीवाली नहीं, साधारण–सी, सस्ते में मिलनेवाली।"

"क्यों मेम साब? आपने सब अच्छीवाली, महँगीवाली ही ले लीं हैं। ऐसी साधारण–सी तो आपने कभी ली नहीं।"

"मेरी नौकरानी के लिए चाहिए। कामवाली के लिए।"

दुकानदार ने उन्हें उनकी माँग के अनुसार साड़ी दे दी। मिसेज पाल अपने सारे कपड़े लेकर चली गयी।

थोड़ी देर बाद एक साधारण–सी धोती पहनी हुई महिला उसी कपड़े की दुकान में आयी। उसने दो साड़ियाँ खरीदने की बात कही। दुकानदार ने उसे साड़ियाँ दिखाना शुरू किया तो वह बोली–

"ऐसी साधारण–सी नहीं, अच्छी–सी चाहिए।"

''बहन जी, जैसी आपने पहनी है वैसी ही मैंने दिखायी हैं।''

''सेठ जी मैं अपने लिए नहीं खरीद रही हूँ।''

''तो फिर किसके लिए?''

''मैं जिस परिवार में काम कर रही हूँ, एक उस मालकिन के लिए और दूसरी उसकी आनेवाली नई बहू के लिए। सेठ जी! मालकिन के अफसर बेटे की शादी जो है।''

''तो क्या आप मिसेस पाल की नौकरानी हैं?''

''जी सेठ जी!''

दुकानदार उस महिला को उसकी पसन्दीदा दो महँगी साड़ियाँ देता है। साड़ियाँ लेकर वह निकल पड़ती है। दुकानदार उसे देखकर दंग रह जाता है। लेकिन उसने अपने नौकर से पूछा सवाल उस नौकरानी को भी सुनाई देता है–''रामू यह बताओ कि सच्चा अमीर और ग़रीब किसे कहा जाये?''

('गूँगा, बहरा तथा अन्य कहानियाँ' लघुकथा संग्रह से उद्धृत)

न कोई गोली, न कोई जवाब

...और जब विशाल ने आँखें खोली तब खुद को एक अस्पताल में पाया। वह एक खटिया पर लेटा था। उसके पास उसके कुछ दोस्त और अध्यापक बैठे थे। वे सब चिन्तित और खामोश थे। डॉक्टर उसकी जाँच कर गये थे। ब्लड, एक्स–रे, सीटी स्कैन भी किया था। अब सबको डॉक्टर की राय का इन्तजार था।

विशाल भारत विद्यालय का पाँचवीं कक्षा का छात्र था। आज उसे कक्षा में अचानक चक्कर आकर बेहोश होने से अस्पताल लाया गया था। वह अत्यन्त बुद्धिमान छात्र था। पढ़ाई में भी और खेलकूद में भी अव्वल। वह अपनी दादी के साथ रहता था। माँ–बाप खेत मजदूर थे, जिनकी एक सालपूर्व कोरोना में मौत हुई थी। दादी ही विशाल का एकमात्र सहारा थी। ढलती उम्र में भी वह ज़मीनदार चौधरी के घर जाकर बर्तन माँझने का काम कर विशाल और अपने लिए रोजी रोटी पाती थी।

लेकिन उम्र और क़िस्मत ने साथ नहीं दिया। ढंग से बर्तन न माँझ पाने की वजह से चौधराइन ने दादी को काम से निकाल दिया। घर में फाँके पड़ने लगे। विशाल ने दो दिन से कुछ खाया नहीं था। अपने दोस्त अमोल के टिफिन की एक रोटी में से दी हुई आधी रोटी ही उसने खाई थी। सो भी परसो। कल से अमोल भी स्कूल नहीं आया था।

अब विशाल होश में आया। उसने अपने अध्यापक और सहपाठियों से सवाल किया कि उसे यहाँ क्यों लाया गया है? अब स्कूल का समय होने से उसने स्कूल चलने की बात कही। अध्यापक उसे कुछ कहने ही वाले थे कि इतने में डॉक्टर आ गये। आते ही उन्होंने सबको बधाई दी। अपने पेशंट विशाल का भी अभिनन्दन किया। उनके चेहरे पर प्रसन्नता थी। वे कहने लगे–

''सारे रिपोर्ट नॉर्मल हैं।''

''सच'' खुशी से के मारे सब ने एक साथ कहा।

''जी, बिलकुल सही कह रहा हूँ।''

''थैंक्स डॉक्टर साहब! थैंक्स गॉड''

''ऐसी कोई चिन्ता की बात नहीं।''

''पर विशाल को यहाँ कब तक रखना पड़ेगा?'' टिचर ने पूछा था।

''आज ही, अभी आप इसे ले जा सकते हैं।''

''कुछ दवाइयाँ लेनी पड़ेगी?''

''सिर्फ़ बीच–बीच में ग्लुकोज पिलाना। खाना–पीना पहले जैसा ही हो। किसी चीज़ से परहेज नहीं।''

डॉक्टर ने सारा स्पष्ट कह दिया। तब तक विशाल भी उठकर बैठ गया। डॉक्टर को पता चला था कि यह लड़का अपने स्कूल का सब से होनहार छात्र है। उन्होंने उसे 'गुड लक' कहा, पीठ थपथपाई और बाय–बाय कर निकल ही रहे थे कि विशाल ने हाथ जोड़कर कहा–''डॉक्टर साब! एक बात पूछूँ? क्या कोई ऐसी गोली दे सकते हैं जिसे लेने से 'भूख' ही न लगे।'' डॉक्टर की आँखों में आँखें डालकर उसने पूछा था।

विशाल का सवाल सुनकर डॉक्टर उसे देखते ही रहें। उनके पास न कोई गोली थी, न कोई जवाब।

('गूँगा, बहरा तथा अन्य कहानियाँ' लघुकथा संग्रह से उदधृत)

इससे अच्छा दिन और क्या होगा?

आज रमुआ को ट्रैफिक पुलिस ने पकड़ ही लिया। चौराहे के परे खडे दो–तीन पुलिसवाले सबके ड्रायविंग लायसन जाँच रहे थे। रमुआ के पास भी कहाँ ड्राइविंग लायसन था? वह मालिक की टु विलर से उनके बच्चे को स्कूल पहुँचाकर लौट रहा था। पुलिस ने पूछ–ताछ की, लायसन माँगा, गाडी का आर. सी. बुक माँगा लेकिन पास में होगा तो दे पायेगा न? उसने अपने जेब को टटोला। पुलिसवाला समझ गया कि अब यह बकरा ज़रूर कुछ ले–देकर भाग जायेगा। लेकिन चौराहे पर सी. सी. टी. वी. कैमेरा भी लगा था। तब पुलिस ने उसे आगे बढने और अन्दर की गली में मुडकर वहाँ ठहरने का इशारा किया। वहाँ कोई सी. सी. टी. वी. नहीं था। रमुआ मोटर साइकिल के साथ वहाँ पहुँच गया। तब तक पुलिसवाला भी वहाँ आ गया। उसने मुद्दे की बात की –

"बोल कितना दे सकता है?"

"साब मेरे पास एक धेला भी नहीं है।"

"तुम बिना लायसन के गाडी चला रहे हो?"

"लायसन पाने गया था पर मिला नहीं साब।"

"क्यों?"

"आर. टी. ओ. ने बैंक पासबुक का झेरॉक्स माँगा।"

"तो बैंक पासबुक का झेरॉक्स क्यों नहीं दिया?"

"क्योंकि बैंक पासबुक के लिए बैंकवालों ने आधार कार्ड माँगा।"

"तो उन्हें आधार कार्ड क्यों नहीं दिया?"

"आधार बनानेवालों ने रशशिन कार्ड का झेरॉक्स माँगा।"

"तो उन्हें राशिन कार्ड का झेरॉक्स क्यों नहीं दिया?"

"इसलिए कि वहाँ पर बिजली और पानी के बिल के झेरॉक्स माँगे थे।"

"तो उन्हें बिजली और पानी के बिल के झेरॉक्स क्यों नहीं दिये?"

"क्योंकि साब! मेरे घर में न बिजली है न पानी।"

"क्यों नहीं है तुम्हारे घर में बिजली और पानी"

"इसलिए कि मेरा कहीं कोई घर ही नहीं है साब !"

"क्यों भैया? क्यों नहीं है तुम्हारा कोई घर?"

साब मैं आदिवासी हूँ। जंगल ही हमारा सब कुछ है। जल, जंगल, ज़मीन के साथ खुली हवा, आजाद पशु–पंछी से हमारा वास्ता रहा है। लेकिन अब बहुराष्ट्रीय कम्पनियों और स्थानीय नेताओं ने उस पर कब्जा कर दिया है। तभी से हमारा जंगल सिमेंट कॉंक्रिट के जंगल में बदल गया है। हम सब निष्कासित हैं। एक दिन इस गाड़ी के मालिक मुझे अपने घर ले आये। मुझे गाड़ी चलाना सिखाया। अब उनके बच्चे को स्कूल लाने–पहुँचाने का काम करता हूँ और खाली समय में उनके बंगले की साफ़–सफाई। दो जून की रोटी मिलती है, सोने के लिए मालिक की गाड़ी का आधा पार्किंग पड़ा है। उन्होंने कहा है कि एक दिन तुम्हें लायसन भी दिलाऊँगा। जब मिलेगा तब आपको ज़रूर दिखाऊँगा साब! मेरी धमनियों में आदिवासी का खून है। मूल निवासी का बच्चा हूँ, वादे का पक्का। हमें अपने मालिक पर भरोसा है, आप हम पे भरोसा करें। एक दिन हमारे लिए भी अच्छा दिन आनेवाला है....."

रमुआ बोले जा रहा था, पुलिसवाला सुनता जा रहा था। इतने में दूसरी ओर का सिग्नल खुल गया। पुलिसवाला तेज़ी से उस तरफ बढ़ गया। अपने कर्तव्य में वह व्यस्त हुआ। कुछ समय के बाद उसने मुड़कर देखा तो रमुआ वहीं पर खड़ा दिखायी दिया। जब पुलिसवाले ने उसे इशारे से जाने को कहा तभी वह वहाँ से चल पड़ा। यह कहते हुए कि साब यकीन करें, जब लायसन मिलेगा तो आपको दिखाने ज़रूर आऊँगा–मेरे लिए इससे अच्छा दिन और क्या होगा?

('गूँगा, बहरा तथा अन्य कहानियाँ' लघुकथा संग्रह से उद्‌धृत)

मॉल का कमाल

बहुराष्ट्रीय कम्पनियों में से एक मशहूर कंपनी में ऊँचे पैकज पर काम करनेवाला युवा अफसर आज भी घर में देर से लौटता है। वह कंपनी का बड़ा अफसर है। युवा है और लाखों में तनख्वाह पाता है। घर लौटने में देर हो जाना उसकी रोजाना ज़िन्दगी का अंग बन गया है। हर दिन की तरह आज भी वह देरी से घर लौटा तो पिताजी अपने कमरे से बाहर आये। उसके हाथ में खद्दर की बढ़िया कमीज रखते हुए बोले –

"बेटे, देख मैं तेरे लिए क्या लाया हूँ। अच्छी क्वालिटी की, मेरे पसन्द की।"

"पिताजी काहे को कष्ट उठाया? इससे अच्छी तो मॉल में मिलती है।" बेटे की प्रतिक्रिया सुनकर बाप कुछ नाराज–सा हुआ। इतने में भीतर से हाथ में कटोरी लिए हुए माँ आकार बोली –

"बेटे, देख मैं तेरे लिए क्या लायी हूँ? अपने हाथ से बनायी हुई खीर। तेरे पसन्द की।"

माँ की हाथों में खीर की कटोरी देखते हुए बेटा बोला –

"माँ, काहे को कष्ट उठाया? इससे अच्छी तो मॉल में मिलती है।" बेटे की बात सुनकर माँ भी कुछ नाराज–सी हुई। इतने में अन्दर के कमरे से छोटी बहन मुन्नी बाहर आयी और बोली –

"भैया, देख मैं तेरे लिए अपने हाथ से बुनकर क्या लायी हूँ? बढ़िया–सा स्वेटर मेरे पसन्द का। तुझे भी पसन्द आ जायेगा।"

बहन की बात पर अफसर बना भाई बोल पड़ा –

"बहना काहे को कष्ट उठाया? इससे अच्छा तो मॉल में मिलता है।" भाई की बात से बहन भी नाराज हुई। वह अपनी शकल से नाराजी छिपा नहीं पा रही थी। अन्दर बैठी युवा अफसर की पत्नी ने यह सब सुना था। उससे रहा नहीं गया, वह बाहर आकर अपने पति से बोली–

"अब आप अन्दर बाथरूम में जाओगे, थोडी देर में फ्रेश होकर अपने बेड रूम में जाओगे, वहाँ मैं बैठी हुई मिलूँगी और मुझे देखकर अगर आप यह कहेंगे कि 'यहाँ आने का काहे को कष्ट उठाया, इससे अच्छी तो मॉल में मिलती है, तो मुझे आश्चर्य नहीं होगा। कल जब आप अपने ऑफिस से घर लौटने के लिए निकलोगे तो माँ–बाप का प्यार और बहन तथा पत्नी का दुलार एक–एक किलो के पैकेज बनाकर अपने मॉल से ले आना। तब मैं आपके मॉल का कमाल देख लूँगी।"

युवा अफसर के पास पत्नी की बात का कोई जवाब नहीं था। वह चुप हो जाता है। अपने घरवालों की आँखों से आँखें मिलाये बिना खामोश। उसकी गर्दन नीचे झुक जाती है। उसके माँ–बाप को अपनी बहू पर गर्व महसूस होता है और उसकी बहन को अपनी भाभी पर।

('गूँगा, बहरा तथा अन्य कहानियाँ' लघुकथा संग्रह से उद्धृत)

प्रतिनिधि निबन्ध

शिक्षा में बढ़ता हुआ फैशन का दौर

मानव समाज में उन्नति की ओर ले जानेवाले जितने महत्त्वपूर्ण साधन हैं उनमें शिक्षा एक है। व्यक्ति विकास के जो मुख्य स्रोत हैं उनमें शिक्षा का स्थान अग्रणी है। अर्थात् शिक्षा को जीवन के चरमोत्कर्ष की बुनियाद के रूप में मानना पड़ेगा। वस्तुतः शिक्षा ही किसी व्यक्ति और समाज की सभ्यता एवं संस्कृति की परिचायक होती है। प्राचीन काल में शिक्षा का मुख्य उद्देश्य था धर्म, अर्थ, काम और मोक्ष की प्राप्ति। इनमें से किसी एक की या अधिक की प्राप्ति ही शिक्षा पानेवाले का प्रधान प्रयोजन था। छात्र स्वयं अपने गुरु के आश्रम में इस हेतु जाते और ज्ञानार्जन करते थे। वहाँ किसी भी तरह का न आडम्बर था, न दिखावा।

वर्तमान युग कम्प्यूटर का युग तो है ही किन्तु इसे फैशन का युग कहना भी गलत नहीं होगा। इन दिनों में जीवन के हर क्षेत्र में फैशन दिखायी देता है। शिक्षा क्षेत्र भी इसके लिए अपवाद नहीं है। जहाँ शिक्षा को नुमाइश अथवा प्रदर्शन के लिए अर्जित किया जाता है अर्थात शिक्षा पाने या ज्ञानार्जन के मूल में नुमाइश या प्रदर्शन की प्रवृत्ति आधारभूत होती है वहाँ ऐसी शिक्षा फैशन हेतु होती है। शिक्षा में बढ़ते हुए फैशन का मूल कारण है अपने को दूसरों के सामने सुसंस्कृत, शिक्षित और ऊँचा दिखाने की प्रवृत्ति। परन्तु जब यह प्रवृत्ति बलवत्तर हो जाती है तब फैशन का शिकार बना व्यक्ति उपहास का, हँसी–मज़ाक का विषय बन जाता है। ऐसे व्यक्ति को बहुत बार अपमानित भी होना पड़ता है।

वर्तमान युग में युवाओं के सामने शिक्षा का प्रयोजन है–अपने पैरों पर खड़े होना, रोजी–रोटी की समस्या हल करने योग्य ख़ुद को बनाना। परन्तु कुछ लोग केवल इसीलिए पढ़ते हैं कि महज लोगों को दिखाने भर के लिए उनको उपाधि की आवश्यकता है। वह इसलिए कि समाज उनको पढ़ा–लिखा समझे, समाज में इज्जत, मान, सम्मान बना रहे। इन

दिनों में शादी–ब्याह के निमन्त्रणपत्र देखेंगे तो पता चलेगा कि कैसी–कैसी अजीबोग़रीब उपाधियों के नाम वधू और वर के नाम के साथ लिखे हुए होते हैं। अब तो शादी–ब्याह का शायद ही कोई ऐसा निमन्त्रण पत्र होगा कि जिस पर वधू और वर के नाम के साथ उपाधि न लिखी हो। इसमें लिपिक तथा सिपाही से लेकर ऊँचे–ऊँचे अधिकारी–पदों का तथा एस्.एस्.सी. से लेकर एम्.फिल. तथा पीएच्.डी. तक की उपाधियों का उल्लेख करना लोग नहीं भूलते। मुझे याद है कि कुछ दिन पहले एक ऐसा निमन्त्रण पत्र मिला था जिसमें वर के नाम के साथ उपाधि लिखी थी एस्.एस.सी. जबकि वह साढ़े आठवीं तक ही पढ़ा हुआ था और पद लिखा था एस्.टी. ड्राइवर। तात्पर्य यह कि ज्ञानात्मक कौशल प्राप्त हो या न हो, अपेक्षित क्षमता का विकास हुआ हो या न हो–केवल समाज को दिखाने के लिए कि हम भी शिक्षित हैं, नाम के साथ उपाधियाँ जोड़ी जा रही है।

एक जमाना था कि लोग विशिष्ट क्षमता और ज्ञानात्मक कौशल के अर्जन हेतु शिक्षा पाते थे। उनकी दृष्टि से क्षमता और कौशल मुख्य थे और उपाधियाँ गौण। आज स्थिति यह है कि एक ऐसा शिक्षित तबका परिलक्षित होता है जिसकी दृष्टि से उपाधि की प्राप्ति मुख्य और क्षमता तथा कौशल की प्राप्ति गौण है। इसलिए बी. ए. की उपाधि प्राप्त होने पर केवल एम्.ए. में प्रवेश लेने मात्र से अपने नाम के साथ एम्.ए. की उपाधि, विशेषतः विवाह के नियन्त्रण पत्र में लिखना अधिकांश लोग भूलते नहीं। यही नहीं बी.ए., बी.कॉम., बी.एस्सी. और अन्य सभी व्यावसायिक पाठ्यक्रमों की उपाधियाँ हो, चाहे पदविकाएँ–पूर्ण होने पर बात अलग है किन्तु इनमें केवल प्रवेश लेने और तृतीय, द्वितीय अथवा प्रथम वर्ष में अध्ययन शुरू होने मात्र से नाम के साथ उपाधियाँ जोड़ी जा रही हैं। इस तरह इन दिनों में कौशल–केन्द्रित और क्षमता–धिष्ठित शिक्षा के बदले झूठी शान जताने हेतु उपाधि केंद्रित शिक्षा पाने की प्रवृत्ति परिलक्षित होती है। वर्तमान काल में एक ऐसा तबका उभर रहा है जो शिक्षा में बढ़ते हुए फैशन का शिकार बनता जा रहा है। विविध उपाधियों को अर्जित करने से जो काबिलियत हासिल होनी चाहिए, जो क्षमता प्राप्त होनी चाहिए उसे नजरअन्दाज करते हुए केवल अपनी ऊँची शिक्षा का, ऊँची उपाधि का प्रदर्शन करना इस पीढ़ी का लक्ष्य रहा है।

वर्तमान काल में शिक्षा क्षेत्र में एक ऐसा वर्ग उभर रहा है जिसमें क़िस्म–क़िस्म के फैशन पल रहे हैं, बढ़ रहे हैं और दौड़ भी रहे हैं। यह वह तबका है जिसके लिए पान, सिगार, शराब, कुछ विशिष्ट फ़िल्में और रंगारंग

वेशभूषा आदि के शौक पालना फैशन ही बन गया है। उसकी दृष्टि से इस तरह के शौक पालना प्रतिष्ठा की नहीं बल्कि सच्चे पढ़े–लिखे होने की निशानी है और जो इनसे बचे रहते हैं वे या तो अनपढ़ समझे जाते हैं या पिछड़े हुए पुराणपंथी। इन व्यसनों को अपनाना उसकी दृष्टि से आधुनिक होना है और इनसे बचना परम्परागत तथा प्रतिगामी होना है।

शिक्षा में बढ़ते हुए फैशन में इन दिनों में एक और फैशन नजर आ रहा है और वह है काम–धाम न करना। वस्तुतः शिक्षा का मूल उद्देश्य व्यक्ति के सर्वांगीण विकास से जुड़ा है। विकास के लिए कठोर श्रम साधना अनिवार्य होती है। यह श्रम बौद्धिक ही नहीं बल्कि शारीरिक भी होता है परन्तु विगत कुछ वर्षों में शिक्षा क्षेत्र से एक ऐसा तबका उभर आया है जिसे शारीरिक श्रम करना अपना अपमान लगता है। यही नहीं, माँ–बाप भी उसे पढ़ाई के सिवा अन्य किसी प्रकार का काम–धाम करने नहीं देते हैं। इस पर भी यदि कोई ऊँची शिक्षा पानेवाला युवक गाँव आने पर अपने घर के या खेती–बारी के काम में अपने माँ–बाप की मदद हेतु कुछ हाथ बटोरने लगता है तो घरवाले ही नहीं बल्कि गली, मुहल्ले और गाँववाले भी आश्चर्य चकित होते हैं। वे नहीं चाहते कि पढ़े–लिखे युवक–युवतियाँ काम करें। उनकी यह धारणा बनी है कि खेती–बारी का और अन्य किसी प्रकार का काम अनपढ़ लोगों के लिए है, पढ़े–लिखे लोगों के लिए नहीं। अब हुआ यह कि शिक्षा पानेवाले हो या प्राप्त किए हुए हो–उनमें एक ऐसी मानसिकतावाला तबका है जिसे किसी भी तरह का शारीरिक श्रम करना अपमान महसूस होता है। फुले, शाहू तथा अम्बेडकर ने शिक्षा के जरिए कर्मठ व्यक्ति के निर्माण पर बल दिया था। कर्म से व्यक्ति के श्रेष्ठत्व को नापने पर बल दिया था। कर्मवीर भाऊराव पाटील ने शिक्षा से मन, मस्तिष्क तथा कलाई को शक्तिशाली बनाने का विचार रखा था। तात्पर्य यह कि इन महानुभावों ने शिक्षा से कठोर परिश्रमी तथा कर्तव्यनिष्ठ व्यक्ति की कामना की है जो शारीरिक तथा मानसिक दृष्टि से परिपूर्ण हो। लेकिन आज स्थिति कुछ विपरीत है। जैसे–जैसे ऊँची–ऊँची उपाधियाँ प्राप्त होती जा रही हैं वैसे–वैसे ऊँची शिक्षा प्राप्त करनेवालों का एक तबका कामचोर बनता जा रहा है। शिक्षा पाने के कारण मानो उसने काम न करने का लाइसन प्राप्त किया है। होना तो यह चाहिए कि जो जितना ज़्यादा पढ़ा हो वह उतना ही कठोर श्रमसाधना करनेवाला हो। सच्चा स्कॉलर वही होता है जो हाड़तोड़ मेहनत करता है। मेहनत ही उसकी सफलता की कुंजी होती है। शिक्षा की महत्त्वपूर्ण उपलब्धि यही है। किन्तु आज विडंबना यह है कि

कम पढ़ा, काम छोड़ा
ज़्यादा पढ़ा, गाँव छोड़ा
बहुत ज़्यादा पढ़ा, देश छोड़ा

अर्थात् शिक्षा में आये हुए इस फैशन परस्त तबके ने स्वयं को शिक्षित प्रमाणित करने की जो तीन शर्तें तय की हैं वे हैं–काम छोड़ना, गाँव छोड़ना और वतन छोड़ना। फैशन परस्त तबके की दृष्टि से यदि इनमें से अनेक या किसी एक का भी पालन नहीं करता तो वह शिक्षित कहने के काबिल नहीं हो सकता। शिक्षा में बढ़ता हुआ यह फैशन इस तबके को एक ओर शारीरिक तथा मानसिक रूप से कमज़ोर बनाता है तो दूसरी ओर राष्ट्रीय विकास के अभियान से दूर ले जाता है।

वस्तुतः शिक्षा का मुख्य उद्देश्य व्यक्ति का ऐसा विकास करना है कि वह न केवल आत्मनिर्भर बने बल्कि सामाजिक एवं राष्ट्रीय उन्नति में अपना योगदान करें, देश को सुयोग्य नागरिक प्राप्त हो। परन्तु आज केवल आत्मनिर्भर बनने हेतु उपाधियाँ अर्जित करनेवालों की ही मात्रा ज़्यादा है। आत्मनिर्भर बनने का उद्देश्य कोई गलत नहीं है परन्तु उसकी आड़ में पनपती हुई प्रदर्शनवादी प्रवृत्ति घातक है। आज स्थिति यह है कि कोई दूसरा काम–धाम नहीं, खाली समय बितता नहीं तब सवाल खडा होता है कि बैठकर क्या करें? यह सोचकर बहिस्थ अथवा नियमित छात्र के रूप में प्रवेश लेने की प्रवृत्ति आज आम बात है, किसी निश्चित या विशिष्ट उद्देश्य को लेकर पढ़ने की कम। बुरा तो तब लगता है जब यह मालूम होता है कि कोई दिखावे हेतु पढ़ता है तो कोई प्रतिष्ठा हेतु, कोई दहेज बचाने हेतु पढ़ता है तो कोई दहेज पाने हेतु।

असल में शिक्षा विशिष्ट कौशल तथा क्षमता हासिल करने हेतु होती है। इन दिनों में कुछ अभिभावकों में अपने बच्चों को कॉन्वेंट स्कूलों में भरती करने का आग्रह कुछ ज़्यादा दिखायी देता है। वैसे तो बच्चों को कॉन्वेंट में भरती कराना कोई गलत काम नहीं है। किन्तु जब परिवार में उस तरह का जरा भी माहौल न हो, पास–पड़ोस का परिवेश भी उसके अनुकूल न हो और आर्थिक स्थिति भी उस योग्य न हो तब भी कुछ अभिभावकों में अपने बच्चों को वह शिक्षा दिलाने का जो आग्रह दिखायी दोता है वह फैशन के कारण है। इसमें उनका अपने को प्रतिष्ठित, उच्चशिक्षित एवं आधुनिक सिद्ध करने का उद्देश्य मुख्य होता है, ज्ञान साधना गौण।

शिक्षा में बढ़ रहे फैशन के दौर में भाषा भी एक महत्त्वपूर्ण अंग है। शिक्षा क्षेत्र में एक ऐसा तबका उभर आया है जो 'फैशनेबल' भाषा का प्रयोग करने से अपने को रोक नहीं सकता। वह अपनी मातृभाषा या राष्ट्रभाषा में बात करते समय भी एक–दो वाक्यों में दो–चार विदेशी भाषा के शब्द तो अवश्य प्रयुक्त करता है। विदेशी शब्दों के प्रयोग का मोह इससे टाला नहीं जा सकता। उदाहरण स्वरूप मराठी में 'बेड़ रेस्ट घेणे', 'वॉकिंगला जाणे', 'स्वीमिंग नंतर घरी येणे', 'पिक्चर पाहून अभ्यास करणे', 'आडवरटायजिंग कडे लक्ष न देणे', 'टॉयलेटला जावून येणे' जैसे शब्द प्रयोग तथा हिन्दी में 'लंच करना', 'डिनर पार्टी जाना', 'ट्रॅव्हल बस से आना', 'न्यूज सुनना', 'वॉश लेना' जैसे शब्द प्रयोग आज आम बात है। असल में शिक्षित पीढ़ी के अधिकांश लोग इस तरह की हैब्रिड भाषा या संकरित भाषा का प्रयोग करते हैं। ताकि उनकी यह मानसिकता बनी है कि ऐसी भाषा का प्रयोग किए बिना अपने शिक्षित होने का पता लोगों को कैसे चलेगा? दूसरी तरफ शिक्षा के परिणामस्वरूप यहाँ एक ऐसा बहुत बड़ा तबका पनप रहा है जिसने अपने लिए विदेशी भाषा के संबोधनों को अपनाना शुरू किया है।

आज अधिकांश शिक्षित युवक–युवतियाँ माँ–बाप बन जाने पर अपनी सन्तान से स्वयं को माता–पिता, आयी–बाबा या अम्मी–अब्बा जैसे संबोधनों के बदले मम्मी–डैडी अथवा ममा–पापा जैसे संबोधन पसन्द कर रही हैं। इस शिक्षित युवा पीढ़ी को अपने लिए परम्परागत और देशी भाषा के संबोधन लज्जास्पद और ये विदेशी भाषा के संबोधन गौरवस्पद लगने लगे हैं। एक ऐसी पीढ़ी है जो विधि–निषिद्ध की सोचे बिना, झूठी शान जताने के सिलसिले में फैशन का शिकार बनती जा रही है। अपने को शिक्षित और आधुनिक सिद्ध करने के चक्कर में यह न पूरी तरह से देशी रही है और न विदेशी। एक हैब्रिड के रूप में यह जी रही है। इस तरह इसे फैशन के बहाव में बहने से रोकना वर्तमान युग की आवश्यकता है और बहुत बड़ी चुनौती भी। क्योंकि आपका अपना, अपने समाज का तथा अपने राष्ट्र का उन्नयन और उत्कर्श अंधानुकरण से नहीं बल्कि अपने मौलिक चिन्तन एवं सृजन से ही सम्भव होता है इसे भूलना नहीं चाहिए।

('जरा याद करो कुर्बानी' वैचारिक व्यंग्य निबन्ध संग्रह से उद्धृत)

यात्रा वर्णन

भाग-1

उसे जिसकी तलाश थी, मिल गया

(किन्तु यह 'यंग मैन' महेश है क्या चीज़?)

... और अब सामने था मॉरीशस का खूबसूरत एअरपोर्ट। बड़े–बड़े अक्षरों में लिखा था 'शिवसागर रामगुलाम इंटरनेशनल एअरपोर्ट, मॉरीशस'। बाहर और भीतर से बहुत भव्य तो नहीं किन्तु सुन्दर, आकर्षक और चुस्त–दुरुस्त। बस मॉरीशस घड़ी के अनुसार ठीक छह बजे पहुँच गयी थी। सभी साथी नीचे उतर गये। अब प्रतीक्षा थी सबको अपने–अपने बैग और सामान की। इसकी ज़िम्मेदारी मॉरीशस के होटल 'बॉम्बे चाट' के युवा मालिक महेश ने ली थी। वह स्वयं हमारे साथ ही था। उसने अपने दो व्यक्तियों पर इसकी ज़िम्मेदारी सौंपी थी। महेश ने उन्हें फोन कर पता भी लगाया तब मालूम पड़ा कि होटल 'गोल्ड क्रेस्ट' से सामान नीचे उतार कर वैन में चढ़ाया जा रहा है। आधा घंटा और लगेगा यहाँ पहुँचने में। कुछ लोग सामनेवाले बड़े गेट के पैसेज में डाली कुर्सियों में बैठे रहें, कुछ लोग आपस में बातें करते रहे और कुछ जमकर फोटो खींचते रहे।

इस बीच मॉरीशस के महेश ने अपने होटल के ई–मेल ऐड्रेस का पैम्फलेट दे दिया और कहा कि "चव्हाण साब, अपना विजिटिंग कार्ड दीजिए ना!" उसे जेब से निकालकर अपना कार्ड दे दिया। उसने उसे ध्यान से पढ़ा। पढ़ने के बाद पूछा–

"साब, आप महाराष्ट्र के कोल्हापुर में रहते हैं?"

"जी"

"तब मराठी जानते होंगे?"

"होय, चांगली, नव्हे छान छान"

"काय राव? इतक्या दिवसात, कधीच तुम्ही मराठी बोलताना दिसला नाहीत!"

"तसं नाही महेश!"

"पण मला वाटलं नाही तुम्हाला मराठी येत असेल?"

"कसे वाटेल?"

"... आणि तुमची हिन्दी ऐकून तरी तसं जाणवलं नाही"

"पण बोलायचं कुणाशी महेश"

"ते जाऊ द्या, तुमचं ते कोल्हापुरी चिकन, मटन, ... आणि तो तांबडा–पांढरा रस्सा, अई गं SSS सर अजून ते सगळं तसंच मिळतंय?"

"होय महेश, खाल्लय कधी? आला होता कोल्हापुरला?"

"मी मुंबईहून कोल्हापूरला आलेलो सर! बाप रे SSS तुमचा तो तांबडा–पांढरा रस्सा SSS नाद करायचा नाय।"

अब महेश इतने खुश–मिजाज में बात कर रहा था कि उसे उछलते हुए देखकर लग रहा था 'उसे जिसकी तलाश थी, मिल गया।' उसने अन्य साथियों को भी बताया कि कोल्हापुरी नॉनवेज कितना बढ़िया रहता है, क्या उसकी खासियत है आदि। उसके मुँह से अर्से के बाद मराठी सुनकर और खासकर कोल्हापुरी मराठी के मुहावरे–'नाद करायचा नाय', 'नाद खुळा', 'कोल्हापुरी लय भारी' आदि सुनकर बड़ा मज़ा आया। लेकिन ताज्जुब हुआ कि यह 'यंग मैन' महेश है क्या चीज़? जो बढ़िया अँग्रेजी और फ्रेंच बोलता है और उसी अन्दाज में हिन्दी तो अच्छी है ही उसकी किन्तु मराठी भी शानदार बोलता है।

जब जानना चाहा तब उसकी पूरी कहानी मालूम हुई। "साब मैं मॉरीशस का नागरिक हूँ। मेरी पत्नी यहीं की है। यहाँ का होटल 'बॉम्बे चाट' मेरा है। मॉरीशस में और दो जगह मेरे होटल हैं। कुल तीन होटल हैं मेरे। लेकिन मैं मूलतः भारतीय हूँ।"

उसका 'मैं मूलतः भारतीय हूँ' कहना जिस अन्दाज से उसने सुनाया था उसे सुनकर लगा कि इस बात पर उसे गर्व है। जानकर अच्छा लगा और अधिक जानने की जिज्ञासा बढ़ गयी। वह बोले जा रहा था–"मैं 1989 से यहाँ हूँ। रहनेवाला मैं मुम्बई का हूँ। एम.बी.ए. की पढ़ाई मुम्बई में ही एक कॉलेज में पूरी की। क्रिकेट खेलता था।" जब बीच में ही उसे पूछा कि 'बल्लेबाज' थे कि 'गेंदबाज' तब उसने कहा मैं 'मैं ऑलराउंडर' था। महेश की कहानी चकित करनेवाली है। अभी तक हमारा 'लगेज' लाने के लिए भेजी हुई गाड़ी नहीं आयी थी। उसकी प्रतीक्षा सबको थी। बोर्डिंग पास

बनवाना, चैकिंग करना, सामान भेजना–सब बाक़ी था। फ्लाइट दो घंटे बाद थी। 'शिवसागर रामगुलाम इंटरनेशनल एअरपोर्ट' में लोगों का आवागमन, भारत के मुम्बई, दिल्ली की तुलना में बहुत कम किन्तु भागदौड़ तो थी ही। मेरे भारतीय साथियों को अपने सामान के आने की प्रतीक्षा थी, लेकिन मुझे नहीं। क्योंकि भूतकालीन भारतीय और वर्तमानकालीन मॉरीशस का ज़िन्दादिल व्यक्तित्व सामने था–महेश के रूप में।

मेरी जिज्ञासा को देखते हुए वह भी बोलता रहा–''साब! पढ़ाई पूरी होने के बाद मैं इंडिया छोड़ मॉरीशस आया। 1989 में यहाँ आकर अपना व्यवसाय शुरू करना चाहा। साथ ही यहाँ मैं क्रिकेट भी खेलता था। इस प्रदेश के क्रिकेट का अध्यक्ष भी हूँ। शुरू में होटल के मैनेजर की नौकरी, फिर अपना छोटा–सा होटल। उसी में पूरा समय और परिश्रम। होटल का बिजनेस बढ़ता गया। आज मैं तीन होटल का मालिक हूँ। मेरी पत्नी मुझे व्यवसाय में मदद करती है। अपनी मदद के लिए मैं कॉलेज के छात्रों को 'पार्ट टाइम' नौकर रखता हूँ। उन्हें आठ हजार मासिक वेतन देते हैं। नौकरी करते–करते वे अपनी कॉलेज की पढ़ाई भी पूरी करते हैं। ये छात्र बाहर के देश से यहाँ आये हुए होते हैं। उनके रहने और खाने की व्यवस्था होने पर उनकी पढ़ाई भी हो जाती है। मैं भारत और पाकिस्तान के छात्रों को इस काम के लिए रखता हूँ।'' ''उन्हें ही क्यों?'' बीच में ही पूछने पर महेश कहता है–''क्योंकि ये मेहनत करते हैं, काम करते हैं। पढ़ाई भी करते हैं, फिर वापस जाते हैं अपने देश। मैं लगभग हर साल मुम्बई आता हूँ। दो–तीन नौकर खोजकर यहाँ लाता हूँ। उनको जॉब मिलता है, मेरा भी काम होता है। सर! अगली बार जब मॉरीशस आप आयेंगे तो मुझे मिलना ज़रूर। आपको फिर घुमायेंगे, अपने घर ले जायेंगे...।''

इतने में सामान की गाड़ी आकर रुक गयी। महेश के दो साथी नीचे उतर गये। उन्होंने एक–एक बैग नीचे उतारना और गिनना शुरू किया। हर कोई अपने बैग को देखते ही उठा लेता। सारा सामान आ गया। सबके पास अपने–अपने बैग थे। अब एअर पोर्ट के अन्दर बोर्डिंग पास के काउंटर की ओर बढने लगे थे। पीछे मुडकर देखा तो पाया महेश अपने दो साथियों कें साथ खडा था–सबकी ओर अपनापे से देखता, हाथ उठाता हुआ, हिलाता हुआ–बाय–बाय के अन्दाज में।

('मॉरीशस एक सांस्कृतिक यात्रा' नामक यात्रा वर्णन से उद्धृत)

भाग - 2

मुड़िया पहाड़ अर्थात् किंवदन्ती का करिश्मा

हिन्दी प्रचारिणी सभा, मॉरीशस के सुरूजप्रसाद मंगर सभागार में संगोष्ठी दो बजे सम्पन्न हुई। तुरन्त खाना भी वहीं पर खिलाया गया। इन पंक्तियों के लेखक के इस वक्तव्य के परिणामस्वरूप कि 'हम मॉरीशस के प्रेमचन्द (अभिमन्यु अनत) से मिलना चाहते हैं' स्थानीय संयोजक और मॉरीशस के हिन्दी प्रचारिणी सभा के प्रधान यंतुदेव बुधु ने प्रसिद्ध लेखक अभिमन्यु अनत से सम्पर्क कर अनुमति ले ली कि भारत से आये प्रतिभागी आपसे मिलना चाहते हैं। अभिमन्यु जी ने भी तुरन्त स्वीकृति दे दी। तब यंतुदेव बुधु ने अपनी संस्था के एक सज्जन को साथ में भेज दिया। उस पर जिम्मेदारी सौंपी गयी कि वह अभिमन्यु अनत के गाँव ले जाये और उन्हें मिलाकर वापस लौटे। सुन्दर, साफ़–सुथरी, चक्करदार और लगभग सुनसान किन्तु चारों और हरियाली से घिरी सड़क से हमारी बस आगे बढ़ रही थी। पहाड़ को तराशकर बनायी चक्करदार सड़क भी अधिक चौड़ी और आकर्षक लग रही थी। इसके दोनों ओर पहाड़ थे।

दाहिनी ओर करीब एक किलोमिटर की दूरी पर स्थित पहाड़ ने सबका ध्यान खींचा। यह वही पहाड़ था जो सबसे ऊँचा और आकर्षक था। उसकी चोटी को देखने पर लगता था वहाँ किसी आदमी का गर्दन से ऊपर का सिर रखा है। गला, नाक, कान, बाल, आँखें–मानो हू–ब–हू आदमी की गर्दन के ऊपर का पूरा सर। पूछने पर हिन्दी प्रचारिणी सभा, मॉरीशस के साथ में आये सज्जन ने बता दिया कि इस पहाड़ का नाम है–'मुड़िया पहाड़'। इसे 'मुड़िया पहाड़' नाम क्यों मिला? हमने जिज्ञासावश जानना चाहा। तब उस सज्जन ने उसके पीछे की पूरी कहानी बताना शुरू किया–

इस पहाड़ के पास एक गाँव है। वहाँ एक ग्वाला रहता था। वह रोज दूसरे गाँव में जाकर दूध बेचता और पहाड़ के पास से वापस अपने गाँव लौटता। एक दिन वह दूध बेचकर वापस जा रहा था। रास्ते में उसे थकान महसूस हुई। तब इस पहाड़ के पास एक पेड़ के नीचे वह सो गया। गहरी नींद में सोया। जब आँखें खुली तो आधी रात हुई थी। घना अन्धेरा छाया था। वह रात अमावस की रात थी। अन्धेरे में कहीं जाना असम्भव था। वह ग्वाला वहीं पर छिप गया। थोड़ी देर में उसने पाया कि वहाँ पर परियाँ उतर आयी हैं। ख़ूबसूरत परियाँ। नाचती, गाती, मद्यपान करती परियाँ, विवस्त्र परियाँ, मदहोश परियाँ। सौन्दर्य की मिसाल परियाँ। ग्वाला यह सब चुपके से देख रहा था, लेकिन इस बीच वह अपनी खाँसी को रोक नहीं सका। तब परियों को पता चला कि यहाँ कोई छिपकर उन्हें देख रहा है। पता करने पर उन्होंने पाया कि यहाँ एक युवक है। उन्होंने उसे डाँटा और उसकी पूरी पूछ–ताछ की। ग्वाले ने अपनी सारी कहानी बता दी। तब परियों ने उसे बख्श दिया। किन्तु उन्होंने उसके लिए एक शर्त भी रखी कि 'तुम हमारा नाच–गान ज़रूर देखना लेकिन यह बात किसी को नहीं बताना।' ग्वाले ने शर्त मान ली।

इस घटना के बाद हर अमावस की रात ग्वाला पहाड़ के पास रूकता। आधी रात होने पर परियाँ आतीं। नाच–गान करती। मद्यपान करती। विवस्त्र होतीं। मदहोशी में झूमती रहतीं। ख़ूबसूरत परियों का ख़ूबसूरत नजारा देखकर ग्वाला खुश हो जाता।

लेकिन गाँव में चर्चा होने लगी कि ग्वाला हर अमावस की रात कहाँ गायब हो जाता है? घरवाले, गाँववाले भी पूछते रहते। लेकिन ग्वाला परियों के नाच–गान की घटना किसी को नहीं बताता। गाँव के हम उम्र–जवान दोस्त भी पूछते लेकिन वह चुप रहता। किसी को कुछ नहीं बताता।... और एक दिन यह राज़ खुल ही गया। ग्वाले की शादी तय हुई। सारी तैयारियाँ शुरू हुई।। लड़की पास के ही गाँव की थी। रास्ता इसी पहाड़ के निकट से जाता था। घर–परिवार और गाँव में शादी तय होते ही तैयारी चल रही थी। मुहूर्त नज़दीक आ गया। शादी लड़की के यहाँ होनेवाली थी। बाराती लड़की के यहाँ जानेवाले थे। ग्वाले की शादी में उसके खास दोस्त भी भारीक होने जा रहे थे। सभी बाराती लड़की के गाँव जाने के लिए निकल पड़े। रास्ते में पहाड़ आया। उसे देखकर ग्वाले के एक दोस्त ने उसे अमावस की रात गायब होने की बात पूछी। ग्वाले ने अपने दोस्त को परियों के नाच–गान की ख़बर बताई। दोस्त ने उसे आजमाना चाहा। ग्वाले से उसने आग्रह किया

कि आज अमावस की ही रात है। हम दोनों यहीं आधी रात तक रुकेंगे। नाच–गाना देखेंगे और कल सुबह आगे शादी के लिए निकल पड़ेंगे।

ग्वाला अपने दोस्त के आग्रह के कारण वहीं पर रुका। साथ में दोस्त भी था। समय हो जाने पर परियों का आगमन हुआ। उनका नाच–गान भी शुरू हुआ। ग्वाला और उसका दोस्त, दोनों छिपकर देखने लगे। किन्तु परियों को पता चला कि यहाँ ग्वाले के अलावा आज कोई दूसरा व्यक्ति भी है जो उन्हें चुपके से देख रहा है। उन्होंने ग्वाले से पूछा। तब उन्हें मालूम पड़ा कि उसने यह बात अपने मित्र को बता कर शर्त का पालन नहीं किया। परियों की रानी को गुस्सा आया। उसने उसे तुरन्त शाप दिया कि 'तुम पहाड़ बन जाओगे।' जैसे ही शापवाणी परी रानी के मुख से बाहर निकली, ग्वाला पत्थर बन गया। इस पहाड़ की चोटी पर, मनुष्य की गर्दन से ऊपर सर के आकार का पत्थर। वह पहाड़ का हिस्सा मनुष्य की मुंडी जैसा दिखायी देता है। इसी कारण इस पहाड़ का 'मुड़िया पहाड़' नाम पड़ा।

'मुड़िया पहाड़' की यह कहानी मॉरीशस के सज्जन के मुख से सुनकर बड़ा ताज्जुब हुआ। लेकिन लगा कि भारत की तरह इस देश में भी किंवदन्तियों के लिए स्थान है। हमारे यहाँ भी कैलाश, मानसरोवर, हिमालय, शिव–पार्वती, रावण, कबीर और काशी आदि सम्बन्धी किंवदन्तियाँ लोक मानस में कम रची–बसी नहीं हैं। लोक मानस और लोक विचार का प्रचलन सदियों से समान रूप में मिलता है, देश और विदेश में भी। हम इससे इनकार नहीं कर सकते।

('मॉरीशस एक सांस्कृतिक यात्रा' नामक यात्रा वर्णन से उद्धृत)

आदरांजलि - अभिव्यक्ति

1
'मन्नू जी का होना, न होना...'

मन नहीं मानता कि मन्नू जी नहीं रही! अनुपम और अद्‌भुत संयम की मिसाल का तिरोहित होना, तूफान में स्थित दीपज्योति का बुझना और अबाध साहित्य धारा का ठहरना– जैसी खबर कैसे गले उतरेगी? खास कर उसके, जिसने उन हाथों से सेंकी रोटियाँ राजेन्द्र जी के साथ खाई – दिल्ली के 'हौजखास' के क्रमांक 103 में। मन्नू जी! आपने रोटियों को 'यही सच है' से होते हुए 'एक प्लेट सैलाब', 'मैं हार गयी', 'तीन निगाहों की एक तस्वीर', 'अकेली' और 'सजा' के जरिये संवारा था। बेहद करिने से। अब दुनिया को दूसरा बंटी देखने को न मिले इस उद्देश्य से 'आपका बंटी' कौन लिखेगा? ज़िन्दगी की इतनी सारी जद्दोजहद के बावजूद 'एक इंच मुस्कान' को देखना कहाँ सम्भव होगा? आज के अत्यधिक प्रासंगिक 'महाभोज' का क्या होगा? और 'बिना दीवारों के घर' कैसे बनेगा? क्या फिर कभी 'एक कहानी यह भी' इतनी बेबाक़ी से अस्तित्व में आयेगी? मन्नू जी आप आजीवन 'यादव' नहीं 'भण्डारी' ही बनी रही।

22 नवंबर, 1959 से 'रजिस्टर मैरिज' के साथ शुरु हुआ आपका वैवाहिक जीवन किस तरह का प्रयोग था? समाज में प्रायः पति भरण–पोषण करता है मगर, यहाँ तो आपने दायित्व निभाया। एक छत में रहना असम्भव होने पर अक्सर पत्नी को बाहर जाना पड़ा है मगर यहाँ पर पति चल दिया। ऐसे दाम्पत्य जीवन को नया प्रयोग नहीं तो और क्या कहे? कहीं पता चलता कि 'मयूर विहार' में राजेन्द्र जी बुखार से बेजार हैं तो आपका दौडे जाना और अगर 'हौजखास' में आप बीमार हो तो राजेन्द्र जी का दौडे आना किस पहेली का सम्बोधन कहे? वाकई आप अपनी कहानी की

तरह 'अकेली' अद्वितीय, अनोखी और अपूर्व है। आपको ज्ञानपीठ से नवाजा जाता तो आश्चर्य नहीं होता, मगर इस अभाव से आपका कद छोटा नहीं होता। राजेन्द्रोत्तर 'हंस' के लिए आप संजय जी और रचना के सहयोग से संजीवनी बनी। मन्नू जी आपकी महानता को झाँकना, आपकी निजी क्षमता एवं गुणवत्ता को आँकना और अगर हो सके तो उसे आत्मगत करना ही आपके लिए सच्ची आदरांजलि होगी!

(सुप्रसिद्ध हिन्दी लेखिका मन्नू भण्डारी के निधन पर अर्पित भावांजलि। सोमवार, दि. 15 नवम्बर, 2021)

2
प्रयोगधर्मी नरेन्द्र मोहन...

डॉ. नरेन्द्र मोहन नहीं रहे। हिन्दी साहित्य जगत के लिए सबसे बड़ा और कडा झटका। बहुत दर्द दायी खबर। शिवाजी विश्वविद्यालय, कोल्हापुर के हिन्दी विभाग में केन्द्रीय हिन्दी निदेशालय की योजना के अन्तर्गत विशेष व्याख्यान–योजना में आप एक सप्ताह भर आकर रहे थे, राष्ट्रीय संगोष्ठी में अध्यक्ष के रूप में भी। बहुत प्यारासा व्यक्तित्व। दिल्ली में आपके घर अनेक बार आना–जाना खाना हुआ था। मेरे अभिनन्दन ग्रन्थ की खबर सुनकर तुरन्त लेख भिजवाया था सम्पादक डॉ. मनोहर जी के पास। शायद बाद में समय नहीं मिलेगा इसी भावबोध के कारण। मूलतः कवि मिजाज में शोहरत पाकर आप नाटक में भी अपना लोहा मनवाने में बेहद कामयाब हुए। काव्य जगत में आपने 'इस हादसे में' (1975) ही प्रवेश किया और 'सामना होने पर' (1979) लगातार 'एक अग्निकांड जगहें बदलता' (1983) पाया लेकिन 'हथेली पर अंगारे की तरह' (1990) झेलते 'संकट दृश्य का नहीं' (1993) सिर्फ बल्कि 'एक सुलगती खामोशी' (1997) का भी पाया और आजमाया। इस सबके बावजूद आपका ज़िन्दादिल कविमन सकारात्मकता तथा आस्था से लबालब रहा। इसीलिए आपने 'एक खिडकी खुली है अभी' (2005) को दर्ज किया–एक दस्तक के रूप में। वह दस्तक अब कौन देगा? 'सींगधारी' से होते हुए 'मिस्टर जिन्ना' तक, बीच–बीच में 'कलंदर', 'नो मैंस लैण्ड' और 'अभंगगाथा' जैसे खतरों और चरित्रों से भरी यात्रा कौन करेगा? विरोध के बावजूद प्रयोग में सफल होने, संयम और सादगी की मिसाल कायम करने वाले आपके व्यक्तित्व का अब न जाने कब तक इन्तजार करना पडेगा?

चिन्ता इस बात की उतनी नहीं है नरेन्द्र मोहन साहब कि दिल्ली आने पर अब 239–डी.,एम.आयी.जी. फ्लैट्स–राज़ोरी गार्डन में खाने के लिए आने का आग्रह कौन करेगा? बल्कि चिन्ता इस बात की है कि धारा प्रवाही मित्रता

और मानवता की मिसाल अब कहाँ मिलेगी? साहित्यकार के रूप में इतनी सफलता, कीर्ति और यश प्राप्ति के बावजूद। मिट्टी और मनुष्य को सर्वोपरि माननेवाला आपका व्यक्तित्व सचमुच 'नरेन्द्र' और 'मोहन' को सार्थकता प्रदान करता है। मगर एक ही शिकायत कि इतनी भी क्या जल्दी थी मियाद पूरी करने की? सो भी बिना बताये? अब सब कुछ एक झटके के साथ पीछे छुट गया, अतीत में तब्दील हुआ। इस महान, प्रगतिवादी, प्रयोगधर्मी और मानवतावादी साहित्यिक को अपनी ओर से, अपने विभाग तथा विश्वविद्यालय की ओर से भावभीनी श्रद्धांजलि!!!

(ख्यातकीर्त साहित्यिक नरेन्द्र मोहन के निधन पर अर्पित श्रद्धांजलि। मंगलवार, दि. 11 मई, 2021)

खण्ड - 28 : अभिनंदित गुरुवर का संक्षिप्त आत्म-परिचय

प्रो. (डॉ.) अर्जुन चव्हाण : संक्षिप्त परिचय

पूरा नाम	:	प्रो. (डॉ.) अर्जुन गणपति चव्हाण
जन्म	:	12 अप्रैल, 1961 (पाठशाला के पंजीकरण के अनुसार)
जन्मस्थान	:	ग्राम– पारेवाड़ी
तहसील	:	परंडा
जिला	:	उस्मानाबाद, महाराष्ट्र
पिता	:	स्व. गणपति दगडू चव्हाण
माता	:	स्व. सीताबाई गणपति चव्हाण
पत्नी	:	श्रीमती अनीता अर्जुन चव्हाण
शिक्षा	:	एम.ए., बी.एड., पीएच. डी.
प्राथमिक	:	जि.प. प्राशाला, पारेवाड़ी में, (पहली से चौथी कक्षा तक)
माध्यमिक	:	जि.प. प्रशाला, डोंजा में, (पाँचवीं से सातवीं तक)
उच्च माध्यमिक	:	जि.प. माध्यमिक शाला, सोनारी में, (आठवीं से दसवीं तक)
कनिष्ठ महाविद्यालय	:	जि.प. उच्च माध्यमिक शाला, परंडा, ता. परंडा, जि.उस्मानाबाद में, (ग्यारहवीं से बारहवीं तक)
वरिष्ठ महाविद्यालय	:	श्रीमान भाऊसाहेब झाडबुके महाविद्यालय, बार्शी, जि. सोलापुर में (बी.ए. हिन्दी, ऑनर्स)
विश्वविद्यालयी	:	शिवाजी विश्वविद्यालय कोल्हापुर, महाराष्ट्र में– एम.ए. हिन्दी, बी.एड., पीएच.डी. (हिन्दी)
पृष्ठभूमि	:	ग्रामीण आदिम किसान परिवार, कृषि ही जीविकोपार्जन का साधन, शिक्षा–परम्परा का अभाव।

विवाह : 3 दिसम्बर, 1990 को अनीता जी से।

सन्तान : 1. एडवोकेट अमृता (एल.एल.एम., पी.जी.डी.एच. आर, पी.जी.सी.ए.डी.आर., पीएच.डी. पंजीकृत, मुंबई वि.वि.)

2. डॉक्टर चारुता, एम.डी. (मटेरिया मेडिको)

: 3. सायकोलोजिस्ट भूषण (एम. ए. मनोविज्ञान, पीएच.डी. पंजीकृत)

अध्यापन कार्य : मथुबाई गरवारे कन्या महाविद्यालय,सांगली

: 2. शिवशाहू महाविद्यालय,सरूड, ता. शाहुवाडी जि. कोल्हापुर

: 3. कर्मवीर भाऊराव पाटील महाविद्यालय, इस्लामपुर (3 अगस्त, 1987 से 2 जुलाई, 1993)

: 4. शिवाजी विश्वविद्यालय, कोल्हापुर के हिन्दी विभाग में, (3 जुलाई,1993 से 30 अप्रैल, 2021 तक) सहा. प्राध्यापक, सह. प्राध्यापक, प्राध्यापक एवं विभागाध्यक्ष, शोध निर्देशक।

: कुल सेवा 35 साल।

प्रकाशित पुस्तकें : 55 से अधिक पुस्तकें प्रकाशित, जैसे– समीक्षात्मक, सृजनात्मक, अनूदित, सम्पादित आदि

(अ) समीक्षात्मक, सृजनात्मक पुस्तकें :

1. उपन्यासकार राजेंद्र यादव–अमन प्रकाशन, कानपुर, प्रथम संस्करण, 1994
2. राजेंद्र यादव के उपन्यासों में मध्यवर्गीय जीवन–राधाकृष्ण प्रकाशन, नई दिल्ली, प्रथम संस्करण, 1995
3. अनुवाद चिन्तन–अमन प्रकाशन, कानपुर, प्रथम संस्करण, 1998
4. अनुवाद : समस्याएँ एवं समाधान–अमन प्रकाशन, कानपुर, प्रथम संस्करण, 1999
5. आधुनिक हिन्दी कालजयी साहित्य–(सं.) राधाकृष्ण प्रकाशन, नई दिल्ली, जनवरी, 2002
6. मीडियाकालीन हिन्दी : स्वरूप एवं सम्भावनाएँ–राधाकृष्ण प्रकाशन, नई दिल्ली, जनवरी, 2005

7. जरा याद करो कुर्बानी–वैचारिक व्यंग्य निबन्ध संग्रह, अमन प्रकाशन कानपुर, जनवरी, 2005
8. जय बोलनेवाले–काव्य संग्रह, अमन प्रकाशन, कानपुर, फरवरी, 2005
9. समकालीन उपन्यासों का वैचारिक पक्ष–(हिन्दी तथा मराठी उपन्यासों के सन्दर्भ में), वाणी प्रकाशन, नई दिल्ली, 2008
10. विमर्श के विविध आयाम–(समकालीन हिन्दी तथा मराठी बृहद उपन्यासों के सन्दर्भ में), वाणी प्रकाशन, नई दिल्ली, 2008
11. मॉरीशस एक सांस्कृतिक यात्रा–वाणी प्रकाशन, नई दिल्ली, 2016
12. अनुवाद चिन्तन–द्वितीय संशोधित एवं संवर्धित संस्करण, अमन प्रकाश, कानपुर, 2020
13. अनुवाद : समस्याएँ एवं समाधान–द्वितीय संशोधित एवं संवर्धित संस्करण, अमन प्रकाशन, कानपुर, 2020
14. साहित्यिक शोध और बोध (समीक्षा ग्रन्थ)–अमन प्रकाशन, कानपुर, 2021
15. दलित और आदिवासी साहित्य चिन्तन के आद्य बिन्दु (समीक्षा ग्रन्थ)–अमन प्रकाशन,कानपुर, 2021
16. विश्वमंच पर हिन्दी : विविध आयाम (समीक्षा ग्रन्थ)–अमन प्रकाशन, कानपुर, 2021
17. सदी का श्रेष्ठ साहित्य और साहित्यकार (समीक्षा ग्रन्थ)–अमन प्रकाशन, कानपुर, 2022
18. ओ री प्रौद्योगिकी (काव्य संग्रह)
19. गजल@इंडिया डॉट कॉम (गजल संग्रह)
20. गालिब पूँजी, दुष्यंत मेरा लक्ष्य है (गजल संग्रह)
21. कोरोना की कृपा से (गजल संग्रह)
22. कश्ती लेकर हम हैं (गजल संग्रह)
23. तब दिवाली है (गजल संग्रह)
24. हमारे प्यारे देश से (गजल संग्रह)
25. दस्तक दोस्ती के दास्तान की ('दोस्ती' पर लिखा शायरी संग्रह)
26. गूँगा, बहरा तथा अन्य कहानियाँ (लघु कथा संग्रह)

(ब) अनुवाद कार्य

1. डेराडंगर–प्रसिद्ध मराठी आत्मकथा 'गबाळ' (दादासाहेब मोरे) का 'डेराडंगर' नाम से हिन्दी अनुवाद प्रकाशित, राधाकृष्ण प्रकाशन, नई दिल्ली, प्रथम संस्करण, 2001
2. क्षितिज स्पर्श–मराठी के ज्ञानपीठ पुरस्कार प्राप्त रचनाकार वि. स. खांडेकर के रूपक कहानी–संग्रह का हिन्दी अनुवाद।
3. होटल मेरा देश–प्रसिद्ध मराठी कवि डी. बी. रत्नाकर के काव्य संग्रह का हिन्दी अनुवाद।
4. क्रान्ति संग्राम–प्रसिद्ध मराठी लेखक डॉ. रवींद्र ठाकुर के नाटक का हिन्दी अनुवाद।
5. अंधेरे में बैठा काला मट्ठर बैल–प्रसिद्ध मराठी लेखक श्याम मनोहर के मराठी उपन्यास 'कसक' का हिन्दी नाट्य रूपांतर।
6. दक्षिण महाराष्ट्र के बहिष्कृत समाज की मानगाँव परिषद – डॉ. बाबासाहब अम्बेडकर द्वारा सम्पादित (10 अप्रैल, 1920) मराठी 'मूकनायक' का हिन्दी अनुवाद।
7. कैलास गढ़ी की स्वारी–कोल्हापुर के सुप्रसिद्ध शिवमन्दिर की पुस्तिका का हिन्दी अनुवाद।

(क) सम्पादित पुस्तकें

1. साहित्य मंजूषा–शिवाजी विश्वविद्यालय की ओर से बी. ए. भाग–1, (अनिवार्य हिन्दी) के लिए निर्धारित पाठ्यपुस्तक (जून, 2001 से मई, 2004 तक), राधाकृष्ण प्रकाशन, नई दिल्ली, 2001
2. साहित्य विविधा–शिवाजी विश्वविद्यालय की ओर से बी. ए. भाग–1, ऐच्छिक हिन्दी के लिए निर्धारित पाठ्यपुस्तक (जून, 2001 से मई, 2004 तक), क्वालिटी बुक्स प्रकाशन, कानपुर, 2001
3. कहानी कलश–शिवाजी विश्वविद्यालय की ओर से बी. ए. भाग–2, पेपर–2, ऐच्छिक हिन्दी के लिए निर्धारित पाठ्यपुस्तक (जून, 2001 से मई, 2004 तक), अमन प्रकाशन, कानपुर, 2001
4. संस्मरण वाटिका–शिवाजी विश्वविद्यालय की ओर से बी. ए. भाग–2, पेपर–2, ऐच्छिक हिन्दी के लिए निर्धारित पाठ्यपुस्तक (जून, 2001 से मई, 2004 तक), राजकमल प्रकाशन, नई दिल्ली, 2001
5. मध्ययुगीन काव्य–पीयूष–शिवाजी विश्वविद्यालय की ओर से बी. ए. भाग–2, पेपर–3, ऐच्छिक हिन्दी के लिए निर्धारित पाठ्यपुस्तक

(जून, 2001 से मई, 2004 तक), लोकभारती प्रकाशन, इलाहाबाद, 2001

6. अभिनव काव्य–सौरभ–शिवाजी विश्वविद्यालय की ओर से बी. ए. भाग–2, पेपर–3, ऐच्छिक हिन्दी के लिए निर्धारित पाठ्यपुस्तक (जून, 2001 से मई, 2004 तक), लोकभारती प्रकाशन, इलाहाबाद, 2001
7. कहानी के प्रतिमान–शिवाजी विश्वविद्यालय के एम. ए. भाग–1 (हिन्दी), अनिवार्य बीजपत्र एक के लिए सम्पादित पाठ्यपुस्तक (जून, 2003 से मई, 2006 तक), शिवाजी विश्वविद्यालय प्रकाशन, कोल्हापुर, 2003
8. निबन्ध के प्रतिमान–शिवाजी विश्वविद्यालय के एम. ए. भाग–1 (हिन्दी), अनिवार्य बीजपत्र एक के लिए सम्पादित पाठ्यपुस्तक (जून, 2003 से मई, 2006 तक), शिवाजी विश्वविद्यालय प्रकाशन, कोल्हापुर, 2003
9. कविता के प्रतिमान–शिवाजी विश्वविद्यालय के एम. ए. भाग–2 (हिन्दी), अनिवार्य बीजपत्र पाँच के लिए सम्पादित पाठ्यपुस्तक (जून, 2004 से मई, 2007 तक), शिवाजी विश्वविद्यालय प्रकाशन, कोल्हापुर, 2004
10. गद्य के रंग–शिवाजी विश्वविद्यालय की ओर से बी. ए. भाग–1 ऐच्छिक हिन्दी के लिए निर्धारित पाठ्यपुस्तक (जून, 2004 से मई, 2007 तक), शिवाजी विश्वविद्यालय प्रकाशन, कोल्हापुर, 2004
11. काव्य–अभिलाषा – शिवाजी विश्वविद्यालय की ओर से बी. ए. भाग–1 ऐच्छिक हिन्दी के लिए निर्धारित पाठ्यपुस्तक (जून, 2004 से मई, 2007 तक), शिवाजी विश्वविद्यालय प्रकाशन, कोल्हापुर, 2004
12. व्यावहारिक हिन्दी–शिवाजी विश्वविद्यालय की ओर से बी. ए. भाग–1, अनिवार्य हिन्दी के लिए निर्धारित पाठ्यपुस्तक (जून, 2004 से मई, 2007 तक), शिवाजी विश्वविद्यालय प्रकाशन, कोल्हापुर, 2004
13. वाणिज्य व्यवहार – शिवाजी विश्वविद्यालय की ओर से बी. कॉम. भाग–1, अनिवार्य हिन्दी के लिए निर्धारित पाठ्यपुस्तक (जून, 2004 से मई, 2007 तक), शिवाजी विश्वविद्यालय प्रकाशन, कोल्हापुर, 2004

14. कथालोक–शिवाजी विश्वविद्यालय के बी. ए. भाग–2, पेपर–2, ऐच्छिक हिन्दी के लिए निर्धारित पाठ्यपुस्तक (जून, 2005 से मई, 2008 तक), शिवाजी विश्वविद्यालय प्रकाशन, कोल्हापुर, 2005
15. श्रेष्ठरंग एकांकी–शिवाजी विश्वविद्यालय के बी. ए. भाग–2, पेपर–2, ऐच्छिक हिन्दी के लिए निर्धारित पाठ्यपुस्तक (जून, 2005 से मई, 2008 तक), शिवाजी विश्वविद्यालय प्रकाशन, कोल्हापुर, 2005
16. मध्यकालीन काव्यालोक–शिवाजी विश्वविद्यालय के बी. ए. भाग–2, पेपर–3, ऐच्छिक हिन्दी के लिए निर्धारित पाठ्यपुस्तक (जून, 2005 से मई, 2008 तक), शिवाजी विश्वविद्यालय प्रकाशन, कोल्हापुर, 2005
17. आधुनिक काव्यलोक–शिवाजी विश्वविद्यालय के बी. ए. भाग–2, पेपर–3, ऐच्छिक हिन्दी के लिए निर्धारित पाठ्यपुस्तक (जून, 2005 से मई, 2008 तक), शिवाजी विश्वविद्यालय प्रकाशन, कोल्हापुर, 2005
18. युवक भारती–महाराष्ट्र राज्य पाठ्यपुस्तक निर्मिति मंडल, पुणे की ओर से 11वीं कक्षा के लिए निर्धारित पाठ्यपुस्तक, सम्पादक सदस्य, (जून, 2006)
19. साहित्य आलोक – शिवाजी विश्वविद्यालय, कोल्हापुर के बी. ए. भाग–1 ऐच्छिक हिन्दी के लिए निर्धारित पाठ्यपुस्तक (जून, 2007 से 2010 तक)
20. व्यावहारिक हिन्दी–शिवाजी विश्वविद्यालय के बी. ए. भाग–1 तथा बी. कॉम. भाग–1 अनिवार्य हिन्दी के लिए निर्धारित पाठ्य (जून, 2007 से 2010तक)
21. साहित्यालोक–SIM – शिवाजी विश्वविद्यालय के बी. ए. भाग–1 ऐच्छिक हिन्दी, दूर शिक्षण केन्द्र, शिवाजी विश्वविद्यालय, कोल्हापुर की ओर से सम्पादित पुस्तक (जून, 2007 से 2010 तक)
22. भटको नहीं धनंजय तथा व्याकरण–SIM – शिवाजी विश्वविद्यालय के बी.ए. भाग–1 ऐच्छिक हिन्दी, दूर शिक्षण केन्द्र, शिवाजी विश्वविद्यालय, कोल्हापुर की ओर से सम्पादित पुस्तक (जून, 2007 से 2010 तक)
23. व्यावहारिक हिन्दी–शिवाजी विश्वविद्यालय के बी. ए. भाग–1 तथा बी. कॉम. भाग–1 अनिवार्य हिन्दी, दूर शिक्षण केन्द्र, शिवाजी

विश्वविद्यालय, कोल्हापुर की ओर से सम्पादित पुस्तक (जून, 2007 से 2010 तक)

24. प्रयोजनमूलक हिन्दी SIM–शिवाजी विश्वविद्यालय के बी. ए. भाग–2 हिन्दी, आय. डी. एस., दूर शिक्षण केन्द्र, शिवाजी विश्वविद्यालय, कोल्हापुर की ओर से सम्पादित पुस्तक (जून, 2008 से 20011 तक), शिवाजी विश्वविद्यालय, प्रकाशन, 2008
25. हिन्दी मध्यकालीन एवं आधुनिक काव्य–शिवाजी विश्वविद्यालय, कोल्हापुर के बी. ए. भाग–2, ऐच्छिक हिन्दी के लिए निर्धारित पाठ्यपुस्तक (जून, 2008 से मई, 2011 तक), शिवाजी विश्वविद्यालय, प्रकाशन, 2008
26. आधुनिक गद्य–SIM (कहानी कुंज, गद्य विधा, कबीरा खड़ा बाज़ार में)–शिवाजी विश्वविद्यालय, कोल्हापुर के बी. ए. भाग–2, ऐच्छिक हिन्दी, दूर शिक्षण केन्द्र, शिवाजी विश्वविद्यालय, कोल्हापुर की ओर से सम्पादित पुस्तक (जून, 2008 से 20011 तक), शिवाजी विश्वविद्यालय, प्रकाशन, 2008
27. मध्यकालीन एवं आधुनिक काव्य–SIM (आधुनिक काव्याकाश, मध्यकालीन काव्यामृत, विश्वज्योति बापू)–शिवाजी विश्वविद्यालय, कोल्हापुर के बी.ए. भाग–2, ऐच्छिक हिन्दी, दूर शिक्षण केन्द्र, शिवाजी विश्वविद्यालय, कोल्हापुर की ओर से सम्पादित पुस्तक (जून, 2008 से 20011 तक), शिवाजी विश्वविद्यालय, प्रकाशन, 2008
28. अनुवाद : समस्याएँ और समाधान SIM – पी. जी. डिप्लोमा इन हिन्दी ट्रान्सलेशन, के लिए सम्पादित पुस्तक, दूरस्थ शिक्षा केन्द्र, शिवाजी विश्वविद्यालय, कोल्हापुर (2015 से)
29. अनुराधा गुरव : व्यक्ति आणि वाङमय–स्वच्छन्द प्रकाशन, हलकर्णी, कोल्हापुर, 2017
30. डॉ. सुनीलकुमार लवटे : अमाप माणूस–भाग्यश्री प्रकाशन, कोल्हापुर।

शोधपत्रों एवं लेखों का लेखन

विविध विषयों पर 150 से अधिक शोधपत्रों एवं लेखों का लेखन :

1. राष्ट्रीय स्तर की और अन्य पत्र–पत्रिकाओं में 125 से अधिक।
2. अन्तर्राष्ट्रीय स्तर की पत्र–पत्रिकाओं में 25 से अधिक।

शोध परियोजनाओं का लेखन

1. ''अनुवाद : स्वरूप और समस्याएँ'', शिवाजी विश्वविद्यालय तथा यू. जी. सी. नई दिल्ली के सहयोग से सम्पन्न, (1994 से 1996)
2. ''समकालीन हिन्दी तथा मराठी बृहत उपन्यासों का वैचारिक पक्ष : तुलनात्मक विमर्श'', यू.जी.सी. नई दिल्ली के सहयोग से सम्पन्न। (जुलाई 2003 से जून 2006)
3. ''पर्यावरण–प्रदूषण का परिप्रेक्ष्य और हिन्दी उपन्यास'', प्रतिष्ठित अध्येतावृत्ति योजना अन्तर्गत यू.जी.सी. नई दिल्ली को अग्रेषित। (3 मई, 2021)

संगोष्ठियों, सम्मेलनों तथा कार्यशालाओं में सहभाग

कुल 400 से अधिक राष्ट्रीय और अन्तर्राष्ट्रीय संगोष्ठियों, अधिवेशनो कार्यशालाओं में अध्यक्ष, बीजभाषक, प्रमुख अतिथि, विशेषज्ञ, संसाधनव्यक्ति के रूप में सहभाग, जिनमें–

1. अन्तर्राष्ट्रीय स्तर की 28 से अधिक। (विदेशों में और भारत में सम्पन्न)
2. राष्ट्रीय और अन्य 400 से अधिक। (भारतभर के विविध राज्यों/क्षेत्रों में सम्पन्न)

ऑनलाईन अन्तर्राष्ट्रीय तथा राष्ट्रीय वेबिनारों आदि में सहभाग

कुल 100 से अधिक अन्तर्राष्ट्रीय, राष्ट्रीय और अन्य स्तरों पर अध्यक्ष, बीजभाषक, मुख्य वक्ता, अतिथि और विशेषज्ञ आदिरूपों में, विशेषतः कोरोना के काल में, सक्रिय सहभाग।

1 अन्तर्राष्ट्रीय ऑनलाईन वेबिनार : 40

2 राष्ट्रीय और अन्य ऑनलाईन वेबिनार : 50

टी. वी. चैनल से मार्गदर्शक के रूप में भाषण : 24

विश्वयात्रा टाइम्स न्यूज चैनल– मुंबई : (एस एस आर आय–मुंबई संचालित इस चैनल से नेट/सेट परीक्षार्थियों के लिए तथा अध्यापकों के लिए विशेषज्ञ के रूप में मार्गदर्शन।

* उपर्युक्त चैनल से 24 भाग प्रसारित, दि. 04 अक्तूबर से 27 अक्तूबर, 2020।
* प्रतिदिन रोज रात के 10. 30 से 11. 00 बजे तक इस चैनल से प्रसारण।

विदेशों में अकादमिक आयोजनों में सहभाग

1. मॉरीशस

1.1 ''भारत–मॉरीशस हिन्दी अन्तर्राष्ट्रीय संगोष्ठी, मॉरीशस''– महात्मा गाँधी संस्थान, मॉरीशस, में ''राम चरित्र की प्रासंगिकता'' विषय पर विशेषज्ञ के रूप में शोधपत्र प्रस्तुत (7 जनवरी, 2015)

1.2 ''भारत–मॉरीशस हिन्दी अन्तर्राष्ट्रीय संगोष्ठी, मॉरीशस''–महात्मा गाँधी संस्थान, मॉरीशस, सत्र अध्यक्ष के रूप में ''राम कथा का वैश्विक सन्दर्भ" विषय पर भाषण। (9 जनवरी, 2015)

1.3 ''भारत–मॉरीशस हिन्दी अन्तर्राष्ट्रीय संगोष्ठी–मॉरीशस" हिन्दी प्रचारिणी सभा, मॉरीशस, प्रमुख अतिथि के रूप में "राम कथा की प्रासंगिकता" विषय पर भाषण (11 जनवरी, 2015)

2. उजबेकिस्तान

2.1 ''अन्तर्राष्ट्रीय संगोष्ठी ताश्कंद–उजबेकिस्तान'', लाल बहादुर शास्त्री भारतीय सांस्कृतिक केन्द्र ताश्कंद, उजबेकिस्तान, सत्र अध्यक्ष के रूप में ''वैश्वीकरण के काल में भाषा की भूमिका'' विषय पर भाषण। (29 मई, 2015)

2.2 ''अन्तर्राष्ट्रीय संगोष्ठी ताश्कंद–उज्बेकिस्तान''–लाल बहादुर शास्त्री भारतीय सांस्कृतिक केन्द्र, ताश्कंद, उजबेकिस्तान में विशेषज्ञ के रूप में सहभाग और ''आदिवासी काव्य चेतना का स्थानीय एवं वैश्विक परिदृश्य'', विषय पर भाषण। (29 मई, 2015)

2.3 ''अन्तर्राष्ट्रीय संगोष्ठी ताशकंद – उजबेकिस्तान'' में लाल बहादुर शास्त्री भारतीय सांस्कृतिक केन्द्र ताश्कंद, उजबेकिस्तान में बीज भाषक के रूप में "भारतीय, उजबेकी और रूसी संस्कृति, समाज और साहित्य'' विषय पर भाषण। (23 मई, 2016)

2.4 ''अन्तर्राष्ट्रीय संगोष्ठी ताश्कंद–उजबेकिस्तान'' में लाल बहादुर शास्त्री भारतीय सांस्कृतिक केन्द्र ताश्कंद, उजबेकिस्तान में विशेषज्ञ के रूप में सहभाग और ''कालजयी कहानी साहित्य" विषय पर शोधपत्र प्रस्तुत। (23 मई, 2016)

3. रूस

3.1 ''अन्तर्राष्ट्रीय संगोष्ठी, मास्को– रूस'' में रूस–भारत मैत्री संघ 'दिशा' मास्को–रूस में ''भारत–रूस अन्तः सम्बन्ध : भाषा, साहित्य

और संस्कृति के सन्दर्भ में" विषय पर विशेषज्ञ के रूप में सहभाग और शोधपत्र प्रस्तुत। (27 मई, 2016)

पुरस्कार / सम्मान

अनेक अन्तर्राष्ट्रीय, राष्ट्रीय एवं राज्य पुरस्कारों से सम्मानित, जैसे –

* 'हिन्दी साहित्य अकादमी मॉरीशस सम्मान', हिन्दी भाषा एवं साहित्य की सेवा के लिए। (10 जनवरी, 2015)
* 'साहित्य शिरोमणि' सम्मान, मॉरीशस में आयोजित अन्तर्राष्ट्रीय संगोष्ठी में साहित्यिक योगदान के लिए। (11 जनवरी, 2015)
* 'यात्रा वृत्तान्त लेखन' प्रथम पुरस्कार, मॉरीशस में अन्तर्राष्ट्रीय संगोष्ठी के प्रतिभागियों के लिए आयोजित प्रतियोगिता में रु. 11 हजार का पुरस्कार। (14 जनवरी, 2015)
* 'भारत से बाहर भारत' यात्रा वृतान्त लेखन सम्मान, यात्रा वृत्तान्त की पाण्डुलिपि के लिए ताश्कंद (उजबेकिस्तान) में सम्पन्न अन्तर्राष्ट्रीय संगोष्ठी में हिन्दी में किए गये साहित्यिक योगदान के लिए। (29 मई, 2015)
* 'साहित्य निधि सम्मान' ताश्कंद में आयोजित अन्तर्राष्ट्रीय संगोष्ठी में किए गये साहित्यिक योगदान के लिए।
  (मई, 2015)
* हिन्दी साहित्य अकादमी पुरस्कार, (महाराष्ट्र राज्य मुंबई) का 'पण्डित महावीर प्रसाद द्विवेदी' पुरस्कार, 'अनुवाद चिन्तन ग्रन्थ' के लिए। (1997–1998)
* 'अहिन्दी भाषी हिन्दी लेखक' राष्ट्रीय पुरस्कार, तत्कालीन प्रधानमन्त्री मा. श्री. अटलबिहारी वाजपेयी के करकमलों से रु. 50 हजार की राशि से सम्मानित, 'अनुवाद : समस्याएँ एवं समाधान' ग्रन्थ के लिए। (30 अप्रैल, 2003)
* 'श्रेष्ठ सृजनात्मक साहित्य' सम्मान 'पंचम अधिवेशन नागपुर' की ओर से, महाराष्ट्र हिन्दी परिषद, बदनापुर के वार्षिक अधिवेशन में 'जरा याद करो कुर्बानी' व्यंग्य निबन्ध संग्रह के लिए। (27 फरवरी, 2005)
* 'राष्ट्रीय हिन्दी सेवी सहस्राब्दी सम्मान'–दस दिवसीय विश्व हिन्दी सम्मेलन, नई दिल्ली की ओर से प्रदान। (20 सितम्बर, 2000)

* 'युवा प्रेरक मार्गदर्शक सम्मान', क्रीडा मन्त्रालय भारत सरकार से संलग्न नेहरू युवा केन्द्र, कोल्हापुर की ओर से प्रदान। (13 जनवरी, 2001)
* 'भारतेन्दु भूषण राष्ट्रीय सम्मान', हिन्दी–उर्दू अवार्ड कमिटी लखनऊ की ओर से, लखनऊ में सम्पन्न 17 वें अन्तरर्राष्ट्रीय संगोष्ठी में प्रदान। (10 जून, 2010)
* 'पाब्लो नेरुदा इंटर्नेशनल अवार्ड फॉर एक्सलन्स इन लिटरेचर', महात्मा फुले रिसर्च अकादमी, नागपुर की ओर से। (6 सितम्बर, 2015)
* 'राजरत्न सदभावना पुरस्कार', नारी निकेतन संस्था वडूज जि. सतारा का राज्यस्तरीय सम्मान। (मई, 2016)
* हिन्दी साहित्य अकादमी मुंबई का 'सुब्रहमण्य भारती साहित्य सेतु, जीवन गौरव पुरस्कार' रुपये 51 हजार। (29 मई, 2016)
* 'हिन्दी सेवा सम्मान' विश्व हिन्दी परिषद दिल्ली तथा राजभाषा विभाग भारत सरकार की ओर से दिल्ली में आयोजित अन्तर्राष्ट्रीय सम्मेलन में केन्द्रीय विदेश राज्य मन्त्री वी के सिंह के हाथों प्रदान। (14 सितम्बर, 2019)
* 'हिन्दी भूषण सम्मान' विश्व हिन्दी शोध संवर्धन अकादमी, वाराणसी की ओर से हिन्दी गीत, गजल और समीक्षा क्षेत्र में विशेष योगदान के लिए, काशी विद्यापीठ में प्रदान। (27 मार्च, 2022)
* 'हिन्दी आदर्श शिक्षक पुरस्कार' (राज्य स्तरीय), महाराष्ट्र राज्य कनिष्ठ महाविद्यालय हिन्दी अध्यापक संघ द्वारा पंचगणी –महाबलेश्वर में प्रदान (19 मई, 2022)।

पीएच.डी. के लिए शोध–निर्देशन (Ph. D. Guidance)

1. डॉ. विनायक खरटमल–"अमृत राय के समग्र साहित्य का समीक्षात्मक अध्ययन"
2. डॉ. शैलजा पाटील–"कमलेश्वर के उपन्यासों में चित्रित समाज जीवन का अनुशीलन"
3. डॉ. अरुण गम्भीरे–"हरिशंकर परसाई के निबन्धों में व्यंग्य : विविध आयाम"
4. डॉ. श्रीमती वन्दना मोहिते–"आठवें और नौवें दशक के उपन्यासों में चित्रित नारी"

5. डॉ. सुभाष दुरुगकर–''राही मासूम रजा के कथा साहित्य का कथ्य और शिल्प"
6. डॉ. रमेश गवळी–"देवेश ठाकुर तथा भालचन्द्र नेमाडे के उपन्यासों में प्रस्तुत शिक्षा व्यवस्था का तुलनात्मक अनुशीलन"
7. डॉ. रघुनाथ शिरगावकर–"डॉ. निर्मल वर्मा के कथा साहित्य में चित्रित आधुनिक जीवन का अनुशीलन"
8. डॉ. प्रकाश चिकुर्डेकर–"रामदरश मिश्र के उपन्यासों में प्रतिबिम्बित नारी जीवन"
9. डॉ. श्रीमती सुलोचना अन्तरेड्डी–"कृष्णा सोबती के उपन्यासों में प्रतिबिम्बित नारी जीवन"
10. डॉ. श्रीमती बिरूदेवी रमोत्रा–"कबीर के काव्य में प्रतिबिम्बित नारी दर्शन का अनुशीलन"
11. डॉ. श्रीमती अलका निकम–"नागार्जुन और नारायण सुर्वे की कविता में प्रगतिशील चेतना का तुलनात्मक अध्ययन"
12. डॉ. साताप्पा चव्हाण–"राजेंद्र यादव द्वारा सम्पादित 'हंस' पत्रिका में जन–चेतना के विविध आयाम"
13. डॉ. हनुमंत शेवाळे–"समकालीन जीवन एवं कहानी कला के परिप्रेक्ष्य में महीप सिंह की कहानियों का मूल्यांकन"
14. डॉ. क्षितिज धुमाळ–"बीसवीं सदी के अन्तिम दशक के उपन्यासों का प्रवृत्तिमूलक मूल्यांकन"
15. डॉ. भारत साळुंखे–"श्रीलाल शुक्ल के कथा साहित्य में प्रतिबिम्बित समस्याओं का अनुशीलन"
16. डॉ. वसन्त सुर्वे–"आपातकालोत्तर हिन्दी ग्रामांचलिक उपन्यासों की मीमांसा" (सन 1975 से 2000 तक)
17. डॉ. प्रकाश मोकाशी–"स्वातंत्र्योत्तर हिन्दी यात्रा साहित्य : परिवेशगत मूल्यांकन"
18. डॉ. लक्ष्मण पाटील–"मैत्रेयी पुष्पा का कथा–साहित्य : संवेदना के विविध आयाम"
19. डॉ. एकनाथ पाटील–"नागार्जुन और आनन्द यादव के कथा–साहित्य में ग्रामीण जीवन : तुलनात्मक अध्ययन"
20. डॉ. भाऊसाहेब नवले–"सत्तरोत्तर हिन्दी उपन्यासों के नायकों की संघर्ष चेतना : विविध आयाम"

21. डॉ. श्रीमती शोभा निंबाळकर–"बीसवीं सदी के अन्तिम दो दशक की हिन्दी कहानी : नारी विमर्श" (विशिष्ट महिला कहानीकारों की कहानियों के सन्दर्भ में)
22. डॉ. शहाजहान मणेर–"वर्तमान सामाजिक यथार्थ के परिप्रेक्ष्य में संजीव के कथा–साहित्य का मूल्यांकन"
23. डॉ. मनोहर भंडारे–"हिन्दी और मराठी के सत्तरोत्तर ग्राम केन्द्रित उपन्यासों का तुलनात्मक अनुशीलन"
24. डॉ. बाळासाहेब कामन्ना–"मैत्रेयी पुष्पा तथा अनुराधा गुरव के कथा–साहित्य की चेतना का तुलनात्मक अध्ययन"
25. निम्नांकित 5 छात्र पीएच. डी. के लिए कार्यरत हैं, जैसे–

1 श्री संपत सदाशिव जाधव–'' हिन्दी–मराठी प्रतिनिधि नाटकों में प्रस्तुत गाँधीजी'' ('गोडसे @ गाँधी डॉट कॉम' तथा 'पंचावन करोड़' के विशेष सन्दर्भ में)
2 श्री विलास संपत शेंडगे–''21वीं सदी के हिन्दी तथा मराठी उपन्यासों में शिक्षा जगत का यथार्थ : तुलनात्मक अध्ययन''
3 श्री अनिल विठ्ठल मकर– ''नव्य जनसंचार माध्यम 'इन्टरनेट' में प्रयुक्त हिन्दी का अनुशीलन''
4 प्राजक्ता शिवाजी कुरले– ''हिन्दी उपन्यासों में आत्महत्याग्रस्त किसान के नारी जीवन का यथार्थ''
5 श्री भीमाशंकर लक्ष्मण गायकवाड– ''हिन्दी तथा मराठी नाटकों पर अम्बेडकरवादी विचारों के प्रभाव का तुलनात्मक मूल्यांकन'' (दलित नाटकों के सन्दर्भ में)

एम.फिल. के लिए शोध–निर्देशन : (M. Phil. Guidance)

1. श्री. रघुनाथ शिरगावकर–"देवेश ठाकुर के 'इसलिए' उपन्यास का अनुशीलन"
2. श्री. शिवाजी पोवार–"डॉ. शंकर शेष के 'घरौंदा' नाटक का कथ्य और शिल्प"
3. श्रीमती शारदा राऊत–"विष्णु प्रभाकर के 'युगे युगे क्रान्ति' नाटक का अनुशीलन"
4. श्री. रमेश गवळी–"ज्ञानदेव अग्निहोत्री के नाटकों में युग चेतना"
5. श्रीमती प्रतिभा चिले–"उपेंद्रनाथ अश्क के नाटकों की नायिकाएँ"

6. श्री. चतुर्भुज गिड्डे–"रेवतीसरण शर्मा के 'चिराग की लौ' नाटक का कथ्य, शिल्प और रंगमंच"
7. श्री. प्रकाश ताकभाते–"रमेश बक्षी के नाटकों में स्त्री–पुरुष सम्बन्ध"
8. श्री. अविराज शिंदे–"चन्द्रगुप्त विद्यालंकार के नाटक : संवेदना और शिल्प"
9. श्री. राजेंद्र पोवर–"गिरिराज किशोर का नाट्य–शिल्प"
10. श्रीमती विजया कांबळे–"भीष्म साहनी की नाट्य चेतना की मीमांसा"
11. श्रीमती मनीषा मालुसरे–"अमृतलाल नागर के 'नाच्यौ बहुत गोपाल' उपन्यास में समाज जीवन"
12. श्री. उत्तम येवले–"मोहन राकेश के नाटकों में चित्रित प्रेम भावना का अनुशीलन"
13. श्रीमती मीना जाधव–"मन्नू भंडारी की कहानियों में नारी संवेदना"
14. श्री.साताप्पा चव्हाण–"शिवप्रसाद सिंह की कहानियों में चित्रित स्वाधीन भारतीय समाज"
15. श्री. कृष्णात पाटील–"मोहन राकेश के उपन्यासों में चित्रित स्त्री–पुरुष सम्बन्ध"
16. श्री. मनोहर भंडारे–"मार्कण्डेय की कहानियों में चित्रित ग्रामीण जीवन"
17. श्री. भाऊसाहेब नवनाथ नवले–"अब्दुल बिस्मिल्लाह के उपन्यासों में संघर्ष चेतना"
18. श्री. सन्मुख नागनाथ मुच्छटे–"विनोदकुमार शुक्ल के उपन्यासों में युवा वर्ग"
19. श्री. गोमटेश माळी–"सुरेंद्र वर्मा के नाटकों में रंगमंच एवं काम चेतना"
20. श्रीमती संगीता गवळी–"चन्द्रकान्ता के उपन्यास : संवेदना एवं शिल्प"
21. कु. अनीता तात्यासो पाटील–"राही मासूम रजा के उपन्यासों में चित्रित समस्याएँ"
22. कु. संगीता व्यंकटेश महाजन–"कोल्हापुर दूरसंचार में राजभाषा हिन्दी का प्रयोग"
23. श्री. सन्दीप किर्दत–"मृणाल पांडे के उपन्यासों में चित्रित जन–जीवन का चित्रण"

24. कु. वृषाली मधाळे–"मेहरुन्निसा परवेज का उपन्यास 'अकेला पलाश' का अनुशीलन"
25. श्री. बाळासाहेब कामन्ना–"ओमप्रकाश वाल्मीकि की कहानियों का अनुशीलन"
26. श्री. अशोक मरळे–"असगर वजाहत के उपन्यास : बदलते मानव जीवन की मीमांसा"
27. श्री. किरण देशमुख–"दूधनाथ सिंह के उपन्यासों में चित्रित यथार्थ"
28. कु. द्राक्षायणी शिंदे–"संजीव की कहानियों में प्रस्तुत दलित जीवन का मूल्यांकन"
29. कु. सुकेशीनी पाटील–"पद्‌माशा तथा सानिया की कहानियों का तुलनात्मक अनुशीलन" ('छोटे शहर की शंकुतला' एवं 'परिमाण' के विशेष सन्दर्भ में)
30. श्री. दीपक रामा तुपे–"अलका सरावगी की उपन्यास 'कला' का मूल्यांकन"
31. श्री. वालचन्द नागरगोजे–"पहला गिरमिटिया' तथा 'महानायक' का विचार पक्ष : तुलनात्मक अध्ययन"
32. कु. अर्चना जाधव– '' नारी विद्रोह के सन्दर्भ में चित्रा मुद्‌गल की कहानियों का मूल्यांकन'' ('केंचूल' और 'चर्चित कहानियाँ' के विशेष सन्दर्भ में)
33. कु. रीना पाटील–"मुझे चाँद चाहिए' तथा 'मुक्काम' का विचारपक्ष : तुलनात्मक मूल्यांकन"
34. कु. वैशाली कुंभार–"चरित्र प्रधान उपन्यास 'सूत्रधार' तथा 'महात्मा' का तुलनात्मक अध्ययन''

लेखक की पुस्तक का अनुवाद–

* लेखक की 'मॉरीशस : एक सांस्कृतिक यात्रा' इस हिन्दी पुस्तक का मराठी अनुवाद सम्पन्न।

शैक्षिक, साहित्यिक एवं सांस्कृतिक संस्थाओं में कार्य

* प्रधान सचिव, महाराष्ट्र हिन्दी परिषद (1995–2000)
* निदेशक, एम. ए. हिन्दी परीक्षा केन्द्रीय मूल्यांकन योजना, शिवाजी वि. वि. (1993–1994)

* निदेशक, एल एल बी परीक्षा केन्द्रीय मूल्यांकन योजना, शिवाजी वि. वि. (1993–1994)
* अध्यक्ष, हिन्दी शोध समिति, शिवाजी विश्वविद्यालय (2000)
* सदस्य, महाराष्ट्र राज्य हिन्दी साहित्य अकादमी, मुंबई (2002–2005)
* सदस्य, महाराष्ट्र हिन्दी परिषद (1993 से)
* सदस्य, दक्षिण भारत हिन्दी परिषद (1996 से)
* सदस्य, भारतीय हिन्दी परिषद, इलाहाबाद (2004 से)
* सदस्य, शिवाजी विश्वविद्यालय स्नातकोत्तर अध्यापक संगठन, सुप्टा (1993 से 2021)
* सदस्य, रिमेडियल कोचिंग समन्वय समिति, शिवाजी विश्वविद्यालय, कोल्हापुर (2001)
* सदस्य, हिन्दी अध्ययन मंडल (BOS), शिवाजी विश्वविद्यालय, कोल्हापुर (2000 से 2003)
* सदस्य, हिन्दी शोध समिति (RRC), शिवाजी विश्वविद्यालय, कोल्हापुर (2000 से 2003)
* सदस्य, हिन्दी शोध समिति (RRC), अमरावती विश्वविद्यालय, अमरावती (2003 से 2008)
* सदस्य, हिन्दी अध्ययन मंडल (BOS-), गुलबर्गा विश्वविद्यालय, गुलबर्गा (2004 से 2007)
* सदस्य, यू. जी. सी. गोपनीय कार्य समिति, नई दिल्ली (2005 से 2009)
* सदस्य, हिन्दी अध्ययन मंडल, दक्षिण भारत हिन्दी प्रचार सभा, चेन्नई (2005)
* सदस्य, हिन्दी अध्ययन मंडल, (BOS) शिवाजी विश्वविद्यालय, कोल्हापुर (2005 से 2008)
* सदस्य, हिन्दी अध्ययन मंडल, (BOS) पुणे विश्वविद्यालय, पुणे (2005 से 2010)
* सदस्य, हिन्दी शोध समिति (RRC) सोलापुर विश्वविद्यालय, सोलापुर (2005 से 2008)
* सदस्य, हिन्दी अध्ययन मंडल, गोवा विश्वविद्यालय, गोवा (2005 से 2009)

* सदस्य, हिन्दी अध्ययन मंडल, (BOS) डॉ. बाबासाहब अम्बेडकर मराठवाडा विश्वविद्यालय, औरंगाबाद (2005 से 2010)
* सदस्य, हिन्दी अध्ययन मंडल, (BOS) एस. एन. डी. टी. महिला विश्वविद्यालय, मुंबई,(2011 से 2016)
* सदस्य, हिन्दी अध्ययन मंडल, (BOS) कर्नाटक विश्वविद्यालय, धारवाड़ (2006 से 2007)
* सदस्य, हिन्दी अध्ययन मंडल, (BOS) केन्द्रीय विश्वविद्यालय, गुलबर्गा (2016 से)
* सदस्य, हिन्दी अध्ययन मंडल, (BOS) डॉ. बाबासाहब अम्बेडकर मराठवाडा विश्वविद्यालय, औरंगाबाद (2017 से 2022)
* सदस्य, हिन्दी शोध समिति, (RRC) डॉ. बाबासाहब अम्बेडकर मराठवाडा विश्वविद्यालय, औरंगाबाद (2017 से 2021)
* अध्यक्ष, शोध सलाहकार समिति (RAC), हिन्दी विभाग, शिवाजी विश्वविद्यालय कोल्हापुर, (2020–21)
* सदस्य, हिन्दी अध्ययन मण्डल (BOS) शिवाजी विश्वविद्यालय कोल्हापुर (2020–21)
* सदस्य, हिन्दी अध्ययन मंडल, (BOS) गोवा विश्वविद्यालय, गोवा (2021 से आगे)
* सदस्य, हिन्दी अध्ययन मंडल, (BOS) साठये कॉलेज, मुंबई विश्वविद्यालय संलग्न, मुंबई (2021 – 2022)
* अध्यक्ष, हिन्दी प्राध्यापक चयन समिति, कोलकात्ता विश्वविद्यालय, कोलकात्ता (2017)
* विशेषज्ञ, हिन्दी प्राध्यापक चयन समिति, काशी विश्वविद्यालय, वाराणसी
* विशेषज्ञ, हिन्दी प्राध्यापक चयन समिति, मुंबई विश्वविद्यालय, मुंबई
* विशेषज्ञ, हिन्दी प्राध्यापक चयन समिति, तेलंगाना विश्वविद्यालय, तेलंगाना
* विशेषज्ञ, हिन्दी प्राध्यापक चयन समिति, उत्तर महाराष्ट्र विश्वविद्यालय, जलगाँव
* विशेषज्ञ, हिन्दी प्राध्यापक चयन समिति, मुंबई विश्वविद्यालय, मुंबई
* विशेषज्ञ, हिन्दी प्राध्यापक चयन समिति, डॉ. बाबासाहेब अम्बेडकर मराठवाडा विश्वविद्यालय, औरगाबाद

* विशेषज्ञ, हिन्दी प्राध्यापक चयन समिति, सावित्रीबाई फुले पुणे विश्वविद्यालय से संलग्न विभिन्न महाविद्यालय, पुणे
* विशेषज्ञ, शोध केन्द्र मान्यता समिति, गोवा विश्वविद्यालय से संलग्न चौगुले कॉलेज, गोवा
* विशेषज्ञ, रामकथा का विश्वसन्दर्भ महाकोश, साहित्यिक संस्कृतिक शोध संस्था (SSRI), मुंबई
* अध्यक्ष, शोध सलाहकार समिति (RAC), हिन्दी विभाग, शिवाजी विश्वविद्यालय कोल्हापुर, (2020–21)
* अध्यक्ष, विभागीय शोध समिति (DRC), हिन्दी विभाग, शिवाजी विश्वविद्यालय कोल्हापुर, (2020–21)

अन्य विशेष

* 450 से अधिक राष्ट्रीय तथा अन्तर्राष्ट्रीय संगोष्ठियों/अधिवेशनों में अध्यक्ष, बीजभाषक, मुख्य अतिथि, संसाधन व्यक्ति तथा विशेषज्ञ आदि के रूप में सहभाग। उनमें से 50 अन्तर्राष्ट्रीय।
* देश के विविध विश्वविद्यालयों के 500 से अधिक शोध प्रबन्धों का मूल्यांकन।
* 35 से अधिक विविध पुस्तकों के लिए भूमिकाओं का लेखन।
* 35 से अधिक संगोष्ठियों, अधिवेशनों, कार्यशालाओं आदि के संयोजक/समन्वयक।

अवकाश ग्रहण : शिवाजी विश्वविद्यालय, कोल्हापुर (महाराष्ट्र) के हिन्दी विभाग के प्रोफेसर एवं अध्यक्ष के पद से अवकाश ग्रहण (30 अप्रैल, 2021)

संप्रति : 1. शिवाजी विश्वविद्यालय, कोल्हापुर में हिजिटिंग प्रोफेसर के रूप में कार्यरत।
2. स्वतन्त्र रूप से शोध और साहित्य लेखन।

स्थायी निवास : प्रो. (डॉ.) अर्जुन चव्हाण 'अक्षर' बंगलो, 11/1, निकट आर. के. नगर 3, मोरेवाडी, कोल्हापुर (महाराष्ट्र)–416013

मो. : 9422423660

ई–मेल : drarjunchavan@yahoo.com

खण्ड - 29 : चित्रावली के आलोक में अंकित प्रो. अर्जुन चव्हाण

संपादन : संकल्पना एवं सहयोग

- पूर्व प्रधानाचार्य डॉ. प्रकाश मोकाशी–पुणे
- पूर्व प्रधानाचार्य डॉ. वसन्त सुर्वे–आष्टा
- डॉ. सुलोचना अन्तरेड्डी–कोल्हापुर
- डॉ. विनायक खरटमल–करमाळा
- प्रो. (डॉ.) अरुण गंभीरे–वाशी
- डॉ. शैलजा पाटील–कोल्हापुर
- प्रो. नाजिम शेख –इस्लामपुर
- डॉ. सुनंदा मोहिते–रहिमतपुर
- डॉ. सुभाष दुरूगकर–मंगळवेढा
- डॉ. नारायण केसरकर–कोल्हापुर
- डॉ. लक्ष्मण पाटील–सांगली
- डॉ. बिरूदेवी रमोत्रा–कोल्हापुर
- प्रो. (डॉ.) साताप्पा चव्हाण–अहमदनगर
- प्रो. (डॉ.) हनुमंत शेवाळे–परभणी
- डॉ. भारत साळुंखे–कोल्हापुर
- डॉ. राजेंद्र भोसले–सातारा
- डॉ. सौदागर साळुंके–मोहळ
- डॉ. संजय चिंदगे–चिखली
- डॉ. पंडित बन्ने–जेऊर
- डॉ. मोहन सावंत–हाथकणंगले
- डॉ. सरोज बिडकर–गडहिंग्लज
- प्रो. (डॉ.) दत्तात्रय भोसले–हुपरी
- डॉ. सन्मुख मुच्छटे–उमरगा

- प्रधानाचार्य डॉ. विजय लोंढे–आटपाडी
- प्रधानाचार्य डॉ. हिन्दूराव घरपणकर–बेळगाँव
- डॉ. भाऊसाहेब नवले–प्रवरानगर
- डॉ. सरोज पाटील–कोल्हापुर
- डॉ. शिवाजी चवरे–देउर, सातारा
- डॉ. बाळासाहेब कामन्ना–पट्टणकोडोली
- प्रा. संपत जाधव–इचलकरंजी
- डॉ. सुनील चव्हाण–लांजा
- डॉ. वंदना मोहिते–उंब्रज
- प्रा. शैलजा टिळे–इस्लामपुर
- डॉ. भारत खिल्लारे–सातारा
- डॉ. शकुंतला वाघ–पलूस
- डॉ. गोरख बनसोडे–रहिमतपुर
- डॉ. जगनाथ पाटील–कुंडल
- डॉ. भारती देशमुखे–आटपाडी
- प्रा. यशवंत गायकवाड–मिरज
- प्रा. मंदा पाटील–इस्लामपुर
- डॉ. भानुदास आगेडकर–वाई
- डॉ. सविता मेदकुदळे–सातारा
- प्रा. बाबासाहेब साबळे–वडूज
- डॉ. सुनंदा घरपणकर–गडहिंग्लज
- प्रा. हसीना मालदार–कागल
- प्रधानाचार्य डॉ. किरण चौगुले–बेडकीहाळ
- डॉ. उत्तम थोरात–विटा
- डॉ. सुब्राव जाधव–बार्शी
- डॉ. विनायक कुरणे–पाटण
- डॉ. नितीन धवडे–फलटण
- डॉ. कविता सुल्हयान–मिरज
- डॉ. मालोजी जगताप–सांगोला
- डॉ. बबन सातपुते–मिरज
- डॉ. वर्षा सहदेव–पेठवडगाव
- डॉ. सचिन जाधव–कराड

- डॉ. आरिफ महात–कोल्हापुर
- श्री आनंद कोळंबकर–गोवा
- प्रा. नवनाथ जगताप–मंगळवेढा
- डॉ. प्रकाश कांबळे–कोल्हापुर
- प्रा. महेश भोपळे–पेन
- डॉ. अशोक साळुंके–मंडणगड
- प्रा. किरण भोसले–कोल्हापुर
- प्रा. उत्तम येवले–प्रवरानगर
- डॉ. रीना पाटील–मीरज
- डॉ. गोरखनाथ किर्दत–इस्लामपुर
- डॉ. संदीप किर्दत–सातारा
- डॉ. सिद्राम खोत–मलकापुर
- डॉ. साताप्पा सावंत–सांगली
- डॉ. संग्राम शिंदे–मेढा
- डॉ. हनुमंत सोहनी–मुरगुड
- डॉ. सुवर्णा कांबले–सातारा
- डॉ. मनीषा जाधव–सातारा
- डॉ. प्रकाश कोपर्डे–हैदराबाद
- प्रा. निलेश दामसे–इस्लामपुर
- डॉ. प्रकाश आठवले–इस्लामपुर
- डॉ. दीपक तुपे–कोल्हापुर
- डॉ. राजेंद्र वडजे–सोलापुर
- डॉ. संजय चोपडे–कोल्हापुर
- डॉ. सन्तोष कोळेकर–कोल्हापुर
- डॉ. चंदा सोनकर–कोल्हापुर
- प्रा. विलास शेंडगे–कोल्हापुर
- प्रा. अविनाश पाटील–कोल्हापुर
- प्रा. भीमाशंकर गायकवाड–कराड
- डॉ. विकास पाटील–आष्टा
- डॉ. विजय सदामते–कोल्हापुर
- श्री विकास शेटे–वाळवा
- श्री अनिल मकर–कोल्हापुर
- श्रीमती प्राजक्ता कुरळे–कोल्हापुर

परिशिष्ट-2

लेखक परिचय

काशीनाथ सिंह : जन्म 1 जनवरी, 1937 को चन्दौली (उ. प्र.) में। हिन्दी साहित्य के जेष्ठ और श्रेष्ठ लेखक। लोग बिस्तरों पर, सुबह का डर, आदमीनामा, नयी तारीख़, कल की फटेहाल कहानियाँ जैसे कहानीसंग्रह तथा अपना मोर्चा, काशी का अस्सी, रेहन पर रग्घू, महुआ चरित, उपसंहार जैसे चर्चित उपन्यास। साथ ही संस्मरण, नाटक और आलोचना जैसी विधाओं में लेखन। काशी हिन्दू विश्वविद्यालय में हिन्दी विभागाध्यक्ष के रूप में कार्य। कथा सम्मान, समुच्चय सम्मान, शरद जोशी सम्मान, साहित्य भूषण सम्मान, भारत भारती सम्मान, साहित्य अकादमी जैसे अनेक पुरस्कारों से सम्मानित। सम्पर्क–बी–61, ब्रिज इन्क्लेव, सुन्दरपुर, वाराणसी–221005 (उत्तर प्रदेश) मो. 9452826562

❖❖

सूर्यबाला : जन्म 25 अक्तूबर, 1944 को वाराणसी में। हिन्दी की वरिष्ठ और श्रेष्ठ लेखिका। प्रकाशित रचनाएँ–सात उपन्यास, ग्यारह कहानी संग्रह, पाँच हास्य व्यंग्य प्रकाशित। प्रियदर्शनी, व्यंग्यश्री, घनश्याम सराफ आदि पुरस्कारों से पुरस्कृत। कोलंबिया विश्वविद्यालय (न्यूयॉर्क), वेस्ट इंडीत विश्वविद्यालय (त्रिनिदाद) एवं नेहरू सेंटर (लंदन) में कहानी एवं व्यंग्य रचनाओं का पाठ। अनेक संगोष्ठियों तथा अकादमिक आयोजनों में सहभाग। सम्पर्क–बी–504, रुनवाल सेंटर, गोवंडी स्टेशन रोड, देवनार (चेंबूर), मुंबई–400088 मो. 9930968670 E-mail : suryabala.ca@gmail.com

❖❖

डॉ. नरेन्द्र मोहन : जन्म 30 जुलाई, 1935, मृत्यु : 11 मई, 2021। प्रख्यात कवि, नाटककार और आलोचक। देश विभाजन के बाद उनका सम्पूर्ण जीवन भारत में बीता। देश विभाजन की त्रासदी का यथार्थ अंकन उनके साहित्य में। मंटो उनके प्रिय लेखक। उनकी रचनाओं का सम्पादन। प्रसिद्ध नाटक–कहै कबीर सुनो भाई साधो, सींगधारी, कलंदर, नो मैंस लैंड, अभंगगाथा,

मिस्टर जीना, मंच अंधेरे में, हद हो गयी यारो, मलिक अंबर। आलोचना तथा काव्यलेखन। अनेक पुरस्कारों से सम्मानित।

❖❖

प्रो. मैनेजर पाण्डेय : जन्म 24 सितम्बर, 1941, मृत्यु 6 नवम्बर, 2022। मार्क्सवादी आलोचक। आलोचना में वैचारिकता और सामाजिक प्रतिबद्धता। भक्तिकाल उनके विशेष अध्ययन का क्षेत्र। शब्द और कर्म, साहित्य और इतिहास दृष्टि, भक्ति आन्दोलन और सूरदास का काव्य, साहित्य और समाजशास्त्रीय दृष्टि, आलोचना की सामाजिकता, उपन्यास और लोकतन्त्र, भारतीय समाज में प्रतिरोध की परम्परा, साहित्य और दलित दृष्टि, शब्द और साधना उनके प्रसिद्ध आलोचनात्मक ग्रन्थ। जवाहरलाल नेहरु विश्वविद्यालय, नई दिल्ली तुलनात्मक भारतीय भाषा केन्द्र के पूर्वाध्यक्ष।

❖❖

प्रो. (डॉ.) माधुरी छेड़ा : जन्म 24 अगस्त, 1949 को जालना (महा.) में। हिन्दी आलोचक, चिंतक के रूप में चर्चित। आपके लेखन से हिन्दी और गुज़राती के बीच साहित्यिक और सांस्कृतिक संवाद का निर्माण। 'मेरी आँखों का मौसम' काव्य संग्रह केन्द्रीय हिन्दी निदेशालय द्वारा पुरस्कृत। अधिकतर लेखन स्त्री विमर्श केन्द्रित। महाराष्ट्र राज्य हिन्दी साहित्य अकादमी द्वारा पुरस्कृत। एस.एन.डी.डी. महिला विश्वविद्यालय, मुंबई के हिन्दी विभाग की प्रोफेसर एवं पूर्वाध्यक्ष। सम्पर्क–10, मेफेअर बिल्डिंग, तीसरा माला, वी.एन. रोड, चर्चगेट, मुंबई–400020 (महा.) मो. 9324610497 E-mail : mjhindi@gmail.com

❖❖

डॉ. पुरुषोत्तम दुबे: जन्म 24 सितम्बर, 1947 को आगर मालवा, मध्य प्रदेश में। हिन्दी लघुकथा के चिर–परिचित समीक्षक, निबन्धकार, गज़लकार और कवि। अनेक शोधालेख प्रकाशित। विभिन्न विश्वविद्यालयों में विशेषज्ञ के रूप में आमन्त्रित। क्षितिज साहित्य संस्थान इन्दौर द्वारा लघुकथा समालोचना सम्मान से सम्मानित। प्रोफेसर एवं पूर्वाध्यक्ष, हिन्दी विभाग, शासकीय स्नातकोत्तर महाविद्यालय, धार (म.प्र.) सम्पर्क–शशीपुश्प–74, जे/ए स्कीम नं. 71, इन्दौर–452009 (म.प्र.) मो. 9407186940, 9329581414 E-mail : dubeypurushottam24@gmail.com

❖❖

प्रदीप सौरभ : जन्म 05 सितम्बर, 1959 को कानपुर (उ. प्र.) में। हिन्दी पत्रकार। 'तीसरी ताली' और 'मुन्नी मोबाईल' प्रसिद्ध उपन्यास। हाल ही में प्रकाशित 'ब्लाइंडस्ट्रीट' बहुचर्चित। साथ ही दरख्त का दर्द कविता संग्रह, पापा मान जाये प्लिज बाल कहानी संग्रह तथा सर्वेश्वर का रचना संसार सम्पादन। सम्पर्क–हाउस नम्बर 334, वार्तालोक अपार्टमेंट, वसुंधरा, गाजियाबाद–201012 मोबाइल : 9810844998, E-mail : pradeep.saurabh@gmail.com

❖❖

डॉ. रीता दास राम : जन्म 20 जनवरी, 1968 नागपुर में। मूलतः कवयित्री। 'तृष्णा' और 'गीली मट्टी के रूपाकार' कविता संग्रह तथा 'समय जो रुकता नहीं' (कहानी संग्रह) प्रकाशित। शब्दप्रवाह साहित्य सम्मान, अभिव्यक्ति गौरव सम्मान, हेमंत स्मृति सम्मान, शब्द मधुकर सम्मान, आचार्य लक्ष्मीकान्त मिश्र राष्ट्रीय पुरस्कार और हिन्दी अकादमी का महिला रचनाकार जैसे पुरस्कारों से सम्मानित। सम्पर्क–34/603, एच.पी. नगर पूर्व, वासी नाका, चेंबूर, मुंबई–74 मो.9619209272 E-mail : reeta.r.ram@gmail.com

❖❖

प्रो. एस.एम. इकबाल : जन्म 19 मई, 1947 को अनन्तपुरम (आंध्र) में। तेलुगु और हिन्दी भाषा के साहित्यिक। तुलनात्मक अध्ययन के विशेषज्ञ। विशाखा हिन्दी परिषद की स्थापना की जिसके द्वारा 'विशाखा भारती' जैसी मासिक पत्रिका प्रकाशित। स्वतन्त्रता पूर्व हिन्दी–तेलुगु कहानी, हिन्दी तथा द्रविडी भाषाओं के समान रूपी भिन्नार्थी शब्द (ग्रन्थ) तथा ओट्टि कललु (अनुवाद), शब्द शब्द धड़कन (कविता संग्रह) प्रकाशित। हिन्दी के प्रचार–प्रसार के लिए भारत सरकार द्वारा गंगाशरण सिंह पुरस्कार से राष्ट्रपति द्वारा सम्मानित। सम्पर्क– 502, सुराज्य कृष्णा टॉवर्स, किरलमपुडी ले–आउट, विशाखापट्टनम (आंध्र प्रदेश) – 530017 मो. 9848198478 E-mail : iqbal_sm60@yahoo.com

❖❖

प्रो. (डॉ.) दिनेश चामोला 'शैलेश' : जन्म 14 जनवरी, 1964 को जिला रूद्रप्रयाग के कौशलपुर (उत्तराखण्ड) में। पिछले 40 साल से बाल साहित्य में विशेष लेखन। साथ ही उपन्यास, कहानी, नाटक, कविता, एकांकी, खण्डकाव्य आदि विधाओं में लगभग छिहत्तर से अधिक पुस्तकें प्रकाशित। पचास से भी अधिक पुरस्कारों से सम्मानित।

सम्पर्क–डीन, आधुनिक ज्ञान विज्ञान संकाय, एवं अध्यक्ष, भाषा एवं आधुनिक ज्ञान विज्ञान विभाग, उत्तराखण्ड, संस्कृत विश्वविद्यालय, बहादराबाद,

हरिद्वार–249402 (उत्तराखण्ड) मो. 9528933784, E-mail : chamoladc@yahoo.com

❖❖

मैत्रेयी पुष्पा : जन्म 30 नवम्बर, 1944 अलीगढ़ जिले के सिकुर्रा गाँव में। हिन्दी की जानी–मानी निर्भीक और बेबाक लेखिका। दस उपन्यास और सात कहानी संग्रह प्रकाशित। चाक, इदन्नमम, अल्मा कबूतरी, वीजन प्रसिद्ध उपन्यास। पहली हिन्दी लेखिका जिन्होंने साहित्य के जरिए गाँव के स्त्री की व्यथा–कथा को अभिव्यक्त किया। साहित्य में ब्रज और बुंदेल, दोनों संस्कृतियों की झलक। 'कस्तुरी कुण्डल बसै' और 'गुड़िया भीतर गुड़िया' आत्मकथा दो भागों प्रकाशित। हिन्दी अकादमी द्वारा साहित्य कृति सम्मान, कहानी 'फैसला' पार कथा पुरस्कार, 'बेतवा बहती रही' उपन्यास पर उ.प्र. संस्थान द्वारा प्रेमचन्द सम्मान, 'इदन्नमम' उपन्यास पर शाश्वती संस्था बंगलौर द्वारा नंजनागुडे तिरुमालम्बा पुरस्कार, म.प्र. साहित्य परिषद द्वारा वीरसिंह देव और वनमाली आदि सम्मान। सम्पर्क–104, महागुन माफ्रियस ई–4, सैक्टर 50 नोएडा–201301 मो.9910412680 E-mail : maitreyipushpa30@gmail.com

❖❖

अनामिका : जन्म 17 अगस्त, 1961 को बिहार के मुजफ्फरपुर में। हिन्दी की प्रसिद्ध और चर्चित कवयित्री। सत्यवती कॉलेज दिल्ली में अँग्रेजी विभाग में प्रोफेसर। जीवनभर हिन्दी में साहित्य लेखन। गलत पते की चिठ्ठी, बीजाक्षर, अनुष्टुप, समय के शहर में, खुरदरी हथेलियाँ, दूब धान जैसे काव्यसंग्रह, प्रतिनायक कहानीसंग्रह तथा अवांतर कथा, पर कौन सुनेगा, दस द्वारे का पिंजरा, तिनका तिनके पास आदि उपन्यास प्रकाशित। सन् 2021 का 'टोकरी में दिगन्त' काव्यसंग्रह को साहित्य अकादमी का पुरस्कार। सम्पर्क–डी–2/83 किदवई नगर वेस्ट, नई दिल्ली मो. 9810737469 E-mail: anamikapoetry@gmail.com

❖❖

प्रो. (डॉ.) शशि मुदीराज : जन्म 3 मार्च, 1947 को हैदराबाद में। आधुनिक हिन्दी साहित्य, अनुवाद, तुलनात्मक अध्ययन की विदुषी। प्रकाशित ग्रन्थ–छायावाद का समाजशास्त्र, छायावादी काव्य में कवि की आत्माभिव्यक्ति, अनुवाद मूल्य और मूल्यांकन जैसे आलोचनात्मक ग्रन्थ, मेरे पिता बालय्या आत्मकथा का तेलुगु से हिन्दी में अनुवाद। पचास से अधिक शोधपत्र प्रकाशित। केन्द्रीय विश्वविद्यालय, हैदराबाद के हिन्दी विभाग में प्रोफेसर एवं विभागाध्यक्ष के रूप

में कार्य। सम्पर्क–फ्लैट क्र.311, गुलमोहर पार्क, लिंगमपल्ली, हैदराबाद–500046 मो.9391092053, E-mail : shashil1948mudiraj@gmail.com

❖❖

डॉ. सीताराम के. पवार : जन्म 1 जून, 1964 को इंडी–विजयापुरी (कर्नाटक)। 70 से अधिक शोधालेख प्रकाशित। राष्ट्रीय–अन्तर्राष्ट्रीय संगोष्ठियों के विशेषज्ञ। नौ छात्र पीएच.डी. और छह छात्रों को एम.फिल. की उपाधि प्राप्त। 'स्वातंत्र्योत्तर हिन्दी और कन्नड उपन्यासों में दलित संवेदना' विषय पर बृहद शोध परियोजना में कार्यरत। सम्पर्क– प्रोफेसर एवं हिन्दी विभागाध्यक्ष, कर्नाटक विश्वविद्यालय, धारवाड (कर्नाटक) मो. 9448981509 E-mail : sitarampawar444@gmail.com

❖❖

डॉ. चौथीराम यादव : जन्म 29 जनवरी, 1941 को कायमगंज, जौनपुर (उ.प्र.)। हिन्दी के लब्ध प्रतिष्ठित समीक्षक एवं निबन्धकार। चर्चित ग्रन्थ–उत्तरशती के विमर्श और हाशिए का समाज, हजारी प्रसाद द्विवेदी समग्र पुरावलोकन, लोकधर्मी साहित्य की दूसरी धारा। आलोचना में 'बहुजन हिताय बहुजन सुखाय' की अभिव्यक्ति। आलोचना नई दृष्टि का उन्मेष। काशी हिन्दू विश्वविद्यालय के प्रोफेसर एवं पूर्व विभागाध्यक्ष। साहित्य साधना सम्मान, कबीर सम्मान और लोहिया साहित्य सम्मान प्राप्त। सम्पर्क–एन–13, 209/जे–6, ब्रिज इन्क्लेव, सुन्दरपुर, वाराणसी–221005 (उत्तर प्रदेश) मो. 9415989793, E-mail : cryadavvns@gmail.com

❖❖

डॉ. जयप्रकाश कर्दम : जन्म 05 जुलाई, 1958 को इन्दरगढी ग्राम, हापुड रोड, गाजियाबाद (उ. प्र.) में। बहुआयामी, प्रतिभाशाली साहित्यिक और चिंतक। दलित साहित्य में महत्त्वपूर्ण योगदान। हिन्दी का पहला दलित उपन्यास 'छप्पर'। गूँगा नहीं था मैं, तिनका तिनका आग, बस्तियों से बाहर काव्यसंग्रह, तलाश, खरोंच कहानीसंग्रह तथा दस आलोचनात्मक ग्रन्थ प्रकाशित। सन् 1999 से दलित साहित्य वार्षिकी के सम्पादक। केन्द्रीय हिन्दी संस्थान द्वारा महापण्डित राहुल सांकृत्यायन पुरस्कार, हिन्दी अकादमी दिल्ली द्वारा विशेष योगदान सम्मान, उत्तर प्रदेश हिन्दी संस्थान द्वारा लोहिया साहित्य सम्मान, दलित साहित्य अकादमी का डॉ.अम्बेडकर राष्ट्रीय सम्मान। सम्पर्क–343, संस्कृति अपार्टमेंट, सेक्टर–19 बी, द्वारका, नई दिल्ली–110075 मो.9871216298 E-mail : jpkardam@rediffmail.com

❖❖

प्रो. कालीचरण 'स्नेही' : जन्म 20 मार्च, 1957 को कठऊपहाडी, टीकमगढ (उ. प्र.) गाँव में। दलित तथा प्रवासी साहित्य के विशेषज्ञ। पाँच काव्य संग्रह और सात आलोचनात्मक ग्रन्थ प्रकाशित। उन्हें उत्तर प्रदेश उच्च शिक्षा विभाग का (सन् 2010) 1 लाख रुपए का सरस्वती सम्मान पुरस्कार प्राप्त। हिन्दी विभाग, लखनऊ विश्वविद्यालय के प्रोफेसर एवं अध्यक्ष के रूप में अवकाश प्राप्त। सम्पर्क–नालन्दा–45, शिवमसिटी, जानकीपुरम विस्तार, लखनऊ–226031 (उ.प्र.) मो.8707844773, 9415548256. E-mail : profkcsnehi@gmail.com

❖❖

डॉ. अमरसिंह वधान : जन्म 14 अगस्त, 1947 को अमृतसर में। आधुनिक हिन्दी साहित्य के प्रतिष्ठित साहित्यकार। उन्होंने लगभग साहित्य की सभी विधाओं पर अपनी कलम चलाई। चौबीस मौलिक ग्रन्थ, 27 सम्पादित ग्रन्थ और 20 अनूदित ग्रन्थ प्रकाशित। डॉ.वधान भारतीय संस्कृति, भाषा, साहित्य और कला के उन्नयन में गत पैंतालीस वर्षों से निष्ठापूर्वक समर्पित। साहित्य साधना के लिए राष्ट्रीय एवं अन्तर्राष्ट्रीय अनेक पुरस्कारों से सम्मानित। सम्पर्क–3150, सेक्टर 24–डी, चंडीगढ–160023 (पंजाब), मो.9876301085 E-mail : aswathan@gmail.com)

❖❖

डॉ. रजत रानी 'मीनू' : जन्म 15 मई, 1984 को। कवि, कहानीकार और आलोचक। उनके पिता भी तो होते हैं माँ कविता संग्रह, हम कौन हैं कहानी संग्रह तथा हिन्दी दलित कविता, हिन्दी दलित कथा साहित्य : अवधारणाएँ और विधाएँ आलोचनात्मक ग्रन्थ। सम्पर्क– हिन्दी विभाग, कमला नेहरू कॉलेज, दिल्ली, मो.991104358 E-mail : rajatranimeenu@gmail.com

❖❖

डॉ. कर्मानन्द आर्य : जन्म 15 मई, 1984 को बस्ती जिला के छपिया (उ. प्र.) गाँव में। भारतीय काव्यशास्त्र, समकालीन साहित्य, प्रयोजनमूलक हिन्दी और अस्मितामूलक साहित्य के विशेषज्ञ। 'अयोध्या और मगहर के बीच' तथा 'डरी हुई चिड़िया का मुकदमा' जैसे काव्यसंग्रह प्रकाशित। अस्मितामूलक साहित्य का सौन्दर्यशास्त्र, मलखान सिंह की कविता : संवेदना और शिल्प, कथशशिल्पि विपिन बिहारी : सृजन के सरोकार जैसे आलोचनात्मक ग्रन्थ प्रकाशित। सम्पर्क–हिन्दी विभाग, दक्षिण बिहार केन्द्रीय विश्वविद्यालय, गया–824236 (बिहार) मो. 8863093492 E-mail : karman1984@gmail.com

❖❖

डॉ. बाबू जोसेफ : जन्म 30 जुलाई, 1962 को कडुत्तुरुत्ती (केरल) गाँव में। केरल के लोकप्रिय हिन्दी लेखक, आलोचक और अनुवादक। अठारह रचनाएँ प्रकाशित। राष्ट्रीय तथा अन्तर्राष्ट्रीय पुरस्कार। रक्षा मन्त्रालय हिन्दी सलाहकार समिति के पूर्व सदस्य। अनेक देशों की अकादमिक यात्राएँ और अन्तर्राष्ट्रीय संगोष्ठियों में विशेषज्ञ के रूप में सहभाग। सम्पर्क–वडक्कन हाऊस, डाक–कुरविलंगाडु, जिला–कोट्टायम– 686633 (केरल) मो. 9447868474 E-mail : drbabuvatakkan@gmail.com

❖❖

हरि राम मीणा : जन्म 1 मई, 1952 को बामनवास (राजस्थान) में। अवकाश प्राप्त आय.जी.पी. पुलिस अधिकारी और प्रसिद्ध आदिवासी साहित्यकार। हाँ, चाँद मेरा है, सुबह के इन्तजार में–कविता संग्रह, धूणी तपे तीर, डांग–उपन्यास, साईबार सिटी से नंगे आदिवासियों तक और जंगल जंगल जलियावाला–यात्रा वृत्त, रोया नहीं था यक्ष–प्रबन्ध काव्य, आदिवासी दर्शन और समाज–सैद्धान्तिक तथा आधा दर्जन आलोचनात्मक ग्रन्थ। राजस्थान साहित्य अकादमी का सर्वोच्च मीराँ पुरस्कार तथा केन्द्रीय हिन्दी संस्थान महापण्डित राहुल सांकृत्यायन पुरस्कार से सम्मानित। सम्पर्क–31, शिवशक्तिनगर, किंग्स रोड, अजमेर हाई–वे, जयपुर–302019, मो. 9799556622 E-mail : hrmbms@yahoo.com

❖❖

डॉ. भीमसिंह : जन्म 4 जून, 1978 को बामनवास (राजस्थान) में। हैदराबाद विश्वविद्यालय के हिन्दी विभाग में एसोसिएट प्रोफेसर। चार पुस्तकें प्रकाशित। कविता, लोकसाहित्य, नाटक और रंगमंच, समकालीन साहित्यिक विमर्श और अनुवाद में विशेष रुचि। सम्पर्क–हिन्दी विभाग, हैदराबाद विश्वविद्यालय, हैदराबाद–500046 (तेलंगना) मो.8985188739 / 9492024872 E-mail : bhimsingh46@gmail.com

❖❖

प्रो. गणेश पवार : जन्म 22 जुलाई, 1972 जिला विजयापुर तहसील इंडी के राजनाल में। 12 ग्रन्थ और 42 शोधालेख प्रकाशित। 38 विशेष व्याख्यान। राष्ट्रीय–39, अन्तर्राष्ट्रीय–26 शोधालेखों का प्रस्तुतीकरण। कई पुरस्कार प्राप्त। राष्ट्रीय तथा अन्तर्राष्ट्रीय संगोष्ठियों में साधन व्यक्ति के रूप में सहभाग। सम्पर्क– प्रोफेसर एवं अध्यक्ष हिन्दी विभाग, केन्द्रीय विश्वविद्यालय, कर्नाटक, कलबुर्गी–585367(कर्नाटक), मो. 9482983666, 6360034820 E-mail: ganeshpawarcuk@gmail.com

❖❖

प्रो. भावेश जाधव : जन्म 16 अक्तूबर, 1961 को बडौदा में। एम.टी.बी. आर्टस कॉलेज, सूरत (गुज़रात) में हिन्दी के प्रोफेसर। प्रसिद्ध रचनाएँ–हिन्दी के नाटक और रंगमंच तथा दलित साहित्य का संक्षिप्त इतिहास (गुज़रात के विशेष सन्दर्भ में)। 2 छात्रों ने पीएच.डी. और 7 छात्रों ने एम.फिल. की उपाधि प्राप्त की। सम्पर्क–149, दीपांजलि सोसायटी, शान्तिनिकेतन स्कूल के पीछे, पालनपुर, पाटिया, रँडर रोड, सूरत–395009 मो. 9898346247 E-mail : dr.bhaveshjadhav07@gmail.com

❖❖

सुभाषचन्द्र कुशवाहा : जन्म 26 अप्रैल, 1961 को जिला कुशीनगर के जोगिया जनूबी पट्टी (उ. प्र.) में। सामाजिकता के प्रतिबद्ध साहित्यकार तथा आलोचक। कैद में है ज़िन्दगी, गाँव हुए बेगाने अब (काव्यसंग्रह), हाकिम सराय का आख़िरी आदमी, बूचड़खाना, होशियारी खटक रही है, लाला हरपाल के जूते और अन्य कहानियाँ, लाल बत्ती और गुलेल (कहानी संग्रह), कथा में गाँव, जातिदंश की कहानियाँ (सम्पादन), कबीर हैं कि मरते नहीं (आलोचना) तथा चौरी चौरा : विद्रोह और स्वाधीनता, अवध का किसान विद्रोह, भिल्ल विद्रोहःसंघर्ष के सौ साल (इतिहास)। लोक संस्कृति संवर्धन में विशेष रुचि। सम्पर्क–सृजन, बी 4/140 विशालखण्ड, गोमतीनगर, लखनऊ–226010 (उत्तर प्रदेश) मो.9415582577 E-mail : sckushwaha@gmail.com

❖❖

प्रो. (डॉ.) संजय नवले : जन्म 10 जुलाई, 1966 – मृत्यु 15 अप्रैल, 2021। उपन्यासकार मधुकर सिंह, साहित्यशास्त्र, दलित साहित्य प्रकृति और सन्दर्भ, हिन्दी भाषा एवं भाषा विज्ञान आदि ग्रन्थ प्रकाशित। कई ग्रन्थों का सम्पादन। हिन्दी के 'छप्पर' उपन्यास का मराठी में अनुवाद। भारतीय दलित साहित्य अकादमी दिल्ली का डॉ. अम्बेडकर फेलोशिप सम्मान प्राप्त। सेवा–स्वर्गीय प्रोफेसर, हिन्दी विभाग, डॉ. बाबासाहब अम्बेडकर मराठवाडा विश्वविद्यालय, औरंगाबाद।

❖❖

प्रो. (डॉ.) टी.जे. रेखा रानी : जन्म 19 दिसंबर, 1969 को हैदराबाद में। स्त्री विमर्श, दलित विमर्श और तुलनात्मक अध्ययन पर विशेष अधिकार। 4 पुस्तकें प्रकाशित–'उत्तरशती के हिन्दी उपन्यासों में मुस्लिम जनजीवन' उल्लेखनीय। राष्ट्रीय–अन्तर्राष्ट्रीय संगोष्ठियों में विषयज्ञ के रूप में सहभाग।

सम्पर्क–अँग्रेजी एवं विदेशी भाषा विश्वविद्यालय, तारनाका, हैदराबाद–500007 (तेलंगाना) मो. 9989717631 E-mail : rekharanitj@gmail.com

❖❖

परशुराम शुक्ल : जन्म 5 जून, 1947 को जिला कानपुर के शैबसू में। हिन्दी के प्रसिद्ध बाल साहित्यकार। कहानी, कविता तथा अन्य विधाओं में लेखन। दो सौ से अधिक ग्रन्थ प्रकाशित। समाज विज्ञान के विशेषज्ञ। कई पुरस्कारों से सम्मानित। वृक्ष–मानव 10 खण्ड, परशुराम शुक्ल वाङमय 8 खण्ड प्रकाशित। सम्पर्क–आइवरी 23, पाँचवीं मंजिल, प्लेटिनम पार्क (प्लेटिनम प्लाजा), साउथ टी.टी. नगर, निकट माता मन्दिर, भोपाल–462003 (मध्यप्रदेश) मो. 9926856086 E-mail : parshuramshuklabhopal@gmail.com

❖❖

डॉ. गुर्रमकोंडा नीरजा : जन्म 11 मार्च, 1975 को चेन्नैई (तमिलनाडु) में। अनुवादक, समीक्षक, कवयित्री एवं सम्पादिका। अनेक अकादमिक आयोजनों एवं संगोष्ठियों में सहभाग। 'स्रवंति' पत्रिका की सहसंपादिका। सम्पर्क–उच्च शिक्षा और शोध संस्थान, दक्षिण भारत हिन्दी प्रचार सभा, ख़ैरताबाद, हैदराबाद–500004, मो. 9849986346; E-mail : neerajagkonda@gmail.com

❖❖

प्रो. (डॉ.) श्रवणकुमार मीणा : जन्म 1964 जिला सवाई माधोपुर के अजनोटी (राजस्थान) गाँव में। समकालीन कथा साहित्य के विशेषज्ञ। 6 पुस्तकें और 36 शोधालेख प्रकाशित। समकालीन कहानी साहित्यःआदिवासी जीवन सन्दर्भ नामक यू.जी.सी. बृहद शोध परियोजना सम्पन्न। भारतीय हिन्दी परिषद की कार्यकारिणी में सक्रिय सदस्य। सम्पर्क–पूर्व अध्यक्ष हिन्दी विभाग, जयनारायण व्यास विश्वविद्यालय, जोधपुर–342001 (राजस्थान) मो. 9414295256 E-mail : sharawankmeena@gmail.com

❖❖

डॉ. मोहम्मद फ़ीरोज़ खान : जन्म 1973 को जिला अम्बेडकर नगर के टांडा में। अल्पसंख्यक विमर्श, किन्नर विमर्श, आदिवासी विमर्श और दलित विमर्श अध्ययन के क्षेत्र। मुस्लिम विमर्श साहित्य के आईने में और हिन्दी के मुस्लिम उपन्यासकार : एक अध्ययन, मौलिक तथा सम्पादित 30 ग्रन्थ प्रकाशित। सम्पर्क–हलीम मुस्लिम पी.जी. कॉलेज, कानपुर–208001 (उत्तर प्रदेश) मो. 7007606806, E-mail : vangmaya@gmail.com

❖❖

प्रो. (डॉ.) रतनकुमार पाण्डेय : जन्म 20 मार्च, 1956 को मोलनापुर ग्राम–बनारस (उ.प्र.) में। हिन्दी विभाग मुम्बई विश्वविद्यालय, मुम्बई में प्रोफेसर एवं पूर्व हिन्दी विभागाध्यक्ष के रूप में अवकाश प्राप्त। मध्ययुगीन तथा आधुनिक हिन्दी कविता के विशेषज्ञ। हिन्दी आलोचक के रूप में मान्यता प्राप्त। तेरह मौलिक और सात सम्पादित ग्रन्थ प्रकाशित। बाईस एम.फिल. और दस पीएच. डी. छात्रों को उपाधि प्राप्त। कई पुरस्कारों से सम्मानित। राष्ट्रीय चर्चित 'अनभै' पत्रिका के सम्पादक। सम्पर्क–फ्लैट नं. 7, शिवनेरी कॉ–ऑपरेटिव हौसिंग सोसायटी, प्लॉट नं.177, सायन माटुंगा रोड, सायन, पश्चिम मुम्बई–22 मो. 9869981990

❖❖

डॉ. श्रीराम परिहार : जन्म 16 जनवरी, 1952 को जनपद खण्डवा के फेफरिया (म.प्र.) में। हिन्दी के प्रसिद्ध और चर्चित निबन्धकार। लगभग 10 ललित निबन्ध संग्रह, 1 नवगीत संग्रह, 2 समीक्षात्मक ग्रन्थ, 1 यात्रावृत्त प्रकाशित। यूजीसी द्वारा लोकशाला कार्यक्रम हेतु फेलोशिप, भारतीय उच्च अध्ययन संस्थान शिमला की सहअध्येता वृत्ति, महात्मा गांधी अन्तर्राष्ट्रीय विश्वविद्यालय वर्धा में आवासीय लेखक के रूप में (जुलाई–सितम्बर 2017) कार्य। साहित्य भूषण सम्मान, विद्या निवास मिश्र स्मृति सम्मान, नानाजी देशमुख सम्मान, आचार्य रामचन्द्र शुक्ल अखिल भारतीय पुरस्कार, वागी वरी पुरस्कार प्राप्त। नीलकण्ठे वर शासकीय स्नातकोत्तर महाविद्यालय, खण्डवा के पूर्व प्रधानाचार्य। सम्पर्क–आजाद नगर, खण्डवा–450001 मो. 9425342748 E-mail : shriramknw@gmail.com

❖❖

रवीन्द्र कात्यायन : जन्म 1 जुलाई, 1968 को लखनऊ (उ.प्र.) में। पूर्व वायु सैनिक, कथाकार, पटकथा लेखक एवं अध्यापक। 'प्यार में लड़की', 'कोर्ट मार्शल व अन्य कहानियाँ' (कहानी संग्रह), आलोचना तथा सम्पादित ग्रन्थ 10। मीडिया तथा पत्रकारिता लेखन में विशेष रुचि। पाँच धारावाहिक प्रदर्शित। अखिल भारतीय कथाक्रम कहानी पुरस्कार, अन्तर्राष्ट्रीय हिन्दी कहानी प्रतियोगिता पुरस्कार से सम्मानित। सम्पर्क–हिन्दी विभागाध्यक्ष, मणिबेन नानावटी महिला महाविद्यालय, विले पार्ले (प.) मुंबई–400056, मो. 9324389238 E-mail : intcinecon@gmail.com

❖❖

एफ. एम. सलीम : जन्म 6 जून, 1973 को जिला लातूर के वलांडी (महा.) गाँव में। दैनिक 'हिन्दी मिलाप' में ब्यूरो चीफ। उर्दू और हिन्दी में छह पुस्तकें प्रकाशित। कविता, कहानी, ललित निबन्ध और साक्षात्कार विधा में लेखन। ऑल इण्डिया रेडियो और दूरदर्शन पर साहित्यिक रचनाएँ प्रस्तुत। आंध्र प्रदेश सरकार द्वारा श्रेष्ठ लेखक के रूप में सम्मानित। सम्पर्क–मुख्य संवाददाता, डेली हिन्दी मिलाप, प्लाट नं. 83, डॉक्टर्स कॉलोनी, सनसिटी, बंडलागुडा जागीर, हैदराबाद–500086 (तेलंगाना) मो.9848996343 E-mail : fmsaleem@gmail.com

❖❖

डॉ. सूर्यनारायण रणसुभे : जन्म 7 अगस्त, 1942 को गुलबर्गा (कर्नाटक) में। हिन्दी और मराठी भाषा के समान अधिकारी। समीक्षा, तुलनात्मक अध्ययन और अनुवाद लेखन के क्षेत्र। हिन्दी में आधुनिक मराठी साहित्य का प्रवृत्तिमूलक इतिहास, कहानीकार कमलेश्वर, देश–विभाजन और हिन्दी कथा साहित्य, जीवनीपरक हिन्दी साहित्य, प्रादेशिक भाषा और साहित्येतिहास, दलित साहित्यः स्वरूप और संवेदना जैसे समीक्षा ग्रन्थ। साथ ही मराठी से आठवणीचे पक्षी (यादों के पंछी), अक्करमाशी, उचल्या, साक्षीपुरम, बामनवाडा, हिन्दू, बहुजन तथा हिन्दी से मराठी में संरचनावाद, उत्तर संरचनावाद आणि काव्यशास्त्र, झूठा सच (खोटं सत्य) जैसी उत्कृष्ट रचनाओं का अनुवाद। सम्पर्क–'निकष', अजिंक्य सिटी, अंबाजोगाई रोड, लातूर–413512 (महाराष्ट्र) मो. 8378080660 E-mail : ransubhetoo@gmail.com

❖❖

प्रो. (डॉ.) एस. तंकमणि अम्मा : जन्म 18 मार्च, 1950 को जिला तिरूवनंतपुरम के कारीकेलम में। केरल विश्वविद्यालय तिरुवनंतपुरम् की प्रोफेसर एवं हिन्दी विभागाध्यक्ष के रूप में अवकाश प्राप्त। केरला तथा हिन्दी में अनुवाद। मलयालम के खण्डकाव्य, आधुनिक हिन्दी खण्डकाव्य, संस्कृति के स्वर, प्रेरक जीवनियाँ जैसे ग्रन्थ तथा 200 से अधिक आलेख प्रकाशित। उपाध्यक्ष, केरल हिन्दी प्रचार सभा। प्रो. चन्द्रहसन पुरस्कार, उ.प्र. हिन्दी संस्थान पुरस्कार, केन्द्रीय हिन्दी निदेशालय पुरस्कार, राहुल सांकृत्यायन पुरस्कार, सौहार्द पुरस्कार से सम्मानित। सम्पर्क–मणि मन्दिरम्, आनयरा (डाक), तिरूवनंतपुरम – 695029 (केरल) मो. 9447101616 E-mail : thankamoniamma@gmail.com

❖❖

डॉ. गिरिराजशरण अग्रवाल : जन्म 14 जुलाई, 1944 को उत्तर प्रदेश के संभल (मुरादाबाद) में। वर्धमान स्नातकोत्तर महाविद्यालय, बिजनौर में पूर्व हिन्दी विभागाध्यक्ष। सनाटे में गूँज, भीतर शोर बहुत है, मौसम बदल गया इतना, रोशनी बनकर जिओ, शिकायत न करो तुम, आदमी है कहाँ आदि ग़ज़लसंग्रह प्रकाशित। कहानी, एकांकी, हास्य नाटक, ललित निबन्ध के साथ 50 ग्रन्थ सम्पादित। हिन्दी शोध सन्दर्भों के 6 खण्ड सम्पादित। उत्तर प्रदेश हिन्दी संस्थान लखनऊ का 1 लाख रुपए का, केन्द्रीय हिन्दी निदेशालय का 1 लाख रुपए का तथा हरियाणा साहित्य अकादमी का 7 लाख रुपए का आजीवन साहित्य साधना सम्मान प्राप्त। आपके समग्र साहित्य की रचनावली 11 खण्डों में प्रकाशित। सम्पर्क–ए 402, पार्क व्यू सिटी 2, सोहना रोड, गुरुग्राम, हरियाणा–122018 मो. 7838090732, E-mail : shodhdisha@gmail.com

❖❖

प्रो. प्रतिभा मुदलियार : जन्म 8 दिसंबर, 1959 को बेलगाँव (कर्नाटक) में। तुलनात्मक अध्ययन, आधुनिक कविता, हिन्दी पत्रकारिता, महिला लेखन, भारतीय साहित्य और अनुवाद में विशेष रुचि। कोरियाई हिन्दी शब्दकोश निर्माण में विषय विशेषज्ञ, राष्ट्रीय शिक्षा नीति 2020 के तहत कर्नाटक राज्य के पाठ्यक्रम निर्माण समिति के अध्यक्ष। 'समकालीन हिन्दी और मराठी कविता में पर्यावरण बोध और चेतना' विषय पर यू.जी.सी. का बृहद शोध कार्य पूर्ण। नौ ग्रन्थ, 10 अनुवाद, 4 सम्पादन ग्रन्थ प्रकाशित। आखर हिन्दी ई जर्नल (प्रधान सम्पादक), सारस्वत सम्मान, लाल बहादुर शास्त्री सम्मान, वीरांगना सावित्रीबाई फुले सम्मान, हिन्दीरत्न पुरस्कार, म. गाँधी पुरस्कार से सम्मानित। 70 से अधिक शोधालेख प्रकाशित। सम्पर्क–प्रोफेसर एवं हिन्दी विभागाध्यक्ष, हिन्दी विभाग, मैसूर विश्वविद्यालय, मानस गंगोत्री, मैसूर–570006 (कर्नाटक), मो. 9844119370, E-mail : mudliur_pratibha@yahoo.co.in

❖❖

प्रो. (डॉ.) बळीराम संभाजी भुक्तरे : जन्म 19 जनवरी, 1971 को नांदेड में। दो मौलिक, तीन सम्पादित और एक अनूदित ग्रन्थ प्रकाशित। तीन लघुशोध परियोजनाएँ पूर्ण। चार छात्रों को पीएच.डी. उपाधि प्राप्त। सम्पर्क–हिन्दी विभागाध्यक्ष, महाराष्ट्र उदयगिरी महाविद्यालय, उदगीर जिला लातूर–413517 (महाराष्ट्र) मो. 9421909343, E-mail : baliram94@gmail.com

❖❖

पद्मश्री प्रो. (डॉ.) गणेश देवी : जन्म 1 अगस्त, 1950 को जिला पुणे के भोर (महा.) में। प्रसिद्ध भाषाविद्। भारतीय भाषाओं का लोकसर्वेक्षण नामक बृहद शोध कार्य 50 खण्डों में पूर्ण। उनके अँग्रेजी में आफ्टर ऐम्नीसियाः ट्रेडिशन एंड चेंज इन इंडियन लिटरेरी क्रिटिसिज्म, क्रिटिकल थॉट', आफ्टर ऐम्नीसी, ऑफ़ मेनी हिरोज, इंडिया बिटविन ट्रेडिशन एंड मॉडर्निटी, इन अनदर टंग, इंडियन लिटररी क्रिटीसिज्मः थेअरी एंड इन्टरप्रिटेशन, पेन्टेड वर्डस : ॲन ॲर्थोलॉजी ऑफ़ ट्रायबल लिटरेचर, ए नोमड कॉल्ड थीफ, मराठी में 'वानप्रस्थ' तो गुज़राती में 'आदिवासी जाने छे' जैसे ग्रन्थ प्रकाशित। आदिवासी जनजाति के लिए विशेष कार्य। सन् 1993 में साहित्य अकादमी का पुरस्कार, सन् 2001 सार्क पुरस्कार तथा सन् 2014 में भारत सरकार द्वारा पद्मश्री से सम्मानित। सम्पर्क–188 II, मेन I क्रास, नारायणपुर, धारवाड़–580008 (कर्नाटक) मो. 9879019130 E-mail : ganesh_devy@yahoo.com

❖❖

प्रो. उदयनारायण सिंह : जन्म 1951 को कोलकत्ता (प.बं.) में। भाषा विज्ञान, संस्कृति, अनुवाद के विशेषज्ञ। अमिटी विश्वविद्यालय, हरियाणा के कला शाखा के अधिष्ठाता। सीआयआयएल मैसूर के निर्देशक तथा विश्वभारती के सम–कुलपति रहे। उनके मैथिली, बंग्ला में सात काव्यसंग्रह, छह निबन्धसंग्रह, बारह नाटक, कई अनूदित ग्रन्थ तथा 250 से अधिक शोधपत्र प्रकाशित। कविता के लिए साहित्य अकादमी पुरस्कार प्राप्त। सम्पर्क–एफ–902, बेसटेक पार्क व्हिव्यू, ग्रँसपा, सेक्टर 81, गुड़गाव–12204 (हरियाणा) मो. 9434050218 E-mail : unsciil@yahoo.com

❖❖

प्रो. सूर्यप्रसाद दीक्षित : जन्म 5 जुलाई, 1938 को जिला रायबरेली के बन्नावाँ (उ.प्र.) में। मूर्धन्य विद्वान एवं ख्यातिलब्ध भाषा और तकनीकी विशेषज्ञ तथा लखनऊ विश्वविद्यालय के पूर्व अध्यक्ष। 65 शोध समीक्षा और 40 सम्पादकीय ग्रन्थ प्रकाशित। हिन्दी साहित्य सम्मेलन प्रयागराज और राष्ट्रभाषा प्रचार समिति वर्धा के अध्यक्ष रहे। साहित्यभूषण, दीनदयाल उपाध्याय सम्मान, साहित्य वाचस्पति, कैंब्रिज से इंटरनेशनल मैन आदि पुरस्कारों से सम्मानित। सम्पर्क– प्रोफेसर एवं पूर्व हिन्दी विभागाध्यक्ष, लखनऊ विश्वविद्यालय, लखनऊ। साहित्यिकी, डी–54, निराला नगर, लखनऊ–226020 (उ.प्र.) मो. 9451123525 / 9140809346 E-mail : suryadixit123@gmail.com

❖❖

प्रो. (डॉ.) उमाशंकर उपाध्याय : जन्म 19 जून, 1947 को जिला वरंगल के हणमकोंडा (तेलंगाना) में। भाषाविद्। सावित्रीबाई फुले पुणे विश्वविद्यालय, पुणे के पूर्व हिन्दी विभागाध्यक्ष। महात्मा गांधी अन्तर्राष्ट्रीय हिन्दी विश्वविद्यालय में प्रोफेसर तथा इंडो–यूरोपियन स्टडीज, इटोहॉस लोरॉन्ड, यूनिव्हर्सिटी बुडापेस्ट हंगैरी में मानद अध्यापक। शोध कार्य–हिन्दी और गुज़राती का तुलनात्मक अध्ययन, सत्तरोत्तर हिन्दी उपन्यासों में कोड़ मिश्रण और कोड़ परिवर्तन (यू.जी.सी.) टिचिंग अॅन्ड यूज ऑफ़ हिन्दी इन नॉर्थ इस्टर्न स्टेट ऑफ़ इंडिया–अ सर्व्हे ऑफ़ स्टेटस ऑफ़ नागालँड अॅन्ड मनिपुर। गौरव पदक और मानद विद्यावाचस्पति से सम्मानित। सम्पर्क – 702, लबोनी टावर्स, 1 औंध रोड़, बोपोडी पुणे–411020 (महा.) मो. 9763830641 E-mail : usupadhyay@gmail.com

❖❖

प्रो. चित्तरंजन मिश्र : जन्म 29 दिसंबर, 1956 को भागलपुर, देवरिया में। दीनदयाल उपाध्याय विश्वविद्यालय, गोरखपुर के हिन्दी के पूर्व हिन्दी विभाग अध्यक्ष, सम–कुलपति महात्मा गाँधी अन्तर्राष्ट्रीय विश्वविद्यालय वर्धा एवं हिन्दी साहित्य अकादमी नई दिल्ली के हिन्दी संयोजक के रूप में कार्य। भक्ति साहित्य, लोक साहित्य और समकालीन साहित्य के विशेष ज्ञाता तथा भोजपुरी भाषा के प्रति विशेष रुचि। भगवत शरण उपाध्याय आलोचना सम्मान, प्रेस्टिज सारस्वत सम्मान, साहित्य सेवी सम्मान से सम्मानित। सम्पर्क–162, सन्त हुसैन नगर, पादरी बाज़ार रोड, गोरखपुर–273014 (उ.प्र.) मो. 9415314472 E-mail : chittaranjanmishra@gmail.com

❖❖

डॉ. सुनील कुमार : जन्म 26 जनवरी, 1971 को मेरठ में। केन्द्रीय हिन्दी संस्थान आगरा, अहमदाबाद केन्द्र के क्षेत्रीय निदेशक। भाषा विज्ञान में विशेष रुचि। चार ग्रन्थ, 300 से अधिक लेख तथा 294 से अधिक सम्पादकीय प्रकाशित। 'समय आगम' और 'समन्वय पश्चिम पत्रिका' के सम्पादक। कई संगोष्ठियों का आयोजन तथा कई संगोष्ठियों के अध्यक्ष तथा विषय प्रवर्तक। सम्पर्क– एच. एन. 412/3 जागृति विहार, एल. एल. आर. एम. मेडिकल कॉलेज के नजदीक मेरठ– 250004 (उ.प्र.) मो. 9774393498 E-mail : dskmeerut@gmail.com

❖❖

प्रो. (डॉ.) ऋषभदेव शर्मा : जन्म 4 जुलाई, 1957 को जिला मुज्जफर के गंगधाडी (उ.प्र.) गाँव में। दक्षिण भारत में हिन्दी प्रचार–प्रसार के लिए समर्पित अध्येता। कवि, गद्यकार, समीक्षक और शोध निर्देशक। सात कवितासंग्रह, नौ आलोचना ग्रन्थ और पाँच अनूदित ग्रन्थ प्रकाशित। दक्षिण भारत हिन्दी प्रचार सभा, हैदराबाद के उच्च शिक्षा और शोध संस्थान के अध्यक्ष एवं पूर्व आचार्य। सम्पर्क– 208A, सिद्धार्थ अपार्टमेंटस, गणेश नगर, रामनाथपुरा, हैदराबाद, 500013, मो. 8074742572, E-mail : rishabhadeosharma@gmail.com

❖❖

डॉ. सुनीलकुमार लवटे : जन्म 11 अप्रैल, 1950 को पंढरपुर–महाराष्ट्र में। हिन्दी और मराठी भाषा में सर्जनात्मक और समीक्षात्मक लेखन कार्य। यशपाल के साहित्य का विशेष अध्ययन। 'खाली ज़मीन वर आकाश' मराठी आत्मकथा। वि.स. खान्डेकर के साहित्य का हिन्दी में अनुवाद। समकालीन साहित्यिक, आत्मस्वर, वाचन, दुःखहरण, निराळं जग, निराळी माणसं, वि.स. खांडेकर : साहित्य, प्रतिभा, सामर्थ्य आणि मर्यादा जैसी चर्चित किताबें प्रकाशित तथा नरेन्द्र दाभोलकर के साहित्य का हिन्दी में अनुवाद। अनेक पुरस्कारों से सम्मानित। सम्पर्क –'निशांकुर', अयोध्या कोलोनी, राजीव गांधी रिंग रोड, सुर्वेनगर के पास, डाक–कलम्बा, कोल्हापुर–4161007 E-mail : drsklawate@gmail.com

❖❖

डॉ. प्रणव शर्मा 'शास्त्री' : जन्म 30 जून, 1969 को वृंदावन (उ. प्र.) में। उपाधि महाविद्यालय पीलीभीत में एसोसिएट प्रोफेसर तथा हिन्दी विभागाध्यक्ष। 50 से अधिक अन्तर्राष्ट्रीय शोधपत्र तथा 200 से अधिक राष्ट्रीय शोधपत्र प्रकाशित। भारतीय उच्च अध्ययन संस्था शिमला की तीन वर्षीय फेलोशिप। उत्तर प्रदेश संस्कृत संस्थान, लखनऊ की ओर से 1 लाख रुपये और हिन्दी संस्थान की ओर से 50 हजार रुपयों के पुरस्कार से सम्मानित। सम्पर्क–'कल्पतरू', ए–30, वसुन्धरा कॉलोनी, पीलीभीत–262001 (उ.प्र.) मो. 9837960530 E-mail : drpranav_pht+23@rediffmail.com

❖❖

प्रो. रामदेव भारद्वाज : जन्म 1957 को ग्वालियर (म. प्र.) में। अटल बिहारी बाजपेयी हिन्दी विश्वविद्यालय, भोपाल के पूर्व कुलपति। एस. व्यास योग विश्वविद्यालय, बैंगलोर में कुलपति। दूरस्थ शिक्षा के निदेशक। माखनलाल चतुर्वेदी राष्ट्रीय पत्रकारिता एवं संचार विश्वविद्यालय के पूर्व समकुलपति। केन्द्रीय विश्वविद्यालय जम्मू, जनजातीय केन्द्रीय विश्वविद्यालय अमरकंटक

और गोवा विश्वविद्यालय के सम्माननीय सदस्य। इंडोनेशियाई, चीनी, जापानी, सरकार द्वारा अनुसंधान के लिए छात्रवृत्ति। 'राजनीति विज्ञान में सृजनात्मक लेखन' के लिए डॉ. शंकर दयाल शर्मा सृजन सम्मान (2006)। राष्ट्रीय एवं अन्तर्राष्ट्रीय राजनीति पर 27 ग्रन्थ प्रकाशित। 140 शोध आलेख और 350 से अधिक समसामायिक आलेख प्रकाशित। 150 से अधिक संगोष्ठियों में बीज वक्ता। 12 छात्रों को पीएच. डी की उपाधि प्राप्त।

❖❖

प्रा. दामोदर मोरे : जन्म 5 फरवरी, 1953 को जिला वाशीम के मोप (महा.) गाँव में। मराठी–हिन्दी में समान रूप में ख्यातिप्राप्त साहित्यिक। जोशी–बेडेकर महाविद्यालय, ठाणे में मराठी विभागाध्यक्ष रहें। बारह मराठी में, छह हिन्दी में मौलिक ग्रन्थ प्रकाशित। 'तो भीम असता तर', 'विमुक्त', 'अंगारलेणी' (काव्य संग्रह) मराठी में, हिन्दी में–सदियों के बहते जख्म, पलके सुलग रही हैं, नीले शब्दों की छाया में, पीछला चक्का, प्रज्ञारश्मि (काव्य संग्रह) प्रकाशित। साथ ही सम्पादित आलोचनात्मक तथा वैचारिक ग्रन्थ भी प्रकाशित। कई पुरस्कारों से सम्मानित। सम्पर्क–मेट्रो रेसिडेन्सी, टॉवर ए 104, मेट्रो जंक्शन मॉल, नेतवली, कल्याण (पूर्व)–421306 (महाराष्ट्र) मो.9867330533 E-mail : damodarmorey@gmail.com

❖❖

प्रो. सरजूप्रसाद मिश्र : जन्म 15 जुलाई, 1940, मृत्यु 22 मार्च, 2021। नागपुर विश्वविद्यालय, नागपुर के पूर्व हिन्दी विभागाध्यक्ष। 15 पुस्तकें प्रकाशित। नाटक, एकांकी, उपन्यास और समीक्षा लेखन। महाराष्ट्र हिन्दी साहित्य अकादमी से पुरस्कृत। कुशल शोध निर्देशक।

❖❖

प्रो. वशिष्ठ अनूप : जन्म 1 जनवरी, 1962 को गोरखपुर जिले के सड़हौली गाँव में (उ.प्र.)। कविता, गीत, ग़ज़ल, समालोचना और सम्पादन सहित 50 से अधिक पुस्तकें प्रकाशित। स्वप्न की बात, बंजारे नैन, रोशनी खतरे में है, बेटियों के पक्ष में, रोशनी की कोंपलें, अच्छा लगता है, मसाले फिर जलाने का समय है, तेरी आँखें बहुत बोलती हैं, इसलिए, घरों पर गिद्ध मँडराने लगे हैं, बारुद के बिस्तर पर, गर्म रोटी के ऊपर, नमक–तेल था जैसे ग़ज़ल तथा गीत संग्रह प्रकाशित। साथ ही एक दर्जन से अधिक आलोचनात्मक ग्रन्थ प्रकाशित। सम्पर्क–प्रोफेसर, हिन्दी विभाग, बनारस हिन्दू विश्वविद्यालय, वाराणसी–221005 (उत्तर प्रदेश) मो.9415895812, E-mail : vanoopbhu09@gmail.com

❖❖

डॉ. अशोक मरळे : जन्म 1 फरवरी, 1977 को जिला सांगली के तुपारी (महा.) गाँव में। दो ग्रन्थ तथा 109 शोधालेख प्रकाशित। अनेक राष्ट्रीय तथा अन्तर्राष्ट्रीय संगोष्ठियों में सक्रिय सहभाग। सम्पर्क – सहायक प्राध्यापक, मालती वसन्तदादा पाटील कला, महाविद्यालय, इस्लामपुर, तहसील वालवा जिला सांगली–415409 (महाराष्ट्र), मो. 9623527601, E-mail : drashokmarale@gmail.com

❖❖

डॉ. क्षितिज यादवराव धुमाळ : जन्म 14 जून, 1975 को पुणे में। हिन्दी अध्ययन मंडल, शिवाजी विश्वविद्यालय, कोल्हापुर के सदस्य। 02 ग्रन्थ और कई शोधपत्र प्रकाशित। प्रभारी प्राचार्य के रूप में कार्य। अनेक पुरस्कारों से सम्मानित। शोध निर्देशक। सम्पर्क– हिन्दी विभाग, दादासाहेब जोतिराम गोडसे कला–वाणिज्य–विज्ञान महाविद्यालय, वडूज जिला सातारा–415126 (महाराष्ट्र) मो. 9822878521 E-mail : kshitij.dhumal75@gmail.com

❖❖

डॉ. किरण बी. चौगुले : जन्म 27 अप्रैल, 1978 को मिरज (महा.) में। कई शोध–पत्र प्रकाशित। अनेक संगोष्ठियों के कुशल संयोजक। मीडिया में लेखन। सम्पर्क–प्रधानाचार्य श्रीमती कुसुमताई मिराज आर्ट, कॉमर्स महाविद्यालय, बेडकिहाळ भोमनेवाडी, तहसील निपाणी, जिला बेळगांव–591214 (कर्नाटक) मो. 9689902596 E-mail : kiranchougule@gmail.com

❖❖

प्रो. दिलीप सिंह : जन्म 08 अगस्त, 1951 को वाराणसी में। भारत के ख्यातनाम भाषावैज्ञानिक। शैलीविज्ञान, समाजभाषाविज्ञान, अनुवाद विज्ञान तथा भाषा शिक्षण के विशेषज्ञ। इन विषयों पर कई पुस्तकें प्रकाशित। लम्बे समय तक दक्षिण भारत हिन्दी प्रचार सभा, मद्रास में कुलसचिव के रूप में कार्य। हिन्दी भाषा के आधुनिक एवं प्रयोजनमूलक स्वरूप का ढाँचा निर्माण तथा पाठ्यक्रमों में स्थान दिलाने में अहम भूमिका। अनेक राष्ट्रीय पुरस्कारों से सम्मानित। सम्पर्क–संचालक, लुप्तप्राय भाषा केन्द्र, इंदिरा गाँधी राष्ट्रीय जनजातीय विश्वविद्यालय, लालपुर, अमरकंटक जिला अनूपपुर–484887 (मध्यप्रदेश) मो. 8989105802 E-mail : profsinghdilip@gmail.com

❖❖

कुलपति प्रो. टी.वी. कट्टीमनी : जन्म 05 अक्तूबर, 1955 को जनपद कोप्पल के अलवंदी (कर्नाटक) में। जनजातीय विश्वविद्यालय, आंध्र

प्रदेश, विजयनगरम् (आंध्रप्रदेश) के कुलपति। इंदिरा गाँधी राष्ट्रीय जनजाति विश्वविद्यालय, अमरकंटक के पूर्व कुलपति। 13 मौलिक ग्रन्थ, 20 अनूदित और 37 शोधालेख प्रकाशित। 36 छात्रों को पीएच.डी. उपाधि प्राप्त। सदस्य–राष्ट्रीय शिक्षा आयोग, प्रमुख–अखिल भारतीय हिन्दी सभा और सदस्य–साहित्य अकादमी। सम्पर्क–मो. 9599292424 E-mail : tvkattimani@gmail.com

❖❖

पूर्वकुलपति डॉ. इरेश स्वामी : पुण्य लोक अहिल्यादेवी सोलापुर विश्वविद्यालय, सोलापुर के संस्थापक कुलपति। शिवाजी विश्वविद्यालय, कोल्हापुर के पूर्व अधिष्ठाता। हिन्दी तथा मराठी में सृजनात्मक तथा समीक्षात्मक लेखन। मराठी में 'शब्दकळा', 'हेलपाटा', 'हिरवी अक्षरं', 'विठोबा', 'धर्म–परधर्म', 'शाळेला सुट्टी', 'चला खेळायला', 'स्वातंत्र्याची किंमत', 'खेळ–खेळाडू', 'देशोदेशीच्या लोककथा' तथा 'शहामृग' जैसे हिन्दी नाटक का मराठी में अनुवाद। गार्ड ऑफ़ ऑनर, डॉ. आनन्द प्रसाद दीक्षित, भाषान्यास पुरस्कार पुणे, आयी जोगे वरी पुरस्कार पुणे, कार्यकर्ता पुरस्कार, जीवन गौरव पुरस्कार, डॉ. चन्द्रशेखर कपाळे पुरस्कार, बसवभूषण पुरस्कार प्राप्त। सम्पर्क–12, ब्रह्मचैतन्य नगर, सोलापुर (महाराष्ट्र) मो. 9371099500E-mail : swamiiresh@gmail.com

❖❖

समकुलपति डॉ. जोगेंद्रसिंह बिसेन : जन्म 18 अगस्त, 1964 को किल्लेधारूर (महा.) में। स्वामी रामानन्द तीर्थ मराठवाडा विश्वविद्यालय, नांदेड के सम–कुलपति। मौलाना आजाद राष्ट्रीय उर्दू विश्वविद्यालय में कार्यकारी परिषद सदस्य। महाराष्ट्र सरकार द्वारा गठित विश्वविद्यालय परिनियम निर्धारण समिति के सदस्य तथा स्वामी रामानन्द तीर्थ मराठवाडा विश्वविद्यालय, नांदेड के अधिष्ठाता, तीन बार सिनेट सदस्य और हिन्दी अध्ययन मंडल के भूतपूर्व अध्यक्ष। 09 ग्रन्थ तथा 46 शोधालेख प्रकाशित। स्वा.रा.ती.वि. नांदेड के उत्कृष्ट शिक्षक पुरस्कार से सम्मानित। साथ ही केन्द्रीय हिन्दी निदेशालय दिल्ली द्वारा हिन्दी भाषी लेखकों के लिए दिये जाने वाले पुरस्कारों के चयन समिति के सदस्य। सम्प्रति–समकुलपति, स्वामी रामानन्द तीर्थ मराठवाडा विश्वविद्यालय, नांदेड (महा.) 431606 मो. 9422071572 E-mail : drjogendrasingh9@gmail.com

❖❖

प्रो. (डॉ.) अशोक कामत : जन्म 10 जनवरी, 1942 को कारवार (कर्नाटक) में। हिन्दी और मराठी के अधिकारी विद्वान। सन्त साहित्य में विशेष योगदान। सावित्रीबाई फुले पुणे विश्वविद्यालय के प्रोफेसर एवं पूर्व अध्यक्ष,

नामदेव अध्यासन केन्द्र के पूर्व अध्यक्ष। पुणे में गुरुकुल प्रतिष्ठान की स्थापना और उसके जरिए 350 से अधिक परियोजनाएँ पूर्ण। 50 से अधिक ग्रन्थ हिन्दी और मराठी में प्रकाशित। 54 पीएच.डी. और 16 छात्रों को एम.फिल. उपाधि प्राप्त। गुरुकुल प्रतिष्ठान पुणे में निदेशक के रूप में कार्यरत। सम्पर्क–शिवश्री, 258, सहजीवन, सहकार नगर, पर्वती, पुणे–411009 मो. 9527641711 (020) 24222495

❖❖

प्रो. (डॉ.) केशव प्रथमवीर : जन्म 24 जनवरी, 1939 को दिगरौता ग्राम–आगरा (उ.प्र.)। अत्यन्त कंटीला, संघर्षशील जीवन, उत्तर प्रदेश आगरा के निकट दिगरौता नामक छोटे से गाँव से शुरु हुआ किन्तु कर्मभूमि महाराष्ट्र के पुणे शहर के विद्वत समाज में विशेष पहचान। डेढ़ दर्जन से अधिक ग्रन्थ प्रकाशित। हिन्दी का कुंडलिया छन्द अनूठा ग्रन्थ तथा 04 आलोचनात्मक ग्रन्थ प्रकाशित। शंकरराव खरात के 'तराळ–अन्तराळ', आनन्द यादव के 'झोंबी' (जूझ), डॉ. पंढरीनाथ प्रभु के 'भारत में शास्त्रों का उद्‌गम और विकास' तथा ग.प.प्रधान के 'स्वातंत्र्याचे महाभारत' (स्वतन्त्रता का महाभारत) जैसे ग्रन्थों का अनुवाद। महाराष्ट्र राज्य हिन्दी साहित्य अकादमी का 51 हजार रुपए का आनन्द गोपाल शैवडे जीवनगौरव पुरस्कार प्राप्त। उत्तर प्रदेश हिन्दी संस्थान का सौहार्द सम्मान प्राप्त। प्रोफेसर एवं पूर्व अध्यक्ष, सावित्रीबाई फुले पुणे विश्वविद्यालय, पुणे से अवकाश प्राप्त। सम्पर्क–फ्लैट नं. 13, गुलसोसाइटी, सिनेगाग स्ट्रीट, पुणे कैंप, पुणे–411001 मो. 9923594998, E-mail : keshav.prathamvir@gmail.com

❖❖

डॉ. सुशीला टाकभौरे : जन्म 4 मार्च, 1954 को बानापुर (म.प्र.) में। अनेक साहित्यिक और सामाजिक संस्थाओं से सम्पृक्त। अम्बेडकरी विचारधारा से प्रतिबद्ध लेखिका। 25 से अधिक पुस्तकें प्रकाशित। कविता, नाटक, एकांकी, पत्रलेखन, समीक्षा, आत्मकथा आदि विधाओं में लेखन। 'सिलिया' आपकी प्रसिद्ध कहानी तो 'शिकंजे का दर्द' सबसे चर्चित दलित आत्मकथा। महाराष्ट्र राज्य साहित्य अकादमी का पचास हजार रुपए का उषा मेहता हिन्दी सेवा सम्मान तथा सन् 2021 में बिहार सरकार की ओर से बी.पी. मंडल नाम से दो लाख रुपयों का पुरस्कार प्राप्त। सम्पर्क–'शील'–2, गोपाल नगर, थर्ड बस स्टॉप के नजदीक, नागपुर–440022 (महाराष्ट्र) मो. 9422548822 E-mail : stakbhoure@gmail.com

❖❖

कुलपति प्रो. (डॉ.) डी. टी. शिर्के : जन्म 11 जून, 1965 को। शिवाजी विश्वविद्यालय कोल्हापुर के कुलपति। शि.वि. के सांख्यिकी विभागाध्यक्ष। शि. वि. पूर्व प्र. कुलपति, पूर्व कुलसचिव। शि.वि. के रूसा (RUSA) के समन्वयक। शि. वि. उद्योग प्रकोष्ट के समन्वयक। राष्ट्रीय एवं अन्तर्राष्ट्रीय अस्सी शोधालेख प्रकाशित। नौ बृहत शोध परियोजनाओं (MRP) का कार्य पूर्ण। चौदह शोध छात्रों को पीएच. डी. की उपाधि प्राप्त। विभिन्न संगोष्ठियों में विषय प्रवर्तक एवं अध्यक्ष। सोलापुर विश्वविद्यालय, गोवा विश्वविद्यालय, कर्नाटक विश्वविद्यालय, बैंगलोर विश्वविद्यालय, राजस्थान केन्द्रीय विश्वविद्यालय, के.एल.ई विश्वविद्यालयों के सांख्यिकी अध्ययन मंडल के सदस्य। सम्प्रति : कुलपति, शिवाजी विश्वविद्यालय, कोल्हापुर (महा.) 416004 दूरभाष : 0231–2609060 ईमेल : vcoffice@unishivaji.ac.in

❖❖

सम कुलपति प्रो. (डॉ.) पी. एस. पाटील : जन्म 9 जनवरी, 1965 को। शिवाजी विश्वविद्यालय के समकुलपति। शि. वि. के भौतिक विज्ञान के विभागाध्यक्ष। अडतालीस शोध छात्रों को पीएच.डी. और छह छात्रों को एम.फिल. की उपाधि प्राप्त। पाँच पेटेन्ट। राष्ट्रीय और अन्तर्राष्ट्रीय स्तर पर 492 शोधालेख प्रकाशित। शि. वि. के एम. टेक. एनर्जी टेक्नोलॉजी के समन्वयक। शि. वि. – नैनो सांइस एंड टेक्नोलॉजी स्कूल के निदेशक। शि. वि. आन्तरिक गुणवत्ता आश्वासन प्रकोष्ठ (IQAC) के प्रमुख, अधिसभा सदस्य, अधिष्ठाता और भौतिक विज्ञान अध्ययन मंडळ के अध्यक्ष। सावित्रीबाई फुले पुणे विश्वविद्यालय पुणे, डॉ. बाबासाहब अम्बेडकर मराठवाडा विश्वविद्यालय औरंगाबाद और पुण्यश्लोक आहिल्याबाई विश्वविद्यालय सोलापुर के भौतिक विज्ञान अध्ययन मंडळ के सदस्य। सम्प्रति : समकुलपति, शिवाजी विश्वविद्यालय, कोल्हापुर (महा.) 416004 दूरभाषः 0231–2609061 ईमेल : pvcoffice@unishivaji.ac.in

❖❖

प्रो. (डॉ.) रवींद्र ठाकुर : जन्म 14 अप्रैल, 1955 को जनपद चालीसगाँव के उत्राण (महा.) में। मराठी विभाग, शिवाजी विश्वविद्यालय, कोल्हापुर में प्रोफेसर एवं पूर्व विभागाध्यक्ष के रूप में अवकाश प्राप्त। उनके तीन काव्यसंग्रह, पाँच उपन्यास, एक कथासंग्रह, दो नाटक, दस समीक्षात्मक ग्रन्थ और पाँच सम्पादन प्रकाशित। महात्मा जोतिराव फुले के जीवन में पर लिखा 'महात्मा' उपन्यास बहुचर्चित। मराठी उपन्यासकार के रूप में विख्यात। कई पुरस्कार प्राप्त।

सम्पर्क–प्रसादा विला, इंद्रप्रस्थ नगर, साने गुरुजी वसाहत, कोल्हापुर–416012 (महाराष्ट्र) मो. 9561202366 E-mail : ravindrathakur2011gmail.com

❖❖

डॉ. बी. एम. हिर्डेकर : जन्म 12 मई, 1954 को बाज़ार भोगाँव कोल्हापुर (महा.) में। पूर्व परीक्षा नियन्त्रक, शिवाजी विश्वविद्यालय, कोल्हापुर। पूर्व कुलसचिव डी. वाई. पाटील विश्वविद्यालय में। पूर्व उपकुलसचिव शिवाजी विश्वविद्यालय, कोल्हापुर। पूर्व प्राचार्य मोहिते पाटील महाविद्यालय, रहिमतपुर। विभिन्न सगोष्ठियों में विषय प्रवर्तक एवं अध्यक्ष। कई शोधालेख प्रकाशित। एक हजार से अधिक व्याख्यान। सम्पर्क : बाज़ार भोगाँव, तहसील पन्हाला जिला कोल्हापुर। मो. 8862005268 ईमेल : hirdekarbm@gmail.com

❖❖

प्रो. (डॉ.) शंकरसिंह मोतीलाल बुंदेले : जन्म 3 नवम्बर, 1957 को अमरावती (महा.) में। सन्त गाडगेबाबा अमरावती विश्वविद्यालय अमरावती के हिन्दी विभाग के प्रोफेसर एवं पूर्व अध्यक्ष। 11 मौलिक ग्रन्थ तथा 7 सम्पादित ग्रन्थ प्रकाशित। प्राचार्य पद पर भी कार्य। महाराष्ट्र हिन्दी साहित्य अकादमी के पूर्व सदस्य। भारत सरकार के सामाजिक न्यायालय सलाहगार के रूप में कार्यरत। 30 से अधिक पीएच.डी. उपाधि प्राप्त। कुशल संयोजक और विशेषज्ञ के रूप में राष्ट्रीय तथा अन्तर्राष्ट्रीय स्तर पर कार्य। सम्पर्क–पार्वतीनगर नं. 2, महात्मा फुले, कॉलेज के समीप, अकोली रोड, अमरावती–444607 (महाराष्ट्र) मो. 9422916339 / 9763280943, E-mail : bundele123@rediffmail.com

❖❖

प्रो. नवनीत चौहान : जन्म 1955 को आग्रा (उ.प्र.) में। हिन्दी नाटक और नाट्य (रंगमंच), फ़िल्म, टेलीविजन, मीडिया जैसे विशेष अध्ययन के क्षेत्र। आपके चौदह ग्रन्थ तथा 70 शोधालेख प्रकाशित। गर्म हवा जर्ब (हिन्दी) और मोटा घरनीं लाज (गुज़राती) जैसी फ़िल्मों में अभिनय। श्रीकृष्णा, अलिफ लैला, निर्माण, इतिहास की प्रेम कहानियाँ, गंगामैया, दुर्गा, दादा–दादी की कहानियाँ, हातिमताई, साईबाबा, राजपूत, तिलिस्मी होशरुबा, पृथ्वीराज चौहान, चन्द्रगुप्त आदि टी.वी. धारावाहिक में अभिनय। लगभग 50 से अधिक नाटकों का निर्देशन तथा 75 नाटकों में अभिनय। सम्पर्क–अवकाश प्राप्त, आचार्य एवं पूर्व अध्यक्ष, हिन्दी विभाग, सरदार पटेल विश्वविद्यालय, वल्लभ विद्यानगर–388001 (गुज़रात) मो. 9427082215, E-mail : drnavneetvvn@yahoo.com

❖❖

प्रो. (डॉ.) सुधाकर शेंडगे : जन्म 19 अक्तूबर, 1966 को जिला बीड के कोल्हेर (महा.) गाँव में। 21 ग्रन्थ तथा 53 शोधालेख प्रकाशित। समीक्षा तथा अनुवाद में रुचि। 'वारकरी सम्प्रदाय और मराठी सन्तों की सामाजिक भूमिका' ग्रन्थ के लिए केन्द्रीय हिन्दी निदेशालय का 1 लाख रुपए का राष्ट्रीय पुरस्कार प्राप्त। डॉ. बाबासाहब अम्बेडकर मराठवाडा विश्वविद्यालय, औरंगाबाद के हिन्दी विभाग के हिन्दी विभाग में प्रोफेसर एवं अध्यक्ष के रूप में कार्य। कुशल संयोजक। सम्पर्क–हिन्दी विभाग डॉ. बाबासाहब अम्बेडकर मराठवाडा विश्वविद्यालय, औरंगाबाद (महाराष्ट्र) मो. 9421335509 E-mail : dr.sudhakarshendge@gmail.com

❖❖

प्रो. (डॉ.) ओमप्रकाश शर्मा : जन्म 1 जून, 1955 को जलगाँव (महा.) में। 'कैदी नं. 325' कथासंग्रह प्रकाशित। स्वातंत्र्योत्तर हिन्दी रंगमंच, शैलीकार शंकर पुणतांबेकर, अभिनव भाषाविज्ञान, पाश्चात्य साहित्य सिद्धान्त विवेचन, सूरदास : एक पुनरावलोकन, जनसंचार और पत्रकारिता जैसे एक दर्जन से अधिक ग्रन्थ प्रकाशित। महाराष्ट्र राज्य हिन्दी साहित्य अकादमी का बाबूराव विष्णु पराड़कर पुरस्कार प्राप्त। गरवारे कॉलेज, पुणे के हिन्दी विभाग में प्रोफेसर एवं अध्यक्ष के रूप में कार्य और अवकाश प्राप्त। सम्पर्क–A-44, वायोला, सिप्ला फाऊंडेशन रोड, वारजे, पुणे–411058 मो. 9503024764, E-mail : omprakash.sharma@gmail.com

❖❖

प्रो. (डॉ.) विष्णु सरवदे : जन्म 1 दिसंबर, 1960 को बीड जिला, केज तहसील के साबला (महाराष्ट्र) गाँव में। दलित साहित्य के अध्येता, आलोचक। आधुनिक हिन्दी साहित्य में विशेष रुचि। दस से अधिक ग्रन्थ तथा सौ से अधिक शोधालेख प्रकाशित। हिन्दी विभाग, मुंबई विश्वविद्यालय, मुंबई में प्रोफेसर एवं अध्यक्ष के रूप में कार्य। कुशल संयोजक, शोध–निर्देशक। अनेक देशों की अकादमिक यात्राएँ। केन्द्रीय विश्वविद्यालय, हैदराबाद में प्रोफेसर के रूप में कार्यरत। सम्पर्क– प्रोफेसर, हिन्दी विभाग, केन्द्रीय विश्वविद्यालय, हैदराबाद–500046 (तेलंगाना) मो. 9869379534 / 8080819005, E-mail : vishnusarwade@uohyd.ac.in

❖❖

डॉ. यादवराव बाबुराव धुमाळ : जन्म 01 जून, 1947 को जिला सांगली तहसील खानापुर के चिखलहोल में। वेणुताई चव्हाण कराड महाविद्यालय के पूर्व

हिन्दी विभागाध्यक्ष। साठोत्तरी हिन्दी मराठी के सामाजिक उपन्यास में वर्ग चित्रण ग्रन्थ प्रकाशित। शिवाजी विश्वविद्यालय कोल्हापुर के हिन्दी अध्ययन मंडल के पूर्व अध्यक्ष। सम्पादित 17 और 40 शोधालेख प्रकाशित। तुलनात्मक अध्ययन में विशेष योगदान। सम्पर्क–शाहू हाउसिंग सोसायटी, विद्यानगर, कराड जिला सातारा–415124 (महाराष्ट्र) मो. 9730177859, E-mail : kshitijdhumal75@gmail.com

❖❖

प्रो. (डॉ.) देवीदास इंगळे : जन्म 1 जून, 1961 को जिला सोलापुर के वडशिंगे (महा.) गाँव में। डॉ. बाबासाहब अम्बेडकर मराठवाडा विश्वविद्यालय के हिन्दी अध्ययन मंडल के पूर्व अध्यक्ष। कई ग्रन्थ तथा शोधालेख प्रकाशित। स्नातकोत्तर परीक्षा में डॉ. चन्दूलाल दुबे सुवर्णपदक और शिवाजी विश्वविद्यालय का डॉ. बॅरिस्टर पी.जी. पाटील आदर्श अध्यापक पुरस्कार प्राप्त। हिन्दी विभागाध्यक्ष, रामकृष्ण परमहंस महाविद्यालय, उस्मानाबाद से सेवानिवृत्त। सम्पर्क– शिवनेरी, शिक्षक कॉलोनी, उस्मानाबाद–413501 (महाराष्ट्र) मो.9421317495, E-mail : dringale.devidas@gmail.com

❖❖

डॉ. सन्दीप अवस्थी : जन्म 29 जुलाई, 1971 को अजमेर (राजस्थान) में। शिक्षाविद, वेदांतज्ञ। शोधनिर्देशक भगवंत विश्वविद्यालय, अजमेर। मानद पीएच–डी हिन्दी, डीलिट, विभिन्न विषयों पर आठ किताबें देश विदेश से पुरस्कृत। भगवंत विश्वविद्यालय में कार्यरत। सम्पर्क–66/26 न्यू कॉलोनी, रामगंज, अजमेर–305001 मो. 7737407061 E-mail : drsandeep.buniversity@gmail.com

❖❖

डॉ. भारती विजयराव शेळके : जन्म 25 फरवरी, 1957 को सातारा (महा.) में। 'साठोत्तरी प्रमुख महिला रचनाओं में चित्रित परिवार' नामक लघुशोध परियोजना कार्य पूर्ण। 'हिन्दी और मराठी आत्मकथा में नारी विमर्श का तुलनात्मक अध्ययन' ग्रन्थ प्रकाशित। हिन्दी विभाग, कमला कॉलेज, कोल्हापुर में सहयोगी प्रोफेसर के रूप में कार्य और अवकाश प्राप्त। सम्पर्क–517/E वार्ड जवान स्मृति, शिवाजी पार्क कोल्हापुर–416001 (महाराष्ट्र) मो. 8805230852, E-mail : bharati.v.shelke@gmail.com

❖❖

श्री गोविंद गोडबोले : जन्म 3 मार्च, 1946 को बार्शी (महा.) में। आकाशवाणी में 16 वर्ष अधिकारी। बाल साहित्यकार। संहिता लेखक। 23वें अखिल भारतीय बालकुमार साहित्य सम्मेलन (2012) के अध्यक्ष। राज्यस्तरीय बालकुमार साहित्य सम्मेलन (2017) के अध्यक्ष। बाल साहित्य के प्रति विशेष रुचि। 85 ग्रन्थ प्रकाशित। समाचार पत्र में लेखन। ग्रामीण पत्रकारिता। विभिन्न पुरस्कार। मराठी बालकुमार साहित्य सभा, कोल्हापुर के अध्यक्ष। सम्पर्क– 83 रमा उद्यान, सेकंड फेज पंढरपुर रोड, मिरज जिला. सांगली (महा.)–416410. मो. 9822350549 ईमेल–govind-godbole2009@gmail.com

❖❖

प्रो. (डॉ.) वी. एन. भालेराव : जन्म 10 जून, 1958, उंद्री प. मुक्रामाबाद, तहसील मुखेड जिला नांदेड (महा.) में। 10 से अधिक पुस्तकें और अनेक शोधपत्र प्रकाशित। आदर्श शिक्षक सम्मान, मु. मा. जगताप अनुवाद पुरस्कार (पुणे) तथा कवि रवीन्द्रनाथ ठाकुर सम्मान कलकत्ता से सम्मानित। पूर्व हिदी विभागाध्यक्ष, सावित्रीबाई फुले पुणे विश्वविद्यालय, पुणे। उनके कई ग्रन्थ तथा शोधालेख प्रकाशित। मो. 9822602635 ईमेल : bbbhalerao.vn@gmail.com

❖❖

डॉ. देवायत सोलंकी : जन्म 1 जून, 1964 को सरोड गाँव (गुज़रात) में। उनके पाँच ग्रन्थ व बाईस शोधालेख प्रकाशित। आठ छात्रों को पीएच.डी की उपाधि प्राप्त। सम्पर्क : अध्यक्ष, हिन्दी विभाग, श्री यु. के. वाछाणी महिला महाविद्यालय के केशोद जिला जूनागढ (गुज़रात) 362220 मो. 9427735017 ईमेल – pro.dmsolunki@gmail.com

❖❖

श्री गोकुल विठ्ठल बिडवे : जन्म 1 जुलाई, 1958 को पारेवाडी तहसील परंडा जिला उस्मानाबाद (महा.) में। शिक्षा 12वीं कला। पेशे से किसान मराठवाडा के ग्रामीण और पिछडे भूभागों में प्रगतशील खेती करने का प्रयास। पुश्तैनी खेती ही जीविकोपार्जन का साधन। सम्पर्क – पारेवाडी, डाक डोणजा, तहसील परांडा जिला उस्मानाबाद (महा.) 413505 मो. 9527102980

❖❖

प्रो. (डॉ.) दत्तात्रय मुरूमकर : जन्म 17 जुलाई, 1977 को। आलोचक और वक्ता। छह मौलिक, दो सम्पादित और चार सहलेखक ग्रन्थ प्रकाशित। यू.जी.सी. की एक शोध परियोजना तथा मुम्बई विश्वविद्यालय की तीन शोध

परियोजनाएँ पूर्ण। 05 पीएच.डी. और 12 छात्रों को एम.फिल. उपाधि प्राप्त। सम्पर्क–प्रोफेसर एवं अध्यक्ष, हिन्दी विभाग, मुंबई विश्वविद्यालय, मुंबई (महाराष्ट्र) मो. 9975807915, E-mail : dattatryamurumkar@gmail.com

❖❖

प्रो. हूबनाथ : जन्म 13 अप्रैल, 1965 को मुंबई (महा.) में। मुंबई विश्वविद्यालय के हिन्दी विभाग में प्रोफेसर। मुंबई विश्वविद्यालय की शोध पत्रिका 'शोधावरी' के सम्पादक। 'युगीन काव्य' और 'अनभै' पत्रिका का सहसंपदन। बाजा, हमारी बेटी और अन्तर्द्वंद्व फ़िल्मों मे संवाद लेखन। मुंबई सर्वोदय मंडल में 26 वर्षों से गाँधी विचारों का प्रचार और प्रसार। कौए, लोअर परेल और मिट्टी काव्य संग्रह प्रकाशित। महाराष्ट्र राज्य हिन्दी साहित्य अकादमी का सन्त नामदेव पुरस्कार। सम्पर्क– सी 601, कृष्णा गॅलेक्सी, दत्त मन्दिर रोड, वाकोला, सांताक्रुज, मुंबई–400055. मो. 9969016973 ईमल : hubnath@gmail.com

❖❖

प्रो. (डॉ.) सुनील बाबूराव कुलकर्णी : जन्म 1 जून, 1975 को जिला जालना तहसील अंबड के देशगव्हाण (महा.) में। कवयित्री बहिणाबाई चौधरी उत्तर महाराष्ट्र विश्वविद्यालय, जलगाँव के हिन्दी विभागाध्यक्ष। भक्तिकाव्य, तुलनात्मक साहित्य और अनुवाद में विशेष रुचि। प्रकाशित ग्रन्थ–कबीर और तुकाराम के काव्य प्रगतिशील चेतना, समकालीन साहित्य विमर्श, सामाजिक समरसता के अग्रदूत सन्त कवि, भाषिक सम्प्रेषण, हिन्दी लेखन कौशल विकास और प्रयोजनमूलकता आदि ग्रन्थों के साथ सात ग्रन्थों का अनुवाद और कई ग्रन्थों का सम्पादन। यू.जी.सी. का 'भारतीय भक्ति साहित्य में अभिव्यक्त सामाजिक समरसता का तुलनात्मक अध्ययन' तथा केन्द्रीय हिन्दी संस्थान आगरा का 'मराठी भाषा का लोकसाहित्य' बृहद शोध परियोजना कार्य पूर्ण। सम्पर्क–हिन्दी विभागाध्यक्ष, कवयित्री बहिणाबाई चौधरी उत्तर महाराष्ट्र विश्वविद्यालय, जलगाँव (महा.) मो. 9422217600 E-mail : sunilkulkarni38@gmail.com

❖❖

प्रो. (डॉ.) साधना चन्द्रकान्त भंडारी : जन्म 1 जून, 1962 को अहमदनगर (महा.) में। 'रूप' काव्यसंग्रह प्रकाशित। साथ ही धर्मवीर भारती का अंधा युग, धर्मवीर भारती का गद्य साहित्य, मैत्रयी पुष्पा के उपन्यासों में नारी उत्पीड़न की समस्याएँ, मारवाडी बोली जैसे कई ग्रन्थ प्रकाशित। राष्ट्रीय एकात्मता पुरस्कार तथा पुणे जिला शिक्षण मंडल का आदर्श शिक्षक पुरस्कार प्राप्त। हिन्दी विभाग, मामासाहेब मोहोल महाविद्यालय, पुणे में प्रोफेसर एवं अध्यक्ष के

रूप में कार्यरत। सम्पर्क–'सरसकुंज' बंग्लो नं. 3, भाहाजीराजे सोसायटी, सर्वे नं. 159/A भोसले नगर, हडपसर, पुणे–411028, मो. 9371395570, E-mail : sadhanabhandari17@gmail.com

❖❖

प्रो. (डॉ.) ईश्वर पवार : जन्म 05 सितम्बर, 1970 को जिला जालना तहसील परतुर के सातोना खुर्द (महा.) में। अखिल भारतीय मराठी चित्रपट मंडल के सदस्य। कई ग्रन्थ तथा शोधालेख प्रकाशित। कुशल संयोजक, शोधनिर्देशक के रूप में कार्य। सम्पर्क–अध्यक्ष, हिन्दी विभाग, स्नातकोत्तर अध्ययन एवं अनुसंधान केन्द्र सी.टी.बोरा कालेज, शिरुर, पुणे (महा.) मो. 9422316617, E-mail : onlyishwar@gmail.com

❖❖

प्रो. (डॉ.) सुजय पाटील : जन्म 20 नवम्बर, 1970 को कोल्हापुर (महा.) में। कमला कॉलेज कोल्हापुर में मराठी विभागाध्यक्ष। दो राष्ट्रीय और तीन अन्तर्राष्ट्रीय संगोष्ठियों के संयोजक। एक समीक्षात्क और तीन सम्पादित ग्रन्थ प्रकाशित। शिवाजी विश्वविद्यालय के मराठी विषय का पाठयक्रम लेखन और सम्पादन। मराठी समाचार पत्र में स्तंभ लेखन। सम्पर्क : 2454 डी. वार्ड विष्णु प्लाझा, अपार्टमेंट, मंगलवार पेठ, कोल्हापुर–416012 मो. 8421668406 ईमेल : sujaybpatil@rediffmail.com

❖❖

डॉ. मिलिंद रोहिदास कांबळे : जन्म 16 अप्रैल, 1970 को। विद्या प्रतिष्ठान संलग्न कला, विज्ञान एवं वाणिज्य महाविद्यालय विद्यानगरी, बारामती में अध्यापन कार्य। महाराष्ट्र राज्य कनिष्ठ महाविद्यालय हिन्दी अध्यापक संघ के अध्यक्ष। दसवीं/बारहवीं कक्षा के हिन्दी पाठयक्रम लेखन के सम्पादक मंडल सदस्य तथा समन्वयक। सात शोधालेख तथा 'भीष्म साहनी के उपन्यास साहित्य में सामाजिक चेतना' ग्रन्थ प्रकाशित। हिन्दी विषय ज्ञाता, मार्गदर्शक, उत्कृष्ट वक्ता। सामाजिक प्रतिबद्धता। विभिन्न समितियों पर कार्य तथा विभिन्न पुरस्कार प्राप्त। सम्पर्क : 'सुमेधा' आवास क्रं. 599, सूर्यनगरी, जळोची रोड, एम.आ.डी.सी., तहसील बारामती जिला पुणे (महा.) – 413133 मो. 9423251224/8788121101 ईमेल : mrkamble70@gmail.com

❖❖

अरविन्द बाजपेयी : जन्म 10 सितम्बर, 1959 कानपुर (उ.प्र.) में सुप्रसिद्ध प्रकाशक। सन् 1987 से अमन प्रकाशन का प्रारम्भ। आज यह प्रकाशन बहुत

ऊँचाई पर पहुँचा। अमन प्रकाशन से हिन्दी जगत की कई जानी–मानी हस्तियाँ; जैसे–रामदरश मिश्र, बलदेव वंशी, चित्रा मुद्गल, मृदुला गर्ग, चन्द्रकान्ता, सूर्यबाला, गिरिराज किशोर, कृष्णा अग्निहोत्री, गोविंद मिश्र, डॉ. सुरेश शुक्ल 'चन्द्र', और प्रो. अर्जुन चव्हाण जैसे बहुत सारे लेखकों की पुस्तकें प्रकाशित। इनके प्रकाशन से प्रकाशित पुस्तके अनेक पुरस्कारों से पुरस्कृत। सम्पर्क, निदेशक, अमन प्रकाशन समूह, कानपुर (उ.प्र.) मो. 9839218516 E-mail : Amanprakashanknp@yahoo.com

❖❖

डॉ. प्रकाश मोकाशी : जन्म 18 सितम्बर, 1953 को जिला सांगली तहसील आटपाडी के भोटफळे गाँव (महा.) में। शिवाजी विश्वविद्यालय, कोल्हापुर के हिन्दी अध्ययन मंडल के पूर्व अध्यक्ष तथा आदर्श महाविद्यालय विटा में प्राचार्य के रूप में कार्य कर अवकाश प्राप्त। 'यात्रा साहित्य : परिवेश और परिप्रेक्ष्य', 'उपन्यासकार अनन्त गोपाल शैवडे' और 'यात्रा साहित्यकार गोविंद मिश्र' आदि ग्रन्थ प्रकाशित। अनेक पाठ्य पुस्तकों का सम्पादन। सम्पर्क–A-404 ग्रॅण्ड व्हयू–7, फेज–1 अंबेगाव बी.के. 46, पोदार स्कूल के नजदीक, पुणे–411046 (महाराष्ट्र) मो. 7755900800, E-mail : drparkashmokashi@gmail.com

❖❖

डॉ. वसन्त सुर्वे : जन्म 1 जून, 1955 को जिला सांगली के बागणी गाँव (महा.) में। कला और वाणिज्य महाविद्यालय, आष्टा में हिन्दी विभागाध्यक्ष। शिवाजी विश्वविद्यालय, कोल्हापुर के हिन्दी अध्ययन मंडल के पूर्व अध्यक्ष। 'आपातकालोत्तर हिन्दी ग्रामांचलित उपन्यासों की मीमासा', 'जैनेद्रकुमार के उपन्यास ग्रन्थ प्रकाशित। सम्पर्क – बागणी, तहसील वालवा जिला सांगली 416301 मो. 9423869715

❖❖

डॉ. सुलोचना नरसिंगराव अन्तरेड्डी : जन्म 11 नवम्बर, 1956 को जिला लातूर के देवणी (महा.) में। 'कृष्णा सोबती के उपन्यासों में प्रतिबिम्बित नारी', 'मैत्रेयी पुष्पा और शांता गोखले के उपन्यासों में प्रतिबिम्बित नारी जीवन' आदि ग्रन्थ प्रकाशित। अनुराधा गुरव के 'डॉक्टर तुम्ही सुद्धा' का हिन्दी अनुवाद। मार्गदर्शन में पाँच छात्र को पीएच.डी. उपाधि प्राप्त। अध्यक्ष, हिन्दी विभाग, डी. आर. माने महाविद्यालय, कागल, कोल्हापुर में कार्य और अवकाश प्राप्त। सम्पर्क–'सौरभ' ग्रीन पार्क, शिवाजी विश्वविद्यालय के नजदीक आर.आर.सी.

बिल्डर्स, ओल्ड पुणे, बैंगलोर रोड, कोल्हापुर–416004 मो. 9421175083, E-mail : santreddy11@gmail.com

❖❖

डॉ. अलका निकम–वागदरे : जन्म 9 अगस्त, 1968 को जिला नांदेड के देगलूर (महा.) में। विलिंग्डन महाविद्यालय सांगली में सहयोगी प्राध्यापक। अधिसभा सदस्य–शिवाजी विश्वविद्यालय, कोल्हापुर। 'नागार्जुन और नारायण सुर्वे के काव्य में प्रगतिशील चेतना' एवं 'दुष्यतकुमार और सुरेश भट्ट की गजलों का सामाजिक चिन्तन' समीक्षात्मक ग्रन्थ प्रकाशित। कई शोधालेख प्रकाशित। लघुशोध परियोजना का कार्य पूर्ण। सम्पर्क– जुही बंग्लो, 654/1, काली वाट, विनायक पार्क, साई मन्दिर के नजदीक, मेखले गिरणी के सामने हरीपुर जिला सांगली 416416। मो. 8483926423 ईमेल :alkanikamwagdare@gmail.com

❖❖

डॉ. शहाजहान मणेर : जन्म 1 जून, 1963 को जिला कोल्हापुर तहसील हतकंणगले के पुलाची शिरोली में। 'सामाजिक यथार्थ और कथाकार संजीव' यह ग्रन्थ प्रकाशित। छह सम्पादित ग्रन्थ प्रकाशित। अनेक राष्ट्रीय संगोष्ठियों के कुशल संयोजक। मार्गदर्शन में तीन छात्र को पीएच.डी उपाधि प्राप्त। सम्पर्क–प्रधानाचार्य, तुळजा भवानी महाविद्यालय, तुळजापुर जिला–उस्मानाबाद 413601 (महाराष्ट्र) मो. 9404704647, E-mail : drmanersm@gmail.com

❖❖

प्रो. (डॉ.) प्रकाश शंकरराव चिकुर्डेकर : जन्म 10 नवम्बर, 1966 को जिला सांगली के चिकुर्डे गाँव में। पत्रकारिता में विशेष रूचि, सफल शोधनिर्देशक तथा कुशल संयोजक। 'रामदरश मिश्र के उपन्यासों में समाज जीवन', 'आधुनिक हिन्दी साहित्य में वैषम्य के विविध आयाम' जैसे ग्रन्थ प्रकाशित हैं। कई ग्रन्थों का सम्पादन तथा 75 से अधिक शोधालेख प्रकाशित। उत्कृष्ट शोध ग्रन्थ के लिए श्री अमनसिंह अत्रे हिन्दी विकास संस्था, मेरठ के राष्ट्रीय पुरस्कार से सम्मानित। मार्गदर्शन में पाँच छात्रों को पीएच.डी. की उपाधि प्राप्त। सम्पर्क–प्रभारी प्रधानाचार्य, यशवंतराव चव्हाण वारणा महाविद्यालय, वारणानगर–416113, जिला–कोल्हापुर (महाराष्ट्र) मो. 9156724545, E-mail : drprakashchikurdekar@gmail.com

❖❖

डॉ. विनायक य. खरटमल : जन्म 4 मार्च, 1971 को सोलापुर (महा.) में। अमृतराय के साहित्य पर अनुसंधान कार्य। आधुनिक हिन्दी कथा साहित्य

में विशेष रूचि। कई शोधालेख प्रकाशित। अनेक राष्ट्रीय संगोष्ठियों में सक्रिय सहभाग। प्रो. अर्जुन चव्हाण जी का पहला शोध छात्र होने का सम्मान। सम्पर्क–अध्यक्ष, हिन्दी विभाग, यशवंतराव चव्हाण महाविद्यालय, करमाला जिला सोलापुर–413203 (महाराष्ट्र) मो. 9421263681, E-mail : vinayakk3538@gmail.com

❖❖

प्रो. (डॉ.) अरूण गम्भीरे : जन्म 27 अप्रैल, 1972 को जिला उस्मानाबाद तहसील कलंब के ईटकुर गाँव (महा.) में। कर्मवीर मामासाहेब जगदाळे महाविद्यालय वाशी में हिन्दी विभागाध्यक्ष। कई शोधालेख प्रकाशित। अनेक राष्ट्रीय संगोष्ठियों में सक्रिय सहभाग। सम्पर्क : हिन्दी विभागाध्यक्ष, कर्मवीर मामासाहेब जगदाळे महाविद्यालय, वासी, जि. उस्मानाबाद (महा.)। मो. 9420333624 ईमेल : arungambhire20@gmail.com

❖❖

प्रो. (डॉ.) नाजिम शेख : जन्म 11 मार्च, 1969 को इस्मालपुर जिल सांगली–(महा.) में। 'धूमिल और उनका काव्य', 'केदारनाथ सिंह के कविता में ग्रामांचलिक जन–जीवन' और 'हिन्दी फ़िल्मों के उर्दू गीतकार' जैसे ग्रन्थ प्रकाशित तथा 50 से अधिक शोधालेख प्रकाशित। अनेक राष्ट्रीय तथा अन्तर्राष्ट्रीय संगोष्ठियों में सहभाग। सम्पर्क–हिन्दी विभागाध्यक्ष, श्री. विजयसिंह यादव महाविद्यालय, पेठ–वडगाव, जि. कोल्हापुर (महा.)–415409 मो. 09860851877, E-mail : nazimshaikh1969@gmail.com

❖❖

डॉ. सुनन्दा सोपानराव मोहिते : जन्म 08 जुलाई, 1965 को बारामती के मालेगाँव में। कई पत्रिकाओं में शोधालेख प्रकाशित। कुशल संयोजक–आयोजक। आधुनिक हिन्दी साहित्य में विशेष रूचि। राष्ट्रीय तथा अन्तर्राष्ट्रीय संगोष्ठियों में सक्रिय सहभाग। सम्पर्क–अध्यक्ष, हिन्दी विभाग, सरदार बाबासाहेब माने महाविद्यालय, रहिमतपुर, तहसील कोरेगाव जिला सातारा (महाराष्ट्र) मो. 9890328617, E-mail : mohites.s65@gmail.com

❖❖

डॉ. रमेशकुमार गवळी : जन्म 2 जून, 1969 को इस्लामपुर में। कृष्णा महाविद्यालय, रेठरे (बु.) में हिन्दी विभागाध्यक्ष। नाटकार ज्ञानदेव अग्निहोत्री (समीक्षात्मक) तथा बळी प्रेमाहुति (मराठी उपन्यास) शॉट सक्रिट (मराठी व्यंग्य) कायद्यानुसार (मराठी नाटक) सृजनात्मक लेखन प्रकाशित। फ़िल्म अभिनय।

ऑल इंडिया रेडियो सांगली केन्द्र से व्याख्यान प्रसारित। लघुशोध परियोजना का कार्य पूर्ण। दो छात्रों को एम.फिल. तथा दो छात्रों को पीएच. डी. की उपाधि प्राप्त। विभिन्न पुरस्कारों से पुरस्कृत। शिवाजी विश्वविद्यालय के आदर्श शिक्षक पुरस्कार से सम्मानित। सम्पर्क : कापुसखेड नाका, इस्लामपुर जि. सांगली (महा.) मो. 985015698 ईमेल : rameshkumar1075@gmail.com

❖❖

प्रो. (डॉ.) एकनाथ श्रीपती पाटील : जन्म 1 जून, 1967 को जिला कोल्हापुर तहसील करवीर के कुरूकली गाँव में। शिवाजी विश्वविद्यालय कोल्हापुर के हिन्दी अध्ययन मंडल के सदस्य। 'हिन्दी मराठी उपन्यास साहित्य में चित्रित कृषक' जीवन विषय पर लघुशोध परियोजना का कार्य पूर्ण। अनेक ग्रन्थ प्रकाशित। तुलनात्मक अध्ययन, प्रयोजनमूलक हिन्दी और पत्रकारिता में विशेष रूचि। मार्गदर्शन में तीन छात्रों ने पीएच.डी. की उपाधि प्राप्त की। अनेक राष्ट्रीय–अन्तर्राष्ट्रीय संगोष्ठियों में सक्रिय सहभाग। सम्पर्क–हिन्दी विभागाध्यक्ष, राधानगरी महाविद्यालय, राधानगरी, जि. कोल्हापुर (महाराष्ट्र) मो. 9421111517, E-mail : dreknathpatil67@gmail.com

❖❖

प्रा. संपतराव जाधव : जन्म 01 जून, 1969 को जिला उस्मानाबाद के जवले (महा.) गाँव में। जयवंत महाविद्यालय, इचलकरंजी जिला कोल्हापुर (महा.) में हिन्दी विभागाध्यक्ष। लक्ष्मीनारायणलाल कृत 'रातरानी' नाटक पर एम.फिल उपाधि प्राप्त। 'हिन्दी–मराठी प्रतिनिधि नाटकों में प्रस्तुत गाँधीजी' विषय पर पीएच. डी. उपाधि के लिए शोध कार्य जारी। 30 शोधालेख प्रकाशित। सम्पर्क : संभाजी हौसिंग सोसायटी, प्लॉट नं. 29, वर्षा नगर, कोल्हापुर (महा.) – 416012 मो. 9423284866 ईमेल – sampatraojadhav96@gmail.com

❖❖

डॉ. शोभा माणिक पवार–निंबालकर : जन्म 27 जुलाई, 1969 को जिला सांगली तहसील खानापुर के वाळुज गाँव (महा.) में। 08 पुस्तकें प्रकाशित। 02 समीक्षात्मक, 02 सम्पादित, 04 अनूदित। विश्वविद्यालय के दूरशिक्षा पाठ्यक्रम का लेखन तथा 26 शोधालेख प्रकाशित। 02 अन्तर्राष्ट्रीय साहित्य सम्मान, डॉ. राधाकृष्णन शिक्षक रत्न राष्ट्रीय पुरस्कार तथा नारी पुरस्कार से सम्मानित। स्त्री लेखन तथा समीक्षा में विशेष रूचि। सम्पर्क–हिन्दी विभाग, श्रीमती सी.बी. शाह महिला महाविद्यालय, सांगली–416416 (महाराष्ट्र) मो. 8421565849, E-mail : shobhapawar69@gmail.com

❖❖

प्रो. (डॉ.) सरोज पाटील : जन्म 12 मई, 1975 को कोल्हापुर (महा.) में। 'हिन्दी उपन्यासों में राष्ट्रमाता जीजाबाई के चरित्र चित्रण का मूल्यांकन' विषय पर लघुशोध परियोजना का कार्य पूर्ण। 'रेणु और दांडेकर के आँचलिक उपन्यास', 'हिन्दी उपन्यासों में राष्ट्रमाता जीजाबाई' और 'सुमित्रानन्दन पन्त के काव्य में गाँधीवादी चेतना' आदि ग्रन्थ प्रकाशित। विभिन्न शोधपत्रिकाओं में लगभग 35 शोधालेख प्रकाशित। शिवाजी विश्वविद्यालय कोल्हापुर के हिन्दी अध्ययन मंडल की सदस्य। सम्पर्क–हिन्दी विभाग, श्री भाहाजी छत्रपति महाविद्यालय, कोल्हापुर (महा.)–416012 मो. 9922770661 E-mail : saroj120575@gmail.com

❖❖

प्रो. (डॉ.) एम.ए. येल्लूरे : जन्म 20 जून, 1968 को हातकणंगले–कोल्हापुर (महा.) में। बी. एस. एस. कला, विज्ञान, वाणिज्य महाविद्यालय, माकणी में हिन्दी विभागाध्यक्ष। 'हिन्दी भाषा एवं साहित्य : विविध आयाम', एवं 'हिन्दी साहित्य विविध विमर्श' ग्रन्थ प्रकाशित। शोधनिर्देशक। विभिन्न पत्रिकाओं में शोधालेख प्रकाशित। सम्पर्क–ज्ञानगंगा, रेल्वे स्टेशन रोड, पद्मावती नगर, हातकणंगले। मो. 9403392105 ईमेल : drmayellure@gmail.com

❖❖

डॉ. भास्कर भवर : जन्म 1 जून, 1976 को जिला सोलापुर के तहसील मोहळ के यावली गाँव (महा.) में। शोधनिर्देशक। 'वीरेंद्र जैन का समग्र साहित्य एक अध्ययन, (समीक्षात्मक) तथा, 'इक्कीसवी सदी के हिन्दी साहित्य में नारी विमर्श,' 'इक्कीसवी सदी के हिन्दी साहित्य में दलित विमर्श' (सम्पादन) ग्रन्थ प्रकाशित। सम्पर्क : हिन्दी विभागाध्यक्ष, कर्मवीर हिरे कला, शास्त्र, वाणिज्य व शिक्षाशास्त्र महाविद्यालय, गारगोटी मो. 9922604998 ईमेल : drbhaskarbhavur@gmail.com

❖❖

डॉ. पण्डित बन्ने : जन्म 01 जून, 1975 को। भारत महाविद्यालय जेऊर जिला सोलापुर में हिन्दी विभागाध्यक्ष। डी लिट उपाधि प्राप्त। शोधनिर्देशक। 26 पुस्तकें और 250 शोधालेख प्रकाशित। मानव संसाधन विकास मन्त्रालय का हिन्दीतर भाषिक हिन्दी लेखक पुरस्कार (1 लाख रू.), महाराष्ट्र राज्य हिन्दी साहित्य अकादमी का पण्डित नन्ददुलारे वाजपेयी पुरस्कार (25 हजार रू.)। सम्पर्क– प्लैट नं. 9 युनिटी ऑयकॉन, वामननगर, गोविंदश्री के नजदीक, सोलापुर – 413004 (महा.)। मो. 9834582128 ईमेल : drpunditbanne@gmail.com

❖❖

प्रो. (डॉ.) चित्रा मिलिंद गोस्वामी –जन्म 11 मार्च, 1974 को जिला सिंधुदुर्ग, तहसील सावंतवाडी के बांदा (महा.) में। मुंबई विश्वविद्यालय–हिन्दी अध्ययन मंडल की सदस्य। महाराष्ट्र शासन–रत्नागिरी जिला महिला बालविकास कक्ष विभाग की सदस्य। पचपन शोधालेख और हिन्दी–मराठी में सत्तरह ग्रन्थ प्रकाशित। "कोंकण की बोली पर हिन्दी माध्यमों का प्रभाव" विषय पर यू.जी.सी. द्वारा मान्यता प्राप्त –बृहत शोध परियोजना का कार्य पूर्ण। मुंबई विश्वविद्यालय के राष्ट्रीय सेवा योजना का उत्कृष्ट कार्यक्रमाधिकारी पुरस्कार प्राप्त। गोगाटे जोगळेकर महाविद्यालय, रत्नागिरी में प्रोफेसर तथा हिन्दी विभागाध्यक्ष। सम्पर्क–B3, आशुतोष इन्क्लेव, खरेघाट रोड, ठाकुर बँग्लो, रत्नागिरी (महा.) –415612 मो. 9665330154, ईमेल–chitramgh@gmail.com

❖❖

डॉ. सौदागर साळुंखे : जन्म 13 अक्तूबर, 1975 को अकलूज– सोलापुर (महा.) में। एम.एच.एम. महाडीक कला और वाणिज्य महाविद्यालय, मोडनींब, जिला सोलापुर में विगत 22 वर्ष से अध्यापन कार्य। कई शोधालेख प्रकाशित। सम्पर्क– मु.पो. मोहळ, विद्या नगर, तहसील मोहळ जिला सोलापुर–413213 (महा.)। मो. 9850515083 ईमेल : saudagar7817@gmail.com

❖❖

डॉ. भाऊसाहेब नवनाथ नवले : जन्म 01 जून, 1975 को जिला सोलापुर, तहसील बार्शी के कदंलगाँव (महा.) में। 02 ग्रन्थ प्रकाशित। यू.जी.सी. की 02 लघुशोध परियोजनाएँ पूर्ण तथा 01 बृहद शोध परियोजना के सहायक के रूप में कार्य। 73 शोधालेख प्रकाशित तथा लगभग 93 शोधालेखों का प्रस्तुतीकरण। सम्पर्क–हिन्दी विभागाध्यक्ष, लोकनेते डॉ. बाळासाहेब विखे पाटील प्रवरा ग्रामीण शिक्षण संस्था कला, वाणिज्य एवं विज्ञान महाविद्यालय, सात्रळ तहसील–राहुरी जिला अहमदनगर–413711 (महाराष्ट्र) मो. 8788417569 / 9922807085 E-mail : bhausahebnavale83@gmail.com

❖❖

डॉ. सन्मुख मुच्छटे : जन्म 10 जून, 1976 को जिला लातूर के सांबाला गाँव (महा.) में। श्री. छत्रपति शिवाजी महाविद्यालय, उमरगा में हिन्दी विभागाध्यक्ष। डी.लिट. उपाधि प्राप्त। विनोदकुमार शुक्ल का रचना संसार, आधुनिक हिन्दी साहित्य विधा के विभिन्न रूप, विनोदकुमार शुक्ल के उपन्यासों में युवा वर्ग, दशम् दशक के हिन्दी उपन्यासों में पारिवारिक एवं नारी संवेदना। विभिन्न पत्रिकाओं में शोधालेख प्रकाशित। सम्पर्क : श्री छत्रपति शिवाजी

महाविद्यालय, उमरगा जिला उस्मानाबाद (महा.) – 413606 मो. 9689063715 ईमेल : sunmukhm@gmail.com

❖❖

डॉ. रीना पाटील–खिचडे : जन्म 5 नवम्बर, 1985। 'मुझे चाँद चाहिए' तथा 'मुक्काम' का तुलनात्मक अध्ययन पर एम.फिल. और 'आधुनिकता के परिप्रेक्ष्य में हिन्दी उपन्यासों का अनुशीलन' (1990–2005) विषय पर पीएच.डी. उपाधि प्राप्त। कई शोधालेख प्रकाशित। आधुनिक हिन्दी साहित्य में विशेष रूचि। सम्पर्क–अध्यक्ष, हिन्दी विभाग, म्हैसाल महाविद्यालय, म्हैसाल, तहसील मिरज, जिला सांगली–416410 (महाराष्ट्र) मो. 8793732615, E-mail : reena.515@rediffmail.com

❖❖

डॉ. दीपक रामा तुपे : जन्म 02 जून, 1980 को जिला सोलापुर, तहसील माळशिरस के बिजवडी गाँव में। 'हिन्दी भाषा, सूचना प्रौद्योगिकी और समसामयिक सन्दर्भ' ग्रन्थ तथा 70 शोधालेख प्रकाशित। पत्रकारिता, प्रयोजनमूलक हिन्दी विशेष रूचि के क्षेत्र। सम्पर्क–हिन्दी विभाग, विवेकानन्द कॉलेज, कोल्हापुर–416003 (महाराष्ट्र) मो. 8805282610, E-mail : dipaktupe1980@gmail.com

❖❖

डॉ. गोरख किसन किर्दत–जन्म 1 अप्रैल, 1979 को जिला सांगली, तहसील खानापुर के ढवळेश्वर गाँव (महा.) में। स्तरीय शोध पत्रिकाओं में 20 से अधिक शोधालेख तथा मार्कण्डेय के साहित्य में प्रतिबिम्बित ग्राम–जीवन ग्रन्थ प्रकाशित। अनुवाद स्वरूप ग्रन्थ का सम्पादन तथा Promotion of Ethics And Human Values का सहसम्पादन। शोधनिर्देशक तथा शिवाजी विश्वविद्यालय, कोल्हापुर के राष्ट्रीय सेवा योजना का उत्कृष्ट कार्यक्रमाधिकारी पुरस्कार। पंद्रह वर्ष से अध्यापन कार्य। सम्पर्क–हिन्दी विभागाध्यक्ष, यशवंतराव चव्हाण महाविद्यालय, इस्लामपुर जिला सांगली (महा.)–4015409 मो. 7020459963, ईमेल–gorakhnath-kirdat@gmail-com

❖❖

डॉ. चन्दा सोनकर : जन्म 01 जून, 1975 को जिला सोलापुर के बार्शी (महा.) में। 'अस्तित्ववादी हिन्दी कहानी' और 'भारतीय काव्यशास्त्र' ग्रन्थ प्रकाशित और 14 ग्रन्थ अनूदित तथा सम्पादित। अनुवाद के क्षेत्र में विशेष योगदान। हिन्दी विभाग, शिवाजी विश्वविद्यालय, कोल्हापुर में अस्थायी सहायक प्राध्यापक के रूप में कार्यरत। सम्पर्क–हिन्दी विभाग, शिवाजी विश्वविद्यालय,

कोल्हापुर 416004 (महाराष्ट्र) मो. 7218525814, E-mail : drchandagirish@gmail.com

❖❖

डॉ. संजय चोपडे : जन्म 01 जून, 1967 को जिला कोल्हापुर, तहसील पन्हाला के पोरले गाँव में (महा.)। चौदह ग्रन्थ तथा साठ शोधालेख प्रकाशित। हिन्दी मराठी साहित्य लेखन में योगदान, नाटक कविता में विशेष रूचि। अनेक राष्ट्रीय तथा अन्तर्राष्ट्रीय संगोष्ठियों में सक्रिय सहभाग। सम्पर्क–अस्थायी सहायक प्राध्यापक, हिन्दी विभाग, शिवाजी विश्वविद्यालय, कोल्हापुर 416004 (महाराष्ट्र) मो. 9975415404, E-mail : drsanjay.chopade7@gmail.com

❖❖

डॉ. विजय सदामते : जन्म 30 जुलाई, 1988, कुकटोली – कवठेमहाकाल, सांगली (महा.) में। कई शोधालेख प्रकाशित। दलित साहित्य में विशेष रूचि। हिन्दी दलित कविता पर शोध कार्य पूर्ण। सम्पर्क–अस्थायी सहायक प्राध्यापक, हिन्दी विभाग, शिवाजी विश्वविद्यालय, कोल्हापुर–416004 (महाराष्ट्र) मो. 9552409452, E-mail : vsadamate@gmail.com

❖❖

श्री भिमाशंकर लक्ष्मण गायकवाड : जन्म 01 जून, 1984 को जि. उस्मानाबाद, तहसील तुलजापुर के ख़ुदावाडी गाँव (महा.) में। कई शोधालेख प्रकाशित। रयत शिक्षण संस्था के अनेक महाविद्यालयों में हिन्दी अध्यापन। कई राष्ट्रीय संगोष्ठियों में शोधपत्र प्रस्तुत। अम्बेडकरवादी हिन्दी उपन्यासों पर एम.फिल, 'हिन्दी तथा मराठी नाटकों पर अम्बेडकरवादी विचारों के प्रभाव का तुलनात्मक मूल्यांकन' विषय पर शोध कार्य जारी। सम्पर्क–ग्राम–ख़ुदावाडी, तहसील तुलजापुर, जिला–उस्मानाबाद–413603 (महाराष्ट्र) मो. 9922261369, E-mail: bhimashankarg02@gmail.com

❖❖

श्री अनिल विठ्ठल मकर : जन्म 26 अक्तूबर, 1982 जिला सोलापुर के उंबरे दहिगाँव (महा.) में। पत्रकार के रूप में कार्य। साहित्य में रुचि। अनेक संगोष्ठियों में सहभाग, अनेक शोधपत्र प्रकाशित। "नव संचार माध्यम इटरनेट में प्रयुक्त हिन्दी का अनुशीलन" विषय पर शोध कार्य जारी। सम्पर्क–शोधछात्र, हिन्दी विभाग, शिवाजी विश्वविद्यालय, कोल्हापुर –416004 (महाराष्ट्र) मो. 9673417920, E-mail : anilmakar70@gmail.com

❖❖

श्री विकास सुरेश शेटे : जन्म 1 जून, 1975 को जिला सांगली के भिलवडी गाँव (महा.) में। मूलतः कवि। कई शोधालेख प्रकाशित। अनेक संगोष्ठियों में सहभाग। अनुवाद कार्य में विशेष रूचि। वालवा के हायस्कूल में हिन्दी अध्यापक के रूप में कार्यरत। सम्पर्क–पेठभाग, सिद्धेश्वर मठ के पीछे, वालवा जिला सांगली–416313 (महाराष्ट्र) मो. 9049161752, E-mail : vikasshete922@gmail.com

❖❖

प्रो. पुष्पिता अवस्थी : जन्म 11 जनवरी, 1960 को कानपुर (उ.प्र.) में। नीदरलैंड के हिन्दी युनिवर्स की अध्यक्ष। बचपन कानपुर के गुरगाँव में, व्यक्तित्व का निर्माण वाराणसी में। व्यक्तित्व पर आचार्य विनोबा भावे, लोकनायक जयप्रकाश नारायण, आचार्य दादा धर्माधिकारी और डॉ. एस.एन.सुब्बाराव का वैचारिक प्रभाव। 'संस्कृति आलोक से संवाद' सबसे चर्चित किताब। कुल 17 काव्यसंग्रह और 65 ग्रन्थ प्रकाशित। 12 विश्वविद्यालय के पाठ्यक्रम में कविता तथा कहानियाँ संकलित और आपके व्यक्तित्त्व और कृतित्व पर 37 शोधकार्य पूर्ण। सूरीनाम के सातवें हिन्दी सम्मेलन के आयोजन में अहम भूमिका। शब्दशक्ति और हिन्दी पत्रिका का सम्पादन। सम्पर्क : अध्यक्ष, हिन्दी यूनिवर्स फाउन्डेशन, नीदरलैण्ड। मो. 31–630410778 ईमेल–info@pushpitaawasthi.com

❖❖

प्रो. (डॉ.) गंगाप्रसाद शर्मा 'गुणशेखर' : जन्म 1 नवम्बर, 1961 को जिला सीतापुर के शमशेद नगर में। चीन के ग्वांगझू विश्वविद्यालय में हिन्दी के प्रोफेसर। हिन्दीतर और विदेशी छात्रों को हिन्दी सिखाने की दृष्टि से 'ऐन इंट्रोडक्टरी हिन्दी रीडर' सबसे सरलतम और सबसे चर्चित किताब। संक्षिप्त व्यावहारिक शब्दावली (शब्दकोश), स्त्रीलिंग शब्दमाला (हिन्दी शब्दकोश), हिन्दी क्रियाओं के बहुसन्दर्भी प्रयोग, हिन्दी में लिंग निर्धारण, अफसर का कुत्ता, पुलिसिया व्यायाम (व्यंग्यसंग्रह), डरा हुआ आकाश (दोहा संग्रह), हर जवाँ योजना प्रधान के हरम में (गजल संग्रह) प्रकाशित। इंदु संचेतना–ग्वांगझू विश्वविद्यालय के पत्रिका का सम्पादन। शताधिक शोध आलेख प्रकाशित। अन्तर्राष्ट्रीय भाषा संस्थान, सूरत का संचालन। साहित्य शिरोमणि, तुलसी, विश्व हिन्दी, विश्व हिन्दी सेवा सम्मान से सम्मानित। सम्पर्क : डॉ. गंगाप्रसाद शर्मा 'गुणशेखर' द्वारा अनुराग शर्मा, 1004 शृंगाल हैवेन, डी मार्ट के सामने, वी. आयी. पी. रोड, अलथान, सूरत (गुज़रात) – 395017 मो. 8000691717 ईमेल– dr-gunshekhar@gmail.com

❖❖

डॉ. रामेश्वर सिंह : जन्म 21 जून, 1961 सुल्तानपुर (उ.प्र.) में। रूसी पत्रकार। रूसी–भारतीय मैत्री संघ 'दिशा' के संस्थापक अध्यक्ष। 'दिशा' त्रैमासिक पत्रिका के सम्पादक। मॉस्को स्टेट युनिवर्सिटी से दर्शनशास्त्र में पीएच.डी. उपाधि प्राप्त। हिन्दी का प्रचार–प्रसार। सामाजिक कार्यकर्ता। पत्रकारिता में विशेष रुचि। सम्पर्क : मॉस्को, रशिया। मो. 79853413859 ईमेल–dishainrus@gmail-com

❖❖

डॉ. सिराजुद्दीन नुर्मातोव : जन्म 6 जून, 1977 ताशकंद, उजबेकिस्तान में। ताश्कंद, उजबेकिस्तान साऊथ अॅड साऊथईस्ट भाषाविभाग, ताश्कंद स्टेट यूनिवर्सिटी ऑफ ओरियन्टल स्टडी, उजबेकिस्तान में सहयोगी प्राध्यापक। 'भारतीय आर्य भाषाओं में संख्यात्मक शब्दों का उद्‌भव और विकास' आपका चर्चित ग्रन्थ। शताधिक शोध आलेख प्रकाशित। उजबेकिस्तान और भारत के सम्बन्धों पर विशेष लेखन। सम्पर्क : 16 हाऊस, चिलंजर पाँचवाँ रास्ता, जिला चिलंजर, ताश्कंद, उजबेकिस्तान मो. 998908057818 ईमेल–sirojiddin2003@yahoo-com

❖❖

प्रो. नीलांति कुमारी राजपक्ष : जन्म 20 जून, 1972 को श्रीलंका में। कुमारी राजपक्षे, भाषाविभाग, सांस्कृतिक अध्ययन और प्रदर्शन कला, जयवर्धनपुरा विश्वविद्यालय, श्रीलंका में हिन्दी की प्रोफेसर। श्रीलंका में हिन्दी के प्रचार–प्रसार का कार्य। उच्च शिक्षा इलाहाबाद में। विभिन्न पत्र–पत्रिकाओं में दर्जनों शोध आलेख प्रकाशित। ग्यारह ग्रन्थ प्रकाशित। उपन्यास, लघुकथा और लोकसाहित्य के प्रति विशेष रुचि। आप सरस्वती सेवी सम्मान, वर्धा से सम्मानित। सम्पर्क : 7/8 माट्‌टेगोडा रास्ता, मोट्‌टेगोडा, श्रीलंका। मो. 94718386855 ईमेल – nilanthiraj@gmail.com

❖❖

प्रो. (डॉ.) प्रदीपकुमार सिंह : जन्म 1 जुलाई, 1968 वाराणसी (उ.प्र.) में। साठये महाविद्यालय, मुंबई में हिन्दी विभागाध्यक्ष तथा हिन्दी अध्ययन मंडळ के अध्यक्ष। डी. लीट. की उपाधि प्राप्त। बत्तीस ग्रन्थ प्रकाशित। विभिन्न शोधालेख प्रकाशित। इन्सायक्लोपीडिया रामायण यह 56 खण्डों की परियोजना में कार्यरत। उनमें से 20 नवम्बर 2021 को प्रथम खण्ड प्रकाशित। अनेक विदेशी अन्तर्राष्ट्रीय संगोष्ठियों के संयोजक। सम्पर्क : ए 484, रूम नं. 967 विद्याधाम

अपार्टमेंट, फर्स्ट फ्लोअर नं. 103, लाल चक्की रोड उल्हासनगर (महा.) – 421004 मो. 8591509443 ईमल – dr.singhpradeepkumar@gmail.com

❖❖

श्री. राजाराम सन्तराम ठाकुर : जन्म 16 नवम्बर, 1961 को लातुर (महा.) में। महाराष्ट्र राज्य परिवहन मंडल, लातूर परिक्षेत्र में वाहक के रूप में तथा एस.टी. आगार नियन्त्रक के रूप में सेवा। महाराष्ट्र राज्य ठाकुर–ठाकर समाज के कार्यकारिणी के सक्रिय सदस्य, जिलास्तरीय सचिव, कार्याध्यक्ष आदि रूपों में सामाजिक कार्यों में सक्रिय। सम्पर्क– ठाकुर निवास, दरक अस्पताल के सामने, मोरे नगर, लातुर, (महा.) मो. 9307941097, 8275172766।

❖❖